Steinmann / Schreyögg · Management

Horst Steinmann / Georg Schreyögg

Management

Grundlagen der Unternehmensführung

Konzepte – Funktionen – Fallstudien

5., überarbeitete Auflage

GABLER

Prof. (em.) Dr. Dr. h.c. Horst Steinmann war Professor für Betriebswirtschaftslehre an der Universität Erlangen-Nürnberg.

Prof. Dr. Georg Schreyögg ist Professor am Institut für Management der Freien Universität Berlin.

Die Deutsche Bibliothek – CIP-Einheitsaufnahme
Ein Titeldatensatz für diese Publikation ist bei
Der Deutschen Bibliothek erhältlich.

1. Auflage 1990
2. Auflage 1991
3. Auflage 1993
Nachdruck 1996
4. Auflage 1997
Nachdruck 1999
Nachdruck 2000
5. Auflage September 2000
Nachdruck Februar 2002

Lektorat: Ulrike Lörcher

Der Gabler Verlag ist ein Unternehmen der Fachverlagsgruppe BertelsmannSpringer.

www.gabler.de

Höchste inhaltliche und technische Qualität unserer Produkte ist unser Ziel. Bei der Produktion und Verbreitung unserer Bücher wollen wir die Umwelt schonen: Dieses Buch ist auf säurefreiem und chlorfrei gebleichtem Papier gedruckt. Die Einschweißfolie besteht aus Polyäthylen und damit aus organischen Grundstoffen, die weder bei der Herstellung noch bei der Verbrennung Schadstoffe freisetzen.

Satz: Fotosatz L. Huhn, Maintal-Bischofsheim
Druck: Wilhelm & Adam, Heusenstamm
Buchbinder: Osswald & Co., Neustadt/Weinstraße

Printed in Germany

ISBN 3-409-53312-5

Vorwort zur 5. Auflage

Management ist in den letzten Jahren zu einem immer zentraleren und auch populäreren Gebiet in der betriebswirtschaftlichen Aus- und Weiterbildung geworden. Der Begriff „Management" wird im Zuge dessen immer häufiger als Etikett gewählt, und seine Konturen drohen in Folge davon zu verschwimmen. Was aber heißt eigentlich Management? Die vorliegende fünfte Auflage des Buches „Management" beantwortet diese Frage – wie in den vier vorhergehenden Auflagen auch – mit dem Verweis auf den klassischen Kanon der Managementfunktionen: Organisation – Planung – Kontrolle – Führung – Personaleinsatz. Sie bilden das Basisgerüst, das helfen soll, den sich stetig verändernden Bestand an Managementwissen zu strukturieren und in einer lehr- und lernbaren Weise zu präsentieren. Nachdem sich der wissenschaftliche Fortschritt nicht immer in der Addition neuen Wissens manifestiert, sondern ebenso häufig als Substitution zu begreifen ist, wird auch die Wissensselektion für dieses Buch beständig verändert. Wir haben in diesem Sinne versucht, eine ganz Reihe von Veränderungen und Neuerungen in diese fünfte Auflage einzuarbeiten. Die Anregungen hierzu kamen zum Teil von denjenigen, die mit diesem Buch in Lehre und Weiterbildung arbeiten.

Neben den allgemeinen Verbesserungen und Aktualisierungen, die für jedes der 15 Kapitel gelten, finden sich weitergehende Veränderungen und Ergänzungen in den folgenden Kapiteln:

- Kapitel 3 wurde um neuere Entwicklungen in der Unternehmensethik-Diskussion ergänzt und die Stakeholder / Shareholder Value-Debatte stärker akzentuiert.
- In Kapitel 5 wurden zahlreiche neue Unternehmensbeispiele sowie eine Reihe von Themen aufgenommen, so u. a. Balanced Scorecard, strategische Ressourcen, hybride Wettbewerbsstrategien, Premium-Konglomerate, Allianzen / Netzwerke.
- In die Kapitel 7 und 8 wurden ebenfalls neue Unternehmensbeispiele wie auch einige neue Themen wie z. B. Prozeßorganisation, Wissensspirale, Lernbarrieren aufgenommen. Betont wird stärker als bisher, daß Organisation an die Stelle von Planung treten kann, um den potentiell substitutiven Charakter der Managementfunktion in dem hier verfolgten revidierten Managementprozeß deutlich hervortreten zu lassen.
- Des weiteren wurden im vierten Teil insbesondere die Kapitel 9 und 11 verändert. Kapitel 9 wurde um das Konzept des kooperativen Verhaltens in Organisation (Organizational Citizenship Behaviour) ergänzt. In Kapitel 11 ist die neuere Diskussion zur Identität in Führungsprozessen und Impression Management eingearbeitet worden.
- Auch der fünfte Teil ist um aktuelle Diskussionen ergänzt; neue Themenstellungen, die dabei Berücksichtigung fanden, sind u. a.: 360° Feedback, Diskriminierung, monetäre Anreizpolitik.

Die Aktualisierung des Buches gestaltete sich wesentlich aufwendiger als erwartet, deshalb erscheint diese 5. Auflage etwas später als ursprünglich angekündigt. Bei den Aktualisierungsarbeiten hat uns wiederum eine Reihe von Personen geholfen. In erster Linie ist Herrn Michael Hune und Herrn Thomas Lührmann zu danken, die den redaktionellen Fertigungsprozeß in vieler Hinsicht unterstützend begleitet haben. Ferner auch Herrn Jochen Koch, Dr. Christian Noss und den anderen Mitarbeitern unserer Institute für zahlreiche Hinweise und Veränderungsvorschläge. Besonderer Dank gebührt Frau Ulrike Lörcher vom Gabler-Verlag, die mit nachdrücklicher Geduld die Fertigstellung vorantrieb und auch bereit war, stückweise überarbeitete Manuskriptteile in Empfang zu nehmen. Zuletzt sei den vielen aufmerksamen Lesern gedankt, die uns auf Druckfehler, Unklarheiten oder Auslassungen hingewiesen haben.

Nürnberg / Berlin im Juni 2000

HORST STEINMANN
GEORG SCHREYÖGG

Vorwort zur 1. Auflage

Lehrbücher zum Management haben in Deutschland noch keine sehr lange Tradition – dies ganz im Unterschied zum angelsächsischen Sprachraum, in dem schon zu Anfang dieses Jahrhunderts mit der Konstituierung dieses Faches und korrespondierend dazu mit der Produktion von Lehrtexten begonnen wurde. Management ist ein ebenso faszinierendes wie komplexes Bündel von Aufgaben, das zu systematisieren und lehrbar zu machen spezielle Schwierigkeiten bereitet. Schwierig ist es einerseits, theoretisch einen solchen Bogen zu spannen, daß eine integrative Zusammenschau der äußerst heterogenen Aufgabenelemente möglich wird. Die traditionellen Rahmenkonstruktionen erweisen sich zunehmend als zu eng, um die Komplexität der Management-Aufgabe fassen zu können. Für dieses Buch wurde deshalb eine neue Rahmenkonzeption entwickelt, die Management als Steuerungsprozeß in Handlungssystemen interpretiert, die sich in bestandskritischen Umwelten zu bewähren haben. Dabei wurde für das Ausbildungsziel nicht primär an die oberste Führungsebene und ihre Anforderungen gedacht, wie das in der herkömmlichen Unternehmensführungslehre der Fall ist, sondern grundsätzlich an alle Personen, die mit betriebswirtschaftlichen Führungsaufgaben betraut sind.

Thematische Fixpunkte sind die fünf klassischen Managementfunktionen: Planung – Kontrolle – Organisation – Personaleinsatz – Führung. Die Vielfalt der Themen, die mit diesen fünf Funktionen umrissen wird, kann ein einzelnes Lehrbuch nicht vollständig abdecken, Selektivität ist unvermeidbar. Selektiv ist nicht nur die thematische Auswahl, sondern auch und gerade die Wahl der Konzepte zu den einzelnen Themenschwerpunkten. Es ist keineswegs Ziel dieses Buches, jeweils alle gängigen Konzepte, Theorien und Ergebnisse zu referieren, sondern, wann immer möglich, haben wir uns auf einige wenige, besonders relevant erscheinende und aussagekräftige konzentriert. Nicht immer ist dabei die Wahl auf das jeweils aktuellste Konzept gefallen.

Die zweite grundlegende Herausforderung bei dem Abfassen eines Management-Lehrbuches ist die Vermittlung einer hinreichend realistischen, praxisbezogenen Sichtweise der Managementaufgaben. Es ist das Ziel dieses Buches, nicht nur eine Einführung in das methodische Rüstzeug zu geben, sondern auch dem Leser einen Eindruck von der Vielfältigkeit, der Aktualität, den Problemen und Grenzen der Managementaufgaben zu vermitteln. Um diesem Ziel wenigstens ein kleines Stück näher zu kommen, ist der Text mit vielen Beispielen, kleineren Fallstudien und anderen aktuellen Bezügen angereichert worden. Um den Lernprozeß zu erleichtern, finden sich ferner am Ende jedes Kapitels Diskussionsfragen, gleichfalls werden dort für ein vertiefendes Studium Literaturhinweise gegeben. Teile des Buches sind lehrerprobt, d.h. sie wurden seit Jahren im Hochschulunterricht verwendet: zahlreiche Studenten der Universität Erlangen-Nürnberg, aber auch viele Praktiker in Weiterbildungskursen haben mit ihrer Kritik zur Verbesserung beigetragen.

Das Buch wendet sich in erster Linie an Studenten, die sich in das Gebiet der Managementlehre einarbeiten wollen, sei es als Teilgebiet der Allgemeinen Betriebswirtschaftslehre oder als Spezielle Betriebswirtschaftslehre. Es wendet sich ferner an weiterbildungsinteressierte Führungskräfte und an solche Praktiker, die sich eine theoretische Grundlage für eine spätere Führungsposition schaffen wollen.

Bei der Erstellung dieses Buches haben wir von vielen Seiten Unterstützung und Anregung erfahren. Unser Dank gilt insbesondere Dipl. Kfm. Jürgen Thiem und Dr. Hans Böhm, die an der Erstfassung einiger Kapitel mitgewirkt haben, ferner gebührt Dank für zahlreiche Anregungen Dr. M. Heinrich, Dr. G. Mus, Dr. F. Hasselberg, Dipl.-Ök. U. Hartmann und Frau Dipl.-Ök. H. Papenheim. Für die sorgfältige Manuskripterstellung und die erfolgreiche Bewältigung aller Tücken des Textverarbeitungssystems und anderer komplizierter Koordinationsprobleme zwischen Nürnberg und Hagen sei besonderer Dank gesagt Frau Gisela Maaß, Frau Liesbeth Schoyerer und Frau Erika Gruß.

HORST STEINMANN
GEORG SCHREYÖGG

Inhaltsübersicht

Inhaltsverzeichnis

Dritter Teil

Erster Teil

Management: Einführung und historische Entwicklung

Erstes Kapitel
Manager und Management

Zweites Kapitel
Die Entstehung des Managements und der Managementlehre

Erstes Kapitel

Manager und Management

Jahrhunderte lang waren es Bauern, Handwerker, Händler usw., die die Menschen mit dem versorgten, was sie zum Leben brauchten. Heute werden unsere Güter zum größten Teil von großen Organisationen erstellt, Organisationen, die von Managern geleitet werden. Das Management von Organisationen ist damit an eine zentrale gesellschaftliche Stelle gerückt, der Beruf des Managers erhielt eine herausragende Bedeutung. Diese Entwicklung ist noch relativ jung.

Noch vor 150 Jahren war das Bild ganz anders, den Beruf des Managers gab es noch nicht. Die Leitungshierarchie hatte noch keine Bedeutung, die meisten Wirtschaftseinheiten waren klein und personengebunden. Spätestens seit Beginn der sog. Gründerjahre hat sich dann der dramatische Wandel vollzogen, der den Faktor Management zu einem allgegenwärtigen Phänomen gemacht hat.[1]

Die Einsicht in die große Bedeutung des Managements für die wirtschaftliche Entwicklung hat rasch das Bedürfnis nach allgemeinen, wissenschaftlich fundierten Management-Grundsätzen entstehen lassen, die den Erfolg dieser Tätigkeit absichern. Es entwickelte sich ein eigenständiges Wissensgebiet, das zunehmend in speziellen Ausbildungsgängen zunächst an Wirtschaftsschulen und später an Universitäten vermittelt wurde. Dies führte im Ergebnis dazu, daß die Aufgabe des Managements systematisiert wurde, d.h. sie wurde – jedenfalls in Teilen – zu einer **lehrbaren** und **lernbaren** Qualifikation ausgeformt.

Dies ist auch der Ansatzpunkt für dieses Lehrbuch. Es hat die Aufgaben des Managements zum Gegenstand und stellt die wesentlichen Wissensbestände, Methoden und Instrumente vor, die zur Bewältigung dieser Aufgaben entwickelt wurden. Das Buch versucht Antwort zu geben auf Fragen wie: Welche Funktionen umfaßt die Managementaufgabe? Was unterscheidet erfolgreiches von erfolglosem Management? Welche Modelle und Methoden stehen dem Management zur Verfügung? Welche Modelle spielen in die Aufgabe des Managers herein? In welchem Umfang ist die Managementaufgabe organisierbar? usw. Einen solchen Überblick zu geben ist nicht ganz unproblematisch. Denn weder ist das Gebiet der Managementlehre heute schon klar umrissen, noch hat der Begriff des Managements selbst bisher eine einheitliche Festlegung erfahren. In der Wirtschaftspraxis ist Management zwischenzeitlich ein „Allerweltsbegriff" geworden, der für alle und jedes verwendet wird, meist jedoch mehr um seiner Signalkraft willen als seines Bedeutungsgehalts wegen.

1.1 Was heißt Management?

Soweit theoretische Bemühungen um eine „Lehre des Managements" vorliegen, kann man mindestens zwei unterschiedliche Begriffsbildungen feststellen. Management wird einerseits als Institution verstanden und andererseits – davon deutlich unterschieden – als Komplex von Aufgaben, die zur Steuerung eines Systems erfüllt werden müssen; ent-

1 Vgl. dazu unsere Ausführungen zur Genesis des modernen Managements im zweiten Kapitel.

sprechend wird ein **„institutioneller Ansatz"** und ein **„funktionaler Ansatz"** in der Managementlehre unterschieden.

Mit Management als „**Institution**" meint man die Gruppe von Personen, die in einer Organisation mit Anweisungsbefugnissen betraut ist. Zum Management gehören demnach alle Organisationsmitglieder, die Vorgesetztenfunktionen wahrnehmen, angefangen beim Meister bis zum Vorstandsvorsitzenden. Diese im angelsächsischen Sprachraum gebräuchliche Begriffsfassung geht also weit über die oberen Führungsebenen hinaus, für die im deutschen Sprachgebrauch häufig der Begriff Manager reserviert ist. Dieses Managementverständnis schließt auch den Eigentümer-Unternehmer mit ein und ignoriert damit die in der industrieökonomischen Forschung gebräuchliche Unterscheidung zwischen **Managern** im Sinne von kapitallosen Funktionären, die von den Kapitaleignern zur Führung eines Unternehmens bestellt sind, und **Eigentümern** als den durch das eingebrachte Kapital legitimierten Unternehmensführern.[2]

Der **Funktionsansatz** knüpft dagegen – prinzipiell unabhängig von einer vorherigen Fixierung auf bestimmte Positionen und Führungsebenen – an diejenigen Handlungen an, die der Steuerung des Leistungsprozesses, d.h. aller leistungsrelevanten Arbeitsvollzüge, dienen. Solche „Steuerungshandlungen" können ganz verschiedener Art sein, z.B. planender, organisierender oder kontrollierender Art.

So gesehen geht es hier also nicht um einen speziellen Personenkreis oder um eine bestimmte Ebene in einem Unternehmen, sondern zunächst einmal nur um einen Kranz von Aufgaben, die erfüllt werden müssen, wenn das System seine Ziele erreichen will. In aller Regel werden spezielle Leitungspositionen (Instanzen) geschaffen, die man mit der Erfüllung dieser Funktionen betraut. Sie haben daneben in mehr oder weniger großem Umfang auch Sachaufgaben zu bewältigen. Häufig ist der Anteil der Managementaufgaben am Gesamtaufgabenbudget eines Managers um so kleiner, je niedriger er in der Unternehmenshierarchie angesiedelt ist; es gibt jedoch auch viele Industriebetriebe, in denen gerade Führungskräfte der unteren Ebenen so gut wie ausschließlich mit Managementfunktionen betraut sind.

Die Managementfunktionen stehen zu den originären betrieblichen Funktionen wie Einkauf, Produktion oder Verkauf (Sachfunktionen) in einem komplementären Verhältnis. Man kann sich das Management als eine komplexe Verknüpfungsaktivität vorstellen, die den Leistungserstellungsprozeß gleichsam netzartig überlagert und in alle Sachfunktionsbereiche steuernd eindringt. Abbildung 1.1 stellt diesen Zusammenhang schematisierend als Matrix dar. Ein gutes Betriebsergebnis ist demzufolge nur dann erzielbar, wenn Sach- und Managementfunktionen eng zusammenwirken und gut aufeinander abgestimmt sind.

---

2 In der industrieökonomischen Forschung ist diese Unterscheidung relevant, weil es dort gerade auf die vergleichende Gegenüberstellung von eigentümergeleiteten und managergeleiteten Unternehmen ankommt. Vgl. Berle, A.A./Means, G.C., The modern corporation and private property, 2. Aufl., New York 1968; Schreyögg, G./Steinmann, H., Zur Trennung von Eigentum und Verfügungsgewalt, in: Zeitschrift für Betriebswirtschaft 51 (1981), S. 533–558.

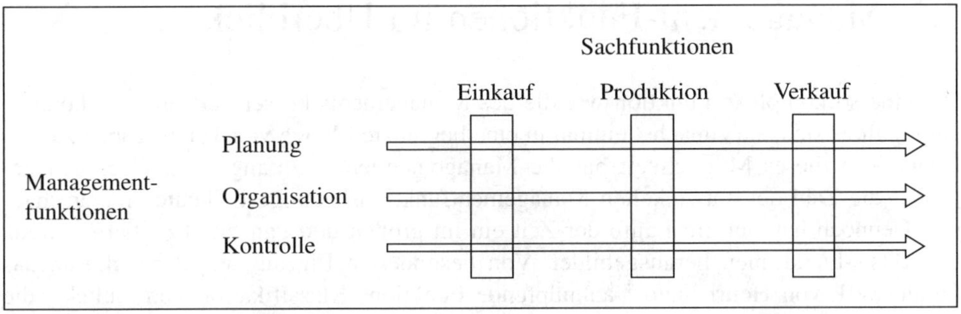

Abb. 1.1: Management als Querschnittsfunktion

Das funktionale Managementkonzept sieht das Management also quasi als Querschnittsfunktion, die den Einsatz der Ressourcen und das Zusammenwirken der Sachfunktionen steuert. Managementfunktionen fallen demzufolge in und zwischen jedem Bereich des Unternehmens an, gleichgültig, ob es sich nun um den Einkaufs-, Finanzierungs-, Vertriebs- oder einen sonstigen betrieblichen Bereich handelt. Diese Aufgaben sind auch auf jeder Hierarchiestufe zu erfüllen, wenn auch unterschiedlich nach Art und Umfang.

Damit wird die Konzeption des funktionalen Managementverständnisses klar:

Management ist ein Komplex von Steuerungsaufgaben, die bei der Leistungserstellung und -sicherung in arbeitsteiligen Systemen erbracht werden müssen. Diese Aufgaben stellen sich ihrer Natur nach als immer wiederkehrende Probleme dar, die im Prinzip in jeder Leitungsposition zu lösen sind, und zwar unabhängig davon, in welchem Ressort, auf welcher Hierarchieebene und gleichgültig auch, in welchem Unternehmen sie anfallen. Obwohl die Situationen erheblich unterschiedlich, die Probleme gänzlich different, die zu erstellenden Leistungen usw. völlig anderer Art sein können, gibt es trotzdem einen generellen Katalog von Systemsteuerungsaufgaben. Sie werden in der Regel von speziell dazu bestellten Personen erfüllt, den Führungskräften, also dem Management im institutionalen Sinne. Es sind genau diese **generellen Management-Aufgaben**, die im Mittelpunkt dieses Buches stehen sollen. Im Grundsatz geht es dabei um Steuerungsaufgaben jedweder Organisation, wir wollen uns aber im fortfolgenden auf den Fall der erwerbswirtschaftlichen Organisation konzentrieren.

Die Unterscheidung von Management- und Sachfunktionen läßt zugleich die Verortung der Managementlehre in der Betriebswirtschaftslehre deutlich werden. Die Betriebswirtschaftslehre setzt sich aus verschiedenen Funktionslehren zusammen; dem Absatz, der Produktion, der Forschung & Entwicklung als Sachfunktionslehren steht das Management als Querschnittsfunktionslehre gegenüber. Die Managementlehre fügt sich also als eine Teilfunktionslehre in die Betriebswirtschaftslehre ein.[3]

3 Vgl. hierzu auch die Verortung der Managementlehre als Dispositionslehre bei Gutenberg. Der dispositive Faktor fungiert dort als Steuerungsfaktor, der die Elementarfaktoren (Arbeit, Betriebsmittel, Werkstoffe) kombiniert. Vgl. Gutenberg, E., Grundlagen der Betriebswirtschaftslehre, Bd. 1: Die Produktion, 24. Aufl., Berlin/Heidelberg/New York 1983.

1.2 Management-Funktionen im Überblick

Um eine so komplexe Funktion wie die des Managements besser verstehen zu können, empfiehlt es sich, sie zunächst einmal in eine begrenzte Menge von Teilaufgaben zu zerlegen. Von dieser Möglichkeit hat die Managementlehre umfänglichen Gebrauch gemacht, die Zahl der entwickelten Managementfunktionskataloge ist heute unüberschaubar. Dennoch hat sich im Laufe der Zeit ein im großen und ganzen akzeptierter Kranz von Basis-Funktionen herausgebildet. Von besonderem Einfluß war dabei die an das Pionierwerk von Henri Fayol[4] anknüpfende Funktions-Klassifikation von Gulick[5], die mit dem nicht weiter bedeutungsvollen Akronym POSDCORB betitelt ist. Dieses Konzept unterscheidet die folgenden Funktionen:

P O S D C O R B

Planning, d.h. die allgemeine Bestimmung dessen, was zu tun ist und wie es getan werden soll, um die Unternehmensziele zu erreichen.

Organizing, d.h. die Errichtung einer formalen Autoritätsstruktur, die Arbeitseinheiten bildet, definiert und im Hinblick auf das Gesamtziel koordiniert.

Staffing, d.h. die Anwerbung und Schulung von Personal und die Gewährleistung adäquater Arbeitsbedingungen.

Directing, d.h. das fortlaufende Treffen von Einzelentscheidungen und ihre Umsetzung in fallweise oder generelle Anweisungen.

COordinating, d.h. die allgegenwärtige Aufgabe, die verschiedenen Teile des Arbeitsprozesses zu verknüpfen.

Reporting, d.h. die fortlaufende Information der vorgesetzten Ebene über die Entwicklung des Aufgabenvollzuges. Dies schließt die fortwährende Eigeninformation und die der unterstellten Mitarbeiter mit ein.

Budgeting, d.h. die Wahrnehmung aller der Aufgaben, die zur Budgetierung gehören, insbesondere Budgetaufstellung und Budgetkontrolle.

Aus diesem und anderen Konzepten hat sich in der Fortfolge der fast schon eherne Fünferkanon von Managementfunktionen herausgebildet, wie er für die klassische Managementlehre bis heute Geltung hat. In dem Standard-Lehrbuch von Harold Koontz und Cyril O'Donnell wurde er erstmals in dieser Weise beschrieben:[6]

(1) Planung (planning)
(2) Organisation (organizing)
(3) Personaleinsatz (staffing)

---

4 Vgl. unten S. 42 ff.

5 Vgl. Gulick, L.H., Notes on the theory of organizations, in: Gulick, L.H./Urwick, L.F. (Hrsg.), Papers on the science of administration, New York 1937, S. 13.

6 Vgl. Koontz, H./O'Donnell, C., Principles of management: An analysis of managerial functions, New York 1955 (in 10. Aufl. 1993, von H. Weihrich und H. Koontz unter dem Titel „Management" erschienen).

(4) Führung (directing)
(5) Kontrolle (controlling).

Die **Koordination** wird in diesem Konzept zu Recht nicht (wie bei POSDCORB und vielen anderen Managementfunktionsansätzen) als eine eigenständige Funktion angesehen; sie ist von ihrem Charakter her keine Teilfunktion, sondern funktionsübergreifend, d.h. sie wird durch eine Vielzahl unterschiedlicher Managementhandlungen bewirkt. Gleiches gilt im übrigen für die oftmals gesondert ausgewiesene Managementfunktion **Entscheidung**. Auch sie ist gewissermaßen eine Meta-Funktion, die jeder der aufgeführten Managementfunktionen inhärent ist. Jede Planungs-, Organisations- oder Personaleinsatzaufgabe beinhaltet eine Vielzahl von Entscheidungen. Sie als eigenständige Funktion zu führen, gibt deshalb in diesem Rahmen keinen Sinn.

In der Konzeption von Koontz/O'Donnell stehen die fünf Managementfunktionen nicht lose nebeneinander, sondern werden in eine bestimmte Ordnung und Abfolge gebracht, so daß die Vorstellung eines **Prozesses** entsteht.

Im **Managementprozeß** werden die Managementfunktionen dynamisch als Phasen im Sinne einer aufeinander aufbauenden Abfolge von Aufgaben angesehen. Der klassische Managementprozeß ordnet die fünf Managementfunktionen nach dem folgenden Phasenablauf: Planung – Organisation – Personaleinsatz – Führung – Kontrolle. Die Logik des Prozesses und die Verknüpfung der Funktionen stellt sich im einzelnen wie folgt dar:

(1) Planung

Den logischen Ausgangspunkt des klassischen Managementprozesses bildet die Planung, d.h. das Nachdenken darüber, was erreicht werden soll und wie es am besten zu erreichen ist. Es geht dabei im wesentlichen um die Bestimmung der Zielrichtung, die Entfaltung zukünftiger Handlungsoptionen und die optimale Auswahl unter diesen. Von der langfristigen zur kurzfristigen Orientierung fortschreitend beinhalten die Pläne u.a. die Festsetzung von Zielen, Rahmenrichtlinien, Programmen und Verfahrensweisen zur Programmrealisierung für die Gesamtunternehmung oder einzelne ihrer Teilbereiche. Es ist diese Idee des Prozeßanfangs, die der Planung die Rolle der **Primärfunktion** zuschreibt in dem Sinne, daß alle anderen Funktionen ihre Bestimmung aus der Planung erfahren und so gewissermaßen dem Regiment der Planung unterworfen sind.

(2) Organisation

Planung ist lediglich gedankliche Arbeit. Sie bedarf der Umsetzung, wenn sie das Handeln der Organisationsmitglieder tatsächlich steuern soll. Der Managementfunktion Organisation obliegt es daher, in einem ersten Umsetzungsschritt ein Handlungsgefüge herzustellen, das alle notwendigen Aufgaben spezifiziert und so aneinander anschließt, daß eine Realisierung der Pläne gewährleistet ist. Zentral ist die Schaffung von überschaubaren plangerechten Aufgabeneinheiten (Stellen und Abteilungen) mit Zuweisung von entsprechenden Kompetenzen und Weisungsbefugnissen sowie die horizontale und vertikale Verknüpfung der ausdifferenzierten Stellen und Abteilungen zu einer Einheit. Ebenso gehört dazu die Einrichtung eines Kommunikationssystems, das die eingerichteten Stellen mit den zur Aufgabenerfüllung notwendigen Informationen versorgt.

(3) Personaleinsatz

Die in der Organisation geschaffenen Stellen bedürfen sodann einer anforderungsgerechten Besetzung mit Personal, um eine plangemäße Umsetzung der organisierten Tätigkeiten zu ermöglichen. Die Personalfunktion beinhaltet aber nicht nur die einmalige Stellenbesetzung, sondern im Fortlauf des Prozesses auch die fortwährende Sicherstellung und Erhaltung der Human-Ressourcen. Darunter fallen vor allem die Aufgaben der Personalbeurteilung und der Personalentwicklung. Ferner gehört zur Gewährleistung einer qualifizierten Aufgabenerfüllung eine leistungsgerechte Entlohnung.

(4) Führung

Sind mit der Planung, der Organisation und der personellen Ausstattung die generellen Voraussetzungen für den Aufgabenvollzug geschaffen, schließt sich idealtypisch die permanente, konkrete Veranlassung der Arbeitsausführung und ihre zieladäquate Feinsteuerung im vorgegebenen Rahmen als zentrale Führungsaufgabe an. Der tägliche Arbeitsvollzug und seine Formung durch die Vorgesetzten, als die **Führung im engeren Sinne**, stehen jetzt im Vordergrund. Es interessieren das Einflußgefüge als Mikro-Struktur zwischen den Beteiligten und Maßnahmen, der optimalen Veranlassung und Steuerung der Arbeitshandlungen. Motivation, Kommunikation und Konfliktbereinigung sind die herausragenden Themen dieser Managementfunktion.

(5) Kontrolle

Die letzte Phase des so konzipierten Managementprozesses ist dann die Kontrolle. Sie stellt insofern logisch den letzten Schritt dar, als sie die erreichten Ergebnisse registrieren und mit den Plandaten vergleichen soll. Aufgabe des Soll/Ist-Vergleichs ist es, zu zeigen, ob es gelungen ist, die Pläne in die Tat umzusetzen. Allfällige Abweichungen sind daraufhin zu prüfen, ob sie die Einleitung von Korrekturmaßnahmen oder grundsätzliche Planrevisionen erfordern. Die Kontrolle bildet mit ihren Informationen zugleich den Ausgangspunkt für die Neuplanung und damit den neu beginnenden Managementprozeß. Nachdem dieser Logik nach Kontrolle ohne Planung nicht möglich ist, weil sie sonst keine (planmäßigen) Sollvorgaben hätte, und andererseits jeder neue Planungszyklus nicht ohne Kontrollinformationen über die Zielerreichung beginnen kann, bezeichnet man Planung und Kontrolle auch als Zwillingsfunktionen.

Abbildung 1.2 veranschaulicht die beschriebene Vorstellung des Managementprozesses als einer Abfolge von Management-Funktionen und gibt eine detaillierte Übersicht über weitere den Funktionen zuzuordnende Einzelaufgaben.

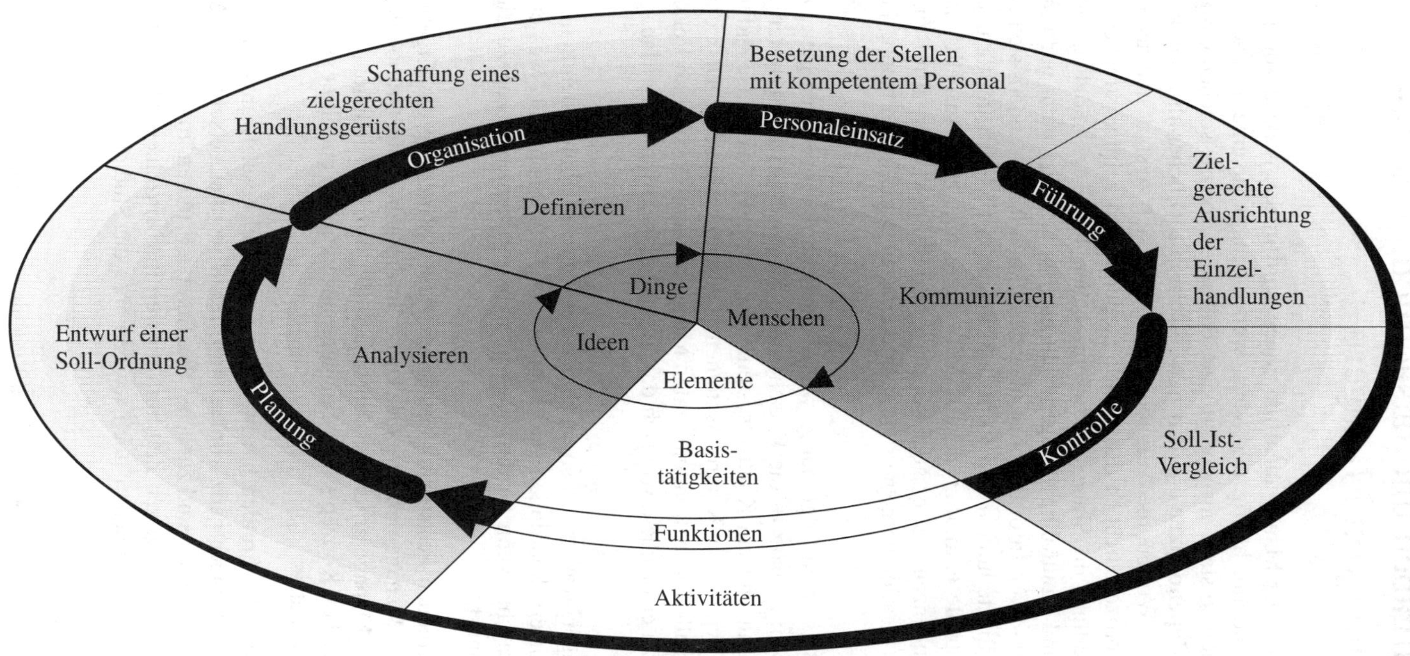

Quelle: In Anlehnung an Mackenzie, R.A., The management process 3-D, in: Harvard Business Review 47 (1969), Nr. 6, S. 81–86.

Abb. 1.2: Der Managementprozeß

1.3 Soll-Aufgaben und tatsächliche Aktivitäten von Managern

Diese lineare Abfolge der Managementfunktionen wird in den praxisbezogenen Prinzipien der Managementlehre häufig relativiert, weil de facto die Interdependenzen zwischen den Funktionen so stark ausgeprägt sind, daß sie sich einer solchen Ordnung entziehen. Diese **Interdependenzen** ergeben sich sowohl in sachlicher als auch in zeitlicher Hinsicht. Mit anderen Worten, die Aufgaben überlappen sich zu stark und lassen sich im praktischen Arbeitsprozeß nicht in dem Maße isolieren und zeitlich strecken, daß eine sequentielle Abarbeitung im Sinne des beschriebenen Prozesses möglich würde. Bei Kontrollsystemen und Kontrollhandlungen geht es zum Beispiel nicht nur um die Beschaffung und Analyse von Informationen über den Planvollzug, sondern sie haben auch Auswirkungen auf Einstellungen und Verhaltensweisen der Mitarbeiter zu und in ihrer Arbeit. Zuviel Kontrolle entmutigt, schafft Mißtrauen, regt zum Ausweichen an usw. Ähnliche Interdependenzen gibt es auch bei den anderen Funktionen. Ein Beurteilungssystem kann der Motivation entgegenstehen, und eine zu detaillierte Planung läßt wenig Raum für Kreativität.

Schon aus diesen Beispielen folgt, daß gewöhnlich mehrere Funktionen gleichzeitig bedacht werden müssen; so ist z.B. die Entscheidung für ein Motivationssystem zugleich auch eine Entscheidung für ein Kontrollsystem oder zumindest die Entscheidung gegen einen bestimmten Typus von Kontrollsystemen. Diese offenkundige Diskrepanz zwischen der linearen Soll-Konzeption und realen Managementprozessen gab Veranlassung, empirisch genauer zu erforschen, wie sich das Tätigkeitsspektrum eines Managers praktisch darstellt.

„Frage einen Manager, was er tut, so wird er dir mit großer Wahrscheinlichkeit sagen, daß er plant, organisiert, koordiniert und kontrolliert. Dann beobachte, was er wirklich tut. Sei nicht überrascht, wenn du das, was du siehst, in keinen Bezug zu diesen vier Wörtern bringen kannst."[7]

Mit dieser provozierenden Feststellung resümiert Henry Mintzberg das Ergebnis seiner Studie zur Natur der Managementaufgabe. Diese Studie gehört zur Gruppe der empirischen Analysen der Managerarbeit, in denen sich der Vorwurf mangelnder Wirklichkeitsnähe des klassischen Konzepts der Managementfunktionen und ihrer systematischen Abfolge konkretisiert hat.

In diesen Arbeitsaktivitäts-Studien hat man sich zum Ziel gesetzt, unvoreingenommen zu registrieren, was Manager ganz konkret tun. Dazu wurden verschiedene Methoden eingesetzt. Bekannt geworden sind zunächst die Tagebuchstudien, in denen Manager gebeten werden, über einen gewissen Zeitraum hinweg ihre einzelnen Aktivitäten chronologisch aufzuzeichnen. Prominenter noch wurden aber die Studien, die Führungskräften

7 Vgl. Mintzberg, H., The manager's job: Folklore and fact, in: Harvard Business Review 53 (1975), S. 49 (Übers. d. d. Verf.).

einen permanenten Beobachter zur Seite gestellt haben, mit der Maßgabe, sämtliche Aktivitäten eines Tages akribisch aufzuzeichnen.

Schon in den ersten Studien[8] zeigte sich ein Muster, das sich in späteren Untersuchungen immer wieder bestätigen sollte:

1. **Offene Zyklen.** Die Arbeit hat keinen klar geschnittenen Anfang und kein eindeutiges Ende. Sie ist vielmehr durch das Lösen immer wiederkehrender Probleme gekennzeichnet. Es sind dies Probleme, die sich nicht grundsätzlich lösen lassen, weil eine dynamische externe und interne Umwelt sie fortwährend aktiviert, wenn auch in unterschiedlichster Form (z. B. Gewinnung neuer Kunden, Beilegung von Abteilungskonflikten).

2. **Der Arbeitstag ist zerstückelt.** Die Arbeit vollzieht sich nicht in einem geordneten, nach Phasen gegliederten Ablauf, sondern ist gekennzeichnet durch eine Vielzahl von Einzelaktivitäten, ad hoc-Gesprächen, ungeplanten Besuchen und einem ständigen Hin- und Herspringen zwischen Themen vom trivialen Alltagsproblem bis zur 10 Millionen-DM-Investition. So blieben z.B. die Manager (n = 160) in der Tagebuch-Studie von Stewart im Verlaufe von vier Wochen nur in neun Arbeitssequenzen länger als eine halbe Stunde an einer Arbeit.[9] Mintzberg registriert in seiner Studie, in der fünf Topmanager jeweils eine Woche lang direkt beobachtet wurden, daß die Hälfte aller Aktivitäten eines Tages weniger als 9 Minuten dauerte, und nur 10 % aller Arbeitssequenzen waren länger als eine Stunde (meist Besprechungen).[10] Kasten 1.1 gibt ein eindrückliches Beispiel für einen solchen zerstückelten Arbeitstag. Es ist einer eigenen Studie entnommen, die den Arbeitstag von Geschäftsführern mittelständischer Unternehmen zum Gegenstand hatte.

3. **Verbale Kommunikation.** Die meiste Zeit wird mit telefonischen oder direkten Gesprächen verbracht. In allen Studien zeigte sich übereinstimmend, daß der wesentliche Teil der Arbeit im Kontakt und über den Kontakt mit Menschen geleistet wird. In den vielen Untersuchungen gab es kaum einen Manager, der weniger als 70 % seiner Zeit für Gespräche verwandt hätte; einige durchaus erfolgreiche Manager verbrachten sogar bis zu 90 % ihrer Zeit mit Gesprächen.

4. **Fragen und Zuhören.** Die Kontakte bestehen nur zum geringsten Teil aus Anweisungen; einen wesentlich größeren Zeitanteil nehmen Fragen ein, die Manager stellen, sowie das Zuhören und das Geben von Auskünften. Die Kontaktpartner sind sehr unterschiedlich: Kollegen, Vorgesetzte, Kunden, Verbände, Lieferanten usw., Kontakte mit den unterstellten Mitarbeitern machen selten mehr als die Hälfte aller Kontakte aus.

5. **Reduktion von Komplexität.** Die Tätigkeit von Managern ist gekennzeichnet durch den Umgang mit Komplexität und Ungewißheit. Die zu lösenden Probleme stellen

---

8 Vgl. vor allem die Pionier-Studien von Carlson, S., Executive behavior: A study of the work load and the working methods of managing directors, Stockholm 1951, und Guest, R.H., Of time and the foreman, in: Personnel 32 (1955/56), S. 478–486.

9 Vgl. Stewart, R., Managers and their jobs, London 1967.

10 Vgl. Mintzberg, H., The nature of managerial work, 2. Aufl., Englewood Cliffs, N.J. 1980, S. 33.

Kasten 1.1

Ein Arbeitstag von Raphael Berger (Auszug)

Raphael Berger leitet eine Gießerei mit ca. 100 Mitarbeitern. Daneben betreibt er eine im Aufbau befindliche Gesellschaft, die sich mit der Entwicklung eines Computersystems (Hardware und Software) zur Fertigungssteuerung beschäftigt.

8.00: Raphael Berger betritt das Gebäude und erhält schon auf dem Weg zu seinem Büro von Ralf Dahm, einem Mitarbeiter aus der Kalkulation, einen Hinweis auf eine Störung bei dem in Entwicklung befindlichen Computersystem. Danach geht er zu seinem Schreibtisch,

8.12: wo ihn der Anruf eines Mitarbeiters erreicht, der einen Austausch der Auszubildenden vorschlägt.

8.15: Direkt im Anschluß daran ruft er einen seiner Meister, Herrn Gallus, an, um ihm eine Anweisung technischer Art zu geben.

8.16: Dann startet er den in seinem Büro befindlichen Computer, der ihm die Ergebnisse der während der Nacht erfaßten und verarbeiteten Fertigungsdaten ausdruckt, um die Probleme, von denen ihm Ralf Dahm berichtet hat, selbst zu beobachten und

8.19: stellt dann Dahm telefonisch dazu eine Frage.

8.20: Berger telefoniert mit einem zweiten Meister (Kraft), um von ihm eine Information über den Produktionsfortschritt in einem bestimmten Bereich zu erhalten.

8.21: Nun beginnt er sich mit der bereits auf seinem Schreibtisch befindlichen Eingangspost zu beschäftigen, indem er sie öffnet, liest und zur Weiterverarbeitung vorbereitet. Einen Teil, den er selbst bearbeiten möchte, behält er zurück. Dies dauert mit den folgenden 8 Unterbrechungen etwa 12 Minuten.

8.22: Als Reaktion auf eines der Schreiben telefoniert Berger mit Meister Gallus und stellt ihm eine Frage.

8.23: Dann stellt er Meister Kraft dieselbe Frage.

8.25: Berger ruft den Entwicklungsingenieur des Computersystems (den er auch privat sehr gut kennt) an und spricht mit ihm über die aufgetretene Störung.

8.26: Der Betriebsleiter meldet sich telefonisch, Berger gibt ihm Anweisungen in der mit den Meistern bereits besprochenen Angelegenheit.

8.29: Berger sieht durch die offene Tür seines Büros, wie ein Mitarbeiter des Nachbarbetriebes das Bürogebäude betritt und steht auf, um ihm entgegenzutreten. Beide unterhalten sich kurz auf dem Flur über allgemeine Probleme, bevor der Besucher seine ursprünglich geplante Unterredung mit Mitarbeitern der Fertigung beginnt.

8.31: Berger telefoniert mit Meister Groll, um ihn zu sich zu bestellen.

8.32: Sie führen ihre Besprechung auf dem Flur, da Groll eintrifft, als Berger gerade auf dem Weg in das kaufmännische Büro ist, um den Mitarbeitern dort die Post zu bringen. Berger trifft eine Entscheidung über das weitere Vorgehen in einer produktionstechnischen Angelegenheit.

8.33: Berger sucht die Buchhalterin in ihrem Büro auf. Sie erkundigt sich nach seiner kranken Sekretärin, daraus entwickelt sich eine kurze Unterhaltung über deren Gesundheitszustand.

8.34: Auf dem Rückweg zu seinem Büro wird er noch einmal von Groll, der in der Tür stehengeblieben war, zu dem eben erörterten Thema befragt.

Quelle: Schreyögg, G./Hübl, G., Manager und ihre Arbeit, Diskussionsbeitrag Nr. 159, Hagen 1991

sich zumeist in einer Form, wie sie vorher nicht bekannt war, und müssen daher erst einmal auf ein bearbeitbares Format gebracht werden. In der Regel muß eine Entscheidung fallen, lange bevor alle benötigten Informationen gesammelt sind.

Aus dieser Beschreibung der Managertätigkeit geht implizit auch hervor, daß Manager nicht nur Initiatoren und Impulsgeber, sondern mindestens im gleichen Maße – bedingt durch externe Zwänge – Reagierer und Anpasser sind. Den Aufriß genau dieses Spielraums aus Reaktion und Aktion hat Stewart[11] zum Gegenstand ihrer Konzeption der Managementaufgabe gemacht. Nach diesem Verständnis ist das Tätigkeitsfeld eines Managers durch drei Komponenten bestimmt:

1. **Handlungszwänge** (demands); das sind alle Aktivitäten, die zu den fest umrissenen Pflichten eines Stelleninhabers gehören (Berichterstattung, Budgeterstellung, Gegenzeichnen von Briefen usw.).

2. **Restriktionen** (constraints); das sind Begrenzungen, die Führungskräfte in ihrer Tätigkeit erfahren. Sie können von innen oder von außen kommen. Begrenzungen der gemeinten Art stellen z.B. dar: Budgetlimits, Satzungen, Betriebsvereinbarungen, eingesetzte Technologien usw.

3. **Eigengestaltung** (choices); damit soll der Aktivitätsraum umrissen sein, der frei gestaltet werden kann. Erst hier kann die Führungskraft ihrer Arbeit und ihrem Umfeld einen individuellen Stempel aufprägen (z.B. Führungsverhalten, Arbeitsstil, Konfliktlösung).

Zwar sind alle Managementtätigkeiten durch diese drei Komponenten gekennzeichnet, die Zusammensetzung der Komponenten variiert jedoch in der Praxis erheblich von Ebene zu Ebene und von Organisation zu Organisation. Häufig wird die Meinung vertreten, eine Top-Management-Aufgabe wäre durch besonders viel „choice“ und besonders wenig „demands“ gekennzeichnet. Daß dies nicht unbedingt der Fall sein muß, zeigt die Analyse von Neustadt. Sie hatte die Arbeit des Präsidenten der Vereinigten Staaten von Amerika zum Gegenstand und streicht die „Handlungszwänge“ als dominante Komponente heraus:

„Die Art und Weise, wie ein Präsident seine Zeit nutzt und seine Aufmerksamkeit verteilt, ist bestimmt von den Dingen, die er täglich tun muß: die Rede, die er versprochen hat zu halten, den fixen Gesprächstermin, den er nicht mehr verschieben kann, das Dokument, das nur er abzeichnen kann, die Ruhepause, die sein Doktor angeordnet hat. Die Prioritäten gehen nicht von der Relevanz eines Themas aus, sondern von der Notwendigkeit, etwas tun zu müssen.“[12]

Bei der Hervorhebung von Handlungszwängen (demands) sollte man jedoch zwischen solchen unterscheiden, die eine bestimmte Position notwendig mit sich bringt (Unterschriften, Repräsentanz usw.), und solchen, die auf zurückliegenden eigenen, autonom getroffenen Entscheidungen beruhen (Terminzusagen, Teilnahme an Kongressen usw.).

11 Vgl. Stewart, R., Choices for the manager, Englewood Cliffs, N.J. 1982.
12 Vgl. Neustadt, R.E., Presidential power, New York 1960, S. 155 (Übers. d. d. Verf.).

Darüber hinaus ist das, was eine Position erfordert, so gut wie immer von irgend jemand einmal zur Routine gemacht worden und folglich im Prinzip revidierbar.

Die bisher referierten Ergebnisse sind zunächst einmal nichts anderes als Berichte über sichtbare und registrierbare Elemente der Management-Tätigkeit. Eine solche Sichtweise muß solange oberflächlich bleiben, wie nicht der **Inhalt** der Tätigkeit mit berücksichtigt wird. „Schreibtischarbeit" kann z.B. zur Erstellung eines Plans dienen oder zum Entwurf einer Rede, zum Lesen eines wichtigen Kontrollberichts oder zur Durchsicht der Bilder vom letzten Betriebsausflug. Es ist also erforderlich, zwischen dem beobachtbaren Arbeitsverhalten und dem Inhalt der Tätigkeit wie auch ihrer Funktionsbestimmung deutlich zu unterscheiden. Ein Interpretationsschema zur Erfassung der hinter dem sichtbaren Arbeitsverhalten liegenden Sinnbezüge hat Kotter im Rahmen seiner Beobachtungsstudie von General-Managern (n = 15) entwickelt.[13] Er differenziert drei Basiskonzepte, die den Aktivitäten von Managern zugrunde liegen: (1) Aufbau und Entwicklung eines Orientierungsrahmens für das eigene Handeln („agenda setting"), (2) Knüpfen eines Kontakt-Netzwerks („network building") und (3) Realisierung von Handlungsentwürfen („execution"). Dem Aufbau und der Pflege eines Netzwerks (mit z.T. über 100 formellen und informellen Kontakten innerhalb und außerhalb der Unternehmung) kommt dabei eine Schlüsselrolle zu. Es dient sowohl der Informationsgewinnung für die (Fort-) Entwicklung der „agenda" als auch der Mobilisierung von Unterstützung zur Realisierung gesteckter Ziele.

Mintzberg interpretiert die von ihm beobachteten Aktivitäten in einer ähnlichen, wenn auch tiefer gegliederten Weise. Er begreift das beobachtete Arbeitsverhalten als Ausdruck eines Rollenverhaltens, genauer, als Erfüllung von zehn Rollen, die in genereller Form den Inhalt der Managementaufgabe umreißen sollen. Die zehn Rollen werden nach drei Aktivitätsgruppen gegliedert: dem Aufbau und der Aufrechterhaltung interpersoneller Beziehungen, der Aufnahme und Abgabe von Informationen und dem Treffen von Entscheidungen (vgl. Abb. 1.3). Die Rollen seien nachfolgend kurz erläutert:

1) Galionsfigur (Figurehead)

Kern dieser Rolle ist die Darstellung und Vertretung der Unternehmung oder der Abteilung nach innen und nach außen. Der Manager fungiert hier gewissermaßen als Symbolfigur. Nicht die konkrete Arbeit, sondern seine Anwesenheit oder seine Unterschrift als solche sind hier von Bedeutung. (Beispiel: Ein verärgerter Kunde möchte den Geschäftsführer sprechen oder der Abteilungsleiter bittet jährlich zum Neujahrsempfang.)

2) Vorgesetzter (Leader)

Die Anleitung und Motivierung der unterstellten Mitarbeiter sowie deren Auswahl und Beurteilung stehen im Zentrum. (Beispiel: Eine Managerin diskutiert mit ihrer Gruppe die Umsätze des letzten Monats.)

---

13 Kotter, J., The general managers, New York 1982.

Bereich	Interpersonelle Beziehungen	Informationen	Entscheidungen
Rollen	– Galionsfigur – Vorgesetzter – Vernetzer	– Radarschirm – Sender – Sprecher	– Innovator – Problemlöser – Ressourcenzuteiler – Verhandlungsführer

Quelle: Nach Mintzberg, H., The nature of managerial work, 2. Aufl., New York 1980

Abb. 1.3: Die 10 Management-Rollen nach Mintzberg

3) Vernetzer (Liaison)

Im Mittelpunkt dieser Rolle stehen Aufbau und Pflege eines funktionstüchtigen, reziproken Kontaktnetzes innerhalb und außerhalb des Unternehmens. (Beispiel: Managerin tritt einem Erfahrungskreis der Industrie- und Handelskammer bei).

4) Radarschirm (Monitor)

Zu dieser Rolle gehört die kontinuierliche Sammlung und Aufnahme von Informationen über interne und externe Entwicklungen, insbesondere über das selbst aufgebaute „Netzwerk". (Beispiel: Der Manager erfährt von einem Reisenden, daß der Hauptkonkurrent seine Gußteile demnächst zu einem Schleuderpreis aus Südkorea beziehen wird.)

5) Sender (Disseminator)

Kernaktivitäten sind Übermittlung und Interpretation relevanter Informationen und handlungsleitender Werte an die Mitarbeiter und andere Organisationsmitglieder. (Beispiel: Manager besucht einen Lieferanten und berichtet seinen Mitarbeitern seine Eindrücke.)

6) Sprecher (Spokesperson)

Hierzu gehört die Information externer Gruppen und die Vertretung der Organisation nach außen. (Beispiel: Managerin nimmt an einer Fernsehdiskussion über die sozialen Folgen moderner Technologien teil.)

7) Innovator (Entrepreneur)

Kernaktivitäten sind die Initiierung und die Realisierung von Wandel in Organisationen. Grundlage dieser Aktivität ist das fortwährende Aufspüren von Problemen und die Nutzung sich bietender Chancen. (Beispiel: Manager richtet eine Arbeitsgruppe ein, um die Erfindung eines Mitarbeiters aus der Grundlagenforschung in eine neue Produktidee umzusetzen.)

8) Problemlöser (Disturbance handler)

Diese Rolle führt Aktivitäten zusammen, die der Schlichtung von Konflikten und der Beseitigung unerwarteter Probleme und Störungen dienen. (Beispiel: Managerin stoppt den Bau einer Niederlassung im Fernen Osten wegen eines dramatischen Preisverfalls auf dem betreffenden Produktmarkt.)

9) Ressourcenzuteiler (Resource allocator)

Dazu gehören drei Zuteilungsbereiche: die Verteilung von eigener Zeit und damit die Bestimmung dessen, was wichtig und unwichtig ist; die Verteilung von Aufgaben und generellen Kompetenzen (Organisation); die selektive Autorisierung von Handlungsvorschlägen und damit zugleich die Zuteilung finanzieller Ressourcen. (Beispiel: Eine Mitarbeiterin legt einen Plan für den Kauf einer neuen Presse vor, der Manager lehnt ab, weil der Erwerb eines Trockenofens wichtiger erscheint.)

10) Verhandlungsführer (Negotiator)

In dieser Rolle führt der Manager in Vertretung der eigenen Organisation oder Abteilung (folgenreiche) Verhandlungen. (Beispiel: Die Gründung eines Gemeinschaftsunternehmens ist geplant, die Bedingungen sind von drei beauftragten Managern im Detail auszuhandeln.)

Diese zehn Aktivitätsbündel oder Rollen sind als eine Ganzheit zu betrachten und sollen ebenso wie die oben beschriebenen Managementfunktionen generell für jede Managementposition gelten. In Abhängigkeit von Branche, Hierarchieebene, Ressort, Arbeitsgruppe, Persönlichkeit usw. kann sich jedoch eine durchaus unterschiedliche Schwerpunktsetzung, eine je spezifische Gestalt ergeben. So liegt etwa bei Produktionsmanagern (Werksleitern, Meistern usw.) der Schwerpunkt häufig in der Bewältigung plötzlich auftretender Störungen, also in der Rolle des „Problemlösers". Bei Verkaufsmanagern liegt dagegen der Schwerpunkt meist beim Herstellen von Verbindungen („Vernetzer") und der Repräsentation („Galionsfigur").

1.4 Management-Rollen und Management-Funktionen

Betrachtet man die zehn Rollen genauer, so stellt man fest, daß sie von den fünf klassischen Managementfunktionen so weit gar nicht entfernt sind, wie es zunächst den Anschein hat. So lassen sich zumeist lockere Verbindungslinien herstellen, etwa zwischen der Managementfunktion Planung und der Innovator-, der Radarschirm- und der Ressourcenzuteilungsrolle. Die Managementfunktion „Organisation" wird ebenfalls mit der Ressourcenzuteilungsfunktion angesprochen wie mit der Rolle des Vernetzers. Die Rollen des Vorgesetzten, des Senders und des Problemlösers korrespondieren mit der Managementfunktion „Führung". Personaleinsatzprobleme kann man der Vorgesetztenrolle zuordnen, während die Managementfunktion „Kontrolle" eine gewisse Entsprechung in der „Radarschirm"-Rolle findet.[14]

---

14 Vgl. dazu auch Koontz, H., The management theory jungle revisited, in: Academy of Management Review 5 (1980), S. 181.

Die Tatsache, daß die zehn Rollen eine gewisse Affinität zu einzelnen Managementfunktionen (nicht aber zu dem klassischen Managementprozeß als solchen!) zeigen, muß nicht weiter verwundern. Sind diese doch auf einer sehr viel konkreteren Betrachtungsebene angesiedelt, so daß sie sich teilweise den viel abstrakteren Managementfunktionen zuordnen lassen. Darüber hinaus – und das ist ein grundlegenderes Argument – sind die zehn Rollen bereits mehr als eine bloße Beschreibung dessen, was beobachtet worden ist; sie stellen ebenso wie die klassischen fünf Funktionen einen Kanon von Aufgaben dar, der erfüllt werden **soll**. Das läßt sich sehr leicht daran erkennen, daß ein Manager, der vier oder fünf dieser Rollen nicht beachtet, sich den Vorwurf einhandeln würde, wichtige Aufgaben zu vernachlässigen. Mit anderen Worten: es wird auch gezeigt, welche Aufgaben ein Manager erfüllen muß, wenn er ein gutes Ergebnis erreichen will. Dies ist auch das Verständnis, das diesem Buch zugrunde liegen soll. Die Managementfunktionen werden mehr als **Sollenssätze**, als zu erfüllende Anforderungen verstanden, denn als exakte Beschreibung des Verhaltens vieler Manager.

Waren – so gesehen – die empirischen Studien zum Verhalten von Managern überflüssig? Ganz gewiß nicht, haben doch diese Studien mindestens zwei sehr wichtige Einsichten gebracht, die die Entwicklung der Management-Lehre erheblich beeinflußt haben:

1. Die empirischen Studien haben die konzeptionelle Begrenzung der traditionellen Managementfunktion aufgezeigt. Der klassische Managementprozeß vermag aufgrund seiner Struktur einen wichtigen Teil der Aufgaben nicht zu erfassen, die von erfolgreichen Managern wahrgenommen werden. Es sind dies alle jene Anforderungen und Aufgaben, die den über Planung hinausgehenden **Außenbezug** der Organisation und seine Bewältigung anbelangen. In dem Schema von Mintzberg erscheinen diese Anforderungen unter den Rollen: Galionsfigur, Sprecher, Verhandlungsführer, Vernetzer. Diese Rollen können im klassischen Management-Prozeß keinen Platz finden, weil dort der Außenbezug im wesentlichen nur als Planungsproblem thematisiert wird.

2. Die Beobachtungsergebnisse machen mit Nachdruck darauf aufmerksam, daß sich der betriebliche Leistungsprozeß nicht als linearer Handlungsablauf darstellen läßt – auch nicht idealerweise –, wie es der klassische Managementprozeß fordert. Vielmehr muß jederzeit mit einem erheblichen Maß an plötzlichen Störungen, unvorhergesehenen Ereignissen und neuen Konstellationen gerechnet werden. Häufig bleibt nichts anderes übrig, als kurzfristig auf eine aktuelle Bedrohung oder Chance zu reagieren. Systematisch vorbereitetes Entscheiden und rasches situationsgerechtes Handeln stehen sich daher notwendig in einem spannungsreichen Bogen gegenüber. Beides kann gleichermaßen rational sein. Der linearen Prozeßvorstellung wird damit das Primat genommen.

Dieses Gegenüber von Aktion und Reaktion, von sorgfältiger Analyse und spontaner Entscheidung, von klarer Ordnung und flexibler Anpassung ist kennzeichnend für ein erfolgreiches Management und soll deshalb auch als Grundlinie für dieses Buch gelten.

Ein theoretischer Rahmen, der diese Leitlinie und das ihr zugrundeliegende erweiterte Rationalitätsverständnis aufnimmt und zu einem lehr- und lernbaren Konzept verarbeitet, wird später im vierten Kapitel entwickelt. Für dieses einführende Kapitel soll es genügen, auf die Notwendigkeit einer erweiterten Funktionsbetrachtung und einer veränderten Prozeßlogik hingewiesen zu haben.

1.5 Funktionen und Fähigkeiten

Managementfunktionen beschreiben Aufgaben, die von Managern wahrgenommen werden (sollen). Funktionen können freilich nur erfüllt werden – und auch das haben die referierten empirischen Analysen deutlich gemacht –, wenn die entsprechenden Voraussetzungen gegeben sind. Was die persönlichen Voraussetzungen von Führungskräften betrifft, so geht aus den aufgezeigten Funktionen und Rollen klar hervor, daß sie über eine Reihe sehr unterschiedlicher Fähigkeiten verfügen müssen, wenn sie dem komplexen Charakter der sich stellenden Aufgaben gerecht werden wollen. Katz hat in seinen Studien drei Schlüssel-Kompetenzen („skills") identifiziert, die die Grundlage für eine erfolgreiche Bewältigung der Managementfunktionen bilden:[15]

(1) **Technische Kompetenz**, d.h. Managementwissen und die Fähigkeit, theoretisches Wissen, Techniken und Methoden auf den konkreten Einzelfall anzuwenden. Dies ist die am einfachsten zu vermittelnde Kompetenz, und die Managementlehre hat sich dementsprechend lange auf sie konzentriert. Heute weiß man, daß die zwei folgenden von mindestens gleichrangiger Bedeutung sind.

(2) **Soziale Kompetenz**, d.h. die Fähigkeit, mit anderen Menschen effektiv zusammenzuarbeiten und durch andere Menschen zu wirken. Dazu gehört nicht nur eine grundsätzliche **Kooperationsbereitschaft**, sondern auch die Fähigkeit, das Handeln anderer Menschen zu verstehen und sich in sie hineinzuversetzen. Der soziale Aktionsradius eines Managers ist groß, und ebenso groß ist die Anforderung an seine soziale Kompetenz. Sie ist auf mindestens vier Ebenen gefordert, auf der Ebene der Kollegen, der unterstellten Mitarbeiter, der Vorgesetzten und der Bezugsgruppen aus der Umwelt (vgl. Abb. 1.4). Im Zeichen der europäischen Integration und ganz generell der zunehmenden Globalisierung der Wirtschaft tritt als weitere Dimension der

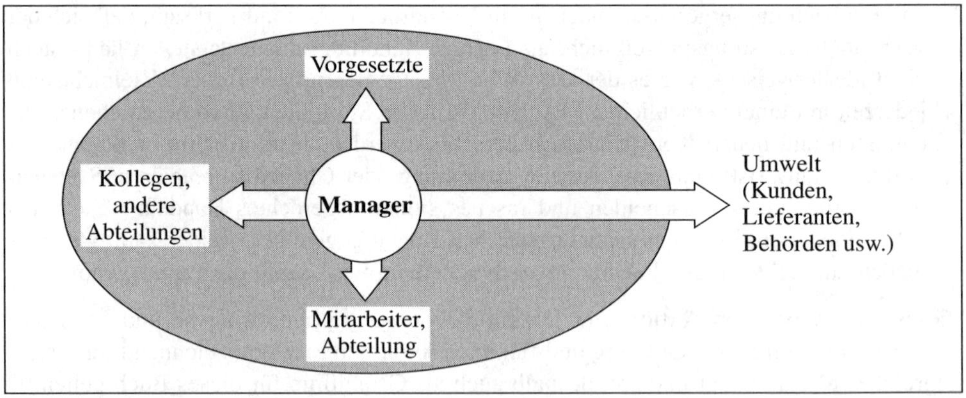

Abb. 1.4: Die Ebenen sozialer Kompetenz der Manager

15 Vgl. Katz, R.L., Skills of an effective administrator, in: Harvard Business Review 52 (1974), Nr. 5, S. 90 ff., Whitley, R. On the Nature of managerial tasks and skills; in: Journal of Management Studies 26 (1989), S. 215 ff.

sozialen Kompetenz das **interkulterelle Verstehen** hinzu, d. h. die Fähigkeit über kulturelle Grenzen hinweg zu kommunizieren und gemeinschaftlich zu handeln.[16]

(3) **Konzeptionelle Kompetenz,** d.h. die Fähigkeit, unübersichtliche komplexe Problemfelder zu strukturieren und in ein handhabbares Handlungskonzept umzuformen. Nachdem die Managementaufgabe wenig standardisiert ist, d.h. immer wieder neue, schwer zu durchschauende und in den Konsequenzen nicht genau bestimmbare Probleme zu bearbeiten sind, ist für die erfolgreiche Bewältigung dieser Aufgabe eine grundsätzliche Strukturierungsfähigkeit erforderlich. Es geht auch darum, bei widerstreitenden Erklärungen, unklaren Ursachenzuweisungen, manglenden Beweisen usw. dennoch ein überzeugendes Handlungskonzept aufzubauen. Die Entwicklung dieser Kompetenz setzt ein grundsätzliches Verständnis für die Zusammenhänge und für die Bewegungskräfte des Leistungsprozesses voraus; nur so können für Einzelprobleme und -entscheidungen Anschlüsse an andere Entscheidungen gefunden werden. Konzeptionelle Kompetenz verlangt aber auch die Fähigkeit, ein Problem aus verschiedenen Perspektiven betrachten zu können oder allgemeiner in verschiedenen Kategorien zu denken[17]. Darüber hinaus – und das ist fast noch wichtiger – verlangt konzeptionelle Kompetenz eine grundsätzliche Lernfähigkeit, um dem sich immer wieder verändernden Charakter der Problemstellungen gerecht werden zu können. Es besteht weitgehend Konsens darüber, daß aufgrund der wachsenden Komplexität der Wirtschaft die relative Bedeutung der konzeptionellen Kompetenz gegenüber den anderen beiden Kompetenzen zukünftig zunehmen wird.

Alle drei Kompetenzen wirken in einer Managementaufgabe zusammen, die Erfüllung jeder Funktion ist, wenn auch mit unterschiedlichen Schwerpunkten, auf das Zusammenspiel der Kompetenzen angewiesen.

Häufig wird eine Differenzierung der Managementkompetenzen nach hierarchischen Ebenen (oberes, mittleres und unteres Management) verlangt wie auch nach der organisatorischen Stellung (Linienmanagement, Projektmanagement, Funktions- oder Spartenleitung usw.).[18] Wie bereits dargelegt, geht jedoch die Managementlehre in der Mehrheit davon aus, dass sich diese unterschiedlichen Managementpositionen in ihren Funktionsanforderungen nicht systematisch unterscheiden, wohl aber relativ, d.h. im Gewicht der (universell gedachten) Funktionen zueinander. So wird beispielsweise immer wieder betont, konzeptionelle Kompetenz sei in höheren Managementpositionen bedeutungsvoller als im unteren Management, wohingegen die Sozialkompetenz für alle Ebenen im gleich Umfang wichtig sei[19]. Eine ähnliche Differenzierung schlägt Mintzberg innerhalb seines 10-Rollen-Konzeptes vor. In der Praxis erweisen sich solche pauschalen Gewichtungen immer wieder als problematisch. Braucht man z.B. für die Leitung einer Planungsgruppe (unteres Management) wirklich verhältnismäßig wenig konzeptionelle Kompetenz? Und ist der Wissensbe-

---

16 Vgl. zu den Grundlagen des Kulturverstehens. Hansen, K. P., Kultur und Kulturwissenschaft, 2. Aufl., Tübingen/Basel 2000, S. 317 ff.

17 Vgl. z.B. Bartunek,, J.M./Gordon, J.R./Weathersby, R.P., Developing „complicated" understanding in administrators, in: Academy of Management Review 8 (1983), S. 273-284

18 Vgl. etwa Dopson, S./Steward, R., What is happening to middle management?, in: British Journal of Management 1 (1997), S. 3-16

19 So Katz, R.L. a.a.O.

reich wirklich für die höheren Positionen von geringerer Bedeutung? Es ist wohl doch zweckmäßiger, die Gewichtung vom Einzelfall abhängig zu machen; nicht zuletzt spielen hier auch persönliche Gestaltungsprofile eine nicht zu vernachlässigende Rolle.

Auf der institutionellen Ebene läßt sich eine aussagekräftigere Unterscheidung zwischen den Managementebenen gewinnen. Schon der deutsche Gesetzgeber ordnet z.B. die tariflichen Führungskräfte (unteres Management) der betrieblichen Interessenvertretung (Betriebsrat) zu und setzt davon die außertariflichen Leitenden Angestellten ab (mittleres Management), die ein eigenes Interessenvertretungsorgan haben, den Sprecherausschuß, und auch nach dem Mitbestimmungsgesetz von 1976 mit einer eigenen Person im Aufsichtsrat vertreten sind. Während der Gesetzgeber unteres und mittleres Management zur „Arbeitnehmerbank" zählt, wird das obere Management (Top Management) zur Arbeitgeberseite gezählt. Jenseits dieser juristisch definierten Statusgruppen im Management gibt es eine Reihe von Studien, die Unterschieden in der Mentalität, den Identifikationsmustern, der sozialen Herkunft usw. zwischen diesen Gruppen nachgehen.[20]

Wie auch immer sich diese Unterschiede ausprägen mögen, eine separate Managementlehre für diese Statusgruppen wird es aus systematischen Gründen nicht geben.

Diskussionsfragen

1. Was versteht man unter „institutioneller" und „funktionaler" Sichtweise des Management?
2. Welche Aufgabe fällt der Planung in dem Ansatz von Koontz/O'Donnell zu?
3. Eine Verkaufsmanagerin äußert: „Um Planung brauche ich mich nicht zu kümmern, wir haben dafür in unserem Unternehmen eine eigene Planungsabteilung mit fünf Leuten." Was würden Sie ihr antworten?
4. Ein Ergebnis der empirischen Managementforschung lautet: Manager haben einen zerstückelten Arbeitstag. Ist es wichtig, dies zu wissen? Warum?
5. Stewart unterscheidet zwischen „demands", „choices" und „constraints". Erläutern Sie anhand eines Beispiels den Bezug zur Tätigkeit eines Managers!
6. Diskutieren Sie den Satz „Routine verdrängt das Denken"!
7. Welchen Zusammenhang sehen Sie zwischen der Rolle des „Vernetzers" und der des „Sprechers"?
8. Wozu benötigt eine Führungskraft „konzeptionelle Kompetenz"?
9. Trägt eine hohe „soziale Kompetenz" zur Qualität von Planung und Kontrolle bei?
10. Zeigen Sie den Unterschied zwischen „technischer Kompetenz" und „konzeptioneller Kompetenz" auf!

20 Vgl. zusammenfassend Walgenbach, P., Mittleres Management: Aufgaben – Funktion – Arbeitsverhalten, Wiesbaden 1994

Fallstudie

Complus GmbH*

Zur fortgeschrittenen Stunde, es war bereits halb sieben abends, saß Jutta Feige immer noch an ihrem Schreibtisch im Büro und rekapitulierte die Tagesereignisse. Sie war erschöpft und doch war sie nicht zufrieden mit der getanen Arbeit. „Der morgige Tag", sagte sie zu sich selbst, „muß produktiver werden. Früher wußte ich immer genau, was ich geleistet hatte."

Einige Briefe und Telefonate hatte sie immer noch nicht erledigen können, und allmählich fragte sie sich, ob ihr dieser Management-Posten als Regionalverkaufsleiterin Deutschland-Nord des bekannten Computerzubehörhändlers Complus GmbH überhaupt noch zusagte. Ihre vorherige Tätigkeit im Außendienst mit den vielen Reisen und dem direkten Kundenkontakt, erschien ihr nun sehr viel reizvoller.

Den heutigen Tag empfand sie als typisch für ihre jetzige Position.

Sie war früh ins Büro gekommen, um mit Frank Becker, dem Regionalverkaufsleiter Deutschland-Süd, einen gemeinsamen Verkaufsplan aufzustellen. Das war kein Zuckerlecken, denn Kompromißbereitschaft gehörte nicht gerade zu Beckers stärksten Eigenschaften.

Danach standen einige Telefongespräche mit Lieferanten des neuesten Bildschirmmodells an. Die Lieferung hatte sich aus unerklärlichen Gründen verzögert. Da die Lagerbestände aufgrund der starken Nachfrage enorm abgenommen hatten, war zu befürchten, daß sich die Lieferverzögerung bald negativ auf den Verkauf auswirken könnte. Die Situation bedurfte dringend der Klärung. Erst gegen Mittag konnte sie sich endlich ihrem Hauptprojekt „Bezirksaufteilung" widmen: Aus einer gezielten Durchsicht der Verkaufsberichte der letzten Jahre zog sie den Schluß, daß sowohl die Bezirksverkaufsleitung insgesamt wie auch die Leistung der einzelnen Außendienstleiter beträchtlich gesteigert werden könnte, wenn die Verkaufsbezirksaufteilung geändert würde. Diese Ergebnisse ihrer bisherigen Untersuchungen einschließlich des Neuvorschlags zur Bezirksaufteilung wollte sie den Bezirksverkaufsleitern ihrer Region bei dem für den nächsten Tag anberaumten Treffen vorstellen. Jedoch mußten die Unterlagen dafür erst noch erstellt werden.

Als sie von der Mittagspause zurückkehrte, fand sie auf ihrem Anrufbeantworter ein halbes Dutzend Anrufe mit der Bitte um Rückruf vor, darunter auch einen vom stellvertretenden Verkaufschef Christian Krüger, den sie als ersten zurückrief.

Zu ihrem Leidwesen eröffnete er ihr, daß sie beim morgigen Bezirksleitertreffen einen großen Teil der anberaumten Zeit nutzen sollte, um das neue Promotionsprogramm der Firma vorzustellen; seiner Ansicht nach eine höchst dringliche Angelegenheit. Er versprach, ihr die notwendigen Unterlagen sofort per Kurierpost zukommen zu lassen.

Nachdem sie vergeblich versucht hatte, einige der anderen Anrufer zu erreichen, widmete sie sich wieder ihrem Hauptprojekt „Bezirksaufteilung". Bis zum Nachmittag hatte sie die für die Präsentation notwendigen Unterlagen fertiggestellt – gerade noch rechtzeitig vor einem vereinbarten Bewerbungsgespräch mit einem Kandidaten für einen freigewordenen Bezirksleiterposten. Nach einer Stunde war das Gespräch beendet. Der Bewerber schien ihr

---

* Unter Verwendung von Motiven von Daft, R., Management, Chicago 1988, S. 30 f.

geeignet für die Position, und so verbrachte sie die nächste Stunde damit, telefonisch einige Erkundigungen einzuholen, um die von ihm gemachten Angaben bestätigt zu wissen.

Nachdem sie dies erledigt hatte, es war mittlerweile fünf Uhr, wandte sie sich ihren noch unerledigten Aufgaben zu. Für die noch nicht beantworteten Telefonate war es bereits zu spät, die zwischenzeitlich eingetroffenen Unterlagen von Krüger mußte sie noch durchsehen, und die Agenda für das morgige Bezirksleitertreffen mußte umgeändert werden. Das Ergebnis ihres Hauptprojektes wollte sie auf jeden Fall morgen auch präsentieren, aber es war ihr klar, daß die Neuaufteilung der Bezirke nur ein Teilaspekt sein konnte, um die immer noch nicht zufriedenstellende Leistung „ihrer" Verkaufsmannschaft zu steigern. Sie überlegte, welche weiteren Maßnahmen ergriffen werden könnten.

Fragen zur Fallstudie:

1. In welchen Aspekten unterscheidet sich wohl Jutta Feiges Arbeit als Regionalverkaufsleiterin von ihrer Außendiensttätigkeit?
2. Welche der 10 Managementrollen werden in diesem Fall beschrieben?

Literaturhinweise

Zusammenfassende Darstellungen der Management-Funktionen:

Daft, R. L. Management, 5. Aufl. 1999.
Staehle, W.H., Management, 8. Aufl., München 1999.
Ulrich, P./Fluri, E., Management, 7. Aufl., Bern/Stuttgart 1995.

Zu empirischen Analysen der Managementtätigkeit und ihrer Kritik:

Stewart, R. (Hrsg.), Managerial work, Aldershot u. a. 1998.
Mintzberg, H., The nature of managerial work, 2. Aufl., Englewood Cliffs, N. J. 1980.
Schirmer, F., Arbeitsverhalten von Managern, Wiesbaden 1992.
Schreyögg, G./Hübl, G., Manager in Aktion: Ergebnisse einer Beobachtungsstudie in mittelständischen Unternehmen, in: Zeitschrift Führung + Organisation 61 (1992), S. 82–89.

Zu den Management-Kompetenzen:

French, R./Grey, C. (Hrsg.), Rethinking management education, London 1996.
Livingston, J.S., The myth of the well-educated manager. In: Harvard Business Review 49 (1971), S. 79–89.

Zweites Kapitel

Die Entstehung des Managements und der Managementlehre

2.1 Der Ursprung in der Praxis

Das Verständnis des Managements im institutionellen wie auch im funktionalen Sinne läßt sich vertiefen, wenn man dessen Entwicklungsgeschichte genauer studiert und dabei nach den Gründen fragt, die zur Entfaltung des Managements geführt haben. Es besteht weitgehend Einigkeit darüber, daß sich – unbeschadet mancher Vorläufer – das Management im heutigen Sinne erst im Laufe der Industriellen Revolution voll herausgebildet hat, genauer mit der Entstehung der industriellen Großunternehmung.[1] Diese brachte – im Vergleich etwa zum überschaubaren kleinen Handwerksbetrieb oder zu den mittelgroßen Fabriken in der Frühzeit der Industriellen Revolution – einen immens wachsenden Koordinationsbedarf mit sich. Das läßt sich ganz sinnfällig am Beispiel des Wachstums der Eisenbahnen zeigen, die in der Mitte des 19. Jahrhunderts als Aktiengesellschaften gegründet wurden.

Bis dahin prägte die **Person** des Eigentümerunternehmers in den überschaubaren kleinen Handels-, Handwerks- und Industriebetrieben überwiegend die Art und Weise, wie die Arbeiten koordiniert wurden. Der Unternehmer steuerte „seinen" Betrieb nach eigenen Vorstellungen; der direkte Kontakt zum Personal machte allgemeine Regelungen zur Verteilung von Kompetenzen und Funktionen überflüssig. Sehr schön kommt dieser direkte persönliche „Führungsstil" in dem nachfolgenden Zitat aus dem ersten Buch zum Ausdruck, das in praktischer Absicht „Systeme von Regeln für den erfolgreichen Betrieb der Gewerbe" (1868) anbot: „Die beste Instruktion ist die mündliche, die der allezeit und überall gegenwärtige, alles durchschauende Unternehmer selbst gibt, und die, welche ein Beispiel den Angestellten fortwährend vor Augen hält."[2]

Genau diese „**personelle**" Lösung des Koordinationsproblems stieß bei den Eisenbahngesellschaften schnell an Grenzen. In dem Maße, wie immer mehr Züge pro Tag im Personen- und Frachtverkehr auf immer längeren und örtlich weit ausgreifenden Strecken sicher und effizient eingesetzt werden sollten, wuchs die Komplexität und Unübersichtlichkeit der Transportvorgänge, bis offensichtlich wurde, daß einige wenige Personen sie nicht mehr alleine überwachen konnten. Schwere Eisenbahnunfälle in Serie mit Frontalzusammenstößen bei der „Western" in den USA in den vierziger Jahren des vorigen Jahrhunderts führten zu gerichtlichen Untersuchungen, die Reformen in der Organisation und Führung der Eisenbahngesellschaften nach sich zogen. Genauer wird diese Entwicklung in der sehr bekannten wirtschaftshistorischen Studie von Chandler beschrieben.[3]

Bis Mitte des 19. Jahrhunderts waren die Streckennetze der amerikanischen Eisenbahngesellschaften einfach und unkompliziert. Die „Boston & Worcester Railroad" hatte z.B. eine eingleisige Strecke von 44 Meilen. Drei Passagierzüge verließen die beiden Endbahnhöfe täglich um 6 Uhr, 12 Uhr und 16 Uhr. Je ein Güterzug fuhr gleich morgens

1 Vgl. Kocka, J., Unternehmer in der deutschen Industrialisierung, Göttingen 1975, S. 80 ff.
2 Emminghaus, A., Allgemeine Gewerkslehre, Berlin 1868, S. 164.
3 Vgl. Chandler, A.D., The visible hand: The managerial revolution in American business, Cambridge/Mass. 1977, S. 80 ff., insbes. S. 96 ff.

nach dem Personenzug ab. Die Züge trafen sich in Framingham in der Mitte der Strecke. Kein Zug fuhr zum Bestimmungsbahnhof weiter, solange nicht der Gegenzug in Framingham eingelaufen war. Die Koordination dieses einfachen Transportsystems wurde von einem Vorgesetzten mit seinen Funktionsassistenten (für Transport- und Wartungstätigkeiten) aus einem einzigen Büro heraus erledigt.

Die Grenzen dieser „personalen Steuerung" der Transporte wurden bei der „Western" deutlich. Ihr Streckennetz war 150 Meilen lang. Es war in drei Sektionen gebaut worden, und jede Sektion (Division) erhielt nach Fertigstellung ein eigenes Büro mit Vorgesetzten und Funktionsassistenten. Wegen der Streckenlänge erreichte der Morgenzug den Bestimmungsbahnhof erst am späten Nachmittag. Da die Eisenbahngesellschaft drei Züge in jede Richtung fahren ließ, gab es täglich 9 Zusammentreffen der in entgegengesetzte Richtung fahrenden Züge. Verständigungsmöglichkeiten über Telegraph gab es noch nicht. Und so ereigneten sich – nicht zuletzt auch infolge der gebirgigen und unübersichtlichen Landschaft – die erwähnten vielen Unfälle einschließlich eines Frontalzusammenstoßes. Die Überwachung und Koordination der Zugbewegungen (auch bei Verspätungen und Störungen) war offensichtlich mit dem einfachen System personaler Steuerung nicht mehr zu leisten gewesen.

Eine schließlich eingesetzte Untersuchungskommission schlug die Schaffung eindeutiger Kommunikationswege und Verantwortlichkeiten für die zentralen Aufgabenfelder der Eisenbahnverwaltung vor (vgl. Abb. 2.1). Daraufhin wurden für alle drei geographisch getrennte Sektionen der Western identische Organisationsstrukturen geschaffen, die wiederum zentral durch das Hauptbüro in Springfield koordiniert wurden. In jedem der drei Sektionsbüros hatte der „**Assistenz-Transportmanager**" die Verantwortung für die Zugbewegungen und die Personen- und Frachttransporte. Der „**Streckenmeister**" war für die Instandhaltung der Eisenbahngeleise verantwortlich und der „**Mechanikermeister**" für die Reparatur und Instandhaltung der Züge. Auf diese Weise wurde der Aufgabenvollzug klar geteilt. Die drei Stellen selbst waren zur Koordination ihrer Aufgaben in eine hierarchische Struktur eingebunden. Die Assistenz-Transportmanager berichteten an den Transportmanager in der Zentrale in Springfield, die Mechanikermeister an den Chefmechaniker dort, der ebenfalls dem Transportmanager unterstellt war. Die Streckenmeister berichteten dagegen direkt an den „General Superintendent" in Springfield. Der „General Superintendent" war dem Präsidenten und dem „Board of Directors" der Western-Eisenbahngesellschaft verantwortlich. Alle Manager erstellten regelmäßig Berichte auf der Basis derjenigen Informationen, die sie selbst von ihren Untergebenen erhielten: von den Stationsvorstehern, den Zugführern, den Lagerverwaltern, den Vorarbeitern der Reparaturtrupps etc.

Um Unfällen vorzubeugen, wurde ferner ein „**Informationssystem**" eingerichtet; genaue Fahrpläne wurden erstellt. Die Zugführer erhielten die Verantwortung für die Einhaltung der Pläne, zusammen mit genauen Instruktionen, wie sie sich bei Zugverspätungen oder bei Störungen zu verhalten hatten.

Auf diese Weise entstand also – aus der Praxis geboren – ein neues Management-Muster für die Koordination immer komplexer werdender Aufgaben und Arbeiten, das das Leitbild für alle später gegründeten Eisenbahngesellschaften in den USA wurde. Der wesentliche Unterschied zu seinem Vorläufer, der „personalen Koordination", lag genau in der Herauslösung der Koordinationsaufgaben aus ihrer engen Bindung an die jeweiligen persönlichen Einstellungen, Verhaltensweisen und situationalen Bedingungen und Verhältnisse in den drei Sektionsbüros. Insofern entstand eine „überpersönliche" Struktur von Stellen, eine Organisation mit mehreren Management-Ebenen und allgemeinen Verhaltensregeln.

Man kann also festhalten, daß die frühe Entwicklungsstufe des Managements durch die Ausgliederung der Managementfunktionen aus dem ursprünglich einheitlichen personalen Handlungszusammenhang, ferner durch deren Ausdifferenzierung und hierarchische Stufung gekennzeichnet ist (vgl. Abb. 2.1).

Die Gründe für diese Entwicklung sind im Falle der Eisenbahngesellschaften deutlich geworden: Die Größe und geographische Ausdehnung (örtliche Dezentralisation) des Streckennetzes und die damit verbundene hohe Komplexität der Steuerungsaufgaben erzwangen im Interesse der Sicherheit und der Effizienz des Eisenbahnverkehrs eine Lösung, die die bisherige eng begrenzte Steuerungskapazität durch Ablösung der Managementfunktionen von den (wenigen) Leitungspersonen und deren organisatorische „Verselbständigung" erweiterte. Hier lag gleichsam die Voraussetzung und die Erfolgsbedin-

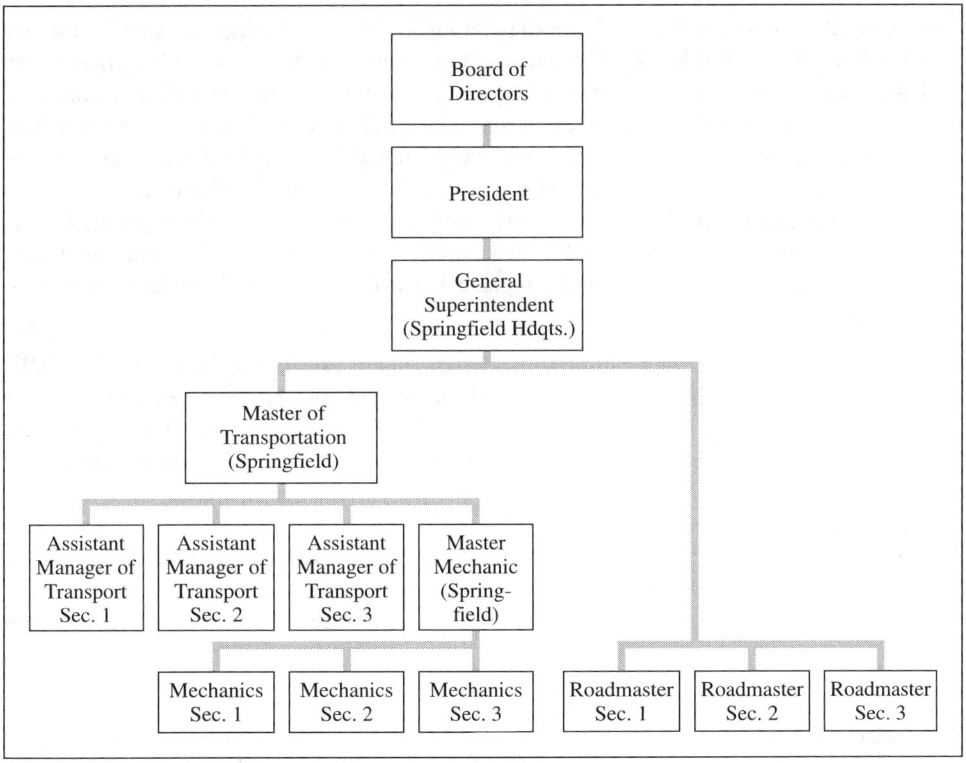

Abb. 2.1: Organisation der „Western" um 1850 (rekonstruiert nach Chandler, A.D.)

gung für das Entstehen der Großunternehmung. Die Richtigkeit dieser These zeigte sich im weiteren Verlauf der Industrialisierung dann auch in solchen Fällen, wo andere Gründe (als bei den Eisenbahnen) zum Unternehmenswachstum und damit zu immer komplexeren und schwieriger überschaubaren Handlungszusammenhängen führten. Zwei dieser Gründe seien noch erwähnt:[4]

(1) Das Wachstum wurde von vielen Unternehmungen durch Integration solcher Transaktionen in den Unternehmensverbund beschleunigt, die vorher von anderen Unternehmen ausgeführt und über den Markt abgewickelt wurden (**vertikale Integration**). Diese Entwicklung betraf insbesondere die Integration von Produktion und Distribution (Vorwärtsintegration), die primär zur Absicherung von Märkten angesichts von Überkapazitäten oder zur Abstimmung von Produktentwicklung, Produktionsprozessen und Markterfordernissen vorgenommen wurde. Natürlich mußten sich, damit die Integrationsstrategie auf Dauer gegenüber der desintegrierten Marktlösung im Wettbewerb Bestand hatte, dadurch Ertrags- und Kostenvorteile ergeben. Und in der Tat ist heute in der Theorie der Firma eine der zentralen Thesen, daß mit der Entfaltung, Spezialisierung und Rationalisierung der Managementfunktionen eine „organisatorische" Lösung der komplexen Koordinationsaufgaben in Großunternehmen möglich wurde, die in vielen Fällen geringere (Transaktions-)Kosten als die Marktkoordination mit sich brachte.[5]

(2) Das Wachstum wurde ferner durch die Herausbildung von Mehrproduktunternehmen beschleunigt. In dem Maße, wie die erschlossenen Märkte durch Auftauchen neuer Unternehmen enger wurden und infolge von Sättigungserscheinungen ein schnelles Marktwachstum nicht mehr zu erwarten stand, dehnten die Großunternehmen ihre Geschäfte auch auf andere vielversprechende Branchen und auf ausländische Märkte aus. Diese Bestrebungen zur **Diversifizierung,** die schon in der Frühphase der Industrialisierung zu beobachten waren, verkomplizierten für den Unternehmer die Steuerungsprobleme (noch einmal) und erzwangen so ebenfalls eine „Entindividualisierung" der großbetrieblichen Steuerungsaufgaben durch Ausbildung eines Managementsystems.

Bei den amerikanischen Eisenbahngesellschaften scheint die Entdeckung und Entwicklung der neuen Managementfunktionen primär eine Leistung derjenigen Praktiker gewesen zu sein, die mit dem Aufbau und anschließenden Betrieb der Eisenbahnen tagtäglich zu tun hatten; sie bekamen den Druck der ungelösten Koordinationsprobleme gleichsam unmittelbar zu spüren und mußten Lösungen dafür finden. Es scheint – mit anderen Worten – nicht so gewesen zu sein, daß Erfahrungen aus anderen Großorganisationen, die mit ähnlichen Problemen konfrontiert waren, wie dem Militär oder der öffentlichen Verwaltung, direkt von den Eisenbahngesellschaften übernommen wurden. Gleichwohl waren diese Bereiche aber indirekt eine Quelle des Managementwissens im Eisenbahn-

---

4 Vgl. dazu auch Kocka, J., a.a.O., S. 82 ff., und Schreyögg, G., Unternehmensstrategie, Berlin/New York 1984, S. 58 ff. (unter Auswertung der Ergebnisse auch von Chandler, A.D., a.a.O.).

5 Vgl. zur Transaktionskostentheorie und ihrer Bedeutung für die Alternative „Markt vs. Unternehmung" u.a. Williamson, O.E., Markets and hierarchies: Analysis and antitrust implications, London 1975.

wesen, insofern sie nämlich zur Ausbildung von Ingenieuren und Verwaltungsbeamten beitrugen, die dann im Eisenbahnwesen tätig wurden.[6]

In Deutschland zeigte sich eine andere Entwicklung. Hier wurden organisatorische Lösungen (und darin geübte Beamte) gezielt aus der öffentlichen Verwaltung übernommen und an die besonderen Bedürfnisse der wachsenden Privatunternehmen angeglichen. Aufgabenverteilungen und Anordnungsbefugnisse wurden – zusammen mit Kompetenzabgrenzungen, Informationswegen und anderen Formalia – im Detail ausgearbeitet und schriftlich festgelegt. Insgesamt – so das Urteil von Kocka[7] – sei diese Übernahme von Problemlösungsmustern aus der öffentlichen Verwaltung günstig für die Entwicklung eines frühen systematischen Managements in den entstehenden Großunternehmen gewesen und habe das Unternehmens- und Wirtschaftswachstum erleichtert.[8]

Für das Verständnis der Entstehungsgeschichte des Managements ist es ferner wichtig zu sehen, daß hier nicht so etwas wie die **Delegation** von Aufgaben vorliegt, die der bisherige Eigentümer-Unternehmer an Personen seines Vertrauens vorgenommen hat, um sich zu entlasten. Der Delegationsbegriff schließt ja die Möglichkeit ein, das, was delegiert wurde, wieder zurückzunehmen in den eigenen Aufgabenbereich. Das kann der Eigentümer eines Großunternehmens jedoch **nicht**, und zwar aus strukturellen Gründen, ganz unabhängig von seinen persönlichen Fähigkeiten und Wünschen. Ein Großunternehmen zu führen, läßt sich wegen der Komplexität dieser Aufgabe prinzipiell nicht mehr von einer einzelnen Person bewältigen. Ihre Informationsverarbeitungs- und Koordinationskapazität ist zu gering. Hinzu kommt, daß die Managementfunktionen sich inhaltlich soweit entwickelten und ausdifferenzierten, daß sie lehr- und lernbar wurden. Die Eigenschaft, Eigentümer zu sein, ist mit der Entstehung der Großunternehmung also keine ausreichende Qualifikation für die Unternehmensführung mehr. Entscheidend ist die über Ausbildung und Praxis erworbene Qualifikation als Manager. Manager zu sein wurde zu einem Beruf. Und die mit der Professionalisierung verbundene Spezialisierung ist eine weitere strukturelle Barriere gegen jede Re-Delegation von Aufgaben an die Person des Eigentümer-Unternehmers.[9] Man kann das auch so ausdrücken, daß die Genese des Managements irreversibel ist.

---

6 Vgl. Chandler, A.D., a.a.O., S. 95; einen breiteren Überblick geben Kaufman, A./Zacharias, L./Karson, M., Managers vs. owners, New York 1995

7 Kocka, J., a.a.O., S. 86 f.

8 Zum Aufstieg der industriellen Großunternehmung in Deutschland vgl. auch Chandler, A.D., Scale and scope. The dynamics of industrial capitalism, Cambridge/Mass. u.a. 1990, S. 393 ff.

9 Zur Unhaltbarkeit der Delegationsthese vgl. auch Kocka, J., Industrielle Angestelltenschaft in frühindustrieller Zeit, in: Büsch, O. (Hrsg.), Untersuchungen zur Geschichte der frühen Industrialisierung vornehmlich im Wirtschaftsraum Berlin/Brandenburg, Berlin 1971, S. 347 ff.

2.2 Die Ideengeschichte des Managements: Schulen, Lehrmeinungen, Strömungen

Die angedeutete Professionalisierung des Managements,[10] d.h. die Ausbildung eines eigenständigen Managerberufes, ist – wie bei anderen Berufsbildungen auch – an verschiedenen äußeren Kennzeichen ablesbar, wie etwa der Entstehung von beruflichen Vereinigungen, der Gründung von berufsbezogenen Fachzeitschriften, der Organisation von Tagungen, auf denen gemeinsam interessierende Probleme diskutiert werden können, und nicht zuletzt der Einrichtung von Ausbildungsgängen, die gewissen Qualitätsstandards genügen. Alle diese Aktivitäten tragen dazu bei bzw. setzen auch voraus, daß das in der Praxis gewonnene neue Wissen aufgeschrieben, begrifflich und systematisch durchdrungen und in größere Erklärungszusammenhänge eingeordnet wird. Die bereits erwähnte „Allgemeine Gewerkslehre" von A. Emminghaus aus dem Jahre 1868 ist ein Beispiel für derartige Bestrebungen. Sie alle zusammen bilden das, was man heute rückblickend als „**Ideengeschichte des Managements**" bezeichnet.

Diese Geschichte darf man sich allerdings nicht als eine systematisch gewachsene Ansammlung von wohlgeordnetem kumulierten Wissen vorstellen. Zu sehr vereinzelt und disparat waren die spezifischen Erfahrungen und Ansätze der einzelnen Praktiker, die sich daran gemacht haben, ihr Wissen niederzuschreiben. Und auch als die „Managementlehre" – zum Teil unter ganz verschiedenen Fachbezeichnungen – nach und nach Eingang in die Universitäten fand, hatte das keineswegs zwangsläufig eine Vereinheitlichung des Lehr- und Forschungsprogramms zur Folge. Wie bei allen jungen Disziplinen – und als eine solche ist die Management-Lehre auch heute noch zu bezeichnen – streitet man darüber, ob es sich hier überhaupt um ein eigenständiges (akademisches) Lehrgebiet handeln kann, und wenn ja, welches denn wohl die zu einem solchen Lehrgebiet gehörenden „Teilgebiete" sein müßten. Und wie bei allen Handlungswissenschaften unterscheidet man verschiedene Schulen, deren Querbezüge nicht immer leicht zu durchdringen sind, so daß bis zum heutigen Tage – wenn man so will – die von Koontz geprägte Bezeichnung vom „Management-Theorien-Dschungel"[11] auf die Disziplin angewendet werden kann.

---

10 Kritisch zur Professionalisierungsthese Donham, P., Is management a profession?, in: Harvard Business Review 40 (1962), Nr. 5, S. 60–68.

11 1962 legte der bekannte Managementforscher Harold Koontz auf einem Symposium an der University of California, Los Angeles, ein Diskussionspapier mit dem Titel „The management theory jungle" vor. Vgl. auch Koontz, H., The management theory jungle, in: Journal of the Academy of Management 3 (1961), S. 174–188. 20 Jahre später bekräftigt Koontz seine Auffassung: The management theory jungle revisited, in: Academy of Management Review 2 (1980), S. 175–187.

2.2.1 Die Etablierung des Faches an den Hochschulen

2.2.1.1 Die geschichtliche Entwicklung: USA und Deutschland

Es besteht in der unternehmensgeschichtlichen Forschung Einigkeit darüber, daß lange vor der Etablierung der Managementlehre an den Hochschulen wichtige Publikationen dazu von Praktikern erschienen sind. Darüber hinaus mag man auch in den Büchern einer Anzahl von Kameralwissenschaftlern Vorläufer des Faches sehen.[12] Nichtsdestotrotz läßt sich ein Anfangspunkt markieren, von dem aus eine **systematischere** – nicht nur vereinzelt betriebene – theoretische Beschäftigung mit dem Management begann. Gemeint sind die frühen Versuche zur Etablierung des Faches als Universitätsdisziplin. Am frühesten und zügigsten vollzog sich dabei diese Entwicklung in den USA, wo man wohl auch weniger mit Vorbehalten der „scientific community" gegenüber dem Wissenschaftscharakter des neuen Faches zu kämpfen hatte; sehr viel später folgte Deutschland, und mit großen (nur aus den Eigenarten des Bildungssystems erklärbaren) Verzögerungen, das „Mutterland" der Industrialisierung und damit eigentlich des Managements, England.[13]

In den USA wird die Entstehung der „Business Schools" an den Universitäten als der letztlich entscheidende Schritt zur Professionalisierung des Managements eingestuft.[14] Die ersten Kurse und Ausbildungsgänge in „business administration" wurden um die Jahrhundertwende etabliert; 1881 entstand z.B. als erste die heute noch berühmte „Wharton School of Commerce and Finance", ein Jahrzehnt später gründeten die Universitäten von Chicago und California „undergraduate schools of commerce". Als 1908 die „Harvard Business School" gegründet wurde, die heute wohl über das größte Renommee aller „Business Schools" in den USA verfügt, war das Fach „Business Administration" bereits an einer Reihe anderer Universitäten etabliert.

Die Ausbildung in „Business Administration" orientierte sich von Anfang an sehr stark an den Bedürfnissen der Praxis. Neben allgemeinen kaufmännischen Fächern (Buchhaltung, Handelsrecht etc.) wurden dabei z.B. in Harvard auch Kurse über das Management in bestimmten Wirtschaftszweigen (Industrie, Handel, Transport) angeboten. Für das Eisenbahnwesen gab es etwa Wahlkurse in „Railroad Organization and Finance", „Railroad Operation" und „Railroad Rate-Making". Und um 1910 tauchten dann schon Kurse auf, die **allgemeine** Managementprobleme in den Mittelpunkt rückten und weniger die Führungsprobleme einzelner Wirtschaftszweige. Als Teil einer Allgemeinen Managementlehre läßt sich so der erste Kurs in Unternehmenspolitik („Business Policy") an-

12 Zu den Kameralwissenschaften als Vorläufer der Betriebswirtschaftslehre vgl. Schneider, D., Allgemeine Betriebswirtschaftslehre, 3. Aufl., München/Wien 1987, S. 107 ff.

13 Vgl. zur Entwicklung der Management-Ausbildung in England den informativen Aufsatz von Lupton, T., The development of education for management in the United Kingdom, in: Zeitschrift für Betriebswirtschaft 57 (1987), S. 86–99. In England war man wohl lange der Meinung, daß die Führung eines Unternehmens jedem möglich sei, der im Studium an Hand eines geeigneten Faches eine rigorose Denkschulung erhalten hatte. Zur Bedeutung des englischen Pragmatismus in diesem Zusammenhang Urwick, L., Grundlagen und Methoden der Unternehmensführung, Essen 1961, S. 19 ff.

14 So Chandler, A.D.,The visible hand, a.a.O., S. 466.

sehen, der in Harvard 1911/12 stattfand und bereits die heute berühmte **Fall-Methode** (in Anlehnung an die Juristen-Ausbildung an der Harvard Law School) verwendete. In den Folgejahren wurden dann sehr viele neue Business Schools in den verschiedensten US-Staaten gegründet.

Etwa um 1920 war in den USA der Berufsstand der Manager etabliert. Es gab eine systematische Berufsausbildung an den Universitäten, allgemeine und wirtschaftszweigbezogene Berufsverbände waren entstanden, Fachzeitschriften wurden gegründet, und der Beruf der Unternehmensberater hatte sich entwickelt. Es bildete sich durch intensive Kommunikation das Bewußtsein heraus, einer neuen großen und bedeutenden Berufsgruppe, eben der der Manager, anzugehören. Die Managementausbildung an den Universitäten war in den Folgejahren dabei keineswegs frei von Kritik. Das pragmatische Vorgehen der „Business Schools" führte z.B. zur Vernachlässigung der Forschung und zu einer allzu vordergründig praxisorientierten, wenig theoriegeleiteten Lehre. Diese Kritik hatte dann Reformen zur Folge. Heute schlägt das Pendel in gewisser Weise wieder zurück, zunehmende Kritik wird laut, die „Business Schools" seien zu theoretisch, viel zu quantitativ orientiert und bildeten zuwenig praktisches unternehmerisches Denken und Handeln aus.[15]

In den **deutschsprachigen Ländern** (Deutschland, Österreich, Schweiz) entstanden ebenfalls Ende des 19. Jahrhunderts Pflanzstätten der höheren kaufmännischen Bildung, nämlich die Handelshochschulen (1898 in Leipzig, Wien, St. Gallen). Sie verfolgten mit ihrem Lehrangebot aber zunächst mehr den Zweck, die Allgemeinbildung der Kaufleute zu erhöhen;[16] neben Volkswirtschaftslehre, Recht, Buchhaltung und kaufmännischem Rechnen spielten die Fremdsprachen eine bedeutende Rolle, damit die Ausrichtung auf den Außenhandel und die Weltwirtschaft dokumentierend. Auch in der weiteren Entwicklung hin zur Betriebswirtschaftslehre treten Fragen der Planung, Organisation und Führung, also die klassischen Managementfunktionen, kaum in den Vordergrund. Es dominieren in den zwanziger Jahren mit Blick auf die Anforderungen „praktischer Betriebsführung", insbesondere der „Kontrolle der Betriebsgebarung" (Kostenkontrolle bei stagnierenden Märkten), Fragen des Rechnungswesens,[17] wobei auf diesem Gebiet die Leistungen im anglo-amerikanischen Raum deutlich übertroffen wurden.

In der Zeit des Nationalsozialismus bleibt die Betriebswirtschaftslehre dann sowieso von den Managemententwicklungen in den USA abgekoppelt.[18] Und erst in den fünfziger Jahren treten, nicht zuletzt angestoßen durch Erich Kosiol und durch Erich Gutenberg,[19] auch Fragen der Planung und Organisation stärker in den Mittelpunkt der Betriebswirtschaftslehre.

---

15 Vgl. z.B. Behrman, J.N./Levin, R.I., Are business schools doing their jobs?, in: Harvard Business Review 62 (1984), S. 140–142.

16 Vgl. Schneider, D., a.a.O., S. 129.

17 Vgl. etwa die Arbeiten von E. Schmalenbach zur „Dynamischen Bilanz", (4. Aufl., Leipzig 1926) und zu den „Grundlagen der Selbstkostenrechnung und Preispolitik" (2. Aufl., Leipzig 1925).

18 Vgl. zur Bedeutung des „Führerprinzips" für die „Betriebsgemeinschaft" Staehle, W., Management, 8. Aufl., München 1999, S. 19.

19 Gutenberg, E., Grundlagen der Betriebswirtschaftslehre, Band 1: Die Produktion, 1. Aufl., Berlin/Göttingen/Heidelberg 1951; Kosiol, E., Grundlagen und Methoden der Organisationsforschung, Berlin 1959; Vgl. zur Entwicklung der deutschen Betriebswirtschaftslehre seit 1945 auch Schneider, D., a.a.O., S. 150 ff.

Von dort an ist dann ein kontinuierlich wachsendes Interesse der Betriebswirtschaftslehre an Fragen des Managements zu registrieren, wiewohl die Entwicklungslinien durchaus nicht einheitlich sind. Es werden Lehrstühle für Unternehmensführung gegründet, im Zuge der verhaltenswissenschaftlichen Öffnung des Faches viele Lehrinhalte aus der amerikanischen – stark soziologisch und psychologisch orientierten – Organisationswissenschaft rezipiert, wissenschaftstheoretische Grundsatzdiskussionen über das Verhältnis von Betriebswirtschaftslehre einerseits und Managementlehre andererseits geführt und – ähnlich wie schon früh in den USA – werden auch in Kooperation von Wissenschaft und Praxis Weiterbildungsinstitutionen für die Praxis des Managements gegründet, wie etwa das „Universitätsseminar der Wirtschaft". Schließlich erscheinen erste Lehrbücher für das Fach Anfang der 70er Jahre, wie etwa von H. Ulrich und E. Rühli, und Anfang der 80er Jahre von W. Staehle.

2.2.1.2 Status und Einordnung des Faches

Die Managementlehre – so wie sie sich heute darstellt – ist ihrem Charakter nach eine Lehre der systematischen Erörterung von betrieblichen Steuerungsproblemen. Ihr Paradigma ist nicht ein abstraktes Identitätsprinzip – wie etwa das Knappheitsprinzip –, sondern es ist das **praktische Problem**. Genauer gesagt sind es die Probleme, die sich beim Aufbau und der Steuerung einer Unternehmung oder Leistungsorganisation ganz konkret stellen. Die in der Praxis der betrieblichen Steuerung entstehenden Probleme entziehen sich grundsätzlich einer schematischen Klassifikation nach Disziplinen, wie man sie traditionsgemäß abzugrenzen gewohnt ist. Nur die Grundlagenforschung kennt rein psychologische oder rein physikalische Probleme; die Steuerungsprobleme sind dagegen praktische Probleme, sie nehmen keine Rücksicht auf Disziplinen; sie sind ihrer Natur nach **„a-disziplinär"**.[20] Diese Perspektive einer problembezogenen Wissenschaft ist keineswegs ungewöhnlich, im technischen Bereich sind die Ingenieurwissenschaften in gleicher Weise etabliert.

Das **Prinzip der Problemorientierung** fordert dazu auf, über alle Disziplingrenzen hinweg auftretende Probleme bei der Steuerung von Betrieben zu verstehen, zu formulieren (zu „konstruieren") und solches Wissen zu generieren oder aus Grundlagendisziplinen einzuarbeiten, das der Problemlösung dienlich ist.[21]

Um das leisten zu können, muß die Managementlehre Integrationswissen generieren, d.h. sie braucht ein Instrumentarium, um sich zwischen den Disziplinen bewegen zu

20 Ulrich, H., Von der Betriebswirtschaftslehre zur systemorientierten Managementlehre, in: Wunderer, R. (Hrsg.), Betriebswirtschaftslehre als Management- und Führungslehre, Stuttgart 1985, S. 11. Vgl. zur Begründung auch Steinmann, H./Hennemann, C.: Personalmanagementlehre zwischen Managementpraxis und mikro-ökonomischer Theorie – Versuch einer wissenschaftstheoretischen Standortbestimmung, in: Weber, W. (Hrsg.): Grundlagen der Personalwirtschaft, Wiesbaden 1996, S. 230 ff.

21 Vgl. dazu die Gegenposition von D. Schneider (Allgemeine Betriebswirtschaftslehre, 3. Aufl., München/Wien 1987). Er fordert eine rigorose Re-Ökonomisierung der Betriebswirtschaftslehre, will sie also zu einer Wissenschaft nach dem Vorbild der Volkswirtschaftslehre machen. Eine Ausrichtung als strikte Grundlagendisziplin wurde allerdings schon seit Anbeginn der Betriebswirtschaftslehre immer wieder einmal gefordert – aber nie hat sich die Disziplin darauf wirklich eingelassen. Zu drängend waren wohl die (jenseits einer solchen Zielsetzung stehenden) praktischen Probleme.

können. Insofern arbeitet sie nicht interdisziplinär, sondern „**infradisziplinär**".[22] Eine Wissenschaft kann sich dabei nicht dem Zufall des Gelingens umgangssprachlicher Verständigung überlassen; sie muß sich das Grundwissen der Integration methodisch erarbeiten.

Die Managementlehre ist – so gesehen – den Grundlagendisziplinen vorgelagert. Sie ist der erste Adressat, wenn es um die Klärung ungelöster Steuerungsprobleme geht. Der Steuerungspraktiker wird zwar nicht in jedem Falle die Managementlehre zu Rate ziehen; es ist jedoch – wie zu Anfang dieses Kapitels dargestellt – zu vermerken, daß seine Praxis in zunehmendem Maße theoriegestützt ist. Und im gleichen Sinne wie der Praktiker den Managementwissenschaftler, zieht dieser seinerseits einen Grundlagenwissenschaftler zu Rate, wenn er mit seinem Wissen nicht mehr weiter kommt. Eine grundsätzliche Einschränkung auf bestimmte Grundlagen-Disziplinen, wie etwa auf die Volkswirtschaftslehre und die Mathematik, ist dabei weder nötig noch in irgendeiner Weise sinnvoll. Im Gegenteil, eine solche Einschränkung würde die Managementlehre in ihrem Auftrag in unbegründbarer Weise behindern.

In unserer Bildungstradition ist die praxisbezogene Reihenfolge leider umgekehrt: Man studiert erst die Grundlagen, überträgt diese dann auf die angewandte Perspektive, um anschließend erst zu Empfehlungen für die Praxis zu kommen[23] – eine solche Umkehrung findet aber nur im Lehrbetrieb statt. Die darauf aufbauende Vorstellung einer „angewandten Wissenschaft" ist dementsprechend abstrakt; sie muß die praktischen Probleme erst suchen, auf die ihre abgeleiteten Lösungen passen.

Der wissenschaftliche Ehrgeiz der Managementlehre richtet sich auf die Entwicklung methodisch begründbarer **Bezugsrahmen,**[24] die eine Formulierung der praktischen Steuerungsprobleme erlauben und eine generelle Stoßrichtung für ihre Lösung angeben. In den meisten Fällen wird sie keine spezielle auf die Situation bezogene Lösung, sondern nur ein verallgemeinerbares Problemlösungswissen anbieten können. Das bedeutet, sie zeigt, **wie** man ein Steuerungsproblem (Bestimmung einer Unternehmensstrategie, Kontrolle von Divisionen usw.) erörtert und sich dabei Wissen und Erkenntnisse verfügbar macht, z.B. Erfahrungssätze aus erfolgreichen oder erfolglosen Problemlösungsprozessen, Kennzahlensysteme, Prognosemethoden usw.[25]

Ein Problembezug in der beschriebenen Weise ist „**wertfrei**" nicht möglich; dies schon deshalb nicht, weil bessere vor schlechteren Problemlösungen auszuzeichnen sind, aber auch, weil Selektionskriterien benötigt werden für die fortlaufend zu treffenden Relevanz- und Auswahlentscheidungen. Die Managementlehre ist daher zwangsläufig nor-

22 Vgl. zu dieser Unterscheidung Lorenzen, P., Interdisziplinäre Forschung und infradisziplinäres Wissen, in: ders., Konstruktive Wissenschaftstheorie, Frankfurt a.M. 1974, S. 133–146.

23 Vgl. Lorenzen, P., Politische Anthropologie, in: Schwemmer, O. (Hrsg.), Vernunft, Handlung und Erfahrung, München 1981, S. 105 f.

24 Vgl. auch Porter, M.E., Towards a dynamic theory of strategy, in: Strategic Management Journal 12 (1991), S. 95–117.

25 Vgl. dazu Schreyögg, G., Zur Logik des Strategischen Managements, in: Management Revue 3 (1992), S. 199–212.

mativ.[26] Sie ist folglich auch in diesem Sinne „praktische Wissenschaft“. Auch wenn lange Zeit auf der Idee einer wertfreien Wissenschaft beharrt wurde, die Managementlehre kann einer normativen Reflexion ihrer Handlungsgrundlagen nicht entraten.

Zusammenfassend läßt sich sagen, daß die Managementlehre eine wissenschaftliche Disziplin besonderer Art ist, sie strukturiert und entwickelt sich nach dem Postulat der Problemorientiertheit. Sie setzt damit strukturell anders an als die nachgelagerten Grundlagen-Disziplinen und sie arbeitet unter ganz anderen Maximen. Am ehesten könnte man ihren disziplinären Charakter als Erörterungslehre beschreiben; als methodischen Weg, Wissen darüber zu bilden, wie Steuerungsprobleme verstanden und formuliert und wie über ihre Lösung in systematischer Weise nachgedacht werden kann.

2.2.2 Die Entwicklung von Lehrmeinungen (Schulen)

Überblickt man die Ideengeschichte des Managements genauer, so läßt sich eine Reihe von mehr oder weniger gut abgrenzbaren Phasen ausmachen, die durch die Dominanz eines einheitsstiftenden Gedankens, einer zentralen Leitidee der Lehre, gekennzeichnet sind. Der Wechsel von einer Phase zur anderen ist dabei nicht immer so zu verstehen, daß ältere Gedanken vollständig „über Bord geworfen“ und durch neue ersetzt wurden. Oft ging es mehr um die Ergänzung des alten gedanklichen Bezugsrahmens; teilweise finden sich allerdings auch Vorschläge, die zu einem radikalen Wechsel des Grundansatzes (sog. „Paradigmawechsel“) auffordern. Die wichtigsten dieser Phasen lassen sich grob wie folgt klassifizieren:[27]

- die Klassiker des Managements
- die verhaltenswissenschaftliche Schule
- die mathematische Schule
- der systemtheoretische Ansatz.

Mit dieser Einteilung in vier Phasen werden ohne Zweifel nicht alle feinen Ausdifferenzierungen der Ideengeschichte des Managements erfaßt. Der grobe Überblick genügt jedoch, um die zentralen gedanklichen Orientierungen festzumachen; es ist hier – mit anderen Worten – keine genaue Aufschreibung der Geschichte der Lehrmeinungen beabsichtigt.

26 Vgl. dazu auch die Idee einer praktisch-normativen Betriebswirtschaftslehre von Heinen, E., Einführung in die Betriebswirtschaftslehre, 9. Aufl., Wiesbaden 1985.

27 Vgl. zu anderen Klassifikationsvorschlägen Staehle, W., a.a.O., S. 22 ff.

2.2.2.1 Die Klassiker des Managements

Am Anfang der Ideengeschichte des Managements stehen – wie bereits erwähnt – Arbeiten von Autoren, die versucht haben, ihre praktischen Erfahrungen und praktisch erprobten Ideen systematisch zu ordnen und niederzuschreiben.[28] Ihr Blickwinkel ist dabei mehr oder weniger weit ausgelegt, hat nur den engeren Bereich der Bestgestaltung von Arbeitsvorgängen und -vollzügen im Blick oder weitet sich schon zu Versuchen aus, die Funktionen des Managements umfassender zu betrachten und sinnvoll auszudifferenzieren.

Frederick W. Taylor

Der erste Autor, der in diesem Zusammenhang zu nennen ist und der Anfang dieses Jahrhunderts zunächst in den USA und später dann auch in Deutschland eine breite Resonanz in der Praxis gefunden hat, ist Frederick W. Taylor (1856–1915), ein Praktiker mit ingenieurwissenschaftlicher Vorbildung. Er ist der „spiritus rector" und Promotor des sog. „Scientific Management"[29], im deutschen Sprachraum nicht ganz glücklich mit „Wissenschaftliche Betriebsführung" übersetzt. Es ging ihm nämlich weniger um eine geordnete Erfassung des Gesamtbereichs des Managements (aus der Perspektive der obersten Führung) als vielmehr um exakte Prinzipien zum rationellen Einsatz von Menschen und Maschinen im Produktionsprozeß; er hat insofern mit seinen Prinzipien, Beispielen und Techniken eher die unteren Ebenen des Managements im Auge, obwohl die von ihm propagierten Management-Prinzipien später dann auch in Versuche zu einer systematischen Ordnung der Management-Funktionen per se eingegangen sind.

Die bis dahin übliche traditionelle Art und Weise, die industriellen Arbeitsvollzüge zu gestalten, revolutionierte Taylor, indem er – nicht zuletzt im Gefolge vieler Experimente in der Industrie[30] – die Einheit von Planung und Ausführung der Arbeit auflöste. Unter dem alten System war es der (Vor-)Arbeiter gewesen, der auf der Grundlage seiner gesammelten Erfahrungen fast alle Arbeitsvollzüge selbst gedanklich vorbereitete, dann die notwendigen Arbeiten ausführte und schließlich die Ergebnisse kontrollierte. Er war „Planer", „Gestalter" und „Kontrolleur" in einem. Indem diese Einheit aufgebrochen und damit die Planung und Kontrolle von der Bindung an die Person des Arbeiters gelöst wurde, entstand zuallererst die Möglichkeit, die Arbeitsplanung systematischer zu gestalten und zu entwickeln. Auf diese Weise sollten **Spezialisierungsvorteile** geschaffen und genutzt werden: das Management wird Träger der Arbeitsplanung und -kontrolle, der Arbeiter soll sich auf die Ausführung der (für ihn) vorgeplanten (einfachen) Arbeitsverrichtungen konzentrieren.[31]

---

28 Wichtige Klassiker des Managements kommen in dem Band „Papers on the science of administration", herausgegeben von L. Gulick und L. Urwick, New York 1937, zu Wort.

29 Das 1911 in den USA erschienene Buch von Taylor trug den Titel „Principles of scientific management".

30 Vgl. dazu die Taylor-Biographie von Copley, F.B., Frederick W. Taylor, Father of scientific management, Vols. I and II, New York 1923.

31 Vgl. dazu Taylor, F.W., a.a.O., S. 38.

Damit war Platz geschaffen für die systematische Anwendung wissenschaftlich angeleiteter Methoden bei der Arbeitsplanung. Die Analyse der Arbeitsvorgänge, die Zerlegung der Arbeit in möglichst kleine Arbeitselemente (Arbeitsteilung) mit der Möglichkeit der Spezialisierung der Arbeiter, die Messung der Zeit für deren bestmögliche Ausführung (Best-Arbeiter), kurz: die Methoden- und Zeitstudien (Industrial Engineering) konnten nun entwickelt und eingesetzt werden, um durch die Planung der Arbeit die Voraussetzungen für hohe Arbeitseffizienz zu schaffen. Zur Nutzung dieses so geschaffenen Potentials sollten dann geeignete Arbeiter ausgewählt, (kurz) angelernt und durch finanzielle Anreize hoch motiviert werden; hier taten sich neue Aufgaben für das Personalmanagement auf. Schließlich bedurfte es systematischer Kontrollanstrengungen, um die Arbeitsergebnisse zu prüfen und zu überwachen.

„Wissenschaftliche Betriebsführung" – das wird deutlich – hatte also eine beachtliche Ausweitung der Managementaufgaben mit entsprechender Erweiterung und Differenzierung der Managementhierarchie zur Folge. Viele Planungs- und Kontrollaufgaben, die vorher von Vorarbeitern und Arbeitern erledigt wurden, hat man jetzt Spezialisten im Einkauf, in der Produktion, in der Qualitätskontrolle, im Personalwesen etc. übertragen. Die wissenschaftliche Betriebsführung ließ damit die Kosten des Managements beachtlich steigen; da gleichzeitig die Arbeitskosten pro Leistungseinheit aber durch weitgehende Arbeitsteilung und hohe Spezialisierung der Arbeiter auf einfache Verrichtungen noch stärker gesenkt werden sollten, erwartete man insgesamt einen hohen positiven Netto-Effekt auf die ökonomische Effizienz des Betriebes.[32]

Die Kerngedanken des „Scientific Management" hat Taylor in Management-Prinzipien (verstanden als allgemeingültige Handlungsregeln für Manager) niedergelegt. Danach erfordert ein effizientes Management u.a.

- die Trennung von Planung und Ausführung und die weitgehende Teilung der Arbeit;
- die Kontrolle der Ausführung durch das Management;
- die leistungsgerechte Differenzierung finanzieller Anreize (Akkordsätze) nach Maßgabe von Zeitstudien und
- eine funktionale Gliederung der Organisation und der Vorgesetztenaufgaben (Funktionsmeistersystem).

Das Fließband galt und gilt bis heute als letzte Steigerung des Taylor-Systems. Die Ideen von Taylor sind von seinen Schülern F.B. Gilbreth (1868–1924) und L. Gilbreth (1878–1972) in einer wichtigen Hinsicht ergänzt worden, nämlich durch **Bewegungsstudien**, die der Elimination unzweckmäßiger oder überflüssiger Bewegungsabläufe bei der Ausführung der Arbeit dienen sollten. Henry L. Gantt (1861–1919) entwarf ein Lohnanreizsystem, das dem von Taylor überlegen war, und schuf vor allem mit dem **Gantt-Chart** eine einfache und effiziente Planungs- und Kontrolltechnik, die die Produktionsplanung systematisieren sollte; sie findet bis heute in der Praxis Verwendung.

So erfolgreich das Taylor-System auf der einen Seite war, so sehr umstritten war es auf der anderen Seite, und zwar von Anfang an. Man sah schon früh die **negativen Konse-**

32 Vgl. auch Albers, H.H., Principles of management, 3. Aufl., 1969, S. 38.

quenzen des „Scientific Management" für den arbeitenden Menschen in Form der Entfremdung von seiner Arbeit (Teilung und dadurch Sinnentleerung der Arbeit, Disziplinierung und Überwachung der Arbeiter mit der Folge der Fremd- statt Selbstbestimmung etc.). Als es schließlich zu Streiks und massiver Opposition gegen das Taylor-System kam, entschloß sich der U.S.-Kongreß, ein Hearing zu veranstalten, das klären sollte, ob dieses System ethisch vertretbar sei oder ob es den Arbeiter ausbeute.[33] Taylor selbst hat diese negativen Konsequenzen so nicht antizipiert und auch nicht akzeptiert. Vor dem Kongreß argumentierte er, daß sein System nur dann funktioniere, wenn Kapital und Arbeit sich den Produktivitätszuwachs teilten. Er ging von der Voraussetzung aus, daß jeder Arbeiter bzw. jede Arbeiterin in der Arbeit letztlich nach hohen Löhnen strebt, also als „economic man" an finanziellen Anreizen in Konkurrenz zu den anderen Arbeitern interessiert ist. Er versuchte deshalb auch, zwischenmenschliche Beziehungen (human relations) in der Arbeit als eher störend und leistungshindernd durch solche arbeitsorganisatorische Lösungen zu ersetzen, die dem einzelnen Arbeiter gestatteten, möglichst isoliert von anderen sich ganz auf den eigenen Leistungsvollzug zu konzentrieren.[34]

Für die Ideengeschichte des Managements sind – über diese sehr spezifische Kritik der „human relations" hinaus – die Taylorschen Gedanken in mehr formaler Hinsicht von Bedeutung, wurde doch hiermit erstmals die Verselbständigung und Ausformung von Managementfunktionen zum Konzept erhoben. Planung und Kontrolle gewinnen im „Scientific Management" als eigenständige Managementfunktionen Gestalt.

Henri Fayol

Neben Taylor ist Henri Fayol (1841–1925), Ingenieur und ehemals Generaldirektor einer französischen Bergwerksgesellschaft, der zweite wichtige Klassiker des Managements. Ihm ist der erste Entwurf eines (konzeptionellen) Bezugsrahmens für die Management-Lehre zu verdanken. Anders als der pragmatische Amerikaner Taylor ist der Franzose Fayol – der rationalistischen Denktradition seines Landes verpflichtet – auf eine systematische Ordnung aus, die er erstmals 1916 in seinem Buch „Administration industrielle et générale" vorstellt. Hier liegt gleichsam der Ursprung der funktionalen Betrachtung des Managements, wie sie einleitend als Managementprozeß in groben Zügen dargestellt wurde und noch heute zum Kernbestandteil fast aller Management-Lehrbücher gehört. Über eine Systematik der Managementfunktionen hinaus hat Fayol ferner 14 „Managementprinzipien" als Handlungsanleitung für erfolgreiches Management formuliert (vgl. Kasten 2.1).

Fayol unterschied fünf Management-Funktionen – „éléments d'administration", wie er sie nannte. Sie betreffen die (1) Planung und (2) Organisation als Vorbereitung des Handelns, den (3) Befehl und die (4) Koordination als das Handeln selbst und die (5) Kontrolle als Registrierung des erzielten Handlungserfolges. Dieser Funktionskatalog ist

33 Hearings before Special Committee of the House of Representatives to Investigate the Taylor and other Systems of Shop Management under Authority of House Resolution 90, Washington D.C. 1912.

34 Vgl. Albers, H., a.a.O., S. 40; ferner Wächter, H., Wissenschaft und Arbeitskraft, in: Zeitschrift für Arbeitswissenschaft 41 (1987), S. 212 f., und Hoffmann, R.-W., Wissenschaft und Arbeitskraft, Frankfurt/New York 1985.

Kasten 2.1

Henri Fayols Allgemeine Prinzipien des Managements

1. Arbeitsteilung: Mehr und bessere Arbeit bei gleicher Anstrengung ist durch Spezialisierung erzielbar.

2. Autorität und Verantwortung: Autorität ist das Recht, Anweisungen zu erteilen und Gehorsam zu verlangen. Autorität verlangt Verantwortung, sie ist das natürliche Gegenstück.

3. Disziplin: Ohne Disziplin kann kein Unternehmen gedeihen.

4. Einheit der Auftragserteilung: Für jedwede Arbeit sollte ein Beschäftigter nur Anweisungen von einem Vorgesetzten erhalten.

5. Einheit der Leitung: Alle Anstrengungen, Koordinierungen, Anweisungen, müssen auf ein Ziel hin ausgerichtet sein („one head, one plan“).

6. Unterordnung des Einzelinteresses unter das Gesamtinteresse: Das Interesse einzelner Beschäftigter oder einer Gruppe sollte nicht die Oberhand über das ganze Unternehmen bekommen.

7. Entlohnung des Personals: Die Entlohnung des Personals ist der Preis für die erbrachten Leistungen; sie sollte fair und angemessen sein.

8. Zentralisierung: Die Zentralisierung ist natürlicher Bestandteil jeder Organisation, alle Entscheidungen müssen an einem Ort zusammenlaufen. Das optimale Ausmaß an Zentralisierung muß für jedes Unternehmen individuell gefunden werden.

9. Skalare Kette: Die skalare Kette ist der Instanzenzug, beginnend bei der höchsten Autorität bis zur untersten Führungsebene. Dies ist der Weg, den alle Kommunikationen zu durchlaufen haben. In Ausnahmefällen ist jedoch horizontale Kommunikation zu erlauben („Brückenschlag“).

10. Ordnung: Jedem Mitarbeiter und jedem Ding seinen Platz und alles auf seinem Platz.

11. Gerechtigkeit: Der Unternehmensleiter sollte danach streben, auf allen Führungsebenen einen Sinn für Billigkeit und Gerechtigkeit zu entwickeln.

12. Stabiler Führungskader: Es braucht lange Zeit für die Führungskraft, sich zurechtzufinden; eine hohe Fluktuation ist unproduktiv.

13. Initiative: Initiative ist die Kraft, sich einen Plan auszudenken und seinen Erfolg sicherzustellen. Die Initiative aller Beschäftigten ist eine Quelle der Stärke für jedes Unternehmen.

14. Esprit de corps: In der Einheit liegt die Stärke.

Quelle: Fayol, H., Allgemeine und industrielle Verwaltung, Berlin 1929 (dt. Übers.)

letztlich – mit seiner Sequenz von „Denken-Durchführen-Kontrollieren" – am Leitbild des handelnden Individuums, am „individuellen Akteur", gewonnen und auf den „kollektiven Akteur", die Unternehmung, übertragen.

Die Planung (1) umfaßt bei Fayol die Prognose der Zukunft und die Vorbereitung auf diese. Sie soll – ganz allgemein formuliert – die Ziele und den zukünftigen Kurs der Unternehmung (langfristig) festlegen. Fayol war der Auffassung, daß eine so umfassend verstandene Planung nicht nur die schwierigste aller Management-Funktionen sei, sondern auch die Vorbedingung, um das Management (seiner Zeit) von Grund auf zu verbessern.[35] „Planloses" Handeln verführe zum zögerlichen Vorgehen, zu falschen Schritten und zu plötzlichen Kursänderungen, die die Quelle so vieler Schwächen und Einbrüche von Unternehmungen seien.[36]

Organisieren (2) heißt dann der Entwurf und die Realisierung einer zweckmäßigen (Organisations-)Struktur für die Unternehmung, die dazu dienen soll, das Geplante zu verwirklichen (und die Ausstattung dieser Struktur mit Mitarbeitern[37]). Organisieren steht – so gesehen – bei Fayol in einer instrumentellen Beziehung zur Planung (ist „Mittel zum Zweck"), gehört aber gleichzeitig noch der Vorbereitung des Handelns (als dem eigentlichen realen Arbeitsvollzug) an. Ferner geht mit der pointierten Betonung des strukturellen Aspektes der Organisation eine Ausblendung des „Faktors Mensch" in seiner Bedeutung für den Entwurf effizienter Organisationen einher, eine Ausblendung, die für alle Klassiker des Managements kennzeichnend ist. Für Fayol ist Organisationsentwurf eine Ingenieursaufgabe („organizational engineering"). Das kommt sehr deutlich in dem nachfolgenden Zitat eines anderen Klassikers zum Ausdruck, wenn er über die organisatorische Koordination menschlicher Anstrengungen spricht: „The job as such is therefore antecedent to the man on the job, and the sound co-ordination of these jobs, considered simply as jobs, must be the first and necessary condition in the effective co-ordination of the human factor."[38]

Organisation heißt also formale Organisation, hat es mit den Beziehungen zwischen Stellen, nicht zwischen Menschen, zu tun. Der Organisationsgestalter unterstellt, daß sich der Mensch friktionslos und effizienzneutral an die entworfenen Strukturen anpaßt. Er entwirft gleichsam eine „Organisations-Maschine".

Mit der Beschränkung auf die Struktur geht – so gesehen – eine wichtige Einengung des Organisationsbegriffs einher, die später in kritischer Auseinandersetzung mit den Klassikern Veranlassung gegeben hat, das Blickfeld zu weiten und auch das „Verhalten (von Menschen) in Organisationen" mit zu bedenken.

---

35 Massie weist in seinem Beitrag über Management-Theorien zu Recht darauf hin, daß vieles, was Fayol seinerzeit über Planung gesagt hat, heute zwar elementar klingt, daß es damals aber z.B. keineswegs selbstverständlich war, die Planung von der Ausführung zu unterscheiden. Vgl. Massie, J.L., Management theory, in: March, J.G. (ed.), Handbook of organizations, Chicago 1965, S. 388.

36 Fayol, H., Allgemeine und industrielle Verwaltung, Berlin 1929 (dt. Übers.).

37 Fayol unterscheidet also noch nicht zwischen „Personaleinsatz" und „Organisation" als distinkten Managementfunktionen. Diese Trennung wird erst später vollzogen.

38 Vgl. Mooney, J.D., The principles of organization, in: Gulick, L. and Urwick, L., a.a.O., S. 92; Mooney war seinerzeit (in den dreißiger Jahren) Vizepräsident der General Motors Corporation.

Insoweit, wie die Organisation die Struktur für die arbeitsteilige Bewältigung der Gesamtaufgabe bereitstellt, schafft sie die Voraussetzung für den Aufgabenvollzug, bewerkstelligt ihn aber (noch) nicht selbst. Hier liegt nach Fayol die Aufgabe der Funktionen „Befehl" (3) und „Koordination" (4).

Die vor-organisierten betrieblichen (Teil-)Aufgaben in Arbeitsvollzug umzusetzen erfordert es, die Anstrengungen der arbeitenden Menschen trotz ihrer unterschiedlichen Interessen und Motive auf die einheitliche Zielsetzung der Unternehmung hin auszurichten. Dies soll durch die Befehlsgewalt erreicht werden. Der Befehl soll also gleichsam das „allgemeine Interesse" des Ganzen gegen die partikularen Interessen der Organisationsmitglieder zur Geltung bringen und auf diese Weise eine handlungsfähige Einheit schaffen. Diese Sinngebung der Managementfunktion „Befehl" kommt in der Forderung von Urwick recht gut zum Ausdruck, die Unternehmensführung hätte zu gewährleisten, daß interne individuelle Interessen nicht das allgemeine Interesse beeinträchtigen – daß also Ehrgeiz, Besitzgier, die Kämpfe der Einzelnen um Positionen oder Gehälter und die persönliche Machtgier dem allgemeinen Interesse der Unternehmung untergeordnet werden.[39]

In diesem Zitat von Urwick, einem Verfechter und Weiterentwickler der Ideen von Fayol, wird ganz deutlich, daß die Integration der Menschen in eine gegebene Organisationsstruktur als ein Problem verstanden wird, das primär über die Befehlsgebung gelöst werden kann und soll. Erst die späteren Arbeiten zur verhaltenswissenschaftlichen Organisationslehre gehen dieses „Integrationsproblem" differenzierter an und fragen ausdrücklich auch nach den Motiven (bzw. Bedürfnissen) der Menschen und wie diesen Motiven im Rahmen der Organisationsgestaltung und der Managementfunktion „Führung" so Rechnung getragen werden kann, daß eine Annäherung von Organisations- und Mitgliederzielen ohne dauernde Inanspruchnahme des „Befehls" als Integrationsinstrument möglich wird.

Für die Ausübung der Befehlsgewalt in der Unternehmung ist eine Reihe der erwähnten 14 Managementprinzipien von Bedeutung (vgl. Kasten 2.1). Um eine Einheit der Führung zu gewährleisten, muß z.B. ein gewisses Ausmaß an Zentralisation in dem Sinne sichergestellt werden, daß die letzte Verantwortung für Entscheidungen bei der Unternehmensspitze liegt. Andere Managementprinzipien, die für die Ausübung der Befehlsgewalt relevant sind, betreffen die „Einheit der Auftragserteilung", d.h. die Forderung, daß ein Untergebener von nur einem Vorgesetzten Weisungen empfangen soll, ferner die hierarchische Koordination derart, daß der Befehlsweg als abgestuftes Über- und Unterordnungsverhältnis von der Unternehmensspitze bis zur untersten Managementebene verläuft, schließlich die Schaffung eines Teamgeistes im Führungskader („Esprit de Corps").

Die „Koordination" (4) hat für Fayol die Aufgabe, die vielfältigen Arbeiten und Ressourcen in einer Unternehmung örtlich, zeitlich und sachlich zu einem einheitlichen

39 Urwick, L., Grundlagen und Methoden der Unternehmensführung, Essen 1961, S. 115 (Übersetzung von „The elements of administration", New York 1943).

Handlungszusammenhang zu harmonisieren. Fayol hat hier wohl die Vorstellung, daß jeder Manager tagtäglich neben den genannten anderen Funktionen noch eigenständige Koordinationsaktivitäten entfalten muß, z.B. um eventuelle Störungen und Änderungen im Arbeitsfluß effizient zu korrigieren. Besprechungen zwischen Vorgesetzten und Mitarbeitern seien hierfür ein geeignetes Instrument. Hier wird allerdings übersehen, daß doch alle Managementfunktionen letztlich nur das eine Ziel haben, die vielfältigen arbeitsteiligen Aufgabenvollzüge zu einem Ganzen zu koordinieren. Deshalb betrachtet man heute – wie früher schon erwähnt[40] – die Koordination nicht mehr als eigenständige Managementfunktion, sondern sieht darin das eigentliche Ziel, auf dessen Erfüllung die Managementfunktionen letztlich gerichtet sind.

Die Managementfunktion „Kontrolle“ (5) schließlich bedeutet bei Fayol ein **Rückkoppeln** der realisierten Ergebnisse der betrieblichen Tätigkeit an die Planung. Die Kontrolle prüft, ob alles in Übereinstimmung mit den verabschiedeten Plänen, den erlassenen Instruktionen und den aufgestellten Grundsätzen verläuft.[41] Die Kontrolle ist damit, systematisch gesehen, allen anderen Managementfunktionen sachlich und zeitlich nachgeordnet.

Der wesentliche Beitrag von Fayol zur Managementlehre ist – jenseits aller aus heutiger Sicht zu registrierenden Defizite – in ihrer systematischen Konzeptionalisierung als „Lehre von den Managementfunktionen“ aus der Perspektive des Top-Managements zu sehen; es ist diese Konzeptionalisierungsleistung, die den Ansatz von Fayol von dem Taylorschen unterscheidet, der ja keinen derartigen Systematisierungsversuch unternommen hat und wegen seiner selektiven Problembearbeitung auch gar nicht unternehmen konnte. Es mag denn auch mit dem anglo-amerikanischen Pragmatismus zusammenhängen, daß Taylor in den USA schnell einen sehr großen Einfluß gewann, während Fayol dort erst relativ spät rezipiert wurde. Wenn und soweit heute die Managementlehre, wie im ersten Kapitel dargestellt, überwiegend noch als „Lehre vom Managementprozeß“ verstanden wird, gründet sie aber mehr in den systematischen Anfängen von Fayol als der Taylorschen Betriebsführungslehre. „The identification of the essential functions of management directed thougths of classical theorists into a common pattern. This pattern provided a simple, analytical, and straigthforward approach for helping practitioners to understand the management process. It became generally accepted as ‘the’ approach for explaining the job of management.“[42]

Eine zweite Leistung von Fayol mag man in seinem Bestreben sehen, die Managementlehre in lehrsatzartige Handlungsprinzipien zu fassen. Die Vorstellung, die sich mit den Management-Prinzipien von Anfang an verband, war die ihrer **universellen Gültigkeit**, also die Behauptung, daß ihre Befolgung unter **allen** situativen Bedingungen die Effizienz der Unternehmensführung verbürgen würde. Gegen diese Universalitätsthese, die von vielen Autoren bis heute verfochten wird, richtet sich die Kritik z.B. solcher Forscher, die auf die Kulturgebundenheit von Managementstilen hinweisen. Prinzipien, die

40 Vgl. oben S. 9.
41 Fayol, H., a.a.O., S. 107.
42 So das Urteil von Massie, J.L., a.a.O., S. 390, über die Bedeutung der Klassiker für das Management.

in westlichen Industriestaaten Erfolg haben – so ihre These –, mögen z.B. in einer fernöstlichen Kultur durchaus fehl am Platze sein.[43]

Max Weber

Neben dem Amerikaner Taylor und dem Franzosen Fayol wird in der Reihe der Klassiker in allen Management-Lehrbüchern regelmäßig auch der berühmte deutsche Soziologe Max Weber (1864–1920) genannt. Weber ist zwar kein „Managementtheoretiker" im eigentlichen Sinne, hat aber mit seinen Untersuchungen zur „bürokratischen Herrschaft" wichtige Grundlagen zum Verständnis der Funktionsweise moderner Großorganisationen in Staat und Wirtschaft geschaffen und insofern zugleich auch entscheidende Beiträge zur Managementfunktion „Organisation" geleistet. Weber wird häufig als „Vater der Organisationstheorie" bezeichnet; auf seinen Arbeiten haben später bedeutende Management-Theoretiker, u.a. auch Chester I. Barnard, aufgebaut. Im Gegensatz zu Taylor und Fayol will Weber keine Prinzipien zur Optimierung betrieblicher Führung angeben, sondern das Funktionieren großer Organisationen mit dem Idealtypus der Bürokratie als formal rationalste Form der Herrschaftsausübung erklären. Er will zeigen, daß und wie es in Großorganisationen, wie z.B. der kapitalistischen Großunternehmung, gelingt, die Handlungen der Individuen aufeinander zu beziehen, regelhaft zu verstetigen und effizient zu einem Ganzen zu verbinden.

Ausgangspunkt für Webers Arbeiten war das rasche Anwachsen großer Organisationen und die Erklärungsbedürftigkeit ihres Funktionszuwachses. Der legale Herrschaftstypus, also die Herrschaft kraft Satzung, hat in Kleingruppen noch keine Bedeutung; man kennt die wechselseitigen Handlungsgewohnheiten und kann über zukünftiges Handeln miteinander sprechen. Erst wenn diese Überschaubarkeit der Handlungssituation im Zuge des Wachstums der Unternehmung verloren geht, müssen andere Mechanismen für die Ordnung, die Regelmäßigkeit und Zielgerichtetheit im Handeln aller Organisationsmitglieder herangezogen werden. An dieser Stelle wird der Webersche Begriff der „Herrschaft" (Autorität) relevant. Er bedeutet „die Chance ..., für spezifische (oder: für alle) Befehle bei einer angebbaren Gruppe von Menschen Gehorsam zu finden."[44] Wenn und soweit diese Chance langfristig besteht, wäre in der „Herrschaft" eine Erklärung für die dauerhafte Koordination individueller Handlungen durch den Befehl (als Merkmal hierarchischer Organisationen) gegeben. Unternehmungen ließen sich dann auch als „Herrschaftsverbände" verstehen.

---

43 Die Kulturgebundenheit des Managements wurde insbesondere solchen (Teil-)Disziplinen der Managementlehre schnell zum Problem, die sich mit der Führung der internationalen Unternehmung zu befassen hatten, die ja in verschiedenen Kulturkreisen operiert. Das „Comparative Management" hat dann die Kulturabhängigkeit des Managements explizit zum Gegenstand der Forschung gemacht. Aber auch die „Situativen Ansätze" der Organisationstheorie wenden sich vehement gegen die Vorstellung universell gültiger Management-Prinzipien. Zu dieser Diskussion vgl. Koontz, H., A model for analyzing the universality and transferability of management, in: Academy of Management Journal 12 (1969), S. 415–430.

44 Weber, M., Wirtschaft und Gesellschaft, 5. Aufl., Tübingen 1972, S. 122 (1. Auflage 1921). Eine gute Zusammenfassung der Weberschen Grundgedanken zur Herrschaft und Bürokratie findet sich bei Kieser, A./ Kubicek, H., Organisationstheorien I, Stuttgart u.a. 1978, S. 84 ff. Klärend zu Mißverständnissen in bezug auf Webers Bürokratietheorie siehe auch Mayntz, R., Max Webers Idealtypus der Bürokratie und die Organisationssoziologie, in: Mayntz, R. (Hrsg.), Bürokratische Organisation, Köln/Berlin 1968, S. 27 ff.

Kasten 2.2

Max Webers Merkmale der bürokratischen Organisation

1. Regelgebundenheit der Amtsführung
2. Genau abgegrenzte Kompetenzbereiche
3. Prinzip der Amtshierarchie (Instanzenzug)
4. Aktenmäßigkeit der Verwaltung (Büro)
5. Unpersönlichkeit der Amtsführung
6. Definierte Qualifikationserfordernisse für Stelleninhaber
7. Fixierte Laufbahnen einschl. Gehaltshierarchie
8. Anstellung durch Arbeitsvertrag

Quelle: Weber, M., Wirtschaft und Gesellschaft, 5. Aufl., Tübingen 1972, S. 124 ff.

Es kommt – so gesehen – also auf die Grundlagen an, auf die sich die Chance stützt, bei einem bestimmten Kreis von Personen Gehorsam zu finden. Von Interesse ist hier nicht eine Unterordnung, die etwa aus einer momentanen Schwäche und Hilflosigkeit der Gehorchenden resultiert oder aus einem augenblicklichen materiellen Vorteilskalkül einzelner Organisationsmitglieder entsteht; auf derart „flüchtiger" Basis ließe sich eine dauerhafte Ordnung nicht gründen. Dies sind nach Weber zwar Macht-, aber nicht Herrschaftsverhältnisse. Ordnungsstiftende Stabilität entsteht erst dort, wo nicht solche „äußerlichen" Situationsmerkmale, sondern wo die Anerkennung des herrschaftlichen Anspruchs, der Legitimitätsglaube, den Befehlen Geltung verschafft. Die Frage, worauf dieser Legitimitätsglaube basieren kann, führt zur Unterscheidung verschiedener Herrschaftsformen als Kern der Weberschen Analyse. Neben der „traditionellen Herrschaft" und der „charismatischen Herrschaft" ist die „legale Herrschaft" für die Neuzeit die wichtigste Herrschaftsform, bei der die Legitimitätsgeltung im Gegensatz zu den beiden anderen Formen rational insofern ist, als ihre Bindung auf gesetzter Ordnung und nicht auf geltender Tradition oder der „außeralltägliche(n) Hingabe an die Heldenkraft einer Person" beruht. Gehorsam wird nicht der Person, sondern den Regeln geleistet. Das gilt für den Gehorchenden wie für den Anordnenden gleichermaßen.[45] Die abstrakte Regelbindung und der Glaube an die Legitimität dieser Regeln ist das Besondere der legalen Herrschaft, und die bürokratische Herrschaft ist ihr reinster Typus.

„Bürokratische Herrschaft" ist (idealtypisch) durch eine genaue Festlegung von Amtspflichten und präzise Abgrenzung von Autorität und Verantwortung gekennzeichnet, ferner durch ein festgelegtes System von Über- und Unterordnungen (Amtshierarchie),

45 Weber, M., a.a.O., S. 125.

Kasten 2.3

Effizienz bürokratischer Organisation

„Der entscheidende Grund für das Vordringen der bürokratischen Organisation war von jeher ihre rein technische Überlegenheit über jede andere Form. Ein voll entwickelter bürokratischer Mechanismus verhält sich zu diesen genau wie eine Maschine zu den nicht mechanischen Arten der Gütererzeugung. Präzision, Schnelligkeit, Eindeutigkeit, Aktenkundigkeit, Kontinuierlichkeit, Diskretion, Einheitlichkeit, straffe Unterordnung, Ersparnisse an Reibungen, sachlichen und persönlichen Kosten sind bei streng bürokratischer, speziell: monokratischer Verwaltung durch geschulte Einzelbeamte ... auf das Optimum gesteigert."

Quelle: Weber, M., Wirtschaft und Gesellschaft, 5. Aufl., Tübingen 1972, S. 561 f.

durch die nach festen, erlernbaren Regeln ablaufende Amtsführung und die Aktenmäßigkeit aller Vorgänge. In diesen (und weiteren) formalen Merkmalen findet die bürokratische Herrschaft ihren konkreten, für die Handlungskoordination bedeutsamen Niederschlag (vgl. Kasten 2.2).

Die Erfahrung lehre, so meint Weber, daß sie die (vom Standpunkt der technischen Aufgabenbewältigung her gesehen) effizienteste Form zur Organisation großbetrieblicher Aufgabenvollzüge in der Wirtschaft (und darüber hinaus in Staat, Kirche, Militär) darstelle. Der Kapitalismus hat nach seiner Meinung eine zentrale Rolle in der Entwicklung und Ausbildung von bürokratischen Strukturen gespielt, da er ja auf Rechenhaftigkeit, Genauigkeit, Stabilität und Effizienz angelegt sei und alle diese Eigenschaften in der Bürokratie am besten zur Geltung kämen (vgl. Kasten 2.3).

Die **universelle** Effizienz, die Weber – unabhängig von seinen kulturpessimistischen Visionen[46] – für bürokratische Organisationen reklamieren zu können glaubt, ist in späteren Entwicklungen der Organisationstheorie in vielfältiger Weise in Frage gestellt worden. Bürokratie wird heute ja geradezu als Synonym für Ineffizienz verwendet. Gründe dafür liegen sowohl in der bereits erörterten Tatsache, daß sich Menschen den Anforderungen einer formellen bürokratischen Struktur nicht ohne Motivationsverluste und insofern effizienzneutral beugen und ferner in dem in späteren Entwicklungsphasen der Organisationstheorie so wichtigen Problem, daß die strenge Regelgebundenheit der Bürokratie jedenfalls für solche Situationen unangemessen ist und zu Effizienzverlusten führen muß, wo die Umwelt der Organisation einem schnellen Wandel unterliegt – ein

46 Vgl. Webers düstere Prognose, was die negativen Folgen der Bürokratie für das gesellschaftliche Zusammenleben anbelangt, in: Gesammelte Aufsätze zur Soziologie und Sozialpolitik, Tübingen 1924, S. 413 f.

Problem, das solange nicht in das Blickfeld der organisationstheoretischen Erörterungen gelangen konnte, wie die Organisation als ein „geschlossenes System" betrachtet wurde. Diese kritischen Hinweise können aber den außerordentlich bedeutsamen Beitrag Max Webers zur Organisationslehre nicht schmälern.

Resümee

Die klassische Schule, zu der eine Reihe anderer, hier nicht ausdrücklich erwähnter Praktiker weitere bedeutsame Beiträge geleistet hat,[47] lebt bis in die Gegenwart hinein in solchen Lehrbüchern fort, die den im ersten Kapitel dargestellten „Managementprozeß"[48] mit der (idealtypischen) Phasenfolge verschiedener Managementfunktionen zur Grundlage für die Ordnung des Stoffes machen. Man spricht deshalb auch von der „management process school", deren Hauptrepräsentanten Harold Koontz und Cyril O'Donnell mit ihrem 1955 erstmals publizierten und auch heute noch weit verbreiteten Lehrbuch „Principles of Management – An Analysis of Managerial Functions"[49] sind. In dieser – wie mehrfach erwähnt – auf Fayol zurückgehenden Idee, das Management funktionsorientiert zu analysieren, eben als logische Abfolge von im Zeitablauf nacheinander zu vollziehenden Aufgaben, liegt der praktisch fruchtbare und überdauernde Beitrag dieser Schule zur Managementlehre. Gleichwohl stehen hinter dieser Konzeption eine ganze Reihe von (impliziten) Annahmen, auf deren Fragwürdigkeit und restriktiven Charakter für die weitere Entwicklung der Lehre ja bereits teilweise verwiesen wurde. Diese Annahmen seien abschließend noch einmal systematisch zusammengestellt; damit werden zugleich wichtige Ansatzpunkte für (spätere) Neuorientierungen deutlich.

Die Annahmen sind:[50]

(1) Die Effizienz (einer Unternehmung) ist sachtechnisch bestimmt, „irrationale" Elemente wie Freude, Sympathie, Zorn usw. stören den sachlichen Aufgabenvollzug und sind deshalb auszuschalten.

(2) Management hat es primär mit den formalen aufgabenbezogenen Handlungen der Individuen zu tun. In Arbeitsgruppen kooperieren die Mitglieder der Gruppe auf einer rein sachlichen Basis – unabhängig von persönlichen Problemen und Eigenschaften.

(3) Effizienz ist nur erreichbar, wenn sich die Organisationsmitglieder den klar definierten Aufgaben anpassen, wenn ihr Handeln einer unverfälschten Anwendung der generellen Regeln entspricht.

(4) Die in Unternehmungen tätigen Menschen arbeiten (bloß) um des Geldes willen und sind deshalb in erster Linie durch finanzielle Anreizsysteme zu motivieren.

---

47 Vgl. z.B. Sheldon, O., The philosophy of management, London 1923. Einen Überblick gibt George, C.S., The history of management thought, 2. Aufl., Englewood Cliffs, N.J. 1987, S. 131 ff.

48 Vgl. oben S. 8 ff.

49 In 10. Auflage 1993 von Heinz Weihrich und Harold Koontz unter dem Titel „Management" publiziert. Weitere bedeutende Vertreter dieser Schule sind Terry, G.R., Principles of management, Homewood/Ill. 1960, sowie Miner, J.B., Management theory, New York u.a. 1971.

50 Vgl. dazu auch Massie, J.L., a.a.O., S. 405.

(5) Es ist möglich, zukünftige Entwicklungen gut zu prognostizieren und Handlungsmuster richtig zu planen. Deshalb können alle Arbeiten vor der Ausführung genau und im wesentlichen überraschungsfrei spezifiziert werden.
(6) Menschen halten nicht immer die Vorschriften ein und müssen deshalb kontrolliert werden und Rechenschaft über ihre Arbeit ablegen.
(7) Einfache Aufgaben lassen sich leichter bewerkstelligen und kontrollieren, so daß höhere Produktivität primär durch Spezialisierung auf eng begrenzte Aufgabenvollzüge entsteht.
(8) Organisationsmitgliedern fehlt der Überblick zur eigenverantwortlichen Gestaltung ihrer wechselseitigen Arbeitsbeziehungen. Sie bedürfen deshalb der Anleitung durch ein Regelwerk und durch Vorgesetzte.
(9) Die Quelle aller Weisungsbefugnisse (Befehlsgewalt) ist die Unternehmensspitze bzw. die von ihr gesetzte Ordnung. Weisungsbefugnis wird nach unten auf die einzelnen Hierarchieebenen delegiert.
(10) Koordination entsteht nur, wenn sie von oben geplant und angeleitet wird.
(11) Managementfunktionen sind universell und können unter den verschiedensten situativen Bedingungen in gleicher Weise ausgeführt werden. Das gilt auch für das Verhältnis der Unternehmung zu ihrer Umwelt und deren Veränderungen im Zeitablauf.

Unter diesen Annahmen, die gleichsam das Leitbild des klassischen Ansatzes umreißen, haben im weiteren Verlauf zuerst diejenigen Anlaß zu Kritik und Neuorientierung gegeben, die das Management primär auf die Planung, Organisation und Kontrolle des sachlichen Aufgabenvollzuges (als entscheidende Erfolgsvoraussetzung) verpflichten wollten und insoweit mehr oder weniger von den Menschen, ihren Bedürfnissen und Entwicklungsmöglichkeiten abstrahierten, mit denen und durch die die Sachaufgaben in kooperativer Anstrengung zu bewältigen sind. So gesehen blieb die klassische Schule eher formal, was ganz deutlich bei der Managementfunktion „Organisation“ zutage tritt. Man „entdeckt“ im klassischen Ansatz gleichsam die formale Organisation als zweckgerichtete Struktur, als Gesamtheit genereller Regelungen zur Aufgabenerfüllung, und kann das, was man später dann die „informale“ Organisation zu nennen pflegt, wenn überhaupt, so bloß als Störfaktor in den Blick bekommen. Wie verhalten sich Menschen in Organisationen? Welche vom Management unbeabsichtigten, eben informellen, Strukturen bilden sich heraus? Im welchem Verhältnis stehen sie zur formalen Organisationsstruktur? Derartige Fragen rückten nach den zwanziger Jahren dieses Jahrhunderts bis etwa 1950 in das Zentrum des Interesses der Managementforschung. Es ist dies die Zeit der „verhaltenswissenschaftlichen Schule“.

2.2.2.2 Die verhaltenswissenschaftliche Schule

Die mehr oder weniger radikale Abweichung von den klassischen Managementansätzen bereitet sich einerseits in den sog. Hawthorne-Experimenten vor, die Ende der zwanziger Jahre im Hawthorne Werk der Western Electric Comp., einer Tochter der AT&T (American Telephon and Telegraph Comp.) begannen und 1932 im Gefolge der Wirtschaftskrise endeten. Andererseits ist sie in den bekannten Arbeiten von Chester I. Barnard (1886–1961) angelegt, der allerdings in seinem berühmten Buch „The Functions of the

Executive“ (1938)[51], das einerseits auf seinen Erfahrungen als Manager aufbaut und andererseits auf dem Studium der organisationssoziologischen Theorien von Max Weber (und dessen Schüler T. Parsons) basiert, eine eher vermittelnde Stellung einnimmt. In der Ideengeschichte des Managements schreibt man ihm deshalb den „Brückenschlag“ zwischen Klassik und (neoklassischer) verhaltenswissenschaftlicher Schule zu.[52]

Chester I. Barnard

Der „Brückenschlag“ ist schon in dem zentralen Grundgedanken der Barnardschen Theorie impliziert, nämlich das Zustandekommen von Organisationen als „kooperative Systeme“ aus der Bereitschaft (der Entscheidung) der Individuen zur Kooperation selbst zu erklären. Formale Organisation bezieht sich auf diejenige Form der Zusammenarbeit von Menschen, die bewußt, absichtsgeleitet und auf einen Zweck gerichtet ist. Sie ist „ein System von bewußt koordinierten Handlungen oder Kräften von zwei und mehr Personen.“[53] Diese Definition verbindet bereits die gemeinsame Aufgabe (als Zweck der Kooperation) mit den Wünschen, Zielen oder Motiven der Menschen, deren Leistungen für die Zielerreichung erforderlich sind; insofern wird hier der aufgabenbezogene Standpunkt der klassischen Managementlehre überschritten in Richtung auf eine Integration des „Faktors Mensch“.

Die von Barnard vorgeschlagene Definition formaler Organisationen geht in ihrer Reichweite aber über diesen „Brückenschlag“ hinaus. In ihr sind Fragestellungen angelegt, die der Klassik fremd waren und insofern echte Innovationen darstellen. Drei dieser Fragestellungen seien kurz angedeutet:

(1) Wenn (formale) Organisationen ihre Existenz der bewußten und absichtsgeleiteten Bereitschaft von Individuen zur Kooperation verdanken, dann wird es möglich, die Frage nach dem Überleben von Organisationen als Frage nach der Erfüllung der Erwartungen zu stellen, die die Individuen mit ihrer freiwilligen Leistung für das gemeinsame Ziel verbinden (Motive der Kooperation). Werden sie nicht erfüllt, reduzieren Individuen u.U. ihre Leistungsbeiträge oder scheiden aus der Organisation aus.

Um zu überleben, muß eine Organisation also immer wieder genug Anreize bereitstellen können, um die Individuen zu Leistungen für die gemeinsame Zielerreichung zu veranlassen. Dies ist die sog. „**Anreiz-Beitrags-Theorie**“ der Organisation. Ihr ist die von Barnard vorgeschlagene Unterscheidung von Effizienz und Effektivität von Organisationen inhärent. Eine Organisation ist effizient in dem Maße, wie es ihr (im Urteil der kooperierenden Individuen) gelingt, die individuellen Kooperationsmotive zu erfüllen. Sie ist effektiv in dem Maße, wie der gemeinsame Organisationszweck erreicht wird. Wenn eine Organisation ineffizient ist, kann sie nicht effektiv sein und geht unter, weil die Kooperation zerbricht. Und umgekehrt ist Effektivität der Organisation notwendig, um effi-

---

51 Die deutsche Übersetzung der 17. Auflage ist unter dem Titel „Die Führung großer Organisationen“ 1970 in Essen erschienen.

52 Vgl. etwa Wren, D.A., The evolution of management thought, New York 1972, S. 320, und Staehle, W., Management, 8. Aufl., München 1999, S. 35.

53 Barnard, Ch. I., The functions of the executive, Cambridge/Mass. 1938, S. 73.

zient zu sein und die erwarteten Leistungen für die Organisationsmitglieder bereitzustellen.[54] Erforderlich ist also für das Überleben von Organisationen gleichsam ein (langfristiger) Gleichgewichtszustand zwischen Anreizen und Beiträgen (Anreiz-Beitrags-Gleichgewicht).

(2) Der zweite gegenüber der klassischen Managementlehre innovative Gedanke des Barnardschen Werkes ist die Konzeptionalisierung der Organisation als eines offenen Systems. Barnard betont (dies in Übereinstimmung mit der später darzustellenden Systemtheorie), daß nicht eigentlich Personen, sondern deren **Handlungen** konstitutiver Bestandteil formaler Organisationen seien. Handlungen werden als Elemente verstanden, die durch Koordination wechselseitig aufeinander bezogen und insofern systematisch zu einem Ganzen verknüpft sind. Organisationen müssen somit alle diejenigen Individuen zur Kooperation veranlassen, deren Handlungen für die Erreichung des gemeinsamen Zweckes immer wieder neu erforderlich sind.

Dieser Gedanke läßt keine so einfache Grenzziehung zwischen „Innen" und „Außen" mehr zu wie in der klassischen Vorstellung. Für Barnard sind deshalb u.a. Kapitaleigner, Arbeitnehmer, Fremdkapitalgeber, Lieferanten und Abnehmer Teilnehmer der Organisation (genauer: deren organisationsbezogene Handlungen). Organisation wird gleichsam als Koalition aller kooperierenden Personen verstanden (Koalitionstheorie der Organisation).[55] Als Konsequenz daraus kann sich die Managementlehre auch nicht mehr wie in dem klassischen Ansatz auf eine „intraorganisatorische", also auf eine bloße Binnenperspektive beschränken, sondern muß die Interaktion mit der Umwelt bzw. den sie umgebenden Anspruchsgruppen zum Gegenstand ihrer Überlegungen machen.

(3) Die ungewöhnlichste Idee, die aus der Barnardschen Organisationskonzeption resultiert, ist aber zweifellos die „Akzeptanztheorie der Autorität". Wenn Organisationen von der bewußten, freiwilligen Bereitschaft der Mitglieder zur Kooperation abhängig sind, muß man als Indikator für das Vorliegen von Autorität (Befehlsgewalt) die Entscheidung der Menschen ansehen, einem Befehl zu gehorchen oder nicht. Wenn ein Untergebener einen Befehl nicht befolgt, hat er ihm keine Autorität zugestanden. Autorität ist aus dieser Sicht das Merkmal eines Befehls in einer formellen Organisation, kraft dessen ein Organisationsmitglied ihn akzeptiert, als Richtschnur für das, was es im Hinblick auf die Organisation tut oder unterläßt. Diese Definition von Autorität ist unausweichlich, wenn man von dem Grundgedanken ausgeht, daß sich Organisationen durch freie Wahl (Entscheidung) ihrer „Mitglieder" konstituieren. Dann kann es außerhalb dieser Basis ja keine andere unabhängige Quelle von Autorität (wie etwa die Persönlichkeit des Vorgesetzten) mehr geben; es muß vielmehr um eine Quelle gehen, die bereits durch die jederzeit revidierbare (freiwillige) Anerkennung der Organisationsmitglieder legitimiert

---

54 In der weiteren Entwicklung der Managementlehre hat sich die Bedeutung der beiden Begriffe Effektivität und Effizienz gerade umgekehrt. Effizienz bezeichnet heute den Einsatz der richtigen Mittel (Wirtschaftlichkeitsprinzip); Effektivität bezieht sich dagegen auf die Zielerreichung und vor allem darauf, daß die richtigen Ziele verfolgt werden („Doing the right things"). Vgl. dazu Drucker, P., Die ideale Führungskraft (Übers.a.d.Engl.), Düsseldorf/Wien 1967, S. 11 ff.

55 Diese weite Fassung des Organisationsbegriffs hat starke Kritik hervorgerufen. Vgl. Barnards Erwiderung darauf in Barnard, Ch.I., Organisation and management, Cambridge/Mass. 1948, S. 111–113.

ist. Der Glaube an die Legalität resultiert bei Barnard dabei aus der freiwilligen Vereinbarung, enthält also ein gewisses Element der Demokratie.[56] Gewisse Anklänge an das Legitimitätskonzept von Max Weber werden hier sichtbar, vor allem dann, wenn man zusätzlich Barnards Idee einer „Indifferenzzone“, eine Art Vertrauensvorschuß, berücksichtigt, die der Autorität ein notwendiges Maß an Stabilität verleiht und sie vor den Dysfunktionen jederzeitiger Revidierbarkeit schützt.

Der Gedanke, die Organisation als „Koalition von Individuen“ zu begreifen, fand dann später in der Managementlehre breite Akzeptanz. Wesentlich zur Verbreitung trug das 1945 publizierte Buch des späteren Nobelpreisträgers H.A. Simon über Entscheidungsverhalten in Organisationen[57] bei. Auch andere bekannte Arbeiten, die im Umkreis von Simon entstanden sind, orientieren sich an ähnlichen Ausgangspositionen.[58] March und Simon analysieren ausführlich auf der Basis der Anreiz-Beitrags-Theorie die Entscheidung der Individuen zur Teilnahme an und zum Verlassen der Organisation, insbesondere aber die Entscheidung, produktive Beiträge zur Erfüllung des Organisationszweckes zur Verfügung zu stellen (decision to produce).

Die Kritik an der Barnardschen Organisationstheorie sei hier nur mit der Frage angedeutet, ob man denn wirklich zur Erklärung des Zustandekommens und der Existenz von Organisationen so etwas wie den autonomen freien Willen von Individuen zum unhinterfragten Ausgangspunkt nehmen kann. Gibt es nicht gesellschaftliche Verhältnisse, die die Freiheit zum Ein- bzw. Austritt materiell konterkarieren? Man denke etwa an die Arbeitslosigkeit, die die Chancen eines Individuums, das eigentlich einen Arbeitsplatzwechsel vornehmen möchte, einen neuen Arbeitsplatz zu finden, sehr stark beschneidet. Anders formuliert: Die Ein- und Austrittsentscheidungen von Individuen sind in ihrer materiellen Basis (auch) gesellschaftlich bestimmt; deshalb kann die Organisationstheorie nicht voraussetzungslos bei den autonomen (freien) Individuen beginnen.[59]

Hawthorne-Experimente

So bedeutend und theoretisch innovativ die Gedanken von Barnard Mitte der dreißiger Jahre auch waren, so haben sie doch eigentlich erst sehr viel später eine breitere Wirkung entfaltet. Der Durchbruch des verhaltenswissenschaftlichen Paradigmas selbst wurde nicht durch seine Forschungen, sondern durch die erwähnten Hawthorne-Experimente und die darauf aufbauenden weiteren Arbeiten erzielt. Sie führten im Ergebnis zu einer radikalen Revision klassischer Positionen hinsichtlich etwa der Arbeitsmotivation, der Rolle des Vorgesetzten, der Bedeutung der Arbeitsgruppe oder des Stellenwertes der Arbeitsteilung.

---

56 M. Weber spricht insoweit von einer „paktierten“ (im Gegensatz zu einer „oktroyierten“) Ordnung, in: Wirtschaft und Gesellschaft, a.a.O., S. 19.

57 Simon, A.H., Administrative behavior: A study of decision-making processes in administrative organization, New York 1945 (dt. Übers. Landsberg/Lech 1981).

58 Vgl. etwa March, J.G./Simon, H.A., Organizations, New York u.a. 1958 (dt. Übers. Wiesbaden 1976) und Cyert, R.M./March, J.G., A behavioral theory of the firm, Englewood Cliffs, N.J. 1963.

59 Vgl. zu dieser Kritik genauer Ortmann, G., Unternehmungsziele als Ideologie, Köln 1976; zu weiteren Kritikpunkten vgl. auch Staehle, W., a.a.O., S. 431 ff.

Dabei hatten die Hawthorne-Experimente selbst mit durchaus klassischen Versuchsanordnungen zur Erforschung von physischen Einflußfaktoren der Arbeitsproduktivität begonnen.[60] Man richtete 1924 in bestimmten Fertigungsstätten der Hawthorne-Werke Versuchs- und Kontrollgruppen ein und variierte systematisch gewisse äußere Arbeitsbedingungen (als unabhängige Variablen) in der Hoffnung, stabile Zusammenhänge mit der Arbeitsproduktivität (als abhängiger Variable) nachweisen und auf diese Weise zur produktivitätsfördernden Gestaltung der Arbeitsbedingungen beitragen zu können. Dies war eine Vorgehensweise, die letztlich der Taylorschen Gedankenwelt des „scientific management" entsprach.

Voruntersuchungen. Unter sorgfältiger Überwachung aller konstant gehaltenen Faktoren (Luftfeuchtigkeit, Raumtemperatur etc.) variierte man z.B. die **Beleuchtungsstärke**, um den Einfluß der Lichtverhältnisse auf die Leistung der Arbeiter ausfindig zu machen. Die Ergebnisse entsprachen zunächst ganz den Erwartungen, mit zunehmender Beleuchtungsstärke stieg auch die Produktivität an. Die Überraschung kam erst, als zu Gegenprüfungszwecken die Beleuchtungsstärke wieder verringert wurde, die Produktivität aber dennoch weiter anstieg. Selbst bei ganz miserablen Beleuchtungsverhältnissen stieg die Produktion in der Versuchsgruppe weiter. Was dieses Ergebnis noch verwunderlicher machte, war die Tatsache, daß auch in der Kontrollgruppe die Produktivität stetig wuchs, obwohl dort die äußeren Bedingungen immer konstant geblieben waren.

Während der ganzen Versuchsperiode registrierte man also einen Produktivitätsanstieg, der mit den herkömmlichen wissenschaftlichen Methoden und Versuchsdesigns nicht zu erklären war. In dieser kritischen Situation schaltete man 1927 zusätzlich eine Harvard-Forschergruppe mit E. Mayo (1880–1949) an der Spitze ein. Es ist die dann folgende Untersuchungsphase, die die Hawthorne-Experimente letztlich durch entscheidende neue Einsichten über das Verhalten von Menschen in Organisationen berühmt gemacht hat.

Die **Relais-Montage-Testraum-Studie**. Zunächst wurden noch einmal vergleichbare Experimente in einem Testraum durchgeführt, allerdings unter Variation anderer unabhängiger Variablen, wie Ruhepausen, Länge des Arbeitstages oder Entlohnungssystem. Es zeigten sich wieder dieselben Effekte. Und als man – irritiert durch den erneuten stetigen Produktivitätsanstieg – die ursprünglichen Arbeitsbedingungen wiederherstellte, also z.B. die Ruhepausen, den verkürzten Arbeitstag, die Erfrischungen während der Arbeit abschaffte, stieg schließlich die Produktivität erneut, und zwar auf vorher nie erreichte Höhen an. Die nachfolgende Restauration der alten „Privilegien" ließ dann schließlich die Produktion pro Arbeiter und Woche nochmals steigen.

Nach Durchsicht der bisherigen Befunde und aufgrund weiterer Experimente, die insbesondere noch einmal die traditionelle These vom positiven Einfluß der Lohnanreizsysteme auf die Produktivität prüfen sollten, kam man schließlich zu der Einsicht, der entscheidende Grund für die (bisher unerklärlichen) Produktivitätssteigerungen sei nicht im Lohnsystem oder äußeren Arbeitsbedingungen zu suchen, sondern im emotionalen Be-

60 Vgl. Roethlisberger, F.J./Dickson, W.J., Management and the worker, Cambridge/Mass. 1939, 16. Aufl. 1975, S. 19 ff.

reich. Man war stolz darauf, Teil einer wichtigen Gruppe zu sein, der die freundliche Aufmerksamkeit des Vorgesetzten und der Forscher galt. Dies förderte die Beziehungen untereinander, und man konnte die Isolation großbetrieblicher Industriearbeit überwinden. Die Forscher sprachen von einer „emotionalen Kettenreaktion".[61] Diese entscheidende Schlußfolgerung wurde dann zur Grundlage der weiteren Hawthorne-Untersuchungen, deren Dokumentation in dem erwähnten Buch „Management and the Worker" von Roethlisberger und Dickson den größten Raum einnimmt.[62]

Das **Interview-Programm**. Diese Untersuchungen mit einem groß angelegten Interviewprogramm (ca. 21.000 Interviews) und der Beobachtung zwischenmenschlicher Beziehungen in Arbeitsgruppen verwiesen von ihren Ergebnissen her unmißverständlich auf die Notwendigkeit, die Organisation (auch) als soziales System zu deuten und zu verstehen. Man registrierte z.B. in den Interviews immer wieder, daß die Arbeiter nicht über die im Interviewleitfaden vorgesehenen Fragen sprechen wollten. Sie trugen ganz andere Sachprobleme und Beschwerden über ihre Arbeit vor, die sich dann allerdings bei genauer Nachprüfung als nicht stichhaltig erwiesen. Man fand heraus, daß derartige Beschwerden als Hinweise auf persönliche Probleme und Schwierigkeiten des Interviewten innerhalb und außerhalb der Arbeitswelt interpretiert werden mußten, Schwierigkeiten, die zu einer Verminderung der Leistungsbereitschaft führten. Als Konsequenz aus dieser Einsicht wurden die Vorarbeiter darin geschult, mehr auf die persönlichen Schwierigkeiten und emotionalen Probleme der Mitarbeiter zu achten; sie sollten versuchen, derartige Störungen herauszufinden und – soweit möglich – für Abhilfe zu sorgen („personnel counseling program"). Diese Umorientierung von einem bloß aufgabenbezogenen auf einen (auch) personenbezogenen „Führungsstil" verbesserte die Arbeitsmoral und führte zur Steigerung des Outputs. Damit war der Zusammenhang zwischen den „human relations" im allgemeinen und der Arbeitsleistung offensichtlich geworden.

Die **Bank-Wiring-Observation-Room-Studie**. Parallel zum Interviewprogramm liefen von 1931-1932 in den Hawthorne-Werken im letzten Versuchsstadium ferner Experimente, die die Bedeutung der informellen Gruppen für die Arbeitsleistung aufzeigten. Man schuf drei formale Arbeitsgruppen, die in einem Beobachtungsraum mit der Anfertigung von Wicklungen für Motoren betraut waren (dies ist der berühmte „bank wiring observation room"). Jede Gruppe bestand aus drei „Wicklern" und einer Person, die die Kontakte lötete. Es gab ferner zwei Inspektoren, die die Qualitätskontrolle für alle drei Gruppen durchzuführen, also die Arbeit zu begutachten hatten. Die Entlohnung erfolgte

---

61 Man spricht in diesem Zusammenhang auch vom sog. „Hawthorne-Effekt" und meint damit den – im Sinne eines klassisch-naturwissenschaftlichen Versuchsdesigns – „verfälschenden" Einfluß auf die Ergebnisse als Folge der Tatsache, daß allen Arbeitern bekannt war, an einem Experiment teilzunehmen. Dadurch veränderte sich möglicherweise ihr Arbeitsverhalten im Vergleich zur „normalen" Arbeitssituation, ohne daß dieser „Effekt" isoliert werden konnte. Es wäre jedoch falsch, die Ergebnisse der Hawthorne-Experimente aus diesem Grunde zurückzuweisen. Die naturwissenschaftlich inspirierte Vorstellung, (auch) im Bereich des menschlichen Verhaltens kausalanalytisch vorzugehen, d.h. in Ursache-Wirkungs-Zusammenhängen zu denken, ist methodisch nicht haltbar. Der Mensch ist nicht nur Objekt, sondern immer auch Subjekt in entsprechenden Versuchssituationen. So gesehen ist dann der „Hawthorne-Effekt" nur ein verstärkender Hinweis auf die Bedeutung, die die in der Partizipation an den Versuchen liegende Anerkennung und Bedürfnisbefriedigung für die Arbeitsmotivation hat.

62 Vgl. dort S. 189 ff. zur Kritik der Haupttheorie-Experimente und ihrer Interpretation vgl. zusammenfassend Kieser, A., Human Relations-Bewegung und Organisationspsychologie, in: ders. (Hrsg.) Organisationstheorien, 3. Aufl., Stuttgart 1999, S. 109 ff.

auf Basis sowohl der individuellen wie der Gruppenleistung, womit die Kooperation zwischen den Arbeitern besonders gefördert werden sollte. Zwei Beobachtungen ließen die Bedeutung der informellen Gruppenbeziehungen deutlich hervortreten:

(1) Die Gruppen entwickelten sehr schnell eine eigenständige Vorstellung darüber, was im Hinblick auf den Lohn eine „faire Tagesleistung" war. Dieser informelle Standard war niedriger als die vom Management geforderte (formale) Leistung. Um die informelle Gruppennorm durchzusetzen, entfalteten die Gruppenmitglieder spezifische Verhaltensweisen und Interaktionen. War eine Tagesleistung z.B. zu hoch ausgefallen, versteckte man den „Überschuß" und meldete nur die Menge, die der formellen Norm entsprach. „Akkordbrecher" versuchte man durch besondere disziplinarische Maßnahmen „bei der Stange" zu halten. Man äußerte sich z.B. sarkastisch über sie oder machte sie lächerlich. Die Leistung – das zeigten diese Experimente – ist also nicht (nur) von den physischen Möglichkeiten der Arbeiter, sondern auch von sozialen Normen (der Gruppe) abhängig.

(2) Die zweite Beobachtung betrifft die informellen Gruppenbeziehungen im engeren Sinne. Die Analyse der Art und Häufigkeit der Kontakte und sozialen Beziehungen, wie sie sich im Beobachtungsraum entwickelten, ergab, daß sich über die drei formalen Gruppen hinweg zwei „Cliquen" (informelle Gruppen) gebildet hatten. Die Mitglieder der Cliquen entwickelten innerhalb ihrer Gruppe eine hohe Intensität zwischenmenschlicher Beziehungen untereinander, und dies auch dann, wenn damit gegen die ausdrücklichen Anweisungen des Managements verstoßen wurde. Man half sich aus wo nötig, man machte in den Pausen gemeinsame Spiele, etc. Zwischen den zwei Cliquen bestanden derartige Kontakte nicht. Für die Zugehörigkeit bzw. den Ausschluß aus einer dieser informellen Gruppen waren verschiedene Faktoren entscheidend. Die vorgegebene räumliche Anordnung der Arbeitsplätze und die Art der Tätigkeit spielten dabei nur eine untergeordnete Rolle. Wichtig waren persönliche Merkmale. Ausgeschlossen wurden z.B. Arbeiter, die sich mit den Vorgesetzten gut stellen wollten und diesen über die Gruppenaktivitäten berichteten, ferner solche, die ihre Arbeit zu ernst nahmen. So wurde einer der beiden Qualitätsprüfer von seiner Clique akzeptiert, weil er registrierte Fehler großzügig und informell handhabte und auch aufgrund seiner sonstigen Verhaltensweisen von den Arbeitern als ihresgleichen angesehen wurde. Der zweite war dagegen „Außenseiter". Er wurde von keiner Clique aufgenommen; er nahm seine Prüfarbeit zu genau und wickelte sie zu formal nach den vorgegebenen Anweisungen des Managements ab. Arbeiter – so die Schlußfolgerungen aus diesen Beobachtungen – reagieren also nicht (nur) als Individuen, sondern (auch) als Mitglieder von Gruppen.

Diese knappe Rekapitulation der letzten Versuchsreihe bei den Hawthorne-Werken macht ganz deutlich, daß informellen Beziehungen in der formalen Organisation offenbar eine sehr viel größere Bedeutung zugemessen werden muß als es etwa Taylor tat, wenn er derartige Kontakte als „Störeinflüsse" durch formale Regelungen unterbinden wollte. In jeder formalen Organisation bilden sich – weil man es mit Menschen und nicht nur „Vollzugsorganen" zu tun hat – unvermeidlicherweise auch informelle Strukturen heraus, die von entscheidender Bedeutung für die Zufriedenheit der Mitarbeiter sind und ihre Leistungen wesentlich beeinflussen. Sie sind deshalb für den Erfolg der Unternehmensführung von großer Bedeutung.

Human-Relations-Bewegung

Diese Grundeinsichten aus den Hawthorne-Experimenten wurden nachfolgend weiter vertieft und zu dem Lehr- und Trainingsprogramm der „Human-Relations-Bewegung“ fortentwickelt. Als Kerngedanke bildete sich in dieser Schule die Vorstellung heraus, daß „glückliche (zufriedene) Arbeiter gute Arbeiter“ sind. Vor dem Hintergrund einer (unhinterfragt gebliebenen) klassischen Organisationsstruktur müssen also die zwischenmenschlichen Beziehungen am Arbeitsplatz so gestaltet werden, daß sie die sozialen Bedürfnisse der Organisationsmitglieder in hohem Maße befriedigen. Dies ist die notwendige Bedingung für die ökonomische Effizienz der Unternehmung. So gesehen läßt sich dann auch kein Widerspruch mehr zwischen den Zielen der Mitarbeiter und den Zielen der Organisation ausmachen: Soziale und ökonomische Rationalität werden deckungsgleich. Diese Harmonievorstellung der Human-Relations-Bewegung ist gleichsam der Gegenpol zur Harmoniethese von Taylor, wonach Arbeiter sich ja aufgrund ihrer ökonomischen Interessenorientierung (via Akkordlohn) an die Rationalitätsanforderungen der Organisation anpassen und den Anordnungen des Vorgesetzten unterwerfen würden.

Insgesamt ist es das bleibende Verdienst der Hawthorne-Experimente, die große Bedeutung der ungeplanten, spontan entstehenden zwischenmenschlichen Beziehungen in Organisationen mit aller Deutlichkeit herausgearbeitet zu haben. Die verhaltenswissenschaftliche Schule hat in der Tradition dieser Experimente dann drei zentrale Themenbereiche entfaltet und in die Managementlehre integriert, nämlich das „Individuum in der Organisation“ (Individuenverhalten, Motivationstheorien), die „Gruppe in der Organisation“ (Gruppenverhalten) und den „Vorgesetzten in der Organisation“ (Vorgesetztenverhalten).[63]

Diese deutliche Hinwendung zu Fragen des „Verhaltens in Organisationen“ („Organizational Behavior“) hat dann allerdings dazu geführt, daß man die strukturellen Aspekte der Organisationsfunktion, wie sie der klassische Ansatz favorisierte, aus den Augen verlor. In dem Maße, wie man aus der Mikroperspektive der Arbeitssituation die Bedingungen der Zufriedenheit der Mitarbeiter (als entscheidende Vorbedingung für die Produktivität) untersuchte, traten die generellen organisatorischen Regelungen, die Strukturen der Gesamtorganisation und damit die „Makroperspektive“ als weniger relevant in den Hintergrund oder wurden als schlichte Gegebenheit übernommen. Hier setzten dann wieder die nachfolgenden organisationstheoretischen Forschungen an, die das organisatorische Kernproblem der Integration von Mitarbeiterbedürfnissen einerseits und ökonomischen Organisationszielen andererseits nicht mehr auf der Basis einer vorausgesetzten Harmonie angingen, sondern hier durchaus einen Konflikt – manche sogar ein Dilemma – konstatierten, der u.a. auch durch geeignete Strukturentwürfe der Organisation gelöst werden sollte.

---

63 Vgl. dazu den vierten Teil dieses Buches: „Organisation und Führung“.

Human-Ressourcen-Ansatz

Die Human-Relations-Bewegung hatte ihren Höhepunkt in den fünfziger Jahren schon überschritten. Sie wurde abgelöst vom Human-Ressourcen-Ansatz, der vor allem auch die vernachlässigten Strukturen der Organisation wieder stärker theoretisch zur Geltung brachte. Man diagnostizierte ein Spannungsverhältnis, das sich aus den traditionellen Organisationsstrukturen einerseits und den Entfaltungsbedürfnissen der Menschen andererseits ergibt; dieses äußere sich in den Spannungen zwischen bürokratischer Effizienz und nicht-rationalem Verhalten, zwischen Disziplin und Autonomie, zwischen formalen und informalen Beziehungen. Läßt man diese Konflikte unbearbeitet, so führe dies im Ergebnis zu einer Verschwendung von Human-Ressourcen. Erst wenn dieses Spannungsverhältnis hinreichend thematisiert werde und neue, den menschlichen Bedürfnissen besser angepaßte Organisationsstrukturen entworfen würden, könne von einer angemessenen theoretischen Behandlung des Organisationsproblems gesprochen werden.

Verschiedene Autoren haben die Kritik in dieser Richtung vorangetrieben und mehr oder weniger detaillierte Lösungsvorschläge sowohl in verhaltens- als auch in strukturmäßiger Hinsicht gemacht. Zu diesen Autoren gehören primär McGregor,[64] Argyris[65] und Likert.[66] Sie versuchten, auf der Basis von motivationstheoretischen Überlegungen, die nicht nur wie die Human-Relations-Schule die sozialen Bedürfnisse, sondern in einem umfassenderen Sinne das Selbstverwirklichungsstreben des Menschen am Arbeitsplatz zum Gegenstand haben, Führungsprinzipien und Strukturmodelle zu entwickeln, die einen Zusammenklang von individueller Bedürfnisbefriedigung und ökonomischer Zielerreichung ermöglichen sollen. Da diese Reformvorschläge sehr deutlich eine effiziente umfassende Nutzung der menschlichen Ressourcen – und nicht ihre einseitige Routinisierung – im Auge haben, spricht man hier auch von den „Human-Ressourcen-Ansätzen“.

Die Kritik dieser Ansätze an den Prinzipien der traditionellen Organisation hebt im Kern darauf ab, daß die menschlichen Potentiale nicht zur Entfaltung kommen können und traditionelle Organisationen deshalb ineffektiv sind. Wenn man etwa mit Argyris unterstellt, daß der gesunde Mensch von der Kindheit bis zum Erwachsenenalter einen Reifeprozeß durchmacht, der – generell gesprochen – von starker Abhängigkeit hin zur autonomen Persönlichkeit führt, die durch vielfältige Interessen, differenzierte Verhaltensweisen, Bewußtsein der eigenen Persönlichkeit etc. gekennzeichnet ist, so folgt, daß die traditionelle Organisation von den Mitarbeitern als demotivierend und leistungshemmend erlebt werden muß. Die extreme Spezialisierung, die Einheit des Befehlsweges, die Trennung von Planung (Anweisung) und Ausführung, kurz alle Prinzipien des Taylorismus, die ursprünglich zur Steigerung der Arbeitsproduktivität konzipiert wurden, erweisen sich im Lichte der hier vorausgesetzten Motivationstheorie als dysfunktional. Re-

---

64 McGregor, D., The human side of enterprise, New York 1960 (dt. Übers.: Der Mensch im Unternehmen, Düsseldorf/Wien 1970).

65 Argyris, C., Personality and organization, New York 1957, und ders., Integrating the individual and the organization, New York 1964.

66 Likert, R., The human organization: Its management and value, New York 1967 (dt. Übers.: Die integrierte Führungs- und Organisationsstruktur, Frankfurt a.M. 1975).

formen der Organisationsstrukturen sollen deshalb so beschaffen sein, daß sie den Mitarbeitern mehr Entfaltungsmöglichkeiten bieten, Entscheidungspartizipation ermöglichen, Vertrauen statt Furcht in zwischenmenschlichen Beziehungen schaffen, die Informationsflüsse vielseitig und nicht nur von unten nach oben (als Gegenstrom zum Befehlsweg) gestalten, die (Arbeits-)Gruppe als organisatorische Einheit (statt des Individuums) integrieren, Fremdkontrolle durch weitgehende Selbstkontrolle substituieren etc. Hier geht es letztlich um Entwürfe effektiver und humaner Organisationen zugleich und damit um Versuche, das organisatorische Dilemma befriedigend zu lösen.

Ein spezieller Zweig der Human-Ressourcen-Schule beschäftigt sich mit dem Problem des geplanten **Wandels von Organisationen**. Diese Teildisziplin firmiert heute unter dem Namen **„Organisationsentwicklung“.**[67] Ausgangspunkt für diese Sonderentwicklung waren immense Schwierigkeiten, Human-Ressourcen-Programme in die Praxis umzusetzen, insbesondere bürokratische Organisationen für diese neuen Ideen zu öffnen. Die Forschung in diesem Gebiet führte zu einem Kanon verschiedener Vorgehensweisen und Methoden. Sie stellen alle darauf ab, bestehende verfestigte Strukturen zu lockern („Unfreezing“) und den Organisationsmitgliedern die Angst vor Neuem und Ungewohntem zu nehmen. Der Pionier auf diesem Gebiet war Kurt Lewin, der mit bahnbrechenden Experimenten und daraus entwickelten Trainingsprogrammen den Weg bereitete für ein erfolgreiches Wandelmanagement.[68] Heute finden Überlegungen dieser Art wieder eine sehr starke Beachtung unter den Stichworten: Change Management und Lernende Organisation (im Sinne eines sich ständig wandelnden Systems).

2.2.2.3 Die quantitativ-mathematisch orientierte Schule

Es dürfte aus dem Überblick zur verhaltenswissenschaftlichen Schule deutlich geworden sein, daß dort die Managementfunktionen „Planung“ und „Kontrolle“ gar nicht (explizit) zur Sprache kommen. Obwohl von Taylor in ihrem eigenständigen Stellenwert für die Steigerung der (Arbeits-)Produktivität hoch eingeschätzt und auch von Fayol, Urwick und anderen Klassikern als unverzichtbar an den Anfang des Management-Prozesses gestellt, hat die verhaltenswissenschaftliche Schule das Augenmerk von vornherein weg von der Planung auf Probleme der Organisation und Führung gelenkt. Sie ist insofern stark selektiv vorgegangen. Ihre weiteren Entwicklungslinien führen in eine hochgradig ausdifferenzierte Organisationslehre und verlieren damit später den von den Klassikern noch mitgedachten Zusammenhang aller Management-Funktionen ganz aus dem Auge.

In den frühen 60er Jahren setzte in der Managementlehre ein nachhaltiges wissenschaftliches Interesse für die Managementfunktionen Planung und Kontrolle ein, nicht zuletzt ausgelöst durch die enormen Möglichkeiten der elektronischen Informationsverarbeitung. Das Pendel schlug nun gleichsam in die andere Richtung aus: „Management Science“ wurde im anglo-amerikanischen Sprachraum die Bezeichnung für eine Disziplin, die in der planerischen Vorbereitung von Management-Entscheidungen die zentrale

---

67 Vgl. u.a. Bennis, W.G., Organization development, Reading/Mass. 1969.
68 Vgl. Lewin, K. Frontiers in group dynamics, in: Human Relations 1 (1947), S. 5-41.

Aufgabenstellung einer Managementlehre überhaupt sah – wobei „science" den naturwissenschaftlichen Exaktheitsanspruch an die Problemlösungen signalisieren sollte.

Die Durchführung des Geplanten wurde als unproblematisch angesehen; man neutralisierte durch diese Annahme gleichsam die Implementationsprobleme von Organisation und Führung und rechtfertigte so zugleich (implizit) die Beschränkung auf die Beschäftigung mit Planungsfragen. Der klassische Ansatz des Management-Prozesses, wie er Fayol vorschwebte, schrumpfte so wiederum – diesmal im Vergleich zum Verhaltensansatz von der anderen Seite – auf eine Teilfunktion zusammen, nämlich die geistige Vorbereitung des Handelns. Wegen ihrer quantitativ-mathematischen Orientierung spricht man heute auch von der „mathematischen Schule" der Managementlehre. Sie läßt sich letztlich inhaltlich und methodisch von der Disziplin der „Unternehmensforschung" (Operations Research) kaum noch unterscheiden.

Versuche zur mathematischen Rekonstruktion und Lösung von unternehmerischen Entscheidungsproblemen hat es schon recht früh gegeben. Als Vorläufer der Unternehmensforschung werden wegen ihres quantitativen Vorgehens z.B. Taylor und sein Schüler Gantt ebenso genannt wie Andler, der 1929 die berühmte Formel zur Optimierung der Lagerhaltung entwickelte.[69] Aber erst die Entwicklung der Linearen Programmierung in den vierziger Jahren führte dann zu einer nachhaltigen Anwendung mathematischer Verfahren und Algorithmen in der Ökonomie und besonders der Betriebswirtschaftslehre. Darüber hinaus wurden neue Verfahren entwickelt (z.B. Dynamische Programmierung 1957, Netzplantechnik 1959) und fanden Eingang in die betriebliche Planungspraxis.[70]

Die quantitativ-mathematische Schule läßt sich allerdings nicht allein durch Verweis auf die mathematischen Verfahren charakterisieren. Hinzu kommt ein bestimmter Denkstil, mit dem Entscheidungsprobleme in Angriff genommen und gelöst werden sollen. Für diesen Denkstil ist der Versuch zur Modellierung von Entscheidungsproblemen von zentraler Bedeutung. Man konstruiert für ein vorgegebenes (praktisches) Problem ein Modell, indem man aus der „Totalinterdependenz der Wirklichkeit" (Kosiol) zunächst die problemrelevanten Zusammenhänge selektiert und sie dann mit Hilfe eines geeigneten Mediums so darstellt, daß die Problemlösung für praktische Zwecke verwendbar wird. Auf diese Weise entwirft man z.B. **mathematische** Modelle für die Planung des Produktprogramms, für den zeitlichen und örtlichen Durchlauf von Losgrößen durch ein Fertigungssystem oder für die Höhe und Terminierung von Ein- und Auszahlungen im Rahmen der kurzfristigen Finanzplanung. Man optimiert dabei einen Zielfunktionswert (z.B. maximaler Deckungsbeitrag, minimale Durchlaufzeit, maximaler Finanzgewinn) unter gewissen problemspezifischen Beschränkungen. Solche Beschränkungen mögen etwa verfügbare Kapazitäten bei der Programmplanung, Lieferfristen bei der Durchlaufterminierung oder Kreditlinien bei der Finanzplanung sein. In jedem Falle müssen in solchen Modellen viele interdependente Entscheidungstatbestände im Hinblick auf ihre

69 Andler, K., Rationalisierung der Fabrikation und optimale Losgröße, München/Berlin 1929.

70 Vgl. dazu die Geschichte der Unternehmensforschung bei Meyer, M., Operations Research, Systemforschung, 4. Aufl., Stuttgart 1996, S. 1 ff.

Handlungskonsequenzen für die Zielerreichung und die Einhaltung der Beschränkungen in einer – der unmittelbaren Anschauung nicht mehr zugänglichen Weise – miteinander verknüpft und gelöst werden. Modellbildung erfordert also hochabstraktes Denken zur konstruktiven Darstellung vielfach verzweigter Zusammenhänge. Und der Umfang der Modelle erzwingt dann den Computereinsatz, um die mit der Lösung und Auswertung der Modelle zusammenhängenden Aufgaben der Informationsverarbeitung zu lösen.

Diese kurze Skizze macht deutlich, daß die mathematische Schule einen wichtigen Beitrag zur besseren Handhabung von Planungsproblemen geleistet hat und auch in Zukunft leisten kann. Die Gleichsetzung der Managementlehre mit dieser Schule ist jedoch verfehlt, und dies nicht nur wegen ihrer zu engen Auslegung auf die Managementfunktion „Planung". Auch innerhalb dieser Managementfunktion stößt der Einsatz von Mathematik und elektronischer Datenverarbeitung dort an Grenzen, wo die Planungsprobleme so „schwach strukturiert" sind, daß an die Stelle der mathematisch-quantitativen Aufbereitung und Lösung argumentative Begründungsleistungen zur Fundierung von Entscheidungen treten müssen. Das ist z.B. im Rahmen der strategischen Planung weitgehend der Fall. Ferner ist zu beachten, daß sich natürlich die Managementfunktion „Planung" nicht in der quantitativen Entscheidungsvorbereitung erschöpfen kann. Dann würden ja z.B. so wichtige praktische Fragen wie die der zweckmäßigen Gestaltung von Planungssystemen oder Planungsprozessen und deren Auswirkung auf das Verhalten der am Planungsprozeß Beteiligten aus der Managementlehre ausgeklammert. Es kann also nicht um die Gleichsetzung von Managementlehre und Unternehmensforschung gehen. Die mathematische Vorbereitung von Entscheidungen ist vielmehr ein (eng begrenztes) Teilgebiet dieser Lehre und hier der Managementfunktion „Planung" zuzuordnen.

2.2.2.4 Systemtheoretische Ansätze

Die Entwicklungslinien der sehr heterogenen systemtheoretischen Ansätze[71] reichen einerseits in die Biologie und die Soziologie mit den Arbeiten von Parsons zurück; andererseits haben sie ihre Wurzeln in der Kybernetik und der Informationstheorie – zu erwähnen sind hier insbesondere die Arbeiten des österreichischen Biologen Ludwig v. Bertalanffy, der eine vielbeachtete „Allgemeine Systemtheorie" entwickelte.[72] Es ist zunächst eher diese zweitgenannte Richtung gewesen, die in der Managementlehre in den fünfziger und sechziger Jahren rezipiert und adaptiert wurde.[73] Besondere Beachtung fand dabei die Idee des kybernetischen Regelkreises und seine Anwendung für die Unternehmenssteuerung und -kontrolle. Das zentrale, daraus abgeleitete Managementproblem ist die Erhaltung und Stabilisierung eines **Systemgleichgewichts**.[74] Der **Kontrolle** als Quelle des bestandskritischen Feedbacks fällt dabei unter den Managementfunktionen eine Schlüsselrolle zu.

---

71 Vgl. dazu die Übersicht bei Willke, H., Systemtheorie, Bd. I, 5. Aufl., Stuttgart 1996, S. 5 ff.

72 Bertalanffy, L.v., General system theory, 6. rev. Aufl., New York 1979.

73 Prominent das Lehrbuch von Kast, F.E. und Rosenzweig, J.E., Organization and management: A systems approach, New York 1970; im deutschsprachigen Raum: Ulrich, H., Die Unternehmung als produktives soziales System, 2. Aufl., Bern/Stuttgart 1970.

74 Vgl. die Beiträge in Emery, F.E. (Hrsg.), Systems thinking, Harmondsworth 1969.

Die mehr soziologisch orientierten Arbeiten zur Systemtheorie werden etwas später, aber mit durchschlagenderem Erfolg, für die Managementlehre fruchtbar gemacht.[75]

Insgesamt gesehen gelingt es, mit dem systemtheoretischen Ansatz erstmals die **Außenbezüge** der Unternehmung **systematisch** zu erfassen und zum Gegenstand der Theorienbildung zu machen. Ausgangspunkt der Überlegungen ist eine komplexe und veränderliche Umwelt, in der zu handeln ohne eine signifikante (Komplexitäts-)Reduktionsleistung nicht möglich ist. Systeme werden als Handlungseinheiten begriffen, die die Probleme einer komplexen und veränderlichen Umwelt in einem kollektiven arbeitsteiligen Prozeß auf ein bearbeitbares (Vereinfachtes) Maß umformen. Systeme, die die Umwelt unbeantwortet lassen, also kein Komplexitätsgefälle zwischen System und Umwelt aufbauen und erhalten, können nicht bestehen.[76] Dies bedeutet zugleich, daß Systeme fortwährend vom Zerfall bedroht sind (Entropie).

„Die Komplexität der Umwelt reduzieren" heißt zunächst einmal, daß Systeme in sich Strukturen schaffen müssen, die eine Bewältigung der Umweltbezüge ermöglichen. Eine komplexe Umwelt erfordert eine entsprechend komplexe Binnenstruktur, um die vielfältigen Umweltbezüge erfassen und aufarbeiten zu können („law of requisite variety").

Das bekannteste Muster der Verarbeitung komplexer Umwelten ist die Herausbildung von Subsystemen, die eine Spezialisierung auf bestimmte Systemfunktionen ermöglichen, z.B. stabilisierende Subsysteme, innovierende Subsysteme, außenbezogene Subsysteme, integrierende Subsysteme. System/Umwelt-Bezug heißt aber auch, daß Veränderungen in der Umwelt immer wieder neue Probleme für das System stellen und damit in aller Regel eine Veränderung des Systems nach sich ziehen. Die Bestandserhaltung stellt sich daher als permanentes Problem, sie wird durch die einmal gefundene Reduktionsleistung nicht definitiv gelöst.[77]

In der **Theorie offener Systeme** wird das System nicht nur als Anpasser konzeptualisiert, sondern man geht vielmehr davon aus, daß das System/Umwelt-Verhältnis interaktionaler Natur ist, d.h. eine Unternehmung (= System) steht unter starkem Umwelteinfluß, hat aber auch selbst die Möglichkeit, gestaltend auf die Umwelt einzuwirken. Systeme – so die Annahme – besitzen eine begrenzte Autonomie, in deren Rahmen sie regelmäßig zwischen verschiedenen Handlungsalternativen wählen können.

Die Diskussion um die Frage der **Grenzziehung** zwischen System und Umwelt ließ bald die Probleme einer zu engen Analogie zur Biologie – wie anfangs betrieben – offenbar werden. Soziale Systeme „sterben" nicht und haben deshalb auch keine natürlichen Grenzen. Die Rede vom „Überleben" ist nur in einem sehr abstrakten Sinne zu verstehen, gemeint können damit immer nur historische Systemzustände sein, die sich letztlich einer **normativen Setzung** verdanken. Dies machte im Fortlauf eine Unterscheidung zwischen organischen Systemen und sozialen Systemen notwendig. **Soziale Systeme** haben keine empirisch erfahrbaren Systemgrenzen. Die Grenzziehung und -definition ist

75 Vgl. z.B. Thompson, J.P., Organizations in action, New York 1967; Kirsch, W., Entscheidungsprozesse, Bd. 1–3, Wiesbaden 1970.

76 Vgl. Luhmann, N., Soziologische Aufklärung, Bd. 1, 3. Aufl., Opladen 1972, S. 39 ff.

77 Vgl. ebenda, S. 39 ff.

im wesentlichen eine Leistung, die das System selbst erbringen muß. Knapp und allgemein formuliert, ist der Prozeß der Grenzbildung darin zu sehen, daß bestimmte Handlungsbereiche geschaffen werden, die es ermöglichen, die Komplexität der Welt, das Übermaß an Möglichkeiten, in spezifischer Weise einzuengen, zu reduzieren und zu verarbeiten. Eine spezielle Unternehmung stellt z.B. nicht alles her, was auf dem Markt verkauft werden könnte, sondern wählt bestimmte Produkte und Märkte aus, für die sie produziert. Diese Funktion macht ihre Grenze zur Umwelt aus, macht sie als System im Verhältnis zur Umwelt identifizierbar, unterscheidet sie von anderen Unternehmungen, die mit anderen Selektionsvorgängen ihre Grenze definiert haben.

Für die Entwicklung der Managementlehre ist die Systemtheorie von nachhaltigem Einfluß gewesen. Viele Themen und Probleme, die von der Systemtheorie formuliert wurden, sind heute in der Managementlehre zum Standard geworden. So etwa die Rede vom Überleben von Systemen, die Unterscheidung von Unternehmung und Umwelt oder die Betrachtung von Subsystemen. Wiederum ist es die Organisationstheorie gewesen, die als erste die Impulse aus der Systemtheorie in Konzepte umgesetzt hat. Herausragende Anwendungen sind die kontingenz-theoretischen Studien zum Einfluß der Umwelt auf die Organisation[78] und zur Interaktion von Organisation und Umwelt.[79] Zwei Strömungen haben dabei eine besondere Aufmerksamkeit gefunden.

Das ist zum einen das **Ressourcen-Abhängigkeits-Theorem**.[80] Es verdichtet den weitläufigen System-Umwelt-Bezug auf ein zentrales Problem, nämlich die Abhängigkeit von externen Ressourcen. Das Unternehmen benötigt – so der Ausgangspunkt – zur Leistungserstellung Ressourcen verschiedener Art, über die es in der Regel nicht selbst, sondern externe Organisationen verfügen. Es steht damit zwangsläufig in zahlreichen engen Austauschbeziehungen zu anderen Organisationen (vertikaler Leistungsverbund). Der Grad, in dem dieser Leistungsaustausch zur **Ressourcenabhängigkeit** wird, hängt ab von dem Ausmaß, in dem die Unternehmung Ressourcen benötigt, die eine andere Organisation besitzt, und inwieweit auch andere Organisationen der Unternehmensumwelt die benötigten Ressourcen anbieten (oder Substitute verfügbar sind). Ressourcen-Abhängigkeit, die bei einem Vorhandensein von Großabnehmern analog auch zur Outputseite hin entsteht, zieht eine Reihe von Unwägbarkeiten, also **Ungewißheit** nach sich, die die Effizienz des täglichen Leistungsvollzugs bedrohen und die Planung zukünftiger Aktivitäten behindern. Das Unternehmen muß daher – um seinen Bestand zu sichern – bestrebt sein, diese Unwägbarkeiten soweit als möglich beherrschbar zu machen. Neben internen Vorkehrungen (Abpufferung, Flexibilisierung usw.) kommt dazu primär der Aufbau kooperativer Beziehungen zu den vorgelagerten Systemen in Frage. Der Ressourcen-Abhängigkeits-Ansatz zeigt eine ganze Skala solcher Kooperationsstrategien zur Steigerung der Umweltkontrolle auf. Sie reichen von der Kooperation über den Abschluß langfristiger Verträge bis hin zum joint venture.

---

78 Vgl. Lawrence, P.R./Lorsch, J.W., Organization and environment, Cambridge/Mass. 1967.
79 Vgl. Pfeffer, J./Salancik, G.R., The external control of organizations, New York 1978.
80 Vgl. Thompson, J.D., Organizations in action, New York 1967.

Eine andere neuere Strömung in der Managementlehre, die an Themen der Systemtheorie anschließt, ist der ökologische oder **evolutionstheoretische Ansatz.**[81] Dieser insgesamt stark an der Biologie orientierte Ansatz interessiert sich primär für den evolutionären Ausleseprozeß und versucht die Frage zu beantworten, weshalb bestimmte Systeme oder Populationen von Systemen (als Analogen zur biologischen Spezies ihr Überleben sichern können, andere dagegen nicht. Die Idee ist, daß die Umwelt wie in der Natur aus der Vielfalt der Systeme diejenigen ausfiltert, die sich an die speziellen externen Gegebenheiten nicht oder eben nicht hinreichend angepaßt haben. Unangepaßte Systeme werden ausgelesen, neue Systeme entstehen, der evolutorische Prozeß formt die Entwicklung und Zusammensetzung der System-Population nach seiner Dynamik.

Vom Ergebnis her führt der evolutionstheoretische Ansatz in ein Paradox – zumindest für die Managementlehre. Die Bedeutung der betrieblichen Steuerungsleistung und antizipierenden Systemgestaltung tritt zurück zugunsten eines unbeherrschbaren Ausleseprozesses, der noch nicht einmal seine zukünftige Ausleselogik freigibt. In der Konsequenz treten auf einzelwirtschaftlicher Ebene **Glück** und **Zufall** als zentrale Erklärungsfaktoren für den Erfolg in den Vordergrund.

Diskussionsfragen

1. Was ist die wesentliche Voraussetzung für „persönliche Führung"?
2. Warum zeigten sich gerade bei den Eisenbahngesellschaften erste Ansätze zur Ausdifferenzierung von Managementfunktionen?
3. Was versteht man unter der „Delegationsthese"?
4. Warum kommt es durch die von F.W. Taylor vorgenommene Analyse, Zerlegung und Spezialisierung der Arbeitsvollzüge zu einer Ausweitung von Managementaufgaben?
5. Welche systematische Betrachtung von Fayol hat als Grundgedanke bis heute Bedeutung?
6. Worin sieht die klassische Managementlehre den Anreiz für den Menschen, in einer Unternehmung zu arbeiten?
7. Worin besteht das zunächst Unerklärliche bei der ersten Gruppe der Hawthorne-Experimente?
8. Welchen wesentlichen Betrachtungsunterschied gibt es zwischen klassischer und verhaltenswissenschaftlicher Schule in bezug auf den arbeitenden Menschen?

---

81 Vgl. Aldrich, H.E., Organizations and environments, Englewood Cliffs, N.J. 1979; Winter, S.G., Economic natural selection and the theory of the firm, in: Yale Economic Essays, 1964, 4, S. 225–272. Hannan, M.T./Freeman, J., Organizational ecology, Cambridge, Mass. 1989.

9. Was kennzeichnet die Human-Relations-Bewegung?
10. Welche Veränderung erfährt diese durch den Human-Ressourcen-Ansatz?
11. Wo liegen die Grenzen der mathematischen Schule für Fragen des allgemeinen Managements?
12. Welcher Grundgedanke der systemtheoretischen Ansätze findet sich bereits bei Barnard?
13. Welches Problem wirft der evolutionstheoretische Ansatz für die Managementlehre auf?
14. Lesen Sie unter www.shell.com die Geschichte des Shellkonzerns und interpretieren Sie diese vor dem Hintergrund der Ausdifferenzierung der Managementfunktionen.

Fallstudie

Wachstumskonflikte*

Ende des Jahres 1891 nahm der Aufsichtsratsvorsitzende der Mannesmannröhren-Werke AG, Werner von Siemens, Kontakt mit Otto Helmholtz auf und versuchte vergeblich, ihn für eine Mitwirkung im Mannesmann-Vorstand zu gewinnen. Helmholtz war ein Jahr zuvor als Technischer Vorstand bei den Rheinischen Stahlwerken in Meiderich bei Duisburg eingetreten.

Werner von Siemens schilderte Helmholtz am 10. Dezember 1891 in aller Offenheit und eingehend die Lage und die Entwicklung bei Mannesmann: …

„… Der große Fehler der Herren Mannesmann war nun der, daß sie als junge erfolgreiche Erfinder immer fertig zu sein glaubten und aus Eitelkeit und um den Kredit ihres Verfahrens aufrecht zu erhalten, immer neue Anwendungen auf den Markt brachten, bevor die Bedingungen für deren regelrechte Fabrikation sämtlich vorhanden waren! Dieser Zeitpunkt ist auch jetzt erst für einige Fabrikationsobjekte eingetreten, und dies ist nun der kritische Moment, in dem wir uns befinden! Es muß Stetigkeit und auf Erfahrung gestützte Technik in dem gesamten Betrieb herrschend werden. Die jungen Herren Reinhard und Max Mannesmann sind sehr genial, unternehmungslustig und sanguinisch. Sie bedürfen des älteren, erfahrenen Technikers als Leiter und, wo es sein muß, als Hemmschuh. Sie sehen jetzt ein, daß sie ihre Kräfte überschätzt haben, und haben zugestimmt, daß ein geschäftsführender General-Direktor neben ihnen ernannt wird ….“

Am 2. März des Jahres 1892 brachte dann Reinhard Mannesmann Julius Franken als vielleicht geeignete Persönlichkeit für die Stelle des kaufmännischen Vorstandes ins Gespräch.

Julius Franken, 1848 in Wickrath bei Mönchengladbach geboren, leitete damals ein Vertretungsbüro in Mailand und vertrat die Interessen u.a. der Société Cockerill in Seraing, des Grusonwerks in Magdeburg-Buckau und auch der Deutsch-Österreichischen Mannesmannröhren-Werke AG, Berlin, in Italien. Eugen Langen (der stellvertretende Vorsitzende des Aufsichtsrats) übernahm es in Absprache mit Max Steinthal, über Julius Franken Erkundigungen einzuholen. Steinthal war aufgrund der Auskunft davon überzeugt, daß Franken der gesuchte Mann sei. Er war sogar bereit, Friedrich Siemens, der Franken in Komotau getroffen und als guten Kaufmann kennengelernt hatte, jedoch Zweifel hegte, ob er „genügend Techniker sei, um die technischen Konsequenzen für Administration und Verkauf zu ziehen”, persönlich aufzusuchen „und ihm klarzumachen, daß diese Bedenken nebensächlich seien und fallengelassen werden müßten“.

Als Julius Franken am 1. Juli 1892 in den Vorstand der Deutsch-Österreichischen Mannesmannröhren-Werke eintrat, war man in technischer Hinsicht ein wesentliches Stück vorangekommen …

Eine angemessene Verzinsung des Kapitals konnte auch im zweiten Geschäftsjahr nicht erzielt werden. Im Gegenteil, es mußte, einschließlich der normalen Abschreibungen, ein Verlust in Höhe von mehr als 1,6 Millionen Mark ausgewiesen werden.

---

* Auszug aus: Wessel, H.A., Kontinuität im Wandel, 100 Jahre Mannesmann 1890–1990, Düsseldorf 1990, S.66–74; 82 f.; die Fußnoten wurden weggelassen.

Die Aktionäre, die im guten Glauben ihr Geld investiert hatten, (waren) nicht gewillt, den Verlust zu tragen, der ihres Erachtens ausschließlich zu Lasten der Erfinder ging. Sie drängten auf Rückgabe von Freiaktien durch die Familie Mannesmann, und zwar in dem Umfang, in dem der Wert für die Patente und Lizenzen zu hoch veranschlagt worden war. Das war durchaus im Sinne der Familie Mannesmann, deren verfügbare Mittel durch den Aufbau des Werkes Remscheid sowie für die Sanierung des gemeinsam mit der Familie Siemens betriebenen Mannesmannröhren-Werkes in Landore verausgabt worden waren. Die Verluste wollten sie selbstverständlich mittragen, daran ließ die Familie Mannesmann keinen Zweifel aufkommen. ....

Inzwischen hatte der Vorsitz des Aufsichtsrates gewechselt. Werner von Siemens war am 6. Dezember 1892 gestorben – zwar in der Gewißheit der industriellen Reife des Mannesmann-Verfahrens und mit der Genugtuung, daß Krupp um Entschuldigung dafür bat, „daß er bisher so abfällig über das Mannesmann-Verfahren geurteilt habe“, aber doch ohne daß die über viele Jahre hinweg hohen finanziellen Aufwendungen die ersten Zinsen getragen hätten. Die Brüder Mannesmann hatten in ihm einen väterlichen Freund verloren, der bei aller berechtigten Kritik zu ihnen und ihrer Erfindung gehalten sowie die Vertreter der Banken immer wieder um Geduld gebeten hatte. Um zu verhindern, daß nun Adolph vom Rath, der Aufsichtsratsvorsitzende der Deutschen Bank, zum Nachfolger gewählt würde, baten die Brüder Mannesmann Eugen Langen, den Aufsichtsratsvorsitz zu übernehmen. Gewählt wurde schließlich Karl von der Heydt aus dem bergischen Elberfeld, ein beiden Parteien genehmer Kompromiß-Kandidat ...

Dennoch vermochten die Brüder Mannesmann es nicht zu verhindern, daß ihnen weitere Kompetenzen für die Führung des Unternehmens genommen wurden. Bereits bei seiner Sitzung vom 2. Februar 1893 setzte der Aufsichtsrat eine technische Kommission ein, die weitgehend die Befugnisse des Vorstandes übernahm. Den Vorsitz dieses später als „Betriebskommission“ bezeichneten Ausschusses übernahm zunächst Eugen Langen. Die führende Kraft und dann auch der Nachfolger Langens als Kommissionsvorsitzender wurde der Ingenieur Siegfried Blau, der bereits am 11. Februar 1893 engagiert wurde und sogleich seine Arbeit in den Walzwerksbetrieben aufnahm ...

Binnen weniger Wochen besichtigten Mitglieder der Betriebskommission in Begleitung von Blau die Mannesmannröhren-Werke in Bous, Remscheid und Komotau. Dabei gelangte man zu der Überzeugung, „daß die Erfindung sich in bezug auf Details (Dorne) noch vervollkommnen müsse, daß sie aber ... an sich fertig sei“. In der Folgezeit wurden die Befugnisse der Kommission wiederholt erweitert. Der Betrieb in Remscheid und insbesondere in Komotau wurde unter Reduzierung des Personalbestandes eingeschränkt. Unter diesen Voraussetzungen sahen die Erfinder als Generaldirektoren keine zufriedenstellenden Möglichkeiten mehr und teilten dem Aufsichtsratsvorsitzenden im Sommer des Jahres 1893 mit, am 1. Oktober des genannten Jahres aus der Generaldirektion ausscheiden und in den Aufsichtsrat des Unternehmens überwechseln zu wollen. Alfred Mannesmann und Dr. Fritz Koegel hatten als technischer Leiter des Werkes Komotau bzw. als Direktor des Central-Büros schon vorher gekündigt.

Der Weg für die organisatorische Neuordnung von Produktion und Verwaltung war damit geebnet ...

Insbesondere Max Mannesmann, der dem Mannesmann-Verfahren durch seine zahlreichen Erfindungen und konstruktionstechnischen Verbesserungen zum Erfolg verholfen hatte, fiel es sehr schwer, den direkten Einfluß auf die weitere Entwicklung des Unternehmens zu verlieren. Während seine Brüder sich anderen Aufgaben zuwandten und in den USA ein Unternehmen zur Herstellung und zum Vertrieb von nahtlosen Stahlrohren gründeten, blieb Max in Deutschland und versuchte mit allen ihm gegebenen Möglichkeiten, seinen Einfluß und den seiner Familie zu wahren …

In den ersten Jahren nach dem Ausscheiden der Brüder Mannesmann aus der Generaldirektion mußten die Werke wegen der unzureichenden Ausstattung mit Betriebskapital äußerst sparsam wirtschaften. Der Um- und Ausbau konnte nur nach und nach erfolgen. Dabei hätte es die gute Nachfrage nach Mannesmannröhren erfordert, die Anlagen zu erneuern und den Arbeitsablauf zu verbessern …

Bis zum Jahre 1910 konnten die Rohrlängen bei allen Abmessungen – außer den kleinen Röhren mit weniger als 50 mm Durchmesser – verdoppelt werden, was die Kosten der Adjustagearbeiten senkte. Ferner gelang es, den größten Teil der Rohre bis 236 mm Durchmesser in einer Hitze zu erzeugen. Dadurch erhöhte sich die Leistung von Ofen und zugehörigem Schrägwalzwerk beträchtlich. Dies hatte mittelbar auch eine Leistungssteigerung der nachgeordneten Pilgerwalzwerke zur Folge. Entsprechend wurden die Energiekosten und die Abbrandverluste reduziert – letzteres bedeutete auch eine erhebliche Werkstoffersparnis.

Ein weiterer Fortschritt war, daß man diese Ersparnisse nicht mehr nur schätzen, sondern messen konnte; und daß man auf allen Mannesmannröhren-Werken die Selbstkosten einheitlich berechnete. Erst jetzt wurde eine Kontrolle durch ein kaufmännisches Zentralbüro möglich. Für jeden Auftrag wurden „Laufzettel" eingeführt und Kostenstellen mit fixen prozentualen Zuschlägen festgelegt. Allerdings hat es dann „noch lange gedauert, bis man überhaupt wußte, wie man zu kalkulieren und zu verkaufen hatte. Wenn wir einen einfachen Rohrbogen zu berechnen hatten, so mußten wir persönlich zum neuen Adjustage-Chef, Herrn …, gehen, einen schönen Gruß von dem Herrn Oberbuchhalter … bestellen und uns den Lohn angeben lassen. Wenn dieser Herr im Betriebe keine Zeit oder Lust hatte, mußte man unverrichteter Dinge wieder abziehen, und erst Direktor Lemmes gelang es, das Gewünschte zu erreichen. Wir haben damals festgestellt, daß der Lohn für ein und dieselbe Arbeit, je nach der Stimmung des Herrn …, höher oder niedriger ausfiel. Es war ein ewiges Lavieren."

Fragen zur Fallstudie:

1. Wie könnte man die geschilderten Ereignisse im Hinblick auf die Entwicklung der Unternehmensführung interpretieren (Professionalisierungsthese)?
2. Inwiefern stößt hier die sog. personelle Lösung an ihre Grenzen?

Literaturhinweise

Zu den verschiedenen Schulen der Managementlehre:

Kieser, A. (Hrsg.), Organisationstheorien, 3. Aufl., Stuttgart 1999.

Staehle, W. H., Management, 8. Aufl., München 1999.

Wren, D.A., The evolution of management thought, 4. Aufl., New York 1993.

Zur historischen Entstehung des Managements:

Chandler, A.D./Daems, H. (Eds.), Managerial hierarchies, Cambridge/Mass. 1980.

Chandler, A.D., The visible hand. The managerial revolution in American business, Cambridge/Mass. 1977.

Frese, E., Organisationstheorie, 2. Aufl., Wiesbaden 1992, S. 5–108.

Kocka, J., Unternehmer in der deutschen Industrialisierung, Göttingen 1975.

Reed, M./Anthony, P., Professionalizing management and managing professionalization: British management in the 1980s, in: Journal of Management Studies 29 (1992), S. 591–613.

Zweiter Teil

Konzeptionelle Grundlagen des Managements

Drittes Kapitel
Die Rolle des Managements in der Marktwirtschaft

Viertes Kapitel
Der Managementprozeß in Handlungssystemen

Drittes Kapitel

Die Rolle des Managements in der Marktwirtschaft

3.1 Bezugsgruppen um das Unternehmen

In der Ideengeschichte des Managements, wie sie vorstehend im Überblick rekonstruiert wurde, tauchte bereits eine Vielzahl von Personen oder Personengruppen auf, die in einem mehr oder weniger engen Bezug zu den Entscheidungen und den Aktionen des Managements stehen. Erinnert sei etwa an die Kapitaleigner, die Gruppe der Arbeitnehmer, die Endverbraucher, an Abnehmer und Lieferanten, die Wettbewerber und schließlich an die in der Kommune oder in überkommunalen staatlichen Zusammenschlüssen organisierten Menschen. Besonders in der Anreiz-Beitrags-Theorie von Barnard oder bei der Deutung der Unternehmung als eines offenen Systems rückte die Vielfalt derartiger Gruppen ins Blickfeld. Eine neuere Richtung der amerikanischen Managementlehre, der sog. „Stakeholder-Ansatz", hat diesen Gruppenbezug des Managements weiter ausgebaut und in das Zentrum der strategischen Managementlehre gerückt.[1] Als „stakeholder" (Interessenträger, Bezugsgruppen) werden dabei Gruppen oder Individuen angesehen, die entweder aktiv

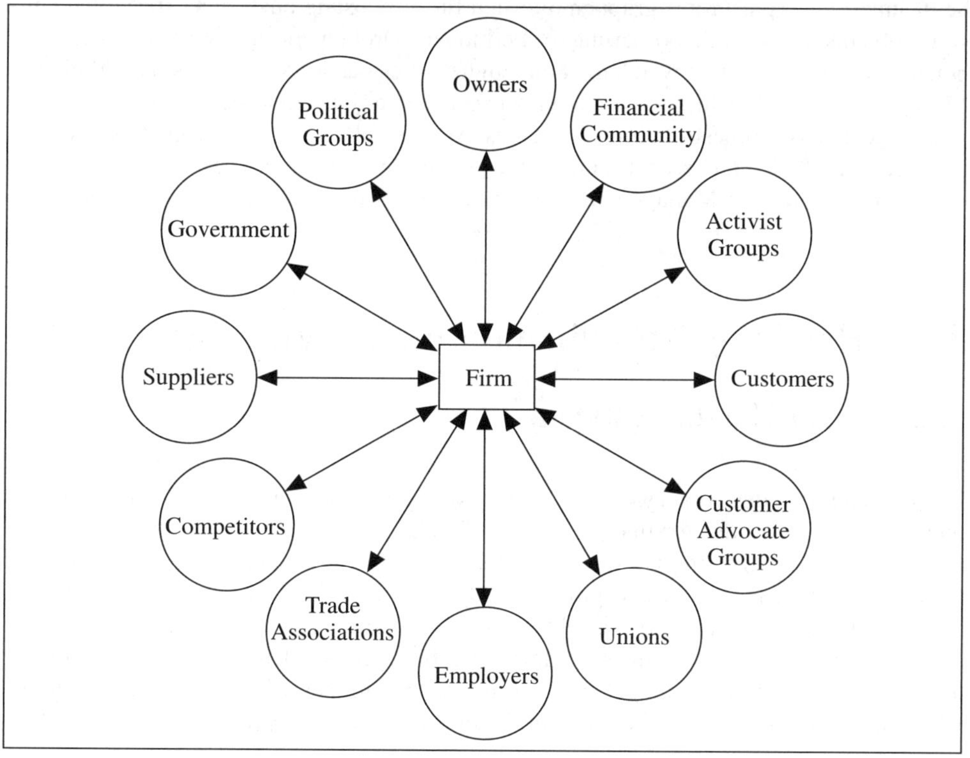

Quelle: Freeman, R.E., Strategic management, Boston u.a. 1984, S. 55

Abb. 3.1: Bezugsgruppen der Unternehmung im Stakeholder-Ansatz

1 Vgl. Freeman, R.E., Strategic management, A stakeholder approach, Boston u.a. 1984.

Einfluß auf Entscheidungen des Unternehmens nehmen können oder passiv durch dessen Entscheidungen betroffen sind. Abbildung 3.1 gibt einen Einblick in die Vielfalt von **Bezugsgruppen**, die in dieser Theorie als (potentiell) relevant bei der Wahrnehmung der Managementaufgaben angesehen werden; dabei wird regelmäßig betont, daß natürlich eine solche Liste von Bezugsgruppen niemals abgeschlossen sein kann, weil im Wirtschaftsleben immer wieder neue „stakeholder" bzw. Gruppierungen mit je spezifischen situationsbedingten Bezügen zum Management auftauchen (und verschwinden) können.[2]

Das Management als Akteur im Umfeld einer Vielzahl von (mehr oder weniger spezifischen) Gruppierungen um das Unternehmen – diese Sichtweise ist zwar ein geeigneter Ausgangspunkt für die weiteren Überlegungen, weil sie unmittelbar an die lebenspraktischen Aufgabenvollzüge des Managements anknüpft; sie muß aber weiter differenziert werden, um die unterschiedlichen Qualitäten im Verhältnis des Managements zu den verschiedenen (faktischen und möglichen) Bezugsgruppen einsichtig zu machen. Die allgemeine Lebenserfahrung legt ja schon nahe, daß die Beziehungen von Kapitaleignern zum Management nach Art und Intensität von anderer Qualität sind als etwa die von Arbeitnehmern oder gar Protestgruppen, die sich für die Lösung eines ganz speziellen Umweltproblems ad hoc mit Forderungen, Petitionen, Drohungen und Verhandlungsangeboten an das Management wenden. Nicht zuletzt ist es das Recht, das das Verhältnis des Managements zu einzelnen Bezugsgruppen genauer ordnet; man denke an das Gesellschaftsrecht, das Mitbestimmungsrecht, das Arbeitsrecht oder die Publizitätsgesetzgebung. Man muß also theoretisch tiefer schürfen, um die Ordnungsstrukturen freizulegen, die das Verhältnis von Management und Bezugsgruppen zueinander konstituieren.[3]

3.2 Handlungskoordination in der Wirtschaft

3.2.1 Zwei Handlungstypen

Die Beziehungen des Managements zu den Bezugsgruppen im Umfeld der Unternehmung sind Ausdruck der Art und Weise, wie die Handlungen der in Frage stehenden Akteure aufeinander bezogen, wie sie koordiniert werden. Jede arbeitsteilige Wirtschaft und Gesellschaft steht ja vor diesem grundlegenden Problem der **Handlungskoordination**: Wie sollen die Interessen und Absichten sowie die daraus fließenden Handlungen aller Individuen und Gruppierungen so aufeinander bezogen werden, daß ihre erfolgreiche dauerhafte Koordination gelingt und auch in Zukunft immer wieder möglich ist. In der Wirtschaft differenziert sich dieses Koordinationsproblem in doppelter Hinsicht aus.[4] Es

2 Vgl. dazu neuerdings auch die Diskussion in der Academy of Management Review 24 (1999), S. 191-241

3 Dazu Etzioni, A.: A Communitarian Note on Stakeholder Theory, in: Business Ethics Quarterly 8(1998), S. 679-691, und verschiedene Beiträge zur „Stakeholder-Shareholder-Debatte" in Kumar, B.N./Osterloh, M./Schreyögg, G.: Unternehmensethik und die Transformation des Wettbewerbs, Stuttgart 1999, dort besonders Teil 1.

4 Vgl. zu dieser doppelten Fragestellung des durch die Wirtschaftsordnung zu lösenden Koordinationsproblems Dahl, R.A./Lindblom, Ch.E., Politics, economics, and welfare, New York 1953.

geht einmal um ein „**Kalkulationsproblem**": Wie sollen die Ressourcen, die Produktionsfaktoren einer Volkswirtschaft, so eingesetzt werden, daß eine maximale gesamtgesellschaftliche Wohlfahrt entsteht? Der zweite Aspekt betrifft das „**Kontrollproblem**": Wie läßt sich bewerkstelligen, daß alle Menschen im erforderlichen Umfang an der Erreichung der kalkulierten Ziele mitwirken? Je nachdem, welche Antworten von der Wirtschaftsordnung her für diese beiden Fragen gefunden werden, ergibt sich auch ein anderes Ordnungsmuster für das Verhältnis von Management und Bezugsgruppen der Unternehmung.

Für die Lösung des angesprochenen Koordinationsproblems stehen jeder Gesellschaft **im Prinzip** – noch ganz unabhängig von jeder historischen Wirtschaftsordnung – zwei **Handlungstypen** zur Verfügung, nämlich das verständigungsorientierte Handeln einerseits und das erfolgsorientierte Handeln andererseits.[5] Es ist unsere These, daß sich das Verhältnis des Managements zu den Bezugsgruppen unter genau diesen beiden Handlungstypen rekonstruieren läßt. Dabei ist – hier schon vorgreifend – das erfolgsorientierte Handeln der dominante Koordinationstyp in einer über Preise gesteuerten Geld- und Wettbewerbswirtschaft. Er liegt der Konstruktionslogik der Marktwirtschaft zugrunde und legt – wie später genauer zu zeigen ist[6] – eine **systemtheoretische** Deutung der Rolle von Unternehmung und Management nahe. Gleichwohl wäre es aber falsch, das Handeln des Managements ausschließlich als erfolgsorientiertes verstehen zu wollen; im Gegenteil gehört es zu den modernen Einsichten der Managementlehre, daß Managementhandeln immer auch zu einem gewichtigen Teil verständigungsorientiertes Handeln ist und man die Rolle der Unternehmensführung nur dann adäquat begreift, wenn man diese beiden Handlungstypen zusammen im Auge behält. Diese Grundeinsicht über das Verhältnis des Managements zu seinen Bezugsgruppen, allgemeiner: zu Umwelt, Gesamtwirtschaft, Gesellschaft und Staat, ist im folgenden genauer zu begründen. Dazu werden zunächst in einem ersten Schritt die zentralen Begriffe des erfolgsorientierten und des verständigungsorientierten Handelns grundsätzlich präzisiert.

Dort, wo Menschen in kleineren oder größeren Gruppen (Familie, Verein, Unternehmung, Wirtschaft etc.) ihre Handlungen aufeinander beziehen und koordinieren müssen, kann diese Koordination im vorhinein (ex ante) über die **Handlungsintentionen** oder nachträglich (ex post) über die **Handlungswirkungen** erfolgen. Der erste Koordinationsmodus zielt – noch ganz allgemein gesprochen – auf eine **gemeinsame** Verständigung über die anzustrebenden Ziele und zu ergreifenden Mittel; der zweite Modus zielt auf isolierte Anpassungsprozesse der Individuen für ihr zukünftiges Handeln auf Grund beobachteter Handlungswirkungen in der Vergangenheit.

---

5 Beide Begriffe gehen zurück auf die Handlungstheorie von Habermas. Vgl. Habermas, J., Theorie des kommunikativen Handelns, Band I und II, Frankfurt a.M. 1981.

6 Vgl. unten S. 128 ff.

3.2.2 Verständigungsorientiertes Handeln

Für eine **Verständigung** ist es erforderlich, daß alle Betroffenen ihre individuellen (subjektiven) Zielvorstellungen und das verfügbare Wissen über geeignete Mittel zur Zielerreichung in Argumentationsprozesse einbringen, Gründe und Gegengründe austauschen und abwägen und schließlich – wenn alles gut geht – auf Grund der **Einsicht** in die Richtigkeit einer gefundenen Begründungsbasis zu einer freien Einigung darüber kommen, welche Zwecke verfolgt und welche Mittel ergriffen werden sollen. Das so gewonnene Handlungsprogramm ist dann vernünftig (rational) genau in dem Sinne, daß es sich den gemeinsam gefundenen „guten Gründen" verdankt; man kann hier auch von „**kommunikativer Rationalität**" sprechen (im Unterschied zu der nachfolgend zu explizierenden „subjektiven Handlungsrationalität" des erfolgsorientierten Handelns). Die koordinierende Kraft verständigungsorientierten Handelns beruht dabei auf der rational motivierten Einsicht in die Richtigkeit des beabsichtigten Tuns; es ist diese gründegestützte Einsicht – im Unterschied etwa zu Überredungs-, Belohnungs- oder Bestrafungsstrategien – die die für das gemeinsame Handeln notwendige Bindungswirkung (**Verpflichtung**) hervorruft. Dort, wo Menschen durch „gute Gründe" überzeugt worden sind, wirkt der „zwanglose Zwang des besseren Arguments", so daß sich der einzelne aus Einsicht und deshalb auch aus freien Stücken mit den gemeinsamen rationalen Zwecken und den Wegen, sie zu erreichen, identifizieren und sie mit verwirklichen kann.[7]

Verständigungsorientiertes Handeln trägt – so verstanden – der Grundeinsicht für menschliches Zusammenleben Rechnung, daß eine **friedliche** Beilegung von Konflikten zwischen Menschen – ohne spätere Widerstände und Reibungsverluste – letztlich nur dann möglich ist, wenn jeder den anderen als „Person" ernst nimmt und sich auf seine Bedürfnisse und Interessen einläßt, d.h. ihn nicht bloß als „Mittel zum Zweck" zur Verwirklichung der eigenen Ziele und Pläne begreift und „benutzt". Der andere wird als ein gleichwertiges Gegenüber angesehen, auf den man sich argumentativ einlassen muß, damit die gemeinsame Gestaltung des Lebens in friedlicher Abstimmung der Zwecke und Mittel gelingt, damit ein innerer sozialer Frieden entsteht.

Verständigungsorientiertes Handeln in diesem Sinne hat **zwei wesentliche Merkmale**, die es von dem anderen Handlungstypus, dem erfolgsorientierten Handeln, unterscheiden:

(1) Verständigungsorientiertes Handeln ist originär auf das Medium der Sprache angewiesen, verwirklicht sich nur durch **Sprache**. Es gibt keine anderen Medien der Koordination – etwa Geld oder Macht – mit deren Hilfe Argumentationen und die Überzeugungskraft guter Gründe entfaltet werden könnte. Verständigungsorientiertes Handeln trägt der anthropologischen Grundeinsicht Rechnung, daß Menschen als „**Rede**tiere" sich von der übrigen Natur gerade durch ihr Sprachvermögen unterscheiden; es stellt deshalb den Ausgangspunkt, die Grundlage, für **alle** weiteren Überlegungen zur rationalen Koordination menschlichen Handelns dar; es ist eine Basis, hinter die nicht noch einmal (methodisch) weiter zurückgegangen, die nicht

7 Die hier gemeinte „freie Zustimmung" ist nicht im Sinne von Beliebigkeit („Willkür") gemeint, sondern soll sich auf die Einsicht in die Richtigkeit von Gründen stützen.

noch einmal „hinterfragt“ werden kann. Verständigungsorientiertes Handeln ist also die **originäre Quelle von Vernunft** und damit von Legitimation des Handelns; es geht dem erfolgsorientierten Handeln – richtig verstanden – immer voraus. Wer deshalb z.B. für einzelne Lebensbereiche, wie etwa die Wirtschaft (mit Rationalitätsanspruch) fordert, daß dort erfolgsorientiert über Geld und Wettbewerb unter **Freistellung** von laufender gemeinsamer Verständigung koordiniert werden soll, muß – jenseits schlichter Willkür und bloßen Machtgebrauchs – für diese Forderung zuallererst argumentieren, also gute Gründe geltend zu machen versuchen. Darauf ist weiter unten zurückzukommen.[8]

(2) Verständigungsorientiertes Handeln impliziert ferner die Bereitschaft, eigene Interessen und Standpunkte gegebenenfalls – in Abhängigkeit von der Qualität der vorgetragenen und geprüften Argumente – zu revidieren; wer ernsthaft argumentiert – also nicht bloß zur Durchsetzung eigener Interessen überreden oder rhetorisch brillieren will – setzt damit nicht nur schon voraus, daß der Argumentationspartner gegebenenfalls bereit ist, sich dem besseren Argument zu beugen, sondern muß auch selber bereit sein, eigene Positionen zu revidieren. Es wird damit deutlich, daß verständigungsorientiertes Handeln auf den **Konsens** im Sinne der freien Zustimmung aller Betroffenen abstellt. Dieser freie Konsens ist es dann, der die **friedliche** Handlungskoordination so lange gewährleistet, wie die Gründe Gültigkeit haben, auf die man sich geeinigt hat. Frieden ist so – per definitionem – allgemeiner, freier, rational motivierter Konsens.[9] Die Friedenserhaltung ist dabei letztlich eine **dauernde** Aufgabe. Nicht nur mag sich die Situation, die Ausgangslage, verändern, auf der das gemeinsame Handlungsprogramm beruht; Menschen können sich natürlich auch immer über die (antizipierte) Situation und die Wirkungen und Nebenwirkungen ihres Handelns irren und sehen sich dann zu Revisionen ihrer Zwecke und Mittelwahlen genötigt, um weiterhin in Frieden miteinander leben zu können.

3.2.3 Erfolgsorientiertes Handeln

Das erfolgsorientierte Handeln läßt sich nun als Gegenstück zum verständigungsorientierten Handeln in dem Sinne verstehen, daß hier Sprache und Argumentation nicht Zentrum und Basis der Handlungskoordination bilden, sondern andere Koordinationsmedien (Macht, Geld und Markt etc.) die Koordination bewirken (sollen). Um allfälligen Mißverständnissen vorzubeugen, sei bereits hier betont, daß mit dieser Charakterisierung natürlich nicht gemeint ist, daß erfolgsorientiertes Handeln im Leben ganz auf Sprache verzichten kann, gleichsam „sprachlos“ abläuft. Nur hat das Miteinanderreden hier nicht die allgemeine argumentative Verständigung zum Ziel, sondern dient – soweit erforderlich und für die eigenen Zwecke und Ziele förderlich – der (wechselseitigen) Erhellung

---

8 Vgl. dazu unten S. 95 ff.

9 Vgl. dazu weitergehend die Überlegungen der konstruktiven Philosophie und Wissenschaftstheorie, in: Lorenzen, P., Lehrbuch der konstruktiven Wissenschaftstheorie, Mannheim u.a. 1987, S. 228 ff.

(oder ggfs. auch der strategischen Verschleierung: Bluff!) der Positionen, Interessen, partikularen Standpunkte der miteinander handelnden Partner.

Den Kern erfolgsorientierten Handelns bildet das, was man in der ökonomischen Theorie als **subjektive Handlungsrationalität** zu bezeichnen pflegt: Der einzelne Aktor maximiert nach Maßgabe seiner eigenen Präferenzfunktion und seines Mittelwissens seinen Nutzen dadurch, daß er in einer gegebenen Handlungssituation die Wirkungen der möglichen Mittelwahlen abschätzt und dann die geeigneten „optimalen" Mittel auswählt. Diese – im Hinblick auf die vorzunehmende Mittelwahl für gegebene Zwecke auch als „**Zweckrationalität**" (M. Weber) bezeichnete – Rationalitätsidee liegt u.a. der (normativen) betriebswirtschaftlichen Entscheidungstheorie zugrunde. Das Individuum **ist** dort (von vornherein) als „rational" gedacht (homo oeconomicus); es **hat** die Eigenschaft der Rationalität; diese manifestiert sich nicht – wie bei dem verständigungsorientierten Handeln – erst in einem **Prozeß** gemeinsamer Begründungsanstrengungen und den daraus resultierenden „guten Gründen". Die so verstandene subjektive Handlungsrationalität kann auch – weil die Präferenzfunktion der Individuen als gegeben (unhinterfragbar) vorausgesetzt wird – niemals (wie die kommunikative Rationalität des verständigungsorientierten Handelns) die Ebene konfligierender Zwecke explizit thematisieren.

Damit ist deutlich geworden, daß bei erfolgsorientiertem Handeln der andere Mensch eigentlich nur insoweit interessiert, wie er als **Mittel** für die Erreichung der eigenen Zwecke, des eigenen Vorteils, geeignet ist und gebraucht wird. Wenn sich dabei nicht von vornherein (zufällig) ein faktischer Interessengleichklang ergibt, wie etwa bei Marktpartnern, die zu einem gegebenen Marktpreis ein für beide Teile profitables Geschäft machen können, muß der andere durch Belohnungen oder Bestrafungen oder durch Überredung, also letztlich durch **Machtgebrauch**, so beeinflußt werden, daß er bereit ist, sich in das intendierte Handlungsprogramm zu fügen. Die (**wechselseitige**) **Beeinflussung** – und nicht die Argumentation zur Gewinnung gemeinsam begründeter Handlungsorientierungen – steht im Zentrum erfolgsorientierten Handelns der einzelnen Akteure. Alle Partner behalten letztlich ihre individuellen Ansprüche und Interessenpositionen bei und verschränken sie für den Augenblick durch strategische Konzessionen nur insoweit, wie es auf Grund der Machtverteilung und der Einflußbemühungen geboten und subjektiv vorteilhaft ist; insofern ist erfolgsorientiertes Handeln von vornherein auf den **Kompromiß** – und nicht auf den Konsens – angelegt; Kompromisse stiften nur einen **labilen Frieden**, da jede Änderung der subjektiven Erfolgsaussichten, etwa eine Verschiebung der Machtgrundlagen, einzelne Akteure veranlassen mag, ihre Handlungsstrategien zu ändern, um die eigene Position doch noch zu verbessern. Dann müssen neue Anpassungsprozesse zur Handlungskoordination Platz greifen.

Bei erfolgsorientiertem Handeln mag sich – im Nachhinein – natürlich herausstellen, daß die Handlungskoordination nicht gelungen ist, weil (1) die isoliert handelnden Akteure die Reaktionen („Strategien") der anderen Akteure falsch eingeschätzt haben oder (2) die Vielzahl der (ex ante unkoordinierten) Einzelhandlungen sich nicht zu einem „Gleichgewicht" aufaddiert. Die Handlungswirkungen der Akteure „passen" nicht zusammen, so daß im Zeitablauf Revisionen der individuellen Handlungsprogramme bzw. Pläne über Zwecke und Mittel so lange notwendig werden, bis kein Akteur mehr Veranlassung hat, seine Pläne zu ändern (Gleichgewicht). Koordination als **dynamischer Anpassungspro-**

zeß auf ein Gleichgewicht hin: dieses Grundmuster liegt letztlich auch der Koordination wirtschaftlicher Handlungen in einer dezentralen Wettbewerbswirtschaft (Marktwirtschaft) mit dem Preissystem als Koordinationsmechanismus zugrunde.[10]

Da erfolgsorientiertes Handeln – so verstanden – **bewußt** auf Argumentation im Sinne des Austauschens und des gemeinsamen Prüfens von Gründen für Zweck- und Mittelwahlen verzichtet, kann es niemals per se eine **originäre** Quelle von Vernunft sein; denn Vernunft ist letztlich auf nur im Dialog konstituierbare (erfolgreiche) Begründungsleistungen angewiesen[11], auf die die rein subjektiv-individualistisch angelegte Rationalitätsidee des erfolgsorientierten Handelns ja gerade verzichtet, weil sie das isoliert handelnde Individuum als schon (zweck-)rational voraussetzt und damit dessen Präferenzen als nicht explizit argumentationszugänglich behandelt. Aus diesem Grunde bedarf es – wie bereits angedeutet[12] – für diejenigen Bereiche einer Gesellschaft, wo erfolgsorientiertes Handeln zu Koordinationszwecken wirksam werden **soll**, also z.B. in der Wirtschaft, einer vorherigen ausdrücklichen „Legitimation" (Begründung) der entsprechenden gesellschaftlichen Institutionen und Einrichtungen; dies jedenfalls immer dann, wenn Vernunft (und nicht Beliebigkeit, Willkür oder „Evolution") die gesellschaftlichen Institutionen beherrschen soll. Die Begründung muß einsichtig machen, daß und warum es sinnvoll ist, in der Markt- und Wettbewerbswirtschaft das Handeln der einzelnen Akteure im Interesse aller **freizustellen**. In diesem Sinne muß jede marktwirtschaftliche Wirtschaftsordnung legitimierbar sein und bleiben; man muß (immer wieder) begründet einsichtig machen können, daß die prinzipielle Freistellung von Produktion und Konsum, also das erfolgsorientierte Handeln der Wirtschaftssubjekte, nach Maßgabe ihrer subjektiven Handlungsrationalität letztlich zu einer Lösung des gesamtwirtschaftlichen „Kalkulations- und Kontrollproblems" im Sinne einer geordneten Bedürfnisbefriedigung für alle führt. **Ökonomische Rationalität** ist – richtig verstanden – somit immer eine **abgeleitete** Rationalität und bleibt als solche kritikzugänglich und legitimationsbedürftig und darf nicht dogmatisiert werden. Es gibt keine „von Hause aus" ökonomische Rationalität, die sich gleichsam nur aus sich selbst heraus legitimieren kann; die Freistellung der „subjektiven Handlungsrationalität" in ökonomischen Handlungszusammenhängen bleibt immer als politischer Akt selbst noch einmal begründungsbedürftig. Man kann diesen Gedanken auch so ausdrücken, daß **Politik** (verstanden als Bemühung um verständigungsorientiertes Handeln)[13] immer dem **Markt** (oder der Wirtschaft, organisiert

---

10 Gegen dieses Verständnis von Wettbewerbswirtschaft wenden sich Buchanan und Vanberg; Wettbewerb und Marktwirtschaft dürften nicht im Modus des „Aufsuchens" eines (gedanklich vorausgesetzten) Gleichgewichts, sondern müßten im Modus des „kreativen Erschaffens der Zukunft" konzeptionalisiert werden. Vgl. Buchanan, J.M./Vanberg, V.J., The market as a creative process, in: Economics and Philosophy 7 (1991), S. 167 ff.

11 Wir beziehen uns mit dieser These auf die neueren Entwicklungen der Philosophie und Wissenschaftstheorie, soweit diese darauf aufmerksam machen, daß sowohl Wahrheitsfragen (für Tatsachen) wie Gerechtigkeitsfragen (für Normen) nicht solipsistisch entschieden, sondern nur durch diskursive (dialogische) Verständigung (bis auf weiteres) geklärt werden können. Diese „dialogische Transformation" der Philosophie ist z.B. entfaltet in Apel, K.-O., Transformation der Philosophie, Band I, II, Frankfurt a.M. 1973.

12 Vgl. oben S. 78 f.

13 Zur Vermeidung von Mißverständnissen sei hier betont, daß „Politik" häufig als reine „Machtpolitik" (man sagt auch: „Realpolitik") verstanden wird (z.B. „politische Prozesse" in der Organisationstheorie). Das ist hier nicht gemeint. Vielmehr geht es hier um „ethisch-politische" Ortientierungen des Lebens auf der Basis argumentativer (machtfreier) Verständigungsleistungen.

als erfolgsorientiertes Handeln) vorausgehen muß: „Politik rangiert vor Markt"; andernfalls kann eine (über das Preissystem gesteuerte) Marktwirtschaft ihren Beitrag zur friedlichen Koordination der wirtschaftlichen Handlungen nicht leisten.

Die Legitimation der marktwirtschaftlichen Koordination (im Vergleich zur Planwirtschaft) läßt sich im Prinzip – grob gesprochen – durch Verweis auf die **Komplexität** des ökonomischen Kalkulations- und Kontrollproblems leisten. Die schiere Vielzahl der Akteure im (nationalen und internationalen) wirtschaftlichen Kosmos verurteilt jeden Versuch zu einer (ausschließlich) am verständigungsorientierten Handeln ausgerichteten Koordination aller Einzelpläne im Hinblick auf Ziel- und Mittelwahlen zum Scheitern. Man muß sich – um mit der extremen Komplexität der ökonomischen Koordinationsaufgabe überhaupt effizient fertig zu werden – in der heutigen historischen Situation hochentwickelter Volkswirtschaften auf das erfolgsorientierte Handeln als Leitbild der Handlungskoordination einlassen, wenn man nicht die negativen Erfahrungen der zentralen Planwirtschaften mit ihren bürokratischen, ineffizienten und letztlich nur noch auf Machtausübung der Planzentrale gestützten Koordinationsversuchen wiederholen will. Man muß die wirtschaftliche Handlungskoordination über das **sprachfreie** Medium der freien Preisbildung durch Angebot und Nachfrage laufen lassen und auf diese Weise die Abstimmung der individuellen Teilpläne der Akteure „rationalisieren". Es ist der dadurch erzielbare **Effizienzgewinn** bei der Lösung des Koordinationsproblems, der das entscheidende Argument für die Legitimation der Marktwirtschaft darstellt, nicht dagegen die (dogmatische) Berufung auf die individuelle Freiheit an sich.

Allerdings heißt alles dies dann wiederum nicht, wie schon erwähnt, daß die konkreten institutionellen Bedingungen, unter denen eine Marktwirtschaft operiert, unter denen erfolgsorientiertes Handeln freigestellt sein soll, nicht mehr (immer wieder) kritisch geprüft werden könnten; sie bleiben jedenfalls insoweit revidierbar, wie sie mit den Funktionsbedingungen der Marktwirtschaft vereinbar sind. Die Diskussion über Wettbewerbsgesetze, über die Mitbestimmung der Arbeitnehmer, über den Verbraucherschutz, über die Kapitalmarktverfassung etc. sind genau als solche Versuche zu verstehen, die Institutionen der freien Marktwirtschaft im Sinne eines Lernprozesses durch verständigungsorientiertes politisches Handeln so zu verbessern, daß sie den inneren sozialen Frieden nicht beeinträchtigen.[14] Die „freie" Marktwirtschaft wird so zur „Sozialen Marktwirtschaft".

Diese kurze Charakterisierung der beiden Handlungstypen war als Vororientierung notwendig, um die Rolle des Managements in einer über das Preissystem koordinierten Markt- und Wettbewerbswirtschaft verstehend rekonstruieren zu können. Diese Rekonstruktion soll nunmehr geleistet werden.

---

14 Vgl. zur schwierigen Frage der Vermittlung von verfaßten Institutionen einerseits und öffentlichen, nicht organisierten Argumentationsprozessen (öffentlicher Vernunftgebrauch) andererseits als normativer Basis für die Erwartung **vernünftiger** Ergebnisse vgl. Habermas, J., Volkssouveränität als Verfahren, in: Merkur 43 (1989), S. 465 ff.

3.3 Management als erfolgsorientiertes Handeln

Unternehmensführung ist in der Marktwirtschaft der Grundidee nach als rein erfolgsorientiertes Handeln verfaßt. Diese These werden wir zunächst an Hand der (historisch) vorfindbaren Institutionen in derartigen Wirtschaftsordnungen begründen. Danach muß dann das Funktionieren der Marktwirtschaft mit Hilfe des Preissystems genauer einsichtig gemacht werden, um die Bedingungen freizulegen, unter denen das System idealtypisch konzipiert ist. Die Kritik an der empirischen Triftigkeit dieser Funktionsbedingungen wird es dann erlauben, den Anschluß des erfolgsorientierten Handelns des Managements an das verständigungsorientierte Handeln zu finden und damit die Legitimationsgrundlage des Managements vollständig zu explizieren.

3.3.1 Das Vertragsmodell der Unternehmung als Verfassung des erfolgsorientierten Handelns

Wir beginnen bei der Analyse der Institutionen mit dem Gesellschaftsrecht als dem „Ort", wo das unternehmerische Handeln unmittelbar in Form von mehr oder weniger präzise ausformulierten Verhaltenserwartungen verfaßt ist. Das Handels- und speziell das Gesellschaftsrecht stellt für diejenigen, die ihr Eigenkapital im Prozeß der Gütererstellung und -verteilung riskieren, die also als „Kaufmann" ein Handelsgewerbe betreiben wollen (§ 1 HGB), eine Fülle von Unternehmensformen zur Verfügung: Die Einzelfirma, die offene Handelsgesellschaft, die Kommanditgesellschaft, die Gesellschaft mit beschränkter Haftung und die Aktiengesellschaft, um hier nur einige zu nennen. Diese „Unternehmensformen" stellen es den Kapitaleignern im Rahmen der Gesetze frei, ihre eigenen Interessen nachhaltig zu verfolgen. Die Kapitaleigner bilden gleichsam die wirtschaftlichen Aktionszentren in einer Wettbewerbswirtschaft; sie organisieren selbst (Eigentümer-Unternehmer) oder durch (angestellte) Geschäftsführer (Manager) einen „Handlungsverbund" zwischen den Menschen, die bereit sind, ihre Arbeitsleistung zu vereinbarten (Markt-)Konditionen für mehr oder weniger lange Zeit dem Eigentümer (-verband) zur Verfügung zu stellen. Diese „Arbeitnehmer" schließen Arbeitsverträge ab und unterwerfen sich damit zu den im Vertrag niedergelegten Konditionen der Weisungsbefugnis (Direktionsbefugnis) der Kapitaleigner oder der von ihnen beauftragten Manager. In ähnlicher Weise schließen die Kapitaleigner mit Lieferanten Lieferverträge für Roh-, Hilfs- und Betriebsstoffe zu Marktkonditionen ab, und Geldgeber stellen auf der Basis von Kapitalüberlassungsverträgen Fremdkapital zu Kapitalmarktzinsen zur Verfügung. Die Konsumenten kaufen Güter zu Qualitäten und Preisen, wie sie der Markt zuläßt (Kaufverträge). Zwischen den Eigenkapitalgebern (bzw. der von ihnen gegründeten handelsrechtlichen Gesellschaft) und den Arbeitnehmern, Konsumenten, Lieferanten und Fremdkapitalgebern besteht so ein dichtes Netz von Vertragsbeziehungen als Grundlage für den Handlungsverbund, wobei die Verträge gerade diejenigen Konditionen rechtlich verbindlich festschreiben, die der Markt im (Leistungs-)Wettbewerb aller Anbieter und Nachfrager untereinander zuläßt. Jeder Marktpartner verfolgt dabei seine eigenen Interessen, und diese verschränken sich im Markt durch die Preise als Informationssystem so, daß genau diejenigen Transaktionen zustande kommen, die die durch Angebot und Nachfrage manifestierten Interessen aller Beteiligten erfüllen. Jeder kann – ohne den anderen zu schädigen – seine Interessen so weit verfolgen, wie es der Markt zuläßt. Wirtschaften ist so eine „private“ Veranstaltung, die im Privatrecht geregelt ist; „privat“ bezeichnet dabei das Recht zur freien Verfügung.

Was hier vom Gesetzgeber konzipiert ist, kann man als das „**Vertragsmodell der Unternehmung**“ bezeichnen: Die Unternehmung wird als ein System von Verträgen mit dem Eigentümerverband als wirtschaftlichem Aktionszentrum konzipiert. Das **Eigentum** (an den Produktionsmitteln) und der **Vertrag** sind die Grundbausteine, sind diejenigen Institutionen, die für die Verfassung wirtschaftlichen Handelns in der Marktwirtschaft als eines erfolgsorientierten Handelns notwendig und hinreichend sind. Die Kapitaleigner tragen das wirtschaftliche Risiko, das sich im Mißerfolgsfalle in Form von Verlusten und im Erfolgsfalle in Gewinnen niederschlägt. Sie beziehen also ein **Residualeinkommen** (im Gegensatz zum festen **Kontrakteinkommen** der Arbeitnehmer) als Differenz von Erträgen und Aufwendungen. Als Träger des (Kapital-)Risikos steht ihnen die volle Entscheidungsautonomie zu. Die Unternehmensverfassung ist vom Prinzip der „Einheit von Risiko, Kontrolle und Gewinn (Verlust)“ beherrscht.

Gelingt es auf Dauer nicht, die Differenz zwischen Erträgen und Aufwendungen positiv zu gestalten und eine ausreichende Rentabilität zu erwirtschaften, führt das schließlich zur Illiquidität und zum zwangsweisen Ausscheiden aus dem Wirtschaftsprozeß (Konkurs). Je höher der Gewinn auf Dauer ausfällt, um so geringer ist das Konkursrisiko. Erfolgsorientiertes Handeln in der Wirtschaft schlägt sich also ganz konkret in der Verhaltenserwartung an das Management nieder, die **Rentabilität** des investierten Kapitals zu maximieren und immer für (eine ausreichende) Liquidität (Zahlungsfähigkeit) zu sorgen. Der Kapitalmarkt ist dabei die Institution, die die optimale Allokation des Kapitals steuert. Rentabilität und Liquidität sind – so gesehen – Manifestationen des erfolgsorientierten Handelns in der Wirtschaft. Da nun alle Vertragspartner – seien es andere Unternehmen (als Lieferanten oder Abnehmer) oder Haushalte – aus den Markttransaktionen einen ihnen angemessen erscheinenden Nutzen ziehen – sonst würden sie nicht am Marktgeschehen teilnehmen – liegt letztlich allem ökonomischen Handeln die Erfolgsorientierung zugrunde.

Die Marktwirtschaft stellt sich also idealtypisch gesehen als eine Institution zur Koordination wirtschaftlicher Handlungen dar, die **vollständig** am Paradigma des erfolgsorientierten Handelns orientiert ist. Für verständigungsorientiertes Handeln ist von der **Konstruktionslogik** dieser Wirtschaftsordnung her kein Platz. Für diesen Handlungstypus scheint aber auch keine Notwendigkeit zu bestehen, da innerhalb dieses Systems sämtliche Markttransaktionen als **freiwillige** Interessenverschränkungen zustande kommen, die allen zum Vorteil geraten. Es besteht – so gesehen – weder auf gesamtwirtschaftlicher Ebene noch auf Unternehmensebene ein Bedarf dafür, daß die am Wirtschaftsprozeß Beteiligten sich noch einmal gemeinsam eigens neu über einen inhaltlichen Ausgleich der Interessen verständigen sollten, etwa über Fragen wie: Was soll produziert werden? Wieviel soll produziert werden? Wer soll wieviel verdienen? Markt- und Preissystem bilden einen „perfekten“ **Mechanismus des Interessenausgleichs** auf der Basis je individueller Präferenzen. Dieser Mechanismus muß nur rechtlich richtig verfaßt werden, damit sichergestellt ist, daß keiner (am Markt) den anderen zwingen kann, die ganze Zusammenarbeit also freiwillig ist. Man muß – mit anderen Worten – verhindern, daß auf irgendeiner Marktseite mit unfairen Mitteln gekämpft wird oder Macht entsteht, die zum eigenen Vorteil ausgenutzt werden kann. Das Gesetz gegen den unlauteren Wettbewerb und das Kartellrecht dienen genau diesem Zweck. Das Vertragsrecht und die an Vertragsverletzungen geknüpften Sanktionen stellen dann für alle Marktpartner die Versicherung gegen die kalkulierten ökonomischen Risiken dar. Das Konkursrecht regelt die Rechtslage, wenn Zahlungsunfähigkeit eintritt und eine Unternehmung deshalb aus dem Wettbewerbsprozeß ausscheiden muß.

3.3.2 Vertragsmodell der Unternehmung und Preissystem

Das Vertragsmodell der Unternehmung, wie es vorstehend grob skizziert wurde, ist – das dürfte deutlich geworden sein – Ausfluß der gesamtwirtschaftlichen Organisation erfolgsorientierten Handelns mit Hilfe von Markt, Wettbewerb und Preissystem. Betrachten wir nun die **Koordination** wirtschaftlicher Handlungen durch das Preissystem noch einmal etwas genauer mit dem Ziel, die Funktionsbedingungen offenzulegen und zu kritisieren, unter denen die Reduktion wirtschaftlichen Handelns auf erfolgsorientiertes Handeln in der Marktwirtschaft gelingen soll.[15]

In der Marktwirtschaft eines dezentral gesteuerten Wirtschaftssystems ist die **Entscheidungsautonomie** den einzelnen Unternehmungen und Haushalten übertragen; eine zentrale Planung und Steuerung erfolgt nicht. Die Koordination der wirtschaftlichen Handlungen wird vielmehr über Preise bewerkstelligt, die sich für die nachgefragten und angebotenen Güter auf den verschiedensten Märkten bilden. Das dadurch entstehende **Preissystem** erfüllt die Funktion der optimalen Koordination der individuellen Wirtschaftspläne, wenn die sich bildenden Preise **Knappheitspreise** sind. Als solche müssen sie die Nutzenschätzungen der Haushalte für die verschiedenen Güter, wie sie sich in ihren **Nachfragefunktionen** niederschlagen, ebenso widerspiegeln wie die Kostenstrukturen für die Herstellung der Güter, die in den **Angebotsfunktionen** zum Ausdruck kommen. Verschiebungen in den relativen Nutzenschätzungen der Haushalte für die verschiedenen Güter führen dann zu Verschiebungen von Nachfragefunktionen und bewirken Preisveränderungen, die als **Informationen** an die Unternehmungen weitergegeben werden. Diese passen ihre Produktion solange an, bis das Angebot auf die veränderte Marktlage eingerichtet worden ist. Im Wettbewerb aller Produzenten überleben dann langfristig diejenigen Unternehmungen, die das Angebot zu den gegebenen Preisen auf Dauer am besten befriedigen können. Unwirtschaftliche Betriebe scheiden aus. Auf diese Weise werden alle Unternehmungen durch den Wettbewerb gezwungen, ihre Kosten in Schach zu halten, um nicht als „Grenzbetriebe“ langfristig aus dem Markt verdrängt zu werden. So entsteht – bezogen auf die Nutzenschätzungen der Endverbraucher – eine optimale Allokation der Ressourcen.

---

15 Die nachfolgende Interpretation basiert auf der „herrschenden Lehre“ der neoklassischen Gleichgewichtsökonomik. Andere Theorieansätze für die Interpretation von Markt und Wettbewerb mögen zu anderen Aussagen kommen. Vgl. dazu die (scharfe) Kritik von Buchanan/Vanberg an der Neoklassik, a.a.O.

Genauerhin – wie am **Modell** der vollkommenen Konkurrenz und des totalen gesamtwirtschaftlichen Gleichgewichts demonstrierbar – ist u.a. Voraussetzung für die Funktionsfähigkeit des Preissystems, daß sich Haushalte und Unternehmungen rational verhalten (im Sinne der subjektiven Handlungsrationalität)[16]: Die Haushalte **müssen** ihren Nutzen maximieren und die Unternehmungen den Gewinn. Unter den (idealtypischen) Voraussetzung der vollkommenen Konkurrenz auf Anbieter- und Nachfragerseite entsteht dann ein Marktgleichgewicht, bei dem gilt:

1. Grenzkosten = Preis (bei minimalen individuellen Durchschnittskosten) und
2. Grenznutzen = Preis (bei maximalem individuellen Gesamtnutzen).

In dieser Situation sind alle Wirtschaftspläne der ökonomischen Akteure aufeinander abgestimmt; keiner hat mehr Veranlassung, seine Dispositionen zu ändern. Die Bedürfnisbefriedigung aller Individuen ist maximal; die gesamtwirtschaftliche Wohlfahrt ist erreicht. Es gibt keine andere Allokation der Ressourcen, die zu einer Verbesserung der Position eines Haushaltes führen könnte, ohne daß die Position eines anderen Haushaltes verschlechtert würde (Pareto-Optimalität).

In diesem Gedankengebäude ist das Preissystem eine notwendige und hinreichende Bedingung für die Lösung des Koordinationsproblems mit seinen beiden Dimensionen als Kalkulations- und Kontrollproblem.[17] Das Preissystem steuert alle individuellen Entscheidungen so, daß die optimale Allokation der Ressourcen erreicht wird (Kalkulationsproblem); es induziert gleichzeitig bei allen rational handelnden ökonomischen Akteuren diejenigen Handlungen, die erforderlich sind, um das Kalkulierte zu verwirklichen (Kontrollproblem). Es stellt – wie erwähnt – einen gesellschaftlichen Interessenausgleich zwischen allen am Wirtschaftsverkehr beteiligten Individuen her. Dies allerdings nur dann, wenn keiner die Möglichkeit hat, zur Durchsetzung von Partikularinteressen auf die Preisbildung einen Einfluß auszuüben. Die Preisbildung muß „überpersönlich" sein. Ist das der Fall, bewirkt das Preissystem eine machtfreie Lösung des Kontrollproblems: keiner gibt irgend einem anderen einen Befehl und doch ist jeder aus eigenem Nutzenstreben veranlaßt, das zu tun, was erforderlich ist, um das Kalkulierte Wirklichkeit werden zu lassen. Es ist diese machtfreie Lösung des Wirtschaftsordnungsproblems, die bis auf den heutigen Tag ihre Faszination auf die Demokratien der westlichen Industriestaaten nicht verfehlt hat.

Die weiter oben beschriebenen wirtschaftsverfassungsrechtlichen Regelungen (Gesellschaftsrecht, Wettbewerbsrecht, Vertragsrecht etc.) lassen sich nun als Versuch verstehen, die Funktionsfähigkeit des Preissystems in der ökonomischen **Wirklichkeit** herzustellen und unter den sich ändernden historischen Bedingungen laufend aufrecht zu erhalten. Dabei haben sich in den letzten Jahrzehnten **drei Voraussetzungen** für die Funktionstüchtigkeit des Preissystems in den Marktwirtschaften westlicher Industriestaaten als besonders kritisch erwiesen. Sie sind für das Verständnis der Rolle des Managements in diesen Gesellschaften schlechthin von zentraler Bedeutung; sie stellen nämlich die Begründung dafür dar, warum es letztlich in **realen** Marktwirtschaften für die friedliche

16 Vgl. dazu genauer Lowe, A., Politische Ökonomik, Wien 1965, insbes. S. 51 ff.
17 Vgl. dazu oben S. 76 f.

Koordination ökonomischer Handlungen, für die Sicherung des inneren gesellschaftlichen Friedens, doch nicht ausreicht, die Rolle des Managements ausschließlich auf erfolgsorientiertes Handeln zu beschränken, warum es also in wichtigen Bereichen durch verständigungsorientiertes Handeln ergänzt werden muß.[18]

3.3.3 Kritik der empirischen Voraussetzungen des Vertragsmodells der Unternehmung

Die drei kritischen Bedingungen für die Funktionstüchtigkeit des Preissystems, um die es hier geht, betreffen:

- die Durchsetzung der Interessen der Kapitaleigner (Produktionsmitteleigentümer) im Entscheidungsprozeß der Unternehmung zur Wahrung der gewinnmaximalen Motivation (**Einheit von Eigentum und Verfügungsgewalt**);
- den machtfreien Vollzug ökonomischer Tauschvorgänge (**Machtlosigkeit von Produzenten und Konsumenten**) zur Wahrung des überindividuellen Charakters des Preissystems und
- die Internalisierung aller ökonomischen Kosten und Nutzen bei den Entscheidungsträgern (**Abwesenheit externer Effekte**) zur Wahrung der korrekten Informationsfunktion des Preissystems.

Es sind dieses drei der wichtigsten zentralen Voraussetzungen, die gegeben sein müssen, damit die Wirtschaft als rein private (erfolgsorientierte) Veranstaltung konzipiert werden kann; als solche ist sie dann geeignet, zur friedlichen Koordination wirtschaftlicher Handlungen beizutragen. Umgekehrt heißt das: Wenn und soweit diese Funktionsbedingungen nicht oder nicht mehr hinreichend erfüllt sind, gewinnt Wirtschaften zwangsläufig auch einen öffentlichen (verständigungsorientierten) Charakter und modifiziert damit die Rolle des Managements in westlichen Industriegesellschaften. Die nachfolgende Explikation der zentralen Funktionsbedingungen für das Preissystem in diesen Gesellschaften wird diese These einsichtig machen.

3.3.3.1 Externe Effekte

Am unmittelbarsten wird die Fragwürdigkeit von Wirtschaft als **bloß** privater Veranstaltung dort offensichtlich, wo die wirtschaftliche Betätigung (in Haushalten und Unternehmungen) zu Wirkungen führt, die nicht mehr vollständig über das Preissystem abgerechnet werden. Überall dort, wo Konsum und Produktion (viele) andere tangieren, ohne daß die daraus resultierenden Beeinträchtigungen (Kosten) und Besserstellungen (Nutzen) über Marktprozesse verrechnet werden, verliert das wirtschaftliche Handeln nolens

18 Dabei wäre hier (natürlich) genauer nach Kulturkreisen zu differenzieren; vgl. dazu de Jong, H.W.: European Capitalism: Between Freedom and Social Justice, in: Review of Industrial Organization 10(1995), S. 399 ff., der drei kulturabhängige „Unternehmenstypen" unterscheidet: die „Anglo-saxon", die „Germanic" und die „Latinic" corporations.

volens seinen rein privaten Charakter; denn der Markt kann dann (nach Voraussetzung) nicht allein für einen friedlichen Interessenausgleich sorgen, sondern es sind zusätzlich „politische" Willensbildungsprozesse erforderlich.

Daß externe Effekte – theoretisch verstanden als Interdependenzen zwischen individuellen Produktionsfunktionen oder Konsumfunktionen – die Erreichung der gesamtwirtschaftlichen Wohlfahrt verhindern und damit die zentrale Legitimationsgrundlage des Preissystems tangieren, ist theoretisch unbestritten.[19] Strittig ist dagegen die Frage, welchen empirischen Umfang solche externen Effekte heute schon angenommen haben und wie man ihnen dementsprechend durch geeignete Mittel begegnen kann. Leben wir in einer Welt universaler externer Effekte oder sind externe Effekte doch nur eine marginale Randerscheinung?

Ohne hier einen breiten empirischen Beweis antreten zu wollen, lehrt uns die Alltagserfahrung, daß die Auffassung von der Marginalität externer Effekte wohl kaum mehr haltbar ist. Welche ökonomischen Prozesse und Branchen man auch betrachtet, immer spielen externe Effekte eine nicht zu unterschätzende Rolle: Der Verkehr (mit LKW und PKW) belastet nicht nur die natürliche Umwelt, sondern auch viele Menschen, die tagtäglich z.B. vom Durchgangsverkehr durch Verkehrszentren betroffen werden; die Eisen- und Stahlerzeugung belastet die Luft; die Chemieindustrie produziert Fluor-Chlor-Kohlen-Wasserstoffe, die mitverantwortlich sind für das Ozonloch; Abwässer von Chemiebetrieben oder Atomkraftwerken beeinträchtigen den Fischbestand in den Flüssen, so daß die Flußfischerei (und andere Branchen) leidet; diese Beispiele ließen sich beliebig vermehren.

Da durch externe Effekte die Interessen vieler Menschen kurz- oder langfristig berührt, ja oft ihre existenziellen Lebensgrundlagen überhaupt betroffen werden, ohne daß damit ein über den Markt automatisch verrechneter ökonomischer Vor- oder Nachteilsausgleich verbunden ist, müssen zwangsläufig ethisch-politische Prozesse Platz greifen, um den gesellschaftlichen Interessenausgleich zu ermöglichen. Derartige Prozesse (im Sinne des verständigungsorientierten Handelns) zwischen den Betroffenen können einmal im **politischen** Raum stattfinden, indem für die Wirtschaft solche (gesetzlichen) Rahmenbedingungen geschaffen werden, die auf die Beseitigung oder Internalisierung externer Effekte gerichtet sind. Ethisch-politische Prozesse mögen aber auch auf **Unternehmensebene** stattfinden, nämlich dann, wenn Unternehmer und Manager – sei es freiwillig, sei es durch öffentliche Kritik erzwungen – selbst Mittel und Wege suchen, um externe Effekte zu vermeiden oder zu vermindern, und zwar auf Unternehmens- und/oder Verbandsebene.[20] Immer mehr scheinen auch **„Kooperationen"** zwischen beiden Bereichen – Politik und Wirtschaft – notwendig zu werden, um das Problem externer Effekte erfolgreich zu bewältigen. Die Grenzen der Steuerungsfähigkeit des Rechts gegenüber dem immer komplexer werdenden System der Wirtschaft machen sich – auch im europäischen Rahmen – mehr und mehr bemerkbar.[21]

---

19 Vgl. dazu etwa Frey, B.S., Theorie demokratischer Wirtschaftspolitik, München 1981, S. 75 ff.

20 Vgl. dazu die Ausführungen zur Unternehmensethik unten S. 103 ff.

21 Vgl. für die Umweltproblematik dazu Kloepfer, M: Staat und Unternehmung in ihrer Umweltverantwortung aus Sicht des Rechts, in: Steinmann, H./Wagner, G.R.: Umwelt und Wirtschaftsethik, Stuttgart 1998, S. 214 ff., und unten S. 97 und S. 111 f.

3.3.3.2 Vermachtungsprozesse in der Wirtschaft

Wirtschaften als reine Privatsache wird aber auch dort problematisch, wo die Grundvoraussetzung eines (tendenziell) machtfreien Vollzugs ökonomischer Tauschvorgänge nicht mehr gegeben ist. Dort, wo Macht in der Wirtschaft zur Ausübung kommt, besteht die Chance, die eigenen Interessen gegen andere durchzusetzen, ohne sie dafür ökonomisch zu entschädigen; damit aber wird der überpersönliche (interessenneutrale) Charakter des Preissystems konterkariert und seine Allokationsfunktion beeinträchtigt. Auch dies ist theoretisch unbestritten, wie die kritische Einstellung der volkswirtschaftlichen Wettbewerbstheorie gegenüber allen Vermachtungsprozessen in der Wirtschaft eindrücklich belegt; man denke nur an den langen und andauernden Kampf der neoliberalen Schule und der Väter der Sozialen Marktwirtschaft gegen jedwede Form der machtmäßigen Beeinträchtigungen des **Wettbewerbs**, der ja weithin als das genialste **Entmachtungsinstrument** der Geschichte angesehen wird.

Strittig ist auch hier also wieder eher die empirische Frage, ob auf den meisten Märkten der Wettbewerb noch so **funktionsfähig** ist, daß man trotz aller Unvollkommenheiten im Prinzip doch auf die Allokationsfunktion des Preissystems vertrauen kann. Im Mittelpunkt der Diskussionen zur Machtfrage stehen dabei weniger die Klein- und Mittelbetriebe als vielmehr die Groß- und Riesenunternehmungen, die viele hunderttausende von Mitarbeitern haben und über immense materielle Ressourcen verfügen. Für diese Unternehmen bezieht sich die Diskussion nicht mehr nur auf die Marktmacht (Marktbeherrschung) und ökonomische Konzentrationsprozesse in ihrer Bedeutung für die Funktionsfähigkeit des Preissystems, sondern hat sich auch auf andere Manifestationen von Macht ausgedehnt. So unterscheidet Epstein etwa die folgenden Formen von Macht der großen „corporation" in den USA[22]:

- Ökonomische Macht: Die Fähigkeit, die Natur, Qualität, Preise und Produktions- und Verteilungsbedingungen knapper Güter und Ressourcen zu beeinflussen;
- Gesellschaftliche Macht in Form des Einflusses großer Unternehmen auf die Art und das Verhalten anderer gesellschaftlicher Institutionen des öffentlichen Lebens;
- Kulturelle Macht: Der Einfluß großer Unternehmen auf Werte, Einstellungen und Lebensstile von Menschen;
- Technologische Macht in Form der Rolle der Großunternehmung bei der Formung von Richtung, Ausmaß und Konsequenzen des technologischen Wandels in einer Gesellschaft;
- Macht über die physische Umwelt: Auswirkungen durch die Art und Weise, wie sowohl natürliche Ressourcen genutzt als auch globale Regionalentwicklungen beeinflußt werden;
- Politische Macht als Möglichkeit von Großunternehmen, Prozeß und Ergebnisse der Regierungspolitik zu beeinflussen;

22 Epstein, E.M., Dimensions of corporate power, Teil 1, in: California Management Review 16 (1973), Nr. 2; Teil 2 ebenda, Nr. 4.

- Macht über das Individuum, sei es direkt in seiner Eigenschaft als Arbeitnehmer, Aktionär, Mitglied der lokalen Kommune etc., oder sei es indirekt über die Beeinflussung von Meinungsbildungsprozessen, die die Rolle des Individuums in der Gesellschaft betreffen.

Alle diese Formen von Macht, wenn sie denn in einem empirischen Tatbestandsurteil bestätigt würden, würden natürlich die rein ökonomische Rolle der Unternehmung unabhängig davon betreffen, wie die jeweiligen Unternehmer und Manager von dieser Macht Gebrauch machen würden; denn Macht stellt – gleichgültig wie sie in einer **aktuellen** Situation genutzt wird – **potentiell** immer eine Gefährdung des inneren gesellschaftlichen Friedens in einer Gesellschaft dar und bedarf deshalb der besonderen Legitimation und Kontrolle. Die Machtstellung der Großunternehmung wäre damit – neben den externen Effekten – der zweite Ansatzpunkt, der es nahelegt, die Rolle des Managements in westlichen Industriestaaten bis auf weiteres nicht nur im Sinne von erfolgsorientiertem, sondern auch verständigungsorientiertem Handeln zu verstehen.

An dieser Stelle kann natürlich die empirische Frage der Machtstellung des Großunternehmens nicht abschließend beantwortet werden. Viele Untersuchungen und Faktoren sprechen aber dafür, daß es auch hier nicht bloß um ein vernachlässigbares Randphänomen geht. Schon der ökonomische Alltag macht immer wieder auf viele Situationen aufmerksam, wo Macht und Machtgebrauch durch Großunternehmen in das Rampenlicht einer kritischen Öffentlichkeit gerückt wurden.

Reduziert man alle diese Beobachtungen auf ihren theoretischen Kern, so geht es um die Frage der Existenz von **wesentlichen Handlungsspielräumen** auf Unternehmensebene derart, daß eine Erklärung des unternehmerischen Handelns nicht mehr vollständig ohne Bezugnahme auf die individuellen Zielvorstellungen der einzelnen Aktoren möglich ist.[23] In der Situation der vollkommenen Konkurrenz, also bei totaler Machtlosigkeit, steht den Unternehmungen ein derartiger Handlungsspielraum nicht zur Verfügung: Das Unternehmen ist Mengenanpasser und scheidet aus dem Markt aus, wenn es nicht die gewinnmaximale Menge ausbringt. Der Handlungsspielraum ist hier null; Preissystem und Wettbewerb wirken unparteiisch gegen Jedermann, sie „entindividualisieren“ gleichsam das Problem der Koordination der Handlungspläne der ökonomischen Akteure. Wo ein Abweichen von der Gewinnmaximierung möglich ist, ist das umgekehrt ein Indiz dafür, daß die Unternehmung nicht unter dem Druck eines intensiven Wettbewerbs steht.

Geht man dieser Argumentationslinie weiter nach, so stößt man auf die Analyse von Marktstrukturen als **indirektem** Nachweis für Handlungsspielräume von Unternehmungen. Wie die Oligopoltheorie gezeigt hat, tritt die reaktive, sich bloß den disziplinierenden Kräften des Marktes beugende Firma in der Oligopolsituation in den Hintergrund. Kein Oligopolist ist gezwungen, seinen Preis und seine Angebotsmenge streng nach dem Marginalprinzip „Grenzkosten = Grenzerlös“ zu bestimmen.

Die weiteren theoretischen Untersuchungen haben dann die klassischen Voraussetzungen des vollkommenen Marktes selbst kritisiert und unter den Stichworten Produktdifferenzie-

23 So Kaysen, C., The corporation: How much power? What scope?, in, Mason, E.S. (ed.), The corporation in modern society, 4. Aufl., Cambridge/Mass. 1961, S. 85.

rung (monopolistische Konkurrenz), Marktzutrittsschranken und unvollkommene Information die Argumente für systematische Handlungsspielräume in realen Wettbewerbswirtschaften weiter verstärkt. Nimmt man dann noch die grundlegende These des „Managerkapitalismus" vom schwindenden Einfluß der Kapitaleigner in den großen Unternehmungen hinzu mit der Folge, daß die Gewinnmaximierungsprämisse der Theorie an empirischer Triftigkeit verliert, so läßt sich im Ergebnis festhalten, daß in oligopolistischen (und monopolistischen) Marktstrukturen bei unvollkommenen Märkten signifikante Handlungsspielräume für die Unternehmensleitung bestehen bzw. auch immer wieder neu geschaffen werden können.

Dieses Ergebnis rückt natürlich die nationalökonomische Theoriebildung enger an die betriebswirtschaftliche Lehre von der Unternehmensstrategie heran. Wie später bei der Darstellung der Strategielehre im einzelnen deutlich wird[24], läßt sich unternehmensstrategisches Handeln nur dann sinnvoll thematisieren, wenn man von der Vorstellung abläßt, daß das Verhalten der Firma vollständig durch Marktstrukturen **determiniert** ist. Erst wenn man konzediert, daß Unternehmungen durch ihre Strategie selbst in der Lage sind, Marktstrukturen und die Unvollkommenheit der Märkte mit zu beeinflussen, ist Platz für eine betriebswirtschaftliche Strategielehre geschaffen. Es ist ja genau diese Schnittstelle zwischen volkswirtschaftlicher Markttheorie und betriebswirtschaftlicher Strategielehre, auf die auch die neuere Entwicklung der Industrieökonomik hinweist.[25] Die Industrieökonomik hat die Voraussetzungen des vollkommenen Marktes aufgegeben und differenziert wettbewerbliche Branchenstrukturen danach, ob sie sich im Hinblick auf die fünf Wettbewerbskräfte (Grad der Rivalität, Markteintrittsbarrieren, Substitutionskonkurrenz und Machtbeziehungen zu vorgelagerten Lieferanten und nachgelagerten Abnehmern) unterscheiden. Aus der Branchenanalyse wird eine durchschnittliche Branchenrentabilität prognostiziert. Von dieser **durchschnittlichen** Branchenrentabilität kann dann aber jede einzelne Unternehmung durch geeignete Gestaltung ihrer individuellen Wettbewerbsstrategie abweichen und **Wettbewerbsvorteile** realisieren; dabei wird auch eine Beeinflussung der fünf Wettbewerbskräfte selbst mitgedacht. Der (empirisch orientierten) Industrieökonomik ist also die Vorstellung von Handlungsspielräumen nicht fremd; die ökonomischen Strukturen der Branche setzen je nach Ausbildung ihrer Wettbewerbskräfte nur die (mehr oder weniger engen) Grenzen dieser Handlungsspielräume.[26]

Nimmt man nun aus **betriebswirtschaftlicher** Sicht den Faden an dieser Stelle noch einmal auf, so ergibt sich auch ohne den Umweg über die Marktstrukturen und Marktbeschaffenheiten, also gleichsam in **direkter** Betrachtung der strategischen Handlungsmöglichkeiten der Unternehmung, eine Stützung der These, daß (Groß-)Unternehmungen in westlichen Industriestaaten über nicht unbeachtliche Machtpotentiale verfügen. Sie wurzeln letztlich in dem immensen Ressourcenpotential dieser Unternehmen[27], ver-

---

24 Vgl. dazu unten fünftes Kapitel.

25 Vgl. dazu genauer Porter, M.E., The contributions of industrial organization to strategic management, in: Academy of Management Review 6 (1981), S. 609–620.

26 Vgl. dazu auch den Überblick über die Forschungsergebnisse der letzten Jahrzehnte bei Mueller, D.C., The corporation and the economist, in: International Journal of Industrial Organization 10 (1992), S. 147 ff.

27 Vgl. dazu die genauere Analyse bei Steinmann, H., Das Großunternehmen im Interessenkonflikt, Stuttgart 1969, S. 160 ff.

bunden mit großen Marktanteilen. In einer solchen Situation ist das Ressourcenpotential zunächst einmal als Signal für **Reaktionsmacht** zu deuten, d.h. (Groß-)Unternehmen schätzen bei der Planung eigener Aktionen die Intensität der möglichen Reaktionen auf der Basis der Ressourcenpotentiale der Konkurrenten ab. Je größer dieses Potential ist, um so eher muß mit Vergeltungsstrategien gerechnet werden, um so gefährlicher sind aggressive Wettbewerbsstrategien. Ferner läßt sich das Ressourcenpotential verstehen als Signal für **Aktionsmacht**, d.h. die Möglichkeit, Neukonkurrenten abzuwehren, mit Konkurrenten aktiv zu kooperieren, kämpferische Verhaltensweisen zu zeigen etc. Ein großes Ressourcenpotential signalisiert demzufolge den Konkurrenten, daß ein Angriff wenig sinnvoll, bei der Preisgestaltung eher barometrische Gefolgschaft geboten ist und daß tendenziell die Gefahr einer Verdrängungspolitik besteht. Der vorhandene Spielraum für Aktion bzw. Reaktion wird dabei durch zwei Komponenten bestimmt, nämlich einmal durch die Bandbreite der Aktionsmöglichkeiten (Konzentrationspotential) und zweitens durch die Zeitdauer, mit der die einzelnen Aktionen gegen den stärksten Konkurrenten durchgehalten werden können (Durchhaltepotential).

Nimmt man alle diese volks- und betriebswirtschaftlichen Überlegungen zum Handlungsspielraum zusammen, und beachtet man, daß das Oligopol nach allen vorliegenden empirischen Untersuchungen in weiten Bereichen der Industrie die vorherrschende Marktform ist[28], so wird man das Argument von der (ökonomischen) Machtstellung der Großunternehmung in westlichen Industriegesellschaften nicht mehr einfach von der Hand weisen können. Die Reaktion des **Rechts** auf diese Situation ist denn auch der Versuch, die dadurch bedrohte Chancengleichheit der unterlegenen Marktpartner am Markt durch rechtliche Maßnahmen wiederherzustellen. Die vielfältigen gesetzlichen Regelungen zum Verbraucherschutz, zum Arbeitsrecht, zum Umweltschutz, zum Schutz kleiner Kapitalanleger und zur Publizität lassen sich letztlich als Versuch verstehen, die gestörte Machtbalance in der Wirtschaft wieder einigermaßen zu korrigieren.[29]

3.3.3.3 Trennung von Eigentum und Verfügungsgewalt

Neben den externen Effekten und der Machtstellung der Großunternehmung ist schließlich die Trennung von Eigentum und Verfügungsgewalt, die „Spaltung des Eigentumatoms", das dritte Argument, mit dem eine zentrale Funktionsbedingung des Preissystems partiell bestritten und der rein private Charakter des Wirtschaftens in (Groß-)Unternehmungen in Frage gestellt wird. Es geht bei diesem Argument um die seit der berühmten Untersuchung von Berle/Means aus den 30er Jahren[30] immer wieder reproduzierte empirische Feststellung, daß in der Praxis die Kapitaleigner großenteils schon gar nicht mehr – wie es die Konstruktionsidee der Wettbewerbswirtschaft fordert – gleichzeitig auch die

28 Dazu die detaillierte Analyse bei Schreyögg, G., Unternehmensstrategie, Berlin/New York 1984, S. 17 ff.

29 Vgl. dazu im einzelnen unten S. 96 ff. Dabei ist allerdings zu beachten, daß im Zuge der Globalisierung und der damit regelmäßig einhergehenden Ausdehnung der Marktgröße auch die Frage der „Unternehmensmacht" eine internationale Dimension erhält und eigentlich immer weniger im nationalstaatlichen Rahmen sinnvoll diskutiert werden kann. Vgl. dazu neuerdings Kayser, C. (ed.): The American Corporation Today, New York u. Oxford 1996, wo eine Akzentverschiebung von Macht- zu Effizienzfragen sichtbar wird.

30 Vgl. Berle, A.A/Means, G.C., The modern corporation and private property, New York 1932.

Entscheidungsträger, die Unternehmer, seien; vielmehr seien es angestellte Manager, die, ohne Eigentümer zu sein, relativ autonom die Verfügungsgewalt über die Produktionsmittel ausübten. Die funktionsnotwendige Einheit von Eigentum und Verfügungsgewalt sei damit aufgehoben, das Eigentumatom in seine beiden Bestandteile der „Nutzung der Früchte“ (Dividende) und der „Verfügungsgewalt“ aufgespalten.

Für diese Trennung von Eigentum und Verfügungsgewalt werden insbesondere zwei Gründe verantwortlich gemacht: die Professionalisierung des Managements und die Inaktivität und Inkompetenz der Kleinaktionäre.

Mit der **Professionalisierung des Managements** ist gemeint, daß die Aufgabe, ein (Groß-) Unternehmen zu führen, in hochentwickelten und stark arbeitsteiligen Industriegesellschaften längst zum „Beruf“ geworden ist in dem Sinne, daß zu ihrer erfolgreichen Wahrnehmung eine systematisch angelegte Ausbildung und ein spezieller beruflicher Werdegang erforderlich sind. Der Kapitalbesitz allein reicht demnach als Qualifikationsnachweis für die Führung großer Unternehmungen nicht mehr aus. Diese Feststellung birgt nicht nur die Gefahr einer „Entkoppelung“ von gewinnmaximaler Motivation und unternehmerischen Handeln in sich; sie stellt zugleich auch die traditionelle Legitimationsbasis der kapitalistischen Unternehmensordnung in Frage: In dem Maße, wie die Berechtigung zur Unternehmensführung durch Hinweis auf die berufliche Eignung erbracht werden muß, verliert das Eigentum allein als legitimatorische Grundlage an Kraft. Damit aber ist zugleich auch der rein private Charakter der Großunternehmung zur Debatte gestellt.

Während das Argument von der Professionalisierung des Managements für alle Großunternehmen gültig ist, zielt der zweite Grund, die **Inaktivität und Inkompetenz der (Klein-) Aktionäre,** speziell auf die Rechtsform der Aktiengesellschaft sofern deren Grundkapital breit gestreut ist (Publikums-Aktiengesellschaft). Nicht selten haben solche Gesellschaften hunderttausende von Anteilseignern (z.B. die Siemens AG mit ca. 400.000 Kleinaktionären), die von ihrer Ausbildung her nicht fähig oder von ihrer geringen Kapitalbeteiligung her nicht motiviert sind, ihre Steuerungsbefugnisse wahrzunehmen; dies weder direkt in der Hauptversammlung noch indirekt durch Vertreter im Aufsichtsrat. In vielen Aktiengesellschaften kommt nicht ein Aufsichtsrat aus dem Kreis der Aktionäre (z.B. Deutsche Bank AG). In einer solchen Situation sind es die leitenden Angestellten, die das Unternehmen führen und die Richtlinien der Unternehmenspolitik bestimmen. Das Aktieneigentum hat faktisch die Verfügungsgewalt abgegeben. Man spricht dann davon, daß ein derartiges Unternehmen **„managerkontrolliert“** ist im Gegensatz etwa zu einem Unternehmen, das zu 100% oder wenigstens 75% einer Privatperson (z.B. einem Großaktionär) gehört und dann als **„eigentümerkontrolliert“** bezeichnet wird. Untersuchungen[31] in den 300 größten deutschen Unternehmen zeigen, daß bereits mehr als die Hälfte dieser Unternehmen (nach Umsatz mehr als 70%) als „managerkontrolliert“ einzustufen sind (vgl. Abb. 3.2). In besonders hohem Maße gilt dies für die einflußreichen Banken. Damit hat die Managerkontrolle in der Bundesrepublik ein Ausmaß erreicht, das es rechtfertigt, von einem Auseinanderfallen von „Idee“ und „Wirklichkeit“ der traditionellen Unternehmensordnung zu sprechen. Die faktische Trennung von Eigentum und Verfügungsgewalt eröffnet – zusammen

31 Vgl. Steinmann, H./Schreyögg, G./Dütthorn, C., Managerkontrolle in deutschen Großunternehmen – 1972 und 1979 im Vergleich, in: Zeitschrift für Betriebswirtschaft 53 (1983), S. 4–25.

mit dem Verweis auf die Machtpotentiale von Großunternehmen – die Möglichkeit, daß Manager von der für das Funktionieren des Preissystems notwendigen Voraussetzung der Gewinnmaximierung abweichen und eigene diskretionäre Zielsetzungen in den Entscheidungsprozeß einfließen lassen.[32]

Größenklasse	**Managerkontrolle (Anzahl in Prozent)**		
	1972	**1979**	**1986**
1– 50	69	78	84
1–300	50	57	56
Banken 1– 25	100	96	100

Quelle: Bayhurst, A./Fey, A./Schreyögg, G., Wer kontrolliert die Geschäftspolitik deutscher Großunternehmen? Diskussionsbeitrag Nr. 213 des Fachbereichs Wirtschaftswissenschaft, FernUniversität Hagen, Hagen 1994

Abb. 3.2: Managerkontrolle nach Größenklassen in deutschen Großunternehmen, 1972, 1979 und 1986 im Vergleich

3.3.3.4 Schlußfolgerung

Nimmt man neben den angeführten drei **ökonomischen** Argumenten noch die vielfältigen **nicht-ökonomischen** Manifestationsformen von Macht großer Unternehmen als empirisch triftig hinzu, so ist die Schlußfolgerung unabweisbar, daß über Reformen des dargestellten Vertragsmodells der Unternehmung neu nachgedacht werden muß. Das geschieht derzeit von verschiedenen Seiten.

Eine erste Strömung versucht, die Institutionen für das erfolgsstrategische Handeln neu zu verfassen, so daß eine effizientere Lösung des Koordinationsproblems entsteht. Ansatzpunkt dieser theoretischen Bemühungen (Theorie der Verfügungsrechte, Agency-Theorie)[33] sind nicht die Handlungsmotive, sondern – wie schon in der Neoklassik – die

32 In der Literatur ist teilweise versucht worden, die (empirische) Trennung von Eigentum und Verfügungsgewalt als eine von den Aktionären absichtlich herbeigeführte effiziente Neuverteilung der Verfügungsrechte zu interpretieren. Vgl. dazu u.a. Ridder-Aab, C.-M., Die Aktiengesellschaft im Lichte der Theorie der Verfügungsrechte, Frankfurt/New York 1980; davon rücken aber in jüngerer Zeit selbst Vertreter dieser These ab; vgl. Jensen, M.C., Eclipse of the public corporation, in: Havard Business Review 67 (1989), Nr. 5, S.61-74; auch Aktionspläne für Manager, die – aus der Perspektive der sog. „Prinzipal-Agenten-Theorie" entwickelt – die Motivationslagen von Managern und Eigentümern zur Deckung bringen sollen, werden in ihrer praktischen Wirksamkeit zunehmend skeptisch bewertet. Vgl. dazu Winter, St.: Zur Eignung von Aktienoptionsplänen als Motivationsinstrument für Manager, in: Zeitschrift für betriebsw. Forschung 50 (1998), S. 1120 ff. und Osterloh, M.: Wertorientierte Unternehmensführung und Management-Anreizsysteme, in: Kumar, N.B./Osterloh, M./Schreyögg, G. (Hrsg.): Unternehmensethik und die Transformation des Wettbewerbs, a.a.O., S. 183 ff. Zur Gesamtproblematik neuerdings als kritischen Überblick Schreyögg, G.: Noch einmal: Zur Trennung von Eigentum und Verfügungsgewalt, in: Kumar, N.B./Osterloh, M./Schreyögg, G., a.a.O., S. 159 ff.

33 Vgl. dazu Budäus, D./Gerum, E./Zimmermann, G. (Hrsg.), Betriebswirtschaftslehre und Theorie der Verfügungsrechte, Wiesbaden 1988 (mit ausführlichen Literaturnachweisen) und Wenger, E./Terberger, E., Die Beziehung zwischen Agent und Prinzipal als Baustein einer ökonomischen Theorie der Organisation, in: Wirtschaftswissenschaftliches Studium 17 (1988), S. 506 ff.

Handlungsfolgen, jetzt aber bezogen auf den Austausch von Verfügungsrechten über Güter (statt auf den Austausch von Gütern an sich) und unter Einführung von Unvollkommenheitsannahmen (Existenz von Transaktionskosten beim Handel mit Verfügungsrechten, asymmetrisch verteilte Informationen etc.). Die ökonomischen Akteure nutzen ihre Handlungsspielräume zum eigenen Vorteil aus; die Handlungskonsequenzen hängen dann davon ab, welchen **Restriktionen** dieses Handeln unterliegt. Die Theorie fragt nach der (ökonomisch) effizientesten Gestaltung dieser Restriktionen und soll in diesbezügliche Empfehlungen für die Neugestaltung von Gesetzen bzw. Verträgen einmünden.

Die zweite Entwicklungsrichtung setzt am verständigungsorientierten Handeln, an den **Handlungsmotiven**, an und betont, daß die Sicherung des inneren gesellschaftlichen Friedens in hochentwickelten Industriegesellschaften nicht mehr **allein** dem erfolgsstrategischen Handeln überlassen werden kann. Dieses muß durch verständigungsorientiertes Handeln **ergänzt** werden, um einen verantwortlichen (friedensstiftenden) Machtgebrauch überall dort sicherzustellen, wo großbetriebliches Wirtschaften die Interessen anderer existenziell berührt, ohne daß dies über den Markt- und Preismechanismus berücksichtigt würde bzw. werden könnte. Von dieser Seite steht der Gedanke einer **Einbettung** des erfolgsstrategischen Handelns in institutionelle Zusammenhänge des verständigungsorientierten Handelns im Mittelpunkt, nicht der Gegensatz beider Handlungsmodi.

Die Zukunft muß zeigen, wie das Verhältnis dieser beiden Reformansätze sich gestalten wird; es geht dabei im Kern um die Frage, wie weit die **Freistellung** der individuellen Nutzenmaximierung der Akteure unter Beachtung der damit verbundenen empirischen Koordinationswirkungen voranschreiten darf, ohne daß das Friedensziel gefährdet wird. Mit der Antwort auf diese Frage, die natürlich situationsabhängig immer wieder neu bedacht werden muß, wird dann auch das je spezifische Verhältnis von verständigungsorientiertem und erfolgsstrategischem Handeln als Merkmal einer bestimmten historischen Wirtschaftsordnung bestimmt.

3.4 Management als verständigungsorientiertes Handeln

3.4.1 Anschlußstellen: Gesetz und Unternehmensethik

Die bisher entfaltete Kritik an den Funktionsbedingungen des Preissystems wendet sich gegen die Behauptung, in historisch realisierten Marktwirtschaften sei die dezentrale Preisbildung bereits eine **hinreichende** Bedingung, um die friedliche Koordination wirtschaftlicher Handlungen, um den inneren gesellschaftlichen Frieden dauernd zu sichern; wäre das der Fall, könnte man die Rolle des Managements auf das erfolgsorientierte Handeln beschränken.

Als Konsequenz daraus müssen politische Verständigungsprozesse dort Platz greifen, wo das ökonomische System alleine die friedliche Koordination wirtschaftlicher Handlungen nicht bewerkstelligen kann. Das Bemühen um die Einheit (der gesellschaftlichen

Wirtschaftsführung) kann dann nicht mehr durch Verweis auf die optimalen Allokationswirkungen des Preissystems suspendiert werden; vielmehr geht es hier um eine – den ökonomischen Prozessen systematisch vorgelagerte – dauernde politische Anstrengung für den inneren und äußeren gesellschaftlichen Frieden. Die politischen Bemühungen betreffen dabei sowohl geeignete rechtliche Rahmenbedingungen für das (im übrigen freigestellte) ökonomische Handeln in den Unternehmungen wie auch eigenständige Beiträge des Managements zur Lösung solcher Konflikte, die im Zusammenhang mit der Verfolgung einer bestimmten Unternehmenspolitik aufzutauchen drohen oder aufgetaucht sind. Hier wird die Erweiterung der Rolle des Managements in Richtung auf das verständigungsorientierte Handeln offenbar. Diese Erweiterung hat in der Vergangenheit bereits in einer Vielzahl von gesetzlichen Regelungen seinen Niederschlag gefunden; es findet darüber hinaus neuerdings seinen Ausdruck in der Forderung nach einer stärkeren ethischen Orientierung unternehmerischen Handelns (Unternehmensethik). Das Verhältnis von verständigungsorientiertem und erfolgsorientiertem Handeln, wie es hier kurz angedeutet wurde, hat stillschweigend unterstellt, daß die Wirkungen ökonomisch-erfolgsorientierten Handelns vom (nationalen) Recht noch ausreichend unter Kontrolle gehalten werden können, der ökonomische „Wirkungsraum" und der rechtliche „Handlungsraum" gleichsam deckungsgleich sind. Diese Voraussetzung wird jedoch durch die **Globalisierung** der (nationalen) Volkswirtschaften problematisch, worauf am Ende dieses Kapitels noch einmal zurückzukommen ist.

3.4.2 Management und Gesetze: Indirekte Anschlüsse an verständigungsorientiertes Handeln

3.4.2.1 Externe und interne Ansatzpunkte

Das systembedingte erfolgsorientierte Handeln des Managements findet **indirekt** Anschluß an das verständigungsorientierte Handeln dort, wo es um Gesetze geht, die zum Schutz bestimmter Interessengruppen, wie z.B. Verbraucher oder Arbeitnehmer, erlassen worden sind. In dieser ihrer Schutzfunktion stellen derartige Gesetze nicht nur die ursprüngliche Annahme des bürgerlichen Rechts in Frage, daß in der Wirtschaft gleichgeordnete Vertragsparteien miteinander in Beziehung treten; sie sind zugleich – wie oben schon angedeutet[34] – eine indirekte Bestätigung der ökonomischen Argumentation zur Machtstellung der Großunternehmung, der gegenüber andere Marktparteien zwecks Sicherung des gesellschaftlichen Friedens geschützt werden sollen. Insoweit, wie das Management derartige Gesetze sorgfältig beachtet, ordnet es letztlich sein erfolgsorientiertes Handeln in den größeren (politischen) Zusammenhang des verständigungsorientierten Handelns ein.

Die Gesetze selbst können dabei einmal als externe Beschränkungen (Rahmenbedingungen) des unternehmerischen Handlungsspielraums wirksam werden, ohne die gesellschaftsrechtlichen Regelungen des Entscheidungsprozesses in der Unternehmung selbst

34 Vgl. dazu oben S. 89 ff.

zu verändern; sie können aber auch zum Schutz gewisser Interessen in diesen Entscheidungsprozeß selbst eingreifen und ihn formal so umgestalten, daß eine bessere Chance der Interessenwahrnehmung gegeben ist. Versuche, die Entscheidung des Managements gleichsam „von außen" zu konditionieren (constraint approach), findet man etwa im Zusammenhang mit dem Verbraucherschutz, gewissen betriebsverfassungsrechtlichen Regelungen und dem Publizitätsgesetz; dagegen greifen z.B. die Mitbestimmungsgesetze von 1951 (Montan-Mitbestimmung) und von 1976 direkt in den unternehmerischen Entscheidungsprozeß ein und modifizieren ihn durch Mitwirkung der Arbeitnehmer so, daß deren Interessen besser wahrgenommen werden können. In neuerer Zeit schließlich werden – wie oben schon erwähnt[35] – Vorgehensweisen der **Kooperation** zwischen Staat und Unternehmungen – auch auf europäischer Ebene – immer wichtiger. Solche Kooperationen setzen auf – in der Regel vertraglich-formal vereinbarte – **Selbstbindungen** von „privaten" Unternehmen oder Verbänden, bestimmte operational formulierte „politische" Ziele durch freigestellte Wahl geeigneter Mittel innerhalb bestimmter Zeiträume zu erreichen. Für den Gesetzgeber erhöht sich – so die Hoffnung – durch diese Vorgehensweise die Steuerungseffizienz des Rechts, da Staat und Wirtschaft gleichsam „in einem Boot sitzen"; und für die Unternehmen und Verbände besteht die Möglichkeit, in genauer Situationskenntnis die Mittel für die Zielerreichung zu optimieren statt einem gesetzlich vorgeschriebenen Pfad zu folgen. Hier liegt eine Schnittstelle derartiger „Kooperationsmodelle" zur unten genauer darzustellenden Unternehmensethik.[36]

Es kann nachfolgend nicht darum gehen, alle diese Gesetze im Detail darzustellen[37]; es soll nur exemplarisch gezeigt werden, wie der Gesetzgeber durch externe Beschränkungen oder interne Prozeßregelungen versucht, das erfolgsorientierte Handeln des Managements verständigungsorientiert zu konditionieren.

3.4.2.2 Externe Restriktionen für das Managerhandeln

Maßnahmen zum Schutz des **Verbrauchers** setzen an verschiedenen Punkten des Marktzusammenhanges an. Soweit sie nicht dazu dienen, die Funktionsfähigkeit des Marktes als Voraussetzung für erfolgsorientiertes Handeln des Managements zu garantieren, wie z.B. das Gesetz gegen Wettbewerbsbeschränkungen (GWB), legen sie dem Management gewisse Pflichten auf, die die Ausbeutungsmöglichkeiten der Marktgegenseiten im Austauschprozeß verhindern oder einschränken sollen. Um den Verbraucher z.B. vor gefährlichen oder defekten Produkten zu schützen, hat der Gesetzgeber das **Recht der Produzentenhaftung** geschaffen. Unternehmen drohen erhebliche Schadensersatzpflichten, wenn sie bei der Konstruktion oder Fabrikation ihrer Produkte nicht sorgfältig verfahren oder den Benutzer über mit dem Produkt verbundene Gefahren nicht informieren. Darüber hinaus schuf der Gesetzgeber in fast allen westlichen Industrienationen **administrative Kontrollsysteme**, die dem präventiven Verbraucherschutz dienen sollen. Hier ist sowohl an

35 Vgl. oben S. 88

36 Vgl. unten S. 103 ff. und S. 111 ff.

37 Vgl. dazu genauer Gerum, E., Unternehmensordnung, in: Bea, F.X./Dichtl, E./Schweitzer, M. (Hrsg.), Allgemeine Betriebswirtschaftslehre Bd. 1: Grundfragen, 7. Aufl., Stuttgart 1997, S. 280 ff.

das Lebensmittel- und Arzneimittelrecht zu denken als auch an die Verwaltungskontrolle technischer Arbeitsmittel, wie sie das sog. „Maschinenschutzgesetz" von 1968 vorsieht. Nach diesem Gesetz darf der Hersteller oder Importeur nur solche Produkte auf den Markt bringen, die den „allgemein anerkannten Regeln der Technik" (DIN-Normen) sowie den Arbeitsschutz- und Unfallverhütungsvorschriften genügen. Schließlich kann auch noch auf den Versuch des Gesetzgebers hingewiesen werden, die Asymmetrien des Austauschprozesses im Markt zugunsten der Konsumenten zu korrigieren, z.B. durch das Gesetz über die Allgemeinen Geschäftsbedingungen (**AGB-Gesetz**) von 1977 oder das Unlauterer Wettbewerb Gesetz (**UWG-Gesetz**).

Auch im Verhältnis des Managements zu den **Arbeitnehmern** hat der Gesetzgeber in der Vergangenheit durch die Entwicklung des Arbeitsrechts den Versuch gemacht, die ursprüngliche Fiktion von gleichstarken Vertragspartnern am Arbeitsmarkt so zu korrigieren, daß ein besserer Ausgleich der Interessen und damit ein Beitrag zum sozialen Frieden geleistet wird. Im Verlauf der letzten 100 Jahre ist eine solche Fülle von entsprechenden Regelungen entstanden, daß heute das Arbeitsrecht zu einem eigenständigen Rechtsgebiet mit großer wirtschaftlicher und sozialer Relevanz geworden ist. Wichtige arbeitsrechtliche Regelungen finden sich im Rahmen des **kollektiven Arbeitsrechts**, z.B. des Tarifvertrags- und Arbeitskampfrechts und des Betriebsverfassungsgesetzes; im Bereich des **Individualarbeitsrechts** ist z.B. auf das Kündigungsschutzgesetz, die Arbeitszeitordnung, das Bundesurlaubsgesetz, das Jugendarbeitsschutzgesetz etc. hinzuweisen.

Konfrontiert man das geltende Arbeitsrecht mit den Prämissen, wie sie dem früher skizzierten Vertragsmodell der Unternehmung zugrunde liegen,[38] so ist inzwischen eine weitgehende Vorregelung der zentralen interessenrelevanten Bestandteile individueller Arbeitsverträge durch gesetzliche oder tarifvertragliche Vorschriften erfolgt bzw. üblich geworden. Lohn, Arbeitszeit, Urlaub, Kündigungsfristen sowie die sonstigen allgemeinen Arbeitsbedingungen werden nicht mehr allein und in entscheidendem Maße vom einzelnen Arbeitnehmer und Arbeitgeber, sondern von Gewerkschaften und Arbeitgeberverbänden ausgehandelt. Aus dem Schutzgedanken resultiert auch das Betriebsverfassungsgesetz, das die Direktionsbefugnis der Arbeitgeber zahlreichen Beschränkungen durch Mitwirkungs- und Mitbestimmungsrechte des Betriebsrates in sozialen, personellen und wirtschaftlichen Angelegenheiten unterworfen hat (vgl. Kasten 3.1). Die arbeitsrechtlichen Regelungen sind allerdings heute so weit durchstrukturiert worden, daß inzwischen die Diskussion darüber entbrannt ist, ob hier nicht mit den Bemühungen des Gesetzgebers um verständigungsorientiertes Handeln zwischen den Marktparteien zuviel des Guten getan worden ist und über eine „**Deregulierung**" sehr viel stärker wieder dem erfolgsorientierten Handeln Rechnung getragen werden muß[39] und zwar im Hinblick auf die internationale Wettbewerbsfähigkeit der deutschen Wirtschaft.[40]

38 Vgl. oben S. 83 ff.

39 Die Diskussion um die Deregulierung im Arbeitsrecht läßt sich – so gesehen – als Versuch verstehen, die Grenzen zwischen erfolgs- und verständigungsorientiertem Handeln für die Arbeitswelt situationsgerecht immer wieder neu zu bestimmen. Vgl. dazu auch Sadowski, D., Währt ehrlich am längsten? Personalpolitik zwischen Arbeitsrecht und Unternehmenskultur, in: Budäus, D./Gerum, E./Zimmermann, G. (Hrsg.), Betriebswirtschaftslehre und Theorie der Verfügungsrechte, Wiesbaden 1988, S. 219 ff.

40 Vgl. dazu unten S. 112 ff.

Kasten 3.1

Synopse der Beteiligungsrechte des Betriebsrates

Mitwirkungsrechte	Mitbestimmungsrechte
Recht auf Information über – § 90: Planungen zur Gestaltung von Arbeitsplatz, Arbeitsablauf und Arbeitsumgebung – § 92 Abs. 1: Personalplanung – § 99 Abs. 1: Personelle Einzelmaßnahmen (Einstellung, Eingruppierung, Umgruppierung, Versetzung) – § 106 Abs. 2: Wirtschaftliche Angelegenheiten (Wirtschaftsausschuß) – § 111 S. 1: Betriebsänderungen **Recht auf Anhörung zu** – § 102 Abs. 1: Kündigungen **Recht auf Beratung und Verhandlung bei** – §§ 90, 92 Abs. 1, 111 S. 1 (s.o.) – § 96 Abs. 1: Förderung der Berufsbildung – § 97: Einrichtungen und Maßnahmen der Berufsbildung **Recht auf Widerspruch bei** – §§ 99, 102: s.o. – § 103: außerordentliche Kündigung	**Anspruch auf Aufhebung von** – § 98 Abs. 2: Bestellung eines betrieblichen Ausbilders – §§ 99 Abs. 1, 100 Abs. 2, 101: personellen Einzelmaßnahmen **Zustimmungs- oder Vetorecht bei** – § 87 Abs. 2: sozialen Angelegenheiten – § 94: Inhalt von Personalfragebögen und Beurteilungsgrundsätzen – § 95: Auswahlrichtlinien – § 98 Abs. 2: Bestellung eines betrieblichen Ausbilders **Initiativrechte bei** – § 87 Abs. 2: sozialen Angelegenheiten – § 91 S. 1: nicht menschengerechten Arbeitsplätzen – § 95 Abs. 2: Auswahlrichtlinien – § 98 Abs. 4: Durchführung betrieblicher Berufsbildungsmaßnahmen und der Teilnahme bestimmter Arbeitnehmer – § 112 Abs. 4: Aufstellung eines Sozialplanes

Quelle: Gerum, E., Unternehmensordnung, in: Bea, X./Dichtl, E./Schweitzer, M. (Hrsg.), Allgemeine Betriebswirtschaftslehre, Bd. 1: Grundfragen, 7. Aufl., Stuttgart 1997, S. 346.

Ein dritter Bereich, wo das Bemühen um verständigungsorientiertes Handeln gewisse Rahmenbedingungen für das Management gesetzt hat, betrifft die **Publizität** von Großunternehmen. Die Einsicht in die vielfältigen Wirkungen der wirtschaftlichen Aktivitäten von Großunternehmen auf die Interessen von Konsumenten, Arbeitnehmern und die Allgemeinheit haben heute zu einer Abkehr von der bloß am Privatinteresse der Eigentümer orientierten Informationshandhabung geführt. Dies dokumentiert sich sowohl in der Verabschiedung des Publizitätsgesetzes (PublG) aus dem Jahre 1969 wie auch des Bilanzrichtliniengesetzes (BiRiLiG) aus dem Jahre 1985.

Das **Publizitätsgesetz** hat die Pflicht zur Rechnungslegung und Bekanntmachung des Jahresabschlusses an die Größe einer Unternehmung gebunden; Größenmerkmale sind dabei nach § 1 PublG: Die Bilanzsumme (mehr als 125 Mio. DM), die Umsatzerlöse pro Jahr (mehr als 250 Mio. DM) und die Beschäftigtenzahl (mehr als 5.000 Arbeitnehmer), wobei mindestens zwei dieser drei Kriterien erfüllt sein müssen, damit eine Unternehmung unter die Publizitätspflicht fällt. Die Orientierung am ökonomischen Tatbestand der Unternehmungsgröße (und nicht – wie bisher – an der Rechtsform) bringt dabei den Wandel von einer eher privatistisch-erfolgsorientierten zu einer eher politisch-verständigungsorientierten Interpretation der Informationspflichten des Unternehmens zum Ausdruck. Das wird besonders aus der Begründung zum Regierungsentwurf des PublG deutlich, in der explizit das Problem des Interessenausgleichs in der Gesellschaft angesprochen ist (vgl. Kasten 3.2):

Kasten 3.2

Auszug aus der Begründung des Publizitätsgesetzes

„Die Geschicke eines Großunternehmens beeinflussen nicht nur den privaten Bereich seiner Eigentümer. Sie berühren vielmehr die Interessen zahlreicher Dritter und oft auch ihre Existenz. Die Lage eines Großunternehmens ist z.B. für die Investitionsentscheidungen vieler anderer Unternehmen als Lieferanten oder Abnehmer wesentlich. Von ihr hängen die Arbeitsplätze so vieler Arbeitnehmer ab, daß eine Entwicklung zum Guten oder Schlechten von wesentlicher Bedeutung jedenfalls für den regionalen und manchmal sogar für den allgemeinen Arbeitsmarkt ist. Expansion und Niedergang solcher Unternehmen beeinflussen die Struktur und Finanzlage ganzer Städte; sie schaffen nicht selten Bedingungen, an denen auch die staatliche Wirtschaftspolitik nicht vorübergehen kann. Bei Unternehmen dieser Größenordnung muß ein berechtigtes Interesse der Beteiligten – als Sammelbegriff für die gegenwärtigen und künftigen Lieferanten und Abnehmer, Arbeitnehmer, Geldgeber und alle Stellen, die wirtschafts- und sozialpolitische Entscheidungen mit Auswirkungen auf das Unternehmen zu treffen haben – anerkannt werden, sich über den Stand und die Entwicklung des Unternehmens unterrichten zu können. Denn das Interesse dieser Beteiligten und damit der Allgemeinheit, Unterlagen für die Beurteilung des Unternehmens zu erhalten, wiegt schwerer als etwa dagegen sprechende Belange seiner Eigentümer".

Quelle: Biener, H., Gesetz über die Rechnungslegung von bestimmten Unternehmen und Konzernen (PublG) mit Regierungsbegründung, Düsseldorf 1973, S. 2 f.

Das zum 01.01.1986 in Kraft getretene **Bilanzrichtliniengesetz** soll den am unternehmerischen Geschehen Interessierten einen verbesserten und erleichterten Einblick in den Jahresabschluß bieten. Es läßt das Publizitätsgesetz in seiner Grundkonzeption unverändert, vollzieht allerdings für einzelne Rechtsformen Modifikationen, wie sie durch Anpassungen an das europäische Recht erforderlich geworden sind.

Mehr noch als in den rechtlichen Regelungen zum Verbraucherschutz dokumentiert sich im Publizitätsgesetz der Wandel der Großunternehmung von einer rein privaten zu einer „quasi-öffentlichen" Institution.[41] Der Wandel im Publizitätszweck von den frühen Zeiten der Industrialisierung bis heute macht das deutlich. Dienten früher die Publizitätsregeln des Gesellschafts- und insbesondere des Aktienrechts dem Zweck, die Aktionäre und Gläubiger, also die **privaten** Kapitalgeber, zu informieren und damit das marktwirtschaftliche System funktionsfähig zu halten, so transzendiert das Publizitätsgesetz ganz eindeutig diese rein private Dimension in Richtung auf die Anerkennung eines **öffentlichen** Interesses an der Großunternehmung; Manager sollen nicht mehr allein gegenüber den Kapitalgebern, sondern auch gegenüber einer breiten Öffentlichkeit argumentationspflichtig sein. Diesen Schluß legt jedenfalls die zitierte Begründung zum Regierungsentwurf des Publizitätsgesetzes nahe.

Als eine Manifestation dieses öffentlichen Interesses läßt sich auch die gesamte **Umweltschutzgesetzgebung** interpretieren. Bei dieser Gesetzgebung geht es um den Schutz von Umweltgütern wie Wasser, Boden und Luft, Landschaftsbild, Ruhe, wildlebende Pflanzen und Tiere. Der verständigungsorientierte Regelungsbedarf ergibt sich hier eigentlich bereits aus immanenten markttheoretischen Überlegungen, da sich für solche Umweltgüter Preise nicht rechtzeitig und von selbst bilden, um die bestehenden Knappheitsverhältnisse anzuzeigen. Die am Wirtschaftsprozeß beteiligten Personen und Interessengruppen werden nicht bereits durch den Markt zur Wahrung ihrer gemeinsamen materiellen Lebensgrundlagen angehalten. Es bedarf einer gemeinsamen Verständigungsbasis, die von der staatlichen Umweltschutzpolitik geschaffen werden muß.[42]

Die Instrumente, mit denen Umweltpolitik betrieben werden kann, sind vielfältig. Zu nennen sind etwa ordnungsrechtliche Ge- und Verbote, wirtschaftliche Anreize, z.B. Emissionsgutschriften, Umweltabgaben oder Finanzierungshilfen, ferner die Umweltplanung und die Absprachen zwischen Staat und Wirtschaft bzw. Unternehmen.

Diese Instrumente haben bereits teilweise in den zentralen Bereichen des Umweltschutzes in Gesetzen und Rechtsverordnungen ihren Niederschlag gefunden, nämlich bei Umweltchemikalien, der Wasser- und der Abfallwirtschaft. Relevante Gesetze sind etwa das Bundes-Immissionsschutzgesetz, das Wasserhaushaltsgesetz, das Pflanzenschutzgesetz, Chemikaliengesetz und das Abfallbeseitigungsgesetz. Die Umweltproblematik hat ferner auch in der betrieblichen Praxis zu einer Sensibilisierung geführt, die zu einer Integration von Umweltfragen in strategische Überlegungen Veranlassung gibt.[43]

---

41 Ulrich, P., Die Großunternehmung als quasi-öffentliche Institution, Stuttgart 1977.

42 Vgl. dazu die Aufsätze in Steinmann, H./Wagner, G. R.: Umwelt und Wirtschaftspolitik, Stuttgart 1998, und Wagner, G.R.: Betriebswirtschaftliche Umweltökonomie, Stuttgart 1997.

43 Vgl. etwa Kreikebaum, H., Strategische Unternehmensplanung, 5. Aufl., Stuttgart u.a. 1993; sowie Seidel, E./Menn, H., Ökologisch orientierte Betriebswirtschaft, Stuttgart u.a. 1988.

3.4.2.3 Modifikationen des internen Entscheidungsprozesses

Neben den externen Restriktionen hat der Gesetzgeber ferner den **internen Entscheidungsprozeß** für große Unternehmen so verändert, daß durch die Mitbestimmung der Arbeitnehmer eine bessere Interessenwahrung möglich werden soll. Das klassische Gesellschaftsrecht hatte ja – wie oben erwähnt[44] – nur die Interessenabstimmung zwischen den Eigenkapitalgebern zum Gegenstand; indem die Mitbestimmungsgesetze diesen gesellschaftsrechtlichen Entscheidungsprozeß modifizieren, stellen sie eigentlich bereits einen Schritt weg von der interessenmonistischen hin auf eine interessendualistische Struktur der Unternehmung dar; sie transzendieren insoweit das erfolgsorientiert gestaltete Gesellschaftsrecht in Richtung auf eine (partiell) verständigungsorientierte Verfassung der Großunternehmung. Im Kern streben die Mitbestimmungsgesetze einen mehr oder weniger großen Einfluß der Arbeitnehmer auf die Entscheidungen im Aufsichtsrat an, also einem Organ, dem der gesetzgeberischen Konstruktionsidee nach eine gewisse Kontrollfunktion gegenüber dem unternehmenspolitischen Kernorgan „Vorstand" zukommen soll (vgl. Abb. 3.3).

Allerdings belassen es diese Gesetze, sieht man einmal vom Montan-Mitbestimmungsgesetz von 1951 ab, bei einem **unterparitätischen Einfluß** der Arbeitnehmer; das gilt sowohl für das Mitbestimmungsgesetz 1976, das die großen Kapitalgesellschaften (Aktiengesellschaften und Gesellschaften m.b.H.) mit mehr als 2.000 Beschäftigten erfaßt, wie auch für das Betriebsverfassungsgesetz von 1952, das die Mitbestimmung im Aufsichtsrat kleiner Kapitalgesellschaften mit mehr als 500 Beschäftigten regelt.

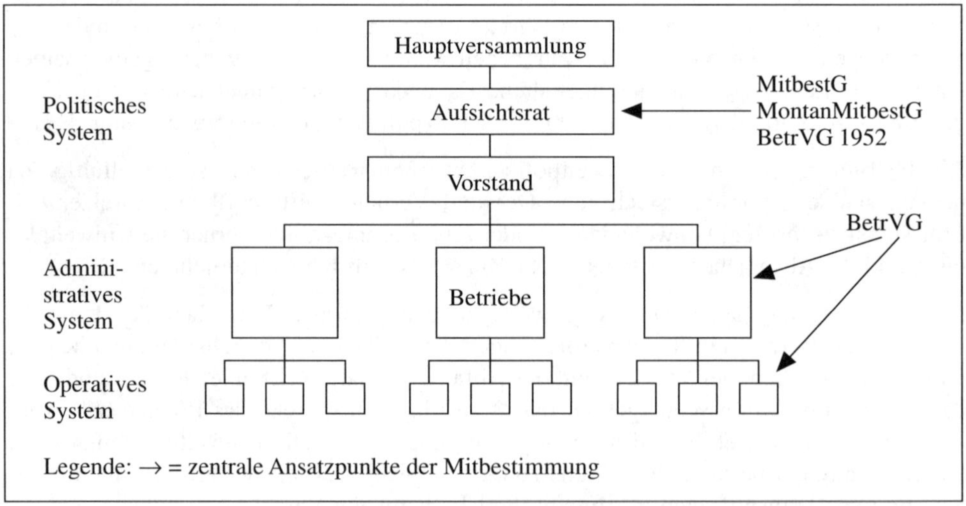

Quelle: Gerum, E., Unternehmensordnung, in: Bea, X./Dichtl, E./Schweitzer, M. (Hrsg.), Allgemeine Betriebswirtschaftslehre, Bd. 1: Grundfragen, 7. Aufl., Stuttgart 1997, S. 317.

Abb. 3.3: Ansatzpunkte der Mitbestimmung

44 Vgl. oben S. 83 f.

Die Mitbestimmungsgesetze lassen sich zusammen mit dem Betriebsverfassungsgesetz als der Versuch verstehen, den Interessenausgleich zwischen Kapital und Arbeit nicht nur über **Marktprozesse** und damit über erfolgsorientiertes Handeln laufen zu lassen, sondern systematisch im **Unternehmen** als Ausdruck verständigungsorientierten Handelns zu verankern. Es verwundert deshalb natürlich auch nicht, daß sich gerade hier die gesetzlichen Regelungen z.T. besonders hart im Raume stoßen: Das Gesellschaftsrecht, das den Kapitaleigentümerverband als ökonomisches Initiativzentrum im Rahmen des „Vertragsmodells der Unternehmung" konstituieren soll, ist wegen genau dieses Ausgangspunktes von seiner Konstruktionslogik her nur schwer vereinbar mit den mitbestimmungsrechtlichen Regelungen, die an die (weiter-)bestehende gesellschaftsrechtliche Konstruktion anknüpfen. Will man also in Zukunft das am erfolgsorientierten Handeln orientierte Gesellschaftsrecht mit dem verständigungsorientierten Mitbestimmungsrecht besser versöhnen, wird es notwendig sein, das Miteinanderhandeln von „Kapital und Arbeit" in der Unternehmung auf eine neue Grundlage zu stellen; es wird notwendig, ein **Unternehmensverfassungsrecht** zu schaffen.[45] Bis dahin ist allerdings noch ein weiter Weg, gilt es doch für die nähere Zukunft erst einmal, die einschlägigen gesetzlichen Grundlagen in der europäischen Gemeinschaft, ja letztlich sogar im weltweiten Rahmen, zu vereinheitlichen.[46] Dabei wird auch immer wieder die Frage nach dem „richtigen" Verhältnis von erfolgsstrategisch orientierten und verständigungsorientierten Elementen in der Unternehmensverfassung eine Rolle spielen.

3.4.3 Management und Ethik (Unternehmensethik)

Neben den dargestellten gesetzlichen Rahmenbedingungen für unternehmerisches Handeln ist die neuerdings vieldiskutierte Idee einer „**Unternehmensethik**" auch Ausdruck des Gedankens, das rein erfolgsorientierte Handeln des Managements in Richtung auf verständigungsorientiertes Handeln zu erweitern.[47] Die Unternehmensethik ist letztlich die **dialogische** Wendung einer Vorläuferidee, die unter der Bezeichnung „Gesellschaftliche Verantwortung der Unternehmensführung" bereits implizit eine Verabschiedung vom rein erfolgsorientierten Handeln des Managements vollzogen hatte.

Die Lehre von der „Gesellschaftlichen Verantwortung der Unternehmensführung", die insbesondere im Kreise von Unternehmern und Managern selbst entwickelt und diskutiert wird, knüpft an die aufgezeigten Defizite des Markt- und Preissystems an und akzeptiert – jenseits dieser Koordinationsmechanismen – die Schutzbedürftigkeit der Inter-

---

45 Einen ersten Anlauf dazu hat das Justizministerium mit dem Einsatz einer Kommission in den 70er Jahren unternommen. Vgl. Unternehmensrechtskommission, Bericht über die Verhandlungen der Unternehmensrechtskommission, hrsg. v. Bundesministerium der Justiz, Köln 1980.

46 Vgl. Gerum, E. (Hrsg.), Handbuch Unternehmung und Europäisches Recht, Stuttgart 1993.

47 Vgl. zur Unternehmensethik Steinmann, H./Löhr, A., Grundlagen der Unternehmensethik, 2. Aufl, Stuttgart 1994, ferner Forum für Philosophie Bad Homburg (Hrsg.), Markt und Moral, Bern u.a. 1994. Viele Aspekte der Unternehmensethik werden neuerdings auch angesprochen in den Beiträgen in: Kumar, B.N./Osterloh, M.Schreyögg, G. (Hrsg.): Unternehmensethik und Transformation des Wettbewerbs, a.a.O.

Kasten 3.3

Das Davoser Manifest

„A. Berufliche Aufgabe der Unternehmensführung ist es, Kunden, Mitarbeitern, Geldgebern und der Gesellschaft zu dienen und deren widerstreitende Interessen zum Ausgleich zu bringen.

B. 1. Die Unternehmensführung muß den Kunden dienen. Sie muß die Bedürfnisse der Kunden bestmöglich befriedigen. Fairer Wettbewerb zwischen den Unternehmen, der größte Preiswürdigkeit, Qualität und Vielfalt der Produkte sichert, ist anzustreben.

Die Unternehmensführung muß versuchen, neue Ideen und technologischen Fortschritt in marktfähige Produkte und Dienstleistungen umzusetzen.

2. Die Unternehmensführung muß den Mitarbeitern dienen, denn Führung wird von den Mitarbeitern in einer freien Gesellschaft nur dann akzeptiert, wenn gleichzeitig ihre Interessen wahrgenommen werden.

Die Unternehmensführung muß darauf abzielen, die Arbeitsplätze zu sichern, das Realeinkommen zu steigern und zu einer Humanisierung der Arbeit beizutragen.

3. Die Unternehmensführung muß den Geldgebern dienen. Sie muß ihnen eine Verzinsung des eingesetzten Kapitals sichern, die höher ist als der Zinssatz auf Staatsanleihen. Diese höhere Verzinsung ist notwendig, weil eine Prämie für das höhere Risiko eingeschlossen werden muß. Die Unternehmensführung ist Treuhänder der Geldgeber.

4. Die Unternehmensführung muß der Gesellschaft dienen. Die Unternehmensführung muß für die zukünftigen Generationen eine lebenswerte Umwelt sichern. Die Unternehmensführung muß das Wissen und die Mittel, die ihr anvertraut sind, zum Besten der Gesellschaft nutzen.

Sie muß der wissenschaftlichen Unternehmensführung neue Erkenntnisse erschließen und den technischen Fortschritt fördern. Sie muß sicherstellen, daß das Unternehmen durch seine Steuerkraft dem Gemeinwesen ermöglicht, seine Aufgabe zu erfüllen. Das Management soll sein Wissen und seine Erfahrungen in den Dienst der Gesellschaft stellen.

C. Die Dienstleistung der Unternehmensführung gegenüber Kunden, Mitarbeitern, Geldgebern und der Gesellschaft ist nur möglich, wenn die Existenz des Unternehmens langfristig gesichert ist. Hierzu sind ausreichende Unternehmensgewinne erforderlich. Der Unternehmensgewinn ist daher ein notwendiges Mittel, nicht aber Endziel der Unternehmensführung."

Quelle: Steinmann, H., Zur Lehre von der „Gesellschaftlichen Verantwortung der Unternehmensführung", in: WiSt-Wirtschaftswissenschaftliches Studium 2 (1973), S. 472 f.

essen von Kapitaleignern, Verbrauchern, Arbeitnehmern und der Öffentlichkeit. Als Problemlösung wird ein **Moralkodex** für Manager ins Auge gefaßt, demgemäß es berufliche Aufgabe der Unternehmensführung sein soll, Kunden, Mitarbeitern, Geldgebern und der Gesellschaft zu **dienen** und diese Interessen im Rahmen der unternehmerischen Entscheidungen zum Ausgleich zu bringen. Die Dienstleistung der Unternehmensführung gegenüber diesen Bezugsgruppen der Unternehmung sei allerdings nur möglich, so wird gesagt, wenn die Existenz des Unternehmens langfristig gesichert werde. Hierzu seien **ausreichende** Unternehmensgewinne erforderlich. Der Unternehmensgewinn ist nach dieser Lehre also nur noch ein notwendiges Mittel, um die dienende Funktion der Unternehmung auszuführen, nicht aber mehr ihr Endziel (vgl. als Beispiel dazu das sog. „Davoser Manifest", das auf dem 3. Europäischen Management Symposium in Davos 1973 vorgestellt wurde, in Kasten 3.3).

Im Ergebnis wird in dieser Lehre für die Unternehmensführung der Zukunft die Praktizierung einer neuen unternehmerischen Handlungsmaxime in marktwirtschaftlichen Systemen gefordert. An die Stelle des an den Eigentümerinteressen orientierten erwerbswirtschaftlichen Prinzips soll das Prinzip der „gesellschaftlichen Verantwortung" im Sinne einer dienenden und **interessenausgleichenden Rolle der Unternehmensführung** gegenüber den genannten Bezugsgruppen des Unternehmens treten. Sollte ein solcher Moralkodex von der Mehrzahl der Manager befolgt werden, so würde sich die Unternehmung damit faktisch als eine **interessenpluralistische** Institution darstellen. Radikal interpretiert, würde das letztlich die Aufgabe der Vorstellung bedeuten, daß der Markt und das Preissystem selber schon einen wesentlichen, ja den entscheidenden Beitrag zum gesellschaftlichen Interessenausgleich leisten; genau wegen dieser radikalen Konsequenz ist ja die Idee der gesellschaftlichen Verantwortung der Unternehmensführung auch von extremen Verfechtern der Marktwirtschaft, wie etwa Milton Friedman, rigoros attackiert worden, der die zentrale Verantwortung der Unternehmensführung in der Erhöhung der Gewinne für die Eigentümer sieht.[48]

Eine weniger radikale Interpretation der Lehre sieht in der gesellschaftlichen Verantwortung des Managements dagegen nicht einen Ersatz, sondern eine **Ergänzung** der Koordinationsfunktion des Preissystems im Hinblick auf den inneren sozialen Frieden. Manager sollen angehalten werden, ihr eigenes Handeln und seine Wirkungen immer wieder daraufhin zu prüfen, ob dadurch der Interessenausgleich in der Gesellschaft substantiell beeinträchtigt wird. Wenn das der Fall ist, sollen sie, ggfs. mit den betroffenen Interessengruppen (Stakeholdern), über die Möglichkeiten eines Interessenausgleichs nachdenken und dazu alternative Ziele, Mittel und Maßnahmen ins Auge fassen. Insoweit wie sie das tun, gehen sie über ein erfolgsorientiertes Handeln hinaus in Richtung auf eine Verständigungsorientierung; sie nehmen eben ein Stück „gesellschaftlicher Verantwortung" wahr.[49]

Die Schwäche dieser Lehre liegt ohne Zweifel in ihrer rein **monologischen** Orientierung, also in der Vorstellung, Manager könnten von sich aus – ohne sich mit den Betroffenen

---

48 Friedman, M., New York Times Magazine v. 13. Sept. 1970, S. 32 ff.

49 Vgl. dazu auch die kurze Beschreibung des Managerverhaltens in der sog. „germanic corporation" (im Unterschied zur „anglo-saxon corporation") in der empirischen Untersuchung von de Jong, H. W., a.a.O.

auseinanderzusetzen – wissen, was für die Betroffenen „gut" ist und aus dieser isolierten Position heraus einen friedlichen Interessenausgleich befördern. Wenn man diese elitäre Grundorientierung der Lehre von der gesellschaftlichen Verantwortung der Unternehmensführung in Richtung auf eine **dialogische** – und das heißt auch gleichberechtigte – Verständigung mit den Betroffenen überschreitet, erhält die Vorstellung von der gesellschaftlichen Verantwortung der Unternehmensführung allerdings eine **ethische** Dimension, wird zur „Unternehmensethik". Diese richtet sich dann auf solche Normen (Handlungsregeln), die von Unternehmungen im Sinne einer **Selbstbindung** entwickelt und verbindlich in Kraft gesetzt werden, um eine friedliche Regelung von solchen Konflikten zu erreichen, die durch das gewinnorientierte Wirtschaften entstehen oder zu entstehen drohen.

Ein bekanntes Beispiel, das hier zur Illustration einer selbstbindenden Unternehmensethik angeführt werden könnte, ist der Kodex, den sich die Firma Nestlé (Vevey/Schweiz) 1982 nach langen Auseinandersetzungen und Diskussionen mit den verschiedensten Protestgruppen im Umfeld der Unternehmung auf der Basis des Entwurfs der Weltgesundheitsorganisation gegeben hat. Er soll die Vermarktung von Muttermilch-Ersatzprodukten bei der Babyernährung in der Dritten Welt in ethisch vertretbarer Weise regulieren. Der Kodex normiert in elf Artikeln Marketingmaßnahmen, für die ein gravierender Konflikt zwischen ethischen Forderungen und dem Prinzip der Gewinnmaximierung in der Vergangenheit festgestellt oder für die Zukunft antizipiert wurde. Zu nennen sind aus dem Kodex etwa das Verbot für das Verkaufspersonal, sich selbst als Lehrende an Ausbildungskursen für werdende Mütter zu beteiligen, ferner das Gebot, auf die Vorteile der Muttermilchernährung gegenüber den Substitutprodukten hinzuweisen, oder das Verbot, für im Gesundheitsdienst tätiges Personal (Ärzte, Krankenschwestern) finanzielle oder sonstige materielle Anreize vorzusehen. Durch diese für die gesamte Firma Nestlé verbindlichen und auf ihre Einhaltung überwachten Normen sollen Handlungsweisen ausgeschlossen werden, die die Unwissenheit von Müttern in den Entwicklungsländern der Dritten Welt ausnutzen, um Gewinne zu erzielen.

Die Unternehmensethik ist also – das zeigt dieses Beispiel – letztlich auf die Regelung von solchen Handlungssituationen ausgerichtet, in denen das Gewinnstreben zu einem ethisch problematischen Tun führt oder führen kann. Sie zielt im Ergebnis auf den friedensstiftenden Gebrauch der unternehmerischen Handlungsfreiheit ab. Das Gewinnprinzip als solches wird dabei keineswegs als unethisch diskriminiert; im Gegenteil, das Gewinnprinzip ist im allgemeinen nach unserem heutigen Wissensstand ein ethisch akzeptables Instrument, um die komplexen Steuerungsprobleme einer Volkswirtschaft im Wege der Dezentralisation und Übertragung von Entscheidungsautonomie an die Einzelwirtschaften erfolgreich zu lösen. Da das Gewinnprinzip aber eben **formaler** Natur ist (insofern es nur auf die Gelddimension abstellt), sind mit ihm auch grundsätzlich solche materiellen Mittelwahlen vereinbar, die zwar die Erreichung der Gewinnziele ermöglichen, aber ethisch nicht gerechtfertigt werden können. Und da die Konkretisierung des Gewinnziels durch Entscheidungen auf Unternehmensebene geschieht, ist dort auch der richtige Ort, wo die Unternehmensethik situationsgerecht ansetzen muß. Dabei ist allerdings zu bedenken, daß der Wettbewerb auf einem bestimmten Markt dem eigenständigen unternehmensethischen Handeln (enge) Grenzen setzen kann. In solchen Fällen ist es aber Teil der Managementverantwortung, auf übergeordneten Regelungsebenen (Branche, Politik) wettbewerbsneutrale Regelungen für die konfliktären Tatbestände anzumahnen.

Um diese noch ganz allgemeine Charakterisierung der Unternehmensethik zu präzisieren, werden nachfolgend die wichtigsten begrifflichen Merkmale und die damit verbundenen Abgrenzungsleistungen hervorgehoben:[50]

(1) Unternehmensethik ist eine Lehre vom richtigen, d.h. friedensstiftenden, Handeln der Unternehmensführung bei (weitreichenden) Konflikten mit Bezugsgruppen der Unternehmung. Als eine solche Lehre könnte sie material oder prozessual aufgebaut sein. Im ersten Fall hätte man sich Unternehmensethik als eine Menge von nach bestimmten Überzeugungen gesetzten Handlungsvorschriften (Grundsätze, Prinzipien) vorzustellen, die universelle Gültigkeit besitzen sollen. Derartige Vorstellungen von Unternehmensethik implizieren, daß die Befolgung der aufgestellten inhaltlichen Grundsätze ohne Rücksicht auf die jeweilige konkrete historische Handlungssituation eingefordert werden kann. Dabei wird allerdings übersehen, daß je nach gesellschaftlichem Kontext aus der historischen Problemlage heraus möglicherweise gute Gründe gegen einen solchen universellen Richtigkeitsanspruch inhaltlicher Normen geltend gemacht werden können. Man denke nur an das in der Literatur zur Unternehmensethik immer wieder diskutierte Bestechungsbeispiel. Hier ist inzwischen breit akzeptiert, daß je nach gesellschaftlichem Kontext die Bestechungspraxis im Hinblick auf ihre Rechtfertigung unterschiedlich beurteilt werden kann: das (kleine) „Bakschisch" im Orient ist etwas anderes als das „Schmiergeld" im Okzident.

Die zweite Alternative verzichtet auf die a priori Setzung von Normen; sie besteht vorrangig in dem Entwurf von geeigneten **Verfahrensvorschriften** zum friedlichen Umgang mit Konflikten. Eine solche Lehre ist deshalb notwendigerweise prozessual, unbeschadet der Tatsache, daß als Ergebnis am Ende des Verfahrens inhaltliche Normen als situationsgerechte Handlungsaufforderungen stehen.

Eine praktische organisatorische Umsetzung dieser zweiten prozessualen Deutung der Unternehmensethik kann z.B. die Einrichtung von Ethikkommissionen, Verbraucher- oder Umweltschutzbeauftragten in Unternehmungen sein, die bei Interessenkonflikten als anrufbare Institutionen fungieren sollen.

(2) Zum besseren Verständnis der Unternehmensethik ist die **Unterscheidung von Ethik und Moral** relevant, wie sie in der Philosophie gebräuchlich ist. In der gegenwärtigen Diskussion um die Unternehmensethik werden leider beide Begriffe häufig konfundiert. Solange man die Unterscheidung von Ethik und Moral nicht verfügbar hat, kann man faktisch befolgte Normen im Sinne praktizierter Moral nicht noch einmal in kritischer Absicht auf ihre Legitimität hin befragen; man kann sie nur schlicht in ihrer Faktizität registrieren. Es kommt also entscheidend darauf an, daß im Begriff der Unternehmensethik **Maßstäbe der Vernünftigkeit** zur Geltung kommen, die nötigenfalls gegen die bestehenden Verhältnisse gewendet werden können, um diese zu verbessern.

---

50 Vgl. dazu auch Steinmann, H./Löhr, A., Grundlagen der Unternehmensethik, a.a.O., S. 76 ff., und ausführlicher Löhr, A., Unternehmensethik und Betriebswirtschaftslehre, Stuttgart 1991.

(3) Der Maßstab der Vernünftigkeit kann letztlich nur in der „**kommunikativen Rationalität**“ seine Basis haben. Die Konsequenz daraus ist, daß das Fundament der Unternehmensethik grundsätzlich – wie schon hervorgehoben – nur dialogisch und nicht monologisch sein kann.

Für den Konfliktfall heißt das, daß dort, wo immer möglich, ein echter (ernsthafter) Dialog zwischen allen **Betroffenen** hergestellt werden soll; zu einem „echten“ Dialog gehören insbesondere die Bereitschaft, alle Vororientierungen in Frage zu stellen (Unvoreingenommenheit), ferner der Verzicht auf den Einsatz von Macht zur Durchsetzung eigener Standpunkte oder Interessen (Zwanglosigkeit) und der Verzicht auf bloße Überredungskünste (Nicht-Persuasivität) sowie die Sachverständigkeit der Beteiligten. Was die Sachverständigkeit anbetrifft, so sollte man hier den Unterschied zwischen technischen und normativen Fragen im Auge behalten. Für Fragen der technischen Vernunft (geeignete Mittelwahlen für gegebene Zwecke) gibt es heute vielerlei Spezialisten, deren Rat man für eine sachverständige Dialogführung gegebenenfalls in Anspruch nehmen muß. In normativen Fragen ist eine solche Spezialisierung nicht relevant. Wie das Zusammenleben in unserer Gesellschaft gestaltet werden soll, welche Risiken wir in Kauf nehmen wollen, welche Umweltverschmutzungen noch tragbar sind etc., für alle diese Fragen nach dem „**guten Leben**“ sind alle Betroffenen zuständig, weil sie die Konsequenzen der Entscheidungen im Leben in positiver und negativer Hinsicht tragen müssen.[51]

Natürlich sind einem praktischen Dialog häufig enge Grenzen (Sachzwänge) gezogen. Aus dem dialogischen Charakter der Unternehmensethik folgt aber, daß prinzipiell eine einsame Normfindung immer nur hilfsweise (z.B. bei Entscheidungen unter Zeitdruck) zum Zuge kommen kann; sie stellt per definitionem keine reguläre Form der Konfliktlösung dar. In solchen Ausnahmesituationen müssen die Entscheidungsträger versuchen, die konfligierenden Interessen in einem „fiktiven Dialog“ mit Pro- und Contra-Argumenten gegeneinander abzuwägen, um zu einer verantwortbaren Entscheidung zu kommen. Im Nachhinein wäre dann über die getroffene Entscheidung Rechenschaft abzulegen, also das zu tun, was das Wort „Verantwortung“ schon deutlich macht: antworten auf Fragen derjenigen, die von Entscheidungen (substantiell) betroffen sind.

Die bisher ausgeführten drei Punkte präzisieren die „**ethische Komponente**“ im Begriff der Unternehmensethik. Die nachfolgenden vier Punkte nehmen auf den konkreten historischen Handlungszusammenhang Bezug, in dem die Ethik letztlich praktiziert werden muß; dies ist gewissermaßen die „**unternehmensbezogene Komponente**“ des Begriffs.

(4) Eine erste historische Randbedingung betrifft die **Geld- und Wettbewerbswirtschaft**, innerhalb der die Unternehmung operiert und auf die hin sie rechtlich verfaßt ist. Wenn eine Unternehmensethik in einer solchen Wirtschaftsordnung einen eigenständigen Beitrag zur friedlichen Konfliktlösung leisten soll, dann müssen die Bedingungen, unter denen die Unternehmung in dieser Wirtschaftsordnung operiert, tatsächlich einen

51 Diese Überlegungen entsprechen der Unterscheidung zwischen Verfügungswissen (*über* Natur und Gesellschaft) und Orientierungswissen (*in* Natur und Gesellschaft) bei Mittelstraß. Vgl. Mittelstraß, J., Wissenschaft als Lebensform: Zur gesellschaftlichen Relevanz und zum bürgerlichen Begriff der Wissenschaft, in: Wissenschaft als Lebensform, Frankfurt a.M. 1982, S. 11-36, insbes. S. 17.

systematischen (und nicht bloß zufälligen) Handlungsspielraum für diese Aufgabe freilassen; das folgt aus dem allgemein anerkannten methodologischen Grundsatz: „Sollen impliziert Können!"

In der Diskussion um die Unternehmensethik wird bisweilen bestritten, daß es **innerhalb** des ökonomischen Systems überhaupt eine Chance für eine zusätzliche ethische Orientierung geben könne. Insbesondere viele Nationalökonomen – etwa der schon zitierte M. Friedman[52] – sehen in der Forderung nach Etablierung einer Unternehmensethik nur einen Indikator für (zufällig) ineffiziente Wettbewerbssituationen. Gegen den Zwang zur Gewinnerzielung im Wettbewerb, so das zugespitzte ökonomische Argument, lasse sich eine Unternehmensethik vom Prinzip her nicht in Stellung bringen. Wer demgegenüber für die Forderung nach einer Unternehmensethik eintritt, muß also begründen, daß das Gewinnprinzip als generelle Überlebensbedingung in der Wettbewerbswirtschaft in Konfliktfällen durchaus noch einmal ethisch relativiert werden kann. Es muß z.B. möglich sein, aus ethischen Überlegungen auf gewisse Gewinnchancen zu verzichten. Derartige Begründungsbemühungen nehmen entweder auf Vermachtungsprozesse in der Wirtschaft Bezug oder münden an dieser Stelle in die auch bereits angesprochenen Auseinandersetzungen in der Nationalökonomie über einen sinnvollen Wettbewerbsbegriff ein. Die herrschende neoklassische Gleichgewichtstheorie wird hier immer stärker mit dynamischen und evolutionären Wettbewerbsbegriffen konfrontiert, die den Wettbewerb nicht mehr im **Modus des Aufsuchens** eines prädeterminierten Gleichgewichts verstehen wollen, sondern als **kreative Erschaffung** der Zukunft. Je mehr man sich einem dynamischen Wettbewerbsbegriff annähert, um so selbstverständlicher wird die Existenz von ethik-relevanten Handlungsspielräumen, und das angedeutete Begründungsproblem verflüchtigt sich. Aus der Sicht der Praxis ist die Existenz von Spielräumen für unternehmensethisches Handeln ohnehin kaum strittig.

Das hier favorisierte Konzept einer Unternehmensethik plädiert also für die verantwortliche Nutzung von Handlungsspielräumen. Sie setzt die Funktionsbedingungen einer Unternehmung in der Marktwirtschaft als gegeben voraus. Eine einzelne Unternehmung kann nicht das Gewinnprinzip schlechthin außer Kraft setzen.[53] Die Unternehmensethik muß vielmehr von der marktwirtschaftlichen Ordnung in ihrer jeweils spezifischen historischen Ausprägung als einer auf vorgeordneter Ebene schon gerechtfertigten Handlungsvoraussetzung ausgehen. Die Begründung einer Wirtschaftsordnung zu leisten, ist Aufgabe einer der Unternehmensethik systematisch vorgelagerten **Wirtschaftsethik**[54]. Die Wirtschaftsethik mag durchaus zu begründeten systemverändernden Reformvorschlägen gelangen, die dann als Folge auch die Frage nach dem Sinn und Inhalt einer Unternehmensethik wegen der veränderten gesamtwirtschaftlichen Rahmenbedingungen neu aufwerfen. Und es ist gewiß auch die Aufgabe von Unternehmen, sich an einem solchen Dialog zu beteiligen.

---

52 Vgl. hierzu und zu der nachfolgenden Diskussion oben S. 105.

53 In diese Richtung gehen z.B. Überlegungen von P. Ulrich, Unternehmensethik – Führungsinstrument oder Grundlagenreflexion?, in: Steinmann, H./Löhr, A. (Hrsg.), Unternehmensethik, 2. Aufl., Stuttgart 1991, S. 179 ff.

54 Vgl. dazu nochmals oben und für entsprechende Diskussionen im Verein für Socialpolitik Enderle, G. (Hrsg.), Ethik und Wirtschaftswissenschaft, Berlin 1985, und Hesse, H. (Hrsg.), Wirtschaftswissenschaft und Ethik, Berlin 1988.

(5) Da die Orientierungskraft einer ethischen Norm aus nichts weiter als der Einsicht in die Tragfähigkeit ihrer Begründung erwächst, muß Unternehmensethik auf **Selbstverpflichtung** setzen. Sie kann nicht noch einmal zur Durchsetzung ihres Anspruchs auf externe Stimuli (Belohnungen oder Bestrafungen) zurückgreifen und unterscheidet sich damit vom zwangsbewehrten Recht.

In der aktuellen Diskussion führt dieser Unterschied zu divergierenden Einschätzungen über die Wirkungsmächtigkeit beider Steuerungsinstrumente. Wer die Chancen einer Selbstverpflichtung der Unternehmen gering einschätzt, wird zur Bewältigung der entstandenen oder drohenden Konflikte regelmäßig auf das Recht zurückgreifen wollen. Entsprechende Vorschläge übersehen allerdings vielfach die gravierenden Steuerungsgrenzen des Rechts, wie sie aus empirischen Untersuchungen immer wieder berichtet werden.[55]

Was die tatsächliche Einhaltung solcher Selbstverpflichtungen anbetrifft, betont man nicht nur die persönliche Festlegung (commitment) auf die vereinbarten Normen, sondern insbesondere auch die Rolle der kritischen Öffentlichkeit als Kontrollinstanz. So wird z.B. die Einhaltung des Verhaltenskodex bei Nestlé von einem breiten Spektrum von Bürgerinitiativen kritisch mit überwacht, Verstöße werden umgehend publiziert. Darüber hinaus sind manche Unternehmen inzwischen bemüht, dialogische Kommunikationsbeziehungen mit wichtigen Bezugsgruppen (Stakeholdern) aufzubauen, um eine Basis für unternehmensethische Initiativen zu schaffen. Ein Beispiel dafür ist die Firma Procter & Gamble, die seit geraumer Zeit sog. „ Unternehmensdialoge“ initiiert. Dabei werden neutrale Mittler (Mediatoren) gebeten, einen „runden Tisch“ mit externen Anspruchsgruppen vorzubereiten, um auf argumentative Weise konfliktträchtige Aspekte der Unternehmensstrategie zu identifizieren und gemeinsame Lösungsvorschläge zu erarbeiten. Auf diese Weise wird versucht, die Idee der kommunikativen Rationalität ein Stück weit in die Wirklichkeit umzusetzen.[56]

(6) Durch ihre **korrigierende Funktion** hinsichtlich der originär ökonomischen Aufgabenstellung der Unternehmung läßt sich die Unternehmensethik dann von solchen – oft gut gemeinten – Vorschlägen abgrenzen, die die Unternehmung insgesamt als sozial verfaßte Anstalt begreifen wollen. Im Sinne einer ganz weit gefaßten gesellschaftlichen Verantwortung der Unternehmung fordert man etwa allgemeine Mildtätigkeit, ein Mäzenatentum oder soziales Engagement als grundsätzliche moralische Verpflichtung jedes einzelnen Unternehmens. Natürlich soll derartigen Aktivitäten, wie sie ja zahlreich zu beobachten sind, nicht ihre ethische Motivation abgesprochen werden. Es geht hier jedoch darum, eine klare Grenzziehung zur Unternehmensethik zu finden. Es handelt sich hier um löbliche großherzige Aktivitäten, meist bezogen auf die Gewinn*verwendung*; nicht aber um die Regelung von Grundsatzkonflikten im Rahmen der Gewinn*entstehung*.

---

55 Vgl. dazu die grundlegenden Ausführugen von Stone, Ch.D., Where the law ends, New Nork et al. 1975, und Mayntz, R. et al., Vollzugsprobleme der Umweltpolitik, Wiesbaden 1978.

56 Vgl. Steinmann, H./Zerfaß, A., Privates Unternehmertum und Öffentliches Interesse, in: Wagner, G.R. (Hrsg.), Betriebswirtschaft und Umweltschutz, Stuttgart 1993, S. 3-26, und zu den Grundlagen einer dialogorientierten Unternehmenskommunikation, Zerfaß, A.: Unternehmensführung und Öffentlichkeitsarbeit, Grundlegung einer Theorie der Unternehmenskommunikation und Public Relations, Opladen 1996.

(7) Wenn ethische Bemühungen in Unternehmungen selbst in Gang gesetzt und in Gang gehalten werden sollen, so muß berücksichtigt werden, daß es hier nicht nur um die Verpflichtung von bestimmten Personen (z.B. des Top-Managements, der Meister, der Marketingleiterin) geht, sondern um die gesamte Organisation. Es geht um die Ethik institutionellen Handelns.

Im Hinblick auf die ethische Sensibilisierung der Gesamtorganisation müssen Bildungsanstrengungen zur Entwicklung der moralischen Urteilskraft von Managern (Managerethik), aber darüber hinaus auch von allen anderen Organisationsmitgliedern unternommen werden. Im Sinne einer breiten Beförderung der Dialogethik wären die Mitarbeiter zu argumentationsfähigen „Organisationsbürgern" heranzubilden. Darüber hinaus sind **institutionelle** Vorkehrungen zu treffen (Kodices, Leitbilder etc.), die von der **Systemebene** aus ethisch erwünschte Handlungserwartungen aufbauen. Allzuhäufig stehen unausgesprochen die faktischen Erwartungen in einer Organisation den ethisch gebildeten Erwartungen spannungsreich gegenüber, so daß das Organisationsmitglied in ein Dilemma gerät.[57]

Aus dieser Skizze wird bereits deutlich, daß die Forderung nach einer Unternehmensethik das erfolgsorientierte Handeln verständigungsorientiert fundiert. Die Unternehmensethik ergänzt – so gesehen – gleichsam „von innen" das Recht, welches seinerseits den unternehmerischen Handlungsspielraum von „außen" begrenzt. Beide zusammen sind dann aber, weil und soweit sie nicht bloß erfolgsorientiertes Handeln betreffen, auch Ausdruck eines verständigungsorientierten Handelns des Managements; beide zusammen konstituieren die Legitimationsgrundlage des Managements.

3.4.4 Kooperationen von Staat und Wirtschaft: Die US-Sentencing-Guidelines zur Bekämpfung der Wirtschaftskriminalität

Wie oben schon angedeutet, bilden sich in den hochentwickelten Industriegesellschaften neue Formen der Kooperation zwischen Staat und Wirtschaft zur Sicherung und Fortentwicklung der normativen Grundlagen der Marktwirtschaft heraus. Interessant ist hier der Versuch des Gesetzgebers in den USA, die Unternehmungen als Kooperationspartner in den Kampf gegen die Wirtschaftskriminalität direkt einzubinden und sie nicht nur (im Straffall) als mögliche „Verfahrensgegner" zu betrachten.[58] Die US-Sentencing Guidelines (Richtlinien zur Strafbemessung) beziehen sich nicht nur – wie das deutsche

57 Vgl. dazu auch Lorenzen, P., Philosophische Fundierungsprobleme einer Wirtschafts- und Unternehmensethik, in: Steinmann, H./Löhr, A. (Hrsg.), Unternehmensethik, a.a.O., S. 52 f.

58 Ein ähnlicher „Kooperationsgedanke" – wenn auch mit anderen institutionellen Gestaltungen – liegt für das Bankwesen dem Wertpapierhandelsgesetz (WpHG) als Bestandteil des 2. Finanzmarktförderungsgesetzes von 1994 zugrunde. Vgl. dazu Steinmann, H./Haueisen, G.K.: Unternehmensethik und Wertpapierhandelsgesetz – Wege zu einer ethischen Sensibilisierung der Bankorganisation, in: Grünig, R./Pasquier, M. (Hrsg.): Strategisches Management und Marketing; Festschrift zum 60. Geburtstag von Richard Kühn, Bern u.a. 1999, S. 105 ff.

Strafrecht – auf Individuen als Straftäter, sondern explizit auch auf Organisationen (der verschiedenen Art, einschließlich der privatwirtschaftlichen Unternehmung): „Organisationen" (nicht nur Individuen) kann ein strafrechtlich relevanter Schuldvorwurf gemacht werden (**Organisationsverschulden**). Der Grundgedanke der US-Sentencing-Guidelines besteht darin, Unternehmen dann einen u.U. hohen finanziellen Nachlaß bei der Strafzumessung zu gewähren, wenn sie innerorganisatorische Vorkehrungen getroffen haben, um wirtschaftskriminellem Handeln der Organisationsmitglieder vorzubeugen. Es werden sieben Anforderungen dieser Art formuliert; u.a. muß die Unternehmung ein hochrangiges Mitglied des Management als „ethics officer" (Ethikbeauftragten) ernannt haben, ferner „codes of ethics" (Ethik-Richtlinien) erlassen und diese an die Organisationsmitglieder in geeigneter Form kommuniziert und in Trainingskursen vermittelt haben.[59] Unternehmungen sollen so bei der Verteilung bzw. Aufklärung wirtschaftskrimineller Handlungen mitwirken. Der **Anreiz** dazu ist der mögliche Strafnachlaß, das **Mittel** die innerbetriebliche Ausgestaltung eines „Ethik-Management-Systems" und seine sinnvolle Integration in den Management-Prozeß.[60]

3.5 Zum Verhältnis von erfolgs- und verständigungsorientiertem Handeln

3.5.1 Im Kontext der Globalisierung der Wirtschaft

Die Überlegungen dieses Kapitels sollten einsichtig machen, daß die Rolle des Managements in den Marktwirtschaften hochentwickelter Industriegesellschaften nicht auf rein erfolgsorientiertes Handeln reduziert werden darf. Unternehmungen bleiben – auch wenn sie zuallererst ökonomische Institutionen sind – natürlich in den politischen Gesamtzusammenhang von Staat und Gesellschaft eingebunden. Sie müssen deshalb auch einen Beitrag dazu leisten, die konfliktrelevanten Auswirkungen ökonomischen Handelns in Richtung auf den inneren gesellschaftlichen Frieden zu bewältigen. Deshalb bleiben Manager, auch wenn sie betriebswirtschaftliche Führungsaufgaben in Unternehmungen übernehmen, immer auch „Republikaner", sie bleiben indirekt (über die Gesetze) und direkt (über die Unternehmensethik) der „res publica", der öffentlichen Sache, verpflichtet.[61]

---

59 Vgl. dazu genauer den Band 3 der Schriftenreihe des Deutschen Netzwerk Wirtschaftsethik (DNWE) in Alwart, H. (Hrsg.): Verantwortung und Steuerung von Unternehmen in der Marktwirtschaft, München u. Mering 1998, und darin den Anhang: Steinherr, C./Steinmann, H./Olbrich, Th.: Die US-Sentencing Commission Guidelines. Eine Dokumentation, S. 153 ff.

60 Zur Praxis geeigneter organisatorischer Ausgestaltung eines Ethik-Management-Systems in den USA vgl. Steinmann, H./Olbrich, Th.: Business Ethics in US-Corporations-Results from an Interview Series, in: Ulrich, P./Wieland, J.: Unternehmensethik in der Praxis, Impulse aus den USA, Deutschland und der Schweiz, St. Gallener Beiträge zur Wirtschaftsethik, Band 19, Bern/Stuttgart/Wien 1998, S. 63 ff.

61 Vgl. dazu den grundlegenden Aufsatz von Waters, J.A., Catch 20.5, Corporate morality as an organizational phenomenon, in: Organizational Dynamics 6 (1978), Nr. 4, S. 3–19.

Diese Grundorientierung setzt allerdings – wie schon angedeutet[62] – voraus, daß die Wirkungen des unternehmerischen Handelns noch in der Reichweite des nationalen Gesetzgebers liegen. Die Globalisierung der Wirtschaft stellt diese Voraussetzung aber immer mehr in Frage. Dabei geht es nicht um die Existenz von Weltmärkten per se, die es ja schon immer gegeben hat, sondern um die gravierenden ökonomischen **Standortunterschiede** zwischen den alten enwickelten Industrieländern einerseits und (insbesondere) den industrialisierten Schwellenländern andererseits. Diese wettbewerbsrelevanten Standortdifferenzen haben ihre Ursache nicht nur in einer unterschiedlichen **nationalen** Ressourcensituation, sondern auch und insbesondere in **kulturellen** Unterschieden, etwa bei institutionellen Regelungen wirtschaftlicher Prozesse oder bei normativen Standards und Prinzipien, die das Wirtschaftsleben (mit-)bestimmen. Wenige Stichworte verweisen auf aktuelle internationale Konfliktherde: Menschenrechte, Korruption, Kinderarbeit, Geldwäsche, Arbeitsschutzgesetze, Insiderhandel etc. Versuche, diese Konflikte in Ermangelung eines weltweiten Gesetzgebers auf der Ebene internationaler Organisationen (GATT, ILO, WTO) zu lösen, sind bisher (noch) nicht sehr erfolgreich gewesen. Zu groß sind noch die Interessenunterschiede und kulturellen Differenzen[63] Dort, wo die Schwellenländer komparative Kostenvorteile in Produktion und Export sehen, betonen die entwickelten Industrieländer die Notwendigkeit einheitlicher normativer Standards zum Schutz der Menschen.[64] Diese Situation verweist auf die Schwierigkeiten, das erfolgsorientierte wirtschaftliche Handeln weltweit auf eine verbindliche rechtliche Basis zu stellen. Die Konsequenz daraus ist, daß das verständigungsorientierte Handeln sehr viel mehr **direkt** auf der Unternehmensebene zur Geltung gebracht werden müßte, und zwar im Rahmen der multinationalen oder transnationalen Unternehmungen. Das internationale Management muß im Alleingang oder auf Verbandsebene versuchen, unternehmensethische Prozesse und Standards in den angesprochenen Konfliktfeldern zur Geltung zu bringen. Vereinzelt geschieht das ja schon, etwa in der Chemischen Industrie, im Rahmen des weltweiten Programms „Responsible Care", wo es primär um ökologische und Arbeitssicherheitsstandards geht.[65]

Die Globalisierung der Wirtschaft bewirkt insoweit also Versuche, die Wirkungen erfolgsorientierten ökonomischen Handelns durch internationale Vereinbarungen und unternehmensethische Bemühungen wieder unter das Regime verständigungsorientierten Handelns zu bringen. In dem Maße, wie derartige Versuche scheitern, werden dann allerdings umgekehrt die hochentwickelten nationalen Volkswirtschaften gezwungen, im Interesse der internationalen Wettbewerbsfähigkeit alle solche (gesetzlichen) Regelungen und Standards zu überprüfen, die kostensteigernd und innovationshemmend wirken. Damit derartige Anpassungsprozesse aber den inneren Frieden nicht gefährden, müssen sie verständigungsorientiert angelegt, müssen die notwendigen Opfer gerecht verteilt

62 Vgl. dazu oben S. 96.

63 Vgl. zur Problemmatik kultureller Differenzen und ihrer Überwindung das Meinungsspektrum in: Steinmann, H./Scherer, A. G.: Zwischen Universalismus und Relativismus, Philosophische Grundlagenprobleme des interkulturellen Managments, Frankfurt/M. 1998.

64 Vgl. UNCTAD, The Outcome of the Uruguay Round: An Initial Assessment, Supporting papers to the Trade and Develeopment Report 1994, S. 245 ff.

65 Vgl. dazu Steinmann, H./Olbrich, Th., Unternehmensethik und internationales Management, in: Schiemenz, B./Wurl, H.-J., Internationales Management, Wiesbaden 1994, S. 138 ff., und Hansen, U.: Implikationen von Responsible Care für die Betriebswirtschaftslehre, in: Steinmann, H./Wagner, G.R., a.a.O., S. 130 f.

werden. In diesem Sinne hat z.B. VW die Krise von 1994 überwunden und seine internationale Wettbewerbsfähigkeit wiedergewonnen. 1994 wurden Massenentlassungen (1/3 der Belegschaft) zum Abbau von Fixkosten durch eine ganze Reihe von Opfern („Zumutungen") vermieden, die im Konsens von Management und Betriebsräten (Belegschaft) gerecht auf alle Schultern verteilt werden.[66] In diesem Sinne soll auch in Zukunft das verständigungsorientierte Handeln, der Konsens statt des Kompromisses, bei VW eine wesentliche Grundlage erfolgreicher Unternehmensführung bilden.[67]

Die Unternehmung wird in dieser Perspektive dann nicht nur zur Wertschöpfungsgemeinschaft, sondern auch zur Schicksals- und Risikogemeinschaft mit der Folge, daß natürlich auch über die Aufteilung der Wertschöpfung neu nachgedacht werden muß. Die klassische Trennung von „risikobehaftetem" Residualeinkommen und „risikofreiem" Kontrakteinkommen wird zwangsläufig diffus, wenn das Wohlergehen der Arbeitnehmer so eng mit dem Erfolg des Unternehmens verknüpft werden soll. Der „Verlustbeteiligung" muß dann notwendigerweise auch eine „Gewinnbeteiligung" entsprechen. Eine weitere Konsequenz dieser Entwicklungen im Gefolge der Globalisierung der Wirtschaft wird schließlich sein müssen, daß die tarifvertraglichen Zuständigkeiten auf überbetrieblicher und betrieblicher Ebene neu durchdacht werden müssen („Flächentarifvertrag"), um auf betrieblicher Ebene den notwendigen Freiraum und die Flexibilität für sachgerechte, konsensgetragene Entscheidungen zu schaffen. Solange es nicht gelingt, im weltweiten Maßstab eine Harmonisierung der „ethischen" Wettbewerbsvoraussetzungen zu schaffen, wird also die nationale Unternehmung zwangsläufig nicht nur – wie schon bisher – als Ort erfolgsorientierten Handelns fungieren; sie wird auch als Ort des verständigungsorientierten Handelns deutlich aufgewertet.

3.5.2 Im Managementprozeß

Die doppelte, sowohl auf Erfolgs- wie auch Verständigungsorientierung gerichtete Rationalität betrieblichen Handelns hat natürlich weitreichende Konsequenzen nicht nur für das „Außenverhältnis" der Unternehmung, sondern auch nach „innen" für die Gestaltung des Managementprozesses und damit für die Managementlehre. Diese Konsequenzen sind noch keineswegs genau und bis ins Letzte durchdacht; und das gilt für alle fünf Managementfunktionen. Unsere Darstellung kann wegen dieser Theorielage nur hier und dort auf die verständigungsorientierte Dimension, etwa ethische Implikationen des Managerhandelns, hinweisen. Der Leser bleibt im übrigen selbst aufgefordert, bei der Lektüre des Buches über die der Stoffbehandlung im Kern zugrundeliegende erfolgsorientierte Dimension hinaus zu denken und den dargebotenen Stoff daraufhin zu problematisieren, welche Konsequenzen sich ergeben, wenn man die verständigungsorientierte Di-

66 Vgl. dazu ausführlich Hartz, P., Jeder Arbeitsplatz hat ein Gesicht, Die Volkswagen-Lösung, Frankfurt 1994.

67 Vgl. Hartz, P., Unternehmerisches Handeln und Mitbestimmung im Wandel – Erfolg durch Konsens, in: Vorteil Unternehmenskultur: Leitfaden für die Praxis, hrsg. von der Bertelsmann Stiftung und der Hans-Böckler-Stiftung, Heft 1, Unternehmensleitbild und Unternehmensverfassung, Gütersloh 1996, S. 87 ff.

mension stärker in die Lehre integriert. Im Kontext der Unternehmensethik mögen hier exemplarisch etwa folgende Leitfragen als Hilfe dienen: Wie lassen sich unternehmensethische Überlegungen in den betriebswirtschaftlichen Planungsprozeß integrieren?[68] Welche Implikationen hat das doppelte, auf Ökonomie und Ethik gerichtete, Aufgabenprofil des Managers für die Personaleinsatzfunktion, etwa Personalbeschaffung, Leistungsbeurteilung und Entlohnung? Wie ändert sich die traditionelle Führungsrolle des Vorgesetzten, wenn es darum geht, auch die ethische Dimension in sein Aufgabenprofil zu integrieren? Und schließlich ganz besonders wichtig: Wie wird die Managementfunktion „Kontrolle" tangiert, wenn es nicht nur um die Erreichung ökonomischer, sondern auch ethischer Ziele geht?[69]

Es sollte deutlich sein, daß es bei all diesen Fragen nicht um die schlichte Hinzufügung einer „ethischen Dimension" zu klassischen betriebswirtschaftlichen Zielvorstellungen und Mittelwahlen gehen kann, sondern der **Wirkungszusammenhang** der je spezifischen Ziele und Mittel zu bedenken ist. Auf ein klassisches betriebswirtschaftliches System der Kostenbudgetierung und -kontrolle läßt sich nicht einfach eine ethische Zieldimension aufsetzen, etwa indem gewisse ethische Verhaltenserwartungen zum betriebswirtschaftlichen Aufgabenprofil hinzugefügt werden. Dadurch wird nämlich die betriebswirtschaftliche Kontrollaufgabe selber tangiert: Die Nichterreichung von Kostenzielen kann ja nun nicht mehr nur betriebswirtschaftliche, sondern auch ethische Gründe haben, und das Kontrollsystem muß in der Lage sein, in der Abweichungsanalyse zwischen beiden Abweichungsursachen zu diskriminieren. Andernfalls besteht die Gefahr, daß die betriebswirtschaftliche Zielsetzung unter Hinweis auf die der Kontrolle entzogenen ethischen Anforderungen und Nebenbedingungen konterkariert wird (und umgekehrt). Man muß also – das macht dieses Beispiel deutlich – über die sinnvolle Integration betriebswirtschaftlicher und ethischer Handlungsdimensionen nachdenken und die fünf Mangementfunktionen und das zu ihrer Wahrnehmung erforderliche Instrumentarium entsprechend ausformen.[70]

---

68 Vgl. dazu Schreyögg, G., Implementation einer Unternehmensethik in Planungs- und Entscheidungsprozessen, in: Steinmann, H./Löhr, A. (Hrsg.), Unternehmensethik, a.a.O., S. 247–258.

69 Vgl. hierzu die Beiträge in: Lexikon der Wirtschaftsethik (hrsg. v. Enderle, G. u.a.), Freiburg 1993, und Steinmann, H./Kustermann, B.: Unternehmensethik und Management: Überlegungen zur Integration der Unternehmensethik in den Managementprozeß, in: Handbuch der Wirtschaftsethik, Band 3, hrsg. von Korff, W. et. al., Gütersloher Verlagshaus 1999, S. 210 ff.

70 Als ersten Versuch dazu vgl. Steinmann, H./Olbrich, Th.: Ethik-Management: Integrierte Steuerung ethischer und ökonomischer Prozesse, in: Blickle, G. (Hrsg.): Ethik in Organisationen, Göttingen 1998, S. 95 ff.

Diskussionsfragen

1. Welches ist der Unterschied zwischen erfolgsortientiertem und verständigungsorientiertem Handeln?
2. Durch welche Institutionen wird in einer Marktwirtschaft das erfolgsorientierte Handeln des Managements verfaßt?
3. Wie läßt sich die prinzipielle Freistellung des unternehmerischen Handelns von diskursiven Verständigungsprozessen in der Marktwirtschaft begründen?
4. Welche Gründe sprechen für die Notwendigkeit, das erfolgsorientierte Handeln des Managements in der Marktwirtschaft durch verständigungsorientiertes Handeln zu ergänzen?
5. In welchen Formen manifestiert sich die Macht der (Groß-)Unternehmung?
6. Wie kann in einer Marktwirtschaft das erfolgsorientierte Handeln des Managements Anschluß an das verständigungsorientierte Handeln finden?
7. Was ist der Sinn einer Unternehmensethik in der Marktwirtschaft? Wo liegt der Unterschied zur Lehre von der gesellschaftlichen Verantwortung der Unternehmensführung?
8. Welche Konsequenzen hat die Globalisierung der Wirtschaft für das Verhältnis von erfolgsorientiertem und verständigungsorientiertem Handeln für die internationale und die nationale Unternehmung?

Fallstudie

Die Challenger-Tragödie*

Am 28. Januar 1986 endete der 25. Raumflug eines bemannten Raumgleiters vom Typ „Space Shuttle“ kurz nach dem Abheben in einer gigantischen Explosion, die sieben Astronauten das Leben kostete. Der Ablauf dieses Desasters der „Challenger“ kann mittlerweile praktisch auf 1000stel Sekunden genau rekonstruiert werden, der Abschlußbericht der von Präsident Reagan beauftragten Untersuchungskommission umfaßt rund 170.000 Seiten.

Vordergründig lag die Unglücksursache in einer technischen Schwachstelle des Raketensystems. Bei der ungewöhnlichen Kälte während der Startvorbereitungen kam es zu einer Versprödung von Gummidichtungen zwischen den einzelnen Bauteilen der Hauptraketen. Diese Dichtungen konnten den gewaltigen Druck während der Startphase nicht mehr aushalten, es entstand ein Leck, durch das Treibstoff austrat und in den Feuerstrahl geriet, was nach exakt 73,628 Sekunden zur Explosion führte.

Die Hintergründe für dieses Desaster müssen nach den Erkenntnissen der präsidialen Untersuchungskommission allerdings eher in einem weitreichenden Fall von Managementversagen gesucht werden. So waren etwa die einschlägigen Konstruktionsmängel der Booster-Verbindung seit 1980 wohlbekannt, über mögliche Verbesserungen wurde noch 11 Tage vor dem Unglück zwischen der NASA und der Firma Morton Thiokol verhandelt. Immerhin galt ein Booster-Versagen als das größte Risiko unter den 14 theoretisch wichtigsten Unglücksursachen bei einem Shuttle-Start.

Trotzdem hätte das Unglück noch leicht vermieden werden können, wenn während der Startvorbereitungen auf die Warnungen zweier Ingenieure des Booster-Herstellers Morton Thiokol gehört worden wäre. Der Prozeß der Startfreigabe lief zu dieser Zeit als ein vierstufiger, hierarchisch aufgebauter Prozeß ab: Auf der untersten Ebene IV mußten die verschiedenen Zulieferer von Einzelbauteilen „grünes Licht“ geben; in Ebene III waren NASA-Manager für die Bereitschaft kompletter Subsysteme verantwortlich, auf Ebene II wurde geprüft, ob sämtliche Subsysteme des Space Shuttle einsatzklar waren; Ebene I schließlich war verantwortlich für die gesamten Rahmenbedingungen der Mission und die definitive Abschlußgenehmigung.

In der entscheidenden Video-Konferenz zwischen den Ebenen IV (Thiokol) und III (NASA) 15 Stunden vor dem Start erläuterten die beiden Thiokol-Ingenieure Roger M. Boisjoly und Arnold R. Thompson detailliert das erfahrungsgemäß unkalkulierbare Risiko eines Starts bei Außentemperaturen unter 12 °C. Die NASA-Manager zeigten sich entsetzt und machten unmißverständlich klar, daß sie aus ökonomischen Gründen auf einer frühestmöglichen Startfreigabe – trotz der gefährlichen Kälte – bestanden. Erzürnt reagierte der Booster-Manager der NASA, Lawrence B. Mulloy, auf das Zaudern von Thiokol mit dem Vorwurf: „The eve of a launch is a hell of a time to be inventing new criteria. My God, Thiokol, when do you want me to launch, next April?“.

In der darauf folgenden 30minütigen Schaltpause herrschte zunächst eine ganze Weile Unentschlossenheit; Boisjoly und Thompson merkten dabei allerdings, daß ihnen niemand

* Nach: Löhr, A., Unternehmensethik und Betriebswirtschaftslehre, Stuttgart 1991, S. 9 ff.

mehr richtig zuhörte und zogen sich zurück. Erst als sich Jerald E. Mason, Geschäftsführer der Boosterproduzierenden Wasatch Division, provokativ zu Wort meldete und einer Startfreigabe das Wort redete, ergab sich eine plötzliche Wende in der Beurteilung. „Am I the only one who wants to fly?", fragte er und mahnte seine Kollegen unverblümt zur ökonomischen Vernunft: „Take off your engineering hat and put on your management hat". Von da an verdrängten die Manager von Morton Thiokol die Bedenken ihrer eigenen Ingenieure allmählich, um die zu erwartenden Anschlußaufträge der NASA nicht zu gefährden. Schließlich konnte man bei Thiokol ja auch darauf vertrauen, daß das Problem mit den Dichtungsringen bei der NASA selbst hinreichend bekannt war.

Bei Wiederaufnahme der Videokonferenz erklärte der Vorstand des Booster-Programms von Thiokol, Joe C. Kilminster, den NASA-Managern, daß man mittlerweile zu einer anderen Einschätzung gekommen sei und einen Start befürworte. Lawrence B. Mulloy reagierte erleichtert und teilte dem zuständigen Programmdirektor für das Shuttle-System auf Ebene II, Arnold D. Aldrich, unverzüglich mit, daß Thiokol dem Start zugestimmt hätte. Über das Problem mit den Dichtungsringen wurde mit Aldrich allerdings nicht mehr gesprochen.

Auch im weiteren Verlauf des hierarchisch aufgebauten Startfreigabeprozesses wurden die kritischen Einwände nicht mehr erwähnt. Die hochsensible Information war an der Schnittstelle zwischen den Entscheidungsebenen IV und III „weggefiltert" worden. Deshalb wurde auch bei den unmittelbaren Startvorbereitungen dem Problem der niedrigen Außentemperaturen keine außergewöhnliche Bedeutung mehr beigemessen. Ein Meßtrupp stellte zweieinhalb Stunden vor dem Start noch eine Temperatur von –13 °C fest, ohne dies gesondert zu vermerken, da sogar das allgemeine Minimumkriterium von 0 °C als Abbruchmarke aufgehoben worden war. Als die Raketen schließlich wie geplant um 11.38 Uhr gezündet wurden, betrug die Außentemperatur 3 °C, also genau 9 °C unter der empfohlenen 12 °C-Marke. Exakt 73,628 Sekunden später endete abrupt die Datenübertragung, auf der Funkfrequenz war plötzlich nur noch ein Rascheln zu hören; auf den Bildschirmen breitete sich rasch eine milchig-weiße Wolke aus. Die Rakete zerbarst.

Fragen zur Fallstudie:

1. Worin liegt im vorliegenden Fall der ethisch relevante Konflikt? Halten Sie eine solche Konfliktkonstellation eher für außergewöhnlich oder für typisch?
2. Wo liegt nach Ihrer Einschätzung ein persönliches Versagen vor? Welche Rolle spielten darüber hinaus die organisatorischen Regelungen?
3. Beurteilen Sie das Verhalten von Boisjoly und Thompson! Welche Konsequenzen würden Sie an deren Stelle ergreifen?

Literaturhinweise

Zum Stakeholder-Ansatz:

Freeman, R.E., Strategic management: A stakeholder approach, Boston u.a. 1984.
Jones, T. M./Wicks, A. C., Convergent stakeholder theory, in: Academy of Management Review 24 (1999), S. 206-221.

Zum verständigungs- und erfolgsorientierten Handeln:

Habermas, J., Theorie des kommunikativen Handelns, Band I, II, Frankfurt a.M. 1981.
Hirschman, A.O., Exit, voice and loyalty, Cambridge/Mass. 1970.
Löhr, A., Unternehmensethik und Betriebswirtschaftslehre, Stuttgart 1991.
Lorenzen, P., Lehrbuch der Konstruktiven Wissenschaftstheorie, Mannheim u.a. 1987, S. 228–308.

Zur Verfassung erfolgsorientierten Handelns in der Unternehmung (Unternehmensverfassung):

Lowe, A., Politische Ökonomik, Wien 1965, S. 49–76.
Mueller, D.C., The corporation and the economist, in: International Journal of Industrial Organization 10 (1992), S. 147–170.
Rappaport, A., The staying power of the public corporation, in: Harvard Business Review 68 (1990), Nr. 1, S. 96–104.

Zum verständigungsorientierten Handeln in der Wirtschaft:

Biervert, B./Held, M. (Hrsg.), Ethische Grundlagen der ökonomischen Theorie, Eigentum, Verträge, Institutionen, Frankfurt/New York 1989.
Epstein, E.M., Business Ethics, corporate good citizenship and the corporate social policy process: A view from the United States, in: Journal of Business Ethics 8 (1989), S. 583–595.
Lippke, R.L., Critique of business ethics, in: Business Ethics Quarterly 1 (1991), S. 367–384.
Steinmann, H./Löhr, A., Grundlagen der Unternehmensethik, 2. Auf., Stuttgart 1994.
Steinmann, H./Zerfaß, A., Privates Unternehmertum und Öffentliches Interesse, in: Wagner, G.R. (Hrsg.), Betriebswirtschaft und Umweltschutz, Stuttgart 1993, S. 3-26.
Ulrich, P., Transformation der ökonomischen Vernunft, Bern/Stuttgart 1986.

Zur Problematik verständigungs- und erfolgsorientierten Handelns im Internationalen Management:

Steinmann, H./Scherer, A. G.: Zwischen Universalismus und Relativismus, Philosophische Grundlagenprobleme des interkulturellen Managements, Frankfurt/M. 1998.
Kumar, B. N./Steinmann, H.: Ethics in International Management, Berlin/New York 1998.

Viertes Kapitel

Der Managementprozeß in Handlungssystemen

In dem vorhergehenden Kapitel ging es darum, den allgemeinen Handlungsrahmen für das Management im Spannungsfeld von Unternehmung und Umwelt aufzureißen und die verschiedenen Handlungstypen und -rationalitäten herauszuarbeiten. Es wurde bereits deutlich, daß die Unternehmenssteuerung in einem Kontext steht, der selbst noch einmal der Erläuterung und der Erkundung bedarf. Konkreter gesprochen geht es darum, nun den Steuerungsprozeß herauszuarbeiten, der **Stellung und Bedeutung** der konkreten Managementaufgaben systematisch definiert und ihren **Zusammenhang** konzeptionell bestimmt.

Wie bereits in den Kapiteln 1 und 2 ausführlich dargelegt, ist die Frage des Steuerungskonzeptes und in Abhängigkeit davon die Konzeptualisierung des Managementprozesses eine lang diskutierte und immer wieder neu aufgeworfene Fragestellung in der Managementlehre. Dieses Lehrbuch wird sich – um es vorweg zu sagen – wohl an den Managementfunktionen, nicht aber an dem klassischen Schema des Managementprozesses und seiner linearen Funktionsabfolge orientieren, sondern Management in einem umfassenderen Sinne als Steuerungsprozeß in und von komplexen Handlungssystemen thematisieren. Die Gründe dafür seien nachfolgend dargelegt.

4.1 Die Idee der plandeterminierten Unternehmenssteuerung und ihre Kritik

Die klassische Managementlehre baut ihr Grundverständnis des betrieblichen Steuerungsprozesses auf einem Phasenschema auf. Hiernach wird – wie in Kapitel 1 bereits dargelegt – Unternehmensführung als eine systematische Abfolge von Phasen bzw. (Management-)Funktionen begriffen. Am Anfang dieser Funktionsabfolge soll die Planung als geistiger Entwurf der zukünftig zu erreichenden Ziele und der hierzu zu ergreifenden Maßnahmen stehen (vgl. Abb. 4.1). Da alle anderen Managementfunktionen auf die Erreichung der Planziele hin ausgelegt werden sollen, geht die Planung diesen Funktionen notwendigerweise voraus (Primat der Planung).[1] Ihr folgt die Organisation als Strukturentwurf für den arbeitsteiligen Aufgabenvollzug. An sie schließt sich die Ausstattung (staffing) der Organisation mit geeignetem Personal und die Führung als Veranlassung und Überwachung des Aufgabenvollzugs an. Der Prozeß mündet in die Kontrolle ein, die feststellt, ob Vollzug und Planung übereinstimmen. Die Kontrolle koppelt schließlich Informationen über den Zielerreichungsgrad an die Planung zurück, um bei einem allfälligen neuen Planungsprozeß Berücksichtigung finden zu können.

1 Vgl. z.B. Griffin, R.W., Management, 2. Aufl., Boston 1987, S. 10 ff.; Malik, F./Helsing, S., Planungsmanagement, in: Hofmann, M./Rosenstiel, L. von (Hrsg.), Funktionale Managementlehre, Berlin u.a. 1988, S. 168 f.

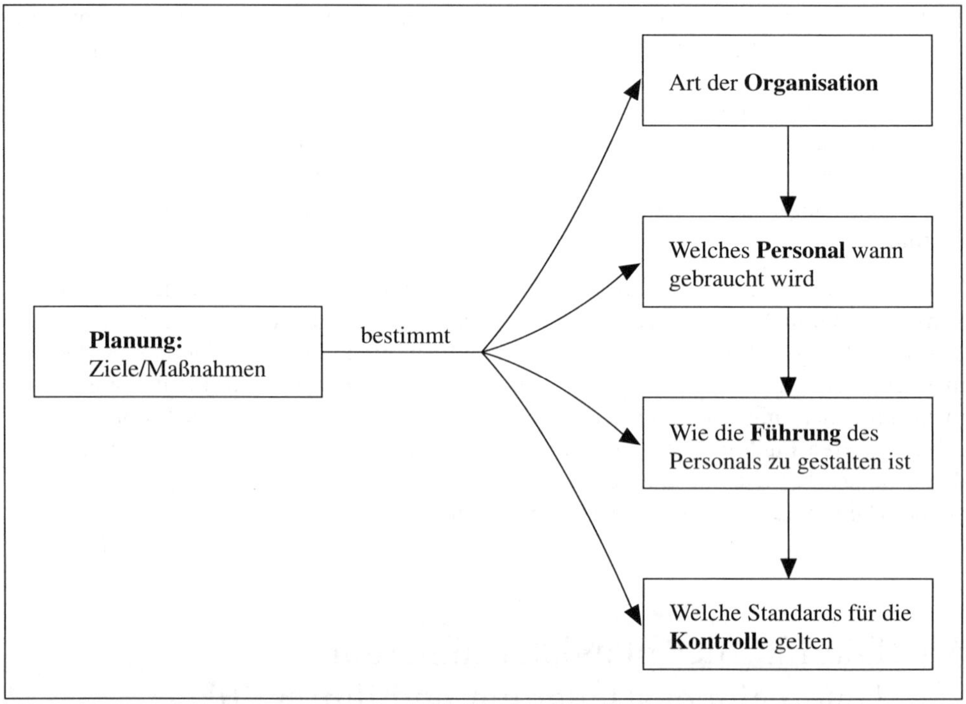

Quelle: Weihrich, H./Koontz, H., Management, 10. Aufl., New York 1993, S. 119 (modifiziert).

Abb. 4.1: Primat der Planung

Aus dieser Konstruktionslogik des klassischen Managementprozesses wird unmittelbar deutlich, daß den der Planung nachgeordneten Managementfunktionen keine eigenständige (Um-)Steuerungskapazität im Hinblick auf die Unternehmensziele und zielrealisierenden Maßnahmen zugeschrieben wird. Die gedankliche „Last" der Unternehmenssteuerung liegt alleine bei der Planung; sie schafft den Rahmen, in den sich alle anderen Steuerungsaktivitäten einordnen. Planung muß deshalb logischerweise auch als im großen und ganzen verläßlich gedacht werden, sonst könnte sie ihre dominante Rolle im Konzept der Steuerungsaufgaben nicht erfüllen. Die anderen Managementfunktionen sind Mittel zur effizienten Planrealisierung; sie erhalten ihre Sinnbestimmung aus der Planung; sie sollen die Probleme lösen, die sich aus dem Planvollzug heraus stellen.

Gutenberg bringt diese Auffassung im Hinblick auf die Organisation mit aller Klarheit zum Ausdruck: „Während Planung den Entwurf einer Ordnung bedeutet, nach der sich der gesamtbetriebliche Prozeß vollziehen soll, stellt Organisation den Vollzug, die Realisierung dieser Ordnung dar. … Die Organisation hat also immer nur dienenden oder instrumentalen Charakter."[2] Und programmatisch an anderer Stelle: „So muß denn überhaupt versucht werden, die Unternehmung als Gegenstand betriebswirtschaftlicher Theo-

2 Vgl. Gutenberg, E., Grundlagen der Betriebswirtschaftslehre, Bd. 1: Die Produktion, 24. Aufl., Berlin u.a. 1983, S. 235 f.

rie in eine Ebene zu projizieren, in der zwar Organisation vorhanden ist, aber nur eine solche, die der eigenen Problematik entbehrt."[3]

Dies gilt nicht nur für die Organisation, sondern auch für alle nachfolgenden Managementfunktionen; sie stehen im Dienste der Planrealisation und sind deshalb von ihrer Bestimmung her **neutrales** Instrument. Die Mitarbeiterführung oder der Personaleinsatz dürfen demgemäß nicht – und schon gar nicht intendiert – zur Quelle eigenständiger Ziel- und Mittelwahlen werden; die Rationalität des Planentwurfs würde in Frage gestellt, die planerischen Intentionen möglicherweise (wenn auch unbeabsichtigt) konterkariert. Der klassische Managementprozeß hat deswegen bei der Planung seinen zwingenden Anfang; sie ist die Managementfunktion schlechthin.[4]

Da also alle der Planung nachgeordneten Managementfunktionen ihre Sinnstiftung und Ausformung aus dem Planungssystem und den vorgegebenen Plänen ableiten (vgl. Abb. 4.1) und insoweit an keiner Stelle die Vorgaben der Planung transzendieren, kann ihnen auch keine eigenständige (Um-)Steuerungskapazität zukommen. Dieser Logik folgend, soll hier vom Modell der **„plandeterminierten Unternehmensführung"** gesprochen werden. Die grundlegende Annahme dabei ist, daß die betriebliche Steuerung im wesentlichen von der Planung vorausbedacht werden kann und soll.

In einem merkwürdigen Kontrast zu der breiten Akzeptanz, die der klassische Managementprozeß und die ihm zugrundeliegende lineare Abfolge der Managementfunktionen gefunden haben, stehen zahlreiche empirische Beobachtungen und Praxisberichte, die mit einem solchen Managementprozeßdenken nicht in Einklang zu bringen sind.

Geradezu sprichwörtlich für die praktischen Schwierigkeiten mit dem Prinzip der plandeterminierten Steuerung ist das sog. **Implementationsproblem** geworden.[5] Dies ist ein Sammelbegriff für alle die Probleme, die notorisch auftreten, wenn in Organisationen Pläne realisiert werden sollen: Widerstände, Fehlanpassungen, Verdrängung durch neue Probleme usw. So wurden z.B. in vielen Unternehmen Planungssysteme (Langfristplanung, Produktionsplanungs- und -steuerungssysteme usw.) wieder abgeschafft, weil sie nicht realisierbar waren.[6]

Auffällig ist weiterhin, daß viele der neueren Management-Techniken, -Konzepte und -Modelle in einem so konzipierten Managementprozeß keinen systematischen Platz finden können. Dies gilt gleichgültig, ob es sich nun um organisationsorientierte Aspekte, wie z.B. innovationsfördernde Organisationsstrukturen, Total Qualitiy Management, Wissensmanagement, Unternehmenskultur, oder etwa um neue Kontrollkonzepte handelt, wie Frühwarnsysteme, Issue-Management usw. Alle diese Konzepte entziehen sich einer Plandeterminimierung, haben vielmehr eine „eigensinnige" Stoßrichtung. Meist bleibt deshalb keine andere Wahl, als diese neuen Ideen konzeptionslos neben den klassischen Managementprozeß zu stellen. Dies sei am Beispiel der Frühwarnsysteme kurz

3 Vgl. Gutenberg, E., Die Unternehmung als Gegenstand betriebswirtschaftlicher Theorie, Frankfurt a.M. 1967, S. 25 f.
4 Vgl. Gälweiler, A., Unternehmungsplanung, neu bearb. Aufl., Frankfurt a.M. 1986, S. 72.
5 Vgl. die Beiträge in Pressman, J.L./Wildavsky, A. (Hrsg.), Implementation, 2. Aufl., Berkeley u.a. 1979.
6 Vgl. z.B. Gray, D.H., Uses and misuses of strategic planning, in: Harvard Business Review 64 (1986), Nr. 1, S. 89–97.

erläutert. Aufbauend auf der Erfahrung, daß Unternehmenspläne häufig schon obsolet geworden sind, bevor sie ganz oder teilweise verwirklicht werden konnten, wurde zunehmend die Installierung von Frühwarnsystemen empfohlen. Die Integration dieser Konzeption in den traditionellen Managementprozeß bereitet jedoch größte Schwierigkeiten. Nachdem es sich bei Frühwarnsystemen um Organisations- oder auch Kontrollkonzepte handelt, stellt sich die Frage, welche Logik ihre Einrichtung und Handhabung speisen könnte. Diese Logik oder Sinngebung kann nicht wieder aus der Planung abgeleitet werden, weil es sich bei der Frühwarnung ja um die Erkennung von der Planung nicht erfaßter Sachverhalte handelt. Eine eigenständige Logik darf es aber im plandeterminierten Managementprozeß den eigenen Prämissen gemäß („Primat der Planung") für die nachgeordneten Funktionen Organisation und/oder Kontrolle nicht geben. So bleibt nichts anderes übrig, als die Frühwarnsysteme neben die Planung zu stellen und darauf zu verweisen, daß es diese eben auch zu beachten gelte. Eine konzeptionelle Einbindung kann es aus strukturellen Gründen nicht geben.

In ähnlicher Weise ließe sich diese Problematik für alle die anderen oben aufgeführten Konzepte und Modelle zeigen, ihre Integration in das Konzept des plandeterminierten Managementprozesses ist nicht möglich, weil sie nicht planbezogen sind.

Was aber sind die tieferen Gründe für diese Problematik? Die Integrationsschwierigkeiten bzw. die konzeptionslose Addition vieler neuer Konzepte sind ja zunächst einmal nur Oberflächenerscheinungen und Symptome.

Jede nähere Analyse hat an den Voraussetzungen der konzeptleitenden Idee anzusetzen. Eines der Hauptprobleme der Idee plandeterminierter Unternehmensführung liegt darin, daß sie extreme Ansprüche an die Planungsfunktion stellt, Ansprüche, die in Wirklichkeit niemals eingelöst werden können. Die Planung muß ja nach dieser Konzeption alle wesentlichen Probleme der betrieblichen Steuerung **antizipieren** und im Sinne einer stimmigen Gesamtordnung lösen können; man muß ferner davon ausgehen, daß **alle Handlungen** in einem System auf einen Plan ausgerichtet werden können. Eine solche Wirkungsweise der Planung beruht mit anderen Worten auf zwei Grundannahmen:

(1) Die Umwelt des Handlungssystems Unternehmung ist in all ihren Wirkungszusammenhängen erfaßbar und in ihrer Entwicklung **prognostizierbar.**
(2) Das Handlungssystem Unternehmung kann problemfrei Planvorgaben realisieren, d.h. das System als solches ist vollständig erfaßbar und **beherrschbar**.

Beide Annahmen sind offenkundig reine **Idealisierungen**, im praktischen Vollzug völlig unrealistisch und im Widerspruch zu jeder Lebenserfahrung.

ad (1): Weder ist die Umwelt vollständig beschreibbar bzw. die Totalität ihrer Wirkungsbeziehungen verstehbar, noch gehorcht ihre Entwicklung strengen Verlaufsgesetzen derart, daß sie so gut prognostizierbar wäre, wie es eine Plandeterminierung verlangt. Jede praktische Unternehmenssteuerungskonzeption muß davon ausgehen, daß die **Umwelt komplex** ist. Weder die Struktur des Planungsfeldes (Alternativen und Variablen), noch seine Entwicklung sind erschöpfend erfaßbar.[7] Das gesamte Umfeld der Planung ent-

---

7 Vgl. Kirsch, W., Kommunikatives Handeln, Autopoiese, Rationalität, München 1992, S. 142 ff.

zieht sich einer vollständigen Strukturierung, weil es prinzipiell komplex ist, d.h. es gibt unüberschaubar viele Handlungseinheiten und Anschlußmöglichkeiten zwischen ihnen. Schon deshalb ist es weniger die Situation der Sicherheit, als vielmehr der Zustand der **Unsicherheit**, der für gewöhnlich die Planungssituation kennzeichnet. Stichworte wie Trendbrüche, Krisen, Durchbrüche oder Überraschungen stehen stellvertretend für die Unsicherheitssituation des Planers; die Rede von der „turbulenten Umwelt" ist fast schon sprichwörtlich geworden. Die Umstände, die den Planer in den Zustand der Unsicherheit versetzen, sind struktureller Art, sie liegen in der Natur der Sache und lassen sich nicht durch die Suche nach besser fundierten Prognosen aus der Welt schaffen: Die Zukunft ist grundsätzlich so lange unsicher, wie sie nicht zur Gegenwart geworden ist.

Ein wesentlicher Grund dafür liegt darin, daß die Umwelt zum wesentlichen Teil aus handelnden Personen und Organisationen besteht, die ihre Handlungsweise prinzipiell überdenken und ändern können. Zum anderen werden die sozialen Konventionen immer schwächer und damit das Verhaltensrepertoire immer größer.[8] Zahl und Art der potentiellen Handlungsanschlüsse sind unüberschaubar. Die Handlungssequenzen sind überdies tendenziell zirkulär interdependent, d.h. die Handlungen der Aktoren sind untereinander abhängig und beeinflussen sich so auf nicht genau vorherbestimmbare Weise. Aktionen und Reaktionen der „Umwelt" können deshalb nur zu einem geringen Teil zuverlässig „erwartet" werden. Die Konsequenzen für die Systemplanung sind weitreichend. Für den klassischen Managementprozeß heißt dies in erster Linie, daß die für den ganzen Prozeß konstitutive Richtigkeitsvermutung für die erstellten Pläne ins Wanken gerät.

ad (2): Diese Überlegungen gelten im selben Maße für die zweite Grundannahme. Die Idee einer linearen Durchplanbarkeit von Handlungssystemen bringt eine irreführende Vereinfachung des Steuerungsproblems. Jedes einzelne Element, jede Aktion müßte ja auf einen zentralen (optimalen!) Handlungsentwurf gerichtet werden können. Es müßte eine zentrale Instanz geben, die alle anderen Systemeinheiten bestimmen kann, sofern nur exakt dargelegt wird, was, wann und wie erreicht werden soll. Die hier leitende Idee eines **monolithischen Handlungsgefüges** („Kollektivaktor"), in dem ein an der Spitze gebildeter Wille (Plan) reibungslos über die Managementpyramide bis zur ausführenden Stelle „heruntergebrochen" wird, steht heute nicht mehr in hohem Ansehen. Längst ist bekannt, daß komplexe Organisationen durch Regeln und Pläne nur sehr bedingt kontrollierbar sind (z.B. „Law of Diminishing Control").[9]

Im Grunde macht sich das Konzept der plandeterminierten Steuerung blind für die **Institution** Unternehmung und damit den komplexen **sozialen Verbund**, in dem der betriebliche Steuerungsprozeß zu bewerkstelligen ist. Sie behandelt die Systemsteuerung wie eine Individualentscheidung mit den Phasen der Willensbildung und -umsetzung. Das heißt insbesondere, daß alle die Phänomene, welche zu den konstitutiven Grundmerkmalen sozialer Systeme zu zählen sind, wie z.B. die innere Dynamik und Vernetztheit der organisatorischen Arbeitsteilung, die vielfach divergierenden organisatorischen

---

8 Vgl. Crozier, M., Entsteht eine neue Managementlogik? in: Journal für Sozialforschung 32 (1992), S. 131-140.

9 Vgl. Downs, G.A., Inside bureaucracy, Boston 1967, S. 143, Friedberg, E., Ordnung und Macht. Dynamiken organisierten Handelns, Frankfurt a.M./New York 1995, S. 141 ff.

Interessen der Mitglieder, die systemintern vorfindbare Bandbreite existierender Visionen, Erwartungen und Werte etc., daß also alle diese Sachverhalte ausgeblendet werden und mithin unberücksichtigt bleiben müssen. Anders ausgedrückt: Die Perspektive der Unternehmenssteuerung, die ihre Handlung sorgfältig plant und sie dann realisiert, negiert den grundlegenden Sachverhalt, daß die Unternehmung eine Institution ist.

Die Konsequenzen einer solchermaßen verengten, um soziale Prozesse bereinigten Perspektive sind weitreichend. Die Rationalisierungsprobleme, die sich einer Organisation, verstanden als soziales System, stellen, sind komplexer und z.T. auch ganz anderer Art, als sie sich strukturell bei der Einzelhandlung offenbaren. Eine Neukonzeptualisierung des Managementprozesses muß deshalb die Bezugsebene wechseln. Viele der angesprochenen Sachverhalte setzen ein komplexeres Leitprinzip als das der Einzelhandlung voraus.

Betrachtet man die extrem idealisierenden Hintergrund-Annahmen der Plandeterminierung wird verständlich, weshalb zahlreiche Fragestellungen der Management-Lehre und Problemformulierungen aus der Praxis zwangsläufig zum Konzept einer plandeterminierten Unternehmensführung in Widerspruch gerieten. Der klassische Managementprozeß erweist sich damit als ein zu enger und zu glatter Bezugsrahmen, der einen Großteil der aktuellen Probleme und der dazu entwickelten Konzepte und Modelle nicht in sich aufnehmen kann. Es ist deshalb verfehlt und wenig hilfreich, weiterhin vom Primat der Planung auszugehen und alle anderen Managementfunktionen nur aus der verengten Perspektive der Planrealisierung, und das heißt primär: ohne eigenständiges Steuerungspotential, zu thematisieren. Es bedarf eines neuen Bezugsrahmens, der dieser Kritik Rechnung trägt und ein treffenderes Verständnis der Managementfunktionen zuläßt.

Dazu muß in einem ersten Schritt das **Verständnis von Steuerung** selbst revidiert werden. Anstatt sie als omnipotente Aktivität einer Zentrale zu verstehen, die die Umweltkomplexität und -unsicherheit planerisch restlos abarbeiten und friktionslos in Handlungen umsetzen kann, muß sie als Aktivität eines sozialen Systems und in Reaktion auf das jederzeit problematische Verhältnis von Umwelt und System thematisiert werden. Unternehmenssteuerung ist eine ausgesprochen **störungsanfällige** Funktion – und als solche muß sie konzeptualisiert werden. Die Systemtheorie bietet die beste Grundlage, ein solches komplexeres Verständnis der Unternehmenssteuerungsaufgabe zu entwickeln.

4.2 Systemtheoretische Grundlagen der Unternehmenssteuerung

Mit der Kritik an den Prämissen des klassischen Managementprozeßansatzes wurde zugleich der Rahmen gezogen für eine Neukonzeptionalisierung des Managementprozesses. Dabei soll es zunächst nicht um die Generierung gänzlich neuer Managementtechniken und -instrumente gehen, sondern um die Schaffung eines komplexeren und problemoffeneren **Bezugsrahmens**, der es besser als der traditionelle Managementprozeß erlaubt, die vielen neuen, bisher noch verstreut liegenden empirischen und theoretischen Einsichten in die Bedingungen erfolgreicher betrieblicher Steuerung systematisch in einer Managementprozeß-Konzeption zu verankern.

Der Ausgangspunkt für ein neues Konzept wird durch die oben diskutierten Prämissen in zweifacher Hinsicht markiert:

(1) Der Steuerungsprozeß und seine Rationalisierung muß systematisch in die Interaktion von System und einer immer unsicheren Umwelt eingebettet sein.
(2) Die Bezugsebene muß strukturell von der Einzelhandlung auf das System umgedacht werden, um den komplexen Problembestand sozialer Systeme aufnehmen zu können.

4.2.1 Die System/Umwelt-Differenz als Bezugspunkt

Ausgangspunkt der folgenden Überlegungen ist die Einsicht, daß die Unternehmung ein **Handlungssystem** ist, das sich gegenüber einer komplexen Umwelt aufrecht erhalten muß. Systeme sind nur aus ihrer Relation zur Umwelt verstehbar; sie konstituieren und erhalten sich durch Erzeugung und Bewahrung einer **Differenz** zur Umwelt.[10] Sie tun dies, indem sie sich **abgrenzen**. Handlungssysteme als soziale Systeme haben keine natürlichen Grenzen, sie schaffen ihre Grenzen **selbstreferentiell** durch eigene Handlungen, durch Sinnverarbeitung und Kommunikation. Grenzen ziehen heißt eine Differenz herstellen, indem das Innenverhältnis ein anderes, weniger komplexes wird als das Außenverhältnis. Mit der Grenzziehung bestimmen Systeme zugleich ihre spezielle Umwelt, d.h. sie legen zunächst einmal fest, was für sie Umwelt ist und darüber hinaus welche Segmente der Umwelt mehr und welche weniger bedeutsam sind, wie bestimmte Verknüpfungen zwischen Elementen der Umwelt zu suchen sind usw. Jedes System hat deshalb notwendigerweise eine andere, je eigene Umwelt.

Von **Handlungssystemen** wird hier deshalb gesprochen, weil sich das System aus Handlungen[11] konstituiert und nicht aus Personen als solchen. Personen sind nur mit einzelnen konkreten Handlungen in einem System präsent, stehen jedoch als Persönlichkeiten oder – wenn man so will – als Person-Systeme mit eigenen Bestandsbedingungen außerhalb des Systems, gehören also zur Systemumwelt.[12]

Zwischen System und Umwelt besteht notwendigerweise immer ein **Komplexitätsgefälle**, die Grenze markiert die Differenz. Die Systemleistung, der Nutzen der Systembildung, ist abstrakt gesprochen die **Reduktion** von Umweltkomplexität; durch Reduktion wird Orientierung in einer überwältigend komplexen Umwelt möglich. Eine Punkt-für-Punkt-Entsprechung zwischen System und Umwelt kann es definitionsgemäß nicht geben, sie käme einer Auflösung der Systemgrenzen gleich.

Differenzbildung heißt in erster Linie Simplifizierung oder **Selektion**, d.h. das System nimmt nur bestimmte Aspekte aus der Umwelt wahr, beschäftigt sich nur mit vereinfachten Fragestellungen, läßt nur bestimmte Perspektiven zu etc. Selektiv zu sein ist keine

10 Vgl. Luhmann, N., Soziale Systeme, Frankfurt a.M. 1984, S. 34 f.

11 Genauer müßte es heißen, daß sich ein System aus „kommunikativen Akten“ konstituiert; diese Differenzierung ist aber an dieser Stelle nicht unbedingt erforderlich. Vgl. hierzu im einzelnen Luhmann, N., Soziale Systeme, a.a.O., passim.

12 Vgl. Luhmann, N., Funktionen und Folgen formaler Organisation. Mit einem Epilog 1994, 4. Aufl., Berlin 1995, S. 24 f.

freie Entscheidung in dem Sinne, daß Systeme auch nicht-selektiv sein könnten. Es gilt zu sehen, daß Komplexität Selektion erzwingt. Systeme müssen, um handeln zu können, die Vielfalt reduzieren. Die Selektionsmuster begründen die Identität eines Unternehmens. Selektivität ist aber nicht folgenlos; im Gegenteil, sie bringt für das System eine fortwährende Schwierigkeit mit sich. Der Grund ist einfach zu erkennen: Selektion zieht zwangsläufig **Kontingenz** im Sinne von Unbestimmtheit nach sich.[13] Dort, wo Selektion unvermeidlich ist, ist auch keine Sicherheit mehr möglich; das Ausgeblendete bleibt unerkannt, und seine Wirkungen werden für das System zu potentiellen Überraschungen, die jederzeit auftreten können („unerwartete Nebenwirkungen"). Für die Entscheidungsträger eines Handlungssystems heißt Kontingenz zuallererst, daß alles so kommen kann wie angenommen, daß aber auch alles anders kommen kann als vermutet. Es fehlt die Sicherheit, die **Unsicherheit** wird folglich zum konstituierenden Merkmal des Steuerungsprozesses.

Das System gewinnt einerseits Handlungsfreiraum und Autonomie durch Beschränkung auf bestimmte Teile und Beziehungen der Umwelt und gegebenenfalls durch aktive Einwirkung auf diese. Andererseits bedeutet die mehr oder weniger pauschale Ausblendung und Ignorierung der „Restumwelt" nun allerdings nicht, daß dieser Bereich tatsächlich irrelevant ist. Die Selektivität hat ihren Preis; ausgeblendete Beziehungen machen sich später unter Umständen als bestandsgefährdende Probleme oder Krisen aufdringlich bemerkbar. Die Reduzierung der Umweltkomplexität bringt zwar die Probleme für das System in ein bearbeitbares Format, ändert jedoch an dem Faktum der Umweltkomplexität nichts. Die Umwelt bleibt daher schon deshalb **permanent** eine potentielle Quelle der Bedrohung. Darüber hinaus ergeben sich zwischen den Umweltelementen immer wieder neue (unerwartete) Anschlüsse, die die einmal gefundenen Bearbeitungsmuster und Routinen obsolet werden lassen. Die **Bestandserhaltung** (Differenzstabilisierung) ist also ein **permanentes Problem**, es läßt sich nicht definitiv lösen. Management ist deshalb auch als fortlaufende Problemlösungsaktivität zu beschreiben.

Das Komplexitätsgefälle zwischen System und Umwelt wird im System als Unsicherheit erfahren und thematisiert. Einmal gefundene Lösungsmuster laufen **jederzeit** Gefahr, eben weil sie sich auf Selektivität gründen, ihre Gültigkeit zu verlieren. Obsolet können sie aber auch deshalb werden, weil die Umwelt auf die Grenzziehung und die sie konstituierenden Lösungsmuster **reagiert**, etwa indem z.B. andere Systeme der Umwelt das Selektionsmuster imitieren. Denkbar ist aber auch, daß Systeme der Umwelt direkt durch Verbote oder Regulierung das gefundene Selektionsmuster zu unterminieren trachten.

Zusammenfassend läßt sich sagen: Der Selektionszwang begründet ein unvermeidliches **Risiko**, nämlich das Risiko der Ausblendung (Unsicherheit). Für das System können sich daraus jederzeit unerwartete oder sogar bestandskritische Situationen ergeben. Die Bestandserhaltung wird infolge davon nicht nur zu einem Dauerproblem, sondern es zeigt sich mit Bezug auf den Managementprozeß, daß der System/Umwelt-Bezug nicht allein durch **Planung** bewältigt werden kann. Aus der notwendigen Selektivität des Prozesses resultiert die gewissermaßen parallel laufende Aufgabe, das Risiko durch kom-

13 Vgl. Luhmann, N., Soziale Systeme, a.a.O., S. 47.

pensierende Maßnahmen in Schach zu halten. Dies können sowohl Maßnahmen zur Überwachung der Entwicklung sowie zur Gegensteuerung sein.[14]

Damit sind die ersten zwei Eckpfeiler für eine Neufassung des Managementprozesses herausgearbeitet: **Selektion** und **Kompensation**.

Der zuletzt genannte Gesichtspunkt der Risikokompensation verweist bereits nachdrücklich darauf, daß Art und Umfang des Komplexitätsgefälles keineswegs als Konstante, sondern als Parameter zu betrachten sind. Jede realistische Theorie der Unternehmensführung muß davon ausgehen, daß einmal gefundene Lösungen altern oder plötzlich obsolet werden. Dies ist zugleich ein Verweis auf den Faktor „**Zeit**", der im klassischen Managementprozeß ausgespart bleibt. Die systemtheoretische Konzeption integriert den Faktor Zeit über den Komplexitätsdruck und den daraus resultierenden **Selektionszwang.**[15] Ferner macht sie Zeit über die grundsätzliche **Vorläufigkeit** der gewählten Selektionsmuster (sie können sich jederzeit als nicht mehr funktionstüchtig erweisen) zu einem zentralen Thema der Systemsteuerung, was in der Reversibilität der Grenzen seinen Ausdruck findet. Das System hat dadurch, daß die Grenzen selbstreferentiell konstituiert sind, immer die Möglichkeit, die Grenzen bzw. die problematisch gewordene System/Umwelt-Differenz zu modifizieren oder auch ganz neu zu bestimmen (wie z.B. im Falle von Unternehmen, die sich im Rahmen der Diversifikation ganz neue Geschäftsfelder erschließen). Die Konstruktion von stabilisierungsfähigen Grenzen ist damit eine wiederholbare und **steigerbare** Systemleistung.[16] Oder anders ausgedrückt: Systeme sind **lernfähig**,[17] sie können durch Erfahrung, Vergleich mit anderen Systemen, Analogien etc. ihr Problemlösungspotential steigern und ihre Position zur Umwelt verbessern. Die Veränderung und Neubestimmung der Grenzen, oder kurz die **Systementwicklung**, ist deshalb neben Selektion und Risiko(-Kompensation) der **dritte Eckpfeiler** eines systemtheoretisch geleiteten Konzeptes des Management-Prozesses.

Der dargestellte Prozeß der Differenzbildung darf nicht dahingehend mißverstanden werden, daß an seinem Ende ein nicht-komplexes System einer komplexen Umwelt gegenüber stünde. Die Zusammenhänge sind verwickelter. Die Reduktion von Komplexität setzt ein hinreichendes Maß an Differenziertheit bezüglich des Problemfassungsvermögens voraus; die Relationen der Umwelt müssen durch das System mit weniger Relationen vereinfachend, aber dennoch effektiv rekonstruierbar sein; so paradox es klingen mag, aber Komplexität ist nur durch Komplexität (wenn auch geringerer Ordnung) reduzierbar. Wird die Komplexität zu stark reduziert (z.B. lediglich durch Schaffung einer Handvoll genereller Regelungen), so besteht die Gefahr, daß das System nicht mehr adäquat mit der Umwelt in Interaktion treten kann und seine Grenzerhaltungsfähigkeit verliert. Die grenzkonstituierende und identitätsstiftende Differenz ist also eine **Differenz von Komplexitäten**, nicht eine Differenz zwischen Komplexität und Eindeutigkeit.

14 Vgl. Luhmann, N., Zweckbegriff und Systemrationalität, Frankfurt a.M. 1973 (zuerst Tübingen 1968); Schreyögg, G./Steinmann, H., Strategic control: A new perspective, in: Academy of Management Review 12 (1987), S. 91–103.

15 Vgl. Luhmann, N., Soziale Systeme, a.a.O., S. 70; Noss, C., Zeit im Management, Wiesbaden 1997.

16 Vgl. Tacke, V., Systemrationalisierung an ihren Grenzen, in: Schreyögg, G./Sydow, J. (Hrsg.) Gestaltung von Organisationsgrenzen, Managementforschung Bd. 7, Berlin/New York 1997, S. 5 ff.

17 Vgl. hierzu unten die Ausführung zum organisatorischen Lernen, S. 463 ff.

Weil Handlungssysteme, um Komplexität reduzieren zu können, selbst komplex sein müssen, sind sie notwendigerweise auch **selbst-selektiv**. Dies hat zur Folge, daß sich Systeme selbst überraschen, d.h. sich selbst nicht vollständig erfassen und verstehen können.[18] Zur Selbstbeschreibung – und Planen wie auch Organisieren haben typischerweise in der Selbstbeschreibung ihren Anfang und ihr Ende – sind hochselektive Vereinfachungen erforderlich, die innerhalb des Systems Realitätscharakter erhalten; dies schon dadurch, daß auf sie reagiert wird.[19]

Es ist just dieser Sachverhalt der Eigenkomplexität von Handlungssystemen, der die schärfste Grenzziehung zum klassischen Managementprozeß mit sich bringt, denn von dem Moment an, wo wir den komplexen Charakter des Handlungssystems Unternehmung erkennen, werden zugleich die Schranken der Steuerbarkeit offenkundig und begründet. Jeder Eingriff in ein komplexes System muß davon ausgehen, daß seine Folgen nicht voll beherrschbar sind. Trotzdem kann Steuerung stattfinden.

Damit ist der **vierte Eckpfeiler** eines systemtheoretisch geleiteten Konzepts der Unternehmensführung, nämlich die **Eigenkomplexität** von Handlungssystemen, bestimmt.

4.2.2 Die Eigenkomplexität des Systems

Bevor wir aus diesen vier Eckpfeilern den Rahmen für einen (neu formulierten) Managementprozeß zusammensetzen, sei zuvor der zuletzt genannte Aspekt der Komplexität des Systems noch einmal genauer beleuchtet, weil gerade er in aller Schärfe deutlich macht, weshalb die Idee der plandeterminierten Unternehmensführung zu kurz greift. Um dies zu tun, wollen wir erneut das Kernthema der Systemsicherung, die Reduktion von Komplexität, aufgreifen und fragen, wie Systeme diese Leistung erbringen. Grundsätzlich haben Systeme verschiedene Möglichkeiten, dies zu bewerkstelligen. Die vorrangige, weil abstrakteste Strategie ist die Ausbildung von **Strukturen**.[20]

Strukturen sind Erwartungen, die die Systemelemente in Beziehung setzen, und zwar über die Zeit hinweg. Es gibt kein System ohne Struktur, es würde sonst jederzeit in das Unzusammenhängende zerfallen. Die Struktur wählt aus, sie legt in die unüberschaubare Vielfalt der Möglichkeiten erwartbare Anschlüsse zwischen den Elementen fest. Ein Handlungssystem besteht aus Handlungselementen, die von dem System selbst im Zuge der Differenzbildung und -stabilisierung geschaffen wurden.[21]

---

18 Vgl. Rosen, R., Complexity as a system property, in: International Journal of General Systems 3 (1977), S. 227–232; Casti, J., Complexification: Explaning a paradoxical world thrugh the science of surprise, New York 1994.

19 Vgl. Luhmann, N., Die Wirtschaft der Gesellschaft, a.a.O., S. 33.

20 Vgl. Luhmann, N., Soziale Systeme, a.a.O., S. 382 ff.

21 An dieser Stelle setzt eine jüngere systemtheoretische Variante der Diskussion an, und zwar unter dem Stichwort „Autopoiesis“. Die Theorie autopoietischer Systeme geht davon aus, daß ein System die Elemente, aus denen es besteht, in einem fortlaufenden Prozeß des Entstehens und Vergehens selbst produziert, und zwar mit Hilfe der Elemente, aus denen es besteht. Diese – auf die Erklärung des Entstehens systemischer Elemente abzielende – Erweiterung der Systemtheorie ist wegen ihrer stark biologischen Anleihe bis heute äußerst umstritten und soll deshalb hier nicht weiter verfolgt werden. Vgl. dazu Ma-

Ähnlich wie bei der Umweltthematik schon herausgestellt, bringen Einschränkungen zwangsläufig Unwägbarkeiten mit sich. So stoßen wir wieder auf das Paradox, daß sich Systeme bestimmte Sicherheiten schaffen müssen, um handeln zu können, daß es aber gerade diese Schaffung von (künstlichen) Sicherheiten ist, die ihrerseits Unsicherheit schafft. Um es noch einmal zu betonen: Selektivität kann es nicht ohne Risiko geben.

Eine der zentralsten Strukturierungsformen ist die Bildung von speziell eingegrenzten Bereichen, d.h. von Subsystemen (Systemdifferenzierung). Die Bildung von **Subsystemen** bedeutet für die Gesamtsystemsteuerung eine sehr starke Entlastung; sie kann die Subsysteme als bedingt eigenständige Leistungseinheiten betrachten, deren Funktionsabläufe sie nicht vollständig kennen und mitplanen muß. Die Gesamtsteuerung kann sich je nach Aktualität und Problemlage, etwa im Zuge strategischer Planung, mal mit dem und mal mit dem anderen Subsystem intensiver beschäftigen, währenddessen die anderen Subsysteme als zuverlässige Leistungseinheiten „funktionieren", also keiner besonderen Aufmerksamkeit bedürfen.[22] In den letzten Jahren tritt neben die Hierarchie-betonte Subsystembildung immer häufiger das **Netzwerk** als Alternative. Dieses bietet zwar Flexibilitätsvorteile, ist aber steuerungsmäßig noch weniger beherrschbar.[23]

Vom Standpunkt des einzelnen Subsystems aus sind alle übrigen Elemente und Systeme des Supersystems wiederum Umwelt, wenn auch „**interne Umwelt**". Die interne Umwelt unterscheidet sich von der externen Umwelt durch einen höheren Grad an Ordnung und durch ein geringeres Maß an Komplexität, sie ist ja schon vorbearbeitet und läßt sich daher auch von den Subsystemen leichter verarbeiten. Subsysteme weisen logischerweise ebenfalls ein geringeres Maß an Eigenkomplexität auf als das Supersystem, sie sind aber in sich selbst wieder komplex.

Subsysteme bilden (auf der Basis einer internen System/Umwelt-Differenz) eine eigene Identität aus, die sich von der des Gesamtsystems unterscheidet. Sie verdanken ja ihre Existenz einer **eigenständigen Selektionsleistung**; allerdings einer Selektionsleistung, die von dem übergeordneten System nur dann toleriert wird, wenn sie das Subsystem befähigt, einen für das Gesamtsystem brauchbaren Output zu produzieren. Dies bedeutet, daß jedes Subsystem nur in einem bestimmten Maße eigene Zwecke und Orientierungen haben kann.

Das Supersystem kann mehr Komplexität verarbeiten, wenn es intern zwar verbundene, aber gegeneinander verschobene Zweck- und Selektionsperspektiven zuläßt. Jedes Teilsystem übernimmt gewissermaßen einen Teil der Umweltkomplexität zur Bearbeitung, es spezialisiert sich auf die eigene Problemdefinition der Bestandsbewahrung. Je prägnanter die Differenzbildung zwischen den Subsystemen ausfällt (z.B. zwischen der Rechtsabteilung und dem Referat für Öffentlichkeitsarbeit), um so mehr Anstrengungen

---

turana, H., Erkennen: Die Organisation und die Verkörperung von Wirklichkeit, Braunschweig/Wiesbaden 1982; Luhmann, N., Soziale Systeme, Frankfurt a.M. 1984; Kirsch, W./Knyphausen, D. zu, Unternehmungen als „autopoietische" Systeme?, in: Managementforschung, Bd. 1 hrsg. v. Staehle, W.H./Sydow, J., Berlin/New York (1991), S. 75–101. Zu einer managementprozeßbezogenen Ausarbeitung auf dieser Basis vgl. Kasper, H./Mayrhofer, W./Meyer, M., Manager handeln – nach der systemtheoretisch-konstruktivistischen Wende, in: Die Betriebswirtschaft 58 (1998), S. 603-621.

22 Vgl. Luhmann, N., Zweckbegriff und Systemrationalität, a.a.O., S. 271.

23 Vgl. Quinn, J.B. Intelligent enterprise, New York 1992; Sydow. J., Strategische Netzwerke, Wiesbaden 1992.

bedarf es allerdings dann wieder, Anschlüsse zwischen diesen herzustellen. Daß heißt, die Ausdifferenzierung eines Systems erhöht zwar seine Komplexitätsverarbeitungsfähigkeit, erhöht aber auch die Binnenkomplexität des Gesamtsystems und erfordert spezielle Maßnahmen zur Reduktion der Binnenkomplexität.[24] Diese Integrationsmaßnahmen können nicht selbst wieder starr geplant werden, sondern sind eher im Sinne einer elastischen Koppelung zu verstehen.[25]

Der Verweis auf die Subsystembildung läßt die Idee der **Einheit der Leitung**, wie sie erstmals von Fayol mit aller Schärfe formuliert und später zum ehernen Grundsatz der traditionellen Managementlehre wurde, als illusorisch, ja sogar als tendenziell unproduktiv erscheinen. Die Subsystembildung findet ja in der spezialisierten und relativ selbständigen Problembearbeitung ihren Sinn. Die Gesamtsteuerung eines Systems – auch wenn sie als hierarchische Spitze des Handlungssystems eingerichtet ist – muß sich dem (unumgänglichen) Schema der Systemdifferenzierung beugen,[26] sie ist sinnvoll nur im Sinne einer globalen Vorsteuerung vorstellbar.

Die partielle Verselbständigung der Subsysteme und deren nur grob vorgeregelte Koppelung führen mit einer gewissen Wahrscheinlichkeit zu **Konflikten** und **Inkompatibilitäten**. Solange man die Unternehmung als wohlgeordnete Handlungseinheit begreift, die von einem zentralen Willenszentrum aus umfassend gesteuert werden kann, müssen widerspruchsvolle Orientierungen als gravierende Störungen erscheinen, die es alsbald auszumerzen gilt. Aus systemtheoretischer Sicht sind widerspruchsvolle Orientierungen in einem System notwendige Folge der internen Differenzierung und bis zu einem gewissen Grad durchaus funktional. Die entstehenden Konflikte und deren Abarbeitung sind auch als Teilprozeß der Reduktion von Umweltkomplexität zu sehen. Einem Auswuchern der Konflikte ist freilich vorzubeugen. Ihm sind zu einem wesentlichen Teil durch die gegenseitige Kontrolle der Subsysteme klare Grenzen gesetzt. Zum anderen Teil ist es Aufgabe der Führung, eine sinnvolle Konfliktaustragung zu ermöglichen.

Wirtschaftliche Handlungssysteme, insbesondere Unternehmungen, sind Systeme, die für die Absorption der Umweltkomplexität in starkem Maße den Mechanismus der **Zwecksetzung** verwenden. Die Bestimmung von Zielen ermöglicht eine Teilverlagerung der Bestandsproblematik von „außen nach innen", d.h. das amorphe Bestandsproblem wird durch Definition erstrebenswerter Wirkungen in eine bearbeitbare Fassung transformiert, die zum Gegenstand konkreter Pläne und systeminterner Verständigungsprozesse gemacht werden kann. Die Setzung von Zwecken und ihre Umsetzung in Pläne – und das ist aus systemtheoretischer Sicht entscheidend – reicht aber nicht aus, den Systembestand zu sichern.[27] Mit anderen Worten: Zweckspezifisch strukturierte Systeme müssen mehr Probleme lösen als in den Zielkatalogen und -hierarchien zum Ausdruck kommt und auch grundsätzlich in Zielen zum Ausdruck gebracht werden kann. Schon allein die Ungewißheit darüber, ob ein tragfähiges Ziel (z.B. Produktprogramm) gewählt

24 Vgl. Lawrence, P.R.,/Lorsch, H.W., Organization and environment, Boston 1967.

25 Vgl. Staehle, W.H., Redundanz, Slack und lose Kopplung in Organisationen, in: Managementforschung Bd. 1, hrsg. v. Staehle, W.H./Sydow, J., Berlin/New York 1991, S. 327 ff.

26 Vgl. Luhmann, N., Ökologische Kommunikation, Opladen 1986, S. 48; sowie die Beiträge in: Glagow, M./Willke, H. (Hrsg.), Dezentrale Gesellschaftssteuerung, Pfaffenweiler 1987.

27 Luhmann, N., Zweckbegriff und Systemrationalität, a.a.O., S. 179 ff.

wurde, erfordert flankierende Maßnahmen, die nicht selbst wieder im Ziel ihren Ausdruck finden können, sondern das Zielsystem transzendieren. Schon Barnard hat gezeigt, wie im zweiten Kapitel dargelegt, daß die Bestandsthematik keineswegs nur mit einer Zielfunktion verfolgt werden kann, sondern daß ein System zahlreiche Referenzpunkte hat, die es in Balance bringen muß.

Der **Bestand eines Systems** kann deshalb nicht, wie in der traditionellen Managementlehre üblich, einfach als Zielerreichung verstanden werden, sondern stellt sich als ein **Komplex von Problemen** dar, die gelöst werden müssen, wenn ein System die Differenz zur Umwelt aufrecht erhalten will. In diesem Sinn werden häufig zwei generelle Grundfunktionen von Systemen, die Lokomotionsfunktion (= Zweckerfüllung) und die Kohäsionsfunktion (= Systempflege) unterschieden. Dies sind zwei Funktionen, die sich nicht aufeinander zurückführen und deshalb auch nicht in einem einzigen Ziel oder einer schlüssigen Zweck-/Mittelkette ausdrücken lassen. Parsons formulierte diese zwei Funktionen zusammen mit dem Konzept der System/Umwelt-Differenz zu dem berühmten 4-Funktions-Schema (AGIL) aus: Anpassung (adaptation), Integration (integration), Zweckerfüllung (goal attainment) und Erhaltung der Basisorientierungsmuster (latent pattern maintenance).[28]

Diese vier Funktionserfordernisse stehen in einem **widerspruchsvollen** Verhältnis zueinander; es muß dem System jedoch trotzdem gelingen, alle in einem hinreichenden Maße gleichzeitig zu erfüllen.

Nach all dem Gesagten stellt sich die Frage nach der (erfolgsorientierten) **Rationalität**. Auch sie muß eine neue dem Systemdenken angepaßte Bestimmung erfahren. Sie kann nicht mehr wie in der traditionellen Managementlehre nur die Einzelhandlung zum Bezugspunkt nehmen; es kann ja durchaus sein, daß eine rational geplante Einzelhandlung für das System Unternehmung eine gänzlich irrationale Wirkung entfaltet. Das **System** muß deshalb zur vorgeordneten **Bezugsebene** eines rationalen Steuerungskonzeptes werden. Ein System ist demzufolge in dem Maße rational gesteuert, wie es gelingt, die Systemleistungen zu erbringen – abstrakter: externe Komplexität zu absorbieren und die damit einhergehenden internen Probleme zu lösen. Der Einzelbeitrag, die Einzelentscheidungen können in einer Systemsteuerungstheorie für sich allein keine Rationalität beanspruchen – jedenfalls solange nicht, wie sie nicht auch rational in bezug auf und nach Maßgabe von Systemreferenzen sind. Die (kollektive) Systemrationalität läßt sich nicht auf die individuelle Rationalität zurückführen, gleichwohl entsteht sie aus individuellen („erfolgsorientierten") Handlungen.

4.2.3 Offene Fragen

Die Systemtheorie gibt – wie vorstehende Darlegungen belegen sollten – einen sehr viel adäquateren Rahmen für die Konzeption des Managementprozesses als die Theorie der

28 Vgl. Parsons, T., Einige Grundzüge der allgemeinen Theorie des Handelns, in: Hartmann, H. (Hrsg.), Moderne amerikanische Soziologie, 2. Aufl., Stuttgart 1973, S. 231 ff.

rationalen Wahlhandlung, wie sie dem plandeterminierten Steuerungsmodell zugrunde liegt. So sehr dieser Fortschritt hervorzuheben ist, so wenig darf dabei übersehen werden, daß die Systemtheorie insgesamt einige Perspektivverengungen mit sich bringt, die für eine Managementlehre problematisch sind. Die zentralsten sollen abschließend kurz skizziert werden.[29]

Die Systemtheorie (in der hier vorgestellten Ausprägung) läßt jedwede Kritik und Erkenntnisakte in der Funktionsperspektive aufgehen, d.h. sie werden beurteilt nur im Hinblick auf ihren Beitrag zur Komplexitätsbewältigung. Kritik und Erkenntnisfortschritt interessieren nur in ihren Effekten für die aufrechtzuerhaltende System/Umwelt-Differenz.

Es fehlt in diesem Ansatz jeder Impuls, ja jede Möglichkeit, distanziert aus den Funktionszusammenhängen herauszutreten; das System, bzw. die grenzerhaltende Komplexitätsreduktion, wird als **unhintergehbar** angesetzt. Eine (transsubjektive) Verständigung, wie im dritten Kapitel als Handlungstyp diskutiert wird, wäre damit von vornherein funktional relativiert, also nur im Hinblick auf ihren Funktionsbeitrag zu diskutieren.

Die **Hauptbruchstelle** der Systemtheorie, die dann auch einen Verknüpfungspfad für die beiden Paradigmen weist, ist, daß sie, wie jede andere Theorie, einen Zugang zu ihrem Gegenstand nur über **Sprache** finden kann. Sie kann die in ihrem Gegenstandsbereich, also Handlungssystemen, vorgefundenen Aktoren nur verstehen und beschreiben, wenn sie an ein vorgefundenes Verständigungssystem anschließt: die Sprache. Auch die Kommunikation über die Richtigkeit und Zweckmäßigkeit der Systemperspektive kann nur vollzogen werden, wenn auf ein schon bestehendes Verständigungssystem (intersubjektiv geteilte Lebenswelt) angeschlossen werden kann. Die Systemtheorie kann nach Voraussetzung dieses Grundlagenproblem nicht reflektieren, sie muß sich blind und ohne Erklärung auf die Existenz von Verständigungsprozessen verlassen.

Diese **unausgesprochene Voraussetzung** ist nur von einer die Systemprozesse transzendierenden Ebene her begreifbar, die in einer verständigungsorientierten Kommunikationstheorie ihren Ursprung hat. Dies verweist uns auf den **methodischen Primat** der verständigungsorientierten Ebene im Sinne einer prinzipiellen Vorordnung. Erst wenn letzteres gedacht ist, kann ersteres sinnvoll werden. Diese methodische Vorordnung sichert uns einen Zugang zur Systemkritik und normativen Bewertung von Systemzuständen und -handlungen, wie es z.B. die Unternehmensethik zu ihrem Gegenstand gemacht hat. Die Managementlehre tut also gut daran, die Verwendung der Systemtheorie im Sinne der verständigungsorientierten Basis zu relativieren und von dort aus gewissermaßen die Entscheidung zu treffen, welche Prozesse „systemisch" und welche Prozesse verständigungsorientiert anzulegen sind.

29 Dabei wird vor allem angeschlossen an Habermas, J., Der philosophische Diskurs der Moderne, Frankfurt a.M 1985, S. 426 ff; ders., Entgegnungen, in: Honneth, A./Joas, H. (Hrsg.) Kommunikatives Handeln, Frankfurt a.M. 1986, S. 377 ff.

4.3 Der Managementprozeß im Handlungssystem Unternehmung

Auf der Basis dieser grob skizzierten Überlegungen kann nun der Rahmen für einen neu definierten, an dem systemtheoretischen Denken orientierten Managementprozeß aufgespannt werden. Wir hatten **vier thematische Schwerpunkte** herausgearbeitet: (1) Selektion; (2) Kontingenz bzw. Risikokompensation; (3) Entwicklung (Suche nach neuen Grenzbestimmungen); (4) Eigenkomplexität des Handlungssystems Unternehmung.

Diese vier Themen sind nur auf dem Hintergrund der Basisrelation von **System und Umwelt** begreiflich; sie muß deshalb auch die Basisfigur eines systemtheoretisch geleiteten Konzepts des Managementprozesses sein.

Im Unterschied zum plandeterminierten Steuerungsmodell, das bei gegebenen Zielen seinen Fixpunkt findet, studiert die systemtheoretische Perspektive die Systemsteuerung unter dem Thema des Bestandserhalts bei komplexer und wechselhafter, nur teilweise kontrollierter Umwelt. Der Bestandserhalt wird als Aufrechterhaltung einer vom System selbst bestimmbaren und variierbaren (Komplexitäts-)Differenz von System und Umwelt thematisiert.

Die Systembildung wird dementsprechend als kollektive Selektionsleistung verstanden, die es erlaubt, trotz der unüberschaubaren Komplexität erfolgreich zu handeln. Die Reduktion der Umweltkomplexität ermöglicht zwar ein besser überschaubares Handlungsfeld, schafft aber den Tatbestand der Komplexität nicht aus der Welt. Der Selektionsprozeß bleibt damit immer hypothetisch, ist niemals gesichert. Das System muß jederzeit damit rechnen, daß sich die Selektionsleistung als Mißerfolg erweist und je nach Reichweite und Wirkung den Bestand gefährdet. Die Aufrechterhaltung und Neubestimmung der Differenz wird dadurch zu einem permanenten Problem.

Der **Steuerungsprozeß** wird definiert durch die Abfolge der drei abstrakten Systemprozesse: Selektion, Kompensation und Entwicklung. Die Managementfunktionen tragen diese Prozesse, wenn auch in unterschiedlicher Weise. Zur formalen Bestimmung der Aufgabenklassen und der Problemlösungsansätze können die klassischen Managementfunktionen weiter Verwendung finden, jedoch mit geänderter Bedeutung und Ordnung. Der **Zusammenhang** der Managementfunktionen und ihre Steuerungslogik werden im wesentlichen bestimmt durch den genannten vierten Eckpfeiler, der Eigenkomplexität des Handlungssystems Unternehmung.

Die Orientierung am Komplexitätsproblem macht eine **lineare** Abfolge der Managementfunktionen zu einem fehlleitenden Orientierungsmuster. Für die Systemsteuerung stehen grundsätzlich **verschiedene** alternative Möglichkeiten offen. Die Managementfunktionen treten als Steuerungspotentiale mit eigener Logik, d.h. mit eigenen Stärken und Schwächen, **nebeneinander**. Ihr Einsatz und ihr Verhältnis zueinander läßt sich variieren nach Maßgabe der aktuellen Problemlagen. Der Einsatz von Führung konkurriert jetzt etwa mit dem Einsatz von Organisation oder ein breiter Einsatz der Planung mit der Einrichtung flexibler Organisationsstrukturen; letzteres gilt vor allem dort, wo die Planung infolge der Kontingenzerfahrungen (Unsicherheit) einer fortwährenden Revisionsnotwendigkeit gegenübersteht.

Die Managementfunktionen Organisation, Personaleinsatz, Führung und Kontrolle treten aus dieser Perspektive somit aus ihrer bloßen Plandurchsetzungsfunktion heraus und stehen **neben** der Planung als prinzipiell **eigenständige**, getrennt einsetzbare **Steuerungspotentiale** zur Verfügung. Sie werden – wenn man so will – vom „Sklaven" zum Konkurrenten. Es sei aber betont, um Mißverständnisse zu vermeiden, daß dieses neue Prinzip keineswegs **Anschlüsse** der Funktionen untereinander ausschließt. Im Gegenteil, die Anschlußmöglichkeiten unter den Funktionen sind jetzt unbegrenzt und in immer wieder neuer Variante vorstellbar. Im Ergebnis bedeutet dies, daß Funktionsabfolgen nach Art und Umfang dem jeweils aktuellen Steuerungsproblem entsprechend variiert werden können. Der damit bezeichnete Managementprozeß sei nachfolgend etwas näher erläutert:

Beginnen wir der Tradition entsprechend mit der **Planung**. Die Planung basiert auf dem Funktionsprinzip, die Voraussetzungen für zukünftiges Handeln im vorhinein festzulegen. Sie leistet dies – abstrakt gesprochen – im wesentlichen auf dem Wege der **Selektion**. Sie formt sich eine Sichtweise der Umwelt und ihrer Bewegungskräfte heraus, auf die hin gehandelt werden kann. Sie wählt sich auf der Grundlage von Relevanzvermutungen über zukünftige Entwicklungen und interne Wirkungszusammenhänge ein zweckbestimmtes Handlungsprogramm und macht dadurch (eindeutiges) Handeln trotz der Vieldeutigkeit zukünftiger Umweltentwicklungen möglich.

Planung verwendet in erster Linie den Mechanismus der **Zwecksetzung**, d.h. man versucht das amorphe Problem der Grenzziehung und -erhaltung in klar definierte erstrebenswerte Wirkungsvorstellungen zu transformieren. Dabei – und das ist hier entscheidend – muß allerdings klar erkannt werden, daß die Probleme eines Systems niemals vollständig in einem „Zielsystem" zum Ausdruck gebracht werden können. Wie bereits dargelegt, müssen Systeme latent **widersprüchlichen Funktionsanforderungen** genügen und im Steuerungsprozeß deshalb genügend Spielraum für die Entfaltung widersprüchlicher Leistungspotentiale lassen. Ein in sich konsistentes Zielsystem, wie von dem plandeterminierten Modell als Steuerungsidee verfolgt, modelliert die Funktionsbedingungen einer Unternehmung notwendigerweise fehlleitend.[30]

An die Stelle der Idee der widerspruchsfreien **Ordnung** tritt hier die Möglichkeit, die **Konsistenz** von **Plänen** und **Zielen** nach Maßgabe der aktuellen Systemsteuerungsprobleme zu **variieren**.

Planung muß in einem systembezogenen Steuerungskonzept grundsätzlich als eine sehr „zweifelhafte" Vorsteuerung gedacht werden, weil ihre strenge Selektionsleistung sich im Grunde jederzeit als revisionsbedürftig erweisen kann. Die Pläne – so sie denn tatsächlich das Handeln anleiten – brauchen also kritische Begleitung, die das Selektionsrisiko zu begrenzen trachtet. Diese Risikobegrenzung kann in erster Linie als Aufgabe der **Kontrolle** verstanden werden, die im Steuerungsprozeß demzufolge eine **Kompensationsfunktion** zu erfüllen hätte.[31]

---

30 Das in den letzten Jahren so populär gewordene Konzept der Balanced Scorecard mit seinen 4-dimensionalen „Zielkarten" kann in diesem Sinne als Korrektur des Konsistenzgebots klassischer Zielführungssysteme verstanden werden. Vgl. Kaplan, R.S./Norton, D. Übers. a.d. Engl., Stuttgart 1997 Balanced Scorecard.

31 Vgl. dazu im einzelnen Schreyögg, G./Steinmann, H., Strategische Kontrolle, in: Zeitschrift für betriebswirtschaftliche Forschung 37 (1985), S. 391-410.

Um die Kompensationsaufgabe bewältigbar zu machen, muß das System darüber hinaus „**Umsteuerungspotentiale**" (Puffer, Slack-Ressourcen, zweckindifferente Instrumente usw.) bereithalten, um bei signalisierter Revisionsnotwendigkeit auch tatsächlich eine Kursänderung vornehmen zu können. Ein solches Flexibilitätspotential kann nur im Ausnahmefall wiederum durch (hochselektive) Pläne bereitgehalten werden (Kontingenzpläne), und wird deshalb für gewöhnlich in der Ausformung anderer Managementfunktionen anzulegen sein. **Wachsamkeit**, **Anpassungsfähigkeit**, **Eigeninitiative**, als hier vorrangig gefragte Handlungsweisen, sind – neben den technischen Voraussetzungen – letztlich nur durch andere Managementfunktionen, nämlich durch Motivation und Personaleinsatz, aufzubauen.

Das Primat der Planung ist also in doppelter Weise zu relativieren; es ist nicht nur zu entscheiden, ob und ggf. was überhaupt geplant werden soll, sondern dort, wo Pläne erstellt werden, ist dies als eine **beobachtungsbedürftige Systemaktivität** zu verstehen.

Eine solche Idee von Planung ist nur vorstellbar, wenn die Planung als **Teil des Systems** gedacht ist. Identifizierte man das System mit dem Plan, wie dies in der plandeterminierten Unternehmensführung geschieht, wäre ja gar kein Raum, die Planung als beobachtungsbedürftige Systemaktivität zu denken: Es ist ja jede Handlung idealiter durch den Plan bestimmt!

Jede Planung muß sich nicht nur ein Bild von der Umwelt machen, auf die hin gehandelt werden soll, sondern auch ein Modell vom System Unternehmung selbst entwerfen, auf das hin das Handlungsprogramm entwickelt werden soll. Nachdem die Unternehmung nach obigen Darlegungen sinnvoll nur als komplexes System gedacht werden kann, muß die Planung auch davon ein vereinfachtes, selektives Konzept in den Planungsprozeß einbringen, da ein komplexes System – wie oben ausführlich darlegt – nach Voraussetzung keine **vollständige Selbstbeschreibung** anfertigen kann. Daraus wird deutlich, daß auch jede **Planrealisierung** (Organisation, Führung, Personaleinsatz) unter dem Vorzeichen der **Selektivität** steht, und zwar in doppelter Hinsicht, im Hinblick auf die Umwelt und im Hinblick auf das System selbst. Die Planrealisierung darf deshalb nicht zu eng von dem Plan vorgedacht werden, es muß genug Raum bleiben für die Distanznahme, die Umsteuerung und die eigengesteuerte Reaktion der Subsysteme auf allfällige von der Planung nicht antizipierte oder gar nicht verstandene Probleme. Planerische **Totallösungen**, wie sie z.B. im Rahmen von CIM-Computer Integrated Manufacturing oder SAP-Modellen[32] postuliert werden, erweisen sich damit als extrem relativierungsbedürftig. Es handelt sich nämlich im Lichte obiger Ausführungen um besonders riskante, weil hochselektive, Lösungen.

Ob der angesichts dynamischer Umwelt enorme Kompensationsaufwand für solche hoch selektiven Lösungen tatsächlich lohnt, muß im Einzelfall geprüft werden.

Darüber hinaus muß Planung mit dem Problem fertig werden, daß sie selbst als Planung im System **Effekte** erzeugt. Der Planungsprozeß findet **im** System statt und ist auf das

---

32 Vgl. Scheer, A.-W., CIM Computer Integrated Manufacturing, Berlin 1990; Esser, U., CIM, Mythen und Fakten der Computergesteuerten Produktion, in: IO-Management Zeitschrift 58 (1989), Nr. 5, S. 81–85; Preßmar, D.B./Scheer, A.-W. (Hrsg.) SAP® R/3® in der Praxis, Wiesbaden 1998; kritisch: Computerwoche 26 (1999), Heft 24, S. 16.

System gerichtet, er kann von den Subsystemen beobachtet werden und setzt damit eigendynamische Prozesse in Gang. Man denke nur etwa an die allseits bekannten und vielfach dokumentierten taktischen Winkelzüge um die Budgetplanung.[33] Es ist deshalb notwendig, Planung nicht isoliert, sondern immer kontextgebunden zu denken.

Heute wird in der Mehrzahl der Fälle die Unternehmensplanung aufgespalten in eine **strategische** und in eine **operative** Planung. Die strategische Planung legt das Handlungsprogramm einer Unternehmung in den Grundzügen fest. Sie hat also als erste und wichtigste Funktion den Aufbau einer **Differenz** von System und Umwelt durch Zwecksetzung. Sie schneidet aus der Umwelt ein bearbeitbares Handlungsfeld (strategische Geschäftsfelder) heraus.

Die Ergebnisse der strategischen Entscheidungen werden zum Input für die **operative Ebene** und deren Entscheidungen. Die operative Ebene hat zwei grundlegende Aufgaben, sie hat einerseits einen effizienten Vollzug der Strategie sicherzustellen, und sie hat andererseits die vielfältigen Einzelprobleme abzuarbeiten, die im strategischen Plan gar nicht alle erfaßbar sind oder nicht erfaßt wurden.

Ähnlich wie die Planung ist auch die **Organisation** als hochselektives Steuerungsinstrument anzusehen. Organisatorische Regelungen sind generalisierte Erwartungen, die das Handlungsfeld ordnen sollen, d.h. sie wählen vorlaufend aus der unübersehbaren Fülle von Handlungs- und Anschlußmöglichkeiten die gewünschten aus. Die generelle Regel nimmt die Koordinationsentscheidung („fallweise Regelung") vorweg. Die organisatorische Regel bedarf daher ebenso wie die Planung der risikobegrenzenden **Kompensation**, die in diesem Falle häufig von der Funktion **Führung**, aber auch von dem **Personaleinsatz** erbracht wird. Die aktuelle Debatte zum Hierarchieabbau und zur Flexibilisierung der Grenzen wirft ein Schlaglicht auf den hier gemeinten Zusammenhang; die Steuerungsfunktion Organisation soll in den Worten unseres Steuerungskonzeptes durch die Steuerungsfunktion Personaleinsatz/-entwicklung breitflächig substituiert werden.[34]

Die Ausgestaltung der organisatorischen Regelungen kann nicht mehr länger als bloße („problemlose") Planumsetzung konzipiert werden. Wie bei allen anderen Steuerungsinstrumenten ist auch der Einsatz der Organisation nach Maßgabe der Systemerfordernisse und in Abwägung anderer Steuerungsalternativen zu variieren. Für die Gestaltung ist die oben erörterte Dynamik der Systemdifferenzierung zu bedenken, d.h. komplexe Systeme müssen ihren Teilsystemen relativ hohe Freiräume einrichten, um in erforderlichem Maße Umweltkomplexität absorbieren zu können. Das mit dieser Dezentralisierung einhergehende strukturelle Risiko[35] ist wiederum in erster Linie über **kompensierende** Maßnahmen, etwa im Rahmen der Funktionen Führung und Personaleinsatz, handhabbar zu machen.

Nachdem die Organisation in dem reformulierten Managementprozeß aus der reinen Planumsetzungsaufgabe heraustritt und weiterreichende, ja u.U. die Planung substituierende

33 Vgl. dazu unten, S. 356 ff.

34 Vgl. Scheyögg, G./Noss, C., Hat sich das Organisieren überlebt? Grundlagen der Unternehmenssteuerung in neuem Licht, in: Die Unternehmung 48 (1994), S. 17-33.

35 Vgl. Gutenberg, E., Grundlagen der Betriebswirtschaftslehre, Bd. 1: Die Produktion, 24. Aufl. Berlin u.a. 1983.

Aufgaben übernimmt, erhält auch die **Beziehung von Organisation und Planung** einen ganz neuen, rationalisierungsbedürftigen Akzent. Die Organisation tritt nun als logische Konsequenz auch **vor** die Planung, und zwar in dem Sinne, daß die Organisation systematisch Einfluß auf die Planung gewinnt, indem sie die Informationsströme (vor-)steuert, die Ausblendungen mitbestimmt, Wahrnehmungsschwellen einbaut, den Bereich zulässiger Lösungen mitabsteckt usw. Die These „Strategie folgt Struktur" findet hier ihre systematische Verankerung. Wie viele Studien zeigen, ist die Organisationsstruktur von herausragender Bedeutung dafür, welche Pläne formuliert werden und Unterstützung erhalten usw.[36] Es widerspräche jedoch jedem Denken in Funktionsbezügen, wollte man diese umgekehrte Prozeßfolge als einzig möglichen Anschluß von Planung an Organisation denken. Die Zahl und Art der Anschlußmöglichkeiten zwischen den Elementen des Managementprozesses sind ja eben prinzipiell unüberschaubar.

Von gleicher Bedeutung für den Planungsprozeß sind in diesem Sinne Lösungen der Managementfunktion **Führung** (Motivation, Gruppenverhalten) sowie Lösungen von Problemen des **Personaleinsatzes** wie Personalauswahl, Beurteilung usw. Erst wenn die Managementfunktionen als grundsätzlich gleichgestellte Teile eines Steuerungsprozesses gedacht werden, kann dieser Einfluß auf die Willensbildung systematisch zum Thema gemacht und als optimierbare Steuerungsaufgabe formuliert werden.

Die Bedeutung der Managementfunktion **Personaleinsatz** für den Steuerungsprozeß variiert nicht nur mit dem Einsatz und der Ausgestaltung der anderen Managementfunktionen. Es ist wichtig zu sehen, daß diese Funktion potentiell auch eigenständige Anpassungs- und Initiativaufgaben (mit-) zu gestalten hat. Grundsätzlich kann die Personaleinsatzfunktion als originäre Quelle des Wandels fungieren, eben als eigensinniges Potential der Komplexitätsverarbeitung bzw. als Instrument einer neuen Differenzbestimmung von Umwelt und System. In dem Sinne muß die Personaleinsatzfunktion nicht nur für ordentliche Aufgabenerfüllung Sorge tragen, sondern ggf. auch „Unordnung" in eine Organisation hineintragen, indem sie neue Orientierungen, Kritikpotentiale (in Form von „Widerspruchsgeistern") u.ä. einnistet und dadurch die **Systemöffnung** und organisationales Lernen befördert.

Die zuletzt angesprochene Systementwicklungsaufgabe des Personaleinsatzes steht einer anderen typischen Aufgabe dieser Managementfunktion, nämlich der des effizienten Planvollzuges, entgegen; während letztere auf Ordnung, also Schließung, drängt, braucht erstere eher „Unordnung", also Öffnung. Wie schon mehrfach erwähnt, sind Widersprüche dieser Art im Rahmen der Systemsteuerung unvermeidbar und nur begrenzt lösbar. Es ist eine wichtige Aufgabe im Steuerungsprozeß, solche Widersprüche zu erkennen und mit ihnen umzugehen, d.h. Handhabungsmuster zu entwickeln. Man kann einmal diesen und einmal jenen Aspekt stärker betonen, man kann versuchen, den Konflikt durch Spezialisierung zu entschärfen – wie auch immer, er wird als fortwährendes Problem bestehen bleiben.

Die hier vorgestellte neue Konzeption des Managementprozesses hat im Vergleich zum traditionellen Managementprozeß eine größere Fassungskraft für die vielfältigen Pro-

---

36 Vgl. dazu die klassische Studie von Bower, J.L., Managing the resource allocation process, Boston 1970; ferner March, J.G./Olsen, J.P., Ambiguity and choice in organizations, 2. Aufl., Bergen 1979.

bleme und Referenzpunkte der Führungspraxis. Sie macht die Beziehung zwischen Unternehmung (System) und Umwelt zum theoretischen Ausgangspunkt und interpretiert von dorther Planung als Selektionsprozeß, der einerseits durch Vereindeutigung von Komplexität und Unsicherheit Handeln ermöglicht, andererseits aber aufgrund des Selektionsrisikos eine kompensierende Systemüberwachung erforderlich macht. Dieser Rahmen schafft Platz für alle die Probleme, die in der Managementliteratur im Spannungsfeld von Flexibilität, Innovation, Effizienz und Routine bezüglich der Managementfunktionen diskutiert werden. Die Managementfunktionen bleiben zwar dem Namen nach dieselben wie im klassischen Managementprozeß, sie erfahren jedoch eine grundlegende Neubestimmung ihrer Systematik. In diesem Sinne sind auch die nachfolgenden Kapitel verfaßt. Sie sind nach den Managementfunktionen gegliedert, und zwar in nachstehender Reihenfolge:

Die Ausführungen beginnen mit **Planung und Kontrolle** (**Teil III**). Am Anfang steht die strategische Planung und korrespondierend dazu die strategische Kontrolle. Im Anschluß daran wird die operative Planung dargestellt, sowohl im Hinblick auf die verfügbaren Methoden als auch auf die verschiedenen Einsatzgebiete. Als Bindeglied von Planung und Kontrolle stehen die Ausführungen zur Budgetierung. Den Abschluß bildet die operative Kontrolle.

Der danach folgende **Teil IV** ist den Managementfunktionen **Organisation und Führung** gewidmet. Sie werden aus dem Blickwinkel der verschiedenen Systemfunktionen behandelt, da sich praktisch eine Trennung ohnehin nicht durchführen läßt. Den Auftakt macht im siebten Kapitel die Erörterung der bedeutsamsten **Organisationsaufgaben** und -probleme. Das anschließende achte Kapitel behandelt die Probleme des **organisatorischen Wandels** und leitet über zu mehr verhaltensbezogenen Managementaufgaben der Führung. Kapitel neun beginnt die Führungsdiskussion mit dem zentralen Thema der **Motivation** und der Frage nach dem Verhältnis von Individuum und Organisation. Das zehnte Kapitel behandelt die Stellung und Bedeutung von **Kleingruppen** in Organisationen und diskutiert die Implikationen für die Systemsteuerung. Kapitel elf geht speziell auf **Vorgesetzte** ein, auf ihre Stellung in der Organisation und auf die Bedeutung seiner Verhaltensweisen für den **Führungsprozeß**. Den Abschluß von **Teil IV** bildet ein Kapitel über die **Unternehmenskultur** und die für sie charakteristischen normgeleiteten Steuerungsprozesse. Mit der Unternehmenskultur wird zugleich der Bogen wieder geschlagen zum Eingangskapitel über Organisation. Beide behandeln die Steuerungsprobleme aus der Perspektive des Gesamtsystems.

Die Kapitel im letzten Teil des Buches (**Teil V**) gruppieren sich um die Managementfunktion **Personaleinsatz**. Nach einer allgemeinen Einführung zur Bedeutung und Entwicklungsgeschichte der Managementfunktion „Personaleinsatz, behandelt Kapitel dreizehn Methoden und Probleme der **Personalauswahl,** Kapitel vierzehn die **Personalbeurteilung** und Kapitel fünfzehn schließlich die Grundfragen der **Entlohnung**. Die Perspektive ist jeweils die gleiche; es interessieren nicht generell Fragen des Personalwesens, sondern die Aufgaben, die für jede Führungskraft anfallen, eben die Managementfunktion.

Diskussionsfragen

1. Welche Bedeutung hätte die Managementfunktion „Kontrolle", wenn die Idee der plandeterminierten Unternehmensführung in perfekter Weise realisierbar wäre?
2. Welche beiden Voraussetzungen liegen dem Gedanken der plandeterminierten Unternehmensführung zugrunde?
3. Welche wichtige Folgerung muß man aus der Tatsache der Eigenkomplexität von Handlungssystemen ziehen?
4. Wie definiert die neuere Systemtheorie die Grenze zwischen System und Umwelt?
5. Wodurch entsteht das Selektionsrisiko?
6. Welche Folgen hat die Eigenkomplexität des Systems Unternehmung für seine Steuerung?
7. Warum kann man die Bestandsproblematik einer Unternehmung nicht mit einem Zweck und daraus abzuleitenden Plänen ausdrücken?
8. Inwiefern ist die Systemtheorie normativ zu relativieren?
9. Inwiefern ist die Planung ein Selektionsprozeß?
10. Warum kann sich ein System nicht vollständig selbst beschreiben?

Fallstudie

Von Grenzen und Zäunen*

Vor langer Zeit lebte ein Stamm. Die Angehörigen dieses Stammes jagten Wild, tranken vom Wildbach und schliefen des Nachts in Zelten. Nach einer herrlichen Nacht in einer angenehmen Gegend brachen einige Stammesmitglieder auf, um Wild zu jagen. Sie brachten Wildbret mit, das für einige Tage vorhielt. ‚Laßt uns hier bleiben', schlugen sie vor; ‚Hier ist gut Sein'. So blieb der Stamm für einen Tag und dann noch für einen ... Bald lernten die Jäger, Tiere zu zähmen und zu züchten, das Land zu bestellen und das Wasser einzudämmen. Als sie reicher wurden und sich stärker fühlten, machten sie große Pläne. Sie bauten sich Häuser und später große Villen. Und sie bauten Zäune gegen ihre Feinde. Dies schienen ihnen schlimme Feinde zu sein. Aber die Zäune waren gut, und nach jeder Attacke machten sie die Zäune noch stabiler.

Pilger zogen vorbei und erzählten Geschichten von besseren Lagern und von anderem Wild, aber der Stamm hörte nicht auf sie. Der letzte Jäger war schon gestorben, als während eines heißen Sommers der Wildbach weniger Wasser trug als sonst. Zuerst merkte das niemand, aber als der Wildbach weiter austrocknete, informierte der Wasser-Manager den Stammesrat. Der Stammesrat enthob den Wasser-Manager seines Amtes und beschloß, daß genug Wasser im Wildbach sei. Das Abstimmungsergebnis war 8 : 1.

Der Stamm arbeitete weiter an seinem Zaun, der zwischenzeitlich schon so dick geworden war, daß niemand mehr die Umgebung jenseits des Zaunes sehen konnte. Einige Tage später waren die Tiere tot. Sie waren in der Hitze mangels Wassers verdurstet. Als die Stammesmitglieder nun Leitern holten und über den Zaun schauten, stellten sie fest, daß das sie umgebende Weideland zu einer Wüste geworden war.

Da entschlossen sie sich, weiter zu wandern. Indessen, dazu war es schon zu spät, sie hatten das Wandern verlernt. Der Stamm ging unter.

Fragen zur Fallstudie:

1. Versuchen Sie die Entwicklung dieses Stammes und seine Steuerung systemtheoretisch zu deuten.
2. Weshalb ist die Managementfunktion „Kontrolle" in diesem Fallbeispiel nicht funktionstüchtig?

---

* Nach Hedberg, B., How organizations learn and unlearn, in: Handbook of Organizational Design, hrsg. v. Nystrom, P.C./Starbuck, W.H., Vol. 1 Oxford (1981), in der Übers. v. Kieser, A., Werte und Mythen in der strategischen Planung, in: wisu – Das Wirtschaftsstudium 14 (1985), S. 429.

Literaturhinweise

Zu den Grundlagen des klassischen Managementprozesses:

Gutenberg, E., Die Unternehmung als Gegenstand betriebswirtschaftlicher Theorie, Frankfurt a.M. 1967 (zuerst Berlin 1929).

Schreyögg, G., Der Managementprozeß – neu gesehen, in: Managementforschung Bd. 1, hrsg. v. Staehle, W.H./Sydow, J., Berlin/New York 1991, S. 255–289.

Zu den Grundlagen der modernen Systemtheorie:

Luhmann, N., Soziale Systeme, Frankfurt a.M. 1984.

Willke, H., Systemtheorie I, 5. Aufl., Stuttgart 1996.

Zum Zusammenhang von Systemtheorie und Unternehmungsführung:

Kirsch, W., Kommunikatives Handeln, Autopoiese, Rationalität, München 1992.

Probst, G.J.B., Selbst-Organisation, Berlin/Hamburg 1987.

Zu den Grenzen der Steuerung:

Kirsch, W., Evolutionäres Management und okzidentaler Rationalismus, in: Probst, G./ Siegwart, H. (Hrsg.), Integriertes Management, Bern/Stuttgart 1985, S.331–360.

Malik, F., Strategie des Managements komplexer Systeme, 5. Aufl., Bern/Stuttgart 1996.

Teubner, G., Reflexives Recht, in: Archiv für Rechts- und Staatsphilosophie 68 (1982), S. 13 ff.

Zur normativen Relativierung der Systemtheorie:

Habermas, J., Theorie des kommunikativen Handelns, Bd. II, Frankfurt a.M. 1981.

Dritter Teil

Planung und Kontrolle

Fünftes Kapitel
Strategische Planung und Kontrolle

Sechstes Kapitel
Operative Planung und Kontrolle

Vorbemerkung zur gedanklichen Einordnung

Jedes Unternehmen braucht Orientierung, um handeln zu können. Dazu sind Informationen zu verarbeiten, Erfahrungen auszuwerten, andere Systeme zu beobachten, Ergebnisse zu klären, Ereignisse zu Gelegenheiten und Bedrohungen zu verdichten usw. Eine Technik, um mit diesen Anforderungen umzugehen, ist die Planung. Mit ihr wird versucht, Orientierung dadurch zu gewinnen, daß relevante Probleme antizipiert und vorab, also vor dem Eintreten der mutmaßlichen Handlungskonstellation, gelöst werden. Das sind nicht nur Vorratsbeschlüsse, sondern dies bedeutet auch, daß das heutige Handeln auf die zukünftige Problemlösung ausgerichtet wird.

Die Gewinnung einer Handlungsorientierung ist wegen der Komplexität und Dynamik der Welt kein analytisch abschließbarer Prozeß. Er bleibt deshalb – wie bereits dargelegt – immer selektiv und also in seinen Implikationen ungewiß.

Planung ist kein einmaliger Akt in einer Unternehmung, sondern ein vielstufiger, immer wieder zu leistender Prozeß. Die allgemeine Handlungsorientierung soll dem Ideal nach aus den grundsätzlichen Unternehmenszielen und dem strategischen Programm fließen. Das strategische Programm legt fest, auf welchen Märkten mit welchen Produkten eine Unternehmung aktiv sein und wie der Wettbewerb bestritten werden soll.

Während also die **strategische Planung** den grundsätzlichen Orientierungsrahmen für zentrale Unternehmensentscheidungen abstecken will, stellt die **operative Planung** darauf ab, eine unter Berücksichtigung der strategischen Ziele konkrete Orientierung für das **tagtägliche** Handeln zu gewinnen. Der operative Plan schafft ein Orientierungsgerüst für Tages-, Wochen- und Monatsaktivitäten. Ein operativer Plan benennt z.B. die Maschinenbelegung der kommenden Woche, legt die Instandhaltungszeiten für die Anlage fest, verknüpft den Materialfluß mit dem Produktionsprogramm usw.

Es ist dies auch der Grund, weshalb man früher die operative Planung als **kurzfristige** und die strategische Planung als **langfristige** Planung bezeichnet hat. Diese Bezeichnungen sind heute nicht mehr sehr gebräuchlich; dies vor allem deshalb, weil sich die Gleichsetzung von strategisch und langfristig als irreführend erwiesen hat. Strategische Pläne können einen überaus kurzfristigen Horizont haben, ohne auch nur im mindesten den Charakter eines operativen Plans anzunehmen. Man denke nur an den Erwerb einer Unternehmensbeteiligung, die überraschend angeboten wurde, oder an die dramatische Umsteuerung von Ressourcen (Turn around), um eine aufgetretene Krise zu bewältigen. Es ist deshalb im Hinblick auf die hier interessierende Handlungsorientierung besser, die Planungsebenen der **Sache** nach zu unterscheiden, also zwischen der strategischen und der operativen Ebene, und getrennt davon nach dem **zeitlichen** Horizont.

Planung ist eine grundsätzliche Steuerungsoption, die in der einen oder anderen Form jeder Führungskraft zu Gebote steht. In vielen Unternehmen liegt – der Idee der Hierarchie folgend – der strategische Planungsschwerpunkt mehr auf den oberen Managementebenen, der operative Planungsschwerpunkt dagegen auf den unteren Hierarchieebenen. Es wäre jedoch völlig falsch, hierin einen Ausschließlichkeitsgrundsatz zu erblicken. Häufig basieren strategische Neuorientierungen auf Anregungen von der Basis, und nicht selten ist die operative Planung für den Geschäftserfolg so wichtig, daß kein Vorstand seine unmittelbare Beteiligung daran aufgeben würde. Es ist deshalb auch irreführend, strategische Planung als Top-Management-Aufgabe und operative Planung als Meister- und Gruppenleiteraufgabe zu bezeichnen.

Nachdem Planung – wie in Kapitel 4 ausführlich dargelegt – eine hochgradig selektive Steuerungstechnik darstellt, ist sie grundsätzlich mit Maßnahmen zusammenzudenken, die geeignet sind, das Selektionsrisiko zumindest teilweise zu kompensieren. Diese Kompensationsaufgabe übernimmt klassischerweise die Managementfunktion Kontrolle (obwohl prinzipiell auch andere Managementfunktionen Kompensationsaufgaben übernehmen können). Deshalb ist es zweckmäßig, Planung und Kontrolle zusammen abzuhandeln.

Nachdem die spezifischen Denkweisen, Datenarten, Techniken und Ziele für strategische und operative Planung sehr unterschiedlich sind, wird in diesem Buch eine generelle Zweiteilung vorgenommen in **strategische Planung und Kontrolle** sowie **operative Planung und Kontrolle**.

Fünftes Kapitel

Strategische Planung und Kontrolle

5.1 Unternehmensstrategien: Grundbegriffe

Im Frühjahr 1988 stand das Management der Rheinisch-Westfälischen Elektrizitätswerke (RWE) AG vor einer großen Entscheidung. Man hatte die Raffinerien sowie das gesamte Vertriebsnetz der Deutschen Texaco AG zum Kauf angeboten bekommen. Mit dem Kauf der Deutschen Texaco AG bestand die Chance, mit 1900 Stationen zweitgrößter Tankstellenbetreiber der Bundesrepublik zu werden. Der Vorstoß in die Mineralölverarbeitung bot dem Konzern die Chance, einen Ausgleich für den stagnierenden Strommarkt zu schaffen. Der Erwerb verlangte jedoch zugleich, die seit langem aufgeschobene Entscheidung über Ausbau oder Schließung der mineralölverarbeitenden Tochter UK Wesseling zugunsten eines Ausbaus zu treffen.

Dies war keine leichte Entscheidung; einmal abgesehen von dem beträchtlichen Kaufpreis in Höhe von DM 2 Mrd. (Börsenpreis von 2,7 Mrd.), mußte man sich erst einmal Klarheit darüber verschaffen, ob man ein so starkes Engagement im Tankstellenbereich wollte, ob dies ein tragfähiger neuer Geschäftszweig werden würde, welche Konsequenzen sich daraus für die angestammten Geschäftsfelder ergäben usw. Erschwerend kam hinzu, daß die Deutsche Texaco AG im Vorjahr (1987) Verluste in Höhe von etwa fünf DM pro Tonne verarbeiteten Öls zu verzeichnen hatte und auch die RWE-Tochtergesellschaft UK-Wesseling nicht gewinnbringend betrieben werden konnte.

Wie allgemein bekannt, hat sich die RWE AG schließlich zum Kauf der Deutschen Texaco AG entschieden und betreibt das entstandene Tankstellen-Netz unter dem Namen DEA. Heute (1999) verfügt DEA nach zahlreichen Bereinigungsmaßnahmen über 1.687 Tankstellen. Der Bereich wird als wichtiger („Downstream“) Baustein der neu entwickelten Multi-Energy / Multi-Utility-Strategie angesehen, der das sog. Upstream-Mineralölgeschäft ergänzt. Das Tankstellennetz soll zukünftig als Vertriebsplattform für weitere Konzernprodukte genutzt werden.

Insgesamt steht der RWE-Konzern vor einer grundlegend neuen strategischen Herausforderung. Durch die Liberalisierung der Märkte für Strom und Gas verschärft sich der Wettbewerb. Ferner wird ein traditionell regionales Geschäft sukzessive international, vor allem europäisch. Eine völlige strategische Umorientierung wurde deshalb in Gang gesetzt (Quellen: Geschäftsberichte der RWE AG 1989 ff.).

Die Entscheidungen, vor denen das RWE-Management stand, waren strategische Entscheidungen: Es stellte sich die Frage, ob das grundsätzliche Betätigungsfeld der Firma um einen neuen großen Geschäftszweig erweitert und wie der Wettbewerb in diesem Feld bestritten werden sollte. Ganz generell zeigt sich, daß immer wieder die grundsätzliche Ausrichtung des Geschäfts zur Diskussion steht.

Mit solchen und ähnlichen Entscheidungen beschäftigt sich die strategische Planung, die den Gegenstand des nachfolgenden Kapitels bildet. Der Begriff „strategische Entscheidungen“ existiert noch nicht sehr lange in der Managementlehre; es hat sich aber schnell erwiesen, daß das Denken in Strategien und strategischen Alternativen ein wichtiges Rüstzeug liefert in dem Bemühen, den Unternehmenserfolg dauerhaft zu sichern. Was versteht man im einzelnen unter einer Unternehmensstrategie?

Strategie – das war früher ein Begriff, den man für groß angelegte militärische Operationspläne verwendete oder auch für ausgeklügelte Züge in Brettspielen. Diese ursprünglichen Bedeutungen schwingen natürlich mit, wenn man heute von Unternehmensstrategie oder von strategischen Entscheidungen spricht, aber es haben sich doch im Laufe der Zeit ganz andere Akzente herausgebildet.

Es ist schwer, eine einheitliche Definition anzugeben, die die zwischenzeitlich vorhandene Bandbreite an Vorstellungen abdecken könnte. Gewöhnlich sind es aber die folgenden Merkmale, die mit dem Begriff der Unternehmensstrategie bzw. der strategischen Entscheidung in Verbindung gebracht werden:[1]

- Strategien legen das (die) Aktivitätsfeld(er) oder die Domäne(n) der Unternehmung fest.
- Strategien sind konkurrenzbezogen, d.h. sie bestimmen das Handlungsprogramm der Unternehmung in Relation zu den Konkurrenten, z.B. in Form von Imitation, Kooperation, Domination oder Abgrenzung.
- Strategien nehmen Bezug auf Umweltsituationen und -entwicklungen, auf Chancen und Bedrohungen. Sie reagieren auf externe Veränderungen und/oder versuchen diese, aktiv im eigenen Sinne zu beeinflussen.
- Strategien nehmen Bezug auf die Unternehmensressourcen, auf die Stärken und Schwächen in ihrer relativen Position zur Konkurrenz.
- Strategien spiegeln die zentralen Einstellungen, Wünsche und Wertvorstellungen der bestimmenden Entscheidungsträger wider.
- Strategien sind auf das ganze Geschäft gerichtet, d.h. sie streben eine gesamthafte Ausrichtung der Aktivitäten und nicht nur einzelner Funktionsbereiche an.
- Strategien haben eine hohe Bedeutung für die Vermögens- und Ertragslage eines Unternehmens und weitreichende Konsequenzen, was die Ressourcenbindung anbelangt; es handelt sich um „große" Entscheidungen.
- Strategien sind zukunftsorientiert, sie basieren auf Erwartungen über die Entwicklung eigener Kompetenzen und Umweltzustände.
- Strategien können, müssen aber nicht, das Ergebnis eines systematischen Planungsprozesses sein.

In verkürzter Form läßt sich formulieren:

Strategien geben Antwort auf drei grundsätzliche Fragen („Grundfragen der strategischen Planung"):

(1) In welchen Geschäftsfeldern wollen wir tätig sein?
(2) Wie wollen wir den Wettbewerb in diesen Geschäftsfeldern bestreiten?
(3) Was ist unsere längerfristige Erfolgsbasis (Kernkompetenz)?

Die *erste Frage* betrifft die Wahl der „Domäne", also des Produkt-Marktes, in dem das Unternehmen tätig sein will. Dabei ist diese Frage nicht als Beschreibung des status quo gemeint, sondern sie verlangt eine Antwort darauf, in welchem(n) Geschäft(en) das Unternehmen zukünftig tätig sein will, ob es also im alten Geschäft verbleiben, ein neues er-

1 Vgl. Hinterhuber, H.H., Wettbewerbsstrategie, 2. Aufl., Berlin/New York 1990, S. 49 ff., sowie auch Mintzberg, H./Quinn, J.B./Voyer, J., The strategy process, Englewood Cliffs, N.J. 1995, S. 1 ff.

schließen oder diversifizieren will. Ein Geschäftsfeld oder eine Domäne definiert sich nicht nur nach dem Produktprogramm, sondern kann sich ebenso gut nach Kundengruppen oder Anwenderproblemen bestimmen. Viele Unternehmen sind in mehreren Domänen tätig.

Die *zweite* strategische Grundfrage stellt auf die Profilierung gegenüber der Konkurrenz in den ausgewählten Geschäftsfeldern ab. Sie verlangt eine Antwort darauf, mit welcher Konzeption und Stoßrichtung den Wettbewerbern begegnet werden soll. Will man sich z.B. als Nischenanbieter profilieren, will man auf der Basis einer im Vergleich zu den Konkurrenten kostengünstigen Produktion zum Marktführer in der Standardklasse werden oder das eigene Angebot durch ganz spezielle Merkmale von dem der Konkurrenz absetzen?

Die *dritte* strategische Grundfrage stellt auf die eigenen Ressourcen ab und ihr Potential, längerfristig jenseits einzelner Marktbewegungen eine Erfolgsgrundlage zu bieten.

Insgesamt zielt die strategische Planung darauf ab, den Bestand und die Rentabilität der Unternehmung dauerhaft sicherzustellen, d.h. es wird geprüft, ob in den jetzigen Geschäftsfeldern mit dem jetzt gewählten Wettbewerbskonzept auch in Zukunft erfolgreich konkurriert werden kann, ob neue Geschäftsfelder gesucht und/oder neue Kompetenzen entwickelt werden müssen. Das strategische Konzept ist konstitutiv für die im vierten Kapitel ausführlich dargestellte System/Umwelt-Grenze einer Unternehmung.

Aus vorstehenden Erläuterungen des Strategiebegriffs geht hervor, daß eine Unternehmung in jedem Falle eine Antwort auf die drei Grundfragen geben muß, gleichgültig, ob sie dies als Folge eines Planungsprozesses tut oder ob dies mehr intuitiv geschieht.[2] Schon die Gründung einer Unternehmung setzt die Existenz einer Strategie in dem bezeichneten Sinne voraus, gleichgültig ob dies im Einzelfall reflektiert wird oder nicht.

Die strategische Planung führt so gesehen nicht erst Strategien in Unternehmen ein, sondern sie fördert und systematisiert vielmehr das Nachdenken über die zentralen strategischen Fragen und ihre praktische Umsetzung. Nur selten findet die strategische Planung in der streng systematisierten Abfolge statt, wie sie in den nächsten Abschnitten schematisch dargelegt wird. Strategische Entscheidungsprozesse sind wie alle anderen auch organisatorische Entscheidungsprozesse, d.h. sie sind in organisatorische Prozesse eingebettet, werden von diesen überlagert, gefördert, behindert usw.[3]

Korrespondierend mit den strategischen Grundfragen lassen sich für die strategische Planung zwei grundsätzliche Planungsebenen unterscheiden, nämlich die

- Ebene der Gesamtunternehmung (des Konzerns, der Holding usw.) und die
- Ebene des Geschäftsfeldes (der Sparte, des Produkt-Marktes usw.).

Dementsprechend wird dann unterschieden zwischen:

- Gesamtunternehmensstrategie (corporate strategy) und
- Wettbewerbsstrategie (business strategy).

2 Vgl. Mintzberg, H./Waters, J.A., Of strategies, deliberate and emergent, in: Strategic Management Journal 6 (1985), S. 257-272.

3 Zum faktischen Ablauf strategischer Planungsprozesse vgl. Schwenk, C.R., Strategic decision making, in: Journal of Management 21 (1995), S. 471-493.

In der **Gesamtunternehmensstrategie** geht es darum, die Geschäftsfelder der Firma festzulegen und die Ressourcen auf die Geschäftsfelder im Sinne der strategischen Zielsetzung zu verteilen. Zur Ebene der Gesamtunternehmensstrategie ist die eingangs geschilderte Entscheidung der RWE AG zu rechnen, die Deutsche Texaco AG zu kaufen und damit zu einem großen Anbieter im Bereich des Mineralölvertriebs zu werden.

Mit der **Wettbewerbsstrategie** wird dagegen festgelegt, wie der Wettbewerb in einem ganz bestimmten Geschäftsfeld bestritten werden soll. Dabei geht man davon aus, daß die Bedingungen in den Geschäftsfeldern, sowohl was die unternehmensinterne als auch was die externe Situation anbelangt, äußerst unterschiedlich sein können, so daß jeweils eine spezielle Strategie erforderlich sein kann. Unternehmen mit mehreren Geschäftsfeldern können also ganz unterschiedliche Wettbewerbsstrategien verfolgen. Bezogen auf das eingangs genannte Beispiel stellte sich hier also die Frage, wie das Tankstellennetz bzw. die Marke DEA im Vergleich zu den anderen Anbietern (Shell, Esso, Aral usw.) erfolgsträchtig positioniert werden kann.

Diesen beiden strategischen Ebenen **vorgelagert** ist die Frage nach den Kernkompetenzen, also die Frage nach dem Erfolgspotential der strategischen Ressourcen. Man könnte hier von der **Ressourcenstrategie** sprechen. Bezogen auf die RWE AG würde man nach der spezifischen Kompetenz des Unternehmens fragen, die als gemeinsame Basis den verschiedenen (erfolgreichen) Geschäftseinheiten zugrundeliegt und inwieweit diese Grundkompetenz eine tragfähige Basis für die Bearbeitung neuer Märkte bildet.

Bisweilen wird auch die Ebene der betrieblichen Funktionen als strategische Ebene begriffen. Man spricht dann von Funktionalstrategien, also Strategien für die einzelnen Funktionsbereiche wie etwa Marketingstrategie, Personalstrategie, Beschaffungsstrategie oder Fertigungsstrategie.[4] Dies widerspricht jedoch dem hier verwendeten Strategiebegriff, der ja **funktionsübergreifend** auf die Steuerung der gesamten **Geschäftseinheit** oder des **Gesamtsystems** abstellt. Die betrieblichen Funktionsbereiche können keine **strategische Autonomie** in dem hier dargelegten Sinne haben, ihre Steuerung ist eine nachgeordnete Aufgabe, sie ist an die festgelegte Strategie gebunden. Den betrieblichen Funktionsbereichen obliegt es, Programme zu entwickeln, die eine Umsetzung der Strategie in konkretes Handeln ermöglichen. Statt von Funktionalstrategien wird deshalb hier von **strategischen Programmen** der Funktionsbereiche gesprochen.

In jüngerer Zeit findet sich im Umfeld strategischer Ansätze häufiger der Begriff **„Vision“**. Damit wird zumeist auf den Entwurf eines Entwicklungspfades verwiesen, eine Idee, wohin sich das Unternehmen entwickeln könnte. Die Vision ist allgemeiner als die Strategie, sie liegt gewissermaßen vor ihr, ist aber mit ihr eng verbunden. Für die Deutsche Telekom AG wurde z.B. als Vision formuliert: Vom nationalen Netzbetreiber zum globalen Dienstanbieter. Der Entwurf von Visionen ist nicht in dem Maße planbar wie eine Strategie. Hier ist vielmehr Intuition und Erfindungsgabe, aber auch rhetorisches Talent gefordert. Visionäres Denken wird dementsprechend häufig mit charismatischen

4 Vgl. etwa Hofer, C.W./Schendel, D., Strategy formulation: Analytical concepts, St. Paul 1978, S. 29.

Führungspersönlichkeiten verbunden, die mit nahezu magischer Kraft ein System für ihre Idee begeistern können. [5]

5.2 Elemente und Schrittfolge des strategischen Managements

Jede Strategieplanung baut ihren Selektionsprozeß – wie unterschiedlich die Vorgehensweisen im einzelnen auch sein mögen – auf **zwei Grundpfeilern** auf, nämlich **der Analyse der Umweltsituation** und **der Analyse der internen Möglichkeiten und Grenzen**. Dieses Grundmuster liegt auch dem hier verwendeten Modell der strategischen Planung zugrunde. Abbildung 5.1 zeigt einen schematischen Aufriß des strategischen Planungsprozesses mit seinen einzelnen Elementen und Stufen, erweitert um die Realisation und die Kontrolle.

Der strategische Planungsprozeß gliedert sich in fünf Hauptelemente: Umweltanalyse, Unternehmensanalyse, strategische Optionen, strategische Wahl und strategische Programme. Die in Abbildung 5.1 ebenfalls aufgeführten Phasen der Realisation und der strategischen Kontrolle sind Bestandteil des **gesamten strategischen Managementpro-**

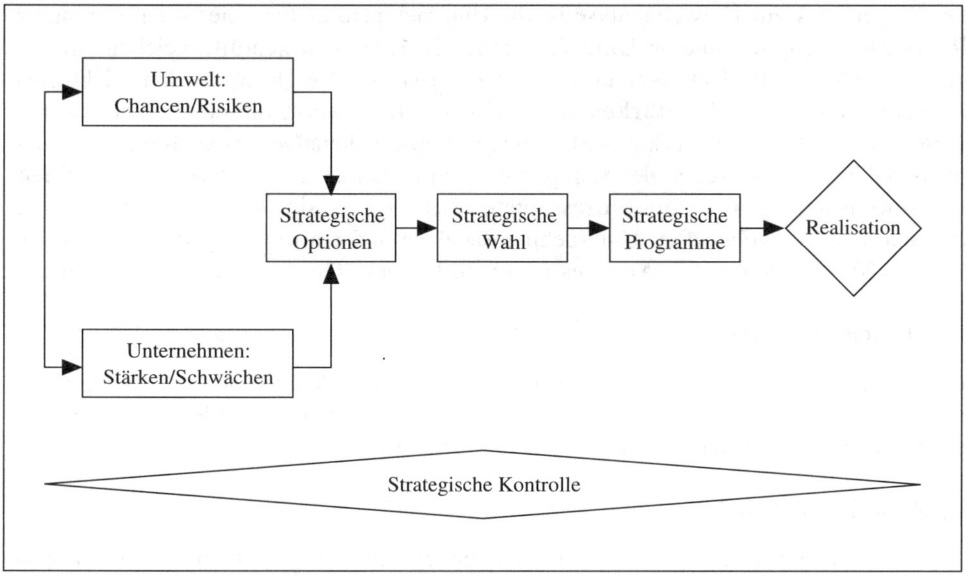

Abb. 5.1: Schematischer Aufriß des strategischen Managementprozesses

5 Vgl. Westley, F./Mintzberg, H., Visionry leadership and strategic management, in: Strategic Management Journal 10 (1989), S. 17-32; Hinterhuber, H.H., Maßstäbe für die Unternehmen und Führungskräfte von morgen, in: Hinterhuber, H.H./Al-Ani, A./ Hanbauer, G. (Hrsg.): Das neue strategische Management, Wiesbaden 1996, S. 33-60.

zesses, nicht aber Elemente der strategischen Planung im engeren Sinne. Im folgenden seien die genannten Elemente kurz erläutert.

(1) Umweltanalyse

Die strategische Analyse ist das Herzstück jedes strategischen Planungsprozesses, weil sie die informatorischen Voraussetzungen für eine erfolgreiche Strategieformulierung schafft. Sie setzt sich aus zwei gleich bedeutsamen Teilen zusammen, der Umweltanalyse und der Unternehmensanalyse. Aufgabe der Umweltanalyse ist es – grob gesagt –, das externe Umfeld der Unternehmung daraufhin zu erkunden, ob sich Anzeichen für eine Bedrohung des gegenwärtigen Geschäftes und/oder für neue Chancen und Möglichkeiten erkennen lassen. Die Umweltanalyse soll sich nicht nur auf das nähere Umfeld des jeweiligen Geschäftes beschränken, sondern auch allgemeinere Entwicklungen und Trends berücksichtigen, die möglicherweise für Diskontinuitäten und Überraschungen im engeren Geschäftsumfeld sorgen.

Zur weiteren Umwelt gehören die allgemeine technologische Entwicklung, gesellschaftliche Strömungen und Veränderungen (z.B. Wertewandel), politische Strukturen und ähnliche Faktoren, während für die engere Geschäftsumwelt die jeweiligen Wettbewerbskräfte maßgeblich sind.

(2) Unternehmensanalyse

Das Gegenstück zur Umweltanalyse ist die Unternehmensanalyse; sie ist auf die interne Ressourcensituation („interne Umwelt") gerichtet. Hier wird geprüft, welchen strategischen Spielraum die Unternehmung hat und ob sie im Vergleich zu den wichtigsten Konkurrenten spezifische **Stärken** oder **Schwächen** aufweist, die einen Wettbewerbsvorteil/-nachteil begründen (können). Sowohl die Umweltanalyse als auch die Unternehmensanalyse müssen wegen der Komplexität und Dynamik der Analysefelder als **selektive** Informationsverarbeitungsprozesse betrachtet werden, sind also immer unvollständig und damit risikobehaftet. Unternehmensanalyse und Umweltanalyse werden häufig kurz als **SWOT** (**S**trengths, **W**eaknesses, **O**pportunities, **T**hreats) -Analyse bezeichnet.

(3) Strategische Optionen

Die Informationen der strategischen Analyse werden im nächsten Schritt zu möglichen, im Rahmen der Gegebenheiten sinnvollen Strategiealternativen verdichtet. Damit soll der Raum der grundsätzlich denkbaren Strategien aufgerissen und durchdacht werden.

(4) Strategische Wahl

Aus dem aufgespannten Raum der Alternativen ist schließlich in einem Bewertungsprozeß diejenige Strategie auszuwählen, die in Anbetracht der Stärken und Schwächen der Unternehmung und der zu erwartenden Bedrohungen und/oder Chancen aus der Umwelt den größten Erfolg verspricht. In diesen Auswahlprozeß gehen als Kriterien nicht nur Erfolgsdimensionen wie Umsatz und Rentabilität ein, sondern hier sind auch Fragen der Managementphilosophie, der gesellschaftlichen Vertretbarkeit und der Ethik von zentraler Bedeutung.

(5) Strategische Programme

Im fünften und letzten Schritt des strategischen Planungsprozesses geht es schließlich darum, die praktische Umsetzung der analytisch gewonnenen Handlungsorientierung planerisch vorzubereiten. Dabei kann es – wie im vierten Kapitel ausführlich erläutert – nicht um eine vollständige planerische Durchdringung des Aktionsfeldes gehen – dies ist bei komplexen Systemen prinzipiell unmöglich –, sondern nur um eine Konkretisierung solcher Maßnahmen, die für die Umsetzung und den Erfolg der festgelegten Unternehmensstrategie kritisch erscheinen. Auf der Basis der für eine Strategie geltenden Erfolgsfaktoren werden schwerpunktartig strategische Programme entwickelt, die eine strategische (Neu-)Orientierung des Handlungsgerüstes ermöglichen sollen. Die strategischen Programme setzen Orientierungspunkte für den operativen Planungs- und Handlungsbereich.

(6) Realisation

Nicht mehr Gegenstand der strategischen Planung, wohl aber für ihren Erfolg von ausschlaggebender Bedeutung ist der **Realisierungsprozeß**. Diese sich oft über Jahre erstreckende Planumsetzung ist von so vielen Unwägbarkeiten und Barrieren begleitet, daß sie zum schon sprichwörtlichen **Implementationsproblem** gerieten. Um trotz dieser Schwierigkeiten einen strategischen Erfolg sicherstellen zu können, kam die Forderung nach einem Strategie-Management auf. Damit ist eine Ausdehnung der strategischen Aktivitäten über den reinen Planungsprozeß hinaus gemeint mit dem Ziel, die (neue) strategische Orientierung im Tagesgeschäft nachhaltig zu verankern. Dementsprechend wird dann auch erweiternd von strategischem Management oder strategischer Unternehmensführung gesprochen.

(7) Strategische Kontrolle

Gegenstand eines so verstandenen strategischen Managements ist dann auch die strategische Kontrolle. Entgegen der üblichen Lehrmeinung wird – wie ebenfalls bereits im vierten Kapitel gezeigt – Kontrolle in diesem Buch nicht als angehängtes Schlußglied des Managementprozesses begriffen, sondern als selbständiges Steuerungsinstrument, das den Planungsprozeß kritisch absichernd begleitet. Planung – und in diesem Sinne ganz besonders: die strategische Planung – ist ein hoch-selektiver Prozeß, der eines fortwährenden Korrektivs bedarf, um frühzeitig Irrwege und Bedrohungen aufzudecken. Neben dem Planungs- und Implementationsprozeß ist also ein gleichlaufender Radar zu installieren, der Veränderungsnotwendigkeiten registriert und signalisiert. Wie in Abbildung 5.1 gezeigt, hat deshalb die strategische Kontrolle nicht erst nach Vorliegen von meßbaren Ergebnissen einzusetzen, sondern ihre Tätigkeit mit den ersten Festlegungen im Planungsprozeß aufzunehmen.

Mit den beschriebenen Elementen ist der Rahmen abgesteckt, anhand dessen nun im Fortlauf die Elemente und Schrittfolge des strategischen Managements im einzelnen beschrieben werden sollen.

Anmerkung

Dieser schematische Aufriß behandelt nicht die Frage, von wem die Planungsarbeit geleistet und wie sie organisatorisch eingebettet wird. Grundsätzlich gilt, daß die Strategiebildung eine Aufgabe des Linienmanagements ist. Sie wird in vielen Unternehmen von **Planungsabteilungen** unterstützt. Dies sind Spezialabteilungen, die in besonderer Weise mit den Instrumenten und Methoden der strategischen Planung vertraut sind und so den Planungsprozeß kompetent anleiten können. Sie sind zumeist als **Stabsabteilungen** dem Vorstand oder einem Bereichsleiter (z.B. Controlling oder Konzernverwaltung) zugeordnet. Bisweilen hat man diesen Abteilungen über die methodische Anleitung hinaus die ganze Planungsarbeit übertragen wollen; dies erwies sich aber aus leicht erkennbaren Gründen in vielen Fällen als Fehlschlag. Die Planung sollte in den Händen der Leute liegen, die über die relevanten Informationen verfügen und die später mit dem Plan arbeiten müssen. Häufig wird, um das Dilemma zwischen Sachverstand und Methodenwissen zu lösen, gerade für strategische Planungen eine Projektgruppe gebildet, in der zeitlich begrenzt Manager und Planungsstäbe ein **Team** bilden.

5.3 Umweltanalyse

Der Kern der strategischen Planung beginnt mit der Analyse der Umwelt und ihrer mutmaßlichen Entwicklung. Um eine sinnvolle strategische Orientierung entwickeln zu können, bedarf es einer Strukturierung und der Bildung eines Verständnisses des gewöhnlich sehr komplexen Umfeldes. Der Prozeß der informationellen Strukturierung und der Interpretation wird heute meist als „Sinnbildung" bezeichnet.[6] Die Entscheidungsträger müssen eine Idee von den relevantesten Einflußfaktoren und ihren Verknüpfungen entwickeln. Erst eine Vorstellung dieser Zusammenhänge – die allerdings wegen der unüberschaubar vielen Anschlußmöglichkeiten zwischen den Elementen des Umfeldes immer nur eine vereinfachte Konstruktion sein kann – ermöglicht den Entwurf strategischer Handlungsmöglichkeiten und die Beurteilung bestehender strategischer Positionen.

In der Umweltanalyse versucht die Unternehmung, systematisch aus internen und externen Quellen ein Situationsbild zu generieren, um informierte Entscheidungen treffen zu können. Wie intensiv auch immer die Bemühungen sein mögen – das sollte gleich vorab betont werden – der Informationsstand nach Abschluß der Analyse bleibt prinzipiell lückenhaft, so daß nur unter großer Unsicherheit gehandelt werden kann und muß. Damit ist zugleich ein strukturelles Problem angesprochen: Strategische Entscheidungen sind prinzipiell **Entscheidungen unter Unsicherheit**. Die strategische Analyse kann helfen, die Unsicherheit auf ein handhabbares Maß kleinzuarbeiten, sie kann sie aber nicht beseitigen. Die Umweltanalyse kann deshalb die Unternehmung nicht vor Überraschungen schützen, sie muß sich dafür immer auch bereit halten.

6 Vgl. Weick, K.B. Sensemaking in organizations, Thousand Oaks u.a. 1995.

Die strategische Umweltanalyse steht unter den zwei spannungsreichen Leitthemen: **Chancen** und **Bedrohungen**. Die Umwelt steckt einerseits die Grenzen des strategischen Spielraums ab und eröffnet andererseits den Raum für neue strategische Handlungsvarianten und Programme.

Die Umwelt soll nicht nur verstanden werden, um sich ihren Strukturen optimal anpassen zu können, sondern auch um sie ggf. zu verändern, d.h. zum Beispiel, dem Eintreten von Umweltereignissen aktiv entgegenzuwirken oder auch durch neue Strategien neue Industriestrukturen zu initiieren.

Hinter diesem Umweltanalyse-Verständnis steht ein **interaktives Modell** des Verhältnisses von Unternehmung und Umwelt. Die Umwelt wird weder als alles beherrschende Determinante begriffen („deterministisches Modell"), noch wird die Unternehmung als autonome Entscheidungseinheit gesehen, die nur in den eigenen Ressourcen ihre Handlungsbegrenzung findet („voluntaristisches Modell").[7]

Die Umwelt läßt dem Unternehmen unterschiedlich viel Spielraum; die Möglichkeiten des Unternehmens, auf die Umwelt einzuwirken, hängen nicht nur von seiner Ressourcenkraft (Macht) ab, sondern auch von seiner Findigkeit, Lücken neben den etablierten Strukturen aufzuspüren[8] und/oder mit neuen Ideen neue Märkte aufzubauen.

Das zentrale Merkmal der interaktiven Konzeption ist, daß sie von interdependenten Beziehungen ausgeht; die Umwelt ist also Restriktion des Handlungsfeldes und Gegenstand strategischer Veränderung zugleich. Diese Interdependenz ist es aber auch, die es so schwer macht, das Beziehungsgefüge konzise zu modellieren.

Zur Strukturierung der Informationsgewinnung werden zumeist zwei Analyseebenen unterschieden: Zum einen die allgemeinen Umweltbedingungen in bezug auf generelle politische Entwicklungen, sozio-kulturelle Einflüsse usw. Die Analyse dieser Einflußkräfte bildet dann den Rahmen für die zweite Analyse-Ebene, die der spezifischen Wettbewerbsbedingungen in Märkten und Geschäftsfeldern, in denen die Unternehmung operiert oder die sie als potentielles Operationsfeld in Betracht zieht. Wenden wir uns zunächst den allgemeinen Umweltbedingungen zu.

5.3.1 Allgemeine Umwelt

Für die Analyse der globalen Umwelt gilt grundsätzlich, daß sie breit anzulegen ist. Es sollen möglichst viele potentiell relevante Trends und Entwicklungen erfaßt und geprüft werden. Vollständigkeit ist indessen schon aus systematischen Gründen unmöglich; die Welt ist grundsätzlich unbegrenzt. Um den unvermeidlichen Selektionsprozeß anzulei-

7 Vgl. Schreyögg, G., Unternehmensstrategie, Berlin/New York 1984.

8 Vgl. Kirzner, J.M., Wettbewerb und Unternehmertum, Tübingen 1978; sowie auf das strategische Management umgemünzt Jacobson, R., The „Austrian" school of strategy, in: Academy of Management Review 17 (1992), S. 782-807; Young, G./Smith, K.G./Grimm, C.M., „Austrian" and industrial organization perspectives on firm-level competitive activity and performance, in: Organization Science 7 (1996), S. 243-254.

ten, ist es üblich geworden, vorstrukturierend fünf Hauptsektoren zu unterscheiden (vgl. Abb. 5.2)[9]:

(1) makro-ökonomische Umwelt
(2) technologische Umwelt
(3) politisch-rechtliche Umwelt
(4) sozio-kulturelle Umwelt
(5) natürliche Umwelt

Die in Abbildung 5.2 gezogenen Grenzen nach innen, nach außen und zwischen diesen Teil-Umwelten sind bloße Strukturierungshilfen und keine real erfaßbaren Schranken.

(1) Die makro-ökonomische Umwelt

Die allgemeine ökonomische Umweltanalyse kann sich nicht nur auf die unmittelbare Wettbewerbssituation in den Geschäftsfeldern beziehen, sondern hat – gerade, was die zukünftige Entwicklung des Geschäftes anbelangt – die nationalen und internationalen

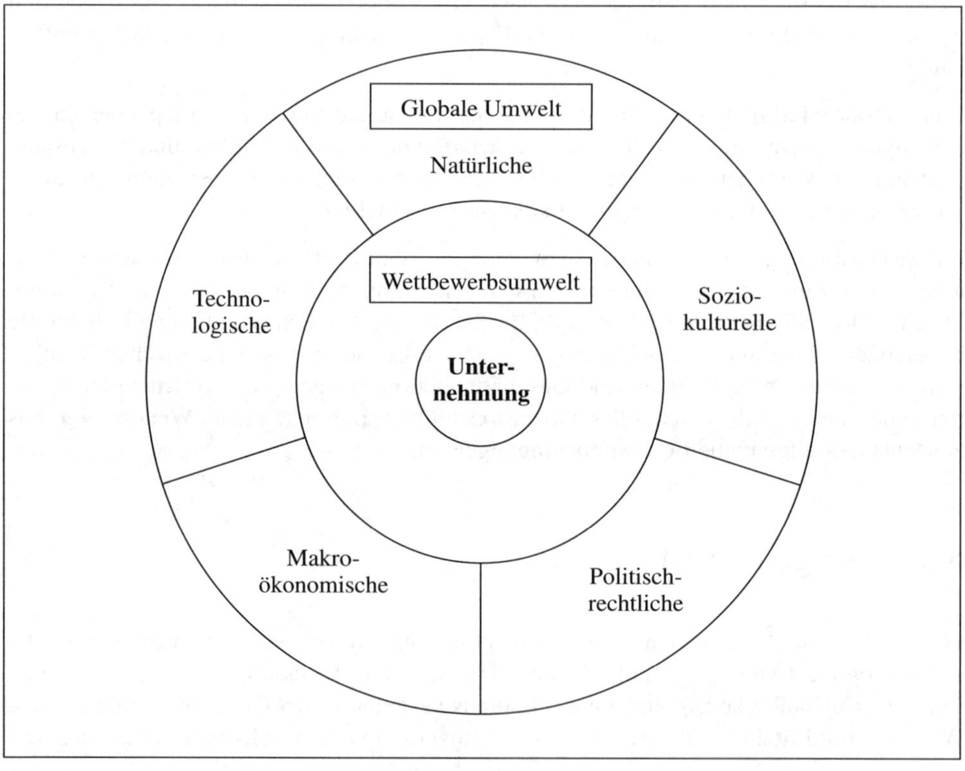

Abb. 5.2: Segmente mit Sektoren der Umweltanalyse

9 Vgl. etwa Pearce, J./Robinson, R.B., Strategic Management, 6. Aufl., Chicago 1997. Grant, R. M., Contemporary strategic analysis, 3. Aufl., Malden/Oxford 1998, S. 52 ff.

ökonomischen Einflußkräfte mit in die Überlegungen einzubeziehen. Der Kanon der potentiellen Einflußfaktoren ist breit, er reicht von der Entwicklung des Bruttosozialprodukts über die Arbeitslosenquote bis zu Konjunkturprognosen. Eine allgemeine Rezession beeinflußt das Wettbewerbsgeschehen in einem Geschäftsfeld ebenso wie Veränderungen in den Wechselkursen. Man denke nur an die Turbulenzen des Dollarkurses und ihre weitreichenden positiven oder negativen Konsequenzen für die einzelnen Hersteller bzw. Exporteure und Importeure.

Ein noch dramatischeres Beispiel für die Bedeutung der allgemeinen ökonomischen Faktoren ist die Entwicklung des Ölpreises, die in den zwei sog. Öl-Krisen auch Firmen in Turbulenzen gebracht hat, die sich gar nicht in unmittelbarer Nähe zum Öl-Geschäft sahen und erst durch den krisenhaften Umsatzrückgang die Zusammenhänge mit dem eigenen Geschäft erkannten. In nicht wenigen Fällen kam diese Erkenntnis dann zu spät. Deshalb ist eine sorgfältige Beobachtung der allgemeinen ökonomischen Entwicklung und die Exploration der möglichen Zusammenhänge zum eigenen Geschäft fester Bestandteil jeder fundierten strategischen Analyse.

(2) Die technologische Umwelt

Kein Aspekt der weiteren Umwelt hat in den letzten Jahren soviel Veränderungen erfahren wie die technologische Umwelt. Man denke nur an die moderne Informationstechnologie. Sie ist eine Quelle von Bedrohungen und Chancen längst auch für solche Unternehmen geworden, die auf den ersten Blick keinen engeren Technologiebezug aufweisen, wie etwa Banken, Versicherungen oder Handelshäuser. Lange bevor sich technologische Entwicklungen in der Wettbewerbssituation eines Geschäftsfeldes niederschlagen, müssen sie erkannt werden, um daraus strategische Konsequenzen ziehen zu können.

Die technologische Entwicklung ist heute eine weltweite geworden. Ihre Beobachtung kann sich deshalb nicht mehr nur auf ein Land oder eine Region beschränken. Häufig ergibt es sich überdies, daß technologische Neuerungen gar nicht in dem Bereich entwickelt werden, in dem sie dann später ihre Hauptnutzung erfahren. So wurden z.B. Kunstfasern nicht in der Textilindustrie und die elektronische Uhr nicht in der Uhrenindustrie erfunden. Mangelnde Aufmerksamkeit für technologische Entwicklungen kann sehr rasch zum Problem werden; die Liste der Industrien, die einen technologischen Umbruch nicht rechtzeitig registriert haben, ist lang: mechanische Schreibmaschinen, Uhrenindustrie, Rechenmaschinen etc.

Technologien zeigen gewöhnlich, ähnlich wie Produkte, einen zyklischen Verlauf („Technologie-Lebenszyklus"). Jede technologische Neuerung hat einen begrenzten Satz von Leistungsparametern; dieser kann durch systematische Forschung und Entwicklung sukzessive erschlossen werden. Nach einiger Zeit ergibt sich jedoch eine Ausschöpfungsgrenze, von der ab nur noch marginale Fortschritte erzielbar sind; neue Technologien treten an die Stelle der alten. Dieser Prozeß wird häufig mit dem in Abbildung 5.3 gezeigten S-förmigen Verlauf veranschaulicht.

Die Erfahrung zeigt, daß von einem bestimmten Reifepunkt an eine neue Technologie die alte sprungartig ablöst (Technologie B in Abb. 5.3). Ein bekanntes Beispiel für eine

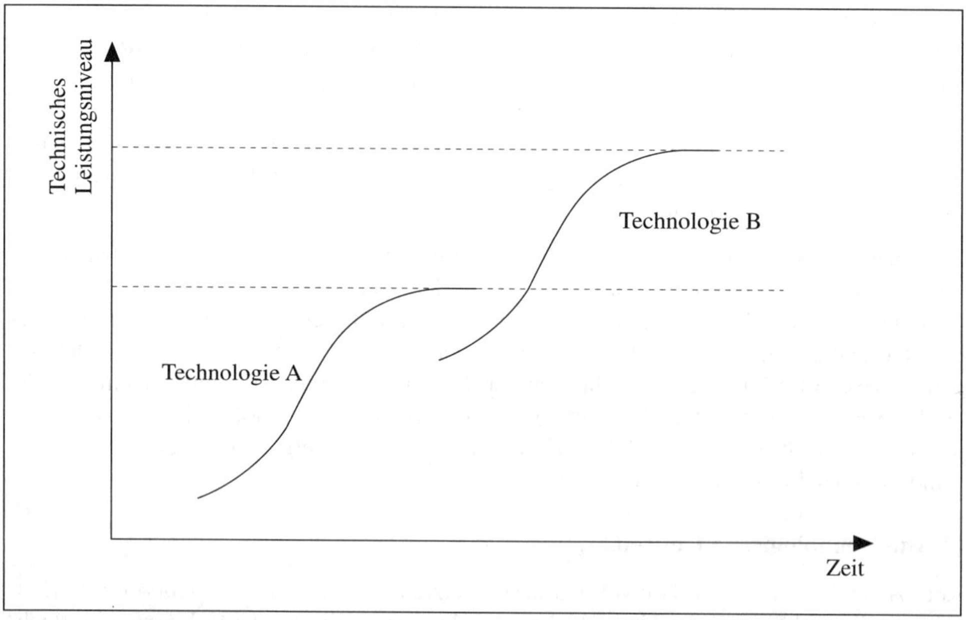

Abb. 5.3: Technologie-Lebenszyklen

solche sprunghafte Ablösung ist der Übergang von Transistoren zu (Silicium-) Chips. Eine der zentralen Aufgaben der technologischen Analyse ist es deshalb zu erkunden, inwieweit das Leistungspotential einer bestehenden Technologie ausgeschöpft ist und welche technologische Entwicklung den Technologie-Sprung begründen könnte.[10]

(3) Die politisch-rechtliche Umwelt

Die Zeit, in der man den politischen Bereich und den ökonomischen Bereich als zwei völlig getrennte Sektoren betrachtet hat, die auch möglichst wenig miteinander in Berührung kommen sollten, ist längst Vergangenheit. Die politische und die wirtschaftliche Sphäre sind heute auf so vielfältige Weise verflochten, daß keine strategische Analyse darauf verzichten kann, die politischen Einflüsse auf die Entwicklung der Märkte zu untersuchen. Beispiele für politische Entscheidungen von hohem strategischen Rang sind Import/Export-Zölle, Smogverordnungen, Produzentenhaftpflicht oder die Zulassungsbestimmungen für Arzneimittel.

Die politisch-rechtliche Analyse kann sich ebensowenig, wie bei den anderen Faktoren auch, auf die nationale Politik beschränken. Internationale Tendenzen, wie der Umbruch in Osteuropa oder die Verschuldung der sog. Dritten Welt, sind häufig von ebenso großer Bedeutung (wobei natürlich diese mit der Breite des jeweiligen geschäftlichen Tätigkeitsspektrums variiert).

10 Zu neuen Trends in der technologischen Entwicklung vgl. Jones, S.G. (Hrsg.), Cybersociety: Computer-mediated communication and community, Newbury Park 1995.

(4) Die sozio-kulturelle Umwelt

Von regelmäßig hoher Bedeutung für strategische Entscheidungen ist das sozio-kulturelle Umfeld. Viele Mißerfolge und Fehlinvestitionen haben in einer mangelhaften Beobachtung und Analyse gerade dieses Bereiches ihre Ursache. Es besteht die Gefahr, daß der schwer faßbare und meist nicht quantifizierbare Charakter der hier relevanten Faktoren zu ihrer Vernachlässigung führt.

Von besonderer Bedeutung für das Verstehen der sozio-kulturellen Umwelt und ihrer Entwicklung sind **demographische** Merkmale und die vorherrschenden **Wertmuster**. Insbesondere geht es um die frühzeitige Erkennung eines sich abzeichnenden **Wandels.** Ein Beispiel für einen solchen Wertewandel mit zugleich weitreichenden demographischen Implikationen betrifft die Stellung der Frau in der Gesellschaft. Abbildung 5.4 zeigt die netzartig verflochtenen Einflußfaktoren im Hinblick auf die Nachfrage am Beispiel der Tiefkühlkost. Im unteren Bereich der Abbildung sind weitere Einflußfaktoren mit aufgezeigt, die aus anderen Umweltsektoren stammen.

Generell gilt in diesem Segment das analytische Interesse Veränderungen der vorherrschenden Wort- und Orientierungsmuster. Beispiel für einen weiteren aktuell diskutierten Trend mit weitreichenden strategischen Implikationen ist die Flexibilisierung der Wirtschaftsbeziehungen und der Lebensführung. Damit einher geht die Ablehnung von Routine und großer stabiler Hierarchien.[11] Diese Umorientierung dringt in viele Lebensbereiche und ist z. B. für die Wohnungswirtschaft (mobiles Wohnen) von zentraler Bedeutung. Lange Zeit hatte im Wertebereich die ökologische Umorientierung im Vordergrund gestanden. Der ökologische Bereich wird heute schon als eigenständiges Segment der strategischen Umweltanalyse begriffen.

(5) Die natürliche Umwelt

Unternehmen sind mindestens dreifach mit der natürlichen Umwelt gekoppelt:

- durch den technischen Herstellungsprozeß der jeweiligen Produkte/Dienstleistungen und die dafür benötigten Materialien sowie Energie,
- durch die Abfallprodukte des Herstellungsprozesses und
- durch die hergestellten Güter und ihre Folgewirkungen.

Die bedrohliche Entwicklung der natürlichen Umwelt ist vielfältig dokumentiert[12] und eine exponentiell zunehmende Ressourcenvergeudung und Umweltverschmutzung hat eine Vielzahl von Aktivitäten, Programme und Regulierungen entstehen lassen.[13] Eine gesonderte Aufmerksamkeit muß deshalb im Rahmen der globalen Umweltanalyse den ökologischen Entwicklungen, Erwartungen und Verpflichtungen gewidmet werden. Dies durchaus in beiderlei Hinsicht, nämlich im Hinblick auf Restriktionen (Bedrohungen),

---

11 Vgl. Sennett, R., Der flexible Mensch, Über a.d. Engl., Berlin 2000.

12 Vgl. Global 2000; Bericht an den Präsidenten, Frankfurt a.M. 1980; Worldwatch Institute Report; Zur Lage der Welt 2000, Frankfurt a.M. 2000.

13 Vgl. Meadows, D./Meadows, D./Zahn, E., Die Grenzen des Wachstums, Club of Rome. Stuttgart 1994.

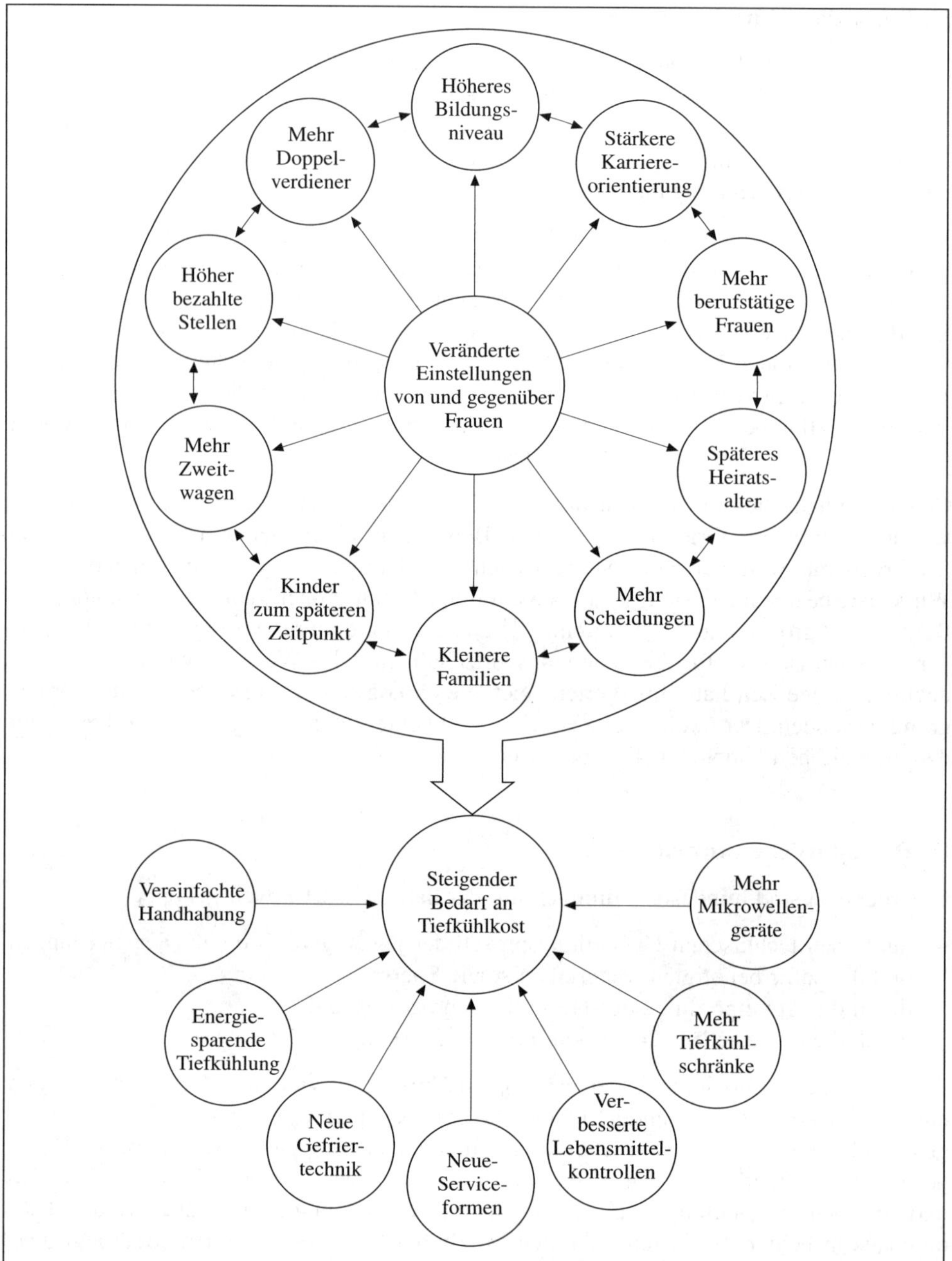

Quelle: Smith, G.D./Arnold, D.R./Bizzell, B.G., Business strategy and policy, 2. Aufl., Boston u.a. 1988, S. 29 (modifiziert)

Abb. 5.4: Der Einfluß der sozio-kulturellen Entwicklung auf die Nachfrage nach Tiefkühlkost

aber auch im Hinblick auf Chancen (neue Märkte, neue Produkte usw.). Die Erwartungen der Öffentlichkeit an eine ökologisch orientierte Unternehmenspolitik beziehen sich auf die Reduzierung der Nutzung nicht-regenerierbarer Ressourcen, die Vermeidung der Erosion regenerierbarer Ressourcen sowie die Herstellung umweltverträglicher Produkte.

Eine Berücksichtigung der ökologischen Belange und ggf. die aktive Verfolgung einer umweltorientierten Produktpolitik werden immer mehr zur Voraussetzung der Sicherung des strategischen Erfolgspotentials. Umweltschutzbelange sind deshalb heute notwendiger Bestandteil der strategischen Planungsüberlegungen.[14]

Viele Unternehmen, vor allem aus der chemischen Industrie, haben die Relevanz der ökologischen Problematik (und den damit verbundenen gesellschaftlichen Wertewandel) lange Zeit stark unterschätzt. Heute versucht man durch eine umweltorientierte Berichterstattung und andere umweltbezogene Aktivitäten, die Integration der ökologischen Perspektive in die Unternehmenspolitik zu dokumentieren.[15]

Informationsgewinnung und -verdichtung

Die Vorgehensweise bei der globalen Umweltanalyse wird heute gewöhnlich im Anschluß an das ursprünglich bei General Electric entwickelte Verfahren in **vier Schritte** untergliedert:[16]

1. Bestimmung der Schlüsselgrößen („Deskriptoren") in den Sektoren und Prognose ihrer Entwicklung
2. Analyse der Querverbindungen zwischen den Einflußkräften
3. Entwurf alternativer Szenarien und ihre Bewertung
4. Festlegung der Prämissen für den weiteren Planungsprozeß.

Nach Festlegung der Sektoren wird zunächst eine Bestandsaufnahme durchgeführt mit dem Ziel, die wesentlichen Trends und Charakteristika zu identifizieren. Im Anschluß daran stellt sich die Frage, wie sich die Trends und Muster in den nächsten Jahren entwickeln werden (im Sinne einer „überraschungsfreien" Prognose) und/oder ob es Anzeichen für potentielle „Trendbrüche" gibt.

Die so gewonnenen Informationen (im wesentlichen: Trends und mutmaßliche Trendbrüche) werden sodann daraufhin geprüft, ob und in welchem Umfang Querverbindungen zwischen den Sektoren vorliegen. Ein prognostiziertes Umweltereignis kann die Geschwindigkeit oder die Richtung eines Trends aus einem anderen Sektor signifikant beeinflussen. Obgleich diese Analyse in den meisten Fällen nur auf der Basis plausibler Vermutungen möglich sein wird, ist für den Fall eines präziseren Informationsstandes

14 Kreikebaum, H., Strategische Unternehmensplanung, 6. Aufl., Stuttgart u.a. 1997.

15 Vgl. etwa die Ansätze zur Ökobilanzierung; u.a. Sietz, M., Umweltschutz, Produktqualität und Unternehmenserfolg. Vom Öko-Markt zur Öko-Bilanz, Berlin/Heidelberg 1998.

16 Vgl. im einzelnen Fahey, L./Narayanan,V.K., Macroenvironmental analysis for strategic management, St.Paul u.a. 1986, S. 51 ff.; Forschungsverband Lebensraum Stadt (Hrsg.), Mobilität und Kommunikation in den Agglomerationen von heute und morgen, Bd. II, Szenarien und Handlungswege, mögliche Zukünfte der Stadt: Stadt, Mobilität und Kommunikation im Jahre 2020, Berlin 1994.

ein Instrument entwickelt worden, das unter dem Namen **Cross-Impact-Analyse** bekannt wurde. Heute werden häufig Vernetzungskarten verwendet, um die multiplen Abhängigkeiten zu verdeutlichen. Die einzelnen Beziehungen werden dabei allerdings kausal (+, -) gedacht und nicht interdependent. Abbildung 5.5 zeigt eine solche Karte, die für die Frage erstellt wurde, wie sich die Nachfrage nach Gynäkologen in der Schweiz entwickeln wird.

Häufig wird in einem abschließenden Schritt der Versuch unternommen, die vielen gesammelten Informationen zu bündeln und daraus Zukunftsbilder oder Szenarien zu entwerfen.[17] Es ist dies ein **Mittel der Orientierung durch drastische Komplexitätsreduktion**. Die vielfältigen Einflüsse und Kräfte, die in der Umweltanalyse aufscheinen, werden zu überschaubaren plausiblen Bildern der Zukunft verdichtet. Nachdem die Trends und Projektionen in der Regel alles andere als eindeutig sind und nur selten einen hohen Wahrscheinlichkeitsgrad haben, ist man dazu übergegangen, mehrere **alternative Szenarien** zu erstellen.

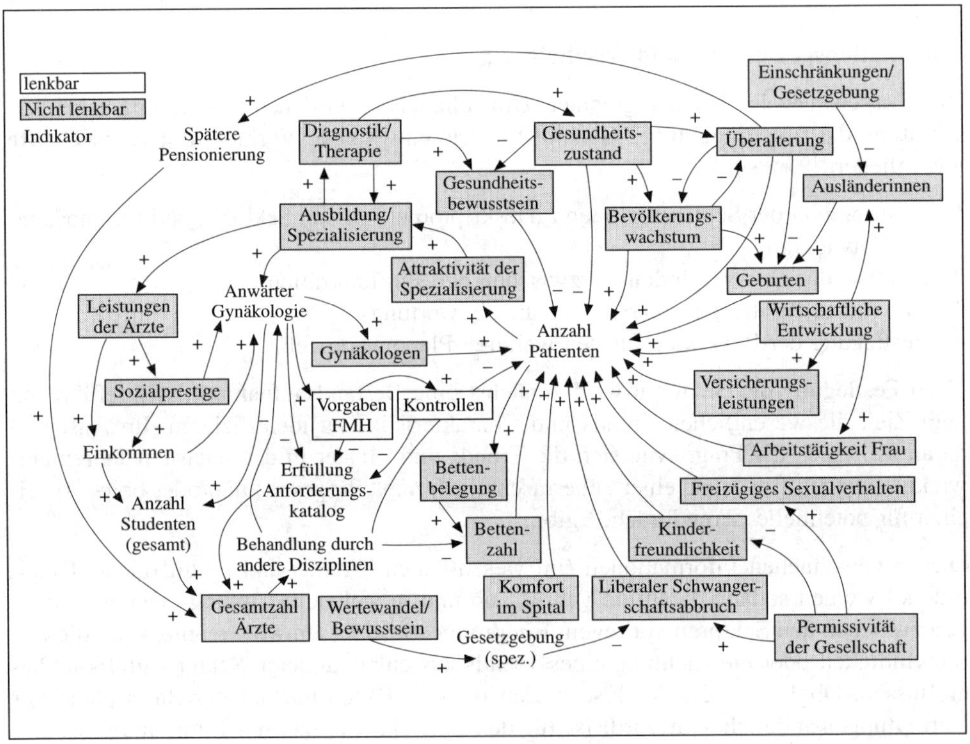

Quelle: Gomez, P./Probst, G., Die Praxis ganzheitlichen Problemlösens, Bern u.a. 1995, S. 119

Abb. 5.5: Beispiel für eine Vernetzungskarte

17 Zur Szenario-Technik vgl. im einzelnen Geschka, H./von Reibnitz, U., Die Szenario-Technik – ein Instrument der Zukunftsanalyse und der strategischen Planung, in: Töpfer, A./Afheldt, H. (Hrsg.), Praxis der strategischen Unternehmensplanung, Frankfurt a.M. 1983, S. 125-170; Gausemeier, J./Fink, A./Schlake, O., Szenario-Management, München 1996.

So verwendet z.B. General Electric vier Szenarien, angefangen von der „überraschungsfreien" Zukunft bis hin zur „schlechtesten aller denkbaren Zukunftssituationen". Shell arbeitet seit Jahren mit zwei Szenarien, die alle 2 – 3 Jahre neu geschrieben werden. Dies entspricht im großen und ganzen auch dem Industriedurchschnitt.[18] Wieviele Szenarien auch immer gewählt werden, abschließend ist eine Bewertung und Auswahl erforderlich.

Unabhängig davon, ob die Trends der allgemeinen Umweltanalyse zu Szenarien verdichtet werden oder nicht, in jedem Fall endet die Analyse mit einer Reihe von Festlegungen in Form von **kritischen Annahmen** oder Prämissen, die für den Fortlauf des Planungsprozesses Gültigkeit haben und Orientierung verleihen. Sie stecken das Feld der Möglichkeiten grob ab und schließen andere potentiell relevante Faktoren und Zusammenhänge aus. Diese Festlegungen beruhen zumeist nur auf plausiblen Vermutungen und vagen Prognosen, es ist deshalb zwingend notwendig, fortlaufend die Gültigkeit dieser Annahmen mit zu überwachen. Wie später darzulegen, ist dies eine Kernaufgabe der strategischen Kontrolle.

5.3.2 Wettbewerbsumwelt: Geschäftsfeldanalyse

Von herausragender Bedeutung für die strategische Planung ist neben der globalen Umweltanalyse eine systematische **Analyse der engeren ökonomischen Umwelt**, die wir eingangs als strategisches Geschäftsfeld bezeichnet haben; (bisweilen wird aber auch in einem dann allerdings allgemeineren Sinne von Markt, Industriezweig oder Branche gesprochen).

Ähnlich wie bei der globalen Umweltanalyse kommt es auch hier wesentlich darauf an, aus der prinzipiell unüberschaubaren Fülle von Faktoren und Einflußkräften die für die Strategieformulierung bedeutsamsten herauszufiltern. Wie im ganzen bisher beschriebenen Analyseprozeß ist auch dies nicht mit Gewißheit und in der Regel noch nicht einmal auf der Basis guter Wahrscheinlichkeiten möglich. Auch hier ist der Planer auf das Setzen **bestimmter Annahmen** angewiesen; Annahmen, die in den nachfolgenden Planungsschritten wie Daten behandelt werden, aber letztlich eben nur **plausible Vermutungen** sind. Dieses Vorgehen ist unvermeidlich, enthält aber zwangsläufig ein Risiko, das es im weiteren Planungsprozeß nicht aus den Augen zu verlieren gilt. Der strategischen Kontrolle wird unten vornehmlich diese Aufgabe zugewiesen, nämlich für eine wachsame Begrenzung des Risikos Sorge zu tragen, das aus dem Setzen von Annahmen resultiert.

Ziel der Geschäftsfeldanalyse ist es, die engere ökonomische Umwelt zu strukturieren und die relevanten Kräfte in ihren Wirkungen zu analysieren. Dazu ist es zunächst notwendig, das Geschäftsfeld genauer abzugrenzen; gesucht wird der **strategisch** relevante Markt.

---

18 Vgl. dazu die empirische Erhebung von Kaluza, B./Ostendorf, R., Szenario-Technik in der strategischen Unternehmensplanung, Diskussionsbeitrag Nr. 219 des Fachbereichs Wirtschaftswissenschaft der Gesamthochschule Duisburg 1995.

Die Frage der Abgrenzung des relevanten Marktes hat eine lange Tradition.[19] In der Volkswirtschaftslehre wird in der Regel die fehlende Substituierbarkeit zwischen Gütern zum Abgrenzungskriterium erhoben („Substitutionslücke"). Die strategische Marktabgrenzung verfolgt jedoch einen spezielleren Zweck. Im Vordergrund steht die **strategische Selbständigkeit,** also die Möglichkeit und ggf. Notwendigkeit, für das betreffende Aktivitätsfeld eine eigenständige Wettbewerbsstrategie mit eigenen Zielen und Aktivitäten zu verfolgen. Als strategisch wirksame Abgrenzungskriterien haben sich bewährt: **Produktmerkmale** (z.B. Funktion, Technologien), Unterschiede zwischen den **Abnehmern** (z.B. Industrie, Handel, öffentliche Hand, Privatkunden) und **Regionen** (z.B. Länder, politische Einheiten oder Erdteile).[20]

Welche der Kriterien in welcher Kombination maßgeblich sind, hängt nicht unwesentlich von der analysierenden Unternehmung selbst ab; es gibt keine objektiven Abgrenzungskriterien, die lediglich zu erschließen wären. Bisweilen ist die unkonventionelle Einteilung von Geschäftsfeldern der Anfang einer Innovationsstrategie.

Die Anforderungen an die Bildung strategiegerechter Geschäftsfelder sind schwer alle gleichzeitig zu erfüllen. Dem Streben nach einer möglichst feinen Marktabgrenzung, um die Strategien auf die unterschiedlichen Wettbewerbsgegebenheiten optimal ausrichten zu können, steht die Gefahr einer rasch steigenden Zahl strategischer Geschäftsfelder gegenüber mit den unweigerlichen Folgeproblemen des „Kannibalismus", d.h. die Konkurrenz der Geschäftsfelder untereinander, der mangelnden Zurechenbarkeit des Erfolges und exponential steigender Administrationskosten.

Geschäftsbereiche		
• Anlagentechnik	• Antriebs-, Schalt- und Installationstechnik	• Energieerzeugung
• Energieübertragung und -verteilung Öffentliche Kommunikationsnetze • Verkehrstechnik Komponenten • Automobiltechnik	• Passive Bauelemente und Röhren • Private Kommunikationssysteme • Elektromechanische	• Halbleiter • Automatisierungstechnik • Medizinische Technik • Sicherungstechnik
Geschäftsbereiche mit eigener Rechtsform		
• Beleuchtungssysteme	• Siemens-Nixdorf Informationssysteme	

Abb. 5.6: Strategische Geschäftsfelder der Siemens AG (Stand 1997)

19 Vgl. im Überblick Bauer, H., Marktabgrenzung, Berlin 1988.

20 Vgl. hierzu grundlegend das Suchraster von Abell, D.F., Defining the business – The starting point of strategic planning, Englewood/Cliffs, N.J. 1980.

Zwischen diesen Anforderungen den geeigneten Weg zu finden, bereitet in der Praxis häufig Schwierigkeiten, nicht selten wird die zweckmäßigste Abgrenzung erst nach mehrfachem Probieren gefunden. Aufgrund der Veränderung der Märkte und interner Perspektiven ist jedoch ohnehin immer wieder eine Revision der gefundenen Abgrenzungen erforderlich, so daß die Geschäftsfeld-Definition zum permanenten Problem gerät. Abbildung 5.6 zeigt die derzeitigen Strategischen Geschäftsfelder der Siemens AG (die dort allerdings noch einmal in weitere Marktfelder untergliedert sind).

Nach Abgrenzung der Geschäftsfelder sind die relevanten Wirkkräfte näher zu analysieren. Abbildung 5.7 stellt im Anschluß an die Industrial Organization-Forschung[21] und das Fünf-Kräfte-Modell von Porter[22] die sechs zentralen Einflußkräfte zusammen, die typischerweise die Struktur eines Marktes prägen. Die globalen Umweltkräfte stecken den Rahmen ab und wirken indirekt auf die Attraktivität des Geschäftsfeldes ein. Die sechs Einflußfaktoren seien nachfolgend kurz erläutert:

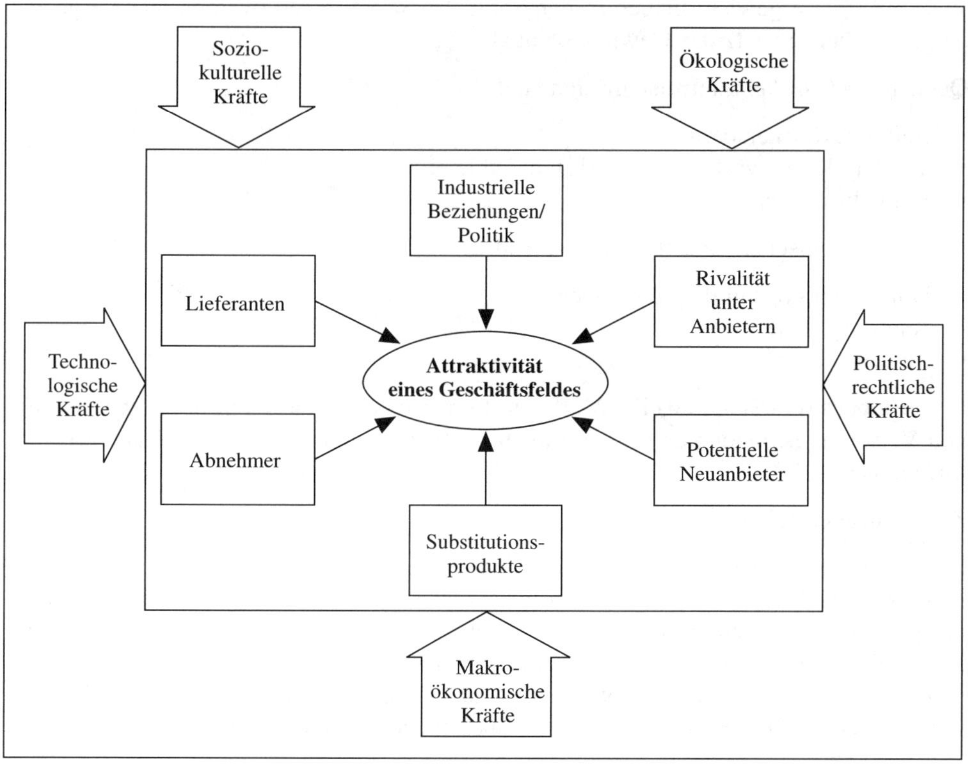

Abb. 5.7: Die engere ökonomische Umwelt

21 Vgl. Bain, J.S., Industrial organization, 2. Aufl., New York 1968.
22 Vgl. Porter, M.E., Wettbewerbsstrategie (Übers. a. d. Engl.), Frankfurt a.M. 1983.

(1) Potentielle Neuanbieter

Einer der wesentlichen Faktoren bei der Bestimmung der Attraktivität eines Geschäftsfeldes ist der Zutritt durch Neuanbieter. Neue Anbieter stellen für die etablierten Anbieter immer eine Bedrohung dar. Sie bauen neue Kapazitäten auf, versuchen, häufig über günstigere Preise, die Nachfrage auf sich zu lenken usw.; in den meisten Fällen verschlechtern sie für die etablierten Anbieter das Gewinnpotential. Die Wahrscheinlichkeit, daß neue Anbieter in einem Markt aktiv werden, hängt in erster Linie von der Höhe der **Markteintrittsbarrieren** ab.[23]

Markteintrittsbarrieren sind definiert als Kräfte, die außerhalb des Feldes stehende Unternehmen davon abhalten, sich in ein Geschäftsfeld zu begeben. So tragen sie aus der Sicht der etablierten Anbieter zu einer Erhöhung der Marktattraktivität bei, aus der Sicht potentieller Neuanbieter vermindern sie jedoch die Attraktivität, weil ihnen der Zugang entweder ganz versperrt ist oder nur sehr schwer durch hohe Aufwendungen verschafft werden kann.

Man unterscheidet zwei Arten von Eintrittsbarrieren: strukturelle und strategische. Während erstere gewissermaßen in der Natur der Sache liegen, werden letztere gezielt hergestellt zum Schutz des Gewinnpotentials.

Quellen *struktureller* Eintrittsbarrieren sind:

- Betriebsgrößenersparnisse,
- absolute Kostenvorteile der stärksten Anbieter,
- Kapitalbedarf etc.

Quellen strategischer Eintrittsbarrieren sind:

- Umstellungskosten der Abnehmer
- Käuferloyalität
- Zugang zu Vertriebskanälen etc.

Ferner gibt es **politisch gewollte** Marktzutrittssperren oder -barrieren, wie etwa im Falle von Versorgungsmonopolen (z.B. Postdienste, Wasser) oder Apotheken, Handwerksbetrieben usw.

Zwei Barrieren seien stellvertretend kurz erläutert:

(a) **Betriebsgrößenersparnisse:** In jedem Geschäftsfeld bestehen mehr oder weniger große Möglichkeiten, die Stückkosten eines Gutes durch Erhöhung der Ausbringungsmenge zu senken („**economies of scale**"). Hohe Ausbringungsmengen bringen bisweilen im Vergleich zu kleineren Ausbringungsmengen **Kostenersparnisse** in der Größenordnung von 30-50 %.[24] Dies hat zur Konsequenz, daß große Anbieter strukturelle Kostenvorteile haben. Der Extremfall ist das „natürliche Monopol", wo nur ein einziges

---

23 Einen Überblick über den Stand der Diskussion gibt Minderlein, M., Industrieökonomik und Strategieforschung, in: Staehle, W.H./Sydow, J. (Hrsg.), Managementforschung 3, Berlin/New York 1993, S. 157-201.

24 Vgl. im einzelnen Scherer, F.M./Ross, D., Industrial market structure and economic performance, 3. Aufl., Chicago 1990.

Großunternehmen alle Kosteneinsparungen realisieren kann.[25] Der Größeneffekt muß jedoch differenziert gesehen werden, in manchen Branchen sind die erzielbaren Skalenersparnisse relativ gering.

Empirische Studien zeigen, daß in den meisten Fällen früher oder später ein Punkt erreicht wird, von dem ab eine zusätzliche Steigerung der Ausbringungsmenge zu keiner weiteren signifikanten Senkung der Stückkosten mehr führt („*Mindestoptimale Betriebsgröße*"; auch: „Stückkostenplateau").

Für die Ermittlung der Eintrittsbarrieren ist die Kenntnis dieses Punktes (vgl. die Punkte A und B in Abb. 5.8) sehr wichtig, denn: Je höher die Ausbringungsmenge, die zu erbringen ist, um zu konkurrenzfähigen Stückkosten produzieren zu können, um so schwieriger ist der Markteintritt. Man braucht nicht nur ein erhebliches Startkapital, sondern steht auch vor dem Problem, gleich zu Beginn erhebliche Mengen auf dem Markt absetzen zu müssen. Die mindest-optimalen Betriebsgrößen variieren von Branche zu Branche erheblich. Bezogen auf die Gesamtkapazität der Branche zeigen sich in einer US-amerikanischen Studie für die mindestoptimale Betriebsgröße (in Prozent) etwa folgende Unterschiede:[26]

Mehlmühlen	0,5 %
Reifen	3 %
Automobile	10 %
Gips	83 %.

Für die Beurteilung der Eintrittsbarrieren ist es – neben der **mindestoptimalen Betriebsgröße** – ebenso wichtig, den gesamten Verlauf der **Stückkostenkurve** zu kennen, um zu wissen, wie stark die Kostennachteile sind, wenn unterhalb der **mindestoptimalen Ausbringungsmenge** produziert wird. Häufig sind die potentiell erzielbaren Kostenersparnisse schon weit vor diesem Punkt so stark abgeflacht, daß eine Steigerung der Ausbringungsmenge zwar noch Stückkostenersparnisse, aber nicht mehr in bedeutsamer Höhe erbringt (vgl. dazu die Kostenkurve II in Abb. 5.8). So ist z.B. die mindestoptimale Ausbringungsmenge für Zement verhältnismäßig gering, eine Produktion unterhalb dieses Niveaus bringt jedoch signifikante Stückkostennachteile mit sich. Umgekehrt verhält es sich bei Kühlgeräten. Die (stückkostenbezogene) mindestoptimale Betriebsgröße ist relativ hoch, ein Produzieren unterhalb dieses Niveaus aber wenig nachteilhaft. Selbst bei einer 60 % geringeren Ausbringungsmenge sind noch keine besonders bedeutsamen Kostennachteile vorhanden.[27]

Die exakte Ermittlung der mindestoptimalen Betriebsgröße und des Stückkostenverlaufs ist aufwendig und übersteigt häufig die Möglichkeiten des strategischen Planers. Sind keine allgemeinen Daten verfügbar, so lassen sich erfahrungsgemäß doch anhand der eigenen Betriebsgröße und entsprechender gedanklicher Betriebsgrößenvariation die relevanten Tendenzen in den Stückkosten zumindest grob schätzen.

25 Vgl. hierzu die Theorie der bestreitbaren Märkte von Baumol, W.J./Panzar, J.C./Willig, R.D., Contestable markets and the theory of industry structure, New York 1982.

26 Vg. Lancaster, K./Dulaney, R., Modern economics: Principles and policy, Chicago 1979, S. 211.

27 Vgl. Scherer, F.M./Ross, D., Industrial market structure and economic performance, a.a.O.

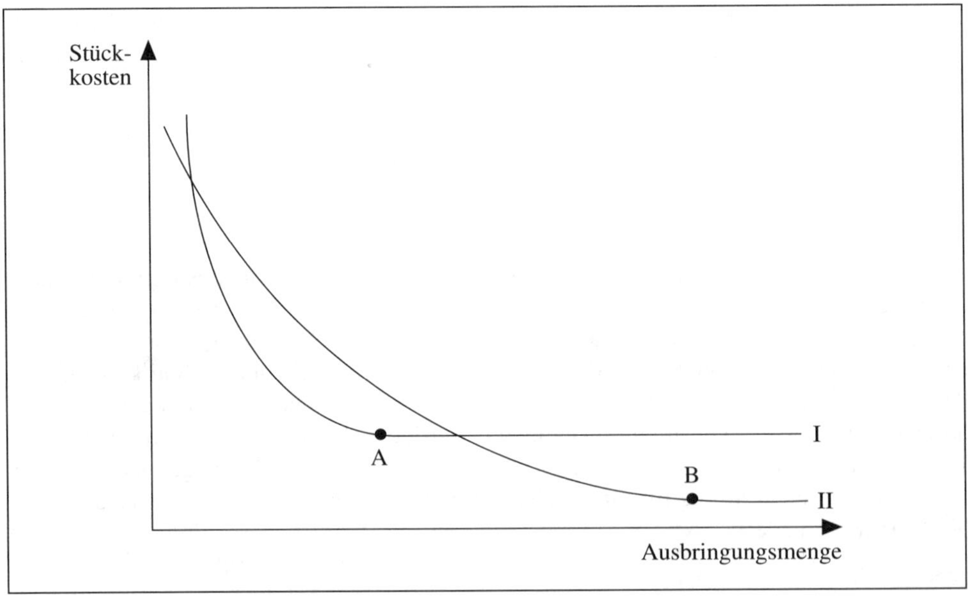

Abb. 5.8: Unterschiedliche Stückkostenverläufe in Abhängigkeit von der Ausbringungsmenge

Die bisherigen Betrachtungen beziehen sich nur auf **produktionsbedingte Skalenerträge.** Größenvorteile resultieren aber auch aus anderen Bereichen, wie Aufbau eigener Abteilungen für Forschung und Entwicklung, Marktforschung, Public Relations, Rechtsberatung, ferner die Errichtung eigener Vertriebssysteme, die Durchsetzung von Mengenrabatten im Einkauf oder die Unterhaltung eigener Lobbyisten. Solche Aktivitäten setzen häufig eine erhebliche Mindestgröße und – finanzkraft voraus (vgl. Kasten 5.1).

Größenersparnisse besonderer Art sind die sog. Verbunderspamisse (economies of scope). Sie liegen vor, wenn zwei (oder mehrere) verschiedene Produkte (bei gleichen Mengen) von einem Unternehmen kostengünstiger als von zwei (oder mehreren) separaten Unternehmen erstellt werden können.[28] Verursachungsfaktoren sind u.a. Einsatzfaktoren mit Kollektivguteigenschaften (z.B. Image, Grundlagenforschung) oder verschieden nutzbare Kapazitäten. Kostenvorteile von Mehrproduktunternehmen sind nur dann keine Marktschranke, wenn die Neuanbieter über dieselbe kosteneffiziente Produktpalette verfügen wie die etablierten Anbieter.

Insgesamt gilt es allerdings zu sehen, daß die betriebsgrößenoptimale Beobachtungsweise eine rein kostenbezogene ist, die die Erlösseite ganz ausklammert; insofern ist die Höhe der daraus folgenden Eintrittsbarrieren zu relativieren. Immer dann, wenn die Abnehmer einen Preisaufschlag eines Neuanbieters akzeptieren (aus Qualitäts-, Image- oder sonstigen Gründen), tritt die Bedeutung der Betriebsgröße als Eintrittsbarriere zurück.[29]

28 Vgl. Teece, D.J., Economies of scope and scope of the enterprise, in: Journal of Economie Behavior and Organizations 1 (1980), S. 223-245.

29 Vgl. Oster, S., Modern competitive analysis, 3. Aufl., New York/Oxford 1999, S. 65 f.

Gleiches gilt für strategische Nischen, die zumeist einen Markteintritt mit einer suboptimalen Betriebsgröße erlauben. (siehe dazu auch die Ausführungen zur Wettbewerbsstrategie unter Abschnitt 5.5.2.)

Kasten 5.1
Niedrige Grundgebühren behindern Markteintritt „Es geht um die sogenannte,'letzte Meile' im Telekom-Netz. Die EU-Kommission fordert, allen neuen Marktteilnehmern den Zugang zu öffnen, ,wodurch Wettbewerb und technologische Weiterentwicklung' gefördert werde. ... EU-Wettbewerbskommissar Mario Monti kritisierte, daß das Ortsanschlußnetz nach wie vor eines der Segmente des liberalisierten europäischen Telekommunikationsmarktes ist, in denen der geringste Wettbewerb herrsche. ... Nach Meinung der Kommission werden die Grundgebühren künstlich niedrig gehalten. ... Dies könnte den Wettbewerb bei der sogenannten letzten Meile behindern und ein Hindernis für neue Anbieter sein. Die Kosten für Grundgebühren und Telefonate sollten deshalb die tatsächlichen Aufwendungen widerspiegeln. ... Wettbewerbskommissar Monti wies darauf hin, daß die Brüsseler Behörde notfalls auch juristisch gegen etablierte Telekom-Unternehmen vorgehen wolle, wenn diese ihre marktsbeherrschende Position zur Diskriminierung von Konkurrenten nutzen würde."
Quelle: Süddeutsche Zeitung, 27.04.2000, S. 25

(b) **Umstellungskosten der Abnehmer:** Eine weitere, häufig schwer überwindbare Eintrittsbarriere stellen die sog. Umstellungskosten dar. Unter Umstellungskosten versteht man die einmaligen Kosten, die dem Abnehmer entstehen, wenn er von einem Anbieter zu einem anderen wechselt.[24] Dazu zählen z.B. Kosten für neue Werkzeuge oder neue Zusatzausrüstungen (z.B. Auto), Schulungskosten (z.B. Software), Qualitätstest-Kosten, Produktveränderungs-Kosten usw. Entstehen dem Abnehmer hohe Umstellungskosten, wird er nur bereit sein zu wechseln, wenn das neue Produkt entsprechende Preisvorteile bietet. Mit anderen Worten, je höher die Umstellungskosten, um so höher sind aufgrund der dann erforderlichen Preisnachlässe die Eintrittsbarrieren.

Je nach Lage des Falles können die anderen Quellen von Markteintrittsbarrieren von ebensolcher oder noch höherer Wirkung sein: hohe Käuferloyalität, beschränkter Zugang zu Vertriebskanälen, hohe absolute Kostennachteile für „Spätkommende" oder hoher Kapitalbedarf (z.B. Neugründung einer Bank).

Ob geringe Eintrittsbarrieren jedoch tatsächlich, wie bisher unterstellt, zu einem schnellen Zutritt neuer Anbieter führen, hängt von weiteren Faktoren ab. So z.B. der Vergeltung, die der potenzielle Neuanbieter von den etablierten Anbietern erwarten. Müssen sie davon ausgehen, daß dem Eintritt heftige Reaktionen seitens der Konkurrenten folgen, etwa in Form von **Preiskämpfen** oder **Verdrängungswettbewerb** mit Hilfe von extrem

30 Vgl. Porter, M.E., Wettbewerbsstrategie a.a.O., S. 33.

vergünstigten Konditionen, kann dies trotz positiver Gewinnaussichten den Markt versperren. Wesentliche Bestimmungsfaktoren für das Vergeltungspotential sind:[31]

- die Vergeltungshistorie des Marktes (Sind Vergeltungsmaßnahmen in dem Geschäftsfeld die Regel?),
- die Finanzkraft der etablierten Anbieter (Wie stark können die Vergeltungsmaßnahmen ausfallen?),
- hohe Marktaustrittsbarrieren (Wie hoch ist das eingegangene Commitment und wie rasch kann der Markt ohne allzugroße Einbußen wieder verlassen werden?).

Ferner zeigt sich, daß die Vergeltungshärte und -wahrscheinlichkeit auch mit dem **Markt-Lebenszyklus** variiert. In der Wachstumsphase wird der Markteintritt in der Regel weniger hart sanktioniert als in späteren Phasen, wenn Markteintritte in jedem Falle mit Umsatzeinbußen der etablierten Wettbewerber verbunden sind. Wenn ein Markt bereits unter Überkapazitäten leidet, muß der Neuanbieter mit besonders harten Vergeltungsmaßnahmen rechnen[32], weil die etablierten Wettbewerber unter Zugzwang stehen: „Fixkosten schreien nach Auslastung!"

In vielen Fällen wird sich die etablierte Firma aber auch dadurch vor dem Eintreten neuer Anbieter schützen, daß sie den Preis soweit senkt, bis ein Eintritt für diese nicht mehr rentabel erscheint. Für diesen Weg ist die Kenntnis des sog. **Limit-Preises** notwendig. Das ist jener Preis, bei dem die Erlöschancen aus dem Eintritt gerade den erwarteten Kosten entsprechen, die dem Neuanbieter entstehen.[33]

(2) Abnehmer

Den Abnehmern kommt in der strategischen Analyse in vielerlei Hinsicht eine zentrale Rolle zu: Marktabgrenzung, neue Bedürfnisse, Kaufverhalten etc. Im Rahmen der strategischen Marktanalyse werden sie primär als **Wettbewerbskraft** analysiert, die mehr oder weniger stark die Rentabilität der Geschäftsfelder begrenzen kann. Anknüpfungspunkt ist die Verhandlungsstärke der Abnehmer. Das können Konsumenten, industrielle Abnehmer oder auch (Groß- und Einzel-)Handelsunternehmen sein.

Die Verhandlungsstärke der Abnehmer bestimmt sich in den meisten Fällen durch die folgenden Bedingungen:[34]

- **Konzentrationsgrad der Abnehmergruppe.** Obgleich der Konzentrationsgrad der Anbieter häufig höher liegt als der der Abnehmer, gibt es doch viele Fälle, in denen die Abnehmer eine beträchtliche Konzentration erreichen. In manchen Fällen gibt es nur einen oder zwei große Abnehmer in einem Markt. Im Extremfall steht einem Abnehmer eine Vielzahl von Anbietern gegenüber („Monopson").

---

31 Vgl. Harrigan, K.R., Entry barriers in nature manufactoring industries, in: Lamb, R. (ed.), Advances in strategic management, Vol. 2 (1983), S. 67-97, Ghemawat, P., Commitment. The dynamic of strategy, New York 1991.

32 Vgl. Liebermann, M.B., Excess capacity as a barrier to entry, in: Journal of Industrial Ecomics 35 (1987), S. 607-627.

33 Vgl. Salop, S., Strategic entry deterrence, in: Am. Economic Review 69 (1979), S. 335-338.

34 Vgl. Porter, M.E., Wettbewerbsstrategie, a.a.O., S. 50 ff.

- **Anteil an den Gesamtkosten der Abnehmer.** Die Intensität, mit der die Abnehmergruppe die Preisverhandlungen führt und auf Preisunterschiede reagiert, hängt ferner wesentlich davon ab, welche Bedeutung sie dem Einkauf beimißt. Entfällt auf das betreffende Produkt ein großer Anteil am gesamten Einkaufsbudget, so wird der Abnehmer härter verhandeln als bei nur geringem Anteil.

- **Standardisierungsgrad.** Standardisierte Produkte stärken die Position der Abnehmer; sie können sich immer sicher sein, einen **alternativen Lieferanten** zu finden und gewinnen dadurch Verhandlungsspielraum. Umgekehrt verhält es sich bei stark differenzierten Produkten. In solchen Fällen sind bereits die Umstellungskosten der Abnehmer bei einem Lieferantenwechsel gewöhnlich so hoch, daß nur eine stark abgeschwächte Preiselastizität der Abnehmer vorliegt (Quasi-Monopol bei Produktdifferenzierung). **Umstellungskosten** senken generell die Verhandlungsmacht der Abnehmer.

- **Bedeutung des Produktes für die Qualität des Abnehmerproduktes.** Wenn die Qualität des Abnehmerproduktes sehr sensibel auf Inputveränderungen reagiert, so stärkt dies die Position des Anbieters; Abnehmer sind eher geneigt, höhere Preise zu akzeptieren.

- **Informationsstand der Abnehmer über die Situation der Anbieter.** Die Verhandlungsstärke der Abnehmer steigt gewöhnlich auch in dem Maße, in dem sie über ihre Faktormärkte informiert sind, d.h., daß sie das Nachfragevolumen, die Kostenstruktur der Anbieter, die Beschaffungssituation u.ä. kennen.

Die Einschätzung der Verhandlungsstärke sollte insgesamt differenziert gesehen werden; in der Regel ist die **Abnehmerschaft keine homogene Gruppe**, sondern es ist nach verhandlungsstärkeren und schwächeren Segmenten zu unterscheiden.

(3) Lieferanten

Analog zur Abnehmeranalyse, nur eben aus dem umgekehrten Blickwinkel, kann die Ermittlung der **Verhandlungsstärke** der Lieferanten erfolgen. Starke Lieferanten können durch überhöhte Preise oder durch verminderten Service die Attraktivität eines Marktes erheblich beeinträchtigen.

Ein Beispiel für eine typische Situation hoher Lieferantenmacht gibt Kasten 5.2.

(4) Substitutionsprodukte

Substitutionsprodukte sind Produkte anderer Märkte, die im Grundsatz dieselbe Funktion wie das fokale Produkt erfüllen können. Beispiele sind: Heizöl und Erdgas, Bahn und Flugzeug, Immobilien und Lebensversicherung als Geldanlageformen. Wichtig ist der **Verwendungszusammenhang des Abnehmers**, eine absolute Substitutionalität gibt es nicht.

Die Existenz von Substitutionsprodukten begrenzt das Gewinnpotential eines Geschäftsfeldes, sie stellen eine Art externe Konkurrenz dar. Bei Substitutionsprodukten ist die **Kreuzpreiselastizität** immer positiv; wird also der Preis für Gut A angehoben, so ver-

Kasten 5.2

Ungleiche Partner

„Für die miserable Ertragslage vieler Autohändler macht der Präsident des Zentralverbands Deutsches Kraftfahrzeuggewerbe (ZDK), Rolf Lechtenberger die Hersteller verantwortlich, die europaweit jährlich 4,5 Millionen Autos zu viel produzieren, weil sie nur auf eine Stückzahlmaximierung setzten. Das habe zu einer Basarmentalität geführt, mit der Folge, daß die Händler keine auskömmlichen Preise mehr erzielen könnten. Zusätzlich verkaufe die Industrie wegen der unterschiedlichen Steuerbelastungen in Europa Fahrzeuge zu wesentlich günstigeren Preisen ins Ausland. Im vergangenen Jahr seien 350 000 Autos als Reimporte auf den deutschen Markt zurückgekommen und hätten so die Situation des Handels zusätzlich erschwert.

Von Partnerschaft kann nach Auffassung Lechtenbergers im Verhältnis Autohersteller – Händler keine Rede sein. „Die Händler sind zu stark abhängig von den herstellereigenen Banken und müssen Forderungen erfüllen, die in keinem Verhältnis zu dem stehen, was die Industrie als maximale Gewinnmarge zuläßt." Die Betriebe hätten nur Pflichten, die Hersteller erschwerten ihre Situation durch einen ruinösen Intra-brand-Wettbewerb und unverbindliche Preisempfehlungen, die Mondpreise seien und meist in keinem Verhältnis zu den real erzielbaren Preisen stünden. Lechtenberger zufolge hält die Industrie den Handel gezielt knapp. Dahinter stehe die Auffassung: "... Der Handel ist nur bissig, wenn er nicht satt wird."

Quelle: Süddeutsche Zeitung 1996, Nr. 188, S. 21.

größert sich (ceteris paribus) die Nachfrage nach dem Substitutionsgut B. Das bedeutet, daß Substitutionsprodukte eine Preisobergrenze ziehen und den Preisspielraum des fokalen Marktes eingrenzen, und zwar um so stärker, je höher die Kreuzpreiselastizität ist. Substitutionsbeziehungen relativieren die Marktstrukturen, selbst hoch konzentrierte Märkte können durch Substitutionsprodukte einen starken Preisdruck erfahren – vorausgesetzt, das Substitutionsprodukt bietet ein günstiges Preis-Leistungs-Verhältnis.

(5) Rivalität unter den Konkurrenten

Der Wettbewerb in einem Geschäftsfeld kann mehr oder weniger intensiv geführt werden. Dies hängt keineswegs nur von der Zahl der Anbieter, sondern vor allem auch von den Verhaltensmaximen der Wettbewerber ab. Darüber hinaus gibt es eine Reihe von **strukturellen Faktoren**, die eine stark ausgeprägte Rivalität unter den Wettbewerbern als wahrscheinlich und damit die Branchenprofitabilität gering erscheinen lassen.[35]

Hier ist an erster Stelle die **Marktsättigung** zu nennen. Ist das Wachstumspotential eines Marktes weitgehend erschöpft, so wird die Konkurrenz um Umsatzsteigerungen zum **Nullsummenspiel**. Mit anderen Worten, in der Wachstumsphase ist die Wettbewerbsin-

35 Vgl. Oster, S.M., Modern competitive analysis, 3. Aufl., Oxford 1999, S. 30 ff.

tensität gewöhnlich geringer als in der Sättigungsphase. Dieser Aspekt verstärkt sich bei **Homogenität** der Produkte, bei gleichermaßen hohen Fixkostenanteilen und bei begrenzter Mobilität. Letzteres wird unter dem Stichwort **Austrittsbarrieren** analysiert. Marktaustrittsbarrieren sind Faktoren, die Unternehmen bewegen, Anbieter in einem Markt zu bleiben, selbst dann, wenn die Preise unter die Rentabilitätsschwelle sinken.[36] Bestimmungsfaktoren sind in erster Linie Kosten, die durch Desinvestition entstehen (wie z.B. Abbruchkosten, Umsiedlungskosten, Sozialpläne, Konventionalstrafen) und andererseits Einbußen (Buchverluste), die durch mangelnde Liquidierbarkeit der Anlagen entstehen (z.B. wegen hoher Transportkosten oder hohen Spezialisierungsgrades: „Asset specifity“).

(6) Industrielle Beziehungen und der Staat als Wettbewerbsfaktoren

Der Staat nimmt in vielfacher Weise Einfluß auf den Wettbewerb. Neben allgemeinen gesetzlichen Schranken (z.B. UWG, BetrVG), die ja bereits bei der globalen politischen Umwelt behandelt wurden, gibt es direkt auf das Geschäftsfeld bezogene Einflüsse, deren Bedeutung im Rahmen der Geschäftsfeldanalyse zu erfassen ist. Zu denken ist hier zum einen an die **Marktregulierung**, z.B. in Form von Preiskontrollen, Mindestreserven, Importschranken oder Exportverboten. Die Marktregulierung wirkt sich häufig dämpfend auf die Marktattraktivität aus, kann aber durchaus auch attraktivitätssteigernd sein (z.B. Zulassungsquoten). Ein anderer Bereich sind wettbewerbsfördernde Staatseingriffe, wie etwa die Kartellgesetzgebung und Fusionskartelle. Sie sind in der Regel zu Intensivierung des Wettbewerbs gedacht und führen daher (ceterius paritus) zu einer Senkung der Branchenprofitabilität. Erinnert sei in diesem Zusammenhang an die Zerschlagung von AT&T. Als weitere Faktoren gelten die geschäftsfeldspezifischen industriellen Beziehungen. Sie definieren Rahmenbedingungen für die Regelung der Konflikte zwischen den verschiedenen Interessengruppen, in erster Linie zwischen Arbeitgebern und Arbeitnehmern. Es gibt Branchen mit chronisch schlechten industriellen Beziehungen; sie beeinträchtigen die Attraktivität eines Geschäftsfeldes erheblich.

Entwicklung des Geschäftsfeldes

Eine strategische Analyse ist nicht nur an der Erfassung der derzeitigen Attraktivität eines Geschäftsfeldes interessiert, sondern muß auch Aussagen über die zukünftige Entwicklung des Geschäftsfeldes und seiner Ertragsaussichten machen. Eine exakte Prognose ist hier sowenig möglich wie bei den globalen Umweltfaktoren, weil man einerseits niemals alle relevanten Faktoren, geschweige denn deren zukünftigen Verlauf kennen kann. Und andererseits hängt ja die Entwicklung eines Geschäftsfeldes auch davon ab, was die fokale Unternehmung strategisch beschließt und wie die Wettbewerber auf diese Strategie reagieren (zirkuläre Interdependenz). Dennoch werden Entwicklungsaussagen gebraucht, um eine Entscheidungsgrundlage für die zukünftige strategische Ausrichtung des Unternehmens zu schaffen (zunächst unter der Prämisse, daß sich die eigene Strategie nicht ändert). Die Prognose der Geschäftsfeldentwicklung muß auch versuchen, die relevantesten Trends aus der globalen Umweltanalyse einzubeziehen.

---

36 Vgl. Caves, R.E./Porter, M.E., „Barriers to exit“, in: Qualls, D.P./Mason, R.E. (Hrsg.), Essays in industrial organization. In honor of Joe S. Bain, Cambridge/Mass. 1976, Kapitel 3.

Entstehung	Wachstum	Reife	Alter
Elektroautos	Videokassetten	Stahl	Schiffsbau (Europa)
Digitale Bücher	PC	Automobil	Kohlebergbau
Junge Branchen	Wachstum/ Reife		Schrumpfende Branchen

Abb. 5.9: Branchen in unterschiedlichen Zyklusphasen

Für die Abschätzung der Geschäftsfeldentwicklung ist es sehr wichtig zu sehen, daß die Bedeutung der einzelnen Wettbewerbskräfte im Zeitablauf variiert, d.h. es macht einen großen Unterschied, ob ein sehr junger oder schon ausgereifter Markt Gegenstand der Analyse ist. Um diesen zeitlichen Entwicklungsprozeß genauer zu erfassen (und damit der Gefahr einer linearen Fortschreibung der Wettbewerbsstruktur vorzubeugen), wurden **Marktentwicklungsmodelle** vorgelegt. Sie orientieren sich am Lebenszyklus-Konzept, wie es ansonsten vor allem in der Produktanalyse Verwendung findet.

Schon sehr früh hat Heuss[37] die Dynamik von Märkten untersucht und eine Marktphasentheorie formuliert. Er unterscheidet vier Marktphasen: (1) Experimentierphase, (2) Expansionsphase, (3) Ausreifungsphase und (4) Stagnations-/Rückbildungsphase. Die Abschätzung der Geschäftsfeldentwicklung erfordert demzufolge auch die Lokalisierung der Marktphase und die voraussichtliche Fortbewegung in dem Phasenzyklus. Abbildung 5.9 zeigt beispielhaft die Zuordnung einiger Branchen zu den verschiedenen Zyklusphasen. Der Branchenzyklus informiert über die generelle Entwicklungstendenz, einzelne Unternehmen können sich strategisch jedoch durchaus „antizyklisch" verhalten; der Markt bestimmt nur sehr begrenzt die Strategie. Es kommt wesentlich auch auf die **internen Bewegungskräfte** an.

5.4 Unternehmensanalyse: Stärken und Schwächen

Die globale und die geschäftsfeldbezogene Umweltanalyse geben ein Bild von den mutmaßlichen relevanten Kräften des externen Aktionsfeldes. Aufgabe des nächsten Planungsschrittes ist die **Ermittlung der internen Situation**, um dann aus der Gegenüberstellung der externen Kräfte und der internen Stärken und Schwächen geeignete Strategiealternativen formulieren zu können.

37 Vgl. Heuss, E., Allgemeine Markttheorie, Tübingen/Zürich 1965; zu neueren Ansätzen vgl. Oster, S.M., Modern competitive analysis, a.a.O., S. 7 ff.

Aufgabe der Unternehmensanalyse ist die Beschreibung und vor allem Bewertung der Ressourcenposition des Unternehmens aus strategischer Sicht mit dem Ziel, aus den ermittelten Stärken und Schwächen Ansatzpunkte für die Schaffung eines **strategischen Wettbewerbsvorteils** aufzuzeigen.

Die Unternehmensanalyse hat zunächst einmal die strategische *Beschreibung* des eigenen Unternehmens bzw. seiner Geschäftsbereiche zum Gegenstand; sie würde jedoch zu kurz greifen, wollte sie sich darauf beschränken. Stärken und Schwächen sind relationale Begriffe. Ob eine Ressourcenausstattung oder bestimmte Fähigkeiten eine Stärke darstellen, läßt sich nicht absolut bestimmen; dies hängt vielmehr entscheidend von den Ressourcen und Fähigkeiten der wichtigsten Konkurrenten ab. Eine qualifizierte Vertriebsmannschaft mag auf den ersten Blick als Stärke erscheinen; im Lichte einer exzellenten Vertriebskompetenz („best practice") seitens eines Hauptkonkurrenten kann sie sich als eher unbedeutende Ressource oder gar als Schwäche darstellen.

Die Beurteilung der eigenen Ressourcen und Fähigkeiten unter strategischen Gesichtspunkten ist daher nur in bezug auf Konkurrenten sinnvoll möglich. Insofern findet die **Analyse der Konkurrenten,** obschon diese zur Umwelt des Unternehmens gehören, ihren genuinen Platz in der Stärken- und Schwächenanalyse.

Die Stärken- und Schwächenanalyse kann dabei grundlegend in zwei Teilperspektiven gegliedert werden (vgl. Abbildung 5.10):

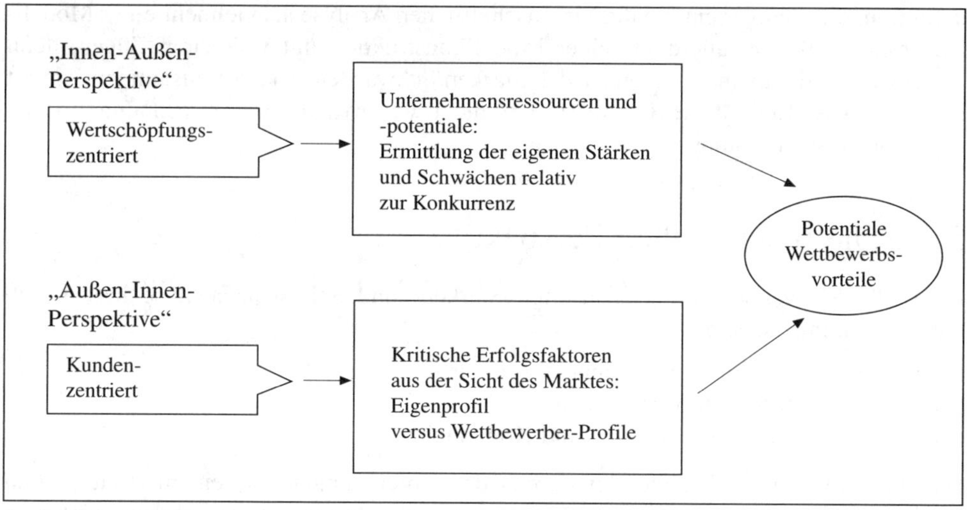

Quelle: Day, G.S./Wensley, R., Assessing advantage: A framework for diagnosing competitive superiority, in: Journal of Marketing 52 (1988), Nr. 4, S. 1-20 (modifiziert)

Abb. 5.10: Aufbau der Unternehmensanalyse

(1) wertschöpfungszentrierte Analyse,
d.h. in die von **innen nach außen** gerichtete Betrachtung der Unternehmensressourcen und ihrer Potentiale, die relativ zur Konkurrenz bzw. genereller zum Wettbewerbsumfeld vorzunehmen ist;

(2) kundenzentrierte Analyse,
d.h. in die von **außen nach innen** gerichtete Betrachtung, also die Bestimmung der erfolgskritischen Ressourcen aus Sicht des Marktes, insbesondere aus der Sicht der (potentiellen) Kunden.

Die Stärken- und Schwächenanalyse darf allerdings ihren Fokus nicht nur auf das bestehende Geschäftsfeld lenken; sie soll auch dazu dienen zu bestimmen, inwieweit Ressourcen und Fähigkeiten des Unternehmens geeignet sind, Zukunftsmärkte zu erschließen oder in neue Märkte im Sinne einer Diversifikation einzutreten. Letzteres stellt bereits den Übergang auf eine andere strategische Ebene dar, nämlich die der **Gesamtunternehmensstrategie.** Bei der Diskussion der Kernkompetenzen wird diese Überlappung der Ebenen noch einmal deutlich werden.[38]

Zwar soll die Unternehmensanalyse eine Vielzahl von Aspekten aufgreifen; dennoch kann es nicht ihr Ziel sein, eine vollständige Beschreibung aller Unternehmensressourcen zu geben. Die interne Situation eines Unternehmens ist zwar überschaubarer und besser vorstrukturiert als die Umwelt; aber auch hier ist die strategische Analyse gezwungen, stark zu selektieren und Analyseprioritäten zu setzen. Die Unternehmensanalyse ist deshalb – ebenso wie die Umweltanalyse – durch eine fortlaufende Setzung von Annahmen (Prämissen) gekennzeichnet, die helfen sollen, das unübersichtliche Informationsfeld bearbeitbar zu machen (wenn auch auf das Risiko fehlleitender Annahmen hin!).

In gewissem Sinne ist die Stärken- und Schwächenanalyse der Versuch einer Realitätsdefinition, die weniger einer naturwissenschaftlichen Analyse als vielmehr einer Modellkonstruktion gleicht; allerdings einer Modellkonstruktion mit visionären Zügen, denn Gegenwart und Zukunft fließen in der Stärken/Schwächen-Analyse zusammen; sie ist immer in erster Linie **Potentialanalyse** und nicht, wie etwa die Kostenrechnung, historische Ergebnisbeurteilung.

5.4.1 Die Innen-Außen-Perspektive

Innerhalb der wertschöpfungszentrierten Stärken- und Schwächenanalyse lassen sich drei Ebenen unterscheiden:

(1) die Ressourcen im engeren Sinne,
(2) die Wertschöpfungsprozesse sowie
(3) die übergreifenden Fähigkeiten und Kompetenzen.

(1) Zunächst einmal sind die Ressourcen des Unternehmens aus einem strategischen Blickwinkel ordnend zu erfassen und zu beschreiben. Von Interesse sind dabei nicht nur die „harten" Ressourcen, wie sie etwa in der volkswirtschaftlichen Differenzierung von Boden, Kapital und Arbeit erfaßt werden, sondern ganz wesentlich auch die verschiedenen **intangiblen Faktoren,** auf denen der betriebliche Leistungsprozeß beruht, wie beispielsweise Qualifikationen und Fertigkeiten von Mitarbeitern, technologisches, nicht kodifizierbares Know-How, ein Markenimage u.a.[39]

38 Vgl. unten S. 222 ff.
39 Vgl. Hall, R., The strategic analysis of intangible resources, in: Strategic Management Journal 13 (1992), S. 135-144.

Für die Klassifikation strategischer Ressourcen ist eine Reihe von Schemata entwickelt worden. Beachtung hat dabei vor allem das Analyseschema von Hofer/Schendel[40] gefunden, das folgende fünf Arten von Ressourcen unterscheidet: (1) **Finanzielle Ressourcen** (Cash Flow, Kreditwürdigkeit etc.), (2) **physische Ressourcen** (Gebäude, Anlagen, Servicestationen usw.), (3) **Humanressourcen** (Facharbeiter, Ingenieure, Führungskräfte usw.), (4) **organisatorische Ressourcen** (Informationssysteme, Integrationsabteilungen usw.) und (5) **technologische Ressourcen** (Qualitätsstandards, Markennamen, Forschungs-Know-How usw.). Dabei werden die finanziellen Ressourcen als Basisressourcen betrachtet, weil sie in einer Privatwirtschaft Voraussetzung für den Einbezug der anderen Ressourcen sind und weil sie das Ende der Ressourcentransformation bilden (Geld-Ware-Geld-Zyklus).

(2) Um das Zusammenwirken der einzelnen Ressourcen und Potentiale in der Realgütersphäre eines Unternehmens zu erfassen, werden sie sodann nach ihrer Stellung im Wertschöpfungsprozeß geordnet.

Bekannt geworden ist in diesem Zusammenhang vor allem die von Porter[41] entwickelte **Wertketten-Analyse** (value chain analysis). Er unterscheidet zwischen **„primären"** Aktivitäten, die unmittelbar mit Herstellung und Vertrieb eines Produktes verbunden sind, und **„unterstützenden"** Aktivitäten, die Versorgungsleistungen für die primären Aktivitäten und vor allem deren Steuerung zum Gegenstand haben (vgl. Abbildung 5.11).

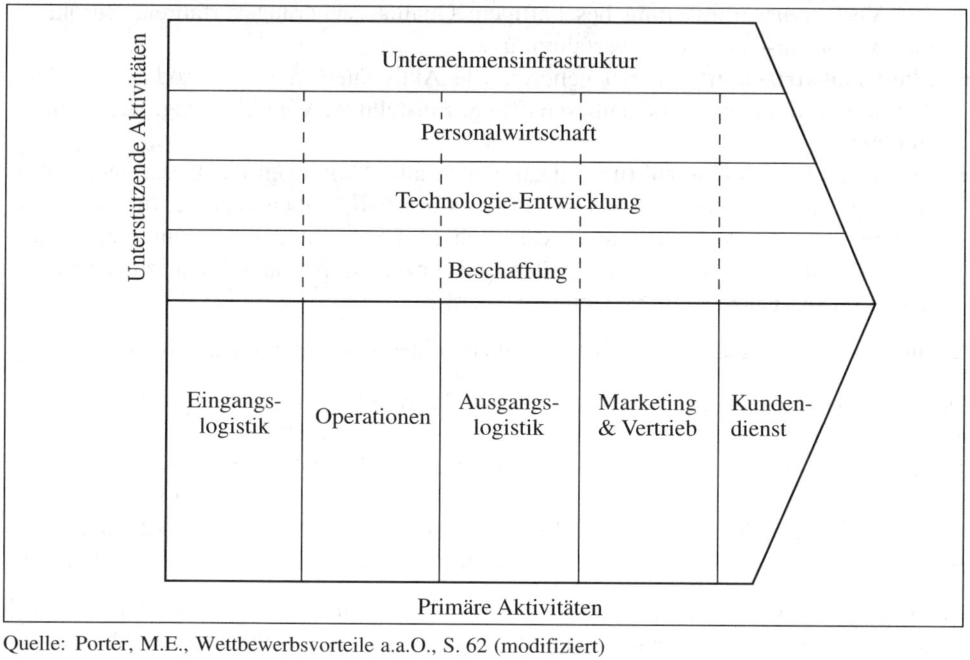

Quelle: Porter, M.E., Wettbewerbsvorteile a.a.O., S. 62 (modifiziert)

Abb. 5.11: Die Wertkette (gezeigt am Idealtyp des Industriebetriebes)

40 Vgl. Hofer, C.W./Schendel, D., Strategy formulation: Analytical concepts, St. Paul, Minn. 1978.
41 Vgl. Porter, M.E., Wettbewerbsvorteile (Übers. a.d. Engl.), Frankfurt a.M. 1986.

Die **primären Aktivitäten** werden für einen Industriebetrieb prototypisch untergliedert in:

- **„Eingangslogistik“;** darunter werden alle Aktivitäten verstanden, die den Eingang, die Lagerung und Bereitstellung von Betriebsmitteln und Werkstoffen (Roh-, Hilfs- und Betriebsstoffen) betreffen.
- **„Operationen“;** darunter sind alle Tätigkeiten der Produktion zusammengefaßt (Materialumformung, Zwischenlager, Qualitätskontrolle, Verpackung usw.).
- **„Ausgangslogistik“;** darunter werden alle Aktivitäten zur Auslieferung der Produkte (Fertiglager, Transport, Auftragsabwicklung usw.) verstanden.
- **„Marketing und Vertrieb“;** darunter sind alle Aktivitäten der Werbung, Verkaufsförderung, Außendienst, Preisbestimmung, Wahl der Vertriebswege etc. zusammengefaßt.
- **„Kundendienst“;** d.h. alle Tätigkeiten, die ein Unternehmen zur Förderung des Einsatzes und der Werterhaltung der verkauften Produkte anbietet.

Die primären Aktivitäten werden von den **sekundären Aktivitäten** übergreifend unterstützt und gesteuert:

- **„Beschaffung“** bezeichnet alle Einkaufsaktivitäten; *jede* der primären Wertaktivitäten benötigt Inputs, deshalb ist die Beschaffung als Querschnittsaktivität ausgewiesen.
- **„Technologieentwicklung“;** hierzu zählen alle Aktivitäten, die sich mit Produkt- und Verfahrensverbesserung beschäftigen: Qualitätssicherungsverfahren, Bürokommunikation, Instandhaltungsverfahren usw.
- **„Personalwirtschaft“;** hierzu gehören alle Aktivitäten, die den Produktionsfaktor Arbeit betreffen, also Personalbeschaffung, Einstellung, Weiterbildung, Beurteilung, Entlohnung usw.
- **„Unternehmensinfrastruktur“;** dazu zählen alle Aktivitäten der Gesamtgeschäftsführung: Rechnungswesen, Planung, Finanzwirtschaft, Außenkontakte, Informationssysteme usw. Diese Aktivitäten lassen sich im Unterschied zu den anderen sekundären Aufgaben nicht mehr aufspalten und einzelnen Wertaktivitäten zuweisen, sie gelten für die ganze Kette (= Gemeinkosten!).

Abbildung 5.12 zeigt als Beispiel die Wertkette eines Kopiergeräteherstellers.[42]

Jedes Unternehmen hat im Prinzip eine eigene Wertkette; deshalb besteht der erste und wichtigste Schritt in der Ressourcenanalyse darin, die Wertkette zu definieren, d. h. die betrieblichen Aktivitäten zu relevanten Kategorien von Wertaktivitäten zusammenzufassen. Es ist darauf hinzuweisen, daß sich die Wertkette keineswegs mit der Organisationsstruktur eines Unternehmens decken muß. Bei der Erstellung der Wertkette kommt es vor allem darauf an, die zentralen wertschaffenden Aktivitäten transparent zu machen.

Die Wertketten-Analyse beschränkt sich jedoch nicht nur auf das Unternehmen selbst, sondern versucht darüber hinaus, die Nahtstelle zu vor- und nachgelagerten Wertketten herauszuarbeiten.

---

42 Inzwischen ist Porter anscheinend von dieser Darstellungsform abgekommen und stellt die Wertaktivitäten in Wertaktivitäts-Karten („activity-system maps“) zusammen. Vgl. Porter, M.E., What is strategy?, in: Harvard Business Review 74 (1996), S. 61-78.

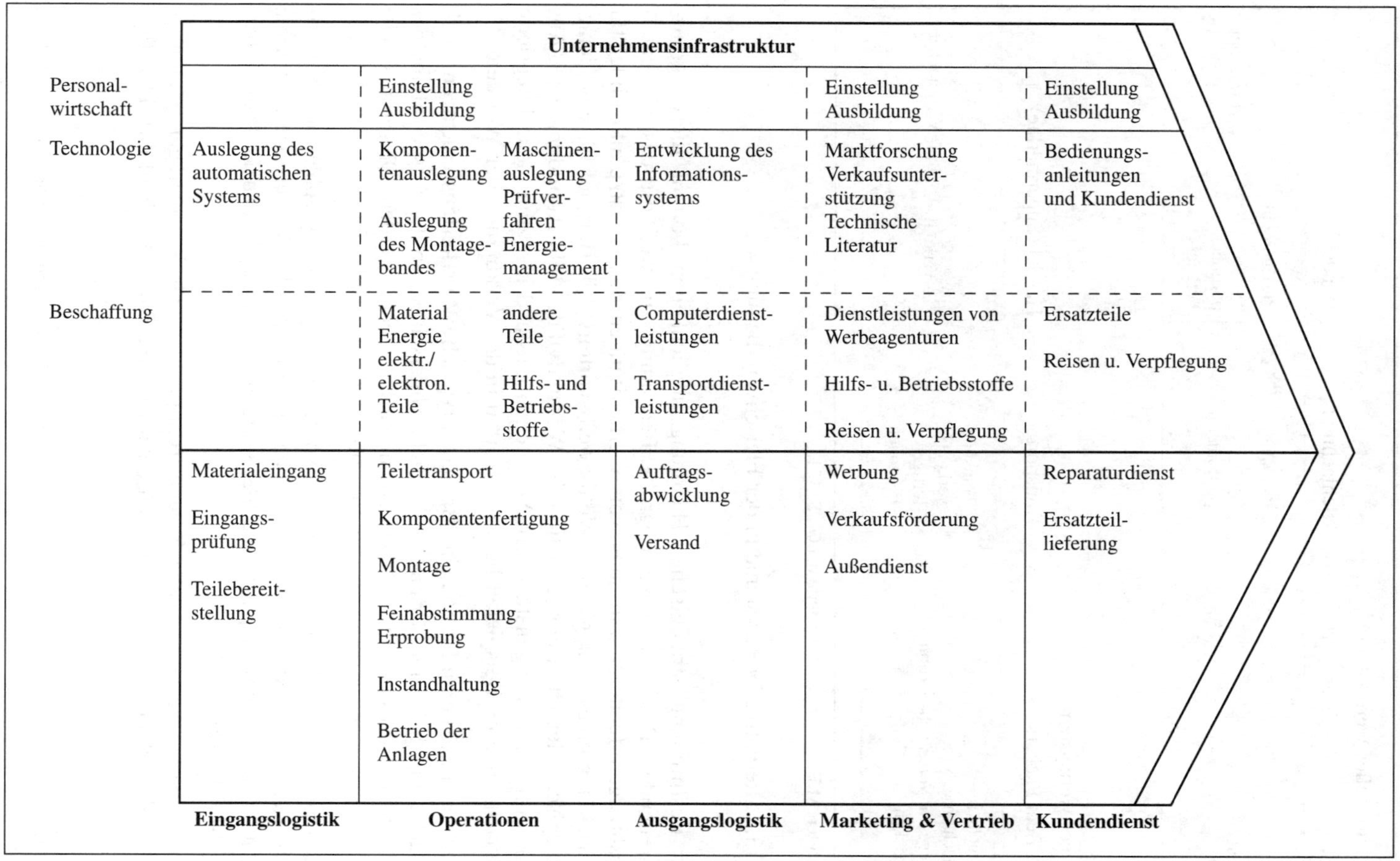

Quelle: Porter, M.E., Wettbewerbsvorteile a.a.O., S. 75 (modifiziert)

Abb. 5.12: Die Wertkette eines Kopiergeräteherstellers

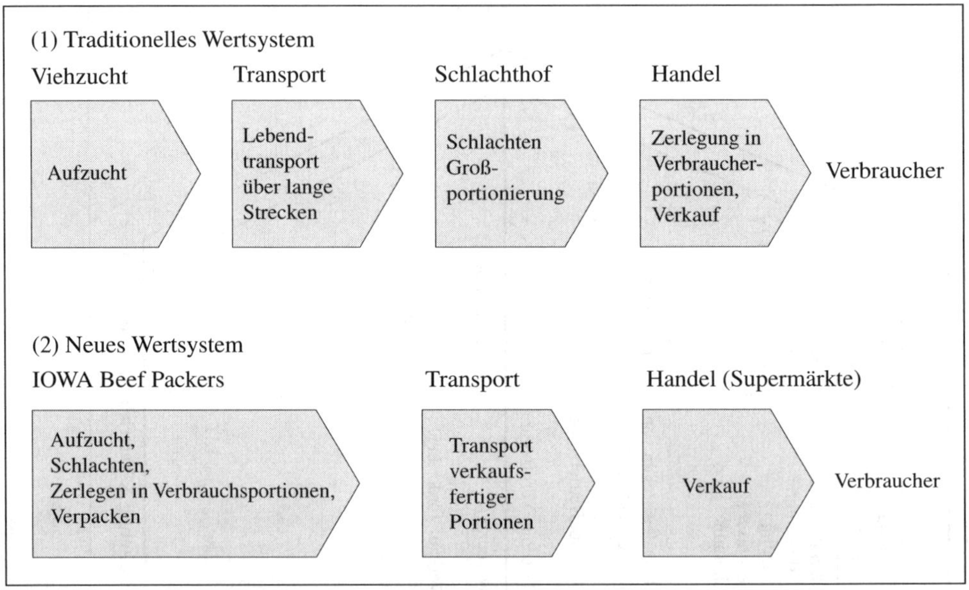

Quelle: Porter, M.E., Wettbewerbsvorteile a.a.O., S. 151.

Abb. 5.13: Alternative Wertsysteme in der Fleischverarbeitung

Für die Bestimmung strategischer Handlungsmöglichkeiten kommt dieser grenzüberschreitenden Betrachtungsweise große Bedeutung zu, weil oftmals die unternehmensübergereifende Neuordnung von Wertaktivitäten den Ansatzpunkt bildet für die Entwicklung eines strategischen Wettbewerbsvorteils. Ein Beispiel für eine derartige strategisch relevante Reorganisation der Wertaktivitäten gibt Abbildung 5.13. Aus einstmals drei bis vier eigenständigen Wertketten entstand hier eine neue integrierte Wertkette. In anderen Beispielen liegt der Vorteil in der Verkürzung der Wertkette.[43]

Im allgemeinen existieren für einzelne Branchen **typische Wertkettenstrukturen**, doch können auch innerhalb einer Branche erhebliche Unterschiede in der Ausgestaltung des Wertschöpfungsprozesses einzelner Unternehmen beobachtet werden. Der strategische Reiz der Analyse liegt ja gerade in diesen – potentiellen – Unterschieden.

Die Wertkette konzentriert sich auf die realwirtschaftliche Leistungssphäre in der wertschöpfungszentrierten Stärken- und Schwächenanalyse, allerdings interessiert auch die parallellaufende Wertumlaufsphäre und hier vorrangig neben der Finanzkraft die (übergreifenden) Kostenstrukturen.

Gewöhnlich wird eine strategische Kostenstrukturanalyse als Kostenträgerrechnung – gegebenenfalls anhand ausgewählter repräsentativer Produkte – durchgeführt oder, falls

43 Vgl. hierzu die Diskussion zum Outsourcing, z.B. Quinn, J.B., Intelligent enterprise, New York 1992, S. 31 ff.

dies aufgrund der Leistungsstruktur nicht möglich ist, geschäftsfeldbezogen. Zu ermitteln ist dabei jeweils der wertmäßige Faktorverbrauch jeder einzelnen Wertaktivität.

Entscheidend für die strategische Aussagefähigkeit der Kostenstrukturanalyse ist, daß die Auffächerung der Wertaktivitäten nicht zu mechanisch, sondern entscheidungsrelevant erfolgt und die wichtigsten Kostenblöcke nicht in Globalkategorien (wie z.B. Produktion) verschwinden. Das klassische Instrumentarium der Kostenrechnung ist hierzu oftmals nur bedingt geeignet, da es zur Verrechnung der Gemeinkosten lediglich Schlüsselungsverfahren bereithält; nachdem mittlerweile die Gemeinkosten oft 50 % und mehr der Gesamtkosten ausmachen, kann dies zu erheblichen Verzerrungen bei der Bestimmung der Stückkosten führen. Nicht zuletzt deshalb stoßen seit einiger Zeit Verfahren der **Prozeßkostenrechnung** (Activity based costing) auf ein breites Interesse.[44] In diesen Verfahren wird versucht, die Kosten einzelner Teilschritte des Wertschöpfungsprozesses, wie etwa Auftragsabwicklung, Arbeitsvorbereitung, Logistik, die bisher über die Produkte geschlüsselt wurden, prozeßbezogen zu bestimmen, und erst dann produktbezogen zu verrechnen.

Insgesamt ist es Ziel der Kostenstrukturanalyse, jene Faktoren zu identifizieren, die die Kosten der Leistungserbringung im Unternehmen maßgeblich bestimmen. Sie werden allgemein als „**Kostentreiber**" (cost drivers) bezeichnet. Zugleich bilden die hier gewonnenen Daten aber auch eine griffige Basis für Vergleiche mit Wettbewerbern.

(3) In der Vergangenheit hat die Ressourcenanalyse ihre Betrachtung in erster Linie auf die konkreten Aktivitäten im Wertschöpfungsprozeß gerichtet. Erst in jüngerer Zeit wird verstärkt versucht, das Augenmerk auch auf die hinter diesen Prozessen liegenden **System-Fähigkeiten** zu richten. Gemeint ist spezifisches Know-How, Steuerungs- und Koordinationskompetenzen u.ä., die das Unternehmen als Ganzes im Laufe der Zeit ausgebildet hat.

Es geht dabei nicht so sehr um einzelne herausragende Fähigkeiten, sondern um das Zusammenwirken verschiedener Fähigkeiten, unternehmensspezifisches Wissen wie auch unternehmenskulturell verankerte Prozesse. Unter ganz bestimmten Bedingungen werden solche die Wertkettenaktivitäten *übergreifenden Fähigkeiten* in der neueren Strategielehre auch „**Kernkompetenzen**" genannt[45] (vgl. hierzu die ausführliche Diskussion unter Abschnitt 5.5.3.4).

Das Konzept der übergreifenden Fähigkeiten lenkt die Aufmerksamkeit auf das Zusammenwirken der verschiedenen betrieblichen Ressourcen, und zwar unternehmensweit, also auch über die Grenzen der verschiedenen Geschäftsfelder hinweg.

Für diese Fähigkeiten gilt, wie für die ressourcenzentrierte Stärken-Schwächen-Analyse generell, daß ihre strategische Relevanz erst **im Lichte der Konkurrenten** sinnvoll beurteilt werden kann. Strategisch relevant ist eine solche übergreifende Fähigkeit erst dann, wenn andere Unternehmen nicht eben über eine solche oder eventuell sogar bes-

---

44 Vgl. Horváth, P./Kieninger, M./Mayer, R./Schimank, C., Prozeßkostenrechnung – oder wie die Praxis die Theorie überholt – Kritik und Gegenkritik, in: Die Betriebswirtschaft 53 (1993), S. 609-628.

45 Vgl. Prahalad, C.K./Hamel, G., The core competence of the corporation, in: Harvard Business Review 68 (1990), Nr. 3, S. 79-91.

sere in diesem Bereich verfügen. Im folgenden Abschnitt gilt es daher, näher auf die Bewertung der Ressourcen und Fähigkeiten einzugehen.

Strategische Bewertung der Unternehmensressourcen

Die Bewertung der Unternehmensressourcen erfolgt in erster Linie im Abgleich mit den wichtigsten **Konkurrenten**. Dazu wäre es im Prinzip erforderlich, in Analogie zur Analyse der eigenen Ressourcen und Fähigkeiten auch die der wichtigsten Wettbewerber zu untersuchen. Ein solch umfassendes Vorgehen ist indes in der Praxis weder bewältigbar noch ist es überhaupt möglich, ähnlich detaillierte Informationen, wie man sie für das eigene Unternehmen besitzt, auch über die Konkurrenten zusammenzutragen. Man ist dazu gezwungen, selektiv vorzugehen, und zwar sowohl was das Spektrum der einzubeziehenden Daten angeht, als auch was die Zahl der betrachteten Wettbewerber betrifft.

Als Kriterien für die Auswahl wichtiger Konkurrenten können etwa herangezogen werden: Marktanteil (die größten Drei), Unternehmenswachstum, Profitabilität etc., wobei die beiden letztgenannten Kriterien vor allem geeignet sind, das Augenmerk auf besonders erfolgreiche Wettbewerber zu richten. Gegebenenfalls sind in der Betrachtung auch potentielle Neuanbieter, deren Markteintritt als sehr wahrscheinlich gelten kann, einzubeziehen.

Im Strategischen Management finden konkurrenzbezogene Ressourcenbewertungen seit einiger Zeit speziell unter der Perspektive des „**benchmarking**" verstärkte Beachtung. Hierunter wird ein systematisierter Abgleich von Ressourcen und Fähigkeiten mit den Branchenführern verstanden.[46]

Die strategische Bewertung der Unternehmensstärken und -schwächen würde indes zu kurz greifen, wollte sie sich lediglich auf einen solchen quantifizierten Abgleich der Leistungsprofile beschränken. Erforderlich ist es darüber hinaus, die Hintergründe von Leistungsdifferenzen zu erkunden; dazu ist es insbesondere wichtig, die verschiedenen Ausgestaltungen der Wertschöpfungsprozesse wie auch einzelner Wertaktivitäten zu kennen. Als besonders hilfreich haben sich hierbei Kostenstrukturvergleiche erwiesen.

Indessen, zu ausschließlich sollte sich die Bewertung der eigenen Ressourcen auch nicht an den Wettbewerbern orientieren. Kennzeichen eines nachhaltigen strategischen Wettbewerbsvorteils ist ja gerade, daß andere Unternehmen mit ihren spezifischen Ressourcen und Fähigkeiten eine entsprechende Leistung nicht erbringen können; insofern beruhen bestimmte Potentiale auf **Einmaligkeit** und lassen sich daher nicht im Vergleich mit der Konkurrenz bestimmen. Dazu bedarf es vielmehr gesonderter Kriterien, die eine Abschätzung der Erfolgsträchtigkeit erlauben.

Die neuere Strategieliteratur hat hierzu (aufbauend auf der ressourcenbasierten Unternehmenstheorie) mehrere leicht variierende Kriterienkataloge unter dem Stichwort „**strategische Ressourcen**" ausgearbeitet.[47] Danach müssen im wesentlichen folgende

46 Vgl. etwa Töpfer, A. (Hrsg.), Benchmarking – Der Weg zu Best Practice, Berlin/Heidelberg 1997.

47 Vgl. Barney, J., Firm resources and sustained competitive advantage, in: Journal of Management 17 (1991), S. 99-120; Peteraf, M.A., The cornerstones of competitive advantage: A resource-based view, in: Strategic Management Journal 14 (1993), S. 179-191.

vier Bedingungen erfüllt sein, damit Ressourcen und Fähigkeiten die Basis eines strategischen Wettbewerbsvorteils bilden können:

1. **Einmaligkeit:** Ressourcen und Fähigkeiten, die viele Unternehmen besitzen, können nicht Grundlage von Wettbewerbsvorteilen werden, wie gut sie auch immer im einzelnen sich ausprägen mögen. Strategisch denken heißt nach der Differenz zu suchen. Beispiele für knappe Ressourcen wären etwa Standorte im Handel, staatlich sanktionierte Monopole etwa in Form von Wasser- oder Brunnenrechten, die einzelnen Unternehmen eine besonders preiswerte Energie- oder Wasserversorgung sichern u.ä. Strategisch noch relevanter sind i.d.R. knappe Humanressourcen, Managementsysteme oder organisationale Fähigkeiten und Kompetenzen.

2. **Eingeschränkte Imitierbarkeit:** Eine sehr spezifische Ressourcenausstattung ist jedoch wettbewerbsstrategisch nur soweit erfolgversprechend, wie sie nicht imitiert werden kann. Generell gilt, daß die Imitierbarkeit sinkt, wenn die betreffenden Ressourcen
   - kausal unverstanden (die spezielle Wirkungsweise läßt sich immer wieder beobachten oder herstellen, ohne daß die Bezüge geklärt sind; z.B. Kunsthandwerk),
   - historisch gewachsen (Zusammentreffen spezieller Persönlichkeiten, historische Rolle bei der Erschließung von Auslandsmärkten usw.) und
   - sozial komplex (entstehen nur durch das Zusammenwirken verschiedener Personen und Umstände) sind.

   Das heißt zugleich, daß sich diese Ressourcen einer vollständigen Beschreibung und Durchdringung – und damit einer (allzu schnellen) Imitation entziehen. Es handelt sich um Ressourcen, die auf den Faktormärkten nicht erworben werden können.

3. **Fehlende Substituierbarkeit:** Analog zur eingeschränkten Imitierbarkeit muß auch gewährleistet sein, daß die in Frage stehenden Ressourcen nur schwer durch andere ersetzt werden können. Lassen sich die fraglichen Leistungen auch durch andere (nicht so seltene) Ressourcen erzielen, werden die Konkurrenten diese Ressourcen erwerben und einsetzen.

4. **Wert:** Schließlich müssen die betreffenden Ressourcen wertvoll sein in dem Sinne, daß sie der Unternehmung auch tatsächlich die Entwicklung und Umsetzung einer effektivitätssteigernden Strategie ermöglichen. Es gibt zahlreiche, sehr spezielle, schwer imitierbare und nicht substituierbare Ressourcen, die aber nicht zum strategischen Einsatz taugen.

5.4.2 Die Außen-Innen-Perspektive

Die wertschöpfungszentrierte Stärken- und Schwächenanalyse läuft Gefahr, zu sehr die **Sicht des Nachfragers**, der letztlich über den Erfolg bestimmt, aus den Augen zu verlieren. Dem versucht die kundenzentrierte Stärken- und Schwächenanalyse quasi als (ergänzender) Gegenpol zur wertschöpfungszentrierten Analyse zu begegnen, indem sie die Betrachtung auf die *aus Sicht des Marktes* bzw. der Abnehmer bedeutsamen Faktoren fokussiert; es geht ihr – mit anderen Worten – darum, die für den Kauf entscheidenden Ressourcen zu identifizieren. Insofern erfüllt die kundenzentrierte Stärken- und Schwächenanalyse auch gewissermaßen eine Selektionsfunktion.

Der mit dem kundenzentrierten Stärken- und Schwächenanalyse vollzogene Perspektivwechsel impliziert, daß nicht mehr Ressourcen und Fähigkeiten, sondern vielmehr Kaufentscheidungsgrößen wie Preis, Qualität, Lieferbereitschaft usw. betrachtet werden. Dementsprechend interessieren dabei auch nicht objektive Merkmale, sondern ausschließlich deren *subjektive Wahrnehmung* durch den Abnehmer. Die Bereitschaft, diese Perspektive einzunehmen, ist in vielen Unternehmen schwach ausgeprägt. Die Fachleute pochen auf ihre Kompetenz und lehnen die laienhaften Urteile der Kunden ab.

Zur *Bestimmung der kundenorientierten Stärken- und Schwächenprofile* kann dann wie folgt verfahren werden:

1. Im Rahmen von Kundenbefragungen und der Wertaktivitätsanalyse schält sich eine Reihe bedeutsamer Wettbewerbsfaktoren heraus. Diese werden zu einer Liste zusammengestellt. Abbildung 5.14 zeigt beispielhaft, wie eine solche Liste aussehen könnte.

(1) Angebotspalette	(8) Werbung
(2) Lieferleistungen	(9) Verkaufsförderung
(3) Technischer Kundendienst	(10) Kompetenz des Verkaufspersonals
(4) Garantieleistungen	
(5) Distributionsdichte	(11) Produktqualität
(6) Preis	(12) Entwicklungspotential
(7) Lieferantenkredit	(13) Flexibilität

Abb. 5.14: Beispiel für eine Liste potentieller kritischer Erfolgsfaktoren

2. Aus dieser Liste sind in einem nächsten Schritt die wichtigsten (=kritischen) Erfolgsfaktoren auszuwählen. Der 2. und der 3. Schritt sollten idealerweise zusätzlich von Abnehmern oder zumindest externen Marktexperten durchgeführt werden, um die Marktperspektive zu gewährleisten.
3. Im Anschluß daran wird dann die eigene Position und die der stärksten Konkurrenten auf diesen kritischen Dimensionen eingestuft. Ein Profilvergleich läßt die Stärken und Schwächen der einzelnen Anbieter plastisch hervortreten (vgl. Abb. 5.15).

Bei der Beurteilung sollte jedoch beachtet werden, daß negative Profilabweichungen auch unterschiedliche Strategien abbilden können und keineswegs pauschal als Schwäche eingestuft werden dürfen. Für einen Billiganbieter ist klar, daß er keine Spitzenqualität anbieten kann und will. Und umgekehrt ist der hohe Preis der Gucci-Kollektion keine Schwäche, sondern Bestandteil der exklusiven Vermarktungsstratgie. Die Stärken/Schwächen-Analyse überlappt deshalb sehr stark mit der Strategieformulierung, dem zentralen Gegenstand des nächsten Abschnitts.

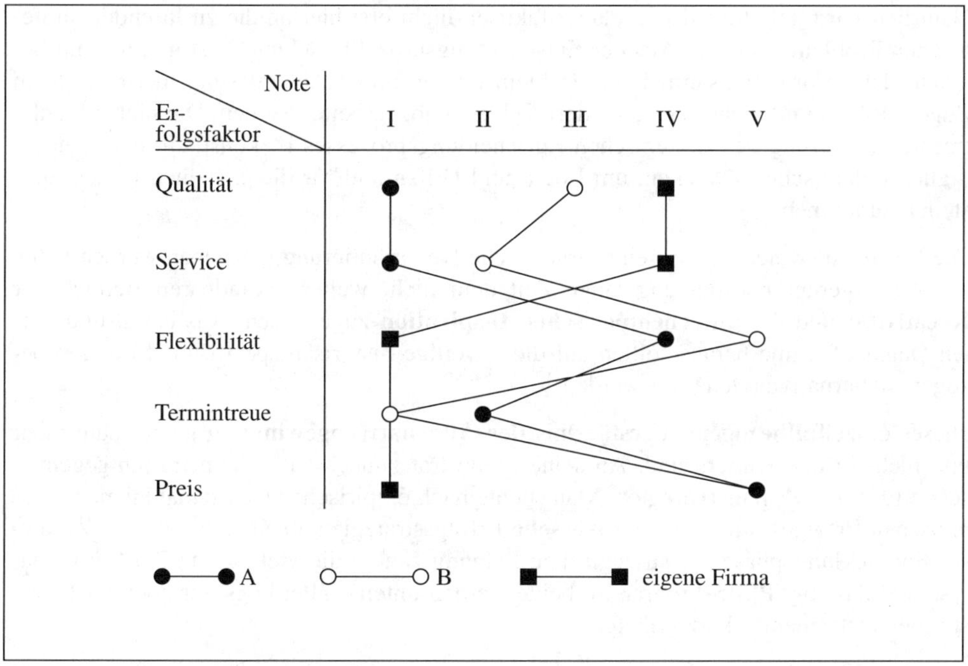

Abb. 5.15: Profilvergleich

5.5 Strategische Optionen

5.5.1 Gewinnung von Alternativen

Mit der Wertaktivitätenanalyse und dem Konkurrenzvergleich ist die strategische Analyse abgeschlossen. Im nächsten Schritt müssen die erarbeiteten Informationen zusammengeführt werden, um einerseits zu beurteilen, ob und inwieweit die gegenwärtige Strategie bzw. das Strategie-Programm zu verändern ist, und andererseits attraktive Strategiealternativen auszuformulieren.

Für den weiteren Aufbau der Strategieplanung ist – systematisch gesehen – zunächst einmal das **strategische Problem** zu präzisieren, und zwar durch Gegenüberstellung der Ressourcensituation und der Umweltentwicklung im Lichte der allgemeinen Unternehmensziele. Mit anderen Worten, das analysierende Unternehmen muß sich nun die grundsätzliche Frage stellen, ob die derzeitige strategische Position einer Veränderung bedarf, sei es, weil sie obsolet zu werden droht, sei es, weil eine andere Position mehr Erfolg verspricht. In jedem Falle stellt sich die Frage nach einer **möglichen strategischen Neuorientierung**.

Natürlich wird der strategische Planer faktisch nicht erst hier an die zu lösenden strategischen Probleme denken. Aus der Entscheidungsprozeßforschung[48] ist hinreichend bekannt, daß Informationsaufnahme, Problemstellung und Problemlösung meist in einem Zuge erfolgen und nicht linear, sondern zyklisch abgearbeitet werden. Die hier gewählte lineare Gliederung des strategischen Entscheidungsprozesses ist künstlich und dient lediglich didaktischen Zwecken, um Logik und Hilfsmittel für die einzelnen Phasen darstellen zu können.

Die Frage, auf welche Weise eine strategische Neuorientierung gewonnen werden kann, hat die Unternehmensplanung lange Zeit dem nicht weiter erkundbaren Bereich der **Kreativität** und der **unternehmerischen Inspiration** zugewiesen. Aus der strukturierten Datenaufnahme heraus sollten auf die jeweilige historisch-spezifische Situation bezogene Alternativen generiert werden.[49]

Dieses **einzelfallbezogene Verständnis der Alternativengewinnung** gerät heute mehr und mehr in den Hintergrund. An seine Stelle trat zunächst die diametral entgegengesetzte Idee der **„Normstrategie“**. Man suchte nach empirischen Gesetzmäßigkeiten strategischen Erfolges, um daraus **universelle** Erfolgsstrategien ableiten zu können. Zu dieser Entwicklungsphase der strategischen Planung zählen die viel zitierte Portfolio-Analyse und das sog. PIMS-Programm; beide werden unten – allerdings nur noch als heuristisches Instrument – kurz erläutert.

Derartige Bemühungen, Normstrategien aus empirischen Quasi-Gesetzmäßigkeiten zu gewinnen, stießen und stoßen jedoch auf nahezu unüberwindliche praktische und methodische Schwierigkeiten.[50] Strategisches Handeln gehorcht meist nicht naturgesetzmäßigen Verlaufsformen. Strategische „Gesetze“ (Invarianzen) sind nur von kurzer Dauer, neue Strategien setzen sie bald außer Kraft.

Am sinnvollsten erscheint es, weder dem einen, noch dem anderen Ansatz zu folgen, sondern einem dritten Weg den Vorzug zu geben, dem Optionsansatz. Dies bedeutet, daß man auf die orientierende Kraft von Normstrategien nicht verzichtet; sie jedoch nicht mehr als zwingende Konsequenz, sondern als grundsätzliche Option betrachtet. Normstrategien helfen, den Raum möglicher Optionen vorzustrukturieren. Sie sollten aber nicht das einzelfallbezogene Denken gänzlich verdrängen, denn dieses Denken ist es gewöhnlich, das den Weg für neue, bislang unbekannte Optionen freischlägt.

Strategische Optionen sind grundsätzlich nach den zwei essentiellen Strategieebenen zu differenzieren, also nach der Gesamt-Unternehmensebene und der Geschäftsfeldebene.

---

48 Vgl. Witte, B., Phasen-Theorem und Organisation komplexer Entscheidungsverläufe, in: Zeitschrift für betriebswirtschaftliche Forschung 20 (1968), S. 625-647; Mintzberg, H./Raisinghani, D./Théorêt, A., The structure of „unstructured“ decision processes, in: Administrative Science Quarterly 21 (1976), S. 246-275; Lyles, M.A., Formulating strategic problems: Empirical analysis and model development, in: Strategic Management Journal 2 (1981), S. 61-75.

49 Vgl. stellvertretend Andrews, K.R., The concept of corporate strategy, 3. Aufl., Homewood/Ill. 1987.

50 Vgl. im einzelnen Schreyögg, G., Zur Logik der strategischen Unternehmensführung, in: Management Revue 3 (1992); S. 199-212.

5.5.2 Strategische Optionen auf der Geschäftsfeldebene

Für die Entwicklung einer Wettbewerbsstrategie sind vielfältige Aspekte relevant und beachtungsbedürftig. Vor allen Detailproblemen stehen jedoch **drei Grundfragen**, auf die jede Wettbewerbsstrategie eine Antwort geben muß:[51]

(1) Wo soll konkurriert werden? (Ort des Wettbewerbs)
(2) Nach welchen Regeln soll konkurriert werden? (Regeln des Wettbewerbs)
(3) Mit welcher Stoßrichtung soll konkurriert werden? (Schwerpunkt des Wettbewerbs)

(1) Ort des Wettbewerbs

Die erste Frage ist auf die **verschiedenen Möglichkeiten der Marktabdeckung** gerichtet. Wo soll das Unternehmen in Wettbewerb treten? Ist es vorteilhafter, eine Strategie für den ganzen Markt zu wählen oder die Ressourcen (Stärken) auf ein Segment zu konzentrieren? Grundsätzlich geht es also um die Entscheidung, ob der **Kernmarkt** oder eine **Nische** (Teilmarkt) als Ort des Wettbewerbs gewählt werden soll. Die Begrenzung auf einen Teilmarkt ist immer dann sinnvoll, wenn ein Unternehmen aufgrund seiner speziellen Stärken sein Ziel hier besser erreichen kann als bei einer Betätigung auf dem Gesamtmarkt. Die Konzentration auf eine Nische kann unter Umständen höhere Erträge erbringen als die Bedienung des Gesamtmarktes. Die Nische kann sich durch eine Kundengruppe definieren (z.B. Italienische Restaurants als Abnehmer von speziellem Gemüse), durch eine Produktlinie (z.B. nur Artischocken statt eines ganzen Gemüsesortiments) oder durch ein geographisches Segment (z.B. Gemüseangebot nur im Raum Nürnberg/Fürth).

Die Entscheidung für eine **Nische** bedeutet immer den **Verzicht** auf potentiell mögliche Umsätze. Nischenstrategien versprechen vor allem dann Erfolg, wenn die Anbieter des Kernmarktes aus strukturellen Gründen (Fertigungstechnologie, Vertriebssystem, Instandhaltungsorganisation usw.) die Nische nicht ohne weiteres auch mit bedienen können. So tun sich z.B. die großen Fluggesellschaften sehr schwer, den kleinen Regionalluftverkehr in das vorhandene Angebot einzubeziehen. Es fehlt nicht nur an geeignetem Fluggerät, der ganze Apparat ist auf den großzahligen Flugverkehr ausgerichtet (Personalorientierung, Verwaltung, Wartung usw.). Entsprechend profitabel sind denn auch die meisten Nischenanbieter, wie z. B. die Schweizer Regionalfluggesellschaft Crossair.

Zu beachten ist, daß nicht jeder kleine Anbieter automatisch ein Nischenanbieter ist; auch viele kleine Anbieter konkurrieren im Kernmarkt (z. B. Air Portugal im weltweiten Luftverkehr).

Was die Beständigkeit anbelangt, ist jede Nischenstrategie grundsätzlich – wie jede andere Strategie auch – erosionsbedroht. Die strukturellen Vorteile können aufgrund von Verschiebungen in den Funktionen verschwinden – z. B. Flexibilisierung der Fertigungstechnologie, die es auch dem Großhersteller erlaubt, Kleinserien rentabel zu produzieren, oder neue Vertriebsformen –, oder aber die Nischenattraktivität wird so groß, daß neue

51 In Anlehnung an Porter, M.E., Wettbewerbsstrategie, a.a.O., dort werden jedoch nur die ersten zwei Dimensionen verwendet.

Anbieter – eventuell autonom agierende Teileinheiten eines Großanbieters (ventures) – in die Nische eintreten. Umgekehrt besteht die Gefahr, daß sich die anvisierte Nische als zu klein erweist, um rentabel bedient werden zu können. Dieser Fall findet sich z. B. häufig bei regionalen Nischenstrategien (der Designer-Laden in der Kleinstadt).

(2) Regeln des Wettbewerbs

Die zweite Frage bezieht sich auf die **Geschäftsfeldstruktur** und führt zu der Grundsatzentscheidung, ob der Geschäftsfeldstruktur in ihrer derzeitigen Form gefolgt oder ob eine Veränderung der Wettbewerbsregeln angestrebt werden soll.

Die konservative Strategie betrachtet die Geschäftsfeldstruktur als **gegeben** und sucht nach einer **optimalen Plazierung** des Unternehmens in dem gegebenen Kräftefeld des Wettbewerbs unter Berücksichtigung der je spezifischen Stärken und Schwächen.

Im Unterschied dazu versuchen die **Veränderungsstrategien**, die herrschenden Regeln des Marktes zu überwinden. Dies kann mit Hilfe von **Macht** geschehen, indem die Geschäftsfeldstruktur zu eigenen Gunsten verändert wird (z.B. Konzentration durch Übernahme von Wettbewerbern); ein anderer Weg ist die **Kooperation,** wie etwa die Gründung von Gemeinschaftsunternehmen (z.B. Bosch-Siemens-Hausgeräte).

Eine Strukturveränderung kann aber auch auf einem ganz anderen Wege herbeigeführt werden, nämlich durch die **Umkehrung und Neudefinition** der Regeln des Marktes. Derartige Markt-Innovationsstrategien stellen meist darauf ab, die kritischen Erfolgsfaktoren eines Geschäftsfeldes neu zu gewichten oder neue Erfolgsfaktoren (etwa durch eine bislang unbekannte Ressourcenkombination) hinzuzufügen. Zu erinnern ist hier etwa an das schwedische Möbelhaus IKEA, das mit seiner neuartigen Kombination der Wertaktivitäten die Regeln des Möbelmarktes neu formuliert hat.

(3) Schwerpunkt des Wettbewerbs

Die dritte Frage verweist auf zwei weitere grundsätzliche Optionen, die sich jeder Ausgestaltung einer Wettbewerbsstrategie stellen. Soll das Unternehmen schwerpunktmäßig über

(a) günstige Kosten (Kostenschwerpunktstrategie) oder
(b) Leistungsdifferenzierung (Differenzierungsstrategie)

den Wettbewerb bestreiten?

(a) Die **Kostenschwerpunkt-Strategie** stellt darauf ab, einen Wettbewerbsvorteil durch einen **relativen Kostenvorsprung** zu erzielen. Die strategischen Aktivitäten bündeln sich um das Ziel, niedrigere Kosten im Verhältnis zu den Konkurrenten zu erzielen. Wie bei der Umwelt- und Ressourcenanalyse bereits deutlich wurde, gibt es viele Quellen für strategische Kostenvorteile.

Orientierte man sich an der lange Zeit sehr populären **„Erfahrungskurve“** (vgl. Kasten 5.3), so müßte die Kostenschwerpunkt-Strategie zwangsläufig auf eine **Strategie der Marktführerschaft** in dem Sinne hinauslaufen, daß nur derjenige einen strategischen Kostenvorteil erringen kann, der die größte Mengenerfahrung bzw. den größten Marktanteil hat.

Kasten 5.3

Die Erfahrungskurve

Das Konzept der Erfahrungskurve wurde Mitte der sechziger Jahre von der amerikanischen Unternehmensberatungsgesellschaft „Boston Consulting Group“ (BCG) entwickelt und als Instrument zur Formulierung effektiver Geschäftsstrategien propagiert.

Vor dem Hintergrund bekannter ökonomischer Gesetzmäßigkeiten („Gesetz der Massenproduktion“, Betriebsgrößenersparnisse) hat die BCG empirische Untersuchungen zur langfristigen Gesamtkostenentwicklung ihrer Klienten angestellt und herausgefunden, daß im Zeitablauf gesehen zwischen der Stückkostenentwicklung und der Produktionsmenge folgender Zusammenhang besteht: Mit jeder Verdoppelung der über die Produktionszeit kumulierten Produktionsmengen einer Produktart sinken deren reale Stückkosten um 20-30%:

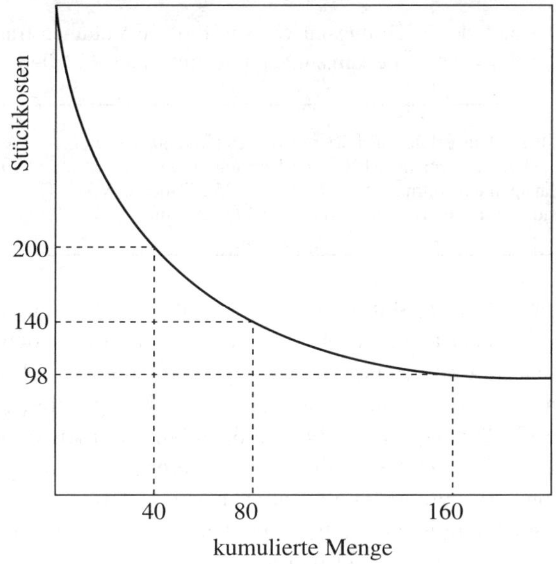

Unter der Vorraussetzung daß die Produktionsmenge die Absatzmenge wiederspiegelt, verwendet die BCG den Marktanteil als Bestimmungsgröße für die kumulierte Produktionsmenge. Ein hoher Marktanteil indiziert somit eine große kumulierte Produktionsmenge. Daraus folgt dann, daß das Unternehmen mit dem größten Marktanteil mit den günstigsten Stückkosten produziert und damit (bei gleichen Preisen) die größten Gewinne erzielt. Der Marktanteil wird so zum alles entscheidenden Wettbewerbsfaktor:

Größter Marktanteil → Höchste kumulierte Menge → Geringste Stückkosten → Höchste Rentabilität

Kasten 5.3 (Fortsetzung)

Das Erfahrungskurvenkonzept ist vielfach kritisiert worden. Die Haupteinwände sind:

1. Das Erfahrungskurvenkonzept kann keine generelle Gültigkeit beanspruchen, da empirisch auch gänzlich andere Kostenverläufe feststellbar sind.
2. Die Verwendung von Marktanteilen als Indikator für die kumulierte Menge im Konkurrentenvergleich ist nur auf der Basis unrealistischer Prämissen möglich: homogene Produkte, gleiche Erfahrungsgeschichte, einheitliche Marktpreise für alle Anbieter und gleiche Markteintrittszeitpunkte.
3. Das Konzept der Erfahrungskurve ignoriert die Tatsache, daß „Erfahrung" häufig in der Branche (unbeabsichtigt) diffundiert und Konkurrenten somit trotz geringerer Produktionsmengen in ihren Genuß kommen.
4. Ferner hat das Erfahrungskurvenkonzept nur für eine gegebene Technologie Gültigkeit; Sprünge in der Entwicklung der Fertigungstechnologie begründen eine neue Erfahrungskurve.
5. Die strategische Logik der Erfahrungskurve „verführt" zu Volumenstrategien (und -investitionen) mit der Folge von Überkapazitäten und sinkender Renditen.

Quellen: Henderson, B.D., Die Erfahrungskurve in der Unternehmensstrategie, 2. Aufl., Frankfurt a.M./ New York 1984; Liebermann, M.B., The learning curve, diffusion, and corporate strategy, in: Strategic Management Journal 8 (1987), S. 441–452; Alberts, W.W., The experience curve doctrine reconsidered, in: Journal of Marketing 59 (1989), July, S. 36–49.

Nach der Logik der Erfahrungskurve könnte immer nur ein Unternehmen in einem Markt sinnvoll die Kostenstrategie wählen.[52] Nun ist allerdings heute hinreichend bekannt, daß die Kostenerfahrungskurve keineswegs zwingend ist (vgl. Kasten 5.2). So hat sich z.B. bei der Diskussion der Betriebsgrößenersparnisse gezeigt, daß in vielen Branchen die möglichen Größenersparnisse bei schon relativ kleinen Betriebsgrößen ausgeschöpft sind,[53] und daß in manchen Fällen bei weiterer Ausdehnung der Betriebsgröße sogar die Gefahr von **„diseconomies of scale"** besteht. Aus diesen Gründen sollte die Kostenorientierung unabhängig von einer gleichzeitigen Marktführerschaft als grundsätzliche strategische Option betrachtet werden.

Die Kostenschwerpunkt-Strategie bedeutet nicht, daß die Qualität oder andere Differenzierungsgesichtspunkte wie Image, Service usw. völlig vernachlässigt werden können. In der Regel wird im Rahmen einer Kostenstrategie ein **Standardgut** mit durchschnittlicher Qualität und Gestaltung angeboten. Kostenschwerpunkt heißt ferner nicht zwangsläufig Billiganbieter; häufig ist der Kostenführer bestrebt, den Produktpreis nicht zu weit unter den Branchendurchschnitt zu halten, um so zumindest einen Teil des Kostenvorteils abschöpfen zu können. Trotzdem bleibt der Kundennutzen der geringere Preis, denn Kostenvorteile alleine bleiben für den Abnehmer unsichtbar und bieten keinen Grund, das Produkt des fraglichen Unternehmens bevorzugt zu erwerben.

52 So auch der Vorschlag von Porter, M.E., Wettbewerbsstrategie, a.a.O., S. 34 f.
53 Vgl. oben, S. 172 ff.

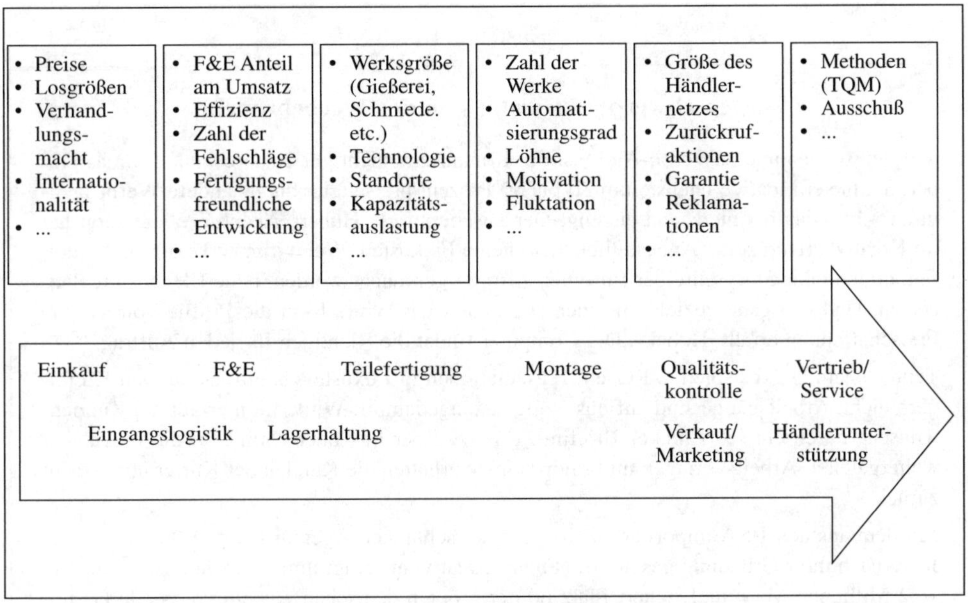

Quelle: nach Grant, R., Contemporary strategy analysis, Oxford/Cambridge, Mass. 1991, S. 161, Pearce, J./Robinson, R.B., Strategic Management, 6. Aufl., Chicago 1997, S. 250

Abb. 5.16: Identifikation von Kostentreibern in der Automobilindustrie

Den Ausgangspunkt für die Erkundung der Möglichkeiten und Grenzen einer Kostenschwerpunktstrategie bildet die Wertkette und eine prozeßorientierte Verteilung der Gesamtkosten auf die einzelnen Wertaktivitäten. Anschließend sind die Kostentreiber zu identifizieren (vgl. Abbildung 5.16) und die Verbindungen zwischen den Wertaktivitäten (einschließlich der Wertketten der Lieferanten und Abnehmer) im Hinblick auf kritische Kostensenkungspotentiale zu erkunden.

Ergebnis dieser Überlegungen kann eine vollständige Neustrukturierung der Wertkette sein, die – verkürzt oder verlängert – Kostenvorteile ermöglicht. Zu den dabei möglichen Umstrukturierungsalternativen zählen solche in den letzten Jahren so viel diskutierten Maßnahmen wie: *Just in Time-Lieferung* (Reduktion der Lagerhaltungskosten), *Strategische Allianzen* (Reduktion der Entwicklungskosten), *Outsourcing* (Vergabe von Wertschöpfungsaktivitäten nach außen zu einem Preis unter den eigenen Herstellungskosten), *Insourcing* (Hereinnahme von Wertschöpfungsaktivitäten, wenn die eigenen Herstellungskosten unter dem Marktpreis liegen) usw. Ein Beispiel für eine Kostenschwerpunktstrategie auf der Basis einer neustrukturierten Wertkette gibt Kasten 5.4. Häufig wird die Kostenschwerpunktstrategie mit der Volumenstrategie in eins gesetzt; dies ist, weil verkürzend, abzulehnen. Kostenvorteile sind – wie gezeigt – keineswegs nur über die Betriebsgrößenersparnisse zu realisieren. Auch dafür ist die in Kasten 5.4 dargestellte Unternehmung ein gutes Beispiel.

Kasten 5.4

Kostenschwerpunktstrategie in der Werbebranche

Auf den sogenannten „Werbe-Aldi" ist die Konkurrenz nicht gut zu sprechen. Thomas Huber, 37, bietet kreative Dienste um 30 bis 50 Prozent preiswerter an als andere Werbeagenturen – und das bei gleicher Leistung. Der Discounttrick: Hubers Agentur White Lion hat im Kreativbereich keine Angestellten, also keine Fixkosten. Wann immer Texter, Layouter, Fotografen oder Storyschreiber für einen Auftrag gebraucht werden, heuert Huber Freelancer an. Und das ganz gezielt: In einer Datenbank hat White Lion die Profile von 41 000 Freischaffenden erfaßt. Huber: „Der Computer findet die Richtigen für jeden Auftrag."

Teure Meetings, kostspielige Reisen, Präsentationen in Luxushotels gibt es bei den Krefeldern nicht. Arbeitsgänge sind auf das Nötigste eingedampft: White Lion erfaßt die Kundenwünsche durch ein schriftliches Briefing. Das wird per Fax oder Online an die Freelancer weitergeleitet. Arbeitsvorlagen und Endprodukte erhalten die Kunden per Kurier über Nacht zurück.

Mit dem aus den USA importierten Konzept der schlanken Agentur hat es White Lion drei Jahre nach ihrer Gründung geschafft. Hubers Kreativität bringt ihm einen Jahresumsatz von 10,2 Millionen Mark und sichert Platz 60 der größten deutschen Agenturen. Niederlassungen gibt es in München, Frankfurt, Nürnberg und Duisburg; bald sollen es fünf mehr werden. Die Werber-Zeitschrift „Horizont" wählte 1996 die Löwen zur effizientesten Agentur in Deutschland – mit 600 000 Mark pro Mitarbeiter setzt Huber immerhin dreimal mehr als der Branchenschnitt um.

Quelle: Wirtschaftswoche Nr. 29 v. 11. 7. 1996, S. 71

Eruierte strategische Kostensenkungspotentiale sind allerdings solange keine Basis für eine Kostenschwerpunktstrategie, wie nicht sichergestellt ist, daß die Wettbewerber nicht über ähnliche oder sogar günstigere (potentielle) Kostenstrukturen verfügen.

(b) Die **Differenzierungsstrategie** – als zweite grundlegende Option des Wettbewerbsschwerpunktes – stellt darauf ab, einen Wettbewerbsvorteil gegenüber der Konkurrenz dadurch zu erzielen, daß das angebotene Gut (Produkt oder Dienstleistung) einen **Besonderheitscharakter** erhält; sei es durch räumliche oder zeitliche Differenzen, durch besonderen Service, durch Qualitätsvariation oder durch Schaffung positiver Assoziationen (Image). Differenzierte Güter sind in gewissem Umfange einzigartige Güter. Ziel der Differenzierung ist es, die **Preiselastizität** zu senken, um sich einen quasi-monopolistischen Preisspielraum zu schaffen. Selbst bei starken Preisunterbietungen der Konkurrenz soll die Kernnachfrage – und damit die Rendite – erhalten bleiben. Die Nachfrager nehmen in Grenzen den relativ höheren Preis wegen der Einmaligkeit des Produktes in Kauf (**„monopolistische Konkurrenz"**).[54]

---

54 Vgl. hierzu auch das Konzept des „akquisitorischen Potentials" und die daraus abgeleitete „doppelt geknickte Preis-Absatz-Funktion" von Gutenberg, E., Grundlagen der Betriebswirtschaftslehre, Bd.II: Der Absatz, 17. Aufl., Berlin u.a. 1984, S. 242 ff.

Differenzierung bezieht sich nicht nur auf das Produkt selbst, häufig erweisen sich im Vorhof liegende Faktoren als erfolgreichere Quellen. Dies vor allem dann, wenn in reiferen Märkten das Produktinnovationspotential weitgehend ausgeschöpft ist. Als Suchraster für potentielle Differenzierungsquellen kann wiederum die aus der Ressourcenanalyse bekannte Wertkette herangezogen werden (einschließlich der Wertketten vor- und nachgelagerter Unternehmen). Abbildung 5.17 zeigt beispielhaft einige Ansatzpunkte.

Generell sind zwei Ansatzpunkte für die Entwicklung von Differenzierungsstrategien zu unterscheiden:[55]

- Senkung der Nutzungskosten und/oder
- Steigerung des Nutzungswertes.

Im **ersten** Falle findet die Einmaligkeit ihren Wert darin, daß das Produkt trotz eines höheren Preises bei einer ökonomischen Gesamtbetrachtung über einen bestimmten Nutzungszeitraum hinweg geeignet ist, die Nutzungskosten des Abnehmers zu senken. So können z.B. durch das Differenzierungsmerkmal „Technische Beratung“ die Anlaufkosten bei neuen Aggregaten oder durch fertigungsoptimale Ausgestaltung des (Vor-)Produkts per Saldo die Fertigungskosten beim Abnehmer gesenkt werden. Jeder Qualitätskauf gehorcht im Grunde dieser Logik; man ist bereit, einen höheren Preis zu bezahlen, weil man die längere Nutzungsdauer und die geringere Reparaturanfälligkeit dagegenrechnet.

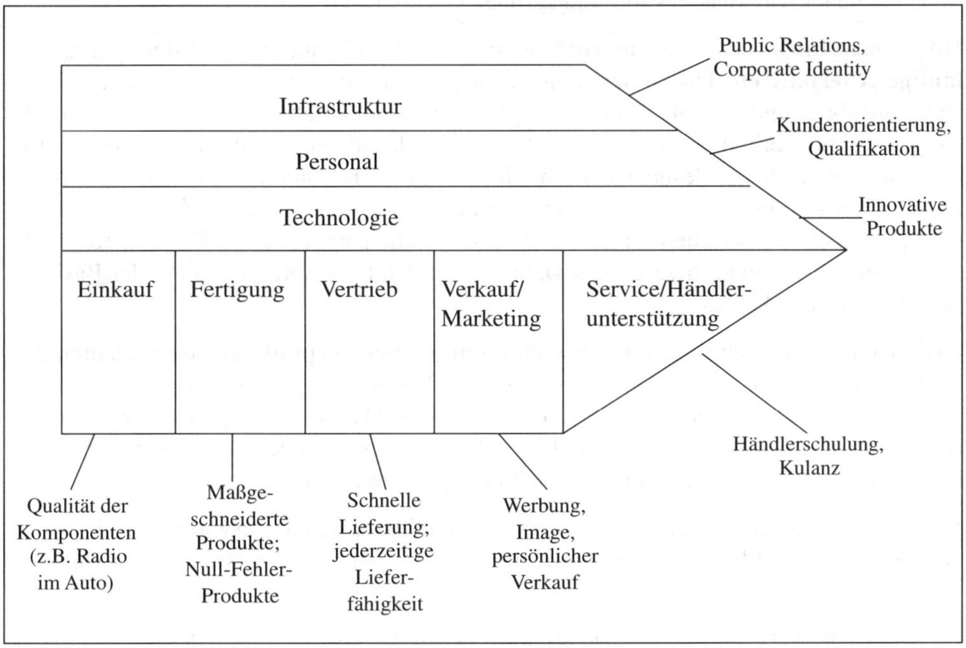

Quelle: Grant, R., Contemporary strategy analysis. Oxford/Cambridge Mass. 1991, S. 194 (modifiziert)

Abb. 5.17: Differenzierungsquellen in der Wertkette

55 Vgl. Porter, M.E., Wettberwerbsstrategie, a.a.O., S. 4.

Im **zweiten** Fall wird die Einmaligkeit durch die Schaffung eines Zusatznutzens bewirkt. Typische Quellen für eine solche Differenzierung sind: Kundendienst, Standort, Betriebsgröße (Zahl der Agenturen, internationale Verbindungen usw.), Qualität, Design, Produktpalette etc. Ein bekanntes Beispiel für eine solche Differenzierung ist die Lindt-Schokolade im Süßwarenmarkt.

Erfolgreich kann eine solche Differenzierungsstrategie nur dann sein, wenn der zusätzlich angebotene Nutzen

- für den Kunden **wichtig** ist und
- von dem Kunden tatsächlich als solcher **wahrgenommen** wird.

Die Differenzierung eines Gutes ist in der Regel nur mit höheren Kosten möglich (Werbung, Servicepersonal, aufwendiges Design etc.), eine Differenzierung ist deshalb auch nur so lange attraktiv, wie die zusätzlich erzielbaren Erträge größer als die zusätzlichen Aufwendungen für die Differenzierung sind.

Ein weiteres Erfolgsmerkmal ist die Imitationsresistenz, d.h., wie leicht die Differenzierung von den Konkurrenten **imitiert** werden kann. Jede erfolgreiche Differenzierung findet Nachahmer; es muß sich dann erweisen, ob der durch Differenzierung erzielte Wettbewerbsvorteil von dauerhafter Natur ist. „Differenzierungs-Eintrittsbarrieren" (Kundenloyalität, Werbeaufwand usw.), Pioniervorteile und Patentierungsfähigkeit der Innovation sind dabei wichtige Bestimmungsgrößen.[56]

Differenzierungs- und **Kostenstrategie** sind von der ökonomischen Logik her **gegenläufige Alternativen.** Differenzierung verlangt die Erbringung eines zusätzlichen Leistungsangebots und ist daher für gewöhnlich mit einer relativen Verschlechterung der Kostenstruktur verbunden; die Kostenstrategie stellt auf eine Optimierung der Kostenstruktur ab und erlaubt deshalb nur eine durchschnittliche Qualität und Differenzierung. Die Differenzierungsstrategie will dem Preiswettbewerb ausweichen durch Schaffung eines quasi-monopolistischen Spielraumes mit deutlich abgesenkter Preiselastizität der Nachfrage; die Kostenschwerpunktstrategie sucht den Preiswettbewerb auf der Basis der günstigeren Stückkosten.

Unternehmen, die sich scheuen, einen **eindeutigen Schwerpunkt** zu setzen, laufen deshalb in aller Regel Gefahr, zwischen zwei Stühle zu geraten. Sie können weder die großen Mengenabnahmen erreichen, noch exklusive Abnehmergruppen ansprechen. Unternehmen, die sich für keine der beiden Stoßrichtungen entscheiden können, haben deshalb – von Ausnahmen abgesehen – auch eine geringere Rentabilität.

In jüngerer Zeit wird öfter auf sogenannte **Hybridstrategien** verwiesen[57], die beides zusammen verwirklichen sollen, die günstigste Kostenstruktur (also die geringsten

---

56 Vgl. Ghemawat, P., Sustainable advantage, in: Harvard Business Review 64 (1986), Nr. 5, S. 53-58; Aaker, D.A., Managing assets and skills: The key to a sustainable competitive advantage, in: California Management Review 31 (1989), Nr. 2, S, 91-106.

57 Vgl. Hill C.W.L., Differentiation versus low cost or differentiation and low cost: A contingency framework, in: Academy of Management Review 13 (1988), S. 401-412; Fleck, A., Hybride Wettbewerbsstrategien, Wiesbaden 1995; Jenner, T., Hybride Wettbewerbsstrategien in der deutschen Industrie, in: Die Betriebswirtschaft 60. Jg. (2000), S. 1-22.

Stückkosten) und eine voll entwickelte Differenzierung, und nicht selten wird damit die Behauptung verknüpft, hiermit die Idealstrategie mit der höchsten Rentabilität gefunden zu haben. Die Idee ist attraktiv, denn man müßte nun nicht mehr zwischen zwei risikoreichen Alternativen entscheiden, sondern könnte gewissermaßen diese Entscheidung durch Verdoppelung umgehen und damit auch die beste Rentabilität erzielen. Es fragt sich allerdings, wie etwa ein Höchstmaß an Service mit einer sehr viel günstigeren Kostenstruktur realisierbar sein soll, als sie Konkurrenten aufweisen, die deutlich weniger Service anbieten. Oder wie eine aufwendige Ladenausstattung im Einzelhandel (z. B. Douglas) mit einer besonders günstigen Kostenstruktur realisiert werden soll. Häufig werden bei diesen Argumenten nur Differenzierer untereinander verglichen und die „Kostenführung" wird dem Differenzierer mit den relativ geringsten Stückkosten zugesprochen. In der Logik des Arguments müßte aber bewiesen werden, daß dieses Unternehmen *branchenweit* die günstigste Kostenstruktur aufweist. Es wird ferner übersehen, daß für die Differenzierungsstrategie immer galt: „Wirtschaftliche Differenzierung", d. h. bei sorgfältiger Kontrolle der Kosten, und niemals „absolute Differenzierung". Dasselbe gilt für die Kostenschwerpunktstrategie, auch für sie wurde immer ein Mindestmaß an Differenzierung eingefordert. Ob man diese Erfüllung der jeweiligen Mindeststandards dann als Hybridstrategie bezeichnen soll, ist zumindest fraglich, denn die Idee des Wettbewerbsschwerpunkts bleibt ja bestehen.

Die Möglichkeit von wirklichen Hybridstrategien im Sinne eines doppelten Schwerpunktes (2-fache Zielsetzung) wird wohl auch künftig auf Ausnahmefälle beschränkt, eine Schwerpunktentscheidung aus den bezeichneten Gründen dagegen der Regelfall bleiben. Eine ökonomische Logik für beide Schwerpunkte zugleich gibt es jedenfalls nicht.

Strategieoptionen im Überblick

Insgesamt spannen die drei Grundfragen strategischer Orientierungen dichotomisch ausgeprägt ein Spektrum von (2^3=) **acht Basisoptionen** auf, die in Abbildung 5.18 schematisch als Würfel mit 8 Oktanten dargestellt sind. Jeder Oktant stellt eine der Strategieoptionen dar, die sich aus der Beantwortung der drei Grundfragen ergeben. Dies mag ein Beispiel illustrieren:

Die irische Fluggesellschaft Ryanair konnte Mitte der 90er Jahre einen hervorragenden Platz im europäischen Luftverkehrsmarkt erobern. Das Unternehmen hatte sich für eine ungewöhnliche Strategie entschieden: Man wollte

- in den Kernmarkt mit
- neuen Regeln
- als Kostenführer

eindringen (Oktant 6).

Markant war die Kombination Kostenführung mit neuen Regeln. Durch eine Neustrukturierung der Wertkette – insbesondere durch eine Neuverteilung der Kostenblöcke – gelang es der Firma – ähnlich wie zuvor Southwest in den USA –, einen signifikanten Ko-

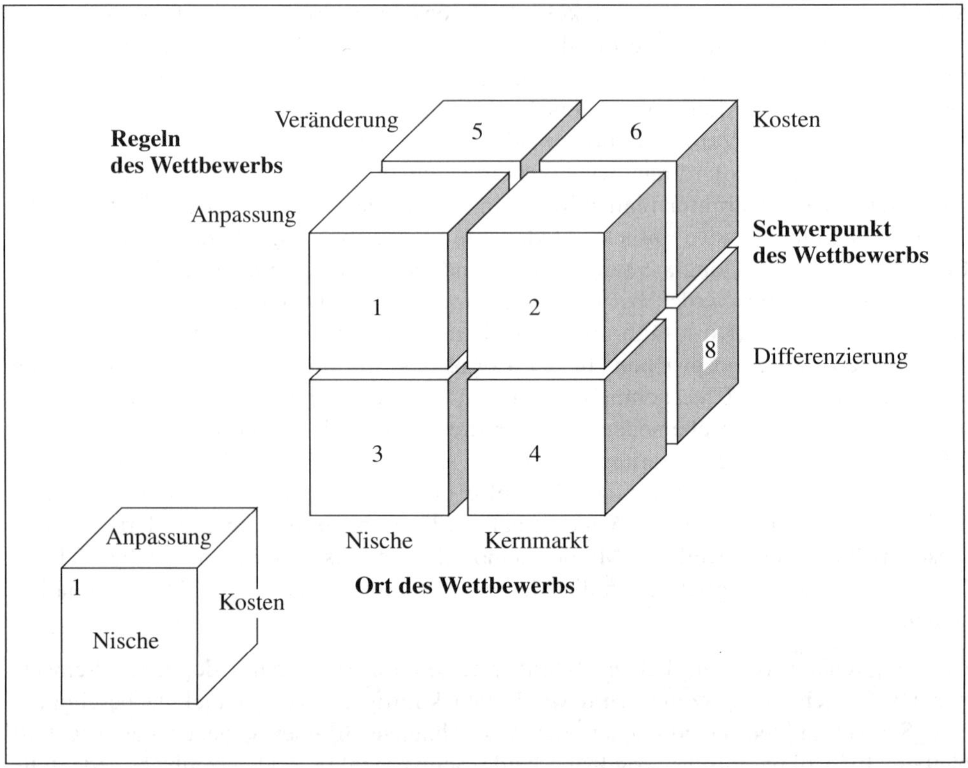

Abb. 5.18: Der strategische Würfel

stenvorteil gegenüber der Konkurrenz zu erringen. Dieser Kostenvorsprung ermöglichte es der Firma schließlich, durch massive Preissenkungen einen ansehnlichen Anteil des europäischen Marktes zu erobern. Die wichtigsten Elemente der klassischen Strategie und der Ryan-Strategie im Luftverkehrsmarkt sind in Abbildung 5.19 gegenübergestellt.

Die hier erläuterten strategischen Optionen stellen *situationsunabhängige Handlungsorientierungen* – eben Standardstrategien – dar. Welche Option im Einzelfall zu wählen ist, hängt in ganz entscheidendem Maße von den Ergebnissen der Marktstrukturanalyse und der Unternehmensanalyse ab. Wachsende Märkte bieten andere Chancen und Risiken als schrumpfende Märkte. Und ähnlich: Firmen mit traditionell ungünstiger Kostenstruktur sind in der Regel schlecht beraten, eine Kostenschwerpunktstrategie einzuschlagen.

Ferner gilt es bei jeder Strategiealternative zu bedenken, wie *robust* die damit erzielbaren Wettbewerbsvorteile sind, d. h. wie hoch die Wahrscheinlichkeit ist, daß die erodierenden Kräfte jedenfalls für einen mittleren Zeitraum zurückgedrängt werden können. An erster Stelle ist hier die *Imitierbarkeit* der Strategiekomponenten zu prüfen; dabei spielen die oben bereits genannten Kriterien (historisch gewachsen, kausale Ambiguität, soziale Komplexität) eine herausragende Rolle. Ferner sind Markteintrittsbarrieren, die Rivalitätsintensität, technologische Entwicklungen, strukturelle Änderungen im Käufer-

Wertkette	Reser-vierung Verkauf	Tarife	Flughafen Lounges	Ceck-In	Flug-betrieb	Flugnetz	Lodging
American Airlines, Delta	Komfortable Reservierung, eigene Verkaufsbüros, Reisebüros	I.d.R. Hohe Tarife	VIP-Service, Business-Center Gate-Buffets, Jetways	Express-Check-Ins/ (begrenzt) kostenlose Gepäckabfertigung/ Durchchecken des Gepäcks	Neue Flugzeuge, viel Komfort, Vollservice	Umfassend, auch Nebenstrecken	Reservierungs-systeme, eigene Hotels, Spezialtarife
Ryanair	Keine Reservierung/ First come-first served	niedrige Einheits-preise	„no frills“ Aus- & Ein-stieg auf dem Rollfeld	Gepäck-transport nur gegen Bezahlung/ kein Durch-checken	nur ein Typ (Boing 737), wenig Komfort/ minimaler Service, kurze Standzeiten	Keine Groß-flughäfen, nur „seondary airports“, ausgewählte Strecken	-----

Abb. 5.19 Wettbewerbsstrategien im Luftverkehrsmarkt

verhalten weitere bedeutsame Faktoren, die die Haltbarkeit eines Wettbewerbsvorsprungs mitbestimmen[58].

Es sei noch einmal darauf hingewiesen, daß diese strategischen Grundfragen für jedes Geschäftsfeld getrennt und bei neuen Geschäftsfeldstrukturen auch jeweils neu zu stellen sind.

5.5.3 Strategische Optionen auf der Gesamtunternehmens-Ebene

Eine gesonderte Betrachtung der Gesamtunternehmens-Ebene ist nur dann sinnvoll, wenn eine Unternehmung in mehreren Geschäftsfeldern mit je spezifischen Wettbewerbsstrategien konkurriert oder aber, wenn eine Unternehmung ihre Aktivitäten auf zusätzliche Geschäftsfelder ausdehnen will. Die Strategie des Übergangs von nur einem Geschäft zu einer Mehrzahl von Geschäftsbereichen nennt man in der Planungsliteratur **Diversifikation**.

58 Zu weiteren Aspekten vgl. Ghemawat, P., Commitment. The dynamics of strategy, New York 1991; Hunger/Wheelen, Strategic Management, 6. Aufl., New York 1998, S. 118.

5.5.3.1 Diversifikation

Präzisierend wird unter Diversifikation die Betätigung in einem *neuen*, d.h. von dem betreffenden Unternehmen bislang noch nicht bearbeiteten **Geschäftsfeld** mit einem für das Unternehmen **neuen Produkt** verstanden. Dies bedeutet insbesondere, daß die Diversifikation abzugrenzen ist von (Geschäftsfeld-) Strategien der Markt- oder Produktentwicklung. Die Diversifikation ist heute eine häufig gewählte Strategie geworden.

Die Diversifikation ist heute eine häufig gewählte Strategie geworden. Von den 500 größten U.S.-amerikanischen Unternehmen waren 1992 ca. 90 % diversifiziert, d. h. sie waren in mindestens zwei nach der Bundesstatistik separaten Branchen tätig. Fast 70 % der Unternehmen waren in 5 und mehr Branchen tätig.[59] In der Bundesrepublik dürfte der Anteil nicht wesentlich geringer liegen, obwohl exakte Zahlen bislang fehlen. Das Ausmaß der Diversifikation variiert zwar etwas über die Zeit, Unternehmen mit einer Vielzahl von Geschäftsfeldern werden aber ganz gewiß auch zukünftig der dominante Typ bleiben. Die Option der Diversifikation ist und bleibt daher zentraler Bestandteil jedes Strategischen Managements.

Die vorrangigen Motive für eine Diversifikation sind neben der Rentabilitätssteigerung die Stärkung der Wettbewerbsfähigkeit, Marktreife bisheriger Geschäftsfelder, Risikoausgleich und Einsatz überschüssiger nicht-marktgängiger Ressourcen. Im Zentrum der Analyse aber steht die Erzielung von Synergien („2+2=5“), d.h. die Schaffung von ökonomischen Vorteilen (Senkung der Stückkosten, Erlössteigerung) durch die gemeinsame Nutzung von Ressourcen, vor allem im Bereich der Forschung und des Verkaufs, aber auch im gesamten Bereich der „sekundären Aktivitäten“.[60]

Möglichkeiten zur Diversifikation gibt es in ganz verschiedenen Formen. In der Planungsliteratur findet sich zu Ordnungszwecken eine Vielzahl von Diversifikationsklassifikationen.[61] Am häufigsten werden Diversifikations-Optionen unterschieden nach:

(1) dem Verwandtschaftsgrad mit dem bisherigen Geschäft und
(2) der Stellung im Wertschöpfungsprozeß.

(1) Die Unterscheidung nach dem **Verwandtschaftsgrad** der Geschäftsfelder orientiert sich an der gemeinsamen Nutzung von Ressourcen und Risikogesichtspunkten. Es gibt Diversifikationen, die auf der Basis derselben Fertigungstechnologie betrieben werden, auf ähnlicher Produkttechnologie basieren (z.B. chemische Produkte oder Metallwaren) oder eine gemeinsame Nutzung des Vertriebssystems erlauben.

Je enger die Bezüge zum angestammten Geschäft, um so höher ist gewöhnlich das vermutete **Synergiepotential**, also die Chance, aus der gemeinsamen Nutzung von Ressourcen Vorteile zu ziehen (**„economies of scope“**).

---

59 Vgl. genauer Collins, D.J./Montgomery, C.A., Corporate strategy, Chicago 1997, S. 84. Ähnliches wurde für Großbritannien, Japan, Frankreich usw. festgestellt.

60 Vgl. Collins, D.J./Montgomery, C.A., Corporate strategy, a.a.O., S. 65 f.

61 Vgl. Reed, R./Luffmann, G.A., Diversification: The growing confusion, in: Strategic Management Journal 7 (1986), S. 29-36.

Liegt eine klare Verbindung zwischen altem und neuem Geschäft vor, so spricht man von einer **„verwandten Diversifikation“.**

Beschränken sich die Verbindungen zwischen den einzelnen Geschäftsfeldern dagegen weitgehendst auf allgemeine Verwaltungsfunktionen und finanzwirtschaftliche Beziehungen, liegt eine unverbundene Diversifikation vor; man bezeichnet diese auch als **konglomerate** oder **laterale** Diversifikation. Als Diversifikationsmotive stehen hier finanzwirtschaftliche und risikopolitische Gesichtspunkte im Vordergrund. Bekannte Beispiele für lateral diversifizierte Unternehmen in Deutschland sind die Oetker-Gruppe (vgl. Abbildung 5.20) oder die E.ON AG.

Die Beherrschbarkeit und Profitabilität einer konglomeraten Diversifikation oder ganz allgemein von Diversifikationen ist umstritten. Hat man anfänglich neben den Wachstumschancen vor allem die Risikoausgleichsfunktion betont, so wird heute eher auf die Steuerungsprobleme verwiesen, die aus der Komplexität solcher Unternehmen resultieren. „Konzentration auf das Kerngeschäft“ lautet das derzeit häufig zu hörende Gegenprinzip, also die Empfehlung sich nur in einem einzigen Geschäftsfeld oder allenfalls wenigen ganz eng verwandten Geschäftsfeldern zu betätigen. Die empirischen Untersuchungen zur Erfolgsträchtigkeit verwandter/konglomerater Diversifikationen sprechen indessen keine eindeutige Sprache. Das Ergebnisbild wechselt von Studie zu Stu-

Oetker-Gruppe		
GB Nahrungsmittel* Umsatz 1995: 2,02 Mrd. DM	GB Weitere Interessen* Umsatz 1995: 1,12 Mrd. DM	GB Bier und alkoholfreie Getränke
• Dr. Oetker KG • Ültje • Martin Braun • ETO • Lindenberg & Co.	• Meyer & Beck • Chem. Fabrik Budenheim • Ceres-Verlag • versch. Hotels	• Binding • Dortmunder Actien • Radeberger Export • Krostritzer • Selters
GB Schiffahrt* Umsatz 1995: 1,68 Mrd. DM	GB Finanzdienstleistungen	GB Wein, Sekt und Spirituosen
• Reederei Hamburg-Süd • Furness Withy • Laser Lines	• Bankhaus Lampe • Frankfurter Bankgesellsch. • Versicherungsgruppe Condor • Optima • Schuster KG	• Henkell & Söhnlein Gruppe • Hungarovin • Wodka Gorbatschow • Johannisberger Weingüterverwaltung

* konsolidierte Beteiligungen

Quelle: Geschäftsbericht 1995

Abb. 5.20: Geschäftsbereiche der Oetker-Gruppe

die. Eine kürzlich durchgeführte Meta-Analyse[62] über 55 empirische Studien findet noch am ehesten eine kunilineare Beziehung, d. h. Diversifikationen mittleren Verwandtschaftsgrades waren am profitabelsten; als weniger profitabel erweisen sich Unternehmen mit geringer Diversifikation („single business firms") und solche mit konglomenter Diversifikation, wobei allerdings die insgesamt durch den Diversifikationstyp erklärte Profitabilitätsvarianz nicht mehr als 10 % beträgt. Regressionsanalysen dieser Art zeichnen allerdings die Wirkungszusammenhänge sehr vereinfacht und eignen sich damit als Handlungsanleitung für die Strategieentwicklung nur bedingt. Für letzteres müßten – wie in den vorhergehenden Abschnitten ausführlich dargelegt – die Dynamik der betreffenden Märkte, die verschiedenen Positionen in den Märkten sowie die faktische Realisierbarkeit von Synergien bei Diversifikationsschritten mit einbezogen werden. Daß die Ergebnisse nicht so konsistent ausfallen, muß ferner auch deshalb nicht weiter verwundern, wenn man die sehr unterschiedlichen Motive für eine konglomerate Diversifikation in Rechnung stellt. Es macht eben einen sehr großen Unterschied, ob sich ein blühendes Unternehmen zwecks Rentabilitätssteigerung zur Diversifikation entschließt oder ein Unternehmen aus einer schrumpfenden Branche. Der Ruhrkohle AG – um nur ein Beispiel zu nennen – zuzurufen: „Konzentriert Euch auf Euer Kerngeschäft", käme fast einem Zynismus gleich. Auch das Beispiel Mannesmann zeigt, wie man unter bestimmten Umständen mit einer konglomeraten Diversifikation (Mobilfunk) den Unternehmenswert enorm steigern kann. Eine generelle Empfehlung wird dem komplexen Sachverhalt nicht gerecht, auch im unternehmensstrategischen Bereich gibt es keine Normstrategie, sondern nur funktional-äquivalente Optionen.

(2) Die zweite Unterscheidung von Diversifikationen orientiert sich an der **Wertschöpfungsstufe** (vgl. Abb. 5.21). Diversifikationen können in vorgelagerten oder nachgelagerten Wertschöpfungsstufen angesiedelt sein (**vertikale** Diversifikation).

Häufig werden vertikale Integration und vertikale Diversifikation synonym verwendet. Dies ist nur in Ausnahmefällen richtig. Eine **vertikale Integration** ist – wie im zweiten Kapitel gezeigt – eine Maßnahme zur Verbesserung der Kostenstruktur oder zur Sicherung der Rohstoff- oder Absatzbasis. Sie wird erst dann und nur dann zur Diversifikation, wenn die Integration (auch) zu einer **neuen selbständigen Markttätigkeit** führt.

Wenn ein Röhrenhersteller ein Stahlwerk erwirbt, um sich einen kostengünstigen Rohstoff zu sichern, so ist dies eine vertikale Integration (z.B. im Zuge der Kostenschwerpunktstrategie). Erwirbt er das Stahlwerk, um sodann als Anbieter auf dem Stahlmarkt aufzutreten, so ist dies eine vertikale Diversifikation. Natürlich ist auch eine Kombination von beiden denkbar. Analog verhält es sich bei der vorwärts gerichteten Diversifikation.

Eine **horizontale Diversifikation** sucht neue Geschäftsfelder auf der vergleichbaren Wertschöpfungsstufe in engerer oder weiterer Distanz zum angestammten Markt (vgl. die Beispiele in Abb. 5.21).

---

62 Vgl. die Meta-Analyse von Palich, L.E./Cardinal, L.B./Miller, C.C., Curvilinearity in the diversification – performance linkage: An examination of over three decades of research, in: Strategic Management Journal 21 (2000), S. 155-174.

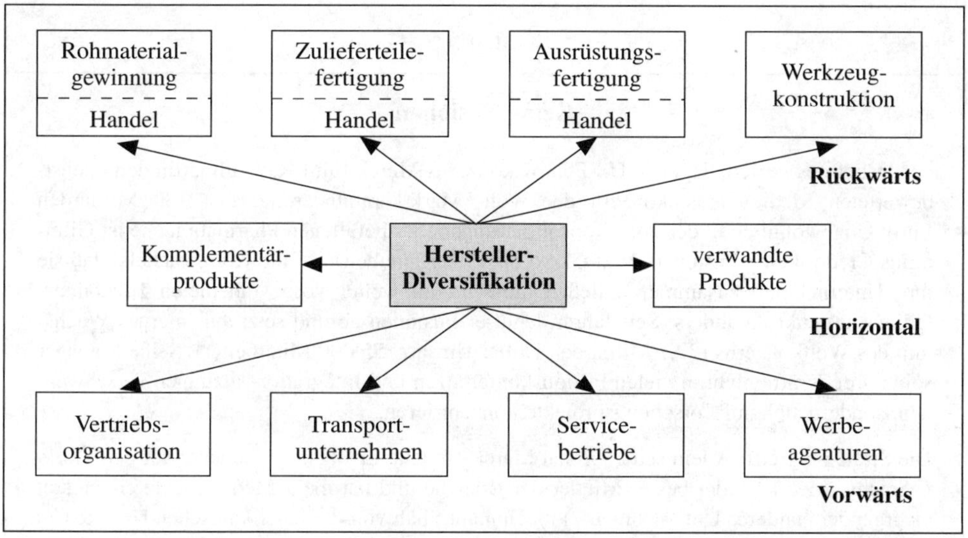

Quelle: Nach Johnson, G./Scholes, K., Exploring corporate strategy, 3. Aufl., New York u.a. 1993, S. 229

Abb. 5.21: Vertikale und horizontale Diversifikation am Beispiel eines Maschinenbauunternehmens

Wege zur Diversifikation

Eine geplante Diversifikation kann grundsätzlich auf drei Wegen realisiert werden:

(1) Akquisition,
(2) Kooperation,
(3) Eigenaufbau.

(1) In der Praxis wird mit Abstand am häufigsten der Weg der **Akquisition** beschritten. In einer Untersuchung von Porter[63] zu insgesamt 3.800 Diversifikationsfällen in den USA hatten Firmen in 2.600 Fällen (70 %) diesen Weg gewählt. Es ist dies der am einfachsten und schnellsten zu realisierende Weg; das erforderliche neue Know-how, der Kundenstamm usw. werden gekauft. Die Schwierigkeiten dieses Weges werden allerdings häufig weit unterschätzt. Nicht selten verhindern die Integrationsprobleme nach dem Kauf die Realisierung jeglicher Synergieeffekte (erinnert sei als Beispiel an die Probleme der BMW AG, Rover zu integrieren). In der eben erwähnten Studie erwiesen sich denn auch nur 35 % der untersuchten 2.600 Fälle als erfolgreich.

(2) Der Weg des **Eigenaufbaus** („start up") wird wesentlich seltener beschritten (fehlendes Know-how, zu großes Risiko etc.). Dort, wo er allerdings konsequent beschritten wird, hat er eine gute Erfolgsprognose. In der erwähnten Studie waren immerhin 58 % der untersuchten Fälle erfolgreich. Es gibt Unternehmen, die deshalb nur diesen Weg wählen (vgl. Kasten 5.5).

63 Vgl. Porter, M.E., From competitive advantage to corporate strategy, in: Harvard Business Review 65 (1987), Nr. 3, S. 43-59.

Kasten 5.5

Keine Fusionen

„Als Chef des verschwiegenen US-Pharmakonzerns Merck führt Ray Gilmartin den höchstbewerteten Medikamentenkonzern der Welt. Marktkapitalisierung: fast 180 Milliarden Euro. Ungewöhnlich in der vom Konsolidierungsfieber befallenen Pharmabranche ist Gilmartins Credo: keine Fusionen. Von Glaxo bis Pfizer glauben fast alle Konzernchefs, daß sie ihre Unternehmen zusammenschließen müssen, um weiter vorne mitspielen zu können. Gilmartin denkt da anders: Seit Jahren lehnt er Fusionen ab und setzt auf internes Wachstum des Weltkonzerns (32,7 Milliarden Dollar Umsatz, 55 000 Mitarbeiter). Seine Manager sollen ihre Kräfte nicht in vielen Fusionskonferenzen und Integrationssitzungen verschwenden, sondern sich auf Forschungsprojekte konzentrieren.

Die Strategie greift: Allein seit 1995 hat Merck 15 neue Erfolgsmedikamente auf den Markt gebracht. ‚Merck ist der beste Erfinder der Branche und hat mehr Medikamente entwickelt als irgendein anderes Unternehmen', lobt Hemant Shah von der amerikanischen HKS & Co. Und auch künftig wird Gilmartin, da ist er sicher, mit seinem Solo-Programm richtig liegen: ‚Die Vergangenheit hat gezeigt, daß Unternehmen, die auf internes Wachstum setzen, schneller wachsen und mehr Shareholder Value schaffen als Unternehmen, die von Zusammenschlüssen abhängen'.

Quelle: Wirtschaftswoche Nr. 6/3.2.2000, S. 62

(3) In jüngster Zeit rückt die **Kooperation** als dritter Weg stark in den Vordergrund, etwa in Form von Lizenznahmen oder Joint Ventures. Eine Kooperation – oft vermieden wegen des Autonomieverlustes – ist vor allem dort aussichtsreich, wo sich zwei separat entwickelte Kompetenzen auf einem neuen Markt zu einem Wettbewerbsvorteil vereinen lassen (z.B. Forschungs- und Vertriebskompetenz).

Die Erfolgsquote in der erwähnten Untersuchung lag bei 50 %. Dem Kooperationsweg wurde in den letzten Jahren unter den Stichworten „Strategische Allianz" oder „Strategische Netzwerke" verstärkte Aufmerksamkeit zuteil. Im Vordergrund steht die Idee, daß auf diesem Wege Leistungspotentiale zusammengeführt werden können, die durch Akquisition nicht zugänglich sind und durch Eigenaufbau nur sehr schwer und langwierig errichtbar sind[64]. Bisweilen ist es aber auch politischer Wille oder der Mangel („local content") an Kapital, der eine Kooperation erforderlich macht.

64 Vgl. Harrigan, K.R., Joint ventures and competitive strategy, in: Strategic Management Journal 9 (1988), S. 141-158; Sydow, J., Strategische Netzwerke, Wiesbaden 1992; Jarillo, J.C., Strategic networks: Creating the borderless organization, Oxford 1993.

5.5.3.2 Portfolio-Strategien

Hat sich eine Firma zur Diversifikation entschlossen, so stellt sich auf Unternehmensebene ein neues strategisches Problem, nämlich wie die vorhandenen Ressourcen auf die verschiedenen Geschäftsbereiche verteilt und wie das Verhältnis der Geschäftsbereiche zueinander strategisch bestimmt werden soll. Zur Fundierung dieser gesamtstrategischen Entscheidungen sind die populären Portfolio-Modelle entwickelt worden.

Portfolio-Modelle unterstützen das Management von diversifizierten Unternehmen bei der strategischen Führung, indem sie einerseits einen **Maßstab** definieren, der einen Vergleich der unterschiedlichen Geschäfte erlaubt, und andererseits eine **generalisierte** Beschreibung der strategischen Situation anbieten, in der sich die individuellen Analysen zusammenfassen lassen.

Der dabei zugrundeliegende Selektionsprozeß ermöglicht es zwar einerseits, die komplexe strategische Gesamtführungsaufgabe auf ein bearbeitbares Format zu bringen, birgt aber auf der anderen Seite aufgrund der geradezu dramatischen Vereinfachung zahlreiche Risiken, die sorgfältig zu beachten Aufgabe eines jeden strategischen Prozesses sein muß, der sich dieses Instrumentes bedient.

Basis aller Portfoliokonzepte ist die Beschreibung des Erfolgspotentials einer strategischen Geschäftseinheit aus den Chancen und Bedrohungen der **Umwelt** sowie aus den **internen** Stärken und Schwächen. Die typische Darstellungsweise in der Form eines Koordinatensystems weist dementsprechend immer eine Umweltachse und eine Unternehmensachse aus; häufig wird nach Untergliederung der Achsen die Darstellung in Form einer Matrix gewählt. Die wohl bekannteste Portfoliomatrix wurde Anfang der 70er Jahre in Form einer Vier-Felder-Tafel von der Boston Consulting Group (BCG) entwickelt.[65]

Wie Abbildung 5.22 zeigt, wird in der BCG-Matrix die **Umweltkonstellation** einer strategischen Geschäftseinheit durch einen einzigen Faktor, nämlich das **„Marktwachstum"**, repräsentiert. Das Konzept geht implizit davon aus, daß sich alle umweltbedingten Chancen und Risiken durch die Marktwachstumsrate abbilden lassen. Eine gewisse (keinesfalls jedoch zwingende!) Unterstützung erfährt diese These durch die bereits erwähnte „Erfahrungskurve" und den Produktlebenszyklus. In beiden Konzepten wird ein enger Zusammenhang zwischen dem Wachstum und den Erfolgsgrößen, wie Gewinn, ROI und Cash Flow, postuliert. Stark wachsende Märkte stellen demnach eine Chance dar und versprechen unternehmerischen Erfolg. Niedrige Wachstumsraten deuten hingegen auf unattraktive Märkte hin, die sich in der letzten Phase ihres Lebenszyklus befinden.

In der Originaldarstellung des BCG-Portfolios wird das erwartete Marktwachstum auf der Ordinate abgetragen. Die Trennlinie, die Felder mit hohen und niedrigen Wachstumsraten abgrenzt, wird dort bei 10% gezogen, eine feststehende Regel wird dafür jedoch nicht angegeben. Ebenso ist nicht genau festgelegt, wie die Marktwachstumsrate zu

65 Vgl. Dunst, K.H., Portfolio Management, Berlin/New York 1979.

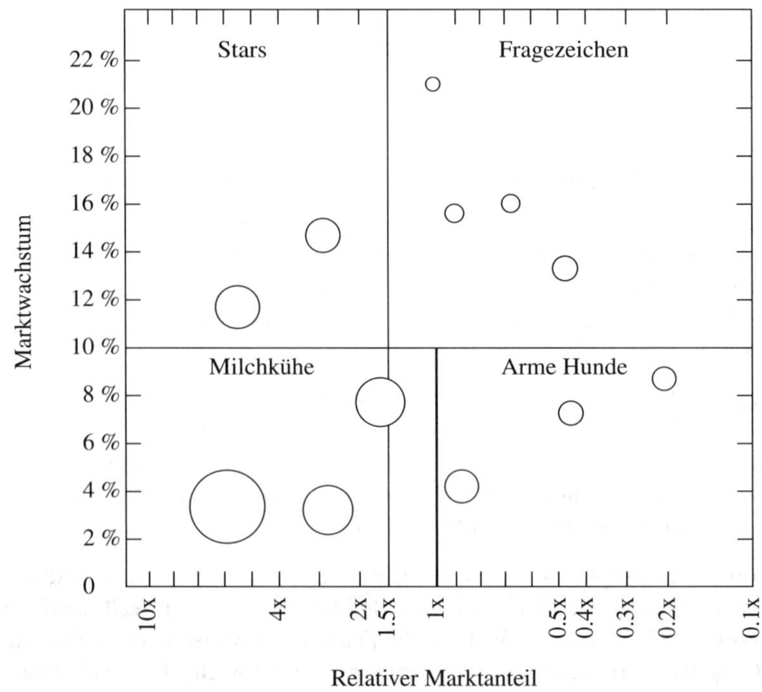

Quelle: Nach Hedley, B., Strategy and the „Business Portfolio", in: Hahn, D./Taylor, B. (Hrsg.), Strategische Unternehmungsplanung, 7. Aufl. Heidelberg 1997, S. 348

Abb. 5.22: Die BCG-Portfolio-Matrix

bestimmen ist. Es können z.B. Fünfjahres-Durchschnitte verwendet werden, die sich entweder auf Vergangenheitswerte oder auf Prognosewerte beziehen.

Auch die **Stärken und Schwächen** einer Geschäftseinheit werden in der BCG-Matrix durch einen einzigen Faktor repräsentiert, nämlich durch den (relativen) **Marktanteil**. Zur Begründung für diese drastische Vereinfachung wird gewöhnlich auch auf die „Erfahrungskurve" (vgl. Kasten 5.2) verwiesen. Die Brücke zur Erfahrungskurve kann nur mit einer Verknüpfungshypothese geschlagen werden, indem man nämlich unterstellt, der Marktanteil indiziere die kumulierte Produktionsmenge und also die Kostenstruktur, was dann bei gleichen Preisen und Produkten den Rückschluß auf den Wettbewerbsvorteil oder -nachteil gegenüber der Konkurrenz erlaubt.

Eine direktere Begründung fließt aus der PIMS-Forschung. Dort konnte in einigen Studien gezeigt werden, daß eine hohe Profitabilität wesentlich durch einen hohen Marktanteil (statistisch) erklärt wird. Wie nicht weiter verwunderlich, ist jedoch ein derart globaler Zusammenhang für zahlreiche Einwendungen offen (vgl. Kasten 5.6).

Kasten 5.6

Das PIMS-Konzept

Das PIMS-Konzept (PIMS = Profit Impact of Market Strategy) will Strategien empirisch fundieren, indem man die für den strategischen Erfolg maßgeblichen Bestimmungsfaktoren („laws of the market") herauszufinden versucht. Die Forschungsgruppe wertete die Daten von ca. 600 strategischen Geschäftseinheiten mit dem Ziel aus, Unterschiede im Gewinn – genauer: in der Gesamtkapitalrentabilität – zu erklären. Mit 37 erfaßten unabhängigen Variablen konnte ca. 80 % der Rentabilitäts-Varianz erklärt werden. Im Ergebnis erwies sich der Marktanteil als relativ guter (20 %) und im Verlaufe weiterer Untersuchungen auch als stabilster Prediktor. Nachfolgende Abbildung zeigt die isolierte Auswertung (jede der Säulen repräsentiert ca. 1/5 des Gesamtsamples:

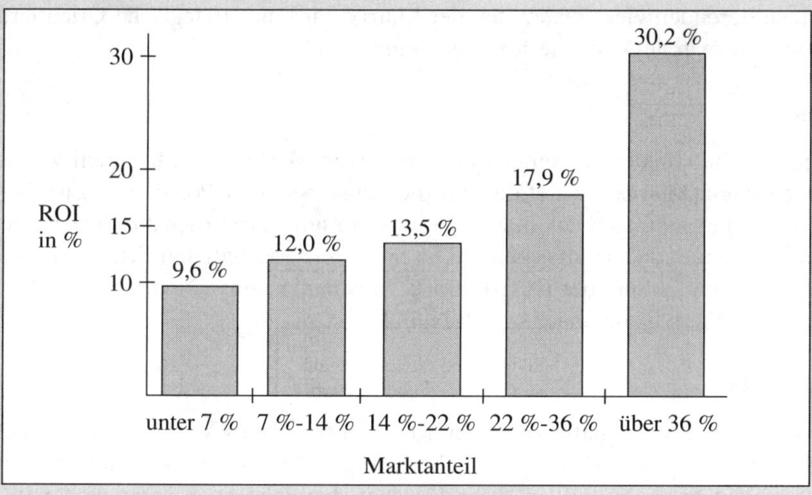

Andere Faktoren, die wesentlich zur Rentabilitätserklärung beitrugen, waren Qualität und geringe Kapitalintensität.

Die Ergebnisse der PIMS-Forschung sind heftig umstritten. Die zentralen Einwände sind:

1. Es gibt zahlreiche Unternehmen mit kleinem Marktanteil und trotzdem hoher Rentabilität. In manchen Branchen sind sie erfolgreicher als Unternehmen mit hohen Marktanteilen.
2. In stagnierenden Märkten erzielen Unternehmen häufig trotz hoher Marktanteile nur kleine Renditen. Dies impliziert, daß die Marktsituation die letztlich entscheidende Größe ist.
3. Strategische Wirkungszusammenhänge entziehen sich aufgrund ihrer zirkularen Interdependenz einer einfachen Kausallogik mit abhängigen und unabhängigen Variablen.

Quelle: Schoeffler, S./ Buzzell, R.D./Heany, D.F., Impact of strategic planning on profit performance, in: Harvard Business Review 52 (1974), Nr. 2, S. 141; Woo, C.Y./Cooper, A.C., The surprising case for low market share, in: Harvard Business Review 60 (1982), Nr. 6, S. 106–113; Welge, M./Al-Laham, A., Strategisches Management, 2. Aufl., Wiesbaden 1999, S. 156 f.

Die Dimension „relativer Marktanteil“ wird wie folgt definiert:

$$\text{Relativer Marktanteil} = \frac{\text{Umsatz der Geschäftseinheit}}{\text{Umsatz des stärksten Konkurrenten}}$$

Ein Wert von 2 bedeutet dann z.B., daß der Umsatz der betreffenden Geschäftseinheit doppelt so hoch wie der des stärksten Konkurrenten ist. Entsprechend zeigt ein Wert von 0,5, daß der eigene Umsatz nur die Hälfte des Marktführers beträgt. Die Trennungslinie wird bei 1,5 gezogen; nur wirklich dominanten Geschäftsbereichen kann nach der Logik der Erfahrungskurve eine Stärke bzw. ein Wettbewerbsvorteil attestiert werden.

Die verschiedenen strategischen Geschäftseinheiten sind nun in diesem Bestimmungsfeld zu positionieren. Sie werden in der Matrix nicht als Punkt, sondern als Kreisfläche dargestellt (vgl. Abb. 5.22), wobei der Kreisumfang durch den Umsatz bestimmt wird.

Für die resultierenden vier Quadranten der Matrix wird die strategische Orientierung im Sinne von „Normstrategien“ wie folgt bestimmt:

(1) Stars

Dies sind Geschäftsfelder, die einen hohen relativen Marktanteil in schnell wachsenden Märkten besitzen. Man betrachtet dies als die günstigste aller Positionen. Zur Sicherung der Marktstellung muß sich das interne Wachstum am Marktwachstum orientieren. Die Normstrategie lautet daher: investieren. Die hohen erwirtschafteten Erträge müssen deshalb nach der Empfehlung der BCG-Gruppe vollständig reinvestiert werden. Der Netto-Cash-Flow der Stars ist demnach gleich Null.

(2) Cash-Kühe

Die „Cash-Kühe“ erwirtschaften in reifen Märkten (niedriges Marktwachstum) aufgrund ihrer sehr guten Wettbewerbsposition hohe Erträge. Da der Markt kein großes Erfolgspotential mehr verspricht, soll in diese Geschäftsbereiche auch nicht weiter investiert werden. Die Normstrategie lautet: „melken“, d.h. sie sollen als Kapitalquelle für neue Geschäftsbereiche („Fragezeichen“) fungieren.

(3) Fragezeichen

Diese Geschäftseinheiten sind in wachsenden, attraktiven Märkten mit einem geringen Marktanteil vertreten. Sie stellen also quasi eine ungenutzte Chance dar. Um dieses Chancenpotential auszuschöpfen, sind in der Logik der Matrix Marktanteilssteigerungen notwendig, die aber erhebliche Investitionen erfordern. Das Management steht vor der Frage, welche der „Fragezeichen-Geschäfte“ den erforderlichen Investitionsaufwand rechtfertigen, in welche also investiert und welche aufgegeben werden sollten (Selektionsstrategie).

(4) Arme Hunde

Die „armen Hunde“ stellen die ungünstigste Position in der BCG-Matrix dar; es sind Geschäfte mit schwacher Wettbewerbsposition in unattraktiven Märkten. Der unattraktive

Markt läßt Maßnahmen zur Positionsverbesserung nicht angeraten erscheinen. Die notwendigen Investitionen lassen sich nicht amortisieren. Es wird daher angeraten, um nicht in eine „Cash-Falle" zu geraten, diese Geschäftsfelder zu **verlassen,** auf keinen Fall aber weiter zu investieren.

Die Strategieempfehlungen (die sog. Normstrategien) bauen auf den drei generischen Strategien auf: Wachsen, Halten, Desinvestieren. Dabei orientiert sich die BCG-Matrix an zwei zentralen Zielkriterien:

- **Rentabilität** durch hohen Marktanteil sowie
- **Eigenfinanzierung** durch ein ausgewogenes Portfolio an Geschäftsfeldern unterschiedlicher Lebenszyklusphasen.

Die BCG-Matrix ist in ihrer deterministischen Ausrichtung (Normstrategien) zum Gegenstand scharfer **Kritik** geworden[66] (vgl. auch Kasten 5.7). Allzu heroisch sind die Annahmen und allzu brüchig die vielen Verknüpfungshypothesen als daß darauf stringente Handlungsempfehlungen gegründet werden könnten. Ferner wird auf die Schwierigkeiten der Marktabgrenzung und die totale Vernachlässigung der Zentralkategorie: **Synergien** verwiesen. Eine sinnvolle Verwendung können die BCG-Matrix und andere ähnliche Modelle nur als Generator von **Optionen** haben, niemals aber im Sinne deterministischer Normstrategien, die genau bestimmen wollen, welche strategische Bewegung in der jeweiligen Situation optimal ist.

Andere strategische Portfolio-Modelle[67] berücksichtigen den einen oder anderen Kritikpunkt an der BCG-Matrix – insbesondere lassen sie mehr Spielraum bei der Auswahl der kritischen Faktoren für Umwelt und Unternehmung, im Endeffekt laufen sie aber alle auf dieselben Normstrategien hinaus. Dies gilt z.B. auch für die ebenfalls sehr bekannt gewordene, von General Electric und McKinsey entwickelte **Branchenattraktivitäts-Wettbewerbsstärken-Matrix.** Sie löst die radikale Vereinfachung der strategischen Situationsbeschreibung des BCG-Modells (allerdings auf Kosten der Klarheit) auf und läßt in die Bestimmung der Basisdimensionen eine Vielzahl von Faktoren einfließen. Zur Matrix-Erstellung werden die unterschiedlichen Faktoren dann aber auf die zwei bekannten Dimensionen „Wettbewerbsstärke" und „Branchenattraktivität" verdichtet. Dabei steht die Wettbewerbsstärke wiederum stellvertretend für die internen Stärken und Schwächen der Geschäftseinheit, und die Branchenattraktivität soll die Chancen und Bedrohungen der Umwelt abbilden (vgl. Abb. 5.23).

Aufgrund des „Multifaktoren"-Ansatzes wird die Konstruktion der McKinsey-Matrix natürlich erheblich aufwendiger als die der BCG-Matrix. In einem ersten Schritt sind die kritischen Erfolgsfaktoren im Rahmen einer Umwelt- und Ressourcenanalyse zu ermitteln. Danach müssen die einzelnen Faktoren bewertet, gewichtet und zu einem Gesamtwert zusammengefaßt werden. In der Regel wird für jede der zwei Dimensionen pro Ge-

66 Vgl. zusammenfassend Lombriser, R./Abplanalp, P.A., Strategisches Management, Zürich 1997, S. 208 f.

67 Vgl. im Überblick Welge, M./Al-Laham, A. Strategisches Management, 2. Aufl., Wiesbaden 1999, S. 343 ff.

Kasten 5.7

Arme Hunde im Überfluß

In einer Untersuchung von Hambrick, MacMillan und Day zeigte sich, daß in den betrachteten 1028 Geschäftseinheiten (aus der PIMS-Datenbank) nach den Kriterien der BCG-Matrix 418 Geschäftseinheiten als „Dogs" einzustufen waren. Folgte man der Logik der BCG-Matrix, so wären also über 40 % aller untersuchten Geschäftseinheiten aufzugeben gewesen. Manche Unternehmen hätten alle Geschäftsbereiche aufgeben müssen. Es zeigte sich jedoch, daß die durchschnittliche Rentabilität der „Armen Hunde" erstaunlich hoch lag und diese keineswegs pauschal als Liquidationskandidaten zu betrachten waren. Dies deutet darauf hin, daß neben den BCG-Dimensionen andere Dimensionen von mindestens gleichrangiger Bedeutung für den Unternehmenserfolg sind.

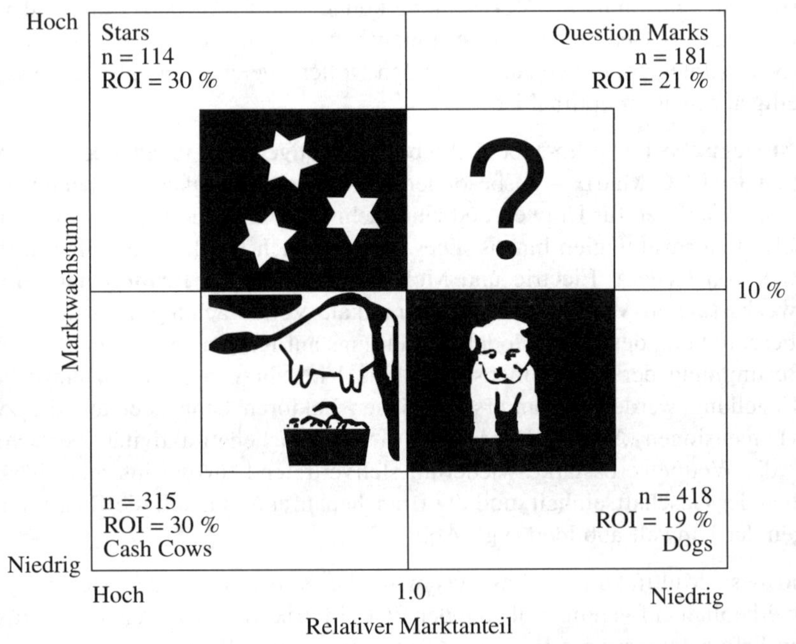

Quelle: Hambrick, D.C./Mac Millan, J.C./Day, D.L.: Strategic attributes and performance in the BCG-matrix – A PIMS-based analysis of industrial product business, in: Academy of Management Journal 25 (1982), S. 510–531

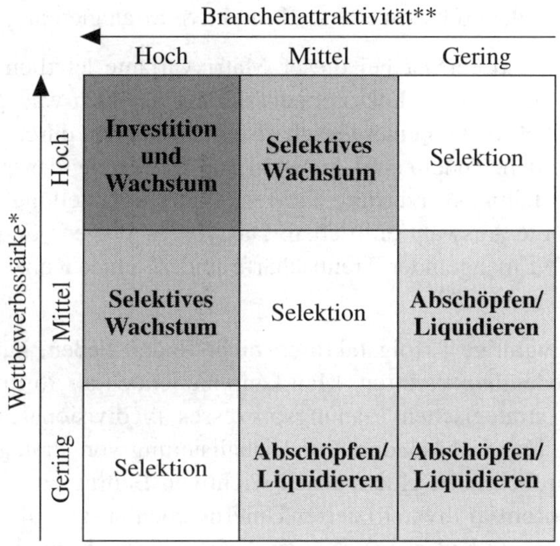

* Interne Faktoren
- Marktanteil
- Vertreterstab
- Marketing
- Kundendienst
- F & E
- Herstellung
- Vertrieb
- Finanzielle Ressourcen
- Image
- Breite der Produktlinie
- Qualität/ Zuverlässigkeit
- Management-Kompetenz

** Externe Faktoren
- Marktvolumen
- Marktwachstumsrate
- Zyklizität
- Wettbewerbsstruktur
- Eintrittsbarrieren
- Branchenrentabilität
- Technologie
- Inflation
- Gesetze
- Personalangebot
- Soziale Probleme
- Umweltprobleme
- Politische Probleme
- Rechtliche Probleme

Quelle: Hax, A.C./Majluf, N.S., Strategisches Management (Übers. a. d. Engl.), Frankfurt/New York 1991, S. 181

Abb. 5.23: Die Branchenattraktivitäts-Wettbewerbsstärken-Matrix

schäftseinheit eine Prozentzahl ermittelt, die schließlich eine Positionierung in der Matrix erlaubt.

Die Dimensionen werden dreigeteilt, so daß sich eine Portfolio-Matrix mit neun Felder ergibt; jedem Feld ist wie beim BCG-Ansatz eine Normstrategie zugeordnet. Dabei werden drei Strategiemuster unterschieden:

1. Wachstumsstrategien,
2. Selektive Strategien und
3. Abschöpfungs- und Liquidationsstrategien.

Den Matrixfeldern, die durch eine hohe Marktattraktivität sowie eine starke Wettbewerbsposition gekennzeichnet sind, wird die Normstrategie „Wachsen" zugeordnet. Geringe Marktattraktivität und eine schlechte Wettbewerbsposition führen dann logischerweise zu der Normstrategie „Abschöpfen und Liquidieren". In den Matrixfeldern mit einer mittleren Ausprägung der Achsenwerte sind selektive Strategien angeraten.

Der Einbezug mehrerer Faktoren ist bei dieser Matrixvariante letztlich ein ungelöstes Problem geblieben, sowohl was die Faktorengenerierung als auch was die Gewichtung anbelangt. Gravierende Schwächen einer Geschäftseinheit können durch viele marginale Stärken kompensiert werden. Zudem sind Auswahl und Bewertung der qualitativen Faktoren für subjektive Beurteilungsverzerrungen offen; Wunschvorstellungen oder Partikularinteressen können in die Auswahl einfließen. Das vorgeschlagene Scoring-Verfahren führt erfahrungsgemäß zu mangelnder Trennschärfe und zu einer Konzentration mittlerer Bewertungen.

Nachdem sich allgemeingültige Erfolgsfaktoren nicht finden ließen, hat die Portfolioanalyse viel an ihrer Bedeutung verloren. Man kann sie jedoch als formales Instrument zur Strukturierung des strategischen Planungsprozesses in divisionalen Unternehmen verwenden. Sie vermag hier insbesondere zur Visualisierung von strategischen Positionen und Problemen von Geschäftsfeldern einen wichtigen Beitrag zu leisten, wobei allerdings das **Synergiepotential** diversifizierter Unternehmen ausgeschlossen bleibt. Zur Planung von neuen Strategien bedarf es – wie zu Anfang dieses Kapitels gezeigt – einer sehr viel komplexeren Situationsbeschreibung sowohl der internen als auch der externen Situation. Dies gilt auch für die strategische Planung der Gesamtunternehmens-Strategie, obwohl dort naturgemäß auf einer höheren Abstraktionsstufe gearbeitet werden muß.

5.5.3.3 Internationalisierung und Globalisierung

Der größte Umwälzungsprozeß für die meisten Unternehmen heute findet durch die Globalisierung der Märkte statt. Viele Unternehmen sind jedoch längst international tätig, nicht wenige davon erwirtschaften mehr als 50% ihres Umsatzes im Ausland (z.B. Bayer, SAP, Siemens), und manche Unternehmen operieren auf so breiter Basis im internationalen Feld, daß es schwerfällt, sie überhaupt noch eindeutig einer Nation zuzuschreiben (z.B. Shell, Philips). Die globale Herausforderung gilt aber selbst für Unternehmen, die sich in traditionell nationalen Märkten bewegen. Die Planung von internationalen Strategien unterscheidet sich im Grundsatz nicht von den eben erläuterten Grundmustern; die Differenzierung bleibt eine Basisoption, gleichgültig ob es sich um einen italienischen oder einen kanadischen Markt handelt. Auf der Ebene der Unternehmensgesamtstrategie treten jedoch einige besondere Aspekte hinzu, die hier kurz dargestellt werden sollen.

Ähnlich wie in den vorangegangenen Abschnitten kann man zwischen **Strategien der Internationalisierung** und Strategien für **bereits international tätige** Unternehmen unterscheiden.

(1) Internationalisierung

Für eine Internationalisierung können verschiedene Gründe sprechen: Ersatz für gesättigte (Heimat-)Märkte, Senkung der Produktionskosten, Sicherung der Rohstoffbasis, Wiederverwendung ausgemusterter Fertigungstechnologien usw. oder aber der nationale

Markt selbst erfährt eine Globalisierung, wie dies derzeit etwa bei der Telekommunikation der Fall ist.[68]

Als Strategie ist die Internationalisierung nur dort anzusprechen, wo sie das Tätigwerden in Märkten anderer Nationen einschließt, wo also ein neues Geschäftsfeld spezieller Art erschlossen werden soll. Die Internationalisierung ist keineswegs zwingend eine Diversifikation; sie kann aber eine solche sein.

Was die Planung der Internationalisierung anbelangt, so verlangt hier die strategische Analyse neben all den anderen beschriebenen Faktoren eine besondere Abschätzung der länderspezifischen Eigenheiten und Risiken. Die **Umweltanalyse** hat insbesondere kulturelle Besonderheiten und andere Länderspezifika wie Steuern, Unternehmensrecht, Wirtschaftspolitik einzubeziehen. Um die Unwägbarkeiten, die ja bei einem Eintritt in fremde Märkte besonders hoch sind, besser abschätzbar zu machen, wurde eine Reihe von Methoden (z.B. BRS, vormals BERI-Index) entwickelt, die auch einen Vergleich zwischen alternativen Länder-Märkten möglich machen sollen.[69]

Was die Analyse der **Unternehmensressourcen** anbelangt, so steht hier an erster Stelle die Frage nach der Transferierbarkeit des Management Know-Hows, also die Frage nach der interkulturellen Gültigkeit (Universalität) des angesammelten Wissens, der erworbenen Erfahrungen.[70]

Für den Eintritt in fremde Märkte stehen unterschiedliche Wege zur Verfügung. Hierzu zählen

- Export, d.h. der reine Warentransfer in ein anderes Land,
- Lizenzvergabe, d.h. der Verkauf bestimmter Rechte (Fertigungsverfahren, Markenname usw.) an Unternehmen anderer Länder,
- Franchising, d.h. der Verkauf eines ganzen Programmpaketes an Unternehmen anderer Länder (z.B. Coca Cola, McDonald's)
- Direktinvestition, d.h. der Aufbau eigener Fertigungsstätten in einem fremden Land, sei es in Form eines Joint Ventures oder einer Tochtergesellschaft.
- Akquisition, d.h. der Erwerb einer ausländischen Gesellschaft.

Die Frage, welche Eintrittsform gewählt wird, hängt nicht nur vom Grad des gewünschten Risikos ab, sondern auch von möglichen Restriktionen, die in dem Gastland gültig sind (z.B. Importzölle, Local-content-Gebote, Joint-Venture-Zwang bei Direktinvestitionen).

Wie häufig jedoch in den letzten Jahren gerade die Akquisitionsoption gewählt wird, zeigt Abbildung 5.24, in der die ausländische Akquisitionstätigkeit von US-Gesellschaften der Akquise von US-Gesellschaften durch ausländische Unternehmen gegenübergestellt wird.

---

68 Vgl. Giger, H., Strategische Allianzen und kooperative Strategien, in: Welge, M.K./Al-Laham, A./Kajüter, P. (Hrsg.), Praxis des strategischen Managements, Wiesbaden 2000, S. 191-204.

69 Vgl. Stobaugh, R., How to analyze foreign investment climates, in: Harvard Business Review 47 (1969), Nr. 5, S. 100-108.

70 Vgl. Kumar, B.N., Interkulturelle Managementforschung. Ein Überblick über Ansätze und Probleme, in: Wirtschaftswissenschaftliches Studium 17 (1988), S. 389-395; Dülfer, E., Internationales Management in unterschiedlichen Kulturbereichen, 3. Aufl., München/Wien 1995.

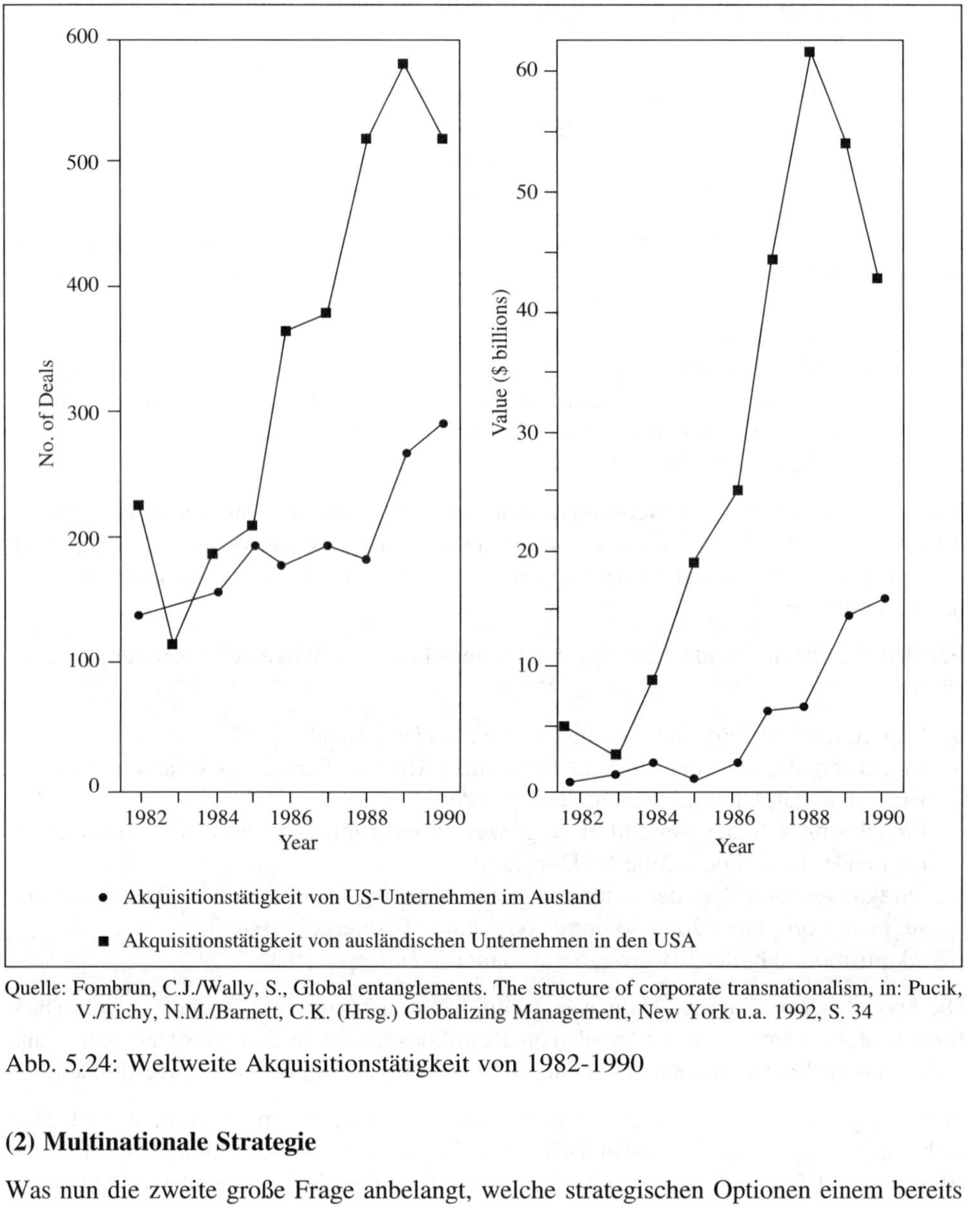

Quelle: Fombrun, C.J./Wally, S., Global entanglements. The structure of corporate transnationalism, in: Pucik, V./Tichy, N.M./Barnett, C.K. (Hrsg.) Globalizing Management, New York u.a. 1992, S. 34

Abb. 5.24: Weltweite Akquisitionstätigkeit von 1982-1990

(2) Multinationale Strategie

Was nun die zweite große Frage anbelangt, welche strategischen Optionen einem bereits international tätigen Unternehmen offenstehen, so zentriert sich die wissenschaftliche Diskussion um die Alternativen:

Globalisierung oder

Fragmentierung (Regionalisierung).[71]

71 Zu einer weiteren Ausdifferenzierung vgl. Meffert, H., Implementierungsprobleme globaler Strategien, in: Welge,M.K. (Hrsg.), Globales Mangement, Stuttgart 1990, S. 93-115.

Die Unternehmen müssen entscheiden, ob sie auf den verschiedenen Inlands- und Auslandsmärkten mit einer einheitlichen Strategie operieren oder ob sie die jeweiligen nationalen Märkte separat behandeln und eine je spezifische Strategie entwickeln wollen. Eine nähere Betrachtung erfolgreicher multinationaler Unternehmen zeigt, daß sie mit durchaus unterschiedlicher strategischer Gesamtorientierung ihre Aktivitäten steuern.

Unter einer **globalen** Strategie soll hier der Entschluß einer Firma, die verschiedenen nationalen Märkte mit ein- und demselben Produkt und derselben Wettbewerbsprofilierung zu bearbeiten[72] (vgl. das Beispiel in Kasten 5.8).

Es sei kurz vermerkt, daß der Globalisierungsbegriff in der Literatur zur strategischen Planung nicht einheitlich verwandt wird. So spricht z.B. Porter bereits dann von Globalisierungsstrategie, wenn lediglich einzelne Aktivitäten der Wertkette internationalisiert werden (z.B. global sourcing), obwohl sich die Wettbewerbsstrategie weiterhin ausschließlich auf einen lokalen Absatzmarkt bezieht.[73] Diese uneinheitliche Begriffsverwendung ist u.a. darauf zurückzuführen, daß zwei unterschiedliche Entscheidungsebenen miteinander vermischt werden.

Kasten 5.8

Das „Weltauto" Ford Mondeo

Das Modell „Mondeo" wurde in einer Kooperation zwischen den Ford-Standorten England und Deutschland mit der klaren Zielsetzung „globales Produkt" entwickelt.

Um dem Anspruch eines Weltautos gerecht zu werden, stellte ein internationaler Marketing-Stab zu Beginn der Entwicklung einen Katalog unterschiedlicher nationaler Bedürfnisse zusammen. Zwar wird der Mondeo für den US-Markt mit einer weicheren Fahrzeugabstimmung und leichtgängigen Servolenkung versehen. Hinsichtlich der Grundausstattung sind jedoch alle Mondeos mit der gleichen Technik z. B. bei Motoren, Getriebe, Bodengruppe, Fahrwerk und Kabelbaum ausgestattet.

Die Antriebsaggregate sind als „Weltmotoren" konstruiert und werden in Köln, Bridgend (Großbritannien) und Chihuahua (Mexiko) nach einheitlichen Vorgaben produziert. Alle Aggregate verfügen über den gleichen 395 mm langen Motorblock, den gleichen Hub sowie die gleiche Kurbelwelle.

Die Marketingexperten legten auch bei der Namensgebung „Weltmaßstäbe" an. So wurden ursprüngliche Namensvorschläge mit Computerprogrammen und peniblen linguistischen Prüfungen variiert, bis der weltweit aussprechbare und zu verstehende Modellname Mondeo schließlich die Anforderungen erfüllte.

Quelle: Top-Business, 1993, Heft 3, Verlagsbeilage

---

72 Vgl. dazu Levitt, T., The globalization of markets, in: Harvard Business Review 61 (1983), S. 92-102; einen viel weiteren Begriff verwendet dagegen Kogut, B., Designing global strategies, in: Sloan Management Review 26 (1985), S. 27-38.

73 Vgl. Porter, M.E., Competition in global industries: A conceptual framework, in: Porter, M.E. (Hrsg.), Competition in global industries, Boston 1986, S. 15-60.

Auf der strategischen Ebene geht es zunächst um die grundsätzliche Frage, ob die verschiedenen Märkte einheitlich, also „global", oder unterschiedlich („fragmentiert") bearbeitet werden sollen. Auf einer **nachgeordneten**, prinzipiell aber davon unabhängigen Ebene ist dagegen darüber zu entscheiden, ob und ggf. welche Aktivitäten der Wertkette im Rahmen einer vorgegebenen Wettbewerbsstrategie internationalisiert werden sollen („Globalisierung der Wertkette"). **Systematisch** gesehen ist dies eine Frage der Strategieumsetzung in den einzelnen Funktionsbereichen. Von einer globalen Strategie soll hier deshalb nur im erstgenannten Fall gesprochen werden.

Globale Strategien beruhen natürlich ihrerseits wiederum auf einer spezifischen Wettbewerbsstrategie. So kann die globale Konkurrenz z.B. auf der Basis der Kostenorientierung geführt werden (z.B. die Strategie von Hyundai oder Goldstar); sie nützen in erster Linie die Größenersparnisse einer globalen Strategie. Zum anderen kann aber die globale Strategie auch auf einer Differenzierungsstrategie aufbauen (z.B. IBM und BMW); neben der Umsatzausweitung bietet sich hier die Chance, die Differenzierungskosten zu senken und sich gegenseitig verstärkende Effekte bei der Differenzierungsprofilierung zu erzielen.[74] Ferner kann auch als Option weltweit eine Nischenstrategie eingesetzt werden, wie dies etwa Porsche oder JOOP versuchen.

Eine **fragmentierte, national angepaßte Strategie** („multilokale Strategie") behandelt dagegen die jeweiligen Wettbewerbssituationen separat und geht auf die nationalen Besonderheiten ein. Dies führt im Ergebnis zu einem Portfolio unterschiedlicher Wettbewerbsstrategien. Zu erinnern ist etwa an den General Motors Konzern, der in Deutschland mit der Deutschen Opel AG eine völlig angepaßte Strategie verfolgt, oder an die thailändische Hotelgruppe Dusit Tani mit den Kempinski-Hotels auf dem deutschen Markt.

Die Frage, ob einer globalen oder einer fragmentierten, den spezifischen Gegebenheiten des Auslandsmarktes angepaßten Strategie der Vorzug gegeben werden soll, hängt von verschiedenen Faktoren ab. Es sind vor allem die drei folgenden Gesichtspunkte, die für diese Entscheidung eine herausragende Rolle spielen:[75]

(1) Nationale Unterschiede,
(2) Größenersparnisse,
(3) Verbundersparnisse.

(1) Die Bedeutung **nationaler Unterschiede** liegt auf der Hand, manche Produkte oder Wettbewerbsvorteile lassen sich nicht auf Märkte anderer Länder transferieren, etwa weil dort anders geartete Präferenzstrukturen dominieren oder weil gesetzliche Vorschriften dem entgegenstehen. Andererseits erwies sich jedoch die These unverrückbarer kultureller Unterschiede als zu starr. Die Voraussetzungen für eine globale Strategie können ja auch bewußt hergestellt werden (z.B. Benetton); oder technologische Entwicklungen verändern die Voraussetzungen und nivellieren die Unterschiede (z.B. Telekommunikation).

---

74 Vgl. Bartlett,C. A./Ghoshal, S., Internationale Unternehmensführung (Übers. a. d. Engl.), Frankfurt a.M. 1990.

75 Vgl. Ghoshal, S., Global strategy, in: Strategic Management Journal 8 (1987), S. 425-440., Yip, G., Total global strategy, Englewood Cliffs 1992.

(2) Häufig sind es die erzielbaren **Größenersparnisse**, die bei der Entscheidung für oder gegen die Globalisierung den Ausschlag geben. Globalisierung schafft die Grundlage für weitläufige Standardisierung und damit die Voraussetzung, Größenersparnisse in großem Umfange bei Fertigung, Marketing und F&E zu erzielen. Allerdings kann man – wie bei der Diskussion der Eintrittsbarrieren schon betont – nicht grundsätzlich davon ausgehen, daß eine Ausdehnung des Volumens immer signifikante Skalenerträge erzielbar macht, bisweilen ist die Schwelle der optimalen Betriebsgröße schon relativ früh erreicht.

(3) Bedeutsam sind schließlich auch die potentiellen **Verbundersparnisse (economies of scope)**. Damit wird vor allem darauf abgestellt, daß die internationalisierte Unternehmung auch dann Größenersparniseffekte (allerdings besonderer Art) erzielen kann, wenn sie sich für eine national differenzierende Strategie entscheidet. So kann z.B. das in verschiedenen Märkten erworbene Wissen gepoolt oder es können Ressourcen (z.B. Transportmittel, Zugang zu Finanzmärkten) gemeinsam genutzt werden.

Aus vorstehenden Überlegungen ergibt sich, daß Globalisierung und Fragmentierung Basisoptionen sind, über deren Vorteilhaftigkeit erst nach genauer Kenntnis der externen Situationen und der Stärken und Schwächen sinnvoll entschieden werden kann. Die eine Firma kann ihre Ressourcen eher über eine fragmentierte Strategie zu einem je spezifischen Wettbewerbsvorteil führen, die andere eher über eine globale Strategie. In vielen Märkten können beide Strategien erfolgreich nebeneinander bestehen, bisweilen verfolgen auch multinationale Firmen gemischte Strategien, d.h. bestimmte Märkte werden global, andere differenzierend bearbeitet (z.B. Nestlé oder Unilever).

Unabhängig davon kann aber über die Jahre hinweg ein verstärkter Trend zur Globalisierung festgestellt werden; mehr Freihandel, der raschere Transfer neuer Technologien und die Internationalisierung der Kommunikation haben dazu wesentlich beigetragen.[76]

Es ist allerdings auch genau dieser Trend, der die öffentliche Kritik an multinationalen Unternehmen sehr stark anwachsen ließ und der viele Länder zu Maßnahmen veranlaßte, ihre Märkte vor Überfremdung zu schützen. In besonderem Maße kritisch verfolgt die Öffentlichkeit die Tätigkeit multinationaler Unternehmen in Entwicklungsländern, nicht nur weil sie befürchtet, daß nationale Eigenarten verloren gehen, sondern auch weil ein selbständiger Industrialisierungsprozeß auf diese Weise schwer realisierbar ist.[77] Der zuletzt genannte Einwand gilt auch für multilokale Strategien. Das Verhalten multinationaler Unternehmen gegenüber Entwicklungsländern ist zu einem zentralen Thema der **Unternehmensethik** geworden und hat zu zahlreichen Bemühungen geführt, ethische Verhaltensstandards zu entwickeln.[78]

76 Vgl. dazu im einzelnen Chandler, A.D. jr., The evolution of modern global competition, in: Porter, M.E. (Hrsg.), Competition in global industries, Boston 1986, S. 405 ff.

77 Vgl. Doz, Y., Government control and multinational strategic management, New York 1979.

78 Vgl. dazu die Beiträge in Kumar, B.N./Steinmann, H. (Hrsg.), Ethics in International Management, Berlin/New York 1998. Getz, K.A., International codes of conduct, in: Journal of Business Ethics 9 (1990), S. 567-577.

5.5.3.4 Kernkompetenzen

Die Dynamisierung der Märkte in vielen Bereichen, manche sprechen sogar von einem Hyperwettbewerb, hat zunehmend die Frage entstehen lassen, ob die bisherigen Methoden und Techniken der Strategieformulierung nicht zu sehr auf relativ stabile Marktstrukturen und Wettbewerbsbedingungen vertrauen.

Neue Wettbewerber kommen in den Markt (man denke nur an die tiefgreifenden Veränderungen in Osteuropa), Substitutionsprodukte werden in immer rascherer Folge entwickelt, selbst junge Geschäftsfelder wie der Halbleiter- oder Drucker-Markt unterliegen einem enorm schnellen Reifungsprozeß usw. Dies hat zur Folge, daß es immer schwieriger wird, Strategien auf vorhandenen Wettbewerbsstrukturen aufzubauen; die Strukturen selbst sind es, die immer häufiger einem Wandel unterliegen. Dies gilt, wenn schon nicht für alle Industrien, so doch für eine beträchtliche Zahl und ganz gewiß mit steigender Tendenz.

Im einzelnen kennzeichnet sich **Hyperwettbewerb** durch folgende Faktoren[79]:

(1) Tendenz zu eskalierenden Wettbewerbskämpfen (z. B. auf der Ebene von Preis und Konditionen) zwischen den großen Anbietern (Beispiel: Mobilfunkmarkt).
(2) Wettbewerbsvorteile, sei es auf der Basis von Kosten oder von Differenzierung, erodieren schnell („unsustainable advantages").
(3) Rasche Abfolge von immer wieder neuen Strategien.
(4) Eintrittsbarrieren verlieren ihre Abschreckungskraft (d. h. wer will, findet einen Weg, sie zu überwinden).

Die erfolgreichen Wettbewerber reagieren durch vorzeitige eigeninitiierte **Zerstörung** bestehender strategischer Vorteilspositionen (häufig schon **vor** der Reife) und raschen Aufbau neuer Wettbewerbsvorteile usw. Als eindrückliches Beispiel kann der U.S.-amerikanische Elektronikkonzern Intel genannt werden mit dem raschen Aufbau und dem ebenso raschen Räumen von speziellen Produktmärkten; die hohen Entwicklungskosten werden durch konsequente Globalisierung rasch zu amortisieren versucht.

Als Konsequenz aus dem eben Gesagten müßte die Strategische Planung immer kurzfristiger werden und damit ihre Vorsteuerungsaufgabe immer mehr verlieren. Das strategische Management hat auf diese veränderten Bedingungen mit neuen Ansätzen reagiert. Das Konzept der **Kernkompetenzen** ist als ein solcher Versuch zu verstehen; es will die Planung von Unternehmensstrategien auf eine andere, wenn man so will, tieferliegende Ebene stellen.[80]

Ausganspunkt der Überlegungen ist die Beobachtung, daß nur diejenigen Unternehmen dauerhaft wettbewerbsfähig sind, die über spezielle Grund- oder eben Kernkompetenzen verfügen. Diese Kernkompetenzen sind nun nicht mehr länger auf nur einen Markt oder ein Geschäftsfeld bezogen, sondern sind übergreifender Natur. Sie können in verschie-

---

79 Vgl. d'Aveni, R.A., Hypercompetition: managing the dynamics of strategic maneuvering, New York 1994.
80 Vgl. Prahalad, C.K./Hamel, G., The core competence of the corporation, a.a.O., S. 79-91; Hamel, G., The concept of core competence, in: Hamel, G./Heene, A. (Hrsg.), Competence-based competition, Chichester u.a. 1994, S. 11-33; Krüger, W./Homp, Ch., Kernkompetenz-Management, Wiesbaden 1997.

denen Geschäftsfeldern erfolgsträchtig zum Einsatz gebracht werden – auch und insbesondere in zukünftigen Märkten, die heute noch gar nicht bestehen. Zwei Beispiele mögen das Konzept verdeutlichen:[81]

Der japanische Sony-Konzern ist mit Erfolg in zahlreichen Märkten der Unterhaltungselektronik tätig. Eine Analyse der Wettbewerbsstruktur und Positionierung in den einzelnen Märkten zeigt unterschiedliche Profile. Versucht man jedoch, die Hintergrundstruktur des Geschäftserfolgs zu verstehen, stößt man auf eine übergreifende, in fast allen Märkten zur Geltung gebrachte Stärke, nämlich die **Fähigkeit zur Miniaturisierung.** Der Konzern hat konsequent in diese besondere Kompetenz investiert und verfügt damit über eine Stärke, die in den verschiedensten Märkten als Wettbewerbsvorteil zur Geltung gebracht werden kann (z.B. Walkman, Fernsehgeräte, CD-Spieler, Empfänger, Verstärker, Camcorder).

Ein anderes, viel zitiertes Beispiel ist die Honda-Gruppe. Honda ist ähnlich wie Sony in sehr vielen unterschiedlichen Märkten tätig. Eine genauere Analyse der scheinbar äußerst heterogenen Diversifikationsfelder enthüllt auch hier eine übergreifende Kompetenz, die die Basis für den Aufbau von Wettbewerbsvorteilen in den verschiedensten Geschäftsfeldern bildet. Die Basis der Honda-Geschäfte bildet der Bau von exzellenten **Antriebsmotoren** und die Fähigkeit, diese Grundkompetenz in den unterschiedlichsten Märkten umzusetzen (Motorräder, Rasenmäher, Außenbordmotoren, Autos usw.). Ebenso wie Sony hat Honda einen Großteil seiner Anstrengungen auf diese Kernkompetenz gebündelt und dies zu einer breiten die betrieblichen Funktionen überlappenden Kompetenz ausgebaut.

In beiden Fällen zeigt sich, daß eine Kernkompetenz sehr viel mehr ist als neues technisches Wissen oder patentierungsfähige Erfindungen. Die Umsetzung in konkrete Anwendungen gehört ebenso dazu wie die organisatorische Fähigkeit, die Energien auf diese Faktoren zu bündeln. Interessant ist in diesem Zusammenhang die Beobachtung, daß Honda im Verhältnis ein wesentlich geringeres Forschungs- und Entwicklungsbudget als etwa General Motors hat. Die technische Seite ist nur eine Komponente der Kernkompetenz; erst wenn die verschiedenen Ressourcen zusammengeführt und gebündelt werden, kann sich eine Kernkompetenz entwickeln.

Kernkompetenzen sind also ein **übergreifendes Qualifikationspotential,** das in **verschiedenen Geschäftsfeldern** den Aufbau von Wettbewerbsvorteilen ermöglicht. Daraus folgt – wie Abbildung 5.25 zeigt –, daß Kernkompetenzen den Geschäftsfeldern logisch vorgeordnet sind. Kernkompetenzen werden in den sich meist rasch verändernden Geschäftsfeldern in jeweils spezifischer Weise zur Geltung gebracht. Sie bilden eine Art Rohmasse, die es dann je spezifisch umzuformen gilt – ausgerichtet auf die Anforderungen der jeweiligen sich in rascher Folge verändernden Märkte im In- und Ausland und die einzelnen Produkte. Das gilt ebenso für zukünftige Märkte; freilich nur dann, wenn die Kernkompetenz tatsächlich zur Geltung gebracht werden kann. So gesehen bedeutet das Konzept der Kernkompetenz Ausdehnung im Sinne eines allgemeinen marktübergreifenden Wettbewerbsvorteils und Einschränkung zugleich, weil ja eine Konzentration

81 Vgl. Prahalad, C.K./Hamel, G., The core competence of the corporation, a.a.O., S. 79-91.

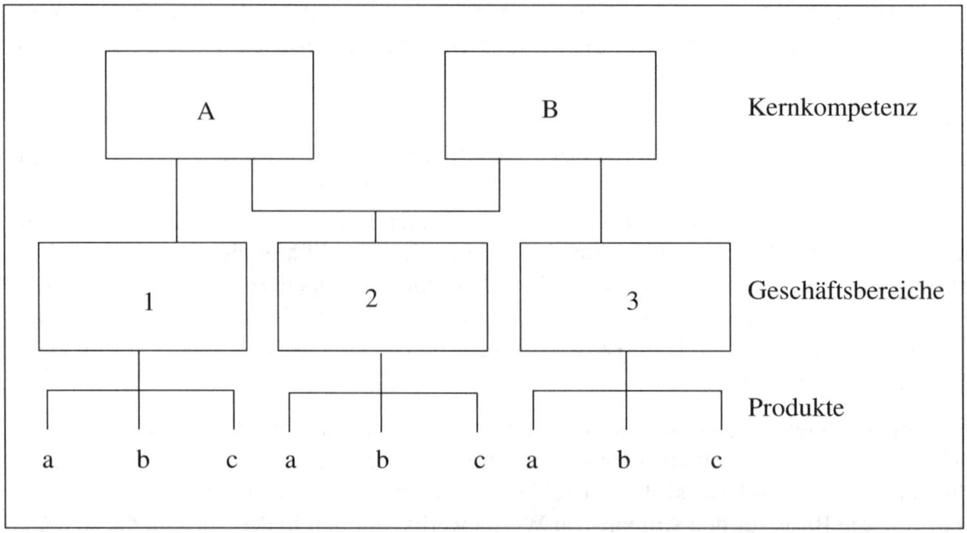

Quelle: Prahalad, C.K./Hamel, G., The core competence of the corporation, in: Harvard Business Review 68 (1990), Nr. 3, S. 79-91

Abb. 5.25:Kernkompetenzen als vorgeordneter Faktor

auf ganz bestimmte Fähigkeiten erfolgt und damit viele andere Möglichkeiten und Marktchancen ausgeschlossen werden (etwa im Vergleich zu einer konglomeraten Diversifikation).

Zusammenfassend läßt sich das Konzept der Kernkompetenzen durch die folgenden fünf Hauptkomponenten kennzeichnen:

(1) **Unternehmensweiter Geltungsbereich:** Kernkompetenzen bilden die Grundlage für eine Vielzahl von Produkten und Geschäftsfeldern.

(2) **Dauerhafter Nährboden:** Produkte/Dienstleistungen sind der aktuelle Ausdruck der dahinterliegenden Kernkompetenzen; letztere entwickeln sich langsamer und überdauern verschiedene Produktgenerationen.

(3) **Historisch entwickelt:** Kernkompetenzen sind nicht marktgängig, sie entwickeln sich in Unternehmen über die Zeit hinweg. Sie werden durch ihren Einsatz nicht abgenutzt, sondern eher verfeinert und verbessert.

(4) **Kollektives Wissen:** Kernkompetenzen sind das Ergebnis kollektiver Lernprozesse und insofern auch nicht individuell aneigenbar.

(5) **Ressourcenwettbewerb:** Mit den Kernkompetenzen erhält der strategische Wettbewerb eine zweite tieferliegende Dimension. Der klassische Produkt/Markt-Wettbewerb wird überlagert von der Konkurrenz zwischen und um Ressourcen.

Nicht jede Unternehmung besitzt eine Kernkompetenz und nicht jede Kernkompetenz enthält allerdings ein vielversprechendes Erfolgspotential. Es ist die Aufgabe der strategischen Planung, solche Kernkompetenzen zu finden bzw. auszubauen, die dem Unternehmen eine erfolgsträchtige Basis für den Aufbau von Geschäftseinheiten bieten. Die Prüfung, ob eine (ggf. erst zu entwickelnde) Kernkompetenz ein Erfolgspotential für neue Geschäftsfelder bietet, ist nicht ohne ein gewisses Maß an plausibler Spekulation möglich; eine exakte Prognose gibt es hier nicht. Es ist aber gerade die Aufgabe der strategischen Planung, auch solche Aktivitätsfelder der Reflektion und Diskussion zugänglich zu machen, die sich nicht mehr auf der „Ebene der Tatsachen" abhandeln lassen.

Die Qualität von Kernkompetenzen kann sich letztlich erst bei Umsetzung in konkrete Geschäftsfelder erweisen. Für die Planung von Kernkompetenzen benötigt man jedoch im Vorfeld Kriterien, die eine Abschätzung der Erfolgsträchtigkeit erlauben. Für die Beurteilung kann an die oben bereits genannten Kriterien für strategische Ressourcen angeschlossen werden.[82]

Das Konzept der Kernkompetenzen lenkt die Aufmerksamkeit der strategischen Unternehmensführung auf eine neue Planungsebene. Es betont nicht nur die **ganzheitliche Basis** auch stark diversifizierter Unternehmen, sondern fordert auch dazu auf, das **Zusammenwirken** der verschiedenen betrieblichen Ressourcen unter strategischer Perspektive zu reflektieren. Das Kernkompetenz-Konzept verlangt nach einer übergreifenden Denkweise, sowohl was die Märkte als auch was die betrieblichen Funktionsbereiche und Sparten anbelangt. Erst die Überwindung dieser herkömmlichen Grenzen verschafft diesem Ansatz den Raum, den er zu seiner Gestaltung braucht.

Die Methodik der Identifikation und Planung von Kernkompetenzen steckt erst in den Anfängen[83]. Planer stoßen mit diesem Konzept auf ein Paradox: Kernkompetenzen sind das Ergebnis schwer entschlüsselbarer **kollektiver Lernprozesse.** Dies schützt sie einerseits vor Imitation (was nicht verstanden ist, kann auch nicht imitiert werden!), auf der anderen Seite erschwert dies aber auch ihre Planbarkeit. Die Herstellung völlig neuer Kernkompetenzen gewissermaßen vom Reißbrett weg, ist so gut wie unmöglich; die Planungsbemühungen sind auf die Pflege und systematische Fortentwicklung vorhandener Kompetenzen zu richten, um daraus Kernkompetenzen entstehen zu lassen. Kernkompetenz-Planung ersetzt also nicht die herkömmliche strategische Planung, aber sie relativiert diese: Sie weist ihr einen eher kurzfristigen Horizont zu und reserviert für sich den langfristigen.

Anmerkung:

Das Konzept der Kernkompetenz wird häufig an den sog. ressourcenbasierten Ansatz angeschlossen. Letzterer wird vielfach als gänzlich neues Paradigma der Strategielehre interpretiert, als ressourcenbasierter im Unterschied zu dem marktorientierten Ansatz. Diese Sichtweise wird verständlich, wenn man den volkswirtschaftlichen bzw. industrieökonomischen Hintergrund beleuchtet, dem diese Studien entstammen.

---

82 Vgl. oben S. 188 ff.

83 Zu den Möglichkeiten und Grenzen eines geplanten Aufbaus von Kernkompetenzen vgl. Blohm, P., Planung von Kernkompetenzen?, Wiesbaden 2000.

Der ressourcenbasierte Ansatz der Industrieökonomik ist konstruiert als eine Theorie extranormaler Profite bzw. unvollkommener Faktormärkte. Ausgehend von dem Idealtyp vollkommener Faktormärkte wird die Existenz unterschiedlicher und nicht-transferierbarer Ressourcen als möglicher Fall eingeräumt.[84] Der ressourcenbasierte Ansatz leistet eine Spezifikation solcher Ressourcen, deren Auftreten eine Marktunvollkommenheit nach sich zieht,[85] und zwar nach den oben schon dargelegten Kriterien: Seltenheit, Nicht-Imitierbarkeit, Nicht-Substituierbarkeit und Werthaftigkeit. Gedacht wird dabei in erster Linie an personale und organisatorische Ressourcen, weniger an maschinelle oder Kapitalressourcen, weil letztere leicht zu standardisieren seien.

Der ressourcenbasierte Ansatz wurde im Rahmen der Volkswirtschaftslehre, genauer der Industrieökonomik, entwickelt und stellt dort eine gehörige Provokation dar. Die Pointe liegt in der Aufkündigung des Marktimperativs, in der Aufgabe der Idee, die relevanten Ausprägungen eines Unternehmens seien durch die Marktstruktur bestimmt und insofern homogen. Für die einzelnen Unternehmen wird im Unterschied zur Neoklassik ein erheblicher Handlungsspielraum mitgedacht, der je spezifische Ressourcen und dementsprechend auch Wettbewerbsvorteile auszubilden erlaubt.

Aus der Sicht der strategischen Planungslehre ist diese Betonung der Ressourcen allerdings weniger innovativ, als dort ja die Ressourcenanalyse und die Bestimmung der Stärken und Schwächen immer schon eine zentrale Rolle gespielt haben. Schon das erste Strategieplanungsraster, das sog. LCAG-Schema der Harvard Business School,[86] stellte neben die Marktanalyse als zweiten Grundpfeiler die Ressourcenanalyse und verwies im Anschluß an Selznik[87] auf die „distinctive competences“ als Ansatzpunkte für die Entwicklung von Wettbewerbsvorteilen. Aus diesem Ansatz ist ja auch die SWOT-Analyse hervorgegangen, die über Jahrzehnte hinweg die Strategiediskussion dominierte. Der Hinweis, zumindest Porter hätte aber die Strategielehre gänzlich auf die Marktkräfte ausgerichtet, ist nur solange richtig, wie man seine gesamte (oben ausführlich dargelegte) Wertkettenanalytik zu ignorieren gewillt ist. Insofern stellt der sog. ressourcenbasierte Ansatz in der Strategielehre lediglich eine interessante Verfeinerung der immer schon betriebenen Ressourcenanalyse dar. Man würde auch den ressourcenbasierten Ansatz ganz gewiß gründlich mißverstehen, wollte man ihm im Gegenzuge unterstellen, er betrachte ausschließlich die Unternehmensressourcen und blende die Umweltkräfte völlig aus. Dies macht schon deshalb keinen Sinn, weil es im Kern eine Theorie unvollkommener Faktormärkte ist.

Abschließend sei betont, daß das Kernkompetenzen-Konzept von Pralahad/Hamel nur sehr begrenzt als Ausfluß des ressourcenbasierten Ansatzes begriffen werden kann. Geht es

84 Vgl. Barney, J., Organizational culture: Can it be a source of sustained competitive advantage? In: Academy of Management Review 11 (1986), S. 656-665

85 Vgl. Barney, J., Firm resources and sustained competitive advantage, a.a.O., S. 99-120; Peteraf, M.A., The cornerstones of competitive advantage: A resource-based view, a.a.O., S. 179-191; vgl. auch die Diskussion bei zu Knyphausen-Aufseß, D., Theorie der strategischen Unternehmensführung. State of the art und neue Perspektiven, Wiesbaden 1995, S. 82 ff.

86 Vgl. Learned, E./Christensen, C./Andrews, K./Guth, W., Business policy: Text and cases, Homewood, Ill. 1965.

87 Vgl. Selznick, P., Leadership in administration: A sociological interpretation, New York 1957.

doch hier in erster Linie um eine neue Planungsdimension, die über oder vor der herkömmlichen Strategie-Heuristik steht. Es geht aber auch hier nicht um den Ersatz der Marktperspektive, sondern um die zeitliche Schichtung von Planungsebenen. Im Grunde wird hier wieder so etwas wie die langfristige Unternehmensplanung, jetzt auf der Basis dauerhafter Ressourcenkombinationen, eingeführt.[88]

5.6 Strategische Wahl

In einem nächsten Schritt schließen sich an die Formulierung strategischer Alternativen die **Beurteilung** der generierten Alternativen und die **Auswahl der geeignetsten Strategie(n)** an (vgl. Abb. 5.1).

Die Beurteilung der generierten Alternativen und ihrer Wirkungen soll im Lichte der langfristigen Ziele bzw. hieraus abgeleiteter Kriterien erfolgen. Zur Vereinfachung des komplexen Auswahlprozesses wurde eine Reihe von **Kriterienkatalogen** entwickelt, die im Sinne einer Check-Liste eine Grobprüfung erlauben.[89]

An erster Stelle stehen bei einem Unternehmen regelmäßig zunächst die ökonomischen Zielkriterien der Profitabilität und der Unternehmenswertsteigerung. Es ist jedoch zu beachten, daß Strategien zu diesem Planungszeitpunkt selten so genau spezifiziert werden können, wie es eine Investitionsrechnung erfordern würde. Für eine genaue Aussage über die Höhe der Verzinsung des eingesetzten Kapitals (oder gar des shareholder values) fehlen in aller Regel die hierfür nötigen Zahlungsstrominformationen. Es bleibt im wesentlichen einer Grobprüfung der Entscheidungsträger anheimgestellt, das Profitpotential der Strategiealternativen abzuschätzen. Ferner gilt es, eine Reihe von Randbedingungen zu prüfen. Dazu gehören insbesondere

(1) Machbarkeit
(2) Akzeptanz
(3) Ethische Vertretbarkeit.

(1) Das erste Kriterium fordert dazu auf, die **Machbarkeit** der Alternativen zu prüfen, auch um unrealistische Alternativen vorzeitig ausschalten zu können. Zu prüfen ist u.a., ob die personellen und technologischen Voraussetzungen gegeben sind, ob gesetzliche Vorschriften eine solche Strategie zulassen oder ob die notwendigen Rohstoffe dauerhaft beschaffbar sind.

(2) Das zweite Kriterium stellt die Frage nach der Akzeptanz. Dazu gehört auch eine Prüfung, ob die betroffenen Interessengruppen die Strategie in der vorgeschlagenen

88 Vgl. zu dieser Diskussion im einzelnen Schreyögg, G., Strategisches Management – Entwicklungstendenzen und Zukunftsperspektiven, in: Die Unternehmung 53 (1999), S. 387-407.

89 Zu solchen Evaluationskatalogen für Strategien vgl. u.a. Hatten, K.J./Hatten, M.L., Effective strategic management, Englewood Cliffs, N.J. 1988, S. 168; Wheelen, T.S./Hunger, J.D., Strategic Management, 5. Aufl., Reading/Mass. 1995, S. 206 ff.

Weise akzeptieren oder ablehnen werden. Dabei ist nicht nur an außenstehende Interessengruppen zu denken, sondern auch an **interne Machtgruppen**, deren Widerstand häufig die eigentliche Ursache für gescheiterte Strategien ist. Nicht selten gehen neue Strategien mit einer Neuverteilung materieller und immaterieller Ressourcen einher, was in aller Regel von den betroffenen Gruppen mit Bündnissen, Kampagnen, Verhandlungen u.ä.m. unterstützt oder zu verhindern versucht wird („Mikropolitik").[90] Von zentraler Bedeutung ist ferner die bestehende **Unternehmenskultur** und die Frage, inwieweit ihre Dynamik den Entscheidungsprozeß für die neue Strategie unterstützend oder bremsend überlagert.

Die Strategielehre neigt dazu, den strategischen Prozeß nur als eine logisch-analytische Aufgabe darzustellen. Jeder praktische Prozeß findet aber in konkreten Unternehmen statt und d.h. in einem Umfeld, in dem unterschiedliche Perspektiven, Interessen und Emotionen eine nicht unbedeutende Rolle spielen. Es ist vielmehr so, daß alle Elemente des strategischen Prozesses auch Teil des allgemeinen organisatorischen Geschehens sind und deshalb auch diesen Einflüssen mit unterliegen.[91]

Abbildung 5.26 stellt die gemeinten organisatorischen Prozesse schematisch zusammen. Mit anderen Worten, die Frage der Strategieformulierung ist immer auch eine Frage der Interessendurchsetzung, des Machtkampfes, der Mobilisierung von Kombattanten, des Schmiedens von Koalitionen, des Kampfes um Besitzstandswahrung usw. In die strategische Wahl greifen auch – ob auf direktem oder indirektem Wege – Interessengruppen von außen ein: Gewerkschaften melden Bedenken an, die Kommune befürchtet den Verlust von Steuergeldern, eine Bürgerbewegung macht mobil gegen den geplanten Neubau usw.

Der strategische Prozeß ist deshalb – ähnlich wie andere Prozesse (Reorganisation, Einsatz neuer Technologien usw.) – in diesem Kräftefeld angesiedelt und läßt sich aus diesem auch nicht separieren. Dies war ja eben auch – wie eingangs erwähnt – der Grund, strategisches Management anstelle von strategischer Planung zu setzen, um so den ganzheitlichen Charakter der Aufgabe zu betonen. Erfolgreich strategisch führen heißt mehr als Eintrittsbarrieren analysieren o.ä., es heißt auch Kompromisse schließen, Überzeugungsarbeit leisten, Akzeptanz schaffen und Unterstützung mobilisieren. Dadurch wird der strategische Prozeß nicht etwa „verschmutzt", wie bisweilen zu hören, sondern er wird als das betrachtet, was er ist, nämlich ein Prozeß unter mehreren in einem System mit vielen Zielsetzungen, Ansprüchen, Problemen und Altlasten, wie dies regelmäßig der Fall ist.

Zahlreiche empirische Analysen zeigen, daß dieser faktische Prozeßablauf den strategischen Planungsverlauf so stark überformt, daß am Ende Strategien verfolgt werden, die so von niemand angestrebt wurden. Mintzberg[92] hat schon früh auf das Faktum hingewiesen, daß Strategien nicht notwendigerweise das Ergebnis eines gezielten Planungsprozesses sein müssen, sondern sich häufig ungeplant aus den täglichen Vollzügen und Kommunikationen heraus entwickeln. So werden Strategien häufig erst **nachträglich** als

90 Vgl. Mintzberg, H./Ahlstrand, B./Lampel, J., Strategy safari, New York 1998, S. 234 ff.

91 Vgl. Fahey, L., On strategic management decision processes, in: Strategic Management Journal 2 (1981), S. 43-60; Kirsch, W., Strategisches Management, Herrsching 1997..

92 Vgl. Mintzberg, H., Patterns in strategy formation, in: Management Science 24 (1978), S. 934-948.

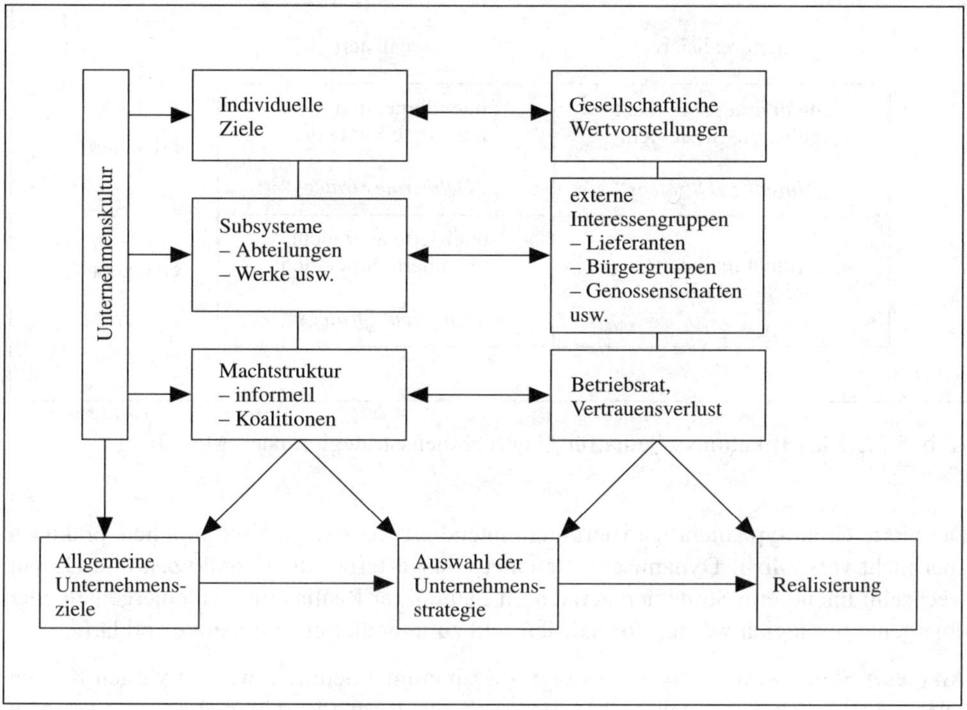

Abb. 5.26: Einflußfaktoren des strategischen Auswahlprozesses

solche rekonstruiert und bestimmten Aktivitäten eine strategiebildende Qualität zugesprochen, obwohl die betreffenden Personen sich dessen gar nicht bewußt waren.[93] Mintzberg verweist des weiteren auf den ebenfalls häufig anzutreffenden Fall, daß Strategien zwar beschlossen, nicht aber realisiert werden. Er unterscheidet zwei Strategie-Dimensionen:[94]

(1) intendiert – emergent (nicht-intendiert)
(2) realisiert – nicht realisiert.

Kombiniert man beide Dimensionen in dieser dichotomen Ausprägung, so ergeben sich (vgl. Abb. 5.27) drei relevante Grundtypen von Strategien:

- Emergente Strategien
- nicht-realisierte Strategien und
- bewußt-formulierte Strategien.

93 Vgl. Quinn, J.B., Strategies for change, Logical incrementalism, Homewood/Ill. 1980, S. 9.

94 Vgl. Mintzberg, H., Patterns in strategy formation, a.a.O., S. 945; , später wird noch eine Reihe weiterer Dimensionen hinzugefügt; vgl. Mintzberg, H./Quinn, J.B./Voyer, J., The strategy process, a.a.O., S. 12 ff.

	nicht realisiert	realisiert	
	intendierte, aber nicht realisierte Strategien: *„Unrealized Strategy"*	intendierte, und realisierte Strategien: *„Deliberate Strategy"*	intendiert
	(nicht realisiert/ nicht interdiert)	realisierte aber nicht intendierte Strategien: *„Emergent Strategy"*	emergent

Abb. 5.27: Klassifikationsschema für Unternehmensstrategien nach Mintzberg

Der vierte Grundtyp „nicht realisiert/nicht intendiert" ist zwar logisch möglich, praktisch aber nicht vorstellbar. Dynamisch betrachtet können ferner die Grundtypen ihre Gestalt wechseln: Intendierte Strategien geraten im Laufe ihrer Realisierung zu emergenten oder emergente Strategien werden formalisiert und zu intendierten „deliberate" erklärt.

An dieser Stelle wird – nebenbei gesagt – noch einmal deutlich, was im vierten Kapitel schon ausführlich behandelt wurde, daß sich die Bestandsproblematik von Systemen nicht restlos in (strategische) Ziele übersetzen läßt und daß sich an den verschiedensten Stellen diese mangelnde Übersetzung als Problem wieder bemerkbar macht.

Es ist dies auch der Grund, weshalb man heute stärker das Management des strategischen Prozesses betont und die analytische Planungsarbeit aus ihrer einstmals überragenden Stellung zurückgedrängt wird.[95]

(3) Das dritte Kriterium verweist schließlich auf das Wertesystem und die in einem Unternehmen geltenden ethischen Regeln. Strategiealternativen, die unter Rentabilitätsgesichtspunkten attraktiv und machbar erscheinen, scheiden dann deshalb aus, weil sie den gültigen moralischen Grundsätzen eines Unternehmens widersprechen.[96] So war z.B. lange Zeit für viele (vor allem U.S. amerikanische) Unternehmen der Aufbau eines neuen Geschäftsfeldes in Südafrika wegen der dort praktizierten Apartheidspolitik keine akzeptable Option. Andere Firmen lehnen aus wieder anderen Erwägungen heraus den Eintritt in ein möglicherweise aussichtsreiches Geschäftsfeld der Rüstungsindustrie grundsätzlich ab.

In der Regel wird der Auswahlprozeß heute als qualitative Abwägung aller relevanten Gesichtspunkte unter Einschluß der ökonomischen Zielkriterien konzipiert. Ein solcher

95 Vgl. Huff, A.S./Reger, R.K. (1987), A review of strategic process research, in: Journal of Management 13 (1987), S. 211-236 sowie Mintzberg, H./Quinn, J.B./Voyer, J., The strategy process, a.a.O., die den strategischen Prozeß zum Ausgangspunkt nehmen.

96 Vgl. z.B. Freeman, R.E./Gilbert, D.R. jr., Unternehmensstrategie, Ethik und persönliche Verantwortung (Übers. a. d. Engl.), Frankfurt a.M./New York 1991.

Abwägungsprozeß ist – darauf sei ausdrücklich hingewiesen – keineswegs gleichzusetzen mit beliebigem Meinen oder willkürlichem Akzeptieren oder Ablehnen. Gewiß ist die Vorteilhaftigkeit von strategischen Alternativen nicht exakt beweisbar, aber es gibt Gründe für die Alternativen (dies stellt ein geordneter Planungsprozeß sicher), und Gründe lassen sich prüfen. Läßt man sich auf einen rationalen Diskurs ein, so wird die Alternative ausgewählt, die die besseren Gründe für sich hat. Die Gründe müssen dazu nicht formalisiert oder quantifiziert, aber sie müssen nachvollziehbar sein, so daß – jedenfalls dem Prinzip nach – jedem Gutwilligen eine Erörterung möglich wird.[97]

Von manchen Autoren wird empfohlen, diese mehrfachen Kriterien zu einem formalisierten Bewertungsverfahren auszuformen, in dem z.B. die Bewertungskriterien exakt definiert, die Meßniveaus und die Kriterien spezifiziert und schließlich Stufenwertzahlen für jede Alternative ermittelt werden.[98] Die Verwendung solcher Verfahren für strategische Entscheidungen trifft jedoch – wie schon angedeutet – in der Regel auf unüberwindbare Schwierigkeiten. Weder lassen sich die Alternativen in dem erforderlichen Maße präzisieren, noch sind die Umweltzustände nach Zahl und nach Wahrscheinlichkeit bekannt, so daß auch die Wirkungen der Alternativen nicht exakt prognostizierbar sind.

5.7 Planung der Strategieimplementation

Bei der konkreten Umsetzung der Strategien gilt es, neben der Entwicklung strategischer Programme als herausragende Erfolgsfaktoren die personellen und die organisatorischen Gegebenheiten und Anforderungen zu berücksichtigen (vgl. Abb. 5.28). Auf die strategische Bedeutung der Humanressourcen wie auch der Organisation wurde bereits im Rahmen der Ressourcenanalyse verwiesen. Zunächst seien die Strategischen Programme dargestellt, auf die personalpolitischen und die organisatorischen Maßnahmen wird in den darauffolgenden Abschnitten eingegangen.

Generell gilt es jedoch zu betonen, daß es jenseits aller Einzelmaßnahmen Voraussetzung jeder erfolgreichen Strategieumsetzung ist, ein gemeinsames strategisches Grundverständnis herzustellen, und d. h. in erster Linie, eine gemeinsame strategische Sprache zu schaffen. Haben sich die Mitglieder einer Organisation erst einmal der relevanten Begriffe und Konzepte versichert (Was verstehen wir unter „Kerngeschäft"? Was unter „wertorientierter Führung? usw.) und von der Zweckmäßigkeit der strategischen Neuorientierung überzeugt, ist die Grundlage geschaffen, über geeignete Umsetzungsaktionen auf breiter Basis nachzudenken. Und – was unter Umständen noch wichtiger ist – es wird das Interesse an der Strategie geweckt und zu einer eigenständigen Informations-

97 Vgl. Scherer, G.A., Pluralismus im Strategischen Management, Wiesbaden 1995; Bäcker, A., Rationalität als Grundproblem der strategischen Unternehmensplanung, Wiesbaden 1996.

98 Vgl. die „Nutzwertanalyse" von Zangemeister, C., Werturteil und formalisierte Planungsprozesse, in: Zeitschrift für Organisation 42 (1973), S. 292-298. Zu einem weniger streng formalisierten Beispiel speziell auf die strategische Planung bezogen vgl. Hinterhuber, H.H., Strategische Unternehmensführung, Bd. 1, 6. Aufl., Berlin/NewYork 1996, S. 207 ff.

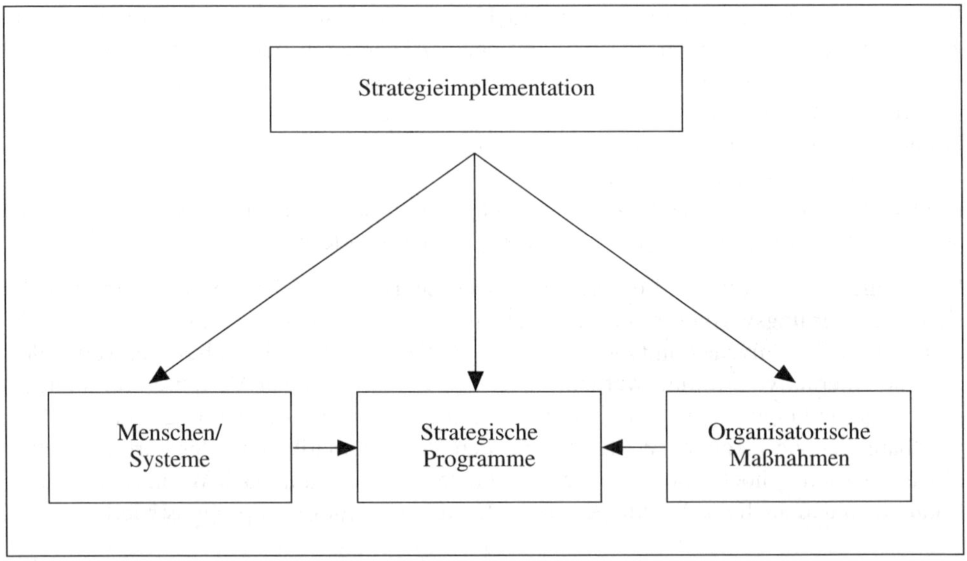

Abb. 5.28: Planung der Strategieimplementation

aufnahme für eine wachsame Begleitung des strategischen Kurses angeregt. Eine explizite Strategie und ihre Kommunikation schaffen dazu den notwendigen Referenz- und Sprachrahmen.

5.7.1 Strategische Programme

Aufgabe der strategischen Programmplanung ist es, die Strategie(n) für die betrieblichen Funktionen über die Zeit auf die Gegenwart hin zu konkretisieren. Mit anderen Worten, es wird festgelegt, welche Maßnahmen von den einzelnen betrieblichen Funktionsbereichen ergriffen werden müssen, damit die geplante Strategie realisiert werden kann. Es geht also um Fragen wie: Welche Schritte muß z.B. der Einkauf ergreifen, um die geplante Kostenschwerpunktstrategie zu verwirklichen, oder welche Aktivitäten muß der technische Bereich entfalten, um einen technischen Kundendienst als zentrales Differenzierungsmerkmal aufzubauen?

Schon diese Fragen deuten an, daß es sich bei der Entwicklung strategischer Programme nicht um eine vollständige Übersetzung oder gar um eine bloße Deduktionsleistung in dem Sinne handeln kann, daß der Strategieplan bereits alle Umsetzungsmaßnahmen enthielte. Die Programmentwicklung ist vielmehr eine eigenständige planerische Leistung, in der es darum gehen soll, Maßnahmen zu fixieren, die für den Erfolg der geplanten Strategie kritisch sind. Nicht alles betriebliche Handeln wird in strategische Programme gegossen, sondern selektiv nur jene Maßnahmenbereiche, die für die Umsetzung als kritisch angesehen werden. Eine vollständige Durchplanung des gesamten betrieblichen Handelns ist – wie im vierten Kapitel bereits ausführlich gezeigt – nicht nur unmöglich, sondern wäre auch in höchstem Maße dysfunktional, jede Veränderung würde den ganzen Planapparat erschüttern.

Aufgabe der Programmplanung ist es deshalb, im ersten Schritt diejenigen Bereiche herauszufiltern, die für die erfolgreiche Umsetzung der Unternehmensstrategie von kritischer Bedeutung sind. Hat sich ein Unternehmen z.B. entschlossen, die Sicherheit der Produkte zum zentralen Thema einer Differenzierungsstrategie zu machen, so sind die strategischen Programme nach Maßgabe dieses Themas zu entwickeln: Entwicklung von Sicherheitsvorkehrungen, Erhöhung der Qualitätsstandards in der Produktion, die Kommunikation der Sicherheitsphilosophie usw.

Diese Vorgehensweise, den Umsetzungsprozeß auf die kritischen Maßnahmenbereiche zu konzentrieren, ist bewußt selektiv. Sie trägt der allgemeinen Einsicht Rechnung, daß der strategische Plan nur ein Rahmenplan, nicht aber ein umfassender Steuerungsplan sein kann. Die nicht-strategiekritischen Bereiche sind den Optimierungsbemühungen der operativen Planung anheim zu stellen, die auf diese Weise zusätzliche Systemreferenzen berücksichtigen und damit die immer unvollständige Übersetzung des Systembestandsproblems in ein strategisches Programm abpuffern kann. Wenn die operative Planung zusätzliche, über die strategische Zielsetzung hinausgehende Systemprobleme verarbeitet, erhöht sich das Komplexitätsverarbeitungspotential eines Unternehmens, d.h. es gewinnt an Flexibilität.

Der zuletzt genannte Gesichtspunkt betont nachdrücklich eine Anforderung, die für das Verständnis der strategischen Steuerung von großer Bedeutung ist. Er verweist nämlich auf das Problem des multi-dimensionalen Referenzrahmens eines Unternehmens, oder instrumenteller: das Erfordernis der **mehrfachen Zielsetzung,** weil Ziele keineswegs immer als konsistente Unterziele eines Gesamtziels begriffen werden können. Diesen lange bekannten Tatbestand greift ein neuerdings äußerst populäres Planungs- und Kontrollinstrument auf, die sog. **Balanced Scorecard.**[99] Die Balanced Scorecard übersetzt die Strategie in Ziele und Kennzahlen, die nach vier verschiedenen Perspektiven unterteilt sind:

(1) finanzwirtschaftliche Perspektive,
(2) Kundenperspektive,
(3) Interne Prozeßperspektive und
(4) Lern- und Entwicklungsperspektive.

Durch den Einbezug möglichst vieler Mitarbeiter will man die Energien und Potentiale der gesamten Organisation auf die Erreichung der verschiedenen Ziele ausrichten. Die Balanced Scorecard versteht sich zugleich als Instrument zur breiten Kommunikation der Unternehmensstrategie. Ferner soll durch das Feedback auf allen Ebenen im Sinne der

99 Kaplan, R.S./Norton, D.P., Balanced Scorecard: Strategien erfolgreich umsetzen, Stuttgart 1997; die Beziehungen der vier Dimensionen zueinander wird dort allerdings äußerst widersprüchlich behandelt; mal stehen sie nebeneinander, mal sollen sie eine strenge Zweck-Mittel-Kette bilden.

	Allg. Ziele	Meßgröße	Zielvorgabe	Maßnahmen
Finanzen	Ertragssteigerung	ROI	14 % ROI	Frühzeitigere Projektselektion
Kunden	Kundentreue erhöhen	Wiederkaufrate	65 %	Technischen Service ausbauen
Prozesse	Verkürzung der Durchlaufzeiten	Durchlauftage eines Antrags	5 Tage	Abbau von 2 Schnittstellen
Lernen	Mitarbeiter-zufriedenheit	Repräsentative Umfrage	10 % Steigerung der Zufriedenheitswerte	Empowerment

Abbildung 5.29: Grundstruktur der Balanced Scorecard

fortlaufenden Zielkontrolle die Möglichkeit zu einem strategischen Lernprozeß geboten werden. Die Balanced Scorecard ist neben den vier sachlichen Perspektiven in vier Umsetzungskategorien unterteilt: (1) Allgemeine Ziele, (2) Meßgröße, (3) Zielvorgabe und (4) Maßnahmen. In Abbildung 5.29 wird die Grundstruktur einer Balanced Scorecard an einem Beispiel verdeutlicht.

Die Balanced Scorecard steht in der Tradition von betrieblichen Kennzahlensystemen, die auch nicht-monetäre Ziele berücksichtigen. Ihr Ursprung liegt in den 50er Jahren, als große Unzufriedenheit über die bis dahin dominierenden reinen ROI (Return on Investment) – Kennzahlensysteme aufkam.

5.7.2 Strategiegerechte Organisations- und Führungssysteme

Als eine der zentralen Erfolgsbedingungen für die Umsetzung einer Strategie wird die Schaffung eines strategiegerechten Organisations- und Führungssystems angesehen. Es wird gefordert, die formalen Aufbaustrukturen, die Informationsprozesse, die Kommunikation usw. soweit den Erfordernissen der formulierten Strategie anzupassen, daß die Steuerungskraft der Organisation auf die strategischen Ziele gelenkt wird.[100]

Die Frage, welche Strategie welche Organisationsstruktur erfordert, oder noch genereller, in welcher Form Organisationsstrukturen Strategien unterstützen sollen, wird bislang allerdings nur selten in einer konkreten Weise beantwortet.

Einige Groborientierungen liegen zwischenzeitlich aber dennoch vor; diese sind hauptsächlich aus der bereits mehrfach erwähnten historischen Studie von Chandler und

100 Vgl. im Überblick Galbraith, J.R./Kazanjian, R.K., Strategy implementation. Structure, systems and process, 2. Aufl., St. Paul u.a. 1986; ferner Lehner, J.M., Implementierung von Strategien. Konzeptionen unter Berücksichtigung von Unsicherheit und Mehrdeutigkeit, Wiesbaden 1996.

Strategie	Organisationsstruktur
Einprodukt	Funktional/zentralisiert
Verwandte Diversifikation	Divisional/dezentralisiert
Konglomerate Diversifikation	Holding/stark dezentralisiert

Abb. 5.30: Strategietypen und korrespondierende Strukturen nach Chandler

ihren Nachfolgeuntersuchungen abgeleitet (vgl. Abb. 5.30). Demnach ist – vereinfachend gesagt – bei Einprodukt- und Hauptproduktstrategien die klassische funktionale, zentralistisch ausgerichtete Organisation erfolgreicher, während sich bei breiter Diversifikation eine Anpassung der Organisation durch Dezentralisierung und Divisionalisierung als effektiv erwies.[101]

Der Zusammenhang zwischen Diversifikation und Divisionalisierung, d.h. der Ordnung des Unternehmens nach den zentralen Produktlinien und nicht nach den Funktionen, wird im Strategischen Management heute als Selbstverständlichkeit angesehen. Die Diskussion ging hier jedoch weiter. Die Spartenorganisation erwies sich für eine laufende strategische Planung als zu starr; Spartengrenzen behinderten die Entwicklung überlappender Strategien, für jedes neue Geschäftsfeld konnte keine neue Sparte aufgebaut werden.

Zur Abhilfe wird im Anschluß an die strategischen Geschäftsfelder die Einrichtung von sogenannten **strategischen Geschäftseinheiten** (SGE) empfohlen, die relativ autonom ihr strategisches Feld planerisch bearbeiten sollen, unabhängig von den bestehenden Sparten[102]. Es handelt sich dabei um eine die bisherige Organisationsstruktur überlagernde „Sekundärorganisation", die die jeweils gültige Aufteilung der unternehmerischen Aktivitäten in strategische Marktfelder genau widerspiegeln soll. Strategische Geschäftseinheiten können mit Divisionen identisch sein, aus mehreren Divisionen bestehen oder aber Teileinheiten von Divisionen sein. Die Strategische Geschäftseinheiten werden von – zumeist in Doppelfunktion stehenden – Leitern mit Anweisungskompetenz geführt. Sie stellen somit eine Variante der Dual-Organisation dar, und zwar in dem Sinne, daß für die strategischen Aktivitäten eine andere Organisationsstruktur gilt als für den operativen Bereich. Dies bedeutet aus organisationstheoretischer Sicht allerdings eine weitere Differenzierung der Organisationsstruktur, was sofort die Frage nach der Integration bzw. der Einrichtung zusätzlicher Integrationsmechanismen aufwirft. Konkreter gesprochen muß also nicht nur eine zweite strategische Struktur eingerichtet, sondern auch die Zusammenführung der beiden Strukturen sichergestellt werden.

---

101 Vgl. Chandler, A.D. jr., Strategy and structure: Chapters in the history of the industrial enterprise, Cambridge/Mass.1962; Bühner, R., Strategie und Organisation, 2. Aufl., Wiesbaden 1993.

102 Vgl. dazu zusammenfassend Welge, M.K./Al-Laham, A., Strategisches Management, 2. Aufl., Wiesbaden 1999, S. 325 ff.

Eine weitere Orientierungslinie für die Einrichtung strategiegerechter Strukturen hat sich im **internationalen Bereich** entwickelt. Hier hat man zunächst analog zu den zwei Basisstrategien Fragmentierung und Globalisierung zwei Strukturtypen entwickelt, die

(1) **polyzentrische Struktur** mit selbständigen (unterschiedlich je nach Wettbewerbsstrategie strukturierten) Auslandsgesellschaften (z.B. ITT, Unilever)

und die

(2) **zentrale Struktur** mit einer dominanten Muttergesellschaft und wenig selbständigen Auslandsgesellschaften (z.B. Siemens AG, BMW AG)

Im Zuge der zunehmenden Globalisierung und der gesamten Wertaktivitäten multinationaler Unternehmen hat sich jedoch eine sehr viel stärkere Verflechtung der Tochtergesellschaften untereinander ergeben, wie das beispielhaft in Abbildung 5.31 für Philips gezeigt wird.

Eine solche **horizontale Verflechtung** der Wertaktivitäten im Rahmen globaler aber auch fragmentierter Strategien hat die Bedeutung der Relation Muttergesellschaft – Tochtergesellschaft zurücktreten lassen zugunsten einer **lateralen Kooperation** mit zahlreichen Kompetenzzentren. Bartlett/Ghoshal[103] sprechen hier akzentuierend von *transnationalen Unternehmen*; gemeint sind Unternehmen, die Kostenvorteile unabhängig von nationalen Grenzen nutzen und flexibel auf unvorhergesehene Ereignisse, wo auch immer, reagieren. Dies erfordert eine Konfiguration von Wertaktivitäten jenseits aller Landesgrenzen und eine entsprechend dezentrale, auf gegenseitige Abstimmung ausgerichtete Organisationsstruktur.[104]

Abbildung 5.32 stellt die organisatorischen Charakteristika des transnationalen Unternehmens denen anderer Internationalisierungstypen vergleichend gegenüber.

Während die organisatorischen Implikationen von internationalen und Diversifikationsstrategien relativ gut erschlossen sind, gibt es für Geschäftsfeldstrategien bislang wenig Untersuchungen. Der Grund dafür ist offenkundig; bei der Wettbewerbsstrategie dominiert der jeweils gewählte Inhalt die organisatorische Aufgabe so sehr, daß generelle Aussagen nur sehr schwer möglich sind. Es bleibt bei der Aufforderung, die zentralen strategischen Anliegen in dem Organisations- und Führungssystem zu verankern, damit ihnen auch auf diesem Wege die gebührende Nachhaltigkeit verliehen wird.[105]

In Anknüpfung an das oben kurz dargelegte Konzept der Kernkompetenzen finden sich jedoch zunehmend Vorschläge, die Organisation nicht auf spezielle Strategien auszurichten (schon wegen der dann häufigen Veränderungsbedürftigkeit), sondern sie ganz auf die strategischen Kernkompetenzen zuzuschneiden. Dabei ist dann insbesondere dem

---

103 Vgl. Bartlett, C.A./Ghoshal, S., Internationale Unternehmensführung (Übers. a.d. Engl.), Frankfurt a.M. 1990.

104 Vgl. hierzu auch die empirische Studie von O'Donnell, die die Überlegenheit der „intrafirm interdepepence" gegenüber der klassischen Kontrollperspektive aufzeigt; vgl. O'Connell, S.W., Managing foreign subsidiaries. Agents of headquarters, or an interdependent network? in: Strategic Management Journal 21 (2000), S. 525-548.

105 Hill, C.W.L./Jones, G.R., Strategic Mangement, Boston 1989, S. 221 ff.

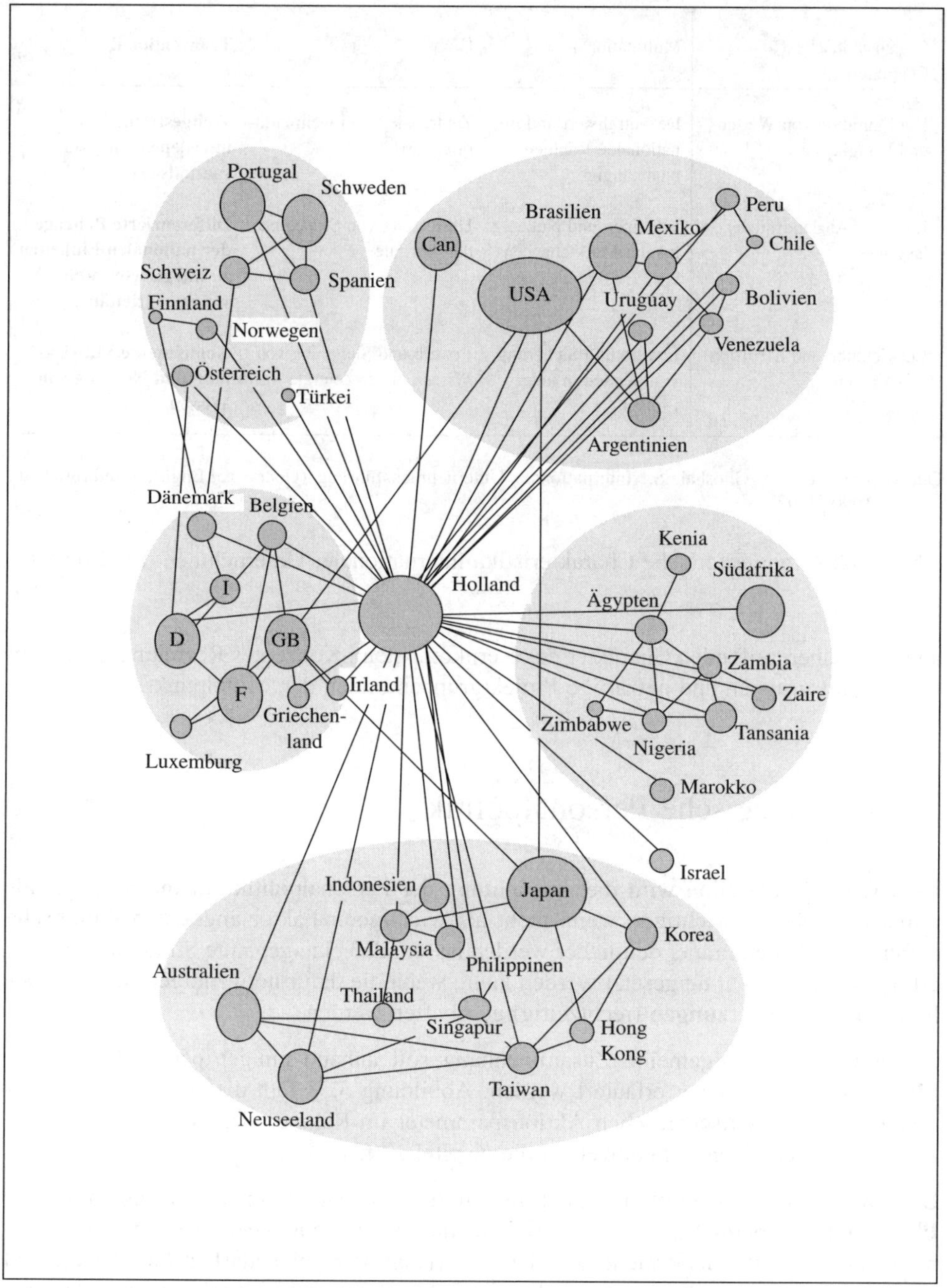

Quelle: Daft, R.L., Organization Theory & Design, 6. Aufl., Minneapolis/St. Paul u.a. 1998, S. 269 (modifiziert)

Abb. 5.31: Horizontale Vernetzung des Philips-Konzerns

Organisatorische Charakteristika	Multinational	Global	**Transnational**
Konfiguration von Werten und Fähigkeiten	Dezentralisiert und im nationalen Rahmen unabhängig	Zentralisiert und weltmarktorientiert	**Weitgestreut, interdependent und spezialisiert**
Rolle der Auslandsniederlassungen	Erkennen und Nutzung lokaler Marktchancen	Umsetzung von Strategien der Zentrale	**Differenzierte Beiträge der nationalen Einheiten zu integrierten weltweiten Aktivitäten**
Entwicklung und Diffusion von Wissen	Erwerb und Sicherung von Wissen in jeder Einheit	Erwerb und Sicherung von Wissen in der Zentrale	**Gemeinsame Entwicklung und Nutzung von Wissen**

Quelle: Bartlett, C.A./Ghoshal, S., Internationale Unternehmensführung (Übers. a.d.Engl.), Frankfurt/Main 1990, S. 92

Abb. 5.32: Organisatorische Charakteristika internationaler Unternehmen (modifiziert)

abteilungsübergreifenden Charakter des Kernkompetenz-Konzeptes Rechnung zu tragen; Querschnittsgruppen und netzartige Projektgruppen bilden den Mittelpunkt.[106]

5.7.3 Strategische Personalpolitik

Neben der Organisation wird die Ausrichtung der Personalpolitik auf die Strategie als mindestens ebenso wichtiger, wenn nicht als wichtigerer Faktor angesehen. Praktische Erfahrungen haben immer deutlicher werden lassen, daß eine geplante Strategie nur dann erfolgreich in die Tat umgesetzt werden kann, wenn die dafür notwendigen **personalpolitischen Voraussetzungen** (rechtzeitig) geschaffen werden.

Dieser noch sehr allgemeine Zusammenhang soll anhand einiger personalpolitischer Maßnahmen etwas näher erläutert werden. Abbildung 5.33 faßt die zentralen („generischen") personalwirtschaftlichen Aktionsparameter im Rahmen der Strategieumsetzung zusammen (siehe hierzu im einzelnen die Kapitel 13 ff.).

Der unmittelbare Anknüpfungspunkt für strategische Umsetzungsmaßnahmen ist die **Planung des Personalbedarfs**. Aus der geplanten Strategie und den Programmen für die betrieblichen Funktionsbereiche soll der langfristige Personalbedarf in qualitativer und quantitativer Hinsicht abgeleitet und dem Ist-Bestand gegenübergestellt werden. Aus den Abweichungen resultiert schließlich der Personalentwicklungs- und -beschaffungsplan.

106 Vgl. Gomez, P., Neue Trends in der Konzernorganisation, in: ZfO 61 (1992), S. 166-172; Osterloh, M./Frost, J., Prozeßmanagement als Kernkompetenz, 2. Auf., Wiesbaden 1999.

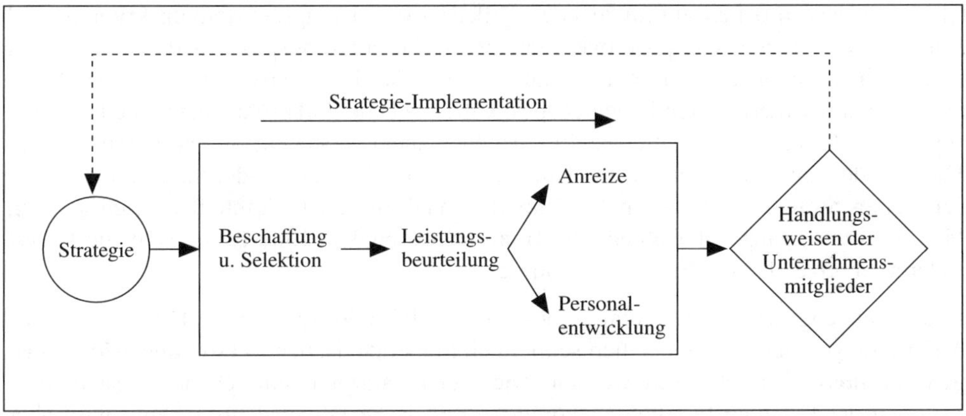

Quelle: In Anlehnung an Tichy, N.M/Fombrun, C.J./Devanna, M.A., Strategic human resource management, in: Sloan Management Review 24 (1982), S. 47–61

Abb. 5.33: Personalwirtschaftliche Instrumente im Dienste der Strategieimplementation

Die Personalbeschaffung wirft sodann die Frage der Auswahl auf, d.h. die Frage, wie das **Selektionssystem** auszurichten ist, damit die geplante Strategie erfolgreich realisiert werden kann. Eine Diversifikationsstrategie erfordert demnach z.B. die Errichtung eines gezielt auf die neue Geschäftseinheit ausgerichteten Auswahlsystems. Es ist gerade diese strategieorientierte Selektion, die in jüngerer Zeit viel Beachtung findet.

Im Gegensatz zu der herkömmlichen Leitidee des Universalmanagers geht man zunehmend davon aus, daß Managerverhalten nur begrenzt variabel ist und deshalb ein „Fit" von geplanter Strategie und Persönlichkeitsprofil der Schlüsselpersonen in der strategischen Geschäftseinheit als zentrale Bedingung für eine wirksame Strategierealisierung angestrebt werden muß. So wird etwa vorgeschlagen, für eine Schrumpfungsstrategie einen standfesten „Diplomaten" einzusetzen, während ein Markteintritt von einer quirligen Pionierpersönlichkeit geführt werden sollte.[107]

Ähnlich wird für das **Leistungsbeurteilungs- und Anreizsystem** eine klare Orientierung an strategischen Prioritäten gefordert. Diese Systeme sollen so ausgestaltet sein, daß die Mitarbeiter motiviert sind, Handlungen zu ergreifen, die die Geschäftseinheit ihren strategischen Zielen näherbringen.[108] Statt der vorherrschenden Orientierung an kurzfristigen, leicht meßbaren Erfolgen, wie sie diesen personalpolitischen Instrumenten

107 Vgl. Wissema, J.G./Van der Pol, H.W./Messer, H.M., Strategic management archetypes, in: Strategic Management Journal 1 (1980), S. 37-48; Szilagyi, A./Schweiger, D.M., Matching managers to strategies: A review and suggested framework, in: Academy of Management Review 9 (1984), S. 626-637; zu personalpolitischen Implikationen von Internationalisierungsstrategien Scholz, C., Personalmanagement. Informationsorientierte und verhaltenstheoretische Grundlagen, 5. Aufl., München 1994, S. 807 ff.

108 Vgl. Fombrun, C.J./Laud, R.L., Strategic issues in performance appraisal: Theory and practice, in: Personnel 60 (1983), S. 23-31; Stonich, P.J., The performance measurement and reward system: Critical to strategic management, in: Organizational Dynamics 12 (1984), Nr. 2, S. 45-57; Becker, F., Anreizsysteme für Führungskräfte im Strategischen Management, 2. Aufl., Bergisch-Gladbach 1987.

häufig unausgesprochen zugrunde liegt, sollen also Leistungsbeurteilungskriterien und Anreizsysteme (auch) das jeweilige strategische Anforderungsprofil widerspiegeln und eben auch Leistungen honorieren, die aus strategischer Perspektive bedeutsam sind. Für diversifizierte Unternehmen bedeutet dies, daß gegebenenfalls sehr unterschiedlich ausgerichtete Bonus-Systeme gleichzeitig nebeneinander bestehen; sie variieren in dem Maße, in dem sich die strategischen Anforderungsprofile voneinander unterscheiden. Ein gemischtes Strategie-Portfolio hätte dann eben auch für jeden Geschäftsbereich, je nach Matrixposition, ganz unterschiedliche Bonusschwerpunkte. Eine Ernte-Strategie bedarf anderer Anreize als eine Investitions-Strategie.[109]

In der Leistungsbeurteilung zutage getretene Qualifikationslücken im Hinblick auf die Anforderungen der Strategie sollen schließlich mit strategischen **Personalentwicklungsprogrammen**[110] geschlossen werden. Dies setzt natürlich hinreichend aussagefähige Kriterien der Leistungsbeurteilung voraus. Strategische Personalentwicklung wird aber auch in einem allgemeineren Sinne vorgeschlagen, nämlich zur Sensibilisierung der Mitarbeiter für die kritischen strategischen Dimensionen ihrer Tätigkeit. Um eine kreative Umsetzung der projektierten Pläne zu gewährleisten, ist sicherzustellen, daß die Mitarbeiter ihre Tätigkeit in den (neuen) strategischen Kontext einordnen und dem Strategiebezug in den täglichen Entscheidungen eine entsprechende Priorität einräumen können. Dazu gehört nicht zuletzt auch, daß aus strategischer Sicht solche Verhaltensweisen und Routinen „verlernt" werden, die Bestandteil früherer Strategien waren, für die neue Strategie aber kontraproduktiv wirken (vgl. Kasten 5.9).

Die Hauptschwierigkeit bei strategischen Veränderungsmaßnahmen ist jedoch, daß viele Prozesse unbewußt oder nur halbbewußt ablaufen und damit nur schwer mit rationalen Appellen, Anreizsystemen oder Geschäftsverteilungsplänen beeinflußbar sind. Diese Zusammenhänge verweisen auf die **Unternehmenskultur** und die große Bedeutung, die ihr im **gesamten strategischen Prozeß** zukommt. Sie gibt den unsichtbaren Rahmen, der einem Unternehmen sein spezifisches Gepräge verleiht (vgl. dazu auch unten Kapitel 12). Je **stärker** eine Unternehmenskultur ausgeprägt ist, desto umfassender sind die Handlungen der Systemmitglieder dadurch geformt. Bezogen auf Strategien fördern Unternehmenskulturen die Entwicklung und Favorisierung bestimmter Strategien und stellen der Umsetzung anderer Strategien oft schwer lösbare Probleme.

Am offenkundigsten wird die strategische Bedeutung von Unternehmenskulturen immer bei **Akquisitionen** und **Allianzen.** Viele Zusammenschlüsse, die auf dem „planerischen Papier" glänzende Synergien versprechen, zerschellen bei der praktischen Realisierung an der Unterschiedlichkeit der Unternehmenskulturen, die in dem geschäftlichen Alltag aufeinander treffen. Erinnert sei an die Probleme solcher strategischen Zusammen-

109 Vgl. Stonich, P.J., Using rewards in implementing strategy, in: Strategic Management Journal 2 (1981), S. 345-352; zu einer breiteren Perspektive vgl. Bütler, J.O./Ferris, F.R./Napier, N.K., Strategy and human resources management, Cincinnati 1991, S. 111ff.

110 Vgl. Hinterhuber, H.H., Strategiegerechte Personalentwicklung, in: Wunderer, R. (Hrsg.), Humane Personal- und Organisationsentwicklung, Festschrift für Guido Fischer, Berlin 1979, S. 147-169; zu einem praktischen Beispiel vgl. Friedman, S.D./LeVino, T.P., Strategic appraisal and development at General Electric, in: Fombrun, C.J./Tichy, N.M./Devanna, M.A., (eds.) Strategic human resource management, NewYork 1984, S. 183-201.

Kasten 5.9

SAS: Strategischer Kurswechsel

„Das uns vom Aufsichtsrat gesetzte Ziel war, die Ertragslage der Fluggesellschaft zu verbessern, obwohl keine Erweiterung des Marktes abzusehen war. Wir wollten nicht durch den Verkauf von Flugzeugen eine kurzfristige Rentabilität erzielen, was viele Fluggesellschaften in Notzeiten versuchen; sondern rentabel werden, indem wir den besten Service auf dem Markt anbieten, und dadurch unseren Anteil am stagnierenden Gesamtmarkt vergrößern....

Um dies zu erreichen, beschlossen wir, weltweit „The Businessman's Airline" zu werden. Geschäftsreisende hatten wir als den einzigen stabilen Teil des Marktes eingestuft, denn im Gegensatz zu Touristen müssen Geschäftsleute in guten wie auch in schlechten Zeiten reisen. Noch wichtiger ist vielleicht, daß der Geschäftsreisen-Markt besondere Anforderungen stellt, und die Entwicklung von entsprechenden Service-Leistungen es uns ermöglichen würde, solche „vollzahlende" Kunden zu gewinnen....

Das Ergebnis war ein einzigartiger strategischer Plan, das Unternehmen von Grund auf umzukrempeln. Weit davon entfernt, die Kosten weiter kürzen zu wollen, schlugen wir dem Aufsichtsrat vor, *zusätzlich* 45 Millionen Dollar zu investieren und die Betriebsausgaben um 12 Millionen Dollar im Jahr zu *erhöhen*, damit wir 147 verschiedene Projekte finanzieren konnten: von einer umfassenden Pünktlichkeitskampagne über die Verbesserung unserer Verkehrsnabe in Kopenhagen und Trainingsseminaren für über 12.000 unserer Mitarbeiter bis hin zur Wiedereinführung der Olive im Martini-Cocktail unserer Fluggäste. Es war ein enormes Risiko. Wir hatten keinerlei Garantie, daß diese zusätzlichen Ausgaben Mehreinnahmen bringen würden. Es war aber unsere einzige Chance, denn die Möglichkeiten zur Kostenreduzierung waren bereits ausgeschöpft....

Die veränderte Einstellung der Mitarbeiter war eines der bedeutendsten Ergebnisse der SAS-Kurswechselstrategie. Traditionell hatten sich die Manager bei der SAS mit Investitionen, Geschäftsführung und Verwaltung befaßt. Der Dienst am Kunden war zweitrangig – Aufgabe von Mitarbeitern, die ganz weit draußen am Rande des Unternehmens angesiedelt waren. Jetzt war das *gesamte* Unternehmen auf den Dienst am Kunden eingestellt. Die Bemühungen an der Kundenfront wurden plötzlich innerhalb des Unternehmens stärker anerkannt. Alle Mitarbeiter wurden extra geschult im Dienst am Kunden.

Über die neue Aufmerksamkeit für den Dienst am Kunden hinaus gelang es uns, neue Energien zu wecken, indem wir alle, die in irgendeiner Weise mit der SAS verbunden waren, über unsere Gesamtvision informierten und sie sie verstanden. Sobald wir die Genehmigung vom Aufsichtsrat eingeholt hatten, verteilten wir an jeden unserer 20.000 Mitarbeiter ein kleines rotes Büchlein mit dem Titel „Wir packen es gemeinsam an!" Diese Veröffentlichung vermittelte unserem Stammpersonal in sehr knapper Form dieselben Informationen über Vision und Ziele des Unternehmens, an denen der Aufsichtsrat und die oberste Geschäftsleitung sich bereits orientierten. Wir wollten, daß jeder Mitarbeiter der Firma unsere Zielsetzung genau versteht und sich die Botschaft nicht verzerrt, während sie innerhalb der Firma von Mitarbeiter zu Mitarbeiter weitergegeben wurde.

Kasten 5.9 (Fortsetzung)
Die Ergebnisse ließen nicht lange auf sich warten. Unser finanzielles Ziel war es gewesen, die Einnahmen um etwa 25 Millionen Dollar im ersten, um 40 Millionen Dollar im zweiten und um 50 Millionen im dritten Jahr zu steigern. Zu unserer Verblüffung steigerten wir sie jedoch um fast 80 Millionen Dollar *allein im ersten Jahr* – in einem Markt, der so drastisch schrumpfte, daß andere internationale Fluggesellschaften Verluste in einer Größenordnung von zusammengerechnet 2 Milliarden Dollar ausweisen mußten."
Quelle: Quelle: Carlzon, J., Alles für den Kunden (Übers. aus dem Schwedischen), Frankfurt a.M./New York 1988, S. 41 ff.; zu einer ausführlichen Fassung vgl. unten S. 477 ff.

schlüsse wie zwischen Deutsche Bank und Bankers Trust oder Siemens und Nixdorf. Es ist nicht selten der Fall, daß Unternehmen, die schon vor zehn Jahren oder länger fusioniert wurden, in den Köpfen der Belegschaft immer als getrennte Unternehmen erscheinen. Die lange gewachsenen Werte und Überzeugungen sind tief verankert, bisweilen wird bei Veränderungen geradezu trotzig an ihnen festgehalten.

Unternehmenskulturen sind jedoch nichts Unabänderliches, auch sie sind, obgleich oftmals über jahrzehnte gewachsen, veränderbar. Vor jeder wirklichen (und nicht bloß proklamierten) Veränderung steht allerdings eine intensive und vor allem schonungslose Auseinandersetzung mit der „alten" Unternehmenskultur. Dazu gehört nicht nur eine Erfassung der oberflächlichen Erscheinungsformen, sondern auch das Erschließen der tief eingelassenen „ungeschriebenen Gesetze" (deep structure) und die Erfassung ihrer Bedeutung für das tägliche Handeln (vgl. im einzelnen Kapitel 12).

Abschließend sei – unter Verweis auf die im vierten Kapitel ausführlich diskutierte Problematik – darauf verwiesen, daß die bisher dargelegte Implementationsdenkweise nur eine stark eingegrenzte Sichtweise bietet, weil sie nur die **Planumsetzung** zum Thema macht, den Kontext der **Planentstehung** aber außer Betracht läßt. Strategische Organisation und Personalführung erscheinen als lediglich abgeleitete Planungsprobleme, als ein durch den strategischen Plan mehr oder weniger determiniertes Handlungsprogramm. Es wird jedoch zunehmend erkannt, daß es neben der gezeigten Implementationsperspektive einen ganz anderen Zusammenhang zwischen betrieblicher Organisation bzw. Personalpolitik und Unternehmensstrategie zu beachten gilt. Gemeint ist der Einfluß, den die Organisationsstruktur und die personalpolitischen Maßnahmen auf die **Entstehung** strategischer Entscheidungen nehmen, und zwar auch dann, wenn sie gar nicht im Hinblick auf die strategische Planung getroffen worden sind.[111] Eine zwischenzeitlich prominent gewordene Kurzformel bringt den gemeinten Sachverhalt auf den Punkt „Strategy follows structure/personnel policy".

---

111 Vgl. Schreyögg, G., Verschlüsselte Botschaften. Neue Perspektiven einer strategischen Personalführung, in: Zeitschrift Führung + Organisation 56 (1987), S. 151-158; Boschken, H.L., Strategy and structure: reconceiving the relationship, in: Journal of Management 16 (1990), S. 135-150.

5.8 Strategische Kontrolle

Mit Strategien und Programmen will man die allgemeine Richtung der Unternehmensaktivitäten bestimmen. Mit Hilfe hieraus abgeleiteter Aktionspläne, Budgets und geeigneter organisatorischer Maßnahmen sollen diese gedanklichen Konstruktionen in die Tat umgesetzt werden. Als letzte Phase dieses Steuerungsprozesses wird nun häufig die Kontrolle dargestellt. Ihr soll es obliegen zu prüfen, ob es gelungen ist, das Geplante in die Tat umzusetzen und die angestrebten Ziele zu erreichen. Mit der Gegenüberstellung von Soll und Ist sollen Realisationslücken bzw. Planabweichungen aufgedeckt werden

So plausibel diese Kontrollauffassung auch klingen mag; sie ist für den strategischen Bereich unbrauchbar. Der Grund dafür ist schnell gezeigt. Die Feedback-Kontrolle kann Informationen für allfällige Plankorrekturen und Neuplanungen stets nur aus den **Ergebnissen** bereits realisierter Maßnahmen gewinnen. Genau diese Bindung von Planrevision an die registrierten Ergebnisse von bereits realisierten (Teil-)Plänen erweist sich dort, wo es um strategische, mithin langfristige oder zumindest für das Unternehmen weitreichende Planung bzw. deren Kontrolle geht, als sehr problematisch. Im Kern geht es hier um zwei Haupteinwände:

(1) Die Kontrollinformationen, die aus den Resultaten bereits ergriffener Maßnahmen der Strategierealisierung gewonnen werden, kommen zu spät: Der Zeitpunkt einer notwendigen Planrevision wird versäumt, weil es zu lange dauert, bis die Wirkungen der ergriffenen Maßnahmen die Revisionsnotwendigkeit signalisieren können (**zeitlicher Aspekt**).

(2) Die Kontrollergebnisse signalisieren eine weitgehende Übereinstimmung zwischen Soll und Ist. Eine Planrevision wäre demnach nicht erforderlich. Tatsächlich haben sich aber gravierende Änderungen in den der Planung zugrunde gelegten Faktoren vollzogen, die sich zunächst in ihren Wirkungen kompensieren, aber langfristig die Strategie obsolet werden lassen (**sachlicher Aspekt**).

Aufgrund des weiten Planungshorizonts und der damit in besonderem Maße gegebenen Unüberschaubarkeit (Komplexität) und Dynamik kommt eine ex-post Kontrolle, die den Niederschlag der Ergebnisse der strategischen Umsetzung abwartet, einer groben Fahrlässigkeit gleich. Vertraut man nur auf die Feedback-Kontrolle, müssen neuere Entwicklungen immer als Überraschung erscheinen. Die Folge ist, daß Krisenmanagement an die Stelle wohlüberlegter Planrevision treten muß.

Statt als letztes Glied des strategischen Managementprozesses ist strategische Kontrolle vielmehr – wie in Abbildung 5.34 noch einmal gezeigt – als planungsbegleitender Prozeß zu denken, der von dem Moment an einsetzen muß, da der erste Selektionsschritt im Planungsverfahren erfolgt.[112] Wie mehrfach betont, ist der strategische Planungsprozeß in starkem Maße dadurch gekennzeichnet, daß fortwährend Unsicherheit und Unklarheit durch das Setzen von Annahmen „vernichtet“ wird.

---

112 Vgl. Schreyögg, G./Steinmann, H., Strategic control. A new perspective, in: Academy of Management Review 12 (1987), S. 91-103.

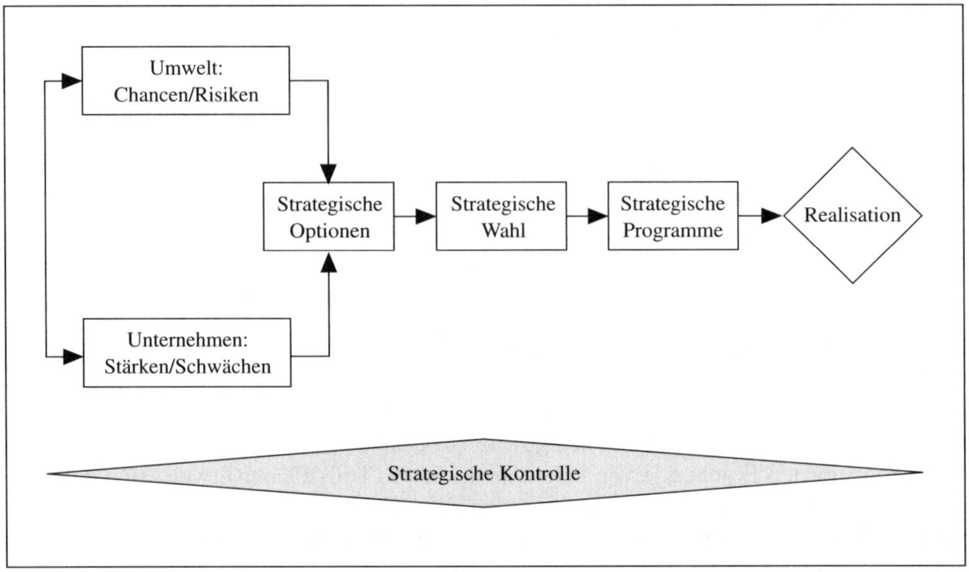

Abb. 5.34: Die strategische Kontrolle im strategischen Prozeß

5.8.1 Unsicherheit und Komplexität

Der Planungsprozeß braucht trotz Unsicherheit und Komplexität schlußendlich Eindeutigkeit, um eine Handlung empfehlen zu können. Um dieses Dilemma zu bewältigen, muß das Management künstlich Eindeutigkeit herstellen. Es muß durch Interpretationsmuster, Prioritätensetzung, Filterung usw. die aus Unsicherheit und Komplexität resultierende Ambiguität gewissermaßen auf ein bearbeitbares Maß reduzieren. Dieser ganze Reduktionsprozeß ist gekennzeichnet durch Ausblenden und Wegfiltern, er ist – nach Voraussetzung – nicht voll beherrschbar und somit selektiv.

Diese Selektivität birgt ein fundamentales Risiko in sich, nämlich das der Fehlselektion und das der Ignoranz. Daraus resultiert als Konsequenz die Aufgabe, Vorkehrungen zur Handhabung des Selektionsrisikos zu schaffen. Dies ist die genuine Aufgabe der strategischen Kontrolle. Sie hat eine kompensierende Funktion wahrzunehmen, die das Selektionsrisiko der Planung begrenzt.

Strategische Planung ist also so gesehen tentatives Handeln. Sie entwirft auf der Grundlage von Relevanzvermutungen über die Umwelt versuchsweise eine Strategie. Es ist die Funktion der strategischen Kontrolle, dieses versuchsweise Handeln durch Absicherungsmaßnahmen möglich zu machen.

Strategische Kontrolle läßt sich somit als Aufgabe definieren, die strategischen Pläne und deren Umsetzung fortlaufend auf ihre weitere Tragfähigkeit hin zu überprüfen, um

Bedrohungen und dadurch notwendig werdende Veränderungen des strategischen Kurses rechtzeitig zu signalisieren. Das mit der strategischen Planung unvermeidlich einhergehende Selektionsrisiko bringt es mit sich, daß strategische Pläne von Anfang an als potentiell revisionsbedürftig begriffen und behandelt werden müssen. Diese hier in den Mittelpunkt gerückte Kompensationsfunktion der strategischen Kontrolle hebt sie deutlich gegen andere Konzepte ab.[113] Insbesondere wird deutlich, daß die Eruierung von **strategischen Chancen** und/oder von strategischen **Handlungsalternativen** nicht Gegenstand der strategischen Kontrolle sein kann.

Im Hinblick auf das Verständnis und die Gestaltung der strategischen Kontrolle ist hervorzuheben, daß mit der Selektion in Form der gewählten Annahmen und schließlich der **Strategie** selbst der **Bezugspunkt** für risikobegrenzende Maßnahmen der strategischen Kontrolle gewonnen wird. Erst mit einem solchen Bezugspunkt läßt sich ja entscheiden, ob ein Ereignis in der internen und externen Umwelt als Bedrohung (der selektierten Strategie) zu gelten hat oder nicht.

Dabei spielt es keine Rolle, ob sich die Strategie nun auf emergentem Wege herausgebildet hat oder das Ergebnis eines analytischen Planungsprozesses ist.[114] In beiden Fällen bildet sie die Grundlage des Kontrollprozesses. Ohne diesen (selbst geschaffenen) Bezugspunkt läßt sich keine Differenz bilden und somit auch keine Information gewinnen.

5.8.2 Typen strategischer Kontrolle

Die strategische Kontrolle soll definitionsgemäß ein Gegengewicht zur Selektivität der Planung bilden. Daraus folgt, daß sie selbst zumindest von der Intention her nicht selektiv angelegt werden darf. Ihre Kompensationsfunktion ist insofern globaler und ungerichteter Natur. Es lassen sich jedoch Spezialisierungsvorteile erzielen, wenn die globale Kompensationsfunktion teilweise ausdifferenziert wird. Folgt man dieser Spezialisierungsidee, so lassen sich drei Kontrolltypen unterscheiden:[115] Neben die

- **Strategische Überwachung** als globaler Kernfunktion treten die beiden Spezialfunktionen
- **Strategische Durchführungskontrolle** und
- **Strategische Prämissenkontrolle**.

Während sich die Prämissenkontrolle auf die bewußt gesetzten Annahmen im Planungsprozeß konzentriert, ist es Aufgabe der Durchführungskontrolle, alle diejenigen Informationen zu sammeln, die sich im Zuge der Strategiedurchführung ergeben und die auf

---

113 Einen Überblick über verschiedene Ansätze im Bereich der Strategischen Kontrolle geben Band, D.C./ Scanlon, G., Strategic control through core competencies, in: Long Range Planning 28 (1995), S. 102-112.

114 Vgl. hierzu auch die neue Diskussion von Simons, R., Levers of control – how managers use innovative control systems to drive strategic renewal, Bosten/Mass.1995.

115 Vgl. dazu ergänzend Preble, J.F., Towards a comprehensive system of strategic control, in: Journal of Management Studies 29 (1992), S. 391-409.

Gefahren für eine Realisierung der gewählten Strategie hindeuten könnten. Abbildung 5.35 faßt die strategischen Kontrolltypen schaubildartig zusammen.

Im strategischen Planungsprozeß, der in t_0 beginnt, ist das **Setzen von Prämissen** (t_1) das wesentliche Mittel, um die Entscheidungssituation zu strukturieren. Nachdem mit der Setzung von Prämissen immer zugleich eine Großzahl möglicher anderer Zustände ausgeblendet wird, konstituiert sich mit ihr ein hohes kontrollbedürftiges Risiko. Daraus leitet sich das erste spezielle Kontrollfeld ab, nämlich die (explizit gemachten) strategischen Prämissen fortlaufend daraufhin zu überwachen, ob sie weiterhin Gültigkeit beanspruchen können.

Die Setzung von Prämissen kann niemals vollständig in dem Sinne sein, daß alle relevanten Entwicklungen erkannt und/oder alle neuen Entwicklungen vorhergesehen werden. Die strategische Kontrolle muß deshalb darauf bedacht sein, diesen bei der Prämissensetzung ausgeblendeten, aber für den strategischen Kurs möglicherweise bedrohlichen Bereich ebenfalls mit abzudecken, um auch insoweit das Risiko zu begrenzen. Hierfür kann man sich die Einsicht zunutze machen, daß sich diese unbekannten oder unerkannten Entwicklungen im Zuge der Strategieimplementation nach und nach als Störungen bemerkbar machen, indem sie nämlich Handlungen behindern und/oder erwartete Ergebnisse verfälschen.

Sobald die Umsetzung der Strategie beginnt (t_2), muß auch die Sammlung derartiger Informationen einsetzen. Dies ist die genuine Aufgabe der **strategischen Durchführungs-**

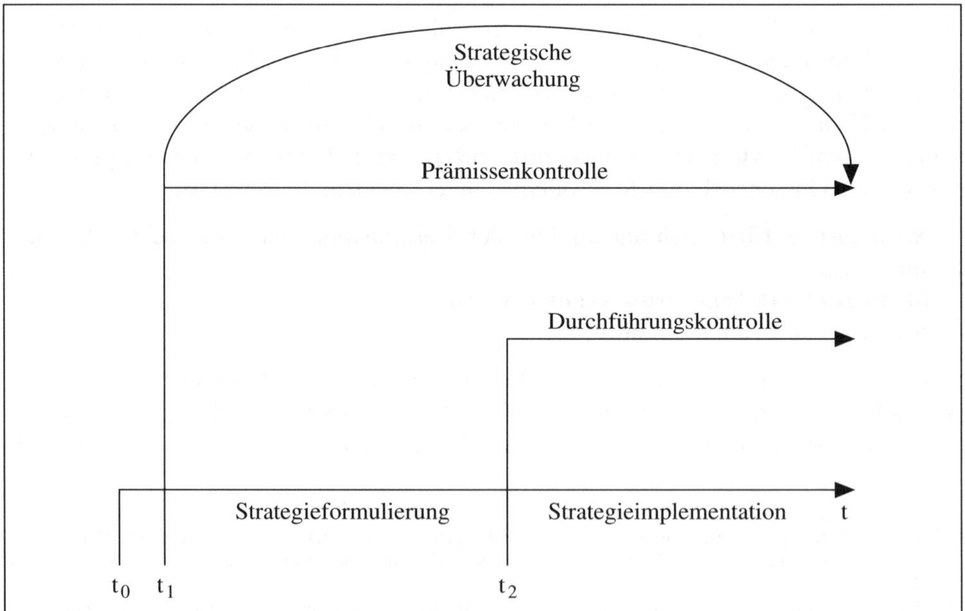

Abb. 5.35: Der strategische Kontrollprozeß

kontrolle. Sie hat anhand von Störungen wie auch prognostizierter Abweichungen von ausgewiesenen strategischen Zwischenzielen (Meilensteinen) festzustellen, ob der gewählte strategische Kurs gefährdet ist oder nicht.[116] An dieser Stelle kann die oben erwähnte Balanced Scorecard ebenfalls eine wichtige Rolle spielen, weil sie ja auf vier Dimensionen Indikatoren für die Strategieumsetzung benennt und zu verbindlichen Zielen erklärt. Es ist der ausdrückliche Wunsch der Autoren[117], daß die Balanced Scorecard auch zu reflexiven, strategiekritischen Zwecken verwendet wird.

Diese beiden spezialisierten und damit selektiven Kontrollaktivitäten müssen – wie erwähnt – eingebettet werden in eine unspezialisierte und insofern globale **strategische Überwachung**[118] als Auffangnetz. Sie trägt der Einsicht Rechnung, daß es in der Regel zahlreiche kritische Ereignisse gibt, die einerseits im Rahmen der Prämissensetzung übersehen oder auch falsch eingeschätzt werden, andererseits aber ihren Niederschlag noch nicht in den Wirkungen und Resultaten der implementierten strategischen Teilschritte gefunden haben.

Anders formuliert, die strategische Überwachung ist die Antwort auf die prinzipielle Unabschließbarkeit des strategischen Entscheidungsfeldes der Unternehmung. Sie ist eine im Grundsatz ungerichtete Kontrollaktivität, d.h. sie ist nicht von vornherein auf ein konkretes Kontrollobjekt bezogen. Um dennoch Kontrollinformationen gewinnen zu können – denn ohne Maßstab gibt es keine Information –, macht man die potentielle Bestandsbedrohung der Unternehmung zum Maßstab, an dem die Bewährung der gewählten Strategie gemessen wird.

Diese Kontrollvorstellung erscheint auf den ersten Blick paradox, denn nach herkömmlicher Auffassung bedarf es ja eines präzisen Kontrollmaßstabes, um Kontrollhandlungen überhaupt in Gang setzen zu können. Daß die praktische Handhabung der strategischen Überwachung dennoch nicht unmöglich ist, liegt daran, daß man sich hier die folgende Einsicht zunutze machen kann: Die Bestandsbedrohung ist zwar unbestimmter als die Strategie, sie vereindeutigt sich jedoch in der konkreten Situation in **Gestalt von Krisen,** die das Erfolgspotential der selektierten Strategie zu erodieren drohen. Damit wird es möglich, Komplexität auf andere Weise zu reduzieren, nämlich durch Beobachtung von Krisenanzeichen.[119] Man geht davon aus, daß der Zeitablauf selbst Komplexität absorbiert, die Fülle der Möglichkeiten einengt und in der aktuellen Situation schließlich offenbart, wo die strategische Bedrohung liegt.

Erst durch diese Umkehrung der Kontrollogik wird die strategische Überwachung jedenfalls im Ansatz befähigt, ihre zweifache Kompensationsfunktion, nämlich gegenüber der

---

116 In aller Regel wird die Meilenstein-Kontrolle als „Planfortschrittskontrolle" (Wild, J., Grundlagen der Unternehmensplanung, 3. Aufl., Reinbek 1980, S. 44) im Sinne des Feedback so thematisiert, daß sie Abweichungen des „Ist" vom „Soll" fortlaufend registriert, um eine rechtzeitige Anpassung des „Ist" an das „Soll" bewerkstelligen zu können. Dies ist jedoch die genuine Aufgabe der operativen Kontrolle. Der hier entscheidende Gesichtspunkt, die Frage nach der fortdauernden Gültigkeit des strategischen „Soll", kommt dabei nicht ins Blickfeld.

117 Vgl. Kaplan, R.S./Norton, D.P., Balanced Scorecard, Stuttgart 1997, S. 15 ff.

118 Vgl. dazu die immer noch aufschlußreiche empirische Studie von Aguilar, F., Scanning the business environment, New York 1967.

119 Vgl. Luhmann, N., Zweckbegriff und Systemrationalität, Frankfurt a.M. 1973, S. 328.

strategischen Planung und gegenüber den beiden anderen Kontrollaktivitäten, zu erfüllen. Unter dem Druck der Situation muß dann freilich zumeist rasch gehandelt werden. Es muß deshalb das Bestreben sein, durch Frühwarninstrumente oder durch ein „Issue-Management" die bezeichneten Krisensignale in einem frühen Stadium aufzufangen, um noch einen hinreichenden Handlungsspielraum sicherstellen zu können.[120]

Die drei genannten Kontrollarten bilden in ihrem Zusammenwirken das strategische Kontrollsystem. Wie in Abbildung 5.35 gezeigt, muß mit dem Setzen der ersten Prämissen im Rahmen der Strategischen Planung die Prämissenkontrolle ihre Tätigkeit aufnehmen. Von hier an begleitet sie alle weiteren Prämissensetzungen im Rahmen des Planungs- und Implementationsprozesses. Zum gleichen Zeitpunkt (t_1) muß die strategische Überwachung ihre Tätigkeit aufnehmen. Wenn die Strategieimplementation beginnt (t_2), greift die dritte Kontrollart, die strategische Durchführungskontrolle. Ab diesem Zeitpunkt wirken alle drei vorgeschlagenen Kontrollarten zusammen, um das Selektionsrisiko der strategischen Planung zu kompensieren. Strategische Kontrolle stellt so verstanden einen kontinuierlichen Prozeß dar. Eine Periodisierung, etwa unter Anbindung an den strategischen „Planungskalender", wie es im Zusammenhang mit der sog. Neuplanung üblich ist, würde ihrem Wesen grundlegend widersprechen.

5.8.3 Organisation der strategischen Kontrolle

Aus den vorstehenden kurzen Überlegungen ergibt sich bereits, daß die strategischen Kontrolltypen unterschiedliche Kontrollobjekte haben und auch in einem unterschiedlichen Maße vorstrukturiert (= organisiert) werden können. Abbildung 5.36 stellt die wesentlichen Unterschiede zusammen.

Von den drei genannten Kontrolltypen kann die **strategische Durchführungskontrolle** noch am ehesten aus einer Formalisierung der Informationsaufnahme Nutzen ziehen. Die Kontrollobjekte sind ja bestimmungsgemäß relativ gut definiert und, sofern es sich um

Typen strategischer Kontrolle / Kontroll-charakteristika	Strategische Überwachung	Prämissen-kontrolle	Durchführungs-kontrolle
Ausmaß der Gerichtetheit	Gering	Mittel	Hoch
Kontrollobjekt	Umwelt/ Ressourcen	Planungs-prämissen	Zwischen-ziele

Abb. 5.36: Das System der strategischen Kontrolle

120 Zu Frühwarnsystemen vgl. die Beiträge in Albach, H./Hahn, D./Mertens, P., (Hrsg.) Frühwarnsysteme, Zeitschrift für Betriebswirtschaft – Ergänzungsheft, Wiesbaden 1979; Krystek, U./Müller-Stewens, G., Frühaufklärung für Unternehmen, Stuttgart 1993.

Meilensteine handelt, planerisch vorherbestimmt. Insoweit, wie die Meilensteine betroffen sind, läßt sich im vorhinein festlegen, wer welche Resultate zu welcher Zeit messen soll. So kann etwa bei einem neuen Forschungs- und Entwicklungsprojekt festgelegt werden, wann und durch wen festgestellt werden soll, ob bestimmte Versuchsreihen zu dem gewünschten Erfolg geführt haben. Oder bei einem neueingeführten Produkt mag der Marketing-Leiter dafür verantwortlich sein, festzustellen, ob ein bestimmter Marktanteil in der festgelegten Zeit erreicht werden konnte. Überraschend auftretende Behinderungen im Durchführungsprozeß lassen sich dagegen natürlich nicht derart formal vorstrukturieren. Diese feinfühlig zu registrieren, ist aber eine mindestens gleichgewichtige Aufgabe der strategischen Durchführungskontrolle.

Die Informationsaufnahme im Rahmen der **Prämissenkontrolle** kann ebenfalls bis zu einem gewissen Grade von einer Formalisierung profitieren. Nach Voraussetzung sind hier ja von der Planung eine Reihe kritischer Annahmen und ggf. Schwellenwerte identifiziert worden, auf die hin die Kontrollaktivitäten ausgerichtet werden können. Die Beobachtung der aufgelisteten Prämissen ist am zweckmäßigsten von den sachlich zuständigen Funktionsbereichen zu leisten. So würde man z.B. im Rahmen der Produktentwicklung diese Aufgabe keinesfalls global dem Entwicklungsingenieur überantworten, sondern etwa die Kontrolle der Kostenprämissen der Kalkulation, die Marktprämissen dem Vertrieb und/oder der Marktforschung, die technischen Prämissen der Entwicklung usw.

Eine vergleichbare Vorstrukturierung auch für die **strategische Überwachung** vorzusehen, etwa im Sinne kritischer Beobachtungsfelder,[121] wäre dagegen falsch; soll es ja hier darum gehen, einen möglichst breiten Kontrollschirm für potentielle kritische Ereignisse aufzubauen. So gesehen wäre eine solche Vorstrukturierung geradezu kontraproduktiv. Eine gewisse Vorstrukturierung wird sich jedoch auch hier zwangsläufig herausbilden; dies vor allem dann, wenn im Zuge der Umweltbeobachtung potentielle strategische Bedrohungen sichtbar werden, deren weitere Entwicklung sorgfältig überwacht werden muß. Diese Entwicklungen geben im Fortlauf insoweit eine Fokussierung der weiteren Beobachtungstätigkeit vor, die dann natürlich auch in sehr viel aktiverer Weise vollzogen werden kann.

Aus vorstehenden Überlegungen ist deutlich geworden, daß sich Teile der strategischen Kontrolle einer organisatorischen Reglementierung weitgehend entziehen. Eine organisatorische Strukturierung kann nur den allgemeinen Rahmen für die strategische Kontrolle grob abstecken, der Kern der Aufgabe, die kompensierende Informationsaufnahme und -verarbeitung, muß im wesentlichen fallweise bewältigt werden. Die organisatorischen Maßnahmen zur Sicherstellung dieser Funktion müssen daher im Prinzip auf einer anderen Ebene als der der generellen Regelungen angesiedelt werden, nämlich auf der Ebene der Verhaltenspotentiale von Subsystemen. Man muß die Subsysteme und ihre Mitglieder motivieren und befähigen, eigeninitiativ tätig zu werden.

Auf der **individuellen Ebene** setzt erfolgreiche strategische Kontrolle zweierlei voraus: Wissen und Fähigkeiten einerseits und bestimmte Verhaltensqualitäten andererseits. Ersteres stellt darauf ab, daß die Subsysteme ihre Kontrollaufgabe nur wahrnehmen können,

---

121 Vgl. dazu Lorange, P., Strategic control: Some issues in making it operationally more useful, in: Lamb, R. (Hrsg.): Competitive Strategic Management, Englewood Cliffs, N. Y. 1984.

wenn sie mit der Strategie und ihren Voraussetzungen hinreichend vertraut sind, nur dann können sie strategische Implikationen immer mitdenken. Um selbststeuernd den richtigen Informationsanschluß im strategischen Kontrollsystem zu finden, müssen die Subsysteme ferner einen Überblick über die wichtigsten Zusammenhänge im Leistungsprozeß haben.

Von den erforderlichen Verhaltensqualitäten sei hier insbesondere auf das autonome Denken und den Mut, divergierende Sichtweisen zum Ausdruck zu bringen, hingewiesen. Autonomie ist erforderlich, um von vorherrschenden Denk- und Handlungsmustern Distanz nehmen zu können. Organisationsmitglieder müssen bereit sein, einmal getroffene Setzungen und Begründungen wieder zur Disposition zu stellen. Dazu muß der Mut treten, differente Wahrnehmungen und für richtig erkannte Revisionen auch gegen Widerstand zur Geltung zu bringen, sich also nicht durch soziale Bindungen wie etwa Gruppensolidarität von einmal als richtig erkannten Einsichten abbringen zu lassen. Dieser Aspekt ist wichtig, weil die Infragestellung der Strategie immer auch ein Ausscheren aus der gefundenen gemeinsamen Definition der strategischen Situation verlangt.

Der zuletzt genannte Gesichtspunkt verweist bereits darauf, daß es falsch wäre, die Verhaltensvoraussetzungen für eine strategische Kontrolle alleine auf der individuellen Ebene zu suchen. Nicht selten verlangt die strategische Kontrolle die Infragestellung lange geübter Praktiken und – noch weitergehend – sogar die Verletzung von Tabus. Im Kern geht es darum, eine Atmosphäre zu schaffen und aufrecht zu erhalten, die die offene Kommunikation und die Selbstbeobachtung fördert („Kultur des Zweifelns"). Konkreter gesprochen geht es um eine Systemorientierung, die Widersprüche akzeptiert, Ja-Sagern mißtraut und Zweifler belohnt.[122]

Derartige Systemorientierungen entfalten sich um so eher, je mehr die betrieblichen Belohnungs- und Bestrafungsmuster (Bonus-, Promotions-, Beschwerdesysteme usw.) sie unterstützen.

Diskussionsfragen

1. Welche Ebenen unterscheidet man in der strategischen Planung? Welche Logik steht hinter dieser Unterscheidung?
2. Was bietet ein Szenario? Wo liegen die Schwächen des Konzeptes?
3. Was versteht man unter Markteintrittsbarrieren? Geben Sie bitte ein aktuelles Beispiel.
4. Was kann das Konzept der Wertkette leisten?
5. Was sind Normstrategien? Läßt sich dieses Konzept für die strategische Planung sinnvoll nutzbar machen?

---

122 Vgl. Nystrom, P./Starbuck, W., To avoid organizational crises, unlearn, in: Organizational Dynamics 13 (1984), Nr. 4, S. 53-65.

6. Auf welche beiden Dimensionen werden in der BCG-Portfolio-Matrix die gesamte Umweltkonstellation und die gesamte Unternehmenssituation reduziert? Was spricht gegen diese Reduktion?

7. „Wir fliegen nur solche Flugziele an, mit denen wir alleine sind. Die Erträge sind besser als auf den Hauptstrecken, wo man sich mit den Billiganbietern herumschlagen muß", sagt Crossair-Chef Moritz Suter. Dabei sei die Stärke der Schweizer Regional-Airline die „Individualität". Salär und Ausbildung der Mitarbeiter folgten ebenso den Qualitätsansprüchen, wie der Inclusive-Service im Flieger, der vom frischgepreßten Orangensaft bis zu den dunkelblauen Jet-Ledersitzen reicht. Suter, der als „hemdsärmelig" und als „enfant terrible" der Branche bekannt ist und für den Vorschriften „Ideenkiller" sind, sucht immer wieder nach neuen Wegen und Möglichkeiten. Die Geschäftsreisenden scheinen es zu honorieren: 1998 erhielt Crossair den Business Traveller Award, den Oscar der Reisebranche in der Kategorie Regionalflieger.

   Welche Wettbewerbs-Strategie läßt sich aus dieser Schilderung erkennen?

8. Von welchen Voraussetzungen muß eine Globalisierungsstrategie ausgehen?

9. Welche Aufgaben haben „strategische Programme"? Inwiefern spielen „Interessengruppen" dabei eine Rolle?

10. Inwiefern kann die Strategie der Struktur folgen?

11. „Strategische Kontrolle brauchen nur diejenigen, die nicht sorgfältig planen!" Nehmen Sie zu dieser Aussage eines Unternehmensplaners Stellung.

Fallstudie

Die Rollei Werke Franke & Heidecke*

Es begann mit einer dreiäugigen Stereokamera: Sie war das erste erfolgreiche Produkt der 1920 in Braunschweig gegründeten „Werkstatt für Feinmechanik und Optik" des Ingenieurs und Erfinders Heidecke und des Kaufmanns Franke, später Rollei-Werke Franke & Heidecke. Das Star-Produkt des Unternehmens wurde dann die zweiäugige Spiegelreflexkamera für 6x6-Rollfilme, die berühmte Rolleiflex (vgl. Anhang). Die Firma entwickelte sich zum Hersteller von hochwertigen Präzisionskameras für professionelle und semiprofessionelle Anwender. Mit diesem Konzept erwarb sich das Unternehmen einen ausgezeichneten Ruf und war erfolgreich bis in die fünfziger Jahre hinein. Bis 1956 wurden eine Million Kameras verkauft.

Damals begannen japanische Unternehmen, auf dem Weltmarkt als Imitatoren aktiv zu werden und auch Rollei-Nachbauten zu Niedrigpreisen anzubieten. Daneben gab es eine zweite gefährliche Entwicklung, die das gesamte Firmenkonzept in Frage stellte. Der aufkommende Trend zur einäugigen Spiegelreflexkamera (Hasselblad 1956), die einerseits kompakter gebaut werden konnte, zum anderen die Möglichkeit der Verwendung von

---

* In Anlehnung an und mit Auszügen aus Vesper, V.D., Strategiefehler in der Rückblende, in: Die Absatzwirtschaft 1981, Nr. 10, S. 194-205.

Wechselobjektiven bot. Schließlich zeichnete sich eine dritte bedeutsame Veränderung ab: Die traditionelle Rollei-Zielgruppe „anspruchsvolle Amateure" tendierte immer mehr zum handlichen 24x36-Kleinbildformat.

Die Unternehmensleitung vertraute in dieser Situation selbstbewußt auf die Qualität und den legendären Ruf ihrer zweiäugigen Kameras. Man nahm an, daß der qualitätsbewußte Amateur seiner zweiäugigen Spiegelreflex-Kamera treu bleiben wollte.

Doch bald danach hatte die Firma mit Umsatzrückgang und Ertragsverfall zu kämpfen. Anfang der sechziger Jahre konzentrierten sich japanische Unternehmen – um ihren Lohnkostenvorteil voll zum Tragen zu bringen – auf anspruchsvolle Kameras, und zwar die einäugige Spiegelreflex für 24x36-Bilder auf 35-mm-Film. Gleichzeitig reüssierte Kodak im Billigsegment mit einer primitiven, völlig problemlos zu bedienenden Instamatic-Kassettenkamera, die als Massenartikel produziert und weltweit vertrieben wurde. Damit wurde eine neue Zielgruppe erschlossen, die sich bisher mit der Bedienung von Kameras, dem Einstellen und Filmeinfädeln, überfordert sah. In das Profi-Segment für 6x6-Filme war Hasselblad mit der einäugigen Spiegelreflex-Systemkamera eingedrungen; der semiprofessionelle Markt der gehobenen Amateure wurde zunehmend von den Japanern mit einäugigen Spiegelreflexkameras im Kleinbildformat erobert.

Die Produkte des Unternehmens, die zweiäugige Rolleiflex und die (einfacheren) Rolleicord-Modelle entsprachen nun immer weniger den Ansprüchen der Kunden nach Kompaktheit, parallaxenfreiem Sucher und der Möglichkeit, Wechselobjekte zu verwenden; überdies setzte sich das Kleinbildformat durch. Rolleis traditionelle Vorzüge der Qualität und Präzision vermochten dieser Entwicklung immer weniger entgegenzusetzen. Bis 1963 entstanden kumulierte Verluste von etlichen Millionen DM, die sogar das Gesellschaftskapital überstiegen. Ein Wechsel in der Führung stand an. In dieser Situation konnte nur noch eine Radikalkur helfen.

1964 übernahm dann Dr.-Ing. Heinrich Peesel den Vorsitz der Geschäftsführung. Er begann mit einer von ihm so genannten „entwicklungsaktiven Periode". Sie sollte die produktpolitischen Voraussetzungen nicht nur für Überleben und Gesundung, sondern auch für – wie er hoffte – den Aufstieg zum Weltkonzern schaffen.

Ein erster Schritt war die Entwicklung einer einäugigen Spiegelreflexkamera für 6x6-Film, gedacht für das traditionelle Profi-Segment von Rollei in Konkurrenz zu Hasselblad. Die SL 66 (vgl. Anhang) wurde ab 1966 eingeführt.

Zur gleichen Zeit überraschte Rollei den Markt mit einer echten Novität: Man hatte einen 24x36 mm-Film genommen und darum herum – kaum größer als Filmspule plus Bild – eine äußerst handliche Kompaktkamera gebaut, die in jede Manteltasche paßte und trotzdem normales Kleinbildformat mit Präzisionsqualität verband (vgl. Anhang).

Diese kleine Kamera – genannt **Rollei 35** – wurde weltweit schnell akzeptiert und entwickelte sich schon ein Jahr später zum wichtigsten Umsatzträger für das Unternehmen. (Selbst 13 Jahre später, 1980, entfiel auf sie noch 49% Prozent des Rollei-Umsatzes). Diese Produktidee stammte von Firmenchef Peesel persönlich; er hatte sie gegen den Rat von befragten Branchenkennern in Produktion gegeben. Der Erfolg gab ihm recht.

Aber die Rollei 35 war eine Sucherkamera; gegen das Vordringen der einäugigen Spiegelreflexwelle vermochte sie letztlich nichts auszurichten. Deshalb wurde zusammen mit Carl Zeiss, Oberkochem, 1968 die einäugige Spiegelreflexkamera SL 35 entwickelt. Dieser SL 35 hatte Peesel die eigentliche strategische Rolle zugedacht, nämlich den weltweiten Angriff auf die japanische Vorherrschaft im anspruchsvollen Spiegelreflex-Segment. Sie sollte einmal 50 Prozent zum Gesamtumsatz beitragen und 10 bis 15 Prozent Weltmarktanteil erreichen, was indessen nie geschafft wurde.

Weiterhin entwickelte Rollei in dieser Zeit eine Vielzahl von Projektoren und Blitzgeräten sowie verwandten Produkten. Insgesamt entstand dabei ein sehr breites und tiefes Produktprogramm. Peesel war der Auffassung, daß nur mit einem solchen umfassenden Produktprogramm eine beachtenswerte Position im weltweiten Wettbewerb errungen werden kann.

Zunächst einmal entwickelte sich aber die Kompakt-Sucherkamera Rollei 35 zu einem großen Markterfolg. Der durchschlagende Erfolg dieses Produktes hatte mehrere Wirkungen:

(1) Er festigte den Ruf von Peesel, dem künftig jede Art von Erfolg zugetraut wurde. Die Vision vom „Weltkonzern" fand Akzeptanz.

(2) Er überzeugte die Braunschweigische Staatsbank von Peesels Expansionsplänen. Sie erwarb 1968/69 eine 60-Prozent-Beteiligung und hatte vorher schon geholfen, die 1966 ausgeschiedene Inhaberfamilie Heidecke auszubezahlen. (Die Staatsbank fusionierte später – angeblich wegen Rollei – mit der Norddeutschen Landesbank, die zeitweilig die Hessische Landesbank als Risikopartner dazugewann.)

Nun begann Peesel, seine zweite unternehmenspolitische Periode zu realisieren, deren Ziel es war, die Herstellkosten signifikant zu senken. Dies sollte durch Produktionsauslagerung in ein Billiglohnland geschehen, um dort die in Deutschland entwickelten Präzisionsprodukte noch unter japanischen Lohnkosten produzieren zu können. 1970 erfolgte der Sprung nach Singapur, um dort die Rollei 35 und vor allem die SL 35 (Spiegelreflex) sowie andere Teile des Sortiments zu fertigen. Peesel glaubte, auf diese Weise mit dem Qualitätsprodukt SL 35 den Japanern weltweit auch preislich Paroli bieten zu können.

Peesel war so fest von der Richtigkeit seines Planes überzeugt, daß er mit dem Staat Singapur vertraglich vereinbarte, bis 1980 nicht weniger als 10000 einheimische Arbeitskräfte zu beschäftigen, wofür er als Gegenleistung die Zusage erhielt, daß sich 15 Jahre lang kein anderer Fotogerätehersteller in Singapur niederlassen dürfe. Da Rollei die dortigen Arbeitskräfte erst ausbilden mußte, wollte man sich auf diese Weise vor dem Abwandern mühsam geschulter Fachkräfte schützen. Der Erfolg erschien 1970 so sicher, daß zugleich ein weiteres Zweigwerk in Uelzen eröffnet wurde.

Schon bald darauf türmten sich die Probleme auf: Anlaufschwierigkeiten in Singapur, hohe Schulungskosten u.a. durch die Notwendigkeit teurer Reisen von Auszubildenden zwischen Singapur und Braunschweig, sowie die Erkenntnis, daß die japanischen Unternehmen über eine überlegene, hoch automatisierte Fertigung verfügten, die den erwarteten Kostenvorteil durch billigere Löhne in Zweifel zog. Zudem bot die SL 35 im Vergleich zur Konkurrenz keine besonderen Produktvorteile, allenfalls das Rollei-Qualitätsimage.

1972 übernahm Rollei die Voigtländer-Werke, die sonst im Zusammenhang mit Produktionseinstellungen bei der Zeiss-Ikon AG hätten stillgelegt werden müssen. Damit besaß Rollei auch einen wichtigen Know-how-Lieferanten für Objektive; das angepeilte Ziel des Komplettanbieters war damit erreicht.

Ein Jahr später, 1973, verkündete Peesel den Eintritt in die dritte unternehmenspolitische Phase: die Koordination und Expansion. Mittlerweile waren jedoch durch ausgebliebene Kostenvorteile und Überproduktion als Folge zu hoher Absatzerwartungen Verluste aufgelaufen, die sich bis 1974 auf mehrere hundert Millionen DM kumuliert hatten. Im August 1974 schied Dr. Peesel aus der Geschäftsführung aus.

Am 1. April 1975 trat ein neuer Geschäftsführer in das Unternehmen ein. Die NordLB, als Hauptanteilseignerin, hatte den Niederländer und bisherigen Chef von Europhoto (Canon), P.C.J. Peperzak gewonnen. Sein Handlungsspielraum war durch die Kapazitätspolitik seines Vorgängers stark eingeengt. Er versuchte, den Turnaround durch eine Bereinigung der Produktpalette und eine Produkterneuerung herbeizuführen. Was den Vertrieb anbelangt, so blieb man bei der traditionellen Fachhandelspolitik; andere Vertriebskanäle wurden ausgeschlossen.

Das modernisierte Produkt hieß Rolleiflex SL 35 E. Es mußte allerdings von der Kölner Fachmesse Photokina 1976, wo es vorgestellt werden sollte, still wieder zurückgezogen werden, weil es schon bei Erscheinen durch ein – zudem billigeres – Konkurrenzmodell von Canon technisch überholt war. Die SL 35 E wurde danach durch einen Minicomputer technisch anspruchsvoller gemacht, aber der erhoffte durchschlagende Erfolg blieb dennoch aus. Der japanische Vorsprung war kaum mehr einholbar.

Peperzak bekam aber auch die Folgen der Rezession im Anschluß an die Ölkrise von 1973 zu spüren. Hinzu kamen Lohnkostensteigerungen in Deutschland sowie ein allgemeiner Preisverfall auf dem Fotomarkt. Das Ziel, Rollei aus der Verlustzone zu bringen, war nur schwer erreichbar. 1977 leitete Peperzak eine „zweite Bereinigungsphase“ ein: Schließung des Werkes Uelzen, Beschränkung der Braunschweig-Produktion auf Hochpreisprodukte sowie Entlassungen.

Im Frühjahr 1978 trennte sich die NordLB von Peperzak und setzte mit Heinz Wehling einen Mann aus den eigenen Reihen an die Rollei-Spitze.

Im stillen war die NordLB seit 1976 bemüht gewesen, Rollei „verkaufsfähig“ zu machen; sie sah sich jetzt unter zunehmendem Druck, ihr Rollei-Engagement aufzugeben. Gefunden wurde schließlich der Nürnberger Fotohändler Hannsheinz Porst, der Rollei im Frühjahr 1981 über die Hilfskonstruktion einer Holdinggesellschaft zum symbolischen Verkaufspreis von 1 DM übernahm.

Porst hatte ein klares Sanierungskonzept: Produktion von Handelsmarken für Versandhäuser in Großserie, um die Singapur-Kapazitäten auszulasten. Dazu gab es mittlerweile die neuentwickelte und äußerst begehrte Systemkamera SL 2000 F, für die fast auf Anhieb mehrere tausend Vorausbestellungen vorlagen .

Porst war jedoch durch ein weitreichendes Mitbestimmungsmodell in seinem eigenen Unternehmen zu einem argwöhnisch beäugten Außenseiter geworden. Man traute ihm einen durchgreifenden Sanierungserfolg nicht recht zu. Laut „Spiegel“ wurde in der Branche gewitzelt: „Ein Porst-Modell mit eingebautem Selbstauslöser.“

Als auch nach der Übernahme durch Porst die Verluste weiter stiegen und die NordLB sowie die Landesregierung in Hannover Liquiditätshilfen ablehnten, ließ Porst am 25. Juni 1981 den Liquidationsvergleich für das traditionsreiche Unternehmen beantragen. (Das Unternehmen wird heute unter dem veränderten Namen Rollei Fototechnic GmbH & Co. KG weiterbetrieben.)

Fragen zur Fallstudie:

(1) Zeichnen Sie die Entwicklung von Rollei mit Hilfe des „strategischen Würfels“ nach.

(2) Welche Strategien wären rückblickend 1964 (Eintritt Dr. Peesel) und 1975 (Eintritt P.C.J. Peperzak) besser für das Unternehmen gewesen?

Anhang: Rollei-Kameras

Rolleiflex 2,8 GX

Rollei SL 66

Rollei 35 classic

Literaturhinweise

Allgemeine Einführung in das strategische Denken:

Andrews, K.R., The concept of corporate strategy, 3. Aufl., Homewood/Ill. 1987.
Schreyögg, G., Unternehmensstrategie, Berlin/New York 1993 (zuerst 1984).

Zu Modellen der Strategischen Planung:

Kreikebaum, H., Strategische Unternehmensplanung, 6. Aufl., Stuttgart u.a. 1997.
Welge, M.K./Al-Laham, A., Strategisches Management, 2. Aufl., Wiesbaden 1999.

Zur Umweltanalyse:

Fahey, L./Narayanan,V.K., Macroenvironmental analysis for strategic management, St.Paul 1986.
Oster, S.M., Modern competitive analysis, 3. Aufl., Oxford 1999.

Zur Unternehmensanalyse:

Grant, R.M., Contemporary strategy analysis. Concepts, techniques, applications, 3. Aufl. Oxford/Malden Mass. 1998.
Porter, M.E., Wettbewerbsvorteile (Übers. a. d. Engl.), Frankfurt a.M. 1986.

Zu den grundsätzlichen Strategiealternativen:

Johnson, G./Scholes, K., Exploring corporate strategy, 5. Aufl., New York 1999.
Miller, D., Generic strategies: Classification, combination and context, in: Advances in Strategic Management (eds. Shrivastava, P./Huff, A./Dutton, J.) 8 (1992), S. 391-408.

Zur praktischen Umsetzung von Strategien:

Ansoff, I., Implanting strategic management, Englewood Cliffs, N.J. 1984.
Butler,J.E./Ferris,G.R./Napier,N.K., Strategy and human resource management, Cincinnati 1991.

Kaplan, R.S./Norton, D.P.: The balanced Scorecard, Boston/Mass. 1996.

Zur strategischen Kontrolle:

Preble, J.F., Towards a comprehensive system of strategic control, in: Journal of Mgt. Studies 29 (1992), S. 391-409.
Simons, R., Levers of control – how managers use innovative control systems to drive strategic renewal, Bosten/Mass.1995.

Sechstes Kapitel

Operative Planung und Kontrolle

6.1 Zum Zusammenhang von operativem und strategischem Planungssystem

Die Unterscheidung von strategischem und operativem Planungssystem macht es erforderlich, das Verhältnis beider zueinander nun genauer zu bestimmen.

Daß die strategische Planung für die operative Planung den Orientierungsrahmen abgeben muß, insoweit also systematisch vorzuordnen ist, wurde bereits begründet. So gesehen steht die operative Planung in einer (instrumentellen) **Vollzugsfunktion** zur strategischen Planung. Dies macht einen wichtigen Teil ihrer Rationalität aus, erschöpft sie jedoch nicht. Sie muß auch die Gegenwart und die kurzfristige Überlebensperspektive gegenüber der langfristigen Absicherung des Erfolgspotentials zur Geltung bringen. Zwar stellt das Erfolgspotential in gewissem Sinne eine Vorsteuerungsgröße für die anderen Unternehmensaktivitäten, insbesondere Rentabilität und Liquidität, dar; niemals kann jedoch die strategische Planung die Garantie dafür übernehmen, daß auch in der kurzen Sicht die Ausschöpfung des Erfolgspotentials so erfolgt, daß das Überleben des Systems laufend gewährleistet ist. Wie also ist das Verhältnis von strategischem und operativem Planungssystem zu fassen?

Die strategische Unternehmensplanung stößt – wie schon im fünften Kapitel ausführlich dargelegt – nach (1) der Festlegung des Portfolios der Geschäftsfelder und (2) der Wettbewerbsstrategie für jedes Geschäftsfeld bis zur (3) umrißhaften Ausformulierung der strategischen Maßnahmen vor. Hier liegt die inhaltliche Schnittstelle zwischen beiden Planungssystemen. Es ist klar, daß der operative Handlungsspielraum um so enger wird, je stärker die strategische Maßnahmenplanung konkretisiert und detailliert wird. Die zentrale Frage ist also, wie der Konkretisierungsgrad der strategischen Planung auszulegen ist. Die Lückenhaftigkeit der Informationsbasis und die Komplexität des Systems setzen seiner „Durchplanung", also einer vollständigen Konkretisierung, klare Grenzen; sie ist weder möglich noch wünschenswert. Dies sei unter Rückgriff auf den theoretischen Leitrahmen etwas näher begründet.

Mit der Formulierung strategischer Ziele wird das amorphe Bestandsproblem des Systems in eine bearbeitbare Fassung transformiert und ihre planerische Umsetzung in Zweck/Mittel-Ketten ermöglicht. Dies reicht aber nicht aus, den Systembestand zu sichern, denn zweckspezifisch strukturierte Systeme müssen mehr Probleme lösen, als in der Zweckerfüllung zum Ausdruck kommt und auch grundsätzlich zum Ausdruck gebracht werden kann.

Der Bestand eines Systems kann nicht einfach als Zielerreichung, sondern muß als ein **Komplex von Problemen** verstanden werden, die gelöst werden müssen, um die Differenz zur Umwelt aufrecht zu erhalten. Dazu sind weitere über die Strategiebildung und ihre Transformierung in Zweck/Mittel-Ketten hinausgehende Absorptionsmedien erforderlich. Das zentralste Medium dazu überhaupt ist die Bildung von Subsystemen, die selbst in sich wieder komplex sind.

Die Bildung von Subsystemen bedeutet für die Gesamtsystemsteuerung eine sehr starke Entlastung; sie kann die Subsysteme bis zu einem gewissen Grade als eigenständige Leistungseinheiten betrachten, deren Funktionsabläufe sie nicht vollständig kennen und mitplanen muß, die aber dennoch als zuverlässige Leistungseinheiten „funktionieren". Subsysteme bilden eine eigene (Teil-)Identität aus, d.h. sie verdanken ihre Existenz einer eigenständigen Selektionsleistung sowie der Fähigkeit, einen für das Gesamtsystem brauchbaren Output zu produzieren. Dies impliziert, daß sich jedes Subsystem in einem bestimmten Umfang auch eigene Zwecke setzen kann. Das Supersystem kann mehr Komplexität verarbeiten, wenn es intern zwar verbundene, aber gegeneinander verschobene Zweck-Perspektiven zuläßt. Als Folge davon hat sich jede Gesamtplanung eines komplexen Systems an einer Mehrheit von Systemreferenzen zu orientieren.

Aus diesen Überlegungen folgt, daß die Gesamtplanung (= strategische Planung) ein gewisses Maß an struktureller Elastizität lassen muß, d.h. die Entscheidungen der Subsysteme bedürfen einer gewissen Autonomie und müssen bis zu einem bestimmten Grad unabhängig davon sein, wie in anderen Subsystemen entschieden wird.

Bezogen auf das Verhältnis von strategischer und operativer Planung bedeutet das, daß beide als partiell gegeneinander verschobene Handlungsentwürfe zu betrachten sind. Während der strategische Plan auf die Zwecksetzung für das Gesamtsystem spezialisiert ist, ist die Funktionserfüllung der operativen Pläne amorpher und breiter anzusetzen. Es ist deshalb auch keine starre Gesamtplanung des Systems, sondern eine elastische lose Verkoppelung der beiden Planungssysteme anzustreben.

Praktisch gesprochen ergibt sich die Frage, wieweit sollten strategische Maßnahmen durchgeplant werden und wieviel Handlungsspielraum soll korrespondierend dazu dem operativen Planungssystem verbleiben? Wenn etwa – um diese Fragen am Beispiel zu verdeutlichen – für ein Geschäftsfeld A eine Kostenführerschaftsstrategie vorgesehen ist und eine der notwendigen strategischen Maßnahmen zur Kostensenkung in der Desintegration der Fertigung gesehen wird, dann ergeben sich Konsequenzen für die Beschaffungsfunktion. Wie konkret sollten diese Konsequenzen in der strategischen Maßnahmenplanung ausformuliert werden? Genügt eine globale Handlungsrichtlinie (Policy) mit der Folge, daß der operative Bereich einen maximalen Freiraum erhält? Oder müssen – vielleicht sogar nach Beschaffungsgütern getrennt – quantitative Zielgrößen vorgegeben werden, etwa derart: von Faktor A müssen (mindestens) 40 %, von Faktor B (mindestens) 80 % des Volumens auf Fremdbezug umgestellt werden? Dabei wäre dann zu bedenken, welche zusätzlichen Funktionen das Subsystem Beschaffung noch erfüllen muß und inwieweit diese einer Integration in den strategischen Plan bedürfen.

Die Antwort auf das hier formulierte „Schnittstellen-Problem" muß sich des instrumentellen Charakters der Planung bewußt sein. Diese soll ja als Managementfunktion einen möglichst wirksamen Beitrag zur Steuerung der Unternehmung leisten. Von diesem Kriterium her ergeben sich zwei formale Bedingungen für die Festlegung der Schnittstelle, die dann im Einzelfall jeweils inhaltlich konkretisiert werden müssen:

1. Die strategische Maßnahmenplanung muß soweit konkretisiert werden, daß die für den Erfolg der Strategie kritischen Handlungsorientierungen im alltäglichen Handlungsvollzug der Unternehmung nicht verfehlt werden (Prinzip strategischer Vor-Steuerung).

2. Jede weitere Durchplanung der strategischen Maßnahmen im Sinne einer integrierten Gesamtplanung läuft Gefahr, der operativen Planung den Handlungsspielraum zu nehmen, den sie benötigt, um einerseits die erforderlichen Maßnahmen zur Verwirklichung der Strategie sachlich so wählen und zeitlich so terminieren zu können, wie es die unmittelbare Handlungssituation erfordert, und andererseits die sonstigen Funktionen (das „Tagesgeschäft“ und die „Selbstverständlichkeiten“) zu erfüllen, die sich den operativen Sub-Systemen stellen (Prinzip operativer Flexibilität).

Das erste Prinzip versteht sich von selbst; wird es nicht verfolgt, bleibt die strategische Planung wirkungslos. Das zweite Prinzip trägt der oben erläuterten Einsicht Rechnung, daß ohne einen hinreichenden Handlungsspielraum im operativen Bereich das Komplexitätsverarbeitungsvermögen bzw. die Steuerungseffizienz leidet, und dies aus mindestens drei Gründen. Neben der erörterten **Mehrfunktionsorientierung** der operativen Systeme als erstem Grund gilt es zu berücksichtigen, daß sich die jeweils aktuellen **situativen Rahmenbedingungen** und Handlungsspielräume für die Verwirklichung von Strategien im Rahmen der strategischen Planung nicht punktgenau ausloten lassen, weil wegen der Komplexität und Ungewißheit der Zukunft treffsichere Prognosen nicht möglich sind.

Der dritte Grund ist schließlich **motivationaler** Natur. In dem Maße, wie die Unternehmensstrategie den nachgeordneten Führungsebenen Handlungsspielräume beläßt und sie zur eigenständigen situationsgerechten Umsetzung der strategischen Programme auffordert, werden diese dazu motiviert, strategisch mitzudenken und die strategischen Grundintentionen im täglichen Handlungsvollzug sinngemäß und kreativ umzusetzen. Sie werden veranlaßt, nach neuen Möglichkeiten zur noch besseren Verwirklichung strategischer Absichten Ausschau zu halten oder solche selbst neu zu schaffen. Sie werden ferner bemüht sein, kurzfristig veränderte Rahmenbedingungen für die Verwirklichung der Strategie bei der operativen Planung mit zu berücksichtigen und – wenn dies nicht möglich sein sollte – Revisionen der Strategie anzumahnen. Und sie werden schließlich auch motiviert, Handlungen zu ergreifen, die ökonomisch sinnvoll erscheinen, aber aus dem Rahmen der Strategie heraustreten.

An dem konkreten Beispiel der Fertigungstiefe bzw. der Beschaffung sei die Anwendung dieser formalen Überlegungen illustriert. Die strategische Maßnahmenplanung im Rahmen einer Kostenführerschaftsstrategie möge ergeben haben, daß es zur Erlangung eines dauerhaften strategischen Wettbewerbsvorteils erforderlich ist, in Zukunft bei einzelnen Fertigungsstufen in unterschiedlichem Umfang zu desintegrieren und Teile auszulagern. Das angestrebte Verhältnis von Eigenherstellung zu Fremdbezug sei für zwei zentrale Güter mengen- und wertmäßig fixiert. Nur wenn diese Ziele in einer bestimmten Zeit auch tatsächlich erreicht werden, läßt sich für eine gute Erfolgschance der Kostenführerschaftsstrategie argumentieren. Der gezielte Abbau der Fertigungstiefe ist also in diesem Falle ein kritischer **strategischer Erfolgsfaktor**. Deshalb muß die strategische Planung hier detaillierter ausfallen; eine generelle Richtlinie für die Beschaffungspolitik im Sinne einer allgemeinen Desintegration wäre nicht zielführend genug, um die Umsteuerung der traditionellen Aktivitäten auf die neue strategische Intention zu gewährleisten. Von der anderen Seite, der operativen Planung aus gesehen, ist dann allerdings über das hinaus, was zur strategischen Steuerung nötig ist, jede weitere Detaillierung der strategischen Maßnahmenplanung dysfunktional. Es muß der operativen Planung überlassen bleiben, in Übereinstimmung mit dem Abbau der strategischen Fertigungstiefe den operativen Handlungsspielraum auszuloten, gegebenenfalls kreativ zu erweitern und die operativen Maßnahmen zur Strategierealisierung festzulegen. Das würde etwa für die Lieferantenauswahl konkret heißen, daß im Rahmen der Beschaffungspolitik festzustellen ist, welche Lieferanten überhaupt für die verschiedenen Produktlinien verfügbar sind und in welchem Ausmaße sie zweckmäßigerweise für den Fremdbezug herangezogen werden sollten, zu welchen Zeitpunkten in welchen Mengen eingekauft werden soll, wie hoch die Rabatte ausfallen sollten. Alles dies sind Feststellungen und Entscheidungen, die die operative Beschaffungsplanung – natürlich im Rahmen der strategischen Zielvorgabe – selbst treffen sollte. Die operative Beschaffungsplanung muß also über soviel Autonomie verfügen wie **möglich** ist, ohne die strategischen Steuerungsabsichten unmöglich zu machen.

Dazu kommen natürlich die traditionellen Aufgaben der Beschaffung, die es nicht zu vernachlässigen gilt, die sich aber nicht direkt aus der Unternehmensstrategie ableiten. Hierhin gehören vor allem die Tätigkeiten, die mit der Steuerung des Einkaufs selbst zusammenhängen: Abwicklung des Bestellwesens, Eingangskontrolle usw. Sie werden quasi autonom vom operativen System geplant und verwaltet.

Mit der vorgeschlagenen formalen (nicht-inhaltlichen) Grenzziehung zwischen strategischem und operativem Planungssystem ist dann die Vorstellung vereinbar, daß die im Einzelfall konkretisierte inhaltliche Grenze zwischen beiden Systemen je nach den sachlichen Erfordernissen einzelner Funktionsbereiche unterschiedlich ausfallen und auch im Zeitablauf von Planungsperiode zu Planungsperiode variieren kann.

Die formale Charakterisierung der Grenze zwischen strategischer und operativer Planung trifft ferner keine Vorentscheidung über die inhaltliche Vereinbarkeit von strategischer und operativer Planung. Natürlich muß die strategische Planung die Bedingungen und Konsequenzen ihrer Realisierung prinzipiell mit bedenken. Sie muß realistisch in dem Sinne sein, daß sich für eine gute Chance argumentieren läßt, daß die operative Planung geeignete Mittel finden kann, um die strategischen Handlungsimperative zu verwirklichen, und daß die damit verbundenen Liquiditäts- und Rentabilitätswirkungen akzeptabel sind. Da die strategische Planung die Realisierungschancen vorgeschlagener Strategien aber nur allgemein und grob abschätzen kann, entscheidet sich erst im Rahmen der operativen Planung, ob nicht für die überschaubare nächste Zukunft eine Situation eingetreten oder zu erwarten ist, die die Realisierung der Strategie grundsätzlich verhindert oder zeitliche Verschiebungen erforderlich macht. So mag die kurzfristige Liquiditätsplanung zu Tage fördern, daß aufgrund plötzlich aufgetretener Umstände (z.B. Konkurs von wichtigen Abnehmern) eine Situation entstanden ist, die die Verwirklichung einer Strategie nur um den Preis einer zu starken Gefährdung der kurzfristigen Zahlungsbereitschaft möglich macht. Oder es mag sein, daß die Entwicklung der Gewinnsituation einzelner Sparten überraschenderweise so ungünstig ist, daß langfristige strategische Pläne zur Erschließung neuer Märkte zugunsten einer Rationalisierung und Konsolidierung des laufenden Geschäfts zurücktreten müssen. In derartigen Situationen, wo sich also ein von der strategischen Planung nicht vorhersehbarer Konflikt zwischen strategischen Handlungsintentionen und operativen Handlungsoptionen auftut, muß die operative Planung inhaltliche und/oder zeitliche Revisionen der Strategie anmahnen, um den Widerspruch aufzulösen.

Zusammenfassend ist also festzuhalten, daß sich eine inhaltliche – gleichsam wesensgemäß natürliche – Grenzziehung zwischen operativer und strategischer Planung nicht vollziehen läßt; strategische und operative Planung sind zwei partiell gegeneinander verschobene Steuerungsinstrumente und als solche so einzusetzen, daß in Abhängigkeit von der jeweiligen strategischen Handlungssituation die Steuerung effektiv bewerkstelligt wird. Auf diese Sachlage ist die angegebene formale Handlungsregel abgestellt: Alle diejenigen strategischen Maßnahmen müssen konkret fixiert werden, die für den Erfolg der Unternehmensstrategie kritisch sind; alle nicht-strategiekritischen Maßnahmen sind Gegenstand der operativen Planung. Das Verhältnis von strategischer und operativer Planung darf also nicht im Sinne eines eindeutigen Ableitungszusammenhanges zwischen Zielen und Mitteln im Rahmen einer Ziel-Mittel-Hierarchie gesehen werden; es ist dem Grunde nach selektiv. Aus der Einsicht heraus, daß eine vollständige Vorsteuerung des operativen durch das strategische System nicht sinnvoll und auch gar nicht möglich ist, gilt es also für eine erfolgreiche Transformation strategischer Intentionen in operative Maßnahmen die kritischen Bereiche herauszufinden und zu fixieren. Die strategische Planung muß der operativen Planung zwar eine Orientierung vorgeben, damit überhaupt strategisch geführt werden kann; diese Vorgabe kann aber angesichts der Unsicherheit der Erwartungen und der Binnenkomplexität moderner Unternehmen bloß rahmenartig ausfallen. Die Ausfüllung dieses Rahmens erfordert dann eigenständige kreative Leistungen im operativen Planungssystem, um die bestmögliche Realisierung der strategischen Zwecke zu erreichen und die Aufgaben zu erfüllen, die die Bestandserhaltung des Systems erfordert, ohne daß sie sich aus der Strategie ergäben.

Aus diesen grundsätzlichen Überlegungen ergibt sich abschließend eine formale Charakterisierung der operativen Planung. Sie hat alle diejenigen Entscheidungen zu ihrem Gegenstand, die in den verschiedenen Funktionsbereichen der Unternehmung kurzfristig (schon) getroffen werden müssen, um die Strategie zeitgerecht und effizient zu realisieren und den Systembestand zu sichern. Die **zeitliche Reichweite** der operativen Planung wird man dabei variieren können; in der Praxis sind Planungszeiträume von ein bis zu zwei Jahren üblich. Um zu entscheiden, für welche strategischen Maßnahmen im gewählten Planungszeitraum aktueller Handlungsbedarf besteht, d.h. die operative Planung die geeigneten Mittel bereitstellen muß, und für welche strategischen Maßnahmen das noch nicht erforderlich ist, muß der zeitliche und sachliche Wirkungszusammenhang zur strategischen Planung beachtet werden. Dieser Wirkungszusammenhang kann im Sinne einer groben Entwicklungsperspektive von der strategischen Planung aufgezeigt werden oder ist vom operativen Planungssystem zur Gewinnung seiner Handlungsorientierung selbst zu entwerfen. Dieses Verbindungsstück pflegt man traditionellerweise auch als **taktische Planung** zu bezeichnen.

6.2 Merkmale der operativen Planung

6.2.1 Arten operativer Pläne

6.2.1.1 Operative Pläne zur Strategieumsetzung und Systemsicherung

Die entfaltete Rationalität des operativen Planungssystems findet ihren Niederschlag in einer Reihe von Planungsaktivitäten bzw. – als deren Ergebnis – in einer Reihe von Teilplänen, die – wie weiter unten noch zu zeigen ist – wegen der Interdependenz der Teilpläne wechselseitig aufeinander abzustimmen sind. Der nachfolgende Aufriß über die Arten operativer Pläne vermittelt zugleich einen ersten Überblick über die Vielfalt planerischer Aktivitäten, die im operativen Planungssystem anzutreffen sind.

Soweit es um den Vollzug der Strategie als Aufgabe der operativen Planung geht, ist zunächst einmal die Unterscheidung von **Standard- und Projektplanung** bedeutungsvoll. Unterscheidungskriterium ist die Frage, ob eine gegenwärtig verfolgte Strategie beibehalten werden soll oder – zur Sicherung des Erfolgspotentials – mehr oder weniger langfristige Änderungen des Produkt-Markt-Konzeptes beabsichtigt werden. Soweit letzteres der Fall ist, müssen – unabhängig von der laufenden Strategie – rechtzeitig Aktivitäten in Gang gesetzt werden, mit deren Hilfe strategische Umsteuerungen vollzogen werden können. Man denke etwa an die Weiter- oder Neuentwicklung von Produkten, die in späteren Jahren als Umsatzträger fungieren sollen. Alle derartigen Aktivitäten zur Umsteuerung der laufenden Strategie werden im operativen System in Form von (**strategischen**) **Projektplänen** aufgenommen und bis zur Handlungsreife konkretisiert. Als strategische Projekte werden darüber hinaus solche Vorhaben bezeichnet, die zwar der Realisierung der gewählten Strategie dienen, denen aber **ex ante** eine für diese Realisierung bedeutsame Rolle zuerkannt wird (man denke etwa an die Erstellung weitgehend automatisierter Produktionsanlagen im Zusammenhang mit einer Strategie der Kostenführerschaft). Zu berücksichtigen ist ferner, daß es neben strategischen auch **operative Projekte** gibt, die nicht unmittelbar der Umsteuerung der gegebenen Strategie dienen, sondern die die Voraussetzungen für die Realisierung der laufenden Strategie verbessern sollen (z.B. Neubau einer Werkshalle oder Ersatz alter Produktionsanlagen) oder schlicht kurzfristig gebotene Maßnahmen zur Existenzsicherung des Unternehmens betreffen (z.B. Public Relations-Kampagne zur Verbesserung des angeschlagenen Ansehens einer Unternehmung in der Umwelt).

Alle anderen Pläne, die der Verwirklichung der laufenden Strategie (des gegebenen Produkt-Markt-Konzeptes) und der Aufrechterhaltung der Systemfunktionen gewidmet sind, gehören zur operativen **Standardplanung**. Sie beziehen sich vor allem auf die Planung des **Realgüterprozesses** (des Produktprogramms und seiner Konsequenzen für die betrieblichen Funktionsbereiche) und andererseits des **Wertumlaufprozesses** (der monetären Konsequenzen der Handlungsprogramme im Realgüterprozeß).

In gewissem Sinne quer zu dieser Unterscheidung liegt die Differenz zwischen **funktionsbezogener** und **faktorbezogener** Planung. Letztere registriert über die betrieblichen

Funktionsbereiche hinweg die Faktorverbräuche für Programme und Projekte nach Faktorarten (z.B. Betriebsmittelpläne, Personalbedarfspläne); erstere fokussiert auf die betrieblichen Funktionsbereiche und registriert die aus dem kurzfristigen Produktionsprogramm resultierenden funktionsspezifischen Faktoranforderungen und Leistungen. Die so skizzierten Arten operativer Planung sollen nachfolgend im einzelnen kurz charakterisiert werden.

Der Anknüpfungspunkt der operativen (Standard-)Planung ist das Produkt-Markt-Konzept der laufenden Strategie in dem durch die strategische Maßnahmenplanung vorgegebenen Konkretisierungsgrad. Die operative Programmplanung hat in Verwirklichung ihrer Vollzugsfunktion die Aufgabe, die **effiziente** Realisierung dieses Produkt-Markt-Konzeptes denkerisch vorzubereiten; dabei muß sie gleichzeitig die kurzfristigen Rentabilitäts- und Liquiditätsanforderungen und andere Aspekte der aktuellen Funktionssicherung als Restriktionen der Strategierealisierung ausreichend zur Geltung bringen.

Im Übergang von der strategischen zur operativen Planung kehrt sich das Ziel planerischen Denkens also gleichsam um. Es geht jetzt nicht mehr um die Frage „Are we doing the right things?", sondern um die Frage „Are we doing the things right?" Diese ganz allgemeine Zielsetzung der operativen Planung darf allerdings nicht eng ausgelegt werden in dem Sinne, daß es jetzt nur noch um eine faktoreinsatzbezogene Kostenminimierung gehe und das Handlungsprogramm als Output in Art und Menge selbst bereits feststehe. Zur Debatte steht vielmehr die Umsetzung des strategischen Produkt-Markt-Konzeptes in ein optimales Handlungsprogramm. Die effiziente Ausschöpfung des in der Strategie angelegten Erfolgspotentials läßt sich also nicht als eine einfache Ableitung weiterer Handlungskonsequenzen aus den strategischen Maßnahmen verstehen; vielmehr ist es dafür erforderlich, zusätzliche eigenständige Aufwands- und Ertragskalkulationen anzustellen, um herauszufinden, welche in den vorgegebenen strategischen Geschäftsfeldern angelegten Umsatzmöglichkeiten tatsächlich unter dem Effizienz-Aspekt und unter Berücksichtigung der bestehenden aktuellen Handlungsrestriktionen genutzt werden sollen. Zu diesen Restriktionen gehören neben den vorgegebenen strategischen Geschäftsfeldern und den durch die strategische Maßnahmenplanung fixierten strategischen Erfolgsfaktoren eine Vielzahl von kurzfristig unbeeinflußbaren Tatbeständen der internen und externen Umwelt der Unternehmung. Um diese Vielfalt möglicher Restriktionen anzudeuten, sei z.B. auf die begrenzten Kapazitäten fertigungstechnischer Anlagen oder Absatzkanäle verwiesen; ferner auf Engpässe bei der Beschaffung bestimmter Produktionsfaktoren oder auf saisonal bedingte Absatzrestriktionen in bestimmten Teilmärkten; schließlich können aber auch finanzielle Beschränkungen, z.B. durch Kreditaufkündigungen von Banken hervorgerufene Liquiditätsengpässe, auf die kurzfristige Produktionsprogrammplanung einwirken. Eine Skizzierung der für die operative Planung zur Verfügung stehenden Modelle erfolgt später.[1]

---

1 Vgl. dazu unten S. 283 ff.

6.2.1.2 Die Teilpläne des Realgüterprozesses

Die Teilpläne des Realgüterprozesses lassen sich – wie dargestellt – nach Faktoren und Funktionen untergliedern. Je nachdem, welche Systematik der Produktionsfaktoren man zugrunde legt, kann man verschiedene faktorbezogene Teilpläne unterscheiden.

Orientiert man sich etwa an der Klassifikation der Elementarfaktoren nach Gutenberg,[2] so wären als **faktorbezogene Teilpläne** der Personalplan für den Produktionsfaktor (objektbezogene) Arbeit, der Anlagen- oder Betriebsmittelplan für die Beschaffung und Wartung der Betriebsmittel (Gebäude, Maschinen, Werkzeuge) und der Plan für die Beschaffung und Bevorratung der Werkstoffe (Roh- und Hilfsstoffe, halbfertige oder fertige Erzeugnisse) zu unterscheiden. Darüber hinaus könnte man im Hinblick auf den Gutenbergschen „dispositiven Faktor" (Unternehmensführung) Teilpläne für die Managementfunktionen gesondert ausweisen, also die Planung des Planungssystems mit den dafür erforderlichen Ressourcen, die Organisationsplanung, die Planung der Personalpolitik und der Führungsgrundsätze sowie die Planung des Kontrollsystems. Natürlich sind nicht alle derartigen faktorbezogenen Teilpläne routinemäßige Praxis. Eine Reihe von ihnen werden sowieso nur sporadisch anfallen, etwa wenn gravierende Änderungen des Planungssystems oder der Organisation anstehen. Von größerer Bedeutung sind in der Praxis dagegen faktorbezogene Planungen für Personal und Betriebsmittel. In der Regel ergeben sich aber natürlich bereits aus den funktionsbezogenen Teilplänen die Faktorbeanspruchungen nach Menge und Wert für die zu erbringenden Leistungen. Es ist deshalb ausreichend, hier genauer auf die funktionsbezogenen Teilpläne des operativen Systems einzugehen.

Die Gliederung der **funktionsbezogenen Teilpläne** wird je nach Ausdifferenzierung und Tiefengliederung der betrieblichen Funktionen unterschiedlich ausfallen. Obwohl hier unternehmensindividuelle Lösungen und auch spezifische Funktionsbezeichnungen häufig sind, lassen sich doch generell für den Realgüterprozeß gewisse Grundfunktionen unterscheiden, die für jede Unternehmung, die auf der Beschaffungs- und Absatzseite in Marktbeziehungen eingebunden ist, typisch sind. Offensichtlich ist jedes Unternehmen auf die Zufuhr von Faktoren angewiesen, die in einem betrieblichen Transformationsprozeß in fertige, d.h. marktfähige Produkte umgewandelt werden. Die fertigen Erzeugnisse werden dann an Verbraucher oder weiterverarbeitende Unternehmen weitergegeben. Es lassen sich somit für jedes gewerbliche Unternehmen die Grundfunktionen Beschaffung, Produktion und Absatz unterscheiden. Unter der Funktionsbezeichnung „Verwaltung" werden in der Regel darüber hinaus solche Tätigkeiten zusammengefaßt, die sich auf die Gesamtunternehmung und die Aufrechterhaltung ihrer Beziehungen zur Umwelt beziehen (z.B. Rechtsberatung oder Öffentlichkeitsarbeit). Gegenstand dieser Tätigkeiten ist letztlich die Informationsverarbeitung im allgemeinsten Sinne. Folgt man dieser groben Funktionsgliederung, so lassen sich also vier operative Teilpläne unterscheiden: Der Beschaffungsplan, der Produktionsplan, der Absatzplan und der (allgemeine)

2 Vgl. Gutenberg, E., Grundlagen der Betriebswirtschaftslehre, Bd. I: Die Produktion, 23. Aufl., Berlin/New York 1979, S. 3 f.

Verwaltungsplan. Von diesen vier Plänen werden wegen ihrer Bedeutung nachfolgend die ersten drei genauer charakterisiert.

Teilpläne in Beschaffung und Einkauf

Theorie und Praxis unterscheiden üblicherweise zwischen den Funktionen „Beschaffung" und „Einkauf". Dabei ist Einkauf der engere Begriff: Er umfaßt die Bereitstellung von solchen Gütern (und Dienstleistungen), die unmittelbar und regelmäßig in den Produktionsprozeß eingehen, also die Roh-, Hilfs- und Betriebsstoffe und halbfertigen bzw. fertigen Vorprodukte. Die Beschaffung zielt demgegenüber in einem weiteren Sinne auf alle Ressourcen, die typischerweise und wiederholt als Input bereitgestellt werden müssen, also nicht nur die Werkstoffe, sondern auch die finanziellen, personellen und sonstigen sachlichen Ressourcen (z.B. Betriebsmittel). Je nach Art der zu beschaffenden Ressourcen werden dabei unterschiedliche Planungsmodelle zur Anwendung kommen.

Einen breiten Raum nimmt in der Praxis die Planung des Einkaufs von Roh-, Hilfs- und Betriebsstoffen ein. Ziel dieser häufig auch als „operative Materialplanung" bezeichneten Funktionen ist es, die benötigten Faktoren in der erforderlichen Menge für die Produktion rechtzeitig und möglichst kostengünstig bereitzustellen. Der Einkaufsleiter sieht sich hier einem Optimierungsproblem gegenüber: Wird der Lagerbestand sehr hoch gehalten, so entstehen hohe Kapitalbindungszinsen und Lagerhaltungskosten, dagegen werden durch die mit einer derartigen Politik verbundene geringe Bestellhäufigkeit die Bestell- und Lieferkosten je Bestellung niedrig gehalten; diese steigen jedoch bei dem Bemühen, durch geringere Lagerhaltung die Kapitalbindungszinsen und die Lagerhaltungskosten zu senken, da dann die Bestellhäufigkeit notwendigerweise zunimmt. Die Senkung der Kapitalbindungszinsen und Lagerhaltungskosten bei geringer Lagerhaltung bedingt also eine Erhöhung der Bestell- und Lieferkosten und umgekehrt. Das daraus resultierende Optimierungsproblem lautet: Wie hoch soll die jeweilige Bestellmenge sein, damit die Summe der jährlichen Kapitalbindungszinsen im Lager und die Lagerhaltungskosten (beide steigen mit der Bestellmenge) einerseits und die jährlichen Bestell- und Lieferkosten (beide nehmen mit der Bestellmenge ab) andererseits ein Minimum wird? Dieses Problem führt auf die bekannte Formel von der optimalen Einkaufslosgröße.[3]

Neuerdings wird in der Praxis der operative Handlungsspielraum für Optimierungsüberlegungen im Einkauf in vielen Branchen durch eine weit vorangetriebene Konkretisierung der strategischen Maßnahmenplanung eingeengt. Zu erinnern ist z.B. an die sog. **„Just-In-Time-Produktion"**, die den Vorteil bestandsarmer Läger mit einer bedarfsgerechten Sicherung der Produktions- und Lieferfähigkeit verbinden soll.[4] Die Bestellung erfolgt kurzfristig, und die gelieferten Güter gehen im Idealfall direkt von der Anlieferung auf der Rampe in die Produktion ein. Dadurch lassen sich strategisch relevante Kostenvorteile in erheblichem Ausmaß erzielen; allerdings setzen solche Konzepte eine beachtliche Flexibilität insbesondere der Lieferanten voraus. Die operative Einkaufspla-

---

3 Vgl. dazu Müller-Merbach, H., Operations Research, 3. Aufl., München 1973, S. 73.

4 Vgl. Wildemann, H., Das Just-In-Time-Konzept, Frankfurt a.M. 1988.

nung reduziert sich in dieser Situation auf die Auswahl und dauernde Überwachung geeigneter (kostengünstiger und zuverlässiger) Lieferanten und die Organisation eines reibungslosen Materialflusses in die Produktion hinein. Unterbrechungen des Materialflusses können mit erheblichen Stillstandskosten der Produktion verbunden sein; deshalb ist für Störfälle eine gewisse Lagerhaltung auch bei derartigen Just-In-Time-Konzepten notwendig.[5]

Eine weitere strategische Vorgabe, die den operativen Handlungsspielraum im Einkauf einengen kann, bezieht sich häufig auf die **Lieferantenauswahl**. Zur Sicherung strategischer Wettbewerbsvorteile mag es sinnvoll sein, bestimmte Lieferanten von vornherein nicht in die Auswahl einzubeziehen bzw. gerade umgekehrt sie explizit zu berücksichtigen. Um die eigene Einkaufsmacht zu maximieren und damit langfristig die Einkaufskosten günstig zu beeinflussen, kann es z.B. sinnvoll sein, die Einkäufe stark zu streuen und Großlieferanten zu meiden.[6]

Teilpläne in der Produktion

Nachdem das optimale kurzfristige Produktionsprogramm auf der Basis der strategischen Vorgaben bestimmt worden ist, geht es in der operativen Produktionsplanung um die Realisierung dieses Programms. Die zwei großen Teilpläne, die hier kurz anzusprechen sind, betreffen die Vollzugs- oder Prozeßplanung und die Bereitstellungsplanung für die Produktionsfaktoren. Die **Prozeßplanung** beinhaltet dabei in erster Linie die Bestimmung der Mengen, die in ununterbrochener Reihenfolge auf einer Anlage zu produzieren sind (Losgröße) und die Reihenfolge, in der die Lose die Anlagen durchlaufen sollen (Ablaufplanung). Simultan werden dabei unter Berücksichtigung vorhandener Kapazitäten Durchlaufwege und Durchlaufzeiten festgelegt. Die Zielsetzung der größtmöglichen Effizienz bei der Verwirklichung des Produktionsprogramms schlägt sich dabei nicht nur in der Kostenminimierung nieder, sondern z.B. auch in der Auslastung von Anlagen, Einhaltung von Lieferterminen usw. Welche dieser Zielsetzungen Priorität erhalten, wird von Branche zu Branche bzw. von Betrieb zu Betrieb und im Zeitablauf schwanken.

Die Planung von Losgrößen und Reihenfolgen erfolgt typischerweise auf der Grundlage gegebener Produktionsverfahren, d.h. die Fertigungstechnologie liegt – zumeist längerfristig u.U. aufgrund strategischer Überlegungen – fest und überläßt der operativen Planung lediglich einen begrenzten Handlungsspielraum für die Optimierung.

Die **Bereitstellungsplanung** bezieht sich aus der Sicht der Produktion auf die Ermittlung des Bedarfs an Ressourcen sowie auf alle Vorkehrungen ihrer physischen Bereitstellung am Produktionsort; an diesem Punkt wird die Schnittstelle zur Einkaufs- bzw. Beschaffungsplanung deutlich. Die Bereitstellung von Ressourcen umfaßt insbesondere

---

5 Darüber hinaus darf nicht übersehen werden, daß das Just-In-Time-Konzept zunehmend zu Umweltbelastungen führt, die als „externe Effekte" nicht in die betriebswirtschaftliche Kostenrechnung eingehen und damit die Ressourcenallokation verfälschen, ganz abgesehen vom Eigenwert der Lebensqualität und der Natur.

6 Vgl. Porter, M.E., Wettbewerbsstrategie (Übers. a. d. Engl.), Frankfurt a.M. 1983, S. 50–56.

auch die sog. Anlagenplanung, in der der Bedarf an Produktionsanlagen (z.B. Maschinen) nach Art, Leistungsfähigkeit, Menge, Zeitpunkt und Nutzungsdauer spezifiziert wird. Teil der Anlagenplanung ist die **Instandhaltungs- bzw. Wartungsplanung**. Diese legt sowohl Zeitpunkte als auch Maßnahmen der Instandhaltungsaktivitäten fest. Anders als die Neubeschaffung von Anlagen, die in der Regel Gegenstand von speziellen Projektplanungen ist, ist die Instandhaltungsplanung grundsätzlich Bestandteil der operativen Programmplanung.

Abbildung 6.1 faßt die angesprochenen Teilpläne aus dem Funktionsbereich der Produktion noch einmal übersichtlich zusammen.

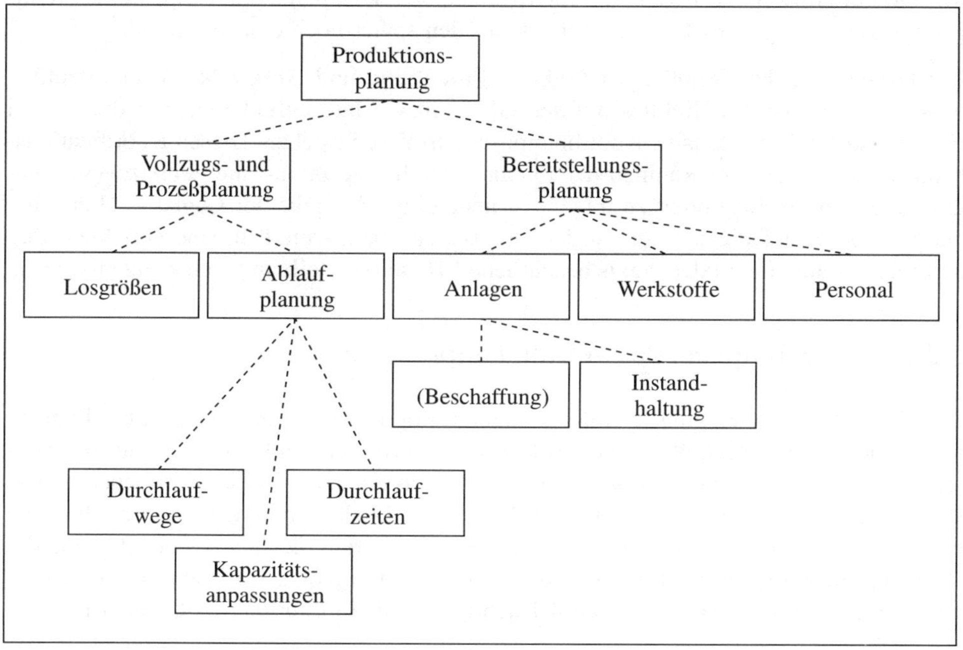

Abb. 6.1: Übersicht über die Teilpläne der Produktionsplanung

Versuche einer Gesamtoptimierung der Produktionsplanung erwiesen sich als zu starr, deshalb geht man heute zunehmend zur Aufteilung der Produktionspläne in handhabbare Teileinheiten über (Fertigungssegmentierung). Dies nicht zuletzt auch, um eine bessere Anpassung an die verschiedenen Unternehmensstrategien zu ermöglichen.[7]

Teilpläne im Funktionsbereich Absatz

Die Teil-Pläne im Funktionsbereich Absatz legen alle diejenigen Aktionsparameter fest, die für die Vermarktung des Produktprogramms von Bedeutung sind. Klassischerweise

7 Vgl. Wildemann, H., Fabrikorganisation: Kundennahe Produktion durch Fertigungssegmentierung, in: Zeitschrift für Betriebswirtschaft 59 (1989), S. 27–54.

spricht man hier vom sog. „Marketing-Mix“, zu dem u.a. gehören: Die Preispolitik, die Wahl der Distributionskanäle, die Werbepolitik, die Gestaltung sonstiger Absatzkonditionen und die Servicepolitik. Es obliegt der operativen Absatzplanung, auf der Basis der strategischen Vorgaben für die verschiedenen Geschäftsfelder, etwa ob eine Kostenführerschafts- oder eine Differenzierungsstrategie verfolgt werden soll, ein konsistentes Handlungsprogramm für die Vermarktung der verschiedenen Produkte zu entwickeln. Dieses Handlungsprogramm bestimmt dann zusammen mit weiteren anderen Determinanten (z.B. Konjunkturlage, Branchenstruktur) die kurzfristig absetzbaren Mengen der einzelnen Produkte. Diese Mengenschätzungen müssen natürlich bei der Planung des Produktprogramms antizipiert und als mögliche Restriktionen berücksichtigt werden. Mit diesem Hinweis ist bereits die Interdependenz aller operativen Teilpläne des Realgüterprozesses angesprochen, ein Aspekt, auf den später noch einzugehen ist.[8]

Die Darstellung der Teilpläne in Einkauf, Produktion und Absatz hat bereits deutlich werden lassen, daß im Hinblick auf den Güter- bzw. Materialfluß zwischen diesen drei Funktionsbereichen intensive Koordinationsbedürfnisse bestehen. Diesen Koordinationsbedürfnissen bereits im Rahmen der Planung durch eine raum- und zeitbezogene integrative Steuerung Rechnung zu tragen, ist neuerdings Aufgabe der **Logistik**. Hier ergeben sich neue, auf die Integration der klassischen operativen Teilpläne gerichtete Planungsaktivitäten, die in der Praxis beachtliche Effizienzvorteile mit sich bringen können.

6.2.1.3 Die Teilpläne des Wertumlaufprozesses

Aus der bereits dargelegten operativen Planungslogik folgt, daß die operative Planung und Steuerung des Realgüterprozesses letztlich so erfolgen muß, daß nicht nur die Strategie effizient vollzogen wird, sondern – wie schon erwähnt – gleichzeitig auch andere kurzfristige Funktionsanforderungen erfüllt werden. Deshalb muß die operative Planung notwendigerweise auch die Konsequenzen mit reflektieren, die sich aus der Planung des Realgüterprozesses für die Liquidität und Rentabilität ergeben, wie auch die Funktionsvoraussetzungen der Subsysteme berücksichtigen (z.B. Einführung der Gleitzeit).

Die Planung des Wertumlaufprozesses vollzieht sich auf drei „Werteebenen“: (1) Auf der Ebene der **Einnahmen und Ausgaben** geht es um die Planung der Liquidität, verstanden als die Fähigkeit eines Unternehmens, seinen Zahlungsverpflichtungen jederzeit nachkommen zu können; (2) auf der Ebene der **Kosten und Leistungen** geht es um die Plan-Kalkulation der betrieblichen Leistungen, um die Rentabilität sicherzustellen; (3) auf der Ebene der **Aufwendungen und Erträge** wird schließlich nicht nur ein betriebliches, sondern auch ein bilanzielles Ergebnis im Hinblick auf die Rentabilitätszielsetzung geplant.

Zusammenfassend ergeben sich so drei große Planungskreise der (operativen) Wertumlaufplanung: Die Finanzplanung mit dem Ziel einer effizienten Liquiditätssicherung und die Betriebsergebnisrechnung und die Planbilanzierung mit dem Ziel einer Sicherung der Rentabilität.

---

8 Vgl. dazu unten, S. 274 ff.

Kurzfristige Finanzplanung

Die kurzfristige Finanzplanung hat zum Ziel, das finanzielle Gleichgewicht der Unternehmung in jeder Teilperiode des Planungszeitraumes sicherzustellen. Zu diesem Zweck muß sie zunächst alle Einnahmen und Ausgaben prognostizieren, wie sie sich aus der operativen Planung des Realgüterprozesses auf der Basis des fixierten Produktprogramms ergeben. Sie muß also z.B. die Einnahmen aus Umsatzerlösen und Zinserträgen erfassen und sie muß die Ausgaben für Löhne und Gehälter, den Einkauf von Roh-, Hilfs- und Betriebsstoffen, Mieten etc. abschätzen. Darüber hinaus muß sie die aus der strategischen Planung resultierenden Einnahmen und Ausgaben für die betrachtete Periode zusammenstellen; hierzu können z.B. der Einkauf von Grundstücken für den Bau von Fabrikgebäuden gehören, ferner die Ausgaben für den Kauf einer Unternehmung oder die Einnahmen aus einer beschlossenen Kapitalerhöhung. Alle diese Einnahmen- und Ausgabenströme müssen für die Teilperioden des Planungszeitraumes gegenübergestellt und die entsprechenden Finanzüberschüsse und Finanzdefizite registriert werden. Die Anlage von Finanzüberschüssen und die Deckung von Finanzdefiziten ist dann Aufgabe der kurzfristigen Finanzplanung im engeren Sinne. Es müssen die nach Zeitdauer und allen übrigen Konditionen geeigneten Anlage- und Finanzierungsmöglichkeiten eruiert werden. Aus diesem Handlungspotential sind dann solche Alternativen auszuwählen, die einerseits den kurzfristigen Finanzgewinn (Differenz von kurzfristigen Finanzerträgen und kurzfristigen Finanzaufwendungen) optimieren und andererseits das finanzielle Gleichgewicht für jede Teilperiode des Zahlungszeitraums sicherstellen.[9]

Planbilanzierung

Die Aufstellung einer Planbilanz und einer Plan-Gewinn- und Verlustrechnung auf der Grundlage des festgelegten Produktprogramms und der operativen Teilpläne liefert wichtige Informationen auch für die Abschätzung der zu erwartenden Rentabilitätssituation der Unternehmung. Die Planung der Aufwendungen und Erträge gibt eine Vorstellung über den planmäßigen Erfolg (Gewinn oder Verlust) der betrachteten Periode; die Planbilanz informiert über die Vermögens- und Kapitalstruktur und gibt damit die Möglichkeit, verschiedene Rentabilitätskennziffern (Gesamtkapitalrentabilität, Eigenkapitalrentabilität) als Plangrößen zu bestimmen. Ergeben sich hier unbefriedigende Situationen, so lassen sich vorbeugende Maßnahmen zur Abhilfe planen. Man kann etwa rückkoppelnd Umsteuerungen im Realgüterprozeß vornehmen, z.B. kann man geplante Wachstumsziele im Umsatz zurücknehmen, um eine zu starke unerwünschte Fremdfinanzierung zu vermeiden. Man kann aber auch umgekehrt darüber nachdenken, restriktiv wirkende bilanzpolitische Grundsätze zu lockern, um die ursprünglichen Planungsziele für den Realgüterprozeß doch zu realisieren, z.B. anvisierte Wachstumsziele zu erreichen, die bei zu konservativen Finanzierungsgrundsätzen nicht realisierbar gewesen wären. Im übrigen lassen sich aus der bilanziellen Ergebnisplanung weitere nützliche In-

9 Das Problem der kurzfristigen Finanzplanung läßt sich auf verschiedene Weise mathematisch modellieren. Vgl. dazu Steinmann, H., Liquiditätsoptimierung in der kurzfristigen Finanzplanung, in: Betriebswirtschaftliche Forschung und Praxis 20 (1968), S. 257 ff.; Glaser, H., Liquiditätsreserven und Zielfunktionen in der kurzfristigen Finanzplanung, Wiesbaden 1982.

formationen gewinnen, deren Zahl und Qualität davon abhängt, wie differenziert die Planbilanzierung erfolgt.

Betriebsergebnisplanung

Im Gegensatz zur bilanziellen Ergebnisplanung ist die Betriebsergebnisplanung nicht nur periodenbezogen, sondern auch stückbezogen. Hier werden in der Vorkalkulation Kosten und (ggf.) Preise für die betrieblichen Leistungen (Produkte) kalkuliert und zur Grundlage der Planung des optimalen Produktprogramms gemacht. Mit diesem optimalen Produktprogramm ist dann ein Plan-Gesamtdeckungsbeitrag verbunden, von dem die gesamten Plan-Fixkosten zu subtrahieren sind, um das Plan-Betriebsergebnis zu erhalten. Dieses unterscheidet sich von dem bilanziell ermittelten Plan-Gewinn insbesondere durch die (geplanten) neutralen Aufwendungen und Erträge.

Die skizzierte Grundstruktur der Betriebsergebnisrechnung kann natürlich in vielfältiger Weise variiert und verfeinert werden, worauf hier nicht im einzelnen einzugehen ist. Hingewiesen werden sollte aber auf jeden Fall auf die Plankostenrechnung, die ein wesentlicher Baustein für die Planung des kalkulatorischen Betriebsergebnisses ist.

6.2.1.4 Projektpläne für operative und strategische Projekte

Projekte werden, weil es sich in der Regel um seltene, häufig sogar einmalige Vorhaben handelt, außerhalb der Routine der operativen Planung bearbeitet. Das bedeutet allerdings nicht, daß die Projekte in ihrer Zielsetzung freigestellt sind. Die Projektziele sind für die **strategischen Projekte** im Rahmen der strategischen Planung vorgegeben. Die operative Planung strategischer Projekte befaßt sich dann mit der Umsetzung der Projekte, d.h. der Festlegung von auszuführenden Tätigkeiten, der räumlichen und zeitlichen Anordnung dieser Aktivitäten innerhalb des Projektes sowie der Planung der für die zielkonforme Umsetzung erforderlichen Zeiten, Kapazitäten und Kosten. Exemplarisch stelle man sich den Bau einer Großanlage, z.B. in der Chemie, vor, die im Rahmen der langfristigen strategischen Zielsetzungen ab einem bestimmten Zeitpunkt mit der Produktion eines neuen Kunststoffes beginnen soll.

Die **operativen Projekte** unterscheiden sich – wie bereits erwähnt – von den strategischen Projekten nur dadurch, daß ihnen ein unmittelbarer strategischer Zielbezug fehlt. Im übrigen stellen sich aber bei der Planung solcher Projekte im Hinblick auf die (dann von der operativen Führung autonom festzusetzenden) Ziele (Fertigstellungszeiten, Fertigstellungskosten) dieselben planerischen Probleme. Sobald Projekte im Hinblick auf die Zahl von Aktivitäten und ihre sachliche und zeitliche Verknüpfung einen Komplexitätsgrad erreicht haben, der eine unmittelbare Durchschaubarkeit nicht mehr ermöglicht, können in bestimmten Fällen mathematische Planungsinstrumente zur Bewältigung der Komplexität eingesetzt werden.[10]

---

10 Vgl. dazu unten, S. 302 ff.

6.2.2 Die operativen Teilpläne im Überblick

Die logischen Zusammenhänge zwischen den operativen Teilplänen im Realgüter- und Wertumlaufprozeß lassen sich in verschiedenster Weise schaubildartig darstellen. Die nachfolgende Abbildung 6.2 enthält über die hier behandelten Teilpläne hinaus – speziell was die Planung des Realgüterprozesses anbetrifft – als zusätzlichen Teilplan den für **Forschung und Entwicklung**. Im übrigen entspricht das Schema der dargestellten operativen Pläne aber unseren Ausführungen: Die Unterscheidung von Plänen im Realgüterprozeß (linke Hälfte) und im Wertumlaufprozeß (rechte Hälfte) wird ebenso einsichtig wie die Zielorientierung der Teilpläne im Hinblick auf Rentabilität und Liquidität; schließlich wird auch die Unterscheidung von Standardplanung und Projektplanung deutlich.

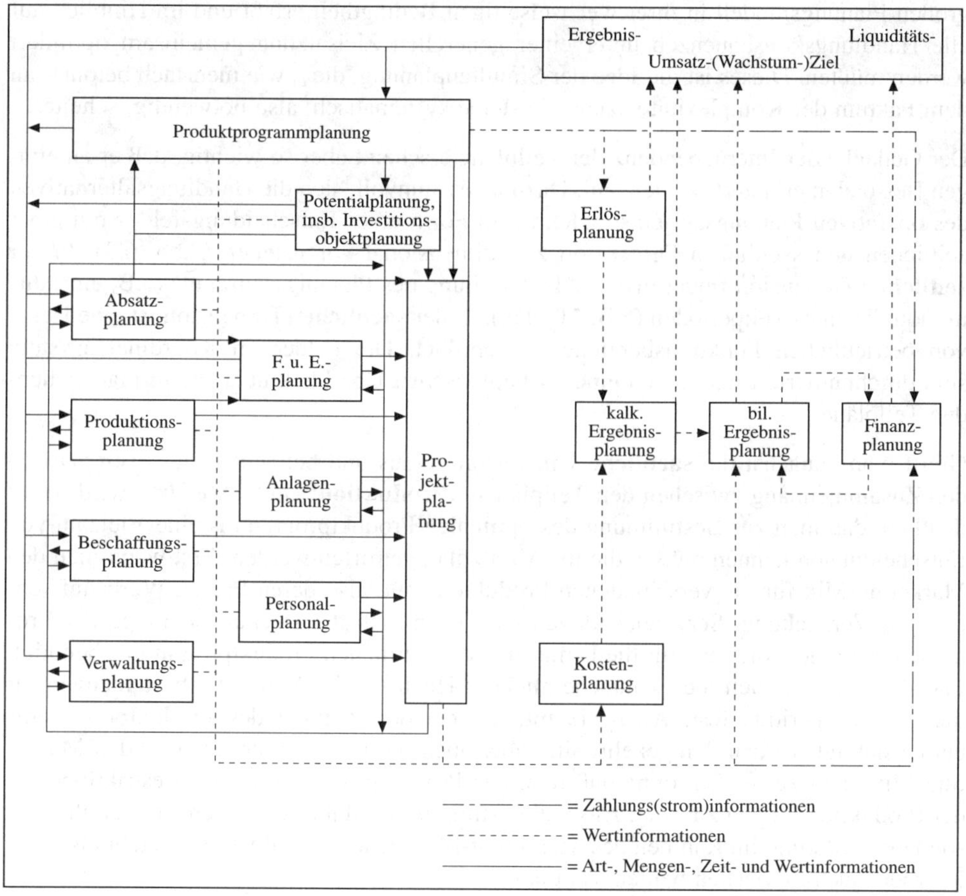

Quelle: Hammer, R., Unternehmensplanung, München 1982, S. 67; in enger Anlehnung an Hahn, D., Planungs- und Kontrollrechnung, 3. Aufl., Wiesbaden 1985, S. 122 a

Abb. 6.2: Die operativen Teilpläne im Überblick

6.2.3 Die Interdependenz der Teilpläne

Es wurde bereits mehrfach darauf hingewiesen – und auch die Abbildung 6.2 macht dies noch einmal deutlich –, daß man sich das operative Planungssystem nicht als eine Vielzahl unverbunden nebeneinander stehender Teilpläne vorstellen darf. Vielmehr sind grundsätzlich alle Teilpläne – gleichgültig, auf welchem Abstraktionsniveau sie betrachtet werden – wechselseitig voneinander abhängig, d.h. sie sind **interdependent**. Bei zwei Teilplänen bedeutet das z.B., daß man über die Handlungsalternativen in Plan A nicht entscheiden kann, wenn man nicht weiß, wie der Plan B aussieht; und umgekehrt kann man nicht über die Handlungsalternativen des Planes B entscheiden, ohne daß man den Plan A kennt. Man müßte also im Hinblick auf ein übergeordnetes Gesamtoptimum die Teilpläne eigentlich **simultan** festlegen. In letzter Konsequenz würde das bedeuten, daß alle Handlungsalternativen im operativen System nur **uno actu** in einem einzigen großen Planungsmodell in ihrer wechselseitigen Bedingtheit erfaßt und im Hinblick auf alle Handlungskonsequenzen unter einer generellen Zielsetzung gemeinsam optimiert werden müßten. Dieses ist die Idee der Simultanplanung, die – wie mehrfach betont – an dem Faktum der Komplexität sozialer Systeme systematisch, also notwendig, scheitert.

Der Gedanke der Interdependenz der Teilpläne erscheint aber so wichtig, daß er an einigen Beispielen erläutert werden soll. Dazu ist es sinnvoll, sich die Handlungsalternativen des operativen Planungssystems (selektiv) in Form eines Entscheidungsfeldes mit einer zeitlichen und sachlichen Dimension zweidimensional vorzustellen (Abb. 6.3). In der **zeitlichen** Dimension findet man die Unterteilung des Planungszeitraums (z.B. ein Jahr) in (äquidistante) Teilperioden (z.B. Monate); in der **sachlichen** Dimension ist eine Reihe von betrieblichen Funktionsbereichen angeordnet. Die Felder im Koordinatensystem sind durchnumeriert und geben einen schematischen Überblick über die infrage stehenden Teilpläne.

Greift man zunächst die **sachliche** Dimension heraus und betrachtet hier exemplarisch den Zusammenhang zwischen den Teilplänen **„Produktion"** und **„Absatz"**, wird sofort deutlich, daß man zur Bestimmung des optimalen Produktprogramms eine Vielzahl von Entscheidungen kennen müßte, die im Absatzplan getroffen werden. Erst wenn man den Marketing-Mix für die verschiedenen Produkte kennt, also deren Preise, Werbeaufwendungen, Verpackung, Serviceleistungen etc., kann man die Deckungsbeiträge der Produkte bestimmen, die man für die Ermittlung des optimalen Produktprogramms benötigt. Erst dann stehen auch die (wahrscheinlichen) Höchst- oder Mindest-Absatzmengen für die Planungsperiode fest. Auch sie müssen bei der Planung des Produktprogramms berücksichtigt werden. Umgekehrt sind aber auch die Entscheidungen über den Marketing-Mix nicht zu treffen, ohne daß man das Produktprogramm kennt. Restriktionen in der Produktion mögen z.B. den Ausstoß bestimmter Produkte so begrenzen, daß ihre besondere Förderung im Rahmen des Marketing-Mix nicht sinnvoll ist. Es besteht also eine Interdependenz zwischen beiden Teilplänen.

Eine ähnliche Interdependenz läßt sich für die **Finanz- und Absatzplanung** konstatieren. Offensichtlich kann die kurzfristige Finanzplanung nicht aufgestellt werden, ohne daß darüber entschieden ist, wie das Absatzprogramm und damit die (voraussichtlichen)

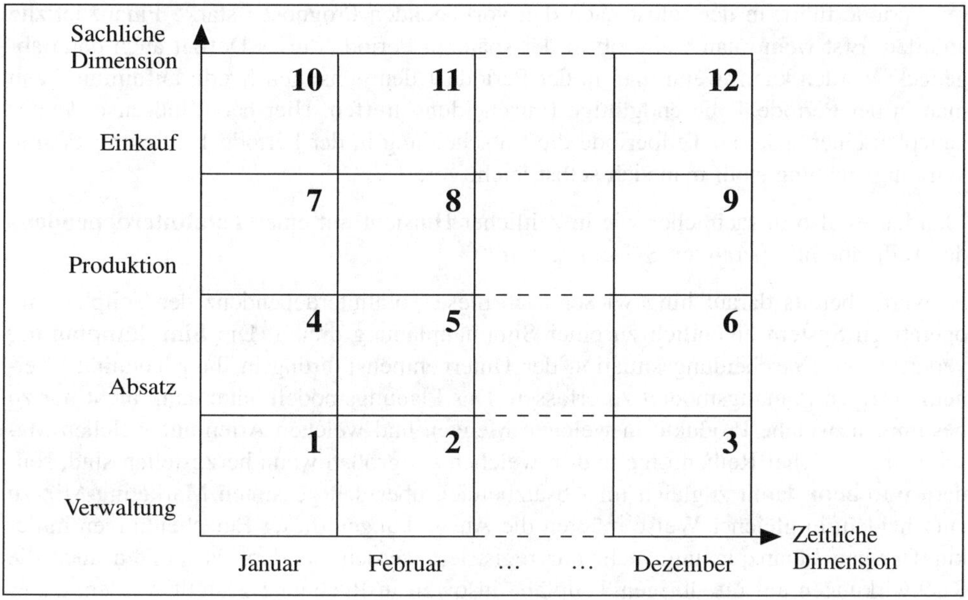

Abb. 6.3: Das Entscheidungsfeld des operativen Planungssystems

Einnahmen aus Umsatzerlösen aussehen. Insofern ist der Finanzleiter auf die Entscheidungen im Absatzbereich angewiesen. Umgekehrt mag es aber auch sein, daß bestimmte Marketingprogramme im Absatzbereich deshalb nicht realisiert werden können, weil dafür kurzfristig die finanziellen Mittel fehlen. Es mag auch sein, daß unter dem Gesichtspunkt der Finanzplanung solche Produktlinien favorisiert werden sollten, bei denen die Kunden keine langen Zahlungsziele in Anspruch nehmen und die gebundenen Mittel also schnell zurückfließen. So gesehen läßt sich dann wiederum nur über beide Teilpläne gemeinsam entscheiden, indem die Handlungskonsequenzen der verschiedenen Alternativen unter allen Restriktionen in beiden Bereichen gegeneinander abgewogen werden.

In ähnlicher Weise läßt sich die Interdependenz der Teilpläne in der **zeitlichen** Dimension zeigen. Das wird bereits an der **kurzfristigen Finanzplanung** deutlich. Wie oben angedeutet,[11] muß der Finanzleiter in der kurzfristigen Finanzplanung Defizite einzelner Teilperioden abdecken bzw. Überschüsse anlegen. Dabei wird er es in der Regel mit Handlungsalternativen zu tun haben, die in späteren Perioden zu Rückzahlungsverpflichtungen (z.B. bei Kreditaufnahmen) oder Rückflüssen (z.B. bei Festgeldanlagen von Überschüssen) führen. Der Finanzleiter kann also, wenn er in der Periode 1 ein Defizit abzudecken hat, über sein Handlungsprogramm in dieser Periode nicht entscheiden, ohne daß er die Auswirkungen auf spätere Perioden in Rechnung stellt. Es mag dann etwa sein, daß die Aufnahme eines bestimmten günstigen Kredites in Periode 1 deshalb zurückgewiesen werden muß, weil das zu Rückzahlungsverpflichtungen in einer späte-

11 Vgl. oben, S. 271.

ren Periode führt, in der selbst nach den vorliegenden Prognosen starke Finanzdefizite anfallen. Erst wenn man weiß, ob in der späteren Periode dieses Defizit auch dann abgedeckt werden kann, wenn man in der Periode 1 den günstigen Kredit aufnimmt, kann man in der Periode 1 die endgültige Entscheidung treffen. Hier beeinflußt also der Finanzplan einer späteren Teilperiode die Entscheidung in der Periode 1. Die umgekehrte Wirkungsrichtung stellt man sich selbst leicht vor.

Man hat es also in sachlicher wie in zeitlicher Hinsicht mit einer **Totalinterdependenz** der Teilpläne im operativen System zu tun.

Es wurde bereits darauf hingewiesen, daß diese Totalinterdependenz der Teilpläne im operativen System eigentlich zu einer Simultanplanung drängt. Die **Simultanplanung** versucht, die Entscheidungssituation der Unternehmensführung in ihrer Totalität in einem einzigen Planungsmodell zu erfassen. Das Planungsmodell hätte dann nicht nur zu bestimmen, welche Produkte in welchen Mengen und welchen Arten auf welchen Maschinen in welcher Reihenfolge und in welchen Losgrößen wann herzustellen sind, sondern **uno actu** damit zugleich im Absatzbereich über den gesamten Marketing-Mix zu entscheiden; in gleicher Weise müßten die Auswirkungen dieser Entscheidungen in der kurzfristigen Finanzplanung nicht nur registriert werden, sondern es müßten auch die Rückwirkungen auf die übrigen Teilpläne insoweit in Rechnung gestellt werden, als es um die Einhaltung des finanziellen Gleichgewichts geht. Nach alledem müßte dann noch die Produktions-, Absatz- und Finanzplanung mit der Einkaufsplanung total integriert werden.

Die zu erwartende Komplexität eines solchen Totalmodells läßt sich reduzieren, indem man unter ökonomischen Gesichtspunkten in Rechnung stellt, daß natürlich nicht alle Interdependenzen im Entscheidungsfeld die gleichen gewichtigen ökonomischen Auswirkungen haben. Im Rahmen einer **Grobplanung** erfaßt man dann nur die großen wesentlichen Interdependenzen und integriert diese in ein simultanes Planungsmodell. Aber auch eine solche Grobplanung stößt an unüberwindliche Grenzen. Die Dynamik der Umwelt und die Komplexität sozialer Systeme lassen die Idee der Simultanplanung als pure Illusion erscheinen, vielleicht sogar als gefährliche Illusion, weil sie einen verfälschten Eindruck von den Steuerungsmechanismen eines Unternehmens gibt.[12]

Man muß aus diesen Gründen für die Gestaltung des operativen Planungssystems die Idee der Simultanplanung aufgeben. An ihre Stelle tritt der Denkansatz der **Sukzessivplanung**. Man antizipiert in planerischen Vorüberlegungen, welcher betriebliche Funktionsbereich für die Planungsperiode voraussichtlich den **Engpaß** darstellen wird.[13] Wenn man es für seine Produkte mit einem Käufermarkt zu tun hat, wird das in der Regel der **Absatzsektor** sein. Man beginnt dann mit der Absatzplanung als der obersten Planungsstufe und legt hier die entscheidenden Parameter des Marketing-Mix tentativ fest. Hat man das vorläufige Absatzprogramm nach Mengen und Preisen fixiert, so kann darauf

12 Vgl. im einzelnen viertes Kapitel.

13 Durch die Festlegung des Engpasses für einen konkreten Zeitraum wird mit der sachlichen zugleich auch die zeitliche Interdependenz planerisch verarbeitet.

die Produktions-Programm- und -Ablaufplanung aufbauen. An diese schließt sich dann in einem dritten Schritt die Einkaufsplanung an. Unter der Annahme, daß der Finanzsektor keinen Engpaß darstellt, registriert man anschließend die finanziellen Auswirkungen auf den Finanzplan, und der Finanzleiter bemüht sich, die für die Teilperioden des Planungszeitraums entstehenden Defizite abzudecken bzw. Überschüsse anzulegen.

Bei dieser Vorgehensweise mag es natürlich sein, daß die Ausgangsvermutung, daß der Absatzsektor den Engpaß darstellt, sich auf einer oder mehreren der nachfolgenden Stufen im nachhinein als falsch herausstellt. Man muß dann **rückkoppelnd** geeignete Planrevisionen beim Absatzplan und den Folgeplänen herausfinden, um die im Planungsprozeß ermittelten Engpaßsituationen zu überwinden, oder mit der Koordination der Pläne an einer anderen Stelle neu beginnen. Die Sukzessivplanung arbeitet die Interdependenz der Teilpläne im operativen System also in **zwei Schritten** ab: in einem ersten Schritt wird eine engpaßbezogene Planung derart durchgeführt, daß der (vermutete) Engpaßsektor zur Basis der Planung gemacht und alle anderen Teilpläne auf den Engpaß hin ausgelegt werden. Stellt sich die Engpaß-Vermutung als falsch heraus, läßt sich also keine realisierbare Lösung für das Gesamtsystem finden, so werden in einem zweiten Schritt im Sinne von Rückkoppelungsschleifen solange Planrevisionen durchgeführt, bis eine realisierbare Planungssituation erreicht worden ist.

6.2.4 Die operative Planung unter Unsicherheit

6.2.4.1 Planungssituationen bei Unsicherheit

Jede Planung ist per definitionem zukunftsgerichtet und die Zukunft ist unsicher. Die Unsicherheit bezieht sich auf alle diejenigen Tatbestände, die der Planer nicht selbst herstellen kann und die die Konsequenzen der erwogenen Handlungsalternativen (positiv oder negativ) beeinflussen. Bezeichnet man alle diejenigen Tatbestände, die sich dem Einflußbereich des Planers entziehen, als Umwelt(-ereignisse), so kann man in Übereinstimmung mit der traditionellen (normativen) Entscheidungstheorie im Hinblick auf Grade der Unsicherheit drei Situationen unterscheiden.

Die **erste** Situation ist dadurch gekennzeichnet, daß mit Bestimmtheit bekannt ist, welche der möglichen Umweltereignisse in der Zukunft tatsächlich eintreffen werden; alle Daten des Entscheidungsproblems sind dann **einwertige** Zufallsvariablen. Dies ist die Situation der **Gewißheit**. Bei der Planung des optimalen Produktprogramms hat man in Gewißheitssituationen dann also z.B. mit genau einem Deckungsbeitrag (Preis abzüglich variable Kosten) für jedes Produkt zu rechnen, ferner mit genau einem Wert für alle Kapazitätsbeanspruchungen pro Produkteinheit und mit einwertigen Periodenkapazitäten.

Die **zweite** Situation wird als **Risikosituation** bezeichnet. Hier liegen für einzelne oder alle Daten (nur) **objektive** Wahrscheinlichkeitsverteilungen vor; sie sind **mehrwertige** Zufallsvariablen. Im Hinblick auf das optimale Produktionsprogramm hat man also z.B. damit zu rechnen, daß sich mehrere Preissituationen oder Kostenzustände (mit unterschiedlichen Wahrscheinlichkeiten) für ein Produkt realisieren können und/oder Kapazitätsbeanspruchungen und Kapazitäten ebenfalls nur durch Wahrscheinlichkeitsverteilungen beschrieben werden können. Kritisch läßt sich zu der Risikosituation anmerken, daß objektive Wahrscheinlichkeiten strenggenommen nur bei Phänomenen, die keinen Bezug zur Planung in einer Unternehmung aufweisen, also z.B. bei Gesellschaftsspielen von der Art der Würfel- und Roulettespiele oder bei Lotterien, ex ante feststellbar sind, und zwar dann, wenn der Mensch durch Konstruktion **geeigneter** Zufallsgeneratoren (Würfel, Lose usw.) von vornherein selbst dafür sorgt, daß die gewünschte Wahrscheinlichkeitsverteilung auch tatsächlich auftritt. Bei betriebswirtschaftlichen Entscheidungssituationen kann man dagegen Wahrscheinlichkeitsverteilungen (oder ihre Kenngrößen, wie Erwartungswerte oder Streuungen) allenfalls aus der Vergangenheit des zu planenden Bereichs gewinnen. Die Übertragung derartiger Vergangenheitswerte in zukunftsorientierte Planungsmodelle ist systematisch nicht möglich, zumindest aber erfordert sie ein erhebliches Maß an **subjektivem** Vertrauen darauf, daß zwischen Vergangenheit und Zukunft keine unvorhergesehene Veränderung auftritt. Diese **subjektive** Komponente gewinnt natürlich um so mehr an Gewicht, je weniger sich gute Gründe für die Übertragbarkeit vergangener Umweltzustände auf die Zukunft anführen lassen.[14] So gesehen ist dann auch die Grenze fließend zwischen solchen Risikosituationen, für die objektive Wahrscheinlichkeitsverteilungen vorliegen, und solchen, wo man mangels objektiver Verteilung mit **subjektiven** Schätzungen von Wahrscheinlichkeiten operiert.

In Risikosituationen ist die einfache Optimierungsanweisung, etwa den Erwartungswert des Gewinns zu maximieren oder den Erwartungswert der Kosten zu minimieren, ergänzungsbedürftig; der Planer muß wissen, welches **Risikoniveau** der Entscheidungsträger letztlich zu akzeptieren bereit ist.[15]

Die **dritte** Situation, die die Entscheidungstheorie unterscheidet, ist die der **Ungewißheit**. Hier ist lediglich bekannt (oder wird als bekannt unterstellt), daß irgendein Umweltereignis aus einer **endlichen** Menge von solchen Ereignissen eintreten wird, ohne daß man aber (objektive oder subjektive) Wahrscheinlichkeitsinformationen über den Eintritt hat. In derartigen Situationen wird die planerische Arbeit extrem erschwert. Wenn es gelingt, für die verschiedenen möglichen Handlungsalternativen und für alle enumerierten Umweltzustände die Handlungskonsequenzen grob abzuschätzen, also eine sog. „Pay-off-Matrix" (Auszahlungstabelle) aufzustellen, dann wird sich in der Regel die Sachlage ergeben, daß je nach Umweltzustand eine andere Handlungsalternative unter dem Gesichtspunkt der Gewinnmaximierung oder Kostenminimierung vorzuziehen ist. Man sagt dann auch, daß keine der Handlungsalternativen („Strategien") eine andere dominiert. Dann bedarf es spezifischer (subjektiver) Entscheidungsregeln, um das Entscheidungsdilemma aufzulösen, da die Handlungsanweisung: „Maximiere den Gewinn"! oder „Minimiere die Kosten!" nicht mehr zum Ziel führt. Eine solche Entscheidungsregel ist z.B. die **„Minimax-Regel"**. Sie unterstellt eine pessimistische Einstellung des Entscheiders und empfiehlt, wenn es um die Minimierung der Kosten geht, eine solche Strategie zu wählen, bei der die für jede einzelne Strategie maximal erwarteten Kosten

---

14 Vgl. dazu auch Meyer, M., Operations Research, Systemforschung, 4. Aufl., Stuttgart 1996, S. 164.
15 Vgl. dazu unten, S. 300 f.

ein Minimum werden. Der Planer bereitet sich auf diese Weise gleichsam auf den schlechtesten aller möglichen Umweltzustände vor und versucht, dann den Schaden zu minimieren. Bei einer Gewinnmatrix wäre umgekehrt zu verfahren (Maximin-Regel). Der Planer versucht, in Anwendung einer solchen Entscheidungsregel gleichsam das Ausmaß der negativen Überraschung so klein wie möglich zu halten; gleichwohl ist er vor bösen Überraschungen natürlich nicht „sicher".

6.2.4.2 Ansätze zum Umgang mit Unsicherheit

Aufgrund der Tatsache, daß – gleichgültig, ob es sich um Risiko- oder Ungewißheitssituationen handelt – alles schließlich doch ganz anders kommen kann, und dies nicht nur für die strategische, sondern – wenn auch vielleicht in nicht so dramatischer Form – auch für die operative Planung zutrifft, muß auch dort darüber nachgedacht und müssen Vorkehrungen dafür getroffen werden, wie mit der Unsicherheit umgegangen werden sollte. Zwei große Ansatzpunkte sind hier erkennbar, die miteinander kombiniert werden können bzw. sollten. Der erste Ansatzpunkt liegt in der **operativen Planung** selber: Man versucht, sich durch die inhaltliche oder prozessuale Gestaltung der Planung so gut es geht auf die Unsicherheit vorzubereiten. Der zweite Ansatzpunkt besteht darin, kurzfristige **Reaktionspotentiale** anzulegen, um sich schnell auf nicht antizipierte Situationen einstellen zu können. Solche Reaktionspotentiale können im **Managementprozeß** angelegt werden (Organisation, Kontrolle); sie können aber auch im **Realgüterprozeß** in Form flexibler Strukturen (z.B. flexible Fertigungssysteme) angelagert werden.[16]

Unsicherheit und Planung

Im Rahmen der inhaltlichen Planung besteht zunächst die Möglichkeit, Planungsprobleme in einem ersten Schritt so zu behandeln, **als ob** Gewißheit bestünde. Man rechnet also mit einwertigen Erwartungen, schließt dann aber in einem zweiten Schritt an die Optimallösung sog. **Sensitivitätsanalysen** an.[17] Man untersucht mit solchen Analysen die **Stabilität** der gefundenen Lösung gegenüber Änderungen der Ausgangsdaten. Hat man z.B. das optimale Produktprogramm bestimmt, so fragt man danach, wie lange dieses Produktprogramm optimal bleibt, wenn sich etwa die Preise und/oder Kosten eines Produktes verändern. Im günstigsten Fall erweist sich das Produktprogramm als (extrem) stabil, d.h. daß große Preis- bzw. Kostenschwankungen auftreten können, ohne daß das Produktprogramm angepaßt werden muß. Eine solche Information verleiht nicht nur eine gewisse Sicherheit bei der Realisierung des Programms, sondern macht es auch möglich, der zukünftigen Preisentwicklung der Produkte weniger Aufmerksamkeit zu widmen, also Informationskosten zu sparen. Mit Hilfe der Sensitivitätsanalyse kann man so – von einer „Punktlösung" ausgehend – den Entscheidungsraum um diese Lösung herum gleichsam ausleuchten.

---

16 Vgl. dazu auch Ansoff, H.J., Die Bewältigung von Überraschungen und Diskontinuitäten durch die Unternehmensführung – Strategische Reaktionen auf schwache Signale, in: Steinmann, H. (Hrsg.), Planung und Kontrolle, München 1981, S. 233 ff., insbes. S. 242 ff.

17 Vgl. dazu unten, S. 299 ff.

Neben der Sensitivitätsanalyse bietet die **Alternativ- oder Eventualplanung** eine zweite Möglichkeit, mit der Unsicherheit der Umwelt umzugehen. Man berechnet Optimallösungen für alternative Datenkonstellationen, wobei man insbesondere auf solche Daten abstellt, die man in der Prognose für besonders kritisch erachtet. Dies ist gleichsam die Umkehrung der Sensitivitätsanalyse. Die Alternativplanung enthebt natürlich nicht von der Notwendigkeit, schließlich eine Auswahl für denjenigen Plan zu treffen, der realisiert werden soll. Der Planer muß sich also schlußendlich doch für eine Datenkonstellation entscheiden, die er für besonders wahrscheinlich hält. Es mag allerdings sein, daß die Alternativplanung – ähnlich wie die Sensitivitätsanalyse – im glücklichen Fall ergibt, daß viele Alternativpläne bei den betrachteten Datenkonstellationen im großen und ganzen übereinstimmen. Dann ist das wiederum ein Hinweis auf die Stabilität der Lösung (relativ zu den betrachteten Datenvariationen). Da man im Rahmen der Eventualplanung aber nur eine begrenzte Menge von Alternativen überhaupt durchrechnen und dabei u.U. gewichtige Alternativen sogar übersehen kann, bietet auch diese Vorgehensweise natürlich keine „Versicherung" gegen die Unsicherheit.

Das gleiche gilt für die **flexible** (im Gegensatz zur starren) **Planung**. Hat man es mit mehrperiodigen, sequentiellen Entscheidungen zu tun derart, daß über Handlungsalternativen in späteren Perioden in Abhängigkeit von dann relevanten Umweltereignissen und den vorher getroffenen Entscheidungen befunden werden muß, so lassen sich solche Planungsprobleme auf sog. **Entscheidungsbäumen** abbilden.[18] Der Planer steht dann vor der Entscheidung, ob er zum Ausgangszeitpunkt bereits eine definitive Festlegung auf eine ganz bestimmte Alternativenfolge durch den ganzen Entscheidungsbaum hindurch vornehmen soll. Im Gegensatz zu einer derartigen starren Planung wird bei der flexiblen Planung unter Berücksichtigung der Alternativen in späteren Entscheidungsstufen zum Ausgangszeitpunkt nur über die in der ersten Periode zu realisierenden Alternativen definitiv entschieden. Über die Alternativen der späteren Stufen (Perioden) wird lediglich bedingt oder eventualiter befunden. Man macht damit die Folgeentscheidungen in späteren Perioden von der **Aktualisierung der Informationen** über die Umweltzustände abhängig, man paßt sie gleichsam an die neue Situation an. Im Vergleich zur starren Planung trifft man also keine unnötigen (und ökonomisch unzweckmäßigen) Festlegungen; in diesem Sinne ist die Planung flexibel. Daß auf diese Weise die Unsicherheit allerdings keinesfalls vollständig „abgearbeitet" wird, ist unmittelbar einsichtig. In jeder Entscheidungsstufe kann man sich irren, weil doch alles anders kommt als geplant; im Lichte späterer Umweltinformationen können sich alle vorherigen Entscheidungen als falsch herausstellen. Im übrigen ist eine solche vorsichtige Abwarte-Strategie nur selten möglich; häufig müssen die Ressourcen schon frühzeitig gebunden werden.

Eine vierte Art, mit der Unsicherheit der Umwelt planerisch umzugehen, ist die **robuste Planung**. Sie macht sich die Einsicht zunutze, daß es bei manchen Planungsproblemen erste Planungsschritte gibt, die für die Zukunft noch nichts präjudizieren, also keine Handlungsoptionen vernichten. Sind solche robusten Schritte möglich, ist es rational, mit weiteren „commitments" solange zu warten, bis Entscheidungen nicht mehr aufgescho-

18 Vgl. dazu unten, S. 296 ff.

ben werden können. Auf diese Weise wird es möglich, die jeweils unumgänglich zu treffenden Entscheidungen – ähnlich wie bei der flexiblen Planung – vom aktuellen Informationsstand abhängig zu machen. Man erkennt allerdings sofort, daß auch auf diese Weise der Irrtum nicht ausgeschlossen werden kann, einmal ganz abgesehen von den stark idealisierten Bedingungen.

Neben den angesprochenen Vorgehensweisen, die primär die Art der Informationsverarbeitung bei der Planung betreffen, lassen sich auch durch die Organisation des **Planungsprozesses** gewisse Vorkehrungen gegen die Unsicherheit der Zukunft treffen. Hierzu sei beispielhaft auf die Möglickeit einer sog. **rollenden** (gleitenden) **Planung** hingewiesen. Ihr Wesen besteht darin, daß man den Planungszeitraum, bei der operativen Planung etwa ein Jahr, in Teilperioden, z.B. Quartale oder Monate, zerlegt und dann für den ersten Monat (oder das erste Quartal) eine Feinplanung durchführt und es für die übrigen Perioden bei einer Grobplanung beläßt. Im Zuge der Realisierung der Feinplanung des ersten Monats (oder des ersten Quartals) wird für den nächsten Monat (oder das nächste Quartal) die Feinplanung vorbereitet und gleichzeitig der gesamte Planungszeitraum um einen Monat (ein Quartal) in die Zukunft fortgeschrieben und mit einer neuen Grobplanung versehen. Das „Rollen" der Planung besteht – so gesehen – dann also darin, daß periodisch der Jahresplan in einem Monatsplan (Quartalsplan) konkretisiert und der Gesamtplan in die Zukunft fortgeschrieben wird. Die Planung „rollt" gleichsam entlang der Zeitachse in die Zukunft fort.

Bei dieser Vorgehensweise hat man durch die Organisation des Planungsprozesses die Möglichkeit eingebaut, die handlungsrelevanten Feinplanungen vom jeweiligen Informationsstand abhängig zu machen, ohne den größeren zeitlichen Zusammenhang der Teilpläne (ganz) aus dem Auge zu verlieren. Demgegenüber verzichtet die nicht-rollende Planung auf die Möglichkeit, Entscheidungen auf der Grundlage aktueller Informationen zu treffen; dies gilt jedenfalls insoweit, wie die Organisation des Planungsprozesses selbst (ohne Einbeziehung der Kontrolle) betroffen ist. Man sieht leicht ein, daß das Prinzip der rollenden Planung, nämlich Entscheidungen auf dem jeweils aktuellsten Informationsstand zu treffen, im Extremfall in eine **Echtzeitsteuerung** übergeht: Die Zeit zwischen Planung und Realisierung wird soweit verkürzt, wie es möglich ist, ohne daß die erforderlichen Informationsverarbeitungsprozesse beeinträchtigt oder unmöglich werden. Der Einsatz von Computern – z.B. bei der Steuerung von Produktionsanlagen – hat dabei den Zeitbedarf für die Informationsverarbeitung in den letzten Jahren bereits in beachtlichem Ausmaß reduziert. Er läßt es heute bei der Auftragsfertigung auch bereits zu, Tagesplanungen zu korrigieren und Produktionsanlagen umzusteuern, um nach Abschluß der Tagesplanung eingegangene Eilaufträge doch noch zu berücksichtigen. Daß hierin ein wesentlicher strategischer Wettbewerbsvorteil dann liegen kann, wenn die Lieferzeit ein entscheidender strategischer Erfolgsfaktor ist, bedarf keiner weiteren Begründung.

Aber so sehr man sich auch bemühen mag, es wird der Planung aus systematischen Gründen (Dynamik und Komplexität) niemals gelingen, alleine das Unsicherheitsproblem kleinzuarbeiten. Es ist vielmehr Aufgabe der gesamten Steuerungsfunktion, dieses Fundamentalproblem so zu bearbeiten, daß das System Unternehmung seine Funktionsfähigkeit erhält.

Unsicherheit und Reaktionspotentiale

Im **Managementprozeß** bieten grundsätzlich alle weiteren Managementfunktionen (neben der Planung) die Möglichkeit, die Reaktionsfähigkeit der Unternehmung angesichts von Unsicherheit zu erhöhen. Von besonderer Bedeutung ist, wie bei der strategischen Kontrolle schon ausführlich dargelegt, die **Kontrollfunktion** im Sinne einer Kompensation.

Neben der Kontrolle bietet die **Organisation** die Möglichkeit, Reaktionspotentiale anzulagern und damit die Flexibilität der Unternehmung angesichts der Unsicherheit der Zukunft zu erhöhen. Statt bürokratischer Organisationen mit rigiden generellen Regelungen, tief gestaffelten Hierarchien, weit vorangetriebener Arbeitsteilung, strikter Über- und Unterordnung und eindeutigen Befehlswegen, die zugleich durch ausschließlich vertikale Informationswege gekennzeichnet sind, kann man den Gegentyp der **flexiblen Organisation** entwerfen (flache Hierarchien, horizontale und laterale Kommunikation, wenige allgemeine Regelungen, partizipative Entscheidungsprozesse etc.) und auf diese Weise Vorkehrungen dafür treffen, daß Störungen situationsgerecht durch die Organisation bzw. die Organisationsmitglieder aufgefangen und rasch abgearbeitet werden. Man sieht natürlich sofort, daß hier dann auch die Managementfunktion **Personaleinsatz** gefordert ist, um das notwendige Wissen und die erforderlichen Einstellungen und Verhaltensweisen bei den Organisationsmitgliedern zu schaffen. In dem Maße, wie es auf diese Weise gelingt, in allen übrigen Managementfunktionen Reaktionspotentiale anzulegen, kann sich die Planung auf die Selektionsleistung konzentrieren. Die **Planung unter Gewißheit** läßt sich aus dieser Sicht dann auch neu legitimieren. Sie ist nicht mehr eine unzulässige „Vergewaltigung" der tatsächlichen Planungssituation, sondern ein **„Als-ob-Vorgehen"** (die Planung tut so, als ob Gewißheit besteht), das seine Berechtigung (auch) aus dem Verweis auf die bestehenden Reaktionspotentiale der übrigen Managementfunktionen ziehen kann.

Neben dem Managementprozeß bietet der **Realgüterprozeß** Ansatzpunkte, kurzfristige Reaktionspotentiale anzulagern. Bei der Auswahl von Produktionsfaktoren achtet man auf universelle statt spezialisierte Kompetenzen. Man beschafft z.B. Universalmaschinen, die für ein breiteres Spektrum von Produkten geeignet sind, statt Spezialmaschinen, die nur für das gerade gültige Produktspektrum und seine besonderen Varianten geeignet sind. Diese Flexibilität wird in der Regel etwas kosten: Universalmaschinen werden im Hinblick auf Umrüstung, Energieverbrauch, Bedienungsanforderungen etc. höhere Kosten bedingen als Spezialmaschinen. Das ist heute allerdings keineswegs mehr bei allen Fertigungssystemen der Fall. Flexible computerunterstützte Produktionsanlagen erlauben es, eine Vielzahl von Produktvarianten praktisch ohne die Kosten einer Umrüstung zu produzieren („Losgröße 1"). Die Entscheidung, welche Produktvariante – etwa in der Automobilfertigung nach Farbe und Spezialausstattung – zu fertigen ist, kann so lange aufgeschoben werden, bis Gewißheit über die Nachfrage in Form eines genau spezifizierten Kundenauftrags vorliegt. Das Potential, unmittelbar auf verschiedenste Anforderungen einer unsicheren Umwelt ad hoc zu reagieren, muß natürlich vom Management systematisch und an den wichtigen Stellen in den betrieblichen Funktionsbereichen installiert werden. Hier geht es um die **Planung der Flexibilität** (im Gegensatz zur flexiblen Planung), und bei dieser Planung muß eine sorgfältige **Kosten-Nutzen-Analyse** angestellt werden. Rechnet man mit Umweltsituationen, die über längere Zeit weitgehend konstant sind, so sind flexible Lösungen „überqualifiziert". Wenn man dagegen für die Zukunft mit wesentlichen Umweltunsicherheiten glaubt rechnen zu müssen, z.B. weil sich der technische Fortschritt beschleunigt, die Konkurrenz zu neuen Strategien übergeht, neue Wettbewerber in den Markt eintreten, die Märkte sich globalisieren etc., so sollte man eher flexible Lösungen anstreben. Man sollte dann u.U. aber nach Umweltsegmenten differenzieren und prüfen, in welchen der den verschiedenen Umweltsegmenten entsprechenden Funktionsbereichen sinnvollerweise kurzfristige Potentiale zur Reaktion auf von der Planung nicht antizipierte oder antizipierbare Umweltentwicklungen angelegt werden sollten.

6.3 Ausgewählte Modelle operativer Planung

6.3.1 Die Konstruktion von Planungsmodellen

Mit der operativen Planung wird – wie mit jeder Planung – per definitionem – Handeln (bloß) vorbereitet, nicht (schon) vollzogen. Planung nimmt also nicht die Form direkter Gestaltungseingriffe zur Veränderung der Realität an, sondern verwirklicht sich als denkendes Vorbereiten des Handelns in einem Konstruktionsprozeß, an dessen Ende – gleichsam stellvertretend für den zu planenden Weltausschnitt – die Entscheidung oder der Plan steht; im Rahmen der operativen Unternehmensplanung konstruiert der Planer z.B. Liquiditätsplanungsmodelle für die Steuerung der (kurzfristigen) Einnahmen- und Ausgabenströme oder Produktionsplanungsmodelle für die Bestimmung des Produktionsprogramms einer Periode (Monat, Jahr) und seine raum-zeitliche Realisierung.

Für das Arbeiten mit quantitativen Planungsmodellen ist nun das richtige Verständnis des Vorgangs der Modellbildung, der Modellkonstruktion, wichtig. Was tut der Planer eigentlich, wenn er „modelliert", d.h. ein Planungsmodell entwirft?

Die klassische „Lehrbuchantwort" lautet hier, daß er eine **Abbildung** vollzieht, nämlich eine vorgegebene Struktur eines realen Weltausschnittes mit seinen **Elementen** und den **Relationen** zwischen diesen Elementen, das sog. „Realsystem", in die Form des Modells überführt.[19] Nimmt man als **Realsystem** etwa den Produktionsbereich einer Unternehmung, so wären dort „Elemente" z.B. Produkte und Kapazitäten und „Relationen" die Beziehungen zwischen Produktionsmenge einerseits und Preisen resp. Kosten- und Outputmengen andererseits. In einem **Modell** der Produktionsprogrammplanung wären dementsprechend die gesuchten Produktionsmengen der Produkte dann als Unbekannte x_i für die Produkte $i = 1, ..., n$ abzubilden und die Relationen als Produktions-, Preis- und Kostenfunktionen.

19 Vgl. etwa Bamberg, G./Coenenberg, A.G., Betriebswirtschaftliche Entscheidungslehre, 3. Aufl., München 1981, S. 12 ff.

Folgt man dieser Sichtweise, ist ein Modell ein Abbild der Realität. Da Unternehmen oder auch Unternehmensbereiche aber generell komplexe Systeme und als solche niemals vollständig beschreibbar sind, führt die Idee der Abbildung in die Irre. Man muß zwangsläufig selektieren und Zusammenhänge zerschneiden, um zu einem Modell zu kommen. Die Modellbildung ist also – wie alle Planungen – selektiv, sie arbeitet auf der Basis einer nicht vollständig begründbaren Hypothese, daß alle zur Beantwortung der spezifischen Fragestellung eines Planungsproblems relevanten Elemente und Relationen im Modell erfaßt sind. Sucht der Fertigungsplaner z.B. die gewinnmaximale Zusammensetzung des Produktionsprogramms für die nächste Planungsperiode, so mag es weniger auf die Farbe oder Verpackung der Produkte ankommen, wohl aber auf die Beanspruchung der Kapazität pro Produkteinheit durch die einzelnen Produkte; zumindest dann, wenn es sein Ziel ist, die Kapazitäten so auf die Produktlinien zu verteilen, daß der Gesamtgewinn ein Maximum wird. Ob die anderen Produkteigenschaften oder andere Zusammenhänge für die Gesamtoptimierung aus Unternehmenssicht ebenfalls sehr wichtig sind, läßt er offen.

Trotz aller Vereinfachungen muß dann aber – so das abgeschwächte Postulat der Abbildungsidee – zumindest **Strukturgleichheit bzw. -ähnlichkeit** zwischen Realsystem und Modell vorliegen, damit, jedenfalls im Prinzip, der Übertrag des Modells bzw. seiner Ergebnisse auf Handlungen im Realsystem möglich wird. Die Forderung der Strukturgleichheit in diesem Sinne ist beispielsweise verletzt, wenn man in der Produktionsprogrammplanung die faktisch bedeutsamen Kapazitätsrestriktionen vernachlässigt oder nichtlineare Kostenstrukturen in beliebiger Weise als lineare behandelt. Man hat dann keine Strukturähnlichkeit oder – wie man auch sagt – keine relationeneineindeutige Abbildung der realen Situation konstruiert.

Das abgeschwächte Postulat der Strukturgleichheit ist aber im Prinzip ebensowenig haltbar wie die starke Version der Abbild-Theorie. Man geht nämlich unhinterfragt davon aus, daß im Realsystem eine **Struktur** objektiv vorliegt, die es im Modell nur „wirklichkeitsgetreu" zu wiederholen gelte. Dies trifft nicht den Kern der Sache. Es ist keineswegs so, daß dem Planer das „Planungsproblem" als feststehende Tatsache der objektiven Welt gegenübertreten würde, dessen Strukturen es im Modell nur richtig abzubilden gelte. Diese Position beruht auf einem (erkenntnistheoretischen) Mißverständnis. Probleme sind keine absoluten real existenten Phänomene; sie werden vielmehr von denen, die sie zu entdecken glauben, „konstruiert", ein Problem kann erst im Rekurs auf einen Bezugsrahmen zu einem solchen werden. Ein Umweltereignis kann – wie im vierten Kapitel dargelegt – erst dann zu einem Problem werden, wenn eine entsprechende Grenzziehung zwischen System und Umwelt vorgenommen wurde. Ein Planungsproblem ist so gewissermaßen „konstruierte Wirklichkeit", eine Wirklichkeit, die erst durch bestimmte Eigenleistungen des Entdeckers bzw. des Systems Form annimmt.[20] In einem ähnlichen Sinne schreibt Menges: „Die wahre Anstrengung des Entscheidens liegt vor

20 Zu einer in diesem Sinne radikalisierten Position des Konstruktivismus vgl. Watzlawick, P., Die erfundene Wirklichkeit, München 1985.

dem Entscheidungsproblem, wie es üblicherweise definiert und aufgefaßt wird, sie liegt in den Vorentscheidungen, welche die Bestimmungsstücke des je gegebenen Problems überhaupt erst zusammenbringen."[21]

Diese die Selektivität betonende Perspektive erfordert, die **konstruktiven** Eigenleistungen des Planers im Prozeß der Modellbildung stärker in den Mittelpunkt zu rücken und Modellbildung nicht mehr länger als **Re-Konstruktion** unabhängig vorgegebener Strukturen der Wirklichkeit zu begreifen.[22] Dazu ist es erforderlich, den Akzent der Betrachtung stärker auf die Phase der Problemgenerierung im Prozeß der Modellbildung „vorzuverlagern". Es gilt zu sehen, daß man Planungsprobleme nicht einfach – wie Dinge der realen Welt – **erkennen** kann, sondern daß sie als Teil der Modellierungsarbeit zuallererst konstruiert werden müssen.

Probleme werden in der (Unternehmens-)Praxis gewöhnlich als Abweichungen konstruiert zwischen dem, was gewollt oder erwartet wird, und dem, was erreicht wurde oder dem, was sich ereignet hat. Kritische Signale und daraus erschließbare „Problem-Situationen" sind gewöhnlich alles andere als eindeutig. Sie sind vielmehr durch Ambiguität (Unsicherheit und Komplexität) gekennzeichnet. Es ist die Aufgabe des Planers, diese Ambiguität durch Selektion in mehreren Strukturierungsschritten in – wenn auch konstruierte – Eindeutigkeit bzw. Entscheidbarkeit zu überführen. Das geschieht teils durch die Beschaffung von Wissen, teils aber immer auch durch das Setzen von (mehr oder weniger begründeten) Annahmen über zukünftige Entwicklungen und relevante Wirkungszusammenhänge. Die operative Planung steht zwar zu einem gewissen Teil am Ende dieses Strukturierungsprozesses, weil die Ergebnisse der strategischen Planung als Bestandteile der eigenen Problemdefinition schon vorgegeben sind. Gleichwohl muß auch sie angesichts der dann immer noch verbleibenden Unsicherheit und Komplexität noch einen eigenständigen Strukturierungsprozeß vollziehen, in dessen Verlauf selbst vielfältige Entscheidungen darüber zu treffen sind, was zur Gewinnung einer eindeutigen Handlungsorientierung (bis auf weiteres) als (gesetztes) Datum des Handelns anzusehen ist (also nicht der Entscheidung unterliegen soll) und was als (noch) offene Wahlmöglichkeit zu gelten hat. Das operative **Entscheidungsmodell** steht ganz am Ende dieses mehrstufigen Konstruktionsprozesses zur Reduktion der Ambiguität (und dem korrespondierenden Zuwachs an Bestimmtheit); es „schließt" gleichsam das ursprünglich „offene" Problem endgültig und schafft damit Eindeutigkeit, Entscheidbarkeit. Ob freilich das Problem richtig modelliert ist, läßt sich aufgrund der Ambiguität der Ausgangssituation nicht a priori entscheiden, dies zeigt sich erst dann, wenn sich die Konstruktion im Handlungsvollzug bewähren muß. Und es ist nicht selten so, daß sich gerade grobe Konstruktionen vorzüglich bewähren.[23]

---

21 Menges, G., Vorentscheidungen, in: Henn, R. (Hrsg.), Operations Research Verfahren II, Meisenheim am Glan 1965, S. 38.

22 Vgl. dazu auch Bretzke, W.-R., Der Problembezug von Entscheidungsmodellen, Tübingen 1980; dort allerdings nicht unter Rekurs auf die hier leitende systemtheoretische Perspektive.

23 Vgl. Zentes, J., Die Optimalkomplexion von Entscheidungsmodellen, Köln u.a. 1976, S. 4 passim.

Die hier angerissene Fragestellung nach der optimalen Ausformulierung und Detaillierung von Planungsmodellen ist ein interessanter Fall von **Reflexivität**: das zu behandelnde Instrumentarium wird auf das Instrument selbst angewandt.[24]

Zusammenfassend läßt sich festhalten: In Planungsmodellen werden also Entscheidungsprobleme nicht abgebildet, sondern methodisch konstruiert. Das fertige Planungsmodell ist eine Rekonstruktion einer aufgrund von diversen Vorentscheidungen als problemhaft definierten Situation.

Dieses Verständnis der (operativen) Planung als eines ambiguitätsreduzierenden Konstruktionsprozesses wirft zugleich ein problematisches Licht auf eine begriffliche Unterscheidung, die in der Planungsliteratur gängig ist und in der Abbildtheorie wurzelt, nämlich die zwischen „wohlstrukturierten" und „schwachstrukturierten" Planungsproblemen.[25] Diese Unterscheidung suggeriert ja, daß es **vor** allen planerischen Bemühungen – gleichsam „von Hause aus" – in der Welt unterschiedliche Problemtypen gibt, die unterschiedliche Anforderungen an ihre Abbildung stellen. Planungsprobleme sind aber als Folge der Umweltambiguität und des mangelnden Wissens zunächst einmal immer amorph, sind immer definitionsbedürftig. Strukturen werden im Zuge des Planungsprozesses durch menschliche Strukturierungsleistungen erst **geschaffen**. Die Rede von wohl- und schwachstrukturierten Problemen muß deshalb – zur Vermeidung ontologischer Mißverständnisse – so rekonstruiert werden, daß sie auf unterschiedliche Grade von im Planungsprozeß vorgenommenen Strukturierungen abstellt.

Wieweit die Strukturierungsleistung vorangetrieben werden muß, richtet sich dann nach den jeweiligen Steuerungserfordernissen der Unternehmensführung und den Merkmalen der Verwendungssituation. Strategische Planungen sollen – wie gezeigt – grobe Handlungsorientierungen vermitteln; deshalb reicht es hier aus, das Ausgangsproblem zu einer schwachstrukturierten Planungsaufgabe zu verdichten, die (mehr oder weniger) weit vor der völligen Durchstrukturierung halt macht, wie sie für die operative Planung im Prinzip charakteristisch ist. Ein Planungsproblem ist – so unser Vorschlag – dann **wohlstrukturiert** worden, wenn die einzelnen Merkmale eindeutig beschrieben sind. Das ist dann der Fall, wenn **alle** Relationen zwischen den Elementen im Sinne einwertiger Erwartungen als genau bekannt behandelt werden; dann läßt sich – vorausgesetzt ein entsprechender Algorithmus ist verfügbar – aus der endlichen Menge der Handlungsmöglichkeiten unter Beachtung der bekannten Handlungskonsequenzen ein – im Hinblick auf eine vorgegebene Zielsetzung optimales – Handlungsprogramm logisch ableiten. Das weiter unten zu behandelnde Problem der operativen Produktionsprogrammplanung, das mit Hilfe der Linearen Programmierung mathematisch gelöst wird, ist in diesem Sinne wohlstrukturiert.

Dort jedoch, wo es im Rahmen der Strategischen Planung etwa um die Wahl zwischen einer Differenzierungs- und einer Kostenführerschaftsstrategie geht,[26] hat man es dage-

---

24 Vgl. Mitroff, I.I./Betz, F., Dialectical decision theory, in: Management Science 19 (1972), S. 14.

25 Vgl. zu dieser Unterscheidung Newell, A./Simon, H.A., Human problem solving, Englewood Cliffs/N.J. 1972.

26 Vgl. fünftes Kapitel.

gen mit einer **schwachstrukturierten** Planungsaufgabe zu tun; denn hier ist es aufgrund der Vielfalt der Handlungsparameter und ihrer nur grob antizipierbaren Wirkungen gar nicht sinnvoll, alle Handlungskonsequenzen bis zum Ende en détail zu durchdenken und eindeutig zu definieren.

Den Entwurf von operativen Planungs- bzw. Entscheidungsmodellen im dargestellten Sinne als einen ambiguitätsreduzierenden Konstruktionsvorgang und nicht als Abbildung der Realität zu interpretieren, gründet sich auf das im vierten Kapitel entwickelte Verständnis von Umweltkomplexität und Selektionszwang. Es wäre allerdings ein Mißverständnis, die Unhaltbarkeit der Abbildtheorie so auszulegen, daß damit die „Realität" für die Konstruktion von operativen Planungsmodellen ganz irrelevant sei und negiert werden könne. Die Konstruktion von operativen Planungsmodellen basiert natürlich auf einem Situationsmodell, in dem die vor dem Hintergrund der errichteten System-Umwelt-Differenz als relevant betrachteten Tatbestände der Realität als empirische Randbedingungen erfaßt werden. Ungeeignete Selektionsentscheidungen bzw. Situationsmodelle machen sich nämlich aufdringlich und objektiv bemerkbar, im Extremfall führen sie zum Untergang des Handlungssystems Unternehmung. Die Bezeichnung „Situationsmodell" macht deutlich, daß es sich nach all dem bereits Gesagten allerdings nicht um eine vollständige Situationsbeschreibung handelt, sondern um eine Konstruktionsleistung, deren Zweckmäßigkeit sich im praktischen Vollzug erweisen muß. Nicht selten erweisen sich hoch selektive Modellkonstruktionen als durchaus hilfreich, dies vor allem dann, wenn die Situationsbedingungen von der Unternehmung gestaltbar sind. So wird z.B. häufig das Subsystem Produktion durch Maßnahmen künstlich stabilisiert[27] und gegen allzu starke Schwankungen abgesichert, so daß mit hoch selektiven Planungsmodellen auf der Basis sicherer Erwartungen gearbeitet werden kann.

6.3.2 Methoden der operativen Planung (Modellierungstechniken)

Vor dem Hintergrund der vorstehenden Überlegungen über die Konstruktion von Planungsmodellen wird deutlich, warum gerade in der operativen Planung mathematische Verfahren als Modellierungstechniken eine bedeutsame Rolle spielen können. Die operative Planung zielt ja auf die letztendliche **Schließung** von Planungsproblemen durch Formulierung solcher wohlstrukturierter Planungsaufgaben und Anwendung solcher Modelle, aus denen die Lösung (Handlungsanweisung) eindeutig als **logische** Implikation ableitbar ist. Und mathematische Verfahren und Techniken sind genau durch diese Eigenschaften gekennzeichnet: Sie haben eine formale Struktur und im Prozeß der mathematisch-analytischen Umformung wird nichts an Informationsgehalt hinzugefügt, was nicht als Planungsaufgabe in sie hineingesteckt wurde; mathematische Operationen sind rein logische Operationen.

27 Vgl. Thompson, J.D., Organizations in action, New York 1967.

Die mathematischen Hilfsmittel zur Modellierung von operativen Planungsmodellen (Modellierungstechniken) werden in der dafür primär zuständigen Disziplin, der Unternehmensforschung, in unterschiedlicher Weise gegliedert. Für den hier beabsichtigten orientierenden Überblick knüpfen wir an den Vorschlag von Meyer an, der zwischen optimierenden, prognostizierenden und experimentierenden Modellierungstechniken bzw. Modellen unterscheidet.[28]

6.3.2.1 Optimierungsmodelle

Die mathematischen Optimierungsmodelle lassen sich letztlich als Ausdifferenzierungen eines allgemeinen Problems begreifen, nämlich eine **Zielfunktion** unter **Nebenbedingungen** (Restriktionen) zu optimieren (zu maximieren oder zu minimieren), wobei die (Entscheidungs-)Variablen nur nichtnegative Werte annehmen dürfen. Man kann diese Aufgabenstellung auch mathematisch wie folgt schreiben:

$$f(x_1, ..., x_n) \longrightarrow \text{opt! (max! oder min!)} \qquad (1)$$

$$g_i(x_1, ..., x_n) = 0 \quad (i = 1, ..., m) \qquad (2)$$

$$x_j \geq 0 \quad (j = 1, ..., n) \qquad (3)$$

In der Grundstruktur erkennt man schon hier umrißhaft eine Ähnlichkeit dieses mathematischen Ansatzes mit dem allgemeinen **ökonomischen** Problem, i (i = 1, …, m) knappe Ressourcen so auf j (j = 1, …, n) verschiedene mögliche Verwendungsrichtungen zu verteilen, daß der Nutzen ein Maximum wird. Die Obergrenzen der Ressourcen und ihre Beanspruchung in jeder Verwendungsrichtung pro Einheit lassen sich durch die Nebenbedingungen (2) erfassen, die Nutzenmaximierung durch (1), und die Tatsache, daß ökonomische Probleme nur nicht-negative Lösungen haben können (negative Lösungen also sinnlos sind) durch (3).

Deterministische Modelle

Eine erste Ausdifferenzierung dieser allgemeinen Struktur erhält man, wenn in (1) bis (3) die funktionalen Beziehungen ausschließlich **lineare Funktionen** sind, also:

$$f(x_j) = \sum_{j=1}^{n} c_j x_j \longrightarrow \text{opt! (max! oder min!)} \qquad (1a)$$

$$g_i(x_j) = \sum_{j=1}^{n} a_{ij} x_j - b_i = 0 \quad (i = 1, \dots, m) \qquad (2a)$$

$$x_j \geq 0 \quad (j = 1, \dots, n) \qquad (3a)$$

28 Vgl. Meyer, M., a.a.O., S. 16 ff.

(2a) kann man – wenn man auch das „kleiner oder gleich-Zeichen“ zuläßt – wie in (2a') schreiben:

$$\sum_{j=1}^{n} a_{ij}\, x_j \leq b_i \qquad (2a')$$

Dann wird wiederum eine mögliche ökonomische Interpretation leicht: Ein Betrieb hat m Abteilungen, durch die n Produkte während ihrer Fertigung laufen müssen. Die Kapazitäten (Faktoren) dieser Abteilungen pro Planungsperiode sind b_i, die Inanspruchnahme der Kapazitäten pro Einheit des Produktes j wird durch a_{ij} angegeben; und (2a') fordert dann, ein Produktionsprogramm (x_j) so zu bestimmen, daß die dadurch in Anspruch genommenen Kapazitäten die verfügbaren Kapazitäten nicht überschreiten (höchstens voll ausnutzen). (1a) gibt mit c_j als dem Deckungsbeitrag des Produktes j das Ziel vor, nicht ein beliebiges, mit (2a') verträgliches, sondern ein deckungsbeitragsmaximales Produktionsprogramm zu bestimmen.

(1a) – (3a) stellen das Modell der **Linearen Programmierung** (LP) dar. LP ist die bei weitem wichtigste Modellierungstechnik für die operative Planung. Dies nicht nur deshalb, weil viele operative Planungsprobleme sich (durch geübte Modellkonstrukteure) als LP-Modelle rekonstruieren lassen; häufig auch dann, wenn man es auf den ersten Blick nicht vermuten würde. Hinzu kommt, daß mit der Simplex-Methode die Theorie der Linearen Programmierung ein Lösungsverfahren zur Verfügung stellt, das auch für die Lösung einer Reihe nicht-linearer Probleme (nach geeigneter Umformulierung in ein LP) angewendet werden kann. Dabei gibt es neben dem allgemeinen LP-Ansatz (1a) – (3a) noch zwei für die operative Planung wichtige Sonderfälle. Der erste Sonderfall ist das sog. **Transportmodell**, für das ein eigenständiges Lösungsverfahren, die sog. „Transportmethode“, existiert. Es läßt sich verbal umschreiben als die Aufgabe, für eine Periode (Jahr, Monat, Woche) ein transportkostenminimales Versandprogramm zu entwickeln, wobei die Versandgüter am Verladeort i (i = 1, .. .,m) in der Menge A_i pro Periode verfügbar sind und am Nachfrageort j (j = 1, ..., n) in der Menge N_j pro Periode nachgefragt werden.

Führt man – wie in Abbildung 6.4 – für die gesuchte Menge, die von i nach j zu transportieren ist, die Entscheidungsvariable x_{ij} ein mit c_{ij} als Transportkosten pro Einheit, so lautet der mathematische Ansatz für das Transportproblem:

$$\sum_{i=1}^{m} \sum_{j=1}^{n} c_{ij}\, x_{ij} \longrightarrow \min! \qquad (1b)$$

$$\sum_{j=1}^{n} x_{ij} = A_i \quad (i = 1, \ldots, m) \qquad (2b)$$

$$\sum_{i=1}^{m} x_{ij} = N_j \quad (j = 1, \ldots, n)$$

$$x_{ij} \geq 0 \qquad (3b)$$

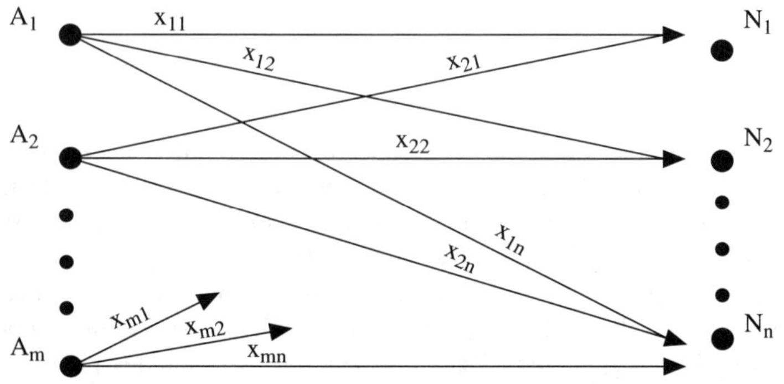

Abb. 6.4: Das Transportproblem

In (1b) – (3b) ist schon vorausgesetzt, daß das pro Periode verfügbare gesamte Transportangebot genau der gesamten nachgefragten Menge entspricht, also:

$$\sum_{i=1}^{m} A_i = \sum_{j=1}^{n} N_j$$

In dieser Voraussetzung ist aber keine wesentliche Modifikation des LP-Modells zu sehen, da man sie auch fallen lassen kann, ohne die Lösbarkeit der Planungsaufgabe zu beeinträchtigen.

Eine zweite spezifische Unterstruktur des allgemeinen LP-Modells erhält man, wenn man in (1b) – (3b) $A_i = 1$ und $N_j = 1$ setzt, also:

$$\sum_{i=1}^{m} \sum_{j=1}^{n} c_{ij}\, x_{ij} \longrightarrow \max! \qquad (1c)$$

$$\sum_{j=1}^{n} x_{ij} = 1 \qquad (i = 1, \ldots, m) \qquad (2c)$$

$$\sum_{i=1}^{m} x_{ij} = 1 \qquad (j = 1, \ldots, n)$$

$$x_{ij} \geq 0 \qquad (3c)$$

Dieses ist das sog. „Zuweisungsmodell“. Eine ökonomisch sinnvolle Problemstellung ist die Zuweisung von m Arbeitern auf n Maschinen (m = n), um den Output zu maximieren, wobei die je unterschiedliche Produktivität des Arbeiters i an der Maschine j durch c_{ij} gemessen wird. Die gesuchte Lösung lautet dann:

$$x_{ij} = \begin{cases} 1, \text{ falls Arbeiter i an Maschine j eingesetzt} \\ 0 \text{ sonst.} \end{cases}$$

Die Nebenbedingungen (2c) stellen sicher, daß jeder Arbeiter nur für den Einsatz an einer Maschine geplant wird und jede Maschine auch nur einen Arbeiter zugewiesen erhält.

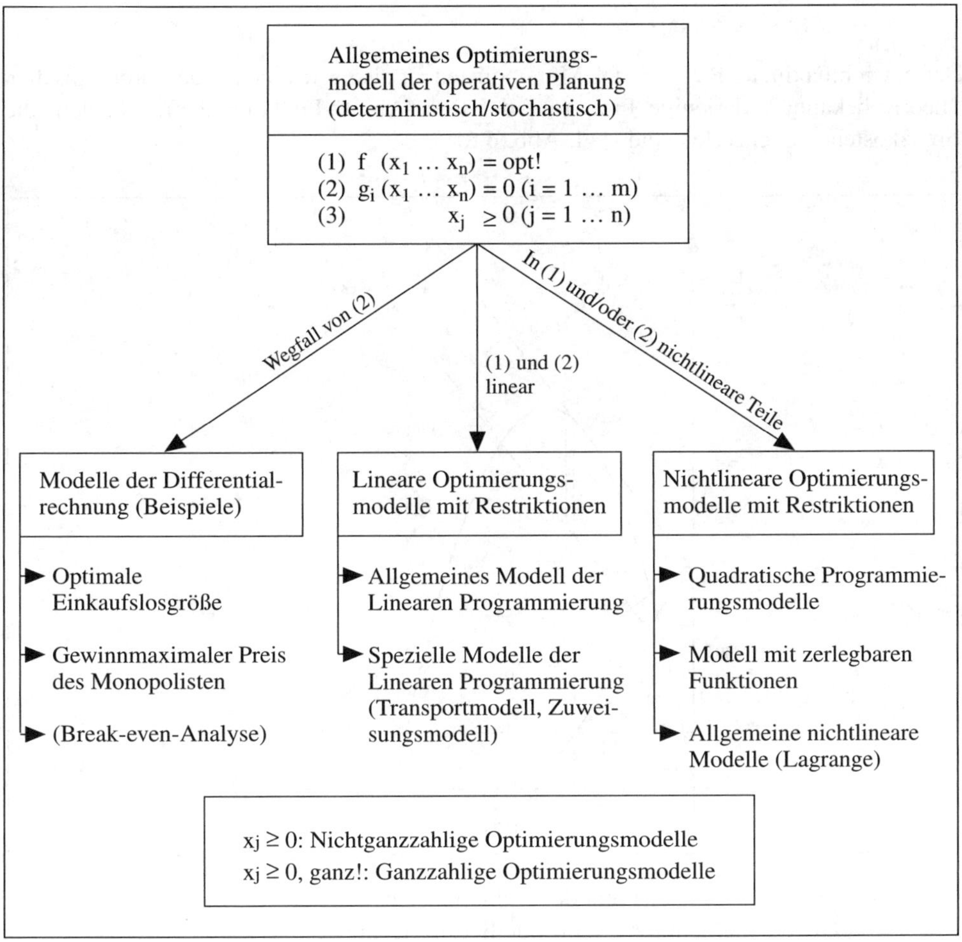

Abb. 6.5: Wichtige Optimierungsmodelle der operativen Planung im Überblick

Eine **zweite** Ausdifferenzierung des allgemeinen Optimierungsmodells erhält man, wenn in (1) – (3) die Bedingungen (2) entfallen. Dann hat man eine Optimierungsaufgabe ohne Restriktionen (vgl. Abb. 6.5). Modellierungstechnik ist bei nichtlinearer Funktion die Infinitesimalrechnung bzw. etwas enger, die Differentialrechnung. Hier geht es also um die Ermittlung eines optimalen „Punktes", wie beispielsweise des gewinnmaximalen Preises eines Monopolisten oder der kostenminimalen Losgröße im Einkauf für eine Planungsperiode.[29] Der gewinnmaximale Preis eines Monopolisten ergibt sich z.B. aus der (nichtlinearen) Zielfunktion

$$G(x) = E(x) - K(x) \tag{4}$$

(mit E(x) als Erlös- und K(x) als Kostenfunktion) durch Differentiation zu:

$$G'(x) = E'(x) - K'(x) = 0$$

$$E'(x) = K'(x).$$

Der gewinnmaximale Preis p* des Monopolisten ist also – wie ja aus der ökonomischen Theorie bekannt – derjenige Preis (auf der Preis-Absatz-Funktion P(x)), bei dem die Grenzkosten = Grenzerlös sind (vgl. Abb. 6.6).

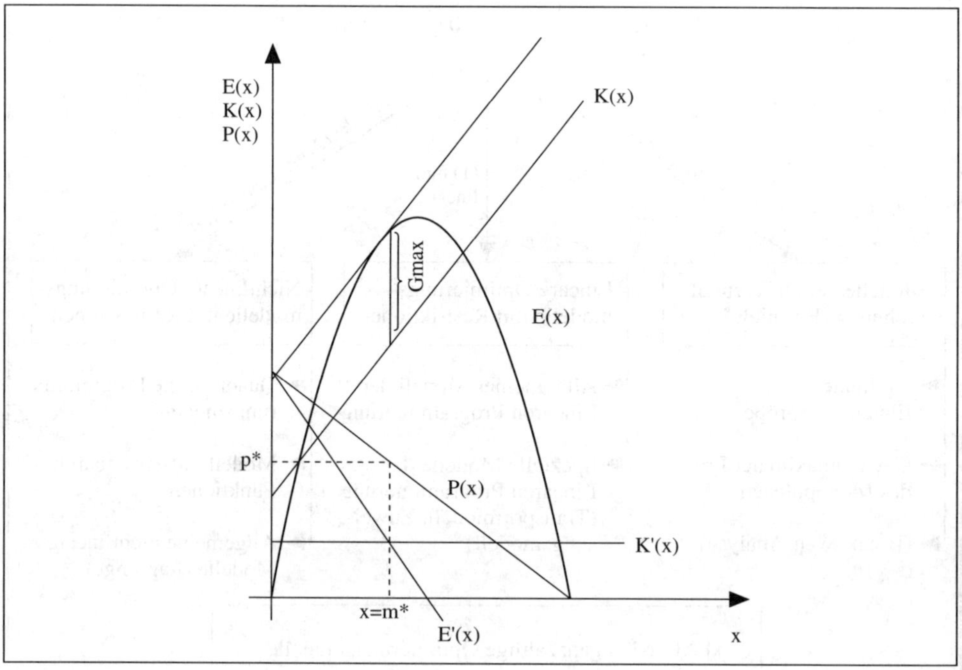

Abb. 6.6: Gewinnmaximaler Preis des Monopolisten (Differentialrechnung als Modellierungstechnik)

29 Zur Präzisierung sei darauf hingewiesen, daß dieser Modelltyp auch eine Restriktion enthalten kann (z.B. die Lagerkapazität bei der Bestimmung der optimalen Einkaufsmenge). Solche Restriktionen sind aber – sofern sie relevant werden – in struktureller Erweiterung des Modellansatzes als Gleichungen in Form einer Lagrange'schen Funktion in die Aufgabenstellung der Infinitesimalrechnung einbeziehbar.

Die Differentialrechnung ist nicht mehr anwendbar, wenn in (4) die Erlösfunktion linear ist (Mengenanpasser in der Lehrbuch-Situation der vollständigen Konkurrenz) und die Kostenfunktion ebenfalls. In diesem Spezialfall, der traditionellerweise in der sog. **Break-even-Analyse** behandelt wird, liegt das Gewinnmaximum natürlich an der Kapazitätsgrenze; ökonomisch interessant wird dann eher derjenige Punkt, bei dem Gesamtkosten = Gesamterlös (sog. Gewinnschwelle = Break-even-Punkt).

Eine **dritte** Ausdifferenzierung von (1) – (3) erhält man schließlich, wenn man es in der Zielfunktion und/oder den Nebenbedingungen mit **nicht-linearen Beziehungen** zu tun hat. Die hierunter fallenden Modellierungstechniken sind typenabhängig; es gibt (noch) kein leistungsfähiges allgemeines Lösungsverfahren für Probleme der nicht-linearen Programmierung. Als wichtigste Typen sind zu nennen: die quadratische Programmierung und die Modelle mit zerlegbaren Funktionen. Der in Abbildung 6.5 noch aufgeführte dritte Typ allgemeiner nicht-linearer Modelle braucht hier nicht weiter behandelt zu werden, da er wegen der geringen Leistungsfähigkeit der Lösungsmethode der Lagrange'schen Multiplikatoren[30] für die Praxis kaum von Bedeutung ist.

In **Quadratischen Programmierungsmodellen** sind die Nebenbedingungen (2) linear, die Zielfunktion (1) ist dagegen nicht-linear, genauer: quadratisch, d.h. daß einige der Zielfunktionsterme das Quadrat einer Variablen (oder des Produkts zweier Variablen) enthalten. Ein solcher Fall ergibt sich z.B. für eine Unternehmung, die sich als Monopolist einer Preis-Absatz-Funktion gegenübersieht und ihr optimales Produktionsprogramm sucht. In diesem Fall lauten die Nebenbedingungen wie in (2a'), die Zielfunktion ist aber, da jetzt der Preis von der Absatzmenge abhängt, nicht wie in (1a) anzusetzen, sondern lautet:

$$\underbrace{f(x_j)}_{\text{Gewinn}} = \underbrace{\sum_{j=1}^{n} p_j(x_j)x_j}_{\text{Gesamterlös}} - \underbrace{\sum_{j=1}^{n} k_j x_j}_{\text{Gesamtkosten}} \tag{5}$$

Bei einer monoton linear fallenden Preis-Absatz-Funktion ist – wie in Abbildung 6.6 graphisch veranschaulicht – der Gesamterlös für ein Produkt j:

$$E(x_j) = p_j(x_j)x_j = (a - bx_j)x_j = ax_j - bx_j^2 \tag{5a}$$

Die Modelle der quadratischen Programmierung sind für die operative Planungspraxis nicht ganz unwichtig.[31] Lösungsverfahren behandeln jeweils Spezialfälle dieses Modells.[32]

30 Dieser Fall mag aus dem Mathematikunterricht des Gymnasiums bekannt sein. Vgl. für einen kurzen Überblick Hillier, F.S./Liebermann, G.J., Operations Research, 4. Aufl., München/Wien 1988, S. 818 f.

31 Sie spielen etwa bei der Planung eines optimalen Wertpapierportefeuilles eine Rolle, wo es um die Abwägung von Rentabilität und Risiko geht. Vgl. zur kurzen Information Hillier, F.S./Liebermann, G.J., a.a.O., S. 418 f.

32 Dazu genauer Hillier, F.S./Liebermann, G.J., a.a.O., S. 440 ff. mit weiteren Nachweisen.

Wichtig für die operative Planungspraxis sind schließlich auch noch Modelle mit **zerlegbaren (separierbaren) nicht-linearen Funktionen**; sie lassen sich relativ leicht auf ein LP-Modell zurückführen und sind dann mit der Simplex-Methode lösbar. Abbildung 6.7 veranschaulicht den Spezialfall einer konkaven Zielfunktion, die zerlegbar ist in eine **Summe** von linearen Funktionen.[33]

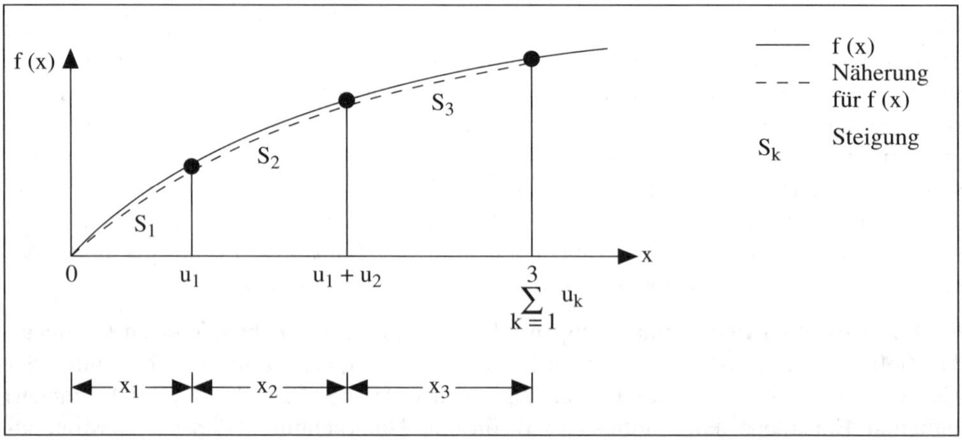

Abb. 6.7: Linearisierung einer zerlegbaren nicht-linearen Zielfunktion (konkav)

Man sieht nun sofort, daß die nicht-lineare (konkave) Zielfunktion f(x) durch eine Summe von linearen Funktionen angenähert werden kann.

Bei einer Maximierung wird dabei wegen $S_1 > S_2 > S_3$ zunächst x_1 in die Lösung genommen, dann x_2 und dann x_3. Die Lösung setzt also die Teilfunktionen sinnvoll stückweise so zusammen, daß sie in aufsteigender Ordnung aneinander anschließen (und kombiniert nicht etwa x_1 mit x_3 unter Auslassung von x_2). Man muß nur noch gewährleisten, daß die x_k die zulässigen Maximalwerte, wie sie durch die stückweise Linearisierung von f(x) in Form der „Stützpunkte" vorgegeben werden, nicht überschreiten. Also ergeben sich als lineare Nebenbedingungen für die nicht-linearen Funktionen in der Zielfunktion (zusätzlich zu denen der ursprünglichen Planungsaufgabe):

$$f(x) = \sum_{k=1}^{3} S_k \, x_k$$

$$x_k \leq u_k \quad (k = 1, 2, 3)$$

$$x = \sum_{k=1}^{3} x_k$$

33 Vgl. ebenda, S. 444 ff.

Auf diese Weise hat man die nicht-lineare Zielfunktion, die im vorliegenden Fall für die Maximierung als **konkav** vorauszusetzen war, durch eine lineare Zielfunktion angenähert. Für eine Minimierungsaufgabe muß entsprechend die Zielfunktion **konvex** sein.

Abbildung 6.5 enthält schließlich noch den Hinweis darauf, daß manche Optimierungsaufgaben der operativen Planung u.U. nur (oder teilweise) **ganzzahlige** Lösungen fordern, unabhängig davon, um welche Art Modell es sich handelt. Man denke etwa an unteilbare Faktoren oder Produkte großer Dimensionen, wie z.B. Investitionen in Großmaschinen. Dann liegt eine Aufgabenstellung der ganzzahligen Programmierung vor. In der Regel erhält man dafür die optimale **ganzzahlige** Lösung höchstens zufälligerweise durch Abrunden der nicht-ganzzahligen Lösung. Man braucht also ein spezielles Lösungsverfahren für ganzzahlige Planungsaufgaben. Hierfür kann man sich die Einsicht zunutze machen, daß die Ganzzahligkeitsforderung die ursprünglich unendlich große Zahl möglicher Lösungen des nicht-ganzzahligen Problems auf die **endliche Menge** der Kombinationen der ganzzahligen Lösungswerte der Entscheidungsvariablen („Gitterpunkte“) reduziert (Abb. 6.8), falls der ursprüngliche Lösungsraum beschränkt ist.

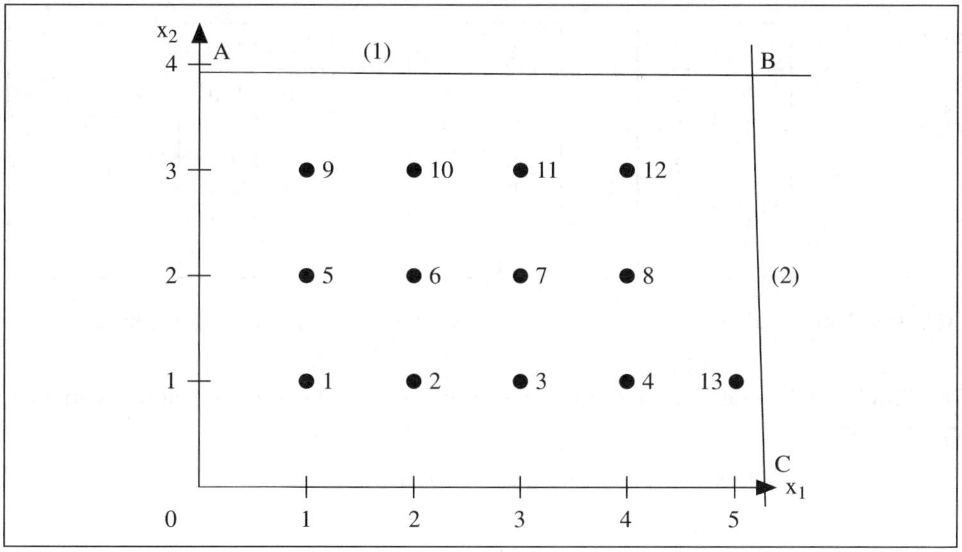

Abb. 6.8: Ganzzahlige „Gitterpunkte“ im zweidimensionalen Raum

In Abbildung 6.8 sind also nicht mehr alle (unendlich vielen) $x_1 - x_2$-Werte im durch die Restriktionen (1) und (2) ausgegrenzten Bereich 0ABC der zulässigen nicht-ganzzahligen Lösungen auch als Lösung des ganzzahligen Problems zugelassen, sondern nur noch die „Gitterpunkte“ 1 bis 13. Eine Lösungsidee wäre jetzt, diesen 13 $x_1 - x_2$-Kombinationen ihre Zielfunktionswerte zuzuordnen und unter diesen das Maximum zu suchen (sog. **Vollenumeration**). Diese Vorgehensweise würde aber mit steigender Zahl der Variablen schnell an Grenzen stoßen. Es bedarf also intelligenter Suchverfahren, die angeben, in welche „Richtung" ansteigender Zielfunktionswerte es sich lohnt, den Suchprozeß selektiv fortzusetzen, um in einer vertretbaren Rechenzeit zu optimalen Lösungen zu kommen. Es geht somit um eine begrenzte, systematisch angeleitete Enumeration. Auf dieser Grundidee basieren die sog. **Entscheidungsbaum-Verfahren**. Sie rekonstruieren das ganzzahlige (lineare oder nicht-lineare) Planungsproblem als sukzessiv-mehrstufigen Entscheidungsprozeß, der sich in jeder Stufe verzweigt und dann in Form einer „Baumstruktur" visualisiert werden kann. Für die Entscheidungsbaumverfahren existiert keine einheitliche theoretische Grundlage; sie differenzieren sich vielmehr je nach der Vorgehensweise bei der Problemlösung aus. Bekannte Entscheidungsbaumverfahren sind die Dynamische Programmierung und die Branch- and Bound-Verfahren[34]. Die Vorgehensweise der Entscheidungsbaumverfahren deuten wir am Beispiel der Dynamischen Programmierung mit folgender Aufgabe an:

Vier Vertreter sind auf drei Märkte so aufzuteilen, daß der Gesamtumsatz ein Maximum wird; der (wahrscheinliche) Umsatz $f_j(x_j)$ auf den drei Märkten in Abhängigkeit von der gesuchten Zahl der eingesetzten Vertreter x_j ist in der nachfolgenden Tabelle gegeben:

Markt$_1$

x_1	$f_1(x_1)$
0	0
1	1,5
2	3
3	1
4	2

Markt$_2$

x_2	$f_2(x_2)$
0	0
1	1
2	2
3	4
4	2

Markt$_3$

x_3	$f_3(x_3)$
0	0
1	1
2	2
3	3
4	4

Abb. 6.9: Umsatz als Funktion der Zahl eingesetzter Vertreter auf drei Märkten

Das Problem ist durch eine nicht-lineare Zielfunktion und Ganzzahligkeit der Variablen gekennzeichnet:

$$Z = f_1(x_1) + f_2(x_2) + f_3(x_3) \longrightarrow \max! \qquad (6a)$$

$$x_1 + x_2 + x_3 \leq 4 \qquad (6b)$$

$$x_1,\ x_2,\ x_3 \geq 0,\ \text{ganzzahlig!} \qquad (6c)$$

Man sieht natürlich bei diesem einfachen Beispiel sofort, daß die Optimallösung lautet:

$$x_1 = 1;\ x_2 = 3,\ x_3 = 0 \text{ mit } Z_{max} = 5{,}5$$

Die Dynamische Programmierung interpretiert (6a) – (6c) nun als ein dreistufiges Entscheidungsproblem wie in Abbildung 6.10: in der ersten Stufe geht es um die gesuchte

34 Vgl. dazu Meyer, M./Hansen, K., Planungsverfahren des Operations Research, 4. Aufl., München 1996, S. 74 f. und S. 182 f.; ferner Hillier, F.S./Liebermann, G.J., a.a.O., S. 388 ff. und S. 316 ff.

Zahl x_1 der dem Markt 1 zuzuweisenden Vertreter, in der zweiten Stufe um x_2 als der dem Markt 2 zuzuweisenden Vertreter und auf der dritten Stufe entsprechend um x_3.

Der Lösungsgedanke ist dann einfach. Man ermittelt für jede Stufe k „optimale Politiken" P_{kr}, d.h. solche Kombinationen zulässiger Lösungen der bis zur Stufe k betrachteten Variablen, die bei gleichem „Ressourcenverbrauch" r (Zahl der Vertreter) die Zielfunktion maximieren; man unterdrückt dann für die weitere Rechnung der Stufen $k + 1, ..., n - 1$ die nicht-optimalen Politiken der Stufe k, da sie das Gesamtoptimum nicht mehr beeinflussen können. In der **Stufe 1** der Abbildung 6.10 ist sofort offensichtlich, daß es drei „optimale Politiken" gibt, nämlich:

$$P_{10}: \{x_1 = 0; \; z = 0\}$$

$$P_{11}: \{x_1 = 1; \; z = 1{,}5\}$$

$$P_{12}: \{x_1 = 2; \; z = 3\}$$

Die Politiken P_{13} und P_{14} können für die weitere Rechnung vernächlässigt werden, da lt. Abbildung 6.9 bei mehr als zwei Vertretern der **Gesamtumsatz** abnimmt.

In **Stufe 2** der Abbildung 6.10 sind alle Variablenwerte von x_2 aufgenommen, die zusammen mit den drei bereits ermittelten Variablenwerten von x_1 jeweils die maximal zulässige Vertreterzahl von 4 nicht übersteigen. Ein **Zweig** des Entscheidungsbaumes (bis Stufe 2) entspricht also einer Kombination der jeweiligen Variablenwerte von x_1 und x_2. Eliminiert werden auf dieser Stufe durch Vergleich der Zweige des Baumes alle Lösungen, deren Zielfunktionswert bei gleicher Zahl von Vertretern nicht maximal ist (durch Kreuz markiert), dies sind die nicht-optimalen Politiken P_{2r} der Stufe 2. Bei vier Vertretern lautet die optimale Politik:

$$P_{24}: \{x_1 = 1; \; x_2 = 3; \; z = 5{,}5\}$$

Alle anderen Variablenkombinationen mit einem Ressourcenverbrauch von $r = 4$ haben niedrigere Zielfunktionswerte und können deshalb eliminiert werden; sie werden auf keinen Fall Bestandteil einer optimalen Gesamtlösung sein. In ähnlicher Weise lassen sich für die übrigen Ressourcenverbräuche ($r = 0, 1, 2, 3$) die optimalen Politiken aus Abbildung 6.10 ablesen (Pfeilmarkierung).

Für die letzte Stufe $n = 3$ sind die optimalen Politiken der Stufe $n - 1 = 2$ mit Variablenwerten von x_3 so zu kombinieren, daß die Nebenbedingung (6b) eingehalten, d.h. die Gesamtvertreterzahl nicht überschritten wird. Man sieht wieder aus Abbildung 6.10, daß für $x_3 = 0$ das Maximum der Zielfunktion erreicht wird. Die optimale Politik ist durch Rückverfolgung des zugehörigen Zweiges des Entscheidungsbaumes zu ermitteln:

$$P_{34}: \{x_1 = 1; \; x_2 = 3; \; x_3 = 0; \; z = 5{,}5\}$$

Das beschriebene Verfahren der Dynamischen Programmierung läßt sich mathematisch elegant formulieren. Für die praktische Anwendung ist selbstverständlich der Einsatz eines Rechners erforderlich. Es sollte am dargestellten Beispiel zugleich deutlich geworden sein, daß der Rechenaufwand sehr schnell steigen muß, wenn die Zahl der Variablen und/oder der Nebenbedingungen ansteigt.

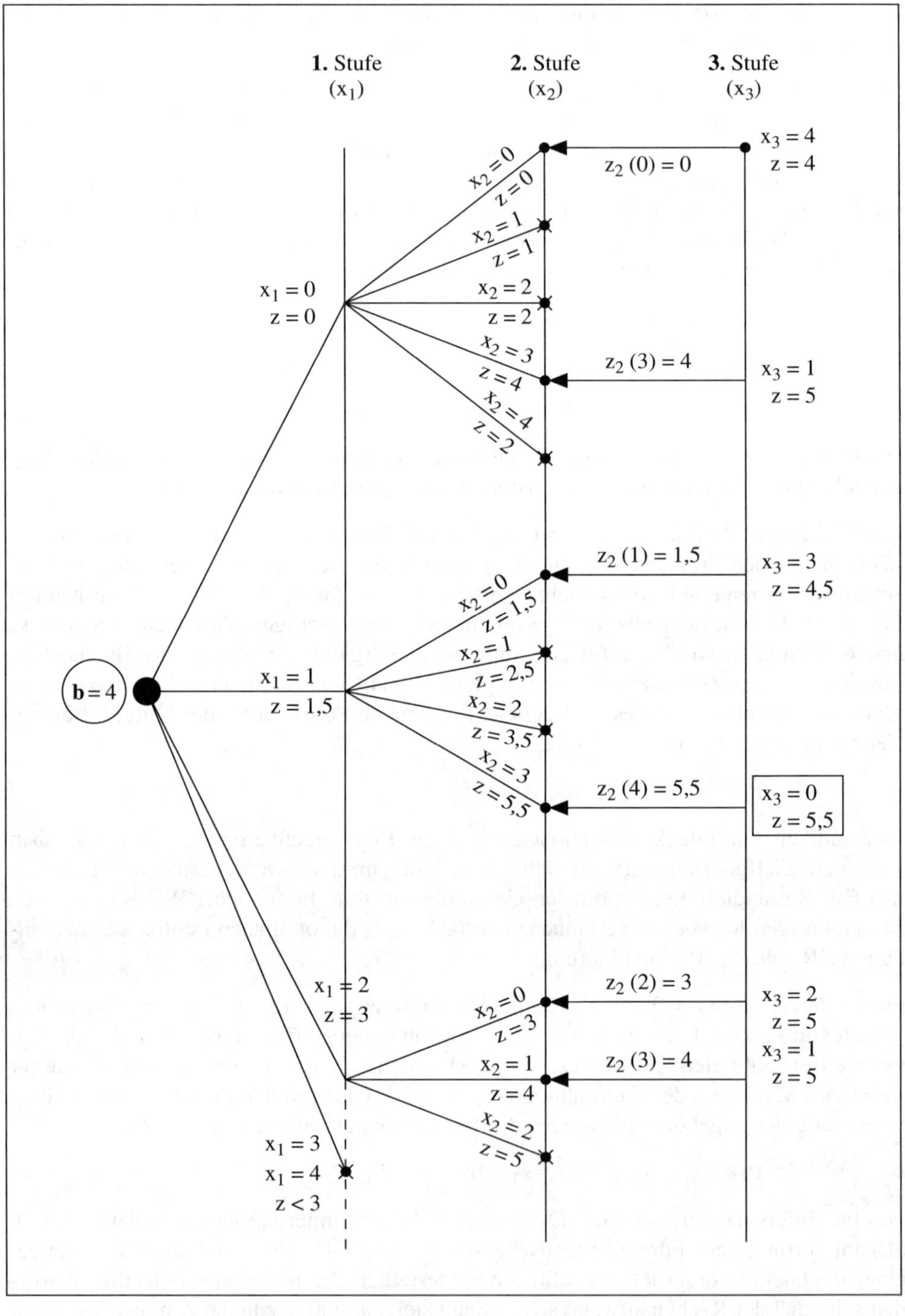

Abb. 6.10: Dynamische Programmierung als Entscheidungsbaumverfahren

Aufgrund der dargestellten Vorgehensweise läßt sich eine „optimale Politik" abschließend wie folgt charakterisieren:

„Eine optimale Politik hat die Eigenschaft, daß ihre bis zur k-ten Stufe (k = 1, ..., n – 1) betrachtete Teilpolitik Element der Menge der bis zur k-ten Stufe optimalen Teilpolitiken ist".

Dies ist eine modifizierte Formulierung des sog. **„Bellmannschen Optimalitätsprinzips"**, das in seiner ursprünglichen Form lautet:

„Eine optimale Entscheidungspolitik hat die Eigenschaft, daß, ungeachtet des Anfangszustandes und der ersten Entscheidung, die verbleibenden Entscheidungen eine optimale Entscheidungspolitik hinsichtlich des aus der ersten Entscheidung resultierenden Zustandes darstellen".[35]

Diese zweite Formulierung des Prinzips unterstellt eine vom **Ende** des Entscheidungsbaumes her beginnende retrograde Lösung, während die erste Formulierung den Lösungsweg im Auge hat, der am **Anfang** des Entscheidungsbaumes beginnt.

Modelle mit mehrwertigen Zufallsvariablen

Die bisher beschriebenen Optimierungsmodelle sind **deterministisch** in dem Sinne, daß alle Daten aus **einwertigen** Zufallsvariablen bestehen. Der Planer geht (implizit oder explizit) davon aus, daß alle von ihm nichtbeeinflußbaren Ereignisse in der Umwelt genau eine Ausprägung annehmen. Dies ist der Fall der „Gewißheit", der – wie früher erwähnt[36] – gerade für operative Planungen von großer Bedeutung ist, da es hier wegen des kurzen Planungshorizontes und der größeren Treffsicherheit der Prognose im Prinzip eher gerechtfertigt ist so zu tun, als ob Gewißheit bestünde. Gleichwohl kann auch in der operativen Planung der Fall der mehrwertigen Zufallsvariablen nicht ganz vernachlässigt werden.

In einer solchen Situation mag es für den Planer schon ausreichend sein, eine **Sensitivitätsanalyse** durchzuführen, um sich über die Empfindlichkeit der Lösung bei Datenänderungen zu informieren, etwa die Frage zu beantworten, wie stabil ein Produktionsprogramm ist relativ zu Preis- (oder Kosten-) Änderungen: Wie weit können die Preise eines Produktes steigen oder sinken, ohne daß sich die Lösung des Linearen Programms ändert (Preisober- und -untergrenzen)? Stabile Lösungen erfordern dann während der Planrealisierung weniger Aufmerksamkeit hinsichtlich der Preisänderungen als sehr empfindliche Lösungen.

Neben der Sensitivitätsanalyse, die das Problem der Ungewißheit gleichsam **ex-post** anpackt (nachdem eine Lösung unter der Annahme der Gewißheit ermittelt wurde), besteht die andere Möglichkeit für den Planer darin, die Ungewißheit **ex-ante** schon im Modellansatz zu berücksichtigen. Im Falle von **Risikosituationen**, wo also der Eintritt be-

35 Bellmann, R., Dynamische Programmierung und selbstanpassende Regelprozesse, München/Wien 1967, S. 88.

36 Vgl. oben, S. 277.

stimmter Ereignisse durch (objektive) Wahrscheinlichkeitsverteilungen beschrieben werden kann,[37] führt das zu **stochastischen Planungsmodellen**. Ihre Lösung ist erst dann eindeutig möglich, wenn der Entscheidungsträger vorher das **Risiko-Niveau** angibt, das zu akzeptieren er bereit ist.[38] Am Beispiel der Nebenbedingungen (2a') des LP-Modells sei erläutert, wie sich bei Vorgabe eines Risikoniveaus π_i für die als normalverteilt angenommenen Kapazitäten eines Produktionssystems das stochastische Problem in ein deterministisches überführen läßt. Das Risikoniveau des Entscheidungsträgers läßt sich formulieren als

$$P_r \left\{ \sum_{j=1}^{n} a_{ij}\, x_j \leq b_i \right\} \geq \pi_i \; (i = 1, \ldots, m) \tag{7}$$

mit a_{ij} als deterministischen Größen wie bisher. Die b_i sind normalverteilte Zufallsvariable, die aus möglichen Störungen beim Einsatz der Maschinen i resultieren. (7) drückt aus, daß der Entscheidungsträger mindestens mit einer Wahrscheinlichkeit von π_i gewährleistet sehen möchte, daß das geplante Produktionsprogramm die tatsächlich in der Planperiode zur Verfügung stehenden Kapazitäten nicht überschreitet. Er ist umso risikoscheuer, je größer π_i wird. Ist nun etwa $\pi_i = 0{,}5$, so bedeutet das, daß man für die b_i in (7) gerade den Mittelwert $\bar{b}_i$ einsetzen kann; man sagt, daß das **deterministische Äquivalent** für (7) in diesem Falle lautet:

$$\sum_{j=1}^{n} a_{ij}\, x_j \leq \bar{b}_i \quad (i = 1, \ldots, m) \tag{7a}$$

Will man eine größere Sicherheit für die Einhaltung der Restriktionen haben ($\pi_i > 0{,}5$), so muß vom Mittelwert noch ein entsprechender Abschlag gemacht werden, um das deterministische Äquivalent zu erhalten. Allgemein gilt dafür:

$$\sum_{j=1}^{n} a_{ij}\, x_j \leq \bar{b}_i + \lambda_i \cdot \sigma_i \tag{7b}$$

In (7b) ist λ_i gemäß Abbildung 6.11 eine Funktion von π_i, die auch in Statistiktabellen erfaßt ist. λ_i gibt das Vielfache der Standardabweichung σ_i an, um das der Mittelwert nach unten oder oben korrigiert werden muß, um dem vorgegebenen, durch π_i quantifizierten Risikoniveau zu genügen. Für $\pi_i > 0{,}5$ ist $\lambda_i < 0$, (Abschlag vom Mittelwert), für $\pi_i < 0{,}5$ ist $\lambda_i > 0$ (Zuschlag zum Mittelwert).

Hat man das Sicherheitsäquivalent auf diese Weise ermittelt, kann man das Standard-LP-Problem lösen.

---

37 Es sei nochmals daran erinnert, daß sich Risikosituationen von Ungewißheitssiuationen (i.e.S.) genau dadurch unterscheiden, daß für letztere keine Informationen in Form von (objektiven) Wahrscheinlichkeitsverteilungen vorliegen. Vgl. dazu oben, S. 278.

38 Zu anderen Verfahren der Berücksichtigung des Risikos vgl. Bitz, M., Entscheidungstheorie, München 1981.

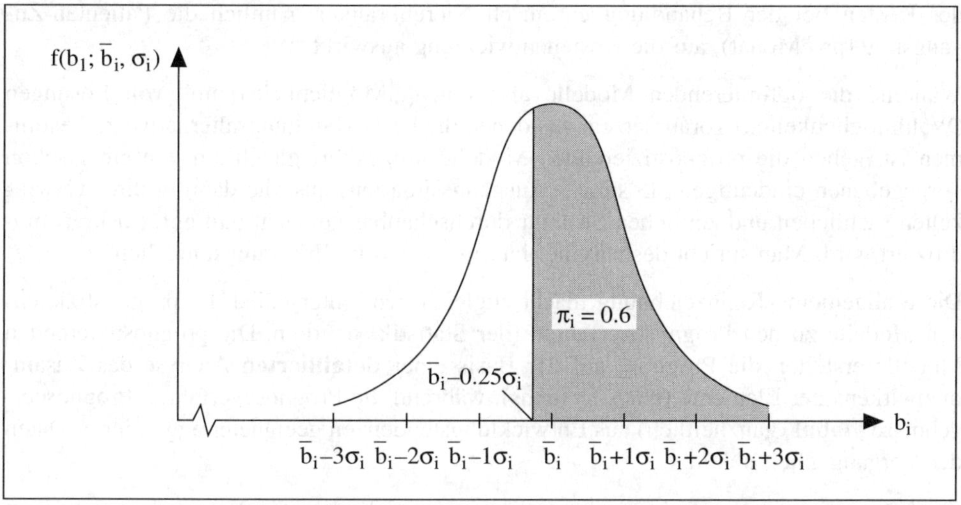

Abb. 6.11: Dichtefunktion für eine normal-verteilte Zufallsvariable b_i mit Erwartungswert $\bar{b}_i$ und Standardabweichung σ_i

Stochastische LP-Probleme liegen selbstverständlich auch vor, wenn einzelne oder alle der Koeffizienten a_{ij} oder die Zielfunktionskoeffizienten c_j normalverteilt sind. Ferner können andere Verteilungen als die Normalverteilung in stochastischen LP-Problemen vorkommen. Stochastische Planungsprobleme sind darüber hinaus nicht auf Optimierungsmodelle beschränkt, sondern tauchen auch z.B. bei prognostizierenden Modellen auf.

6.3.2.2 Prognostizierende Modelle

(1) Im Gegensatz zu den Optimierungsmodellen wird mit Hilfe prognostizierender Modelle keine Optimierung (keine Entscheidung) angestrebt. Vielmehr geht es bei diesen Modellen zunächst um die Strukturierung von Problemsituationen mit dem Ziel, das vielfältige Zusammenwirken vieler vorläufig fixierter Elemente eines Systems im **Zeitablauf** erkenn- und interpretierbar zu machen.[39] Insofern kann man als einen wesentlichen Zweck dieser Modelle die **„Situationsaufhellung"** ansprechen. Daran anschließend lassen sich dann allerdings Änderungen einzelner oder mehrerer Elemente in ihrer Auswirkung auf das Gesamtergebnis überprüfen und insofern doch **alternative Handlungsweisen** im Hinblick auf angestrebte Zielgrößen untersuchen. So mag man etwa prüfen, wie Änderungen der Fertigungszeiten eines Teilprojektes, die durch die Bereitstellung zusätzlicher Kapazitäten ermöglicht werden, sich auf den Fertigstellungstermin eines Großbauprojektes auswirken werden; oder man untersucht – um ein anderes Beispiel zu nennen –, wie sich eine Variation der entscheidenden Einflußgröße bezüglich

39 Vgl. Meyer, M., a.a.O., S. 73.

der Kosten bei der Behandlung chronisch Nierenkranker, nämlich die Patienten-Zugangsrate (pro Monat), auf die Kostenentwicklung auswirkt.[40]

Während die optimierenden Modelle also einen „Möglichkeitsraum" von Lösungen (Wahlmöglichkeiten) voraussetzen, aus denen die beste Handlungsalternative zu bestimmen ist, gehen die prognostizierenden Modelle umgekehrt gleichsam von einer schon vorgegebenen eindeutigen „Lösung" (Ausgangssituation) aus, die dann in ihrer verwikkelten sachlichen und zeitlichen Struktur durchschaubar gemacht und ggf. (diskret) modifiziert wird. Man spricht deshalb hier häufig auch von „Erklärungsmodellen".

Diese allgemeine Kennzeichnung macht zugleich den Unterschied der prognostizierenden Modelle zu den Prognoseverfahren (der Statistik) deutlich. Die prognostizierenden Modelle erstellen die Prognose auf der Basis einer **detaillierten** Analyse des Zusammenwirkens der Elemente (eines Systems), während die Prognoseverfahren Prognoseergebnisse **global** (ganzheitlich) aus Entwicklungstendenzen geeigneter aggregierter Daten der Vergangenheit ableiten.

Zu den prognostizierenden Verfahren zählen als wichtigste die Netzwerk- bzw. Netzplanmodelle und die Markov-Modelle.

(2) Netzpläne sind vereinfachte **graphische Veranschaulichungen** umfangreicher Projekte, die in eine große Anzahl von **Einzelaktivitäten** zerlegbar sind, wobei die Reihenfolge für die Ausführung der Einzelaktivitäten und die Zusammenhänge zwischen ihnen bekannt sind.

Um den **praktischen** Anwendungsbereich dieser Modellierungstechnik richtig einzuschätzen, sollte man einen weiten Projektbegriff im Auge haben, also nicht nur an technische Großprojekte wie Kraftwerks-, Staudamm- oder Schiffbau denken, sondern an komplexe Aufgabenstellungen aller Art; Projekte in diesem Sinne sind dann auch etwa die Organisation einer Jahres-Abschlußprüfung,[41] die Strukturierung von (Groß-)Forschungsprojekten, der Kauf und die Übernahme einer Firma (vom Beginn der Verhandlungen bis zur Aufnahme der Fertigung), die Reorganisation einer Abteilung oder die Einführung eines Planungssystems. Bei allen Projekten geht es regelmäßig um eine Vielzahl nicht mehr unmittelbar überschaubarer Teilaktivitäten, die zergliedernd identifiziert und in ihren sachlich bedingten Anordnungsbeziehungen von Vor- und Nachzeitigkeit erfaßt werden müssen, um zu einer rationalen Ablaufplanung zu gelangen. Diesen Teil der Modellierung nennt man die **Strukturanalyse**, die die graphische Darstellung der (Teil-)Aktivitäten mit ihren Verknüpfungen in der Form eines Netzwerkdiagramms zum Ziel hat. Die sich daran anschließende **Zeitanalyse** nimmt eine zeitliche Abschätzung der Tätigkeitsdauer der Aktivitäten vor und prognostiziert auf dieser Grundlage z.B. den Fertigstellungstermin des Gesamtprojektes sowie Beginn und Abschluß der einzelnen Teilaktivitäten. Kosten- und Ressourcenplanungen können sich dann anschließen.

Die **Strukturanalyse** von Projekten bedient sich zur zeichnerischen Darstellung der

40 Vgl. ebenda, S. 96.

41 Vgl. dazu Böcker, F./Dichtl, E./Penzkofer, P., Netzplantechnik und Jahresabschlußprüfung, Frankfurt/M. 1970.

Netzwerke graphentheoretischer Hilfsmittel. Ein „Graph" ist – formal gesehen – eine Zeichnung, die aus **Knoten** und die Knoten verbindenden **Kanten** besteht. In Abbildung 6.12 sind die Kanten zusätzlich in eine Richtung orientiert, die durch eine Pfeilmarkierung angegeben ist.

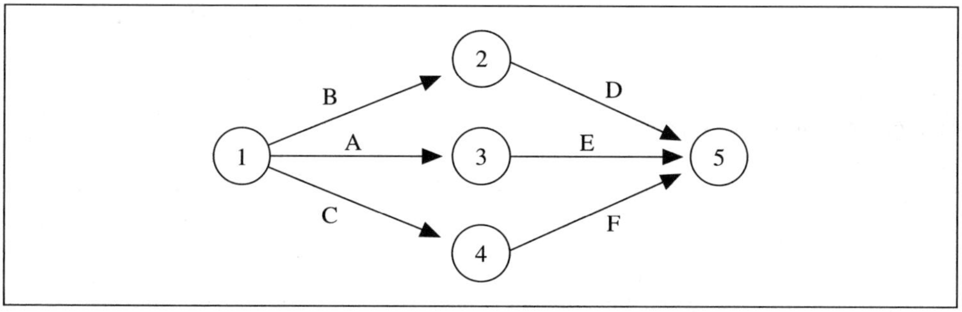

Abb. 6.12: Gerichteter Graph

Entsprechend spricht man dann von „gerichteten Graphen" (im Unterschied zu ungerichteten Graphen). Eine Folge von gleichsinnig gerichteten Kanten nennt man einen „Pfad". In Abbildung 6.12 bilden die Kantenfolgen AE oder CF z.B. einen Pfad. Die Netzwerktechnik bedient sich zur graphischen Darstellung eines Projektes im Rahmen der Strukturanalyse solcher gerichteter Graphen. Je nachdem, wie die Knoten und Kanten dabei interpretiert werden, spricht man von „Tätigkeitsgraphen" und „Ereignisgraphen". Charakteristisch für einen **Tätigkeitsgraphen** ist die Vereinbarung, daß alle Tätigkeiten (Aktivitäten), aus denen ein Projekt besteht, in den Knoten des Graphen darzustellen sind (Abb. 6.13a); demgegenüber handelt es sich um einen **Ereignisgraphen**, wenn die Kanten die Tätigkeiten repräsentieren und die Knoten dann die Bedeutung von (Fertigstellungs-)Ereignissen haben, die sich im Gefolge von Tätigkeiten einstellen (Abb. 6.13b).[42]

Der Tätigkeitsgraph der Abbildung 6.13a enthält in jedem Knoten neben der Bezeichnung der Tätigkeit (hier: für den Bau eines Gebäudes) eine Knotennummer ($i = 76$; $j = 167$) zur eindeutigen Identifizierung der dem Knoten zugehörigen Aktivität und eine Angabe über die Dauer der Tätigkeit (z.B. $D_i = 15$ Tage). Die Kanten repräsentieren im Tätigkeitsgraphen „technologische Anordnungsbeziehungen" mit einer Zeitangabe ($d_{ij} = 15$ bzw. $d_{jk} = 2$), die ausdrückt, ob die nachfolgende Aktivität sofort im Anschluß an die vorhergehende Tätigkeit begonnen werden kann ($d_{ij} = D_i$; $d_{jk} = D_j$), gewartet werden muß ($d_{ij} > D_i$) oder beide Tätigkeiten sich überlappen können ($d_{ij} < D_i$).

42 Beispiele aus Meyer, M./Hansen, K., a.a.O., S. 83 f.

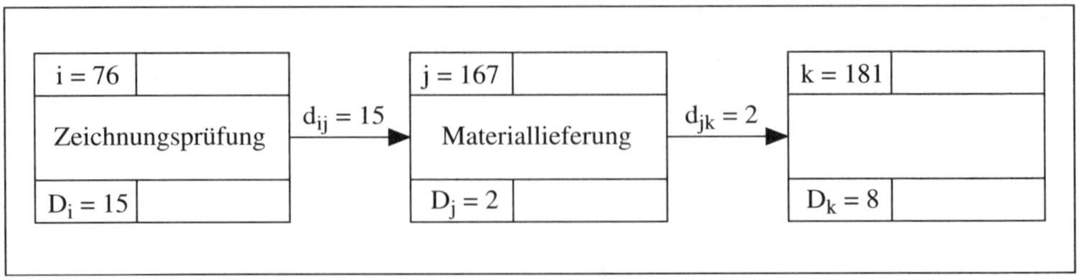

Abb. 6.13a: Tätigkeitsgraph

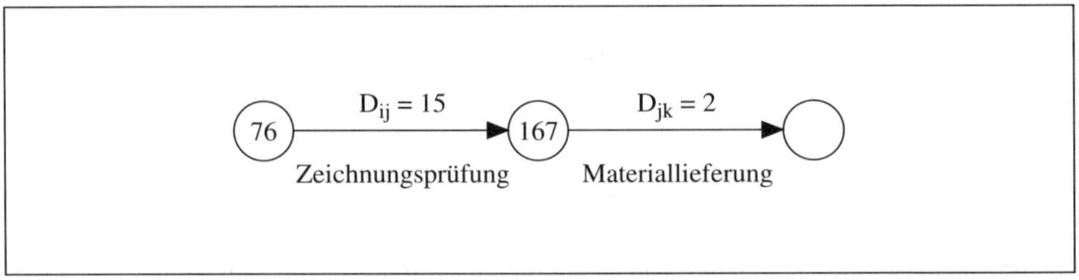

Abb. 6.13b: Ereignisgraph

Der Tätigkeitsgraph der Abb. 6.13a ist in den Ereignisgraphen der Abb. 6.13b umkonstruiert. Hier verkörpern die Kanten zwischen jeweils zwei Knoten selbst die Tätigkeit bzw. Aktivität und die $d_{ij} = 15$ bzw. $d_{jk} = 2$ geben die Dauern der Aktivitäten an. Die Knoten als Fertigstellungsereignisse haben die Zeitdauer „Null"; sie sind gleichsam Stadien der Programmdurchführung. Im Ereignisgraphen wird eine Tätigkeit nicht – wie im Tätigkeitsgraphen – durch eine Nummer (eindeutig) identifiziert, sondern durch die Angabe der Nummern der beiden Knoten, die einer Tätigkeit (Kante) vorangehen bzw. nachfolgen. Die Tätigkeit „Zeichnungsprüfung" in Abbildung 6.13b wird also durch die Nummern 76 und 167 identifiziert. Diese „Vereinbarung" hat zur Folge, daß in Ereignisgraphen sog. **„Scheinaktivitäten"** immer dann eingeführt werden müssen, wenn zeitlich parallel laufende Tätigkeiten vorliegen, die gemeinsam die Durchführung einer anderen Tätigkeit zur Voraussetzung haben und selbst wiederum Voraussetzung für eine weitere Tätigkeit sind (Abb. 6.14).

Erst wenn man in dieser Situation eine „Scheinaktivität" (gestrichelte Linie in Abb. 6.15) einführt, erhält man eine Darstellungsform, in der die Tätigkeiten A und B durch Angabe der zugehörigen Knotennummern eindeutig identifiziert werden können.

Wenn die zeitlich-sachliche Struktur eines Projektes derart in einem Netzplan erfaßt ist, können daraus wichtige Planungsdaten prognostiziert werden. Man kann z.B. den frühestmöglichen und/oder spätestmöglichen Beginnzeitpunkt von Tätigkeiten (und als deren Differenz die sog. „Pufferzeit") bestimmen und entsprechend die Dispositionen daran orientieren. Oder man kann den sog. „Kritischen Pfad" durch ein Netzwerk ermitteln als die Folge miteinander verbundener Strecken, die – in Pfeilrichtung durchlaufen – die längste Zeit beansprucht.

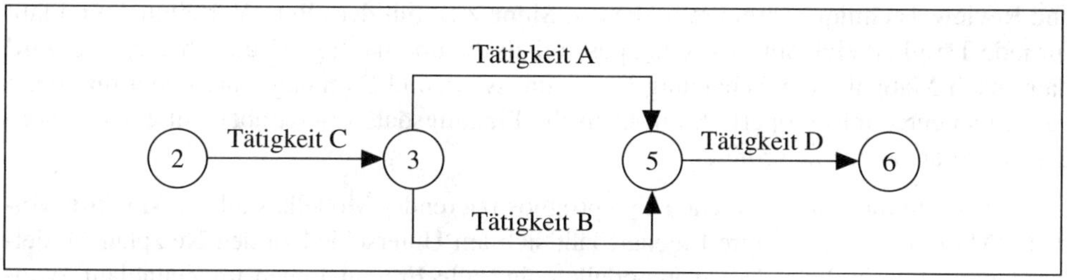

Abb. 6.14: Ereignisgraph mit unzulässiger Darstellung zweier paralleler Tätigkeiten

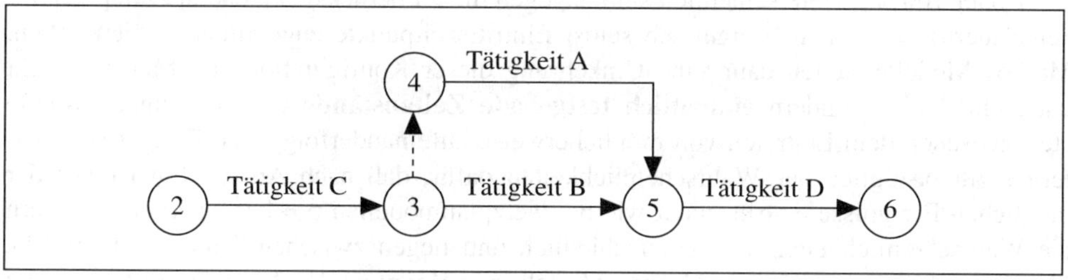

Abb. 6.15: Scheinaktivität im Ereignisgraphen

Gegenüber der reinen Verfahrenstechnik selbst ist aus der Sicht der Planung neben den Anwendungsmöglichkeiten natürlich die **Konstruktion von Netzwerken** der interessanteste Aspekt. Die Konstruktionsleistung des Planers liegt ganz offensichtlich in der strukturierenden Durchdringung des „Durcheinanders" von Aktivitäten, wodurch „Ordnung" geschaffen wird. Dabei ist auch zu klären, auf welchem **Abstraktionsniveau** das Netzwerk angesetzt werden soll. Je abstrakter (umfassender) die Einzelaktivitäten definiert werden, umso gröber fällt die Planung aus, umso gröber können auch die Zeitschätzungen ausfallen, umso größer ist dann allerdings aber auch die Steuerungslast, die der „Feinplanung" verbleibt. Bei ganz großen Projekten – wie etwa dem Bau einer langen Eisenbahntrasse – ist es dann oft sogar notwenig, eine **Hierarchie** von Netzplänen anzulegen, um auf diese Weise die groben Pläne des übergeordneten Netzwerkes sukzessive bis hin zu Netzwerken zu verfeinern, aus denen sich wöchentliche (oder tägliche) Handlungsanweisungen ableiten lassen (gekoppelte Terminpläne).[43] Das Wissen über die Konstruktion von Netzplänen ist im übrigen inzwischen so weit fortentwickelt worden, daß die Heranziehung von Spezialisten aus der Unternehmensberatung zumindest bei ganz großen Projekten ratsam ist, zumal dort dann auch das spezifische Know-how zur EDV-technischen Verarbeitung von Netzplänen versammelt ist.

Erweiterungen der Netzplantechnik ergeben sich, wenn die Zeitdauern der Tätigkeiten keine **deterministischen Größen** darstellen, sondern die Merkmale von Zufallsvariablen besitzen (stochastische Tätigkeitsdauern). Das sog. PERT-System (Program Evaluation

43 Vgl. dazu u.a. Stommel, H., Betriebliche Terminplanung, Berlin/New York 1976, S. 114 ff.

and Review Technique) arbeitet in diesem Sinne z.B. mit der „Beta-Verteilung“ und läßt für jede Tätigkeit eine optimistische, pessimistische und häufigste Zeit schätzen. Ihr wird dann nach Maßgabe der Schätzung Erwartungswert und Streuung zugeordnet und dann damit rechentechnisch operiert, um kritische Planungsdaten (jetzt aber mit entsprechenden Risikoangaben) zu ermitteln.

(3) Der zweite hier interessierende Typ prognostizierender Modelle sind die **Markov-Modelle** (Markov-Ketten).[44] Ihre Eigenart läßt sich am Unterschied zu den Netzplan-Modellen demonstrieren.[45] Bei Netzplanmodellen sind alle Ereignisfolgen im Zeitablauf zwingend festgelegt; in Abbildung 6.15 folgen z.B. die Tätigkeiten A und B auf die Tätigkeit C und die Tätigkeit D auf die Tätigkeiten A und B mit Sicherheit (Wahrscheinlichkeit $p = 1$ oder 100 %). Unterschiedlich sind dagegen die zu berücksichtigenden Zeiten (Tätigkeitsdauern), wenn den Ereignissen selbst Eintrittszeitpunkte zugeordnet werden sollen. Markov-Modelle stellen dann eine Umkehrung dieser Konfiguration dar. Man hat nicht unterschiedliche, sondern **einheitlich festgelegte Zeitabstände** $t = 1$ (Sekunde, Minute etc.) zwischen dem Eintreten von möglicherweise aufeinanderfolgenden Ereignissen; und ferner gilt bezüglich der Wahrscheinlichkeiten dafür, daß nach Ablauf von t eines der möglichen Ereignisse eintritt, nicht wie bei Netzplanmodellen $p = 1$ (Sicherheit), sondern die Wahrscheinlichkeiten sind unterschiedlich und liegen zwischen 0 und 1 ($0 < p < 1$). Man kann dann mit Hilfe von Markov-Modellen in Kenntnis des Ausgangszustandes und dieser sog. **Übergangswahrscheinlichkeiten** den Zustand des Systems zu irgendeinem Zeitpunkt prognostizieren und sich entsprechend darauf vorbereiten.[46]

6.3.2.3 Experimentier-Modelle (Simulation)

Der Einsatz von optimierenden und prognostizierenden Modellen scheitert in der Praxis häufig daran, daß die damit vorgegebenen (mathematischen) Strukturen der Vielfalt und Vielschichtigkeit der Wirklichkeit nicht gerecht werden und zu kraß von dem Planungsproblem abweichen. In solchen Fällen können ggf. Experimentiermodelle, die für den **Einzelfall** maßgeschneidert entwickelt werden, Entscheidungshilfen bieten.

Experimentiermodelle lassen sich wegen dieser Fallbezogenheit – was ihre Vorgehensweise anbetrifft – nur ganz allgemein charakterisieren. Es gibt außerdem in der Literatur unterschiedliche Auffassungen darüber, wie Experimentiermodelle begrifflich abgegrenzt werden sollen. Zum Teil rechnet man bereits alle Vorgehensweisen zu diesen Modellen, bei denen auf der Basis von prognostizierenden bzw. optimierenden Modellen umfangreiche numerische Berechnungsexperimente durchgeführt werden, wobei eine Vielzahl von Annahmen des Ausgangsproblems modifiziert und das Modell dann solange wiederholt durchgerechnet wird, bis eine günstige Annahmenkonstellation gefunden worden ist, die zur Veränderung des Realsystems Veranlassung gibt. Bei Netzplanmodellen mag man auf diese Weise z.B. die Änderung der Dauer von Einzeltätigkeiten in Abhängigkeit von verschiedenen möglichen Technologien und die Auswirkung auf

44 Sie sind nach dem russischen Mathematiker A.A. Markov (1856–1922) benannt.
45 Vgl. dazu und zum folgenden Meyer, M., a.a.O., S. 83.
46 Vgl. dazu genauer Meyer, M./Hansen, K., a.a.O., S. 211 ff.

Fertigstellungstermine und Kosten eines Großprojektes untersuchen; bei Optimierungsmodellen kann man etwa im Sinne von sog. „What-If-Modellen" versuchen, die Auswirkungen von stark umweltabhängigen Annahmen und ihrer Veränderung auf das Ergebnis herauszufinden, um auf diese Weise die Ungewißheit besser in den Griff zu bekommen. Man kann diese Vorgehensweisen, bei denen das „Verhalten" eines Realsystems unter verschiedenen Bedingungskonstellationen gleichsam nachgeahmt wird, schon als „Simulation" (im weiteren Sinne) bezeichnen.

Gegenüber dieser weiten Fassung spricht man dann von „Simulation im engeren Sinne", wenn man ein ganz spezifisches Realsystem, z.B. einen komplizierten Produktionsablauf, eigens in einem Computerprogramm nachbildet, sei es, um dessen Verhalten besser zu verstehen und/oder sei es, um ggf. Möglichkeiten zur optimalen Gestaltung herauszufinden. Ein solches Programm enthält in der Regel natürlich auch Anweisungen für das Rechnen mit mathematischen Funktionen, etwa für Kostenabhängigkeiten, besteht aber hauptsächlich aus Zähleinrichtungen und Ja/Nein-Abfragen, wodurch nach Vorgabe von Anfangs- und Randbedingungen numerische Berechnungsexperimente gesteuert werden.[47] Je nachdem, ob in einem solchen Modell für die Daten ein- oder mehrwertige Zufallsvariablen angesetzt werden, spricht man von **deterministischer** oder **stochastischer** Simulation.

Zum besseren Verständnis dieser recht allgemeinen Kennzeichnung wählen wir als Beispiel für eine stochastische Simulation den folgenden (einfachen) Produktionsablauf mit zwei Bearbeitungsstufen für die Herstellung von Zahnrädern, nämlich Fräsen einerseits sowie Nachbearbeitung und Härtung andererseits (Abb. 6.16).[48]

Der Produktionsprozeß ist nicht voll beherrschbar. Die Ausschußrate wird durch einen 100prozentigen Test festgestellt und beträgt bei der Fräsung im Durchschnitt 4 %, bei der Härtung 20 % der jeweils eingesetzten Menge. Es soll ein Auftrag über genau 10 Zahnräder erledigt werden, wobei eine Lagerhaltung für spätere Nachbestellungen nicht in Frage kommt, da es sich bei den gewünschten Zahnrädern um ein Auslaufmodell handelt. Was ist in der Produktion zu tun, um diesen Auftrag kostenminimal abzuwickeln? Die entstehenden Kosten sind in Abbildung 6.16 im einzelnen vermerkt.

Zur Lösung des Problems vergegenwärtigt man sich, daß ein in das Produktionssystem eingehendes Zahnrad entweder alle beiden Tests bestehen kann (A), den ersten, aber nicht den zweiten Test bestehen kann (B), und schließlich auch schon den ersten Test nicht bestehen kann (C). Die zugehörigen Wahrscheinlichkeiten sind:

$$\begin{aligned} P_{(A)} &= 0{,}768 \\ P_{(B)} &= 0{,}192 \\ P_{(C)} &= \underline{0{,}040} \\ \Sigma &= 1{,}000 \end{aligned}$$

47 Meyer, M., a.a.O., S. 118.

48 Das Beispiel ist als Fallstudie „Weatherburn Aircraft Engine Company" entnommen aus Christenson, C.J./ Vancil, R.F./Marshall, P.W., Managerial economics, rev. ed., Homewood/Ill. 1973, S. 512 f.

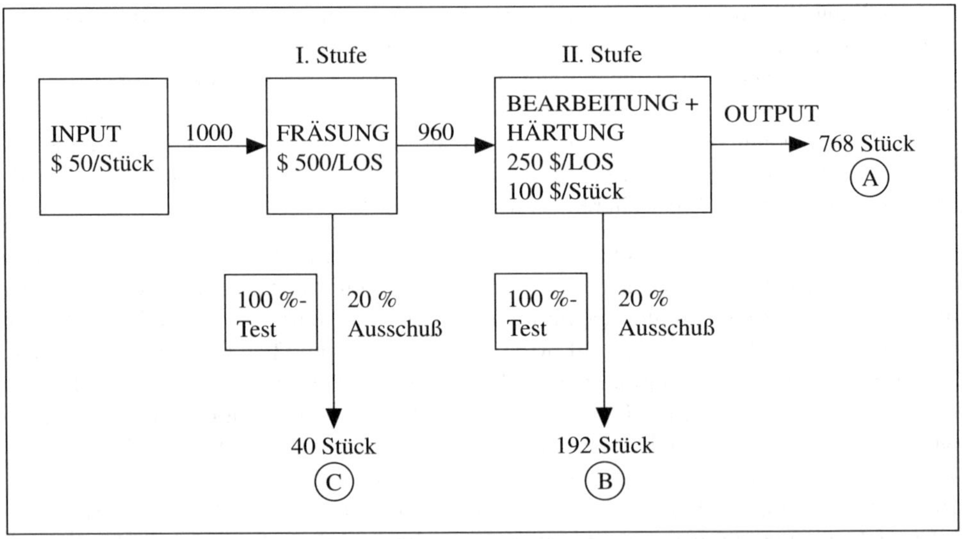

Abb. 6.16: Produktionsdurchlauf bei Zahnradfertigung (stochastischer Prozeß)

Es genügt nun offenbar nicht, einfach

$$Z = \frac{10}{0{,}768} = 14 \text{ Zahnräder}$$

in das System einzugeben, da es sich ja bei $(1 - P_{(A)})$ um die durchschnittliche Ausschußrate und nicht die eines einmaligen aktuellen Durchlaufs handelt. Darüber hinaus würde eine solche einstufige Entscheidung unberücksichtigt lassen, daß zur Steuerung der Kosten **zwei** Entscheidungen zu treffen sind, nämlich: wie viele Einheiten sollen in Stufe I eingesetzt werden und wie viele Einheiten dann in Stufe II. Eine „Politik" ist hier also als zweistufige Entscheidung

$$P\,(X,Y)$$

mit X als Einsatzmenge in Stufe I und Y als Einsatzmenge in Stufe II definiert, z.B. P (14,11).

Zur Simulation dieses Planungsproblems[49] benötigt man einen Zufallszahlengenerator. Er muß zwei Eigenschaften haben:

49 Zur Präzisierung des Problems müßten noch gewisse Vereinbarungen getroffen werden, wie z.B.: 1. Nach jeder Stufe ist das Ergebnis wegen der Dauer des Tests nicht sofort bekannt, andernfalls könnte man auf das Testergebnis warten und sofort nachfertigen. Die Rüstkosten des 2. Produktionsdurchgangs würden dann gespart mit der Folge, daß alle die Politiken begünstigt würden, die mit niedrigen Stückzahlen operieren, etwa P = (12,11). 2. Der zweite Produktionsdurchlauf bringt das exakte Ergebnis; hier wäre es allerdings auch möglich, wieder eine Simulation (in Abhängigkeit vom Simulationsergebnis des 1. Produktionsdurchlaufs) durchzuführen.

1. Jede Zahl muß die gleiche Wahrscheinlichkeit haben, bei einem Versuch gezogen zu werden (Gleichverteilung).
2. Jede Zahl muß bei jedem neuen Versuch wieder die gleiche Wahrscheinlichkeit haben, gezogen zu werden (Unabhängigkeit).

Ein (idealer) Würfel wäre ein solcher Zufallszahlengenerator. Unabhängig gleichverteilte Zufallszahlen werden aber auch in sog. Zufallszahlentabellen erfaßt, aus denen man dann Zufallszahlen ziehen kann.

Zur Simulation ordnet man jetzt in einem ersten Schritt den Wahrscheinlichkeiten (P) (dreistellige) Zufallszahlen (Z) zu, also etwa wie folgt in Abbildung 6.17.

	P	Z
C	0,040	001–040
B	0,192	041–232
A	0,768	233–000

Abb. 6.17: Zuordnung von Zufallszahlenbereichen zu Wahrscheinlichkeiten

Nun geht man im zweiten Schritt an beliebiger Stelle (zufällig) in die Zufallszahlentabelle, zieht Zufallszahlen und ordnet diesen Zufallszahlen nach Maßgabe der Abbildung 6.17 die Ereignisse A, B oder C zu. Man habe z.B. eine Politik P = (15,12) zu simulieren und folgende Reihe von 15 „Ereignissen" „gezogen":

{A, A, A, B, B / C, A, A, A, A / A, A, A, B, B}

Man stellt sofort durch Abzählen fest, daß bei diesem ersten Simulationsergebnis nach der ersten Stufe noch 14 Zahnräder als „gute Stücke" verfügbar sind (es tritt nur 1 C auf; ob die verbleibenden 14 Zahnräder in der zweiten Stufe als B-Stücke ausfallen oder nicht, ist hier noch nicht bekannt). Man kann also 12 dieser guten Stücke (etwa die ersten 12) weiter verarbeiten und stellt **nach** der zweiten Stufe fest, daß von diesen 12 zwei als Ausschuß ausfallen; man hat also gerade bei diesem Simulationslauf (glücklicherweise) 10 gute Zahnräder erhalten. Andere Simulationsläufe mögen ungünstiger ausgehen, weil man, etwa bei einer ganz „knappen" Politik P = (12,11), bereits nach der ersten Stufe nicht genügend Zahnräder zur Weiterverarbeitung hat oder nach der zweiten Stufe keine 10 Zahnräder für den Auftrag verfügbar sind und ein zweiter Produktionslauf mit entsprechend höheren Kosten gefahren werden muß.

Für alle Simulationsläufe einer gegebenen Politik registriert man im dritten Schritt die dafür anfallenden Kosten (Abb. 6.18) und ermittelt nach hinreichend vielen Läufen die Durchschnittskosten der gerade betrachteten Politik.

Man wiederholt dann diese Simulation für weitere Politiken und wählt am Ende diejenige für die Realisierung aus, deren erwartete durchschnittliche Kosten ein Minimum sind.

Lauf	Ergebnis	Kosten					
		Zahnrad 50 $/ST	Rüstkosten Fräsen 500 $/LOS	Rüstkosten Bearbeitung + Härtung 250 $/LOS	Variable Kosten Bearbeitung + Härtung 100 $	Nachbearbeitungskosten	Gesamtkosten
1	AAABB/ CAAAA/ AAABB	750	500	250	1200	–	2700
2							
3							
. . .							

Abb. 6.18: Kosten der Simulationsergebnisse

Dieses einfache Beispiel demonstriert das Prinzip der Simulation stochastischer Prozesse. Es macht zugleich deutlich, daß für eine Simulation Berechnungsexperimente in einem solchen Umfang erforderlich sind, daß der Computereinsatz unabdingbar wird.

Am Ende des Abschnittes 6.3 gibt Kasten 6.1 einen Überblick über die relative Häufigkeit der Verwendung einzelner mathematischer Planungsmethoden in der Praxis. Zwei Untersuchungen in den USA werden vergleichend gegenübergestellt.

6.3.3 Planung des Realgüterprozesses am Beispiel der Produktionsprogrammplanung mit Hilfe der Linearen Programmierung

(1) Die Planung des kurzfristigen Produktionsprogramms der Gesamtunternehmung (oder auch einzelner ihrer Sparten) für eine Periode (z.B. Monat, Jahr) auf der Grundlage des (vorgegegebenen) strategischen Produkt-Markt-Konzeptes ist eine der zentralen und praktisch bedeutsamen Anwendungen der Linearen Programmierung.[50] Dabei ist es immer wieder erstaunlich, welche Problemstellungen sich in der Praxis durch geschickte Modellkonstruktion als LP-Probleme darstellen und behandeln lassen. Das reicht von Modellen zur Steuerung der Raffinerieproduktion bei der Erdölverarbeitung über die Programmsteuerung in anderen Branchen der Grundstoffindustrie (Kohle, Steine und Erden)[51] bis zur Verschnittminimierung bei der Papierherstellung, optimalen Maschinen-

50 Vgl. für einen Überblick über OR-Modelle und OR-Verfahren in der Produktionsplanung, ihre Möglichkeiten und Grenzen, Fleischmann, B., Operations-Research-Modelle und -Verfahren in der Produktionsplanung, in: Zeitschrift für Betriebswirtschaft 58 (1988), S. 347–372.

51 Vgl. dazu Meyer, M./Steinmann, H., Planungsmodelle für die Grundstoffindustrie, Würzburg/Wien 1971.

belegungsplänen in der Metallverarbeitung oder der Herstellung kostenminimaler Diätprodukte in der Ernährungsindustrie.

Allen diesen Anwendungen liegt eine allgemeine Modellstruktur zugrunde, die in der (betriebswirtschaftlichen) Produktionstheorie zwischen den Modellen mit limitationaler und solchen mit substitutionaler Produktionsfunktion anzusiedeln ist; sie stellt gleichsam – wie später noch deutlich wird – den „Übergang“ zwischen diesen beiden klassischen Modelltypen dar.

(2) Zur Entfaltung der allgemeinen Modellstruktur knüpfen wir zunächst an ein einfaches Beispiel an.[52] Gegeben sei ein Produktionssystem wie in Abbildung 6.19 veranschaulicht:

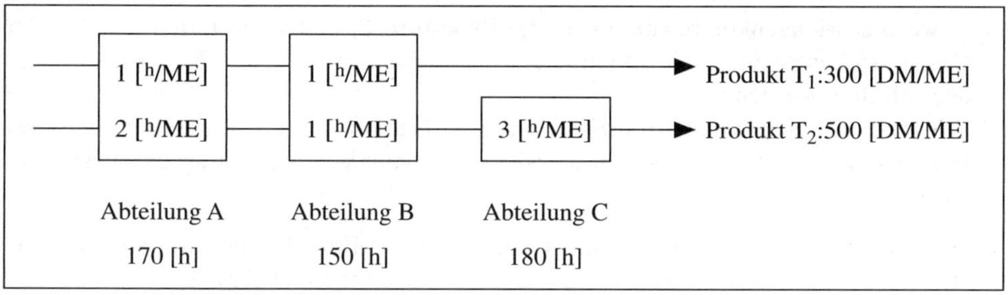

Abb. 6.19: Produktionssystem

Nehmen wir an, ein Ausschnitt des (ansonsten umfangreicheren) strategischen Plans betreffe zwei „Milchkühe“ (die Produktarten T_1 und T_2), die nur in einer vorhandenen Betriebsstätte mit den in Abbildung 6.19 skizzierten drei Abteilungen bzw. Maschinen A, B und C gefertigt werden können. Es ist dann (wegen der Normstrategie „Melken der Cash-Kühe“[53] und der daraus abgeleiteten Anweisung keine weiteren Investitionen in diesem Geschäftsbereich vozunehmen) plausibel, von unveränderlichen Kapazitäten dieser drei Abteilungen (Maschinen) auszugehen und den Deckungsbeitrag zu maximieren.

T_1 durchläuft die Abteilungen A und B und beansprucht dabei die verfügbare Monatskapazität beider Abteilungen mit je 1 Stunde/Mengeneinheit [h/ME]. T_2 durchläuft alle drei Abteilungen A, B und C mit den in Abb. 6.19 angegebenen Kapazitätsbeanspruchungen. Die beiden Produkte erwirtschaften die folgenden Plan-Deckungsbeiträge der Tabelle 6.1.

52 Entnommen aus: Müller-Merbach, H., Operations Research, 3. Aufl., München 1973, S. 88 ff.
53 Vgl. dazu S. 212 f.

ökonom. Daten / Produkte	Plan-Preis	Budgetierte variable Kosten	Plan-Deckungs-beitrag [DM/ME]
Produkt T_1	1000	700	300
Produkt T_2	3000	2500	500

Tabelle 6.1: Plan-Deckungsbeiträge von T_1 und T_2

Die fixen Kosten betragen monatlich 36.000,– DM.

Das Planungsproblem, um das es geht, läßt sich nun in zwei Versionen formulieren:

1. In welcher Mengenkombination sind die **Produkte** T_1 und T_2 zu fertigen, damit der Gesamtdeckungsbeitrag ein Maximum wird, und die verfügbaren Kapazitäten nicht überschritten werden?
2. Wie sind die verfügbaren **Kapazitäten** von A, B und C auf die Herstellung der zwei Produkte T_1 und T_2 zu verteilen, damit der Gesamtdeckungsbeitrag ein Maximum wird?

Beide Problemversionen – die aus der Perspektive der Produkte und die aus der Perspektive der Kapazitäten – verdichten sich aber letztlich in einer Kennziffer, die für die optimale Steuerung der Kapazitäten relevant ist. Es ist die Kennziffer: **Deckungsbeitrag/Kapazitätseinheit** [DM/h]. Diese Kennziffer bezieht die Profitabilität der **Produkte** auf die **Kapazitäten** und macht damit deutlich, daß es für die Allokation der (knappen) Ressourcen nicht auf den „Deckungsbeitrag DB pro Produkteinheit" (alleine) ankommen kann, auch nicht (alleine) auf die „Inanspruchnahme der Kapazitäten KB pro Produkteinheit" für jedes Produkt, sondern der ökonomische Wert der Kapazitäten KW eben aus der Kombination beider Aspekte hervorgeht in der Form:

DB [DM/ME]: KB [h/ME] = KW [DM/h].

Wendet man diese Kennziffer auf das vorliegende Beispiel an, so erhält man für die drei Kapazitäten die folgenden Werte KW:

	T_1	T_2
A	300	250
B	300	500
C	–	166,66

Tabelle 6.2: Deckungsbeiträge pro Kapazitätseinheit KW in [DM/h] im Beispiel

Ein Blick auf die Tabelle 6.2 macht sofort deutlich, daß Produkt T_1 bei der Kapazität A, Produkt T_2 dagegen bei der Kapazität B einen Profitabilitätsvorteil hat; Kapazität C kann außer Betracht bleiben, da die Produkte T_1 und T_2 nicht um diese Kapazität konkurrieren. Wäre die Situation nun derart, daß Produkt T_1 gegenüber T_2 bei allen Kapazitäten einen höheren KW-Wert hätte, T_1 also T_2 insoweit dominieren würde, wäre das Planungsproblem gelöst: nur T_1 käme mit der bei der gegebenen Kapazitätsausstattung maximal möglichen Menge in die Lösung. Da das aber nicht der Fall ist, also eine **„Konfliktsituation"** existiert, ist jetzt eine optimale Mengenkombination der Produkte T_1 und T_2 zu suchen.

(3) Dazu formulieren wir das **Lineare Programm** wie folgt:

Zielfunktion: $Z = 300\ x_1 + 500\ x_2 \longrightarrow \max!$ (1)

Nebenbedingungen:

$$\begin{aligned} 1\ x_1 + 2\ x_2 &\leq 170 \\ 1\ x_1 + 1\ x_2 &\leq 150 \\ 3\ x_2 &\leq 180 \end{aligned} \qquad (2)$$

Nichtnegativitätsbedingung:

$$x_1, x_2 \geq 0 \qquad (3)$$

(1) – (3) drückt aus, daß solche (nichtnegative) Mengen x_1 von Produkt T_1 und x_2 von Produkt T_2 gesucht werden sollen, die die Kapazitätsbeschränkungen pro Periode nicht überschreiten, also zulässig sind, und gleichzeitig den Deckungsbeitrag maximieren.

Die **graphische** Lösung ist auf zwei Arten möglich, je nachdem ob man die 1. oder 2. oben erwähnte Version wählt. Im ersten Falle wählt man – bei diesem Beispiel – zur Darstellung den zweidimensionalen „Raum der Produkte" mit x_1 und x_2 als Koordinaten (Abb. 6.20); im zweiten Falle wählt man den (hier dreidimensionalen) „Raum der Kapazitäten".
Die Beschränkungen (2) und (3) grenzen als Ungleichungen den Bereich der zulässigen Lösungen aus dem positiven Quadranten des R^2 aus. Man hat damit einen geschlossenen Bereich zulässiger Lösungen O A B C D; zu ihm gehören alle Punkte auf den Restriktionsgeraden und innerhalb der Begrenzungen.[54] Gesucht ist nun der optimale Lösungspunkt, d.h. der Punkt, dessen Koordinaten – in die Zielfunktion eingesetzt – den maximalen Gesamtdeckungsbeitrag ergeben. Um ihn zu bestimmen, führt man die Zielfunktion mit Z als Parameter in Abb. 6.20 ein. Für verschiedene Werte von Z ergibt sich eine Schar von zueinander parallel verlaufenden Geraden. Jede Mengenkombination der beiden Produkte, die auf einer Geraden liegt, erbringt denselben Gesamt-Deckungsbeitrag bzw. Gesamtgewinn (Gesamtdeckungsbeitrag ·/. fixer Kosten). Man kann deshalb hier von **„Iso-Gewinnlinien"** sprechen. Unter ihnen wählt man diejenige aus, der der höchste Gesamtgewinn zuzuordnen ist und auf der noch (mindestens) ein Punkt liegt, der zum Bereich der zulässigen Lösungen gehört, dessen Koordinatenwerte x_1 und x_2 also die Nebenbedingungen (2) nicht verletzen. Die Koordinatenwerte dieses Punktes stellen die optimale Lösung dar. Sie ist in Abb. 6.20 durch den Punkt C mit den Koordinatenwerten $x_1 = 130$ [ME] und $x_2 = 20$ [ME] gekennzeichnet. Der maximale Deckungsbeitrag beträgt 49.000,– DM, der Gewinn 13.000,– DM.

---

54 Dieser Bereich ist konvex, d.h. alle Punkte auf der Verbindungslinie zwischen zwei beliebig aus O A B C D gewählten Punkten liegen selber in O A B C D. Diese Eigenschaft der Konvexität des Lösungsraumes (Polyeders) ist typisch für Lineare Programme und ermöglicht es, daß das Lösungsverfahren der Simplex-Methode nur „Eckpunktlösungen" des konvexen Polyeders auf Optimalität hin prüfen muß.

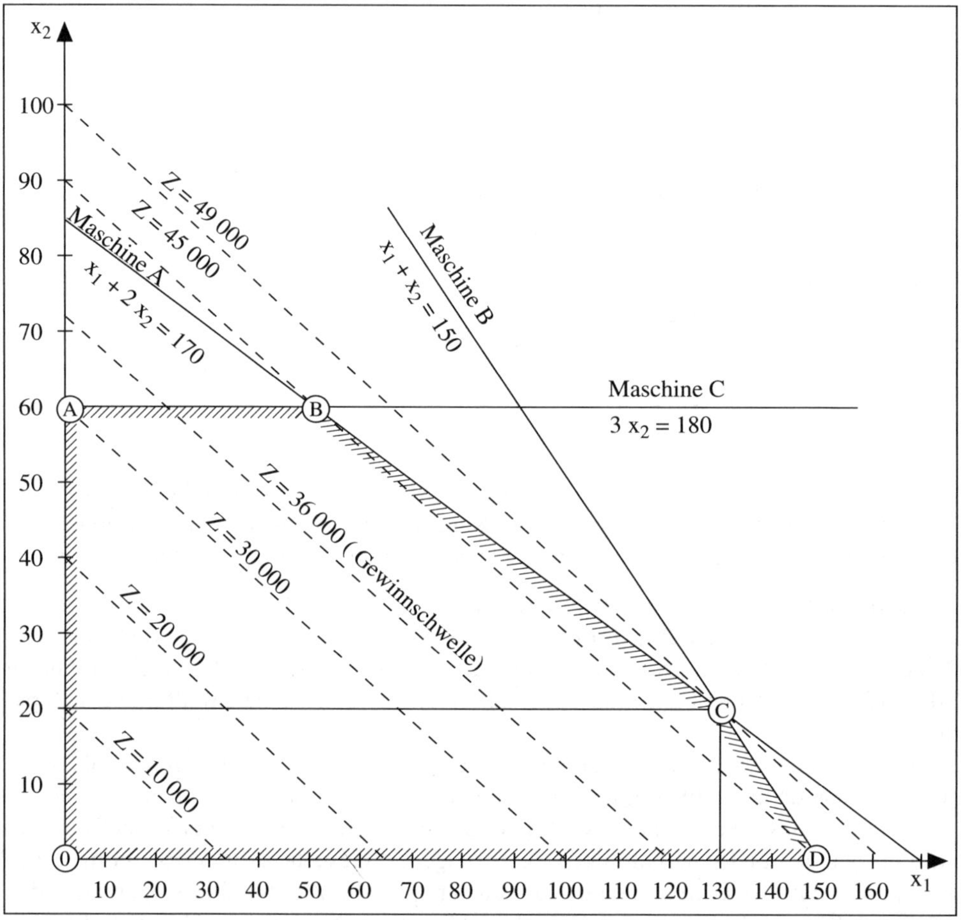

Abb. 6.20: Graphische Lösung des Beispiels im Raum der Produkte

Die Optimallösung ist im vorliegenden Fall eine „Eckpunktlösung" und damit eindeutig. **Mehrdeutige** Lösungen ergeben sich, wenn eine Begrenzungsgerade parallel zu den Iso-Gewinnlinien verläuft (gleiche Steigung). Dann sind alle Punkte optimal, die auf dem den konvexen Bereich zulässiger Lösungen begrenzenden Teil dieser Geraden liegen. Die Eckpunkte sind darin eingeschlossen. Da die Eckpunkte also zu der Menge der optimalen Lösungspunkte gehören, gilt auch für den Fall einer mehrdeutigen Lösung, daß die Zielfunktion ihre optimalen Werte immer in **mindestens** einem Eckpunkt des konvexen Polyeders annimmt. Dieser Satz ist für das Lösungsverfahren der Simplex-Methode wichtig, da sie nämlich jeweils nur Eckpunktlösungen daraufhin prüft, ob sie optimal sind.

(4) Bevor die Simplex-Methode dargestellt wird, interpretieren wir das gewählte Beispiel noch aus der 2. Perspektive, der der Kapazitäten (Faktoren) und ihrer Verwendung für die Herstellung von T_1 und T_2. Wir wissen aus der eben gewonnenen Lösung, daß im

optimalen Lösungspunkt C (Abb. 6.20) die Kapazität der Maschine C nicht ausgelastet ist. Sie ist – wie man auch sagt – bezüglich der Optimallösung kein knapper Faktor, wird also auch die graphische Lösung nicht beeinflussen, wenn man diese im „Raum der Faktoren" entfaltet. Man kann die Maschine C insoweit also vernachlässigen und das Problem im R^2 der Faktoren A und B darstellen.

Vorbereitend dazu schreiben wir (1) und (2) in Vektorschreibweise:

$$(300, 500) \begin{pmatrix} x_1 \\ x_2 \end{pmatrix} \longrightarrow \max! \tag{1a}$$

$$\begin{pmatrix} 1 \\ 1 \\ 0 \end{pmatrix} x_1 + \begin{pmatrix} 2 \\ 1 \\ 3 \end{pmatrix} x_2 \leqq \begin{pmatrix} 170 \\ 150 \\ 180 \end{pmatrix} \tag{2a}$$

Nun kann man das Produktionsplanungsproblem auch wie folgt lesen.

Man hat zwei **Produktionsprozesse** P_1 und P_2:

$$P_1 = \begin{pmatrix} 1 \\ 1 \\ 0 \end{pmatrix} \text{ und } P_2 = \begin{pmatrix} 2 \\ 1 \\ 3 \end{pmatrix}.$$

Der erste Prozeß dient zur Herstellung von T_1, der zweite zur Herstellung von T_2. Die Prozeßvektoren enthalten die **Faktorverbräuche**, bezogen auf eine Einheit von T_1 bzw. T_2, sie sind insofern auf diesem Einheitsniveau normiert. Gesucht ist dann das Niveau, auf dem die Prozesse P_1 und P_2 betrieben werden sollten, um den Deckungsbeitrag zu maximieren. Die Lösung ist bekannt: Für P_1 ist das Niveau $x_1 = 130$ [ME], für $P_2 : x_2 = 20$ [ME]. Bei der graphischen Darstellung (Abb. 6.21) wird man nun (unter Vernachlässigung von Faktor C) im V_A/V_B-Koordinatensystem die Kapazitätsgrenzen markieren, ferner die Prozesse P_1 und P_2 als Strahlen vom Nullpunkt mit der dem Faktoreinsatzverhältnis entsprechenden Steigung eintragen und auf ihnen dann die Prozeßniveaus markieren. Diesen Prozeßniveaus ist jeweils ein bestimmter Deckungsbeitrag zuzuordnen. Verbindet man die Punkte gleicher Deckungsbeiträge auf P_1 und P_2 miteinander, so erhält man eine **Iso-Deckungsbeitragslinie** als geometrischen Ort aller Faktorkombinationen mit gleichem Deckungsbeitrag. Gesucht ist dann das Niveau, auf dem beide Prozesse betrieben werden müssen, um die höchste Iso-Deckungsbeitragslinie zu erreichen. Das Maximum für das vorliegende Problem wird – wie wir schon wissen – gerade dann erreicht, wenn die Kapazitäten der Maschinen A und B voll ausgelastet sind (DB = 49.000,– DM); dem entspricht in Abb. 6.21 der Punkt K_o. K_o liegt auf einem (fiktiven) Prozeß P_3, der sich durch Linearkombination der Prozesse P_1 und P_2 ergibt:

$$P_3 = P_1\alpha + P_2 (1 - \alpha), \quad (0 \leq \alpha \leq 1) \tag{4}$$

In (4) fällt P_3 mit P_1 zusammen, wenn $\alpha = 1$ und mit P_2, wenn $\alpha = 0$. Mit $0 < \alpha < 1$ erzeugt man alle (fiktiven) Prozesse, die bei geeignet gewähltem Prozeßniveau von P_1 und P_2 die Punkte auf der Iso-Deckungsbeitragslinie K_1–K_2 überdecken. Die Prozeßniveaus der Prozesse P_1 und P_2, die K_o entsprechen, ergeben sich dann durch Rekonstruktion der Vektoraddition, die gerade zu K_o führt. Man erhält so die Prozeßniveaus für $P_1 : x_1 = 130$ und für $P_2 : x_2 = 20$.

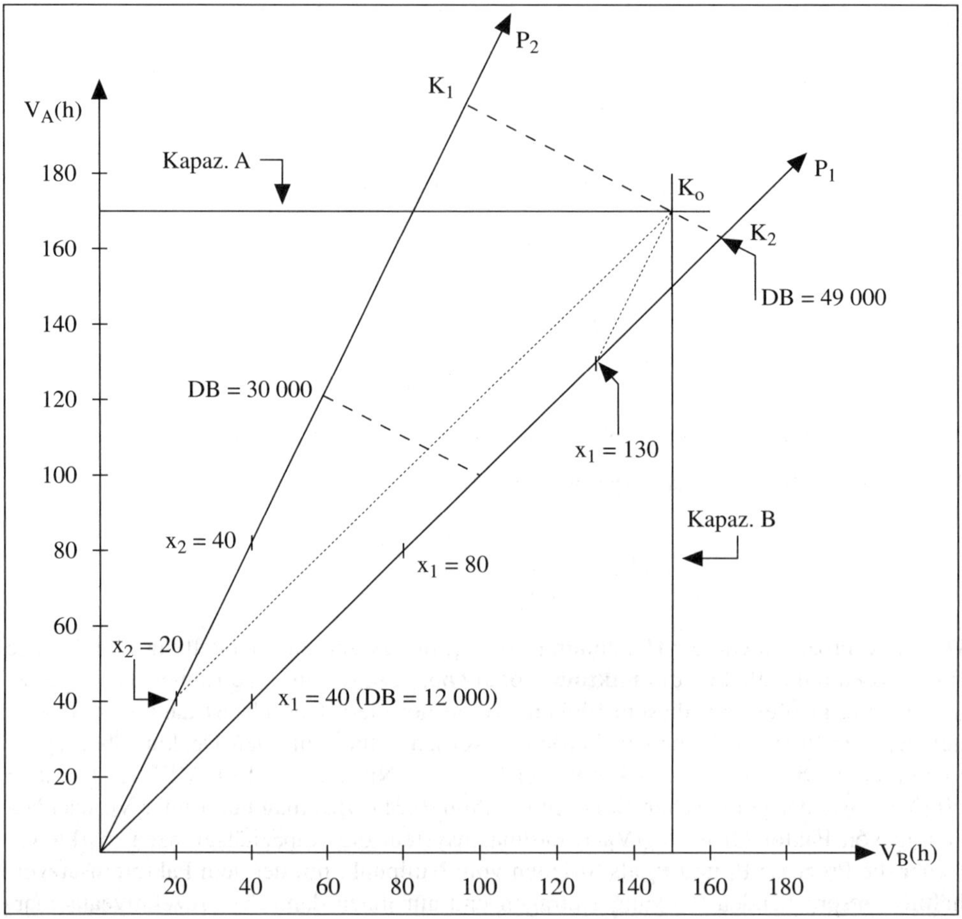

Abb. 6.21: Graphische Lösung des Beispiels im Raum der Kapazitäten

Abbildung 6.21 macht deutlich, daß eine Vollauslastung der Maschinen A und B (Punkt K_o) nicht möglich wäre, wenn man nur den Prozeß P_1 oder P_2 betreiben würde. Erst die **Prozeßkombination** der Prozesse P_1 und P_2 ermöglicht im vorliegenden Falle eine Lösung, die zur Vollauslastung der Kapazitäten führt.

Diese Kombination von Prozessen in der Linearen Planungsrechnung beruht auf zwei Eigenschaften, die für Prozesse vorausgesetzt werden:

- der **Multiplizitätseigenschaft:** Ist P_1 ein Prozeß auf dem Niveau $x_1 = 1$, so ist $P_1{}^* = P_1 \cdot x_1$ derselbe Prozeß auf dem Niveau $x_1 > 0$;
- der **Additivitätseigenschaft:** Sind P_1 und P_2 zwei Prozesse auf dem Einheitsniveau, so kann man aus ihrer Linearkombination einen (fiktiven) neuen Prozeß P_3 erzeugen:

$$P_3 = P_1\, x_1 + P_2\, x_2, \quad (x_1 > 0;\;\; x_2 > 0)$$

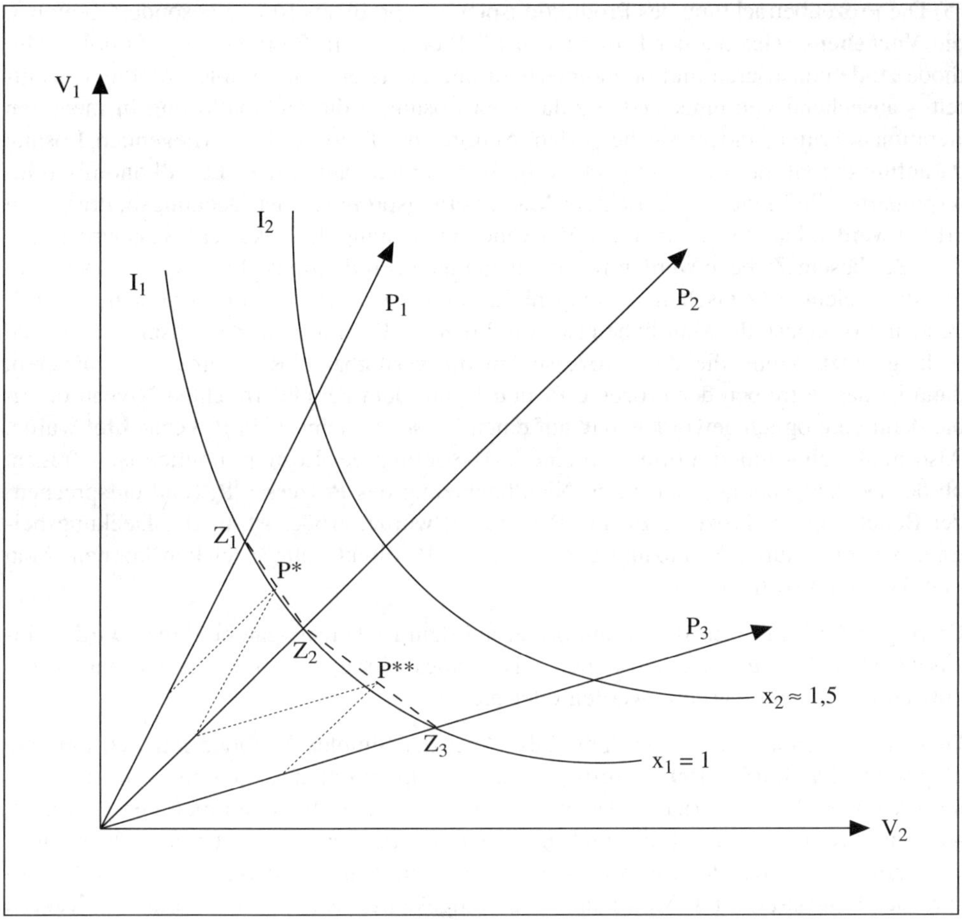

Abb. 6.22: Das Produktionsplanungsmodell der Linearen Programmierung als Approximation der substitutionalen Produktionsfunktion

Zusammen mit der Voraussetzung der beliebigen Teilbarkeit der Faktoren (für x_1 und x_2 wird **keine** Ganzzahligkeit gefordert), ergeben diese beiden Eigenschaften, daß man das Produktionsplanungsmodell der Linearen Programmierung als eine Approximation der traditionellen substitutionalen Produktionsfunktion ansehen kann, wie Abbildung 6.22 verdeutlicht.

In Abb. 6.22 sind I_1 und I_2 zwei Isoquanten mit den Erträgen $x_1 = 1$ und $x_2 \approx 1{,}5$ bei vollständiger Substituierbarkeit der Faktoren. Sie sind linear approximierbar durch Kombination der Prozesse P_1, P_2 und P_3, wie in Abb. 6.22 angedeutet. Den Punkt P^* realisiert man durch Kombination der Prozesse P_1 und P_2, den Punkt P^{**} durch Kombination der Prozesse P_2 und P_3 jeweils auf dem zugehörigen Prozeßniveau. Z_1, Z_2 und Z_3 sind Punkte auf der Isoquante, die allein durch Betreiben des Prozesses P_1, P_2 oder P_3 realisiert werden können.

(5) Die Prozeßbetrachtung des Produktionsplanungsproblems ist nun besonders geeignet, die **Vorgehensweise** bei der Lösung von LP-Problemen in Form der sog. Simplex-Methode zu demonstrieren und ökonomisch zu interpretieren. Die Simplex-Methode ermittelt – ausgehend von einer ersten zulässigen Lösung – die Optimallösung in mehreren Iterationsschritten, indem sie bei jedem Schritt eine Prüfung der vorliegenden Lösung daraufhin durchführt, ob diese noch verbessert werden kann. Sie stellt – ökonomisch interpretiert – die Frage, ob (bei einem Maximierungsproblem) der Deckungsbeitrag noch erhöht werden kann, wenn man die Verwendungsrichtung der Faktoren (Ressourcen) ändert. Zu diesem Zwecke werden für alle diejenigen (Produktions-)Prozesse, die bei einer gerade erreichten (Zwischen-)Lösung **nicht** benutzt werden, Vorteilsvergleiche der folgenden Art angestellt: Man habe etwa die Prozesse P_1 und P_2 in der Lösung; P_3 werde nicht genutzt. Wenn die drei Prozesse um die verfügbaren Ressourcen konkurrieren, dann ist das Betreiben der Prozesse P_1 und P_2 auf dem gerade erreichten Niveau offenbar dadurch möglich geworden, daß auf einen Ressourceneinsatz in P_3 **verzichtet** wurde. Also muß man – um zu prüfen, ob eine Verbesserung der Lösung möglich ist – fragen, ob der Deckungsbeitrag, der durch Nichtbenutzung des Prozesses P_3 (und entsprechender Benutzung der Prozesse P_1 und P_2) erzeugt wurde, größer ist als der Deckungsbeitrag, den man durch Benutzung des Prozesses P_3 direkt hätte erreichen können. Man muß konkret also fragen:

Erbringen die im Prozeß P_3 – wenn dieser auf dem Einheitsniveau betrieben wird – einzusetzenden Ressourcen einen höheren Deckungsbeitrag, indem sie in den gerade benutzten Prozessen eingesetzt werden oder nicht?

Diese Fragestellung macht deutlich, daß es bei der Simplex-Methode letztlich um eine „**Opportunitätskosten-Betrachtung**" geht. Die Opportunitätskosten eines nichtbenutzten Prozesses P_3 sind derjenige Deckungsbeitrag, der entfällt, wenn man den Prozeß P_3 auf dem Niveau $x_3 = 1$ betreibt und die dadurch gebundenen Ressourcen nicht mehr in den gerade benutzten Prozessen P_1 und P_2 einsetzen kann und deren Prozeßniveaus entsprechend anpassen muß. Man kann – aus umgekehrter Sicht – auch vom „**indirekten Ertrag**" des nicht benutzten Prozesses P_3 sprechen als dem Ertrag (Deckungsbeitrag), der dadurch entsteht, daß P_3 **nicht** auf dem Niveau $x_3 = 1$, sondern $x_3 = 0$ betrieben wird und die dadurch freigesetzten Ressourcen in den Prozessen P_1 und P_2 eingesetzt werden und zur Erhöhung des Deckungsbeitrages führen.

Jetzt ist sofort einsichtig: Wenn der indirekte Ertrag des nichtbenutzten Prozesses P_3 bei einer gerade betrachteten Lösung **größer** ist als sein „direkter Ertrag" (Deckungsbeitrag), so ist es ökonomisch nicht sinnvoll, P_3 in die Lösung zu nehmen. Die Opportunitätskosten für P_3 wären dann ja größer als der zu erzielende Ertragszuwachs. Wenn diese Aussage bezüglich einer gerade betrachteten Lösung für alle in dieser Lösung nicht benutzten Prozesse gilt, hat man offenbar die **Optimallösung** (den maximalen Deckungsbeitrag) erreicht. Also gilt als Kriterium für die Feststellung, ob eine Optimallösung vorliegt:

$$z_j - c_j \geq 0 \text{ (für alle Prozesse j)} \qquad (5)$$

mit z_j als dem indirekten Ertrag und c_j als dem direkten Ertrag des Prozesses j. In (5) gilt das Gleichheitszeichen für benutzte Prozesse; für sie ist (natürlich) ihr indirekter Ertrag gerade gleich dem direkten Ertrag. (5) ist das sog. **Simplex-Kriterium**, dessen Anwendung bei der Lösung nun an einem Beispiel demonstriert werden soll.

Beispiel

Das Beispiel lautet in Vektorschreibweise:

$$(8, 5, 4) \begin{pmatrix} x_1 \\ x_2 \\ x_3 \end{pmatrix} \longrightarrow \max! \tag{6a}$$

$$\begin{pmatrix} 5 \\ 15 \end{pmatrix} x_1 + \begin{pmatrix} 9 \\ 3 \end{pmatrix} x_2 + \begin{pmatrix} 3 \\ 6 \end{pmatrix} x_3 \leqq \begin{pmatrix} 60 \\ 150 \end{pmatrix} \tag{6b}$$

$$x_1, x_2, x_3 \geqq 0 \tag{6c}$$

Wie man sieht, besteht das Beispiel aus drei Produktionsprozessen und zwei Faktoren. Eine graphische Darstellung wäre also im R^3 der Produkte oder im R^2 der Faktoren möglich.

Für die Lösung ist es zunächst erforderlich, die Nebenbedingungen (6b) als Gleichungen zu formulieren. Das erreicht man durch Einführung von zwei weiteren Unbekannten x_4 und x_5, die jeweils den „Schlupf" zwischen der linken und rechten Seite der Gleichung aufnehmen; man spricht deshalb auch von „Schlupfvariablen" im Gegensatz zu den „Strukturvariablen" x_1 bis x_3. Ihre Werte lassen sich im Beispiel als **Leerkapazitäten** interpretieren. (6b) geht dann über in:

$$\begin{pmatrix} 5 \\ 15 \end{pmatrix} x_1 + \begin{pmatrix} 9 \\ 3 \end{pmatrix} x_2 + \begin{pmatrix} 3 \\ 6 \end{pmatrix} x_3 + \begin{pmatrix} 1 \\ 0 \end{pmatrix} x_4 + \begin{pmatrix} 0 \\ 1 \end{pmatrix} x_5 = \begin{pmatrix} 60 \\ 150 \end{pmatrix} \tag{6b'}$$

Die zulässige Ausgangslösung, die man ja – wie schon erwähnt – für den Start des Iterationsverfahrens benötigt, ist sofort erkennbar: $x_4 = 60$ und $x_5 = 150$ sowie $x_1 = x_2 = x_3 = 0$. Das Produktionssystem ist bei dieser Lösung gleichsam in „Ruhestellung" (Nullpunkt des Koordinatensystems).[55]

Man überträgt nun das im Sinne von (6b') modifizierte Planungsproblem für die Anwendung des Simplex-Verfahrens in ein Tableau, wie in Abbildung 6.23.[56]

---

55 Falls eine zulässige Ausgangslösung nicht so offensichtlich ist, läßt sie sich durch geeignete Vorgehensweisen im Rahmen des Lösungsverfahrens schnell finden.

56 Im Schrifttum zur Unternehmensforschung finden sich andere Vorschläge zur Gestaltung des Simplex-Tableaus. Die vorliegende Form wurde gewählt, um möglichst viele Informationen für die Diskussion verfügbar zu halten.

ZF-Koeff. d. BV	BV	c_j / Variable / b_i	8	5	4	0	0
			x_1	x_2	x_3	x_4	x_5
0	x_4	60	5	9	3	1	0
→ 0	x_5	150	[15]	3	6	0	1
	z_j	0	0	0	0	0	0
	$z_j - c_j$		–8 ↑	–5	–4	0	0

Abb. 6.23: Ausgangstableau des Simplex-Algorithmus

Das Tableau der Abbildung 6.23 ist weitgehend selbsterläuternd. Einzig die BV-Spalte und die z_j-Zeile bedürfen noch eines Hinweises. Die BV-Spalte nimmt die sog. **Basisvariablen** auf, d.h. diejenigen Variablen, die zur gerade betrachteten Lösung (Basis) gehören, im vorliegenden Falle also x_4 und x_5. Die zugehörigen Lösungswerte können in der b_i-Spalte unmittelbar abgelesen werden, also $x_4 = 60$ und $x_5 = 150$. Man beachte, daß die Zahl der BV-Variablen gerade der Zahl der Nebenbedingungen entspricht, also hier 2 beträgt. Die Zahl der BV-Variablen bleibt im Zuge des Iterationsprozesses konstant; man wechselt nur jeweils schrittweise eine Variable gegen eine andere aus. Man schreitet so von Eckpunkt zu Eckpunkt des Lösungspolyeders fort. Man kann also schon jetzt sagen, daß das optimale Produktionsprogramm (höchstens) zwei Produkte enthalten wird!

Die z_j-Zeile nimmt – wie später noch deutlicher wird – die indirekten Erträge der Prozesse auf; diese sind im vorliegenden Ausgangstableau natürlich sämtlich null, da noch keine Faktoren zum Einsatz gekommen sind. In der letzten Zeile steht das Simplex-Kriterium für den Optimalitätstest. Man sieht, daß die Ausgangslösung noch nicht optimal ist, da:

$$z_j - c_j < 0 \quad \text{für} \quad j = 1, 2, 3$$

Nun beginnt der Iterationsprozeß, indem man eine BV-Variable aus der Lösung eliminiert und dafür **eine** andere Nichtbasis-Variable in die Lösung aufnimmt:

- **In die Basis** wird diejenige Variable aufgenommen, die in der z_j-c_j-Zeile den größten negativen Wert aufweist, also in Abbildung 6.23 die NB-Variable x_1 (Pfeilmarkierung). Ihr Deckungbeitrag ist **pro Produkteinheit** am größten. Das bedeutet natürlich nicht, daß mit der Auswahl von x_1 auch der Gesamtdeckungsbeitrag am schnellsten ansteigt. Hierfür ist ja auch die Kapazitätsbeanspruchung pro Produkteinheit relevant, weil die entscheidende Kennziffer für die optimale Faktorallokation natürlich – wie oben gezeigt[57] – der Deckungbeitrag pro Kapazitätseinheit ist. Das

57 Vgl. oben, S. 312 f.

Auswahlkriterium „höchster Deckungsbeitrag pro Produkteinheit" (steepest unit ascent-Kriterium) garantiert deshalb auch nicht eine minimale Zahl von Iterationsschritten des Algorithmus bis zur Optimallösung.

- **Aus der Basis** eliminiert wird diejenige BV-Variable, der der Engpaßfaktor entspricht, der also den Wert der in die Basis aufzunehmenden Variablen am stärksten beschränkt. Die Nichtbeachtung dieser Engpaßregel würde zur Verletzung der Nichtnegativitätsbedingung führen. Im vorliegenden Beispiel ermittelt man den Engpaß, indem man die folgenden Quotienten aus den Werten der b_i-Spalte (Kapazitäten) und den positiven Werten der x_1-Spalte (Kapazitätsbeanspruchungen pro Produkteinheit von Produkt 1) bildet:

$$Q_1 = \frac{b_1}{a_{11}} = \frac{60}{5} = 12$$

$$Q_2 = \frac{b_2}{a_{21}} = \frac{150}{15} = 10$$

Das Minimum ist

$$\min_{j=1,2} \{Q_1, Q_2\} = \{12, 10\} = 10$$

so daß x_5 aus der Lösung eliminiert wird (Pfeilmarkierung). Man prüft leicht nach, daß bei Wahl von x_4 die sich dann ergebende neue Lösung einen unzulässigen negativen Wert für $x_5 = -30$ ergeben würde. Ebenfalls eine negative Lösung würde sich ergeben, wenn man in der ausgewählten Spalte negative Koeffizienten betrachten würde (die es im vorliegenden Ausgangstableau nicht gibt).

Nach diesen beiden Schritten zur Variablenauswahl wird der **Variablentausch** selber ausgeführt. Dazu markiert man im Schnittpunkt von ausgewählter Zeile und ausgewählter Spalte das sog. „Pivot"-Element [15].[58] Dann vollzieht man die folgenden Rechenoperationen:

- Man **dividiert** die Koeffizienten der zum Pivot-Element gehörigen **„Pivot-Zeile"** durch das Pivotelement 15 und erhält so im nächsten Tableau (Abb. 6.24) die zugehörige neue Zeile mit der Variablen $x_1 = 10$.

- Man **subtrahiert** ein geeignetes Vielfaches der neu errechneten Zeile von den übrigen Zeilen so, daß alle übrigen Zahlen der „Pivot-Spalte" Null ergeben. Im Beispiel ergibt sich für die (einzige noch verbleibende) x_4-Zeile in der neuen x_1-Spalte (Abb. 6.24) eine Null, wenn man das 5fache der neuen x_1-Zeile von der alten x_4-Zeile subtrahiert.

58 „Pivot" kommt aus dem Französischen und bedeutet soviel wie „Dreh- oder Angelpunkt". Im Simplex-Tableau ist das Pivot-Element dann als Angelpunkt des Variablentausches zu verstehen; die zugehörige Spalte nennt man auch „Pivot"-Spalte, die zugehörige Zeile „Pivot"-Zeile.

ZF-Koeff. d. BV	c_j / BV	Variable / b_i	8	5	4	0	0
			x_1	x_2	x_3	x_4	x_5
0	x_4	10	0	[8]	1	1	–1/3
8	x_1	10	1	1/5	2/5	0	1/15
	z_j	80	8	8/5	16/5	0	8/15
	$z_j - c_j$		0	–17/5	–4/5	0	8/15

Abb. 6.24: Simplex-Tableau nach der 1. Iteration

Man sieht leicht ein, daß beide Rechenoperationen verbale „Vollzugsregeln“ für den mathematischen Prozeß der Variablensubstitution sind. Um das zu zeigen, schreiben wir die BV-Variablen der Abbildung 6.23 als Funktion der Nichtbasisvariablen, also:

$$x_4 = 60 - 5\,x_1 - 9\,x_2 - 3\,x_3 \quad (7)$$

$$x_5 = 150 - 15\,x_1 - 3\,x_2 - 6\,x_3 \quad (8)$$

Nun ist x_1 in die Lösung aufzunehmen (BV) und x_5 zu eliminieren (NBV). Man schreibt für (8):

$$x_1 = 10 - 1/5\,x_2 - 2/5\,x_3 - 1/15\,x_5 \quad (9)$$

Die Koeffizienten dieser Gleichung entsprechen den Zahlen der neuen Pivotzeile in Abbildung 6.24.

Nun setzt man (9) in (7) ein und erhält:

$$x_4 = 60 - 5\,(10 - 1/5\,x_2 - 2/5\,x_3 - 1/15\,x_5) - 9\,x_2 - 3\,x_3 \quad (10)$$

$$x_4 = 10 + 1\,x_2 + 2\,x_3 + 1/3\,x_5 - 9\,x_2 - 3\,x_3 \quad (11)$$

$$x_4 = 10 - 8\,x_2 - x_3 + 1/3\,x_5 \quad (12)$$

Aus (12) geht unmittelbar die x_4-Zeile der Abbildung 6.24 hervor, wenn man die Gleichung umschreibt, indem man alle Variablen auf eine Seite bringt:

$$10 = 0\,x_1 + 8\,x_2 + x_3 + x_4 - 1/3\,x_5 \quad (13)$$

Nach der Durchführung des Variablentausches berechnet man nun noch die neue z_j-Zeile der Abbildung 6.24. Dazu multipliziert man die Zielfunktionskoeffizienten der (neuen) Basisvariablen mit den zugehörigen Zeilen-Koeffizienten jeder Spalte und addiert die Ergebnisse, also:

– für die b_i-Spalte: $0 \cdot 10 + 8 \cdot 10 = 80$ (neuer Zielfunktionswert)

– für die x_1-Spalte: $0 \cdot 0 + 8 \cdot 1 = 8$ (z_1)

– für die x_2-Spalte: $0 \cdot 8 + 8 \cdot 1/5 = 8/5$ (z_2) etc.

Es ist wichtig zu bemerken, daß z_2 der **indirekte Ertrag** des Prozesses 2 bezüglich der gerade betrachteten Lösung ist. Sein **direkter Ertrag** ist mit $c_2 = 5$ größer, also ist für P_2 das Simplex-Kriterium negativ

$$z_2 - c_2 = 8/5 - 5 = -17/5,$$

wie auch aus der z_j-c_j-Zeile der Abbildung 6.24 für j = 2 hervorgeht. Also ist die gefundene Lösung noch nicht optimal. Daß $z_2 = 8/5$ wirklich der indirekte Ertrag des Prozesses für die gefundene Faktorallokation ist, überprüft man leicht wie folgt. Man schreibt wieder für die neue Lösung die Basisvariablen x_4 und x_1 als Funktion der Nicht-Basisvariablen x_2 auf, also:

$$x_4 = 10 - 8\ x_2 \qquad (14)$$

$$x_1 = 10 - 1/5\ x_2$$

Setzt man in (14) $x_2 = 1$, würde man sich also entscheiden, den Prozeß 2 doch (auf dem Niveau 1) zu betreiben, so ergäben sich die folgenden Konsequenzen für die Prozesse P_4 und P_1:

$$P_4:\ x_4 = 10 - 8 \cdot 1 = 2$$

$$P_1:\ x_1 = 10 - 1/5 \cdot 1 = 49/5$$

Das Niveau des Prozesses P_4 ist also um 8, das des Prozesses P_1 um 1/5 Einheiten zu senken. In (14) geben die Koeffizienten von x_2 (8 bzw. 1/5) also gerade diejenigen Anpassungen der Prozeßniveaus von P_4 und P_1 an, die man vollziehen muß, um P_2 auf dem Einheitsniveau zu betreiben. Die Ertragskonsequenzen (Opportunitätskosten) ergeben sich durch Berücksichtigung der Deckungsbeiträge der Prozesse P_4 ($c_4 = 0$) und P_1 ($c_1 = 8$) zu:

$$-z_2 = (-8 \cdot 0) + (-1/5 \cdot 8) = -8/5$$

Jetzt kehrt man die Argumentation um: Die Entscheidung, den Prozeß P_2 **nicht** auf dem Einheitsniveau zu betreiben, „spart" die Opportunitätskosten, ermöglicht es also durch Re-Allokation der pro Einheit des Prozesses P_2 gebundenen Faktoren auf die Prozesse P_4 und P_1 den Ertrag gerade um 8/5 zu erhöhen, also:

$$-z_2 \cdot (-1) = z_2 = 8/5 \text{ [DM]}$$

Das ist der Wert für z_2 in Abbildung 6.24. Da der direkte Ertrag pro Prozeßeinheit bei P_2 aber höher ist als 8/5 [DM], nämlich 5 DM, ist es möglich, die Lösung zu verbessern. Man kommt nach zwei weiteren Iterationsschritten dann zum Optimaltableau der Abbildung 6.25, für das gilt:

$$z_j - c_j \geq 0 \quad \text{(für alle j)}$$

Das optimale Produktionsprogramm lautet somit:

$$x_1 = 6 \text{ [ME]}; \quad x_3 = 10 \text{ [ME]}; \quad Z = 88 \text{ [DM]}$$

Die Kapazitäten beider Faktoren sind voll ausgelastet.

ZF-Koeff. d. BV	c_j / BV	Variable / b_i	8 x_1	5 x_2	4 x_3	0 x_4	0 x_5
4	x_3	10	0	8	1	1	–1/3
8	x_1	6	1	–3	0	–2/5	1/5
	z_j	88	8	8	4	4/5	4/15
	$z_j - c_j$		0	3	0	4/5	4/15

Abb. 6.25: Optimaltableau

Der Prozeß P_2 wird nicht realisiert. Sein indirekter Ertrag ist im Optimaltableau größer als sein direkter Ertrag. Der indirekte Ertrag berechnet sich aus den Substitutionskoeffizienten der x_2-Spalte, die ja – wie erläutert – die Niveauanpassungen der in der Lösung befindlichen Prozesse angeben, die als Folge der Entscheidung, P_2 nicht zu betreiben, pro Einheit des Prozesses 2 entstehen, also:

$$z_2 = 8\ [ME_3/ME_2] \cdot 4\ [DM/ME_3] + (-3)\ [ME_1/ME_2] \cdot 8\ [DM/ME_1] = 8\ [DM/ME_2]$$

Man sieht, daß die z_j in den Spalten der eigentlichen Prozeßvariablen (Strukturvariablen) x_1, x_2 und x_3 die Dimension [DM/ME] haben. Das gilt nicht für die indirekten Erträge der Prozesse 4 und 5, die zu den Schlupfvariablen x_4 und x_5 gehören. Hier nehmen die z_j-Werte die Dimension DM pro Faktor- bzw. Kapazitätseinheit an, also:

$$z_4 = 4/5\ \ [DM/KE]$$

$$z_5 = 4/15\ [DM/KE]$$

Dieser Dimensionswechsel beim Übergang von den Struktur- zu den Schlupfvariablen ist leicht einzusehen, da die Schlupfvariablen ja im Ausgangsproblem nicht, wie die x_j ($j = 1, 2, 3$), in Produkteinheiten, sondern in Kapazitätseinheiten gemessen werden; x_4 und x_5 stehen hier für die Differenz von vorhandener und genutzter Kapazität, gemessen z.B. in Fertigungsstunden. Ökonomisch interpretiert sind die mit der Optimallösung anfallenden indirekten Erträge z_4 und z_5 **Knappheitspreise**. Sie geben an, welche Erhöhung des Deckungsbeitrages möglich wurde, weil die jeweils letzten Kapazitätseinheiten beider Faktoren nicht als „Reservekapazitäten" gehalten wurden, sondern für die optimale Ausführung der Prozesse P_3 und P_1 genutzt wurden. Sie geben natürlich dann auch an, um wieviel der Deckungsbeitrag in der Zielfunktion steigen würde, wenn die Kapazität des Faktors 1 oder 2 um eine Einheit erhöht würde. Insofern ist die Reihenfolge der Knappheitspreise der Faktoren ein Indikator für die Engpaßstruktur im Kapazitätsgefüge des Unternehmens.

Den Aussagewert der Knappheitspreise sollte man allerdings auch nicht überschätzen. Diese Preise sind ja definiert relativ zu den Daten des Ausgangsproblems. Ändert sich ein Datum, z.B. ein Produktpreis oder ein Kostensatz, so verschieben sich natürlich u.U.

die Engpässe. Darüber hinaus bleibt zu beachten, daß auch bei unveränderten Ausgangsdaten die Knappheitspreise sich bei Kapazitätserweiterungen ändern können, nämlich dann, wenn die Kapazitätserweiterung so groß ausfällt, daß dann andere Faktoren zum Engpaß werden. Mit anderen Worten: der Gültigkeitsbereich der Knappheitspreise gilt in der Regel nur für einen marginalen Bereich in der Umgebung der optimalen Lösung und muß für allfällige Kapazitätserweiterungen jeweils neu ermittelt werden. Investitionsentscheidungen können aber gleichwohl nicht (allein) auf den Knappheitspreisen aufbauen, da es dabei ja um **langfristige** Strukturentscheidungen geht, die nicht schlicht aus einem **kurzfristigen** Produktionsplanungsmodell abgeleitet werden können. Die Knappheitspreise sollten daher eher als erste Indikatoren zur ökonomischen Durchleuchtung der Kapazitätsstruktur verstanden und wegen ihres „Ceteris-paribus-Charakters" recht vorsichtig interpretiert werden. Insbesondere sind die durch Kapazitätserweiterungen zusätzlich entstehenden Fixkosten zu berücksichtigen; denn sie sind ja im Gegensatz zu den durch die schon bestehenden Anlagen verursachten Fixkosten noch vermeidbar und somit entscheidungsrelevant.

(6) Die Knappheitspreise enthalten eine Information über die Auswirkungen von Veränderungen einzelner Kapazitäten, d.h. – allgemein gesprochen – von (einzelnen) Koeffizienten der rechten Seite der Nebenbedingungen im LP-Ansatz.

Man kann nun die Auswirkungen von Datenänderungen sowohl bei den b_i wie bei den anderen Koeffizienten des LP-Modells, also den c_j (Zielfunktion) wie den a_{ij} (linke Seite der Nebenbedingungen), genauer berechnen. Auf diese Weise läßt sich gleichsam der „Entscheidungsraum" bei der Produktionsplanung nach verschiedenen Richtungen hin erweiternd ausleuchten. Handelt es sich z.B. um die Deckungsbeiträge c_j, so läßt sich etwa die Frage beantworten, wie sich das optimale Produktionsprogramm verändert, wenn mit einer Erhöhung der (variablen) Lohnkosten um 10 % zu rechnen ist; oder für welchen Variationsbereich des Deckungsbeitrages eines Produktes das Produktionsprogramm optimal bleibt, wenn man Preisänderungen erwägt. Was die a_{ij} (als Produktionskoeffizienten) angeht, so mag man etwa in einer Abteilung eine technische Veränderung planen, die zu einer Rationalisierung und damit Senkung der Faktoreinsatzmengen für ein Produkt führt, und möchte dann wissen, wie sich eine solche Veränderung des Faktoreinsatzverhältnisses auf die Optimallösung auswirkt.

Zur Veranschaulichung der Vorgehensweise bei Sensibilitätsüberlegungen für Lineare Programme betrachten wir die Auswirkung von Änderungen der Koeffizienten der Zielfunktion (als Deckungsbeiträge) auf die Optimallösung mit Hilfe der **Parametrischen Programmierung**. Die Änderung eines Koeffizienten der Zielfunktion läßt sich graphisch (Abb. 6.26) als eine Änderung der Steigung der Isodeckungsbeitragslinie deuten.

In Abbildung 6.26 ist B Optimalpunkt, wenn die Isodeckungsbeitragslinie unter einer Steigung von tg α verläuft, was man durch Parallelverschiebung der Geraden EF zeigen kann. Wird der Deckungsbeitrag des Produktes 2 **erhöht** ($\bar{c}_2 > c_2$), so dreht sich die Isodeckungsbeitragslinie um E nach unten. Verläuft sie unter der Steigung tg β (Gerade EG), so liegt sie parallel zur Kapazitätsrestriktion AB, d.h. die Punkte A, B und alle Linearkombinationen beider Punkte sind optimal (Tendenz, x_2 stärker im Produktionsprogramm zu berücksichtigen). Überschreitet der Deckungsbeitrag von Produkt 2 einen

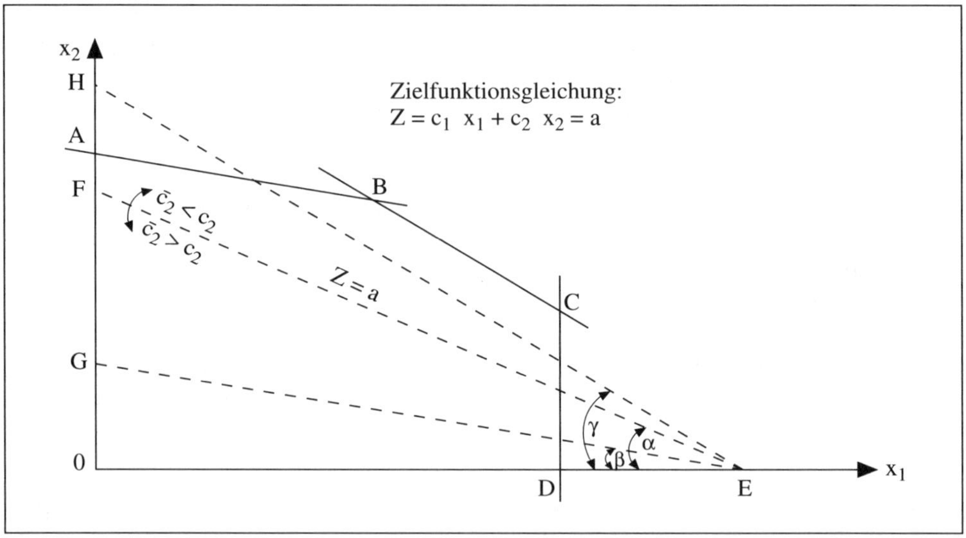

Abb. 6.26: Auswirkung einer Veränderung des Deckungsbeitrages c_2 auf die Optimallösung

Grenzwert $c_2^+ > c_2$, so daß die Steigung der Isodeckungsbeitragslinie kleiner als tg β wird, so ist nur noch Punkt A optimal (Produktionsprogramm enthält nur noch Produkt x_2). Ähnlich läßt sich die Auswirkung einer **Senkung** des Deckungsbeitrages des Produktes 2 erläutern und ein unterer Grenzwert $c_2^{++} < c_2$ fixieren.

Die analytische Bestimmung der Grenzen c_2^+ und c_2^{++}, deren Nichtüberschreitung zur Beibehaltung der bisherigen Optimallösung führt (**optimumindifferenter Variationsbereich** der Zielfunktionsvariablen), wie auch der **neuen Optimallösung**, wenn eine Überschreitung des oberen oder unteren Grenzwertes eintritt, kann durch die Parametrische Programmierung erfolgen. Dabei ist es auch möglich, die simultane Veränderung mehrerer Zielfunktionskoeffizienten zu untersuchen.

Ferner läßt sich auch – wie schon erwähnt – die Frage beantworten, wie sich Änderungen von Daten, die in die Berechnung des Zielfunktionskoeffizienten eingegangen sind, auswirken (z.B. eine prozentuale Änderung der Lohnkosten, die in die Berechnung des Deckungsbeitrages eingegangen sind).

Die analytische Untersuchung der Auswirkungen einer parametrischen Variation der Zielfunktionskoeffizienten führt zu der neuen Zielfunktion:

$$(c_1 + \lambda c_1^+)\, x_1 + (c_1 + \lambda c_2^+)\, x_2 + \ldots + (c_n + \lambda c_n^+)\, x_n \longrightarrow \max! \qquad (15)$$

Hierin sind die c_j die Koeffizienten der ursprünglichen Zielfunktion. Die c_j^+ sind problemspezifisch festzulegen. Ist der optimumindifferente Variationsbereich von c_1 gesucht, so kann $c_j^+ = 1$ festgelegt werden. Sind bei der Berechnung von c_1 etwa 3,– DM Lohnkosten pro Stück berücksichtigt worden und soll untersucht werden, wieweit die Lohnkosten steigen (sinken) können, bevor die bisherige Optimallösung sich ändert, so ist $c_1^+ = -3$ festzulegen. Der gesuchte Parameter bestimmt entsprechend der Definition von c_j^+ den optimumindifferenten Variationsbereich von c_j^+. Im Fall der Lohnkosten gibt er etwa deren maximale prozentuale Erhöhung und Senkung an, die zu keiner Änderung des Produktionsprogramms führt. Ist der obere und untere Grenzwert von c_1 selbst gesucht ($c_1^+ = 1$), so gibt λ die maximalen Beträge an, um die der Deckungsbeitrag steigen (sinken) kann, bevor das optimale Produktionsprogramm sich verändert.

Zur obigen Zielfunktion lautet das Simplex-Kriterium für die Optimalität einer Lösung:

$$(z_j - c_j) + \lambda\,(z_j^+ - c_j^+) \geq 0 \qquad (16)$$

Hierin sind die z_j^+ unter Berücksichtigung der c_j^+ der in der Basis befindlichen Variablen analog wie z_j zu berechnen. Mit

$$z_j - c_j = g_j \text{ und } z_j^+ - c_j^+ = g_j^+$$

geht (16) über in:

$$g_i + \lambda g_j^+ \geq 0 \qquad (17)$$

Im Optimaltableau des ursprünglichen Problems ist $g_j \geq 0$ für alle j; g_j^+ kann jedoch positiv und/oder negativ sein.

Ist $g_j^+ > 0$, so ist der maximale (negative) Wert, den λ annehmen kann, bevor das Simplex-Kriterium negativ wird, gegeben durch:

$$\underline{\lambda} = \max_{g_j^+ > 0} \left\{ - \frac{g_j}{g_j^+} \right\} \qquad (18)$$

Ist $g_j^+ < 0$, so ist der minimale (positive) Wert, den λ annehmen kann, bevor das Simplex-Kriterium negativ wird, gegeben durch:

$$\overline{\lambda} = \min_{g_j^+ < 0} \left\{ - \frac{g_j}{g_j^+} \right\} \qquad (19)$$

(19) sei an folgendem Beispiel erläutert:

$$g_j \ = (5, 6)$$

$$g_j^+ = (-3, -4)$$

Bildet man entsprechend (19) die Quotienten, so erhält man:

$$\lambda_1 = + \frac{5}{3} = 1{,}66; \qquad \lambda_2 = + \frac{6}{4} = 1{,}5$$

Wählt man entgegen (19) das Maximum beider Quotienten, also $\lambda = \lambda_1$, so wird das Simplex-Kriterium für j = 2 negativ:

$$g_2 + \lambda g_2^+ = 6 + \frac{5}{3} \cdot (-4) = -2/3 < 0$$

Man prüft leicht nach, daß für das Minimum beider Quotienten ($\lambda = \lambda_2$) das Simplex-Kriterium erfüllt ist. Die Obergrenze für λ ist also $\lambda_2 = 1{,}5$.

Geht g_j^+ gegen 0, so geht λ gegen unendlich; es existiert daher immer eine engere Schranke für λ. Dieser Fall braucht also nicht betrachtet zu werden. Ist $g_j^+ = 0$ für alle j, so können sich die untersuchten Zielfunktionskoeffizienten beliebig verändern, ohne daß sich die Optimallösung verändert. (18) und (19) reichen also aus, um für λ die Untergrenze $\underline{\lambda}$ und Obergrenze $\overline{\lambda}$ zu bestimmen. An dem oben behandelten **Beispiel** der Produktionsprogrammplanung[59] sei die Frage untersucht, inwieweit der Deckungsbeitrag für Produkt 1 von $c_1 = 8$ nach unten und oben schwanken kann, ohne daß sich die Optimallösung verändert. Die neue Zielfunktion lautet entsprechend (15) mit $c_1^+ = 1$ und $c_2^+ = c_3^+ = 0$:

$$(8 + \lambda)\, x_1 + 5\, x_2 + 4\, x_3 \longrightarrow \max! \qquad (20)$$

Führt man in das ursprüngliche Optimaltableau (Abb. 6.25) weitere Zeilen und Spalten für c_j^+, g_j^+ und den Quotienten $(-g_j/g_j^+)$ ein und berechnet man die entsprechenden Zahlenwerte, so erhält man das folgende Tableau (Abb. 6.27). Entsprechend (18/19) ist:

$$\underline{\lambda} = -\frac{4}{3} \quad \text{(es existiert nur ein } g_j^+ = g_5^+ > 0!)$$

$$\overline{\lambda} = \min_{g_j^+ < 0} \left\{ -\frac{3}{-3}\,;\; -\frac{4/5}{-2/5} \right\} = 1$$

Der optimumindifferente Variationsbereich von c_1 ist also gegegeben durch:

$$-\frac{4}{3} \leq \lambda \leq 1$$

Die Grenzwerte des Deckungsbeitrages von $c_1 = 8$ sind damit fixiert:

$$8 - \frac{4}{3} \leq c_1 \leq 8 + 1$$

$$6{,}66 \leq c_1 \leq 9$$

(7) Die dargestellten elementaren Grundlagen und Lösungstechniken der Produktionsprogrammplanung haben nur ansatzweise einen Eindruck von der eigentlichen Tätigkeit des Planers in diesem Bereich vermitteln können, nämlich von der Konstruktion und Pflege der (eingangs erwähnten) großen LP-Modelle, die in der Praxis zum Einsatz kommen. Hier geht es um die Erfassung oft hunderter von Restriktionen und Entscheidungsvariablen und deren richtige Vernetzung; ein klassisches Beispiel dafür ist die Steuerung der Raffinerieproduktion.[60] An dieser Stelle ist dann auch der Einsatz der EDV im Rahmen der Planungstätigkeit unerläßlich, und zwar sowohl für den Aufbau und die Pflege von Modellen, z.B. durch den Einsatz von Matrixgeneratoren, wie auch für deren Lösung, z.B. durch leistungsfähige Programme für die Simplex-Methode.

---

59 Vgl. oben S. 324 das Optimaltableau in Abb. 6.25.

60 Vgl. dazu eine vereinfachte, aber instruktive Darstellung der komplexen Modellstruktur zur Raffinerieplanung bei Meyer, M., a.a.O., S. 28 ff.

			c_j^+	1	0	0	0	0
			c_j	8	5	4	0	0
c_j^+	ZF.-Koeff. d. BV	BV	b_i \ Variable	x_1	x_2	x_3	x_4	x_5
0	4	x_3	10	0	8	1	1	–1/3
1	8	x_1	6	1	–3	0	–2/5	1/5
		z_j	88	8	8	4	4/5	4/15
			$g_j = z_j - c_j$	0	3	0	4/5	4/15
			z_j^+	1	–3	0	–2/5	1/5
			$g_j^+ = z_j^+ - c_j^+$	0	–3	0	–2,5	1/5
			$\left\{-\frac{g_j}{g_j^+}\right\}$	–	1	–	2	–4/3
					↑ $\bar{\lambda}$			↑ $\underline{\lambda}$

Abb. 6.27: Beispiel zur Parametrischen Programmierung

Um die Vorgehensweise bei der Konstruktion solcher großen Modelle wenigstens anzudeuten, wählen wir das Beispiel eines zweistufigen Produktionsprozesses, wie er in Abbildung 6.28 dargestellt ist.

In der **ersten** Stufe kommen die Faktoren (Rohstoffe, Maschinen, etc.) A, B und C zum Einsatz und werden zu den Zwischenprodukten I, II und III verarbeitet. In der **zweiten** Stufe werden dann die Zwischenprodukte wiederum entweder weiterverarbeitet zu den Endprodukten 1 und 2 oder können eventuell direkt am Markt abgesetzt werden. Das Beispiel ist insofern noch relativ einfach gehalten, als die Faktoren der ersten Stufe nicht unmittelbar auch in der zweiten Stufe eingesetzt werden können und Recycling-Prozesse (mit und ohne Wiederaufbereitung) nicht vorgesehen sind; beides wäre aber ohne Schwierigkeiten in das Modell integrierbar.

Diese technisch bedingte Produktionsstruktur läßt sich nun in einer „**technologischen Matrix**“ erfassen. Diese Matrix wird aus den einzelnen Produktionsprozessen aufgebaut, die in Abbildung 6.28 enthalten sind. Ein Produktionsprozeß läßt sich – verallgemeinernd zum früher Gesagten – als ein auf einem Einheitsniveau normiertes Einsatz-Ausstoß-Verhältnis von Gütern kennzeichnen; man kann dabei vereinbaren, den Output durch positive und den Input durch negative Größen darzustellen. Für die Normierung des Einheitsniveaus kann ein beliebiges Gut (Output, Input) als Basis genommen wer-

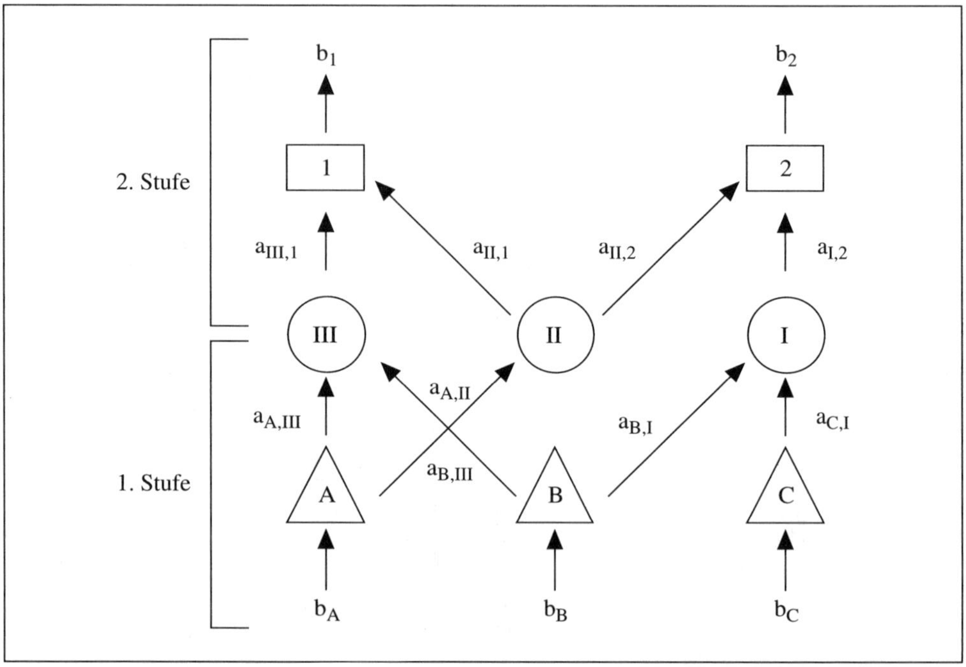

Abb. 6.28: Erfassung der Produktionsprozeßstruktur

den. Es ergibt sich dann der folgende **Prozeßvektor** $\underline{a}_j$ als mathematische Repräsentation eines Produktionsprozesses j:

$$\underline{a}_j = \begin{pmatrix} 0_{1j} \\ 1_{2j} \\ . \\ . \\ . \\ 0_{nj} \\ -i_{1j} \\ -i_{2j} \\ . \\ . \\ . \\ -i_{mj} \end{pmatrix} \quad (j = 1, \ldots, k)$$

In $\underline{a}_j$ sind alle Output- und Inputmengen auf das Einheitsniveau des Produktes 2 bezogen. Es handelt sich um einen Prozeß mit n Zeilen für n Produkte als Output und m Zeilen für m Inputgüter. Eine Null erscheint in $\underline{a}_j$ dort, wo ein Gut (als Output oder Input) in dem betrachteten Prozeß nicht auftritt.

Für jeden so definierten Prozeßvektor ist die Substituierbarkeit von Einsatzgütern zur Erzeugung eines bestimmten Outputs ausgeschlossen, d.h. man hat es mit einer limitationalen Produktionsfunktion zu tun. Wegen der oben erwähnten **Additivitätseigenschaft** der Prozesse lassen sich diese nun zu der technologischen Matrix wie folgt zusammensetzen:

$$\underline{\mathbf{A}} = \begin{pmatrix} 0_{11} & 0_{12} & \dots & 1_{1k} \\ 1_{21} & 0_{22} & & 0_{2k} \\ \cdot & \cdot & & \cdot \\ \cdot & \cdot & & \cdot \\ \cdot & \cdot & & \cdot \\ 0_{n1} & 1_{n2} & \dots & 0_{nk} \\ -i_{11} & -1_{12} & \dots & -i_{1k} \\ \cdot & \cdot & & \cdot \\ \cdot & \cdot & & \cdot \\ \cdot & \cdot & & \cdot \\ -i_{m1} & -i_{m2} & & -i_{mk} \end{pmatrix}$$

Man sieht, daß Prozeß 1 auf dem Einheitsniveau des Produktes 2, Prozeß 2 auf dem des Produktes n und Prozeß k auf dem des Produktes 1 normiert ist.

Die technologische Matrix, die der Abbildung 6.28 entspricht, hat dann folgendes Aussehen: Man hat k = 5 Prozesse (Spalten), nämlich drei für die Erzeugung der Zwischenprodukte I bis III und zwei für die Erzeugung der Endprodukte 1 und 2. Ferner hat man 8 Zeilen, nämlich drei für die Inputs A, B und C, drei für die Zwischenprodukte I, II und III und zwei für die Endprodukte 1 und 2. Für die Kennzeichnung der Elemente der Matrix sind die Indizierungen der Abbildung 6.28 übernommen:

$$\underline{\mathbf{A}} = \left(\begin{array}{ccccc} 0 & 0 & 0 & 1 & 0 \\ 0 & 0 & 0 & 0 & 1 \\ \hdashline 1 & 0 & 0 & 0 & -i_{I,2} \\ 0 & 1 & 0 & -i_{II,1} & -i_{II,2} \\ 0 & 0 & 1 & -i_{III,1} & 0 \\ \hdashline 0 & -i_{A,II} & -i_{A,III} & 0 & 0 \\ -i_{B,I} & 0 & -i_{B,III} & 0 & 0 \\ -i_{C,I} & 0 & 0 & 0 & 0 \end{array}\right) \begin{array}{l} \left.\vphantom{\begin{array}{c}0\\0\end{array}}\right\} \text{Output} \\ \left.\vphantom{\begin{array}{c}0\\0\\0\end{array}}\right\} \text{Zwischenprodukte} \\ \left.\vphantom{\begin{array}{c}0\\0\\0\end{array}}\right\} \text{Input} \end{array}$$

Aus dieser technologischen Matrix $\underline{\mathbf{A}}$ ist unmittelbar die zweistufige Produktionsstruktur ablesbar; die ersten drei Spalten beziehen sich auf die erste Produktionsstufe, die folgenden zwei Spalten auf die zweite Produktionsstufe. Der Output der ersten Produktionsstufe wird zum Input der zweiten Produktionsstufe, was man an den Zeilen von $\underline{\mathbf{A}}$ erkennen kann, die sich auf die Zwischenprodukte beziehen; hier erscheinen Outputs als positive und Inputs als negative Größen. Der Output des ersten Prozesses (Zwischenprodukt I) wird zum Input des letzten Prozesses, der sich auf die Herstellung von Endprodukt 2 bezieht.

Man kann sich leicht vorstellen, daß es dieser prozeßorientierte Zugriff ermöglicht, eine gegebene Produktionsstruktur konstruierend zu durchdringen und so Schritt für Schritt den Aufbau der technologischen Matrix zu vollziehen. Sie bildet dann die Grundlage für die Optimierung der Produktion unter den verschiedensten je aktuellen Fragestellungen und Restriktionen. Man kann z.B. bei der Optimierung des Produktionsprogramms Nachfragerestriktionen oder Mindestausbringungen berücksichtigen, einen Höchstverbrauch von nur beschränkt beschaffbaren Ressourcen einplanen, den direkten Absatz von Zwischenprodukten statt ihrer Weiterverarbeitung erwägen, kurz eine Vielzahl von Optionen an das Grundmodell der Produktionsprogrammplanung herantragen, die in einer spezifischen Planungssituation für die Unternehmensführung interessant sind.

Kann man etwa das Zwischenprodukt I – um ein Beispiel zu explizieren – zugleich auch am Markt absetzen, so muß das Modell kalkulieren, in welcher Menge das geschehen soll, um den gesamten Deckungsbeitrag zu maximieren. Man muß dann die Matrix $\underline{\mathbf{A}}$ modifizieren, ihr eine Zeile und Spalte hinzufügen, die sich auf den Output des ursprünglichen Zwischenproduktes I als **Endprodukt** (I_M) beziehen. Die neue, sich dann ergebende Matrix ist in dem nachfolgenden LP-Ansatz für das Optimierungsproblem berücksichtigt (Nichtnegativitätsbedingungen unterdrückt):

$$D = (p_1 - c_{II_1} - c_{III_1})\,x_1 + (p_2 - c_{I_2} - c_{II_2})\,x_2 + (p_{I_M} - c_{I_M})\,x_{I_M} \longrightarrow \text{max!}$$

$$\begin{array}{c|cccccc}
 & I & II & III & 1 & 2 & I_M \\
\hline
1 & 0 & 0 & 0 & 1 & 0 & 0 \\
2 & 0 & 0 & 0 & 0 & 1 & 0 \\
I_M & 0 & 0 & 0 & 0 & 0 & 1 \\
I & 1 & 0 & 0 & 0 & -i_{I,2} & -1 \\
II & 0 & 1 & 0 & -i_{II,1} & -i_{II,2} & 0 \\
III & 0 & 0 & 1 & -i_{III,1} & 0 & 0 \\
A & 0 & -i_{A,II} & -i_{A,III} & 0 & 0 & 0 \\
B & -i_{B,I} & 0 & -i_{B,III} & 0 & 0 & 0 \\
C & -i_{C,I} & 0 & 0 & 0 & 0 & 0
\end{array}
\quad
\begin{pmatrix} x_I \\ x_{II} \\ x_{III} \\ x_1 \\ x_2 \\ x_{I_M} \end{pmatrix}
\geq
\begin{pmatrix} b_1 \\ b_2 \\ b_I \\ 0 \\ 0 \\ 0 \\ -b_A \\ -b_B \\ -b_C \end{pmatrix}$$

Hier erscheint das marktfähige Zwischenprodukt I_M jetzt in Prozeß 6 als Output (+1) und Input (–1). Die Alternative „Weiterverarbeitung oder Marktabsatz" wird in der Zeile I berücksichtigt, in der das Zwischenprodukt I als Output des ersten Prozesses und als Input der Prozesse 5 (Weiterverarbeitung) und 6 (Marktabsatz) auftaucht. Über die Zielfunktion wird gesteuert, ob und in welchem Umfang die Weiterverarbeitung des Zwischenproduktes I günstiger ist als der direkte Marktabsatz. Dazu werden bei der Berechnung des Deckungsbeitrages sowohl für Produkt 2 wie für das marktfähige Zwischenprodukt die Grenzkosten in Ansatz gebracht; im Rahmen der Simplex-Methode wird dann über die Abwägung von direkten und indirekten Erträgen der beiden fraglichen Prozesse die optimale Verwendung des Zwischenproduktes I gesteuert.

6.3.4 Planung des Wertumlaufprozesses an Beispielen

Das vorstehende Planungsmodell bezog sich auf die Steuerung des Realgüterprozesses bzw. genauer: auf einen Teilbereich davon. Die Integration solcher **Partial**modelle stößt – wie bereits früher deutlich gemacht wurde[61] – schnell an Grenzen. Will man **gesamtheitliche** Perspektiven für die Abschätzung des Erfolges operativer Managemententscheidungen gewinnen, so muß man sich der Planung des Wertumlaufprozesses zuwenden, also die monetären Konsequenzen der Entscheidungen (in Form von Erlösen und Kosten, Einnahmen und Ausgaben, Erträgen und Aufwendungen) in Planungsmodellen zu erfassen versuchen. Zwei Modelle bzw. Planungsinstrumente dieser Art werden nachfolgend exemplarisch vorgestellt; sie beziehen sich auf die Steuerungsgröße „Rentabilität":

- die Break-even-Analyse und
- die Planbilanzierung.

6.3.4.1 Die Break-even-Analyse

(1) In Abbildung 6.5[62] wurde die Break-even-Analyse nicht als Optimierungsverfahren ausgewiesen, sondern bereits hervorgehoben, daß es sich hierbei um ein Planungsverfahren handelt, das **kritische Grenzpunkte** (Deckungspunkte, Betriebspunkte, „toter Punkt" i. S. von Schär[63]) ermittelt, und zwar durch Gegenüberstellung von Kosten und Erlösen, sei es für die Gesamtunternehmung, einzelne Abteilungen, eine Produktionslinie oder bestimmte Entscheidungen (z.B. über Losgrößen im Einkauf oder in der Produktion, über Eigenherstellung oder Fremdbezug, über den Einsatz von Vertretern oder Reisenden u.ä.). Die Break-even-Analyse ist also ein formales, inhaltlich vielseitig einsetzbares, dabei in seiner Grundstruktur einfach zu handhabendes Planungsinstrument. Wir beschränken uns hier auf die Darstellung der Kerngedanken der Break-even-Analyse, insbesondere gehen wir von deterministischen (einwertigen) Kosten und Erlösen aus und nehmen an, daß die funktionalen Abhängigkeiten linear sind.[64]

(2) Für die graphische Veranschaulichung und Ableitung der analytischen Zusammenhänge wird der einfache Fall einer Einproduktunternehmung vorausgesetzt. Ferner nehmen wir an, daß die Erlös- und Kostenfunktion (Abhängigkeit der Erlöse bzw. Kosten von der Ausbringungsmenge x) für den Planungszeitraum von $x = 0$ bis zur vollen Kapazitätsauslastung x_{max} bekannt sind. Dann erhält man das Break-even-Diagramm (Break-even-Chart) der Abbildung 6.29.

---

61 Vgl. oben S. 276.

62 Vgl. oben S. 291 und die Erläuterungen zur Abbildung, S. 293.

63 Schär, J. F., Allgemeine Handelsbetriebslehre, I. Band, Leipzig 1911.

64 Eine umfassende Darstellung dieses Planungsinstrumentes findet sich in Schweitzer, M./Troßmann, E., Break-even-Analysen, Methodik und Einsatz, 2. Aufl., Berlin 1998. Ferner sei auf Tucker, S.A., Break-even-Analyse, die praktische Methode der Gewinnplanung, München 1966, verwiesen.

In Abbildung 6.29 ist der Gesamterlös E(x):

$$E(x) = p \cdot x \tag{1}$$

mit p als dem Plan-Produktpreis der Planungsperiode (p = tg β).

Die Gesamtkosten K(x) ergeben sich zu:

$$K(x) = K_v(x) + K_f(x) \tag{2}$$

In (2) sind $K_v(x)$ die gesamten variablen Kosten:

$$K_v(x) = k_v \cdot x \quad \text{mit} \quad k_v = \text{tg}\ \alpha \tag{3}$$

$K_f(x)$ = const. sind die von der Ausbringungsmenge unabhängigen „fixen Kosten", d.h. diejenigen Kosten, die in der Planungsperiode nicht abgebaut werden können (sollen), gleichgültig, welche Menge produziert wird. Sie sind insofern für die „Betriebsbereitschaft" disponiert („Bereitschaftskosten"). In Abb. 6.29 liegt der „Break-even-Punkt" (die Gewinnschwelle) dort, wo die Gesamterlöse gerade die Höhe der Gesamtkosten erreichen:

$$G(x) = E(x) - K(x) = 0 \tag{4}$$

Die zugehörige Ausbringungsmenge $\overline{x}$ ist die Break-even-Menge. Wählt man eine beliebige Menge $\overline{\overline{x}}$ ($\overline{\overline{x}} > \overline{x}$), so markiert die Differenz

$$S = \overline{\overline{x}} - \overline{x} \tag{5}$$

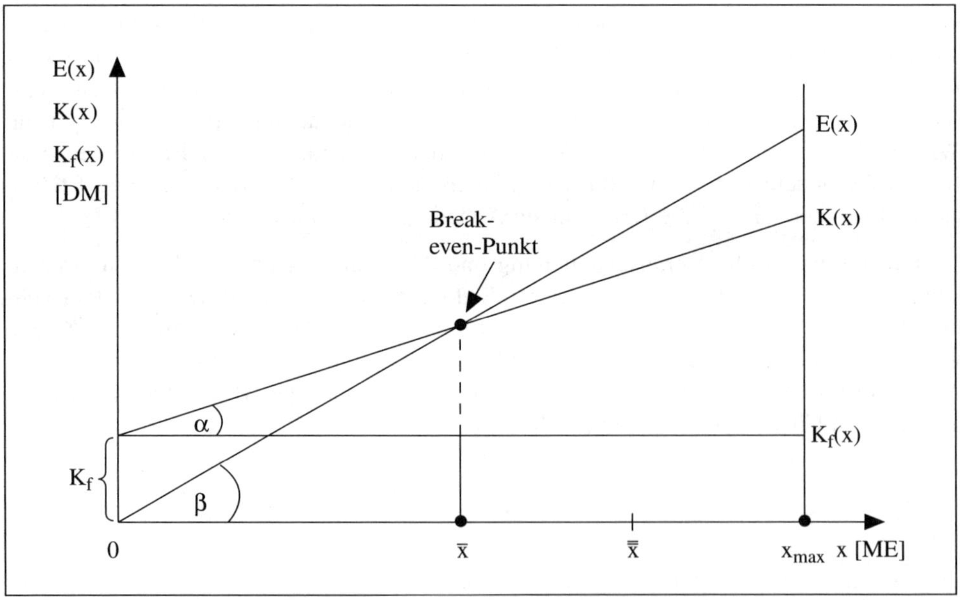

Abb. 6.29: Break-even-Diagramm

den **Sicherheitsabstand** S, den man von der Break-even-Menge im Fortgang der Planungsperiode mit Zunahme der Ausbringung erreicht. Der Sicherheitsabstand kann auch in Prozent des tatsächlich erreichten Absatzes gemessen werden:

$$S^* = \frac{\bar{\bar{x}} - \bar{x}}{\bar{\bar{x}}} \qquad (5')$$

(3) Hat man mit dem Fortgang der Produktion (und des Absatzes) im Zeitablauf der Planungsperiode die Break-even-Menge erreicht, sind die für die Gesamtperiode anfallenden fixen Kosten gedeckt. Bei einer Jahresplanung stellt man etwa Ende Mai durch Absatzkontrolle fest, daß die Break-even-Menge bereits abgesetzt ist; dann hat man nicht nur diese wichtige Kontrollinformation, sondern weiß auch, daß jede zusätzliche Absatzeinheit einen Gewinn erbringt genau in der Höhe des „Deckungsbeitrages pro Stück". Das geht aus Abbildung 6.30 hervor.

In Abbildung 6.30 liegt die Break-even-Menge dort, wo der Gesamtdeckungsbeitrag gerade die fixen Kosten deckt. Man kann (4) unter Berücksichtigung von (1) – (3) auch wie folgt schreiben:

(6) $G(x) = p \cdot x - k_v \cdot x - K_f = 0$

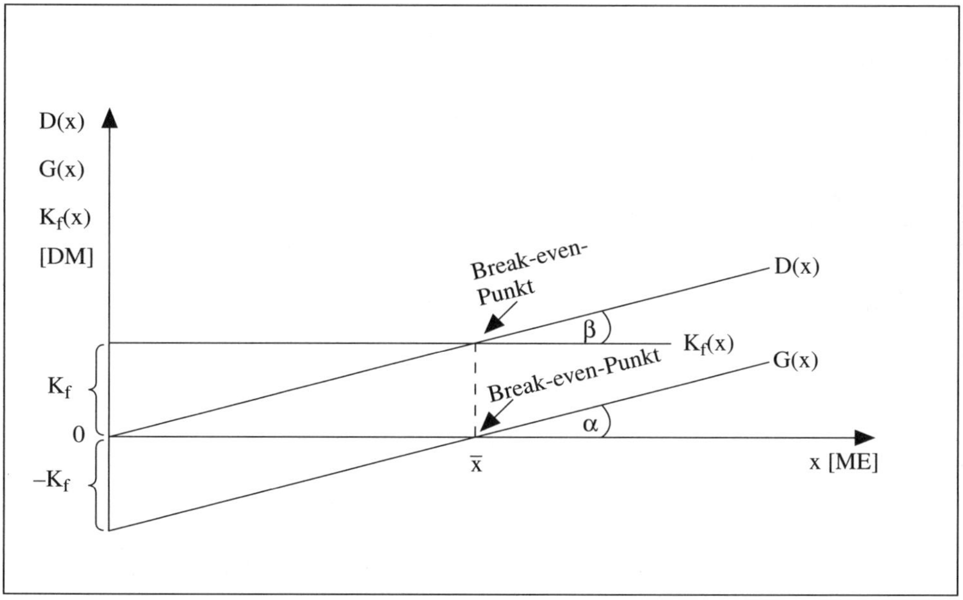

Abb. 6.30: Deckungsbeitrags- und Gewinnfunktion im Break-even-Diagramm

Hier ist der Break-even-Punkt der Schnittpunkt der Gewinnfunktion G(x) mit der Abszisse (Abbildung 6.30). Ferner ist mit

$$D(x) = p \cdot x - k_v \cdot x = (p - k_v) \cdot x \tag{7}$$

der Break-even-Punkt auch als Schnittpunkt der Deckungsbeitragsfunktion D(x) mit der Fixkosten-Funktion definiert:

$$D(x) - K_f = 0$$

$$D(x) = K_f \tag{8}$$

Aus (6) und (7) folgt, daß G(x) und D(x) dieselbe Steigung haben, nämlich

$$d = p - k_v \text{ bzw. } tg\,\alpha = tg\,\beta,$$

d. h. jenseits von $\overline{x}$ bringt jede zusätzliche Absatzmenge einen Gewinn in Höhe des Deckungsbeitrages d pro Stück: $d = p - k_v$.

(4) Das Break-even-Diagramm läßt sich natürlich auch **stückbezogen** darstellen (Abb. 6.31).

In Abb. 6.31 sind Stückerlös und variable Kosten pro Stück konstant; dagegen fallen die anteiligen Fixkosten pro Stück $k_f(x)$ mit steigender Ausbringung.

Die Break-even-Menge $\overline{x}$ liegt dort, wo der Stückdeckungsbeitrag $d(x) = p(x) - k_v(x) =$ const. gerade gleich den anteiligen Fixkosten pro Stück $k_f(x)$ ist:

$$d(\overline{x}) = k_f(\overline{x}) \tag{9}$$

In Abb. 6.31 gilt also mit $d(\overline{x}) = a$ und $k_f(\overline{x}) = b$, daß a = b ist.

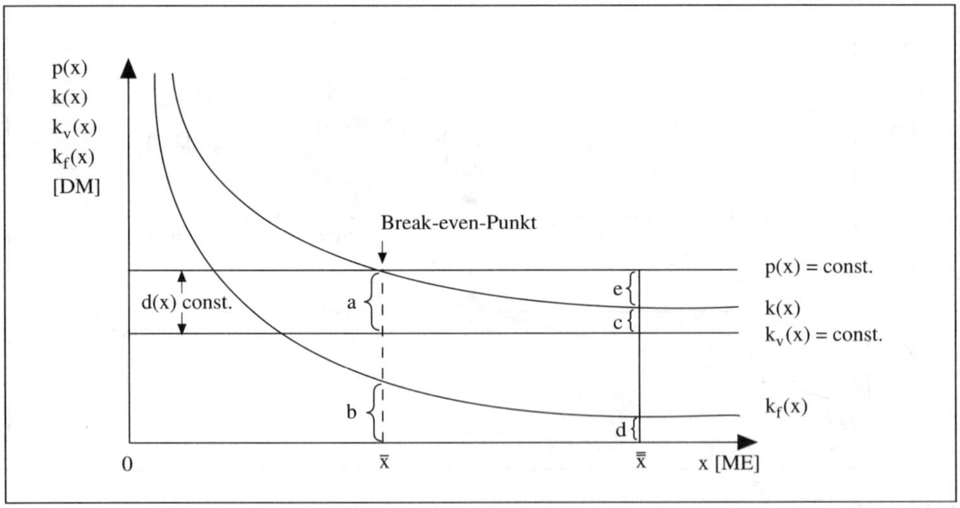

Abb. 6.31: Stückbezogenes Break-even-Diagramm (Stückerlös – Stückkosten)

Je weiter die Ausbringung dann über $\bar{x}$ hinaus erhöht wird, um so mehr wird der Stückdeckungsbeitrag d(x) gleichsam in einen Stückgewinn g(x) „umgewandelt", da die anteiligen fixen Kosten pro Stück weiter sinken. In Abb. 6.31 sind für die Ausbringungsmenge $\bar{\bar{x}}$ die anteiligen fixen Kosten $k_f(\bar{\bar{x}}) = d$. Da gilt

$$k(\bar{\bar{x}}) - k_f(\bar{\bar{x}}) = k_v(\bar{\bar{x}})$$

sind in Abb. 6.31 die Strecken d und c gleich lang. Die Strecke e gibt dann den Betrag des Stückdeckungsbeitrages $d(\bar{x}) = a$ wieder, der bei der Ausbringung $\bar{\bar{x}}$ in Stückgewinn $g(\bar{\bar{x}})$ „umgewandelt" wurde.

(5) Die Darstellung der Break-even-Analyse hat sich bis dahin an der Ausbringungs**menge** x (= Absatz) orientiert, die auf der Abszisse abgetragen wurde. Man kann die Analyse aber auch ganz auf den **Umsatz** in [DM] beziehen. Dann verläuft die Erlösgerade E(u) natürlich gerade mit einem Winkel von 45° (Abb. 6.32); die Steigung der Gesamtkostenfunktion K(u) bemißt sich entsprechend nach den variablen Kosten pro Umsatzmark, also:

$$\text{tg}\ \alpha = \frac{K_v(u)}{u} \quad [\text{DM/DM}]$$

In der umsatzbezogenen Darstellung ist der Break-even-Umsatz $\bar{u}$ analog (6) aus (10) zu bestimmen:

$$G(\bar{u}) = \bar{u} - k_v^* \cdot \bar{u} - K_f = 0 \qquad (10)$$

$$\bar{u} = \frac{K_f}{1 - k_v^*} \quad [\text{DM}] \qquad (11)$$

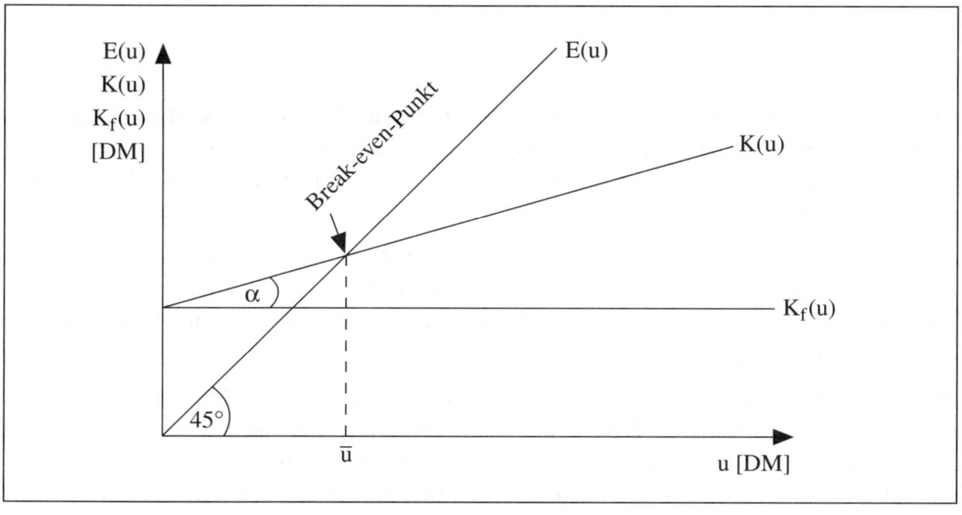

Abb. 6.32: Break-even-Diagramm auf Umsatzbasis

k_v^* bezeichnet in (10) den Anteil der variablen Kosten an der „Umsatzmark".

Der Nenner von (11) entspricht dem sog. **„DBU-Faktor"**, nämlich

$$DBU = \frac{p - k_v}{p} = 1 - \frac{k_v}{p} = 1 - k_v^* \text{ (dimensionslos).} \tag{12}$$

In (12) ist $(p - k_v)$ der Deckungsbeitrag pro Mengeneinheit; dividiert man ihn durch den Stückpreis p, so erhält man den Anteil an jeder erlösten Umsatzmark, der (nach Abzug der variablen Kosten pro Stück) zur Deckung der fixen Kosten und darüber hinaus zur Gewinnerzielung verbleibt. Man kann (11) daher auch wie folgt schreiben:

$$\bar{u} = \frac{K_f}{DBU} .$$

Für die **Gewinnplanung** erhält man aus (10) unter Verwendung des DBU-Faktors mit $\bar{\bar{u}}$ als gerade betrachteten aktuellen Umsatz

$$G(\bar{\bar{u}}) = \bar{\bar{u}} \, (1 - k_v^*) - K_f = \bar{\bar{u}} \cdot DBU - K_f \tag{13}$$

Da im Break-even-Punkt die fixen Kosten gerade gleich dem Gesamt-Deckungsbeitrag sind, kann man statt (13) auch schreiben:

$$G(\bar{\bar{u}}) = \bar{\bar{u}} \cdot DBU - \bar{u} \cdot DBU$$

$$G(\bar{\bar{u}}) = (\bar{\bar{u}} - \bar{u}) \cdot DBU \tag{14}$$

Gleichung (14) besagt, daß der Gewinn ab dem Break-even-Umsatz $\bar{u}$ nach Maßgabe des DBU-Faktors steigt.

$(\bar{\bar{u}} - \bar{u})$ ist der Sicherheitsabstand in Umsatzeinheiten (DM) gemessen. Man kann ihn auch auf die Umsatzeinheit beziehen und erhält dann:

$$S^+ = \frac{\bar{\bar{u}} - \bar{u}}{\bar{\bar{u}}} = 1 - \frac{\bar{u}}{\bar{\bar{u}}} . \tag{15}$$

(6) Wie unmittelbar einsichtig sind **Veränderungen der Kostenstruktur** der Unternehmung für die Break-even-Analyse von besonderer Bedeutung. Dies soll im folgenden am Beispiel der Auswirkungen von Rationalisierungsinvestitionen auf das Break-even-Diagramm der Unternehmung gezeigt werden.

Durch Rationalisierungsmaßnahmen werden in aller Regel die proportionalen Kosten gesenkt und die Fixkosten erhöht. Die Auswirkungen derartiger Maßnahmen auf den DBU-Faktor und damit auf die Deckungsbeitrags- und Gewinnzone zeigen die Schaubilder (a) – (d) in Abbildung 6.33.

Die Unternehmung hat in den Situationen (a) und (b) denselben Break-even-Punkt. Da sie jedoch in (a) einen höheren DBU-Faktor aufweist, sind hier nach Überschreitung des Break-even-Punktes die Gewinnzuwächse wesentlich höher und schneller als in (b); allerdings steigen bei (a) auch die Verluste wesentlich höher und schneller, wenn die Umsätze unterhalb der Gewinnschwelle bleiben. Analoges gilt für den Vergleich zwischen (c) und (d). Andererseits haben (a) und (c) dieselbe Gewinnentwicklung, wenn der Break-

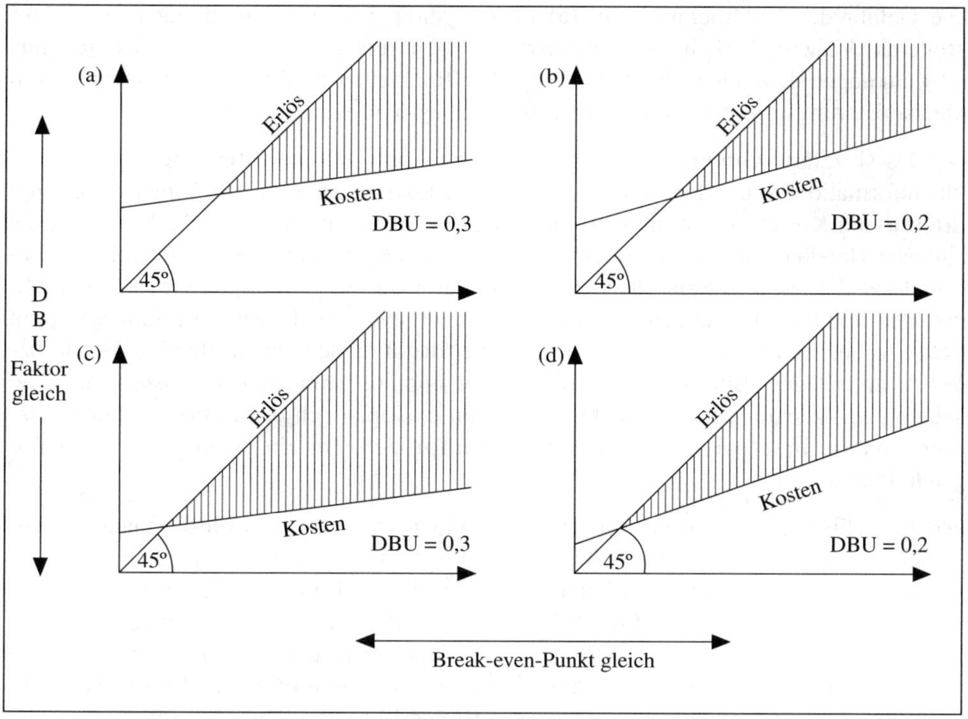

Quelle: In Anlehnung an Tucker, S.A., Break-even-Analyse, S. 72

Abb. 6.33: Auswirkungen von Veränderungen der Kostenstruktur auf die Gewinne

even-Punkt überschritten ist, jedoch kommt (c) aufgrund der niedrigeren Fixkosten wesentlich früher in die Gewinnzone. Analoges gilt für den Vergleich zwischen (b) und (d).

Den Diagrammen (a) und (d) liegt eine unterschiedliche Struktur sowohl der fixen als auch der variablen Kosten zugrunde. In (a) liegt im Vergleich zu (d) der Break-even-Punkt höher, und die proportionalen Kosten sind niedriger. Der Deckungsbeitrag pro Umsatzeinheit und damit die Ertragskraft ist größer, aber ebenso sind es auch die fixen Kosten. Ein solches Bild (a) kann das Ergebnis einer zufälligen Abfolge von Einzelfallentscheidungen der Vergangenheit und insofern ungeplant sein; es kann aber auch der Ausdruck bewußter Planung in dem Sinne sein, daß eine Unternehmung bereit ist, die in Bild (d) dargestellten Vorteile niedriger fixer Kosten und die eines schnellen Erreichens des Break-even-Punktes (relativer Schutz vor Verlusten, geringere Gefahr bei Absatzrückgängen bzw. Fehlplanungen) gegen einen höheren DBU-Faktor (höhere Gewinne bei hohen Umsätzen) einzutauschen. Ein höherer DBU-Faktor bei gleichzeitiger Fixkostensteigerung ergibt sich z.B. bei einer Modernisierung bzw. Automatisierung von Produktionsanlagen (höhere Kapitalkosten bei relativer Verminderung der Arbeitskosten). Denselben Hintergrund kann natürlich auch die Entwicklung einer Unternehmung von (b) nach (a) oder von (d) nach (c) haben.

Die Gefahr der Unternehmung in (a) liegt in ihrer geringen Flexibilität und in ihrer größeren Verwundbarkeit bei Umsatzrückgängen, etwa als Folge von Konjunkturschwankungen. Die unterschiedliche Lage des Break-even-Punktes in Abhängigkeit vom Mechanisierungsgrad wird nochmals in Abbildung 6.34 verdeutlicht.

(7) Das skizzierte Grundmodell der Break-even-Analyse **verdichtet** eine Vielzahl von Planinformationen aus dem Wertumlaufprozeß des Betriebes in den Dimensionen von Erlösen und Kosten; es ist diese Verdichtung von Informationen, die überhaupt erst die einfache Handhabbarkeit und Aussage dieses Planungsinstruments ermöglicht. Das bedeutet auf der anderen Seite dann aber auch, daß man die vielfältigen vorgängigen **Annahmen** und Entscheidungen, auf denen die Break-even-Analyse basiert, immer präsent haben sollte, um keinen Fehlvorstellungen über die aktuelle Gewinnsituation des Betriebes zu unterliegen. Eine Reihe solcher oft nur implizit gemachter Voraussetzungen sei nachfolgend genannt; sie beleuchten gleichsam exemplarisch das „Vorfeld" der Break-even-Analyse im **Realgüter-** und **Wertumlaufprozeß**. Im einzelnen geht es um folgende Punkte:

(a) Die **Erlösfunktion** wird als linear angenommen, d.h. man geht für die Planungsperiode von einem konstanten Verkaufspreis pro Produkteinheit aus. Der Preis ist unabhängig vom Absatzvolumen; letzteres ist die einzige Einflußgröße. Damit setzt man letztlich voraus, daß alle Entscheidungen über den Marketing-Mix bereits gefallen und keine Änderungen in der Planungsperiode zu erwarten sind. Das betrifft z.B. die Wahl der **Vertriebswege**, die eingeschlagene **Werbepolitik**, die **Produktverpakkung**, die **Servicepolitik** etc. Auch die **Preisdifferenzierung** als Einflußfaktor auf die Erlöse wird nicht explizit thematisiert. Schließlich geht man im Grundmodell der Break-even-Analyse implizit davon aus, daß Produktion gleich Absatz ist, also keine Lagerbestandsänderungen auftreten, und alle strategischen und operativen Absichten der Konkurrenz korrekt antizipierbar und in ihrer Auswirkung auf den Preis abschätzbar sind.

(b) Die **Kostenfunktion** wird ebenfalls als **linear** unterstellt; dabei wird zugleich nur die Abhängigkeit der Gesamtkosten von **einer Kosteneinflußgröße**, nämlich der Beschäftigung (gemessen in Produktions- bzw. Absatzmengen) in die Analyse einbezogen.

   Der erste Punkt, die Linearität der Kostenfunktion, kommt zustande, indem man die Gesamtkosten als in genau zwei Kostenkategorien, die fixen und die variablen Kosten, zerlegbar behandelt und für die variablen Gesamtkosten annimmt, daß sie proportional zum Beschäftigungsgrad variieren bzw. bei der Proportionalisierung dieser Kosten der Fehler vernachlässigbar klein bleibt; stückbezogen sind die variablen Kosten konstant. Sowie man andere Kosteneinflußgrößen in die Betrachtung einbezieht, etwa die Intensität der Faktornutzung, ist diese Annahme schon nicht mehr triftig. Es ergibt sich dann typischerweise ein u-förmiger Verlauf der variablen Stückkosten.

(c) Für Einproduktunternehmen können auf der Abszisse des Break-even-Diagramms physische Einheiten abgetragen werden. Mit Hilfe der Break-even-Analyse kann dann für einen geplanten Gewinn das erforderliche Produktionsniveau direkt fixiert und seine Erreichung laufend kontrolliert werden. Bei **Mehrproduktunternehmen**

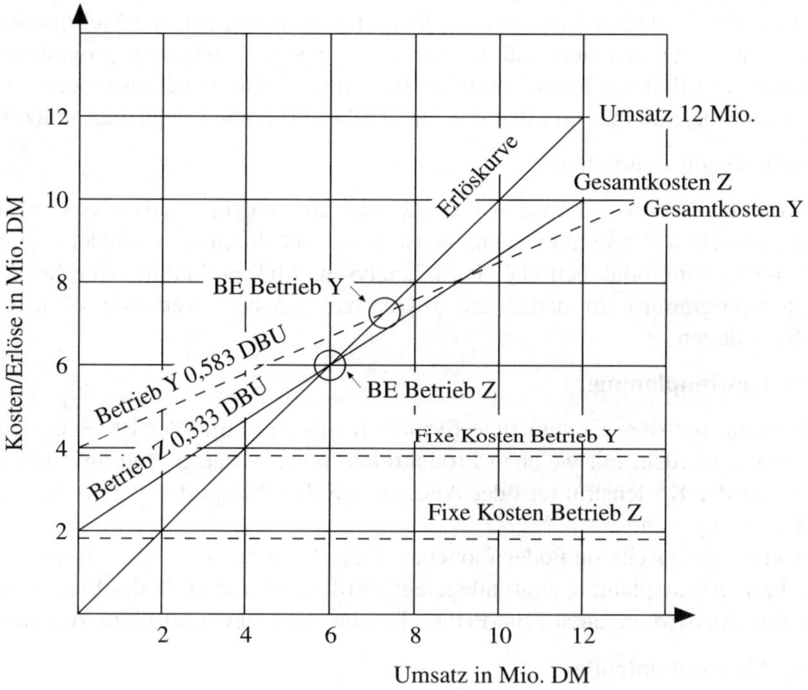

	Betrieb Y	Betrieb Z
Verkaufserlöse	12 000 000 DM	12 000 000 DM
Fixe Kosten	4 000 000 DM	2 000 000 DM
Proportionale Kosten	5 000 000 DM	8 000 000 DM
Gesamtkosten	9 000 000 DM	10 000 000 DM
Gewinn	3 000 000 DM	2 000 000 DM
DBU	0,583	0,333
BE	6 900 000 DM	6 000 000 DM

Quelle: Tucker, S.A., Break-even-Analyse, S. 121

Abb. 6.34: Der Break-even-Punkt bei unterschiedlichem Mechanisierungsgrad

muß die Entscheidung über das Produktionsprogramm für den Planungszeitraum als getroffen vorausgesetzt und als konstant angenommen werden. Die Break-even-Analyse ermöglicht bei Mehrproduktunternehmen keine Bestimmung des gewinnmaximalen Produktionsprogramms.

(d) Die **Produktionstechnologie** bleibt für die Planperiode unverändert. Nur dann gilt die vorausgesetzte Struktur von fixen zu variablen Kosten.

(e) Die **Absatzbedingungen** ändern sich nicht; d.h. Absatzgebiete und Kunden bleiben dieselben, und die Konkurrenzverhältnisse bewirken keine Preisänderungen.

(f) **Restriktive Nebenbedingungen** (z.B. Kapazitätsrestriktionen) können in die Break-even-Analyse grundsätzlich nicht explizit eingeführt werden. Bei Mehrproduktunternehmen ist zu unterstellen, daß das vorher festgelegte Produktionsprogramm den relevanten Restriktionen Rechnung trägt. Bei Einproduktunternehmen ist ein evtl. Engpaß vorher bestimmbar und legt die Maximalausbringung (Kapazitätsgrenze) fest.

(8) Abschließende Beurteilung:

Obwohl die Voraussetzungen und Annahmen der Break-even-Analyse einer problemlosen und generellen Anwendung entgegenstehen, sind durchaus praktische Situationen denkbar (etwa Einproduktbetriebe, Partialanalysen, Mehrproduktbetriebe bei fixiertem Produktionsprogramm), in denen die Break-even-Analyse wertvolle Dienste leisten kann. Diese liegen

(a) in der **Gewinnplanung**:

- Es können monetäre Gewinnziele formuliert und mit Hilfe der Break-even-Analyse untersucht werden, mit welchen Produktions- bzw. Absatzgrößen, mit welchen Änderungen der Kostenstruktur oder Änderungen der Preisgestaltung sie zu realisieren sind und umgekehrt.
- Es können physische und/oder monetäre Zielgrößen aus der Produktions-, Investitions- bzw. Absatzplanung zugrundegelegt werden, um mit Hilfe der Break-even-Analyse ihre Auswirkungen auf die Erlös-, Kosten- und Gewinnstruktur zu untersuchen.

(b) in der **Gewinnkontrolle**:

Die laufende Registrierung der entsprechenden Kennzahlen ermöglicht eine kontinuierliche Beobachtung (und – falls notwendig – kurzfristige Beeinflussung) der Gewinnentwicklung. Am Ende der Planungsperiode bietet die Break-even-Analyse ein Hilfsmittel, um über den Vergleich realisierter Ist-Daten mit geplanten Soll-Vorgaben eventuelle Abweichungsursachen zu analysieren und erforderliche Korrekturmaßnahmen abzuleiten.

Trotz der damit angedeuteten weitergehenden Einsatzmöglichkeit der Break-even-Analye bleibt festzuhalten, daß sie sich als Instrument der Gewinnplanung und -kontrolle am besten für Einproduktbetriebe eignet. Je vielfältiger demnach das Produktionsprogramm eines Betriebes zusammengesetzt ist, desto weniger ist die Break-even-Analyse als (ausschließliches) Instrument der Gewinnplanung und -kontrolle für den Gesamtbetrieb brauchbar. Zwar kann immer noch der Break-even-Punkt in monetären Einheiten errechnet werden, jedoch würde die Ermittlung des gewinnoptimalen Produktionsprogramms nach herkömmlichen Methoden mit überaus hohem Aufwand verbunden und bei komplexen Problemstellungen letztlich nicht mehr zu leisten sein. Dann ist man auf die dargestellten Methoden der mathematischen Programmierung verwiesen.[65]

65 Vgl. oben S. 287 ff.

6.3.4.2 Planbilanzierung

Die Bilanzprojektion als Ursprungsidee

Die Break-even-Analyse ist ein Modell, das die Unternehmenssituation gesamthaft in hochaggregierter Form in den Kategorien von Kosten und Erlösen erfaßt. Demgegenüber geht es bei der Planbilanzierung um eine Antizipation der Vermögens- und Kapitalsituation und der Aufwands- und Ertragslage, d.h. um die Planung der finanzwirtschaftlichen Situation der Unternehmung; im englischsprachigen Raum spricht man deshalb auch von „corporate financial models".[66] Dabei kann der Aggregationsgrad der Modelle je nach Informationsbedarf variiert werden.

Alle Modelle der Planbilanzierung wurzeln letztlich in der einfachen Grundidee der „Bilanzfortschreibung". Insoweit geht es eigentlich zunächst eher um „Prognosemodelle" (oder Projektionsmodelle) als um Planungsmodelle. Die Grundidee derartiger Bilanzprognosemodelle ist einfach. Ausgehend von der Schlußbilanz des Jahres t – 1 (= Anfangsbilanz von t) werden mit Hilfe vorgegebener Daten (z.B. Bilanzwerte der Vergangenheit, geschätzter Umsatz etc.) und Parameter (z.B. Kennziffern wie: Forderungen/Umsatz) die Schlußbilanz und die G+V-Rechnung des Jahres t prognostiziert. An einem Beispiel sei die Aufstellung einer prognostizierten Bilanz erläutert. Gegeben sei die Anfangsbilanz:

Anfangsbilanz

Aktiva			Passiva
Forderungen	100	Grundkapital	300
Lager	500	Jahresgewinn	100
Kasse	100	Verbindlichkeiten	200
		Kredite	100
	700		700

Der Umsatz in t – 1 habe 1000,– DM betragen. Folgende Kennziffern lassen sich dann bestimmen:

$$(1) \quad \frac{\text{Forderungen}}{\text{Umsatz}} = 0{,}1$$

$$(2) \quad \frac{\text{Lagerbestand}}{\text{Umsatz}} = 0{,}5$$

$$(3) \quad \frac{\text{Kassenbestand}}{\text{Umsatz}} = 0{,}1$$

66 Vgl. dazu etwa Grinyer, P.H./Wooller, J., Corporate Models Today, A New Tool für Financial Management, London 1975. Der erste berühmt gewordene Aufsatz stammt von Gershefski, G.W., Building a corporate financial model, in: Harvard Business Review 47 (1969), Nr. 4, S. 61–72.

$$(4)\quad \frac{\text{Jahresgewinn}}{\text{Umsatz}} = 0{,}1$$

$$(5)\quad \frac{\text{Verbindlichkeiten}}{\text{Umsatz}} = 0{,}2$$

Unter der Annahme, daß diese Kennziffern auch für das Jahr t Gültigkeit haben (also z.B. die Lagerhaltungspolitik, der Zahlungsmodus für Verbindlichkeiten etc. unverändert bleiben werden), läßt sich aus der Anfangsbilanz, dem geschätzten Planumsatz von 1800,– DM für t und den Kennziffern (1) – (5) die folgende Planbilanz erstellen:

Planbilanz

Aktiva			Passiva
Forderungen	180	Grundkapital	300
Lager	900	Jahresgewinn und Gewinnvortrag	280
Kasse	180	Verbindlichkeiten	360
		Kredite	320
	1260		1260

Die geplante Kreditaufnahme von 320,– DM ergibt sich als Restglied. Der gestiegene Umsatz wird also c.p. eine Ausweitung der Fremdfinanzierungsmittel auf 320,– DM erfordern, wenn man davon ausgeht, daß der gesamte Gewinn des Jahres in Höhe von 180,– DM und der Gewinnvortrag aus dem Vorjahr nicht ausgeschüttet werden und somit zur Finanzierung des Vermögens zur Verfügung stehen. Die Relation von Bilanzsumme zu Umsatz bleibt dann gleich:

$$\frac{\text{Bilanzsumme}_{t-1}}{\text{Umsatz}_{t-1}} = \frac{700}{1000} = \frac{\text{Bilanzsumme}_t}{\text{Umsatz}_t} = \frac{1260}{1800} = 0{,}7$$

Aus diesem Beispiel wird bereits ersichtlich, daß in Planbilanzierungsmodelle dieser Art **keine Entscheidungsvariablen** eingehen. Alle zur Bilanzprojektion erforderlichen Größen liegen als Vergangenheitsdaten fest, sind auf Grund explizit getroffener Entscheidungen fixiert (z.B. Entscheidungen über Lagerhaltungs- und Kassenhaltungspolitik) oder werden prognostiziert (wie der Umsatz).

Ein ausdifferenziertes Bilanzprognosemodell

In allgemeiner Form bestehen die Bilanzprognosemodelle aus einer Reihe von Gleichungen, die sich auf die Bilanz- und die G+V-Positionen beziehen. Die Zahl der Gleichungen und damit die Komplexität eines Modells hängen von dem angestrebten Aggregationsgrad von Bilanz und G+V-Rechnung (Tiefengliederung der Positionen) ab. Je höher aggregiert beide Informationswerke ausfallen sollen, um so geringer wird die Zahl der Gleichungen.

Das folgende Modell ist daher nur beispielhaft zu formulieren.[67] Wir unterscheiden dabei Bestandsgleichungen, die Bestände in der Schlußbilanz definieren, Flußgleichungen, die Veränderungen auf den Bestandskonten und die Aufwendungen und Erträge der G+V-Rechnung definieren, und Vorgaben, die als Inputdaten jeweils neu in das Modell einzugeben sind.

1) **Bestandsgleichungen**

Die Bestandsgleichungen sind je nach gewünschter Tiefengliederung der Bilanz aufzubauen. Ihre Erstellung soll an einem Beispiel mit acht Bilanzpositionen demonstriert werden:

(1) Kasse (t) = Kasse (t – 1) + Kasseneingänge (t) – Kassenausgänge (t)

(2) Forderungen (t) = (1 – a) Umsatz (t) + (1 – b – a) Umsatz (t – 1)

mit:

a = Liquidationssatz der Umsätze aus t in t
b = Liquidationssatz der Umsätze aus t – 1 in t
c = Liquidationssatz der Umsätze aus t – 2 in t und a + b + c = 1

An Hand des folgenden Beispiels versteht man sofort die Gleichung (2).

Liquidationssätze	Umsätze	Kundenzahlungen			Forderungen
		t – 2	t – 1	t	t
a = 0,2	U(t) = 10000			2000	8000
b = 0,3	U(t – 1) = 20000		4000	6000	10000
c = 0,5	U(t – 2) = 15000	3000	4500	7500	0
					18000

Nach (2) ergibt sich ebenfalls der Forderungsbestand in (t) zu:

(1 – 0,2) 10.000 + (1 – 0,3 – 0,2) 20.000 = 18.000

(3) Lagerbestand (t) = Lagerbestand (t – 1) + Lagerzugang (t) – Lagerabgang (t) – Abschreibung auf Lagerbestand (t)

(4) Anlagen (t) = Anlagen (t – 1) + Anlagenzugänge (t) – Anlagenabgänge (t) – Abschreibungen (t)

67 Vgl. dazu Wagner, J./Pryor, L.J., Simulation and the budget. An integrated model, in: Sloan Management Review 12 (1970/71), Nr. 2, S. 45 ff.; ferner Mertens, P./Griese, J., Integrierte Informationsverarbeitung Bd. 2: Planungs- und Kontrollsysteme in der Industrie, 7. Aufl., Wiesbaden 1993.

(5) Verbindlichkeiten (t) = (1 – m) Einkäufe (t) + (1 – m – n) Einkäufe (t – 1)
mit:
m = Liquidationssatz der Einkäufe aus t in t
n = Liquidationssatz der Einkäufe aus t – 1 in t
q = Liquidationssatz der Einkäufe aus t – 2 in t und m + n + q = 1

(6) Bankkredit (t) = Bankkredit (t – 1) + Kreditzugang (t) – Kreditrückzahlung (t)

(7) Grundkapital (t) = Grundkapital (t – 1) + Kapitalerhöhungen (t) – Kapitalherabsetzungen (t)

(8) Rücklagen (t) = Rücklagen (t – 1) + Erfolg nach Steuern (t) (Annahme: Keine Dividendenzahlungen)

2) **Flußgleichungen**

Sie definieren diejenigen „Flußgrößen" (Zugänge, Abgänge) der Bestandsgleichungen, die aus Prognosemodellen hervorgehen, sowie die Größen der G+V-Rechnung. Im einzelnen sind hier zu berücksichtigen:

(1) Kasseneingänge (t) = a · Umsatz (t) + b · Umsatz (t – 1) + c · Umsatz (t – 2) + Kreditzugang (t)

(2) Kassenausgänge (t) = m · Einkäufe (t) + n · Einkäufe (t – 1) + q · Einkäufe (t – 2) + Kreditrückzahlungen (t) + Zinsen (t)

(3) $$\text{Lagerzugang (t)} = \text{Kosten pro ME} \cdot \frac{\text{Umsatz (t)} + \text{Umsatz (t − 1)} + \text{Umsatz (t − 2)}}{3 \cdot \text{Verkaufspreis pro ME}} - \text{Lagerbestand (t − 1)}^{*)}$$

$$\text{Lagerabgang (t)} = \text{Kosten pro ME} \cdot \frac{\text{Umsatz (t)}}{\text{Verkaufspreis pro ME}}$$

*) Die Lagerhaltungspolitik strebt also einen durchschnittlichen Lagerbestand in Höhe eines durchschnittlichen Periodenumsatzes über die drei letzten Perioden an.

(4) Zinsen (t) = i · Bankkredit (t) mit i als Zinsrate

(5) $$\text{Kosten des Umsatzes (t)} = \text{Umsatz t} \cdot \frac{\text{Kosten pro ME}}{\text{Verkaufspreis pro ME}}$$

In den Kosten pro ME sind anteilige Verkaufs- und Verwaltungskosten sowie Abschreibungen nicht enthalten.

(6) Verkaufs- und Verwaltungskosten (t) =
x · Umsatz (t), mit x als Verkaufs- und Verwaltungskostenfaktor

(7) Abschreibungen auf Anlagen (t) =
y · Anlagen (t – 1), mit y als Abschreibungsfaktor auf Anlagen

(8) Abschreibungen auf Lagerbestand (t) =
z · Lagerbestand (t – 1), mit z als Abschreibungsfaktor auf den Lagerbestand

(9) Erfolg vor Steuern (t) =
Umsatz (t) – Kosten des Umsatzes (t)
– Verkaufs- und Verwaltungskosten (t)
– Zinsen (t) – Abschreibungen auf Anlagen (t)
– Abschreibungen auf Lagerbestand (t)

(10) Steuern (t) = r · Erfolg vor Steuern (t) mit r als Steuersatz für die gewinnabhängigen Steuern

(11) Erfolg nach Steuern (t) = Erfolg vor Steuern (t) – Steuern (t)

3) **Inputgrößen**

Als Inputgrößen gehen Daten der Vorperiode aus dem Rechnungswesen, prognostizierte Daten und die hier nicht nochmals zu erläuternden Parameter (c, b, a; m, n, q; i, x, y, z, r) in das Modell ein. Die mit * gekennzeichneten Größen sind evtl. über Prognosemodelle zu bestimmen.

(1) Kasse (t – 1)
(2) Umsätze (t)*, Umsätze (t – 1), Umsätze (t – 2)
(3) Lagerbestand (t – 1)
(4) Verkaufspreis pro ME*
(5) Kosten pro ME*
(6) Anlagen (t – 1), Anlagenzugänge (t)*, Anlagenabgänge (t)*
(7) Einkäufe (t)*, Einkäufe (t – 1), Einkäufe (t – 2)
(8) Bankkredit (t – 1), Kreditzugang (t)*, Kreditrückzahlung (t)*
(9) Grundkapital (t – 1), Kapitalerhöhungen (t), Kapitalherabsetzungen (t)
(10) Rücklagen (t – 1)

Mit dem Modell kann eine beliebige Zahl von Simulationsläufen durchgeführt werden, wobei die Inputdaten parametrisch variiert werden können.

Wichtige Anwendungen des Modells schlagen sich etwa in folgenden Fragen nieder:

(1) Wie wirken sich unterschiedliche Umsatzprognosen auf Bilanz- und G+V-Rechnung aus?
(2) Wie beeinflussen Parameteränderungen (Zinssatz, Liquidationssätze für Forderungen etc.) den Abschluß?
(3) Wie hoch ist der Bedarf an Fremdkapital bzw. der Möglichkeiten der Kreditrückzahlung in Abhängigkeit von verschiedenen Umsatzentwicklungen?
(4) Wie wirken sich Umsatzentwicklungen alternativer Finanzierungsmaßnahmen auf die Bilanzstruktur aus?

Zu dem beschriebenen Modell ist ein einfaches Beispiel[68] mit drei Simulationsläufen in Abbildung 6.35 dargestellt. Es wird dort die unterschiedliche Entwicklung des Cash flow in Abhängigkeit von Veränderungen bestimmter Inputdaten des Modells gezeigt. In allen drei Simulationsläufen wurde dieselbe Umsatzentwicklung unterstellt. Dem **ersten** Simulationslauf wurden u.a. folgende Größen zugrundegelegt:

(1) Die variablen Herstellkosten betragen 70 % des Umsatzes;
(2) Die Fixkosten betragen $ 100.000,– pro Monat;
(3) Für die Forderungen gilt das folgende Liquidationsspektrum:
- 60 % der Forderungen werden im ersten Monat nach Verkauf gezahlt,
- 30 % der Forderungen werden im zweiten Monat nach Verkauf gezahlt und
- 10 % der Forderungen werden im dritten Monat nach Verkauf gezahlt.

Im **zweiten** Simulationslauf wurden die variablen Herstellkosten von 70 % auf 60 % des Umsatzes gesenkt und die Fixkosten um $ 100.000,– auf $ 200.000,– erhöht. Diese Änderungen würden sich im Gefolge der geplanten Anschaffung neuer Maschinen ergeben (Rationalisierungsinvestitionen). Der **dritte** Simulationslauf unterschied sich von dem zweiten nur durch eine Änderung der Annahme bezüglich des Liquidationsspektrums der Forderungen: Im ersten Monat nach Verkauf sollten statt 60 % nur 40 % der Forderungen eingehen, im zweiten Monat nach Verkauf anstatt 30 % ebenfalls 40 % und im dritten Monat nach Verkauf anstatt 10 % 20 %. Insgesamt wird also eine Verlangsamung der Liquidation von Forderungen unterstellt.

Aus Abbildung 6.35 ist ersichtlich, daß sich die Cash-flow-Funktion tendenziell invers zur Umsatzentwicklung verhält: mit steigenden Umsätzen geht ein rückläufiger Cash flow einher und umgekehrt. Außerdem lassen sich aus Abbildung 6.35 die Auswirkungen der Datenvariation ablesen und auf diese Weise wichtige Informationen für Entscheidungen gewinnen. Das Modell der Bilanzprojektion zeigt also – obwohl es im Grunde ganz einfach strukturiert ist – interessante Effekte als Folge der Interaktion zwischen den Gleichungen auf.

Modelle der Planbilanzierung

(1) Das dargestellte Bilanzprognosemodell enthält keine Optimierungszielsetzung. Es schreibt vor dem Hintergrund bereits getroffener Vorentscheidungen oder eingefahrener Praktiken die Vergangenheit auf der Basis eines prognostizierten Umsatzes in die Zukunft fort. Das gilt sowohl für die Gestaltung des Realgüter- wie des Wertumlaufprozesses. In diesem Sinne liegen dem Modell z.B. vorfixierte Politiken über die Kassenhaltung, die Lagerhaltung oder die Zahlungskonditionen und das Mahnwesen (in ihrer Auswirkung auf den Forderungsbestand) ebenso zugrunde wie ggfs. bilanzpolitische Überlegungen zur Bewertung von Vermögenspositionen.

Im Prinzip kann man nun natürlich diesen reinen Prognosecharakter des Modells in Richtung auf die Einbeziehung von (operativen) Entscheidungen zur Optimierung gewisser zentraler Teile des Realgüterprozesses transzendieren. Man erhält dann echte

68 Vgl. Wagner, J./Pryor, L. J., a.a.O., S. 51 ff.

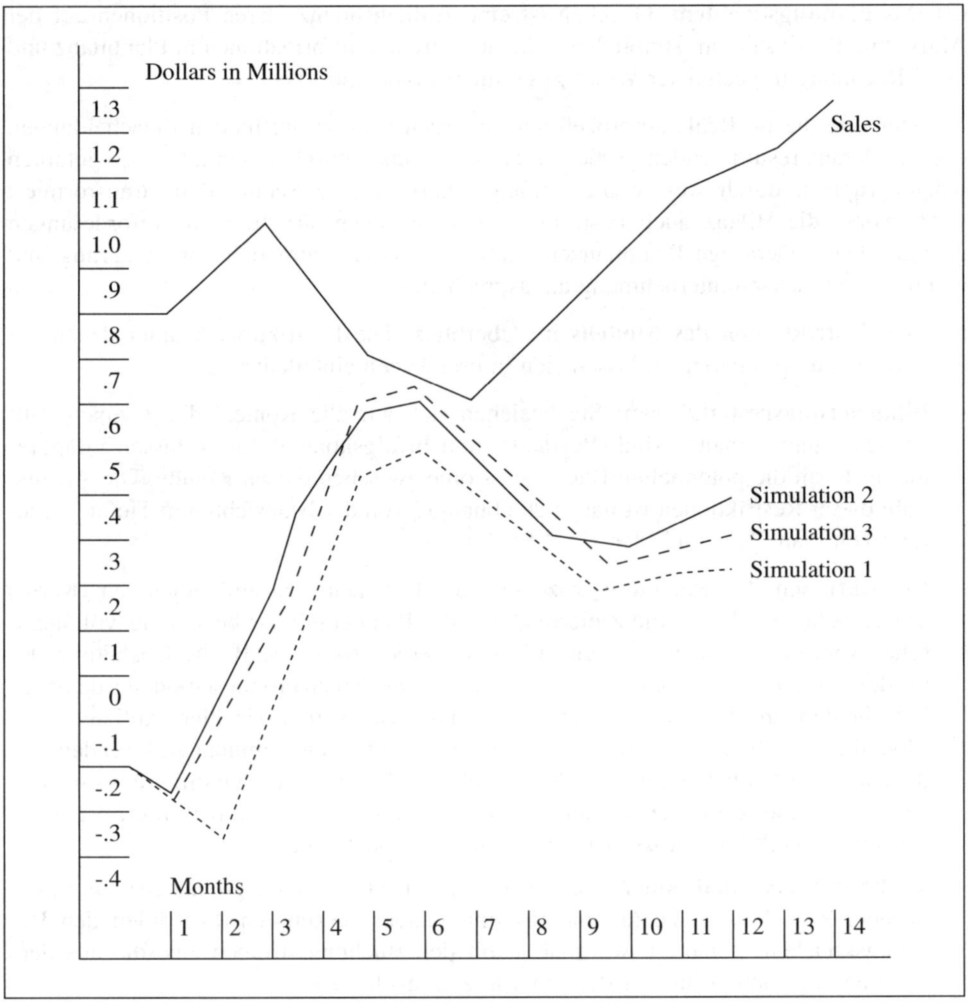

Quelle: Wagner, J./Pryor, L. J., Simulation and the budget, An integrated view, in: Sloan Management Review 12 (1970/71), S. 53

Abb. 6.35: Cash-Flow-Entwicklung bei variierten Inputdaten

Planbilanzierungsmodelle, die ausgewählte Kernbestandteile des Realgüterprozesses in sich aufnehmen und die Konsequenzen der optimalen Entscheidungen für Bilanz- und G+V-Rechnung im Wertumlaufprozeß registrieren. Nachfolgend wird die Architektur eines solchen Modells im Überblick dargestellt. Es handelt sich um ein LP-Modell, dessen Grundzüge zuerst von Mattessich entwickelt wurden.[69]

69 Vgl. dazu auch Mattessich, R., Accounting and analytical methods, Homewood, Ill. 1964, S. 344-408; kurz informiert: ders., Die wissenschaftlichen Grundlagen des Rechnungswesens, Düsseldorf 1970, S. 229 ff.

(2) Das **Planungsproblem**: Gegeben ist eine Anfangsbilanz, deren Positionen auf der Aktiv- und Passivseite im Hinblick auf die angestrebten Informationen in Planbilanz und G+V-Rechnung in geeigneter Weise zusammengefaßt sind.

Gesucht sind die im Realgüterprozeß der Unternehmung zu treffenden Entscheidungen und die daraus resultierenden großen Buchungsströme zwischen den ins Auge gefaßten Kontengruppen, durch welche die Anfangsbilanz in eine Schlußbilanz transformiert wird, wobei die Bilanz auch bestimmten vorgegebenen strukturellen Anforderungen genügen kann. Derartige Planbilanzen sind dann als Globalmodell zur Steuerung und Kontrolle der Gesamtunternehmung anzusprechen.

(3) Die **Restriktionen des Modells** im Überblick: Die Restriktionen, unter denen die Zielsetzung zu optimieren ist, lassen sich in drei Typen einteilen:

- **Bilanzierungsrestriktionen:** Sie beziehen sich auf alle Konten, die in einem Buchungssystem enthalten sind (Bestands- und Erfolgskonten), und erfassen in aggregierter Form die potentiellen Buchungsströme zwischen diesen Konten. Die Art und Zahl dieser Restriktionen ist natürlich abhängig von der beabsichtigten Tiefengliederung von Planbilanz und Plan-G+V-Rechnung.
- **Restriktionen des Realgüterprozesses:** Sie beziehen sich auf diejenigen (Kern-) Entscheidungen, die für die Zielerreichung der Planperiode als bedeutungsvoll anzusehen sind und daher nicht vernachlässigt werden sollten (z.B. die Gestaltung des Produktprogramms). Während – wie gesagt – die Bilanzprognosemodelle derartige Entscheidungen als bereits getroffen voraussetzen, werden sie hier explizit in das Modell einbezogen. Das kann in Form eines einheitlichen, simultan zu lösenden mathematischen Globalmodells geschehen oder auch derart, daß Optimierungsmodelle als Teilsysteme so in einen Simulationsansatz integriert werden, daß ihre Lösung als „Datenzuträger" für den Aufbau des Planbilanzmodells dient.
- **Verknüpfungsrestriktionen**, die die beiden, zunächst unabhängig nebeneinanderstehenden, Restriktionen zu (a) und (b) miteinander verknüpfen. Sie füllen den Buchungskreislauf gleichsam wertmäßig mit den Buchungsströmen aus, die aus dem Optimierungsmodell für den Realgüterprozeß resultieren.

(4) **Bilanzierungsrestriktionen:** Eine detaillierte Darstellung aller denkbaren Bilanzierungsrestriktionen ist bei der Vielfalt möglicher Konten und Buchungen zwischen ihnen in übersichtlich erfaßbarer Form nicht möglich. Wir gehen daher exemplarisch vor und wählen eine kompakte Form der Darstellung, die sich der graphentheoretischen Abbildung der Buchhaltung und der Matrizenschreibweise bedient.

Jedes Buchhaltungssystem läßt sich als ein gerichteter Graph darstellen, dessen Knoten die Konten und dessen Kanten die möglichen Verknüpfungen zwischen Konten in Form der (potentiellen) Buchungen angeben. Die Abbildung 6.36 enthält einen solchen Graphen mit (zufällig gewählten) 4 Bestandskonten und Buchungen zwischen ihnen.

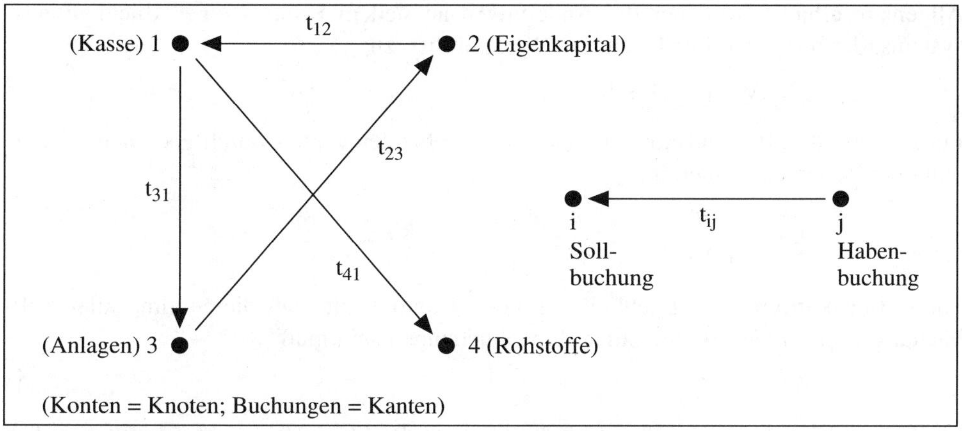

Abb. 6.36: Graph zur Darstellung von Buchungsvorgängen

In Abbildung 6.36 ist der Buchungsvorgang „Rohstoffe an Kasse" (Bareinkauf von Rohstoffen) durch die gerichtete Kante von Knoten 1 zu Knoten 4 angedeutet; $t_{ij} = t_{41}$ gibt den Betrag der Buchung an. Zu jedem derartigen Graphen läßt sich eine Inzidenz-Matrix konstruieren, die die Inzidenz der Knoten angibt. Sie hat für den Graphen der Abb. 6.36 folgendes Bild:

Knoten \ Kanten	t_{12}	t_{23}	t_{31}	t_{41}
1	+1	0	−1	−1
2	−1	+1	0	0
3	0	−1	+1	0
4	0	0	0	+1

Abb. 6.37: Inzidenzmatrix zum Graphen

Man sieht nun leicht, wenn man diese Inzidenzmatrix zeilenweise liest, daß jede Zeile die potentiellen Soll- und Habenbuchungen auf dem betreffenden Konto angibt. Unbekannt sind die Buchungsbeträge (t_{ij}). Multipliziert man die erste Zeile der Inzidenzmatrix mit dem Vektor $t' = (t_{12}, t_{23}, t_{31}, t_{41})$, so gibt das innere Vektorprodukt die **Änderungen** Δ_1 an, die im Modell auf dem Kassenkonto erfolgen, wenn die Buchungsbeträge t_{ij} geplant sind:

$$\Delta_1 = (+1, 0, -1, -1) \begin{pmatrix} t_{12} \\ t_{23} \\ t_{31} \\ t_{41} \end{pmatrix} = t_{12} - t_{31} - t_{41}$$

Allgemein erhält man daher die Änderungen auf jedem Konto i eines Buchhaltungssystems, das durch die Inzidenzmatrix $\underline{W}$ erfaßt ist, zu:

$$\Delta_i = \underline{W} \cdot \underline{t} \quad (i = 1, \ldots, m)$$

Für Erfolgs- und Bestandskonten kann man die Inzidenzmatrix durch geeignete Anordnung der Zeilen aufspalten in:

$$\underline{W}^* = \left(\frac{\underline{W}^E}{\underline{W}^B} \right)$$

Für **Erfolgskonten** (einschließlich des G+V-Kontos) gilt, daß die Summe aller Sollbuchungen gleich der Summe aller Habenbuchungen sein muß:

$$\underline{W}^E \cdot \underline{t} = \underline{O} \qquad (1)$$

Für **Bestandskonten** gilt, daß die Endbestände in der Planbilanz nicht negativ sein dürfen. Für die Vermögenskonten (Aktiva) $\underline{W}^{BV}$ gilt dann:

$$\underline{W}^{BV} \cdot \underline{t} \geqq \underline{0} \qquad (2a)$$

Da die Kapitalkonten (Passiva) voraussetzungsgemäß mit negativen Vorzeichen in das Modell eingehen, lautet für sie die Nichtnegativitätsbedingung:

$$\underline{W}^{BK} \cdot \underline{t} \leqq \underline{0} \qquad (2b)$$

Sind weitere Anforderungen über Bestandshöhen in der Planbilanz vorgegeben, die nicht aus den Optimierungsmodellen des Realgüterprozesses selbst resultieren (z.B. soll die Schlußbilanz einen Mindestkassenbestand ausweisen), so kann das dadurch berücksichtigt werden, daß der Nullvektor der rechten Seite in (2a) durch einen Vektor $\underline{b}$ zu ersetzen ist. Für (2a) hat man dann z.B.:

$$\underline{W}^{BV} \cdot \underline{t} \geqq \underline{b}$$

Diejenigen Elemente von $\underline{b}$ sind positiv, für die Bestandsanforderungen in der Planbilanz erhoben werden.

(5) **Restriktionen für den Realgüterprozeß:** Hier handelt es sich um die Beschränkungen, die aus dem Produktions-, Absatz-, Finanzbereich etc. je nach der Größe des Entscheidungsfeldes und des Aggregationsgrades des Modells resultieren und wie in anderen LP-Modellen zu formulieren sind. Wir beschränken uns auf das folgende Beispiel:

$$\underline{A} \cdot \underline{q} \leqq \underline{f} \quad \text{(als Produktionsbeschränkungen)} \qquad (3a)$$

$$\underline{u} - \underline{q} \leqq \underline{g} \quad \text{(als Absatz-Lager-Beschränkung)} \qquad (3b)$$

$$\underline{u} \leqq \underline{h} \quad \text{(als Absatzbeschränkungen)} \qquad (3c)$$

mit $\underline{A}$ = Prozeßmatrix

$\underline{q}$ = Vektor des gesuchten Prozeßniveaus
$\underline{f}$ = Vektor der Kapazitäten

$\underline{u}$ = Vektor der gesuchten Absatzmengen der Produkte
$\underline{g}$ = Vektor der gegebenen Anfangslagerbestände der Produkte
$\underline{h}$ = Vektor der gegebenen Absatzbeschränkungen.

(6) **Verknüpfungsrestriktionen:** Auch hier können zur Erläuterung nur exemplarisch einige der möglichen Verknüpfungen angesprochen werden.

(a) Aus (3) wird das Absatzprogramm für die n Produkte $\underline{u}' = (u_1, u_2, \ldots, u_n)$ bestimmt. Mit dem Preisvektor $\underline{p}' = (p_1, p_2, \ldots, p_n)$ erhält man den Gesamtplanumsatz der Periode:

$$U = \underline{p}' \cdot \underline{u}'$$

Aus der Erfahrung sei bekannt, daß α den Teil des Umsatzes angibt, der als Barumsatz getätigt wird; $1 - \alpha$ ist dann der Teil des Umsatzes, der in Forderungen transformiert wird. Wenn α auch für die Zukunft gilt, lauten die Verknüpfungsrestriktionen mit t_{KV} (bzw. t_{FV}) als Variable, die in den Bilanzierungsrestriktionen den Betrag der Buchung „Kasse an Verkaufskonto" (bzw. den Betrag der Buchung „Forderungen an Verkaufskonto") angeben:

$$t_{KV} = \alpha\,(\underline{p}' \cdot \underline{u}) \tag{4a}$$
$$t_{FV} = (1 - \alpha)\,(\underline{p}' \cdot \underline{u}) \tag{4b}$$

(4a) und (4b) transformieren die wertmäßigen Konsequenzen der aus (3) bestimmten Absatzmengen in das Buchhaltungssystem (1) und (2).

(b) Aus (3) werden ferner die Produktionsmengen der n Produkte $\underline{q}' = (q_1, q_2, \ldots, q_n)$ bestimmt. Für jedes Produkt sind die variablen Lohnkosten pro ME bekannt. Ist $\underline{l}' = (l_1, l_2, \ldots, l_n)$ der Vektor der variablen Lohnkosten pro Mengeneinheit und steht t_{LK} als Variable für die Buchung „Lohnkosten an Kasse", so ergibt sich die Verknüpfung aus:

$$t_{LK} = \underline{l}' \cdot \underline{q} \tag{4c}$$

(c) In ähnlicher Weise ergibt sich der Betrag für die Buchung „Materialkosten an Rohstoffbestandskonto" (Materialverbrauch) t_{MR} aus:

$$t_{MR} = \underline{m}' \cdot \underline{q} \tag{4d}$$

mit $\underline{m}'$ als Vektor der Materialkosten der Produkte pro ME.

(7) **Struktur der Restriktionen:** Man sieht leicht ein, daß die Restriktionen des entwikkelten LP-Modells die folgende Struktur aufweisen (vgl. Abb. 6.38):

Aus dem System der Nebenbedingungen ergibt sich die Planbilanz und die Plan-G+V-Rechnung. Das sei exemplarisch an einem ausgewählten Konto gezeigt, etwa dem Lohnkonto. Auf Grund von (4c) – und ggfs. weiterer Buchungen – wird im Teilsystem der Bilanzierungsrestriktionen die Sollseite des Lohnkontos (als Erfolgskonto) aufgebaut. Die Abschlußbuchung „G+V-Konto an Lohnkonto" folgt dann aus der Restriktion (1). Für

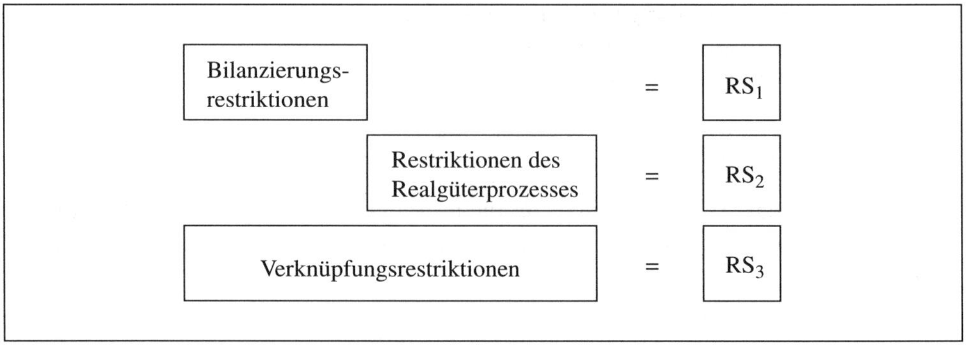

Abb. 6.38: Das System der Restriktionen für das Modell der Planbilanz

diejenige Zeile von $\underline{W}_E$, die sich auf das Lohnkonto bezieht, lautet die entsprechende Restriktion nämlich:

$$(+1, -1) \begin{pmatrix} t_{LK} \\ t_{GL} \end{pmatrix} = 0$$

oder ausmultipliziert:

$$t_{LK} - t_{GL} = 0$$

mit t_{GL} als gesuchtem Betrag für die Abschlußbuchung „G+V-Konto an Lohnkonto". Man sieht, daß $t_{GL} = t_{LK}$ gesetzt wird. Genauso wird für alle Erfolgskonten verfahren, so daß man insgesamt die Plan-G+V-Rechnung generieren kann. Ähnliches gilt für die Generierung der Planbilanz.

(8) Die **Zielfunktion**: Als Zielfunktion kann z.B. die Maximierung des Deckungsbeitrages in Betracht kommen, also:

$$Z = \underline{D}' \cdot \underline{q} \longrightarrow \text{max!}$$

Diese Zielfunktion steuert das optimale Produktionsprogramm, und auf dessen Grundlage wird dann der Jahresabschluß geplant. Auch andere Zielfunktionen, wie etwa die Maximierung der Eigenkapitalrentabilität, wären denkbar, führen dann aber zu komplizierteren Strukturen der Zielfunktion.

Abschließend zu diesem Kapitel gibt Kasten 6.1 einen Überblick über die Verwendungshäufigkeit und -schwerpunkte von OR-Methoden in der betrieblichen Praxis.

Kasten 6.1

Verwendung von OR-Methoden in der Praxis

Zur Verwendungshäufigkeit von OR-Methoden liegen zahlreiche Untersuchungen vor. In einer der jüngeren Studien kommt Kathawala zu dem Ergebnis, daß die Simulation am meisten Verbreitung gefunden hat, gefolgt von den Lagerhaltungsmodellen und der Linearen Programmierung.

Beim Vergleich der Ergebnisse mit einer 1973 durchgeführten Untersuchung stellt sich heraus, daß entgegen verschiedener Prognosen die Häufigkeit in der Anwendung von OR-Methoden nicht wesentlich zugenommen hat.

Eine *klare Zunahme* erfahren die Computersimulationsmodelle – Zunahme bei der „häufigen Verwendung" von 17 % auf 44 %. Eine Abnahme in der Verwendungshäufigkeit ist demgegenüber bei Methoden der Lagerhaltung, linearen Programmierung sowie Netzwerken zu verzeichnen. Die folgende Zusammenstellung zeigt eine Auswahl der Ergebnisse beider Untersuchungen:

	Verwendungshäufigkeit der einzelnen Methoden in %		
Methoden	Keine Verwendung	Gelegentliche Verwendung	Häufige Verwendung
Computersimulation	14 (33)	40 (51)	44 (17)
Lagerhaltungsmodelle	32 (33)	43 (33)	25 (45)
Lineare Programmierung	36 (17)	44 (47)	20 (36)
Netzwerktechnik	49 (17)	37 (51)	14 (32)
Nichtlineare Programmierung	55 (65)	38 (35)	7 (2)
Warteschlangentheorie	55 (61)	40 (32)	6 (7)
Markov-Entscheiungsmodelle	76 (78)	23 (22)	1 (0)
Spieltheorie	69 (77)	30 (23)	1 (0)

Eine Begründung für die insgesamt geringe Verwendungshäufigkeit sieht Kathawala nicht in einer stagnierenden oder erfolglosen Weiterentwicklung der unterschiedlichen Techniken, sondern im Implementationsproblem. Die Hauptschwierigkeit sieht er dabei in der mangelnden Bereitschaft von Praktikern, sich von altbewährten Methoden zu trennen und die Handhabung neuer zu erlernen.

Quelle: Green, T.B./Newson, W.B./Jones, S.R., A survey of the application of quantitative techniques to production/operations management in large corporations, in: Academy of Management Journal 20 (1977), S. 669–676; Kathawala, Y., Applications of quantitative techniques in large and small organizations in the United States, in: Journal of Operational Research 39 (1988), S. 981–989.

6.4 Die Umsetzung der Pläne in Budgets

6.4.1 Budgets als Steuerungsinstrumente

6.4.1.1 Begriffliche Orientierung

Die in den vorhergehenden Kapiteln skizzierten vielfältigen Planungsaktivitäten machen nur dann einen Sinn, wenn es gelingt, die jeweils eruierten Ziele und Maßnahmen in konkretes Handeln zu überführen, d.h. es gilt die Kluft zwischen (rein) prospektivem **Denk**handeln und dem konkreten **Tat**handeln zu überwinden. In diesem Spannungsfeld sind Budget und Budgetierung in Stellung zu bringen; sie stellen das bekannteste und verbreitetste Instrument zur Umsetzung der Pläne dar.[70]

Der **Budgetbegriff** entstammt dem kameralistischen Rechnungswesen und beinhaltet dort die Auflistung und Gegenüberstellung von beabsichtigten Einnahme- und Ausgabepositionen öffentlicher Körperschaften. Im betriebswirtschaftlichen Bereich wird der Budgetbegriff heute mit unterschiedlichen Inhalten belegt, wobei die Diskrepanzen – überraschenderweise – weitaus stärker im Rahmen der begrifflichen Orientierung als in der materiellen Auffassung von Budgets in Form von Input- und Outputvorgaben hervortreten. Ohne an dieser Stelle die Genese des Begriffs im einzelnen nachzeichnen zu können, läßt sich feststellen, daß sich die unterschiedlichen Auffassungen grundsätzlich bewegen zwischen einem mehr buchhalterischen Verständnis von Budgetierung einerseits und einem verhaltensbezogenen Verständnis andererseits. Das letztere Verständnis ist unter besonderer Betonung der motivationalen Aspekte von Budgets vor allem von der US-amerikanischen Literatur akzentuiert worden. Beide Perspektiven schließen sich jedoch nicht aus.

Innerhalb der Budgetierung lassen sich grob zwei Ansätze unterscheiden. Eine Gruppe von Autoren sieht Budgets und Pläne entweder ganz oder, was häufiger anzutreffen ist, zumindest in Partialbereichen der Planung – etwa bezogen auf die operative Planung, die Finanzplanung oder die formalzielorientierte Planung – als synonym an. Andere Autoren distanzieren sich von einer Gleichsetzung. Die Budgetierung sei vielmehr der eigentlichen Planung nachgelagert und habe die Umsetzung der Pläne in konkrete Ergebnisvorgaben zum Gegenstand.[71]

Im folgenden werden Budgets in enger Anlehnung an die zweite Auffassung bezeichnet als:

- schriftliche Zusammenfassungen, durch welche
- den Aufgabenträgern (insbes. den Führungskräften)

70 Vgl. etwa die empirischen Befunde bei Töpfer, A., Planungs- und Kontrollsysteme industrieller Unternehmungen, Berlin 1976, S. 283 f., S. 292; Horváth, P. et al., Die Budgetierung im Planungs- und Kontrollsystem der Unternehmung – erste Ergebnisse einer empirischen Untersuchung, in: Die Betriebswirtschaft 45 (1985), insbes. S. 142 ff.

71 Vgl. Wild, J., Grundlagen der Unternehmungsplanung, 4. Aufl., Opladen 1982, S. 40.

– für einen abgegrenzten Zeitraum
– fixierte Sollgrößen im Sinne von Soll-Ergebnissen geplanter Aktivitäten
– in wertmäßiger und evtl. auch mengenmäßiger Form vorgegeben werden.[72]

Das Management wird durch die Budgetierung gezwungen, die angestrebten Ziele und Maßnahmen soweit zu konkretisieren und zu präzisieren, daß sie in wertmäßige Größen (Kosten, Erlöse, Gewinn) überführt werden können. Budgets geben deshalb einen wichtigen Anstoß für die Umsetzung von Plänen in spezifische Maßnahmen.[73] Die Budgetierung umfaßt alle Aufgaben, die die Erstellung, Verabschiedung und Kontrolle von Budgets betreffen. Ergebnis der Budgetierung ist die wertmäßige Zusammenfassung der geplanten Entwicklung der Unternehmung in einer zukünftigen Geschäftsperiode.

6.4.1.2 Funktionen und Dysfunktionalitäten von Budgets

So verstanden kommen den Budgets im allgemeinen die folgenden **Funktionen** zu:[74]

(1) **Orientierungsfunktion:** Eine zentrale Aufgabe von Budgets ist es, die Entscheidungsträger auf bestimmte Ziele hin zu verpflichten und ihnen ihre Ergebnisverantwortung zu verdeutlichen. Insofern bilden Budget-Informationen ein wesentliches Mittel, um zielorientiertes Handeln herbeizuführen. Anders gewendet, liefern Budgets einen wesentlichen Beitrag zur Komplexitätsreduktion, indem die Entscheidungsträger selektiv zu zielorientiertem Handeln angeleitet werden.

(2) **Koordinations- und Integrationsfunktion:** Die Budgetierung soll – wie die Planung – einen Beitrag zur Koordination und Integration aller Bereiche des Unternehmens leisten. Dahinter steht die Annahme, daß die Budgetierung dazu veranlaßt und dazu zwingt, eine Abstimmung sowohl zwischen gleichgeordneten als auch über- und untergeordneten Budgets herbeizuführen. Über das Gesamtbudget sollen die Teile des Unternehmens die notwendigen Anschlüsse finden. Dies geschieht insofern, als mit den vorgegebenen Teilbudgets die insgesamt knappen Mittel zur Zielrealisation verteilt werden.

(3) **Kontrollfunktion:** Eine weitere Funktion haben Budgets, indem sie genau definierte Plangrößen (Umsätze, Kosten, Erträge u.a.) vorgeben, die es innerhalb einer bestimmten Planperiode zu erreichen bzw. einzuhalten gilt. Insofern setzt ein Budget auch Maßstäbe zur Leistungsmessung und übt damit eine Überwachungs- und Kontrollfunktion aus. Im Rahmen dieser Kontrollfunktion ist es auch wichtig, nach den Ursachen der Abweichungen zu fragen, da ein zielorientiertes Einwirken auf zukünftige betriebliche Vorgänge und Prozesse nur möglich ist, wenn die Gründe der Abweichungen ermittelt werden.

(4) **Motivationsfunktion:** Budgets grenzen Handlungsspielräume ein und verpflichten auf bestimmte Vorgaben. Dennoch kann sich die Vorgabe von Budgets unter bestimm-

---

72 Vgl. insbes. Wild, J., Budgetierung, in: Marketing-Enzyklopädie, Bd. 1, München 1974, S. 325; Grimmer, H., Budgets als Führungsinstrument in der Unternehmung, Frankfurt a.M. 1980, S. 13.

73 Vgl. Steiner, G.A., Die Budgetierung, in: Wild, J. (Hrsg.), Unternehmensplanung, Reinbek b. Hamburg 1975, S. 332.

74 Vgl. etwa Zünd, A., Kontrolle und Revision in der multinationalen Unternehmung, Bern 1973, S. 137 ff.

ten Bedingungen auch positiv auf die Motivation der Mitarbeiter auswirken, nämlich dann, wenn es gelingt, daß sich die Führungskräfte mit den Zielvorgaben identifizieren. Eine solche Identifikation wird gefördert, wenn die Zielvorgaben partizipativ erarbeitet werden und das Budget nicht zu restriktiv ausgelegt ist, sondern Freiräume für eigenverantwortliche Entscheidungen läßt.[75]

Die aufgezeigten Funktionen lassen die Bedeutung erkennen, die Budgets für die Steuerung des Unternehmens potentiell zukommen kann. Gerade angesichts dieser Idealvorstellungen gilt es jedoch dem Eindruck entgegenzuwirken, die Anwendung von Budgets weise keine Probleme und Gefahren auf. Sowohl in der Literatur als auch in der Unternehmenspraxis finden sich zahlreiche Hinweise auf mögliche **Dysfunktionalitäten** beim Einsatz gerade dieses Führungsinstrumentes:[76]

(1) **Die Gefahr des Etatdenkens:** Dieses ist dadurch gekennzeichnet, daß zugeteilte, aber nicht verbrauchte Beträge am Ende des Budgetjahres noch ausgegeben werden, obwohl dies für die Aufgabenerfüllung nicht erforderlich ist. Dieses Verhalten („budget wasting") ist vor allem darin begründet, daß die Höhe der Neubewilligungen häufig mechanisch daran orientiert wird, in welchem Maße die früher zugeteilten Mittel ausgeschöpft worden sind („Prinzip der Fortschreibung").

(2) **Die Gefahr der zu kurzfristigen Orientierung:** Der häufig mitgeführte explizite oder implizite Anspruch, die Budgetvorgaben unbedingt einhalten zu müssen, kann die Budgetverantwortlichen dazu verleiten, solche (nicht geplanten, aber von der Sache her gebotenen) Aufwendungen zu unterlassen, die im Planungsabschnitt zu keiner Gewinnsteigerung führen. Den Budgetverantwortlichen kommt es darauf an, das eigene Budget in der Gegenwart einzuhalten, unabhängig von den späteren Folgen. Diese **kurzfristige** Orientierung führt dann z.B. dazu, daß längerfristige Maßnahmen, die auf den Aufbau bzw. die Erhaltung von Erfolgspotentialen zielen – etwa Produkt- und/oder Personalentwicklungsmaßnahmen – nicht mehr zum erforderlichen Zeitpunkt durchgeführt werden, sondern dann, wenn das Budget es erlaubt.

(3) **Die Gefahr des verstärkten partikularistischen Denkens der Bereichsleitungen:** Im Bestreben, die Budgetvorgaben einzuhalten, werden (nicht geplante) Maßnahmen ergriffen, die sich auf die eigene Teileinheit positiv auswirken – gleichgültig, wie die anderen Abteilungen oder das Gesamtunternehmen davon betroffen sind. Die Abstimmungserfordernisse werden durch die Budgetierung als abgegolten betrachtet.

(4) **Die Gefahr der Verabsolutierung von Budgetvorgaben:** Da Budgets sehr verbindliche und konkrete Vorgaben liefern, fördern sie die Gefahr, daß sich Mitarbeiter blind und mechanisch an den Budgetvorgaben orientieren. Dies kann zum einen dazu führen,

---

75 In diesen Rahmen sind dann auch Vorgehensweisen einzuordnen, die unter der Bezeichnung „target costing" die Kostenvorgaben bewußt an (strategischen) **Kostensenkungszielen** orientieren, um damit innovative Anstrengungen der Mitarbeiter zu stimulieren. Vgl. dazu u.a. Hiromoto, T., Another hidden edge – Japanese management accounting, in: Harvard Business Review 66 (1988), Nr. 4, S. 22–26.

76 Vgl. Hofstede, G., The game of budget control, 2. Aufl., Assen 1970; Welge, M., Unternehmensführung, Bd. 3: Controlling, Stuttgart 1988, S. 106 ff.; Posselt, S.G., Budgetkontrolle als Instrument der Unternehmenssteuerung, Darmstadt 1986, S. 72 ff.

daß an den Soll-Werten auch dann festgehalten wird, wenn sich die bei der Budgeterstellung zugrunde gelegten Prämissen entscheidend geändert haben. Bei dieser Konstellation wäre aber gerade eine Abweichung von den Soll-Werten und ihre Revision gefordert anstatt zu versuchen, die Ist-Werte an die überholten Soll-Werte anzunähern. Zum anderen können Budgets – insbesondere dann, wenn sie sehr rigide Budgetstrukturen aufweisen – die Initiative und Innovationsbereitschaft auf den unteren Hierarchieebenen lähmen.

(5) **Die Gefahr durch sog. „budgetary slacks“:** Eine weitere Dysfunktionalität ist der (potentielle) Aufbau stiller Reserven (budgetary slacks). Die Betroffenen veranschlagen bei den Budgetverhandlungen die Kosten höher als eigentlich zu erwarten oder die Ziele niedriger als eigentlich möglich, um Reserven frei zu haben für andere nicht budgetierte Vorhaben oder um unter weniger Druck arbeiten zu müssen. Derartige „stille Reserven“ können sich aber auch unbeabsichtigt aufbauen, z.B. aus falschen Prognosen oder anderen außerordentlichen Entwicklungen, die bei der Budgetierung nicht bedacht wurden. Im Gegensatz zu den bisher angesprochenen Gefahren müssen sich Slacks allerdings keineswegs immer dysfunktional auswirken. Die Einstufung als funktional oder dysfunktional hängt vielmehr davon ab, wie die Freiräume genutzt werden. Greift der Budgetverantwortliche auf die Slacks zurück, um sie bewußt als flexible Reserve zum Ausgleich nicht antizipierbarer Störungen oder für sinnvolle Projekte einzusetzen, so kommt ihnen damit sehr wohl eine funktionale Bedeutung zu.[77]

Es darf jedoch nicht übersehen werden, daß die erwähnten Dysfunktionalitäten nicht zwangsläufig als Folge der Budgetierung auftreten, sondern daß es sehr stark von der **praktischen Ausgestaltung** und Handhabung des Budgetsystems abhängt, in welchem Ausmaß Dysfunktionalitäten entstehen.

Erstens kann man auf der Verfahrensebene ansetzen und zahlreiche Schwächen der traditionellen Budgetierung durch den Einsatz revidierter Verfahrensweisen einschränken; man denke etwa an das Zero Base Budgeting, das weiter unten besprochen wird.[78]

Zweitens ist zu berücksichtigen, daß Budgets als Führungsinstrument in das unternehmerische Ganze eingebettet sind und damit ihr erfolgreicher Einsatz entscheidend davon abhängt, inwieweit sie hinreichend mit anderen Instrumenten der Unternehmensführung und anderen Teilsystemen abgestimmt sind. So ist es z.B. unumgänglich, daß die Kosten- und Leistungsrechnung mit den Erfordernissen der Budgetgestaltung und -anwendung in Einklang gebracht und in konkrete Kosten- und Leistungsziele für die Budgetverantwortlichen transformiert werden.

Drittens gilt es, die demotivierenden Wirkungen von Budgets abzubauen, indem die Kluft zwischen Individualzielen der Mitarbeiter und offiziellen Zielvorgaben möglichst geschlossen wird. Ansatzpunkte hierzu bilden die Partizipation der Budgetverantwortlichen an der Zielbildung und die Erhöhung des Anteils der Selbstkontrolle.

---

77 Vgl. Weidermann, P.H., Das Management des Organizational Slack, Wiesbaden, 1984. Weidermann unterscheidet demgemäß auch zwischen systemnotwendigem und nicht-systemnotwendigem Slack.

78 Vgl. dazu unter S. 364 f.

Völlig ausschalten wird man diese Dysfunktionalitäten allerdings niemals können, denn sie resultieren letztlich aus der Tatsache, daß die Budgetierung als Prozeß **in** einem sozialen System stattfindet und als solcher von den Systemmitgliedern beobachtet und beeinflußt wird.

6.4.2 Arten von Budgets

Zur Klassifikation von Budgets lassen sich verschiedene Kriterien heranziehen:

(1) Traditionellerweise bringt man die Budgetierung eher mit der **kurzfristigen** Steuerung von betrieblichen Aktivitäten in Beziehung. Man denkt dann etwa an monatliche Kostenbudgets für Fertigungsstellen oder Kosten- und Umsatzbudgets für die Steuerung des Vertriebs. Der hier vorgeschlagene Budget-Begriff, der ja primär auf die Umsetzungsfunktion von Budgets bezüglich betrieblicher Pläne abhebt, ist jedoch durchaus mit einer zeitlich weiter ausgreifenden Vorstellung von Budgetierung vereinbar. In diesem Sinne kann man dann auch z.B. von **langfristigen** Investitionsbudgets sprechen.

Bedeutsam im Hinblick auf die Umsetzungsfunktion von Budgets ist allerdings dann eine Klassifikation, die – unter Loslösung von der bloß zeitlichen Perspektive – zwischen strategischen und operativen Budgets unterscheidet.[79] Strategische Budgets implizieren, weil sie an die strategische Planung anknüpfen, langfristige Wirkungen; umgekehrt muß langfristigen Budgets aber nicht unbedingt eine strategische Bedeutung zukommen. Man denke etwa an Investitionen, die unabhängig von strategischen Planungen einfach deshalb erforderlich werden, weil die Betriebsgebäude überaltert sind; derartige Projekte können Gegenstand von Investitionsbudgets sein. Die Unterscheidung zwischen strategischen und operativen Budgets nimmt also vor der zeitlichen primär eine **sachliche** Konkretisierung vor. Dabei findet die operative Budgetierung ihren Bezugspunkt in der Ressourcenallokation für das **bestehende** Produkt-Markt-Konzept (Leistungsprogramm). Hingegen wird im Rahmen der strategischen Budgetierung die Ressourcenzuteilung auf die Erreichung strategischer Ziele zentriert. Im Rahmen strategischer Budgets muß also zu den jeweiligen Budgetierungszeitpunkten geklärt werden, welche Implementationsaspekte strategischen Vorrang haben und deswegen durch entsprechend hohe strategische Budgets in der nahen Zukunft gefördert werden sollen. Strategische und operative Budgets sind so gesehen nicht überschneidungsfrei; strategische Projekte führen häufig sehr rasch zu Auszahlungen und sind deshalb im kurzfristigen Finanzbudget zu berücksichtigen.

(2) Strategische Budgets werden häufig zunächst als globale **Rahmenbudgets** konzipiert, d.h. in diesen Budgets werden lediglich die wesentlichen Zielgrößen und groben Ressourcenbindungen fixiert, ohne daß die zu ihrer Erreichung notwendigen Handlungs-

79 Vgl. hierzu ausführlich Ishikawa, A., Strategic budgeting: A comparison between US and Japanese companies, New York et al. 1985; Lehmann, F.O., Strategische Budgetierung, in: Zeitschrift für Planung 4 (1991), S. 319–336.

schritte schon im einzelnen festgelegt sind. In dem Maße, wie sich die strategischen Planungen konkretisieren, müssen diese Rahmenbudgets in Teilschritte zerlegt und für die Budgetperioden Maßnahmen und Ressourcen konkretisiert und terminiert werden. Die strategischen Rahmenbudgets werden so in weiteren „Iterationsschritten" zunehmend detailliert.

(3) Im Unterschied zu den strategischen haben es dann die **operativen Budgets** mit allen denjenigen Maßnahmen und Ressourcenbindungen zu tun, die aufgrund des laufenden Geschäfts oder der operativen Planung erforderlich werden. Genauerhin lassen sich hier die Budgets kennzeichnen, die für die betrieblichen Funktionsbereiche alle geplanten Maßnahmen wert- (und mengen-)mäßig erfassen. Darüber hinaus gibt es **Projektbudgets** für Sonderaufgaben; so z.B. für eine umfassende Public-Relations-Kampagne, wenn diese plötzlich erforderlich wird, um das angeschlagene Erscheinungsbild einer Unternehmung in der Öffentlichkeit zu verbessern oder gegen ungünstige Meinungstrends abzuschirmen.

(4) Im Rahmen der operativen Budgetierung wird die Anzahl der Teilbudgets stark durch die unternehmensspezifische Organisationsstruktur geprägt, weil mit den Organisationsbereichen natürlich Entscheidungskompetenzen und Verantwortungen verbunden und diese dann auch in ihren ressourcenmäßigen Konsequenzen durch Budgets festgemacht werden sollen. Es ist hier nicht erforderlich, alle möglichen Budgets im einzelnen aufzuzählen. Abbildung 6.39 gibt einen Überblick über die Verbreitung bestimmter Teilbudgets in deutschen Unternehmen (n = 161). Bei dieser Gelegenheit zeigt sich, daß sehr viele Unternehmen keineswegs vollständig, sondern nur in Teilbereichen budgetieren. Im folgenden sollen mit dem Umsatz- und dem Produktionsbudget nur zwei besonders wichtige Teilbudgets kurz skizziert werden.[80]

Das **Umsatzbudget** basiert auf den Ergebnissen der Absatzprognose und Absatzplanung. Es enthält auf der Leistungsseite als wichtige Information die geplanten Umsätze, ggf. differenziert nach Produkten, Absatzgebieten und Kundengruppen. Diese Leistungsziele werden den Verkaufsorganen für die Planungsperiode als Umsatzvorgaben zugewiesen. Für die Leistungserbringung erforderliche Ressourcen werden dann in Form verschiedener Kostenbudgets den Verkaufsorganen nach Maßgabe der budgetierten Leistung gegenübergestellt. Diese Umsatzkostenbudgets beziehen sich auf alle Aktivitäten, die mit dem Verkauf im weitesten Sinne verbunden sind. Natürlich treten bei dieser Kostenbudgetierung nicht immer einfach zu lösende Zuordnungsprobleme auf, weil – ähnlich wie bei der Aufteilung von Gemeinkosten auf Kostenstellen und Kostenträger – eine unmittelbare Beziehung im Sinne des Verursachungsprinzips zwischen Kosten und Leistungen nicht immer auszumachen ist. Gleichwohl kann – wenn die Budgetierung ihr Ziel der Verhaltenssteuerung durch Zuordnung von Erfolgsverantwortung erreichen will – auf eine Zuordnung von Kosten zu den budgetierten Leistungen nicht verzichtet werden. Im einzelnen werden im Umsatzbudget die Kosten des Umsatzes z.B. als Kosten der Akquisition (insbesondere der Werbung und Absatzförderung), der physischen Verkaufsab-

80 Vgl. hierzu weiterführend Welge, M.K., Unternehmungsführung, Bd. 1: Planung, Stuttgart 1985; Freiling, D., Budgetierungs- und Controlling-Praxis, Wiesbaden 1980, S. 71 ff.

wicklung (direkte Verkaufskosten, Transportkosten, Lagerkosten) und der Leitung und Verwaltung (Planung, Statistik, Marktforschung) budgetiert.

		Unternehmensgröße (Mitarbeiterzahl)**				
		1.000–2.499	2.500–4.999	5.000–9.999	≥10.000	insges.*
Funktionale Teilbudgets	Investitionsbudget	96,2 %	89,4 %	95,0 %	100,0 %	95,0 %
	Umsatzbudget	100,0 %	86,8 %	75,0 %	100,0 %	94,0 %
	Verwaltungsbudget	89,9 %	92,1 %	95,0 %	100,0 %	92,5 %
	Produktionsbudget	91,1 %	86,8 %	85,0 %	87,0 %	89,0 %
	Unternehmens-gesamtbudget	92,4 %	78,9 %	85,0 %	91,3 %	88,0 %
	EDV-Budget	86,0 %	86,8 %	75,0 %	100,0 %	87,0 %
	F+E-Budget	75,9 %	78,9 %	85,0 %	95,7 %	81,0 %
	Beschaffungsbudget	79,7 %	78,9 %	60,0 %	82,6 %	77,5 %

* = 100 % = Anzahl der antwortenden Unternehmungen insgesamt
** = 100 % = Anzahl der antwortenden Unternehmungen der jeweiligen Größenklasse

Quelle: Horváth, P. et al., Die Budgetierung im Planungs- und Kontrollsystem der Unternehmung – erste Ergebnisse einer empirischen Untersuchung, in: Die Betriebswirtschaft 45 (1985), S. 143.

Abb. 6.39: Funktionale Teilbudgets

Das **Produktionsbudget** legt die Standardfertigungskosten bzw. – unter Einbeziehung des Fertigungsmaterials – die Standardherstellkosten für das ausgewählte Produktionsprogramm fest. Aus diesem nach Produktarten und Produktmengen aufgegliederten Produktionsprogramm ergibt sich für die Planperiode das Mengengerüst der Kosten (z.B. in Fertigungsstunden); dieses Mengengerüst der Kosten wird je nach zu belegender Kostenstelle mit spezifischen Kostensätzen multipliziert, um die zu budgetierenden Standardfertigungskosten zu ermitteln.

Soweit das Fertigungsmaterial in die Budgets aufgenommen wird, wird der Materialverbrauch über die Stücklistenauflösung ermittelt. Da der Materialverbrauch in der Regel einen bedeutenden Kostenfaktor darstellt, ist es notwendig, hier die wesentlichen Materialverbräuche einzeln zu erfassen. Die Bewertung der Verbrauchsmengen erfolgt auf der Basis von Standardpreisen, was in der Regel der erwartete Einstandspreis sein wird. Die Fertigungskosten werden traditionell in leistungsabhängige (variable) und leistungsunabhängige (fixe) Kosten unterschieden. An dieser Stelle kann die Kostenbudgetierung ggf. unmittelbar die Ergebnisse der Plankostenrechnung übernehmen. Da die Budgetierung von der Idee der Kostenverantwortlichkeit ausgeht, gilt auch hier, daß die Kostenzurechnung auf Verantwortungsbereiche unter dem Gesichtspunkt der Beeinflußbarkeit der Kostenhöhe erfolgen sollte.

Neben den genannten Budgetarten sind eine Reihe weiterer Unterscheidungen instruktiv:[81]

(5) Nach dem **Grad der Flexibilität** läßt sich zwischen starren und flexiblen Budgets unterscheiden. Flexible Budgets tragen im Gegensatz zu starren Budgets der Unsicherheit von Entscheidungssituationen dadurch Rechnung, daß sie entweder bereits bei der Erstellung, der Durchführung oder erst bei der Kontrolle der Budgets gewisse Anpassungsmöglichkeiten vorsehen, um drohenden Fehlsteuerungen begegnen zu können. Um eine antizipative Berücksichtigung der Unsicherheit bemühen sich **Alternativ-** bzw. **Eventualbudgets**. Hierbei werden neben dem „Arbeitsbudget" weitere alternative Budgets im Hinblick auf denkbare Umweltentwicklungen formuliert. Man hält sich die Eventualbudgets quasi in Reserve vor, um sie ggf. bei entsprechenden Umweltveränderungen rasch zur Anwendung bringen zu können. Eine spezielle Variante dieser Vorgehensweise liegt vor, wenn sich die Flexibilität nur auf eine einzige Einflußgröße – etwa die Beschäftigung – bezieht. Hier ist die flexible Plankostenrechnung zu nennen, bei der variable und fixe Kosten getrennt ausgewiesen und für unterschiedliche Beschäftigungsgrade die Sollkostenbudgets vorgeplant werden.

(6) Im Gegensatz zu dieser antizipativen Vorgehensweise sehen sogenannte **Nachtrags- oder Ergänzungsbudgets** und die sog. **nachkalkulierten Budgets** Anpassungen erst im Rahmen der Budgetkontrolle vor. Im ersten Falle werden unvorhergesehene Ausgaben oder fehlkalkulierte Kosten in ein separates Budget eingebracht und dem Ursprungsbudget hinzugefügt. Im zweiten Falle dient das Ursprungsbudget zwar während der Budgetperiode als Richtschnur, wird jedoch am Ende der Periode durch ein nachkalkuliertes Budget ersetzt, das dem aktuellen Informationsstand entspricht und als Maßstab für die Kontrolle herangezogen wird. Auf diesem Wege soll vermieden werden, daß die Ist-Werte mit überholten Soll-Werten verglichen werden. Da in beiden Fällen mögliche Korrekturen erst nach dem Vollzug einsetzen, können diese Anpassungsformen allerdings keine Steuerungswirkung entfalten, sondern nur eine gerechtere Beurteilung bewirken. Deshalb wird häufig vorgeschlagen, die Budgetvorgaben nicht nur am Ende, sondern bereits während des Budgetjahres fortlaufend oder in kurzen Intervallen an veränderte Entwicklungen – etwa beim Beschäftigungsgrad oder der Preisentwicklung – anzupassen. Ein derartiges Vorgehen erhöht allerdings zum einen die zeitliche Belastung und den formalen Aufwand für die Budgetverantwortlichen und kann zum anderen auch Verwirrung stiften, da ständige Revisionen die Eindeutigkeit der Handlungsorientierung beeinträchtigen können.

(7) Stellt man schließlich auf das Kriterium der **Wertdimension** ab, so können Budgets sich beziehen auf Ausgaben/Einnahmen, Aufwendungen/Erträge und Kosten/Leistungen sowie daraus abgeleitete Größen, etwa den Deckungsbeitrag oder den Gewinn. Je nach Art der verwendeten Wertdimension können sich Budgets neben der Allokation auch auf die Akquirierung von Ressourcen beziehen (z.B. Investitionsbudgets).

---

81 Vgl. zu unterschiedlichen Vorschlägen z.B. Welge, M.K., Unternehmungsführung, Bd. 1: Planung, a.a.O., S. 396 ff.; Horváth, P., Controlling, 6. Aufl., München 1996, S. 223 ff.; Dambrowski, J., Budgetierungssysteme in der deutschen Unternehmenspraxis, Darmstadt 1986, S. 35 ff.

6.4.3 Der Budgetierungsprozeß

Der Budgetierungsprozeß bezieht sich darauf, wie Budgets konkret in Organisationen formuliert und implementiert werden. Im folgenden wird mit dem **Zero-Base-Budgeting** (ZBB) zunächst eine moderne Vorgehensweise zur inhaltlichen Gestaltung des Budgetierungsprozesses vorgestellt, die die verfahrensimmanenten Mängel der traditionellen Budgetierung überwinden will.[82] Daran anschließend wird der Budgetierungsprozeß aus formal-organisatorischer Sicht charakterisiert, indem mögliche Verfahren zur Abstimmung der Budgetierungsaktivitäten auf den unterschiedlichen Hierarchieebenen erörtert werden. Als Ergebnis dieser Diskussion wird der Budgetierungsprozeß abschließend als politischer und nicht ausschließlich sach-rationaler Prozeß gekennzeichnet.

In der von Pyhrr bei der Firma Texas Instruments entwickelten Form ist das ZBB[83] ein Analyse- und Planungsinstrument, das versucht, die entscheidenden Schwächen der traditionellen Budgetierung, nämlich den Fortschreibungscharakter und die Inputorientierung, zu überwinden.

Das **Fortschreibungsdenken** führt häufig zu ausufernden Budgets, in die neue Programme aufgenommen werden, ohne daß man alte Programme streicht. Um diese Vorgehensweise aus der Budgetierung zu verbannen, startet der Budgetierungsprozeß jeweils bei Null, d.h. ungeachtet der vormals erstellten Budgets werden alle Gemeinkostenbereiche jeweils neu auf ihre Notwendigkeit, auf Art und Umfang ihrer Leistungen sowie die Wirtschaftlichkeit der Leistungserstellung untersucht. Das Bestehende wird bewußt in Frage gestellt, um routinisierte, aber nicht mehr länger begründbare Ressourcenallokationen zu vermeiden.

Ferner strebt das ZBB eine **Abkehr von der Inputorientierung** an. Dies zeigt sich darin, daß die Ressourcenzuteilung nicht nach Kostenarten und -stellen, sondern auf der Grundlage von Entscheidungspaketen erfolgt, wobei **Entscheidungspakete** Bündel von Aktivitäten mit gleicher Zielsetzung darstellen. Diese einzelnen Bündel werden im ZBB-Prozeß miteinander verglichen und gemäß ihrer Dringlichkeit gruppiert. Danach werden – dieser Reihenfolge entsprechend – soviele „decision packages“ bewilligt, wie die vorhandenen Ressourcen zulassen.

Zielsetzung des ZBB ist es, die Gemeinkosten zu senken und die verfügbaren Ressourcen im Gemeinkostenbereich wirtschaftlicher einzusetzen, d.h. das ZBB verfolgt gleichzeitig ein Kostensenkungs- und ein Reallokationsziel.

Der **Prozeß** des ZBB läßt sich in der von der Beratungsfirma A.T. Kearney propagierten Fassung[84] durch die **Phasen**

82 Vgl. dazu oben S. 358 f.
83 Vgl. Meyer-Piening, A., Zero-Base-Budgeting, in: Die Betriebswirtschaft 42 (1982), S. 630 f.
84 Vgl. ebenda, S. 630.

- Analyse und Grobplanung
- Maßnahmenplanung
- Durchführung und Kontrolle

beschreiben.

Die wichtigsten Verfahrensschritte[85] dieses Mehrstufenprozesses werden im folgenden kurz skizziert:

(1) **Die Bildung von Entscheidungseinheiten:** Entscheidungseinheiten als Bündel inhaltlich zusammenhängender Aktivitäten müssen so gebildet werden, daß sie unabhängig von anderen analysiert werden können. Sie müssen analog zu den strategischen Geschäftseinheiten nicht unbedingt der Aufbauorganisation entsprechen. Jedoch muß jeder Entscheidungseinheit ein Leiter zugeordnet werden, der die unter seiner Verantwortung stehenden Aktivitäten und Arbeitsergebnisse zu analysieren, zu beschreiben und zu bewerten hat.

(2) **Die Festlegung von Leistungsniveaus:** Das Leistungsniveau ist das gesamte qualitative und quantitative Arbeitsergebnis, das die Mitglieder einer Entscheidungseinheit erzielen sollen. Üblicherweise werden für jede Entscheidungseinheit drei Leistungsniveaus vorgegeben. Leistungsniveau 1 umfaßt die Arbeitsergebnisse, die zu einem geordneten Arbeitsvollzug unbedingt erforderlich sind, während Leistungsniveau 2 die durch Arbeitsanweisungen geregelten Ist-Abläufe und Leistungsniveau 3 höhere, langfristig wünschenswerte Leistungen beinhaltet.

(3) **Bestimmung alternativer Verfahren:** Aufgabe dieses Verfahrensschrittes ist es, durch Suche nach Alternativen für jedes Leistungsniveau das wirtschaftlichste Verfahren zu ermitteln (z.B. maschinelle vs. manuelle Erstellung von Leistungen).

(4) **Die Zusammenfassung in Entscheidungspaketen:** Entscheidungspakete fassen – wie bereits oben angedeutet – die wichtigsten Informationen über ein Leistungsniveau einer Entscheidungseinheit zusammen und bilden die Grundlage für die Ressourcenzuteilung.

(5) **Bildung einer Rangordnung der Entscheidungseinheiten durch die übergeordnete Leistungsebene:** Die Rangordnung wird gebildet, indem die Kosten und Nutzen eines Entscheidungspaketes gegenüber anderen abgewogen werden. Dies mündet im Ergebnis in eine Prioritätenfolge sämtlicher Entscheidungspakete im Hinblick auf die Unternehmensziele.

(6) **Ermittlung der genehmigten Pakete durch den „Budgetschnitt“:** Mit dem „Budgetschnitt“ legt die Unternehmensleitung endgültig die Rangordnung fest und bestimmt, welchen Entscheidungseinheiten in welchen Höhen Ressourcen zugeführt werden.

Die entscheidenden **Vorzüge** des ZBB sind darin zu sehen, daß die Budgetverantwortlichen gezwungen werden, sich Klarheit zu verschaffen über die Verflechtung ihrer Ent-

85 Zu unterschiedlichen Varianten der Vorgehensweise vgl. z.B. Weidermann, P.H., a.a.O., S. 258 ff.; Horváth, P., a.a.O., S. 238 ff.

scheidungspakete mit denen anderer Entscheidungseinheiten. Kosten und Nutzen alternativer Aufgabenerfüllungen sind explizit gegeneinander abzuwägen, und im Falle beschränkter Ressourcen sind diese auf Programme mit höherer Priorität auszurichten.

Dem stehen als **Nachteile** neben Problemen auf der Verfahrensebene (z.B. die Eruierung adäquater Skalierungen zur Bewertung einzelner Entscheidungspakete) der hohe formale Aufwand („Papierkrieg") sowie der hohe zeitliche Mehraufwand gegenüber. So werden z.B. für die Phase 1 ca. 14 Wochen, für die Phase 2 ca. 11 Wochen und für die Phase 3 1 1/2 Jahre bis 2 Jahre veranschlagt.[86] Diese Einschätzung deutet darauf hin, daß es aufgrund des zeitlichen Aufwandes und der in die Unternehmensbereiche hineingetragenen Unruhe im Rahmen der kurzfristigen, regelmäßigen Budgetierung kaum handhabbar und wenig sinnvoll erscheint, jedes Mal wieder auf der Basis Null zu starten. ZBB sollte demgemäß eher **sporadisch** eingesetzt werden, um allfällige Reallokationen und Gemeinkostensenkungen herbeizuführen. Andererseits darf nicht übersehen werden, daß die zeitliche Belastung dann erheblich reduziert werden kann, wenn man sich auf vermutete Schwachstellen oder große Mittelverbraucher konzentriert.

Unabhängig von der speziellen Budgetierungsvariante des ZBB gibt es aber einige grundsätzliche Gesichtspunkte, die für jeden Budgetierungsprozeß bedacht sein wollen. Dies gilt zunächst für die **Wahl des Abstimmungsverfahrens**. Es stehen sich im wesentlichen drei Abstimmungsverfahren gegenüber:[87]

(1) Bei der **Top-down-Budgetierung**, die auch als retrograde Budgetierung bezeichnet wird, leiten das Top-Management bzw. die vom Top-Management autorisierten Budgetierungsorgane aus den strategischen Plänen und Budgets die Rahmendaten für die Budgeterstellung der nächsten Periode ab. Aufgabe der nachgeordneten Führungsebenen ist es dann, gemäß den zugeteilten Ressourcen Budgets für ihren Verantwortungsbereich zu erstellen und die nachgeordneten Organisationseinheiten darauf zu verpflichten.

Diese Vorgehensweise lebt von der Idee einer vollständig integrierten Budgetierung aller Ebenen und Ziele. Der komplexe Charakter von Handlungssystemen läßt indessen – wie schon mehrfach gezeigt – eine solche zentralistische Planungsphilosophie zur (gefährlichen) Illusion geraten. Die Zentraleinheit kann nicht über alle erforderlichen detailspezifischen und sensiblen Informationen über die Situation vor Ort verfügen. Die zentralen Stellen bleiben auf Informationen aus den Teilbereichen angewiesen.

(2) Im Gegensatz dazu beginnt beim **Bottom-up-Ansatz** („progressive Budgetierung") die Budgeterstellung auf den untergeordneten Führungsebenen und wird stufenweise in der Organisation nach oben geführt. Dieses Verfahren weist den Vorteil auf, daß die Ermittlung der erforderlichen Ressourcen dort erfolgt, wo das hierfür erforderliche Know-how als Synthese aus Informationsstand, Erfahrung und Verantwortung am ehesten zu vermuten ist. Es besteht jedoch die Gefahr, daß die Teilbudgets auf den verschiedenen Budgetebenen nicht hinreichend aufeinander abgestimmt sind.

---

86 Vgl. Meyer-Piening, A., a.a.O., S. 631.

87 Vgl. Wild, J., Grundlagen der Unternehmensplanung, 4. Aufl., Opladen 1982, S. 191 ff.; Dambrowski, J., Budgetierungssysteme in der deutschen Unternehmenspraxis, Darmstadt 1986, S. 61 f., zu empirischen Befunden S. 196 ff.

(3) Als Konsequenz aus den jeweiligen Problemen erfolgt die Budgetierung häufig nach dem **Gegenstromverfahren**, das eine Synthese der beiden anderen Verfahren darstellt. Dieses Verfahren wird zumeist mit einer probeweisen groben Top-down-Budgetierung eröffnet, d.h. es werden allgemeine Rahmendaten und globale Budgetziele für die nächste Planperiode vom Top-Management vorgegeben. Die Budgets werden dann von den einzelnen Organisationseinheiten unter Beachtung dieser Informationen geplant und in einem Bottom-up-Rücklauf zusammengefaßt – ggf. in mehreren Zyklen.

Die vorausgegangenen Erörterungen haben gezeigt, daß es zur Lösung des komplexen Budgetierungsproblems zweckmäßig ist, sich iterativ an eine akzeptierbare Lösung heranzutasten. Es sei abschließend auf einen Punkt hingewiesen, auf den die Diskussion der Dysfunktionalitäten schon aufmerksam gemacht hat: Die Budgetierung vollzieht sich nicht in einem interessenfreien Raum. Der Prozeß wird von den Systemmitgliedern beobachtet, und sie versuchen, ihn in eine Richtung zu lenken, die ihren Interessen entgegenkommt. Die Budgetierung unterliegt wegen ihrer Ressourcenverteilungsfunktion in besonderem Maße **politischen Prozessen**.

Die Festlegung der relevanten Budgetparameter im Budgetierungsprozeß erfolgt auch als Ergebnis interpersoneller Entscheidungsprozesse, die von individuellen, gruppendynamischen sowie umweltbedingten Faktoren beeinflußt werden – etwa vom Leistungsvermögen, dem Anspruchsniveau, den bisherigen Erfahrungen oder auch dem Verhandlungsgeschick der Organisationsmitglieder.[88] Weiterhin bilden Rollen als gegenseitige Verhaltenserwartungen Beschränkungen für das Verhalten der Organisationseinheiten im Budgetierungsprozeß, und Macht ist die entscheidende Größe dafür, ob es einem Individuum oder einer Organisationseinheit gelingt, die eigenen Vorstellungen zu Entscheidungsprämissen anderer Organisationsmitglieder werden zu lassen.

Das eigentliche Problem, um das es hier geht, ist, daß die Budgetierung, als eine Selbstplanung des Systems, beobachtbar ist und von den Systemmitgliedern auch beobachtet wird.[89] Die Budgetierung berührt – wie gezeigt – viele Interessenlagen und wird daher besonders intensiv beobachtet; die von ihr angefertigte Selbstbeschreibung des Systems (= Budgetplan) erleichtert dies. Die Budgetplaner bzw. die Unternehmensleitungen sind sich natürlich der beschriebenen Nebeneffekte längst bewußt. Sie versuchen i.d.R. als Reaktion darauf, diese Effekte des Budgetierungsprozesses zu antizipieren und die eigene Reaktionsweise darauf von vornherein miteinzuplanen (z.B. durch sehr niedrige Budgetansätze, die dann im Laufe des Verhandlungsprozesses nach oben gezogen werden können). Die Schwierigkeit ist jedoch, daß auch diese Antizipation beobachtet werden kann und es daher ihrerseits den Systemmitgliedern möglich macht, darauf antizipativ zu reagieren (z.B. durch besonders hohe Budgetvorschläge) – zumeist dann so, wie es die Planer **nicht** antizipiert hatten.

---

88 Vgl. dazu ausführlich Bamberger, J., Budgetierungsprozesse in Organisationen, Mannheim 1971, S. 135 ff.

89 Vgl. Luhmann, N., Soziale Systeme, Frankfurt a.M. 1984, S. 636 ff.

6.5 Die operative Kontrolle

6.5.1 Die operative Kontrolle als Feedback-Kontrolle und als adaptive Kontrolle

Im fünften Kapitel haben wir die strategische Kontrolle ausführlich dargestellt.[90] Die dort ausgeführte Konzeption und damit die Einteilung in Überwachung, Prämissenkontrolle und Durchführungskontrolle sind auf die operative Kontrolle grundsätzlich übertragbar, denn für alle genannten Kontrollarten gibt es auch im operativen Planungs- und Kontrollprozeß Ansatzpunkte. Der Unterschied zur strategischen Kontrolle besteht jedoch darin, daß die Gewichte anders verteilt sind. Der Schwerpunkt hinsichtlich der Kontrollarten liegt im operativen Bereich eindeutig auf der Durchführungskontrolle in Form der Ergebniskontrolle und der Planfortschrittskontrolle. Um diesen Unterschied bezüglich der Gewichte hervorzuheben, stellen wir die operative Kontrolle primär als Durchführungskontrolle dar.

Nach der **Zwecksetzung** prüft die operative Kontrolle – wie bereits angedeutet – auf der Basis einer gegebenen Strategie, ob die in der Planung festgelegten Maßnahmen geeignet sind, die angestrebten Unternehmensziele zu erreichen. Während die operative Kontrolle also der Zielerreichung („doing the things right") und damit der Effizienzförderung dient, stellt die strategische Kontrolle auf die Zielvalidierung und damit die Effektivitätsförderung ab („doing the right things"), d.h. hier wird explizit die Richtigkeit der formulierten Strategie hinterfragt.

Auf der **inhaltlichen Ebene** zielt die operative Kontrolle mithin auf die Identifikation von Abweichungen bei der Planrealisierung ab, während die strategische Kontrolle auf die Identifikation von Strategiebedrohungen gerichtet ist. Die materielle Ausdifferenzierung der operativen Kontrolle wird damit entscheidend durch die operative Planung vorgeprägt. Somit ist es nur einsichtig, daß die oben getroffene Unterscheidung von operativer Standard- und Projektplanung im Rahmen der operativen Kontrolle ihr Pendant findet.[91] Die operative Kontrolle kann auf verschiedenen Ebenen anfallen; auf Projekt, auf Funktionsbereichs-, auf Geschäftsbereichs- und/oder auf Unternehmensebene. Die in der Literatur viel behandelte Return-on-Investment-Kontrolle ist typischerweise eine operative Kontrolle auf Unternehmensebene.[92]

Die operative Kontrolle setzt sowohl im Sinne der **Feedback-Kontrolle** am Abschluß des Planungs- und Realisierungszykluses an, als auch als Feedforward-Kontrolle, um der Gefahr verspäteter Rückkopplungsinformationen zu entgehen. Letzteres bedeutet, daß man die Kontrollzeitpunkte in die Realisationsphase vorverlagert und projektiv den Endpunkt der Realisation antizipiert (feed forward). Diese „adaptive Kontrolle" ist als Spe-

---

90 Vgl. oben S. 243 ff.
91 Siehe hierzu S. 264.
92 Siehe hierzu S. 377 ff.

zialfall der operativen Kontrolle zu verstehen und darf nicht mit der strategischen Kontrolle verwechselt werden. Denn trotz der Erhöhung der Kontrollhäufigkeit und der Vorverlagerung der Kontrollzeitpunkte dient die adaptive Kontrolle analog der normalen Feedback-Kontrolle der effizienten Realisierung der geplanten Ziele, während die strategische Durchführungskontrolle der Frage nach der Richtigkeit oder Validität des gewählten strategischen Kurses nachgeht.

Weiterhin erfolgt die Überwachung im Rahmen der operativen Kontrolle typischerweise periodisch, und die Informationsprozesse, d.h. insbesondere die Informationsgewinnungs- und Informationsverarbeitungsprozesse, sind stark formalisiert. Im Extremfall müssen jedoch die operativen Kontrollen – ähnlich wie die strategische Überwachung – permanent und kontinuierlich erfolgen.

6.5.2 Der Kontrollprozeß

Vor dem Hintergrund der eben erörterten Merkmale läßt sich der Prozeß der operativen Kontrolle konkretisieren. Sofern er als **Ergebniskontrolle** konzipiert ist, wird er üblicherweise als kybernetisches Regelkreismodell dargestellt (s. Abb. 6.40) und weist die folgenden Phasen auf:

1. Bestimmung des Soll
2. Ermittlung des Ist
3 Soll/Ist-Vergleich und Abweichungsermittlung
4. Abweichungsanalyse
5. Berichterstattung.

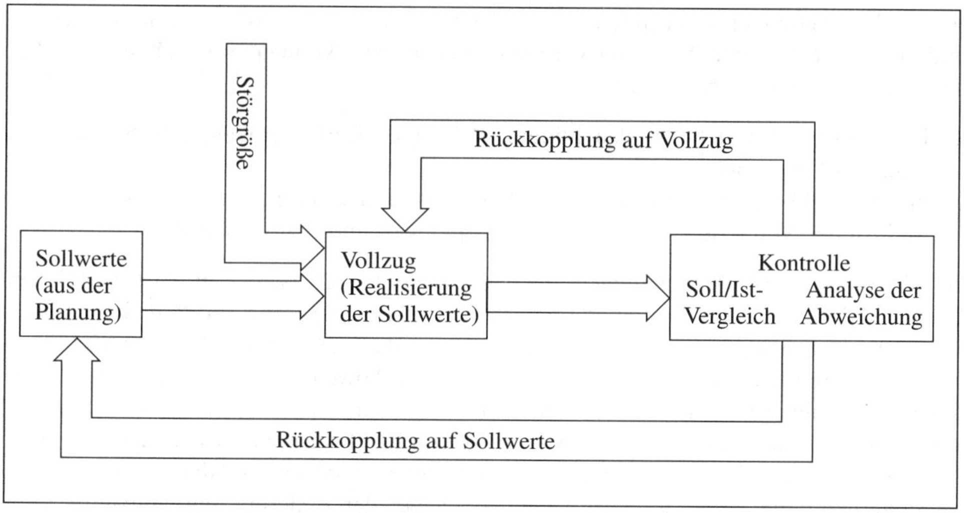

Abb. 6.40: Die Kontrolle im Regelkreis

ad 1: Jeder Vergleich setzt die Existenz von Vergleichsmaßstäben voraus. Durch die Bestimmung der Sollgrößen wird festgelegt, welche Zustände bestimmte Outputgrößen durch das Tun (oder Unterlassen) der Organisationsmitglieder annehmen sollen. Somit bilden die **Sollgrößen** die Maßstäbe, an welchen die erreichten Zustände (Ist), also z.B. die Leistung sowie das Verhalten der Mitarbeiter, gemessen werden müssen. Die Sollwerte können ihre Maßstabsfunktion zum Zeitpunkt der Kontrolle um so einfacher erfüllen, je mehr sie in eindeutig meßbare Größen transformierbar sind. Schwieriger zu handhaben sind dagegen Sollgrößen qualitativer Natur, etwa zur Beurteilung des Erfolgs von Aus- und Weiterbildungsmaßnahmen, da hier subjektive Interpretationsspielräume mitzubedenken sind.

ad 2: Die Ermittlung des **Ist** setzt voraus, daß Soll und Ist auch wirklich vergleichbar sind, d.h. sie müssen in sachlicher und zeitlicher Hinsicht kongruent sein. Zur Sicherung dieser Kongruenz ist eine möglichst eindeutige Definition der Vergleichsgrößen und die genaue Bestimmung des Kontrollzeitraums erforderlich. Die sachliche Kongruenz wäre z.B. nicht gewahrt, wenn bei der Ermittlung des Ist-Umsatzes „Retouren" anders behandelt würden als bei der Umsatz-Planung. Werden dagegen Umsätze, die im Mai realisiert werden, erst im Juni abgerechnet, so ist die zeitliche Kongruenz verletzt worden.

ad 3: Der Soll/Ist-Vergleich dient der Feststellung der Übereinstimmung oder Nichtübereinstimmung (**Abweichung**) von Soll und Ist. Im Interesse künftiger Planungen muß der Kontrolle positiver Abweichungen (Soll übererfüllt) und negativer Abweichungen (Soll nicht erfüllt) die gleiche Aufmerksamkeit gewidmet werden. Es ist durchaus denkbar, daß eine Übererfüllung des Solls in einem Teilbereich im Interesse des Ganzen unerwünscht ist. So mag es etwa sein, daß ein Unternehmen z.B. durch eine wesentliche Überschreitung des Produktionssolls ohne entsprechende Umsätze in Zahlungsschwierigkeiten gerät.

ad 4: Im Rahmen der Abweichungsanalyse soll versucht werden, die **Ursachen** festgestellter Abweichungen zu ermitteln. Unter der Voraussetzung, daß die Ermittlung des Ist und der Abweichungen fehlerfrei vorgenommen wurde, können Abweichungen insbesondere zurückzuführen sein auf:

- Planungsfehler (Nichtberücksichtigung bekannter Einflußgrößen, falsche Gewichtung von Faktoren)
- unvorhersehbare, die Grundlage der Planung verändernde Ereignisse (Störgrößen)
- Mehr- oder Minderleistungen, Fehlentscheidungen und Fehlverhalten.

Da die Analyse der Abweichungen Zeit und Geld kostet, ist es aus wirtschaftlichen Gründen häufig zweckmäßig, einen Informationsfilter einzusetzen, derart, daß nur solche Abweichungen analysiert werden, die ein zuvor festgelegtes „kritisches Abweichungsmaß" überschreiten. Die Bestimmung eines solchen Abweichungsmaßes erfordert allerdings eine gute Situationskenntnis und ein weitgehend antizipierbares Wirkungsfeld. Wie großzügig die Schwelle zu bemessen ist, wird fallweise zu entscheiden sein, und zwar in Abhängigkeit von der Bedeutung der Vergleichsobjekte im Hinblick auf die Gesamtunternehmung, vom Grad der Ungewißheit bei der Fixierung der Sollwerte, vom Anspruchsniveau hinsichtlich der Art der Kontrollinformationen etc.

ad 5: Damit die Kontrolle ihren Zweck erfüllen kann, muß jeder Mitarbeiter diejenigen Kontrollergebnisse kennen, die für seinen Zuständigkeitsbereich von Bedeutung sind. Es ergibt sich also immer dann die Notwendigkeit zur **Berichterstattung**, wenn Kontrollergebnisse, die an einer Stelle anfallen, für Entscheidungen relevant sind, die an anderer Stelle getroffen werden müssen. Somit ist es erforderlich, Kontrollergebnisse sowohl in vertikaler als auch in horizontaler Richtung weiterzuleiten. Auf mögliche Gefahren, die in diesem Zusammenhang auftreten können – etwa das Problem einer allzu rigiden Informationsfilterung – sei hier nur kurz hingewiesen.

Neben der Ergebniskontrolle ist die adaptive Kontrolle (Feedforward) von ebenfalls sehr großer Bedeutung im Rahmen der operativen Kontrolle. Die Feedforward-Kontrolle vergleicht während der Berichtsperiode laufend, ob das vorgegebene Ziel (Kostenlimit, Umsatzgröße etc.) im Lichte der bereits verfügbaren Informationen (noch) erreichbar erscheint. Zweck dieses Kontrollverfahrens ist es, aufgrund der Unsicherheit des Planungs- und Entscheidungsfeldes möglichst frühzeitig Abweichungen aufzudecken, um zu einem Zeitpunkt über Korrektur- oder Abbruchmaßnahmen entscheiden zu können, zu dem noch genügend Handlungsspielräume zur Verfügung stehen, zu dem also über die Ressourcenverwendung noch einmal neu nachgedacht werden kann. Kontrolltechnisch geht man dabei so vor – wie bei der strategischen Kontrolle schon gezeigt –, daß man den Realisationszeitraum in einzelne Abschnitte unterteilt („Meilensteine"), und zwar derart, daß am Ende eines solchen Abschnitts eine Projektion auf das Endergebnis sinnvoll geleistet werden kann – natürlich mit zunehmender Genauigkeit und Zuverlässigkeit (bei allerdings abnehmendem Handlungsspielraum).

Eine begleitende Kontrolle in diesem Sinne ist allerdings an die Voraussetzung geknüpft, daß Pläne tatsächlich sinnvoll in einzelne Abschnitte/Phasen auflösbar sind, so daß das ermittelte Zwischenergebnis eine vertretbare Projektion auf den angestrebten Endzustand zuläßt.[93]

6.5.3 Die Kontrolle auf Geschäftsfeldebene

Die Kontrolle auf **Geschäftsfeldebene** zeichnet sich dadurch aus, daß sie auf den Realgüterprozeß in Verbindung mit der Bewertung der jeweiligen monetären Konsequenzen – also den Wertumlaufprozeß – durchgreift. Im Vordergrund steht somit die Sachzielsteuerung, und die Kontrolle ist zwangsläufig eine Maßnahmenkontrolle. Im Gegensatz dazu werden bei der – weiter unten zu besprechenden – **Kontrolle in der divisionalen Organisation**[94] die Sachziele durch Formalziele ersetzt und damit die Maßnahmen selbst freigestellt. Die Kontrolle ist hier also keine Maßnahmen-, sondern eine Zielerreichungskontrolle. Die **Budgetkontrolle** steht zwischen diesen beiden Typen. Sie operiert zwar analog zu der divisionalen Kontrolle (primär) mit wertmäßigen Größen, also Ko-

93 Vgl. Wild, J., a.a.O., S. 44.
94 Vgl. dazu unten S. 377 f.

sten, Erlösen etc., baut aber – und hier liegt der Unterschied zur divisionalen Kontrolle – explizit auf vorausgegangenen Sachzielsetzungen auf und transformiert bzw. „übersetzt“ diese (Sachziele) quasi in wertmäßige Größen. Die wertmäßigen Größen im Rahmen der divisionalen Kontrolle sind, zumindest dort, wo die Divisionalisierung mit einer radikalen Dezentralisierung einhergeht, nicht auf vorgängige Sachzielsetzungen fixiert, sondern diese Sachziele sollen erst durch die Divisionen so generiert werden, daß die gesetzten Formalziele erfüllt werden. Es gibt aber auch viele Unternehmen, in denen die Divisionsmeßzahlen auf vorgängigen strategischen Plänen für die Divisionen beruhen.

6.5.3.1 Die Kontrolle operativer Standard-Pläne

Im Rahmen der operativen Kontrolle gilt es zu überprüfen, ob die festgelegten Pläne sowie die daraus resultierenden kurzfristigen Handlungsprogramme der einzelnen Funktionsbereiche wie geplant durchgeführt worden sind bzw. ob die ergriffenen Maßnahmen (voraussichtlich) geeignet sind, die geplante Strategie umzusetzen.

Die Kontrolle im Realgüterprozeß

Die Kontrolle im Realgüterprozeß bezieht sich auf den Prozeß der Gütererstellung und -verteilung, der sich klassischerweise von der Beschaffung der notwendigen Faktoren über die Transformationsprozesse der Produktion bis hin zur Abgabe der fertigen Produkte an die Abnehmer erstreckt. Spezielle Kontrollaufgaben setzen – in Analogie zur Planung – an **zwei** unterschiedlichen **Ebenen** an, nämlich einerseits an dem Produktprogramm selbst und andererseits an den (auf das Produktprogramm) ausgerichteten Handlungsprogrammen für die einzelnen Funktionsbereiche.

Die **produktprogrammorientierte Kontrolle** beinhaltet die systematische Überwachung des realisierten Produktprogramms nach Art, Menge und Zeit, um es mit dem geplanten Produktprogramm zu vergleichen, Abweichungen zu ermitteln und die Ursachen zu analysieren. Es ist dies eine Art Meta-Kontrolle; es sind Einflußfaktoren bzw. Restriktionen aus nahezu allen Unternehmensbereichen zu beachten. So muß u.a. überwacht werden, ob sich das Produktprogramm in den Grenzen der in der Planung angesetzten **Absatz**höchst- und -mindestmengen für die einzelnen Produkte bewegt (z.B. Stahlerzeugung und -verarbeitung 50 : 50 mit einer Toleranzzone von 10 %) sowie den Kapazitäten des Produktionsbereichs und der begrenzten Beschaffungsmengen für bestimmte Rohstoffe Rechnung trägt (z.B. ein Sonderauftrag für Produkt A darf nicht eine Monate später geplante Serie von Produkt B gefährden). Weiterhin muß die Kontrolle die **zeitliche** Interdependenz im Hinblick auf den kurzfristigen Ausgleich zwischen Absatz- und Produktionsmöglichkeiten durch den Auf- und Abbau von Lagern der verschiedenen Produkte berücksichtigen. Schließlich muß die Kontrolle an den unterschiedlichen Produkt**leistungs**- bzw. -eigenschaftsmerkmalen, wie etwa den verschiedenen Produktqualitäten oder Produktmissionen, ansetzen und überwachen, ob die geplanten Relationen eingehalten werden.

Die produktprogrammorientierte Kontrolle wird ergänzt durch spezifische **funktionsbereichsbezogene Kontrollen**, die sich auf alle Funktionsbereiche einer Unternehmung, so insbesondere auf die Funktionsbereiche der Beschaffung, der Produktion und des Absatzes, beziehen. Da die Funktionsbereichspläne die Handlungsprogramme zur Realisierung des kurzfristigen Produktprogramms enthalten, werden sich Abweichungen im Produktprogramm nach Art, Menge und Zeit natürlich in den Funktionsbereichen widerspiegeln und eine der wichtigen Ursachen für Abweichungen dort sein. Es ist hier nicht erforderlich, die Kontrolle im Realgüterprozeß für alle möglichen Funktionsbereiche im einzelnen zu erläutern. Im folgenden soll vielmehr exemplarisch die operative Kontrolle im Beschaffungsbereich kurz skizziert werden.

Zur Beschaffung im engeren Sinne zählt die wirtschaftliche Versorgung eines Unternehmens mit Roh-, Hilfs- und Betriebsstoffen sowie fertigbezogenen Teilen. Die Kontrolle im Beschaffungsbereich bezieht sich demgemäß auf die Überwachung der Beschaffungs- bzw. Bestellmengen, des Bestellzeitpunktes, der Güterqualitäten, der Lagerhaltung und des Einsatzes des beschaffungspolitischen Instrumentariums.[95] Im folgenden soll mit der Lagerbestandskontrolle ein wesentlicher Teilaspekt dieses Kontrollspektrums näher untersucht werden. Es sei jedoch darauf hingewiesen, daß in modernen Produktions-Planungs-Systemen diese Kontrolle nicht mehr isoliert geleistet wird, sondern zum Bestandteil eines integrierten computergestützten Systems gehört. Lagerbestandskontrolle ist dort primäre Aufgabe des Disponenten, der die Fertigungsaufträge festgelegt hat und dazu die Lagerbestände kennen muß.[96]

Die **Lagerbestandskontrolle** soll das Auftreten von Fehlmengen verhindern. Abbildung 6.41 vermittelt einen Überblick über grundsätzlich mögliche Vorgehensweisen.

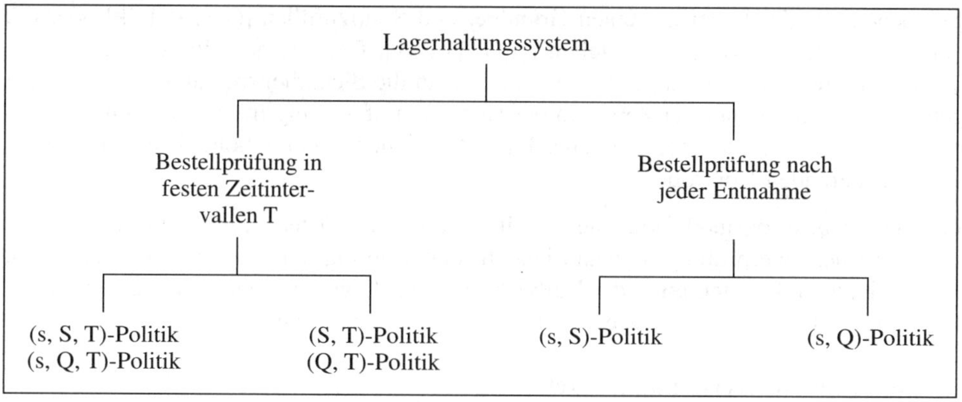

Quelle: Mertens, P., Industrielle Datenverarbeitung, Bd. I, Wiesbaden 1972, S. 119.

Abb. 6.41: Systematik der Lagerhaltungstechniken

95 Vgl. Welge, M.K., Unternehmungsführung, Bd. 1: Planung, a.a.O., S. 434; Reichmann, T., Controlling mit Kennzahlen, München 1985, S. 233.
96 Vgl. Scheer, A.W., CIM – Computer Integrated Manufacturing, 2. Aufl., Berlin u.a. 1987.

Erläuterung:

(1) Bestellprüfung in festen Zeitintervallen T

Es kann einerseits nach T Zeiteinheiten geprüft werden, ob eine bestimmte Bestellgrenze s erreicht oder unterschritten wurde, um dann gegebenenfalls die Lagerbestände auf einen Grundbestand S aufzufüllen [(s,S,T)-Politik] oder die optimale Bestellmenge Q zu bestellen [(s,Q,T)-Politik]; andererseits kann – ohne die Festlegung einer Bestellmenge s – nach T Zeiteinheiten jeweils die optimale Bestellmenge Q bestellt [(Q,T)-Politik] oder der Lagerbestand auf S aufgefüllt werden [(S,T)-Politik].

Bei manuellen Lagerdispositionssystemen haben diese T-Politiken den Vorteil, daß sie relativ geringen Verwaltungsaufwand verursachen, da die Bestände nicht laufend überprüft werden müssen. Als Nachteil ist jedoch zu werten, daß die T-Politiken höhere Lagerhaltungskosten mit sich bringen; denn es ist bei der Dimensionierung der Bestellgrenze s nicht nur der potentielle Lagerabgang während der Lieferfrist abzudecken, sondern es muß auch berücksichtigt werden, daß die Notwendigkeit einer Bestellung eventuell erst einige Zeit nach dem Unterschreiten der Bestellgrenze erkannt wird. Im ungünstigsten Fall kann unmittelbar nach der Überprüfung eine größere Entnahme zum Unterschreiten der Bestellgrenze führen, jedoch wird dies erst nach T Zeiteinheiten bemerkt. Es müssen also erhöhte Sicherheitsbestände eingeplant werden.

(2) Bestellprüfung nach jeder Entnahme

Es wird nach jeder Lagerentnahme geprüft, ob die Bestellgrenze s erreicht ist, um dann gegebenenfalls das Lager auf einen Grundbestand S aufzufüllen [(s,S)-Politik] oder die optimale Bestellmenge Q zu bestellen [(s,Q)-Politik]. Diese Lagerhaltungspolitiken haben den Vorteil relativ geringer Lagerkosten, denn die Sicherheitsbestände können klein gehalten werden, da nur der Zeitraum der Lieferfrist ohne Eingriffsmöglichkeit zu überbrücken ist. Ihr Nachteil bei manueller Lagerdisposition sind die hohen Verwaltungskosten der laufenden Kontrolle.

In Lagerdispositionsmodellen, die in die integrierte Datenverarbeitung eingebettet sind,[97] ist der Überprüfungsaufwand jedoch relativ gering, da es keine grundsätzlichen Schwierigkeiten bereitet, mit jeder Verbuchung eines Lagerabgangs sofort zu berechnen, ob damit die Bestellgrenze s erreicht oder unterschritten wurde.

Die Kontrolle im Wertumlaufprozeß

Der Wertumlaufprozeß muß – wie bereits im Rahmen der operativen Planung ausgeführt – als ein dem Realgüterprozeß entgegengesetzter Fluß von Geldgrößen gedacht werden, in dem sich die Sachzielsetzungen monetär widerspiegeln. Die operative Kontrolle des Wertumlaufprozesses ist dann darauf gerichtet, die monetären Konsequenzen der getroffenen Sachentscheidungen unter ständiger Wahrung der Zahlungsfähigkeit des Unter-

97 Mertens, P., Integrierte Informationsverarbeitung 1: Administrations- und Dispositionssysteme in der Industrie, 10. Aufl., Wiesbaden 1995, S. 77 ff.

nehmens als selbständige, von der Sachplanung nicht direkt abhängige Zielsetzung in Form von Einnahmen/Ausgaben, Aufwendungen/Erträgen und Kosten/Leistungen zu überwachen. Diese geldmäßigen Auswirkungen der Aktivitätsplanung werden – wie bereits oben deutlich wurde – häufig, jedenfalls zu Teilen, in der Budgetierung fixiert, so daß die operative Kontrolle des Wertumlaufprozesses in vielen Unternehmen als Budgetkontrolle anzusehen ist.[98] In Analogie zur Planung lassen sich auch bei der operativen Kontrolle des Wertumlaufprozesses wieder drei Teilbereiche unterscheiden, nämlich die Finanzkontrolle, die bilanzielle (Plan-)Ergebniskontrolle sowie die kalkulatorische (Plan-)Ergebniskontrolle, auch Betriebsergebniskontrolle genannt.

(1) Die **Finanzkontrolle** hat den systematischen, regelmäßigen und institutionalisierten Vergleich von geplanten und realisierten Zahlungsmittelbeständen und -bewegungen zum Gegenstand. Ihr obliegt mithin die Überprüfung und Erhaltung der Liquidität. Wird Liquidität im Sinne der jederzeitigen Zahlungsfähigkeit verstanden, so ist eine Unternehmung dann liquide, wenn für jede Teilperiode des Planungszeitraums die folgende Bedingung erfüllt ist:

$$\text{Kassenbestand} + \text{Einnahmen} - \text{Ausgaben} \geq 0.$$

Ausgehend von einem gegebenen Zahlungsmittelbestand geht es somit um die Kontrolle des Gleichgewichtes der Zahlungsströme, d.h. um die Feststellung von Ein- und Ausgabenabweichungen, die gegenüber dem Liquiditätsplan auftreten. Determinanten für Einnahmenabweichungen wären etwa unvorhergesehene Änderungen des Umsatzerlöses oder der Zahlungsgewohnheiten der Kunden; als Determinanten für Ausgabenabweichungen kommen z.B. unvorhergesehene Änderungen sowohl der Mengen und Preise von Produktionsfaktoren wie auch der Zahlungsbedingungen der Lieferanten in Frage.

(2) Die **Kontrolle des bilanziellen (Plan-)Ergebnisses** unterscheidet sich von der Finanzkontrolle dadurch, daß sie Einnahmen und Ausgaben periodengerecht erfolgswirksam erfaßt, also mit Aufwendungen und Erträgen operiert. Von der Betriebsergebniskontrolle – die sich ihrerseits auf Kosten und Leistungen bezieht – unterscheidet sie sich vor allem durch die Einbeziehung neutraler Aufwendungen und Erträge und die Nichtberücksichtigung von Zusatzkosten – wie etwa kalkulatorischen (Mehr-)Abschreibungen, Wagnissen und Unternehmerlöhnen.

Zur **Kontrolle des bilanziellen Planergebnisses** werden die geplanten Aufwendungen und Erträge den tatsächlichen Werten einer Periode gegenübergestellt und die Soll-Ist-Abweichungen ermittelt. Häufig wird man sich dabei insbesondere auf die Gewinnanalyse konzentrieren, wozu eine Vielzahl von Kennzahlen herangezogen werden kann. Beispielsweise können einzelne Aufwandspositionen – etwa die Personalaufwendungen oder die Materialaufwendungen – zum Umsatz ins Verhältnis gesetzt werden, um so Veränderungen der Aufwandsstruktur über die Zeit hinweg aufzudecken. Die mit Hilfe von solchen Kennzahlen ermittelten Abweichungen zwischen bilanziellen Plan- und Ist-

98 Vgl. dazu oben S. 356 ff.

Ergebnissen können nach eingehender Analyse Auslöser für Konsequenzen in allen Unternehmensbereichen sein.

(3) Die **kalkulatorische Ergebniskontrolle** soll erklären, ob das angestrebte kalkulatorische Ergebnis der jeweils betrachteten Periode angesichts der realiter angefallenen Kosten und Leistungen erreicht, über- oder unterschritten worden ist. So sind sowohl bei positiven wie negativen Abweichungen vom Planbetriebsergebnis funktionsbereichs- und produktbezogene Abweichungsanalysen vorzunehmen. Einen wichtigen Ansatzpunkt dafür bieten die jeweiligen Funktionsbudgets.[99] Hier werden den entsprechenden Vorkalkulationen nach der Leistungserstellung entsprechende Nachkalkulationen gegenübergestellt, um so den Erfolg einzelner Produkte bzw. die Plankalkulationen zu überprüfen. Die inhaltliche Ausgestaltung der gesamtunternehmensbezogenen Betriebsergebniskontrolle hängt letztlich davon ab, welches Verfahren der Kostenträgerzeitrechnung als periodische Kosten- und Leistungsrechnung in der Unternehmung angewendet wird. Denkbar ist hier eine Ausgestaltung als Kosten- und Leistungsrechnung auf der Basis von Vollkosten, auf der Basis von Teilkosten oder als kombinierte Voll- und Teilkostenrechnung (sogenannte stufenweise Plan-Deckungsbeitragsrechnung). Verfahrenstechnisch kann das Betriebsergebnis nach dem Gesamtkostenverfahren oder dem Umsatzkostenverfahren ermittelt werden.[100]

6.5.3.2 Die operative Projektkontrolle als Sonderfall

Legt man den oben entwickelten Projektbegriff[101] zugrunde, so kann sich die operative Projektkontrolle sowohl auf strategische als auch auf operative Projekte beziehen. Wegen des typischerweise langen Implementationszeitraumes von strategischen, aber vielfach auch von operativen Projekten, darf sich die operative Projektkontrolle in der Regel nicht in einer ausschließlichen (End-)Ergebniskontrolle erschöpfen, da bei solch langen Zeiträumen die Gefahr eines unerwünschten Auseinanderfallens von geplanten und realisierten Ergebnissen ungleich höher ist. Um also rechtzeitige Anpassungsmaßnahmen für eine möglichst friktionslose Umsetzung des Geplanten einleiten zu können, kommt sogenannten Planfortschrittskontrollen im Sinne der adaptiven Kontrolle[102] eine besondere Bedeutung zu. Mit einer solchen Erhöhung der Kontrollhäufigkeit und Vorverlagerung der Kontrollzeitpunkte in die Realisationsphase allein ist es jedoch nicht getan. Entscheidend für den erfolgreichen Einsatz der Planfortschrittskontrolle ist die Erarbeitung von geeigneten Zwischenzielen, sogenannten „milestones", an denen die Kontrollaktivitäten ansetzen sollen. Grundsätzlich kommen dafür die Termine, die Kosten und die Leistungen des Projektes in Frage.[103]

Ein wichtiges Instrument der Projektkontrolle ist – analog zur Projektplanung – die Netzplantechnik, die sich besonders für die **Terminkontrolle** eignet. Durch die Netz-

---

99 Vgl. hierzu S. 360 ff.

100 Vgl. hierzu ausführlich: Hahn, D., PuK-Controllingsysteme, 5. Aufl., Wiesbaden 1996, S. 484 ff.

101 Vgl. S. 264.

102 Zum Begriff vgl. S. 368 ff.

103 Vgl. dazu z.B. auch Brockhoff, K., Forschung und Entwicklung, Oldenburg 1988, S. 190 ff.; Welge, M.K., Unternehmungsführung, Bd. 3: Controlling, Stuttgart 1988, S. 317 ff.

plantechnik können Interdependenzen zwischen den Einzelaktivitäten eines Projektes besser geplant und damit auch kontrolliert werden. Treten bei einzelnen Teilaktivitäten Verzögerungen auf, so können mit Hilfe des Netzplanes und unter den zu seiner Erstellung getroffenen Annahmen die Wirkungen der Verzögerungen auf das Projekt sofort abgelesen werden.[104] Bei der **Kostenkontrolle** werden im wesentlichen die Soll/Ist-Kostenentstehungsfunktionen der einzelnen Teilaufgaben des Projektes einander gegenübergestellt, damit rechtzeitig signalisiert werden kann, ob die bisher aufgelaufenen Ist-Kosten die veranschlagten Soll-Kosten überschreiten, so daß entsprechende Maßnahmen ergriffen werden können. Schließlich kann die Kontrolle drittens als **Leistungskontrolle** an den spezifischen Projektleistungen – also etwa Größen wie der Qualität oder der Zuverlässigkeit – ansetzen.

Insgesamt gilt es zu beachten, daß eine **isolierte** Kontrolle jedes der drei Parameter zu Fehlinterpretationen führen kann. Trotz oder gerade wegen der Einhaltung der gesetzten Termine können die Kosten „explodieren“ und auch bei zeit- und kostengerechter Abwicklung kann es vorkommen, daß die gesteckten Leistungsziele des Projektes nicht erfüllt werden können. Gefordert sind damit (adaptive) Überwachungssysteme für Projekte, die es erlauben, alle drei fundamentalen Parameter zu **integrieren**. Während sich integrierte Termin-Kosten-Kontrollen als relativ unproblematisch erwiesen haben, stößt die Einbeziehung bzw. allgemein die Handhabung der Leistungskontrolle als adaptive Kontrolle auf große Schwierigkeiten, da hier erhebliche Meßprobleme auftreten, so daß die tatsächliche Leistungsfähigkeit eines Projektgegenstandes vielfach erst nach Projektabschluß festgestellt werden kann.

6.5.4 Die Kontrolle auf Unternehmensebene

Die operative Kontrolle auf Unternehmensebene sei hier am Fall der divisionalen Organisation diskutiert.[105] Sie ist in unserem Kontext insofern als Spezialfall anzusehen, als bei dieser Organisationsform meist eine weitgehende Freistellung vieler Entscheidungen in den teilautonomen Einheiten durch den Übergang von der Sachziel- auf die Formalzielebene erfolgt. Die Kontrolle setzt demgemäß typischerweise nur auf der Formalzielebene an. Ein Beispiel für den Versuch, ein solches System von zu kontrollierenden Größen zur Steuerung und Koordination von Divisionen zu schaffen, stellt das von Du Pont de Nemours etwa um 1920 entwickelte, zwischenzeitlich modifizierte und in diversifizierten, dezentral operierenden Großunternehmen vielfach verwendete ROI-Kontrollsystem dar. Das ROI (Return on Investment)-Konzept weist die folgenden Merkmale auf:[106]

---

104 Natürlich treten aufgrund der Komplexität sozialer Systeme häufig Wirkungen von Verzögerungen auf, die im Netzplan gar nicht antizipiert waren.

105 Ein Hilfsmittel zur Verknüpfung strategischer und operativer Kontrolle auf Unternehmensebene ist die sog. „Balanced Scorecard“. Vgl. dazu oben S. 238 f.

106 Vgl. hierzu und zum folgenden Lüder, K., Kritische Anmerkungen zur Steuerung divisional organisierter Unternehmen mit Hilfe des Return on Investment-Konzeptes, in: Steinmann, H. (Hrsg.), Planung und Kontrolle, München 1981, S. 400 ff.

- Den Beurteilungsmaßstab für den Erfolg einer Division bildet die Rentabilität:

$$R = \frac{G}{V} \cdot 100 = \frac{G}{U} \cdot \frac{U}{V} \cdot 100$$

G = Gewinn
V = eingesetztes Vermögen
U = Umsatzerlöse.

- Für jede Division werden die Rentabilität und einige zu ihr gehörende wichtige Bestimmungsgrößen für ein Jahr im voraus geplant.
- In festgelegten zeitlichen Intervallen werden Soll-Ist-Vergleiche durchgeführt und eventuelle Abweichungsanalysen erstellt.
- Das Division-Management soll das gesteckte Nominal-, genauer Rentabilitätsziel, erreichen (oder übertreffen). Wie dies sachlich – d.h. durch welche konkreten Leistungsziele – erreicht wird, ist freigestellt.
- Der Entscheidungsspielraum des Division-Managements wird dann eingeschränkt, wenn die Soll-Ist-Abweichungen der Rentabilität eine vorab festgelegte Bandbreite überschreiten.

Mit der Verwendung des ROI-Konzeptes werden im wesentlichen zwei Hauptzwecke verfolgt. Zum einen soll die erzielte Rentabilität die Grundlage bilden für Investitions- und Desinvestitionsentscheidungen, und der Vergleich zwischen Soll- und Ist-Rentabilität soll der obersten Unternehmensleitung eine Leistungsbeurteilung des Division-Managements ermöglichen (Informationszweck). Zum anderen soll die Vorgabe einer aus dem Zielsystem der Unternehmung abgeleiteten Soll-Rentabilität das Division-Management in der Weise motivieren, daß es optimale Entscheidungen trifft (Motivationszweck).

Das ROI-Konzept kann die genannten Zwecke jedoch nur unzureichend erfüllen.[107] Im Hinblick auf den **Informationszweck** ist zunächst problematisch, daß die Kennziffer ROI vergangenheitsorientiert ist. Für die Bestimmung zukünftiger Investitionsaktivitäten und die Einschätzung des zukünftigen Leistungspotentials der Division-Manager liefern jedoch historische Werte keine hinreichende Informationsgrundlage. Weitere zentrale Probleme liegen vor allem in der mangelnden Eindeutigkeit und damit Manipulierbarkeit der zugrundeliegenden Größen. So handelt es sich weder beim Gewinn noch beim Kapital um eindeutig bestimmte Größen. Die Probleme der bilanziellen Gewinnermittlung (Abschreibungen, Rückstellungsbildung, Lagerbestandsveränderungen, inflationäre Preisänderungen etc.) sind also gleichzeitig auch Probleme der Maßzahl „Return-on-Investment", für deren Nenner (eingesetztes Vermögen oder Kapital) weiterhin verschiedene Definitionen in Frage kommen. Nicht einmal der Umsatz ist eindeutig definiert. Die Beurteilung der Leistung des Division-Managements mit Hilfe der Kapitalrentabilität setzt schließlich voraus, daß keine fremdbestimmten Entscheidungen (Bestimmung von Umlageschlüsseln für nicht direkt zurechenbare Aufwendungen durch die Unterneh-

107 Vgl. hierzu ergänzend Dearden, J., Measuring profit center managers, in: Harvard Business Review 65 (1987), Nr. 5, S. 84 ff.

mensleitung, Wirkungen aus Entscheidungen der Vorperiode etc.) auf die Kapitalrentabilität einwirken.

Im Hinblick auf den **Motivationszweck** taucht das Problem auf, daß das Division-Management durch Vorgabe einer Soll-Rentabilität motiviert wird, **suboptimale, nicht aber gesamtoptimale** Entscheidungen zu treffen. Hier wären beispielsweise folgende (Fehl-)Entscheidungen denkbar:

(1) Ein Investitionsvorschlag, für den ein interner Zinssatz von 20 % nach Steuern errechnet wurde und der damit erheblich über den Mindestanforderungen der Unternehmenszentrale liegt, wird von der Division nicht zur Genehmigung an die Zentrale weitergeleitet. Grund: Die Realisierung des Projektes würde in den ersten beiden Jahren zu einer Senkung der Rentabilität der Division führen.

(2) Ein Division-Manager will möglichst umgehend die Rentabilität der Division verbessern, um seine Position zu sichern. Deshalb ergreift er eine Reihe von Maßnahmen, die sich allerdings langfristig gegen das Unternehmensinteresse richten. Er verschiebt vorbeugende Instandhaltungsmaßnahmen; er beschränkt das Personal-Ausbildungsprogramm; er reduziert die Forschungsaufwendungen dadurch, daß er alle Projekte streicht, die sich nicht innerhalb von zwei Jahren amortisieren.

(3) Ein Division-Manager verschrottet mehrere Anlagen, die im Augenblick nicht benötigt werden, um den Wert des Vermögens zu vermindern und damit eine Rentabilitätssteigerung zu erreichen. Falls diese Maschinen später wieder gebraucht werden, muß man sie neu kaufen.

Diese Beispiele verdeutlichen als weitere **zentrale Gefahren** des ROI-Konzeptes zum einen die Tendenz zur kurzfristigen Gewinnmaximierung und zum anderen die Neigung, daß aufgrund der ausschließlichen Konzentration auf monetäre Erfolgsgrößen darin nicht abbildbare technische und soziale Leistungsaspekte der divisionalen Führung systematisch vernachlässigt werden. Forschung und Entwicklung, fortschrittliche Personalpolitik, gutes Arbeitsklima, gute Kundenbeziehungen und Public Relations etc., alles dies sind Aspekte, die von einer kurzfristigen Gewinnperspektive tendenziell vernachlässigt werden, aber mittelfristig für die Gewinnsituation von sehr großer Bedeutung sind. Die Stärke des ROI-Konzeptes ist also zugleich seine zentrale Schwäche: Es ist lediglich auf das Formalziel Rentabilität der Unternehmung ausgerichtet und kann damit der Zielpluralität auf der Sachzielebene nicht (oder nur ungenügend) Rechnung tragen.

Daß das ROI-Konzept trotz der genannten Nachteile eine weite Verbreitung gefunden hat, mag darauf zurückzuführen sein, daß der ROI in einer einzigen, **zusammenfassenden Größe**, nämlich der Rentabilität, alle Ereignisse wiedergibt, die das Formalziel einer Division beeinflussen. Ferner mag dazu beigetragen haben, daß die ROI-Rechnung ohne weiteres auf die Zahlen des traditionellen Rechnungswesens zurückgreifen kann und der ROI aufgrund seiner Allgemeingültigkeit und einfachen Berechnung zum Vergleich sowohl von einzelnen Divisionen als auch von Divisionen und alternativen Investitionen eingesetzt werden kann.

Die offenkundigen Mängel des ROI-Konzeptes machen es jedoch erforderlich, daß die ausschließlich formalzielorientierte Steuerung **ergänzt** werden muß durch eine Einbeziehung sachzielorientierter Kontrollgrößen, um so dem Auseinanderdriften von Einzelinteresse der Division und Gesamtinteresse der Unternehmung entgegenzuwirken. Denkbar ist hier, daß die Überwachung außer am Rentabilitätsziel noch an weiteren sogenannten „Key Result Areas" ansetzt, so etwa an Marktposition, Produktivität, Personalentwicklung, Mitarbeiterverhalten, Verantwortlichkeit gegenüber der Öffentlichkeit, Gleichgewicht zwischen kurz- und langfristigen Zielen etc.

Einen konkreten Ansatzpunkt in diese Richtung liefert Lüder.[108] Er schlägt vor, das ROI-Konzept durch ein dreiteiliges Verfahren zu ersetzen, das die Wirkung kurzfristiger und langfristiger Entscheidungen gesondert erfaßt. Die Einnahmen-Ausgaben-Planung enthält das Budget der laufenden Operationen und das Projektbudget. Die Entscheidungen des Division-Managements werden mit Hilfe eines Soll-Ist-Vergleichs und einer Abweichungsanalyse überprüft und beurteilt. Die Projektplanung und -kontrolle soll die Qualität der langfristigen Entscheidungen gewährleisten. Die Rentabilitätsanalyse soll als dritte Komponente in Lüders Konzept die Unternehmensleitung über die Verzinsung des in der Division eingesetzten Kapitals informieren.

Allerdings gilt es zu beachten, daß die Erweiterung der divisionalen Kontrolle die Dezentralisierungsphilosophie dieser Organisationsform in Frage stellt. Ein ausgefeiltes Kontrollsystem erfordert zwangsläufig mehr zentrale Planung und damit weniger Entscheidungsspielraum auf Divisionsebene.

6.6 Informationelle Unterstützung der Unternehmensführung: Computergestützte Informationssysteme

Die Unternehmensführung wird heute in vielfältiger Weise durch moderne **Informations- und Kommunikationstechniken** beeinflußt. Elektronische Datenverarbeitung und Online-Kommunikation ermöglichen nicht nur die effizientere Abwicklung von Routineprozessen (Auftragssteuerung, Bürokommunikation, Fernwartung), sondern eröffnen auch gänzlich neue Wettbewerbschancen. Ein Beispiel sind Produktions- und Vertriebsstrategien, die sich auf besondere EDV-Kompetenz stützen (Just in time-Fertigung). Der technologische Fortschritt ermöglicht in vielen Fällen sogar eine unternehmensübergreifende Neustrukturierung von Wertschöpfungsketten durch das Outsourcing peripherer Leistungen und die Bündelung von Kernkompetenzen in „Virtuellen Unternehmen".[109] Diese Hinweise verdeutlichen, daß die Informationstechnik im Grundsatz für **alle** Managementfunktionen von Bedeutung ist. Eine umfassende Erörterung dieses

108 Vgl. Lüder, K., a.a.O., S. 404 ff.

109 Unter virtuellen Unternehmen versteht man dynamische Netzwerke von relativ kleinen Organisationseinheiten bzw. Betrieben, die häufig räumlich und zeitlich getrennt sind und ihre Kernkompetenzen mit Hilfe neuer Informationstechniken (Telekooperation) für eine begrenzte Zeit zusammenbringen, um eine gemeinsame Leistung zu erstellen. Vgl. Davidow, W.H./Malone, M.S., The virtual corporation, New York 1992; ferner auch: Picot, A./Reichwald, R./Wigand, R.T., Die grenzenlose Unternehmung, Wiesbaden 1996, S. 391 ff.

Themas findet sich in der Fachliteratur zur Wirtschaftsinformatik.[110] Deshalb beschränken wir uns an dieser Stelle auf eine exemplarische Skizze, in der die informationstechnische Unterstützung der **strategischen Planung und Kontrolle** diskutiert wird.

Planung und Kontrolle sind im Kern Informationsgewinnungs- und -verarbeitungsprozesse. Die Führung eines Unternehmens wird deshalb um so erfolgreicher sein, je besser diese Managementfunktionen mit den geeigneten Informationen versorgt werden. Die Idee, dabei auf computergestützte Informationssysteme zurückzugreifen, kam bereits Anfang der 60er Jahre auf. Den Hintergrund hierfür lieferte die schnelle Entwicklung der Informationstechnik, vor allem die Möglichkeit, große Datenmengen zu speichern und in bisher nie dagewesener Geschwindigkeit zu verarbeiten. In Form eines **Management-Informationssystems (MIS)** sollte ein Instrument geschaffen werden, das sämtliche Informationen für alle nur denkbaren Managemententscheidungen buchstäblich auf Knopfdruck zur Verfügung stellt.[111] Die Kernaufgabe der Datenverarbeitung wurde darin gesehen, programmierte Entscheidungen auf der Grundlage spezifizierbarer, quantitativer Daten mit Hilfe von Entscheidungsvariablen und anhand klar definierter Entscheidungsregeln zu treffen. Voraussetzung für die universelle Anwendbarkeit eines MIS war damit die Überführung sämtlicher relevanter Entscheidungsparameter in quantitative Daten, die dann logisch verknüpft werden konnten.

Den unangemessenen hohen Erwartungen an ein MIS folgte eine rasche Ernüchterung über seine Leistungsfähigkeit. Der Vertrauensverlust der potentiellen Anwender führte dazu, daß teilweise auch noch in jüngerer Zeit eine tiefe Skepsis gegenüber dem Nutzen computergestützter Informationssysteme herrscht. Empirische Untersuchungen weisen immer wieder darauf hin, daß die Akzeptanz von technischen Informationssystemen insbesondere auf Top-Management-Ebene relativ gering ist. Die Gründe, die zum Scheitern der MIS führten, sind heute aber offensichtlich. An erster Stelle steht die Einsicht in die Tatsache, daß ein wesentlicher Teil der entscheidungsrelevanten Daten **nicht quantitativ** erfaßt werden kann. Ferner war der Stand der Technologie in der Phase der Entwicklung der MIS aus heutiger Sicht noch nicht so weit ausgereift, um quantifizierbare Probleme befriedigend zu lösen. Der fehlende Direktzugriff auf die gespeicherten Daten und die komplexen Programmier- und Abfragesprachen machten sich besonders störend bemerkbar.[112] Auf praktischer Ebene führte MIS zu der Produktion einer von dem einzelnen Entscheidungsträger kaum mehr bewältigbaren Datenflut. Es bestand schließlich ein Mangel an tatsächlich relevanten Informationen bei gleichzeitigem Überfluß an angebotenen Informationen.

---

110 Vgl. Mertens, P., Integrierte Informationsbearbeitung 1: Administrations- und Dispositionssysteme, 10. Auflage, Wiesbaden 1995, sowie Mertens, P./Griese, J., Integrierte Informationsverarbeitung 2: Planungs- und Kontrollsysteme in der Industrie, 7. Auflage, Wiesbaden 1993.

111 In diesem Sinne beschreibt Ansoff die Zielsetzung einer Reihe von Computerexperten Mitte der sechziger Jahre, vgl. Ansoff, H.I., The Firm of the Future, in: Harvard Business Review 43 (1965), Nr. 5, S. 162-178, hier S. 174.

112 Zum Scheitern der MIS vgl. Dearden, J., MIS is a Mirage, in: Harvard Business Review 50 (1972), Nr. 1, S. 90-99, und Lucas, H.C., Why Information Systems Fail, New York u.a. 1975.

Die Informationstechnologie hat mittlerweile aber einen Stand erreicht, der einige Probleme damaliger MIS lösen kann. Hierzu zählen vor allem umfangreiche und preisgünstige Speicherungsmöglichkeiten, der Direktzugriff auf interne und externe Datenbanken durch den PC, die Verarbeitung qualitativer Informationen durch Expertensysteme und Fuzzy Logic-Programme, die immense Vereinfachung der Abfragesprachen sowie eine benutzerfreundliche Aufbereitung von Rechercheergebnissen. Entscheidend für die Entwicklung heute zur Verfügung stehender und allgemein akzeptierter elektronischer Informationssysteme war allerdings die Einsicht, daß durch (moderne) Technologien nur die Lösung **eines bestimmten Teils von Planungs- und Kontrollaufgaben** unterstützt werden kann.

Managementunterstützungssysteme (MUS)

Vor diesem Hintergrund hat der Begriff der MIS eine gewisse Renaissance erlebt. An Informationssysteme werden heute keine zu hohen allumfassenden Forderungen mehr gestellt; vielmehr steht die Sammlung, Aufbereitung und das Generieren von Vorschlägen im Vordergrund. Auch wenn in der einschlägigen Literatur eine schier undurchdringbare Begriffsvielfalt festzustellen ist, so lassen sich doch die meisten für die Informationsversorgung der Führungskräfte verwendeten DV-technischen Informationssysteme unter dem Begriff **Management-Unterstützungssysteme (MUS)** bzw. Management Support Systems (MSS) zusammenfassen. Diese Informationssysteme übernehmen in Form eines Mensch-Maschine-Systems Teilaktivitäten der informationellen Unterstützung des Managements, die sich insgesamt aus personellen, organisatorischen und technischen Elementen zusammensetzt. Damit wird der Tatsache Rechnung getragen, daß unstrukturierte Aufgaben nur vom Menschen gelöst werden können und an Maschinen nur wohlstrukturierte formalisierbare Funktionen übertragbar sind.

Die Leistungsfähigkeit von computergestützten Informationssystemen ist ferner auch immer im Zusammenhang mit den Anwendern des Systems zu beurteilen, d.h. sie ist auch nach der Qualität zu bemessen, mit der die subjektiven Informationsbedürfnisse des Benutzers befriedigt werden. Bei der Gestaltung von Informationssystemen geht es also in erster Linie um eine möglichst optimale Unterstützung der potentiellen Nutzer. In diesem Sinne soll nicht nur die Effizienz von Managemententscheidungen verbessert werden, sondern auch ihre Effektivität.

Die instrumentelle Aufbereitung der Daten eines computergestützten Informationssystems erfolgt in der Regel auf drei Ebenen:[113] In einer **Datenbank** werden interne und externe Daten nach verschiedenen Kriterien gesammelt. Unabhängig von der späteren Verwendung der Daten wird der Aufbau einer redundanzfreien Datensammlung – eines sog. „Data Warehouse" – angestrebt, die periodisch aktualisiert und dezentral abgefragt werden kann. In Form einer **Methodenbank** werden die Voraussetzungen für die Handhabung, Umformung und Aufbereitung der Daten geschaffen. Es werden u.a. statistische Methoden für Strukturanalysen und Strukturvergleiche, Prognosealgorithmen sowie Zeitreihen- und Abhängigkeitsanalysen zur Verfügung gestellt. Mit Hilfe einer **Modell-**

113 Vgl. hierzu ausführlich Mertens, P./Griese, J., a.a.O., S. 10-40.

bank lassen sich logische Verbindungen zwischen Daten- und Methodenbank herstellen. Je nach den Bedürfnissen des Informationssystembenutzers können Modelle erstellt werden, die einen für eine bestimmte Fragestellung geeigneten Zugriff der Methodenbank auf die gesammelten Daten vorschlagen. So können z.B. für Fragen aus der Forschungsplanung bestimmte Methoden aus der Netzplantechnik zur Berechnung der kritischen Pfade nutzbar gemacht werden.

Entscheidungsunterstützungssysteme (EUS)

Die drei genannten informationstechnologischen Komponenten finden klassischerweise in sog. **Entscheidungsunterstützungssystemen** (EUS) – oder Decisions Support Systems (DSS) – Anwendung.[114] Diese Anfang der 70er bis Mitte der 80er Jahre verstärkt diskutierten Informationssysteme sollen in erster Linie zur Lösung semistrukturierter Entscheidungsprobleme beitragen. Das Fehlen von quantitativen Angaben bzw. Algorithmen für die Problemlösung soll durch den Zugriff auf unternehmensinterne und -externe Datenbanken ausgeglichen werden. Die Verwendung mehrerer Datenquellen ermöglicht es dabei, die Richtigkeit von Daten durch Vergleiche besser zu validieren und entwickelte Lösungsalternativen zu bewerten. Ursprünglich für die oberste Führungsebene konzipiert, stellten sich EUS jedoch im Laufe der Weiterentwicklung als geeigneter für typische Probleme des unteren und mittleren Managements heraus. Hier stehen spezifische, sich wiederholende Planungsprobleme, wie z.B. die Budgetierung oder die Generierung von Kennzahlen, im Vordergrund. In bestimmten Bereichen können aber auch Entscheidungen der oberen Führungsebene unterstützt werden. Das bekannteste Anwendungsbeispiel ist wohl die (heute jedoch sehr umstrittene) Portfolioanalyse, die verschiedene strategische Alternativen nach der Bewertung anhand entscheidungsrelevanter Kriterien veranschaulicht. Im Anschluß daran kann ein EUS die Entwicklung unternehmerischer Zielgrößen in Abhängigkeit von der Realisierung verschiedener strategischer Alternativen darstellen.

Typischerweise unterstützen EUS die Beantwortung sog. „How-to-achieve“ und „What-if“-Fragestellungen. Eine interessante Anwendung erfahren EUS bei Gruppenentscheidungen, bei Problemen also, an deren Lösung mehrere Personen beteiligt sein sollten. EUS können eine gemeinsame Zugriffsbasis für mehrere, örtlich getrennte Nutzer bieten, die an der Lösung desselben Problems beteiligt sind, indem die erarbeiteten Teillösungen allen anderen Personen zugänglich gemacht werden. Ein EUS kann auch eine simultane, interdisziplinäre Problemlösung, die nur durch eine gleichzeitige intensive Diskussion aller Beteiligten erfolgen kann, mittels geeigneter Hard- und Software, sog. „groupware“, unterstützen. Derart spezifizierte Informationssysteme werden auch Group Decision Support Systems genannt.

---

114 Der Begriff DSS geht auf Arbeiten der Sloan School of Management des Massachusetts Institute of Technology (MIT) zurück, vgl. stellvertretend Keen, P.G./Scott-Morton, M.S., Decision Support Systems: An Organizational Perspective, Reading/Mass. u.a. 1978.

Führungsinformationssysteme (FIS)

Seit Mitte der 80er Jahre wird unter der Bezeichnung **Führungsinformationssysteme (FIS)** bzw. Chefinformationssysteme oder Executive Information Systems (EIS) Software angeboten, die speziell die obere Führungsebene mit Informationen versorgen soll.[115] Anders als bei den EUS, die eher in die mittleren Phasen der Entscheidungsfindung eingreifen, stellen FIS auf die Initiierung und Überwachung von Entscheidungsprozessen ab. Das Top-Management soll in die Lage versetzt werden, relevante Entwicklungstendenzen frühzeitig zu erkennen, was insbesondere im Rahmen der operativen und strategischen Kontrolle von hoher Bedeutung ist. Im Unterschied zu den „How-to-achieve"- und „What-if"-Fragestellungen innerhalb der EUS zielt ein FIS auf die Beantwortung der Frage nach dem „What-is" ab. Fallweise soll, ausgerichtet auf die Eruierung spezieller Risiken, die Gewinnung und Analyse zukunftsbezogener Informationen ermöglicht werden. Dazu ist eine breite Datenbasis notwendig, die ständig aktualisiert werden muß und neu auftretende Problemfelder integrieren kann. Von der Qualität u.a. dieser Datenbasis hängt es dann ab, bis zu welchem Grad das Top Management bei unternehmenspolitischen Entscheidungen durch aktuelle Kontrollinformationen unterstützt werden kann. Es besteht auch die Möglichkeit, Daten, die (noch) keinen unmittelbaren Zusammenhang mit einem bestimmten Unternehmensgeschehen aufweisen, festzuhalten. Dieser im Hinblick auf seine Verwendung noch wenig vorstrukturierte Teil der Datenbank wäre insbesondere zur Unterstützung der strategischen Überwachungstätigkeit nutzbar.

Wesentliche Voraussetzung für die Wirksamkeit von FIS ist die Akzeptanz durch das Top-Management. Der Zugriff auf die Daten und Informationen über Unternehmens- und Umweltentwicklungen muß durch entsprechende Abfragesprachen in gut handhabbarer Form sichergestellt werden. Dazu gehört insbesondere, daß den Führungskräften die verschiedensten Quellen in einheitlicher Form und unabhängig von Ort und Zeit zur Verfügung stehen.

Expertensysteme

Qualitative Verbesserungen und neue Anwendungsmöglichkeiten computergestützter Informationssysteme verspricht man sich von dem Einsatz sog. **Expertensysteme (XPS).**[116] Sie stellen eine Ausprägung wissensbasierter Systeme dar und versuchen, die Kenntnisse und Erfahrungen von Fachspezialisten auf ein computergestütztes System zu übertragen. Dieses soll dann das menschliche Problemlösungsverhalten auf einem eng umrissenen Wissensgebiet modellieren und so einem breiteren, weniger qualifizierten Anwenderkreis zugänglich machen. Unabhängig vom physischen Vorhandensein des oder der Experten ist ein bestimmtes Spezialwissen für unbestimmte Zeit verfügbar. Ein XPS stellt keine monolithische Einheit dar, sondern besteht aus mehreren Komponenten.

---

115 Vgl. hierzu insbesondere Rockart, J.F./De Long, D.W., Executive Support Systems – The Emergence of Top Management Computer Use, Homewood/Ill. 1988.

116 Einen guten Überblick über die Arbeitsweise von Expertensystemen vermitteln Gabriel, R./Frick, D., Expertensysteme zur Lösung betriebswirtschaftlicher Problemstellungen, in: Schmalenbachs Zeitschrift für betriebswirtschaftliche Forschung 43 (1991), S. 544-565.

Eine Hauptkomponente bildet die Wissensbasis, die neben spezifischem Faktenwissen Regeln, Heuristiken und Prozeduren zur Problemlösung enthält. Über eine weitere Hauptkomponente, die Inferenzmaschine, werden aus einer Kombination von Wissenselementen Schlußfolgerungen gezogen. Neben dieser Fähigkeit zeichnet sich ein XPS dadurch aus, daß es das Zustandekommen einer Schlußfolgerung erklären kann (Erklärungskomponente).

Der kritische Punkt bei der Entwicklung von Expertensystemen besteht darin, das bei Experten vorhandene Wissen zu identifizieren, zu strukturieren und in eine für den Computer verarbeitbare Form umzusetzen. Die Qualität dieser sog. Wissenserwerbskomponente bestimmt beim heutigen Stand der Technik in entscheidendem Maße die Anwendbarkeit von XPS speziell in der Betriebswirtschaftslehre. In diesem Zusammenhang wird das Berufsbild des Knowledge Engineers von herausragender Bedeutung für die zukünftige Entwicklung von XPS sein. Er bildet die Schnittstelle zwischen Experten und XPS und muß sowohl über ausgeprägte betriebswirtschaftliche Kenntnisse verfügen, als auch über Kenntnisse der Wirtschaftsinformatik. Auch das DV-spezifische Wissen der Endbenutzer von XPS ist ein wesentlicher Faktor für ihre Anwendbarkeit. Ohne einen gewissen Grad an Verständnis über deren Arbeitsweise ist eine effiziente Nutzung sicherlich nicht möglich. XPS-Konzepte sind heute auch auf PC verfügbar. Sie werden zunehmend in konventionelle Entscheidungsunterstützungssysteme (EUS/DSS) eingebunden und durch die Einbindung von Fuzzy-Komponenten in die Lage versetzt, linguistische Unschärfen bei der Abfrage und Berichterstellung zu überwinden. Von einer Annäherung an menschlich-intellektuelle Fähigkeiten ist die künstliche Intelligenz aber noch weit entfernt.

Externe Datenbanken und Online-Recherchen

Von zunehmender Bedeutung für die informationelle Versorgung des Managements wird das ständig wachsende Angebot an externen Daten. Europaweit existieren zur Zeit schon weit über 1.400 externe Datenbanken, die selbst oder mit Hilfe eines Informationsbrokers abgefragt werden können.[117] Datennetze wie CompuServe, T-Online und nicht zuletzt das weltweite Internet bergen unzählige Informationen, die für die strategische Planung und Kontrolle relevant sind. Ein Unternehmen hat außerdem die Möglichkeit, von Informationsdienstleistern – Auskunfteien, Marktforschungsinstituten oder staatlichen Stellen – Daten bzw. Auskünfte zu beziehen. Die extern erhobenen Daten können dann in die innerbetrieblichen Informationssysteme eingespeist werden. Naturgemäß werden die externen Informationen in erster Linie in der Umweltanalyse Anwendung finden. Innerhalb eines Entscheidungsunterstützungssystems können diese Daten zukunftsgerichtet verarbeitet und den (bisherigen) Stärken und Schwächen des Unternehmens gegenübergestellt werden. Aber auch als Grundlage unternehmensstrategischer Entscheidungen des Top-Managements können – wie oben bei den Ausführungen zur FIS bereits kurz skizziert – externe Daten Anwendung finden.

117 Weltweit gab es Anfang 1996 bereits 3.722 Online-Wirtschaftsdatenbanken, hinzu kommen über 2.700 Datenbanken mit naturwissenschaftlichen, technischen und juristischen Inhalten. Vgl. Scientific Consulting Dr. Schulte-Hillen GmbH (Hrsg.), Handbuch der Wirtschaftsdatenbanken 1996, Köln 1996, S. VII ff.

Es versteht sich von selbst, daß ein Unternehmen bei der Eruierung von Umweltdaten externe Datenbanken und Onlinedienste nur punktuell und komplementär zum eigenen Informationsbeschaffungsprozeß verwenden kann. Welche der beiden Möglichkeiten – interne oder externe Informationsbeschaffung – im Einzelfall genutzt wird, hängt von der Relevanz ab, die den Daten zugemessen wird, ferner von der Häufigkeit ihrer Benutzung und von der Erhebungskompetenz. **Externe Online-Datenbanken** zeichnen sich meist durch einen hohen Standardisierungsgrad, einen schnellen und entfernungsunabhängigen Zugriff und die Möglichkeit zu einer gezielten, mehrdimensionalen Suche in umfangreichen Informationsbeständen aus.[118] Beispielhaft für die strategische Orientierung einer externen Datenbank sei an dieser Stelle auf die Profit Impact of Market Strategies – (PIMS-)Datenbank genannt – hingewiesen. Aus ca. 3000 ab 1975 an diese Datenbank angeschlossenen Geschäftseinheiten sollen sog. empirische Gesetzmäßigkeiten für verschiedene Erfolgsfaktoren ermittelt werden, die bei der Strategieformulierung, speziell bei der Alternativenfolgeabschätzung, helfen sollen. Das **Internet** ist eine stark expansive und kostengünstige, aber aufgrund der Struktur dieses offenen Datennetzes zumeist schwer erschließbare Informationsquelle.[119] Im Gegensatz zu kostenpflichtigen Datenbanken hat man es hier nicht mit einer bereits aufbereiteten Menge indizierter Daten, sondern mit einer ständig wachsenden Zahl dezentral und unkontrolliert bereitgestellter Informationen zu tun. Dieses große Reservoir bietet gänzlich neue Chancen für die strategische Planung und Kontrolle, stellt aber auch besonders hohe Anforderungen an die Informationserschließung. Dazu dienen verschiedene Suchsysteme, mit denen sich die einzelnen Teilbereiche des Internets erschließen lassen:[120] Das Usenet bzw. die NetNews stellen ein System zur weltweiten Verbreitung elektronischer Nachrichten dar. Das Besondere dabei ist, daß die E-Mails nicht an bestimmte Adressaten geschickt, sondern in einer themenspezifischen Newsgroup zur Diskussion gestellt werden. Im Rahmen der Unternehmensplanung bietet es sich an, strategierelevante Diskussionsforen systematisch zu analysieren, um auf diese Weise z.B. auf neue technologische Entwicklungen und Meinungsbildungsprozesse aufmerksam zu werden. Dazu dienen „Personal News Agents“, die die unüberschaubare Fülle weltweit versandter Nachrichten mit Hilfe intelligenter Suchschemata durchforsten und dem Benutzer alle selektierten E-Mails zustellen. In ähnlicher Weise arbeitet das Wide Area Information System (WAIS). Dabei handelt es sich um ein standardisiertes Dialogverfahren, das eine kostenlose Volltextrecherche in derzeit über 500 frei zugänglichen, dezentral bereitgestellten Datenbanken ermöglicht. Einen noch größeren Datenbestand erschließt der Gopher-Dienst. Gopher ist ein verteiltes Informationssystem, das sich dem Benutzer als eine vielfach verschachtelte Menüfolge präsentiert, durch die man sich mit Hilfe eines speziellen Programms (Client/Browser) bis zur gewünschten Textseite oder Datei „vorarbeitet“. Diese Informationen sind weltweit auf ganz unterschiedlichen Rechnern (Servern) gespeichert; für den Benutzer bilden die dezentral eingespeisten Daten allerdings einen einheitlichen Informationspool. Dieses Grundschema gilt auch für den bei weitem populärsten Internet-

118 Vgl. im Überblick Hennes, W., Informationsbeschaffung Online, Frankfurt/New York 1995.

119 Vgl. zur Struktur des Internets z.B. Krol, E., Die Welt des Internet, Bonn 1995.

120 Vgl. nachfolgend Grubb, A./Kanellakis, A./Lübbeke, M., Profit mit dem Internet, München 1995, insbes. S. 93 ff. und S. 118 ff., sowie Krol, E., a.a.O., S. 307 ff.

Dienst, das World Wide Web (WWW). Die Leistungsfähigkeit des WWW beruht auf einem Übertragungsprotokoll, das eine grafische Benutzeroberfläche und Multimedia-Fähigkeiten unterstützt. Dadurch werden Anbieter in die Lage versetzt, ihre Informationen – z.B. Firmendaten, Forschungsergebnisse – in ansprechender Form darzustellen und anzubieten. Umgekehrt wird die (kostenlose) Informationssuche im WWW durch die intuitive Bedienung und zahlreiche Verknüpfungen zwischen den dezentral bereitgestellten Dokumenten erleichtert. Darüber hinaus stehen inzwischen eine Fülle leistungsfähiger Suchmaschinen und Verzeichnisse zur Verfügung, die den weltweit eingespeisten Datenbestand nach Schlagworten durchsuchen oder nach Rubriken ordnen. Dadurch dürfte das WWW in Zukunft immer mehr zu einem Standardwerkzeug der strategischen Planung und Kontrolle werden.

Insgesamt muß jedoch bei allen Informationssystemen, wie auch immer sie ausgelegt sind, bedacht werden, daß Informationen erst erzeugt werden müssen. Gesammelte Daten erhalten erst durch Interpretation Informationswert. Dieser Interpretationsprozeß ist in Organisationen nur im Ausnahmefall unstrittig; häufig findet man erst nach mehreren Durchläufen eine von den Beteiligten akzeptierte Lösung. Informationssysteme können daher immer nur als Prozeßunterstützung, niemals aber als Problemlösungssystem angesehen werden.[121]

Abschließend sei darauf verwiesen, daß diese hier nur im Überblick dargestellten computerunterstützten Informationssysteme für ihren erfolgreichen Einsatz auf vielfältige **flankierende Maßnahmen** angewiesen sind, die etwa die Planung der Systeme, die Schulung der Benutzer und die Anpassung der organisatorischen Strukturen betreffen. So gesehen bilden dann auch die Managementfunktionen selbst wiederum die Basis für den Erfolg ihrer informationellen Unterstützung des Steuerungsprozesses.

Diskussionsfragen

1. Aus welchen Gründen ist der operativen Planung nach dem Prinzip der operativen Flexibilität ein Handlungsspielraum zu belassen?
2. Nennen Sie Vor- und Nachteile des „Just-In-Time"-Konzeptes.
3. Warum ist eine Planung des Wertumlaufprozesses, die lediglich auf die Rentabilität abstellt, zur Existenzsicherung einer Unternehmung nicht ausreichend?
4. Eine Unternehmung stellt mehrere Produktarten her, die dieselben Fertigungsstätten durchlaufen. Zeigen Sie die Interdependenz zwischen den beiden folgenden Teilplänen auf:

121 Vgl. Daft, R./Weick, K.,Toward a model of organizations as interpretation systems, in: Academy of Management Review 9 (1984), S. 284-295.

- optimales Produktionsprogramm (maximaler Deckungsbeitrag);
- optimale Einkaufslosgrößen für die benötigten Werkstoffe (Annahme: Der Einkaufspreis sinkt mit steigender Bestellmenge).

5. Skizzieren Sie die Vorgehensweise der Sukzessivplanung.
6. Welche Managementfunktion wäre vollkommen überflüssig, wenn das Unsicherheitsproblem mit Hilfe der Planung vollständig lösbar wäre?
7. Was versteht man unter der konstruktiven Eigenleistung des Planers?
8. Nennen Sie Beispiele (Produktarten), bei denen die Ganzzahligkeitsbedingung bei der Modellierung erforderlich/nicht erforderlich ist.
9. Wodurch unterscheidet sich ein prognostizierendes Modell von einem (statistischen) Prognoseverfahren?
10. Welchen Zusammenhang sehen Sie zwischen Budgetierung und Kontrolle?
11. Was versteht man unter der Motivationsfunktion von Budgets, und welche Voraussetzungen müssen dafür vorliegen?
12. Wodurch unterscheidet sich das Zero-Base-Budgeting (ZBB) von der traditionellen Budgetierung?
13. Warum ist die Budgetierung trotz vorhandener Abstimmungsverfahren als politischer Prozeß interpretierbar?
14. Welchen Sinn hat die Berichterstattung im Rahmen der operativen Kontrolle?
15. Auf welchen beiden Ebenen findet die Kontrolle des Realgüterprozesses statt?
16. Warum und aus welcher Perspektive setzt die Kontrolle bei divisionaler Organisation an der Formalzielebene an?
17. Nennen Sie Mängel des Return on Investment-Konzeptes im Hinblick auf den Informationszweck.

Fallstudie

Druck- und Verlagshaus „Speed-Press“

Die Geschäftsleitung eines großen Verlagshauses plant die Einführung der neuen Wochenzeitschrift „Managerjournal“. Während der Verlagsleitersitzung zu diesem Thema wird heftigst diskutiert:

Frau Weiß: Ich bin der Meinung, daß wir Erstellung und Druck der neuen Zeitschrift in unserem Verlagshaus „Speed-Press“, in dem 140 Mitarbeiter beschäftigt sind, durchführen sollten. Es besteht jetzt seit einem Jahr, und die Erlössituation kann ich nur als positiv bewerten. Sie wissen, wir produzieren dort die Zeitschrift „Bild der Wirtschaft“, die eine verkaufte Auflage von 350.000 Exemplaren pro Ausgabe aufweist und bei einer Groß- und Einzelhandelsspanne von 40 % für DM 2,80 im Handel erhältlich ist. Aus dem Zahlenmaterial in Ihrer Tischvorlage können Sie sich die detailliertere Kostensituation des letzten Jahres deutlich machen (Anlage 1).

Herr Schwarz: Wir müssen zur Abschätzung unserer Kapazitäten im Rahmen unseres Expansionsgeschäftes noch darüber entscheiden, ob „Bild der Wirtschaft“ im ostdeutschen Raum vertrieben werden sollte.

Herr Jotter: Aber Herr Schwarz, das rechnet sich doch niemals. Wir wissen doch alle, daß in diesem Raum mit Verkaufspreissenkungen zu rechnen ist, die mindestens zu einer 10 %igen Erlösschmälerung führen. Um keine Gewinneinbuße zu erleiden, müßten wir den Absatz erheblich steigern.

Herr König: Ich sehe gar kein Problem. Man geht doch bei derartigen Markteinführungsprozessen immer davon aus, daß durchschnittlich 10 Anzeigenseiten akquiriert werden können. Bei einer Reichweite von 350.000 Exemplaren können wir damit rechnen, DM 15.000,– pro Seite und Ausgabe zusätzlichen Erlös zu erzielen.

Herr Jotter: Aja, das hieße dann, daß sich die Gewinnsituation im Prinzip besser darstellen würde. Das hatte ich nicht berücksichtigt. Wir müssen aber, wenn wir über die Einführung von „Managerjournal“ entscheiden wollen, die übrigens dieselben Kapazitäten beansprucht wie „Bild der Wirtschaft“, einkalkulieren, daß die Anzeigenkunden jederzeit ihre Aufträge zurückziehen können. Unsere Kosten sollten durch die reinen Verkaufserlöse gedeckt sein.

Herr Schwarz: Ist die Marketingstudie über das geschätzte Absatzverhältnis der beiden Zeitschriften schon in Auftrag gegeben?

Frau Weiß: Ja natürlich, wir haben bereits erste Ergebnisse. Wenn wir davon ausgehen, daß sich das Absatzvolumen von „Bild der Wirtschaft“ nicht verändert, wird das Absatzverhältnis der beiden Zeitschriften etwa 4:1 zugunsten von „Bild der Wirtschaft“ betragen. Darüber hinaus wissen wir, daß bei Produktion von „Managerjournal“ die Fixkosten um DM 1.000.000,– steigen, seine variablen Kosten pro Stück DM 1,– betragen und wir mit einem Erlös von DM 1,50 rechnen können.

	Mir scheint aber, vor der heute eigentlich anstehenden Entscheidung müßten wir unsere „Speed-Press" noch etwas genauer betrachten, ich glaube da kommen noch einige Beschlüsse vorab auf uns zu. Was wir unbedingt berücksichtigen müssen, ist eine Information, die ich von einer Vertriebsleiterkollegin der Brau AG erhalten habe. Die Firma plant in diesem September eine große Werbekampagne in „Bild der Wirtschaft", und da wird wohl ein Sonderauftrag an uns gehen. Wie ich raushören konnte, handelt es sich um eine Größenordnung von 3.640.000 Exemplaren. Eine Auftragsannahme dürfte sich wohl günstig auf unsere Beschäftigungslage auswirken, die im Herbst nicht voll ausgeschöpft ist. Außerdem wäre es aus Imagegründen sehr vorteilhaft, für die Brau AG zu drucken. Wir haben nur ein Problem. Die Brau AG gibt wieder ein Preislimit vor. Für derartige Aufträge gehen die im Preis bestimmt nicht über DM 1,60 pro Stück und damit unter unsere Vollkosten.
Herr Jotter:	Das wäre eine Sache für unseren jungen Controller. Er soll eine kurze Kalkulation zum Thema erstellen. Wir müssen zusätzlich berücksichtigen, daß unsere Druckanlage bald von der Kapazität her nicht mehr ausreicht. Es wird nächstes Jahr deshalb wohl eine kostspielige Neuanschaffung fällig werden. Wir sollten uns bereits jetzt einen groben Einblick in die Kosten verschaffen, die auf uns zukommen. Frau Weiß, Sie hatten doch bei einer ähnlichen Entscheidung schon einmal eine Kalkulation aufgestellt. Was ließe sich denn über die Kosten sagen, wenn wir davon ausgehen, daß die Absatzmenge gleichbleibt und wir einen Mindestgewinn von DM 4.000.000,– zugrunde legen?
Frau Weiß:	Ich habe zwar die Daten vorliegen (Anlage 2), aber ich lasse bis zur nächsten Sitzung von meinem Mitarbeiter die Zusammenhänge durchkalkulieren und aufarbeiten. Dann läßt sich schon mehr sagen.
Herr Jotter:	Wir müssen die Tarifverhandlungen in der Druckindustrie im Auge behalten. Ich gehe davon aus, daß man eine Lohnerhöhung von 6,3 % als realistisch annehmen kann.
Herr Schwarz:	Das beeinträchtigt unsere Kostensituation gewaltig. Haben Sie die neuesten Pressemitteilungen über die Verpackungsverordnungen verfolgt? Auch wir werden von den Kennzeichnungspflichten zur Regelung der Remission betroffen, die eine erhebliche Kostenerhöhung und einen großen Verwaltungsaufwand verursachen.
Frau Weiß:	Wenn ich mich recht entsinne, hatten wir für den Fall des Inkrafttretens von Verpackungsverordnungen festgelegt, einen Rohstoff mit erhöhtem Altpapieranteil zu verwenden und damit den hohen Handlingsaufwand zu vermeiden.
Herr Jotter:	Ich habe die Zahlen von damals noch im Kopf. Der Rohstoff ist in diesem Fall im Einkauf 15 % teurer, und die Kosten für Hilfsstoffe steigen um DM 350.000,–.
Herr Schwarz:	Wenn die Lohnanpassungen und die Verpackungsverordnung den Erlös schmälern, dann können wir ja in Erwägung ziehen, zur Kompensation die Preise zu erhöhen.

Herr Jotter:	Da muß ich auf meine Marktanalysen verweisen. Es ist nämlich zu berücksichtigen, daß sich der Gesamterlös aus Verkaufs- und Anzeigenerlösen zusammensetzt und daß sich jede Preiserhöhung negativ auf Reichweite und Preis auswirkt. Ein kleiner Ausschnitt aus der Analyse liegt Ihnen vor (Anlage 3).
Frau Weiß:	Ich glaube, wir sollten die angesprochenen Probleme und Kalkulationen erst nochmal klar durchdenken. Vertagen wir also unsere Entscheidungen, bis wir genauere Daten vorliegen haben. Mein junger Mitarbeiter wird uns dann genau informieren.

Anlage 1: Kostenstruktur

Fixkosten:		
40 % der Arbeitskosten	DM	4.200.000,–
Gemeinkosten der Produktion	DM	680.320,–
Gemeinkosten der Verwaltung	DM	1.330.640,–
Zinsen	DM	850.400,–
	DM	7.061.360,–
Variable Kosten:		
60 % der Arbeitskosten	DM	6.300.000,–
Rohstoffe	DM	17.290.000,–
Hilfsstoffe	DM	1.980.000,–
	DM	25.570.000,–

Anlage 2: Kostenstruktur zweier Anlagenalternativen

	Verfahren I	Verfahren II
Fixe Kosten	DM 6.300.000,00	DM 8.500.000,00
Variable Kosten/Stck.	DM 1,30	DM 1,10
Erlös/Stck.	DM 2,00	DM 2,00

Anlage 3: Marktforschungsergebnisse

Erlös/Exemplar	Verkaufspreis	Reichweite	Anzeigenerlös/Seite
DM 2,00	DM 2,80	350.000 Stck.	DM 15.000,–
DM 2,10	DM 2,95	350.000 Stck.	DM 15.000,–
DM 2,20	DM 3,10	300.000 Stck.	DM 10.000,–
DM 2,50	DM 3,50	270.000 Stck.	DM 8.000,–

Fragen zur Fallstudie*:

Sie bekommen von Frau Weiß die Aufgabe, die nächste Vertriebsleitersitzung inhaltlich vorzubereiten.

1. Es ist durchzukalkulieren, wie sich die Gewinnsituation von Speed-Press ursprünglich darstellt. Dabei ist die Frage zu beantworten, ab welchem Zeitpunkt im Jahr durch Druck und Vertrieb von „Bild der Wirtschaft“ Gewinn erwirtschaftet wird.
   Zusätzlich sollten für die Sitzung geeignete Kennzahlen gebildet werden, die einerseits Aufschluß darüber geben, wie hoch der Anteil an jeder erlösten Umsatzmark ist, der zur Deckung der fixen Kosten und darüber hinaus auch zur Gewinnerzielung verbleibt, andererseits darüber informieren, um welchen Teil der realisierte Umsatz sinken kann bzw. steigen muß, bevor Verluste bzw. Gewinne erzielt werden.
   Darzustellen ist auch die Veränderung der Gewinnsituation durch die Akquisition von Anzeigen.
   Für den Erschließungsprozeß des Ostdeutschen Raumes ist als Informationsgrundlage eine Aussage darüber zu treffen, wie weit der Absatz mindestens gesteigert werden muß, um keine Gewinneinbuße hinnehmen zu müssen (unter Vernachlässigung der Erlöse aus den Anzeigen).
2. Erarbeiten Sie einen Vorschlag, ob der Sonderauftrag angenommen werden sollte oder nicht.
3. Führen Sie für die Sitzung eine Voranalyse durch, mit der erste Informationen darüber gewonnen werden, welches der beiden vorgestellten Produktionsverfahren am kostengünstigsten ist und bereiten Sie die Daten graphisch auf.
4. Stellen Sie sich entsprechende Daten zusammen, um begründet Stellung zu nehmen, ob die negativen Auswirkungen der Lohnerhöhungen und der Verpackungsverordnung durch Verkaufspreiserhöhungen ausgeglichen werden können.
5. Da während Ihrer Vorbereitung noch nicht sicher ist, welche Beschlüsse auf der Vertriebsleitersitzung gefaßt werden, sollten Sie darauf vorbereitet sein, bezogen auf die Ausgangsdaten der „Speed-Press“, Aussagen darüber zu treffen, ob die Zeitschrift „Managerjournal“ in diesem Filialbetrieb produziert werden sollte oder nicht.

---

* Die Lösungsvorschläge zu diesen Aufgaben finden Sie am Ende dieses Kapitels.

Literaturhinweise

Probleme der operativen Planung:

Koch, H., Integrierte Unternehmensplanung, Wiesbaden 1982.

Meffert, H., Größere Flexibilität als Unternehmenskonzept, in: Zeitschrift für betriebswirtschaftliche Forschung 37 (1985), S. 121–137.

Morrisey, G.L./Below, P.J./Acomb, B.L., The executive guide to operational planning, San Francisco 1988.

Schneeweiß, C., Planung, 2 Bde., Berlin u.a. 1992.

Modelle und Modellierung operativer Pläne:

Fleischmann, B., Operations-Research-Modelle und -Verfahren in der Produktionsplanung, in: Zeitschrift für Betriebswirtschaft 58 (1988), S. 347–372.

Koch, H., Gegenstand, Struktur und Kriterien der betriebswirtschaftlichen Entscheidungsanalytik, in: Zeitschrift für betriebswirtschaftliche Forschung 26 (1974), S. 301–334.

Meyer, M., Operations Research, Systemforschung, 4. Aufl., Stuttgart 1996.

Mitroff, I.I./Betz, F., Dialectical decision theory, in: Management Science 19 (1972), S. 11–24.

Zur Budgetierung:

Egger, A./Winterheller, M., Kurzfristige Unternehmensplanung, 2. Aufl., Wien 1984.

Höller, H., Verhaltenswirkungen betrieblicher Planungs- und Kontrollsysteme, München 1978.

Posselt, S.G., Budgetkontrolle als Instrument der Unternehmenssteuerung, Darmstadt 1986.

Zur operativen Kontrolle:

Anthony, R./Dearden, J., Management control systems. Text and cases, 3. Aufl., Homewood/Ill. 1976.

Hahn, D., PUK-Controllingsysteme, 5. Aufl., Wiesbaden 1996.

Horváth, P., Controlling, 6. Aufl., München 1996.

Steinle, C./Eggers, B./Lawa, D: (Hrsg.), Zukunftsgerichtetes Controlling, 2. Aufl., Wiesbaden 1996.

Lösungen zur Fallstudie

Lösung zu Teilaufgabe 1:

Variable Kosten/Stck.: DM 1,4049451
Gesamtkosten/Jahr: DM 32.631.360,–
Erlös/Jahr: DM 36.400.000,–
Erlös/Stck.: DM 2,–
Gewinn: DM 3.768.640,–
Produktionsvolumen, bei dem das Unternehmen die Gewinnschwelle erreicht:
$\overline{x}_M$ = 11.866.737 Stck./Jahr.
Ab Mitte August kann mit Gewinnen gerechnet werden.
DBU = 0,298
Sicherheitsabstand: S = 35 %

Anzeigenakquisition:
Gesamterlös/Jahr: DM 44.200.000,–
Produktionsvolumen, ab dem das Unternehmen die Gewinnschwelle erreicht:
$\overline{x}_M$ = 6.898.378 Stck./Jahr
DBU = 0,4214931
Sicherheitsabstand: S = 62 %

Ostgeschäft:
10 %ige Erlösschmälerung → Erlös/Stck: DM 1,80
$x\,(1{,}8 - 1{,}4049451) = 350.000 \cdot 52\,(2 - 1{,}4049451)$
$x = 27.413.909$
Absatzsteigerung um 9.213.909 Stück, um bei einer 10%igen Verkaufspreissenkung keine Gewinneinbuße zu erzielen.

Lösung zu Teilaufgabe 2:

	Ohne Sonderauftrag	Mit Sonderauftrag
DB	0,5950549	0,5283882
DBU	0,2975274	0,2737762
Break-even-Menge	11.866.736	13.363.962
Break-even-Umsatz	23.733.478	25.792.454
Gewinn	3.768.640	4.478.639

Die Hereinnahme des Sonderauftrages, der weit unter Preis und Vollkosten liegt, ist allein schon deshalb betriebswirtschaftlich sinnvoll, weil das Preislimit von DM 1,60/Stck. über den variablen Kosten von DM 1,40 liegt und gleichzeitig durch die Hereinnahme des Sonderauftrages eine evtl. Kurzarbeit vermieden wird. Darüber hinaus erbringt eine detailliertere Berechnung bei Hereinnahme des Sonderauftrages eine Verbesserung des voraussichtlichen Jahresergebnisses von DM 709.999 DM.

Lösung zu Teilaufgabe 3:

Ab einer verkauften Auflage von 9.000.000 Stck./Jahr bzw. 9.444.444 Stck./Jahr ist das Unternehmen unter Inbetriebnahme von einer der neuen Anlagen in der Gewinnzone.

Die Break-even-Punkte (14.714.286/13.888.889 Stck./Jahr), die das Erreichen des für das Rechnungsjahr geforderten Mindestgewinnes sichern, liegen in einer anderen Reihenfolge als die Gewinnschwellen. Daraus wird deutlich, daß bei der Ausbringungsmenge von 11.000.000 Stck. die Kosten der beiden Verfahren übereinstimmen. Bis zu dieser Menge überwiegt der Vorteil der geringeren variablen Kosten, und Verfahren 2 ist gesamtkostengünstiger. Diese Aussage ist unabhängig von der Erlössituation errechenbar und das Ergebnis gestattet keine Aussage darüber, ob ein Break-even-Punkt i.S. einer Gewinnschwelle überhaupt erreichbar ist. Als zusätzliches Entscheidungskriterium ist demnach die prognostizierte Absatzmenge einzubeziehen. Vgl. auch die graphische Darstellung der Lösung in Abbildung 6.42.

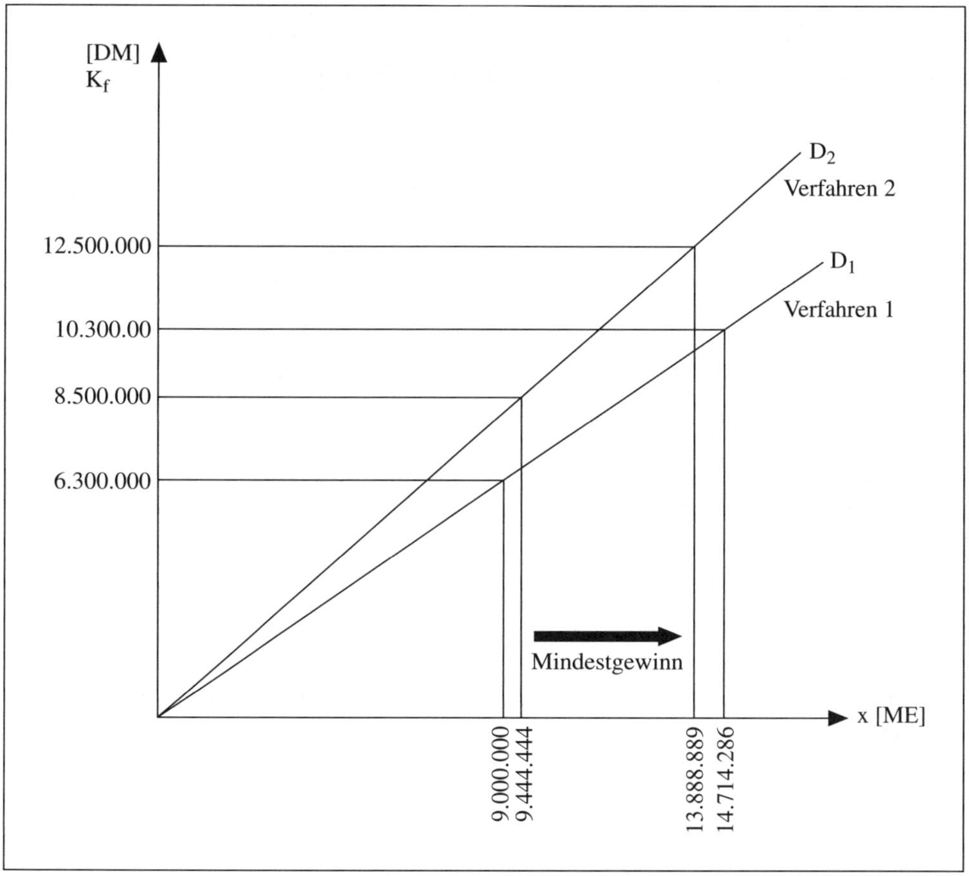

Abb. 6.42: Voranalyse der Erhöhung der Fixkosten, Einführung eines Mindestgewinnes

Lösung zu Teilaufgabe 4:

Gesamtkosten: DM 36.236.360,–
Gewinn: DM 7.963.640,–
→ Gewinneinbuße: DM 3.605.000,–

Neue Ergebnisrechnung:

Erlös/Stck.: DM 2,10; Gewinn: DM 9.783.640,–; Gewinnsteigerung DM 1.820.000,–
Erlös/Stck.: DM 2,20; Gewinn: DM 7.413.697,–; Gewinnschmälerung DM 549.943,–
Erlös/Stck.: DM 2,50; Gewinn: DM 9.631.732,–; Gewinnsteigerungen DM 1.668.092,–

Die Kostensteigerung kann durch eine Preiserhöhung nicht aufgewogen werden. Betriebswirtschaftlich sinnvoll ist jedoch zumindest eine Preiserhöhung auf DM 2,10, da unter diesen Bedingungen ein höherer Erlös bei gleichbleibender Reichweite und Anzeigenerlösen erwirtschaftet werden kann.

Lösung zu Teilaufgabe 5:

Fixe Kosten: DM 7.061.360,– + DM 1.000.000,– = DM 8.061.360,–

Berechnung der variablen Kosten:

	„Bild der Wirtschaft“	„Managerjournal“	Summe
Anteil	0,8	0,2	1
Variable Kosten	1,4049451	1	
Gewichtete variable Kosten	1,1239561	0,2	1,3239561
Erlös	2	1,5	
Gewichtete Erlöse	1,6	0,3	1,9

DBU = 0,303181
$\bar{x}_M$ = 13.994.350 Stck./Jahr, davon 11.195.480 Stck. „Bild der Wirtschaft“, 2.798.870 Stck. „Managerjournal“
Gewinn: DM 5.043.639,–

Die neue Produktsituation weist im Vergleich zur Ausgangssituation eine Veränderung sowohl der fixen als auch der variablen Kosten auf. Der Break-even-Punkt liegt höher, die proportionalen Kosten sind geringer. Der Deckungsbeitrag pro Umsatzeinheit und somit die Ertragskraft sind größer, ebenso die fixen Kosten. Der Deckungsbeitrag bleibt ungefähr gleich.

Wenn also Kapazitäten zur Realisierung vorhanden sind, dann ist Druck und Vertrieb der Zeitung „Managerjournal“ als vorteilhaft zu bewerten.

Vierter Teil

Organisation und Führung

Siebtes Kapitel
Organisatorische Strukturgestaltung

Achtes Kapitel
Organisatorischer Wandel

Neuntes Kapitel
Das Individuum in der Organisation: Motivation und Verhalten

Zehntes Kapitel
Die Gruppe in der Organisation: Das Gruppenverhalten

Elftes Kapitel
Der Vorgesetzte in der Organisation: Das Vorgesetztenverhalten

Zwölftes Kapitel
Unternehmenskultur

Siebtes Kapitel

Organisatorische Strukturgestaltung

7.1 Theoretische Grundlagen

Die Leistungsprozesse, wie wir sie heute in allen Bereichen der Wirtschaft und der öffentlichen Verwaltung vorfinden, bedürfen nicht nur der spezialisierten Qualifikation, sondern auch der sinnfälligen Ordnung und Verknüpfung, um das Leistungsziel erreichbar zu machen. Aufgrund der heute überall feststellbaren Tendenz zu größeren Einheiten und multi-lokaler Repräsentanz kommt dem Problem der **Ordnung** der Aktivitäten und der **Zusammenführung** einzelner Arbeitselemente (z.B. von Produktentwicklung, Fertigung, Werbemaßnahmen, Vertriebswegen) immer größere Bedeutung zu. Der Aufbau organisatorischer Strukturen ist dabei als zentrales Instrument der Unternehmenssteuerung anzusehen.

In der Betriebswirtschaftslehre wurden organisatorische Strukturen lange Zeit und werden auf weiten Strecken auch heute noch als selbstverständliche Elemente eines Betriebs angesehen. Im Gefolge davon hat man nur noch die Frage des „wie" thematisiert. Dies ist für eine Managementlehre zu eng. Sie muß als Steuerungslehre zuallererst nach der **Funktion** fragen, die organisatorische Strukturen im Steuerungsprozeß übernehmen können. Es gilt herauszuschälen – wie in Kapitel 4 dargelegt –, wo das Leistungspotential des Steuerungsinstruments Organisationsstruktur liegt, wo seine Grenzen sind und wodurch es ggf. ersetzt oder ergänzt werden kann. Organisatorische Strukturen sind ganz allgemein ein basales Mittel, die Umweltkomplexität auf ein bearbeitbares Maß zu reduzieren. Nachdem sich – wie ebenfalls in Kapitel 4 ausführlich erläutert – Systeme durch die Herstellung einer Differenz zur Umwelt konstituieren, unterscheiden sich System und Umwelt stets durch ein Komplexitätsgefälle. Der Komplexität der Umwelt setzt das System seine Selektion als Differenz- und Identitätskriterium entgegen. Diese verringerte Komplexität muß im System gesichert werden.

Organisatorische Strukturen reduzieren die Umweltkomplexität auf ein überschaubares Maß und übersetzt diese in ein präzise definiertes System von Regeln, die ganz bestimmte Erwartungen an das Verhalten der Organisationsmitglieder richten. Mit anderen Worten, organisatorische Strukturen schaffen eigene – systemeigene – Prozeduren, mit denen die Umweltinformationen gefiltert, interpretiert und in spezifischer Form weiterverarbeitet werden. Um diese Aufgabe in effizienter Form wahrnehmen zu können, werden im Rahmen der organisatorischen Strukturierung spezialisierte Teileinheiten (Abteilungen, Sparten usw.) geschaffen, denen ein begrenztes Maß an Autonomie zugestanden wird (funktionale Differenzierung). Die Schaffung arbeitsteiliger Organisationseinheiten ist ein Ordnungsmechanismus, der die Selektivität verstärkt, weil er das Prinzip der Systembildung im Binnenverhältnis wiederholt. Mit anderen Worten, die organisatorische Strukturierung schafft Teilsysteme, die zum Gesamtsystem wiederum in einem selektiven Verhältnis stehen; sie betrachten das Gesamtsystem also gewissermaßen als – wenn auch bereits vorbearbeitete und vorgeordnete – **Umwelt.**[1]

1 Vgl. Luhmann, N., Zweckbegriff und Systemrationalität, Frankfurt a.M. 1973, S. 185 passim.

Durch die organisatorische Ausbildung von Teilsystemen wird jedoch die Binnenkomplexität des Gesamtsystems gesteigert. Ein komplexes Gesamtsystem kennt mehr Referenzen und mehr Möglichkeiten des Handlungsanschlusses zwischen den Elementen als überschaubar und verarbeitbar ist. Die zentrifugalen Kräfte der Binnenkomplexität zur Erfüllung der Funktionen des Gesamtsystems wieder zusammenzuführen, wird zum eigenständigen Problem. Die organisatorische Gestaltung muß sich deshalb gleichermaßen diesem „Folgeproblem“ widmen, indem sie den Teilsystemen für ihre Kooperationsanschlüsse eine Ordnung vorgibt oder, anders ausgedrückt, indem sie ihr Verhalten untereinander (besser) vorhersehbar macht (Integration).

Bezogen auf unsere konkrete Problemstellung bedeutet dies, daß **Arbeitsteilung** bzw. Auffächerung des Arbeitsprozesses und Bildung von leistungsfähigen Aktionseinheiten einerseits und **Arbeitsvereinigung,** d.h. die gezielte Zusammenführung der einzelnen Elemente andererseits, die zentralen Gesichtspunkte des Steuerungsinstruments „Organisation“ bilden. In der Organisationsliteratur werden dementsprechend häufig **„Differenzierung“** und **„Integration“** als Basisaufgaben der organisatorischen Gestaltung bestimmt. Diese zwei Gestaltungsaufgaben sind – wie erwähnt – konsekutiv und latent widersprüchlich: Je stärker eine Organisation differenziert wird, um so mehr Anstrengungen müssen unternommen werden, die Aktivitäten wieder zu integrieren. In jedem Falle gilt es zu sehen – das sei noch einmal betont –, daß die Schaffung stabiler regeldefinierter Strukturen zur Ausdifferenzierung und zur Zusammenführung nur ein mögliches, wenn auch sehr viel gewähltes Steuerungsinstrument darstellt. Es steht grundsätzlich in Leistungskonkurrenz zu anderen Steuerungsinstrumenten; es ist keineswegs ausgemacht, daß der organisatorischen Lösung immer der Vorzug gebührt. Der Einsatz der Strukturlösung und der Umfang des Einsatzes ist selbst eine immer wieder neu zu reflektierende Aufgabe des Managements von Unternehmen.

Das praktische Problem der organisatorischen Gestaltung besteht nur in seltenen Fällen im kompletten Entwurf eines neuen Strukturgefüges; in aller Regel geht es darum, Teil-Reorganisationsmaßnahmen zu planen. „Organisieren“ als Managementfunktion ist dementsprechend auch keine punktuelle Aufgabe, die jeweils nur alle 5 oder 10 Jahre anfällt, sondern ein **ständiger Prozeß.** Fortlaufend tauchen Problemstellungen auf, die einer organisatorischen Lösung bedürfen; immer wieder erweisen sich einmal gefundene Problemlösungen als revisionsbedürftig. In dem einen Fall ist der Leiter der Forschungs- und Entwicklungsabteilung völlig überlastet, im anderen Fall wirft eine neue Fertigungstechnologie die Frage von Reorganisationsmaßnahmen auf; dann ist es wieder die unzureichende Kommunikation zwischen der Produktentwicklung und der Werbung, die einen effektiven Leistungsprozeß behindert, oder der Außendienst muß an die geänderte Kundenstruktur angepaßt werden. Natürlich wird hin und wieder auch eine Revision der Gesamtorganisation notwendig, dann ist aber in aller Regel nur der Gesamtrahmen betroffen, nicht aber die organisatorische Einzelregelung. Der Einsatz von Organisationsstrukturen zu Steuerungszwecken stellt also eine permanente Herausforderung dar, die Diagnosefähigkeiten, gestalterische Phantasie, aber auch das Vermögen, organisatorische Veränderungen durchzuführen, erfordert. Es ist ein gewichtiges Element im Aufgabenbereich **jeder** Führungskraft.

7.2 Was heißt Organisieren?

Die Schaffung einer selektiven Ordnung war im letzten Abschnitt als allgemeine Aufgabe der Organisationsstruktur beschrieben worden. Es schließt sich die Frage an, was man sich darunter konkret vorzustellen hat und wie diese Ordnung hergestellt wird. Was also heißt Organisieren?

Untersucht man den Organisationsvorgang näher, so zeigt sich sehr schnell, daß es im Kern darum geht, dauerhafte **Regelungen** zu schaffen: Regeln zur Festlegung der Aufgabenverteilung, Regeln der Koordination, Verfahrensrichtlinien bei der Bearbeitung von Vorgängen, Beschwerdewege, Kompetenzabgrenzungen, Weisungsrechte, Unterschriftsbefugnisse usw. Die Ordnung eines Unternehmens ist deshalb nichts anderes als ein Geflecht aus Regeln. Gewöhnlich nennt man eine durch Regeln geschaffene Ordnung eines sozialen Systems **Organisationsstruktur.**[2]

Organisatorische Regeln sollen nicht nur einen effizienten Aufgabenvollzug sicherstellen, sondern auch Konflikte in geordnete Bahnen lenken, Pfade für neue Ideen schaffen oder das Auftreten nach „außen" in ein einheitliches Muster bringen. Schon aus diesen wenigen Beispielen wird deutlich, daß sich organisatorische Regelungen immer auf die Organisationsmitglieder richten, genauer auf deren Verhalten und Aktivitäten. Organisatorische Regeln stellen darauf ab, die Handlungsweisen der Organisationsmitglieder zu bestimmen und damit untereinander erwartbar zu machen. Die Regeln schränken den Handlungsspielraum des einzelnen Organisationsmitgliedes ein. Dementsprechend gilt: Je mehr Regeln geschaffen werden, um so mehr wird der Leistungsprozeß und seine Steuerung entindividualisiert.[3] Strukturen sind gewissermaßen Vorentscheidungen. Aus der Vielzahl der Handlungsmöglichkeiten wird eine oder ein begrenzter Raum an Möglichkeiten ausgezeichnet.

Organisatorische Regeln sind zunächst einmal offiziell eingeführte Regeln, d.h. sie sind aus der sog. **Direktionsbefugnis des Arbeitgebers** abgeleitet und beanspruchen auf dieser Basis ihr Recht auf Geltung. Nicht alle Regeln, die in einer Firma Geltung haben, sind indessen auf diesem offiziellen, geplanten Wege entstanden. Man nennt sie deshalb auch **formale Regeln.** Häufig entstehen Regeln auch **spontan** aus dem Handeln heraus und bewähren sich im täglichen Arbeitsvollzug; bisweilen sind es gerade diese Regeln aus übergeordneten Bereichen, wie etwa der Branche oder einer Berufsgruppe, die in dem einzelnen Unternehmen wie selbstverständlich gelten, ohne daß sie je von einer dazu berechtigten Stelle eingeführt wurden. Diese Regeln bezeichnet man deshalb als **informal**. Sie stellen eine Art Schattenwelt dar, einen Strom zusätzlicher Orientierungsmuster und Erwartungen, die meist in Korrespondenz zu den formalen Regeln auftreten.[4]

Organisatorische Regeln geben Ordnung, sie strukturieren Situationen vor und drücken Erwartungen aus, wie in bestimmten Situationen zu verfahren ist. Gutenberg spricht in diesem Zusammenhang von **generellen** Regelungen und unterscheidet sie von **fallwei-**

2 Gutenberg spricht an Stelle dessen von „Betriebsorganisation", deren Inhalt von den Regeln gebildet werde, vgl. Gutenberg, E., Grundlagen der Betriebswirtschaftslehre, 1. Bd.: Die Produktion, 24. Aufl., Berlin u.a. 1983, S. 327.

3 Vgl. Gutenberg, E., a.a.O., S. 238.

4 Vgl. Friedberg, E., Ordnung und Macht, Dynamik organisierten Handelns, Frankfurt / New York, 1995.

Kasten 7.1

Das Substitutionsprinzip der Organisation nach Gutenberg

Gutenberg geht davon aus, daß bei allen organisatorischen Regelungsvorgängen die Wahl besteht zwischen fallweiser und genereller Regelung betrieblicher Tatbestände. Das Substitutionsprinzip fordert dazu auf, fallweise durch generelle Regelungen solange zu ersetzen, bis der Grenzertrag der Substitution gleich Null ist; von da an wird jede weitere generelle Regelung kontraproduktiv (negativer Grenzertrag). Für jede Organisation gibt es demnach eine optimale Mischung aus freier und gebundener Form.

Je mehr variable betriebliche Tatbestände vorfindbar sind, um so weniger kann die Substitution fallweiser durch generelle Regelungen erfolgen. Eine Überorganisation liegt demnach vor, wenn variable Tatbestände generell geregelt sind, eine Unterorganisation dagegen dann, wenn gleichartige und regelmäßige Vorgänge fallweise geregelt sind. Schematisch läßt sich der Zusammenhang wie folgt darstellen (unter der Annahme eines mittleren durchschnittlichen Variabilitätsgrades):

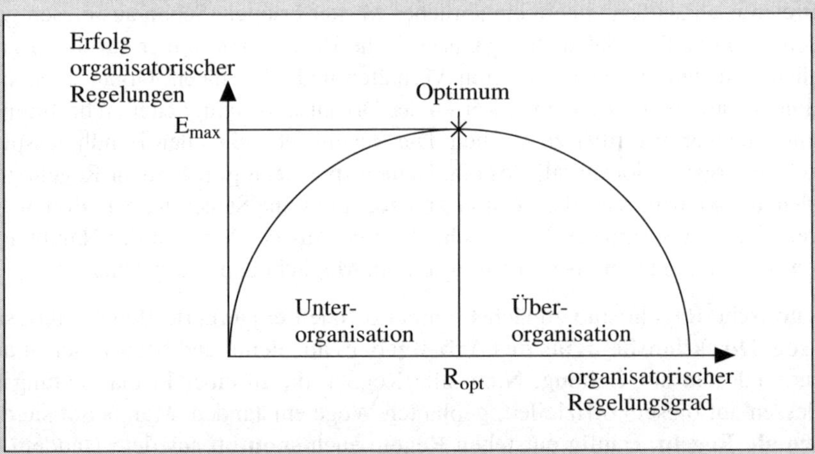

Einwendungen:

(1) Die Variabilität betrieblicher Tatbestände ist von vorgängigen organisatorischen Regelungen beeinflußt und damit keine unabhängige Determinante.

(2) Das Ausmaß der Variabilität ist nicht genau vorhersehbar, insofern kann das Optimum immer nur ex post bestimmt werden.

(3) Der Erfolg organisatorischer Regelungen bestimmt sich nicht nur nach der Angemessenheit des Regelumfangs, sondern auch nach Gesichtspunkten wie Flexibilität der Regelung und Motivation der regelbetroffenen Mitarbeiter. Die generelle Regel führt in der Tendenz zu allgemeiner Verhaltensstarrheit und Motivationsdefiziten.

Quelle: Gutenberg, E., Grundlagen der Betriebswirtschaftslehre, 1. Bd., Die Produktion, 24. Aufl., Berlin u.a. 1983, S. 239-242; ferner Seiwert, L., Das Substitutionsprinzip der Organisation, in: Wirtschaftswissenschaftliches Studium, 8 (1979), S. 77.

sen Regelungen;[5] mit letzteren sind die auf den einzelnen Geschäftsvorfall bezogenen individuellen Anordnungen gemeint. Um sprachliche Verwirrungen zu vermeiden, sollen letztere hier im Unterschied zu Gutenberg nicht als organisatorische Regeln gelten, sondern der Managementfunktion „Führung" zugerechnet werden. Ähnlich spricht auch Kosiol hier nicht von organisatorischen Regeln, sondern von **„dispositiven"** Maßnahmen.[6] Die organisatorische Regel ist die Alternative zur führungsmäßigen Anordnung, eine generelle Regelung macht die fallweise Anordnung überflüssig. **Organisieren** kann man im Anschluß an diese Unterscheidung auch als die Ersetzung fallweiser durch generelle Regeln begreifen.

Es ist keineswegs wirtschaftlich, grundsätzlich generelle anstelle von fallweisen Regelungen zu setzen. Eine generelle Regelung empfiehlt sich nur dort, wo sich absehen läßt, daß sich die Vorgänge in gleicher oder ähnlicher Form wiederholen. Betriebliche Tatbestände, die eine hohe Variabilität aufweisen oder erwarten lassen, generell regeln zu wollen, wäre in hohem Maße ineffizient. Der Betrieb würde fortwährend Gefahr laufen, das falsche Problem zu lösen, weil seine Problemlösungsverfahren auf eine andere Situation zugeschnitten sind. Mit anderen Worten, die generelle Regelung setzt ein hinreichendes Maß an Gleichförmigkeit voraus. Es ist daher eine wichtige Maxime des Organisierens, keine Überorganisation herbeizuführen in dem Sinne, daß Tatbestände einer generellen Regelung unterworfen werden, die sich dafür nicht eignen (vgl. dazu Kasten 7.1). Es ist eines der großen Verdienste von Gutenberg, frühzeitig darauf aufmerksam gemacht zu haben, daß die organisatorische Regelung mit der spontan zu bestimmenden Maßnahme in einem kontinuierlichen Effizienzwettbewerb steht. Die Substitution ist – wie eingangs dargelegt – nach beiden Seiten offen. Eine generelle Vorentscheidung für die organisatorische Regel ist unwirtschaftlich.

Mit dem Rekurs auf die **Variabilität betrieblicher Tatbestände** wird auf einen wichtigen Sachverhalt aufmerksam gemacht, nämlich auf den Bedingungsrahmen des Organisierens, der nicht oder zumindest nur teilweise in der Kontrolle der Akteure steht. Auf diesen Bedingungsrahmen und seinen Stellenwert wird unten noch einzugehen sein.

Die offizielle, d.h. von den dafür legitimierten Stellen eingeführte Organisationsstruktur (= System formaler Regelungen) wird zumeist für den internen und externen Geschäftsverkehr **sichtbar** gemacht. Zunächst einmal finden die Regelungen in **Geschäftsverteilungsplänen, Stellenbeschreibungen** und **Dienstanweisungen** oder ähnlichem ihren Niederschlag, besonders wichtige Regeln werden häufig in Betriebsordnungen festgehalten. Das bekannteste Mittel, Organisationsstrukturen zu visualisieren, ist jedoch das **Organigramm,** das im Sinne einer schaubildartigen Übersicht über die getroffenen Regelungen informiert. Dabei muß man jedoch sehen, daß Organigramme nur einen **Ausschnitt** aus dem organisatorischen Regelungswerk zeigen, nämlich die Regeln zur Abteilungsbildung und der Autoritätsbeziehungen (Hierarchie). Darüber hinaus gibt es häufig disziplinarische Regelungen, die in einer Betriebsordnung niedergelegt werden.

5 Vgl. Gutenberg, E., a.a.O., S. 238 ff.
6 Vgl. Kosiol, E., Organisation der Unternehmung, 2. Aufl., Wiesbaden 1976, S. 75.

7.3 Organisatorische Differenzierung

Die Kernaufgabengebiete der Organisationsgestaltung waren eingangs als Dualproblem bestimmt worden, nämlich als Problem der Arbeitsteilung (Differenzierung) einerseits und als Problem der Arbeitsvereinigung (Integration) andererseits (vgl. Abb. 7.1).

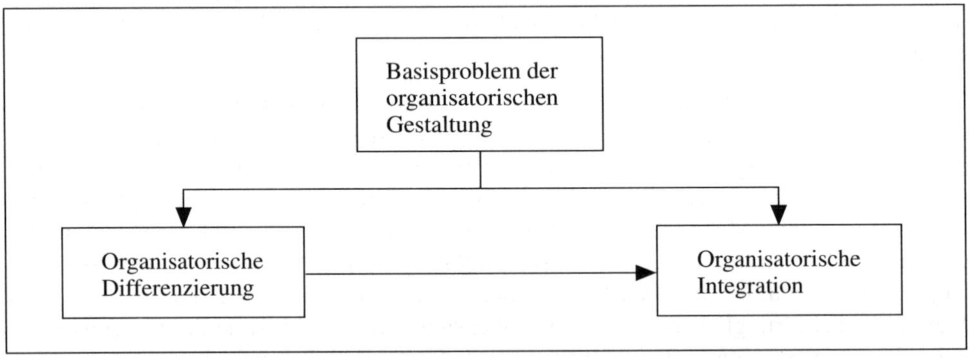

Abb. 7.1: Das Dualproblem der Organisationsgestaltung

Wenden wir uns zunächst der Differenzierung zu. Ausgangsproblem jeder systematischen organisatorischen Differenzierung ist die Frage nach der günstigsten Teilung und Zuweisung von Arbeiten. Die in den Zielen fixierte und im Produkt-Markt-Konzept konkretisierte Gesamtaufgabe einer Unternehmung ist in aller Regel zu umfangreich, als daß sie von einer Person ausgeführt werden könnte. Sie wird von mehreren Personen gemeinsam erledigt, und daher ist festzulegen, welche Teilaufgaben von welchen Organisationsmitgliedern zu bewältigen sind. Wird eine Lösung in formaler Weise, also als Schaffung von Strukturen, angestrebt, so führt dies im Ergebnis zu einem differenzierten Strukturgefüge, dessen Varietät von dem Ausmaß der gewählten Spezialisierung der Stellen und Abteilungen abhängt.

7.3.1 Aufgabenanalyse

Methodisch gesehen setzt die organisatorische Verteilung der Aktivitäten die systematische Durchdringung der Aufgaben voraus. In der deutschen Organisationslehre hat Erich Kosiol hierfür die wohl bekannteste Systematik entwickelt, er nennt sie **Aufgabenanalyse**.[8]

Nach dieser Konzeption soll die Gesamtaufgabe anhand von fünf Dimensionen gedanklich in Elementarteile zerlegt werden:

(1) nach den **Verrichtungen** (z.B. Sägen, Schweißen, Nieten)

7 Vgl. Kosiol, E., a.a.O., S. 42.

(2) nach den **Objekten** (z.B. Aufgaben an Tischen, Stühlen, Schränken)
(3) nach dem **Rang** (nach Entscheidungs- und Ausführungsaufgaben)
(4) nach der **Phase** (nach Planungs-, Realisierungs- und Kontrollaufgaben)
(5) nach der **Zweckbeziehung** (nach unmittelbar oder mittelbar auf die Erfüllung der Hauptaufgabe gerichteten Teilaufgaben).

In der Kosiolschen Konstruktionslehre werden dann in einem zweiten Schritt, der sog. **Aufgabensynthese,** aus Elementarteilen nach bestimmten leitenden Prinzipien organisatorische Einheiten gebildet. Die erste zu bildende Verteilungseinheit heißt **Stelle.** Der **Leitungsaufbau** stellt eine hierarchische Verknüpfung der Stellen durch ihre rangmäßige Zuordnung her. Die Basis-Leitungseinheit heißt **Instanz,** dies ist eine Stelle mit Anordnungsbefugnis. Die Zusammenfassung mehrerer Stellen unter der Leitung einer Instanz heißt **Abteilung.** Im Fortlauf werden dann Abteilungen zu Hauptabteilungen usw. zusammengefaßt, bis das gesamte Strukturgefüge errichtet ist. Abbildung 7.2 zeigt den schematischen Zusammenhang.

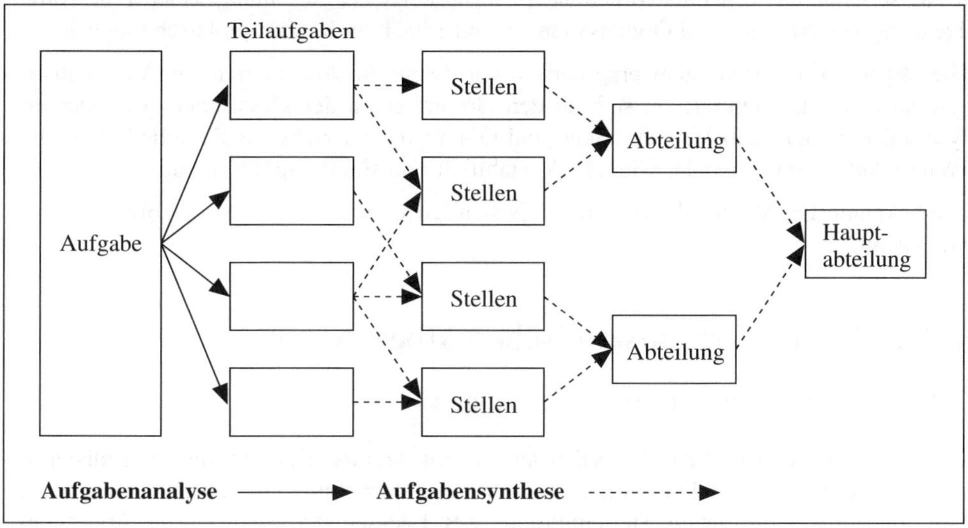

Quelle: Nach Frese, E., Grundlagen der Organisation, 4. Aufl., Wiesbaden 1988, S. 114

Abb. 7.2: Grundriß der Kosiolschen Gestaltungslehre

Die Kosiolsche Systematik hat sich in der konkreten Arbeit als wenig praktikabel erwiesen. Dies vor allem deshalb, weil die Aufgabenanalyse zu statisch angelegt ist und insgesamt viel zuviel voraussetzt; man kann diese Analytik gar nicht betreiben, ohne zwangsläufig die erst herzustellende Organisationsstruktur schon mitzudenken. Ferner vermögen die für die Synthese vorgeschlagenen (hier nicht weiter erwähnten) Prinzipien der Aufgabensynthese keine klare Konstruktionsanweisung zu geben.[8]

8 Zur grundsätzlichen Kritik solcher Konstruktionsprinzipien vgl. Simon, H.A., Entscheidungsverhalten in Organisationen, Landsberg/Lech 1981, S. 63-76 (zuerst: Administrative behavior 1945).

Neuere Ansätze geben die Idee einer vollständigen Zerlegung der Gesamtaufgabe in Elementaraufgaben auf und stellen dementsprechend auch ganz andere Merkmale der Aufgaben in den Vordergrund. Häufig genannte Kriterien der Aufgaben- und Entscheidungsanalyse sind hierbei:[9]

- **Aufgabenvariabilität** (Unterschiedlichkeit der Bedingungen der Aufgabenerfüllung),
- **Aufgabeninterdependenz** (Abhängigkeit der Aufgabenerfüllung von vor- und nachgelagerten Stellen),
- **Eindeutigkeit** (Analysierbarkeit der Aufgaben und das Ausmaß, in dem die Korrektheit einer Aufgabenerfüllung nachgeprüft werden kann),
- **Zahl möglicher Lösungswege** und/oder **Zahl der richtigen Lösungen**.

Die praktische Schwierigkeit einer gestaltungsorientierten Aufgabenanalyse zeigt sich allerdings auch hier. Eine Aufgabe läßt sich nämlich in der Regel nicht abstrakt, sondern nur im Rahmen eines schon bestehenden Leistungsprozesses erfassen und analysieren. Dieser setzt jedoch ein Mindestmaß an Organisation schon voraus, d.h. die Aufgabe spiegelt zumindest teilweise schon das Ergebnis vorlaufender organisatorischer Gestaltung wider. Eine völlige Trennung von Aufgabe und Organisation ist weder analytisch, noch praktisch möglich.

Die Organisationspraxis geht pragmatisch vor. Ohne die Antinomien der Aufgabenanalyse aufzulösen, orientiert sie sich an den Grundthemen der klassischen Aufgabenanalyse, insbesondere den Verrichtungen und Objekten, und zieht zur Feingliederung konkretere Aufgabenmerkmale, wie z.B: Variabilität und Eindeutigkeit, heran.

Die bekanntesten Muster der organisatorischen Differenzierung seien im folgenden kurz aufgezeigt.

7.3.2 Formen organisatorischer Arbeitsteilung

7.3.2.1 Organisation nach Verrichtungen

Die wohl bekannteste Form der organisatorischen Arbeitsteilung ist die Spezialisierung auf Verrichtungen oder Funktionen. Gleichartige Verrichtungen werden zusammengefaßt; dies gilt sowohl für die Stellenbildung (z.B. Lackierer) als auch für die Abteilungsbildung (z.B. Lackiererei). Die Vorteile einer verrichtungsorientierten Arbeitsteilung liegen einerseits in der Nutzung von Spezialisierungsvorteilen und andererseits in der Bildung in sich homogener Handlungseinheiten mit hoher Kompetenzdichte und entsprechend effizienter Nutzung der Ressourcen.[10]

Von einer **funktionalen Organisation** (vgl. Abbildung 7.3) spricht man dann, wenn die zweitoberste Hierarchieebene eines Stellengefüges (Unternehmung, Geschäftsbereich usw.) eine Spezialisierung nach Sachfunktionen vorsieht. Die Kernsachfunktionen eines Industriebetriebes sind Einkauf, Forschung und Entwicklung, Produktion, Marketing. Daneben sind aber auch unterstützende Sachfunktionen wie Finanzierung oder Personal von großer Bedeutung.

---

9 Vgl. die Übersicht bei Staehle, W.H., Management, 8. Aufl., München 1999, S. 645 ff.

10 Vgl. Frese, E., Grundlagen der Organisation, 7. Aufl., Wiesbaden 1998, S. 381 ff.

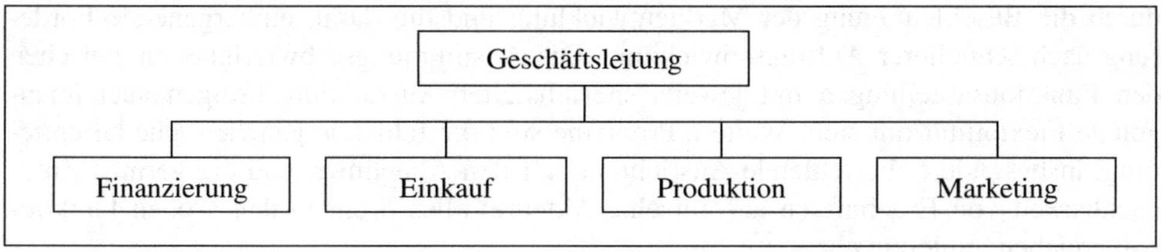

Abb. 7.3: Die funktionale Organisation

Die funktionale Organisation findet am häufigsten bei Unternehmungen Verwendung, die nur in einem Geschäftsfeld tätig sind (z.B. Ruhrgas AG) oder über ein homogenes Produktprogramm verfügen (vgl. Abb. 7.4). Das Gestaltungsprinzip der Verrichtungsorganisation stellt auf die Erzielung von Spezialisierungsgewinnen, insbesondere Produktivitätssteigerungen, ab. Die organisatorische Spezialisierung bringt jedoch zwangsläufig eine Fragmentierung der Arbeitsabläufe und eine Tendenz zur **Suboptimierung** („Ressortdenken") mit sich. Die vielen Schnittstellen und der damit verbundene hohe Integrationsaufwand werden immer häufiger als Problem empfunden, nicht zuletzt bedingt

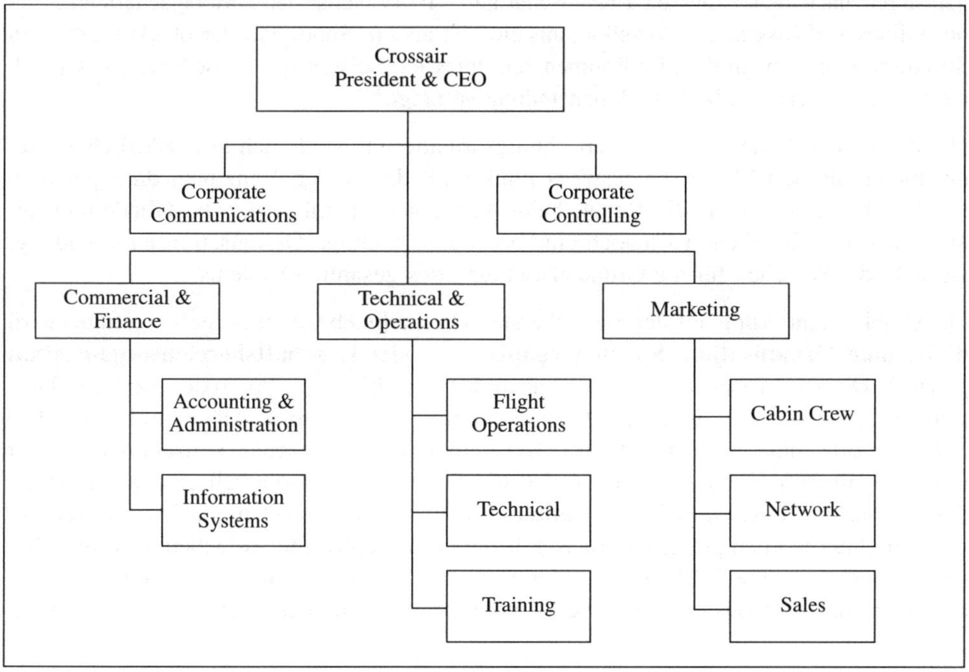

Quelle: www.crossair.ch

Abb. 7.4: Organigramm Crossair AG (Stand 2000)

durch die Beschleunigung der Marktentwicklung und die damit einhergehende Forderung nach schnellerer Auftragsabwicklung. Die Abstimmungsschwierigkeiten zwischen den Funktionsabteilungen mit jeweils spezialisierter Ausrichtung bringen auch mangelnde Flexibilität mit sich. Weitere Probleme sind die fehlende ganzheitliche Orientierung, insbesondere die fehlende Ausrichtung auf den Abnehmer, und die geringe Zurechenbarkeit von Ergebnissen auf einzelne Akteure; alles droht in den großen Funktionalbereichen „unterzugehen".[11]

7.3.2.2 Organisation nach Objekten

Die zweite grundsätzliche Alternative bei der Stellen- und Abteilungsbildung ist die Orientierung an Objekten. Hier bilden Produkte/Güter (einschließlich Dienstleistungen) Kunden oder Regionen/Märkte das gestaltbildende Kriterium für Arbeitsteilung und Spezialisierung (vgl. Abb. 7.5).

Bei dieser Organisationsform werden also nicht bestimmte **gleichartige** Verrichtungen wie Schmieden oder Graten gebündelt, sondern es werden, ausgehend von Objekten, **verschiedenartige** Verrichtungen zusammengefaßt, nämlich jene, die für die Erstellung des betreffenden Objektes notwendig sind. Ein Scharnierhersteller würde dementsprechend z.B: organisieren nach den Objekten LKW-Scharniere, PKW-Scharniere, Möbelscharniere. Die neuerdings viel diskutierte Prozeßorganisation ist als ein Sonderfall der objektorientierten Strukturierung zu begreifen. Im Rahmen der Objekte („Leistungsprozesse") wird zusätzlich ein möglichst geringes Maß an Arbeitsteilung verlangt.[12]

Die Alternative Objekt- versus Verrichtungsorientierung stellt sich grundsätzlich auf jeder hierarchischen Ebene; keineswegs muß eines der beiden Prinzipien durchgehalten werden. Es ist vielmehr die Regel, beide Prinzipien zu mischen. Die Gliederung der zweiten Hierarchieebene ist jedoch eine besonders wichtige Organisationsentscheidung, sie stellt die Weichen für die Grundausrichtung des gesamten Systems.

Die Objektorientierung auf der zweitobersten Hierarchieebene eines Stellengefüges wird **divisionale Organisation, Spartenorganisation** oder **Geschäftsbereichsorganisation** genannt. Die Divisionen werden meist nach den verschiedenen Produkten bzw. Produktgruppen gebildet (z.B. in einem Chemieunternehmen: Pharma, Düngemittel, Insektizide/Pestizide, dekorative Kosmetik). Bei dem Divisionalisierungskonzept kommt zur objektorientierten Gliederung hinzu, daß die Divisionen gewöhnlich eine weitgehende Autonomie im Sinne eines **Profit Centers** erhalten, d.h. sie sollen quasi wie Unternehmen im Unternehmen geführt werden. Für die organisatorische Aufgabenzuweisung bedeutet dies, daß eine Division (Geschäftsbereich) zumindest die Kern-Sachfunktionen umfassen muß. Ansonsten wäre eine Gewinnverantwortlichkeit, wie sie das „Unterneh-

11 Vgl. hierzu die vehemente Attacke auf diese Organisationsform („ein sicherer Weg ins Verderben") von Hammer, M./Champy, J., Business Reengineering (übers. a. d. Engl.), Frankfurt /New York 1994.

12 Vgl. Hammer, M./Champy, J., a.a.O., passim.

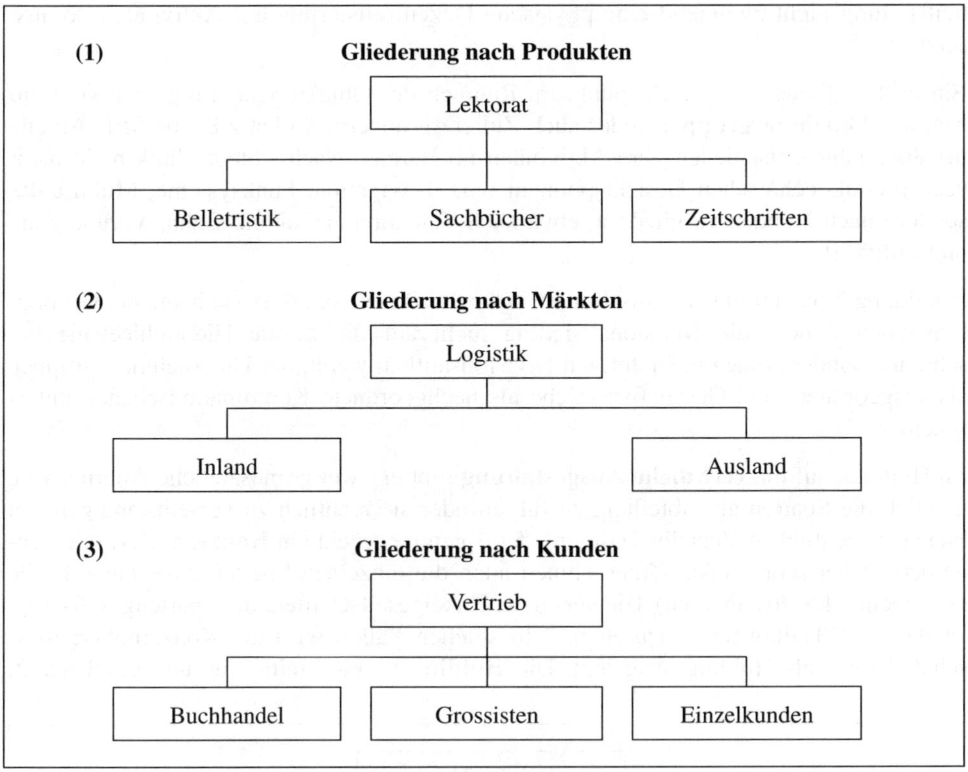

Quelle: Schmidt, G., Grundlagen der Aufbauorganisation, Gießen 1992, S. 177

Abb. 7.5: Objektorientierte Abteilungsbildung

men im Unternehmen"-Konzept vorsieht, nicht gegeben.[13] Das Profit-Center-Konzept ist nicht an die Objektorientierung gebunden, es kann auch in verrichtungsorientierten Gliederungen Verwendung finden.[14]

Im Rahmen der objektorientierten Organisation ist auch eine **regionale Gliederung** denkbar. Hier werden die Objekte nach dem Prinzip der lokalen Bündelung zusammengefaßt, etwa nach Bundesländern, „Nielsen"-Gebieten, Ländern oder Erdteilen. Eine Stellen- und Abteilungsbildung unter dem regionalen Gesichtspunkt wird häufig im Zuge einer Expansionsstrategie gewählt; z.B. bei Ausdehnung des internationalen Geschäftes. In vielen Fällen ist aber auch das Bestreben, die Transportkosten zu minimieren, für die Entscheidung zugunsten einer lokal dezentralisierten Gliederung der Aktivitäten ausschlaggebend. Es sei darauf hingewiesen, daß regional orientierte Ar-

13 Zum Konzept der divisionalen Organisation vgl. im einzelnen Poensgen, O.H., Geschäftsbereichsorganisation, Köln/Opladen 1973.

14 Zum Profit-Center-Konzept vgl. Welge, M.K., Profit-Center-Organisation, Wiesbaden 1975.

beitsteilung nicht zwingend eine physische Dezentralisierung der Aktivitäten voraussetzt.[15]

Ein dritter Gliederungsgesichtspunkt im Rahmen der Objektorientierung fokussiert auf zentrale **Abnehmergruppen** (oder auch Zuliefergruppen). So hat z.B. die SEL Anfang der 80er Jahre entschieden, ihre Aktivitäten im Bereich Nachrichtentechnik nicht mehr nach produkttechnischen Gesichtspunkten (z.B. Navigation, Funksysteme, Mobilfunk), sondern nach Kunden zu gliedern, etwa nach Telekommunikation, Bahn, Verteidigung und Luftfahrt.

Abbildung 7.6 zeigt die Organisationsstruktur der Bayer AG, die, wie heute bei Großunternehmen üblich, die Divisionalisierung nicht auf die zweite Hierarchieebene beschränkt, sondern einen mehrstufigen Divisionsaufbau wählt, der Unternehmensgruppen als vorgeordnete und Geschäftsbereiche als nachgeordnete Koordinationsebenen unterscheidet.

Im Hinblick auf die **rechtliche Ausgestaltung** gibt es zwei grundsätzliche Alternativen, nämlich die Sparten als Abteilung zu führen oder sie rechtlich zu verselbständigen. Im Falle der rechtlichen Verselbständigung der Sparten entsteht ein **Konzern**. Bisweilen beherbergen bei sehr großen Unternehmen auch die einzelnen Sparten eine ganze Reihe von (rechtlich selbständigen) Tochter- bzw. Enkelgesellschaften, die Spartengesellschaft ist dann als Teilkonzern anzusehen.[16] In solchen Fällen wird die Konzernobergesellschaft häufig als Holding ausgelegt. Die **Holding** ist eine reine Führungsgesellschaft,

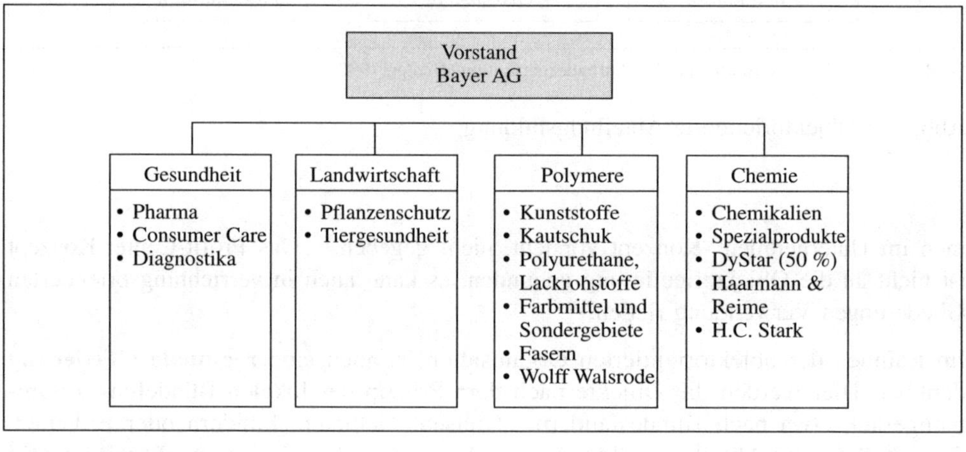

Quelle: Geschäftsbericht 1999

Abb. 7.6: Organigramm Bayer AG

15 Bisweilen werden auch in einer funktionsorientierten Gliederung regionale Gesichtspunkte eingelagert, z.B. Werke an verschiedenen Standorten.

16 Zu den verschiedenen rechtlichen Ausgestaltungsmöglichkeiten und den vielfältigen rechtlichen Restriktionen der Konzernorganisation vgl. im einzelnen Werder, A. v., Konzernstruktur und Matrixorganisation, in: Zeitschrift für betriebswirtschaftliche Forschung 38 (1986), S. 586 ff., Theisen, M.R., Der Konzern, 2. Aufl., Stuttgart 2000.

d.h. ihre Aufgabe ist ausschließlich die Ausübung der Konzernleitung, sie ist nicht mit der Produktion oder dem Vertrieb von Gütern beschäftigt; gleichwohl geht ihre Aufgabe über eine bloße Anteilsverwaltung hinaus.[17]

Abbildung 7.7 zeigt die MAN AG als geschäftsleitende Holdinggesellschaft; sie entstand im Zuge der Umstrukturierung des GHH-Konzerns.

Gleichgültig jedoch, wie auch immer die rechtliche Ausgestaltung ausfällt, in jedem Falle gehen bei der divisionalen Organisation durch das Prinzip der Gewinnverantwortlichkeit weitreichende Kompetenzen an die Sparten, so daß sich die Frage der Steuerungsmöglichkeiten der Spitze stellt. Das Interesse hat sich daher früh auf ein **funktionstüchtiges Steuerungs- und Kontrollsystem** für die Unternehmens-(Konzern)-Spitze konzentriert. Ein wesentlicher Ansatz der Gesamtsteuerung ist typischerweise der Verbleib der **Finanzierungsfunktion** und die Allokation der finanziellen Ressourcen auf die einzelnen Sparten.

Was die Kontrolle anbelangt, so ist man hier gewöhnlich bestrebt, einfache, übersichtliche, aber dennoch wirksame Systeme zu etablieren, dies zumal dort, wo viele Sparten (in manchen Fällen sind es mehr als 100 teilautonome Subsysteme) gebildet werden. In Kapitel 6 wurde unter der Rubrik „Operative Kontrolle" bereits das geläufigste Kontrollkonzept vorgestellt, nämlich der „Return on Investment", basierend auf dem Kennzahlen-System, wie es von dem Divisionalisierungs-Pionierunternehmen Du Pont de Ne-

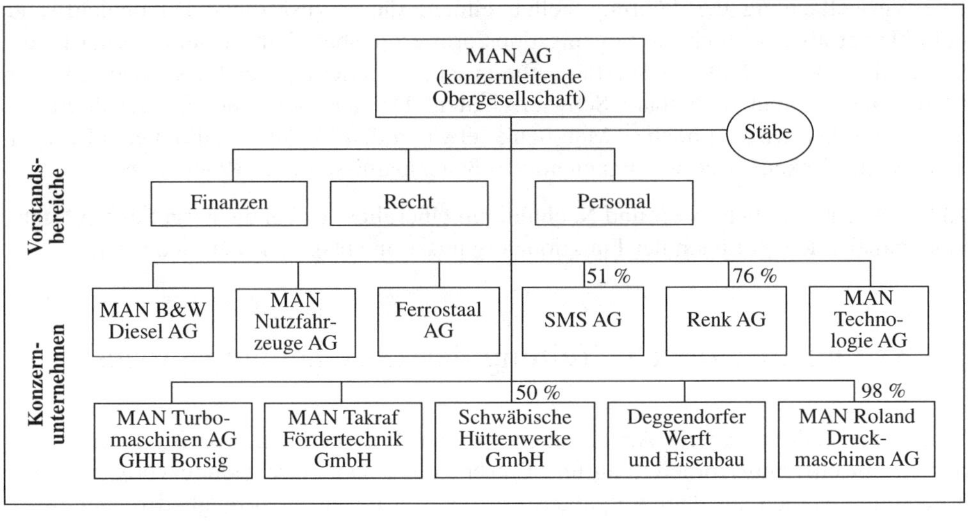

Quelle: www.man.de, Stand Mai 2000

Abb. 7.7: Organigramm MAN AG

17 Vgl. zur Ausgestaltung der Management-Holding im einzelnen Bühner, R., Management-Holding – ein Erfahrungsbericht, in: Die Betriebswirtschaft 51 (1991), S. 141 ff.; ders., Gestaltung von Konzernzentralen, Wiesbaden 1996.

mours/USA in den 20er Jahren entwickelt wurde und heute in unterschiedlichsten Varianten Verwendung findet.

Grundvoraussetzung für den Einsatz der divisionalen Organisation ist die Teilbarkeit der geschäftlichen Aktivitäten in homogene, voneinander weitgehend unabhängige Sektoren – nur dann können die Aktivitäten so gebündelt werden, daß eine Erfolgszurechnung möglich wird. Diese Teilbarkeit gilt sowohl **intern** hinsichtlich einer getrennten Ressourcennutzung, als auch **extern** hinsichtlich des Marktes und der Ressourcenbeschaffung.

Diese Überlegungen verweisen darauf, daß die divisionale Organisation historisch gesehen nicht einer theoretischen Alternativenkonstruktion entstammt, sondern als Antwort auf die Strategie der Diversifikation entwickelt wurde. Für breit diversifizierte Unternehmen erwies sich die dabei vorherrschende funktionale Organisation als zu schwerfällig und zu unübersichtlich, und man ging immer mehr dazu über, spartenorientierte Strukturen zu entwickeln, die viel besser auf die verschiedenen Strategien eines diversifizierten Unternehmens ausgerichtet werden können.[18]

Die konzeptionelle Entsprechung von Diversifikation und Divisionalisierung konnte in mehreren empirischen Studien der Tendenz nach bestätigt werden.[19] Die Ergebnisse weisen jedoch keineswegs auf eine völlige Übereinstimmung hinsichtlich dieser Strategie und Struktur hin. Dafür können verschiedene Gründe verantwortlich sein (Personal, Risiko etc.), der wesentliche Grund ist aber gewiß darin zu suchen, daß die divisionale Organisation auch erhebliche **Nachteile** hat. So geht mit einer Divisionalisierung immer eine Vervielfachung der Führungsstellen einher; dieser zusätzliche Personalaufwand muß kleiner als der durch die Organisationsform erreichbare Nutzen sein. Ferner bereitet die für klar geschnittene Sparten erforderliche Separierung der Ressourcen und der Märkte häufig unüberwindbare Schwierigkeiten. Der aus der Trennung resultierende Synergieverlust wird zu hoch.[20] Man denke etwa an den Verlust konditionenpolitischer Vorteile im Einkauf oder an entgangene Größenersparnisse in der Produktion.

Abb. 7.8 zeigt mögliche Vor- und Nachteile im Überblick, wobei die aufgeführten Nachteile zumeist den Vorteilen der Funktionalorganisation entsprechen et vice versa.

7.3.3 Organisatorische Teilung des Entscheidungsprozesses

Eine Arbeitsteilung anderer Art orientiert sich am Entscheidungsprozeß und untergliedert in Entscheidungsvorbereitung und Entscheidung. Die entscheidungsvorbereitenden Tätigkeiten werden aus dem Aufgabenspektrum von Instanzen ausgegliedert und zu ei-

---

18 Historisch gesehen war die Bildung von Produkt-Ausschüssen mit Mitgliedern aus den verschiedenen Funktionsbereichen der Ausgangspunkt für eine Spartengliederung. Vgl. dazu die ausführliche Beschreibung der Einführung der Divisionalisierung in: Chandler, A.D. jr., Strategy and structure, Cambridge/London 1962.

19 Einen Überblick geben Kieser, A./Kubicek, H., Organisation, 3. Aufl., Berlin/New York 1992, S. 241 ff.

20 Vgl. Frese, E., a.a.O., S. 353 ff.

Divisionale Organisation	
Vorteile – Jeweils spezifische Ausrichtung auf die Divisonsstrategien – Mehr Flexibilität, weil kleinere Einheiten – Zukäufe und Desinvestitionen leichter zu bewerkstelligen – Entlastung der Gesamtführung – Höhere Transparenz der verschiedenen Geschäftsaktivitäten – Mehr Motivation durch größere Autonomie – Exaktere Leistungsbeurteilung der oberen Führungskräfte	Nachteile – Effizienzverluste durch mangelnde Teilbarkeit von Ressourcen oder durch suboptimale Betriebsgrößen – Vervielfachung hoher Führungspositionen – Hoher administrativer Aufwand (Spartenerfolgsrechnung, Transferpreis-Rechnung usw.) – Potentielle Divergenz von Divisions- und Unternehmenszielen – Kannibalismus: Substitutionskonkurrenz zwischen den Divisionen

Abb. 7.8: Potentielle Vor- und Nachteile der divisionalen Organisation

genen Stellen gebildet; man nennt sie Stabsstellen oder Stäbe. Die **zugrundeliegende Idee** ist, daß bestimmten Instanzen **Spezialisten als Berater** zur Seite gestellt werden, um neuere wissenschaftliche Erkenntnisse und systematische Methoden der Problemlösung für die Verbesserung der Entscheidungen einsetzbar zu machen, die der Instanz unbekannt oder aus zeitlichen Gründen nicht erschließbar sind. Der Entscheidungsprozeß wird zu diesem Zweck geteilt. Die systematische **Entscheidungsvorbereitung** obliegt den Spezialisten, also dem Stab. Die Entscheidung selbst und damit die letzte Entscheidungsverantwortung trägt die „Linie" (siehe unten).

Die Beratungstätigkeit des Stabes kann unterschiedlich intensiv ausgelegt sein. Bisweilen werden Stäbe nur zu Sammlung von Informationen und abstrakten Problemlösungsverfahren (z.B. Planungsmethoden) eingesetzt. Meist aber umfaßt ihre Tätigkeit auch das Generieren und Selektieren von Alternativen, so daß die „Linie" nur noch die Wahl unter den verschiedenen Alternativen trifft. Bei der sog. vollständigen Stabsarbeit bearbeitet der Stab das Problem bis zur Entscheidungsreife, die Instanz trifft dann nur noch eine Ja/Nein-Entscheidung. Dadurch, daß die Stabsstellen nur „mitdenken", nicht aber anordnen sollen, bleiben die Autorität der Leitungshierarchie jedoch uneingeschränkt in Kraft.

Stabsstellen werden in der Praxis für vielfältige Funktionen gebildet; typische Stabsaufgaben sind: Strategische Planung, Public Relations, Controlling, Personalentwicklung, volkswirtschaftliche Abteilung in Banken und Versicherungen (vgl. Abb. 7.9).

Daneben werden Stäbe z.T. aber auch zur quantitativen Entlastung von Vorgesetzten eingesetzt (Assistentenstellen). Im eigentlichen Sinne handelt es sich hier jedoch nicht um Stabs-, sondern um reine Hilfsstellen; letztere deuten meist auf eine Fehlorganisation hin.

Die Zusammenarbeit von Stab und Linie hat sich in der Praxis als sehr konfliktreich erwiesen. Wissenschaftliche Untersuchungen haben ergeben, daß ein Teil der Konflikte durch personelle Faktoren verursacht wird; so z.B. durch Unterschiede im Erfahrungshorizont, im Sozialverhalten, in Ausbildung, Sprachgewohnheiten und Fachsprachen.[21] Als besonders problematisch erwies sich die gewöhnlich eher geringe praktische Erfahrung der Stabsmitglieder. Sie haben nicht „von der Pike auf gelernt" und sind erst nach dem Abschluß ihrer – meist akademischen – Ausbildung in die Organisation eingetreten. Dieses Erfahrungsdefizit dient der Linie oft als Argument, um die Vorschläge der „praxisfremden" Stäbe abzublocken oder gar der Lächerlichkeit preiszugeben.

Ein weiterer Konfliktherd liegt in der latenten Bedrohung der Linienmanager durch die Spezialisten. Stäbe werden eingesetzt, wenn das in den Linieninstanzen vorhandene Wissen nicht mehr ausreicht, die immer komplexer werdenden Entscheidungssituationen befriedigend zu lösen. Aus dem Tätigkeitsbereich der Linienmanager werden also, genau genommen, zunehmend Aufgaben ausgesondert und auf Spezialisten übertragen. Durch die Anwendung von neuen Methoden und Techniken fungieren die Stäbe de facto als Kritiker und Reformer. Vorschläge des Stabes werden deshalb tendenziell als Bedrohung empfunden: Lange Zeit bewährte, vielleicht von den Linienmanagern selbst eingeführte Verfahrensweisen werden in Frage gestellt und sollen durch neue ersetzt werden. So stellt sich die Stabsarbeit als solche für die Linie tendenziell als Besserwisserei und Einmischung dar.

Neben den genannten personellen Faktoren ist als weitere wesentliche Konfliktursache die Struktur der Beratungstätigkeit zu sehen.[22] Durch die Aufteilung des Entscheidungsprozesses entsteht – von der Wirkungsrichtung her genau entgegen gesetzt zu oben – die

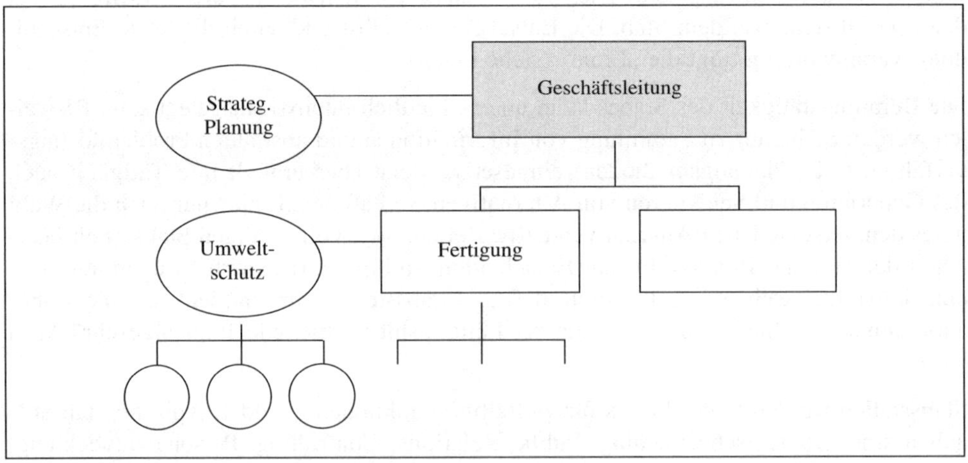

Abb. 7.9: Beispiel für eine Stab-Linie-Organisation

21 Vgl. insbesondere Dalton, G., Men who manage, New York 1959.
22 Vgl. dazu Irle, M., Macht und Entscheidung in Organisationen, Frankfurt a.M. 1971.

Gefahr, daß die Stäbe die Informationsverarbeitung beherrschen und dadurch entgegen der formellen Regelung (informationelle) Macht über die Linie gewinnen. Letztere ist meist nicht in der Lage, den Informationsbeschaffungsprozeß nachzuvollziehen; man kann nicht überprüfen, ob die richtigen und vollständigen Informationen in die Formulierung der Alternativen eingeflossen sind oder ob die Stäbe eine manipulative Auswahl getroffen haben. Je spezieller die Fachinformationen sind, desto stärker wird die Abhängigkeit der Linie; denn Informationen, die zum Beispiel als chemische Formeln oder in komplizierten Statistiken vorliegen, müssen erst in die Alltagssprache der Linie „übersetzt" werden, wobei diese die Richtigkeit der Transformation häufig nicht kontrollieren kann.

In der Literatur finden sich viele Vorschläge, die darauf abstellen, die Zusammenarbeit von Spezialisten und Linienmanagern unter Beibehaltung des Stab-Linie-Prinzips zu harmonisieren. Dazu gehören eine gezielte Bewerberauswahl nach typisierten Stab-/Linie-Persönlichkeitsprofilen oder eine Job-Rotation, mit deren Hilfe die Distanz zwischen Linie und Stab zugunsten einer gemeinsamen Orientierung abgebaut werden soll.

Nachdem mit solchen Maßnahmen eine Milderung, nicht aber Lösung des Konflikts herbeigeführt werden kann, hat man sich nach alternativen Wegen der Zusammenarbeit von Spezialisten und Generalisten umgesehen. Die meisten davon sind teamorientierte Ansätze,[23] die eine **gemeinsame Entscheidungsverantwortung** in den Vordergrund rücken. Nachdem diese Modelle jedoch weniger die Arbeitsteilung (Spezialisten, Generalisten) behandeln – sie setzen sie vielmehr voraus –, als vielmehr die Arbeitsvereinigung, werden diese Modelle auch nachfolgend unter dem allgemeinen Stichwort Integration behandelt.

7.4 Organisatorische Integration

Arbeitsteilung erzeugt Komplexität: Die Bildung von spezialisierten Stellen und Abteilungen stellt jeweils Unterbrechungen des gesamten Leistungsflusses dar. Die Aufgabenteile werden von verschiedenen Personen, an verschiedenen Orten, zu unterschiedlichen Zeiten erledigt, und dies wirft zwangsläufig das Problem auf, alle diese separat erledigten Teile wieder zusammenzuführen, so daß eine geschlossene Leistungseinheit entstehen kann. Es ist leicht einzusehen, daß das Verhältnis von Differenzierung und Integration um so spannungsreicher gerät, je weiter und tiefer die Arbeitsteilung gewählt wird.[24] So ist es kein Wunder, daß das große Organisationsthema in den heutigen komplexen Großunternehmen nicht mehr so sehr die Arbeitsteilung, sondern die Integration geworden ist. Dabei ist das Problem der Zusammenführung der verschiedenen Aufga-

23 Vgl. z.B. Golembiewski, R., Organizing men and power: Patterns of behavior and line-staff-models, Chicago 1967.
24 Vgl. dazu Lawrence, P.R./Lorsch, J.W., Organization and environment, Cambridge/Mass. 1967.

benteile nicht nur als ein mechanisches Problem des Zusammenfügens bzw. dessen organisatorischer Bewerkstelligung zu sehen, es ist auch ganz wesentlich ein Problem der auseinanderdriftenden **Orientierungen** der Stelleninhaber und Abteilungen.

Das Orientierungsproblem erklärt sich im Grunde daraus, daß jede organisatorisch separierte Einheit spezielle Ziele vor Augen hat und sich vor allem mit diesen Teilzielen identifiziert: Die Vertriebsabteilung konzentriert sich auf die Umsatzziele, die Forschung & Entwicklung auf die anstehenden Projekte, die Finanzabteilung auf den Kapitalmarkt usw. Diese Separierung von Zielen und Orientierungen ist jedoch immer Ergebnis einer künstlichen Trennung, tatsächlich besteht ja immer ein sehr viel engerer sachlicher Zusammenhang zwischen allen Aufgaben, als dies von den Spezialisten gewöhnlich wahrgenommen wird. In den täglichen Arbeitsvollzügen tauchen diese arbeitsteilungsbedingten „Abbrüche" häufig als Konflikte auf. So z.B., wenn der Vertriebsbeauftragte dem Kunden eine Sonderausrüstung zusagt, die dem Kostensenkungsprogramm des Produktionsleiters zuwiderläuft; letzterer mag sich als Ziel gesetzt haben, die Produktstandardisierung zu forcieren, um die Kosten in Schach zu halten. Aus der Sicht der Forschung & Entwicklungs-Abteilung stellt sich die Zusage u.U. ebenfalls als problematisch heraus, weil sie, jedenfalls teilweise, Besonderheiten der neuen Modellbaureihe vorwegnimmt. Für den Vertriebsbeauftragten sind die Einwände nur schwer verstehbar, denn er hatte schwer zu kämpfen, um den Auftrag überhaupt zu erhalten. Der Kunde hatte fortwährend auf attraktive Konkurrenzangebote verwiesen. Der entstehende Konflikt bedarf einer Regelung, es bedarf der Integration.

Als weiteres Konfliktfeld bringt die Differenzierung eine **Kommunikationsverdünnung** mit sich. Mit wachsender Größe stellt sich zunehmend die Tendenz ein, nur noch innerhalb des eigenen überschaubaren Bereiches Informationen auszutauschen. Die Abteilungen kapseln sich zunehmend nach „außen" (d.h. Abteilungen mit anderen Aufgaben) ab und differenzieren sich nach „innen". Es werden neue Abteilungen gegründet, spezialisierte Unterabteilungen, wie z.B. Debitoren-, Kreditoren-, Lagerbuchhaltung oder Spezialabteilungen wie Operations Research, Marktforschung und Personalentwicklung. Mit dieser Binnendifferenzierung geht eine weitere Einengung des Blickwinkels und Aktionsfeldes einher, mit der Folge, daß Spezialsprachen und Methoden entwickelt werden, die den Informationsaustausch immer schwieriger machen und zu einer Verdünnung der Kommunikation führen. Nicht selten bestehen mehr Kontakte zu den entsprechenden Spezialisten in anderen Organisationen als zu den Mitgliedern anderer Abteilungen der eigenen Organisation. Die Kommunikationsverdünnung führt zu Konflikten, Stereotypisierungen, Grabenkämpfen usw., die einer effektiven Integration der einzelnen Arbeitsleistungen im Wege stehen.

Grundsätzlich stehen der Unternehmenssteuerung zur Bewältigung des Integrationsproblems drei Instrumente zur Verfügung, die sich z.T. ergänzen, im Prinzip aber als funktionale Äquivalente zu sehen sind:

- Hierarchie,
- Programme/Pläne,
- Selbstabstimmungsregeln.

7.4.1 Abstimmung durch Hierarchie

Das klassische Integrations- und Kontrollinstrument ist die Hierarchie bzw. die **persönliche Anweisung durch Vorgesetzte**. Die Funktionsweise dieser Form der Abstimmung sei an einem einfachen Beispiel aufgezeigt: Arbeiter A hat seinen Arbeitsgang an einem Werkstück X beendet; der Vorgesetzte fordert Arbeiter B auf, nunmehr mit seiner Bearbeitung des Werkstückes X zu beginnen. Oder: in der Produktentwicklung ist ein neuer Prototyp erstellt; der Geschäftsführer weist den Werkzeugbau an, mit der Konstruktion der Werkzeuge zu beginnen. Organisatorisch gesehen bedeutet diese Form der Arbeitsvereinigung, daß Instanzen geschaffen werden müssen, die mit den entsprechenden für die Abstimmungsprobleme erforderlichen Kompetenzen ausgestattet sind. Prozeßmäßig gesehen werden in der klassischen Hierarchie Abstimmungsprobleme so lange nach oben weitergegeben, bis ein Vorgesetzter gefunden ist, der die zu koordinierenden Bereiche gemeinsam umspannt. Dies ist in letzter Konsequenz immer die oberste Instanz.

Nachdem sich Abstimmungsprobleme – wie gezeigt – in vielen Fällen als **Konflikt** äußern, wird die Einrichtung von Instanzen auch als Instrument zur Konfliktlösung und zur Konfliktbegrenzung betrachtet. Mit der Einrichtung eines Instanzenzuges wird festgelegt, wer endgültig über Streitfragen entscheidet und meist auch, was überhaupt Streitfrage werden darf. Dies zumindest dann, wenn die Hierarchie nach dem sog. **Einlinienprinzip** konstruiert ist. Maßgeblich hierfür ist das Prinzip der Einheit der Auftragserteilung, wonach ein Mitarbeiter nur einen direkt weisungsbefugten Vorgesetzten haben soll („one man, one boss"). Dies gilt nicht umgekehrt, eine Instanz ist gewöhnlich mehreren untergeordneten Stellen gegenüber weisungsbefugt (vgl. die schematische Darstellung in Abb. 7.10).

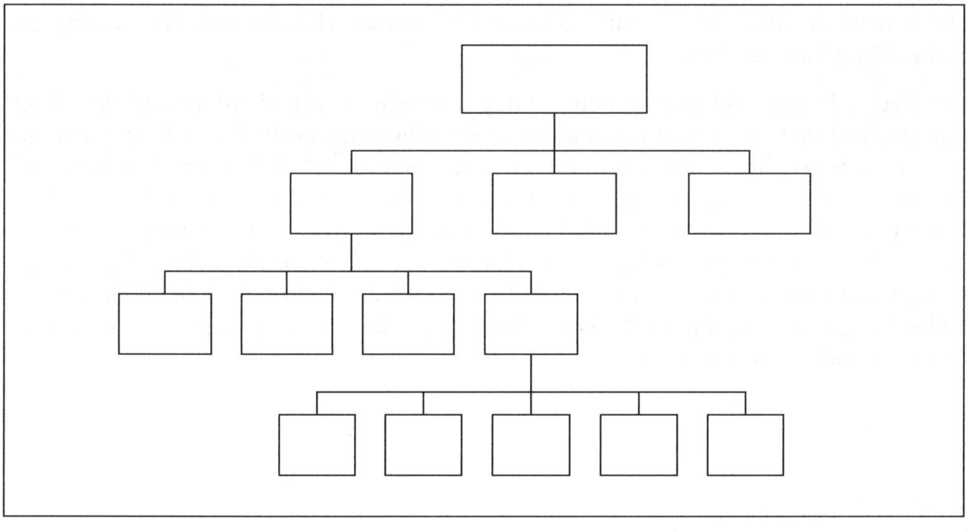

Abb. 7.10: Strukturtyp der Einlinienorganisation

Diesem Strukturtyp steht als Gegentyp das **Mehrliniensystem** gegenüber. Dieses baut auf dem Spezialisierungsprinzip auf und verteilt die Führungsaufgabe auf mehrere spezialisierte Instanzen mit der Folge, daß eine Stelle mehreren weisungsbefugten Instanzen untersteht, d.h. ein Mitarbeiter berichtet mehreren Vorgesetzten (vgl. Abb. 7.11). Die Idee des Mehrlinienprinzips fand eine besonders prägnante Ausformulierung im Funktionsmeistersystem bei F.W. Taylor.[25] Hiermit soll durch Funktionsspezialisierung – ähnlich wie bei den Ausführungsstellen – eine Gewinnung von Übungsvorteilen und eine Verkürzung der Anlernzeiten erreicht werden. Taylor schlug je nach Aufgabenkomplexität eine Aufgliederung der Meistertätigkeit in bis zu acht verschiedene Funktionsmeisterstellen vor, z.B. Geschwindigkeitsmeister, Instandhaltungsmeister, Arbeitsverteiler usw.

Die Idee, die Hierarchie nach dem Mehrliniensystem aufzubauen, hat lange Zeit in der Praxis wegen der damit verbundenen Aufweichung der Autorität wenig Anklang gefunden. Erst in neuerer Zeit finden sich – wenn auch weniger der Spezialisierung als der verbesserten Integration wegen – Modelle, die auf einem Mehrliniensystem basieren. Wir werden einige davon unten im Abschnitt 7.4.3 behandeln.

Neben der Art des Liniensystems ist zum Aufbau einer Hierarchie zum zweiten über die notwendige **Anzahl der Leitungsebenen** zu entscheiden. Hierzu bestehen in der Organisationsliteratur recht unterschiedliche Auffassungen. Ausgangspunkt der Überlegungen ist die Entscheidung über die Größe der **Kontrollspanne.** Unter Kontrollspanne versteht man die Zahl der Mitarbeiter, die einer Instanz **direkt** unterstellt sind. In der klassischen Organisationslehre war der Umfang der optimalen Kontrollspanne eines der großen Themen. Man ging – wie im zweiten Kapitel ausführlich dargelegt – von einer starken Anleitungs- und Kontrollbedürftigkeit der Mitarbeiter aus und empfahl daher, die Kontrollspanne verhältnismäßig **klein** zu halten.[26] Die als optimal betrachteten Spannen schwankten zwischen 3 und 10.

Das Prinzip der limitierten Kontrollspanne hat automatisch eine **tiefe Gliederung** der Stellenhierarchie zur Folge.

Die Nachteile einer tief gestaffelten Leitungshierarchie liegen allerdings auf der Hand: schleppender und vielen Störungen unterworfener Informationsfluß und damit einhergehend verminderte Reaktionsfähigkeit, hohe „Führungskosten", hoher formaler Aufwand. Die Mehrzahl der neueren Organisationslehren empfiehlt daher die Einrichtung relativ **flacher** Hierarchien. Das höhere Maß an Flexibilität, an Kommunikationsdichte und die größere Nähe zum Organisationsziel werden als ausschlaggebende Gründe hierfür geltend gemacht. Die damit einhergehenden breiten Kontrollspannen werden durch den partiellen Ersatz der persönlichen Weisung durch unpersönliche oder horizontale Koordinationsarten möglich (siehe Abschnitt 7.4.3).

---

25 Vgl. dazu zweites Kapitel.

26 Van Fleet, D.O./Bedeian, A.G., A history of the span of management, in: Academy of Management Review 2 (1977), S. 356-372.

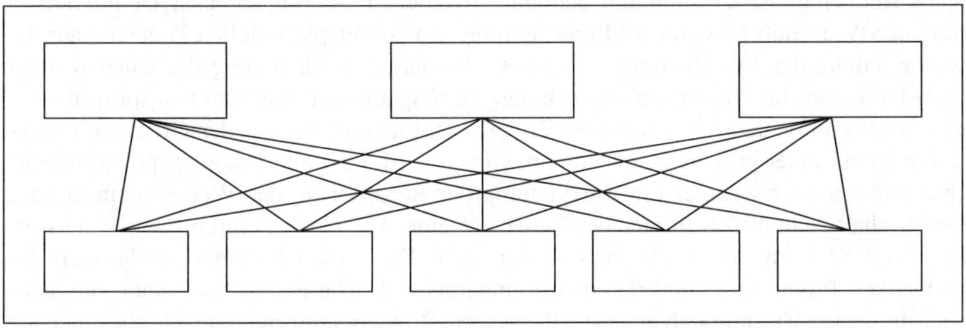

Abb. 7.11: Strukturtyp des Mehrliniensystems

Mit der Zahl der Hierarchieebenen sind aber noch viele andere Aspekte verbunden, so z.B. die „Leitungsintensität", d.h. das Verhältnis von leitenden und unterstützenden zu direkt produktiven Stellen. Häufig ist das Argument zu hören, daß mit wachsender Größe eines Systems die Leitungsintensität (also auch die Zahl der Hierarchieebenen) überproportional zunehme. Blau zeigt in seiner Theorie der organisatorischen Differenzierung, daß sich die Zusammenhänge keineswegs so einfach darstellen.[27] Einerseits gibt eine wachsende Systemgröße Veranlassung und Gelegenheit zu einer stärkeren Spezialisierung (Arbeitsteilung), der gewöhnlich mit der Einrichtung **zusätzlicher** Leitungs- und Stabsstellen begegnet wird. Auf der anderen Seite ergibt sich für ein System mit wachsender Größe gewöhnlich ein (begrenzt) steigendes Potential an Skalenersparnissen. Organisatorisch bedeutet dies in erster Linie die Möglichkeit, mehr **gleichartige** Stellen und homogene Abteilungen zu bilden mit der Konsequenz, einer Instanz im Sinne einer Führungsrationalisierung eine größere Zahl von Stellen unterordnen zu können.

Der zweitgenannte Aspekt läßt also im Hinblick auf die Leitungsintensität mit steigender Größe eine **sinkende** Tendenz erwarten: allerdings nur dann, wenn das Größenersparnis-Potential in der beschriebenen Weise genutzt wird. Aus den vorhergehenden Darstellungen geht klar hervor, daß dieses Potential aber auch in ganz anderer Weise genutzt werden kann, z.B. durch Bildung mehrerer quasi-autonomer Einheiten mit dem Ziel des Flexibilitätserhalts, wie dies bei der Divisionalisierung der Fall ist. Wie der **Netto-Effekt** aussehen wird, hängt also von den Organisationsentscheidungen ab.

Die Leitungstiefe oder allgemein die Schaffung betrieblicher Hierarchien hat aber auch weiterreichende Folgen, als dies die bloße Frage organisatorischer Zweckmäßigkeit erkennen läßt. So ist sie z.B. die maßgebliche Einflußgröße für das Ausmaß an **Statusdifferenzierungen** in einer Organisation. Mit der Zahl der hierarchischen Ebenen werden auch Karrieren und Karrierewege festgelegt. Auch gilt es den Zusammenhang zwischen **gesellschaftlichen** und betrieblichen Hierarchien zu sehen: Betrieblicher Status beeinflußt den gesellschaftlichen Rang.

27 Vgl. Blau, P.M., A formal theory of differentiation in organizations, in: American Sociological Review 35 (1970), S. 201-218.

Ferner darf die betriebliche Hierarchie nicht nur unter funktionalen, sondern muß auch unter Herrschaftsgesichtspunkten betrachtet werden. Forderungen nach Demokratisierung der Wirtschaft bzw. nach Mitbestimmung am Arbeitsplatz stellen ja gerade auf die Neuverteilung der Entscheidungsbefugnisse und auf eine Einengung der Unterwerfung unter hierarchische Machtpositionen ab. Die Partizipation am Entscheidungsprozeß ist in diesem Zusammenhang ein zentrales Thema, dem in Zukunft bei der Organisationsgestaltung ein immer größeres Gewicht zukommen wird. Eine zu stark ausgeprägte Hierarchie findet immer weniger die Zustimmung der Betroffenen, das Wertesystem unserer Gesellschaft richtet sich immer deutlicher auf eine Abnahme hierarchischer Unterwerfung und Weisung aus (vgl. auch Kasten 7.2). Das starke Interesse an Formen der „schlanken Produktion" und der damit einhergehende Hierarchieabbau kann durchaus auch in diesen Zusammenhang gestellt werden.[28] Noch schwerer wiegen aber hier die Dysfunktionen der Hierarchie in zeitlicher und sachlicher Hinsicht.

Kasten 7.2

Ich kann noch immer keine Hierarchie entdecken

„McKinsey ist ein riesengroßes Unternehmen. Die Kunden respektieren es. Es ist außerdem *der* Prototyp eines multinationalen Unternehmens, das in vielen Ländern zu Hause ist (und war es bereits lange bevor Barnevik von ABB den Begriff erfand), mit Büros in 25 Ländern, von denen einige über einen enormen lokalen Einfluß verfügen.

Aber es gibt einfach keine traditionelle Hierarchie. Es gibt keine Organigramme, keine Tätigkeitsbeschreibungen, keine Strategiehandbücher. Keine Regeln für die Abwicklung von Kundeneinsätzen. Keine Regeln zur Festlegung von Budgets für solche Einsätze (die sich leicht auf Millionen von Dollar belaufen können), keine Richtlinien, die einem deutlich machen, wie man befördert wird oder wie man jemanden feuert. Keine Standardverfahren für den sehr wichtigen Einstellungsprozeß. Und trotzdem hat man alle diese Dinge gut im Griff – man sollte sich nicht täuschen: McKinsey gerät nicht außer Kontrolle!

Nicht daß McKinsey auf einer Insel der Seligen residiert. Die Firma ist eine akkurate Widerspiegelung des jeweiligen Wirtschaftsumfeldes. Mitunter war das langweilig, und McKinsey war es auch. In der turbulenten Geschäftswelt von heute dagegen macht McKinsey einen ganz anderen Eindruck als noch vor Jahren. Zum Beispiel beschäftigen sich die McKinsey-Mitarbeiter viel mehr mit Recherchen und Veröffentlichungen – und mit der Überprüfung der Ergebnisse aus ihrer Beratungstätigkeit beim Kunden. Worauf es jedoch ankommt, ist die Tatsache, daß McKinsey funktioniert. Es funktioniert bereits seit mehr als einem halben Jahrhundert. Das Unternehmen zeigt kaum Anzeichen des Abbaus. (Und seine Struktur weist wenige oder keine Ähnlichkeiten auf mit der von Sears, General Motors, Kodak, IBM oder anderen hierarchisch aufgebauten Unternehmen.)

Im großen und ganzen gibt es bei McKinsey keine Hierarchie. Aber seien wir ganz offen, bei McKinsey gibt es statt dessen eine Hackordnung. Zwischen beiden besteht jedoch ein großer Unterschied."

Quelle: Peters, T., Jenseits der Hierarchien, Übers. a.d. Engl., Düsseldorf et al. 1993, S. 213 f.

28 Vgl. hierzu die Beschreibung der Prinzipien einer „lean production", in: Womack, J.P./Jones, D.T./Roos, D., Die zweite Revolution in der Automobilindustrie (Übers. a.d. Engl.), Frankfurt/New York 1992.

Aber auch unter **funktionellen Gesichtspunkten** hat sich das Instrument der hierarchischen Integration, zumal in komplexeren Organisationen, als **unzureichend** und in seinen Nebenwirkungen als **problematisch** erwiesen. Eine Abstimmung der Aktivitäten auf diesem Wege führt sehr leicht zu einer **Überlastung** der Instanzen. Es ist im Prinzip unmöglich, daß der Vorgesetzte alle in seiner Abteilung anfallenden Abstimmungsprobleme löst; dies anzunehmen ist, wie sich gezeigt hat, eine gefährliche und kostenträchtige Fiktion. Die Instanzen verfügen nämlich häufig nicht über die notwendigen Informationen, um eine Abstimmungsfrage sachgerecht entscheiden zu können. Um an die notwendigen Informationen (z.B. über voraussichtliche Konsequenzen der Entscheidungsalternativen) heranzukommen, müssen zumeist erst umständliche Rückfragen angestellt oder Berichte angefordert werden. Sofern dies aus Zeitgründen nicht ohnehin unterbleibt (und also auf der Basis unzureichender Information entschieden wird), binden diese Rückfrageprozesse Kommunikationsenergien, die anderweitig gebraucht würden.

Die hierarchische Lösung des Arbeitsvereinigungsproblems bedeutet letztlich, daß neben der **generell geregelten** Zuständigkeit jede konkrete Abstimmung **fallweise** entschieden wird – wenn auch in einem generell bestimmten Kompetenzbereich. Dies wirft nicht nur ein Licht auf die tendenzielle Ineffizienz, sondern auch auf die **Störanfälligkeit** dieses Mechanismus. Jede physische Abwesenheit des Vorgesetzten bedroht die Arbeitsvereinigung.

So ist es nicht verwunderlich, daß Organisationslehre und Praxis gleichermaßen schon frühzeitig nach zusätzlichen oder alternativen Mechanismen der Integration gesucht haben.

7.4.2 Abstimmung durch Programme

Das in größeren Organisationen wohl am häufigsten zusätzlich verwendete Integrationsinstrument ist das Programm[29]. Programme sind verbindlich festgelegte Verfahrensrichtlinien, also generelle Regeln im eingangs definierten Sinne, die die Arbeitsvereinigung und dabei auftretende Konflikte zum Gegenstand haben[30]. Programme können Anweisungen von Vorgesetzen (= fallweise Regelungen) ersetzen oder aber zumindest ihre Zahl erheblich reduzieren. Programme nehmen allfällige Abstimmungsprobleme vorweg und versuchen diese gewissermaßen im voraus schon zu lösen. Damit ist freilich auch gesagt, daß ein Programm nur dort entwickelt werden kann, wo die Abstimmungsproblematik antizipierbar ist. Mit anderen Worten, Programme sind – wie generelle Regeln überhaupt – sinnvollerweise nur dort einsetzbar, wo sich Abstimmungsprobleme in gleicher oder ähnlicher Form rekonstruieren lassen und somit einer **Standardisierung** zugänglich sind.

29 Vgl. grundlegend March, J.G./Simon, H.A., Organizations, New York 1958, S. 142 ff.

30 Programme können aber auch auf informellem Wege entstanden sein, Routinen, die sich eingespielt haben, vgl. etwa Nelson, R.A., Recent evolutionary theorizing about economic change, in: Journal of Economic Literature 33 (1995), S. 48-90.

Entsprechend den Entscheidungsanforderungen unterscheidet man grundsätzlich zwischen **Routine- und Zweckprogrammen.**[31] Die Programmierung von Routineentscheidungen baut auf dem wiederholten Auftreten gleicher oder ähnlicher Ausgangssituationen auf, denen festgelegte Reaktionen folgen sollen. Zugrunde liegt also folgendes Muster: immer wenn A eintritt, dann ist die Information B zu geben bzw. Handlung B zu ergreifen. Im obigen Beispiel hat dementsprechend der Lagerist bei Unterschreiten der Mindestmenge auf ein Bestellformular eine vorab bestimmte Menge Rohstoff einzutragen und dieses zur Abwicklung der Bestellung an die Einkaufsabteilung weiterzuleiten. Der Anstoß zum Tätigwerden kommt durch das Ereignis „Unterschreitung der Mindestmenge", dessen Zeitpunkt und Häufigkeit im einzelnen **nicht voraussehbar sind.** Die Frage des Zeitpunktes muß auch nicht geregelt sein, denn jedesmal wenn das bezeichnete Ereignis eintritt, wird das Handlungsprogramm automatisch ausgelöst. Der Entlastungseffekt von Routineprogrammen für die Hierarchie ist offenkundig.

Zweckprogramme legen in ihrer einfachsten Form einen Zweck fest, d.h. es wird ein bestimmter erwünschter Zustand für verbindlich erklärt.[32] Dem Aufgabenträger obliegt es dann, hierzu Suchaktivitäten zu entfalten, um geeignete Mittel aufzufinden. Im Unterschied zum Routineprogramm ist hier jedoch der Zeitpunkt bedeutsam, die Wirkungsvorstellung verknüpft sich mit einem Zeitindex. Ein umfassendes Anwendungsbeispiel für die Zweckprogrammierung stellt das bekannte und neuerdings wiederum so überaus populäre „Management by Objectives"[33] dar, wonach die Integration der arbeitsteiligen Leistungsprozesse nahezu ausschließlich durch Zweckprogramme geleistet werden soll. Die exakte zeitliche Fixierung der Zwecke und ihre umfassende Abstimmung untereinander spielen dort dementsprechend die herausragende Rolle. Zweckprogramme werden meist mit zusätzlichen **Bestimmungen angereichert**, um die Klasse der Mittel einzuschränken, so z.B. um Negativbestimmungen derart, daß bestimmte Nebenwirkungen nicht eintreten dürfen. Werden Zweckprogrammen zusätzliche Selektionsregeln beigegeben, so spricht man von mehrstufigen Programmen. Im Vergleich zu den Routineprogrammen hat der Aufgabenträger bei Zweckprogrammen ersichtlich einen größeren Aktionsspielraum, obgleich dies natürlich vom Spezifikationsgrad der Zwecke abhängt. Dies ist nicht zuletzt unter Motivationsgesichtspunkten von erheblicher Bedeutung.

Die Problematik einer Abstimmung durch Programme liegt ganz offenkundig darin, daß sie der Organisation einen zu statischen Rahmen geben und damit eine zu geringe Reagibilität bei veränderten Situationen bewirken. Dies gilt in besonderem Maße für das Routineprogramm, bei dem Signal und Handlung fest verkoppelt sind und ein Ausbruch aus dem Ablauf nicht vorgesehen ist. Darüber hinaus besteht die Gefahr, daß Abstimmungssituationen künstlich standardisiert werden, um sie einer Programmierung zugänglich zu machen. Die dabei erzielten schematischen Lösungen sind dann tendenziell Scheinlösungen, sie haben ihren tieferen Grund mehr in den Programmierungsanforderungen als in dem eigentlichen Abstimmungsproblem.

31 Vgl. Luhmann, N., Lob der Routine, in: Verwaltungsarchiv 55 (1964), S. 1-33.

32 Vgl. zum folgenden March, J.G./Simon, H.A. a.a.O., S. 147 ff.; Luhmann, N., Zweckbegriff und Systemrationalität, Frankfurt a.M. 1973, S. 284 ff.

33 Vgl. Odiorne, G.S., Management by objectives, Führung durch Vorgabe von Zielen, München 1967.

Häufig wird von der Programmierung die Abstimmung durch Planung als gesondertes Instrument unterschieden. Die Differenz zur Zweckprogrammierung ist jedoch nur schwer erkennbar, denn Pläne finden in der Regel in zeitlich bestimmten Zielen ihren Niederschlag.

7.4.3 Selbstabstimmungsregelungen

Die Unzulänglichkeit der zwei genannten Abstimmungsmechanismen, aber auch die überall zu beobachtende, immer weiter fortschreitende Differenzierung der Aufgabenvollzüge haben zunehmend Veranlassung zur Entwicklung neuer Integrationsformen gegeben. Die Tendenz geht dabei eindeutig hin zu einer **lateralen Kooperation** im Sinne einer Selbstabstimmung. Selbstabstimmung zielt auf eine direkte Abstimmung der Aktivitäten zwischen den betroffenen Aufgabenträgern. Die Initiative zur Abstimmung soll von den Aufgabenträgern selbst ausgehen, sie stellen die notwendigen Verknüpfungen her. Dabei hat man vor allem solche Verknüpfungsprobleme im Auge, die zeitlich und/oder sachlich nicht vorhersehbar sind.

7.4.3.1 Spontane Selbstabstimmung

Die **spontane horizontale Kooperation** findet sich nahezu in allen Organisationen, wenngleich sie auch gemeinhin von der Hierarchie mit großer Skepsis gesehen und nicht selten in den Verdacht der Unwirtschaftlichkeit oder gar der Obstruktion gestellt wird.[34] Die vertikale Führungsorganisation sieht ihre Autorität häufig durch diese Spontanabstimmung in Frage gestellt. Trotz meist bestehender Sanktionsdrohung hat sich die horizontale Spontanabstimmung speziell in klassisch bürokratischen Organisationen als unverzichtbares Korrektiv erwiesen, um die Unzulänglichkeiten der hierarchischen wie auch der programmierten Abstimmung auszugleichen. Die Störungskosten und Reibungsverluste würden in vielen Fällen ins Unermeßliche steigen, sollten bei Abstimmungsfragen immer der vorgeschriebene Dienstweg oder das Programm eingehalten werden. Die spontane Selbstabstimmung ist jedoch im eigentlichen Sinne kein Instrument, das Führungskräfte geplant einsetzen könnten. Sie wird ja aus der „Not“ geboren und zeichnet sich eben gerade durch ihre Spontaneität (Ungeplantheit) aus (vgl. dazu das Beispiel in Kasten 7.3).

Neuere Ansätze der Organisationslehre versuchen, diese spontane Bereitschaft, sich untereinander abzustimmen, auf breiter Basis zu nutzen; sie nehmen ihnen den Ruch der Illegitimität und treffen institutionelle Vorkehrungen, um ihre Funktionstüchtigkeit zu fördern. Dort, wo die Selbstabstimmung als organisatorisches Instrument eingesetzt wird, stellt sie auf die Schaffung verbindlicher, autorisierter Problemlösungen ab. Deshalb sollte auch zwischen institutionalisierten Formen und der fallweisen spontanen Form der Selbstabstimmung unterschieden werden.

---

34 Vgl. Bahrdt, H.P., Die Krise der Hierarchie im Wandel der Kooperationsformen, in: Mayntz, R. (Hrsg.), Bürokratische Organisation, 2. Aufl., Köln/Berlin 1971, S. 128 ff.

Kasten 7.3

Spontane horizontale Kooperation

„Als die Schweißer bei der Aufnahme einer neuen Serie feststellten, daß in einem der vier Bleche ein für die Montage benötigtes Stanzloch fehlte, riefen sie den zuständigen Einkäufer in der Einkaufsabteilung an, damit sich dieser mit dem Preß- und Stanzwerk in Verbindung setze. Der Einkäufer hörte von dem Verkäufer dieses Werkes, daß der Auftrag diesmal wegen des Ausfalls einer Presse an einen anderen Betrieb als Unterauftrag weitergegeben werden mußte und daß möglicherweise dadurch der Fehler entstanden sei. Er werde die Sache sofort überprüfen und Bescheid geben, wie sie wieder in Ordnung gebracht werden könne.

In der Zwischenzeit gingen die beiden Schweißer in die Montageabteilung, um sich dort genau anzusehen, wofür das Stanzloch benötigt würde, und um festzustellen, ob sie gegebenenfalls das Montageloch ausbrennen könnten. Bei der Beratung mit den Monteuren erfuhren sie, daß ein Loch überhaupt nicht mehr benötigt würde, weil mittlerweile ein neues Werkzeug entwickelt worden war, und nur noch eine Vertiefung von 3 mm in dem Blech erforderlich sei. Die Monteure holten den technischen Zeichner, der mit ihnen zusammen das neue Werkzeug gebaut hatte, aus dem Konstruktionsbüro. Er bestätigte, daß eine Vertiefung anstelle des Stanzloches ausreiche.

Daraufhin wurde mit einem Schlosser aus der Reparaturabteilung eine Vorrichtung entworfen, mit der die erforderliche Vertiefung in dem Gehäuseblech nachträglich angebracht werden konnte. Schließlich fertigte der technische Zeichner an Ort und Stelle eine Handzeichnung für den Schlosser an, nach der er die Vorrichtung baute. – Mittlerweile hatte das Preß- und Stanzwerk dem Einkäufer bestätigt, daß bei dem Unterlieferanten ein Fehler gemacht worden sei und daß die Kosten für die Behebung des Mangels von der Rechnung abgesetzt werden könnte.

Als die Schweißer am Nachmittag die Arbeit mit der neuen Vorrichtung aufgenommen hatten, wandten sie sich an den Zeitnehmer der Abteilung für Arbeitsvorbereitung und verlangten, daß die Vorgabezeit für das Gehäuse – wegen der zusätzlichen Arbeit – von 80 auf 84 Minuten heraufgesetzt werde. Da der Einkäufer bestätigte, daß die zusätzlichen Kosten für diese Serie von dem Preß- und Stanzwerk getragen würden, hatte der Zeitnehmer keine Bedenken, die Vorgabezeit entsprechend dem Verlangen der Schweißer zu ändern.

Einige Zeit darauf setzte der technische Zeichner den Chefkonstrukteur von der Änderung an dem Gehäuse in Kenntnis und ließ sich den Auftrag geben, die Konstruktionsänderung an dem Gehäuseblech für das Preß- und Stanzwerk auszuarbeiten und die Einkaufsabteilung zu veranlassen, einen Preisnachlaß für die nächste Serie mit dem Preß- und Stanzwerk auszuhandeln."

Quelle: Hillmann, G., Die Befreiung der Arbeit, Reinbek b. Hamburg 1970, S. 10 f.

7.4.3.2 Organisatorische Selbstabstimmung

Zwischenzeitlich sind zahlreiche Formen einer organisierten horizontalen Selbstabstimmung entwickelt worden.[35] Die bekanntesten seien im folgenden kurz aufgeführt.

(1) Ausschüsse

Häufig werden problembezogen Arbeitsgruppen mit Mitgliedern verschiedener Abteilungen eingerichtet zur Lösung spezifischer Abstimmungsprobleme. Es sind dies gewissermaßen Koordinationsprojekte mit zeitlicher Begrenzung und mit einer relativ klar umrissenen Aufgabe.

Beispiel: Die Arbeitsvorbereitung bildet mit den Meistern der Endmontage und dem Leiter des Halbteilelagers einen Ausschuß, um den Kommunikationsfluß zu verbessern, insbesondere um die Rückmeldung der durchgeführten und der wegen Werkzeugschadens gestoppten Fertigungsaufträge zu beschleunigen. Zu spät eingetroffene Informationen hatten wiederholt zu kurzfristigen Fehldispositionen geführt.

(2) Abteilungsleiterkonferenzen

Die Einrichtung von Abteilungsleiterkonferenzen oder Meisterbesprechungen dient in erster Linie dazu, Abstimmungsprobleme und Konflikte zwischen Abteilungen zu klären. im Unterschied zu den unter (1) behandelten Ausschüssen sind diese Konferenzen permanente Einrichtungen einer unspezifischen Aufgabe. Sie sollen die allfälligen und mit einer gewissen Regelmäßigkeit zwischen den Abteilungen auftretenden Anschlußprobleme auf direktem Wege, also ohne Einschaltung der vorgesetzten Instanzen, einer Lösung zuführen.

(3) Koordinator

Ein anderes häufig verwendetes Instrument ist die Benennung eines Koordinators, der für eine kontinuierliche Abstimmung zwischen leistungsmäßig angrenzenden Abteilungen zu sorgen hat und bei auftretenden Konflikten aktiv nach einer Lösungsmöglichkeit suchen soll („Liaison role“). Typisch für diese Koordinationslösung sind z.B. Kontaktleute in Rechenzentren, z.B. die Kontaktperson für Werk A oder die Kontaktperson für die Buchhaltung.

(4) Integrationsstellen

Eine weitergehendere Institutionalisierung der Koordinationsaufgabe ist die Bildung von Integrationsstellen, die sich hauptsächlich um die horizontale Koordination der Aktivitäten verschiedener Abteilungen kümmern sollen. Die Besonderheit dabei ist, daß der Integratoren nicht Mitglied einer der zu integrierenden Abteilungen sind, sondern einen separaten Status erhalten. Die bekannteste Anwendungsform ist das Produktmanagement, dessen Hauptaufgabe darin besteht, sämtliche Aktivitäten für Entwicklung, Fertigung und Vermarktung eines Produktes so aufeinander abzustimmen, daß die übergreifende

---

35 Vgl. hierzu z.B. Daft, R.L., Organization. Theory and design, 6. Aufl., Cincinnati 1998, S. 250 ff.

Produktzielsetzung zum Tragen kommt. Es hat vor allem dafür zu sorgen, daß sich die durch Arbeitsteilung entstehenden Teilziele der Funktionsabteilungen nicht verselbständigen (z.B. Perfektionsstreben der Entwicklungsabteilung, Standardisierungsbestreben der Fertigungsleitung).

(5) Matrixorganisation

Eine systematische Ausgestaltung erhält das Konzept des Integrationsmanagers in der sog. Matrixorganisation.[36] Hier wird die gesamte funktionale Organisation horizontal von einer produkt- oder projektorientierten Organisation überlagert (vgl. Abb. 7.12). Die Leiter der Funktionsabteilungen sind für die effiziente Abwicklung der Aufgaben ihrer Funktionen verantwortlich und für die Integration des arbeitsteiligen Leistungsprozesses innerhalb ihrer Funktionen. Im Unterschied dazu haben die Produkt- oder Projektmanager das Gesamtziel ihres Produktes oder ihres Projektes über die Funktionen hinweg zu verfolgen. Sie sollen mit anderen Worten die zentrifugalen Effekte, die eine komplexe Arbeitsteilung mit sich bringt, auffangen und den Ressourceneinsatz aus einer integrativen Perspektive bündeln helfen.

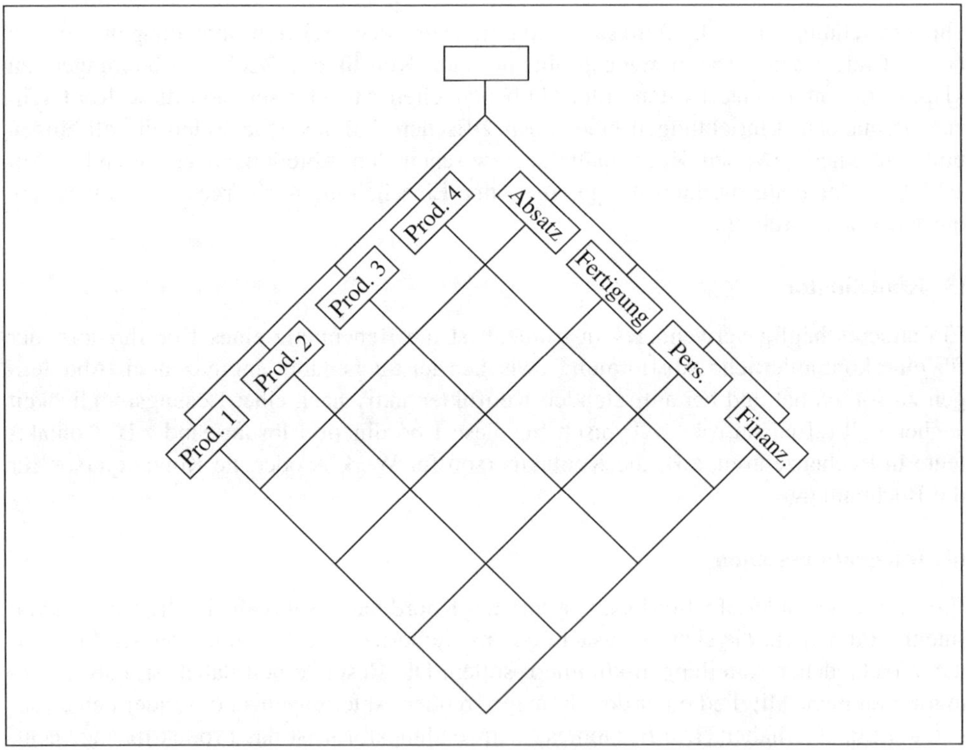

Abb. 7.12: Die Matrix-Organisation (Produkt-Funktions-Matrixorganisation)

36 Zu den verschiedenen Varianten vgl. Frese, E., a.a.O., S. 338 ff., passim.

Die Besonderheit bei der Matrixorganisation ist nun, daß bei Konflikten keine organisatorisch bestimmte Dominanzlösung zugunsten der einen oder der anderen Achse geschaffen wird. Man vertraut auf die Argumentation und die Bereitschaft zur Kooperation. Mit diesem kompetenzmäßig nicht endgültig geregelten Aufeinandertreffen von Funktions- und Produkt/Projekt-Belangen wird der Konflikt zwischen Differenzierungs- und Integrationsnotwendigkeit direkt in die Organisation hineingetragen und seine Lösung der direkten Verhandlung und Abstimmung anheim gestellt. Konflikt wird in diesem Konzept nicht mehr länger als Bedrohung einer Ordnung verstanden, sondern als produktives Element, das die Abstimmungsprobleme einer sinnvollen Lösung zuführen kann.

Es dürfte klar sein, daß sich mit zunehmendem Integrationsbedarf der Aufgabenvollzüge (infolge zunehmender Differenzierung und der damit einhergehenden zunehmenden Komplexität der Transaktionen) immer mehr der Einsatz solcher institutionalisierten lateralen Abstimmungsmechanismen, wie es z.B. die Matrix-Organisation darstellt, empfiehlt. In der Praxis hat sich speziell letztere noch nicht sehr weit durchsetzen können (Ausnahme: Projektorganisation), bringt sie doch eine erhebliche Revision des traditionellen hierarchischen Gefüges und der damit verbundenen eingefahrenen Verhaltens- und Denkweisen mit sich.

Die besondere Hürde, die die Übernahme des Matrix-Konzeptes mit sich bringt, ist die Abkehr von dem Prinzip der Einheit der Auftragserteilung und damit die Aufgabe der Einlinien- zugunsten einer Mehrlinienorganisation. Funktionsmanagement und Produkt- oder Projektmanagement stehen sich gleichberechtigt gegenüber, und nachgeordnete Mitarbeiter haben in bestimmten Fällen zwei Vorgesetzte (vgl. Leiter Werk Ulm in Abb. 7.13).

Dieses Mehrliniensystem erfordert zwangsläufig eine Vielzahl von Abstimmungsprozeduren und Konferenzen, um die von dieser Struktur-Konfiguration verstärkten Konflikte zu lösen. Es gilt jedoch zu sehen, daß die Matrix-Konfiguration meistens nur für eine und keineswegs für alle hierarchischen Ebenen gilt.

Die Matrix-Organisation hat neben ihren augenscheinlichen Vorteilen (höhere Integrationsdichte und -qualität, mehr Flexibilität, stärkere Gesamtzielorientierung) auch klare Nachteile. Dabei ist noch nicht einmal der hohe zeitliche Bedarf für die Abstimmungsprozeduren an erster Stelle zu nennen (diese müssen in anderen Organisationsformen auch, nur in anderer Form, geleistet werden), sondern die enorme Erhöhung der strukturellen **Binnenkomplexität** mit der Gefahr des Orientierungsverlustes. Der Einsatz der Matrixorganisation ist deshalb nur dort sinnvoll, wo der Integrationsbedarf durch besondere Umstände sehr hoch ist, wie etwa in der Luftfahrt-Industrie.[37]

Funktionstüchtig ist die Matrixorganisation grundsätzlich nur dann, wenn die personellen Voraussetzungen dafür geschaffen worden sind. Die betroffenen Personen müssen in der Lage sein, sich von dem herkömmlichen hierarchischen Autoritätsdenken zu lösen

37 Vgl. dazu im einzelnen Davis, St.M./Lawrence, P.R. Matrix, Reading, Mass. 1977; sowie: Ford, R.C./Randolph, W.A., Crossfunctional structures: A review and integration of Matrix organization and project management, in: Journal of Management 18 (1992), S. 267-294.

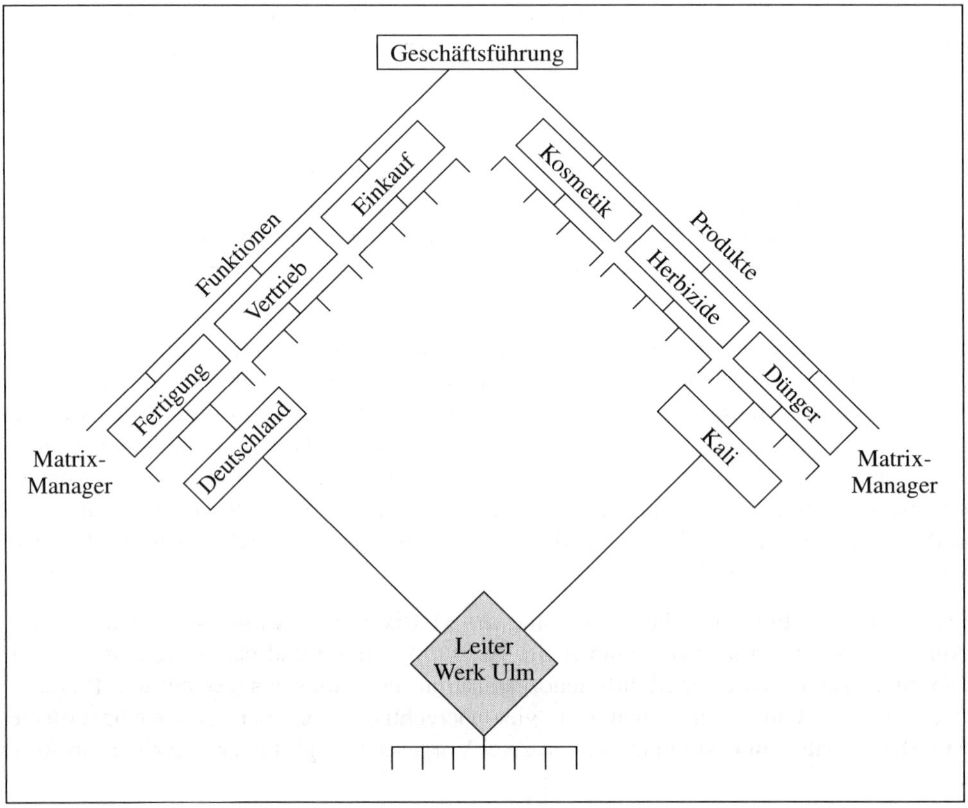

Abb. 7.13: Matrixorganisation als Mehrliniensystem

und stattdessen auf ihre Konfliktregelungskompetenz zu vertrauen. Der für die Matrixkoordination typische geringe Einsatz formaler Machtmittel erfordert in der Regel eine Neuorientierung im Verhalten, die nicht ohne weiteres realisiert werden kann.

(6) Dynamische Netzwerke

Die Einrichtung partiell verselbständigter Gruppen und Subsysteme sowie ihre Vernetzung durch Doppelmitgliedschaften ist eine umfassendere Umsetzung des Konzeptes der lateralen Integration. Bahnbrechende Vorarbeit für diese moderne Organisationsform hat Rensis Likert mit seinem Modell der multiplen Überlappungsstruktur geschaffen[38].

Er hat mit seinem **System 4** ein geschlossenes Modell einer lateralen Koordinationsstruktur vorgelegt, das wesentliche Elemente der Matrixorganisation aufnimmt. System 4 weist eine dreifach überlappende Organisationsstruktur auf: vertikal überlappende

38 Vgl. Likert, R., New patterns of management, New York 1961; ders., The human organization, New York 1967.

Gruppen (linking pins), horizontal überlappende Querschnittsgruppen (cross function groups) und lateral überlappende Projektgruppen (cross linking groups).

Mit den Intentionen von Likert vergleichbare, doch wesentlich weniger „organisierte" Modelle sind die **Adhocratie**[39], die modulare Organisation[40] sowie andere **Netzwerkformen.**[41] Dies sind Modelle, die im wesentlichen auf informelle Kommunikation und Spontankoordination vertrauen (vgl. hierzu Kasten 7.4). Den Grundstock dieser Organisationsformen bilden fachlich spezialisierte Experten, die sich über die ganze Organisation verteilt finden. Entscheidungen werden primär nach dem Kompetenzprinzip gefällt; die kooperativen Anschlüsse an andere Experten und deren Entscheidungen werden über die netzwerkartigen Beziehungsstrukturen vornehmlich nach eigenem Ermessen geleistet. Der programmierten Koordination im Sinne der Schaffung genereller Regeln für die Bewältigung der Koordinationsaufgabe kommt in der Adhocratie (dem Namen entsprechend) und in dynamischen Netzwerken so gut wie keine Bedeutung zu. Die Organisation der Koordination und ihrer Kontrolle wird auch nicht primär durch Führungsanweisungen ersetzt, sondern wird im wesentlichen durch gemeinsam geteilte **Wertvorstellungen** geleistet. Die Bedeutung von Normen und Werten für die (unsichtbare) Steuerung betrieblichen Verhaltens in diesem Sinne ist Gegenstand eines seit einigen Jahren sehr stark beachteten Forschungszweiges der Organisationslehre, nämlich der Unternehmenskultur, der in Kapitel 12 dieses Buches ausführlich dargestellt wird.

Kasten 7.4

Horizontale Integration

„Unsere Freunde bei 3M hatten gegen den Besuch nichts einzuwenden, und wir hatten die Gelegenheit, eine Reihe befremdlicher Vorgänge zu beobachten. Dutzende von zwanglosen Gesprächsrunden waren im Gange; Verkäufer, Marketingleute, Experten aus der Fertigung, Techniker, F&E-Leute – ja sogar einige aus dem Rechnungswesen – saßen herum und sprachen über Probleme mit neuen Produkten. Einmal platzten wir in eine Sitzung hinein, in der ein 3M-Kunde sich ganz formlos mit vielleicht 15 Leuten aus vier Unternehmensbereichen über einen besseren Service für seine Firma unterhalten wollte. Nichts wirkte geprobt. Wir erlebten keinen einzigen förmlichen Vortrag. So ging das den ganzen Tag – man traf sich scheinbar ganz zufällig, um Probleme vom Tisch zu bekommen. Am Ende des Tages stimmte unser Begleiter zu, daß wir ihm vorher eine recht zutreffende Beschreibung gegeben hatten. Aber jetzt stand er vor dem gleichen Problem wie wir: Er wußte nicht, wie er das Geschehene jemand anderem mitteilen sollte."

Quelle: Peters T./Waterman, R.H. jun., Auf der Suche nach Spitzenleistungen, 6. Aufl., Landsberg am Lech 1984, S. 150

39 Vgl. Mintzberg, H., The structuring of organizations, Englewood Cliffs, N.J. 1979.

40 Vgl. Picot, A./Reichwald, R./Wigand, R.T., Die grenzenlose Organisation, 4. Aufl., Wiesbaden 2000.

41 Vgl. Miles, R.H./Snow, C.C., Fit, failure and the hall of fame, in: California Management Review, 26 (1984), Nr. 3, S. 10-28; dies., The new network firm, in: Organizational Dynamics 23 (1995), S. 5-18.

Auf die personellen Voraussetzungen für das Funktionieren lateraler Kooperationsstrukturen hat schon sehr früh Likert[42] hingewiesen; sie lassen sich wie folgt zusammenfassen:

(1) Hohe Bereitschaft zu kooperativem Verhalten (gegenseitiges Vertrauen statt Feindseligkeit und Konkurrenz).
(2) Das Arbeitsklima und die Unternehmenskultur müssen so geartet sein, daß Koordinationskonflikte und -probleme offen zutage treten und in direkter Kommunikation bewältigt werden können (offene Konfliktaustragung).
(3) Einflußausübung muß auch ohne Linienautorität möglich sein (Sachautorität).
(4) Die Entscheidungsprozesse und die interpersonalen Beziehungen müssen so geartet sein, daß eine Person auch dann ihre Aufgabe gut erfüllt, wenn sie zwei oder mehreren Personen (hierarchisch) untersteht (eigenverantwortliches Handeln).

7.4.4. Prozeßintegration

Die vorstehend erläuterten Integrationsmaßnahmen wurden als Antwort auf die zunehmende Differenzierung von Unternehmen entwickelt. So sehr sie auch geeignet sein mögen, die organisatorische Integration zu fördern, so bringen sie doch – paradox genug – ein Problem mit sich, sie erhöhen die organisatorische Binnenkomplexität noch weiter. Dies ist vor allem bei der Matrixorganisation deutlich geworden. In jüngerer Zeit wurde ein radikaler Vorschlag vorgelegt, der diesem Dilemma zu entrinnen sucht, gemeint ist das Business Reengineering oder enger: Prozeßorganisation.[43] Vereinfachend gesagt, stellt dieser Ansatz nicht darauf ab, die negativen Folgen einer im Zuge der fortschreitenden Arbeitsteilung unvermeidlich gewordenen Systemdifferenzierung durch Integrationsinstrumente abzumildern, sondern er will die Quelle des Problems beseitigen, d. h. die Differenzierung abbauen und die Arbeitsteilung rückgängig machen. Dies ist ein fürwahr radikaler Vorschlag, war man doch das ganze vergangene Jahrhundert darauf ausgerichtet, Produktivitätsfortschritte durch Arbeitsteilung zu erzielen. Im Zentrum der Organisationsgestaltung sollen nicht mehr länger die Spezialisierungsvorteile stehen, sondern der ganzheitliche Aufgabenvollzug und die damit ermöglichte Orientierung am Abnehmer.

Die vormals getrennten Positionen und Aufgaben werden integriert und zu einem Prozeß zusammengefaßt.[44] Die Fragmentierung des Prozesses und die damit einhergehenden Schnittstellen werden aufgelöst und möglichst einem einzigen Mitarbeiter übertragen, dem sog. Caseworker. Ist einmal aufgrund örtlicher oder zeitlicher Probleme eine Unterteilung des Prozesses in zwei oder drei Schritte nötig, so ist das „Caseteam" zu bilden, also eine Gruppe von Mitarbeitern, die gemeinschaftlich für den Prozeß verantwortlich

42 Vgl. Likert, R., The human organization, New York 1967.
43 Vgl. Hammer, M./Champy, J. a. a. O.; sowie Osterloh, M./Frost, J., Prozeßmanagement als Kernkompetenz, 2. Aufl., Wiesbaden 1998.
44 Vgl. im folgenden Hammer, M./Champy, J., a. a. O., S. 72 ff.

ist. Dabei soll nicht nur horizontal, sondern auch vertikal komprimiert werden, um die Prozeßbeauftragten mit allen erforderlichen Kompetenzen zu versorgen. Auf die Hierarchie wird im Grundsatz verzichtet, die Beschäftigten disponieren nach eigenem Ermessen und kontrollieren sich selbst („empowerment"). Auch für die Außenwelt, speziell die Kunden, vereinfacht sich die organisatorische Welt, sie haben nur noch eine einzige Anlaufstelle, eben Caseworker oder Caseteam. Der **Informationstechnologie** wird dabei eine tragende Rolle zugeschrieben, sie und nur sie ermöglicht erst die rasche Verfügbarmachung aller der Informationen, wie sie für ganzheitliche Prozeßbearbeitung erforderlich sind (vgl. Kasten 7.5). Insgesamt soll durch die Umstellung auf die Prozeßorganisation die Auftragsabwicklung bis zu zehnmal schneller geschehen als unter dem fragmentarischen Regime. Darüber hinaus werden breitflächige Kostensenkungen versprochen.

So verblüffend einfach und überzeugend diese Lösung auch auf den ersten Blick erscheinen mag, auf den zweiten ist sie es nicht; dabei soll einmal ganz davon abgesehen werden, daß der behauptete Erfolg bislang in nur wenigen Fällen tatsächlich eintrat.[45] Gewiß ist es richtig, daß man bei den vielen Einzelprozessen die Arbeitsteilung mit Gewinn zurückführen kann – das haben ja auch immer wieder viele Job-Enrichment- und Gruppenarbeitsexperimente gezeigt (vgl. dazu im einzelnen unter Kapitel 9). Dabei handelt es sich aber immer um einzelne neustrukturierte Arbeitssequenzen, nie geht es um die Neustrukturierung des Gesamtsystems – dies müßte ja auch im Extremfall dann eine Ein-Person-Unternehmung ergeben. Mit anderen Worten, der Fragmentierung einzelner Arbeitsabläufe läßt sich u.U. mit Gewinn eine integrierte Prozeßfolge entgegenstellen, niemals aber wird man in einer hochkomplexen (Post-)Industriellen Gesellschaft das Spezialisierungsprinzip wieder aufheben können. Wie sonst als durch Spezialisierung sollten die verschiedenen komplexen Problembestände abgearbeitet werden können? Wie sollte man sich die Entwicklung, Fertigung und Vertrieb eines Automobils ohne Spezialisierung vorstellen? Es muß also zahllose spezialisierte Prozesse in den Unternehmen geben, die also wieder mit Abbrüchen arbeiten müssen.

Darüber hinaus ist es eine Illusion anzunehmen, man könnte die Leistungsprozesse so gut voneinander abtrennen, daß sie für sich stehen könnten. Es werden immer tiefgehende **Interdependenzen** zwischen den Prozessen verbleiben, die nach einem prozeßübergreifenden **Integrationsmanagement** verlangen. Im Ergebnis werden vertikale Schnittstellen zwischen den Funktionen durch horizontale Schnittstellen zwischen den Prozessen ersetzt.

Insgesamt läßt sich festhalten, daß auch jede noch so radikale Prozeßorganisation sich sinnvoll nur vor dem Hintergrund des Prinzips tiefgreifender Spezialisierung denken läßt. Damit aber stellen sich die Systeme nach wie vor als hoch (prozeß-) differenziert dar mit dem unvermeidlichen Zwillingsproblem der Integration, wenn auch mit neuen Integrationsproblemen. Es zeigt sich erneut, das Integrationsproblem kann nur bearbeitet („gemanagt"), nicht aber endgültig gelöst werden. Für die Bearbeitung stehen zahlreiche Instrumente zur Verfügung, u.a. auch die Zusammenfassung von Arbeitssequenzen zu mehr ganzheitlichen Prozessen.

45 Vgl. etwa Maier, P., Reengineering – Fluch oder Segen?, Wiesbaden 1997.

Kasten 7.5

Reengineering bei Ford

„Fords alter Beschaffungsprozeß war auffallend konventionell. Zunächst schickte die Einkaufsabteilung eine Bestellung an einen Zulieferer, und die Kreditorenbuchhaltung erhielt eine Kopie davon. Beim Eintreffen der Waren bei Ford füllte ein Beschäftigter in der Wareneingangsabteilung ein Formular aus, in dem die erhaltenen Teile aufgelistet wurden, und leitete es an die Kreditorenabteilung weiter. Der Zulieferer schickte derweil der Kreditorenbuchhaltung eine Rechnung.

Die Kreditorenbuchhaltung hielt nun drei Dokumente für ein und dieselben Waren in Händen: Bestellung, Wareneingangsschreiben und Rechnung. Wenn alle drei übereinstimmten, wies ein Mitarbeiter die Begleichung der Rechnung an. ....

So sieht der neue Prozeß aus: Wenn ein Ford-Einkäufer eine Bestellung für einen Zulieferer ausschreibt, gibt er den Auftrag gleichzeitig in eine Online-Datenbank ein. Die Zulieferer senden die Waren nach wie vor an die Wareneingangsabteilung. Bei ihrer Ankunft überprüft nun einer der dortigen Mitarbeiter auf einem Computer-Terminal, ob die erhaltene Sendung mit dem unerledigten Auftrag in der Datenbank übereinstimmt: Es gibt nur zwei Möglichkeiten: ja oder nein. Stimmt der Auftrag überein, nimmt der Wareneingangsmitarbeiter die Lieferung an und bestätigt durch Knopfdruck auf der Tastatur des Terminals für die Datenbank das Eintreffen der Waren. Die Datenbank speichert automatisch den Erhalt der Waren ab, und der Computer stellt automatisch einen Scheck aus, den der Zulieferer in angemessener Zeit erhält. Wenn jedoch die gelieferten Waren nicht mit der offenen, in der Datenbank gespeicherten Bestellung übereinstimmen, verweigert der Wareneingangsmitarbeiter die Annahme der Sendung und schickt sie an den Lieferanten zurück.

Diesen Veränderungen bei Ford liegt ein einfaches Konzept zugrunde. Die Autorisierung der Zahlung, die früher den Kreditorenbuchhaltern oblag, ist jetzt Aufgabe der Wareneingangsabteilung. Der alte Prozeß führte zu verschlungenen Komplexitäten : Nachforschungsverfahren, Zwischenablagen und Wiedervorlagen – genug, um fünfhundert Angestellte fast die ganze Zeit über zu beschäftigen. Beim neuen Prozeß ist das anders. Die Kreditorenbuchhaltung wird dadurch sogar beinahe überflüssig. In einigen Geschäftsbereichen von Ford – zum Beispiel in der Motorensparte – arbeiten heute in der Kreditorenbuchhaltung nur fünf Prozent der einstigen Belegschaft. Eine Handvoll Mitarbeiter kümmert sich um besondere Ausnahmefälle.

Quelle: Hammer, M./Champy, J, Business Reengineering, Frankfurt a.M./ New York 1995, S. 59-61

7.5 Einflußgrößen der Organisationsgestaltung

Die Auswahl unter den beschriebenen Maßnahmen der Organisationsgestaltung, sowohl was die Arbeitsteilung als auch was die Arbeitsvereinigung betrifft, wurde bislang primär unter dem Gesichtspunkt der Funktionstüchtigkeit betrachtet: Welche Wirkungen werden erzielt? Welche Nebenwirkungen sind zu erwarten? Welche Kosten entstehen? Wieviele Konflikte entstehen? usw. Dies sind jedoch nicht die einzigen Gesichtspunkte, die in die Organisationsentscheidung einzubeziehen sind. Organisationsentscheidungen werden nicht in einem „luftleeren" Raum getroffen, sondern unterliegen – wie andere Entscheidungen auch – mehr oder weniger engen Restriktionen. Diese Restriktionen fließen zum größten Teil aus früher getroffenen eigenen Entscheidungen, die zum betreffenden Organisationszeitpunkt als Datum wirken, wie z.B. das Fertigungsprogramm oder die Fertigungstechnologie. Dies schließt nicht aus, daß sie zu späteren Zeitpunkten wieder zur Variablen werden. Darüber hinaus hat aber jede Organisationsgestaltung – ähnlich wie die Planung auch – mit nicht-kontrollierbaren externen Restriktionen umzugehen. Fragt man nach den hier wesentlichen Einflußkräften, so findet man in der Literatur vor allem die in Abbildung 7.14 gezeigten vier Faktoren.

In der Organisationstheorie wurden diese Einflußkräfte zeitweise als Determinanten, ja als Imperative behandelt, die die ganze Organisationsgestalt bestimmen (Kontingenztheorie). Heute werden der Einfluß der Organisation auf diese Kräfte und die Gestaltungsalternativen bei gegebenen externen Daten gleichermaßen betont, so daß das Verhältnis als komplexes Interaktionsverhältnis beschrieben werden muß.[46]

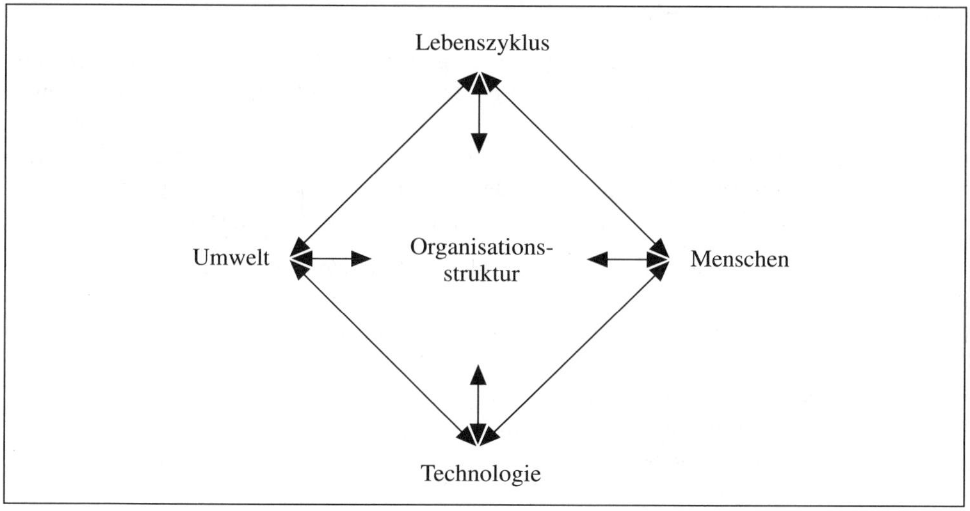

Abb. 7.14: Einflußgrößen im Strukturbildungs-Prozeß

46 Vgl. Schreyögg, G., Umwelt, Technologie und Organisationsstruktur, Bern/Stuttgart, 3. Aufl. 1995; Ostmann, G./Sydow, J./Türk K., Organisation, Strukturation, Gesellschaft, in: dies. (Hrsg.), Theorien der Organisation, 2. Aufl., Opladen 2000, S. 15-34.

Darüber hinaus stehen diese Bedingungsfaktoren nicht nur mit der Strukturierungsaufgabe, sondern auch untereinander in einem gegenseitigen Einflußverhältnis; so beeinflußt z.B. die Wahl der Technologie das Verhalten der Menschen (Monotonieproblem), die Umwelt beeinflußt über den technischen Fortschritt die Wahl der Technologie usw., so daß in mehrfacher Hinsicht von interaktiven Prozessen auszugehen ist (vgl. Abb. 7.14).

7.5.1 Umwelt

Die Umwelt wirkt in vielfacher Weise auf den Prozeß der Organisationsgestaltung ein. Man denke etwa nur an das Betriebsverfassungsgesetz oder an die Arbeitsstättenverordnung. Aber auch die weitere Umwelt wie die Wettbewerbsintensität auf den Gütermärkten und auf dem Arbeitsmarkt, das Erziehungssystem, die kulturelle Tradition, das politische Werte-Klima usw. spielen eine bedeutsame Rolle bei der Organisationsgestaltung (vgl. oben Kapitel 5). Umgekehrt wirken aber auch Unternehmen in vielfacher Weise auf die Umwelt ein und versuchen, diese im Sinne der eigenen Zielsetzung zu ändern.

In der Organisationstheorie hat man die Umwelt hauptsächlich nach rein formalen Kriterien beschrieben und klassifiziert, so z.B. nach

- Unsicherheit versus Sicherheit
- Turbulenz versus Stabilität
- Komplexität versus Einfachheit.

Stabilität der Umwelt bedeutet z.B., daß die Aufgabenanforderungen über einen längeren Zeitraum gleichbleiben oder daß die zu ihrer Bewältigung erforderlichen Informationen präzise sind, daß die aufgabenrelevanten Kausalbeziehungen weitgehend bekannt sind, usw.[47] Stabilen Umwelten wird als notwendige Komplementärstruktur eine stark formalisierte, hierarchiebetonte Organisation zugeschrieben, turbulenten Umwelten analog dazu wenig formalisierte, kooperative Organisationsformen (vgl. Kasten 7.6).

Im kontingenztheoretischen Ansatz wird die Umwelt als determinierende Kraft verstanden, die je nach Ausprägung unterschiedliche Organisationsstrukturen erzwingt. Unternehmen – so die These –, die sich den Umweltimperativen nicht beugen und eine zur Umwelt inkongruente Strukturform wählen, erleiden erhebliche Effizienzeinbußen oder Reibungsverlust, die über längere Zeit hinweg zum Ruin führen. Diese strenge umweltdeterministische Sicht gilt heute – wie eingangs bereits betont – als überholt und ist einem Umweltinteraktionsmodell gewichen, das die wechselseitigen Einflußbeziehungen von Umwelt und Organisation zum Thema macht.[48]

---

47 Vgl. Lawrence, P.R./Lorsch, J.W., Organization and environment, Cambridge/Mass. 1967.
48 Vgl. Pfeffer, J., New directions for organization theory: Problems and prospects, Oxford 1997.

Kasten 7.6

Organische versus mechanistische Organisationsformen

„Sobald Neuartigkeit und Unvertrautheit sowohl im Markt als auch in der Technologie zur Regel geworden sind, wird ein anderes Managementsystem erforderlich, das sich völlig von dem unterscheidet, das bei einer relativ stabilen ökonomischen und technologischen Umwelt paßt." Mit dieser Feststellung fassen Burns und Stalker die Erkenntnisse zusammen, die sie in langjährigen empirischen Untersuchungen gewonnen haben. Darauf aufbauend formulieren sie für die beiden Extremsituationen einer stabilen sowie einer turbulenten Umwelt zwei völlig gegensätzliche Arten von Managementsystemen aus, nämlich das mechanistische (bei stabiler Umwelt) und das organische (bei turbulenter Umwelt). Die Hauptmerkmale der beiden Managementsysteme sind:

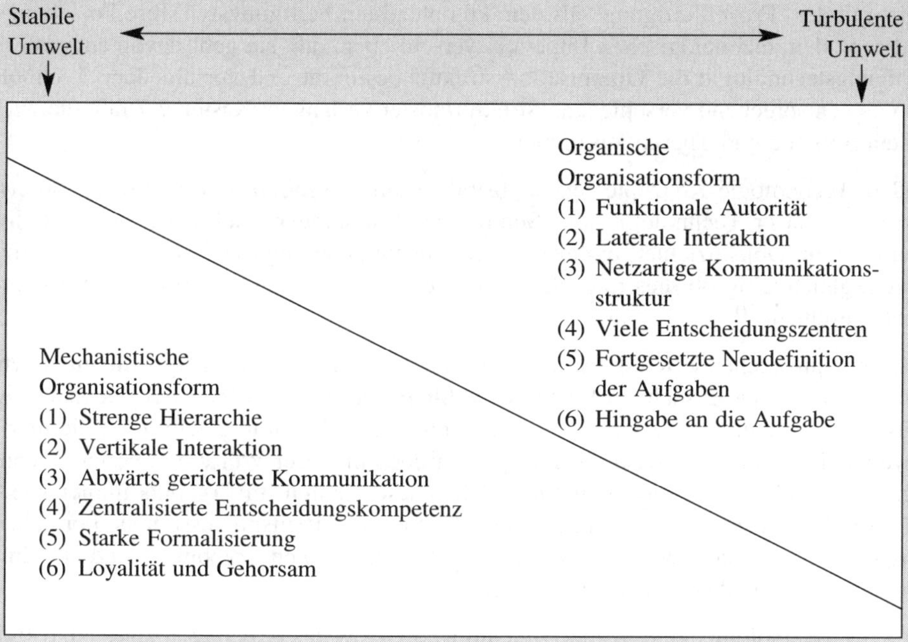

„Unsere Absicht war es, die Angemessenheit eines jeden Managementsystems für seine eigenen spezifischen Bedingungen herauszustellen. Genauso möchten wir den Eindruck vermeiden, als sei eines der Systeme dem anderen unter allen Umständen überlegen. Nichts aus unseren Erfahrungen rechtfertigt die Behauptung, daß mechanistische Systeme auch unter Bedingungen der Stabilität durch organische zu ersetzen seien. Für jede Organisationsgestaltung gilt es daher festzustellen, daß es nicht einen einzigen optimalen Typus eines Managementsystems gibt."

Quelle: Burns, T./Stalker, G.M., The management of innovation, London 1961, insbes. 6. Kapitel.

7.5.2 Technologie

Die Wahl der Technologie steht zur Strukturierungsaufgabe in einem wechselseitigen Einflußverhältnis; bestimmte Technologien sind nur bei entsprechenden Strukturvoraussetzungen einsetzbar (z.B. verlangt Fließbandfertigung eine stabilisierende, weitgehend auf Routine abstellende Organisationsstruktur) und bestimmte Strukturpläne schließen bestimmte Technologien aus (z.B. Flexibilität vs. Fließbandarbeit).

In den bislang vorliegenden Untersuchungen wird häufig Technologie mit **Fertigungstechnologie** gleichgesetzt. Die bis heute bekannteste Klassifikation verschiedener Fertigungstechnologien stammt von der Engländerin Joan Woodward;[49] sie unterscheidet die einzelnen Typen nach dem Grad der technischen Komplexität und, damit korrespondierend, nach dem Grad der Beherrschbarkeit. Die Skala beginnt bei der „Einzel- und Kleinserienfertigung", setzt sich über die „Großserien- und Massenfertigung" fort und endet mit der „Prozeßfertigung" als dem komplexesten Fertigungstyp. Ihre Forschungen sind ganz dem technologischen Imperativ verschrieben, d.h. sie geht davon aus, daß die Fertigungstechnologie die Organisationsstruktur bestimmt und verschiedene Technologien dementsprechend verschiedene Strukturmuster verlangen. Kasten 7.7 faßt die wichtigsten Befunde und Thesen zusammen.

Andere Technologie-Konzepte setzen abstrakter am **Aufgaben-Know-How** an; so etwa Perrow, wenn er Technologie als „Summe der Handlungen" definiert, die ein Individuum auf ein Objekt richtet, um eine bestimmte Veränderung dieses Objektes herbeizuführen, gleichgültig ob dies mit oder ohne Werkzeuge und andere mechanische Instrumente geschieht.[50]

Eine dementsprechende Klassifikation unterscheidet dann z.B. nach **Routine** und **Nicht-Routine** (Zahl der Ausnahmen), nach **Gewißheit** oder **Ungewißheit** der relevanten Arbeitsinformationen (Analysierbarkeit) oder ähnlichem. Abbildung 7.15 zeigt die hierfür gewöhnlich behaupteten Zusammenhänge zwischen in dieser Weise definierten Technologietypen und Organisationsstrukturen. Die Thesen laufen im Ergebnis immer wieder auf dasselbe Muster hinaus, wonach routinebestimmte Arbeitsprozesse hohe Formalisierung („mechanistisches Modell") verlangen. Die empirischen Ergebnisse sind allerdings immer widersprüchlich und verwirrend geblieben.[51]

Setzt die Technologie aufgabenbezogen am Know How des Arbeitsvollzuges an, tritt der Interdependenz-Charakter der Beziehung von Organisationsstruktur und Technologie deutlich hervor. Die Frage, wie eine Aufgabe bewältigt wird, ist nämlich bereits wesentlich von (vorgängigen) Organisationsentscheidungen geprägt. Eine Routineaufgabe wird nicht nur deshalb zur Routine, weil sie immer wieder anfällt, sondern auch weil man vorlaufend ein hohes Maß an Spezialisierung eingeführt hat.

---

49 Vgl. Woodward, J., Industrial organization: Theory and practice, London 1965.

50 Vgl. Perrow, Ch., A framework for the comparative analysis of organizations, in: American Sociological Review 32 (1967), S. 195.

51 Vgl. zu einem Klärungsversuch Miller, C.C./Glick, W.H./Wang, Y.-D./Huber, G.P., Understanding technology-structure relationships: Theory development and meta-analytic theory testing, in: Academy of Management Journal 34 (1991), S. 370-399.

Kasten 7.7

Fertigungstechnologie als Bestimmungsfaktor der Organisationsstruktur

Die in den Jahren 1954/55 von Joan Woodward in England durchgeführte empirische Untersuchung fragte nach den Grundbedingungen einer erfolgreichen Organisationsgestaltung. Den Untersuchungsgegenstand bildeten dabei 82 Fertigungsbetriebe in der Region South Essex mit mehr als 100 Beschäftigten.

Dabei stellte sich heraus, daß die feststellbaren Unterschiede in der Organisationsstruktur am besten durch technologische Variablen, genauer durch die Art der vorgefundenen Fertigungstechnologie erklärt wurden. Andere Variablen wie die Größe oder Persönlichkeitsfaktoren erwiesen sich als unbedeutend. Die Fertigungstechnologie wurde in (a) Einzel- und Kleinserienfertigung, (b) Großserien- und Massenfertigung sowie (c) Prozeßfertigung gegliedert.

Zusammengefaßt läßt sich als Tendenz feststellen, daß Firmen innerhalb des Bereiches der Massenfertigung zu mechanistischen Managementsystemen tendieren, wohingegen Unternehmen mit Einzel-/Kleinserien- oder Prozeßfertigung zu organischen Systemen neigen. Je erfolgreicher die Unternehmen waren, um so enger fügten sie sich in dieses Schema ein.

Ergebnisse im Überblick:

		Fertigungstechnologie		
		Einzel- und Kleinserienfertigung	Massenfertigung	Prozeßfertigung
Organisationsstruktur	(1) Zahl der Hierarchieebenen (im Durchschnitt)	3	4	6
	(2) Kontrollspanne			
	• oberste Hierarchieebene	gering	mittel	hoch
	• mittlere Hierarchieebene	hoch	mittel	gering
	• unterste Hierarchieebene	gering	hoch	gering
	(3) Leitungsintensität	gering	mittel	hoch
	(4) Kommunikation (schriftlich)	gering	hoch	gering
	Insgesamt:	organisch	mechanistisch	organisch

Quelle: Woodward, J., Management and technology, London 1958

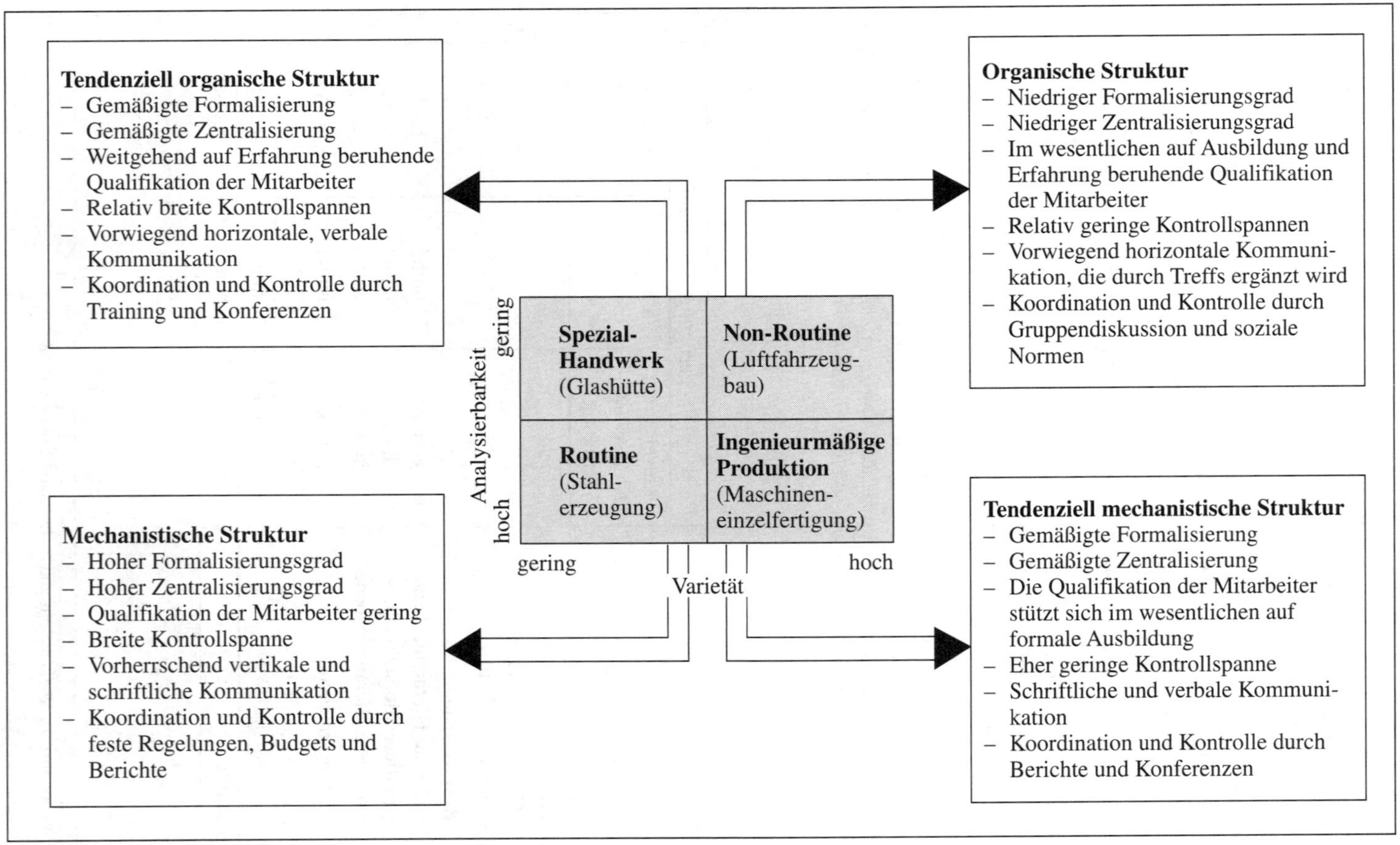

Quelle: Daft R., Organization theory and design, 6. Aufl., Minneapolis/St. Paul 1998, S. 136 (modifiziert)

Abb. 7.15: Technologie und Organisationsmodelle

Insgesamt hat sich gerade im technologischen Bereich gezeigt, daß die prägende Kraft einer Technologie weit überschätzt wurde. Nähere Analysen haben immer wieder bestätigt, daß die Technologie lediglich einen groben Rahmen absteckt, innerhalb dessen ein breiter Organisationsspielraum verbleibt. Die Vorreiterrolle bei der praktischen Demonstration von Organisationsspielräumen fiel der schwedischen Firma Volvo zu, die mehrfach in eindrücklicher Weise gezeigt hat, daß sich modernste Automobilfertigungstechnik mit ganz anderen Organisationsformen als der des Fließbands verträgt. Zahlreiche Automobilhersteller folgen heute diesem Modell, das zwischenzeitlich, allerdings unter einem ganz anderen Vorzeichen, nämlich der schlanken Fertigung und der Kostensenkung diskutiert wird.[52]

Sehr viel besser als bei dem Kontingenzansatz ist es innerhalb des sog. sozio-technischen Ansatzes möglich, die vorhandenen Organisationsspielräume zu ermitteln und zu nutzen. Dieser Ansatz betrachtet die Technologie im Grundsatz als endogene Variable, die es gleichermaßen wie das soziale System in den Gestaltungsprozeß einzubeziehen gilt und nicht als schlichter Imperativ vorauszusetzen ist.[53] Die jüngsten technologischen Entwicklungen, vor allem in der **Informations- und Kommunikationstechnologie,** lassen den „dualen Charakter" von Technologien immer deutlicher werden. Technologien sind das Ergebnis von Vorentscheidungen und prägen so den Strukturgestaltungsprozeß. Technologie trifft aber nicht als fertiges Gut bei den Anwendern ein, sondern wird im Anwendungsprozeß verändert („windows of opportunities"), d. h. sie wird partiell selbst zum Ergebnis von Organisationsentscheidungen.[54]

7.5.3 Lebenszyklus

Eine weitere wichtige, wenn auch gänzlich anders geartete Einflußgröße für die Organisationsgestaltung ist die Entwicklungsphase oder allgemeiner der Lebenszyklus. Es macht einen Unterschied für die Lösung der Organisationsaufgabe, ob die Unternehmung gerade erst gegründet wurde, sich also in der Pionierphase befindet, oder ob sie bereits über 100 Jahre alt ist und schon die verschiedensten Strukturformen und Zeiterscheinungen erlebt hat.[55] Organisieren ist auch ein historischer Prozeß und muß mit den in dem betreffenden Unternehmen angesammelten Organisationserfahrungen umgehen.

52 Vgl. Womack, J.P./Jones, D.T./Roos, D., Die zweite Revolution in der Autoindustrie (Übers. a.d. Engl.), Frankfurt/New York 1992.

53 Vgl. Sydow, J., Der sozio-technische Ansatz der Arbeits- und Organisationsgestaltung, Frankfurt a.M./New York 1985.

54 Vgl. Tyre, M.J./Orlikowski, W.J., Windows of opportunity: Temporal patterns of technological adaption in organizations, in: Organization Science 5 (1994), S. 423-444; Fulk, J. Social construction of communication technology, in: Academy of Management Journal 36 (1993), S. 921-950.

55 Vgl. Quinn, R.E./Cameron, K., Organizational life cycles and shifting criteria of effectiveness, in: Management Science 29 (1983), S. 31-51; Child, J./Kieser, A., Development of organizations over time, in: Handbook of organizational design (hrsg. v. Nystrom, P.C./Starbuck, W.H.), Bd. 1, Oxford 1981, S. 28 ff.

Obgleich eine schlichte Analogie von natürlichen Lebewesen und dem „künstlichen" Gebilde Unternehmung nicht möglich ist, läßt sich doch in Anklängen für Unternehmen ein gewisser Lebenszyklus konstatieren, etwa mit den Phasen: Gründung, Wachstum, Konsolidierung und eventuell (aber keineswegs zwangsläufig) Niedergang.

Die **Gründung** einer Unternehmung wird in der Regel von einem Pionier oder einer Pioniergruppe betrieben. Sie richten sich die Organisation in aller Regel so ein, daß viel Handlungsfreiheit und Spontaneität möglich ist. Generelle Regelungen sind in dieser Phase häufig schon wegen des wenig repetitiven Charakters der Aufgaben wenig effektiv und werden von diesen Personen auch meist strikt abgelehnt.

Erst mit dem Erreichen einer bestimmten Systemgröße findet gewöhnlich der Übergang zu einer eindeutigeren Professionalität und zu professionellen Führungskräften statt und damit zumeist auch zu einer stärkeren Formalisierung. Es ist dies häufig ein kritisches Stadium für junge Unternehmen, denn die Pioniere fühlen sich von den organisatorischen Regelungen und Prozeduren meist eingeengt und von der eigentlichen Sache abgelenkt.[56] Wenn es nicht gelingt, die neuen Führungskräfte, die das „kreative Chaos" ordnen sollen, und die Pioniere zu einer kooperativen Einheit zu verschmelzen, geht häufig der Impetus und der Erfolg verloren (vgl. dazu einige Beispiele zur Illustration dieser erwartbaren Krise in Kasten 7.8).

Ein weiteres **Wachstum** zieht häufig eine verstärkte Differenzierung und Formalisierung nach sich, bis die Einheiten unüberschaubar werden (Kontrollverlust) und deshalb eine verstärkte Einrichtung teilautonomer Subsysteme zur Komplexitätsverarbeitung anstelle zentral entwickelter genereller Organisationsregelungen tritt. Horizontale Kooperationsformen, die sich partiell von der Hierarchie abkoppeln, erhalten eine immer größere Bedeutung.

Das Stadium der **Reife** enthält immer wieder Phasen des beginnenden **Niedergangs**[57], die in immer wieder neuen Revitalisierungsanstrengungen aufgefangen werden müssen (vgl. z.B. die Entwicklung so traditionsreicher Firmen wie Ford, Siemens, Thyssen, Mannesmann).

An die organisatorische Gestaltung stellen die Revitalisierungsphasen große Anforderungen, denn sie sind meist mit einem starken Wandel verbunden, der einerseits in einer Neuorganisation seinen Niederschlag findet, andererseits aber müssen bereits vorher die Organisationsstrukturen so gelockert worden sein, daß eine Revitalisierung möglich wird.[58]

Die Lebenszyklus-Betrachtung verweist auf die Adaptions-Fähigkeit, die Organisations-Strukturen besitzen müssen, um die Probleme bewältigen zu können, die sich aus den unterschiedlichen Phasen und deren Übergängen stellen. Natürlich gibt auch diese Lebenszyklusbetrachtung – ähnlich wie die Umwelt und die Technologie – nur einen groben Rahmen für die sich immer wieder verändernde Organisationsproblematik, keineswegs bestimmen die einzelnen Phasen die Strukturform im einzelnen. Darüber hinaus sei darauf verwiesen, daß die Entwicklung einer Unternehmung alles andere als ein automa-

---

56 Vgl. Greiner, L., Evolution and revolution as organizations grow, in: Harvard Business Review 50 (1972), Nr. 4, S. 37-46.

57 Vgl. McKinley, W./Sanchez, C.M./Schick, A.G., Organizational downsizing: Constraining, cleaning, learning, in: Academy of Management Executive 9 (1995), Nr. 3, S. 32-44.

58 Vgl. Beer, M./Eisenstat, R.A./Spector, B., The critical path to corporate renewal, Boston/Mass. 1990.

Kasten 7.8

Web-Pioniere

„Binnen eines Jahres 100 Arbeitsplätze zu schaffen, klingt toll – muss aber auch bewältigt werden: ‚Wenn aus Ideen Gründer werden, müssen die Gründer vor allem eins schnell lernen: Macht abzugeben'. ... Spätestens mit 50 Mitarbeitern brauchen die Web-Pioniere Leute, die auch planen, organisieren, verwalten, führen, motivieren und kontrollieren können. ‚Zwischen einem Startup mit 50 Mitarbeitern oder einem mit 100 liegen Welten', weiß Alexander Straub, Gründer Handelsplattform Mondus.com. ... Erste Symptome für den drohenden Organisationsgau zeigen sich oft in der Kommunikation. Wenn Meldungen an den Vorstand nur noch verzerrt ankommen, die Gründer auf Rückfragen nicht sofort antworten können oder in Mails ersticken, sind standardisierte Kommunikationsstrukturen unerläßlich. ... ‚Das muss ja nicht in Kästchenschemata ausarten', so Fritz Oidtmann, Vorstand des Onlinefinanzinformationsdienstes Onvista.de. ‚Das geht auch mit einer Organisationsstruktur wie im Zeltlager'. ... Doch spätestens, wenn die Gründerbuden zu Unternehmen mit dreistelligen Belegschaftszahlen avanciert sind, könnte es mit der turbulenten Atmosphäre vorbei sein. ... Für die wenigsten Gründer ist das eine Perspektive. Sobald sich der Erfolg einstellt, sehnen sie sich nach Chaoskultur und neuen Herausforderungen. ‚Eine Firma mit 500 Mitarbeitern würde ich nicht leiten wollen', sagt der Mondus-Gründer Straub."

Quelle: Wirtschaftswoche, 30.03.2000, Heft 14

tischer Prozeß ist, es ist ja gerade das Ziel der Unternehmensführung und der strategischen Planung, diesen Prozeß zu steuern.

7.5.4 Menschen

Der Mensch als Organisationsmitglied beeinflußt mit seinen Bedürfnissen, Erwartungen und Verhaltensweisen die Lösung der Strukturierungsaufgabe, er wird aber auch in seinen Erwartungen und seiner Lebenslage über den formellen Zweck hinaus von einer gegebenen Organisationsstruktur beeinflußt (z.B. Resignation aufgrund ständiger Unterforderung in hochgradig fragmentierten Arbeitsprozessen).[59]

Die Bedeutung der Erwartungen für die Organisationsaufgabe blieb lange Zeit in der Organisationstheorie unerkannt. Man war vollständig an der Grundidee des Organisierens orientiert, daß nämlich organisatorische Strukturen geschaffen werden, um menschliches Verhalten zu kanalisieren und unerwünschte Handlungsalternativen auszuschließen. Was nicht bedacht wurde, sind die Wirkungen organisatorischer Strukturformen auf Motivation und auf menschliche Lebensvollzüge im allgemeinen sowie die Konsequenzen, die folgen, wenn organisatorische Strukturmuster Unzufriedenheit und Frust hervorrufen.

59 Vgl. Neuberger, O., Individualisierung und Organisierung. Die wechselseitige Erzeugung von Individuum und Organisation durch Verfahren, in: Ortmann, G./Sydow, J./Türk, K. (Hrsg.) Theorien der Organisation, 2. Aufl., Opladen 2000, S. 487-522.

Auf die Bedeutung der Motivation für die Organisationsgestaltung wird speziell in dem nachfolgenden Kapitel „Motivation" eingegangen, so daß sich an dieser Stelle eine weitergehende Behandlung erübrigt.

Neben dem Gesichtspunkt der Motivation ist jedoch noch auf eine ganz andere Art des Einflusses der Organisationsmitglieder und ihrer Erwartungen hinzuweisen. Es sind dies die Taktiken, Koalitionen und informellen Machtpositionen, die sich in jeder Organisation auf die eine oder andere Weise herausbilden, und die die Definition und Lösung von Organisationsproblemen ganz erheblich mitbeeinflussen.[60] Die Organisationsgestaltung wird aus dieser Perspektive – jedenfalls zu Teilen – Gegenstand eines **politischen Prozesses**, in dem die widerstreitenden Interessengruppen versuchen, ihren Vorstellungen Geltung zu verschaffen. Die Lösung des Organisationsproblems hängt dann sehr stark davon ab, welche Gruppe am meisten Einflußkraft erwerben und entfalten kann und inwieweit es anderen Interessen gelingt, für diesen Entscheidungsprozeß Restriktionen in ihrem Sinne zu setzen.[61] Die formelle und informelle Verteilung von Einflußchancen muß deshalb als wichtige faktische Randbedingung für das Organisieren angesehen werden. Bei den späteren Darlegungen über Gruppenprozesse und -strukturen wird darauf näher eingegangen.

Diskussionsfragen

1. Welche Konsequenzen ergeben sich aus den verschiedenen Organisationsbegriffen für die Organisationslehre?
2. Inwiefern stehen Differenzierung und Integration in einem Spannungsverhältnis zueinander?
3. Welche Voraussetzungen muß ein erfolgreicher Einsatz genereller Regelungen beachten?
4. Welche (und warum nicht eine andere) Stufe der Hierarchie wählt man zur Unterscheidung zwischen funktionaler und divisionaler Organisation?
5. Wo sehen Sie die Hauptunterschiede zwischen Routine- und Zweckprogrammen?
6. Inwiefern ist die Matrixorganisation ein Integrationsinstrument?
7. Macht die Prozeßorganisation die Integrationsaufgabe überflüssig?
8. Wo liegen die zentralen Unterschiede, wo die Gemeinsamkeiten zwischen den Kontextvariablen „Umwelt" und „Technologie"?
9. Warum ist der Lebenszyklus eine Einflußgröße ganz anderer Art als die Technologie?
10. Gibt es einen Zusammenhang zwischen dem „Substitutionsgesetz" und der Einflußgröße „Umwelt"?

60 Vgl. Pfeffer, J., The micropolitics of oranizations, in: Meyer, M.W. et al., Environments and organizations, San Francisco 1978, S. 29-50; Kirsch, W., Die Handhabung von Entscheidungsproblemen, 3. Aufl., München 1988, S. 153 ff.

61 Vgl. dazu Salancik, G.R./Pfeffer, J., Who gets power – and how they hold on to it; A strategic-contingency model of power, in: Organizational Dynamics 5 (1977), S. 3-21.

Fallstudie

Dr. Hans Haller*

Die Euro-Chemie GmbH gehört zu den bedeutendsten europäischen Produzenten sowohl von Kunststoffen wie Polysterin, Polyvinylchlorid als auch von Kunstfasern. Weitere Hauptproduktgruppen der Unternehmung sind: Farben, Lacke, Kunstdünger, Pflanzenschutz-, Unkrautvernichtungs- und Frostschutzmittel, Klebstoffe sowie Magnetbänder.

Wegen ihres breiten Produktionsprogramms unterhält die Unternehmung ein großes Forschungslabor mit etwa 400 Chemikern, Physikern, Ärzten und anderen Wissenschaftlern sowie rund 350 Laborassistenten und Verwaltungsangestellten. Die Forschung bezieht sich auf eine Vielzahl von Produkten, und sie reicht von der Grundlagen- bis zur Entwicklungsforschung, wobei letztere eine schnelle Markteinführung neuer Produkte bzw. die Verbesserung bestehender Produkte ermöglichen soll.

Der Leiter der Forschungsabteilung ist Dr. Hans Haller (54), der der Gesellschaft seit 18 Jahren angehört. Dr. Haller genießt wegen einiger bedeutender Beiträge auf dem Gebiet der Chemie einen Ruf als hervorragender Forscher. Bevor er Leiter der Forschungsabteilung wurde, war er mehrere Jahre lang für verschiedene Spezialprojekte zuständig. Die meisten dieser Projekte wurden erfolgreich beendet, und die Unternehmung besitzt inzwischen Patente für eine Vielzahl von Produkten und Prozessen, die von Dr. Haller entwickelt wurden. Dr. Haller ist eine herausragende Persönlichkeit. Er ist stets darum bemüht, keinen Fehler zu begehen. Seine persönlichen Fähigkeiten und seine Erfahrung haben die Forschungsabteilung sehr stark auf ihn geprägt. Die Unternehmungsleitung hatte gegen die Organisationsstruktur, wie sie sich in Folge davon entwickelte, nichts einzuwenden.

Dr. Haller, der für die Forschung und Produktentwicklung zuständig ist, untersteht dem Vorstandsmitglied Prof. Fred Blume (52). Bevor Prof. Blume zur Euro-Chemie kam, war er Professor für organische Chemie an der TU München. Er ist in seinem Verhalten sehr bestimmt und ist von seinen Ideen sehr überzeugt. Für die Hauptversammlungen fertigt Prof. Blume sämtliche die Forschungsabteilung betreffenden Unterlagen und Tätigkeitsberichte selbst an und beantwortet auch Fragen finanzieller Art. Alle dafür erforderlichen Informationen bekommt er vom Leiter der Forschungsabteilung. Seinem persönlichen Ehrgeiz zufolge und entsprechend dem Wunsche von Prof. Blume, über alle die Forschungsabteilung betreffenden Angelegenheiten unterrichtet zu werden, ist Dr. Haller bestrebt, jederzeit alle Informationen über die laufenden Projekte parat zu haben.

Wie das Organigramm (vgl. Anlage) zeigt, unterstehen Dr. Haller zahlreiche Personen. Darüber hinaus gibt es in den verschiedenen Forschungsbereichen eine Anzahl weiterer Mitarbeiter, die „senior scientists“, die das Recht haben, Dr. Haller direkt und nicht ihren Abteilungsleitern zu berichten, auch dann, wenn letztere es wünschen sollten. Jedem Leiter der sieben Hauptforschungsbereiche unterstehen zwischen 20 bis 50 Wissenschaftler. Gegenwärtig werden darüber hinaus vier wichtige Spezialprojekte bearbeitet. Für besondere Aufgaben werden außerdem vorübergehende Forschungsteams gebildet, die sich aus Wissenschaftlern der verschiedenen Forschungsbereiche zusammensetzen. Ferner arbeiten zahlrei-

---

* Diesem Fall liegt als Vorlage eine Ausarbeitung von H. Schöllhammer „Dt. Chemie AG“ zugrunde.

che Angestellte in den zur Forschungsabteilung gehörenden Funktionsabteilungen wie Buchhaltung, Personal, Einkaufs-, Lager- und Werkschutzabteilung. Schließlich gibt es noch einen wissenschaftlichen Berater, der als ehemaliges Vorstandsmitglied und Vorgänger von Prof. Blume eine Art Ehrenposition besitzt. Er ist zwar nicht mehr in der Forschung tätig, wohl aber weiterhin daran interessiert. Aus diesem Grund wurde Dr. Haller gebeten, ihn über die wichtigsten Vorgänge zu informieren, und es scheint angebracht, ihn um Rat zu fragen.

Dr. Haller pflegt außerdem noch zahlreiche weitere Kontakte. So arbeitet er persönlich mit den Leitern der vielen Fertigungs- und den Arbeitsvorbereitungsabteilungen, der Rechts- und Patentabteilung, der Finanzabteilung und der Verkaufs- und Werbeabteilung der Unternehmung zusammen. Im Bereich der Chemie hat er ferner zu tun mit außerbetrieblichen Beratern und Universitätsprofessoren. Schließlich pflegt er Kontakte zu anderen Forschungsleitern, insbesondere denen der drei großen deutschen Chemieunternehmen. Seiner fachlichen Kompetenz wegen ist auch Dr. Haller als Vortragsredner auf Kongressen sehr gefragt.

Neben der Beschäftigung mit Problemen technischer Art erfüllt Dr. Haller zahlreiche Verwaltungsaufgaben. Wenngleich er auch bisher nicht sehr bewandert und geschickt in Verwaltungsaufgaben war, so ist es doch sein Ehrgeiz, auch in diesem Bereich ganze Leistung zu zeigen. Der Leiter der zur Forschungsabteilung gehörenden Buchhaltung beispielsweise würde z.B. durchaus in der Lage sein, den Budgetplan für das jeweils kommende Geschäftsjahr aufzustellen, aber Dr. Haller hält dies für so bedeutend, daß er es im wesentlichen selbst erledigen will. Er prüft alle wesentlichen Ausgaben, um seiner Kostenverantwortung gerecht zu werden, und will auch bei allen personellen Veränderungen gefragt werden. Weiterhin kontrolliert er alle Einstellungsentscheidungen, auch solche von Sekretärinnen. Eine Grundsatzplanung zur Vorsteuerung zukünftiger großer Forschungsvorhaben besteht dagegen nicht.

Dr. Haller wirkte in letzter Zeit sehr angespannt und wurde immer dann besonders nervös, wenn er zu Prof. Blume gerufen wurde. Er war immer weniger in der Lage, die aus den verschiedenen Berichten der Unternehmung stammenden Fragen zu beantworten. Um seiner Stellung jedoch gerecht zu werden, meinte er – wie der Assistent von Prof. Blume bemerkte – „alle Fäden in der Hand“ halten zu müssen.

Aufgabe:

Angenommen, Sie seien seit sechs Monaten Assistent von Prof. Blume und hätten dort bereits ausgezeichnete Verwaltungs- und Organisationsfähigkeiten entwickelt. Auf einem kürzlich stattgefundenen Treffen zwischen Prof. Blume und Dr. Haller, an dem auch Sie teilnahmen, wurde das Problem der Neuorganisation der Forschungsabteilung behandelt. In Anwesenheit von Dr. Haller übertrug Ihnen Prof. Blume die Aufgabe, Vorschläge für die Neuorganisation der Forschungsabteilung zu entwickeln.

Frage zur Fallstudie:

Welche Empfehlungen würden Sie Prof. Blume machen?

Anlage 1: Abbildung

Anlage 1:

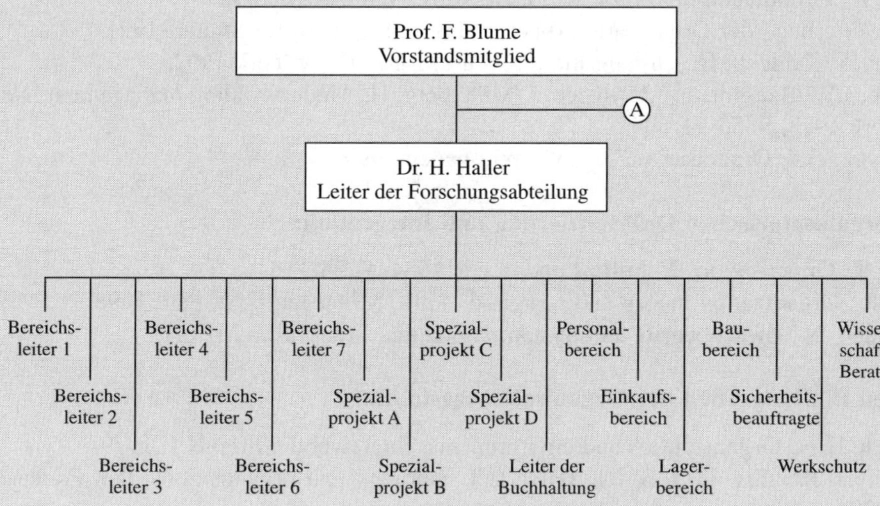

Literaturhinweise

Zu den allgemeinen Grundlagen:

Frese, E., Grundlagen der Organisation, 7. Aufl., Wiesbaden 1998.
Handwörterbuch der Organisation (hrsg. v. Frese, E.), 3. Aufl., Stuttart 1991.
Kieser, A./Kubicek, H., Organisation, 3. Aufl., Berlin/New York 1992.
Lorsch, J.W./Baughman, J.P./Reece, J./Mintzberg, H., Understanding management, New York 1978, S. 53-91.
Schreyögg, G., Organisation, 3. Aufl. Wiesbaden 1999.

Zur organisatorischen Differenzierung und Integration:

Child, J., Organisation, 2. Aufl., London u.a. 1984, S. 95-115.
Daft, R., Organization theory and design, 6. Aufl., Minneapolis/St. Paul 1998.
Luhmann, N., Zweckbegriff und Systemrationalität, Frankfurt a.M. 1973.

Zu den Einflußgrößen der Organisationsgestaltung:

Aldrich, H.E., Organizations and environments, Englewood Cliffs, N.J. 1979.
Goodman, P.S./Sproul, L.S. u.a. (Hrsg.), Technology and organizations, San Francisco 1990.
Schreyögg, G., Umwelt, Technologie und Organisationsstruktur, 3. Aufl., Bern/Stuttgart 1995 (zuerst 1978).

Achtes Kapitel

Organisatorischer Wandel

8.1 Veränderung durch Anordnung

Wandel gerät immer mehr zum zentralen Thema der Unternehmenssteuerung, und dementsprechend wichtig ist die Gestaltung von Wandelprozessen für den Unternehmenserfolg geworden. Diese Beachtung, die heute dem „change management" zuteil wird, ist nicht nur für die Praxis, sondern auch für die Managementlehre eher neu. Hatte man doch jahrzehntelang zwar nicht die Notwendigkeit des Wandels, so doch die Bedeutung und die Schwierigkeiten seiner Steuerung und Gestaltung unterschätzt. Die Führung industrieller Organisationen orientierte sich traditionell an der **Standardisierung** und setzte in ihren Methoden wie selbstverständlich ein hohes Maß an Wiederholung und Stabilität voraus. Man denke nur an die tayloristische Arbeitsorganisation oder ganz allgemein den Vorzug, dem die generelle Regelung galt. Selbst dort, wo über die Veränderung nachgedacht wurde, wie bei der Reorganisation oder dem „Reengineering", galt das Interesse in erster Linie der neuen Sollstruktur und weniger dem Wandelprozeß als solchem. Man betrachtete den Wandelprozeß nicht wirklich als ein Managementproblem. Dies ist auch nicht weiter verwunderlich, standen doch das Selbstverständnis und mit ihr das der Managementlehre – wie in Kapitel 4 ausführlich dargelegt – lange Zeit in der Tradition des analytisch-linearen Denkens mit der klassischen Abfolge von Planung, Realisation und Kontrolle. Die Veränderung einer Organisation, gleichgültig auf welcher Ebene und in welchem Umfang, wurde im wesentlichen nur als ein **planerisches Problem** angesehen: Aus dieser Sicht steht im Zentrum die **Auswahl**, d.h. die Bestimmung der optimalen Lösung, die der veränderten Situation oder dem veränderten Stand des Wissens Rechnung trägt.

Die Umsetzung der neuen Lösung wird im wesentlichen als Anweisungsproblem gesehen, das es durch eine möglichst exakte Beschreibung der neuen Aufgaben und Kompetenzen sowie durch ein möglichst alle Eventualitäten berücksichtigendes Umstellungsprogramm („generalstabsmäßig geplant") zu lösen gilt. Sind schließlich alle Vorbereitungen getroffen, so gibt die Geschäftsleitung den „Startschuß" zur Umschaltung auf den neuen Organisationsplan. Neuerdings wird häufig zusätzlich darauf verwiesen, daß der geplante Umstellungsprozeß von einer starken Führungspersönlichkeit vorangetrieben werden muß, damit das Vorhaben nicht an Schwung verliert.[1] Nach einer gewissen Toleranzzeit wird es allen Mitarbeitern zur Pflicht gemacht, nach den neuen organisatorischen Richtlinien zu handeln – verbunden mit der Annahme, daß von da an alles nach Plan läuft.

Dieses Modell, das den Wandelprozeß als reines Planungsproblem definiert, erwies sich indessen allzu oft als pure Illusion. Immer wieder zeigte sich dasselbe Bild: Der Wandelprozeß schleppt sich dahin, die Organisationsmitglieder widerstreben der neuen Lösung, vieles Unvorhergesehene ereignet sich und läßt die Umstellungspläne zur Makulatur werden usw.

---

1 Vgl. z. B. die Rollen des „Leaders" und des „Reengineering-Zars" bei Hammer, M./Champy, J., Business reengineering, Frankfurt a.M./New York 1994, S. 135 ff.

Die häufig erfolgte Reaktion, alle diese Probleme durch eine noch exaktere Planung der Umstellung oder durch noch schärferen Druck von oben auffangen zu wollen, führte eher zur Verschärfung der Probleme, denn zu ihrer Verbesserung. Es war erst die verhaltenswissenschaftlich orientierte Organisationslehre, allen voran die Human-Ressourcen-Schule, die den organisatorischen Wandel zu einem eigenständigen Problem machte und gänzlich neue Perspektiven zu seiner Lösung entwickelte. Später kamen Ansätze hinzu, die die Ungewißheit zukünftiger Entwicklungen thematisierten und darauf aufbauend eine fortwährende Veränderungsbereitschaft für Systeme fordern.

8.2 Widerstand gegen Änderungen

Ausgangspunkt einer eigenständigen Lehre des organisatorischen Wandels war die Einsicht, daß die erfolgreiche Einführung neuer organisatorischer Lösungen ganz wesentlich von der Einstellung der Organisationsmitglieder zu diesen Strukturen, und weiter noch von der allgemeinen emotionalen Einstimmung auf diese, abhängt. Diese Einsicht wurde wesentlich befördert durch das Konzept und Forschungen zu „**Widerstand gegen Änderungen**". Darunter wird im wesentlichen eine emotionale Sperre verstanden, die Organisationsmitglieder gegen Änderungen aufbauen, weil sie befürchten, daß sich durch die Veränderung, auf welche Weise auch immer, ihre Situation verschlechtern wird.

Der Widerstand gegen Wandel hat sowohl individuelle als auch organisatorische Gründe. **Zum einen** ist es die Angst, die erworbene Sicherheit zu verlieren; das Gewohnte und Vertraute verlassen und sich einer Situation von Ungewißheit und Undurchschaubarkeit aussetzen zu müssen. Dazu kommt die Befürchtung, eine Verschlechterung in den Bedürfnisbefriedigungsmöglichkeiten zu erleiden, z.B. Furcht vor Kompetenz- und Prestigeverlust bei einer neuen Arbeitsorganisation oder die Angst vor sozialen Verlusten bei neuen Gruppenzusammensetzungen; der erreichte Stand wird als bedroht angesehen.[2] **Zum anderen** ist es häufig genug das organisatorische System selbst, das mit seinen Mechanismen (z.B. Lohnsystem, Tabus, Leistungsmerkmale) den Widerstand gegen die geplante Änderung (unbewußt) provoziert.[3]

Es darf auch nicht vergessen werden, daß neue organisatorische Lösungen in der Regel mit einer Neuverteilung von Ressourcen und damit verbunden einer Veränderung etablierter Machtstrukturen einhergehen.[4] Nicht selten sehen ganze Abteilungen dadurch ihren Wert gemindert, andere unberechtigt bevorteilt, bewährte Praktiken mißachtet usw. Konformitätsdruck und fest verankerte Orientierungsmuster verstärken den Impuls, organisatorischen Wandel zurückzuweisen, ja bisweilen sogar militant abzuwehren.

---

2 Vgl. Burke, W.W., Organization development: Principles and practices, Boston 1982, S. 51 f.; Strebel, P., Why do employees resist change? in: Harvard Business Review 74 (1996), Nr. 3, S. 86-92.

3 Vgl. dazu im einzelnen Watson, G., Widerstand gegen Veränderungen, in: Bennis, W.G./Benne, K.D./ Chin, R. (Hrsg.), Änderung des Sozialverhaltens, Stuttgart 1975.

4 Vgl. Rosenstiel, L.v., Verhaltenswissenschaftliche Grundlagen von Veränderungsprozessen, in: Reiß, M./Rosenstiel, L.v./Lanz, A. (Hrsg.), Change Management, Stuttgart 1997, S. 207.

Der Widerstand gegen Änderungen wird auf unterschiedliche Weise kommuniziert. Die Ausdrucksformen reichen von besorgter Nachfrage über systematisches Kann-nit-verstan bis zu offener Ablehnung (Kündigungsdrohung, Krankheit usw.).

Insgesamt gilt es allerdings zu sehen, daß ein Sich-zur-Wehr-setzen bei einer objektiven Verschlechterung der Lebenssituation (z.B. bei einer Entlassung oder einer Abstufung) nicht unter den Begriff „Widerstand gegen Änderungen" fällt. Die Gründe für eine solche Abwehrhaltung sind evident. Wirklich erklärungsbedürftig werden die Änderungswiderstände erst dort, wo ein veränderungsbedingter objektiver Nachteil monetärer oder nicht-monetärer Art von außen nicht erkennbar ist.

Der wesentlichste Impuls zur Erforschung des Widerstandes gegen Änderungen sowie zu Ansatzpunkten seiner Überwindung kam von Kurt Lewin und seinen Studien zum Abbau von Speiseabscheu.[5] Als zum Ende des 2. Weltkrieges auch in den USA das Fleisch knapper wurde, sollte Lewin herausfinden, wie man US-Hausfrauen davon überzeugen könnte, daß sich auch mit (dort) unüblichen Lebensmitteln, insbesondere mit Innereien, leckere Speisen zubereiten lassen. Die Hausfrauen ekelten sich allein schon vor dem Gedanken, Innereien, wie Herz oder Lunge, zubereiten und essen zu müssen. Zum Abbau des Widerstandes wurde in zwei Gruppen auf unterschiedliche Weise verfahren. Eine Gruppe von Hausfrauen erhielt Vorträge über den Nährwert und Zubereitungsformen von Innereien; in einer zweiten Gruppe wurden aktivere Methoden eingesetzt: Die Gruppe wurde gebeten, gemeinsam ein Programm zu erarbeiten, wie man normalen US-Hausfrauen den Ekel vor Innereien nehmen könnte. Die Hausfrauen analysierten an sich selbst, was die Hauptquellen dieses allgemeinen Speiseabscheus sein könnten (Unkenntnis, taktile Empfindungsqualitäten, soziale Ächtung usw.); bei Bedarf wurden Informationen über einzelne Fragestellungen (Nährwerte, Rezepte usw.) gegeben. Es bildete sich rasch die Gruppenmeinung heraus, daß gegen die Ablehnung etwas unternommen werden müßte. Der gemeinsame Lernprozeß in der Gruppe erwies sich (aus heutiger Sicht nicht mehr überraschend) dem reinen Lehransatz als weit überlegen; die Frauen legten in der Gruppe gemeinsam mit den imaginierten „Leidensgenossinnen" Vorurteile und Ekelgefühle nach und nach ab.

Die in diesem Experiment praktizierten Gruppensitzungen und die dabei verwendeten Methoden der **Teilnehmeraktivierung** nahmen die Eckpfeiler von organisatorischen Wandelkonzepten der nächsten Jahrzehnte vorweg.[6] Im Grunde war in diesen Studien alles angelegt, was später zu den **„goldenen Regeln"** des erfolgreichen organisatorischen Wandels werden sollte:

(1) Aktive Teilnahme am Veränderungsgeschehen; umfassende Information über die Hintergründe des anstehenden Wandels und Partizipation an den Veränderungsentscheidungen.
(2) Die Gruppe als wichtiges Wandelmedium. Wandelprozesse in Gruppen sind weniger beängstigend und werden im Durchschnitt schneller vollzogen.
(3) Gegenseitige Kooperation fördert die Wandelbereitschaft.

---

5 Vgl. Lewin, K., Group decision and social change, in: Maccoby, E.E./Newcomb, T.M./Hartley, E.L. (Eds.), Readings in social psychology, 3. Aufl., New York 1958.

6 Vgl. hierzu den klassischen Aufsatz von Lawrence, P.R., How to deal with resistance to change, in: Harvard Business Review 32 (1954), Nr. 3, S. 49-57.

(4) Auftauen alter Gewohnheiten. Wandelprozesse bedürfen einer Auflockerungsphase, in der die Bereitschaft zum Wandel erzeugt wird, und einer Beruhigungsphase, die den vollzogenen Wandel stabilisiert.

Letzteres wurde von Lewin[7] auf der Basis einer Gleichgewichtsvorstellung zu der triadischen Episode erfolgreichen Wandels ausformuliert (vgl. Abb. 8.1): Auftauen (unfreezing) – Verändern (moving) – Stabilisieren (refreezing).

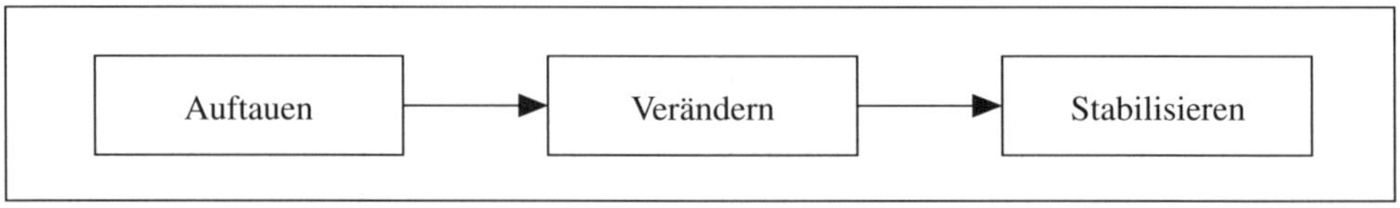

Abb. 8.1: Das organisatorische Änderungsgesetz nach Lewin

Die Auftauphase („Unfreezing") verlangt, daß ein System den vormaligen Gleichgewichtszustand aufgibt oder – anders ausgedrückt –, daß sich eine Bereitschaft zur Veränderung herausbildet. Alte Gewohnheiten werden in Frage gestellt, neue Ideen bereitwillig diskutiert usw. Der Anstoß für einen Auftauprozeß kann sowohl von innen (Fehleranalyse, neue Mitarbeiter usw.) als auch von außen kommen (sinkender Börsenwert, Marktanteilseinbußen, öffentliche Kritik des Unternehmens usw.). Veränderungsprojekte (wie z.B. eine neue Organisationsstruktur oder ein neues Abrechnungssystem), die ohne ein entsprechendes „Auftauen" sozusagen in direktem Zuge durchgeführt werden sollen, sind sehr häufig zum Scheitern verurteilt.[8]

Durchgeführte Veränderungen – das ist der zweite Kerngedanke des Lewinschen Episodenschemas – bedürfen der **Stabilisierung**, müssen „eingefroren" werden, damit sie Bestand haben. Ansonsten bestünde die Gefahr, daß schon kleine Rückschläge oder die „Macht der Gewohnheit" die alten Strukturen wieder aufleben lassen. Mit anderen Worten, ein neues Gleichgewicht muß sich einpendeln.

8.3 Organisationsentwicklung

8.3.1 Historischer Hintergrund

Die Gruppendiskussion, die sich im Falle der amerikanischen Hausfrauen als so erfolgreiche Auftaumethode erwiesen hatte, wurde nach weiteren Experimenten zu einer speziellen **Trainingsmethode**, der T-group, ausgeformt („Gruppendynamisches Training"). Im Rahmen der National Education Association wurde schließlich ein spezielles Institut eingerichtet, die National Training Laboratories (NTL), das T-group-Programme anbot.

7 Vgl. Lewin, K., Group decision and social change, a.a.O., S. 210 f.

8 Vgl. hierzu z.B. die Untersuchung mißglückter Wandelprozesse von Greiner, L.E., Patterns of organization change, in: Harvard Business Review 45 (1967), Nr. 3, S. 119-130.

Die Industrie interessierte sich zunehmend für diese Trainingsmethode zur Förderung von Wandelprozessen. In den 70er Jahren haben dann diese und ähnliche Gruppentrainingsmethoden weltweite Verbreitung gefunden. Die Förderung betrieblicher Wandelprozesse wurde mehr und mehr zu einer neuen Beratungsaufgabe. Im Zuge dieser Entwicklung bildete sich ein Spezialzweig innerhalb der Organisationstheorie heraus, der sich ganz und gar der Wandelthematik widmet, nämlich die **Organisationsentwicklung** (OE).

Neben der Gruppentrainingsmethode trug allerdings eine Reihe weiterer Ansätze entscheidend zur Herausformung dieser Spezialdisziplin bei, so vor allem die „Survey-Feedback"-Forschung am ISR (Institute for Social Research, Michigan).[9] Im Unterschied zu den rein verhaltensbezogenen Trainingsmethoden setzt das Survey-Feedback eher kognitiv bei einer systematischen und quantifizierten **Organisations- und Führungsdiagnose** an.

Ferner wurde das Gebiet der Organisationsentwicklung wesentlich beeinflußt durch das Tavistock Institut (UK) und seinem psychotherapeutisch inspirierten Ansatz.[10] Die hohen Anforderungen, die später an den Entwicklungsberater gerichtet wurden (Quasi-Therapeut), haben hier ihren Ursprung.

Der Organisationsentwicklungsansatz, wie er sich schließlich herausgebildet hat, behandelt verschiedene Fragestellungen. Neben den bereits kurz skizzierten Fragen des **Phasenverlaufs** sind es vor allem die Fragen nach der Art des **Einstiegs** (von „oben nach unten" oder von „unten nach oben" usw.), der Rolle des **externen Beraters** („change agent") und der geeignetsten **Interventionsmethode**.[11]

8.3.2 Schema erfolgreicher Wandelprozesse

Auf der Suche nach der „besten Praxis" hat Greiner[12] aus einer Gegenüberstellung erfolgreicher und mißglückter organisatorischer Wandelprozesse ein idealtypisches Erfolgsmuster abgeleitet, das als repräsentativ für einen Großteil der Empfehlungen in der OE-Literatur gelten darf.

Der Grundansatz in allen erfolgreichen Fällen war – ähnlich wie in den Lewinschen Studien – **partizipativ**, d.h. die vom Wandel betroffenen Organisationsmitglieder wurden aktiv in den Veränderungsprozeß einbezogen; die Entscheidungsträger waren bereit, ihre Macht zu teilen („shared power approach"). Der letztgenannte Gesichtspunkt ist schon deshalb von hoher Bedeutung, weil jeder Wandelprozeß – wie oben dargelegt – auch eine Veränderung von bestehenden Machtstrukturen bedeutet. Das von Greiner destillierte Erfolgsschema hebt deshalb auch ausdrücklich auf die Reaktionen der bestehenden Machtstruktur auf den Veränderungsvorgang ab (vgl. Abb. 8.2).

---

9 Vgl. u.a. Mann, F.C., Studying and creating change, in: Bennis, W.G./Benne, K.D./Chin, R. (Eds.), The planning of change, New York 1961; Likert, R., New patterns of management, New York 1961.

10 Vgl. die aufschlußreiche Beschreibung des Änderungsprozesses in der Glacier Company von Jacques, E., The changing culture of a factory, Tavistock 1951.

11 Vgl. hierzu Cummings, T.G./Worley, C.G., Organization development and change, 6. Aufl., Minneapolis/St. Paul 1997.

12 Greiner, L.E., Patterns of organization change, a.a.O.

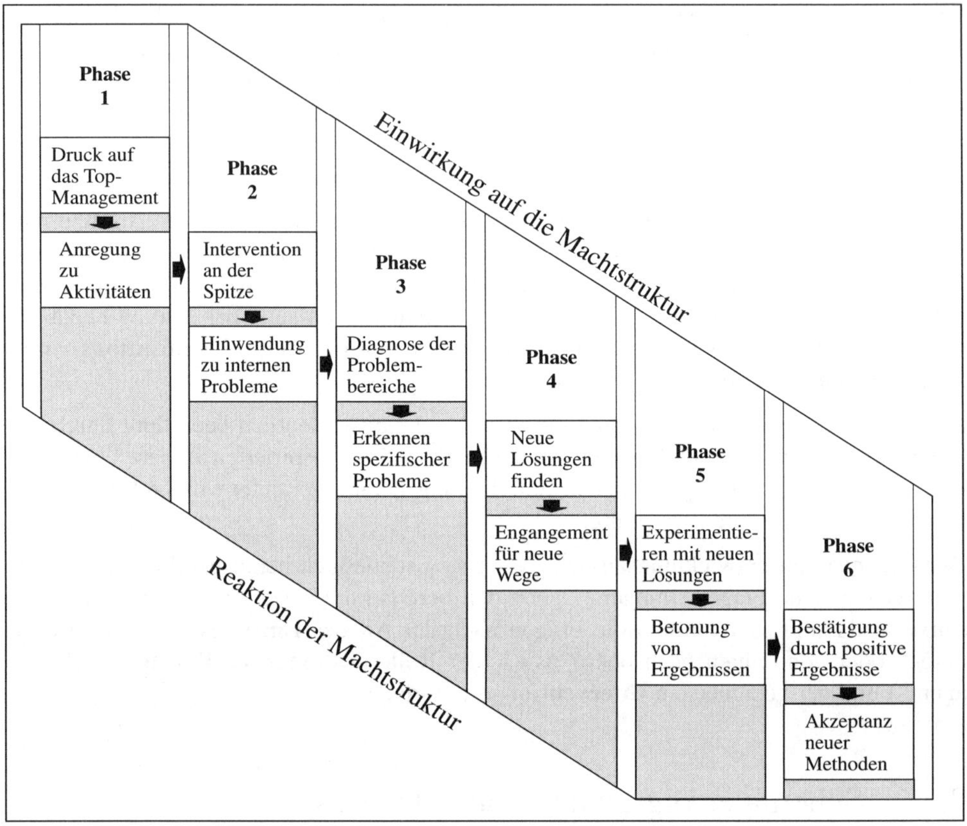

Quelle: Greiner, L.E., Patterns of organization change, in: Harvard Business Review 45 (1967), Nr. 3, S. 126 – modifiziert

Abb. 8.2: Phasenverlauf erfolgreicher Wandelprozesse

Im einzelnen ließen sich folgende Phasen unterscheiden:

Phase 1: Druck und Aufrüttlung
Die erste Phase betont die Notwendigkeit des Auftauens und der Schaffung einer Veränderungsbereitschaft bei den maßgeblichen Entscheidungsträgern. Ein Wandelprozeß ist schwer einzuleiten, wenn die Spitze der Organisation nicht wirklich von seiner Notwendigkeit überzeugt ist. Die Bereitschaft zum Wandel war in den untersuchten Firmen dort am größten, wo „der Boden schwankte", d.h. sowohl von innen als auch von außen Krisensignale kamen (Terminprobleme, hohe Fehlzeiten, Qualitätsprobleme usw.).

Phase 2: Intervention und Neuorientierung
Der Druck und die Veränderungsbereitschaft alleine genügten jedoch gewöhnlich nicht, um die Situation positiv zu wenden und neue Wege zu suchen. Häufig erwies

es sich als zweckmäßig, externe Berater hinzuzuziehen, die die Probleme unvoreingenommen betrachten konnten. Voraussetzung für ihren erfolgreichen Einsatz war jedoch, daß sie die maßgeblichen Entscheidungsträger akzeptierten und ihre Meinung schätzten. In der Greinerschen Analyse erwiesen sich diejenigen Wandel-Berater („change agents") am erfolgreichsten, die nicht mit fertigen Problemlösungen aufwarteten, sondern den Blick der beteiligten Organisationsmitglieder für die internen Probleme schärften und sie dabei unterstützten, die Problemzusammenhänge aus einer neuen Perspektive zu sehen.

Phase 3: Diagnose und Erklärung
Auf die Lockerung der traditionellen Sichtweise folgte der eigentliche Veränderungsprozeß („moving"). Alle direkt Betroffenen beteiligten sich an der Informationssammlung und versuchten die Ursachen für die identifizierten Probleme zu bestimmen. Die Berater trugen dafür Sorge, daß keine Tabus diesen Suchprozeß behinderten. Wiederum im Einklang mit der Lewin-Studie erwiesen sich Gruppensitzungen als geeignetstes Medium, um neue Wege der Problemerkennung zu erproben. Die Teilnahme der oberen Führungskräfte an den Sitzungen war besonders wichtig, um allen Mitarbeitern die Ernsthaftigkeit der Bemühungen zu signalisieren, und um zu demonstrieren, daß auch Ideen, die von „unten" kommen, aufgegriffen und diskutiert werden.

Phase 4: Neue Lösungen und Selbstverpflichtung
In dieser Phase geht es darum, für die lokalisierten Probleme neue Problemlösungen zu entwickeln. Die externen Berater erwiesen sich hier als besonders wichtig. Sie sorgten dafür, daß es nicht „alten Wein in neuen Schläuchen" gab, sondern wirklich nach neuartigen Lösungen gesucht wurde. Dazu mußten in den meisten Fällen erst einmal alte Blockaden (Abwehrhaltungen), Betriebsblindheit und Verkrustungen in einer gemeinsamen Anstrengung überwunden werden. Ziel dieser Phase ist es, gemeinsam neue Lösungen zu finden, die von vornherein die Zustimmung der Betroffenen haben.

Phase 5: Experimentieren und Ergebnissuche
In allen erfolgreichen Wandelprozessen folgte schließlich eine Experimentierphase, bevor umfassende Umstellungen angegangen wurden. Überall in der Organisation bestand noch Vorsicht. Man wollte erst einmal sehen, ob die neue Lösung funktionstüchtig ist, ob die Unterstützung von „oben" wirklich vorhanden ist. Eine Reversibilität der Entscheidungen muß in dieser Phase noch möglich sein, um wirklich neue Lösungen ausprobieren zu können. Waren die Ergebnisse der Experimente positiv, begann die letzte Phase und der Übergang zum „refreezing".

Phase 6: Verstärkung und Akzeptanz
Positive Resultate und die kontinuierliche Information über die Entwicklung der Ergebnisse bekräftigten die neuen Strukturen und ermutigten zur Ausdehnung der Experimente auf größere Einheiten. Die neuen Strukturen wurden langsam zur Selbstverständlichkeit im täglichen Handeln.

Die Konsequenzen dieses Ansatzes sind weitreichend; er stellt die herkömmliche Organisationsplanung stark in Frage. Es geht nicht mehr länger darum, eine gefundene Problemlösung möglichst geschickt umzusetzen, sondern der Schlüssel zum erfolgreichen Wandel wird in einer **Veränderung des Planungsprozesses** selbst gesehen. Nur die gemeinsame Planung der neuen organisatorischen Lösung – so die Mission – stellt ihre Akzeptanz und ihre engagierte Realisierung sicher.

8.3.3 Interventionsmodelle

Zahlreiche Autoren und Beratungsunternehmen haben mehr oder weniger umfassende Programmpakete zur Organisationsentwicklung vorgelegt, meist auf einer speziellen Interventions-Methode basierend.[13] Die drei wohl bekanntesten Ansätze sind der schon erwähnte (1) Survey-Feedback-Ansatz, (2) die Prozeßberatung und (3) das Verhaltensgitter.

(1) Der **Survey-Feedback-Ansatz**[14] stellt die partizipativ-gestaltete Problemdiagnose in den Vordergrund. Als Problemerkennungs-Folie wird ein Idealmodell moderner Organisation vorgegeben. Die in Abb. 8.3 gezeigten Kriterien einer „gesunden Organisation" verdeutlichen dieses Ideal. Die Gegenüberstellung von Ideal und Wirklichkeit soll das Motiv setzen, die aufgespürten Diskrepanzen in einem gezielten Organisationsentwicklungsprozeß zu verringern. Die Datenerhebungs-Datenrückkoppelungs-Sequenzen sollen solange wiederholt werden, bis ein befriedigender Zustand erreicht ist.[15]

(2) Im Unterschied dazu will die **Prozeßberatung** bewußt keine Gestaltungsvorgaben machen.[16] Prozeßberatung wird verstanden als eine Interventionsform, die dem „Klienten" helfen soll, Ereignisse und Probleme in seinem Umfeld besser wahrzunehmen und zu verstehen, so daß Handlungen ergriffen werden können, die die Situation verbessern. Klienten soll kein vorfabriziertes Ideal verkauft werden, sondern sie sollen befähigt werden, nach unvoreingenommener Analyse die zweckmäßigste Lösung selbst zu finden. Die Interventionen der Prozeßberatung stellen daher – wie der Name es schon sagt – nicht auf das Ergebnis, sondern auf den Prozeß ab. Der Schwerpunkt dieser Art von Prozeßhilfe liegt dementsprechend bei solchen Aspekten wie Konfrontation mit neuen Perspektiven, Öffnung von Kommunikationsblockaden, Aufdecken von destruktiven „Spielen" zwischen Gruppen usw.[17]

13 Einen Überblick geben French, W.L./Bell, C.H., Organization development: Behavioral science interventions for organization improvement, 6. Aufl., Englewood Cliffs, N.J. 1998.

14 Vgl. Likert, R., The human organization, New York 1967; Bowers, D.G./Franklin, J.L., Survey guided development, La Jolla 1977.

15 Zu einer instruktiven vergleichenden Untersuchung der Wirksamkeit dieses Ansatzes vgl. Bowers, D.G., OD techniques and their results in 23 organizations, in: Journal of Applied Behavioral Science 9 (1973), S. 21-43.

16 Vgl. Schein, E.H., Process consultation: Its role in organization development, Vol. I, 2. Aufl., Reading/Mass. 1988.

17 Vgl. hierzu auch das kürzlich vorgelegte Methodeninventar von Königswieser, R./Exner, A., Systemische Intervention, Stuttgart 1998.

Gesunde Organisationen	
(1)	Starkes Vertrauen und hohe Wertschätzung unter den Organisationsmitgliedern.
(2)	Offenes, problemorientiertes Organisationsklima.
(3)	Zielerreichung und nicht Machterhalt stehen im Vordergrund.
(4)	Formale und funktionale (Experten-)Autorität decken sich weitgehend.
(5)	Organisationsmitglieder verfügen über Handlungsspielräume.
(6)	Entscheidungen werden dort getroffen, wo die besten Informationen zur Verfügung stehen.
(7)	Einzelmotivationen und Ideen werden gefördert.
(8)	Das Entlohnungssystem ist sowohl leistungs- wie auch auf die persönliche Entwicklung der Mitglieder bezogen.
(9)	Organisationsmitglieder kontrollieren sich in großem Umfange selbst.
(10)	Organisationsmitglieder interessieren sich für ihre Arbeit und identifizieren sich mit der Aufgabe der Organisation.
(11)	Konflikte entstehen aus sachlichen Kontroversen über Problemlösungen; sie zielen auf eine Verbesserung der Aufgabenvollzüge.
(12)	Die Organisation ist proaktiv, d.h. sie versucht, Probleme so früh als möglich zu antizipieren, um rechtzeitig Lösungsmöglichkeiten zu suchen und Maßnahmen in die Wege leiten zu können.

Quelle: Beckhard, R., Organization development: Strategies and models, Reading/Mass. 1969, passim

Abb. 8.3: Die „gesunde" Organisation

(3) Die Organisationsentwicklung nach dem **Verhaltensgitter**[18] stellt den Gegenpol zur Prozeßberatung dar. Dieser voll standardisierte Ansatz legt nicht nur das angestrebte Ergebnis des Prozesses von vornherein fest, sondern strukturiert auch den Entwicklungsprozeß vollkommen vor. Ausgangspunkt des Modells ist ein Führungsverhalten, das sowohl in hohem Maße personen- als auch aufgabenbezogen ausgeprägt sein soll (9.9 – Führungsstil).[19] Dieser Kerngedanke wird dann auf die gesamte Organisation und alle Problemtatbestände als Lösungsansatz übertragen. Zur Erreichung einer solchen Ideal-Organisation ist ein mehrstufiges Trainingsprogramm entwickelt worden, das sechs Phasen umfaßt und als Multiplikatoren-Modell aufgebaut ist (geschulte Manager fungieren im Kaskadeneffekt als Trainer). Die ersten zwei Phasen konzentrieren sich auf die Führungskräfte. In Phase 1 soll im „Labor" der eigene Führungsstil erkundet und verändert werden; Phase 2 („Teamentwicklung") sieht den Übertrag in die reale Arbeitssitua-

18 Vgl. Blake, R.R./Mouton, J.S., Building a dynamic organization through grid organizational development, Reading/Mass. 1969; zu neueren Modifikationen des Konzepts: dies., The managerial grid III, Houston 1985.

19 Vgl. hierzu unten im elften Kapitel, Abschnitt 11.5.3.

tion vor. In Phase 3 werden die Intergruppenbeziehungen analysiert und im Sinne vertrauensvoller Kooperation verbessert. In den Phasen 4-6 soll ein Idealmodell für die betreffende Unternehmung entwickelt, konkretisiert und realisiert werden; die auf diesem Wege erzielten Ergebnisse werden schließlich evaluiert und allfällige Korrekturmaßnahmen eingeleitet.

Obwohl die weniger strukturierten Ansätze gute Gründe für sich geltend machen, sind die strukturierten Modelle, wie etwa das Verhaltensgitter, wesentlich populärer geworden. Die „Klienten" können besser abschätzen, worauf sie sich einlassen, und welche Ergebnisse am Ende des Prozesses zu erwarten sind.[20]

8.3.4 Konzeptionelle Kritik des Organisationsentwicklungsansatzes

Die Perspektive des Organisationsentwicklungs-Ansatzes erwies sich auf die Dauer als zu **eng** und zu **einseitig**[21]. Dafür sind im wesentlichen vier Gründe maßgeblich:[22]

(1) Organisatorischer Wandel wird zur Spezialistensache.

Die stark psychologische, ja psychotherapeutische Orientierung der OE-Schule erwies sich zwar insofern als effizient, als auf diese Weise tatsächlich bis zu den Grundlagen bestimmter Verhaltens-(Widerstands-)Routinen vorgedrungen werden kann. Problematisch ist dabei allerdings, daß damit der organisatorische Wandel zu einem Gebiet von Spezialisten gerät, die einer ganz besonderen Ausbildung bedürfen. Mit anderen Worten, der Wandel von Organisationen wurde immer mehr zur Spezialistensache erklärt, die nur von wenigen in den speziellen Trainingsmethoden eingeübten Personen durchgeführt werden kann, die auch von ihrer Persönlichkeit her über die nötige Reife verfügen. Diese Perspektive ist insofern problematisch, als die Bewerkstelligung von Wandel zum festen Bestandteil jeder Managementaufgabe gehört. Beratungsspezialisten können den Prozeß befördern helfen, der eigentliche Wandel muß von denen vorangebracht werden, die die Konsequenzen zu tragen haben. Anders ausgedrückt, die Veränderung und Neuausrichtung einer Organisation ist im Kern eine Linienaufgabe; die „Delegation" dieser Aufgabe an Spezialisten bringt den Wandelprozeß in zu große Distanz zum Handlungsgeschehen. Die verantwortlichen Entscheidungsträger müssen im Zentrum des Wandelprozesses stehen.

---

20 Vgl. dazu den resümierenden Aufsatz von Sashkin, M. et al., Organization development approaches: Analysis and application, in: Warrick, D.D. (Hrsg.), Contemporary organization development, Glenview/Ill. 1984, S. 520 ff.

21 Neben den hier interessierenden konzeptionellen Kritikpunkten gibt es zahlreiche andere Einwände, die sich mit den Zielen und der Methodik etc. beschäftigen. Vgl. u.a. Kubicek, H./Leuck, H.G./Wächter, H., Organisationsentwicklung: Entwicklungsbedürftig und entwicklungsfähig, in: Gruppendynamik 10 (1979), S. 297-318; Pieper, R., Diskursive Organisationsentwicklung, Berlin/New York 1988, S. 77 ff.

22 Vgl. hierzu die kritischen Bestandsaufnahmen von Beer, M./Walton, A.E., Organization change and development, in: Annual Review of Psychology 38 (1987), S. 339-367; sowie das aktuelle und instruktive Diskussionsforum „Zukunft der OE" in der Zeitschrift: Organisationsentwicklung beginnend mit Heft 3, 17 (1998) bis Heft 4, 18 (1999); Forumsleitung: K. Trebesch.

(2) Organisatorischer Wandel wird zum Einzelprojekt.

Der zweite zentrale Kritikpunkt des Organisationsentwicklungsansatzes betrifft das Basisverständnis, das den Wandel von Organisationen als Projekt thematisiert. Dieses Projektverständnis ist in doppelter Hinsicht problematisch. Zum einen wird damit dem Wandel eine Sonderrolle zugewiesen; die Ausnahme von der Regel, die deshalb auch – und das schließt an den ersten Einwand an – in die Hände von Spezialisten gelegt werden kann und muß. Zum zweiten stehen Projekte definitionsgemäß außerhalb der täglichen Leistungsvollzüge; sie sind nicht „alltäglich“ und müssen deshalb erst nach Fertigstellung in den täglichen Arbeitsprozeß integriert werden. Dadurch entsteht zwangsläufig das klassische „Implementationsproblem“, wie man für ein fertiges Neuerungspaket in der gesamten Organisation Akzeptanz finden kann.

(3) Organisatorischer Wandel ist ein stetiger Prozeß.

Der dritte konzeptionelle Einwand bezieht sich auf den Wandelrhythmus. Organisationsentwicklungs-Ansätze gehen (meist unausgesprochen) davon aus, daß sich Wandelprozesse in einer kontinuierlichen, überschaubaren und zeitlich streckbaren Weise vollziehen. Der Wandel soll soweit verstetigt werden, daß er beherrschbar wird; die meisten Ansätze veranschlagen drei und mehr Jahre als Wandelzeit. Nun ist von vielen Studien her bekannt, daß sich organisatorische Veränderungen keineswegs immer in einem solchen „Schonraum“ entwickeln und ausreifen können. Interne oder externe Veränderungen verlangen oft einen raschen Umstellungsprozeß, um den Systembestand sicherstellen zu können.

Empirische Untersuchungen zu organisatorischen Wandelprozessen verweisen dementsprechend immer wieder auf sog. revolutionäre Wandelphasen[23], in denen der organisatorische Bezugsrahmen ganz oder teilweise zur Disposition steht („Frame-Breaking-Change“). In derartigen Situationen findet eine grundlegende Neuorientierung der gesamten Organisation statt, die häufig systemweite Umstrukturierungen, die Um- bzw. Neudefinition der Unternehmensmission oder auch die Neubesetzung entscheidender Schlüsselpositionen im Unternehmen als Reaktion auf tiefgreifende Umweltveränderungen, interne Entwicklungsbrüche etc. beinhalten kann. Solche Wandelprozesse werden als grundsätzlich **krisenhaft** begriffen.[24]

Organisationen müssen somit beide Typen des Wandels bewältigen können und können sich nicht darauf verlassen, daß Wandelprozesse immer verstetigbar sind.

Es sei am Rande darauf verwiesen, daß diese Ansätze zumeist von der notwendigen Abfolge von ruhigen **Konvergenz-** und turbulenten **Transformations**phasen ausgehen, so als müßte organisatorischer Wandel unausweichlich diesem Rhythmus folgen. Die Suche

23 Vgl. Tushman, M.L./Newman, W.H./Romanelli, E., Convergence and upheaval: Managing the unsteady pace of organizational evolution, in: California Management Review 29 (1986), No. 1, S. 29-44; Romanelli, E./Tushmann, M.L., Organizational transformation as punctuated equilibrium: An empirical test, in: Academy of Management Journal 37 (1994), S. 1017-1033.

24 Auf der Basis eines ähnlichen Krisenmodells argumentiert Greiner, L.E., Evolution and revolution as organizations grow, in: Harvard Business Review 50 (1972), Nr. 4, S. 37-46.

nach naturgesetzartigem Kausalwissen hat hier ein falsches Verständnis sozialer Institutionen entstehen lassen. Unternehmen können Wandel antizipieren, vorwegnehmen, verzögern usw. – er kommt nicht über sie wie Blitz und Donner.[25]

(4) Organisatorischer Wandel als Ausnahme

Der vierte und letzte Einwand richtet sich gegen das grundsätzliche Wandelverständnis des OE-Ansatzes, wonach dem Wandelprozeß etwas Außerordentliches zukommt, mit dem Unternehmen eher selten zu tun haben. Der Wandel wird unausgesprochen als **Ausnahme** von der Regel angesehen. Organisationen sieht man als stabile, von Routine bestimmte Einheiten, die sich hin und wieder dem schmerzhaften Prozeß der Veränderung unterziehen müssen. Lewins Gleichgewichtsmodell (siehe oben) legt beredtes Zeugnis von dieser Sichtweise ab; es ist dort ja von zentraler Bedeutung, daß das System am Ende wieder ins Lot kommt!

Diese Vorstellungswelt paßt in die neuere Zeit ganz und gar nicht mehr hinein. Unternehmen sind heute mit vielfältigen Wandelerfordernissen konfrontiert, die sich in der Summe zu der Notwendigkeit einer **kontinuierlichen** Wandelbereitschaft konkretisieren. Immer deutlicher treten Organisationskonzepte in den Vordergrund, die den fluiden Charakter der Organisation betonen, beginnend bei dem Modell der „chronically unfrozen organization“[26] über die sog. „grenzenlose Organisation“[27] bis zur Idee der „virtuellen Organisation“[28]. Benötigt wird also eine Theorie des organisatorischen Wandels, die die Idee des unterbrochenen Gleichgewichts überwindet und stattdessen den Wandel als Normalzustand einer modernen Organisation thematisieren kann.

Die **Theorie des organisationalen Lernens** darf als aussichtsreicher Kandidat gelten, eine solche erweiterte Konzeption anzubieten. Nach diesem Ansatz werden die Entwicklung und der Wandel von Organisationen als fortdauernder Lernprozeß verstanden, der von der gesamten Organisation auf allen Ebenen zu leisten ist. Der Begriff des „Organisatorischen Lernens“ gerät in dieser Sicht zu einem neuen Fixpunkt für theoretische Ansätze, die das Problem fortlaufender organisatorischer Wandelprozesse thematisieren.

---

25 Vgl. dazu Schreyögg, G./Noss, C., Reframing change: Equilibrium logic and beyond, in: Academy of Management, Best Paper Proceedings, Toronto 2000.

26 Vg. Weick, K.E., Organization design: Organizations as self-designing systems, in: Organization Dynamics 6 (1977), Nr. 2, S. 31-46.

27 Vgl. Picot, A./Reichwald, R./Wigand, R., Die grenzenlose Unternehmung, 4. Aufl., Wiesbaden 2000.

28 Vgl. Scholz, C., Strategische Organisation, Landsberg / Lech 1997.

8.4 Organisatorisches Lernen als erweiterte Theorie organisatorischen Wandels

8.4.1 Vom individuellen zum organisatorischen Lernen

Der Begriff des Lernens bezeichnet, wie auch immer gefaßt, eine Bewegung; er verweist auf veränderte Reaktionsweisen, Meinungen usw., die im Zuge des Lernprozesses entstanden sind und einen Zustand herbeigeführt haben, der sich von dem ursprünglichen unterscheidet. Lernen und Wandel sind daher wesensverwandt, man könnte sie als **Zwillingsbegriffe** bezeichnen. Die Vorstellung einer lernenden Organisation kommt deshalb der Idee **kontinuierlichen organisatorischen Wandels** prinzipiell nahe.

Der wissenschaftliche Begriff des „Lernens" stammt ursprünglich aus einer behavioristischen Forschungstradition, in der er klassischerweise im Sinne des Stimulus-Response-Schemas (S-R-Paradigma) verstanden wurde.

Aus dieser Sicht wird die Fähigkeit zu lernen als eine **Eigenschaft des Individuums** angesehen und ein Lernprozeß dann unterstellt, wenn ein Individuum auf einen gleichen oder ähnlichen Anstoß (Stimulus) in einer von früherem Verhalten signifikant abweichenden Weise reagiert (Response). Der Prozeß selbst ist nicht beobachtbar; das Individuum wird als Black-Box vorausgesetzt.[29]

March/Olsen gehörten zu den ersten, die diesen Lernansatz auf Organisationen übertragen haben[30] (vgl. Abb. 8.4). Ausgangspunkt sind die Organisationsmitglieder mit ihren Perzeptionen und Zielvorstellungen. Wenn sie Diskrepanzen zwischen aktuell bestehenden und erwünschten Umweltzuständen feststellen, entstehen (1) individuelle Handlungsentwürfe, die zu (2) organisatorischen Handlungen (Entscheidungen) führen. In der Konsequenz übt damit die Organisation in einer bestimmten Weise auf die Umwelt (3) Einfluß aus (Stimulus); worauf die Umwelt ihrerseits in neuer veränderter Weise reagiert (Response). Mit der (4) Perzeption und Interpretation der Umweltreaktionen durch die Organisationsmitglieder und die allfällige Diagnose einer Diskrepanz entsteht ein neuer Lernzyklus.

Das in diesem Grundmodell implizierte Lernkonzept kann als **„adaptiv-erfahrungsbasiertes Lernen"** bezeichnet werden, versuchen doch die Organisationsmitglieder aus den in der Vergangenheit erfahrenen Umweltreaktionen in immer treffenderer Weise situationsgerechte Handlungsentwürfe zu entwickeln.[31] Lernende Organisationen verhalten sich dementsprechend adaptiv-rational.

March/Olsen weisen darauf hin, daß dieser (Ideal-)Lernzyklus in vielfacher Weise „gestört" werden kann. So sind z.B. die Signale aus der Umwelt (Response) häufig mehr-

---

29 Vgl. z.B. Watson, J.B., Behaviorism, Chicago 1930; Skinner, B.F., The behavior of organisms, New York 1938.

30 Vgl. March, J.G./Olsen, J.P., Ambiguity and choice in organizations, Bergen, 2. Aufl., 1979, S. 12 ff.

31 Vgl. March, J.G./Olsen, J.P., Ambiguity and choice in organizations, a.a.O., S. 67; Shrivastava, P., A typology of organizational learning systems, in: Journal of Management Studies 20 (1983), S. 10.

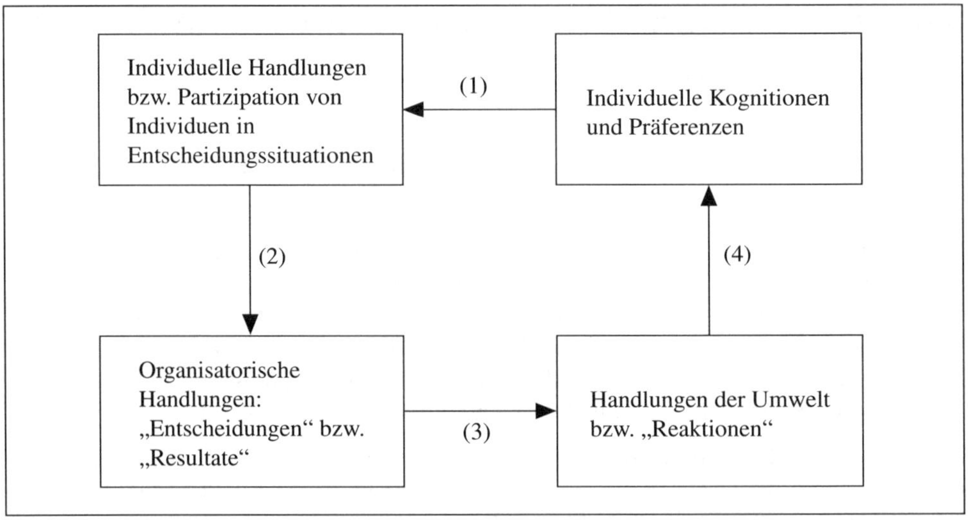

Quelle: March, J.G./Olsen, J.P., Ambiguity and choice in organizations, 2. Aufl., Bergen 1979, S. 13 – modifiziert

Abb. 8.4: Der ideale organisatorische Entscheidungs- bzw. Lernzyklus nach March/ Olsen

deutig und deshalb nur schwer in klare „Antworten“ übersetzbar oder individuelle Handlungsimpulse finden keinen Niederschlag im organisatorischen Handeln. Die Autoren entwickeln daher zusätzlich eine **Theorie des unvollständigen Lernzyklus**[32], die man auch als eine Theorie der **Lernbarrieren** verstehen kann.

Heute werden Lernkonzepte, die auf einem (wie auch immer konkret ausgeformten) S-R-Mechanismus basieren, als konzeptionell zu eng und damit unbefriedigend empfunden.[33] Dabei wird u.a. wesentlich der Umstand kritisiert, daß bedingt durch die vielen zugrundeliegenden Voraussetzungen und dem deterministischen S-R-Zusammenhang, das Lernpotential einer Organisation zu stark reduziert und die Organisation selbst zu einer Art „Lernmaschine“ degradiert wird.

Ein vielversprechender neuerer Zweig der Forschung zum organisatorischen Lernen nimmt seinen Ausgangspunkt bei der sozial-kognitiven Lerntheorie und rückt die Veränderung von Kognitionen in das Zentrum des Lerngeschehens.[34] Organisationen werden aus dieser Perspektive als **Wissenssysteme** aufgefaßt,[35] die über Lernprozesse neues Wissen akquirieren und dadurch ihre Wissensbasis kontinuierlich restrukturieren.[36] Der

32 Vgl. dazu March, J.G./Olsen, J.P., Ambiguity and choice in organizations, a.a.O., S. 22, 56 ff.

33 Vgl. Weick, K.E., The nontraditional quality of organizational learning, in: Organization Science 2 (1991), S. 116-124.

34 Vgl. Bandura, A., Social foundations of thrught and action, Engleword Cliffs, New York 1986.

35 Vgl. Hedberg, B., How organizations learn and unlearn, in: Nystrom, P.C./ Starbuck, W.H. (eds.), Handbook of organizational design, New York 1981, S. 4 ff.

36 Vgl. Shrivastava, P., A typology of organizational learning systems, a.a.O., S. 13 f. und die dort angegebene Literatur.

Wissensansatz durchbricht konzeptionell den starren und in seiner Logik allzu einfachen S-R-Mechanismus.

Dabei wurde zunächst „Wissen" lediglich als Wirkungs-Wissen verstanden, das Organisationen auf der Basis des beobachteten Zusammenhangs vergangener Entscheidungen und daraus resultierender Umweltwirkungen generieren („action-outcome relationships").[37] Organisatorisches Lernen ist dann der Prozeß, in dem das Wissen um neue, erfolgversprechendere Wirkungsweisen und -zusammenhänge erweitert wird. Auslöser für organisatorisches Lernen ist eine Leistungslücke, die zur Generierung neuen Wissens motiviert.

In neueren Ansätzen wird die Vorstellung, das Wissen einer Organisation umfasse einzig **Ursache-Wirkungs-Ketten** (Erklärungswissen), modifiziert und durch eine viel breitere Skala von Wissensarten ersetzt.[38] Neben das Kausalwissen wird das Kontextwissen gestellt, das die in einer Organisation gebräuchlichen Beschreibungen, Bezeichnungen und Definitionen umfaßt, die notwendig sind, um Situationen und Probleme zu verstehen. Andere Systematiken vertrauen auf traditionelle Gliederungen der Wissenschaften, etwa in Grundlagen- und Anwendungswissen, oder in logisch-exaktes oder empirisches Wissen. Von besonderer Bedeutung ist die auf Polanyi[39] zurückgehende Unterscheidung in **explizites** und **implizites** Wissen („tacit knowledge"). Während sich ersteres auf das kodifizierbare, intersubjektiv leicht übertragbare, systematisierte Wissen bezieht, stellt zweiteres auf Problemlösungs-Know-how ab, das in seiner Struktur nicht genauer benennbar ist und auch von den Anwendern eher intuitiv eingesetzt wird. Die Unterscheidung ist deshalb so bedeutsam, weil die Bedeutung des impliziten Wissens wegen seiner schweren Zugänglichkeit häufig unterschätzt wird. Bereits bei der Diskussion der Kernkompetenzen von Unternehmen (vgl. oben Abschnitt 5.5.3.4) war jedoch auf die u.U. herausragende Bedeutung gerade dieses impliziten organisationalen Wissens nachdrücklich hingewiesen worden.

8.4.2 Organisatorisches Lernen aus systemtheoretischer Sicht

Nach Argyris und Schön manifestiert sich das Wissen einer Organisation im wesentlichen in Form von organisationsspezifischen Handlungstheorien („Theories of Action").[40] Dabei differenzieren die Autoren zwischen denjenigen Theorien, die Organisationsmitglieder zur Begründung ihres Handelns benennen („espoused theory") und denjenigen, die – oftmals unbewußt – tatsächlich dem Handeln zugrunde liegen („theory-in-use").

---

37 Vgl. Duncan, R./Weiss, A., Organizational learning: Implications for organizational design, in: Staw, B.M. (ed.), Research in Organizational Behavior, Vol. 1, Greenwich, Conn. 1979, dort bezogen auf strategische Entscheidungen, S. 97 ff.

38 Vgl. z.B. Kirsch, W., Kommunikatives Handeln, Autopoiese, Rationalität, München 1992, S. 310 ff.

39 Vgl. Polanyi, M., Implizites Wissen, Frankfurt a.M. 1985

40 Argyris, C./Schön, D.A., Organizational learning: A theory of action perspective, Reading, Mass. 1996 (zuerst 1978); Vgl. auch dies., Theory in practice, San Francisco 1974; Argyris, C., Single-loop and double-loop models in research on decision making, in: Administrative Science Quarterly, 21 (1976), S. 363-375; ders., Strategy, change and defensive routines, Boston 1985.

Diese Theorien sind, so kann man es in der Begrifflichkeit der neueren Systemtheorie interpretieren, vom System selbstreferentiell erzeugte Handlungs- und Erwartungsmuster.[41] Mit anderen Worten, das System entwickelt in der Auseinandersetzung mit der (komplexen) Umwelt **Interpretationsmuster**, die dann allen weiteren Informationsverarbeitungsprozessen als Bezugsrahmen zugrundeliegen. Nicht die Umwelt determiniert diese – wie im S-R-Ansatz –, sondern umgekehrt, die Entwicklung eines spezifischen Umweltverständnisses setzt die Existenz von solchen „Handlungstheorien" voraus; insoweit können diese auch nicht mehr länger als umweltdeterminiert begriffen werden.

In dieser Perspektive **lernt** eine Organisation, wenn sie ihre selbstreferentiellen Handlungs- und Erwartungsmuster, oder allgemeiner: ihre Wissensbasis, verändert.[42] Restrukturierungen von Handlungstheorien können – und das ist hier entscheidend – sowohl im reaktiven Sinne, d.h. **erfahrungs**orientiert, als auch im proaktiven Sinne, d.h. bezogen auf Ereignisse, die vermeintlich in Zukunft eintreten werden – mithin **erwartungs**orientiert – konzeptionalisiert werden.

Die organisatorische Wissensbasis stellt in dem dargelegten Sinne weniger einen Bestand an gesicherten Gesetzmäßigkeiten dar als vielmehr eine Art Anleitung zur Orientierungsgewinnung („sense making") und zur Verknüpfung von Handlungen.[43] Organisatorisches Wissen leitet Beobachtungen des Systems an, indem es die Bezugsbasis für die dazu erforderliche Differenzbildung liefert, und kondensiert im Fortlauf bewährte Beobachtungen und Prozeduren der Beobachtungsverarbeitung.[44] Organisatorisches Wissen ist eine originäre Systemleistung, sie setzt sich nicht aus individuellen Lernakten zusammen, die die Akzeptanz anderer Systemmitglieder gefunden haben,[45] sondern ist von Anfang an **kollektiv** geprägt, weil die **Bezugsbasis** zu seiner Bildung von dem System erzeugt wird. Zwar sind die Organisationsmitglieder das Lernmedium, d.h. Individuen führen die Lernhandlungen aus, sie lernen jedoch im Referenzsystem der Organisation.

Für eine weitere inhaltliche Ausdifferenzierung des Konzepts des organisatorischen Lernens lassen sich verschiedene **Lernebenen** und **Lernformen** identifizieren.

8.4.3 Lernebenen

Eine prominente Klassifizierung in verschiedene **Lernebenen** oder Lernniveaus geht wiederum auf Argyris/Schön zurück.[46] Sie unterscheiden zwischen den Ebenen „Single-

41 Vgl. Luhmann, N., Zweckbegriff und Systemrationalität, Frankfurt a.M. 1973; ders., Soziale Systeme. Grundriß einer allgemeinen Theorie, Frankfurt a.M. 1984.

42 Vgl. Luhmann, N./Schorr, K.E., Reflexionsprobleme im Erziehungssystem, Stuttgart 1979, S. 86.

43 Vgl. Weick, K.E., Sensemaking in organizations, Thousand Oaks u.a. 1995.

44 Vgl. Willke, H., Dimensionen des Wissensmanagments – Zum Zusammenhang von gesellschaftlicher und organisationaler Wissensbasierung, in: Managementforschung, hrsg. v. Schreyögg, G./Conrad, P., Bd. 6 (1996), Berlin/New York, S. 263-304.

45 So z.B. Müller-Stewens, G./Pautzke, G., Führungskräfteentwicklung und organisationales Lernen, in: Sattelberger, T. (Hrsg.), Die lernende Organisation: Konzepte für eine neue Qualität der Unternehmensentwicklung, 3. Aufl., Wiesbaden, S. 183-205.

46 Vgl. Argyris, C./Schön, D.A., Organizational learning, a.a.O., S. 18 ff. Die Autoren formulieren ihre Lernmodelle in Anlehnung an Bateson, G., Steps to an ecology of mind, New York 1972.

Loop“ und „Double-Loop-Learning“ und fügen dem schließlich das „Deutero-Learning“, eine Art Meta-Ebene des Lernens, bei.[47]

(1) Das **Single-Loop-Learning** („Einkreislernen“) basiert auf der Vorstellung eines Regelkreises. Innerhalb eines festgelegten Bezugsrahmens, der vor allem die Definition des „richtigen“ Systemzustandes (Sollzustand) enthält, werden Abweichungen registriert und korrigiert. Die Definition des „richtigen“ Systemzustandes wird mit der erwähnten kollektiven Handlungstheorie („theory-in-use“) geleistet; sie aufrecht zu erhalten in einer sich ständig verändernden Umwelt, ist das eigentliche Ziel des „Einkreislernens“. **Organisatorisches Lernen** besteht im wesentlichen in der Entdeckung von Soll-Ist-Abweichungen und der Einleitung von Maßnahmen, die den Ist-Zustand des Systems wieder an den Soll-Zustand heranführen. Die handlungsleitende Theorie der Organisation (theory-in-use) wird also im Hinblick auf bestimmte Verfahrensweisen verändert, ohne allerdings an den Grundüberzeugungen und -orientierungen zu rühren. Im Anschluß an Kapitel 6 könnte man davon sprechen, daß **operative** Anpassungen vorgenommen werden.

Eine derartige Wissensgenerierung, d.h. das erfolgreiche Durchlaufen von Lernprozessen, ist nach Argyris/Schön aber nur möglich, wenn für ein einwandfreies, unverzerrtes **Feedback** in der Organisation gesorgt wird. Das Single-Loop-Learning vollzieht sich also innerhalb eines etablierten und generell akzeptierten Bezugsrahmens, bestehend aus organisationsweit verbindlichen Werten, Normen, Grundverhaltensweisen, geteilten Basisannahmen etc. Diese Grundvariablen der Organisationspolitik können beim Einkreislernen nicht weiter hinterfragt werden. Sie setzen den unumstößlichen Rahmen für die Lernprozesse, die (systemimmanente) Störungskorrekturen zum Gegenstand haben.

(2) Beim **Double-Loop-Learning** („Zweikreislernen“) stehen im Gegensatz dazu die **„Führungsgrößen“** und Prämissen der kollektiven Handlungstheorien selbst zur Disposition. In einer solchen Situation haben sich die bis dahin geltenden Grundwerte und -überzeugungen als problematisch erwiesen, und es ist erforderlich, die Kernbestandteile der Wissensbasis zu modifizieren oder zu substituieren. Die formale Höherrangigkeit des Zweikreislernens wird dadurch deutlich, daß im Rahmen dieser Lernprozesse die Sollgröße selbst reflektiert und verändern wird. Im Anschluß an Kapitel 5 könnte man von Strategischer Kontrolle sprechen.

Das organisationale Zweikreislernen vollzieht sich nicht selten als Konfliktbewältigungsprozeß zwischen Organisationsmitgliedern und Gruppen. Unterschiedliche Auffassungen über die Problemursachen und mögliche Neuorientierungen prallen aufeinander. Ein schlichtes Niederkämpfen wird solange nicht als „Lernen“ bezeichnet, als es nicht in einer breit akzeptierten **Restrukturierung** der Handlungstheorie („theory-in-use“) endet. Es kommt darauf an, daß zukünftige Handlungen tatsächlich von der neuen „theory-in-use“ angeleitet werden. Daraus folgt auch, daß ein Austausch der handlungsleitenden Theorie lediglich bei einzelnen Mitgliedern noch kein **organisationales** Zweikreislernen ist.

Eine Kernvoraussetzung für erfolgreiches Double-Loop-Learning ist nach Argyris/Schön Offenheit und Unvoreingenommenheit der beteiligten Organisationsmitglieder, sollen doch

47 Unterscheidungen anderer Autoren finden sich in den Zusammenstellungen von Fiol, C.M./Lyles, M.A., Organizational learning, in: Academy of Management Review 10 (1985), S. 805 ff. sowie bei Pawlowski, P., Betriebliche Qualifikationsstrategien und organisationales Lernen, in: Managementforschung, hrsg. v. Staehle, W.H./Conrad, P., Bd. 2 (1992), Berlin/New York, S. 205 ff.

festgefügte Basisorientierungen und in der Vergangenheit erfolgreiche Handlungsmuster einer Revision unterworfen werden. Im Sinne erfolgreicher Lernprozesse auf dieser Lernebene ist daher ein „Entlernen“ (unlearning) bestehender Orientierungen unabdingbar, damit letztlich Raum für neue Perzeptionen und Konzepte geschaffen und das Realitätsverständnis neu definiert werden kann.[48] Häufig bestehen in Organisationen bereits „Schattentheorien“, die sich in solchen krisenhaften Situationen nach vorne schieben.[49]

Die Widerstände gegen eine solche Neuorientierung sind z.T. sehr stark ausgeprägt, wie aus zahlreichen empirischen Untersuchungen hervorgeht.[50] Es bedarf häufig der Hilfe eines externen Beraters, diese **Abwehrhaltung** („defensiveness“) zu lockern, um überhaupt die Möglichkeit für organisationales Lernen zu eröffnen. An dieser Stelle wird der Bezug zur Organisationsentwicklung, speziell auch zur „Prozeßberatung“, evident.

Aus **systemtheoretischer Sicht** ist diese von Argyris/Schön vorgenommene Eingrenzung auf **bewußt**e, **intendierte Lernprozesse** zu eng. Soziale Systeme restrukturieren ihre Wissensbasis auch in fließender, nicht-intendierter Form im Sinne selbstorganisierender Prozesse. Die Neuorientierung wird dann erst am Ende des Prozesses aufgegriffen und gewissermaßen legitimiert (z.B. in einem strategischen Plan).[51]

(3) Neben diesen Lernmodellen wird als weitere Lernebene das **Deutero-Learning** unterschieden. Es kann als „Lernen des Lernens“ charakterisiert werden, indem innerhalb dieser Prozesse Wissen über vergangene Lernprozesse (Single- und Double-Loop) gesammelt und kommuniziert wird. Im Deutero-Learning werden Lernkontexte reflektiert, Lernverhalten, Lernerfolge und -mißerfolge thematisiert, man kann deshalb auch von der Metaebene des organisatorischen Lernens sprechen.[52] Deutero-Lernen soll auch verhindern helfen, daß organisationales Lernen als einzelne Episoden im alltäglichen Handeln begriffen werden; es soll – mit anderen Worten – sicherstellen, daß sich Organisationen **kontinuierlich** lernbereit halten.

Bei der Darlegung der Lernebenen stand der feedback-orientierte Lernprozeß im Vordergrund. Daneben gibt es aber eine Reihe anderer Formen organisationalen Lernens, die z.T. in weniger aufwendiger Weise den Wissensbestand verändern.

8.4.4 Lernformen

Im Rahmen der verschiedenen **Formen des organisatorischen Lernens** lassen sich im Kern vier Grundformen des Lernens unterscheiden: (1) Lernen aus Erfahrung, (2) Ver-

48 Vgl. Nystrom, P.C./Starbuck, W.H., To avoid organizational crises, unlearn, in: Organizational Dynamics 12 (1984), S. 53-65; Hedberg, B., How organizations learn and unlearn, a.a.O., S. 18 ff.

49 Vgl. Dyer, W.G.jr., The cycle of cultural evolution in organizations, in: Kilmann, R.H. et al. (eds.), Gaining control of the corporate culture, San Francisco 1985, S. 200-229.

50 Vgl. Argyris, C., Reasoning, learning and action, San Francisco 1982; ders., Overcoming organizational defenses, Boston 1990.

51 Vgl. Mintzberg, H./Waters, J.A., Of strategies, deliberate and emergent, in: Strategic Management Journal 6 (1985), S. 257-272 .

52 Anwendungsbezogen vgl. Norman, R., Developing capabilities for organizational learning, in: Pennings, J.P. et al. (eds.), Organizational strategy and change, San Francisco 1985, S. 222 ff.

mitteltes Lernen, (3) Lernen durch Inkorporation neuer Wissensbestände sowie (4) die Generierung neuen Wissens.

(1) Der wohl bekannteste Weg des Wissenserwerbs ist das Lernen aus der unmittelbaren **Erfahrung**. Das bekannte „Learning by doing“[53] wird hierunter ebenso subsumiert wie das Lernen als Resultat von Experimenten und aktiven Suchprozessen, die in einer Organisation entworfen und durchgeführt werden.[54] In einer Ausweitung dieser Perspektive werden erfolgreichem Erfahrungs-Lernen schließlich nicht nur intendierte, sondern auch nicht-intendierte Lerneffekte aus eher zufällig gesammelten Erfahrungen zugeschrieben.[55] Wesentlich aus der Sicht des organisatorischen Lernens ist, daß die gemachten Erfahrungen tatsächlich in den organisatorischen Wissensbestand Eingang finden.

(2) **Vermitteltes Lernen** findet statt, wenn eine Organisation in das Erfahrungswissen einer anderen Organisation Einsicht nehmen und dieses für eigene Belange nutzbar machen kann (z.B. Imitation von Strategien oder bestimmter Technologien).[56]

Derartige Lernprozesse können auf vielfältige Weise angestoßen werden; z.B. durch Kontakte von Organisationsmitgliedern auf Tagungen, Messen etc. oder über Kontakte zu gemeinsamen Lieferanten, Beratern, Händlern etc. Auch intendierte Suchprozesse wie das systematische Auswerten von Pressemitteilungen, wissenschaftlichen Veröffentlichungen oder anderen Publikationen einer Organisation können dem „Lernen aus zweiter Hand“ ebenso dienen wie das (meist illegale) Ausspähen einer Organisation. Seit einiger Zeit wird dem systematischen Vergleich mit anderen herausragenden Unternehmen eine besonders hohe Bedeutung für das organisatorische Lernen zugeschrieben. Dieses sog. Benchmarking soll Unternehmen anregen, auf diesem Wege entdeckte Leistungslücken aufzudecken und mit den beobachteten Lösungsmustern („best practice“) zu schließen.[57]

Man kann die Verbreitung und gemeinsame Nutzung von Erfahrungswissen einer Organisation auch als einen nicht-intendierten Diffusionsprozeß begreifen, indem bestimmtes Wissen einer Organisation nach und nach an die Öffentlichkeit gelangt und innerhalb eines Kreises interessierter Organisationen (z.B. einer Branche) diffundiert. Speziell in diesem Prozeß spielt auch die Wissenschaft eine nicht unerhebliche Rolle.[58]

Schließlich ist vermitteltes Lernen als Prozeß von **Instruktion** und damit intendierter Veränderung der Wissensbasis denkbar. Derartiges Lernen als Folge von Instruktionen findet typischerweise in der klassischen „Lehrsituation“ statt und meint den Umstand, daß Organisationen neue Routinen, Fähigkeiten, Einstellungen und Werte durch andere Organisationen systematisch vermittelt bekommen können.

Zu beachten ist allerdings, daß von der Instruktion nicht bereits auf faktischen Vollzug des Lernprozesses geschlossen werden kann. Dagegen steht der Umstand, daß Lernpro-

53 Vgl. Levitt, B./March, J.G., Organizational learning, in: Annual Review of Sociology, 14 (1988), S. 321ff.
54 Vgl. Huber, G.P., Organizational learning: The contributing processes and the literatures, in: Organization Science, 2 (1991), S. 91 f.
55 Vgl. ebenda S. 89.
56 Vgl. ebenda S. 96.
57 Vgl. u.a. Meyer, J., Benchmarking. Spitzenleistungen durch Lernen von den Besten, Stuttgart 1996.
58 Vgl. Levitt, B./ March, J.G., Organizational learning, a.a.O., S. 329 ff.

zesse nach Art, Umfang und Richtung innerhalb der kognitiven und prozessualen Grenzen einer Organisation stattfinden und Anstöße von außen (Instruktionen) lediglich als anschlußfähige Anregungen zu organisationalem Lernen betrachtet werden können, die für einen Lernerfolg der aktiven Mitarbeit des Systems bedürfen. Das gilt auch für die nächste Lernform.

(3) Als weiterer Form des organisatorischen Lernens ist auf die **Inkorporation neuer Wissensbestände** zu verweisen. Dies kann beispielsweise durch die Einstellung von Experten oder in einem größeren Kontext durch die Akquisition einer anderen (mit spezifischem Wissen ausgestatteten) Organisation erfolgen.[59] Gerade letztgenannter Weg wird in letzter Zeit sehr häufig beschritten. Dabei zeigt sich allerdings, daß der Aufnahme neuen Wissens von übernommenen Unternehmen häufig starke Barrieren entgegenstehen. Das erworbene Unternehmen wird z. B. als unterlegen begriffen, von dem man nicht viel erwarten kann. Oder aber das Wissen des erworbenen Unternehmens wird als unliebsame Konkurrenz oder als indirekte Kritik an dem eigenen Erfahrungswissen erlebt. Diese Einschränkung gilt allerdings nicht nur hier, sondern muß – wie bereits betont – generell beachtet werden. Die Theorie des organisatorischen Lernens ist zu gleichen Teilen immer auch eine Theorie des unvollständigen Lernens oder der **Lernbarrieren.**[60]

(4) In jüngerer Zeit findet die **Generierung neuen Wissens** im Rahmen organisatorischer Lernprozesse die höchste Aufmerksamkeit. Vorhandene Wissenselemente werden im Wege der internen Kommunikation neu verknüpft und zu einer völlig neuen Idee oder Einsicht entwickelt. Dieser Lerntyp basiert auf der systemtheoretischen Grundvorstellung, daß die Systemelemente (also auch die Wissenselemente) in vielfacher Weise anschlußfähig sind und damit untereinander eine unüberschaubare Fülle von Anschlußmöglichkeiten besitzen. Innovative Neuanschlüsse sind daher **jederzeit** möglich; es ist eine Frage der Empirie, ob diese sich dann für das System als tragfähig erweisen. (Vgl. hierzu Kasten 8.1, der die diesbezügliche Perspektive für japanische Unternehmen aufzeigt.)

Neues Wissen wird häufig zunächst auf der impliziten Ebene gebildet, vor allem dann, wenn es sich um erfahrungsbasiertes Lernen handelt. Nonaka und Takeuchi setzen just an dieser Stelle an, wenn sie den Prozeß der Wissenskonversion beleuchten, insbesondere den Übergang von implizitem zu explizitem Wissen.[61] Allerdings wird dies dort fälschlicherweise mit der Generierung neuen Wissens schlechthin gleichgesetzt. Es gibt keinen Grund, weshalb neues Wissen stets nur auf diesem Wege entstehen soll.[62] Es ist jedoch ein interessanter Weg, den es lohnt, genauer anzuschauen.

---

59 Vgl. Huber, G.P., Organizational learning: The contributing processes and the literatures, a.a.O., S. 97.

60 Zu den verschiedenen Lernbarrieren vgl.: Schüppel, J., Wissensmanagement: organisatorisches Lernen im Spannungsfeld von Wissens- und Lernbarrieren, Wiesbaden, 1996; ferner Gebert, D./Boerner, S., Mentale Lernbarrieren in Organisationen und Ansätze zu ihrer Überwindung, in: Handbuch Lernende Organisation, Wiesbaden 1997, S. 237-248; sowie Güldenberg, St., Lernbarrieren und die Verhinderung des Verlernens in Organisationen, ebendort, S. 227-235.

61 Vgl. Nonaka, I./Takeuchi, H., The knowledge creating company, New York/Oxford 1995.

62 Vgl. zur Kritik Schreyögg, G./Noss, Ch., Zur Bedeutung des organisationalen Wissens für organisatorische Lernprozesse, in: Handbuch Lernende Organisation, Wiesbaden 1997, S. 67-76.

Kasten 8.1

Die lernbegierige Organisation

„Um die sehr schnelle und umfassende Akkumulation von technologischem Wissen japanischer Unternehmen zu erklären, werden häufig vor allem drei Aspekte genannt:

- das Lernen am Arbeitsplatz,
- das Verschmelzen von Informationen
- und der Informationsaustausch mit den Kunden.

Durch Lernen am Arbeitsplatz erarbeiten sich viele japanische Unternehmen neue Technologien, und zwar auf zwei verschiedene Arten: Lernen aus der Produktion und Lernen für die Produktion.

Zum einen setzen die Betriebe eine Vielzahl von technischen Mitarbeitern in der Produktion statt in zentralen Forschungslabors ein. Die Techniker können den Arbeitern dann etwas beibringen, aber auch selbst dazulernen und bei der Verbesserung von Produktionsverfahren eine führende Rolle spielen. Zum anderen wenden japanische Unternehmen das Konzept der Qualitätszirkel an: Gruppen von Arbeitern aus der Produktion entwickeln Verbesserungsvorschläge zur eigenen Arbeitsorganisation, zum Einsatz von Maschinen und zur Produktgestaltung.

In manchen Unternehmen ist der gesamte Produktionsfluß darauf ausgerichtet, Lernprozesse in der Produktion gezielt zu fördern. So ist Toyotas Just-in-time-Produktion ein hochgradig verflochtenes System. Wenn auch nur die geringste Störung in einem Teil dieses Systems auftritt, hat dies sehr schnell weitreichende Konsequenzen für die anderen Teile. Schwachpunkte werden auf diese Weise für viele sichtbar. Die Arbeiter haben dann das Recht und die Pflicht, die Fertigungsstraße zu stoppen. Insofern fördert diese Methode das Erkennen von Problemen in der Produktion und versetzt die dort tätigen Mitarbeiter in die Lage, das Lösen solcher Probleme zu lernen.

Bei der Verschmelzung von Informationen werden unterschiedliche Teilinformationen zu einer neuen zusammengefügt. Wenn technisch scheinbar Unmögliches plötzlich doch möglich wird, dann gelingt dies oft dadurch, daß bereits bestehende, bisher getrennte technologische Elemente miteinander verbunden werden, und nicht dadurch, daß eine bisher völlig unbekannte Technologie geschaffen wird.

... Hinter den genannten Methoden der Akkumulation von technologischem Wissen steht ein gemeinsames Konzept: Möglichst viele Gelegenheiten zum Informationsaustausch und zum Lernen zu schaffen."

Quelle: Itami, H., Häufige Kontakte, in: Wirtschaftswoche 1992, Nr. 39, S. 59–62

Die Autoren unterscheiden vier Typen der Wissenskonversion (vgl. Abb. 8.5).

(1) **Sozialisierung:** Der erste Konversionstyp wird in der „Sozialisierung" ausgemacht, d.h. der Weitergabe und Verbreitung von implizitem Wissen, ohne daß die Ebene des impliziten Wissens verlassen würde. Ein anschauliches Beispiel hierfür ist die Hand-

		nach	
		implizitem Wissen	explizitem Wissen
von	implizitem Wissen	Sozialisierung	Externalisierung
	explizitem Wissen	Internalisierung	Kombination

Quelle: Nonaka, I./Takeuchi, H., The knowledge creating company, New York/Oxford 1995, S. 62

Abb. 8.5: Typen der Wissenskonversion

werkslehre, d.h. das Zusammenarbeiten eines (Handwerks-)Meisters mit seinen Lehrlingen. Das hierbei relevante Wissen wird typischerweise eben nicht in expliziter Form (z.B. durch Sprache oder Schrift), sondern eher durch Beobachtung, (nur bedingt reflektierte) Imitation und gemeinsame Übung „konvertiert“. Neues Wissen soll dann dadurch entstehen, daß die Expertise eines Meisters im Zuge des Konvertierungsprozesses u.U. variiert und kultiviert wird. Auf ähnliche Prozesse rekurriert auch die neuere Forschung zu Aufbau und Weitergabe von Kernkompetenzen von Unternehmen (vgl. oben Abschnitt 5.5.3.4).

(2) **Externalisierung:** Der zweite Typ der Wissenskonversion ist die Externalisierung. Sie findet immer dann statt, wenn implizites Wissen expliziert und so nach und nach einer Reflektion zugänglich gemacht wird. **Neues** Wissen entsteht im Zuge des auf diese Weise konvertierten Wissens potentiell durch die Rationalisierungsmöglichkeiten, die sich im Zuge der Artikulation eröffnen. Wie läßt sich implizites in explizites Wissen konvertieren? Die Autoren verweisen anhand von erfolgreichen Beispielen darauf, daß dies in erster Linie durch Bildung von **Analogien** und **Metaphern** geschieht. Metaphern fordern auf intuitivem Wege dazu auf, in verschiedenen Dingen Gleiches zu erkennen. Ferner erlauben Metaphern, Zusammenhänge auszudrücken, die auf logisch-analytischem Wege (noch) nicht darstellbar sind. Verwiesen wird als Beispiel auf die Entwicklung des Honda-Modells „City“, bei dem das Bild des Organismus und das intuitive Wissen über Organismen Pate gestanden haben soll.

(3) **Kombination:** Der dritte Typ der Wissenskonversion wird in der Kombination von explizitem mit anderem expliziten Wissen gesehen. Dieser wohl vertrauteste Prozeß führt zu **neuem** Wissen, wenn beispielsweise bestimmte (dokumentierte) Technologien auf neue Anwendungsgebiete erfolgreich transferiert werden oder wenn es gelingt, spe-

zifisches Know-how auf einen neuen Kontext bezogen anzuwenden. Vielfältige Innovationsprozesse in Unternehmen basieren auf dieser Art der Erzeugung neuen Wissens.

(4) **Internalisierung:** Der letzte der vier Konversionstypen ist die Internalisierung. Sie vollzieht sich im Übergang von explizitem zu implizitem Wissen immer dann, wenn geschriebenes oder dokumentiertes Wissen mehr und mehr in die täglichen Handlungen des Systems übernommen bzw. in ihnen „gelebt" werden. Der Aspekt des **Neuen** entsteht in diesem Konversionsprozeß potentiell durch die Interpretation und oftmals modifizierende Umsetzung des kodifizierten Wissens (es handelt sich ja meist um eine nichtbildgetreue Übernahme) und den dann folgenden Verknüpfungen mit dem vorhandenen impliziten Wissensbestand einer Organisation.

Nonaka und Takeuchi stellen den Wissensentstehungsprozeß in Organisationen als ein **Spiralmodell** dar, das diese vier Konversionstypen verknüpft. Ihrer Meinung nach vollzieht sich die Generierung neuen Wissens prinzipiell in einem 4-stufigen Zyklus, beginnend mit dem Prozeß der (1) Sozialisierung, gefolgt von (2) Externalisierung und (3) Neu-Kombination von Wissensbestandteilen, woran sich am Ende (4) der Prozeß der Internalisierung anschließen soll. Hierauf folgen neue Zyklen, so daß die Vorstellung eines spiralförmigen Entwicklungsprozesses entsteht. Dieser ganze Spiralprozeß wird zusätzlich auch noch auf einem **Kontinuum zunehmender Kollektivität** gedacht, d.h. die Generierung neuen Wissens soll beim Individuum beginnen, dann an die Gruppe und schließlich an die Organisation oder sogar Organisationskollektive (Netzwerke) weitergegeben werden. Ausgangspunkt der Spiralprozesse ist also das implizite Wissen eines Organisationsmitgliedes, Endpunkt die kollektive Internalisierung. Diese These ist jedoch kaum zu halten.

Problematisch ist zunächst einmal schon die ohne jedes Argument gesetzte Annahme, der Wissenserzeugungsprozeß beginne beim Individuum. Diese Annahme widerspricht offensichtlich der Grundvorstellung des wissensbasierten Konzeptes organisatorischen Lernens, wonach Wissen an Wissen anschließt und die organisatorische Wissensbasis den denknotwendigen Ausgangspunkt bildet. Ferner ist es wenig plausibel, daß die Veränderung der Wissensbasis durch selbstgeneriertes neues Wissen grundsätzlich alle vier Modalitäten durchlaufen muß. So erscheint es z. B. keineswegs sinnvoll, generell einmal gewonnenes explizites Wissen wieder zu implizitem Wissen zu machen – sofern dies überhaupt gezielt herstellbar ist. Manche Wissensarten müssen explizit gehalten werden, wie z. B. Rezepturen, Maschinenbaupläne oder Qualitätssicherungsverfahren. Es wäre geradezu gefährlich für Unternehmen an solchen Stellen die Internalisierung anzustreben. Die These, alle vier Prozesse müßten jeweils aufeinanderfolgen, scheint somit mehr zu verdunkeln als zu erhellen. Es ist zweckmäßiger, die Typen der Wissenskonversion als prinzipiell separate und im Einzelfall kombinierbare Lernprozesse darzustellen.

Schließlich ist grundsätzlicher noch in Frage zu stellen, ob *Wissenskonversion* tatsächlich der Schlüsselprozeß für die organisatorische Generierung neuen Wissens ist, wie Nonaka/Takeuchi dies behaupten. Viele andere bewährte Formen der Bildung neuen Wissens, wie Experimentieren, neugieriges Suchen usw. bleiben aus unerfindlichen Gründen ausgeklammert.

8.4.5 Wissensmanagement

Die kognitive Umorientierung in der Theorie des organisationalen Lernens hat zu einer immer stärkeren Betonung des Wissens geführt und mündete schließlich in einem neuen Gestaltungsansatz, dem sog. Wissensmanagement.[63] Ziel dieser Bemühungen ist es, die Aufnahme und Bildung neuen Wissens mit Methoden der Verteilung und Verfügbarmachung von Wissen zu verknüpfen. Diese führte zu einer Verschmelzung organisatorischer Lernkonzepte mit dem Einsatz moderner Kommunikations- und Informationstechnologien. Das Wissensmanagement fand rasch eine hohe Akzeptanz in der Praxis.

Das Wissensmanagement gliedert sich im wesentlichen in drei Teile:

(1) Wissenserwerb (Veränderung der organisatorischen Wissensbasis),
(2) Wissenssystematisierung, -speicherung und -kontrolle,
(3) Wissensbereitstellung und -nutzung.

Die enge Verbindung mit der Informationsverarbeitungstechnik sollte allerdings den Blick nicht für die Tatsache verstellen, daß die organisatorische Wissensbasis ein in wesentlichen Teilen emergentes Phänomen ist und daß sie sich dementsprechend auf eine nur bedingt kontrollierbare Weise weiterentwickelt. Dies läßt sich am deutlichsten an dem impliziten Wissen erkennen, dessen Entstehung und Weitergabe auf schwer erkennbaren Wegen erfolgt, es aber dennoch für den Erfolg eines Unternehmens von herausragender Bedeutung ist. So wichtig es also ist, organisatorisches Wissen zu speichern und verfügbar zu machen, so wenig sollte dieser Teil des Wissensprozesses mit der gesamten organisatorischen Wissensbasis verwechselt werden.

Der entscheidende Gesichtspunkt beim Wissensmanagement ist – und das wird oft übersehen –, daß es sich hierbei nicht um ein zusätzliches Managementinstrument handelt, sondern daß ganz fundamental die Grundlagen der organisatorischen Handlungsprozesse betroffen sind. Jedes organisatorische Handeln setzt auf Kognitionen auf und steht insoweit mit der organisatorischen Wissensbasis in Verbindung. Das gemeinte organisatorische Wissen ist also allgegenwärtig, und dies macht es auch so schwer, überzeugende Formeln für ein Wissensmanagement zu finden.

8.4.6 Permanenter Wandel und Nicht-Lernen

Zum Abschluß des Kapitels sollen die gestalterischen Konsequenzen herausgearbeitet werden, die mit dem Theorem der Lernfähigkeit der Organisation verbunden sind. Eine Organisation, die ihren Wandel und ihre Entwicklung als Lernen „programmiert", muß anders konfiguriert werden als eine herkömmliche Organisation.

63 Vgl. stellvertretend für die Vielzahl der Veröffentlichungen: Krallmann, H., Wettbewerbsvorteile durch Wissensmanagement, Stuttgart 2000; Osterloh, M./ Wübker, S., Wettbewerbsfähiger durch Prozeß- und Wissensmanagement, Wiesbaden 1999.

Kennzeichnend für das Regelwerk einer Organisation im traditionellen Sinne ist der Umstand, daß bei einer Nichtentsprechung der Erwartungen (Enttäuschung) die generellen Regeln (d.h. die Organisationsstrukturen) beibehalten und nicht automatisch verändert werden. Mit anderen Worten: Organisationsstrukturen sind **enttäuschungsresistent programmiert**; sie werden auch im Enttäuschungsfall kontrafaktisch aufrecht erhalten. In Anlehnung an Luhmann können sie als „nicht-lernbereite Erwartungen" rekonstruiert werden,[64] worin kein Nachteil, sondern ihr spezifischer Vorteil liegen soll: Erwartbarkeit der Systemvollzüge, planbare Koordination usw..

Nach einer völlig anderen Grundlogik funktioniert organisatorisches Lernen. Lernen hatten wir definiert als selbstreferentielle Restrukturierung der organisatorischen Wissensbasis und der immanenten Handlungstheorien. Dabei ist entscheidend, daß sich die Restrukturierung unvoreingenommen – in potentiell jede Richtung – vollziehen kann, d.h. das System ist prinzipiell bereit, im Enttäuschungsfall bisherige Kognitionen zu revidieren und neue Erwartungen (selbstreferentiell) zu bilden. Mit anderen Worten, organisatorisches Lernen bedingt eine umgekehrte Modalisierung von Erwartungen; für organisatorisches Lernen ist kennzeichnend, daß Erwartungen gegenüber möglichen Enttäuschungen **jederzeit änderungsbereit** programmiert werden.

Die Vorstellung indessen, daß eine Organisation **sämtliche** Erwartungen im Sinne des Lernens programmieren kann und soll („chronically unfrozen"), ist irreführend. Unter dem Aspekt der Funktionslogik strebt ein solches System danach, das Komplexitätsgefälle zur Umwelt aufzulösen und in immer stärkerem Maße Punkt-für-Punkt-Entsprechungen mit der Umwelt herzustellen. Ohne Strukturen jedoch kann es einem „Lernsystem" nicht gelingen, Systemgrenzen als relativ zeitinvariante und stabile Einrichtungen zu etablieren. Nimmt man die Idee des kontinuierlichen Wandels durch fortlaufende Veränderung der Wissensbasis ernst, gilt es nun eine neue Verbindungsperspektive zu entwickeln, will man nicht in unauflösbare Widersprüche geraten. Eine Lösung kann in der Idee gefunden werden, daß jede Stabilisierung (Routine, generelle Regelung) als **prekär** begriffen wird, insofern als sie in eine Veränderungsdynamik hinein gesetzt und ständig daraufhin zu beobachten ist, ob sich diese risikoreiche Stabilisierung halten läßt und bewährt. Mit anderen Worten, Stabilisierungen werden auf der Basis von Lernprozessen eingesetzt und sind insofern auf Lernvorgänge rückgebunden.

Im vorliegenden Bezugsrahmen können die stabilisierenden Prozeduren als bewußte Entscheidungen betrachtet werden, in diesen Situationen **nicht zu lernen.** Das System beschließt, an der einmal fixierten Erwartung festzuhalten, eben und sogar im Fall der Abweichung[65]. Nicht-lern-Regeln bleiben jedoch eben immer prekär. Wenn sie nicht sorgfältig beobachtet werden, ist es nicht unwahrscheinlich, daß sie schließlich das Überleben des Systems bedrohen. Für das Systemmanagement impliziert dieser Umstand die Notwendigkeit, die Umwelt permanent zu beobachten und Frühwarnsysteme einzurichten[66]. Anders gesagt: Stabilisierung ohne Ergänzung durch kompensierende Lern-

---

64 Vgl. Luhmann, N., Soziale Systeme, a.a.O., S. 436 ff.

65 Vgl. Luhmann, N., Soziale Systeme, Frankfurt a.M., 1984.

66 Vgl. Schreyögg, G./Steinmann, H., Strategic control: A new perspective, in: Academy of Management Review 12, 1987, S. 91-103.

prozesse kann niemals effektiv sein. Nach Voraussetzung erfordert kompensierendes Lernen einen hohen Grad an Wachsamkeit, nicht notwendig einen permanenten Wandel auf der Ebene des Verhaltens. Die konstante Revision und Entwicklung der Wissensbasis ist daher eine ganz wesentliche Voraussetzung für jedwede Art von Wandelmanagement. Sie verkörpert eine grundlegende Kompetenz, ohne die ein System die eigene Existenz in einer komplexen Umwelt nicht garantieren könnte.

Organisatorisches Lernen als eine Grundoperation in Organisationen impliziert also auch den Fall des *intendierten Nichtlernens*, d. h. die Entscheidung, in bestimmten Situationen nicht zu lernen und sich nicht zu verändern (Stabilisierung). Ein lernendes System muß also auch lernen, mit den Vorteilen des Nichtlernens umgehen zu können.

Nichtlernen wird hier begriffen als eine spezielle Organisationsprozedur, die unter Beobachtung steht, eingebettet in einen alles umfassenden Deutero-Learning-Prozess[67]. Auf der einen Seite sind Stabilisierungen das Resultat vergangener Lernprozesse; die Organisation hat gelernt, die Vorteile der Formalisierungen bestimmter Aktionen zu nutzen. Auf der anderen Seite erweisen sich stabilisierende Prozeduren immer als vom Mißerfolg bedroht und müssen daher ständig überwacht und, wenn notwendig, verändert oder gestoppt werden. Im Gegensatz zum Gleichgewichtsmodell, in welchem der Wandel das Problem ist, ist es die selektive Stabilisierung (das „nonlearning"), welches das Problem in dem hier vorgeschlagenen Bezugsrahmen darstellt.

Diskussionsfragen

1. Wie wird ein organisatorischer Veränderungsprozeß in der klassischen Management- bzw. Organisationslehre verstanden?
2. Warum verweigern sich Organisationsmitglieder häufig intendierten Änderungen?
3. Welche Logik liegt dem organisatorischen Änderungsgesetz von Kurt Lewin zugrunde?
4. Welche konzeptionellen Gemeinsamkeiten weisen die Ansätze der Organisationsentwicklung auf?
5. Warum kann Organisationsentwicklung in Phasen revolutionären organisatorischen Wandels nicht angewendet werden?
6. Welche Kritikpunkte können gegen den Lernzyklus nach March/Olsen vorgebracht werden?
7. Wie wird organisatorisches Lernen aus systemtheoretischer Sicht konzeptionalisiert?
8. Wie lassen sich die Lernebenen „Single-Loop" und „Double-Loop-Learning" voneinander abgrenzen?

67 Vgl. Bateson, G., Steps to an ecology of mind, San Francisco, CA, 1972.

9. Warum kann organisatorisches Lernen auch als nicht-intendierter Prozeß begriffen werden? Welche Beispiele lassen sich hierfür auffinden?

10. Warum kann die „lernende Organisation" sinnvollerweise nicht als struktur- oder grenzenlos begriffen werden?

Fallstudie

S A S*

Im Gefolge verschiedener Umwelt-Veränderungen (wie z.B. der zweiten Ölpreiserhöhung und der intensivierten Konkurrenz mit dem damit verbundenen Preisverfall) wies die SAS im Jahre 1979 einen Verlust in Höhe von 10 Millionen Dollar aus. Diese Ergebnisse machten zugleich eine Menge interner Probleme sichtbar.

So hatte die Gesellschaft im Laufe der Zeit eine weit verzweigte, tief gestaffelte Hierarchie entwickelt. Die Geschäftsaktivitäten wurden weitgehend im Sinne administrativer Akte abgewickelt, was die SAS im Strom der vielen Fluggesellschaften mitschwimmen ließ. Zu erwähnen ist auch die Finanz- und Technikorientierung der Gesellschaft. Im Mittelpunkt des Denkens standen flugtechnische oder finanzielle Aspekte, während dem Kunden kaum Beachtung geschenkt wurde.

Eine erste Reaktion auf die Krise bestand auch darin, daß man versuchte, auf breiter Basis Kosten zu sparen. Dies geschah in erster Linie durch Abbau von Personal in den Bereichen des Check-in, aber ebenfalls beim Flugservice. Dadurch wurde allerdings die Bedienung der Kunden etwas schlechter, was schließlich zu einer zusätzlichen Abwanderung der Kunden und damit zu einer weiteren Erosion des Erfolgspotentials führte.

In dieser Situation wurde Jan Carlzon 1981 vom Verwaltungsrat zum neuen Leiter der SAS ernannt. Seine Aufgabe bestand darin, die Fluggesellschaft wieder zu einer ertragsstarken Unternehmung zu machen, obwohl kein Marktwachstum zu erwarten war. Die Mitarbeiter sahen seinem Kommen mit großer Skepsis entgegen; sie erwarteten weitere Kostensenkungsprogramme und Entlassungen. Carlzon stand vor einer Grundsatzfrage: „Soll das Grundproblem der SAS durch eine kontinuierliche Veränderung der bisherigen Führungskonzepte gelöst oder muß sprunghaft zu einem neuen Konzept der Führung übergegangen werden?" Jan Carlzon entschied sich eindeutig für die zweite Variante. Sein Ziel bestand darin, eine neue SAS zu schaffen.

Die meisten Fluggesellschaften waren zu diesem Zeitpunkt ähnlich geführt wie die SAS. Sie versuchten, ihre Situation durch Rationalisierung zu verbessern. Im Mittelpunkt standen dabei meistens breitangelegte Kostensenkungs-Programme.

Carlzon wollte es anders: „Wir wußten, daß die SAS die Kosten so weit gesenkt hatte wie nur irgend möglich. Sie weiter zu senken, entspräche bei einem Auto, das bereits stillsteht, auf die Bremse zu treten. Man könnte dabei mit dem Fuß den Boden durchdrücken. So bestand die einzige Lösung für die Probleme der SAS darin, die Einnahmen zu steigern." Er

* Quellen: „Marketing Journal" 1/86; Pümpin, C., SAS – Mit neuer Strategischer Erfolgsposition in die Gewinnzone fliegen, in: Marketing Journal 1986, S. 30-33; Carlzon, J., Alles für den Kunden (dt. Übers.), Frankfurt a.M. 1988.

wollte die SAS durch Innovation zu einem kundenorientierten Unternehmen machen. Die Verwirklichung dieser Idee sollte zunächst Mehrkosten in der Höhe von ca. 20 Millionen Dollar verursachen. Carlzon wurde denn auch von verschiedenen Seiten angegriffen. Viele Fachleute prophezeiten den sicheren Mißerfolg. Carlzon hielt jedoch unbeirrt an seiner Problembeurteilung und seiner Vision fest. Carlzons Vision war einfach: SAS sollte „The Businessman's Airline" werden.

S A S

The Businessman's Airline

Aus dieser Vision entstanden zahlreiche Neuerungen und eine Vielzahl von Maßnahmen zur Verbesserung des Service für jeden Geschäftsreisenden.

In erster Linie ging es aber darum, dem administrativ ausgerichteten Unternehmen wieder neuen Schwung zu geben und es wieder für seine Kunden zu interessieren. Zu diesem Zweck entwickelte SAS zuerst eine ganze Reihe von Aktions-Programmen. Das Aktionsprogramm umfaßte solche Punkte wie

- Die Maßnahmen zur Einführung der Business Class zum Normaltarif (als erste Fluggesellschaft).
- Die Anpassung des Streckennetzes: Hier wurden insbesondere jene Routen ausgebaut, die besonders intensiv von Geschäftsleuten benutzt werden. Andere Destinationen wurden eher abgebaut.
- Die Ausbildungs-Programme für die Mitarbeiter: Die Ausbildung bezog sich dabei vor allem auf die Forderung eines kundenfreundlichen Verhaltens in allen Unternehmungsbereichen. „Für viele" – sagt Carlzon – „war der Inhalt dieser Schulungskurse weniger wichtig als die Tatsache, daß die Firma Zeit und Mittel in sie investierte. Oft hatte man sie nicht ausreichend gewürdigt, jetzt standen sie im Mittelpunkt."
- Eine Reorganisation. Ziel der Reorganisation war es, die Struktur abzuflachen und zu flexibilisieren.
- Die Integration des Hotelservice: Zum Beispiel wurde hier die Möglichkeit geschaffen, bereits im Hotel einzuchecken, so daß die Wartezeiten im Flughafen verringert wurden.

Im Mittelpunkt stand immer der Geschäftsreisende, den es als wichtigsten Kunden zu gewinnen galt. Die Maßnahmen wurden durch eine umfassende Informations-Kampagne unterstützt. Dazu gehörte die Übergabe einer Broschüre an alle Mitarbeiter, in der die neue Strategie verständlich dargestellt wurde. In dieser originell aufgemachten Broschüre fand sich die neue Strategie der SAS praxisnah dargestellt.

In Mitarbeiter-Zeitschriften wurden die neuen Leistungen hervorgehoben. Auf betriebsinternen Feiern zeichnete Jan Carlzon jene Mitarbeiter aus, die einen besonderen Beitrag zur Durchsetzung der neuen Strategie geleistet hatten.

Und schließlich wurde auch eine Werbekampagne gestartet, in der die neue kundenorientierte Grundhaltung der SAS mit aller Deutlichkeit zum Ausdruck gebracht wurde. Der Erfolg blieb nicht aus: die SAS wurde im Jahre 1983 zur „Airline of the Year" gewählt. Dank des verbesserten Services konnte die Auslastung merklich erhöht werden, und die SAS erzielte im Jahre 1983 einen Gewinn von 160 Millionen US-Dollar.

Spätestens 1984 schien die SAS also ihr ehrgeiziges Ziel erreicht zu haben; der turn around war geschafft. Doch für Carlzon sollte 1984 ein – wie er es selbst nannte – „qualvolles Jahr„ werden. Ein Loch tat sich auf: „Wir hatten unser Ziel erreicht – ohne uns dabei viel Gedanken zu machen, was wir als nächstes in Angriff nehmen wollen."

Die Mitarbeiter begannen wieder damit, die Rivalitäten zwischen den Abteilungen aufzufrischen; das Gefühl, einer Schicksalsgemeinschaft anzugehören, ließ nach. Die Piloten wollten neue Flugzeuge, das Entlohnungssystem wurde als ungerecht empfunden, die Techniker beklagten sich über mangelndes Interesse an der Sicherheit usw.

Bei der nächsten Betriebsversammlung wurden alle Klagen der Mitarbeiter gesammelt; es wurde eine lange Liste. Carlzon nahm die Wunschliste zum Anlaß, einen Wunschkatalog von Seiten der Geschäftsführung an die Mitarbeiter zu richten. Er endete damit, daß er betonte: „Unsere primäre Verantwortung ist, den zahlenden Kunden zu dienen!"

Statt neuen Fluggeräts wurden zunächst einmal 10 Mio. Dollar investiert, um sämtliche SAS-Mitarbeiter durch Vortragsreihen, Arbeitskreise und Diskussionsgruppen auf dem laufenden zu halten und fortzubilden.

Eine Reihe weiterer Maßnahmen wurde ergriffen zur Verbesserung des Reservierungssystems und zum Ausbau des Streckennetztes. Die „zweite Welle" wurde eingeleitet.

Fragen zur Fallstudie:

(1) Welche Wandelphasen erkennen Sie im SAS-Fall?

(2) Welche Faktoren waren für den Wandelerfolg maßgeblich?

(3) Welche Ebenen des organisatorischen Lernens werden in dem Fall angesprochen?

(4) Ist das Fallgeschehen mit dem Phasenschema von Greiner in Einklang zu bringen?

Literaturhinweise

Zur allgemeinen Problematik des organisatorischen Wandels:

Huber, G.P./Glick, W.H. (Hrsg.), Organizational change and redesign, New York 1993.

Kasper, H., Die Handhabung des Neuen in organisierten Sozialsystemen, Heidelberg 1990.

Zur Organisationsentwicklung:

Cummings, T.G./Worley, C.G., Organization development and change, 6. Aufl., Minneapolis/St. Paul, 1997.

Richter, M., Organisationsentwicklung: Entwicklungsgeschichtliche Rekonstruktion und Zukunftsperspektiven eines normativen Ansatzes, Bern u.a. 1994.

Einen Überblick über Theorien des Wandels vermittelt:

Gersick, C.J.G., Revolutionary change theories: A multilevel exploration of the punctuated equilibrium paradigm, in: Academy of Management Review 16 (1991), S. 10-36.

Zu organisatorischen Lernprozessen:

Argyris, C., Overcoming organizational defenses, Boston u.a. 1990.

Eberl, P., Die Idee des organisationalen Lernens, Bern u.a. 1996.

Wiegand, M., Prozesse organisationalen Lernens, Wiesbaden 1995.

Zur Lernenden Organisation:

Schreyögg, G./Noss, C., Von der Episode zum fortwährenden Prozeß – Wege jenseits der Gleichgewichtslogik im Organisatorischen Wandel, in: Schreyögg, G./Conrad, P. (Hrsg.) Managementforschung Bd. 10: Organisatorischer Wandel und Transformation, Wiesbaden 2000, S. 33 ff.

Senge., P., The fifth discipline. The art and practice of the learning organization, New York u.a. 1990.

Zum Wissensmanagement:

Schneider, U. (Hrsg.) Wissensmanagement: Die Aktivierung des intellektuellen Kapitals, Frankfurt a.M. 1996.

Probst, G.J.B./Raub, S.P./Romhardt,/K., Wissen managen: Wie Unternehmen ihre wertvollste Ressource optimal nutzen, 3. Aufl., Wiesbaden 1999.

Schreyögg, G./Conrad, P. (Hrsg.), Managementforschung Bd. 6: Wissensmanagement, Berlin/New York 1996.

Neuntes Kapitel

Das Individuum in der Organisation: Motivation und Verhalten

9.1 Motivation und Motivationstheorien

Betritt man ein Unternehmen, fallen schon nach kurzer Zeit Beschäftigte ins Auge, die mit Elan und Begeisterung ihrer Arbeit nachgehen, während andere erkennen lassen, wie sehr sie sich den Abend herbeisehnen, um der Arbeit entfliehen zu können. Alle diese Verhaltensweisen sind in irgendeiner Weise motiviert, und sie sind keineswegs nur Ausdruck der jeweiligen Persönlichkeit und ihrer Geschichte. Die Motivation der Beschäftigten ist von herausragender Bedeutung für die Güte des betrieblichen Leistungsprozesses und seiner Effektivität. Die positive Beeinflussung der Motivation der Beschäftigten gehört deshalb zu den wichtigsten Management-Aufgaben und ist heute Ziel jeder Unternehmensführung. Diesen Rang hatte die Motivation keineswegs immer.

Noch vor wenigen Jahrzehnten spielte die Motivation in der Betriebsführung so gut wie keine Rolle. Mitarbeiter wurden in erster Linie als Erfüllungsgehilfen gesehen. Die Haupterwartung war, daß sie die Anweisungen und organisatorischen Regeln zügig und störungsfrei ausführen. Eine eigenständige Motivation, das Entwickeln eigener Ideen, die Selbstabstimmung zwischen Gruppen usw. war nicht im Vordergrund; im Gegenteil, man befürchtete eher, dies würde zu Störungen im präzise vorgeregelten Arbeitsablauf führen. Dementsprechend ging man auch davon aus, Arbeit werde in erster Linie als Leid empfunden, als etwas, das man nur sehr ungern tut und dafür auch eine entsprechende Kompensation erhalten muß. Arbeit wurde also in erster Linie als Beeinträchtigung, als Verzicht auf Bedürfnisbefriedigung verstanden. Der Lohn kompensierte die Mühsal und eröffnete die Möglichkeit, die Bedürfnisse in der Freizeit zu befriedigen. Mit diesem Denken hat die neuere Führungslehre radikal gebrochen. In das Zentrum rückte die Vorstellung, daß der Mensch in und nicht (nur) außerhalb der Arbeit nach Bedürfnisbefriedigung sucht. Menschen haben bestimmte Erwartungen an ihren Arbeitsplatz und sehen sich enttäuscht, wenn diese Erwartungen nicht erfüllt werden. Wurde vorher Arbeit nur als Leid begriffen, das „verkauft" wird, um an anderem Ort die Bedürfnisbefriedigung zu ermöglichen, so wird Arbeit nun als ein Ort verstanden, der selbst zum Gegenstand von Bedürfnisbefriedigungserwartungen werden kann.

Warum aber sind Menschen in unterschiedlicher Weise motiviert? Und wie kann eine positive Arbeitsmotivation entstehen? Um diese Fragen beantworten zu können, müssen wir wissen, warum sich Personen in einer bestimmten Weise verhalten und ob (voraussichtlich) auch zukünftig dieselben Beweggründe ihr Handeln bestimmen werden.

Die Humanwissenschaften haben eine Reihe von Konzepten entwickelt, die einen Zugang zum Verständnis individuellen Handelns erlauben. In dem hier interessierenden Zusammenhang sind vor allem die **motivationstheoretischen** Ansätze zu nennen.

Als Ausgangspunkt dient dabei die Annahme, daß menschliches Verhalten grundsätzlich „motiviert" ist, d.h. durch ein Motiv seine spezifische Ausrichtung erfährt. Menschen haben in der Regel Gründe für ihr Tun, die sich letztlich auf Bestrebungen zurückführen lassen, Motive zu erfüllen. Motivationstheorien versuchen – grob gesagt – Entstehung,

Ausrichtung, Stärke und Dauer einer bestimmten Verhaltensweise im Zusammenhang mit den verhaltensrelevanten Motiven zu klären.[1]

Die in großer Zahl entwickelten Motivationstheorien lassen sich in drei Gruppen unterteilen:[2]

- kognitive Wahltheorien,
- Selbstregulationstheorien und
- Bedürfnisspannungs-Theorien.

Die **kognitiven Wahltheorien** zentrieren die Frage der Motivation um den individuellen Entscheidungsprozeß; d.h. der Prozeß der Entstehung, Ausrichtung und Energieladung von Aktivitäten wird im wesentlichen als das Ergebnis kognitiv bestimmten Wahlverhaltens erklärt.

Die **Selbstregulationstheorien** stellen auf die motivierende Kraft ab, die aus einer Ausrichtung auf Ziele erfolgt. Im Unterschied zu den kognitiven Wahltheorien wird hier Motivation nicht als das Ergebnis einer Wahl gesehen, sondern input-orientiert als Kraft, die aus dem Anreizcharakter von Zielen folgt.

Die **Bedürfnisspannungs-Theorien** betonen schließlich die Rolle der Persönlichkeit und die konkreten Motive oder Bedürfnisse, die menschlichem Handeln bestimmend zugrunde liegen. Dabei gehen die meisten dieser Ansätze davon aus, daß die aktivierende Kraft ihre Triebfeder in inneren Spannungszuständen hat, die nach einem Ausgleich oder nach Befriedigung drängen.

Wie zu zeigen sein wird, schließen sich diese Theorien der Motivation nicht zwangsläufig aus. Es gibt auch Wege, sie aneinander anzuschließen.

9.2 Kognitive Wahltheorien: Das Erwartungs-Valenz-Modell von Vroom

Aus der Fülle der kognitiven Wahltheorien soll hier das Modell von Vroom[3] ausgewählt werden. Es ist nicht nur das bekannteste, sondern zeigt auch in besonders anschaulicher Weise die Dynamik von **Motivationsprozessen** im **organisatorischen Kontext** auf. Andere bekannte kognitive Wahltheorien sind die „Attributionstheorie“[4] und die „Leistungsmotivationstheorie“.[5]

---

1 Vgl. Pinder, C.C., Work motivation: Theory, issues, and applications, Glenview/Ill. 1984, S. 8.

2 Kanfer, R., Motivation theory and industrial and organizational psychology, in: Handbook of industrial and organizational psychology (hrsg. v. Dunnette, M.D./Hough,L.), Bd. 1, 2. Aufl., Palo Alto 1990, S. 81ff.

3 Vgl. Vroom, V., Work and motivation, New York 1964.

4 Vgl. Weiner, B., An attributional theory of motivation and emotion, New York 1986.

5 Vgl. Atkinson, J.W., An introduction to motivation, Princeton/N.J. 1964.

Vroom modelliert menschliches Verhalten grundsätzlich als Entscheidungsverhalten. Das Individuum hat sich jeweils zwischen mehreren Handlungsalternativen zu entscheiden. Motivation wird dementsprechend definiert als Prozeß, der die Wahl zwischen verschiedenen (freiwilligen) Aktivitäten bestimmt. Aufgabe der Motivationstheorie ist es dann zu erklären, warum das Individuum eine bestimmte Alternative favorisiert, d.h. motiviert ist, diese zu ergreifen.

Vroom versucht, den Entscheidungsprozeß, der dem individuellen Handeln als Bestimmungsgrund vorausgeht, transparent zu machen. Unter Zuhilfenahme von Mustern der formalen Entscheidungstheorie skizziert er die basalen Zusammenhänge wie in Abbildung 9.1 dargestellt.

Um die Präferenz für eine Handlungsalternative genau bestimmen zu können, hat Vroom zwei Konzepte eingeführt: **Valenz** und **Erwartung/subjektive Wahrscheinlichkeit**.

(1) Valenz

Valenz bezieht sich ganz allgemein darauf, wie sehr das Individuum eine bestimmte Handlungsalternative bzw. deren Ergebnisse schätzt.

Die Valenz (der „Nutzen“) einer Handlungsalternative bestimmt sich dann aus ihrer **Instrumentalität**, bestimmte Zielzustände zu bewirken, und dem Wert (Valenz*), den das Individuum diesen Zielzuständen (Ergebnisse zweiter Stufe) beimißt. Die Instrumentalität zeigt an, welche Eignung das Individuum einem „Ergebnis erster Stufe“ zuspricht, „Ergebnisse zweiter Stufe“ („second level outcome“) herbeizuführen. Die Instrumentalität kann positiv, neutral oder negativ sein; letzteres verweist darauf, daß es Handlungsalternativen gibt, die der Erreichung der persönlichen Ziele nicht nur nicht förderlich, sondern sogar abträglich sind.

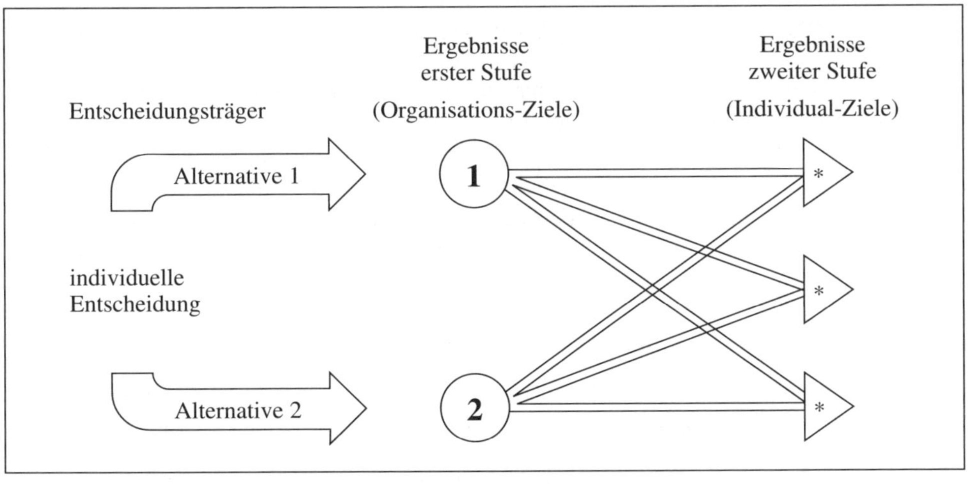

Abb. 9.1: Grundstruktur des Vroom-Modells

Mathematisch wird die Valenz eines Ergebnisses erster Stufe von Vroom als eine monoton steigende Funktion der algebraischen Summe der Produkte aus den Valenzen aller „second level outcomes" und den kognizierten Instrumentalitäten, diese zu erreichen, ausgedrückt:

$$V_j = f_j\left(\sum_{k=1}^{m} (V_k^* I_{jk})\right); \quad j = 1, \ldots, n$$

$f_j' > 0$

V_j = Valenz des Ergebnisses erster Stufe

V_k^* = Valenz des Ergebnisses zweiter Stufe

I_{jk} = die kognizierte Instrumentalität
($-1 \leq I_{jk} \leq 1$) des Ergebnisses erster Stufe j
zur Erreichung eines Ergebnisses zweiter Stufe k

Anmerkung: Die hier unterlegte Mittel-Zweck-Beziehung, die auf dem Gedanken der externen Belohnung aufbaut (extrinsische Motivation), kann nicht immer die Valenz einer Handlungsalternative erklären. Nicht selten werden first level outcomes als Zwecke für sich gesehen. So sind z.B. manche Individuen bestrebt, eine gute Arbeitsleistung zu erbringen, unabhängig davon, ob sie dafür mit anderen Dingen belohnt werden. Man spricht dann von intrinsischer Motivation oder „ego involvement". Die herausragende Arbeitsleistung selbst wird als belohnend empfunden. Galbraith & Cummings schlagen daher vor, die Vroomsche Valenzbestimmung um die intrinsischen Faktoren derart zu erweitern, daß sich die Gesamtvalenz aus der Summe der extrinsischen $\sum V_k^* I_{jk}$ und der intrinsischen Faktoren errechnet.[6]

$$V_j = f_o(V_o) + f_j\left(\sum_{k=1}^{m} V_k^* I_{jk}\right); \quad j = 1, \ldots, n$$

V_o = Valenz, die durch ego involvement bestimmt wird.

In neueren Untersuchungen wird die hier unterstellte **Additivität** von extrinsischer und intrinsischer Motivation bezweifelt, empirische Studien verweisen eher auf eine Konkurrenz derart, daß Individuen entweder intrinsisch oder extrinsisch motiviert sind. Mehr noch, einige Studien zeigen, daß in manchen Fällen externe Anreize die intrinsische Motivation sogar zerstören.[7] Auf die außerordentlich hohe Bedeutung der intrinsischen Motivation in Arbeitsprozessen weisen die unten noch zu diskutierenden Bedürfnisspannungstheorien hin.

(2) Subjektive Wahrscheinlichkeit (Erwartung)

Beschränkte man sich auf das bisher Gesagte, dann würde das Individuum jene Handlungsalternative wählen, deren Valenz die höchste positive (bzw. geringste negative)

6 Vgl. Galbraith, J./Cummings, L.L., An empirical investigation of the motivational determinants of task performance, in: Organizational Behavior and Human Performance 2 (1967), S. 240.

7 Vgl. Deci, E.L., Intrinsic motivation, New York 1975.

Produktsumme erreicht bzw. den höchsten erwarteten Nutzen hat. Die Verwirklichung von Handlungsalternativen ist aber nicht nur von dem individuellen Wollen abhängig, sondern auch von Ereignissen, die außerhalb der individuellen Kontrolle liegen.

Die meisten Entscheidungssituationen enthalten Risikoelemente; so hat z.B. eine Person, die eine hohe Stückleistung erbringen will, keine Sicherheit darüber, daß sie diese Stückzahl auch tatsächlich realisieren kann. Deshalb hängt das Wahlverhalten des Individuums nicht nur von der Valenz einer Alternative ab, sondern auch von der vermuteten Wahrscheinlichkeit, mit der das Ergreifen einer Handlung tatsächlich das Ergebnis (erster Stufe) herbeiführen kann.

Um diesem Sachverhalt Rechnung zu tragen, führt Vroom als weiteres Konzept die **subjektive Wahrscheinlichkeit** (expectancy) ein, also die zum Entscheidungszeitpunkt gehegte **Erwartung**, inwieweit einer bestimmten Anstrengung tatsächlich ein bestimmtes Ergebnis (erster Stufe) folgen wird. Die Wahrscheinlichkeitswerte variieren zwischen 0 und 1, wobei der Wert von 1 die subjektive Sicherheit ausdrückt, daß das betreffende Ergebnis (erster Stufe) herbeigeführt werden kann.

Anmerkung: Die Konzepte „subjektive Wahrscheinlichkeit“ und „Instrumentalität“ bedeuten Unterschiedliches und sollten auf keinen Fall verwechselt werden. „**Subjektive Wahrscheinlichkeit**“ bezieht sich auf die Verbindung von Aktion und Wirkung auf der ersten Stufe und nimmt Werte zwischen 0 und 1 an. **Instrumentalität** dagegen bezeichnet die Einschätzung der Eignung eines bestimmten Handlungsergebnisses für die Erreichung der persönlichen Ziele. Die Werte variieren dementsprechend nicht zwischen 0 und 1, sondern zwischen +1 und – 1, um dem Fall Rechnung tragen zu können, daß ein Handlungsergebnis erster Stufe für die Erreichung eines persönlichen Zieles hinderlich ist.

(3) Handlungsmotivation

Um nunmehr die Motivation bzw. die treibende Kraft, eine Handlung auszuführen (force to act), bestimmen zu können, postuliert das Vroom-Modell, unter der Annahme subjektiver Rationalität, einen multiplikativen Zusammenhang zwischen subjektiver Wahrscheinlichkeit und Valenz.

Präziser ausgedrückt: Die Motivation, eine Handlung i auszuführen, ergibt sich aus dem Produkt von Valenz des Handlungsergebnisses (erster Stufe) j und der Höhe der kognizierten Wahrscheinlichkeit, daß Handlung i das Ergebnis (erster Stufe) j tatsächlich bewirken kann:[8]

---

8 Im Originaltext wird zusätzlich dem möglichen Umstand Rechnung getragen, daß das Ergebnis erster Stufe nicht ein einzelnes Ziel, sondern ein Zielbündel ist. Dabei könnten dann die Einzelziele mit unterschiedlicher Wahrscheinlichkeit erreichbar sein. So kann etwa der Erwerb eines Loses mit 50% Wahrscheinlichkeit einen Trostpreis, aber nur mit 1% Wahrscheinlichkeit den Hauptgewinn erbringen; also zwei Handlungskonsequenzen mit unterschiedlichen Wahrscheinlichkeiten. Dies bedeutet dann, daß oben dargestelltes Produkt F_i als Summe über mehrere Produkte erschiene; genauer: Die Motivation, eine Handlung auszuführen, ist eine monoton steigende Funktion der algebraischen Summe der Produkte aus den Varianzen aller Handlungsergebnisse (erster Stufe) und der Höhe der kognizierten Wahrscheinlichkeit, daß die Handlungsausführung die vorgestellten Ergebnisse (erster Stufe) tatsächlich bewirken kann.

$F_i = (E_{ij}V_j); \quad i = m + 1, ..., r$

F_i = die treibende Kraft (Motivation), eine Handlung i auszuführen (force);

E_{ij} = die Höhe der Wahrscheinlichkeit ($0 \leq E_{ij} \leq 1$), daß einer Handlung i das Ergebnis (first level outcome) j folgt;

V_j = Valenz des Ergebnisses (first level outcome) j.

Das Individuum wird sich demnach für jene Handlungsalternative entscheiden, die den höchsten positiven (bzw. kleinsten negativen) Motivationswert hat.

Beispiel (zu Illustrationszwecken):

Ein Organisationsmitglied A überlege sich, ob es eine relativ hohe oder eine durchschnittliche Leistungsanstrengung erbringen soll; letzteres entspräche der Norm der Gruppe, der die betreffende Person als Mitglied angehört. Angenommen, es seien vor allem die folgenden fünf Ziele, die A in Zusammenhang mit seinem Arbeitsplatz anstrebt: Hohe Entlohnung, betriebliche Altersrente, unterstützendes Vorgesetztenverhalten, Beförderung und Akzeptanz durch die Arbeitsgruppe; man kann die Motivationssituation, wie in Abbildung 9.2 gezeigt, veranschaulichen:

Um die Entscheidung von A bestimmen zu können, müssen Informationen über die subjektiven Wahrscheinlichkeiten, die perzipierten Instrumentalitäten und das Ausmaß der Erwünschtheit der fünf genannten Ziele vorliegen.[9]

(1) Für den Fall einer **hohen Leistungsanstrengung** sollen folgende Annahmen Gültigkeit haben:

- A sei sich aufgrund seiner bisherigen Erfahrungen ziemlich sicher, daß es ihm gelingt, eine hohe Produktivität zu erbringen ($E_1 = 0{,}75$).[10]
  - Die Wertigkeit der fünf genannten Ziele verteile sich wie folgt (gemessen auf einer fünfstufigen Likert-Skala, die von 1 = „gleichgültig" bis 5 = „sehr begehrenswert" reiche):
    - Hohe Entlohnung 5
    - Betriebliche Altersrente 2
    - Unterstützendes Vorgesetztenverhalten 3
    - Beförderung 4
    - Akzeptanz durch die Arbeitsgruppe 5
  - Die Instrumentalitäten würden wie folgt perzipiert:
    - In dem Betrieb sei in gewissem Umfang Leistungsentlohnung eingeführt. Die Löhne schwankten jedoch nur maximal um ±15%. A betrachte daher hohe Pro-

9 In dem Beispiel wird unterstellt, daß den Handlungen F_1 bzw. F_2 nur ein Ergebnis erster Stufe folgt.

10 Beachte: E_2 errechnet sich nicht aus der Differenz zu 1 (E_1+E_2=1); E_2 wird unabhängig bestimmt. E_1 im obigen Beispiel drückt zugleich aus, daß eine Wahrscheinlichkeit von 0,25 besteht, die hohe Leistungsabgabe nicht zu erreichen.

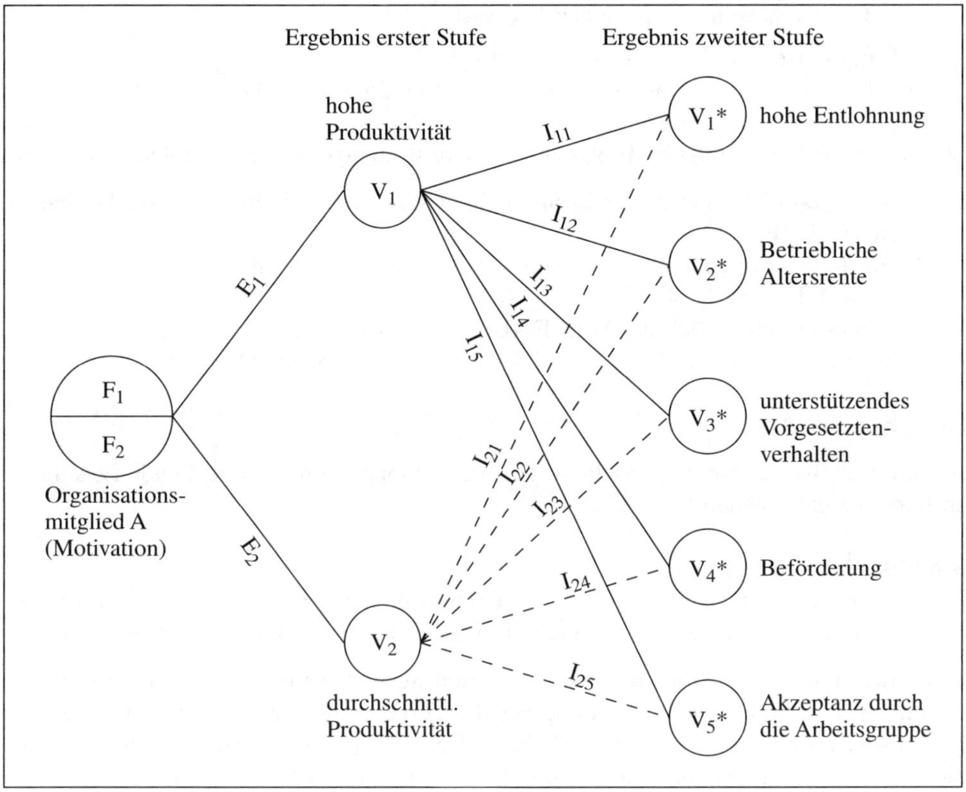

Abb. 9.2: Die Verknüpfung von Produktivität und individuellen Zielen, dargestellt an einem praktischen Beispiel

duktivität als nur bedingt geeignet, eine hohe Entlohnung zu erzielen (I_{11} = 0,5).

- Die Zuteilung einer betrieblichen Altersrente sei leistungsunabhängig an die Dauer der Betriebszugehörigkeit geknüpft. A perzipiere deshalb keinen Bezug zwischen Produktivität und betrieblicher Altersrente (I_{12} = 0).
- Der Vorgesetzte mache seine Wertschätzung und sein freundliches Entgegenkommen weitgehend von dem Leistungsverhalten seiner Untergebenen abhängig. A sei sich dessen voll bewußt und sieht deshalb einen ziemlich engen Zusammenhang zwischen Produktivität und freundlichem Vorgesetztenverhalten (I_{13} = 0,75).
- A habe das Gefühl, daß Leistung zwar relevant für Beförderungsentscheidungen ist, daß aber andere Faktoren eine mindestens ebenso wichtige Rolle spielen (I_{14} = 0,25).
- Die Arbeitsgruppe, der A angehört, sanktioniere eine Überschreitung der informellen Leistungsnorm sehr streng und konsequent durch Isolierung, Ignorierung, Aggression etc. Eine hohe, über der Norm liegende Produktivität betrachte A daher als extrem ungeeignet, sein Ziel, akzeptiertes Mitglied der

Gruppe zu sein, zu erreichen ($I_{15} = -1$).

- Daraus errechnet sich folgender Wert F_1:
  $F1 = [0{,}75 \cdot (5 \cdot 0{,}5 + 2 \cdot 0 + 3 \cdot 0{,}75 + 4 \cdot 0{,}25 + 5 \cdot (-1)] = 0{,}5625$

(2) Für den Fall einer **durchschnittlichen Leistungsanstrengung** soll folgendes gelten:

- A sei sich völlig sicher, daß es ihm gelingt, eine durchschnittliche Produktivität zu erbringen ($E_2 = 1$).
- Für die Instrumentalität seien folgende Werte angenommen:
  $I_{21} = 0$; $I_{22} = 0$; $I_{23} = 0{,}25$; $I_{24} = -0{,}25$; $I_{25} = 0{,}75$
- Daraus errechnet sich der Wert F_2 (bei gleichen Zielwerten):
  $F_2 = [1 \cdot (5 \cdot 0 + 2 \cdot 0 + 3 \cdot -0{,}25 + 4 \cdot (-0{,}25) + 5 \cdot 0{,}75)] = 3{,}5$

Fazit: $F_2 > F_1$

A wird sich also für eine durchschnittliche, der Gruppennorm entsprechende Leistungsanstrengung entscheiden.

Modifikation durch Lawler

Lawler[11] modifiziert das Vroomsche Motivationsmodell, indem er zwei Erwartungswahrscheinlichkeiten unterscheidet und Gründe für die Erwartungsbildung aufzeigt.

Das Individuum schätzt **mit der ersten Erwartungswahrscheinlichkeit** ab, wie sicher es mit einer entsprechenden Anstrengung die gestellte Aufgabe zu erreichen vermag („effort-performance belief"). Die Höhe dieser Erwartungswahrscheinlichkeit hängt nicht nur von der Selbsteinschätzung und dem Selbstvertrauen des Individuums ab, sondern auch von organisatorischen Umständen wie z.B. der individuellen Zurechenbarkeit der Arbeitsleistung in Vergangenheit und Gegenwart.

Die **zweite Erwartungswahrscheinlichkeit** richtet sich darauf, ob einer bestimmten Leistung (z.B. erfolgreiche Beendigung eines Projektes) auch wirklich die in Aussicht gestellten organisatorischen Konsequenzen (z.B. Beförderung) folgen. Dieser zweite Aspekt ist geprägt durch Erfahrungen in der Vergangenheit, die Glaubwürdigkeit des Managements, Persönlichkeitsmerkmale wie generalisierte Mißtrauenstendenz oder Pessimismus/Optimismus.

Ob es theoretisch vorteilhaft ist, diesen Erwartungswert anstelle der Instrumentalität zu verwenden – wie von Lawler angedeutet –, muß bezweifelt werden; sinnvollerweise kann es nur eine Ergänzung sein, sonst ginge ja der zentrale Punkt einer möglichen negativen Instrumentalität verloren.

Bedeutung für die Unternehmensführung

Das Erwartungs-Valenz-Modell fordert dazu auf, Motivation als Verknüpfungsproblem zu formulieren, nämlich als Verknüpfung von organisationalen und individuellen Zielen. Eine hohe Motivation – so die Implikation – ist nur dann erreichbar, wenn es dem Ma-

11 Vgl. Lawler, E.E.III., Motivation in work organizations, Monterey/California 1973.

nagement gelingt, die Aufgabenziele und das dazugehörige Anreizsystem so auszulegen, daß mit ihrer Erreichung zugleich die individuellen Ziele und Wünsche erfüllbar werden. Es muß sichergestellt sein, (1) daß die Aufgabenziele tatsächlich erreichbar sind, (2) daß die in Aussicht gestellten Anreize zuverlässig der erbrachten Leistung folgen und (3) daß die Verknüpfung mit den Individualzielen im Hinblick auf solche Ziele geschieht, die von den Individuen auch tatsächlich hoch geschätzt werden (vgl. Abb. 9.3).

Um jedoch Verhalten im konkreten Einzelfalle antizipieren zu können, müßten Informationen über Zielsystem, Instrumentalität und subjektive Wahrscheinlichkeit jeweils für **jedes einzelne Individuum** verfügbar sein. Nachdem eine solche Informationsgewinnung im Rahmen der Unternehmensführung wohl kaum praktizierbar ist und eine einheitliche Führung damit auch unmöglich würde, gilt das Interesse Aussagensystemen, die in **genereller** Weise Auskunft über Verhaltensdispositionen geben, also etwa, welche Ziele von menschlichen Individuen in der Regel angestrebt werden und welche Arbeitsbedingungen (first level outcome) im allgemeinen von den Organisationsmitgliedern als geeignet empfunden werden, diese Ziele und Wünsche zu erfüllen.

Als Versuche, spezifizierte Aussagen über (derartige generelle) Verhaltensdispositionen zu gewinnen, können – obgleich nicht dafür gedacht – die unten darzustellenden Bedürfnistheorien betrachtet werden.

Theorie-Element	**Individuum**	**Management-Implikation**
Erwartung	Kann ich die gewünschte Leistung erzielen?	Personalauswahl, Personalfortbildung, Klärung der Leistungsziele.
Instrumentalität	Welche meiner Ziele kann ich mit den verschiedenen Leistungsgraden erreichen?	Sicherstellung, daß bei Erfüllung der organisatorischen Ziele tatsächlich die in Aussicht gestellten Konsequenzen folgen.
Valenz*	Wie wichtig sind mir die verschiedenen Ziele, die ich mit Arbeitsergebnissen erreichen kann?	Identifikation der relevanten Mitarbeiterziele; gezielte Ausrichtung der Anreizsysteme auf die relevanten Mitarbeiterziele.

Quelle: Nach Schermerhorn, J.R./Hunt, J.G./Osborn, R.N., Managing organizational behavior, 5. Aufl., New York 1994, S. 184.

Abb. 9.3: Einige praktische Implikationen des Erwartungs-Valenz-Modells

Kritik

Die Grenzen des Erwartungs-Valenz-Modells liegen auf der Hand. Es wird zum einen ein Höchstmaß an individueller Entscheidungsrationalität unterstellt und zum anderen wird davon ausgegangen, Individuen würden fortwährend ihre Handlungen auf solche Kalküle aufbauen; organisatorisches Routinehandeln – wie es Barnard schon herausgestellt hat[12] – wird ausgeschlossen. Ersteres impliziert, daß das Organisationsmitglied nicht nur seine Ziele genau benennen und transitiv ordnen kann, sondern auch in der Lage sein muß, die Instrumentalitäten untereinander säuberlich zu differenzieren und von der Perzeption der Erwartungswahrscheinlichkeit abzukoppeln. Die Theorie läßt damit die Erkenntnisse der **beschränkten Rationalität** menschlichen Entscheidungsverhaltens unbeachtet.[13] Darüberhinaus wird Handlung und Entscheidung in eins gesetzt; zwischen dem kognitiven Entschluß (Handlungswunsch) und dem tatsächlichen Tun klafft jedoch häufig eine große Lücke. Zweifelhaft ist schließlich die Proportionalitätsthese, wonach die Handlungsmotivation im gleichen Maße wächst wie die Erwartung und die Valenz steigen.[14]

Trotz dieser idealisierenden Prämissen wird die Erwartungs-Valenz-Theorie häufig verwendet, um bestimmte Teil-Aspekte im Motivationsprozeß zu verdeutlichen (instrumentelle Verknüpfung, Bedeutung der Erwartungen usw.). Das Erwartungs-Valenz-Modell stellt doch mit aller Klarheit heraus, daß Motivation von Mitarbeitern grundlegend mit der Verknüpfung von Organisationszielen und Mitarbeiterzielen(-bedürfnissen) zu tun hat. Eine hohe Motivation ist nur dann erreichbar, wenn es dem Management gelingt, die Aufgaben so auszulegen, daß mit ihrer Erfüllung zugleich die individuellen Ziele und Wünsche erreichbar werden. Es muß sichergestellt sein, daß die Aufgabenerfüllung zuverlässig die Mitarbeiterziele einbezieht, und zwar solche Ziele, die von den Mitarbeitern auch tatsächlich hoch geschätzt werden. Schließlich verweist die Theorie darauf, daß die gesteckten Aufgabenziele von den Organisationsmitgliedern auch als tatsächlich erreichbar wahrgenommen werden müssen. Insgesamt verlangt die Theorie ein hohes Maß an Empathie, also die Fähigkeit des Managements, sich in die Beschäftigten hineinzuversetzen und die von Ihnen gedachten und wahrgenommenen Zusammenhänge nachzuvollziehen.

Eng im Zusammenhang mit dem Vroom-Modell steht die jüngste Forschung zur **"wahrgenommenen organisatorischen Unterstützung"** (POS: perceived organizational support)[15]. Sie bezieht zusätzlich eine **Austausch-Perspektive** mit ein. Grundthese ist, daß ein hohes Maß an wahrgenommener organisatorischer Unterstützung (Ausmaß, in dem das Unternehmen eine Befriedigung der persönlichen Bedürfnisse ermöglicht) eine starke Verpflichtung erzeugt, nicht nur loyal zu sein, sondern auch ein Verhalten zu zeigen, das die Erreichung der Organisationsziele fördert. Mit anderen Worten, es wird eine Art Ausgleich hergestellt zwischen dem, was man bekommt, und dem, was man gibt.

---

12 Vgl. oben, S. 52 ff.

13 Vgl. Behling, O./Starke, F.A., The postulates of expectancy theory, in: Academy of Management Journal 16 (1973), S. 373-388.

14 Vgl. Campbell, J.P./Pritchard, R.D., Motivation theory in industrial and organizational psychology, in: Dunnette, M.P. (Hrsg.): Handbook of Industrial and Organizational Psychology, Chicago 1976, S. 92-95.

15 Vgl. Wayne, S.J./Shore, L.M./Liden, R.C., Perceived organizational support and leader-member exchange: A social exchange perspective, in: Academy of Management Journal 40 (1997), S. 82-111.

Empirische Studien[16] haben gezeigt, daß eine hohe wahrgenommene Unterstützung einhergeht mit

- Gewissenhaftigkeit in der Aufgabenerfüllung,
- Innovationsbereitschaft,
- Engagement u.a.m.

Darüber hinaus zeigte sich, daß das Gefühl geschätzt und unterstützt zu werden, auch Sicherheit verlieh; man vertraut dann wesentlich stärker darauf, daß das Unternehmen auch alle die Versprechungen einhält, die in die Austauschbilanz mithereingenommen werden (Beförderung, Belobigung, Gehaltssteigerung usw.).

9.3 Selbstregulationstheorien

Im Unterschied zu den Theorien der Wahl arbeiten Selbstregulationstheorien nicht den Wahlprozeß, sondern den Einfluß von Zielen auf das Verhalten heraus;[17] dabei soll insbesondere die Kluft zwischen Kognition und Verhalten besser überbrückt werden, als das bei den (idealisierten) Wahltheorien der Fall ist.

Im Mittelpunkt der Selbstregulationstheorien steht das **Ziel**-Konstrukt. Man betrachtet Ziele als bewußt erstrebte Zustände, die kognitive Kontrolle über das Verhalten erlangen. Eine Intention muß dabei erst eine bestimmte Stärke erlangen, bevor sie zu einem Ziel in diesem Sinne werden kann. Die Idee dabei ist, daß Ziele in die unüberschaubare Vielfalt der Möglichkeiten eine **selektive Struktur** legen, und damit die Aufmerksamkeit und Energie auf einige wenige Orientierungspunkte bündeln. Ziele fokussieren also die Aufmerksamkeit und mobilisieren Aktivitäten zur Zielerreichung. Motivationsunterschiede werden im wesentlichen auf die unterschiedlichen Ziele zurückgeführt, die Individuen verfolgen.

Im Hinblick auf ihren verhaltensbestimmenden Effekt werden die (1) **Intensität** und der (2) **Inhalt** als die zwei relevantesten Zieldimensionen angesehen.[18]

Der **Zielinhalt** bezeichnet im wesentlichen den Zustand, der bewirkt werden soll (z.B. fehlerfreies Manuskript oder 15 % Umsatzsteigerung). Zielinhalte variieren hinsichtlich ihrer Präzision, Quantifizierung, Neuartigkeit usw. Die Selbstregulationstheorien stellen vor allem auf den **Schwierigkeitsgrad** und die **Zielspezifität** ab.

Die Zielintensität bezieht sich auf die relative Bedeutung, die die betreffende Person dem Ziel beimißt, und die Bindungstiefe (commitment), d.h. wie stark sich die Person

---

16 Vgl. ebenda.

17 Vgl. insbesondere Bandura, A., Social foundations of thought and action, Englewood Cliffs, N.J. 1986; Locke, E.A. et al., Goal setting and task performance: 1969-1980, in: Psychological Bulletin 90 (1981), S. 125-152.

18 Vgl. Locke, E.A./Latham, G.P., A theory of goal setting and task performance, Englewood Cliffs, N.J. 1990.

dem Ziel verbunden fühlt. Es gilt die empirisch vielfach bestätigte Annahme, daß Ziele um so stärker das Verhalten bestimmen, je wichtiger sie vom Individuum erlebt werden und je schwieriger sie zu erreichen erscheinen. Im Hinblick auf überdurchschnittliche Leistungen in Betrieben zeigte sich in verschiedenen Studien, daß sie durch klar spezifizierte und schwierige Ziele motiviert waren. Voraussetzung war allerdings, daß eine hohe Zielakzeptanz vorlag.[19]

Darüber hinaus markieren Ziele den **Anstrengungszeitraum**, sie motivieren dazu, die Aufgabenaktivitäten nicht einzustellen, ehe das Ziel erreicht ist.[20] Bandura erklärt den Zielmotivationsprozeß als Prozeß der Diskrepanzbildung und -reduktion.[21] Durch herausfordernde Ziele werden Diskrepanzen (Ungleichgewichte, Spannungen) aufgebaut, die dann zu Anstrengungen führen, diese zu reduzieren. Aus der **Anspruchsniveau-Theorie**[22] ist bereits bekannt, daß Individuen dazu neigen, bei Erfolg in darauffolgenden Sequenzen das Niveau jeweils höher zu setzen (bei Mißerfolg allerdings umgekehrt), so daß immer wieder motivierende Diskrepanzen entstehen. Motivation ist so gesehen die fortdauernde Herstellung einer effektiven Erregung[23] begleitet von dem Wunsch nach Spannungsreduktion. Die Frage, welches Ausmaß an Diskrepanz die stärksten Motivationseffekte hat, wird in der Literatur allerdings kontrovers diskutiert. Die Leistungsmotivations-Theoretiker verweisen auf Studien, die einer „dosierten Diskrepanz“[24] eine optimale Anspornwirkung zuordnen, d.h. Zielen, die herausfordernd, aber dennoch realistisch sind (d.h. das Individuum sieht eine gute Chance der Erreichung). Im Unterschied dazu sehen die Zieltheoretiker – ebenfalls auf einige experimentelle Studien gestützt – in einer möglichst schwierigen Zielsetzung (und damit großen Diskrepanz) den höchsten Motivationseffekt.

Die meisten Zielmotivationstheorien gehen bei ihren Überlegungen von einem **Selbstregulationsprozeß** aus, der sich im wesentlichen aus drei Komponenten zusammensetzt:[25]

(1) Selbstbeobachtung
(2) Selbstbeurteilung
(3) Selbstreaktion.

(1) Selbstbeobachtung bezieht sich auf das Bestreben, Daten zu gewinnen, die über die Konsequenzen der ergriffenen Aktivitäten informieren und zeigen, wieweit man auf dem Weg der Zielerreichung ist. Einige Studien zeigen, daß die Motivation, Ziele zu errei-

---

19 Vgl. Klein, H.J./Wesson, M.J./Hollenbeck, J.R./Alge, B.J.: Goal commitment and the goal-setting process: Conceptual clarification and empirical synthesis, in: Journal of Applied Psychology, Vol. 84 (1999), S. 885-896.

20 Vgl. Latham, G.P./Locke, E.A., Self-regulation through goal setting, in: Organizational Behavior and Human Decision Processes 50 (1991), S. 212-247.

21 Vgl. Bandura, A., Self-regulation of motivation and action through goal systems, in: Hamilton, V./ Bower, G.H./ Frijda, N.H. (Hrsg.), Cognitive perspektives on emotion and motivation, Dordrecht 1988, S. 37-61.

22 Zuerst: Hoppe, F., Das Anspruchsniveau, in Thomae, H. (Hrsg.), Die Motivation menschlichen Handelns, Köln/Berlin 1965, S. 217-230.

23 Vgl. hierzu grundlegend McClelland, P. et al., The achievement motive, New York 1953,

24 Vgl. Heckhausen, H., Einflüsse der Erziehung auf die Motivationsgenese, in: Hermann, Th. (Hrsg.), Psychologie der Erziehungsstile, Göttingen 1966, S. 131-169.

25 Vgl. Kanfer, F.H., Self-regulation: Research, issues and speculation, in: Neuringer, C./Michael, K.L. (Hrsg.), Behavior modification in clinical psychology, New York 1970.

chen, dort deutlich höher lag, wo Individuen über die relevanten zielbezogenen Feedback-Informationen verfügten und sich in ihrem Leistungsverhalten selbst beobachten konnten.[26]

(2) Die zweite Komponente, die **Selbstbeurteilung**, beinhaltet den Soll/Ist-Vergleich; d.h. das Individuum schätzt mit Hilfe der Feedbackinformationen ein, wieweit es gelungen ist, die Ziele zu erreichen.

(3) Die Selbstbeurteilung ruft in der Fortfolge Eigenreaktionen hervor, primär in Form von Zufriedenheit oder Unzufriedenheit; starke Abweichungen zwischen Ziel und faktisch erreichtem Ergebnis führen häufig zu Enttäuschungsreaktionen; die Bedeutung des Zieles wird neu eingestuft, neue Ziele werden gesetzt usw. Die Zielerreichungserfahrungen bilden ferner Eigenerwartungen („self-efficacy")[27] aus im Hinblick auf die eigene Leistungsfähigkeit. Diese Erwartungen sind für die Motivation bei zukünftigen Zielerreichungsprozessen sehr bedeutsam.

Insgesamt verweisen diese Motivationsmodelle nicht nur auf die motivierende Kraft von Zielen, sondern auch auf die Bedeutung der Selbstregulation. Nicht die externe Steuerung steht im Mittelpunkt dieser Auffassung, sondern die Möglichkeit über die eigene Verarbeitung von Feedbackinformationen und die selbst vorgenommene Einschätzung der Zielerreichung. Die Steuerungsaufgabe reduziert sich auf Zielsetzung und -kontrolle.

Die Selbstregulationstheorien haben in vielfacher Weise die **Managementpraxis** beeinflußt. Neben Vorschlägen zur Neugestaltung der **Arbeitsorganisation** (Feedbackorientierung, Selbstkontrolle usw.) ist es vor allem das (zwischenzeitlich wieder sehr populäre) **Management by Objectives**[28] gewesen, das diese Ideen aufgegriffen und praktisch fruchtbar gemacht hat. Dieses Managementinstrument vertraut voll und ganz auf die motivierende Kraft von Zielen und den Prozeß der Selbstregulation. Der gesamte betriebliche Prozeß soll in Form von Individualzielen formuliert und im wesentlichen auf der Basis der Selbstkontrolle gesteuert werden. In Kapitel vierzehn, das Form und Methoden der Leistungsbeurteilung zum Gegenstand hat, wird diese Annahme im einzelnen diskutiert. Im Hinblick auf die praktische Umsetzung gerät – ähnlich wie schon bei der Erwartungs-Valenz-Theorie – die Frage in den Vordergrund, welche Ziele von Individuen im allgemeinen als bedeutsam und attraktiv erlebt werden. Nicht jedes beliebige Ziel kann die Motivationskräfte entfalten, sondern, wie dargelegt, nur solche, denen das Individuum eine hohe Bedeutung einräumt und zu denen eine hohe innere Bindung hergestellt wird. Auf diese zentrale Frage geben die Selbstregulationstheorien keine Antwort; man kann jedoch auch hier die nachfolgend darzustellenden Bedürfnisspannungs-Theorien so interpretieren, daß sie diese Lücke füllen, indem sie generell gültige individuelle Motive oder Zielzustände ausweisen, die im Sinne der Erwartungs-Valenz-Theorie in konkrete Organisationsziele (Ergebnisse erster Stufe) transformiert oder verknüpft werden können.

---

26 Vgl. Erez, M., Feedback: A necessary condition for goal setting – performance relationship, in: Journal of Applied Psychology 62 (1977), S. 624 ff.

27 Bandura, A., Self-efficacy: The exercise of control, New York 1997.

28 Vgl. Odiorne, G.S., MBO II, Belmont, California 1979.

9.4 Bedürfnisspannungs-Theorien

9.4.1 Die Hierarchie der Bedürfnisse nach Maslow

Bedürfnistheorien waren ursprünglich als reine Spannungsreduktionstheorien konzipiert, d.h. sie waren an Mangelzuständen ausgerichtet, die Menschen zu überwinden oder zu vermeiden trachten. Ein Mensch – so die Annahme – ist nur dann motiviert, wenn er an einem Mangel leidet. Häufig wurde dieser Mangelzustand mit einem **physiologischen Ungleichgewicht** zusammen gedacht, das auf einen Gleichgewichtszustand drängt (Triebreduktion).

Diese Mangeltheorie der Motivation ist jedoch zunehmend kritisiert worden; dies nicht nur wegen ihrer Triebmetaphorik, sondern vor allem, weil sie viele offenkundig bedeutsame Phänomene menschlichen Verhaltens nicht fassen kann. Menschliche Neugierde, spielerische Beschäftigung, Lust an der Herausforderung, Interesse am Lernen o.ä. – das sind alles keine Motive, die auf Beseitigung eines Mangelzustandes drängen.[29] Im Gegenteil, sie stellen – wie im vorhergehenden Abschnitt dargelegt – sogar Spannung her. Man spricht von Anregungs- oder Abundanzmotiven.[30] Als einen Versuch, beide Motivarten in einer Theorie zusammenzuführen, kann das populäre Modell von Abraham Maslow gelten.[31] Die Gegenpole Spannungsabbau und Spannungsaufbau werden dort über die Idee einer Bedürfnishierarchie theoretisch versöhnt.

Die Theorie unterscheidet fünf allgemeine Klassen von Bedürfnissen, die im Hinblick auf ihre Dringlichkeit hierarchisch geordnet sind (vgl. Abb. 9.4). Sie unterscheidet sich damit von monothematischen Ansätzen, die die motivationale Dynamik nur auf eine einzige Triebfeder zurückführen (z.B. das Machtmotiv, das Leistungsmotiv oder die Libido).

Die fünf Bedürfnisklassen nach Maslow können kurz in folgender Weise charakterisiert werden:

(1) Die **physiologischen Bedürfnisse** umfassen das elementare Verlangen nach Essen, Trinken, Kleidung und Wohnung. Ihr Vorrang vor den übrigen Bedürfnisarten ergibt sich aus der Natur des Menschen.

(2) Das **Sicherheitsbedürfnis** drückt sich aus in dem Verlangen nach Schutz vor unvorhersehbaren Ereignissen des Lebens (Unfall, Beraubung, Invalidität, Krankheit etc.), die die Befriedigung der physiologischen Bedürfnisse gefährden können.

(3) Die **sozialen Bedürfnisse** umfassen das Streben nach Gemeinschaft, Zusammengehörigkeit und befriedigenden sozialen Beziehungen.

29 Vgl. etwa Berlyne, D.E., Curiosity and exploration, in: Science 153 (1966), S. 25-33.

30 Vgl. Kretch, D./Crutchfield, R.S. u.a., Grundlagen der Psychologie, Bd. 5 (Übers. a.d. Engl.), Weinheim/Basel 1985, S. 26 ff.

31 Vgl. Maslow, A., Motivation and personality, New York 1954, S. 388 f.

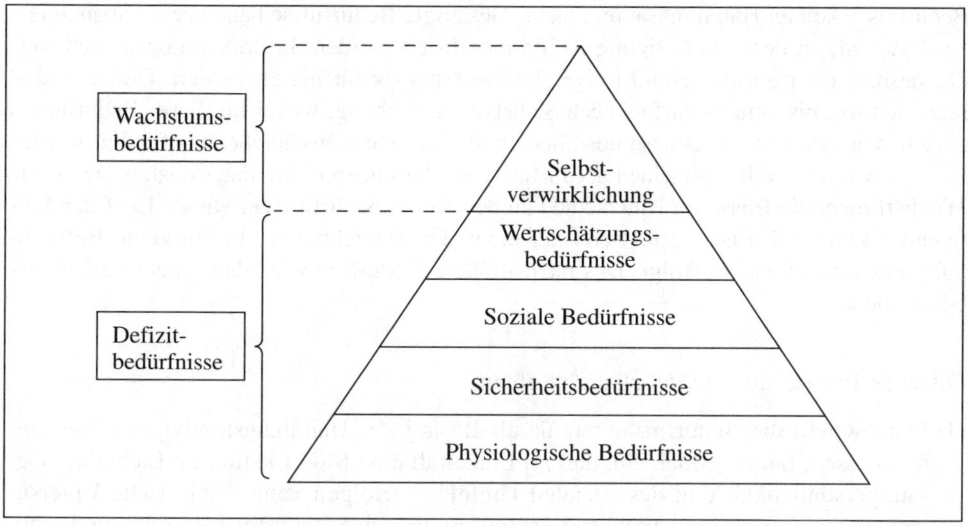

Abb. 9.4: Die Maslowsche Bedürfnispyramide

(4) **Wertschätzungsbedürfnisse** spiegeln den Wunsch nach Anerkennung und Achtung wider. Dieser Wunsch bezieht sich sowohl auf Anerkennung von anderen Personen als auch auf Selbstachtung und Selbstvertrauen. Es ist der Wunsch, nützlich und notwendig zu sein.

(5) Als letzte und **höchste** Klasse werden die **Selbstverwirklichungsbedürfnisse** genannt. Damit ist das Streben nach Unabhängigkeit, nach Entfaltung der eigenen Persönlichkeit im Lebensvollzug und nach gestaltsetzenden Aktivitäten gemeint: „Was ein Mensch sein kann, das muß er sein“.

Die pyramidale Anordnung bedeutet nicht nur, daß die „unteren“ Bedürfnisse im Entwicklungsprozeß früher in Erscheinung treten, sondern auch, daß sie in einem engeren Sinne physiologisch bestimmt sind und deshalb auch weniger individuelle oder soziale Ausdrucksvarianz kennen. Der Maslowsche Ansatz baut auf **zwei Thesen** auf, dem Defizitprinzip und dem Progressionsprinzip.

Das **Defizitprinzip** besagt, daß Menschen danach streben, unbefriedigte Bedürfnisse zu befriedigen. Ein befriedigtes Bedürfnis hat keine Motivationskraft. Anders ausgedrückt: wenn ein Individuum die dauerhafte Befriedigung eines der genannten Bedürfnisse als weitgehend sichergestellt betrachtet, hört dieses auf, handlungsmotivierend zu wirken. Änderungen der Lebenssituation (Krieg, Arbeitslosigkeit usw.) können allerdings bewirken, daß ein vormals befriedigtes Bedürfnis als unbefriedigt wieder auftaucht und damit erneut handlungsmotivierend wirkt.

Das **Progressionsprinzip** besagt, daß menschliches Verhalten grundsätzlich durch das hierarchisch niedrigste unbefriedigte Bedürfnis motiviert wird. Der Mensch versucht zunächst, seine physiologischen Bedürfnisse zu befriedigen. Ist das geschehen, dann bedeuten diese

Bedürfnisse keinen Handlungsanreiz mehr. Gesättigte Bedürfnisse bauen keine Spannungszustände auf, zu deren Beseitigung Kräfte mobilisiert werden. Im Motivationsprozeß werden deshalb die nächsthöheren Motive, die Sicherheitsbedürfnisse, aktiviert. Dieser Prozeß setzt sich fort bis zum Bedürfnis nach Selbstverwirklichung, wobei für dieses Bedürfnis in Abkehr von der Sättigungsthese postuliert wird, daß es nie abschließend befriedigt werden kann. Letzteres stellt also einen Bedürfnistypus besonderer Art dar, Maslow nennt sie **Wachstumsbedürfnisse** im Unterschied zu den Defizitbedürfnissen. Dieser Lauf der Motiventwicklung wird gestoppt, wenn auf einer der bezeichneten Ebenen keine Befriedigung des Bedürfnisses erfolgt. Das nächsthöhere Bedürfnis wird dann nicht verhaltensbestimmend.

Folgende Punkte sind zusätzlich zu beachten:

(1) Maslow will die Bedürfnishierarchie als Basis jeder Handlungsmotivierung verstanden wissen, räumt jedoch ein, daß im Einzelfall eine Modifikation im Lichte der Gesamtpersönlichkeit und des sozialen Umfeldes erfolgen kann. Empirische Untersuchungen weisen dementsprechend darauf hin, daß eine Bedürfnishierarchie in der postulierten Weise nicht einheitlich vorfindbar ist; sie berichten aber übereinstimmend, daß eine hierarchische Trennung in zumindest zwei Gruppen möglich ist, und zwar die Bedürfnisgruppen 1 und 2 als Grundbedürfnisse auf der einen Seite und die Bedürfnisgruppen 3, 4 und 5 als höhere Bedürfnisse auf der anderen Seite. Man kann also mit großer Wahrscheinlichkeit davon ausgehen, daß physiologische und Sicherheits-Bedürfnisse ausreichend befriedigt sein müssen, ehe darüberliegende Bedürfnisse verhaltensbestimmend werden.

    Alderfer[32] hat mit seiner ERG-Theorie diese Überlegungen aufgenommen und eine modifizierte Bedürfnishierarchie aufgestellt. Diesem Ansatz nach sind drei allgemeine Bedürfnisklassen in der folgenden Ordnung zu unterscheiden:

    (a) Existenzbedürfnisse (physisches Wohlergehen)
    (b) Sozialbedürfnisse (Einbettung in soziale Beziehungen)
    (c) Wachstumsbedürfnisse (Personales Wachstum).

    Im Unterschied zu Maslow wird ferner angenommen, daß eine dauerhafte Nichtbefriedigung eines höherrangigen Bedürfnisses ein Zurückgehen und Fixieren auf das niederrangige zur Folge hat (Frustrations-Regressions-Prinzip).

(2) Maslow beugt der Fehlinterpretation vor, daß eine Klasse von Bedürfnissen zu 100% befriedigt werden muß, bevor die nächste Klasse von Bedürfnissen motivierend wirkt. Häufig reicht ein Befriedigungsgrad von 70 % oder weniger hin, um das nächsthöhere Bedürfnis in den Vordergrund treten zu lassen. Maslow geht davon aus, daß etwa die sozialen Bedürfnisse im Durchschnitt nur zu 50 % befriedigt sein müssen, um bereits das nächsthöhere Wertschätzungsbedürfnis dominant werden zu lassen. Der Grad der Befriedigung ist nach neuerem Verständnis eine Frage der Erwartung bzw. des Anspruchsniveaus.

32 Vgl. Alderfer, C., Existence, relatedness and growth, New York 1972.

(3) Eine gewisse Relativierung bringt auch die psychologische Entwicklung des Individuums, d.h. mit zunehmender Reife und Mündigkeit ändert sich die relative Bedeutung der verschiedenen Bedürfnisse als Motivatoren und die Höhe der Anspruchsniveaus (vgl. Abb. 9.5).

(4) Maslow hat keine direkten Aussagen zur **Arbeitszufriedenheit** gemacht. In Theorie und Praxis wird hier meist mit einer vereinfachten Variante gearbeitet derart, daß mit zunehmender Befriedigung der einzelnen Bedürfnisse in der Arbeitswelt die Arbeitszufriedenheit steigt. Dabei werden die einzelnen „Zufriedenheiten" häufig als Differenz von **Soll-Wert** (Anspruchsniveau) und **Ist-Wert** (den vorgefundenen, perzipierten Bedürfnisbefriedigungsmöglichkeiten in der Arbeit) bestimmt (vgl. Abschnitt 9.4.4). Das Defizit- wie auch das Progressionsprinzip von Maslow werden bei dieser Sichtweise allerdings völlig aufgegeben. An ihre Stelle tritt eine theoretisch nicht näher begründete **Kumulationsthese** des Motivationsaufbaus; die Motivation ist dort am stärksten, wo die Summe der befriedigten Bedürfnisse am höchsten ist.

Eine **Kritik** der Maslowschen Motivationstheorie hat anzusetzen an dem konzeptionellen Bezugsrahmen der Theorie. Es fehlt eine klare Verknüpfung zwischen ihren Annahmen der individuellen Bedürfnisbefriedigung und tatsächlichen Verhaltensweisen. Ferner ist

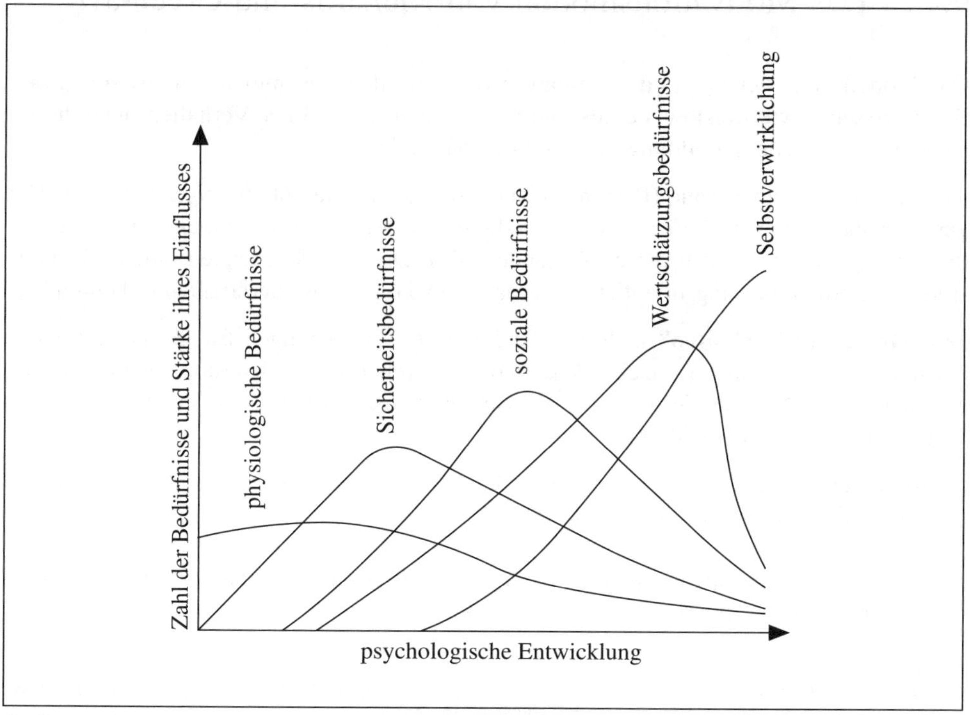

Quelle: Krech, D./Crutchfield, R.S. u.a., Grundlagen der Psychologie, Bd. 5, Weinheim/Basel 1985, S. 47

Abb. 9.5: Die relative Bedeutung von verschiedenen Bedürfnissen in Abhängigkeit von der zunehmenden Reifung des Individuums

die empirische Basis des Ansatzes sehr umstritten. Dies erklärt sich jedoch zum Teil daraus, daß Konstrukte wie „Selbstverwirklichung" dem naturwissenschaftlich-orientierten Messinstrumentarium kaum zugänglich sind. Insoweit stellt sich dann auch die Frage, ob man diesem Ansatz mit der traditionellen Austestung gerecht werden kann.[33]

Ein weiteres Problem stellt die zugrundeliegende Harmonieannahme dar, wonach die bestehenden Befürfnisse in ihrem Stimulationspotential durch ihre hierarchische Ordnung nicht zueinander in Konflikt geraten. Lewin hat schon sehr früh darauf hingewiesen, daß die in Frage kommenden Bedürfnisse bzw. Spannungspotentiale miteinander konkurrieren, so daß Prioritätskonflikte immer wieder neu entstehen.[34] In diesem Falle hätte das Individuum selbst ad hoc die Hierarchisierung vorzunehmen. Ein anderer, vielleicht noch wichtigerer Punkt betrifft die Entwicklung der Bedürfnisse. Nach heutigem Verständnis sind hierfür nicht nur innere Zustände, sondern ganz wesentlich auch Umweltbedingungen von Bedeutung. So hat Max Weber in seiner berühmten Arbeit über die protestantische Ethik die Bedeutung des religiösen Umfeldes für die Entwicklung des Leistungsmotivs herausgearbeitet.[35] Das anschließend darzustellende Modell versucht, in allgemeiner Form das Umfeld in die Motiventwicklung einzubeziehen.

9.4.2 Das Motivationsmodell von Richards und Greenlaw

Das Modell von Richards und Greenlaw[36] versucht, den Zusammenhang zwischen den Bedürfnissen – wie Maslow sie postuliert – und dem Prozeß der Verhaltensausrichtung genauer zu erfassen. Abbildung 9.6 zeigt den Modellaufbau:

Aus der Bedürfnishierarchie (I) ist nach Maslow das stärkste unbefriedigte Bedürfnis (II) verhaltensbestimmend. Seine Nichtbefriedigung führt zu Spannungen (III) und zu Suchstrategien zum Abbau dieses Zustandes (IV). Diese Suchstrategien können in konstruktives, problemlösungsorientiertes Verhalten (V) oder Abwehrverhalten (VI) münden.

„**Konstruktives Verhalten**" zielt auf die Findung von Lösungen für die Bedürfnisbefriedigung: Das Bedürfnis nach Akzeptierung durch die Arbeitsgruppe veranlaßt zur Übernahme der Normen der Gruppe; das Bedürfnis nach Aufstieg in der Firma führt zu eigenen Weiterbildungsanstrengungen.

„**Abwehrverhalten**" resultiert, wenn die Bedürfnisbefriedigung als nicht erreichbar erscheint: Die häufigsten Formen sind:

- Rationalisierung: Suche nach Gründen für Mißerfolg, die weniger ego-zerstörend bzw. leichter akzeptierbar sind als die wirklichen Gründe.

---

33 Zu einer ausführlicheren Auseinandersetzung und Kritik vgl. Conrad, P., Maslow-Modell und Selbsttheorie: Eine Kritik, in: Die Unternehmung 37 (1983), S. 258-277.

34 Vgl. Lewin, K., Vorsatz, Wille und Bedürfnis, Berlin 1926.

35 Vgl. Weber, M., Die protestantische Ethik und der Geist des Kapitalismus, in: ders. (Hrsg.), Gesammelte Aufsätze zur Religionssoziologie, Tübingen 1920.

36 Vgl. Richards, M.D./Greenlaw, P.S., Management decision making, Homewood/Ill. 1966, S. 112.

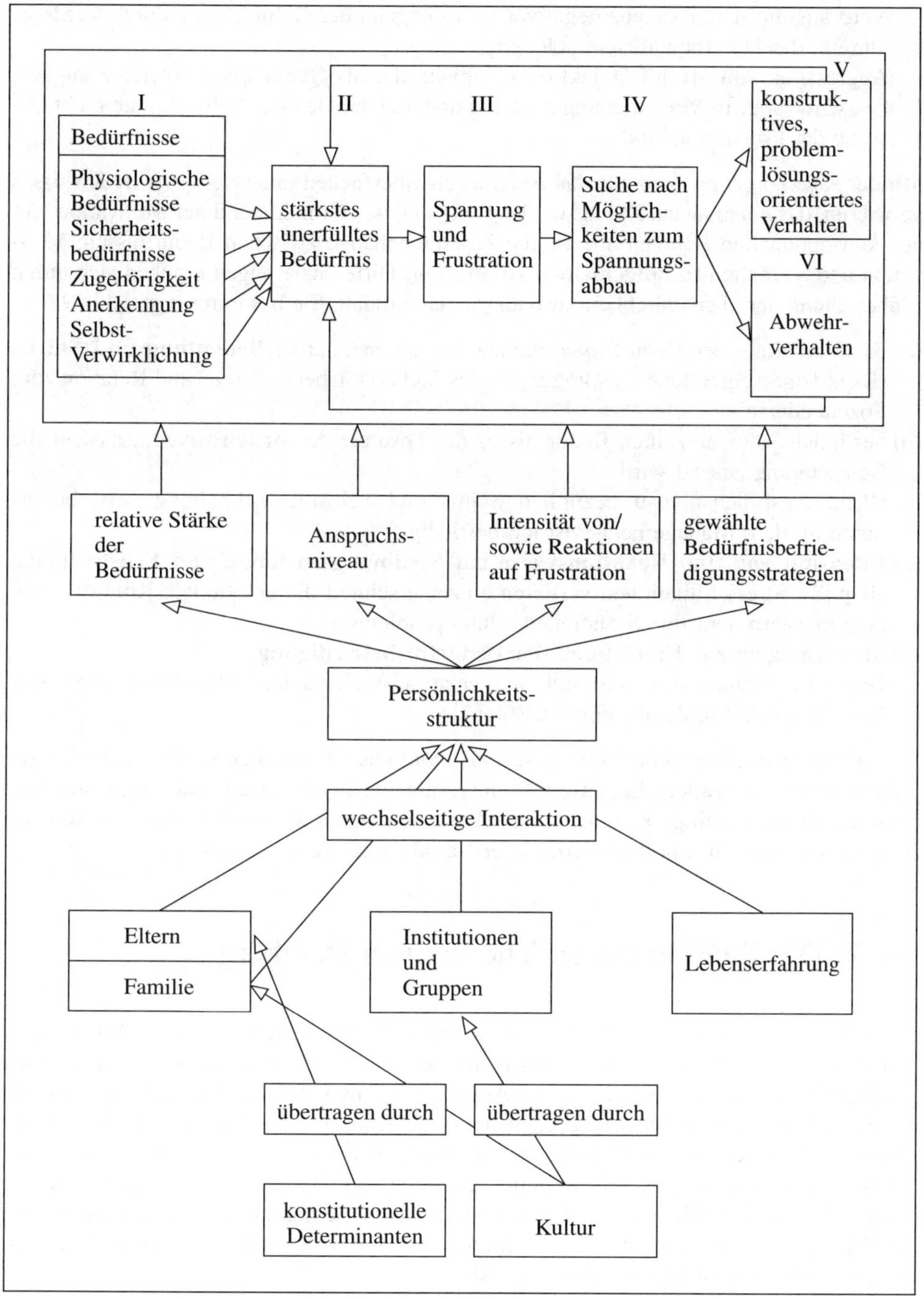

Quelle: Richards, M.D./Greenlaw, P.S., Management decision making, Homewood/Ill. 1966, S. 119.

Abb. 9.6: Das erweiterte Motivationsmodell

– Verdrängung: Die Existenz negativer Erfahrungen oder Gefühle wird durch Verdrängung in das Unterbewußtsein geleugnet.
– Aggression: Angriff auf Objekt oder Subjekt, das als Quelle der Frustration angesehen wird (oder in Verschiebung auch auf andere Objekte oder Subjekte, die nicht Ursache der Frustration sind).

Mit der Rückkopplung wird auf das Auftauchen eines neuen unbefriedigten Bedürfnisses verwiesen, das einen neuen Zyklus in Gang setzt. Dieses Grundmodell der Motivation gibt den konzeptionellen Rahmen ab, um die Zusammenhänge zwischen Bedürfnissen, Motivation und Verhalten **im allgemeinen** zu erfassen. Differenzierungen ergeben sich durch Einbeziehung der „Persönlichkeitsstruktur" in das Modell. Sie bestimmt (vgl. Abb. 9.6)

(a) das Verhältnis der Bedürfnisse zueinander, deren relative **Bedeutung und Stärke** (Bsp.: Unterschiedliche Ausprägungen des Sicherheitsbedürfnisses und Relation zum Sozialbedürfnis),
(b) bezüglich jedes einzelnen Bedürfnisses das absolute **Anspruchsniveau**, das für die Befriedigung gesetzt wird
(Bsp.: Anspruchsniveau bezüglich Status und Selbstverwirklichung wird bereits durch mittlere Management-Position befriedigt),
(c) **Intensität von und Reaktionsweise auf Spannungszustände und Frustrationen** (Bsp.: In Stress-Situationen verlieren einzelne schnell die emotionale Kontrolle, andere meistern derartige Situationen relativ problemlos),
(d) **die Strategien zur Erreichung der Bedürfnisbefriedigung**
(Bsp.: Individuum orientiert sich stärker an ausweichendem Abwehrverhalten oder konstruktivem Problemlösungsverhalten).

Die „Persönlichkeitsstruktur" selbst ist nun – und das ist entscheidend – wiederum geprägt durch Sozialisation, Lebenserfahrung, Anlagen, Institutionen und Gruppen, überformt durch die jeweilige Kultur. So aufschlußreich dieses Modell einerseits ist, so läuft es andererseits Gefahr, in der Vielzahl der Variablen zu verschwimmen.

9.4.3 Die Zwei-Faktoren-Theorie von Herzberg

Das neben Maslow in der Management-Literatur am häufigsten genannte Motivationsmodell wurde von Herzberg und Mitarbeitern entwickelt.[37] Ausgangspunkt waren ausgedehnte Interviews mit Arbeitern und Angestellten aus U.S.-amerkanischen Firmen. In diesen sollten Ereignisse aus dem eigenen Arbeitsleben geschildert werden, die als besonders befriedigend und als besonders unbefriedigend empfunden worden waren („Tell me about a time when you felt exceptionally good/bad about your job."). Eine Inhaltsanalyse der ca. 4.000 Interviews ergab, daß eine ganz bestimmte Klasse arbeitsbezogener Faktoren Zufriedenheit brachte, während andere, davon ganz unterschiedliche, Faktoren Unzufriedenheit hervorriefen (vgl. Abb. 9.7).

37 Vgl. Herzberg, F./Mausner, B./Snyderman, B.D., The motivation to work, 2. Aufl., New York 1967.

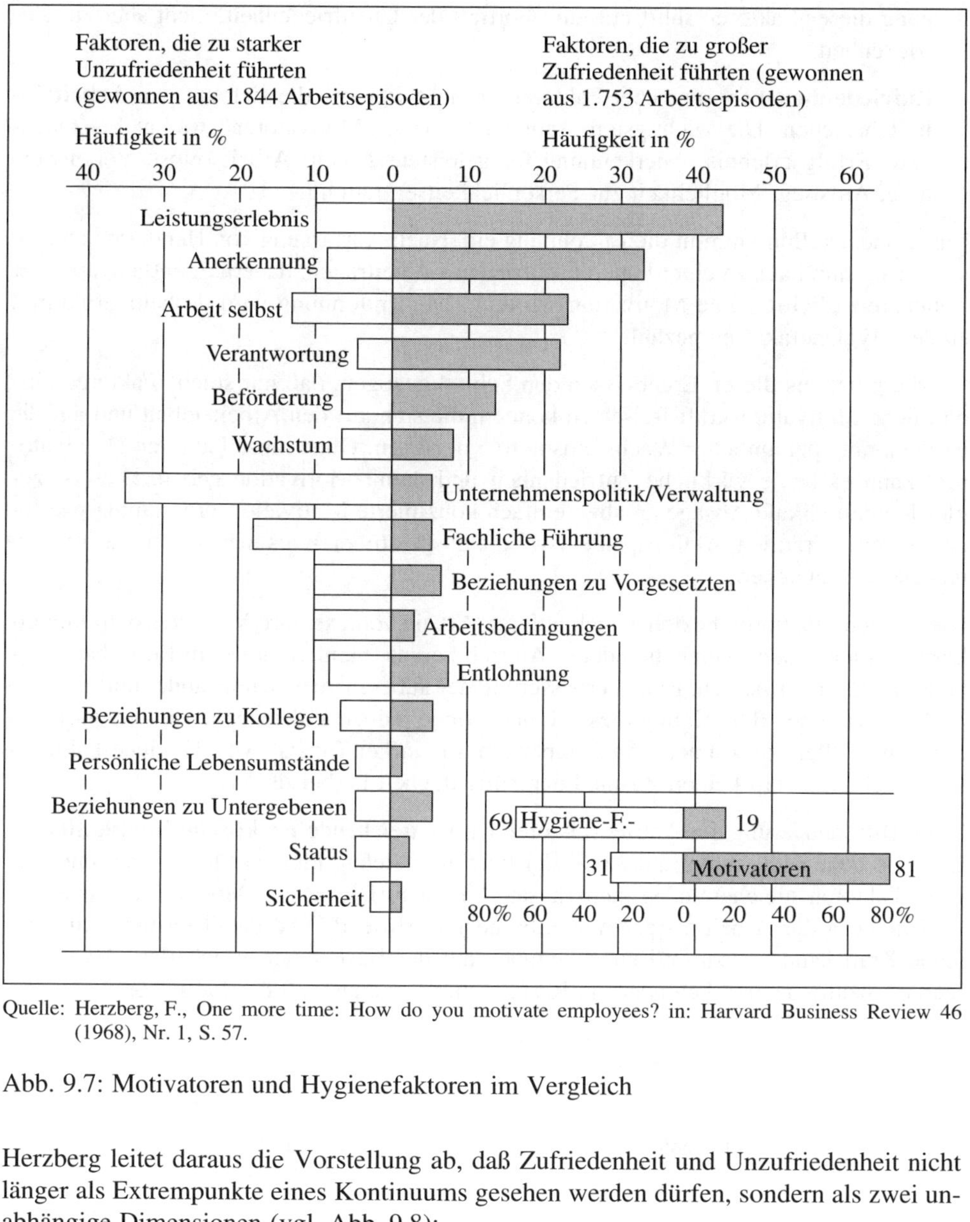

Quelle: Herzberg, F., One more time: How do you motivate employees? in: Harvard Business Review 46 (1968), Nr. 1, S. 57.

Abb. 9.7: Motivatoren und Hygienefaktoren im Vergleich

Herzberg leitet daraus die Vorstellung ab, daß Zufriedenheit und Unzufriedenheit nicht länger als Extrempunkte eines Kontinuums gesehen werden dürfen, sondern als zwei unabhängige Dimensionen (vgl. Abb. 9.8):

- **Unzufriedenheit** wird durch (externe) Faktoren der **Arbeitsumwelt** (dissatisfiers) hervorgerufen. Die wichtigsten „dissatisfiers" oder „Hygiene-Faktoren" waren: Personalpolitik und -verwaltung (Urlaubsplanung, Beschwerdewege, Leistungsbeurteilungsverfahren usw.), Status, fachliche Kompetenz des Vorgesetzten, Beziehung zu Vorgesetzten, Kollegen und Mitarbeitern, Arbeitsplatzverhältnisse (Klima, Licht, Schmutz usw.), Arbeitssicherheit, Entlohnung u.a. Eine ausreichende Berücksichtigung dieser Faktoren führt nur zum Fortfall der Unzufriedenheit, nicht aber zur Zufriedenheit.

- **Zufriedenheit** kann nur über Faktoren erreicht werden, die sich auf den **Arbeitsinhalt** beziehen. Die wichtigsten „satisfiers" bzw. „Motivatoren" waren: Leistungs- bzw. Erfolgserlebnis, Anerkennung für geleistete Arbeit, Arbeit selbst, Verantwortung, Aufstieg, Möglichkeit zur Persönlichkeitsentfaltung.

Eine Sonderstellung nimmt die Entlohnung ein. Nach Auffassung von Herzberg kann sie kurzfristig durchaus zu einer höheren Zufriedenheit beitragen, dauerhaft entfalte aber der Lohnanreiz **alleine** keine Motivationswirkung. Die Entlohnung wird deshalb strukturell zu den Hygienefaktoren gezählt.

Herzberg hat aus diesen Ergebnissen den Schluß gezogen, daß nur solche Faktoren eine wirkliche Motivationskraft freisetzen können, die sich auf den Arbeitsinhalt und auf die Befriedigung persönlicher Wachstumsmotive beziehen. Ohne diese Faktoren (Motivatoren) kann es keine wirkliche Zufriedenheit und damit Motivation geben. Dies ist zugleich eine radikale Absage an allzu einfach konzipierte Motivationsprogramme wie Incentivereise, Prämien, Aktionspläne usw., die das Motivieren als mechanistische Anreiztechnik mißverstehen.

Die Hygiene-Faktoren beziehen sich auf den Arbeitskontext; ihre Verhaltenswirkung erklärt sich aus einem gänzlich anderen Antrieb heraus, nämlich aus dem Bestreben, (Arbeits-)Leid zu vermeiden. Eine Verbesserung der äußeren Arbeitsumstände führt deshalb auch nur zu einer Beseitigung dieses Leides, ohne jedoch Zufriedenheit im eigentlichen Sinne herstellen zu können. Auch ein noch so starker Einsatz von Hygiene-Faktoren kann nach Herzberg keinen Zustand der Zufriedenheit herbeiführen.

Diese Differenzierung der Antriebsfaktoren hat weitreichende **praktische Implikationen**. Um eine hohe Motivation und Arbeitsleistung zu erzielen, müssen Motivatoren und Hygiene-Faktoren gleichermaßen zum Einsatz kommen. Die in den Motivatoren angelegte Entfaltung in der Arbeit als zentrale zufriedenheitsstiftende und damit leistungsstimulierende Kraft kann nur zur Wirkung kommen auf der Basis einer gesicherten „Hygiene". Starke Unzufriedenheit behindert im Resultat die Wirkungskraft der Motivatoren.

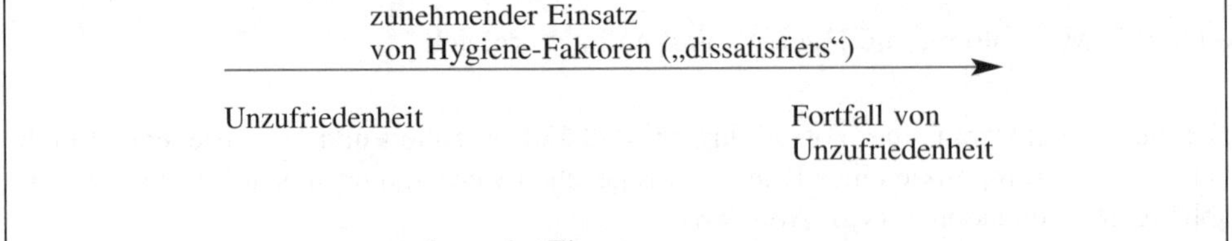

Abb. 9.8: Satisfiers und Dissatisfiers als unabhängige Dimensionen

Dieser Zusammenhang läßt gewisse Querbezüge zur Maslowschen Motivationstheorie erkennen. Auch dort müssen erst die Defizitbedürfnisse befriedigt sein, bevor das Selbstverwirklichungsmotiv aktiviert und verhaltensbestimmend wird. Abbildung 9.9 zeigt eine vergleichende Gegenüberstellung der Bedürfnisstufen und der Herzbergschen Faktoren.

Neben diesen Gemeinsamkeiten ist aber als gravierender Unterschied festzuhalten, daß nach Maslow **jedes** Bedürfnis Motivator-Funktion haben kann, sofern es unbefriedigt ist, wohingegen Herzberg diese Funktion eben nur den höchstrangigen Bedürfnissen zuschreibt.

Der Ansatz von Herzberg hat in vielfacher Weise **Kritik** erfahren[38] – ohne daß dies allerdings seiner Popularität Abbruch getan hätte. Die Kritik hat sich primär an der Untersuchungs-Methodik entzündet. Kontrolluntersuchungen haben gezeigt, daß das Zwei-Faktoren-Profil nur dann wiederholbar ist, wenn exakt dieselbe Methode, wie sie Herz-

Quelle: In Anlehnung an Davis, K., Human relations at work, New York 1967, S. 37

Abb. 9.9: Die Ansätze von Maslow und Herzberg im Vergleich

38 Vgl. King, N., Classification and evaluation of the two factor theory of job satisfaction, in: Psychological Bulletin 74 (1970), S. 18-31.

berg eingesetzt hatte, verwendet wird. Diese sei aber mit einem strukturellen Problem behaftet: Menschen neigten generell dazu, positive Bezüge der eigenen Leistung zuzuschreiben, negative Erlebnisse dagegen der Umwelt anzulasten („Ich-Abwehr-Mechanismus“). Der Zwei-Faktoren-Ansatz spiegelt – so die Kritik – primär diese Neigung wider.

Ein weiteres Argument richtet sich gegen die unscharfe Abgrenzung der Faktoren und ihre Zuordnung; so kann Gehalt etwa zur Sicherheit beitragen, als Statussymbol dienen und/oder Anerkennung für herausragende Leistung (= Motivator) sein.

Trotz der zum Teil heftigen Kritik bleibt es das Verdienst der Herzbergschen Theorie, in der Managementlehre einen dramatischen Wandel im Motivationsdenken herbeigeführt zu haben. Das dominierende Denken in **externen Anreizen** als Motivationsgrundlage wurde jedenfalls teilweise zurückgedrängt zugunsten einer Perspektive, die die **intrinsische Motivation,** das ursprüngliche Interesse an der Arbeit, in den Vordergrund rückte.[39] Die Theorie machte den Weg frei für neue Wege in der Führung und der Arbeitsorganisation.

9.4.4 Arbeitszufriedenheit und Motivation

Im Zuge der Motivationsdiskussion wurde – gewissermaßen als Seitenast – die Arbeitszufriedenheit als Konzept entwickelt. Dabei ist die Beziehung zwischen Arbeitszufriedenheit und Motivation keineswegs klar bestimmt. Von Zufriedenheit spricht man in der Regel in dem Sinne, daß der Spannungszustand, den ein Bedürfnis hervorruft, beseitigt wurde – ein positiver emotionaler Zustand.[40] Im Konzept von Maslow hat die Zufriedenheit keine motivierende Kraft; im Gegenteil, die Motivation fließt dort aus dem Spannungszustand, der aus einem unbefriedigten Bedürfnis folgt. Zufriedenheit ist dort nur ein kurzer Zustand, der alsbald von dem nächsten auftauchenden Bedürfnis bzw. Spannungszustand abgelöst wird.

So will aber Arbeitszufriedenheit in der Mehrzahl der Fälle nicht verstanden sein. Arbeitszufriedenheit soll eher in dem Sinne, wie Herzberg das Konstrukt auch gebraucht, als Indikator für eine hohe Arbeitsmotivation stehen. Gemeint ist ein positiver Zustand, in dem die arbeitsrelevanten Bedürfnisse in einem hohen Maße befriedigt sind (werden). Im Unterschied zur Herzbergschen Zwei-Faktoren-Theorie gehen jedoch die meisten Arbeitszufriedenheits-Ansätze von einer ein-dimensionalen Vorstellung aus, denn nur diese erlaubt eine **kumulative** Konzeption.

---

39 In jüngster Zeit wird allerdings unter dem Einfluß des sog. Prinzipal-Agenten-Ansatzes und anderer Modelle der sog. neuen Institutionenökonomik das Denken ausschließlich in externen Anreizen wieder stark favorisiert und die Forschung zur intrinsischen Motivation vernachlässigt – meist ohne genaue Begründung. Vgl. hierzu etwa: Laux, H., Unternehmensrechnung, Anreiz und Kontrolle, Berlin / Heidelberg 1999. Zur Kritik an einem ökonomischen Modell, das ausschließlich auf externe Anreize abstellt, vgl. Frey, B., Markt und Motivation: wie ökonomische Anreize die (Arbeits-) Moral verdrängen, München 1997.

40 Zu verschiedenen Zufriedenheitstheorien vgl. Rosenstiel, L. v., Grundlagen der Organisationspsychologie, 3. Aufl., Stuttgart 1992, S. 395 f.

Theoretisch gesehen ist die Frage sehr bedeutsam, wie Zufriedenheit zustande kommt oder präziser ausgedrückt, welche Umstände gegeben sein müssen, damit ein Individuum im Hinblick auf arbeitsrelevante Ziele Zufriedenheit empfindet. Mehr und mehr ging man davon ab, dies als physiologischen Prozeß zu sehen, der im wahrsten Sinne des Wortes zu spüren ist.

Zwischenzeitlich wird Arbeitszufriedenheit meist als das Ergebnis eines Vergleichs gesehen zwischen dem, was man idealerweise an Bedürfnisbefriedigung von einem Arbeitsplatz erwartet (Soll) und den tatsächlich vorfindbaren Bedürfnisbefriedigungsmöglichkeiten (Ist). Die Anspruchsniveaubildung sieht man zumeist durch Sozialisation und gesellschaftliche Entwicklungen bestimmt. Die Standards für die Bewertung des Soll/Ist-Vergleiches werden ihrerseits wieder in der Regel aus sozialen Vergleichen gewonnen.[41] Mit anderen Worten, Individuen beantworten die Frage, wie zufrieden sie mit ihrer Arbeit sind, indem sie die eigenen Bedürfnisbefriedigungsmöglichkeiten (Soll/Ist) denen einer entsprechenden Referenzpopulation gegenüberstellen. Die Kenntnis der Bedürfnisbefriedigungsmöglichkeiten anderer vergleichbarer Personen steigert oder vermindert die Arbeitszufriedenheit der beurteilenden Person.

Zur **Messung der Arbeitszufriedenheit** ist eine Vielzahl von Instrumenten entwickelt worden.[42] Im wesentlichen kann man zwischen **individuellen qualitativen Instrumenten** unterscheiden, die auf den speziellen Befragungskontext eingehen, und **standardisierten quantitativen Skalen**, die von generell gültigen Ansprüchen an die Arbeit ausgehen. Die von Herzberg verwendete Methode der „kritischen Ereignisse" gehört zu erstgenannten. Bei zweiteren hat der „Job Descriptive Index"[43] am meisten Prominenz erlangt, der auch in deutscher Version als ABB (Arbeits-Beschreibungs-Bogen) vorliegt (vgl. den Ausschnitt in Kasten 9.1).

In zahlreichen empirischen Untersuchungen zeigte sich in der Tendenz, daß mit steigender Arbeitszufriedenheit die Fluktuation, die Fehlzeiten und die Unfallhäufigkeit sinken. Die insbesondere von der Human-Relations-Bewegung vertretene Hypothese, daß Arbeitszufriedenheit in jedem Fall zu erhöhter Arbeitsproduktivität führen würde, ließ sich in der Form empirisch nicht bestätigen.[44] Eine Erklärung dieser Resultate muß in den mannigfachen Einflußfaktoren (unterschiedliche Interessen von Individuum und Organisation, Ausbildung, Fähigkeit) gesucht werden, die hier ebenfalls wirksam sind.[45] Die Haupterklärung wird aber in der häufig mangelnden instrumentellen Verknüpfung von Produktivität und Arbeitszufriedenheit zu suchen sein; die Erwartungs-Valenz-Theorie machte ja deutlich, daß nur unter solchen Umständen ein Zusammenhang zu erwarten

---

41 Vgl. Salancik, G.R./Pfeffer, J., An examination of need satisfaction models of job satisfaction, in: Administrative Science Quarterly 22 (1977), S. 427-456.

42 Vgl. Neuberger, O., Messungen der Arbeitszufriedenheit, Stuttgart 1974, sowie Weinert, A.B., Organisationspsychologie, 4. Aufl., Weinheim 1998, S. 222 ff.

43 Vgl. Smith, P.C./Kendall, L.M./Hulin, C.L., The measurement of satisfaction in work and retirement, Chicago 1969; Zur hohen Stabilität der Faktorstruktur vgl. Jung, K.G./Dalessio, A./Johnson, S.M., Stability of the factor structure of the Job Description Index, in: Academy of Management Journal 29 (1986), S. 609-616.

44 Vgl. hierzu die Meta-Analyse von Iaffaldano, M.T./Muchinsky, P.M., Job satisfaction and job performance: A meta-analysis, in Pschological Bulletin 97 (1992), S. 251-273.

45 Vgl. zur Diskussion Fisher, C.D., On the dubious wisdom of expecting job satisfaction to correlate with performance, in: Academy of Management Review 5 (1980), S. 607-612.

Kasten 9.1

Arbeits-Beschreibungs-Bogen (ABB)

Definition:

Der ABB kann als „ein hochstrukturierter, schriftlicher, universell verwendbarer Mehr-Item Fragebogen charakterisiert werden, der aufgrund von Beschreibungen der Arbeitssituationen quantitative Aussagen über die Zufriedenheit mit einzelnen Arbeitsaspekten erlaubt."

Aufbau:

Der ABB strebt eine umfassende Beschreibung der gesamten Arbeitssituation in der folgenden Weise an:

(1) Gliederung in sieben Aspekte der Arbeitssituation, die eine inhaltliche Präzisierung durch eine bestimmte Anzahl von Items erfahren. Die Aspekte sind: Kollegen; Vorgesetzte; Tätigkeit (unten gezeigt als Beispiel); Arbeitsbedingungen; Organisation und Leitung; Entwicklung sowie Bezahlung. Die Anzahl der Items schwankt dabei von sieben (beim Aspekt „Bezahlung") bis zu dreizehn (beim Aspekt „Organisation und Leitung"). Eine Bewertung der einzelnen Items erfolgt anhand einer 4-stufigen Skala.

(2) Jeder Einzelaspekt erfährt zusätzlich durch ein einheitliches, zusammenfassendes Schlußitem (Kunin-Gesichter-Skala) eine Ergänzung und Kontrolle derart, daß es dem Bewertenden möglich ist, Aussagen über solche Aspekte zu treffen, die im Fragebogen nicht enthalten sind, für ihn persönlich aber Bedeutung besitzen.

(3) Eine Gewichtung der einzelnen Aspekte der Arbeitssituation soll zuletzt durch die Verteilung von insgesamt 80 Punkten erreicht werden.

Meine Tätigkeit

Gemeint ist der *Inhalt* Ihrer Tätigkeit, die Art Ihrer Arbeitsaufgaben.

23. gefällt mir	ja ☐	eher ja ☐	eher nein ☐	nein ☐
24. langweilig	ja ☐	eher ja ☐	eher nein ☐	nein ☐
25. festgefahren	ja ☐	eher ja ☐	eher nein ☐	nein ☐
26. unselbständig	ja ☐	eher ja ☐	eher nein ☐	nein ☐
27. nutzlos	ja ☐	eher ja ☐	eher nein ☐	nein ☐
28. angesehen	ja ☐	eher ja ☐	eher nein ☐	nein ☐
29. enttäuschend	ja ☐	eher ja ☐	eher nein ☐	nein ☐
30. unterfordert mich	ja ☐	eher ja ☐	eher nein ☐	nein ☐
31. sehe Ergebnisse	ja ☐	eher ja ☐	eher nein ☐	nein ☐
32. kann meine Fähigkeiten einsetzen	ja ☐	eher ja ☐	eher nein ☐	nein ☐
33. kann eigene Ideen verwirklichen	ja ☐	eher ja ☐	eher nein ☐	nein ☐
34. verantwortungsvoll	ja ☐	eher ja ☐	eher nein ☐	nein ☐

35. Alles in allem: Wie zufrieden sind Sie mit ihrer Tätigkeit?

Quelle: Neuberger, O./Allerbeck, M., Messung und Analyse von Arbeitszufriedenheit, Bern u.a. 1978.

ist.[46] Dies bedeutete aber eine Umdrehung der These, nicht Zufriedenheit bewirkt dann hohe Leistung, sondern hohe Leistung bewirkt Zufriedenheit.

Eine generell signifikante Beziehung ergibt sich zwischen Arbeitszufriedenheit und kooperativem verantwortlichen Verhalten („organizational citizenship behaviour")[47]: Je höher die Arbeitszufriedenheit, um so mehr sind Organisationsmitglieder bereit, uneigennütziges unterstützendes Verhalten zu zeigen (vgl. Kasten 9.2).

Kasten 9.2

Kooperatives Verhalten in Organisationen
Organizational citizenship behaviour (OCB)

Das Konzept des kooperativen uneigennützigen Verhaltens in Organisationen stellt auf solche Verhaltensweisen ab, die für die Funktionsweise von Organisationen wichtig sind, die aber weder formal erzwungen noch zum ausdrücklichen Gegenstand des Arbeitsvertrages gemacht werden können. Es handelt sich um Beiträge, die das einzelne Organisationsmitglied zeigen oder nicht zeigen kann, ohne daß dies formale Konsequenzen in Form von Belohnungen oder Bestrafungen hat. Gemeint sind Verhaltensweisen wie Interesse an der Arbeit anderer Organisationsmitglieder, Kümmern um neue Mitglieder, positive Äußerungen über das Unternehmen im privaten Kreis, schonender Umgang mit fremdem Eigentum, Weitergabe von Informationen aus freien Stücken, mäßigende Einwirkung auf Konflikte, Übernahme von Gemeinschaftsaufgaben, Hinnahme kleinerer Beeinträchtigungen, ohne ständig Klage zu führen usw. Ein solches Verhalten erleichtert nicht nur die Steuerungsaufgabe, sondern trägt insgesamt entscheidend zur besseren Funktionsweise und damit zur Effektivität von Organisationen bei.

Nachdem dieses Verhalten für Organisationen so wichtig ist, es andererseits aber weder erzwingbar noch durch externe Anreize hervorzurufen ist, stellt sich die Frage, wie das Management dies befördern kann.

Die These ist nun – sie geht auf Chester Barnard zurück – daß OCB Ergebnis hoher Arbeitszufriedenheit ist. Der Zusammenhang hoher Arbeitszufriedenheit und OCB wurde vielfach empirisch bestätigt mit einem relativ konsistenten Bild. Eine genauere Analyse zeigte, daß sich vor allem dann eine hohe Korrelation ergab, wenn die Zufriedenheitsmaße die perzipierte Fairneß mit erfaßten. Mit anderen Worten, Beschäftigte, die sich von der Organisation fair behandelt fühlten, waren in signifikant höherem Maße bereit, solches loyales und verantwortliches Handels zu zeigen.

Quelle: Organ, D.W., The motivational basis of Organizational Citizenship Behaviour, in: Staw, B. / Cummings, L. (Hrsg.), Research in Organizational Behaviour, Vol. 12, 1990, S. 43-72

46 Vgl. im folgenden Vroom, V., Work and motivation, New York 1964, S. 175 ff.

47 Vgl. dazu Organ, D.W., Organizational citizenship behaviour. The good soldier syndrome, Lexington, M.A. 1988; ein ähnliches Konzept, nämlich „Arbeitsengagement aus freien Stücken", schlagen vor: Bierhoff, H.W./Herner, M.J., Arbeitsengagement aus freien Stücken: Zur Rolle der Führung, in: Managementforschung Bd. 9: Führung – neu gesehen, hrsg. von Schreyögg, G./Sydow, J., Berlin-New York 1999, S. 55-88.

9.5 Motivierende Arbeitsgestaltung

Versuche, aus den bedürfnisorientierten Motivationstheorien Schlußfolgerungen für die Praxis zu ziehen, münden, was die individuelle Ebene anbelangt, im wesentlichen in Maßnahmen zur Umgestaltung der Arbeit. Die Leitmaxime ist die bedürfnisorientierte Arbeitsgestaltung, die Individual- und Organisationsziele gleichermaßen befördert. Diese Konzeption wendet sich zugleich gegen eine Arbeitsgestaltung in der Tradition Taylors[48] mit ihrer radikalen Arbeitsvereinfachung, um Übungs- und Routinisierungsgewinne zu erzielen, die eine Motivierung nur über Geld zuläßt. Im Hintergrund steht auch eine normative Kritik solcher Arbeitsformen, die sich bis auf Adam Smith zurückführen läßt (vgl. Kasten 9.3). Der Hauptimpuls kam, wie erwähnt, von der Herzbergschen Motivationstheorie und ihrer Betonung des Arbeitsinhalts als bedeutendste Motivationsquelle. Die zentrale Gestaltungsidee ist eine bedürfnisrelevante Anreicherung der Arbeit. Um diese Idee zu verdeutlichen, seien die **Dimensionen des Arbeitsinhalts** kurz umrissen.

Kasten 9.3

Individuum und Organisation

„Mit fortschreitender Arbeitsteilung wird die Tätigkeit der überwiegenden Mehrheit derjenigen, die von ihrer Arbeit leben, also der Masse des Volkes, nach und nach auf einige wenige Arbeitsgänge eingeengt, oftmals auf nur einen oder zwei. Nun formt aber die Alltagsbeschäftigung ganz zwangsläufig das Verständnis der meisten Menschen. Jemand, der tagtäglich nur wenige einfache Handgriffe ausführt, die zudem immer das gleiche oder ein ähnliches Ergebnis haben, hat keinerlei Gelegenheit, seinen Verstand zu üben. Denn da Hindernisse nicht auftreten, braucht er sich auch über deren Beseitigung keine Gedanken zu machen. So ist es ganz natürlich, daß er verlernt, seinen Verstand zu gebrauchen, und so stumpfsinnig und einfältig wird, wie ein menschliches Wesen nur eben werden kann. Solch geistige Trägheit beraubt ihn nicht nur der Fähigkeit, Gefallen an einer vernünftigen Unterhaltung zu finden oder sich daran zu beteiligen, sie stumpft ihn auch gegenüber differenzierten Empfindungen, wie Selbstlosigkeit, Großmut und Güte ab, so daß er auch vielen Dingen gegenüber, selbst jenen des täglichen Lebens, seine gesunde Urteilsfähigkeit verliert."

Quelle: Smith, A., Der Wohlstand der Nationen (Übers. a. d. Engl.), München 1974, S. 662 (zuerst London 1776).

Ausgangspunkt der meisten Überlegungen ist die Darstellung des **Handlungsspielraums**, den das einzelne Organisationsmitglied bei seiner Tätigkeit hat. In diesem Sinne wird für gewöhnlich in zwei Dimensionen unterschieden, nämlich in den **Tätigkeits-**

48 Vgl. oben S. 40 ff.

spielraum einerseits und den **Entscheidungs- und Kontrollspielraum** andererseits.[49] Diese Unterscheidung baut auf der hergebrachten betriebswirtschaftlichen Trennung in ausführende und leitende Verrichtungen auf. Unter Tätigkeitsspielraum ist der Grad an Varietät in den Tätigkeiten zu verstehen, wobei sich die Varietät nicht nur nach der Zahl unterschiedlicher Operationen, sondern auch nach dem qualitativen Ausmaß der Unterschiedlichkeit (Distanz) richtet. Der Entscheidungs- und Kontrollspielraum ist durch das Ausmaß selbständiger Planungs-, Organisations- und Kontrollbefugnisse bestimmt. Interpretiert man diese beiden Dimensionen als unabhängig (orthogonal) voneinander, so läßt sich der Handlungsspielraum eines bestimmten Arbeitsplatzes als Punkt in einem zweidimensionalen Koordinatensystem darstellen (vgl. Abb. 9.10).

Ein erweitertes Konzept der bedürfnisrelevanten Arbeitsdimensionen haben Hackman und Oldham[50] entwickelt. Sie unterscheiden die folgenden fünf Dimensionen:

(1) **Aufgabenvielfalt** (Skill Variety), d.h. das Ausmaß, in dem die Ausführung einer Arbeit unterschiedliche Fähigkeiten und Fertigkeiten verlangt.
(2) **Ganzheitscharakter der Aufgabe** (Task Identity), d.h. das Ausmaß, in dem die Tätigkeit die Erstellung eines abgeschlossenen und eigenständig identifizierbaren „Arbeitsstückes“ verlangt.

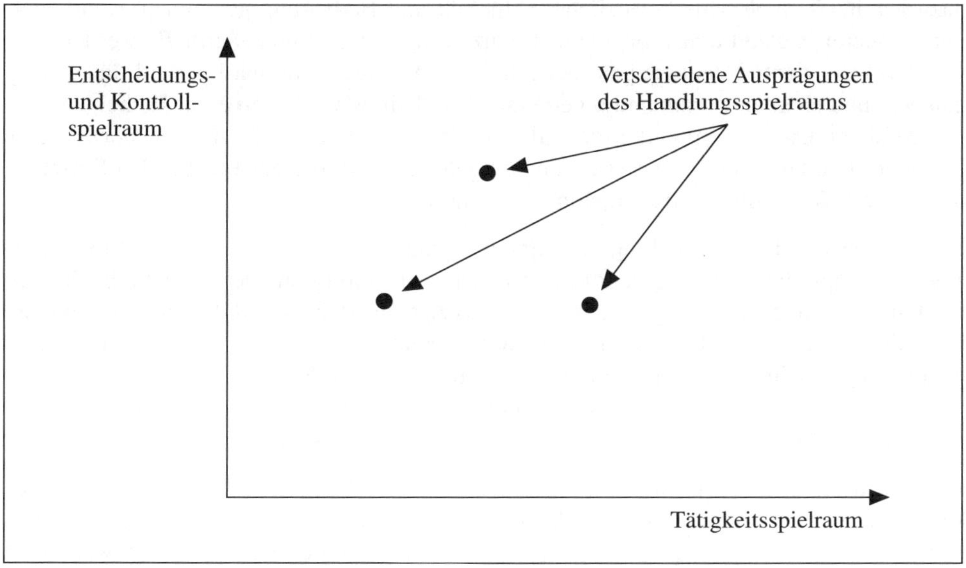

Quelle: Nach Ulich, E./Groskurth, P./Bruggemann, A., Neue Formen der Arbeitsgestaltung, Frankfurt a.M., 1973, S. 65 (stark modifiziert)

Abb. 9.10: Der Handlungsspielraum eines Arbeitsplatzes

49 Vgl. Ulich, E./Groskurth, P./Bruggemann, A., Neue Formen der Arbeitsgestaltung – Möglichkeiten und Probleme einer Verbesserung der Qualität des Arbeitslebens, Frankfurt/M., 1973, S. 64 f.

50 Vgl. Hackman, J.R./Oldham, G./Janson, R./Purdy, K., A new strategy for job enrichment, in: California Management Review 17 (1975), S. 57-71.

(3) **Bedeutungsgehalt der Aufgabe** (Task Significance), d.h. das Ausmaß, in dem die Tätigkeit einen bedeutsamen und wahrnehmbaren Nutzen für andere innerhalb und außerhalb der Organisation hat.
(4) **Autonomie des Handelns** (Autonomy), d.h. das Ausmaß, in dem die Arbeit den Beschäftigten Unabhängigkeit und einen zeitlichen und sachlichen Spielraum bei der Arbeitsausführung läßt.
(5) **Rückkoppelung** (Feedback), d.h. das Ausmaß an Information, das der Arbeitsplatzinhaber über die Ergebnisse seiner Arbeit erhält.

Zwei der fünf Kerndimensionen von Hackman und Oldham entsprechen den Dimensionen des Handlungsspielraum-Konzepts, nämlich die Aufgabenvielfalt (Skill Variety) dem Tätigkeitsspielraum und die Autonomie des Handelns (Autonomy) dem Entscheidungs- und Kontrollspielraum.

Die Dimension „Ganzheitscharakter der Aufgabe" (Task Identity) stellt eine besonders wichtige Ergänzung dar. Sie verweist auf die Bedeutung, die die Erstellung eines abgeschlossenen und eigenständig identifizierbaren Arbeitsprozesses für ein positives Erleben der Arbeitssituation hat. Eine Erhöhung des Variationsgrades der Arbeitsvollzüge geht nicht automatisch mit einer Komplettierung der Arbeitsvollzüge in Richtung auf einen in sich abgeschlossenen Arbeitsprozeß einher. Die Dimension der Ganzheitlichkeit hat neuerdings unter der Forderung einer kundenorientierten Prozeßorganisation (vgl. dazu Kapitel 7) eine neue zusätzliche Aktualität und Bedeutung gewonnen, wenn auch unter anderer Zielstellung (vor allem: Reduzierung der Schnittstellen). Es werden hier wie dort **integrierte Prozesse** gefordert, d. h. die Arbeitsteilung wird partiell rückgängig gemacht und ehemals voneinander getrennte Tätigkeiten werden zu einer Einheit zusammengefaßt.[51] Diese Komplettierung gilt sowohl in vertikaler als auch in horizontaler Hinsicht, d. h. zu einem integrierten Prozeß gehören auch die entsprechenden Entscheidungs- und Kontrollbefugnisse („empowerment").

Die Dimension „Rückkoppelung des Arbeitsergebnisses" (feedback) verweist unter Bezugnahme auf die Selbstregulationstheorien auf die motivierende Bedeutung, die die Rückmeldung über den Aufgabenerfolg für das Arbeitserlebnis und die Orientierung des Individuums hat. Die Dimension „Bedeutungsgehalt der Aufgabe" (task significance) geht hingegen sehr stark vom Verwendungskontext der Produkte und dessen Bewertung, weniger vom Arbeitsinhalt aus. Der Bedeutungsgehalt einer Aufgabe läßt sich schlecht durch motivationsfördernde Maßnahmen steigern; dies ist ein übergreifendes Problem.[52]

Anhand dieser fünf Dimensionen läßt sich das Motivationspotential einer Tätigkeit bestimmen. Für eine Potentialmessung kann man sich mehrstufiger Einschätzskalen bedienen, die dem Arbeitsplatzinhaber und/oder Organisationsexperten vorgelegt werden.[53]

---

51 Vgl. Hammer, M./Champy, J., Business Reengineering, Frankfurt a.M./New York 1994, S. 71 ff.

52 Vgl. im einzelnen Schreyögg, G./Steinmann, H./Zauner,B., Arbeitshumanisierung für Angestellte, Stuttgart u.a. 1978, S. 39.

53 Vgl. dazu den sog. Job Diagnostic Survey (JDS) von Hackman, J.R./Oldham, G.R., Work redesign, Reading/Mass. 1980. Einen Überblick über verschiedene Instrumente zur Arbeitsanalyse gibt Schüpbach, H., Analyse und Bewertung von Arbeitstätigkeiten, in: Schuler, H. (Hrsg.) Organisationspsychologie, Bern et al. 1993, S. 167-187.

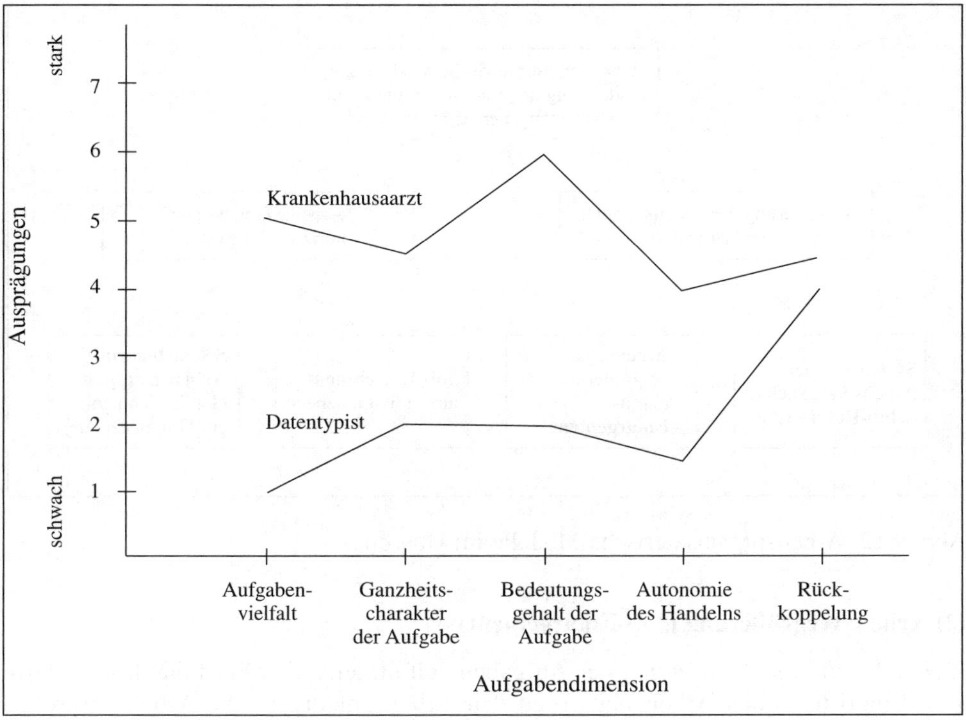

Abb. 9.11: Motivationspotential von Tätigkeiten im Vergleich

Als Ergebnis kann man das Motivationspotential der verschiedenen Tätigkeiten in einem Profil-Tableau vergleichend gegenüberstellen, wie in Abbildung 9.11 gezeigt wird.

Zur Erweiterung des Handlungsspielraums sind im wesentlichen vier arbeitsorganisatorische Maßnahmen in der Diskussion. Abbildung 9.12 zeigt sie im Überblick.

(1) Geplanter Arbeitsplatzwechsel (Job-Rotation)

Hier wechseln die Mitarbeiter nach vorgeschriebenen oder selbst gewählten Zeit- und Reihenfolgen ihre (strukturell gleichartigen) Arbeitsplätze durch bis hin zu einem totalen Rundumwechsel. Man erreicht auf diese Weise ohne gestalterische Eingriffe in die Arbeitsplätze für die wechselnden Personen eine Erhöhung der Aufgabenvielfalt nach Maßgabe der Aufgabenanforderungen. Kasten 9.4 gibt ein frühes Beispiel aus der motivierenden Aufgabengestaltung.

In der Beschränkung auf die gegebenen Arbeitsplätze liegt ganz offenkundig eine der wesentlichen Grenzen dieses Modells: Die Aufgabenvielfalt kann nur nach Maßgabe der vorhandenen Arbeitsplätze variieren. Hinzu kommt, daß die anderen beiden Dimensionen des Arbeitsinhalts unberührt bleiben.

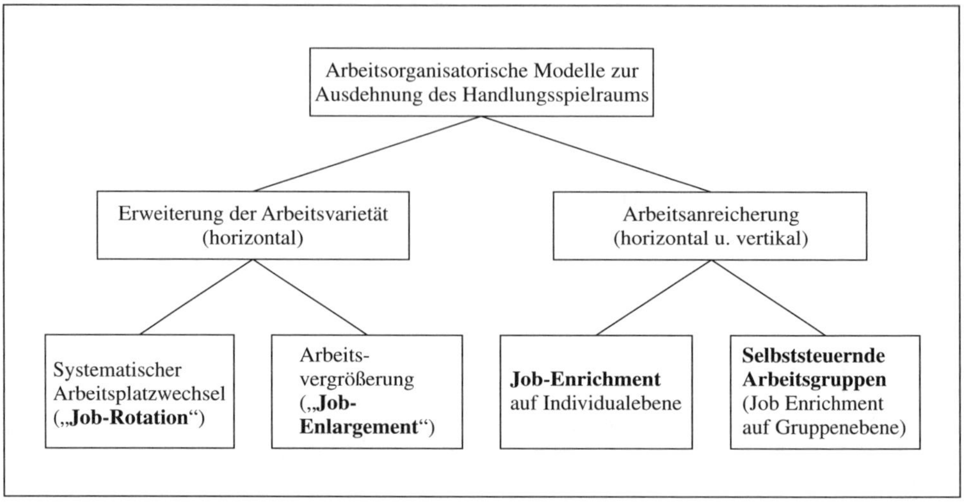

Abb. 9.12: Arbeitsorganisatorische Modelle im Überblick

(2) Arbeitsvergrößerung (Job-Enlargement)

Ebenfalls auf eine Ausweitung der Aufgabenvielfalt, jetzt allerdings durch gestalterische Eingriffe in den Arbeitsplatz (und den Arbeitsablauf), ist die Arbeitsvergrößerung gerichtet. Hier werden strukturell gleichartige, stark zersplitterte Tätigkeiten, die ursprünglich von verschiedenen Arbeitern durchgeführt wurden, wieder an einem Arbeitsplatz zusammengefaßt. Die Erweiterung der Arbeit besteht in einer zahlenmäßigen Vergrößerung qualitativ gleichartiger Operationen. Im Gegensatz zur Job-Rotation kann die Arbeitsvergrößerung aber hier u.U. ein Mehr an Ganzheitlichkeit ein-

Kasten 9.4

Job-Rotation: Ein Fallbeispiel

„Diese Abteilung verfügte über drei verschiedene Gruppen von Maschinen (Sortiermaschine, Tabelliermaschine und Kartenlocher), zwischen denen die Belege bzw. Lochkarten wie auf einem Fließband wanderten. Die Arbeit war sehr stark zergliedert und die „Arbeitsmoral“ der Büroangestellten schlecht. Durch eine umfassende Neustrukturierung innerhalb dieser Abteilung wurden die Angestellten in die Lage versetzt, wechselweise an drei Maschinengruppen zu arbeiten. Dabei wies der Abteilungsleiter jedem Angestellten die Plätze zu, an denen er nacheinander zu arbeiten hatte. Nach einer gewissen Einarbeitungszeit wußten jedoch die Angestellten wo sie gerade gebraucht wurden und verteilten die Arbeit an den Maschinen untereinander.“

Quelle: Friedmann, G., Grenzen der Arbeitsteilung, Frankfurt/M. 1959, S. 64.

schließen. Kasten 9.5 zeigt ein historisches Beispiel für die Arbeitsvergrößerung im Verwaltungsbereich.

Kasten 9.5
Job-Enlargement: Kundenbriefe „In einem Versandhaus war die Bearbeitung der Kundenbriefe in kleinste Teilaufgaben zerlegt. Eine Angestellte erledigte die eingegangenen Beschwerden, eine andere die Anfragen, eine dritte den Briefwechsel über Teilzahlung etc. Dabei kam jede Angestellte für ihr Spezialgebiet mit vorgedruckten Formularen aus, und die wenigen Briefe, die einer besonderen Entscheidung bedurften, gingen an den Vorgesetzten. Nach der Einführung des Job-Enlargement hatte nun jede Angestellte die gesamte Korrespondenz mit den einzelnen Kunden zu führen, z.B. allen Kunden, deren Namen mit „A" beginnt. Nach wie vor wurden zwar alle Briefe mit Hilfe von vorgedruckten Formblättern beantwortet, und insofern hatte sich an der Arbeit nichts geändert, doch die einzelne Angestellte wiederholte nun nicht mehr unablässig einen bestimmten Arbeitsvorgang, sondern hatte es mit der gesamten Tätigkeitskette zu tun. Die Briefe, die besondere Entscheidungen verlangten, mußten nach wie vor an den Vorgesetzten weitergeleitet werden."
Quelle: Drucker, P.F., Praxis des Managements, Düsseldorf 1956, S. 350 f.

Wie auch in diesem Beispiel deutlich wird, sieht die Aufgabenvergrößerung keine Einbeziehung des Entscheidungs- und Kontrollspielraums in die Umstrukturierung der Arbeit vor. Arbeitsplatzwechsel wie auch Arbeitsvergrößerung stellen sich deshalb nicht so sehr als geeignete Konzepte dar, die Motivation in signifikantem Maße zu steigern. Gleichwohl vermögen sie zweifellos im Einzelfall geeignet sein, stark belastende Arbeitssituationen abzumildern und eine positivere Arbeitssituation herbeizuführen. Eine generelle Abwertung erscheint deshalb nicht angebracht. Aktueller und in der motivationalen Wirkung viel weiterreichender sind jedoch die zwei nachfolgenden Modelle.

(3) Arbeitsanreicherung (Job-Enrichment)

Im Unterschied zu den bisher dargestellten Konzepten stößt die Arbeitsanreicherung in den Entscheidungs- und Kontrollspielraum vor und hebt damit am unteren Ende der Management-Hierarchie die traditionelle Trennung von leitender und ausführender Tätigkeit ansatzweise auf. Die Ausweitung des Entscheidungs- und Kontrollspielraums („vertikale Ladung") ist daher die notwendige Bedingung, wenn man von Job-Enrichment sprechen will. Diese Ausweitung gewinnt – wie oben dargelegt – um so mehr an Gewicht, je mehr sie im Sinne eines ganzheitlichen Prozesses angelegt ist.[54]

---

54 Das ebenfalls vielbeachtete Konzept des Empowerment enthält viele Elemente des Job-Enrichment, ist aber als Maßnahme für die gesamte Organisation gedacht. Vgl. Ford, R.C./Folter, M.D., Empowerment: A matter of degree, in: Academy of Management Executive 9 (1995), Nr. 3, S. 21-31; sowie kritisch Gerum, E./ Schäfer, I./ Schober, H., Empowerment – viel Lärm um nichts?, in: Wirtschaftswissenschaftliches Studium 25 (1996), S. 498-502.

Die Qualität von Job-Enrichment-Maßnahmen bestimmt sich weiterhin nach Art und Umfang der erreichten neuen Aufgabenvielfalt. Es macht einen qualitativen Unterschied, ob z.B. chemo-technischen Assistenten im Labor zu ihrer bisherigen Analysetätigkeit zusätzlich die Säuberung der Geräte oder das Abfassen von Untersuchungsberichten über ihre Analysen übertragen wird. Von zentraler Bedeutung ist ferner der Aufbau von direkten Kundenbeziehungen bzw. die Gestaltung des integrierten Arbeitsprozesses vom Kunden her. Den Prozeß der Arbeitsanreicherung veranschaulicht Abbildung 9.13 grafisch. Ein praktisches Beispiel gibt Kasten 9.6.

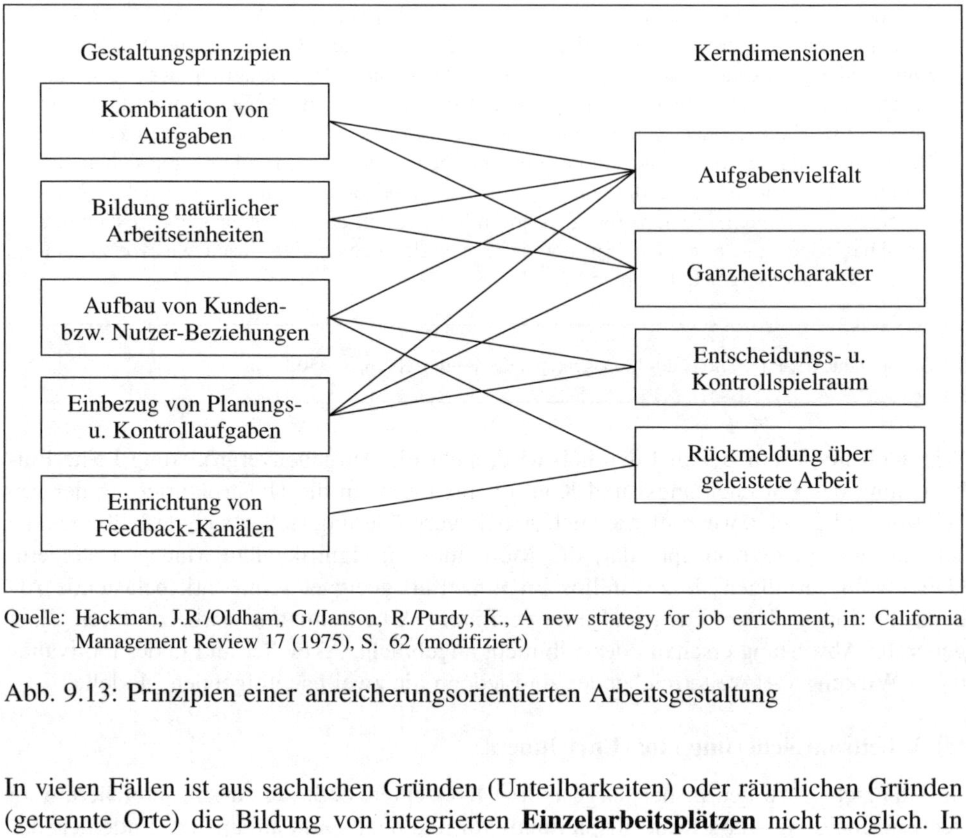

Quelle: Hackman, J.R./Oldham, G./Janson, R./Purdy, K., A new strategy for job enrichment, in: California Management Review 17 (1975), S. 62 (modifiziert)

Abb. 9.13: Prinzipien einer anreicherungsorientierten Arbeitsgestaltung

In vielen Fällen ist aus sachlichen Gründen (Unteilbarkeiten) oder räumlichen Gründen (getrennte Orte) die Bildung von integrierten **Einzelarbeitsplätzen** nicht möglich. In solchen Fällen wird die Einrichtung von selbststeuernden Gruppen oder Prozeßteams („caseteams") empfohlen. Ein weiterer Grund ist, daß bei Gruppenarbeit die sozialen Bedürfnisse besser befriedigt werden können.

(4) Arbeitsanreicherung auf Gruppenbasis (Teilautonome Arbeitsgruppen)

Selbststeuernde Arbeitsgruppen sind Kleingruppen im Gesamtsystem der Unternehmung, deren Mitglieder zusammenhängende Aufgabenvollzüge gemeinsam eigenverantwortlich zu erfüllen haben, und die zur Wahrnehmung dieser Funktion über entsprechende – vormals auf höheren hierarchischen Ebenen angesiedelte – Entscheidungs- und Kontrollkom-

Kasten 9.6

Job-Enrichment bei einem Einbauküchen-Hersteller

Die Plus Küchen GmbH ist Hersteller von Einbauküchen im unteren Preissegment. Die Küchen werden als No-Name Produkte über große Möbelhäuser und Versandunternehmen vertrieben.

Vor der prozeßorientierten Arbeitsanreicherung waren die einzelnen Abteilungen bzw. Gruppen nach Maßgabe ihrer Sachfunktion differenziert. Ein Auftrag lief danach linear von der Auftragsannahme über die Datenverwaltung/-erfassung und Auftragsbestätigung zur (Debitoren-) Buchhaltung usw. Die Mitarbeiter führten hierzu die je nach Abteilung anfallenden Tätigkeiten im Rahmen einer genau umrissenen Aufgabenbeschreibung aus und reichten den laufenden Vorgang nach Beendigung ihrer Tätigkeit an die jeweils nächste Stelle (bzw. Abteilung) weiter.

Im Zuge einer Kostenanalyse bemängelte die Geschäftsleitung die langen Durchlauf- bzw. Bearbeitungszeiten, da sich oftmals infolge ungleicher Kapazitäten ein Bearbeitungsstau einstellt. Auch waren lange Such- und Informationszeiten (etwa bei Reklamationen) nicht ungewöhnlich, was die Leistungsfähigkeit der gesamten Auftragsbearbeitung in Frage stellte und zur Verärgerung bei den Kunden führte. Auslösendes Moment für die Umstellung waren schließlich die Klagen der Mitarbeiter darüber, daß die einzelnen Arbeitsschritte zu monoton seien; die Unzufriedenheit der Mitarbeiter äußerte sich auch in einer hohen Fluktuationsrate.

Eine Lösung des Problems wurde in einer Zusammenführung aller anfallenden Auftragsabwicklungstätigkeiten auf einen Arbeitsplatz gesehen, was aus der Perspektive eines jeden Mitarbeiters eine erhebliche Erweiterung des eigenen Aufgabenprofils bedeutete. Die Logik der Auftragsabwicklung hat sich damit geändert: So steht nunmehr der einzelne Vorgang im Mittelpunkt; dieser wird jetzt „aus einer Hand“ bearbeitet. Alle diese notwendigen Informationen werden mit Hilfe eines umfangreichen IV-Systems an dem Arbeitsplatz bereit gestellt werden.

Der nach der Umstellung zu einem kompletten Prozeß zusammengefaßte Tätigkeitsbereich eines Mitarbeiters sieht nun folgendermaßen aus: Nachdem ein Auftrag eingegangen ist, wird er von einem für den betreffenden Kunden zuständigen Sachbearbeiter auf Stimmigkeit geprüft. Etwaige Inkonsistenzen in der Auftragsstruktur (Menge, Anzahl, Terminierung etc.) werden unmittelbar mit den Kunden geklärt. Allfällige Änderungen schiebt der betreuende Mitarbeiter eigenständig in den Fluß der übrigen Aufträge ein. Eine Genehmigung des Vorgesetzten ist hierzu bei Plus nicht mehr vorgesehen; allfällige Änderungs-Abstimmungen werden nach eigenem Ermessen durchgeführt. Die Auftragsdaten werden anhand festgelegter Kriterien kodiert und in das EDV-System eingegeben. Im Anschluß wird die Auftragsbestätigung mit Informationen über Liefertermine an den Kunden geschickt. Die Auftragsdaten werden im gleichen Zuge Online an die Disposition weitergegeben, wo die Stücklistenauflösung und die Bestellung der Lieferteile erfolgt. Nach Auslieferung wird der Auftrag von dem betreffenden Sachbearbeiter fakturiert und der Zahlungseingang überwacht. Kundenreklamationen werden ebenfalls mit bearbeitet.

Sämtliche Vorgänge, auch kleinere handgeschriebene Notizen, die den Auftrag betreffen, werden elektronisch in die EDV eingelesen und sind anhand auftragsbezogener Codenummern bei Bedarf unmittelbar für den Sachbearbeiter aufrufbar (z.B. im Falle von Nachfragen oder Reklamationen).

Kasten 9.6 (Fortsetzung)
Das Resultat des Job Enrichments wird sowohl von der Geschäftsführung als auch von den Mitarbeitern durchweg positiv beurteilt. So konnte vor allem die Bearbeitungsdauer der einzelnen Vorgänge deutlich reduziert werden. Für die Mitarbeiter stellt sich die Auftragsabwicklung nun als in sich geschlossene Tätigkeit dar, ihr Informationsstand (gegenüber Kunden) als auch ihre Gestaltungsmöglichkeiten haben sich drastisch verbessert, was – nach einer Phase der Umstellung – insgesamt zu einer höheren Zufriedenheit mit den ausgeübten Tätigkeiten führte. Dazu hat nicht zuletzt auch der von Anfang an direkte Kundenkontakt beigetragen. Die Kunden werden nun als „Klienten" gesehen, der einzelne Mitarbeiter hat durch das Job-Enrichment ihnen gegenüber eine umfangreiche Problemlösungskompetenz.
Quelle: Eigene Erhebung 1994. (Name geändert)

petenzen verfügen. Je nach den Sachverhalten, die der Arbeitsgruppe zur eigenverantwortlichen Wahrnehmung übertragen werden, kann man verschiedene Grade der Selbststeuerung unterscheiden.[55] Insgesamt ist es das Ziel, daß in der Gruppe alle Fähigkeiten und Kompetenzen zusammengefaßt werden, die für die Erfüllung der Aufgabe (Abwicklung eines Teilprozesses, Erstellung eines Werkstücks usw.) erforderlich sind (vgl. Kasten 9.7).

Herzberg[56] lehnt dieses („sozio-zentrische") Modell der Arbeitsstrukturierung ab mit der Behauptung, daß der Einzelne in erster Linie in der Auseinandersetzung mit **seiner** Arbeit wachse. Diese Begründung vermag nicht zu überzeugen. Zunächst einmal ist daran zu erinnern, daß bei einer Beschränkung auf den individuellen Arbeitsplatz einer Ausdehnung des Entscheidungs- und Kontrollspielraums relativ enge Grenzen gesetzt sind. Diese werden sich insbesondere dann bemerkbar machen, wenn man die Arbeitsanreicherung als einen dynamischen Prozeß begreift. Darüber hinaus werden durch individuozentrische Ansätze des Job-Enrichment wichtige Entfaltungsdimensionen des Menschen gar nicht angesprochen. Dazu gehört vor allem der Erwerb interpersonaler Kompetenz und der Aufbau befriedigender sozialer Beziehungen. Jüngste Erfahrungen mit teamorientierten Arbeitsstrukturen bestätigen genau diese Ausrichtung.[57]

Eine kürzlich durchgeführte Längsschnittstudie zu den 1.000 größten US-amerikanischen Industrie- und Dienstleistungsunternehmen (Rücklauf ca. 32 %) zeigt jedoch eine rasche Zunahme von Arbeitsanreicherungsmaßnahmen in den letzten Jahren. Galt für 1987 noch, daß 72 % der Beschäftigten keinerlei Erfahrung mit selbststeuernden Gruppen hatten, so sank diese Zahl für 1993 auf 32 % (vgl. Abb. 9.14).

Selbststeuernde Arbeitsgruppen oder integrierte Prozeßteams können über die Motivationssteigerung hinaus eine Reihe von Effizienzvorteilen bringen. Dazu gehören u.a. Qualitätsbewußtsein, mehr Schnelligkeit durch Schnittstellenverringerung, stärkere Kundenorientierung. Wobei das Auftreten solcher Wirkungen für gewöhnlich immer

55 Ulrich, E./Weber, W.G. Dimensions, criteria and evalution of work group autonomy, in: Handbook of work group pyschology (hrsg. v. M.A. West) Chichester 1996, S. 245-282.

56 Vgl. Herzberg, F., Der weise alte Türke (Übers. a. d. Engl.), in: Fortschrittliche Betriebsführung und Industrial Engineering 24 (1975), S. 5 ff.

57 Vgl. hierzu die Ergebnisse zu einer Konferenz zur Gruppenarbeit: Binkelmann, P./Braczyk, H.J./Seltz, R. (Hrsg.), Entwicklung der Gruppenarbeit in Deutschland, Frankfurt a.M. 1993.

Percentage of Employees Covered by Work-Redesign Practices								
		None (0 %)	Almost None (1-20 %)	Some (21-40 %)	About Half (41-60 %)	Most (61-80 %)	Almost All (81-99 %)	All (100 %)
Job Enrichment or Redesign	1987	40	38	12	6	2	2	1
	1990	25	43	23	6	2	0	1
	1993	18	40	25	8	4	3	3
Self-Managing Works-Team	1987	72	20	6	1	0	0	0
	1990	53	37	9	1	0	0	0
	1993	32	49	15	3	2	0	0

Quelle: Lawler, E.E. III, Mohrman, S.A./ Ledford, G.E. Jr., Creating High Performance Organizations, San Francisco 1995, S. 28.

Abb. 9.14: Prozentualer Anteil an Mitarbeitern, die in Arbeitsanreicherungsmaßnahmen einbezogen sind.

noch von einer Reihe weiterer Bedingungen abhängig ist, wie z. B. Unternehmensorganisation, Personalpolitik, Unternehmenskultur.[58]

Anmerkung: Die bisherigen Ausführungen haben stillschweigend die Annahme einer universellen Einsetzbarkeit der Arbeitsanreicherumg mitgeführt. Gegen diese Annahme werden hauptsächlich zwei Einwände geltend gemacht, die auf technologische und personelle Einsatzbedingungen Bezug nehmen. Von diesen grundsätzlichen Einwendungen sind solche zu unterscheiden, die auf konkrete Realisationsgrenzen im Einzelfall (z.B. Sprachbarrieren oder Zeitdruck) abstellen.

Was die **Technologie** betrifft, so wird häufig argumentiert, daß durch sie der Gestaltungsspielraum so enge Grenzen erfahre, daß eine Arbeitsanreicherung praktisch kaum realisierbar sei. Die empirische Forschung lehrt indessen etwas anderes. Allzu häufig verwechselt man gewachsene Arbeitsroutinen bloß deshalb, weil sie lange in Übung waren, mit technologisch-situativen Beschränkungen der Arbeitsgestaltung; auf diese Weise wird der Gestaltungsspielraum enger perzipiert als er ist. Darüber hinaus werden oftmals vorgefundene Arbeitsstrukturen so interpretiert, als seien sie durch die Anforderungen der Technologie eindeutig bestimmt. Dabei wird übersehen, daß der Arbeitsinhalt neben den technologischen Bestimmungsgründen immer auch das Ergebnis von Vor-Entscheidungen über die Arbeitsorganisation ist. Letztere sind gewöhnlich revidierbar.

Neben der Technologie werden häufig (stabile) **persönliche Dispositionen** der Mitarbeiter zum Gegenstand restriktiver Einschätzungen der Handlungsmöglichkeiten gemacht. Man verweist auf die mangelnde Bereitschaft, das fehlende Bedürfnis und die zu geringe Kapazität von Mitarbeitern, um mit der Arbeitsanreicherung Erfolg zu haben.

58 Vgl. Cordery, J.L., Autonomous work groups and quality circles, in: Handbook of work group psychology (hrg. v. M. A. West), Chichester 1996, S. 236 ff.

Kasten 9.7

Selbststeuernde Gruppen bei Mercedes-Benz-España

„Ziel der Einführung der Gruppenarbeit bei Mercedes-Benz-España war es, Arbeitsabläufe und die Produktqualität zu verbessern. Gleichzeitig wurde eine Steigerung der Arbeitszufriedenheit durch attraktivere Arbeitsplätze und ein Mehr an Verantwortung und Entscheidungskompetenzen angestrebt.

Die bisherige Produktionsstruktur war dadurch gekennzeichnet, daß Nutzfahrzeuge auf einem getakteten Band montiert wurden. Genauer: die Fahrgestelle wurden mit vorgefertigten Bauteilen wie z.B. der Vorder- und Hinterachse oder dem Motor, versehen. Jedes dieser Bauteile wurde an einem dafür spezialisierten Arbeitsplatz montiert. Die eigene Arbeitsgeschwindigkeit war an das vorgegebene Tempo des Arbeitsganges anzupassen. Das neue Arbeitsmodell sah vor, daß mehrere Band-Arbeitsplätze mit den sie beliefernden, nichtgetakteten Vormontageplätzen zu Gruppenarbeitsplätzen verbunden werden. Dabei erfolgte die Gruppenbildung derart, daß Arbeitsgänge so verbunden werden, daß sie gemeinsam eine abgrenzbare Systemkomponente des Endprodukts herstellen, z.B. die Zusammenfassung der

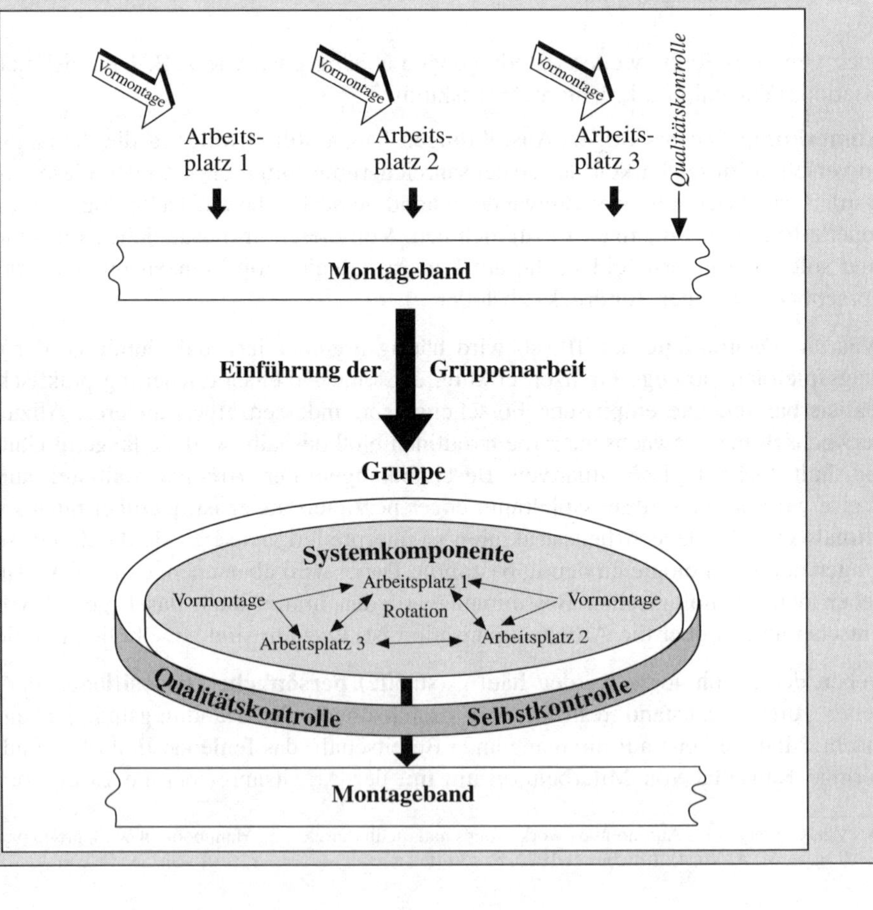

Kasten 9.7 (Fortsetzung)
Arbeitsplätze zu der Systemkomponente „Vorderachse", „Kühler" oder „Motor". Durch die Einbeziehung der nichtgetakteten Vormontage und eine geeignete Arbeitsplatzrotation sollten zeitliche Dispositionsspielräume entstehen, über die die Gruppen frei verfügen können. Sie sollten damit in die Lage versetzt werden, einen Teil der anfallenden Aufgaben selbst zu organisieren und auch Qualitätsaufgaben in Form von statistischen Qualitätsprüfungen und Selbstkontrollen mit zu übernehmen. Nachfolgende Abbildung zeigt das Konzept im Überblick. Das zentrale Element der Umgestaltung bildet die Selbststeuerung. Von den Gruppen wurde nun erwartet, selbst Entscheidungen im Bereich ihres Arbeitsgebietes zu treffen, z.B. über die Rotation der Gruppenmitglieder oder die Verteilung der Arbeitsaufgaben bei Krankheit von Gruppenmitgliedern. Im Rahmen der Umsetzung zeigte sich, daß das zentrale Problem bei der Einführung der Gruppenarbeit im zwischenmenschlichen Bereich zu finden war. Weder die Führungskräfte noch die Mitarbeiter in der Produktion glaubten an die Durchführbarkeit und die Ernsthaftigkeit des Projektes. Erst im Laufe der Umsetzung und Schulung wurde dieses Mißtrauen schrittweise überwunden, indem über eine verbesserte Informationspolitik den Beteiligten die Möglichkeit zur Reflexion ihrer Aufgaben, der Arbeitsorganisation und des Umfeldes gegeben wurde. Wichtig für den Erfolg der Umsetzung war das gegenseitige Vertrauen in die Leistungsfähigkeit der einzelnen beteiligten Gruppen. Das Projekt führte bereits in der Einführungszeit zu beachtlichen Verbesserungsvorschlägen. Im Rahmen der Einführung wurde aber deutlich, daß eine erfolgreiche Implementierung nur bei aktiver Unterstützung durch die Mitarbeiter und durch die vor- und nachgelagerten Abteilungen möglich ist. Aufgrund der guten Ergebnisse des Pilotprojektes hat sich Mercedes-Benz-España entschlossen, die Gruppenarbeit unternehmensweit einzuführen."
Quelle: Schuldt, R., Einführung von Gruppenarbeit, in: Personalführung 27 (1994), S. 830-837.

Als unmittelbare Konsequenz dieser Argumentation wird dann vorgeschlagen, die Arbeitsgestaltung nach Maßgabe der vorgefundenen Unterschiede in den persönlichen Dispositionen der Mitarbeiter auszudifferenzieren: Job-Enrichment wird dort als Problemlösung abgelehnt, wo die erwähnten personellen Voraussetzungen fehlen.[59] Diese Position vermag nicht zu überzeugen, weil sie die hier unverzichtbare Frage nach der Vorgeschichte der Dispositionen nicht stellt (vgl. dazu auch die Thesen von Adam Smith in Kasten 9.2). Arbeitsrelevante Dispositionen sind ja keine naturhaften, sondern kulturelle Tatbestände und als solche durch Organisationen geformt und damit auch gestaltbar. Daß hier Formungsprozesse zugrunde liegen, wird nicht nur aus der Geschichte der Dequalifikation der Arbeit deutlich, sondern folgt auch aus immer wieder beobachteten Lernprozessen in Job-Enrichment-Experimenten.[60]

---

59 Vgl. auch Ulich, E., Arbeitspsychologie, Zürich 1991; dort wird in etwas abgewandelter Form eine „differentielle Arbeitsgestaltung" postuliert.

60 Vgl. im einzelnen Schreyögg, G./Steinmann, H./Zauner, B., a.a.O.

Diskussionsfragen

1. „Motivieren ist zu 99% eine Frage der Personalauswahl. Wenn Sie die richtigen Leute haben, läuft der Laden fast von allein, wenn Sie die falschen Mitarbeiter haben, nützt auch alles Motivieren nichts.“
   Stimmen Sie dieser Aussage eines Entwicklungschefs zu? Begründen Sie Ihre Meinung.

2. Kann die „Erwartung“ im Vroom-Modell von Vorgesetzten beeinflußt werden?

3. Welchen Zusammenhang sehen die Selbstregulationstheorien zwischen Zielschwierigkeit und Leistung? Wie beurteilen Sie diese These?

4. Wodurch unterscheidet sich bei Maslow ein Wachstumsbedürfnis von einem Defizitbedürfnis?

5. Inwiefern widerspricht die Kumulationsthese dem ursprünglichen Maslowschen Ansatz?

6. Läßt sich ein Zusammenhang zwischen dem Erwartungs-Valenz-Modell und dem Herzbergschen Ansatz herstellen?

7. Warum ist die Entlohnung kein Motivator im Sinne Herzbergs? Ist das Ihrer Erfahrung nach zutreffend?

8. Inwiefern bauen die Prinzipien einer motivierenden Arbeitsgestaltung auf Selbstregulationstheorien auf?

9. Wozu benötigt man für die Managementfunktion „Organisation“ Kenntnisse über Motivation, die Bestimmungsgründe der Arbeitszufriedenheit und die damit im Zusammenhang stehenden Verhaltensweisen von Individuen?

10. Harry Lange, im Werk Rosenheim bekannt als zufriedener und engagierter Meister, kommt von einer Weiterbildungsveranstaltung, für die er wegen besonderer Verdienste ausgewählt worden war, völlig frustriert zurück. Beim abendlichen Kamingespräch hatte er sich mit Meistern der zwei anderen Werke in Norddeutschland und Vorarlberg über die dortigen Arbeitsbedingungen unterhalten. Was mag wohl der Grund für seine Verstimmung sein? Erklären Sie seine Reaktion. Welche Auswirkungen könnte dies auf Langes Verhalten haben?

Fallstudie

Nürnberger Spielwaren AG*

Die Nürnberger Spielwaren AG fertigte Holzspielsachen verschiedener Art: Holztiere, kleine Wagen, Puppen und ähnliches. Ein Fertigungsgang bestand in dem Lackieren der teilmontierten Fabrikate. Dieser Arbeitsgang wurde von acht Frauen erledigt. Die Spielsachen wurden zunächst in dem Holzraum geschnitten, abgeschmirgelt und vormontiert. Dann kamen sie in die Lackiererei. Hier wurden sie in Schellack getaucht und anschließend farbig gespritzt. Die Spielsachen waren vorwiegend zweifarbig, nur ein paar waren mehrfarbig. Jede Farbe erforderte einen eigenen Durchlauf durch die Spritzlackiererei.

Jahrelang war die Produktion der Spielsachen reine Handarbeit gewesen. Jedoch, um der enorm gestiegenen Nachfrage gerecht zu werden, hatte man die Spritzarbeit kürzlich neu geregelt. Die acht Frauen, die das Spritzlackieren besorgten, saßen nun in einer Reihe an einem Hakenförderband. Dieses Hakenband lief an den Frauen vorbei und transportierte die Werkstücke durch einen langen schmalen Trockenofen. Jede Frau saß in einer eigenen Spritzkabine, die so konstruiert war, daß Dämpfe abziehen und überschüssige Farbe ablaufen konnten. Die Arbeiterinnen nahmen jeweils ein Halbfabrikat aus der Schachtel neben sich, spannten es in ihre Spritzvorrichtung ein und sprühten mit einer Schablone Farbe auf. Dann nahmen sie das Spielzeug heraus und hängten es an einen Haken des vorbeilaufenden Förderbandes. Die Geschwindigkeit, mit der sich die Haken vorbeibewegten, war von den Arbeitsingenieuren so berechnet worden, daß jede eingearbeitete Frau in der Lage sein sollte, das fertig gespritzte Spielzeug an den jeweiligen Haken zu hängen, bevor er außerhalb ihrer Reichweite war.

Die acht Frauen arbeiteten im Gruppenakkord. Da die Arbeit für sie noch neu war, erhielten sie eine Anlernprämie, die sich jeden Monat verringerte. Nach sechs Monaten sollte diese Anlernprämie ausgelaufen sein. Danach erwartete man, daß jede von ihnen die Normalleistung erfüllen konnte. Für über der Norm liegende Leistungen war ein proportionaler Akkord vereinbart.

Im zweiten Monat der Einarbeitungszeit tauchten Probleme auf. Die Arbeiterinnen lernten langsamer als erwartet, und es sah so aus, als ob sich ihre Leistung weit unter dem geplanten Niveau einpendeln würde. Viele Haken blieben leer. Die Frauen klagten, diese würden zu schnell an ihnen vorbeiziehen, und der Zeitnehmer hätte die Richtsätze falsch bestimmt. Einige der Frauen kündigten und mußten durch neue ersetzt werden; dadurch erschwerte sich der Anlernprozeß weiter. Die Betriebsleitung hatte erwartet, daß sich durch den Gruppenakkord automatisch ein Teamgeist entwickeln würde, doch davon war nichts festzustellen.

Eine Arbeiterin, die von ihren Kolleginnen als Sprecherin (und von der Betriebsleitung als Unruhestifterin) betrachtet wurde, brachte dem Vorarbeiter verschiedene Klagen der Gruppe vor: Das Spritzlackieren sei ein ziemlicher schmutziger Job, die Haken bewegten sich zu schnell und der Akkordsatz sei nicht richtig errechnet worden, außerdem sei es zu heiß zum Arbeiten so nahe am Trockenofen.

---

* Adaptierte Version des Klassiker-Falles „The Hovey and Beard Case“ von Strauss, G./Bavelas, A., in: Whyte, W.F. (Hrsg.), Money and motivation, New York 1955, S. 90-94.

Ein Berater wurde hinzugezogen; er arbeitete nur mit dem Vorarbeiter. Nach vielen Gesprächen mit ihm meinte der Vorarbeiter, als erstes sei es wohl das Beste, die Arbeiterinnen zu einer allgemeinen Diskussion der Arbeitsbedingungen zusammenzurufen. Er machte diesen Schritt zögernd, aber er machte ihn aus eigenem Entschluß heraus. Der ersten Versammlung, die im Anschluß an die Schicht um 16.00 Uhr abgehalten wurde, wohnten alle acht Frauen bei. Sie stimmten dieselben Beschwerden wieder an: Die Haken würden zu schnell passieren, die Arbeit wäre zu schmutzig, der Raum zu heiß und schlecht entlüftet. Aus irgendeinem Grund war es besonders dieser letzte Umstand, über den sie am meisten klagten. Der Vorarbeiter versprach, dieses Problem der Entlüftung und der Temperatur mit den Ingenieuren zu besprechen und vereinbarte zur Berichterstattung eine zweite Zusammenkunft. In den folgenden Tagen führte der Vorarbeiter mehrere Gespräche mit den Ingenieuren. Sie und der Abteilungsleiter hielten die Beschwerden für ziemlich übertrieben, auch seien die Kosten jeglicher nachhaltiger Verbesserungsmaßnahmen viel zu hoch.

Der Vorarbeiter kam mit Besorgnis zum zweiten Treffen: Wie würden die Frauen die schlechte Nachricht, die er zu überbringen hatte, aufnehmen? Die Arbeiterinnen schienen jedoch nicht sonderlich aus der Fassung gebracht, vielleicht weil sie ihrerseits einen Vorschlag zu machen hatten. Sie glaubten, ihnen wäre schon viel geholfen, wenn einige große Ventilatoren aufgestellt würden und so die Luft an ihren Beinen zirkulieren könnte. Nach einigem Hin und Her stimmte der Vorarbeiter einem Versuch zu. Der Vorarbeiter und der Berater erörterten die Frage der Ventilatoren mit dem Abteilungsleiter, und schließlich wurden drei große Propeller-Ventilatoren gekauft.

Als die Ventilatoren ankamen, jubilierten die Frauen. Einige Tage probierte man die verschiedensten Stellungen für die Ventilatoren aus, bis sie zur Zufriedenheit der Gruppe plaziert waren. Die Frauen schienen völlig zufrieden mit dem Ergebnis, und die Beziehungen zwischen ihnen und dem Vorarbeiter besserten sich zusehends.

Nach diesem ermutigenden Ergebnis kam der Vorarbeiter zu der Auffassung, daß weitere Zusammenkünfte nützlich sein könnten. Er fragte die Arbeiterinnen, ob sie sich öfter treffen und über Probleme der Arbeitssituation diskutieren wollten. Die Frauen stimmten sofort zu. Eine weitere Versammlung wurde abgehalten, und schnell konzentrierte sich das Gespräch auf die Geschwindigkeit der Haken. Die Frauen klagten, daß die Zeitstudienabteilung für die Haken eine viel zu hohe Geschwindigkeit errechnet habe. Sie zweifelten ernsthaft daran, daß sie jemals in die Lage kommen könnten, genug Haken zu beschicken, um eine Prämie zu verdienen.

Der Wendepunkt in dieser Diskussion kam, als die Gruppensprecherin offen erklärte, es läge nicht daran, daß sie nicht schnell genug arbeiten könnten, um mit den Haken mitzukommen – sie könnten jedoch dieses hohe Tempo unmöglich den ganzen Tag halten. Der Vorarbeiter forschte weiter nach und stellte fest, daß alle Frauen dieser Ansicht waren. Alle erklärten, daß sie für eine kurze Zeitspanne durchaus mit dem Band schritthalten könnten, sie befürchteten jedoch, wenn sie zeigten, daß ihnen das für kurze Zeit möglich ist, würde man das von ihnen auch den ganzen Tag lang erwarten. Die Versammlung endete mit einer ungewöhnlichen Bitte: „Laßt uns die Bandgeschwindigkeit bestimmen, schnell oder langsamer, je nachdem, wie wir uns fühlen“. Der Vorarbeiter war verblüfft, sagte jedoch zu, diese Bitte mit den Ingenieuren und dem Abteilungsleiter zu besprechen. Die Ingenieure der Arbeitsvorbereitung hielten den Vorschlag der Frauen für baren Unsinn und undurchführbar. Nach mehreren Besprechungen wurde schließlich doch widerwillig zugegeben, daß innerhalb bestimmter Grenzen eine Veränderung der Bandgeschwindigkeit die Produktqualität nicht beeinflussen würde. Nach vielen Debatten und düsteren Prognosen über die Wirkungen des Experiments stimmte man schließlich doch zu, den Vorschlag der Frauen auszuprobieren.

Mit gemischten Gefühlen installierte der Vorarbeiter in den Stand der Gruppensprecherin einen Regler mit den Einstellungen: langsam, mittel, schnell. Man konnte nun die Geschwindigkeit des Bandes zwischen der oberen und unteren Grenze, die die Ingenieure festgesetzt hatten, variieren.

Die Arbeiterinnen waren begeistert und verbrachten viele Mittagsstunden mit der Entscheidung darüber, wie die Geschwindigkeit des Bandes tagsüber von Stunde zu Stunde verändert werden sollte. Innerhalb einer Woche hatten sie sich auf folgenden Rhythmus geeinigt: In der ersten halben Stunde der Schicht sollte das Band bei einer „mittleren Geschwindigkeit“ (einer Stellung etwas über der Marke „mittel“) laufen; die nächsten 2 1/2 Stunden mit hoher Geschwindigkeit und eine 1/2 Stunde vor und eine 1/2 Stunde nach der Mittagspause mit niedriger Geschwindigkeit. Den Rest des Nachmittags sollte das Band ebenfalls mit hoher Geschwindigkeit laufen, mit Ausnahme der letzten 45 Minuten der Schicht, für die die Schaltung auf „mittel“ gestellt werden sollte.

Die Frauen berichteten übereinstimmend, daß sie mit ihrer Arbeit nun wesentlich zufriedener wären und auch die Arbeit als leichter empfänden. Hierbei ist es interessant zu wissen, daß die konstante Geschwindigkeit, auf die die Ingenieure ursprünglich das Band festgesetzt hatten, etwas unterhalb der Marke „mittel“ des Reglers lag. Die durchschnittliche Geschwindigkeit, mit der die Arbeiterinnen das Band bedienten, lag aber über der Mitte. Wenn überhaupt, so gelangten nur sehr wenige leere Haken in den Ofen, und die Qualitätskontrolle zeigte keinen erhöhten Ausschuß für die Spritzarbeiten.

Die Produktivität stieg, und innerhalb von drei Wochen (fast zwei Monate vor dem geplanten Auslauf der Anlernprämie) lag die Leistung der Arbeiterinnen 30-50 % über dem ursprünglich geplanten Ergebnis. Natürlich waren auch die Verdienste der Frauen entsprechend höher als vorgesehen. Sie hatten ihren Grundlohn, einen beträchtlichen Akkordzuschlag und die Anlernprämie, die ja wie erwähnt, so festgesetzt worden war, daß sie sich mit der Zeit verringerte und von der effektiv erzielten Produktionsleistung unabhängig sein sollten. Die Frauen der Spritzlackiererei verdienten schließlich mehr als viele Facharbeiter in anderen Abteilungen der Fabrik.

Die Betriebsleitung wurde mit Forderungen bestürmt, dieser Ungerechtigkeit ein Ende zu bereiten. Mit wachsenden Spannungen zwischen Abteilungsleiter und Vorarbeiter, Ingenieuren und Vorarbeiter, Abteilungsleiter und Ingenieuren kam es schließlich soweit, daß der Abteilungsleiter die Anlernprämie ersatzlos strich und den Schalter wieder abmontieren ließ. Die Haken bewegten sich jetzt wieder konstant mit der von der Zeitstudienabteilung bestimmten Geschwindigkeit. Die Produktivität ging schlagartig zurück, und innerhalb eines Monats hatten alle, bis auf zwei Arbeiterinnen, gekündigt. Der Vorarbeiter blieb noch einige Monate, suchte sich dann aber auch einen anderen Arbeitsplatz.

Fragen zur Fallstudie:

1. Wie könnte man die unterschiedliche Produktivität der Arbeitsgruppe im Zeitablauf erklären? Begründen Sie Ihre Antwort unter Zuhilfenahme von Theorien der Motivation.
2. Welche Fehler hat Ihres Erachtens das Management gemacht?
3. Was sollte jetzt getan werden?

Literaturhinweise

Einen gut gegliederten Gesamtüberblick gibt:

Pinder, C.C., Work motivation: Theory, issues, and applications, Glenview/Ill. 1984.

Zu den verschiedenen Motivationstheorien:

Rosenstiel, L.v., Motivationsmanagement, in: Hoffmann,M./Rosenstiel, L.v. (Hrsg.), Funktionale Managementlehre, Berlin u.a. 1988, S. 214-264.

Steers, R.M./Porter, L.W. Motivation and work behavior, New York 1991.

Zur motivationsorientierten Arbeitsgestaltung:

Alioth, A., Entwicklung und Einführung alternativer Arbeitsformen, Bern 1980.

Antoni, C., Gruppenarbeit in Unternehmen, Weinheim 1994.

Manz, C.C./Sims, H.P. Selbststeuernde Gruppen, in: Handwörterbuch der Führung (hrsg. von Kieser, A./Reber, G./Wunderer, R.), 2. Aufl., Stuttgart 1995, Sp. 1873-1894.

Schanz, G., Organisationsgestaltung, 2. Aufl., München 1994.

Zehntes Kapitel

Die Gruppe in der Organisation: Das Gruppenverhalten

10.1 Begriff und Formen von Gruppen

Gruppen oder Teams werden zu immer wichtigeren Bestandteilen von Organisationen; es gibt kaum ein Unternehmen, das heute nicht Team- oder Gruppenarbeit einsetzen würde. Für gewöhnlich ist deshalb jeder Organisationsteilnehmer Mitglied mindestens einer oder mehrerer Gruppen. Abbildung 10.1 zeigt einige Beispiele von typischen Gruppenmitgliedschaften einer Führungskraft. Gruppen entstehen aber auch informell und werden so ein allgegenwärtiges Phänomen in modernen Arbeitsorganisationen.

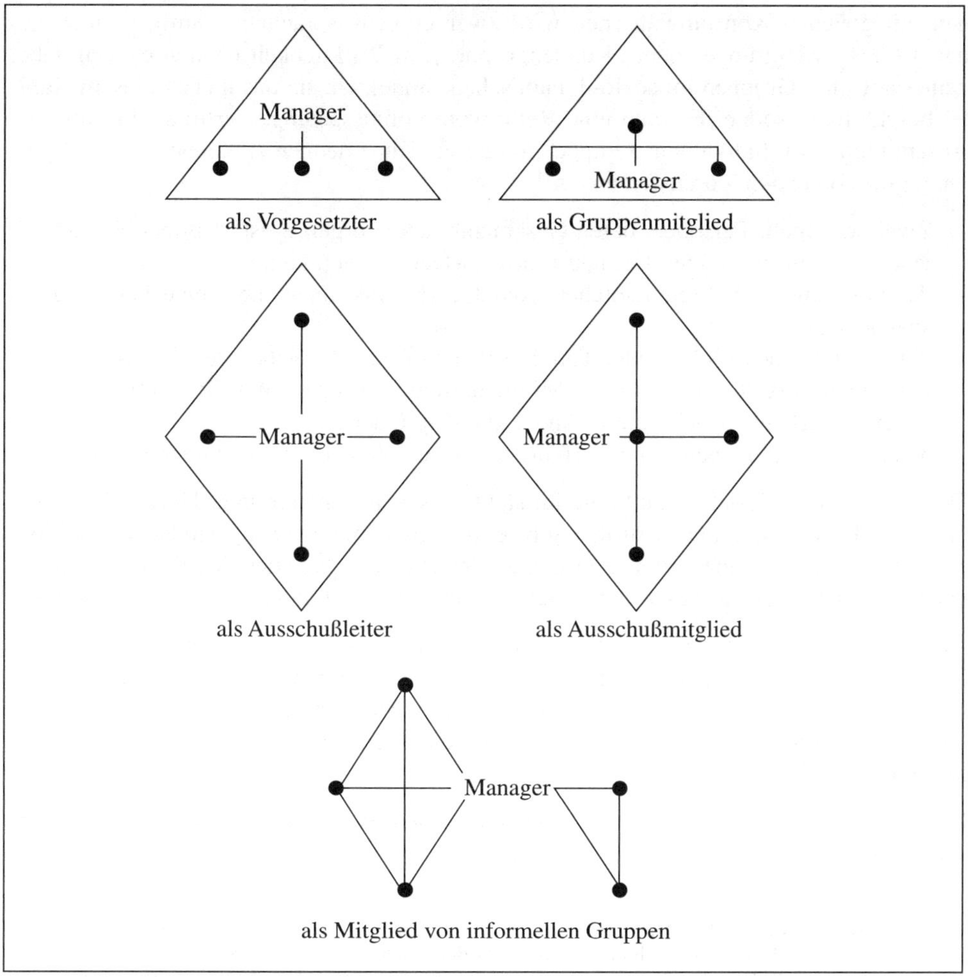

Abb. 10.1: Mitgliedschaften in Gruppen

Gruppen können eine enorme Kraft entfalten, ihrem Einfluß auf den Leistungsprozeß kommt eine hohe Bedeutung zu. Wer Gruppen effektiv einsetzen möchte, muß ihre Dynamik verstehen können.

Gruppen sind nicht als einfache Addition von Individuen und ihrer Merkmale zu begreifen, sondern als eigenständige soziale Einheiten mit speziellen Interaktionsprozessen (Gruppendynamik) und Effekten eigener Gültigkeit. Will man die Abläufe in einer Gruppe verstehen, muß man dem selbständigen Charakter von Gruppenphänomenen Rechnung tragen. Durch das gemeinsame Handeln der Gruppenmitglieder entsteht etwas Neues; eine Gruppe ist mehr als die Summe ihrer Teile. Wenn die Gruppenarbeit gelingt, setzt sich die **Gruppensynergie** in Erfolg um.

Wann aber spricht man von einer „Gruppe"? Eine beliebige Ansammlung von Menschen am Fahrkartenschalter des Wiener Westbahnhofs oder eine bestimmte Zahl von Personen mit gleichen Konsumwünschen wird zwar umgangssprachlich häufig Gruppe genannt (z. B. „Zielgruppe" oder „Kundengruppe"), in Wirklichkeit handelt es sich dabei keineswegs um Gruppen im sozio-dynamischen Sinne, wie sie uns hier in diesem Kapitel beschäftigen sollen. Es muß eine Reihe von Voraussetzungen erfüllt sein, um eine Ansammlung von Individuen „Gruppe" in diesem Sinne nennen zu können. Es sind vorrangig die folgenden Voraussetzungen:[1]

- Zwei oder mehr Personen, deren Gesamtzahl aber so gering ist, daß jede Person mit jeder anderen in direkten Kontakt („face-to-face") treten kann;
- das tatsächliche Auftreten solcher Kontakte (Interaktionen) über eine längere Zeitspanne hinweg;
- ein gemeinsames Wollen oder Tun, bezogen auf eine Aufgabe oder ein Projekt;
- ein Zugehörigkeitsgefühl bei den Mitgliedern zur Gruppe („Wir-Gefühl");
- Beteiligte erkennen sich untereinander als Mitglieder an;
- Man verwendet gemeinsame Verfahrensweisen, Werkzeuge, Instrumente usw.

Der erstgenannte Gesichtspunkt muß im elektronischen Zeitalter unter Umständen etwas umgedacht werden. Immer häufiger gibt es lediglich nur mediengestützte Interaktion; entsteht daraus aber eine Gruppe, etwa eine virtuelle Gruppe? Hier sind die Forschungen noch nicht sehr weit fortgeschritten, vielleicht entsteht auch etwas Drittes, eben Neues.

Aus der Sicht der Individuen bedeutet die Existenz von Gruppen Mehrfachidentitäten. Sie sind Mitglieder einer oder mehrerer Gruppenwelten und zugleich Mitglied der Organisationswelt (Unternehmenskultur, s. Kapitel 12). Aus der Forschung ist bekannt, daß Organisationsmitglieder diese verschiedenen Identitäten sehr wohl separieren und handhaben können.[2]

Organisationale Gruppen lassen sich nach verschiedenen Kriterien unterscheiden. Besonders geläufig sind die folgenden Typen:[3]

1 Vgl. Arrow, H./McGrath, J.E., Membership dynamics in groups at work: A theoretical framework, in: Staw, B./Cummings, L. (Hrsg.), Research in Organizational Behaviour Vol. 17, 1995, S. 373-411.

2 Vgl. Allen, N., Affective reactions to the group and the organization, in: Handbook of work group psychology (hrsg. von M.A. West), Chichester 1996, S. 372 ff.

3 Vgl. etwa Schneider, H.-D., Kleingruppenforschung, Stuttgart 1975.

(1) Formelle versus informelle Gruppen

In Organisationen werden Individuen für gewöhnlich bestimmten Abteilungen zugerechnet. Gruppen, die sich aus der organisatorischen Gliederung bzw. dem Organisationsplan ergeben, heißen **formelle Gruppen**.

Beispiel: In der Werkstattfertigung ergeben sich durch die Art der Anordnung der Betriebsmittel, des Werkstoffdurchlaufs sowie durch die organisatorische Zuordnung von bestimmten Personen zur Werkstatt formelle Gruppenbeziehungen und dementsprechend eine formelle Gruppe.

Die formelle Gruppe ist also bewußt geplant und im Hinblick auf die Aufgabenerfüllung gestaltet. Bei manchen „formellen Gruppen" wird es sich allerdings nicht unbedingt um eine Gruppe im eingangs erläuterten sozio-dynamischen Sinne handeln (z.B. 80 Arbeiterinnen an einem Fließband).

Informelle Gruppen gründen sich auf einer anderen Basis. Im Vordergrund stehen **persönliche Wünsche** und **Sympathiegefühle**, z.T. aber auch konkrete Ziele (z.B. Informationsaustausch). In Arbeitssituationen beobachtet man, daß neben den formellen Gruppenbeziehungen zwischen bestimmten Personen formal nicht vorgesehene Kontakte (informelle Beziehungen) auftreten, die zu sehr einflußreichen Gruppenbildungen führen können. Teilweise stehen die informellen Gruppen und ihr Einfluß auf das Verhalten ihrer Mitglieder zu der sie umgebenden formalen Organisation in Widerspruch. Informelle Gruppen sind mitunter netzwerkartig miteinander verbunden, man spricht dann analog von der informellen Organisation. Die Unterscheidung in formelle und informelle Gruppen wird in der Literatur häufig angegriffen, weil formelle und informelle Beziehungen oft so eng miteinander verwoben sind, daß eine klare Trennung kaum möglich erscheint.[4]

(2) Aufgaben- versus Sozioemotionale Gruppen

Diese Unterscheidung orientiert sich an dem **Anlaß**, der zur Gruppenbildung führt. Einerseits ist es eine bestimmte Aufgabe, die es zu erfüllen gilt (z.B. ein Projekt), oder aber sind es gemeinsame Interessen (z.B. interdisziplinärer Gesprächskreis oder Firmen-Hockey-Mannschaft). Die Unterscheidung in Arbeits- und Freundschaftsgruppen geht in eine ähnliche Richtung, wobei sich im Fortlauf häufig beide Aspekte überlagern.

10.2 Prozesse und Strukturen in Gruppen

In den einleitenden Darlegungen war deutlich geworden, daß wir die Gruppe als eine mehr oder weniger eigenständige soziale Einheit zu verstehen haben, aber auch als eine Einheit, die (in den hier interessierenden Fällen) Teil einer größeren Einheit, nämlich der

4 Vgl. Blau, P.M./Scott, R., Formal organizations, San Francisco 1962, S. 6; Irle, M., Soziale Systeme. Eine kritische Analyse der Theorie von formalen und informalen Organisationen, Göttingen 1963; vgl. dagegen die interessante Re-Formulierung des Konzeptes von Luhmann, N., Funktionen und Folgen formaler Organisation, 4. Aufl., Berlin 1995, S. 29 ff.

Unternehmung, ist. Mit anderen Worten bedeutet dies, daß sich Gruppen als Subsysteme der Unternehmung durch eigene „Grenzbildung“ herausformen. Alles, was außerhalb dieser Grenzen liegt, ist für die Gruppe **Umwelt**. Die Firma ist für eine Gruppe **interne Umwelt** (Organisations-Umwelt), im Unterschied zur **externen Umwelt**, die außerhalb der Firmengrenzen liegt. Jede Gruppe hat infolgedessen eine andere Umwelt, weil jede Gruppe selbst zur Umwelt der anderen Gruppen gehört. Die Grenze zwischen Gruppe und (Organisations-) Umwelt hat keinerlei physische Qualitäten, oft sind die Grenzen auch nur schwer identifizierbar. Die Grenzen bestehen aus gemeinsamen Handlungen, Gefühlen und Sinngehalten der Mitglieder; sie bilden die Besonderheit, die sie von den anderen Gruppen abhebt. Wenn eine Gruppe die Differenz (= Grenze) nicht mehr aufrecht erhalten will oder kann, löst sich die Gruppe (definitionsgemäß) auf.

Wenn von der Differenz zwischen Gruppe und (interner) Umwelt die Rede ist, so verweist dies darauf, daß die Gruppe eigene Regeln und Vorstellungen entwickelt, die sie von anderen Gruppen und Einheiten unterscheidet. Will man das Verhalten der Gruppe verstehen, muß man diese Besonderheiten erschließen. Auf der anderen Seite hat aber auch die Umwelt wesentlichen Einfluß darauf, wie sich die Gruppe ausprägt. Für ein Verständnis des Geschehens in einer Gruppe ist vor allem die Wechselbeziehung zwischen (interner) Umwelt und Gruppe aufzuschlüsseln.

Abbildung 10.2 zeigt einen schematischen Rahmen, der verschiedene Gruppenprozesse benennt und ordnet. Dabei wird grob zwischen Input, Prozeß und Output unterschieden. Die in dem Diagramm dargestellten Variablen umfassen nicht alle denkbaren Größen, die in Gruppenprozessen Bedeutung haben können. Es beschränkt sich auf die Variablen und Beziehungen, die von besonderer Bedeutung und/oder häufig empirisch untersucht und getestet worden sind. Trotz dieser Beschränkung enthält das Modell eine Vielzahl von Elementen und Beziehungen; die meisten davon stehen in einem gegenseitigen Einflußverhältnis. Empirische Untersuchungen beschränken sich in der Regel auf eine oder zwei Teilbeziehungen und behandeln diese unter Konstanthaltung der sonstigen Umstände als einfache Ursache-Wirkungs-Beziehungen.

Basiselemente jeder Gruppe sind **Individuen** (oder genauer: die Handlungen von Individuen, denn niemand gehört ganz und gar nur einer Gruppe an); Individuen gleichen oder unterscheiden sich hinsichtlich ihrer Ziele, Bedürfnisse, Werte, Erwartungen etc. Die Zusammensetzung einer Gruppe wird, sofern sie Teil einer Unternehmung ist, durch eine Reihe von der Gruppe selbst nicht oder nur begrenzt beeinflußbarer Vorgaben geprägt, wie z. B. Aufgabe, Entlohnungssystem, Technologie, Organisationsstruktur, Vorgesetztenverhalten usw. Diese externen Faktoren (Organisationsumwelt) beeinflussen aber nicht nur die Zusammensetzung der Gruppe, sondern auch den Interaktions-Prozeß in der Gruppe. Gruppenmitglieder als Einzelpersonen und Organisationsumwelt bilden zusammen die **Inputvariablen**. Im Rahmen dieser Gegebenheiten treten die Individuen untereinander in Kontakt und beteiligen sich an gemeinsamen Aktivitäten.

Als Resultat des **Interaktionsprozesses** entwickelt sich für gewöhnlich (wenn auch nicht zwangsläufig) eine Gruppe im eingangs definierten (sozio-dynamischen) Sinne. Es bildet sich ein Beziehungsgefüge heraus, das sich in eigenen Zielen, Normen und Standards, Sozialstrukturen und kollektiven Handlungsmustern ausdrückt. Ein Resultat der

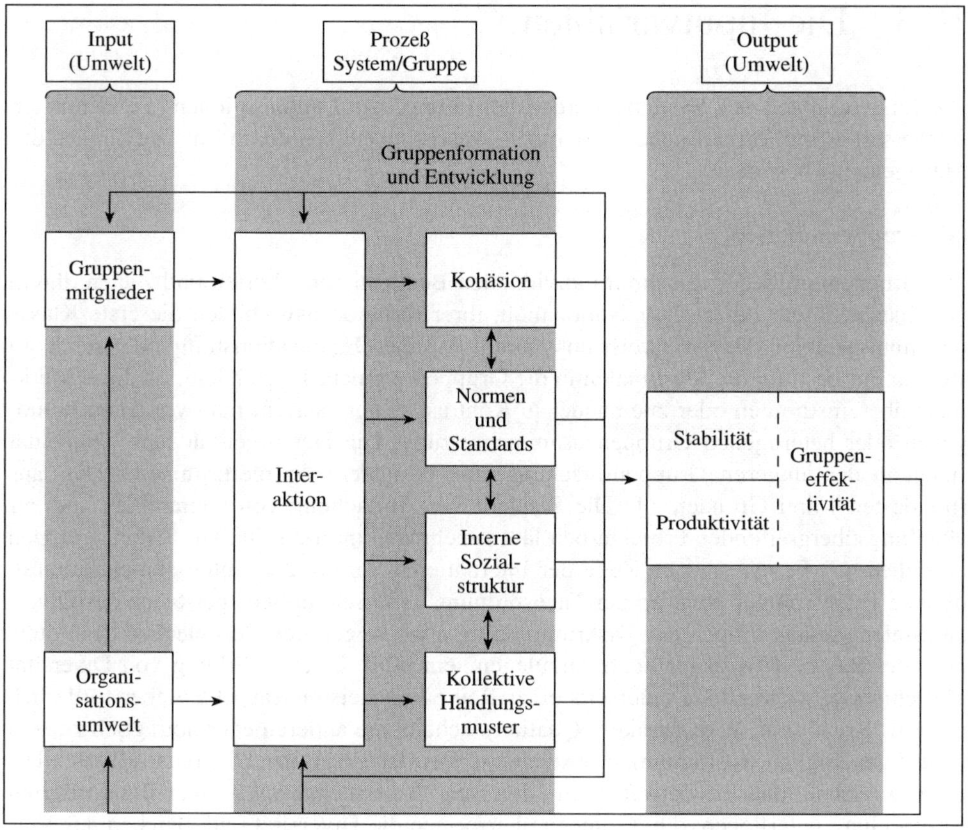

Abb. 10.2: Systemanalytischer Bezugsrahmen

Interaktionen ist auch die Dichte der Beziehungen (**Kohäsion**), d. h. der Zusammenhalt, den die Gruppe entwickelt. Der Zusammenhalt beeinflußt seinerseits wiederum in nicht unbedeutendem Maße die sich parallel entwickelnden Gruppenstrukturen und umgekehrt.

Das entstehende Gruppengefüge bestimmt **im Fortlauf** der Gruppenaktivitäten nun selbst wieder – neben den Inputfaktoren – den Interaktionsprozeß und wirkt über diesen auf die einzelnen Gruppenmitglieder zurück. Das bedeutet, daß sich die Individuen in ihren Wünschen, Erwartungen, Vorstellungen usw. im Laufe der Gruppenentwicklung in mehr oder weniger starkem Maße verändern.

Alle diese Faktoren zusammen bestimmen die Effektivität der Gruppe, den **Output**, den das System „Gruppe“ an das übergeordnete System „Organisation“ abgibt. Die **Effektivität** einer Gruppe wird aus der Sicht der Organisation einerseits als Produktivität, Kreativität usw. und andererseits als Stabilität (Fluktuation, Fehlzeiten) interessieren. Die Gruppeneffektivität beeinflußt in einem erneuten Rückkoppelungsprozeß Inputfaktoren und Interaktion und bekräftigt den Erfolg („nothing succeeds like success“).

10.3 Die Inputvariablen

Die Inputvariablen des Systems werden bei Gruppen in Organisationen – und nur um solche soll es im Fortlauf gehen – zu einem wesentlichen Teil durch Entscheidungen des Managements bestimmt.

(1) Gruppenmitglieder

Die Gruppenmitglieder mit ihren individuellen Bedürfnissen, Werten und Zielen, ihrem Geschlecht, ihrem Alter, ihrer Nationalität, ihrer Religion usw. bilden die erste Klasse der Inputvariablen. Dies verweist uns darauf, daß die Organisationsmitglieder schon zu Beginn mit bestimmten Merkmalen in die Gruppe kommen. Je nachdem, ob diese Merkmale übereinstimmen oder zueinander in Kontrast stehen, spricht man von einer homogenen oder heterogenen Gruppenzusammensetzung. Die Heterogenität bzw. Diversität findet in der jüngeren Gruppenforschung eine besondere Aufmerksamkeit.[5] Dies aus (mindestens) drei Gründen. (1) Die Tendenz zur Abflachung von Hierarchien und zur abteilungsübergreifenden Projektarbeit läßt zunehmend multidisziplinäre Arbeitsgruppen entstehen. (2) Ferner sind im Zuge der Internationalisierung der Unternehmen kulturell diverse Teams immer mehr an der Tagesordnung[6]. (3) Schließlich speist sich das Diversitätsinteresse aus Fragen der Diskriminierung etwa wegen des Geschlechts, des Alters oder der Rasse. Wie später noch darzulegen sein wird, ist die Wirkung von Diversität vielschichtig; während sie einerseits einer Reihe von Leistungsaspekten eher förderlich ist (z.B. Kreativität, Wachsamkeit, Qualität), scheint sie anderen eher abträglich zu sein (z.B. Schnelligkeit, Kommunikationsdichte).[7] Bei der Frage der Diversität gilt es allerdings zu sehen, daß die betreffenden „diversen" Verhaltensweisen einer **dynamischen** Entwicklung unterliegen, d.h. Gruppen überformen die Diversität und gleichen das Verhalten an – jedenfalls bis zu einem gewissen Grade.

Bei der Mitgliedschaft darf nicht übersehen werden, daß sie keineswegs so stabil ist, wie häufig unterstellt. Organisationen führen aus verschiedenen Gründen den Arbeitsgruppen häufig neue Mitglieder zu oder die Mitgliedschaften sind von vorneherein zeitlich eng begrenzt, wie dies etwa bei Projektgruppe oder Krisenstäben regelmäßig der Fall ist. Gruppen sind daher auch unter der Perspektive des kontinuierlichen Wandels zu studieren.[8]

5 Vgl. die Beiträge in Jackson, S.E./Ruderman, R.N. (Hrsg.), Diversity in Workteams: Paradigms for a changing workplace, Washington D.C. 1996.

6 Vgl. z.B. Hambrick, D.C./Davison, S.C./Snell, S.A./Snow, C.C., When groups consist of multiple nationalities: Towards an understanding of the implications, in: Organization Studies 19 (1998), S. 181-205.

7 Vgl. z.B. Watson, W.E./Kumor, K./Michaelson, L.K., Cultural diversity's impact on interaction process and performance: Comparing homogeneous and diverse task groups, in: Academy of Management Journal 36 (1993), S. 590-602.

8 Vgl. dazu Arrow, H./McGrath, J.E., Membership dynamics in groups at work: A theoretical framework, in: Staw, B./Cummings, L. (Hrsg.), Research in Organizational Behaviour Vol. 17 (1995), S. 373-411.

(2) Organisationsumwelt

Die Organisationsumwelt ist eine komplexe Inputvariable; sie umfaßt Einflußvariablen wie:

- Aufgabenstellung und -struktur
- Technologie
- Organisationsstruktur
- Belohnungs- und Bestrafungssystem etc.

Die Organisationsumwelt beeinflußt **direkt** und **indirekt** (über die einzelnen Gruppenmitglieder) die Interaktions- und Entscheidungsprozesse in der Gruppe.

Direkter Einfluß. Die direkte Einflußnahme der Organisationsumwelt sei an einigen Beispielen erläutert: Der **Aufgabencharakter** (z.B. Einzel- versus Teamarbeit) nimmt Einfluß auf Art und Umfang der Interaktion. Die **Ablauforganisation** kann Kommunikationsprozesse und Kontakte zwischen Gruppenmitgliedern begünstigen oder hemmen. Ebenso kann die angewandte **Technologie,** z.B. durch große Geräuschentwicklung oder isolierte Arbeitsplätze, die Interaktionsmöglichkeit verringern bzw. unter umgekehrten Voraussetzungen verstärken. Die Interaktionshäufigkeit bestimmt ihrerseits zu einem wesentlichen Teil die Entwicklung einer gemeinsamen emotionalen Basis. Nach Homans gilt: Je häufiger Personen miteinander in Interaktion stehen, desto mehr tendieren ihre Aktivitäten und Gefühle dazu, sich in mancher Hinsicht einander anzugleichen.[9] Die **Belohnungs-** und **Bestrafungsmuster** der Organisation stellen darauf ab, das Gruppenverhalten in der gewünschten Weise auszurichten.

Indirekter Einfluß. Die Organisationsumwelt wirkt zudem über die Beeinflussung des Inputfaktors „Zusammensetzung der Gruppe“ indirekt auf die Interaktions- und Entscheidungsprozesse in der Gruppe ein. Die Organisation bestimmt – soweit es sich um Arbeitsgruppen handelt – durch Auswahl und Einsatz der Mitarbeiter die Größe und Zusammensetzung der Gruppe. (Die Zusammensetzung von Interessengruppen kann nur indirekt beeinflußt werden.) Unternehmenspolitik, Status und Belohnungssystem bestimmen ebenfalls in gewissem Maße Erwartungen und Einstellungen der Gruppenmitglieder.

10.4 Die Prozeßvariablen: Gruppenformation und -entwicklung

10.4.1 Gruppenkohäsion

Die Geschlossenheit und Festigkeit von Gruppen variiert erheblich. Es ist immer wieder zu beobachten, daß manche Gruppen bei Aufkommen von Konflikten oder dem Verfehlen eines Zieles sehr rasch bröckeln, während andere Gruppen, bei sonst gleichen Bedingungen, bei widrigen Kräften dieser Art keinerlei Auflösungserscheinungen zeigen.

9 Vgl. Homans, G.C., Theorie der sozialen Gruppe (Übers. a. d. Engl.), 7. Aufl., Opladen 1978, S. 143 ff.

Der Begriff Kohäsion soll diese Unterschiede in der Beständigkeit von Gruppen genauer beschreiben. Kohäsion bezeichnet das Ausmaß, in dem eine Gruppe eine kollektive Einheit bildet und die einzelnen Gruppenmitglieder sich zu der Gruppe hingezogen fühlen. Mitglieder hochkohäsiver Gruppen sind bereit, sich für und in der Gruppe voll zu engagieren, Zeit und andere Ressourcen für die Gruppe einzusetzen. Sie beteiligen sich an den Gruppenaktivitäten, stellen andere Tätigkeiten hinter die Gruppenerfordernisse zurück, machen sich Sorgen um die Gruppe usw.[10] Bisweilen werden solche Gruppen geradezu enthusiastisch („Hot groups") und geben der Gruppe höchste Priorität; sie bestimmen das ganze Leben.[11]

Auf das einzelne Gruppenmitglied bezogen bezeichnet die Gruppenkohäsion den Attraktivitätsgrad, den die Gruppe für das Mitglied besitzt. Häufig wird die Attraktivität für das einzelne Mitglied danach bestimmt, inwieweit sich die Gruppe eignet, seine Bedürfnisse zu befriedigen (vgl. hierzu auch Kapitel 9 und die dort dargelegte Erwartungs-Valenz-Theorie). Diese **nutzenorientierte** Sichtweise greift allerdings für das Gruppenphänomen zu kurz. Denn kohäsive Gruppen/Teams stellen meist mehr dar als nützliche Instrumente zur Befriedigung bestimmter Individualbedürfnisse. Kohäsive Gruppen geben Identität, vermitteln Sinn, helfen die Organisationswelt verstehen und mit den Problemen fertig zu werden. Es ist genau dieser Aspekt, der viele Unternehmen heute – allerdings auf der Ebene des Gesamtsystems – unter einem ganz anderen Stichwort, nämlich der **"Unternehmenskultur"**, stark beschäftigt (vgl. dazu genauer Kapitel 12).

Die Gruppenkohäsion, ihre Determinanten und ihre Wirkungen waren Gegenstand zahlreicher empirischer Studien. Im nächsten Abschnitt sind die wichtigsten Ergebnisse speziell im Zusammenhang mit den o.g. Inputvariablen aufgelistet.

(1) Gruppenmitglieder und Gruppenkohäsion

- Untersuchungen haben gezeigt, daß **homogen zusammengesetzte** Gruppen eher eine **hohe Kohäsion** entwickeln als heterogen zusammengesetzte.[12] Umgekehrt zeigte sich aber auch, daß die Homogenität (Konformität) einer Gruppe stark bestimmt wird durch den Grad der Gruppenkohäsion.
- Für den Zusammenhang von Kohäsion und Konformität gilt:[13]
  - Je attraktiver eine Gruppe für ihre Mitglieder ist (d. h. je höher der Kohäsionsgrad), um so mehr gleichen die Gruppenmitglieder ihre Meinungen, Ziele, Normen untereinander an.
  - Verhält sich ein Mitglied nicht hinreichend konform, trifft es auf Ablehnung; je kohäsiver die Gruppe ist, um so entschiedener fällt die Zurückweisung aus.
  - Mitglieder werden um so wahrscheinlicher abgelehnt, je stärker sie bei solchen Zielen, Normen und Standards abweichen, die für die Gruppe wichtig sind.

---

10 Vgl. Friedlander, F., The ecology of work groups, in: Lorsch, J.W. (Hrsg.): Handbook of organizational behavior, Englewood Cliffs, N.J. 1987, S. 305.

11 Vgl. Lipman, J./Leavitt, H.J., Hot groups: seeding them, feeding them and using them to ignite your organization, New York/Oxford 1999.

12 Vgl. die klassische Studie von Whyte, W.F., Men at work, Homewood/Ill. 1961.

13 Vgl. Tannenbaum, A.S., Social psychology of the work organization, Belmont/London 1966, S. 58 f.

- Kohäsive Gruppen neigen dazu, nur solche Personen als neue Mitglieder zu akzeptieren, die den Zielen, Normen und Standards der Gruppe entsprechen (konformitätsbestärkende Selektion).

- Die Kommunikationsdichte liegt in kohäsiven Gruppen wesentlich höher als in weniger kohäsiven. Dies verstärkt das positive Erleben in der Gruppe und steigert die Konformität.
- Kohäsive Gruppen zeigen sich feindseliger gegenüber außenstehenden Personen und anderen Gruppen als wenig kohäsive Gruppen.
- Die Grenzziehung („wir und die anderen") fällt bei stark kohäsiven Gruppen wesentlich prägnanter aus; dies fördert eine einheitsstiftende und uniformierende (Gruppen-) Identitätsbildung.
- Große Gruppen sind in der Regel weniger kohäsiv als kleine Gruppen.
- Je abhängiger die einzelnen Mitglieder von der Gruppe sind (z. B. Gruppen im Bergbau), um so dichter entwickelt sich die Kohäsion.

(2) Organisationsumwelt und Gruppenkohäsion

Untersuchungen über die Zusammenhänge zwischen Organisationsumwelt und Kohäsion kommen zu folgenden Aussagen (immer unter sonst gleichen Bedingungen):[14]

- Je ähnlicher die von den Mitgliedern einer Gruppe zu verrichtenden Arbeiten sind, um so wahrscheinlicher ist eine hohe Gruppenkohäsion.
- Anreizsysteme, die auf einen internen Wettbewerb gerichtet sind (z. B. unterschiedliche Löhne, unterschiedliche Arbeitsbedingungen), führen zu geringerer Kohäsion als solche, die auf Kooperation ausgerichtet sind.
- Je geringer die Interaktionsmöglichkeiten zwischen Gruppenmitgliedern (durch hohe Lärmbelästigung, physische Distanz), um so schwächer ist die Gruppenkohäsion.
- Je wichtiger die Arbeit einer Gruppe für die Gesamtleistung des Unternehmens ist („wichtig" hier vor allem, wie sich die Bedeutung aus Perspektive der Organisationsmitglieder darstellt), um so höher liegt die Gruppenkohäsion.
- Bedrohungen von außen (Auflösung der Arbeitsgruppe durch neue Technologie, Versetzung usw.) steigern die Kohäsion bereits kohäsiver Gruppen und schwächen die Kohäsion wenig kohäsiver Gruppen.
- Demokratisches (autokratisches) Führungsverhalten verstärkt (schwächt) die Gruppenkohäsion.

14 Vgl. Litterer, J.A., The analysis of organizations, New York 1965, S. 86 ff.; Feldman, P.C./Arnold, H.J., Managing individual and group behavior in organizations, New York 1983.

10.4.2 Normen und Standards

Gruppennormen sind ein Merkmal der Gruppe als Ganzes, sie sind das Ergebnis von Interaktion und prägen das Verhalten der Gruppenmitglieder. Die Herausbildung eigener Gruppennormen sind das erste und wichtigste Mittel, sich von anderen Gruppen abzugrenzen und damit eine eigene Identität zu bilden. Normen geben an, was innerhalb einer bestimmten Gruppe an Denk- und Verhaltensweisen erwartet wird.[15] Gruppennormen sind meist stillschweigende Voraussetzungen; man handelt danach, ohne daß das einzelne Mitglied lange über sie nachdenken würde. Selten werden sie zu ausdrücklichen Geboten oder Verboten formuliert.

Die Gruppennormen sind allen Mitgliedern bekannt; ob sie tatsächlich von allen befolgt werden, hängt allerdings von weiteren Umständen ab. Hochkohäsive Gruppen zeichnen sich – wie erwähnt – durch einen hohen Konformitätsdruck aus, abweichendes Verhalten wird kaum geduldet. Nicht alle Gruppennormen müssen aber immer von allen Gruppenmitgliedern gleichermaßen berücksichtigt werden. Manche Normen gelten nur für einen einzelnen in einer bestimmten Lage, z. B. nur für den Vorarbeiter oder nur für Familienväter.[16] In solchen Fällen wird häufig von **Rollen** gesprochen (siehe unten).

Bei Arbeitsgruppen können sich Normen

- auf den **engeren Bereich** des Arbeitsplatzes und Betriebes richten: Vorstellungen über erwünschtes Vorgesetztenverhalten (z.B. Abbau sozialer Distanz), organisatorische Regelungen (z.B. Nichtbeachtung des Rauchverbots), Unternehmenspolitik (z.B. Ablehnung von Zeitlohn, weil ungerecht etc.);
- **über den Arbeitsplatz hinausreichend** auch auf die außerbetriebliche Umwelt beziehen (Familie, Politik, Rasse, Geschlecht, Religion usw.). Bestimmte divergierende Wertvorstellungen über Rasse oder Politik können z.B. die Integration von Arbeitsgruppen erheblich behindern. Je größer die Gruppenkohäsion, um so eher werden Normen über den engeren Bereich des Arbeitsplatzes hinaus von der Gruppe gesetzt.

Formelle, vom Betrieb vorgegebene und in der Gruppe spontan entstandene Normen geraten oft in Widerspruch; z.B. erwartet der Betrieb die Einhaltung bestimmter Sicherheitsvorschriften (Tragen eines Helms, einer Schutzbrille usw.), während die Gruppe dies als lächerliche Ängstlichkeit aus dem Bereich akzeptierten Verhaltens ausschließt und Abweichungen (also die Einhaltung der Sicherheitsvorschriften) mit Hohngelächter sanktioniert.

Die Entwicklung und Aufrechterhaltung von Gruppennormen wurde in der Literatur erstmals in den sog. Hawthorne-Studien an einem konkreten Fall aufgezeigt. Diese Beschreibung darf in ihrer Sorgfalt und Differenziertheit auch heute noch als beispielhaft gelten (vgl. den Ausschnitt in Kasten 10.1).

15 Vgl. Feldman, D.C., The development and enforcement of group norms, in: Academy of Management Review 9 (1984), S. 47-53.

16 Vgl. Homans, G.C., a.a.O., S. 136 f.

Kasten 10.1

Normen in der Drahtwicklerei

Die folgenden Beobachtungen wurden während der als Hawthorne-Experimente bekannt gewordenen Untersuchung im Hawthorne-Werk der Western Electric Company (Chicago) gemacht. Von Interesse sind hierbei die Gruppennormen, die im Hinblick auf Beschäftigung, Leistungsergebnis sowie Beaufsichtigung herrschen:

- Man sollte nicht zu viel arbeiten, sonst galt man als „Normbrecher" (rate buster).
- Man sollte nicht zu wenig arbeiten, sonst lief man Gefahr, als „Drückeberger" (chiseler) bezeichnet zu werden.
- Informationen an den Vorgesetzten zu geben, die einem Kollegen zum Nachteil gereichen, stempelte einen zum „Verräter" (squealer).
- Hierarchieunterschiede sollte man nicht zu deutlich werden lassen: „Wenn du schon Vorarbeiter bist, verhalte dich wenigstens nicht wie einer".

Quelle: Roethlisberger, F.J./Dickson, W.J., Management and the worker, 16.Aufl., Cambridge u.a. 1975, S.522.

Unter **Standards** versteht man operationalisierte Verhaltenserwartungen, die in informellen Richtlinien und Richtwerten ihren Niederschlag finden. Sie werden erstellt, um die faktische Ausrichtung des Verhaltens der Gruppenmitglieder an den Normen besser steuern zu können (z.B. informell festgesetzte Tagesleistung bei Akkordgruppen, Zahl der akzeptierten „blauen" Tage pro Jahr). Standards haben immer einen viel höheren Bewußtheitsgrad als Normen.

Der häufigste Gegenstand von Standards ist das Leistungsniveau (z.B. 6.000 Stück pro Tag). Die Maßnahmen von Vorgesetzten, die unterstellte Mitarbeiter zu einer höheren Leistung anspornen sollen, laufen häufig ins Leere, weil sie am Individuum ansetzen und die unsichtbare Barriere des internen Leistungsstandards ignorieren. Zumindest bei kohäsiven Gruppen ist eine Leistungssteigerung solange nur schwer erreichbar, wie es nicht gelingt, die informell gesetzten Gruppenstandards anzuheben.[17]

Konformität mit Normen und Standards wird von Gruppen belohnt, Abweichung – wie erwähnt – bestraft. Gruppen stehen dazu verschiedene Mechanismen zur Verfügung (Beschimpfungen, Kommunikationsausschluß, Isolierung, körperliche Bestrafungsaktionen etc.). In der Regel tritt bei Normabweichung zunächst einmal eine Verstärkung der Kommunikation und ganz allgemein der Beachtung ein, mit dem Ziel der Verhaltenskorrektur. Wenn ein Mitglied fortwährend von den Gruppennormen abweicht, droht der Ausschluß. Es ist jedoch keineswegs so, daß Mitglieder in solchen Fällen immer ausgeschlossen würden. In der Literatur werden verschiedene Erklärungen angeboten, warum Gruppen häufig dauerhaft deviante Mitglieder nicht ausschließen.[18]

17 Vgl. Homans, G.C., a.a.O., S. 287 f.

18 Vgl. zusammenfassend Hackman, J.R., Group influences on individuals, in: Dunnette, M.P. (Hrsg.): Handbook of industrial and organizational psychology, Chicago 1976, S. 1499 ff.

Eine der Hauptthesen geht davon aus, daß Gruppen aus deviantem Verhalten in gewissem Umfang Nutzen ziehen. Durch abweichendes Verhalten und seine Bestrafung können die Normen und die drohenden Sanktionen exemplarisch verdeutlicht werden. Darüber hinaus kann die Auseinandersetzung mit dem Abweichler den Prozeß der Grenzziehung und Identitätsbildung fördern, indem eine genauere Vorstellung von dem entwickelt wird, was definitiv nicht erwünscht ist. Dieser These nach akzeptieren Gruppen gewissermaßen Devianz zum Zwecke der Selbststabilisierung. Bei dieser Erklärung handelt es sich allerdings um eine ex-post Rationalisierung; man wird wohl kaum annehmen können, daß sie sich mit den selbst gesetzten Handlungszielen der Gruppe deckt. Dies verweist darauf, daß andere Motive ebenfalls eine Rolle spielen, wie z.B. Furcht vor Reaktionen anderer Systeme auf den Ausschluß oder mangelnde Bereitschaft, eine so unpopuläre Maßnahme zu exekutieren.

Obwohl Gruppen viel Kraft und Energie aufwenden, um ihr Normsystem zu stabilisieren, sind Gruppennormen nicht rein statisch zu sehen. Sie unterliegen einem fortlaufenden Wandelprozeß wie andere Wertsysteme auch. Abweichler sind nicht selten der (unbewußte) Anlaß, ein Normsystem zu modifizieren.

10.4.3 Interne Sozialstruktur der Gruppe

Um das Verhalten von Gruppen verstehen und leistungsstarke Teams entwickeln zu können, ist ferner eine Kenntnis der internen, von der Gruppe selbst entwickelten Strukturen unverzichtbar. Die **interne Sozialstruktur**, als dritte Prozeßvariable, spiegelt gewissermaßen gebündelt die Unterschiede wider, die sich über einen mehr oder weniger langen Zeitraum als Resultat der Gruppenprozesse innerhalb der Gruppe eigenständig neben den offiziellen Strukturen herausgebildet haben.

Die interne Sozialstruktur beeinflußt die Verteilung der Einflußmöglichkeiten auf Gruppenentscheidungen, sichert die Erhaltung und Durchsetzung von Zielen und eröffnet für die einzelnen Mitglieder unterschiedliche Möglichkeiten der Bedürfnisbefriedigung. Das Verstehen und die Kenntnis der internen Sozialstruktur sind die Basis einer jeden erfolgreichen Steuerung von Gruppen im organisatorischen Leistungsprozeß.

Drei Strukturmerkmale werden für gewöhnlich herangezogen, um die interne Sozialstruktur zu beschreiben:

- Statusstruktur
- Rollenstruktur
- Führungsstruktur.

(1) Die Statusstruktur

Mit dem Begriff „Status" wird auf die **Rangordnung** von Individuen oder Gruppen in sozialen Systemen Bezug genommen. Während die **Position** neutral die Stellung bezeichnet, die innerhalb einer Organisation bekleidet wird, ist der Status die sozial bewertete Stellung, d.h. die relative Stellung, die eine Person oder eine Gruppe in einem

Sozialsystem aus der Sicht der Mitglieder einnimmt.[19] Es sei darauf hingewiesen – und dies ist für die informelle Gruppenbildung wichtig –, daß die Herausbildung einer Statusordnung nicht notwendig die Existenz wohldefinierter Positionen voraussetzt.[20] In Betrieben bestehen deshalb z.T. auch verschiedene Status-Systeme nebeneinander (z.B. das der Arbeiter im Vergleich zu dem der leitenden Angestellten).

Durch diese soziale Bewertung ergibt sich nicht nur eine mögliche Abweichung vom formellen Organisationsplan, sondern es entsteht häufig darüber hinaus eine stärker differenzierte Struktur, die auf zusätzlichen Merkmalen aufbaut. So weiß man z. B., daß zwei hierarchisch gleichartige Positionen einen durchaus unterschiedlichen Status haben können (Leitung IT ist häufig „wertvoller“ als Leitung Buchhaltung).

Die (informelle) Statusstruktur bestimmt zu einem nicht unerheblichen Teil das Gruppenverhalten, insbesondere aber die Kommunikation. Je nach Ausprägung ergibt sich z. B. eine Rad-, eine Y-, oder eine Kettenstruktur (vgl. Abb. 10.3). Auch wird die Frage des Kommunikationsinhalts („Wer erfährt was? Wann?“) stark nach Statusgesichtspunkten differenziert.

Status ist eine „soziale Konstruktion“, d. h. er ist nichts Objektives, sondern hängt von den Personen ab, die die Rangeinstufung vornehmen. Welche Merkmale den Status bestimmen, kann deshalb von Gruppe zu Gruppe und von Organisation zu Organisation unterschiedlich sein; in jedem Falle können es allerdings nur solche Merkmale sein, die die Gruppe vor dem Hintergrund ihres Normsystems für bedeutsam hält.

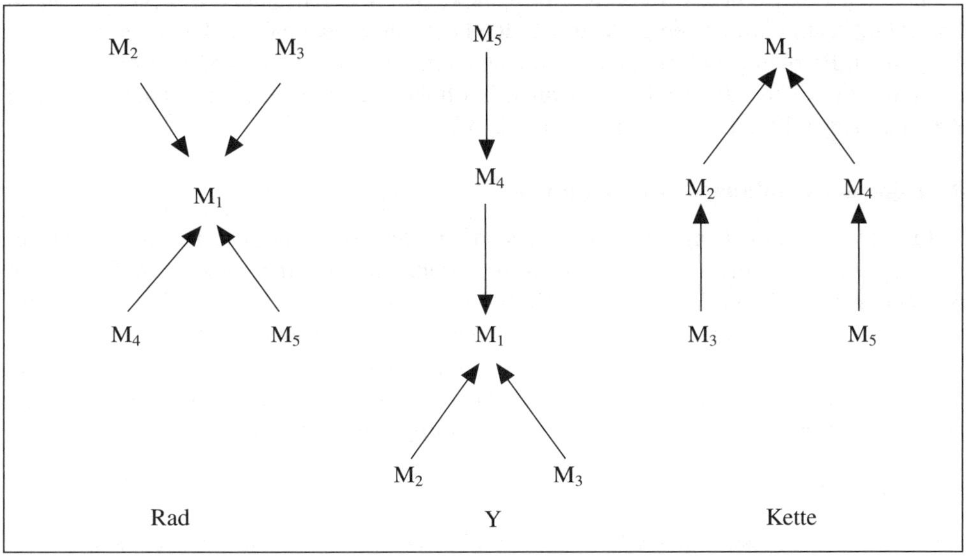

Abb. 10.3: Kommunikationsstrukturen in Gruppen

19 Vgl. Mayntz, R., Die soziale Organisation des Industriebetriebes, Stuttgart 1958, S. 16 ff.
20 Vgl. Luhmann, N., Funktion und Folgen formaler Organisation, a.a.O., S. 159 f.

Mit einem höheren Status gehen meist bestimmte Privilegien und Verpflichtungen einher, die die Gruppe bestimmt. Der Status legt z. B. fest, was sich der einzelne erlauben darf, wie er andere anzusprechen hat usw. Der Status ist somit eine wichtige Determinante des Verhaltens von Gruppenmitgliedern.

Statussymbole. Um den Status nach außen hin kenntlich zu machen, werden Symbole benutzt, sie zeigen den Status an, konstituieren ihn aber nicht. Bekannte Beispiele sind der „weiße Kragen", Stockwerk bzw. Lage des Büros, unterschiedliche Büroausstattungen oder etwa Fensterplätze in größeren Büroräumen. Obwohl Statussymbolen die Funktion zugesprochen werden kann, die Orientierung der Interaktionspartner zu erleichtern und damit eine Vereinheitlichung des Verhaltens herbeizuführen, darf nicht übersehen werden, daß sie immer auch zu einer Verfestigung von Machtstrukturen beitragen und deshalb nicht selten eine Behinderung bei der sachbezogenen Bewältigung von neuen Problemen darstellen.

Determinanten des Status. Obwohl in ihrer relativen Bedeutung kultur- und zeitabhängig, lassen sich generell drei Klassen von Variablen unterscheiden:[21]

(a) Belohnungskapazität

Personen oder Positionen wird in dem Maße hoher Status zuerkannt, in dem ihre Attribute geeignet sind, für jedes einzelne Gruppenmitglied oder die Gruppe als ganzes belohnend zu wirken. Hinzu muß allerdings kommen, daß diese Attribute knapp verteilt sind. Attribute bzw. Aktivitäten, die von jedem Gruppenmitglied in gleicher Weise erreichbar sind oder erbracht werden, erbringen keinen höheren Status. Beispiel: In einem Forschungsteam wird dasjenige Mitglied den höchsten Status haben, dem es immer wieder gelingt, Probleme zu lösen, die für die anderen Teammitglieder nicht mehr lösbar erscheinen. In vielen Fällen wird aber auch ein hoher Status Positionen unabhängig von Personen zugeteilt, z.B. dem Fahrer oder dem Funker.

(b) Höhe der empfangenen Belohnungen

Status ist weiterhin abhängig von dem Ausmaß, in dem Personen oder Positionen als Belohnungsempfänger perzipiert werden. In dem Maße, in dem eine Person Empfänger von Belohnungen ist, die in der jeweiligen Kultur hoch geschätzt werden (z.B. hohes Einkommen, Verleihung von Orden), wird ihr ein hoher Status zuerkannt. Ähnlich werden „Kosten" honoriert, die aufgebracht wurden, um hochgeschätzte Gruppenziele zu erreichen, dies allerdings nur dann, wenn die Kosten überdurchschnittlich hoch sind, selten aufgebracht (z.B. Verzicht auf Urlaub) und von der Gruppe als wichtig betrachtet werden.

(c) Persönlichkeitsmerkmale

Als weitere statusbestimmende Faktoren sind Merkmale der Personen zu nennen, die die Biographie und den Hintergrund der Personen reflektieren, wie z.B. Alter, Religionszugehörigkeit, Rasse etc. Diese Faktoren befördern den Statuserwerb nicht aufgrund damit verbundener Belohnungen für den Interaktionspartner, sondern aufgrund traditioneller

---

21 Vgl. Secord, P.F./Backman, C.W., Social psychology, New York 1964.

Übereinkunft, daß Personen, die diese Merkmale aufweisen, das Recht auf einen bestimmten Status haben. Beispiel: Einem Fabrikarbeiter, der schon lange in demselben Betrieb beschäftigt ist, billigt die Gruppe aufgrund dieser Tatsache ein gewisses Ansehen zu, das Neueingestellten vorenthalten wird.

Statuskongruenz. Von Statuskongruenz spricht man, wenn alle Statusattribute einer Person auf der gleichen Ebene gesehen werden, d.h. wenn die Attribute alle höher, gleich oder niedriger als die einer anderen Person eingeschätzt werden (z.B. die Übereinstimmung von Schulbildung, Einkommen, Wohnviertel, Kleidung). Wird diese Gleichrichtung aus der Sicht der Referenzgruppe nicht erreicht, spricht man von **Statusinkongruenz** (z.B. das ranghöchste Gruppenmitglied besitzt keinen Schulabschluß). Es gilt nun im allgemeinen die These, daß Personen bestrebt sind, ein Höchstmaß an Statuskongruenz zu erreichen. Statusinkongruenz schafft Dissonanzen und verunsichert die Interaktionspartner. Die betroffenen Personen fühlen sich unwohl und verunsichert, wie auf die ambivalenten Signale der Statusinkongruenz zu reagieren sei.[22] Bisweilen werden Statusinkongruenzen aber auch positiv gesehen, als Routine brechend oder innovationsfördernd.

Status und Gruppenverhalten. In einer Reihe von Untersuchungen konnte gezeigt werden, daß Status und Statuskongruenz von beträchtlichem Einfluß auf das Verhalten in Gruppen und die Gruppenleistung sind:[23]

- Gruppenmitglieder mit hohem Status und hoher Statuskongruenz zeigen einen höheren Zufriedenheitsgrad und verhalten sich in höherem Maße norm-konform.
- Gruppenmitglieder mit hohem Status verhalten sich zwar einerseits in höherem Maße norm-konform als Individuen mit geringem Status, ihnen wird aber paradoxerweise auch ein größerer Freiraum zugestanden, sanktionsfrei von der Gruppennorm abzuweichen („idiosynkratischer Kredit").[24]
- Von Gruppenmitgliedern mit hohem Status werden mehr Aktivitäten initiiert als von solchen mit niedrigem.
- Gruppenmitglieder mit niedrigem Status kommunizieren mehr aufgaben-irrelevante Informationen als Mitglieder mit hohem Status.
- Der Kommunikationsfluß ist tendenziell (status-)hierarchie-aufwärts gerichtet. Inhalte, die sich kritisch mit dem Verhalten status-höherer Personen auseinandersetzen, werden in diesem Kommunikationsfluß stark gefiltert („Schönfärberei").

Abschließend sei darauf hingewiesen, daß Statuszuweisungen der Gruppe keineswegs immer mit dem Leistungsvermögen aus der Sicht der Organisation übereinstimmen müssen.

22 Vgl. Hunt, J.G., Status congruence in organizations, in: Academy of Management Proceedings 1976.

23 Vgl. Shaw, M.E., Group dynamics: The psychology of small group behavior, 3. Aufl., New York 1981; Webster, M. jr./Foschi, M., Status generalization: New theory and research, Stanford 1988.

24 Vgl. Hollander, E.P., Conformity, status, and idiosyncrasy credit, in: Psychological Review 65 (1958), S. 117 ff.

(2) Rollenstruktur

Eng mit der Statusdifferenzierung verbunden ist ein weiteres Strukturmerkmal von Gruppen, die Rollendifferenzierung. „Rolle" kann definiert werden als ein Bündel von **Verhaltenserwartungen,** die von anderen an einen Positions- oder Statusinhaber herangetragen werden. Diese Verhaltenserwartungen stellen generelle, d.h. vom Einzelnen prinzipiell unabhängige Verhaltensvorschriften dar, die eine gewisse Verbindlichkeit für sich beanspruchen.[25]

Obschon zu jeder Position oder zu jedem Status (mindestens) eine Rolle gehört, ist doch zwischen diesen zu trennen. Erstere bezeichnen – mehr formal – Stellen (Orte) im Gefüge sozialer Interaktionen, die von Personen innegehabt, erworben und verloren werden können, während die Rolle angibt, wie sich die jeweiligen Inhaber einer Position verhalten sollen. Die Rolle stellt einen Komplex zusammenhängender Verhaltensweisen dar, die in genereller Form erwartet werden. Scheinbar Unzusammenhängendes wird durch ein Rollenbild verknüpft (der Sprachstil, die Kleidung, die Emotionalität usw.).

Rollenverhalten wird in unterschiedlich striktem Maße erwartet und Abweichung entsprechend unterschiedlich sanktioniert. Man kann in **Muß-, Soll- und Kann-**Erwartungen unterscheiden.[26] Rollenerwartungen beziehen sich nicht nur auf beobachtbares Verhalten, sondern auch auf innere Einstellungen und Überzeugungen (Bsp.: Von einem Pharma-Betriebsleiter wird erwartet, daß er die Kritik an der Chemotherapie innerlich ablehnt).

(a) Rollenset

Mit einer bestimmten Rolle ist in der Regel ein **Komplex** von Verhaltenserwartungen verbunden, der eine Reihe unterschiedlicher Rollensender umgreift. Rollen setzen sich – wie Abbildung 10.4 zeigt – aus einer Mehrzahl von Teileinheiten, von Rollensegmenten zusammen („role set").[27] Die verschiedenen Erwartungen sind oft inkonsistent und geraten zueinander in Widerspruch (vgl. dazu unten den Intra-Rollen-Konflikt).

Von dem Rollen-Set streng zu trennen ist die Tatsache, daß Individuen häufig mehrere Rollen spielen, z.B. die Rollen: Manager, Vater, Parteimitglied, Kegelbruder, Vermieter (multiple roles). Ebenso wie die Segmente einer Rolle, so können auch die verschiedenen Rollen zueinander in Konflikt geraten (s.u.).

(b) Rollenepisode

Der Prozeß der Rollenübernahme wird mit dem Konzept der Rollenepisode anschaulich beschrieben (vgl. 10.5): **Rollenerwartungen** bündeln sich in einer **gesendeten Rolle**. Diese wird wahrgenommen **(empfangene Rolle**), und die Antwort darauf drückt sich im **Rollenverhalten** aus.

---

25 Vgl. Dahrendorf, R., Homo sociologicus, Köln/Opladen 1965, S. 27 f.

26 Vgl. ebenda.

27 Vgl. Gross, N., et al., Explorations in role analysis, New York u.a. 1958

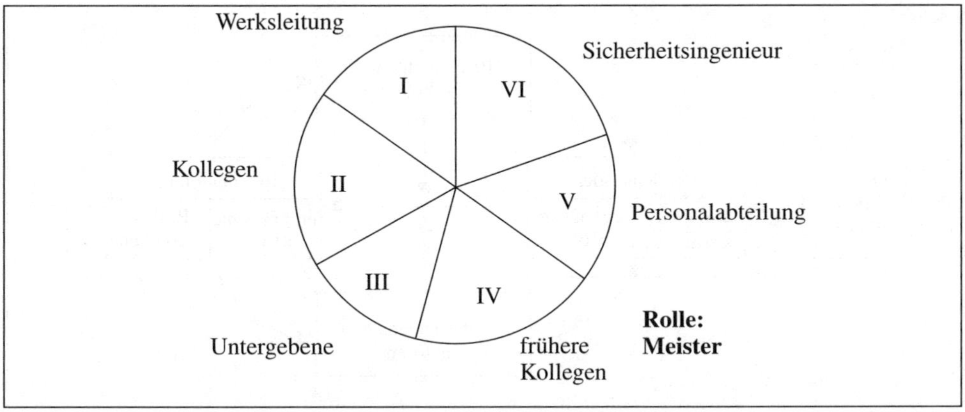

Abb. 10.4: Der Rollen-Set – die Meisterrolle und einige ihrer Rollensegmente

Rollenerwartungen. Gruppenmitglieder entwickeln vor dem Hintergrund der Organisationsumwelt ganz bestimmte Erwartungen an das Verhalten einer Person (Rollenempfänger).

Gesendete Rolle. Die Erwartungen werden dem betreffenden Positionsinhaber durch Sprache, Mimik oder Gestik als Rolle übermittelt mit der Annahme, daß dieser auch bereit ist, diesen Erwartungen zu entsprechen.

Empfangene Rolle. Der Rollenempfänger nimmt die gesendete Rolle (mehr oder weniger genau) wahr und versucht sie zu entschlüsseln. Es ist wichtig zu sehen, daß das Gruppenmitglied seine Rolle nur **indirekt** erschließen, nicht jedoch direkt erlernen kann. Der Rollenempfänger muß über ein gewisses Interpretationsvermögen und über ein hinreichendes Situationswissen verfügen, um die Erwartungen überhaupt entschlüsseln zu können. Tritt eine Person neu in eine Gruppe ein, so kann sie erst nach und nach erlernen, die Rollenanforderungen zu begreifen, sie muß sich erst mit den Sinnstrukturen und dem über Jahre gesammelten Erfahrungswissen der sozialen Einheit vertraut machen. Dabei variiert allerdings der Grad der Implizitheit erheblich zwischen Gruppen und vor allem zwischen Kulturen.[28]

Rollenverhalten: Die Antwort des Rollenempfängers auf die gesendeten Informationen ist sein (beobachtbares) Rollenverhalten. Es kann den Erwartungen entsprechen oder davon abweichend sein. Inwieweit das Verhalten den Erwartungen entspricht, ist zunächst einmal eine Frage des Wollens, ferner der Sanktionen negativer und positiver Art, die mit den Erwartungen verknüpft sind. Nonkonformes Rollenverhalten kann aber auch, wie aus Abbildung 10.5 ersichtlich, in Kommunikationsschwierigkeiten, Mißverständnissen und Fehlinterpretationen, bedingt durch personale und/oder interpersonale Faktoren, sowohl was die Rollensender als auch die Rollenempfänger anbelangt, seine Ursache haben. Die Abweichung ist dann unbeabsichtigt.

28 Vgl. Hall, E.T., Beyond culture, New York 1976.

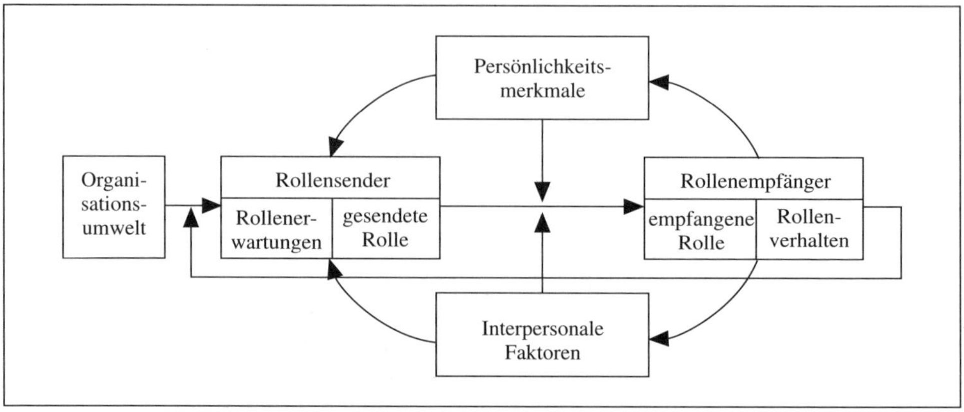

Quelle: Katz, D./Kahn, R.L., The social psychology of organizations, 2. Aufl., New York 1978, S. 182

Abb. 10.5: Rollenepisode

Im Zyklus der Rollenepisode wird das gezeigte Rollenverhalten wiederum von den Rollensendern registriert und mit den gehegten Rollenerwartungen verglichen. Die Rolle wird dann – evtl. mit Korrekturinformationen versehen – erneut gesendet usw.

Die Rollenepisode wird von Kontextfaktoren überlagert (vgl. Abb. 10.5). So können Elemente der Organisationsumwelt, wie die Technologie, die Organisationsstruktur oder die Gruppenkohäsion, die Rollenübernahme erleichtern oder erschweren. Persönlichkeitsmerkmale der (des) Sender(s) sowie des Empfängers beeinflussen die Art der Rollensendung und auch die Fähigkeit und Bereitschaft der Wahrnehmung und Umsetzung. Eine große Bedeutung kommt ferner den interpersonalen Beziehungen zu, die zwischen dem Sender und Empfänger, aber auch gegebenenfalls zwischen den Sendern bestehen. So beschleunigt z.B. Sympathie zwischen den Akteuren für gewöhnlich die Episode.

Die Rollenepisode gibt einen guten Eindruck von dem komplexen sozialen Prozeß des Rollenverhaltens. Der Prozeß wird allerdings, was das einzelne Individuum betrifft, im wesentlichen reaktiv beschrieben; das betreffende Organisations- und Gruppenmitglied hat lediglich die Entscheidung, ob es mit den Erwartungen konform gehen will oder nicht (was seinerseits wesentlich über Anreize steuerbar gedacht wird). Graen[29] verweist zu Recht darauf, daß fokale Personen auch Rollen „machen" können, d.h. sie können, jedenfalls bis zu einem gewissen Grade, die empfangene Rolle nach eigenen Vorstellungen umformen (Bsp.: Der Vorstandsvorsitzende einer Aktiengesellschaft verwendet für kurze innerstädtische Dienstreisen nicht den Dienstwagen, sondern das Fahrrad). Um Innovationen in Gruppen verstehen zu können, ist das Konzept der eigensinnigen Rollengestaltung von großer Bedeutung.

29 Vgl. Graen, G.B., Role-making processes within complex organizations, in: Dunnette, M.D. (Hrsg.), Handbook of industrial and organizational psychology, Chicago 1976, S. 1201 ff.

(c) Rollenkonflikte

Sowohl die Erläuterung des Rollen-Sets als auch die der Rollenepisode haben deutlich werden lassen, daß Rollenerwartungen miteinander in Konflikt geraten können. Die hieraus resultierenden Rollenkonflikte sind für das Verhalten in Organisationen von großer Bedeutung. Im wesentlichen wird zwischen Intra- und Inter-Rollenkonflikten unterschieden.[30]

Intra-Rollen-Konflikt. Im Anschluß an die oben dargestellte Rollenepisode lassen sich hier folgende Fälle unterscheiden:

- **Intra-Sender-Konflikt.**
  Die Instruktionen und Erwartungen eines Senders sind widersprüchlich und schließen einander aus (Gruppenleiter erwartet einmal absoluten Gehorsam, ermuntert dann aber wieder zu Kritik an seinen Anordnungen).
- **Inter-Sender-Konflikt.**
  Die Erwartungen der verschiedenen Sender sind nicht kompatibel. Der Rollenempfänger steht im Kräftefeld sich widersprechender Erwartungen. (Bsp.: Die Matrix-Organisation produziert sehr häufig derartige Inter-Sender-Konflikte. Die Erwartungen, die ein Produktmanager z.B. an einen Designer hat, sind häufig inkompatibel mit den Erwartungen, die der Abteilungsleiter der Produktgestaltung an diesen richtet.)

Inter-Rollen-Konflikt. Er entsteht, wenn die Erwartungen unterschiedlicher Rollen einer Person miteinander kollidieren, d.h. sich ganz oder teilweise ausschließen. (Bsp.: Die Erwartungen an einen Manager als Mitglied einer Naturschutzgruppe widersprechen den Erwartungen, die an ihn als Mitglied der Geschäftsleitung einer Flughafengesellschaft gestellt werden.) Eine spezielle Form des Inter-Rollen-Konflikts ist die **Überladung** (role overload). Die Rollen sind dann zwar dem Inhalte nach miteinander verträglich, nicht aber der zeitlichen Anforderung nach. Der Rollenempfänger kann nicht alle Rollen gleichzeitig bewältigen.

Als Sonderfall ist der sog. **Person-Rollen-Konflikt** anzusprechen. Hier steht die Rollenerwartung der Sender im Widerspruch zu den Werten und Orientierungen des Rollenempfängers. (Bsp.: Ein Polizist soll Demonstranten auseinandertreiben, obwohl er das Ziel der Demonstration befürwortet.) Eine ganz ähnliche Thematik umreißt der Begriff „Rollendistanz“. Er verweist auf die Möglichkeit, sich von der Rolle zu distanzieren und kritisch zu prüfen, ob und inwieweit die Rolle den eigenen Ansichten und Werten entspricht.[31] Die Rollendistanz wird dann mit dem Rollenverhalten mitkommuniziert, so daß die Rollensender die Diskrepanz erkennen. Dafür gibt es verschiedene Ausdrucksmittel: Augenzwinkern, Sarkasmus, Murren usw. Dies macht es möglich zu zeigen, daß ein Teil des Selbst außerhalb der Rolle liegt.[32] Bisweilen gehört es aber fast schon wieder zur

---

30 Vgl. Gross, N. et al., Explorations in role analysis, New York 1958; Kahn, R.L./Wolfe, D., Rollenkonflikt in Organisationen, in: Türk, K. (Hrsg.), Organisationstheorie, Hamburg 1975.

31 Vgl. Krappmann, L., Soziologische Dimensionen der Identität, Stuttgart 1971.

32 Vgl. Goffmann, E., Interaktionen: Spaß am Spiel Rollendistanz, übers. a.d.Engl., München 1973, S. 125 ff.

Rollenerwartung, daß die Rolle mit Distanz gespielt wird (z. B. der „penible Pförtner" oder der „zerstreute Professor").

Rollenkonflikte, aus welcher Quelle auch immer gespeist, sind oftmals nicht einfach auflösbar; spätestens dann, wenn gehandelt werden muß, gilt es für den Rollenempfänger, einen gangbaren Weg zu finden. Rollenkonflikte lassen sich grundsätzlich durch Hierarchisierung der Erwartungen, durch kompromißartige Annäherung oder durch Rückzug bearbeiten. Welcher Weg gewählt wird, hängt von unterschiedlichen Bedingungen ab:[33] (a) der **Legitimität,** d.h. wie legitim werden die Rollenerwartungen empfunden (bestehen sie zu Recht?), (b) dem **Sanktionspotential,** d.h. wie stark sind die negativen Konsequenzen bei Nichterfüllung, (c) von den **Einstellungen** des Empfängers (Prinzipientreue, Vermeidungstendenz, Konfliktscheue usw.).

Neben den genannten Wegen gibt es allerdings noch bestimmte Taktiken, Rollenkonflikte zu lösen, z.B. indem kritische Teile des Rollenverhaltens der Beobachtung entzogen, die Rollensender gegeneinander ausgespielt oder die Rollenerwartungen zum Gegenstand von Verhandlungen gemacht werden.

Rollenkonflikte werden von Individuen – sofern sie diese nicht verleugnen – als Belastung, als **Rollenstreß** erlebt; dies führt zu Spannungen, Unzufriedenheiten und – bei immer wiederkehrender Konfliktsituation – nicht selten zu psychosomatischen Erkrankungen.[34] Rollenkonflikte stellen somit im Rahmen des Leistungsprozesses potentielle Störfaktoren dar, wobei nicht verschwiegen werden soll, daß Rollenkonflikte auch produktiv als Veränderungsanstoß, als produktive Unordnung, wirken können. Abbildung 10.6 verdeutlicht noch einmal die dargelegten Zusammenhänge.

(d) Rollendifferenzierung in der Gruppe

Ähnlich wie beim Status gibt es neben den offiziellen Rollenerwartungen (Stellenbeschreibung) eine Reihe informeller Rollendifferenzierungen, die sich aufgrund der Normen und Werte sowie der zu bewältigenden Aufgabe in der Gruppe im Laufe der Zeit herausbilden. Bei empirischen Untersuchungen zeigten sich u.a. Ausdifferenzierungen[35]

- nach der Dauer der Zugehörigkeit zur Gruppe: Von den **„Neuen"** wird ein anderes Verhalten erwartet als von den **„Alten".**
- nach der Abweichung von Gruppennormen: die Außenseiter-Rolle.
- nach Gruppenfunktionen: Die Rolle des **Sprechers,** die die Verbindung zur Umwelt der Gruppe regeln soll; die Rolle des **Schlichters,** die durch Konfliktabwehr und -beseitigung den Bestand der Gruppe sichern soll; die Rolle des **sozio-emotionalen** Führers, die die Kohäsion sichern soll; die Rolle des **Experten** (task-leader), die die Erfüllung der Gruppenaufgabe regeln soll; die Rolle der **Vaterfigur,** die über Identifikation das Lernen von Rollen erleichtern soll; die Rolle des **Sündenbocks,** die eine Zentralisation der Aggressionen mit sich bringt und damit desorganisierende Kräfte abwehrt.

---

33 Vgl. Gross, N., Explorations in role analysis, New York 1958.
34 Vgl. Kahn, R.L. et al., Organizational stress, New York 1964.
35 Vgl. Wiswede, G., Rollentheorie, Stuttgart u.a. 1977, S. 94 ff.

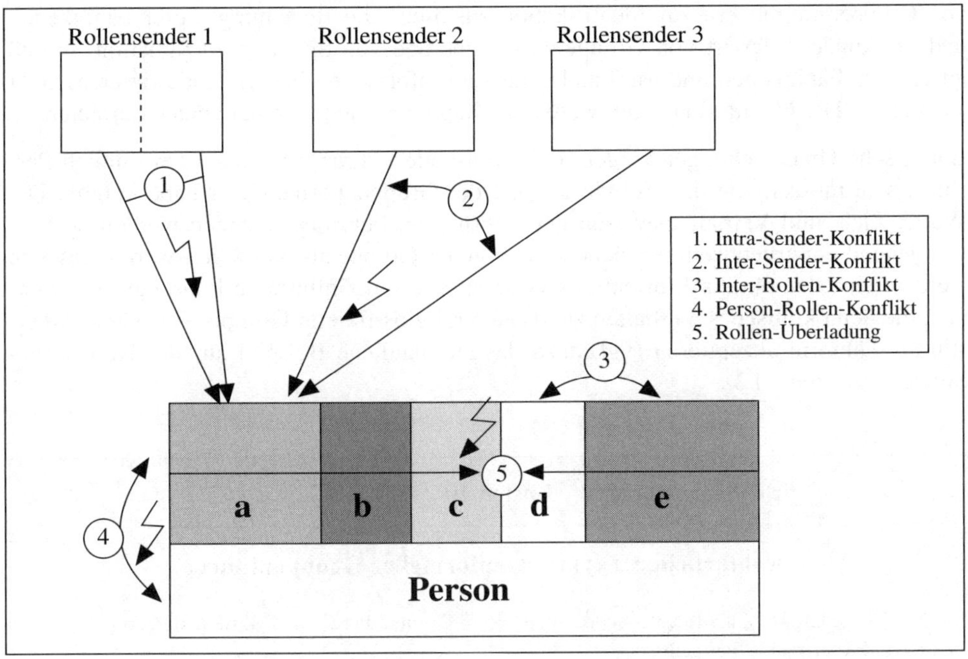

Quelle: nach Neuberger, O., Führen und geführt werden, 4. Aufl., Stuttgart 1994, S. 88 (modifiziert)

Abb. 10.6: Rolle und Person

(3) Führungsstruktur (informelle)

Begreift man Führerschaft als Prozeß der sozialen Beeinflussung (s. Kapitel 11), so gehen in der Arbeitsgruppe nicht nur vom formellen Führer Einflüsse auf das Verhalten der Gruppe aus. Es können eine oder mehrere Personen von der Gruppe bestimmt sein, denen neben formellen Führern generell oder bezüglich bestimmter Funktionen (Sprecher, Schlichter etc.) Einflußmöglichkeiten zugestanden werden. Da diese Einflußmöglichkeiten nicht auf der formalen Position in der Hierarchie basieren, spricht man häufig von **informellen** Führungspersonen.

Formelle und informelle Führungspersonen unterscheiden sich im wesentlichen durch die Machtgrundlagen, auf denen ihre Einflußmöglichkeiten beruhen. Die Machtgrundlagen **formeller Führungspersonen** sind in erster Linie in der **Position begründet,** d.h. die Position ist von der übergeordneten Organisation mit formell geregelten Anweisungsbefugnissen und Sanktionsmöglichkeiten (z.B. Disziplinargewalt, Beförderung, Beurteilung, Lohnfestsetzung etc.) ausgestattet. Im Gegensatz dazu sind die Machtgrundlagen **informeller Führungspersonen** in erster Linie in der Gruppe begründet: Macht wird Gruppenmitgliedern **zuerkannt** z.B. aufgrund überlegenen Wissens und Fähigkeiten (kognitive Komponente) oder aufgrund von Persönlichkeitsmerkmalen, die affektiv wirksam werden (Stärke, gutes Aussehen, emotionale Wärme etc.) und gewöhnlich den Wunsch von Gruppenmitgliedern zur Identifikation auslösen. Die Bedeutung dieser Fähigkeiten und Merkmale differiert von Gruppe zu Gruppe und von Situation zu Situation, so daß universelle Fähigkeiten und Merkmale, die zum informellen Führer prädestinieren, nicht existieren. (Die Machtgrundlagen werden in Kapitel 11 noch einmal genauer erläutert.)

Empirische Untersuchungen zeigen, daß informelle Führungspersonen gewöhnlich Personen sein müssen, die der Verwirklichung der Gruppennormen sehr nahe kommt. Die Werte, Ziele und Verhaltensweisen der informellen Führungspersonen werden deshalb weitgehend kongruent sein mit denen, die von der Gruppe als wünschenswert angesehen werden: eine demokratisch orientierte Gruppe wird eine informelle Führungsperson haben, die demokratisches Verhalten zeigt; eine religiös fixierte Gruppe wird keine Atheistin als Führerin akzeptieren (vgl. dazu das anschauliche Beispiel aus der Hawthorne-Studie in Kasten 10.2).

Kasten 10.2

Drahtarbeiter Taylor als informeller Gruppenführer

Die folgenden Beobachtungen wurden in einer Drahtzieherei im Rahmen der sog. Hawthorne-Experimente gemacht.

„In seiner Tätigkeit als Drahtzieher erbringt Taylor durchweg sehr gute Leistungen. Er arbeitet zügig und beendet seinen Arbeitstag nicht, bevor er die von ihm zu erledigende Quote erreicht hat. Nach dem Urteil seiner Vorgesetzten ist er einer der besten seines Faches. Sein Verhältnis zu Kollegen läßt sich am einfachsten durch die Weise kennzeichnen, in der sie bereit sind, ihm zu helfen. So erledigten sie bspw. während der Zeit, die er aufgrund eines Interviews nicht weiterarbeiten konnte, einen Teil der von ihm zu leistenden Quote mit. (Dies war jedoch nicht notwendig, da er den Verdienstausfall mit seinem Durchschnittslohn vergütet bekam.) Kennzeichnend ist weiterhin, daß derartige Hilfeleistungen von ihm den Kollegen gegenüber nicht erbracht werden, ohne daß diese es jedoch als negativ empfinden.

Ein weiteres Kennzeichen ist seine unermüdliche Bereitschaft zur Kommunikation. Es gibt kein Thema, wozu er nichts beitragen könnte, wobei seine Kompetenz unbestritten bleibt. Geachtet wird er zudem wegen seiner Ratschläge, die sich sowohl auf geplante Firmenwechsel, Schlichtungen bei Meinungsverschiedenheiten oder einfach Pferdewetten beziehen.

Durch einen Vorfall wird die Position Taylors innerhalb der Gruppe besonders deutlich. Einmal war der Draht knapp geworden und die Anweisung des Vorgesetzten lautete, mit dem Vorhandenen auszukommen. Entgegen seiner Weisung besorgten sich zwei Mitglieder der Gruppe zusätzlich Draht für ihre Bedürfnisse und waren sehr stolz darauf. Taylor hingegen ging in das Zentralbüro und kam nach kurzer Zeit mit einer Lastwagenladung voller Draht für alle zurück.“

Quelle: Roethlisberger, F.J/Dickson, W.J., Management and the worker, Cambridge u.a., 16. Aufl. 1975, S. 464 f.

Von Führungspersonen wird in aller Regel in höherem Maße als von den anderen Gruppenmitgliedern erwartet, daß sie Verpflichtungen nachkommen. Versäumen sie dies, so gefährden sie ihre Stellung; die Gruppe kann die Führungsmacht jederzeit wieder zurücknehmen. Die Führungsperson ist zwar mächtiger als jedes einzelne Gruppenmitglied, aber immer schwächer als das Gebilde Gruppe, denn sie ist die Quelle ihrer Macht.[36]

In diesem Zusammenhang soll noch einmal auf das Paradox hingewiesen werden, daß informelle Führungspersonen einerseits in höherem Maße den Gruppennormen entsprechen als alle anderen Gruppenmitglieder, andererseits aber sind die Führungsperson diejenigen Gruppenmitglieder, denen am ehesten eine Normabweichung konzediert wird. Hollander erklärt den Widerspruch, indem er eine zeitliche Abfolge aufzeigt: Die Führungsperson erwirbt sich durch Normerfüllung ein Anerkennungspolster (idiosynkratischer Kredit), das ihr in der Fortfolge eine „produktive Nonkonformität" erlaubt.[37]

In der Rollenanalyse war bereits angedeutet worden, daß sich Führung in Gruppen im wesentlichen als eine ausdifferenzierte Rolle darstellt. In vielen Studien zeigte sich, daß Gruppen im Fortlauf häufig die Führungsrolle in zwei Rollen weiter differenzieren, nämlich in die Rolle des **Aufgabenführers,** der primär die Zielerreichung im Auge hat, und die Rolle des **sozio-emotionalen Führers,** der primär für den Zusammenhalt der Gruppe Sorge trägt („Divergenztheorem").[38] Es zeigte sich also, daß der oder die „Tüchtigste" nur im Ausnahmefall auch der oder die „Beliebteste" ist und umgekehrt. Diese Tendenz verstärkt sich im Laufe der Gruppenbildung eher als daß sie sich abschwächte. Eine Erklärung für diese Aufspaltung könnte in der Widersprüchlichkeit dieser Erwartungen liegen, die eine einzelne Person nur schwer überbrücken kann. Systemtheoretisch gesehen handelt es sich um gegenläufige Funktionen, die gleichwohl beide erfüllt werden müssen, wenn das System leistungsfähig gehalten werden soll. Eine Möglichkeit, mit Widersprüchen umzugehen, ist die Separierung, d.h. die Entlastung einer Rolle durch Spezialisierung.

10.4.4 Kollektive Handlungsmuster

Neben der Gruppenkohäsion, Normen und Standards, und der internen Sozialstruktur können als vierte Formations- und Entwicklungsvariable die kollektiven Handlungsmuster unterschieden werden. Kollektive Handlungsmuster in dem hier gemeinten Sinne beziehen sich entweder direkt auf bestimmte Kollektiv-Aktionen oder aber indirekt auf Formen kollektiver Entscheidungsprozesse. Gerade letzteres ist sehr viel empirisch untersucht worden. Einige besonders interessante Ergebnisse sollen kurz vorgestellt werden.

---

36 Vgl. Greence, C. N., The reciprocal nature of influence between leader and subordinate, in: Journal of Applied Psychology 60 (1975), S. 375 ff.

37 Vgl. Hollander, E.P., Führungstheorien – Idiosynkrasiemodell, in: Kieser, A./Reber, G./Wunderer, R. (Hrsg.), Handwörterbuch der Führung, Stuttgart 1995, Sp. 926 ff.

38 Vgl. Bales, R.F./Slater, P.E., Role differentiation in small decision-making groups, in: Parsons, T./Bales, R.F. (Hrsg.), Family, socialization and interaction processes, New York 1955, Kap. 5.

(1) Risikoschub in Gruppen

Normalerweise würde man von Gruppen erwarten, daß sie tendenziell weniger risikofreudig entscheiden als Einzelpersonen. Kühnheit und Risikobereitschaft werden gewöhnlich Individuen und nicht Kollektiven zugeordnet. Die experimentelle Gruppenforschung verweist seit Jahren (wenn auch nicht immer ganz eindeutig) in eine andere Richtung. Gruppen wählen risikoreichere Alternativen als Individuen. Man bezeichnet diese Tendenz als **Risikoschub** (risky shift);[39] Abbildung 10.7 veranschaulicht das gemeinte Phänomen.

Zur Erklärung des Risikoschub-Phänomens wurde eine Reihe von Thesen entwickelt. Die bekanntesten lauten:

- Diffusion der Verantwortung: Ein höheres Risiko wird akzeptiert, weil die Handlungskonsequenzen von der ganzen Gruppe getragen werden.
- Höheres Informationsniveau: Die Gruppendiskussion bringt viele Informationen zusammen und reduziert die Unsicherheit.
- Führerschaft: Führungspersonen sind gewöhnlich risikofreudiger als Gruppenmitglieder, es werden deshalb von den einflußreichen Personen mehr Pro-Risiko-Argumente vorgetragen, und es kommt zu dem Schub.
- Risiko als sozialer Wert: Die Anwesenheit anderer läßt für mehr Risikofreude votieren, um nicht als kleinmütig gelten zu müssen.

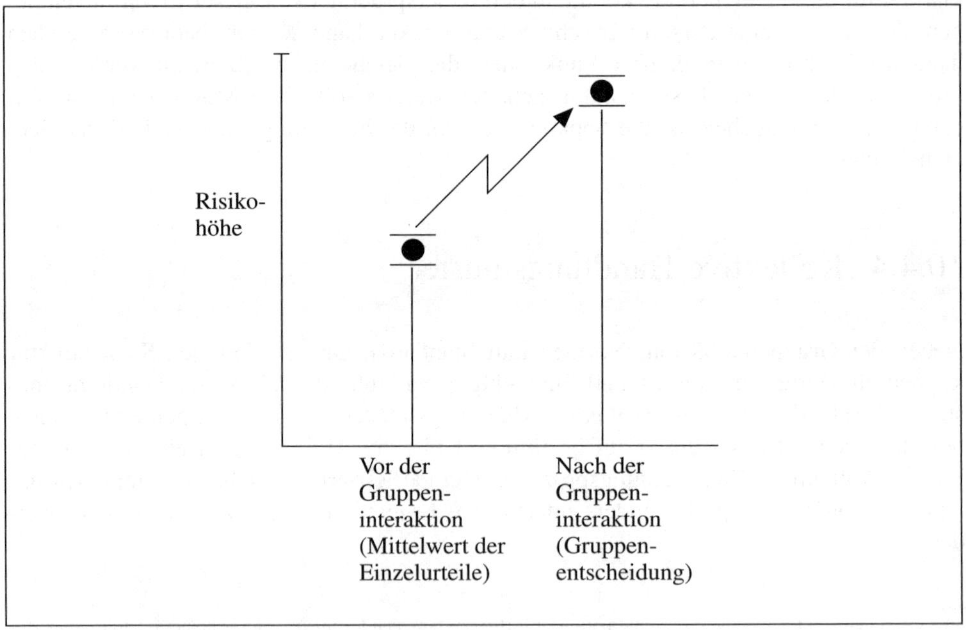

Abb. 10.7: Das Risikoschub-Phänomen

39 Vgl. Kogan, N./Wallach, M.A., Risk taking, New York 1964.

Insgesamt gilt es zu bedenken, daß der Risiko-Schub bislang primär in experimentellen Situationen beobachtet wurde, so daß ein Artefakt-Verdacht deshalb nicht ganz von der Hand zu weisen ist. Interessant ist der Hinweis, der aus neueren Studien kommt. Danach ist der Risikoschub nur bei bestimmten Entscheidungsgegenständen beobachtbar, nämlich solchen, bei denen gesellschaftlich die Risikoübernahme positiv bewertet ist (z.B. bei unternehmerischen Pionierentscheidungen). Dort, wo die Risikofreude von der Gesellschaft eher negativ bewertet wird (z.B. beim Schutz von schwangeren Frauen oder der Eheschließung), zeigt sich überraschenderweise das Gegenteil. Gruppen votierten im Vergleich zu den Individuen für das geringere Risiko. Man spricht hier vom Vorsichtsschub („cautious shift").[40]

(2) Gruppendenken

Einen weiteren Einblick in das Entscheidungsverhalten von Gruppen und die sie bestimmende kollektive Dynamik geben die Studien von Janis.[41] Ausgangspunkt ist die These, daß **kohäsive** Gruppen mit einem ausgeprägten **Korpsgeist** und einem herzlichen Einvernehmen untereinander dazu neigen, vorschnell Einmütigkeit herzustellen und dazu im Widerspruch stehende Meinungen zu unterdrücken. Das Streben nach Einvernehmlichkeit wird stärker als das Bestreben, sich über ein Problem argumentativ auseinanderzusetzen und Alternativen zu erörtern. Der Teamgeist läßt das autonome und kritische Denken verstummen und führt die Gruppe unter Umständen zu skrupellosen und gefährlichen Entscheidungen. Janis nennt dieses Phänomen „Gruppendenken" und demonstriert seine Wirksamkeit an einer Reihe von Fehlentscheidungen der U.S.-amerikanischen Außenpolitik.

Ein besonders prägnantes Beispiel ist die „Schweinebucht"-Affäre, gemeint ist die Entscheidung von Präsident Kennedy und seiner Beratergruppe, dem CIA-Vorschlag zu folgen und eine Invasion in Kuba einzuleiten. Kein einziger von Kennedys Beratern opponierte gegen das äußerst zweifelhafte Vorhaben, die schwerwiegenden politischen Konsequenzen, selbst im Falle des Erfolges, blieben unberücksichtigt. Die Entscheidung erwies sich bekanntlich als völliger Fehlschlag. Die militärisch massiv unterstützten Invasoren (es waren 1.400 Exil-Kubaner) waren nach wenigen Tagen am Ende und wurden von den kubanischen Streitkräften gefangen genommen.

Die Rekonstruktion der Entscheidungsgrundlagen offenbarte ein verblüffendes Maß an Wunschdenken und Ausblendung kritischer Aspekte des Vorhabens. Arthur Schlesinger, einer der Berater Kennedys, konstatierte später selbstkritisch, daß er Opfer des „Gruppendenkens" geworden war: „Hätte sich auch nur ein Berater gegen das Abenteuer ausgesprochen, ich glaube, Kennedy hätte es fallen gelassen. Aber keiner sagte ein Wort dagegen ... Unsere Sitzungen fanden in einer Atmosphäre vermuteten Konsenses statt". Obwohl Schlesinger eigentlich schwerwiegende Vorbehalte gegen das Vorhaben hatte, zögerte er, sich gewissermaßen selbstzensierend, diese in der Gruppe zur Sprache zu bringen: „Ich kann mein Versagen, nicht mehr getan zu haben, als einige schüchterne Fragen zu stellen, nur dadurch erklären, daß der Impuls, gegen diesen Unsinn Front zu machen, durch die Umstände der Diskussion schlicht erlahmte."[42]

---

40 Vgl. Stoner, J.A.F., Risky and cautious shifts in group decisions, in: Journal of Experimental Social Psychology 4 (1968), S. 442-459.

41 Vgl. Janis, J.L., Groupthink, 2. Aufl., Boston 1982.

42 Vgl. Janis, J.L., Groupthink, a.a.O. Übers. d.d. Verfasser.

Nach sorgfältiger Analyse ähnlicher (Fehl-) Entscheidungsprozesse benennt Janis acht generelle Symptome (im Sinne beobachtbarer Merkmale) des Gruppendenkens:

1. Falsche Einmütigkeit schafft die **Illusion der Unverwundbarkeit** und läßt einen überzogenen Optimismus entstehen.
2. Ein unbedingter **Glaube an die Moralität** der Gruppe macht blind für die ethischen Konsequenzen von Entscheidungen; was die Gruppe entscheidet, ist per se gerechtfertigt.
3. **Rationalisierung:** Die Gruppe weist oder wertet Argumente und Fakten ab, die der Gruppenmeinung zuwiderlaufen.
4. **Stereotypisierung:** Feinde und andere Außenstehende werden durchgängig negativ wahrgenommen; überflüssig, sich mit ihnen auf ernsthafte Erörterungen einzulassen.
5. **Selbstzensur:** Gruppenmitglieder unterdrücken von sich aus eigene Zweifel an der Gruppenmeinung.
6. **Gruppenzensur:** Die Gruppe übt massiven Druck auf Mitglieder aus, die wider den Komment Zweifel an Gruppenmeinungen und Prämissen artikulieren.
7. **Gehirnwächter** (mind guards): Bestimmte Gruppenmitglieder treten in Aktion, um potentielle „Dissidenten" schon im Vorfeld zum Schweigen zu bringen, bevor sie die herrschende Meinung mit ihren Zweifeln unterminieren können.[43]
8. **Illusion der Einmütigkeit:** Aufgrund der Selbstzensur und des Gruppendrucks entsteht bei allen Mitgliedern, insbesondere aber bei dem Gruppenführer, das Bild uneingeschränkter Einmütigkeit.

In einer neueren Studie, die das Challenger-Unglück im Jahre 1986 als Ergebnis von Gruppendenken zeigt, wird das Modell des Gruppendenkens um zwei Kontextvarianten ergänzt: Zeitdruck und Führungsstil. Starker Zeitdruck und Führungspersonen, die von Hause aus wenig Divergenz zulassen, schaffen ein Klima, das Gruppendenken befördert.[44]

Das Phänomen des Gruppendenkens darf nicht als eine Art Naturgesetz mißverstanden werden; es handelt sich dabei um eine Tendenz, keineswegs aber um eine zwangsläufige Erscheinung. Es ist wichtig zu wissen, daß Gruppen, die sich gut verstehen, zu einem solchen Verhalten neigen, um dieser Gefahr entgegenwirken zu können. Janis unterbreitet eine Reihe interessanter Vorschläge, um Gruppendenken vorzubeugen:[45]

- Die Gruppenführung sollte mit Worten und Gesten die Mitglieder ermutigen, Kritik und Zweifel zu äußern.
- Die Gruppenführung sollte mit ihrer Meinungsbildung abwarten und nicht schon in der Frühphase eine dezidierte Meinung vertreten.
- Die Gruppe sollte sich immer wieder einmal in mehrere Teams aufspalten und die verschiedenen Alternativen getrennt voneinander diskutieren.
- Ein Mitglied sollte zum advocatus diaboli bestellt werden (vgl. Kasten 10.3).

---

43 In diesem Sinne beschreibt Janis die Rolle von Robert Kennedy bei der Schweinebucht-Entscheidung. Bei einer Party nahm er Schlesinger zur Seite und meinte zu den im Vorfeld geäußerten kritischen Kommentaren: „Du kannst recht haben oder auch nicht, der Präsident hat sich seine Meinung gebildet. Verfolge es nicht weiter. Es ist jetzt an der Zeit, daß jeder ihm hilft, so gut er kann". Ebenda, S. 40. Übers. d.d. Verfasser.

44 Vgl. Moorhead, G./Ference, R./Neck, C.P., Group decision fiascoes continue: Space shuttle Challenger and a revised groupthink framework, in: Human Relations 44 (1991), S. 539-550.

45 Vgl. ebenda, S. 262 ff.

Kasten 10.3

Advocatus diaboli

Definition:

Als „advocatus diaboli“ wird ein Entscheidungsverfahren bezeichnet, bei dem eine Person oder eine Gruppe ausdrücklich die Rolle des schonungslosen Kritikers übernimmt. Ihre Aufgabe besteht darin, Schwachpunkte oder Fehlerquellen in den zugrundeliegenden Annahmen und Schlußfolgerungen aufzuspüren und auf sie aufmerksam zu machen. Ziel dieser Vorgehensweise ist es, durch die Schaffung von Dissonanzen bzw. den Verweis auf Gegenpositionen, die Entscheidungsbeteiligten vor einem zu frühen Konsens zu bewahren sowie eine intensivere Auseinandersetzung mit den zugrundeliegenden Prämissen zu fördern.

Vorteile:

Der Hauptvorteil dieser Methode liegt darin, daß die Legitimation für eine schonungslos kritische Position jenseits aller Gruppen- und Organisationszwänge geschaffen wird. Es wird jemand beauftragt, über alle (emotionalen) Barrieren hinweg, das auszusprechen, was an dem Plan oder der Entscheidung kritisch erscheint. Darüber hinaus werden die meist stillschweigend zugrundegelegten Annahmen sichtbar und damit diskutierbar gemacht. Die anstehende Entscheidung kann darüber hinaus noch einmal aus einer neuen Perspektive überdacht werden. Das erweitert den Reflexionshorizont, die Wahrscheinlichkeit von Fehlentscheidungen wird dadurch geringer und neue Alternativen kommen unter Umständen in das Gespräch.

Gefahren in der Anwendung:

Die Kritik an dieser Methode setzt vor allem an folgenden vier Punkten an:

– Hat bei einem Entscheidungsprozeß erst einmal die Kritik Oberhand gewonnen und ist das Vorhaben verworfen, gibt es nichts, was es „rehabilitieren“ könnte.
– Es besteht die Gefahr einer zunehmend destruktiven statt konstruktiven Denkweise.
– Durch die permanent geübte Kritik besteht die Gefahr der Demoralisierung der Initiatoren.
– Es entsteht eine Tendenz zur Schaffung „wasserdichter“, nicht aber kreativer oder risikoreicher Vorhaben.

Quellen: Cosier, R.A., Dialectical inquiry in strategic planning: A case of premature acceptance, in: Academy of Management Review, 6 (1981), S. 643–648; Mason, R.O./Mitroff, I.I., Challenging strategic planning assumptions, New York u.a. 1981, S.128

– Wenn eine vorläufige Entscheidung gefallen ist, sollten anschließend in einer Art „dialektischer Sitzung“ (second chance meeting) alle Gegenargumente und Einwände gesammelt und diskutiert werden.

Die Vorschläge gleichen – das sei hier am Rande vermerkt – sehr stark dem, was oben als Voraussetzung für die Wirksamkeit strategischer Kontrolle vorgetragen wurde. Das ist auch nicht weiter verwunderlich, denn das Grundanliegen ist dasselbe.

(3) Konzertierte Gruppenaktionen

Zu den direkten kollektiven Handlungen werden in erster Linie die sog. konzertierten Gruppenaktionen gezählt, die meist dann eingeleitet werden, wenn die Erreichung von Gruppenzielen gefährdet erscheint oder wenn von außen Ziele an die Gruppe herangetragen werden, die der Gruppe nicht akzeptabel erscheinen. Beispiele für derartige Aktionen sind: Outputrestriktionen bei Akkordarbeit (um z.B. einer ständigen Erhöhung der Richtsätze vorzubeugen), Dienst nach Vorschrift, Streik für bessere Arbeitsbedingungen, Widerstand gegen Änderungen etc.

Voraussetzungen für die Durchführung von konzertierten Gruppenaktionen sind

(a) ein relativ hoher Grad an Gruppenkohäsion, der den Gruppenmitgliedern den notwendigen Halt gibt und sie eventuelle Risiken leichter tragen läßt.

(b) Die Existenz von Normen und Standards, die auf eine gewisse Konfliktbereitschaft hinauslaufen und die eine deutliche Grenze zwischen den Gruppen und der Organisation ziehen.

(c) Die Unterstützung durch die informelle Führung.

Umgekehrt kann aber auch der Kohäsionsgrad gerade durch solche Aktionen steigen; ebenso erfährt die Normstruktur wie die interne Sozialstruktur durch derartige Aktionen unter Umständen eine Differenzierung und gegebenenfalls eine Modifizierung. Die einzelnen Variablen sind also auch hier nicht unabhängig voneinander, sondern stehen in einem gegenseitigen Einflußverhältnis.

10.5 Die Outputvariablen

Nach einer Diskussion des Gruppengeschehens stellt sich die Frage, wie alle diese Einflüsse und Prozesse auf die Leistung der Gruppen (Output) wirken. Die einer Arbeitsgruppe übergeordnete Organisation wird in erster Linie an einer hohen Gruppeneffektivität (Produktivität und Stabilität) interessiert sein. Es gibt zahlreiche Untersuchungen, die nach den Bedingungen hoher Gruppeneffektivität fragen und dabei Variablen aus verschiedenen Prozeßphasen unseres system analytischen Diagramms als Bestimmungsgröße nehmen. Teilweise werden vor dem Hintergrund des Systemmodells in den Studien Input und Output direkt gegenübergestellt, teilweise werden Interaktions- oder Formations- und

Entwicklungsvariablen zu Outputfaktoren in Beziehung gesetzt. In allen Fällen werden aber, wie oben bereits angegeben, nur Teilbeziehungen herausgegriffen und überprüft.

(1) Inputvariablen und Effektivität (einige Befunde)[46]

(a) Gruppengröße

- Die Zufriedenheit der Gruppenmitglieder sinkt mit steigender Gruppengröße.
- Eine eindeutige Beziehung zwischen Gruppengröße und Produktivität konnte nicht gefunden werden. Aufgaben, die ein hohes Maß an Kooperation und Komplementäraktivitäten verlangen, werden tendenziell in kleineren Gruppen besser gelöst, während Aufgaben additiver Natur mit zunehmender Gruppengröße tendenziell zunehmende Leistungswerte erzielen.

(b) Aufgabe

- Bei schwierigen Aufgaben hängt der Erfolg davon ab, in welchem Ausmaß die Gruppenmitglieder frei und ungehindert Zustimmung oder Ablehnung zu den vorgeschlagenen Lösungsschritten äußern können.
- Gruppen, die sich aus Mitgliedern mit unterschiedlichen Persönlichkeitsstrukturen zusammensetzen, arbeiten besser bei schwach strukturierten Aufgaben als Gruppen, deren Mitglieder homogene Persönlichkeitsstrukturen aufweisen. Bei gut strukturierten Problemen zeigen sich eher die umgekehrten Ergebnisse. Neuere Studien[47] differenzieren diesen Punkt weiter. Gruppen mit einem hohen Diversitätsgrad (Einstellungen, Präferenzen usw.) erzielen gewöhnlich bessere Ergebnisse als solche mit einem hohen Ähnlichkeitsgrad. Dies allerdings dann nicht, wenn die Diversität zu gravierenden Dauerkonflikten führt, wenn die Diversität keinen Konsens in den Grundzielen zuläßt, wenn die Entscheidung rasches Gemeinschaftshandeln erforderlich macht.

(c) Persönlichkeitsmerkmale

- Untersuchungen, die Eigenschaften der Mitglieder und Gruppenleistung direkt in Beziehung setzen wollten, konnten keine konsistenten Ergebnisse erzielen. Die Art der zu lösenden Aufgaben spielt eine auschlaggebende Rolle.
- Gruppen mit Mitgliedern ähnlicher Persönlichkeitsstrukturen zeigen gewöhnlich höhere Zufriedenheit und Stabilität als heterogen zusammengesetzte Gruppen.

(2) Gruppenstruktur und Effektivität (einige Befunde)

- Dezentralisierte Kommunikationsstrukturen bringen bessere Problemlösungen bei komplexen Aufgaben, zentralisierte Kommunikationsstrukturen dagegen bei einfachen Aufgabenstellungen.
- Gruppenmitglieder berichten mehr Zufriedenheit bei dezentralisierten als bei zentralisierten Kommunikations- und Entscheidungsstrukturen.

---

46 Vgl. im Überblick Shaw, M.E., a.a.O.; Weinert, A., Organisationspsychologie, 4. Aufl., Weinheim 1998, S. 367 ff.

47 Vgl. Wanous, J.P./Youtz, M.A., Solution diversity and the quality of group decisions, in: Academy of Management Journal 29 (1986), S. 149 ff.

(3) Gruppenkohäsion und Effektivität (einige Befunde)

(a) Gruppenkohäsion und Gruppenerfolg[48]

- Die anfänglich häufig vertretene Auffassung, daß zwischen Gruppenkohäsion und Gruppenleistung eine eindeutige Kausalbeziehung derart bestehe, daß eine **Steigerung der Gruppenkohäsion** eine **Steigerung der Gruppenleistung** bewirke, konnte nicht bestätigt werden. Bei empirischen Untersuchungen fand man zwar Gruppen, die sich in der erwarteten Weise verhielten; man fand aber auch hochkohäsive Gruppen, die eine niedrigere Leistung erbrachten als Gruppen mit schwacher Kohäsion. Es erwies sich, daß ohne Berücksichtigung der **Gruppenziele** keine eindeutigen Aussagen möglich sind: Das Einflußpotential der Gruppe auf das Verhalten ihrer Mitglieder wird stark durch die Höhe der Gruppenkohäsion bestimmt; die Einflußrichtung aber hängt von den intern formulierten Zielen der Gruppe ab. Nur dann, wenn diese Ziele auf eine hohe Leistungsabgabe ausgerichtet sind, wird sich der ursprünglich erwartete Effekt einstellen. Das Ziel einer hohen Arbeitsleistung wird in der Regel von der Organisationsumwelt an die Gruppe herangetragen. Eine Vielfalt von Einflußfaktoren bestimmt, inwieweit diese Ziele mit den Gruppenzielen im Einklang stehen oder divergieren. Eine besondere Bedeutung wird dabei der Frage der Instrumentalität der Organisationsziele zukommen.
- Generell ließen sich folgende Beziehungen wiederholt beobachten:
  - Bei hoher (geringer) Leistungsorientierung erzielten hochkohäsive Gruppen eine höhere (geringere) Produktivität als schwachkohäsive Gruppen (vgl. z.B. die Studie in Abb. 10.8).
  - Hochkohäsive Gruppen zeigen eine größere Einheitlichkeit in der Leistung als schwachkohäsive Gruppen. Diese Uniformität läßt sich mit dem erhöhten Einflußpotential ersterer auf das Verhalten der Mitglieder erklären.
  - In hochkohäsiven Gruppen sind – bei Zielakzeptanz – schnellere Lernerfolge zu erwarten als in wenig kohäsiven Gruppen.
- Die Kausalität ist nicht eindeutig; es gilt auch: Je höher der Gruppenerfolg, um so stärker wird die Gruppenkohäsion.

(b) Gruppenkohäsion und Zufriedenheit

Mitglieder von hochkohäsiven Gruppen äußern sich für gewöhnlich zufriedener über ihre Arbeit als solche schwachkohäsiver Gruppen. Dieses empirische Ergebnis überrascht nicht, denn Kohäsion war ja oben als Attraktivität bzw. Ausmaß der Bedürfnisbefriedigungsmöglichkeit in der Gruppe bestimmt worden.

(c) Gruppenkohäsion und Fehlzeiten

Hochkohäsive Gruppen haben im Durchschnitt geringere Fehlzeiten als schwachkohäsive Gruppen.[49]

---

48 Vgl. Seashore, S., Group cohesiveness in industrial work groups, Ann Arbor 1954; Greene, C.N., Cohesion and productivity in work group, in: Small Group Behavior 20 (1989), S. 70 ff.; Mullen, B./Cooper, C., The relation between group cohesiveness and performance: An integration, in: Psychological Bulletin 115 (1994), S. 210-227.

49 Mann, L./Baumgartel, H., Absences and employee attitudes in an electric power company, Ann Arbor 1952.

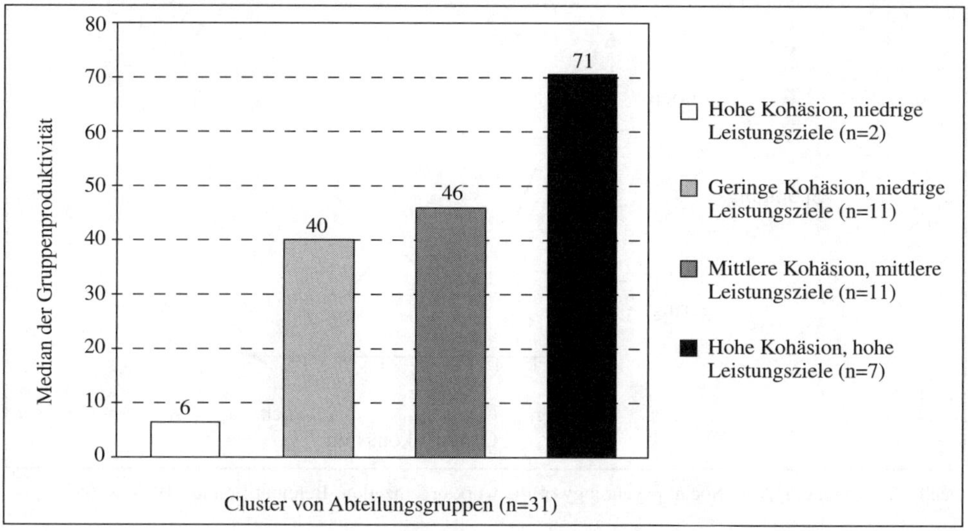

Quelle: Likert, R., New Patterns of Management, New York 1961, S. 119 ff. (modifiziert)

Abb. 10.8: Gruppenkohäsion und Produktivität; Studie in 31 geographisch getrennten Abteilungen eines US-amerikanischen Industriebetriebes (1955)

(d) Gruppenkohäsion und Fluktuation

Coch und French untersuchten Gruppen von Textilarbeitern, die sich an neue Technologien anzupassen hatten. Die Fluktuationsraten waren sehr hoch; aber sie differierten stark in Abhängigkeit von der Kohäsion. Gruppen mit hoher Kohäsion hatten eine relativ niedrigere Fluktuationsrate als andere Gruppen – dies auch bei grundsätzlich negativer Einstellung gegenüber der Firma.[50] Der Einfluß von Gruppenvariablen auf die Fluktuation hängt natürlich ganz wesentlich von den Gegebenheiten auf dem Arbeitsmarkt und den Wechselmöglichkeiten ab.[51]

(e) Gruppenkohäsion und perzipierte Belastung durch die Arbeit

Seashore[52] untersuchte die Auswirkungen der Gruppenkohäsion auf den perzipierten Druck durch die Arbeit bei 228 Arbeitsgruppen in einer großen Schwermaschinenfabrik. Hohe Kohäsion wurde angenommen, wenn die Mitglieder – „(1) perceive themselves to be a part of a group, (2) prefer to remain in the group rather than to leave, and (3) perceive their group to be better than other groups with respect to the way the men get along together, the way they help each other out, and the way they stick together". Es zeigte sich folgendes Ergebnis: Hohe Gruppenkohäsion führt in der Tendenz zu geringeren arbeitsbezogenen Belastungs-, Spannungs- und Angstgefühlen. Abbildung 10.9 gibt die Antworten auf die Frage wieder: „Does your work ever make you feel ‚jumpy' or ‚nervous'?"

50 Coch, L./French, J.R.P. jun., Overcoming resistance to change, in: Human Relations 1 (1948), S. 512 ff.
51 Vgl. Mobley, W.H., Employee turnover, Reading, Mass. 1982.
52 Vgl. Seashore, S., a.a.O., S. 40.

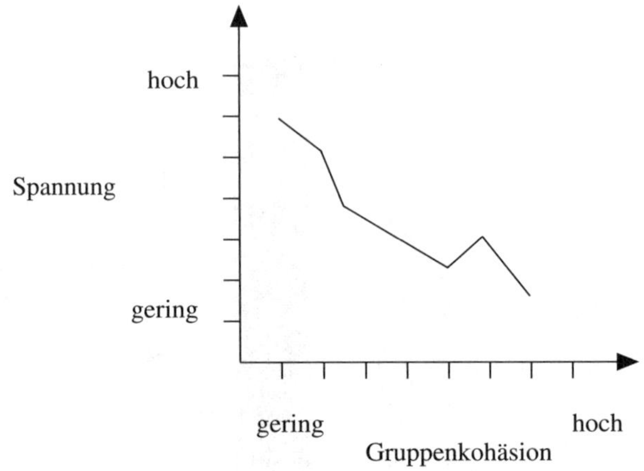

Quelle: Tannenbaum, A.S., Social psychology of the work organization, Belmont/London 1969, S. 65

Abb. 10.9: Perzipierte Belastung durch die Arbeit in Abhängigkeit von der Gruppenkohäsion

(4) Rückkoppelung

Aufgaben(miß)erfolg und (In-)Stabilität der Gruppen haben nun ihrerseits wieder Einfluß auf die Inputvariable „Organisationsumwelt" und damit indirekt auf die Zusammensetzung der Gruppe (z.B. Aufgabenmißerfolg bewirkt die externe Entscheidung, einige Mitglieder in der Gruppe auszutauschen).

10.6 Interaktion im Zeitablauf

Die Interaktionsprozesse, die schließlich zur Herausbildung und Stabilisierung einer Gruppenidentität führen, sind durch viele Merkmale bestimmt: Sympathien, Antipathien, Konflikte, erfolgreiche Problemlösungen usw. Das Ergebnis des Interaktionsprozesses sind die Strukturmerkmale der Gruppe und der Gruppenerfolg. Ein Versuch, das Interaktionsgeschehen über einen gewissen Zeitraum hinweg zu beschreiben, sind die Phasenmodelle der Gruppenentwicklung.

Ebenso wie auf der Ebene der Organisation gibt es auch für Gruppen Modelle, die den Entwicklungsprozeß nach Phasen gliedern. In aller Regel werden vier Phasen unterschieden:[53]

(1) Formierungs- oder Orientierungsphase (Forming);
(2) Sturm- oder Differenzierungsphase (Storming);

53 Vgl. Tuckmann, B.W., Developmental sequence in small groups, in: Psychological Bulletin 63 (1965), S. 384-399.

(3) Normierungs- oder Integrationsphase (Norming);
(4) Reifephase (Performing).

Die **Formierungsphase** ist die Phase des Kennenlernens. Die Gruppenmitglieder prüfen einander auf Gemeinsamkeit und Unterschiede, auf Sympathie und Antipathie. Die Unsicherheit ist groß, erste Basisorientierungen darüber, was möglich und was nicht möglich ist, beginnen sich zu entwickeln. Formell eingesetzte Führungskräfte haben in dieser Situation leichte Hand, ihre Orientierungsleistung ist zumeist willkommen.

In der **Sturmphase** treten die Mitglieder aus ihrer Reserve heraus, machen Unterschiede deutlich, melden Dominanz-Ansprüche an und suchen nach Koalitionspartnern. Es ist dies die kritische Phase in jeder Gruppenentwicklung, nicht selten führt sie zum Zerfall der Gruppe.

Wenn sich die Positionen zu festigen beginnen, tritt die Gruppe in die **Normierungsphase** ein. Harmonie und das Streben nach Konformität treten in den Vordergrund. Es besteht weitgehend Einigkeit, wer welche Rolle zu spielen hat und welche Erwartungen dafür erfüllt werden müssen.

In der **Reifephase** konzentriert sich die Gruppe schließlich auf der Basis der entwickelten internen Struktur auf bestimmte Ziele. Die Interaktionen laufen routinemäßig nach den zwischenzeitlich eingeschliffenen Mustern.

Mit dem Auftauchen neuer Mitglieder oder völlig neuer Aufgaben kann eine Gruppe unversehens wieder in die Sturmphase zurückversetzt werden, in der die Normen und Positionen neu verhandelt werden müssen. In späteren Studien hat man in Anschluß an das Lebenszyklusmodell eine fünfte Phase hinzugefügt, die das Ende einer Gruppe (z.B. infolge der Beendigung eines Projektes oder Schließung eines Werkes) reflektiert. Sie wird Auflösungsphase (Adjourning) genannt.[54]

Wie bei allen Lebenszyklus-Modellen für soziale Systeme so gilt auch für dieses, daß die Phasenabfolge keiner Zwangsläufigkeit unterliegt. Vor allem Einflüsse aus der Gruppenumwelt können eine rasche Umorientierung verlangen oder auch eine Fixierung auf bestimmte Phasen mit sich bringen, wie ja überhaupt über die Dauer der Phasen nichts ausgesagt ist und sich – wie die empirische Forschung zeigt – auch schwer generelle Aussagen bilden lassen.[55] Die Reifephase sollte nicht als allseits harmonischer Gleichgewichtszustand mißverstanden werden. Es gibt keine soziale Einheit ohne Wandel, deshalb ist auch die Reifephase im Entwicklungsablauf durch eine Abfolge kontinuierlicher Wandelprozesse gekennzeichnet[56] – so wie das auch für die Gesamtorganisation im achten Kapitel beschrieben wurde.

---

54 Zuerst Tuckman, B.W./Jensen, M.A.C., Stages of small group development revisited, in: Group and Organizational Studies 2(1977), S. 419-427.

55 Vgl. zusammenfassend McGrath, J.E./O'Connor, K.M., Temporal issues in work groups, in: West, M.A. (Hrsg.), Handbook of work group psychology, Chichester 1996, S. 28 f.

56 Vgl. Gersick, C.J.G., Time and transition in work teams: Toward a new model of group development, in: Academy of Management Journal 31 (1988), S: 9-41.

10.7 Beziehungen zwischen Gruppen

Moderne Organisationsformen verlangen immer häufiger nach abteilungsübergreifender Zusammenarbeit zur direkten Abstimmung (z. B. Simultaneous Engineering, Projektplanung, Produktmanagement, Qualitätsmanagement). Diese Art der Zusammenarbeit wird allerdings meist zu einfach gesehen, das Management solcher Beziehungen in seinen Anforderungen unterschätzt. Gruppen erleben andere Gruppen eines Systems häufig als Rivalen.

Andere Gruppen sind – um auf die Ausgangskonzeption zu verweisen – **interne Umwelt** für die fokale Gruppe; ihre Wahrnehmung und ihre Aktionen fließen in die Grenzbestimmung und das Eigenkonzept der fokalen Gruppe ein. Die Erwartungen der Gruppen untereinander sind aber zunächst einmal nicht durch diese Eigenkonzepte, sondern durch das Gesamtsystem bestimmt. Die Strukturierung der Beziehung zwischen Gruppen ist ja – wie in Kapitel Sieben ausführlich dargesellt – eine Zentralaufgabe der organisatorischen Gestaltung. Die Organisationsstruktur legt die Grundbeziehungen zwischen Gruppen, den Leistungsaustausch und die Regelung allfälliger Konflikte (über die Hierarchie, Programme oder Selbstabstimmungsregeln) fest.

Diese formalen Beziehungen zwischen Gruppen werden jedoch häufig überlagert von einer speziellen Dynamik, wie sie sich häufig zwischen Gruppen entwickelt. Die Managementaufgabe umfaßt daher nicht nur die Handhabung von Prozessen innerhalb, sondern auch zwischen Gruppen.

Die Art der Interaktion zwischen Gruppen wird sehr stark durch ihre Unterschiedlichkeit bestimmt. Das Ausmaß der Unterschiedlichkeit ist seinerseits maßgeblich durch die Aufgabenspezialisierung und den daraus resultierenden unterschiedlichen Zielorientierungen bestimmt, aber natürlich auch durch die unterschiedlichen intern entwickelten Strukturen und Perspektiven, wie sie im vorhergehenden Abschnitt beschrieben wurden. Im Hinblick auf den Managementprozeß werden die Beziehungen zwischen Gruppen und das daraus resultierende leistungsrelevante Verhalten primär unter der Polarität **Konflikt** versus **Kooperation** thematisiert. Dabei ist allerdings keineswegs a priori vorentschieden, daß Konflikt der zu vermeidende, Kooperation der anzustrebende Zustand ist.

Zur Erklärung der immer wieder zu beobachtenden Konflikte zwischen Gruppen sind im wesentlichen zwei Theorien entwickelt worden:

(1) Interessenkonflikttheorie
(2) Soziale Identitätstheorie.

(1) Der früher entwickelte interessenbezogene Ansatz[57] sieht die Hauptursache für Intergruppen-Konflikte im Wettbewerb um **knappe Ressourcen.** Dabei sind keineswegs nur materielle Ressourcen gemeint, wie etwa Zahl der Mitarbeiter, Größe und Lage der Büros, Gehaltszulagen, sondern auch immaterielle, wie z.B. Aufmerksamkeit, Zuwendung, Prestige. Beim interessenbezogenen Ansatz ranken die Konflikte um Einfluß und

57 Zuerst Sherif, M., Group conflict, and cooperation, London 1966.

Kontrolle. Die Gruppen verstehen sich als Rivalen um Güter, die nicht vermehrbar sind; in der Regel handelt es sich um „Nullsummenspiele", d.h. der eigene Anteil kann nur auf Kosten des Anteils anderer vergrößert werden.

In welchem Maße sich eine solche Rivalität zwischen Gruppen entwickelt, ist wesentlich durch die Gruppenumwelt, also die Organisationsstruktur, das Anreizsystem, die Unternehmensführung, mit bestimmt und dadurch auch in Grenzen steuerbar.

(2) Die soziale **Identitätstheorie** geht von einer unbewußteren und damit auch tieferliegenderen Konfliktbildung aus.[58] Gruppen entstehen und erlangen ein Selbst-Bewußtsein („Wir-Gefühl"), indem sie sich von anderen Gruppen **abgrenzen.** Sie tun dies, indem sie eine eigene Identität entwickeln, die einen Unterschied zu anderen Gruppen macht. Dazu bilden sie Vorstellungsmuster aus, d.h. vor allem Eigenbilder und Fremdbilder. Gruppen neigen (wie Individuen auch) zur Diskriminierung in dem Sinne, daß sie von sich selbst ein relativ besseres Bild entwerfen und damit in der Tendenz die anderen Gruppen abwerten.

Das Besondere an der sozialen Identitätstheorie ist nun, daß dieses tendenziell abwertende Bild der anderen Gruppen typischerweise nicht auf konkreten Erfahrungen oder feindseligen Handlungen der anderen Gruppen beruht, sondern in erster Linie eine Vorstellung ist, die man sich von den anderen Gruppen macht.

Um die Konflikte zwischen Gruppen besser verstehen und bearbeiten zu können, ist es demnach erforderlich, sich intensiv mit diesen Wahrnehmungsmustern (Selbstbild und Fremdbilder) vertraut zu machen. Dieser Ansatz führt zu der enormen Bedeutung der von Gruppen selbst gebildeten Normen zurück.

Die soziale Identitätstheorie liefert einen sehr wichtigen Beitrag zur Erklärung von Intergruppen-Konflikten; man sollte sie aber nicht zu mechanistisch begreifen und die Gruppenfeindlichkeit zum zwangsläufigen und unausweichlichen Phänomen machen. Insgesamt gilt es auch hier zu sehen, daß die Gruppenumwelt einen wesentlichen Einfluß auf die Ausprägung dieser Vorstellungsmuster nimmt oder zumindest nehmen kann (z.B. Autoritätsgefüge, Führungsphilosophie, Unternehmenskultur).

In beiden Ansätzen kann also auch von außen Einfluß auf das Konfliktgeschehen genommen werden. Konflikte zwischen Gruppen haben ihre eigene Dynamik; es besteht immer die Gefahr der **Eskalation.** Die Skala in Abb. 10.10 zeigt beispielhaft verschiedene Stufen der Konfliktentwicklung. Es ist dabei wichtig zu betonen, daß keineswegs jeder Konflikt alle diese Stufen bis zum Exzeß durchlaufen muß. Die Skala dient vielmehr dazu, aufzuzeigen, wohin Konflikte führen, wenn man untätig zusieht.

Konflikte zwischen Gruppen sind aus gesamtorganisatorischer Sicht nicht durchweg als negativ einzustufen. Zwar binden sie einerseits zumindest zeitweise wesentliche Teile der Arbeitsenergie (das Vorbereiten von Aktionen gegen die anderen Gruppen, Manöverkritik, Rachefeldzüge usw.) und beeinträchtigen den Informations- und Kommunikationsfluß; auf der anderen Seite fördern solche Konfliktsituationen die Wachsamkeit und das Problembewußtsein; darüber hinaus sind sie geeignet, den Ehrgeiz anzustacheln (wie bei jedem

58 Vgl. Abrams, D./Hogg, M.A., Social identity theory: Constructive and critical advances, Hempstead 1990.

	Eskalationsstufen:	Verhaltensaspekte:
1	Verhärtung	Standpunkte verhärten sich zuweilen und prallen aufeinander; es sind noch keine starren Lager und Meinungen vorhanden.
2	Debatte	Polarisation im Denken, Fühlen und Handeln; ermüdende Debatten, taktische Finessen; es bilden sich Subgruppen und verhärtende Standpunkte.
3	Taten	Reden hilft nicht mehr – es müssen Taten folgen; keine Partei will mehr nachgeben, Kontrahenten sollen die jeweils eigene Auffassung übernehmen.
4	Koalitionen	Es bilden sich Klischees, der „Gegner" wird zum „Feind"; Anhänger werden geworben und es bilden sich symbiotische Koalitionen.
5	Gesichtsverlust	Öffentliche Bloßstellung, Diffamierung des anderen.
6	Drohstrategien	Drohungen und Gegendrohungen eskalieren, „Stolperdrähte" werden gezogen.
7	Scharmützel	Begrenzte Attacken; der „Feind" wird immer mehr zur „Sache".
8	Krieg	Der „Feind" muß vernichtet werden; das feindliche System soll zerbrechen.
9	Gemeinsam in den Abgrund	Totaler Krieg; Vernichtung des Feindes auch zum Preis der Selbstvernichtung

Quelle: nach Glasl, F., Konfliktmanagement, 4. Aufl., Bern/Stuttgart 1994, S. 215 ff.

Abb. 10.10: Phasenmodell der Eskalation von Konflikten

Mannschaftswettkampf zu beobachten) und die Organisation vor gefährlichem Harmoniestreben und Gruppendenken zu schützen.[59] Es ist dies ja letztlich auch der Grund, weshalb z.B. die parlamentarische Demokratie auf der Rolle der Opposition beharrt.

Die Frage, ob und inwieweit das Management eines Unternehmens auf einen **Konfliktabbau** oder -vermeidung hinarbeiten soll, ist also durchaus differenziert zu beantworten. Von entscheidender Bedeutung ist dabei beispielsweise, in welchem Umfang die konfliktären Gruppen im Arbeitsprozeß aufeinander angewiesen sind. Letzteres wird in der Literatur unter dem Stichwort der **Interdependenz** diskutiert. Abbildung 10.11 zeigt die drei geläufigsten Interdependenzformen in Arbeitsprozessen, wobei Gruppenkonflikte insbesondere bei **reziproker** Interdependenz zerstörerisch wirken müssen.

59 Vgl., Brown, L.D. Managing conflict at organzational interface, Reading, Mass. 1983; De Dreu, C./Van de Vliert, E. (Hrsg.), Using conflict in organizations, London 1997.

(1) Gepoolte Interdependenz

Die Arbeitsprozesse verlaufen parallel, es besteht jedoch eine Ressourcenkonkurrenz, z.B. bei gemeinsamer Nutzung von Fertigungsanlagen oder im Hinblick auf Investitionen. Interdependenz besteht lediglich in indirekter Form.

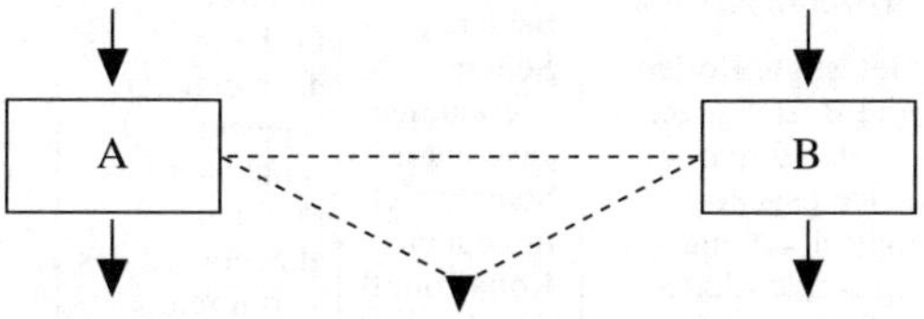

(2) Sequentielle Interdependenz

Die Arbeitsprozesse sind reihenmäßig angeordnet, d.h. das Arbeitsergebnis der vorhergehenden Einheit wird zum Input für die nachfolgende Einheit. Die Vorleistungen bestimmen zu wesentlichen Teilen die Leistungsqualität der nachfolgenden Einheit.

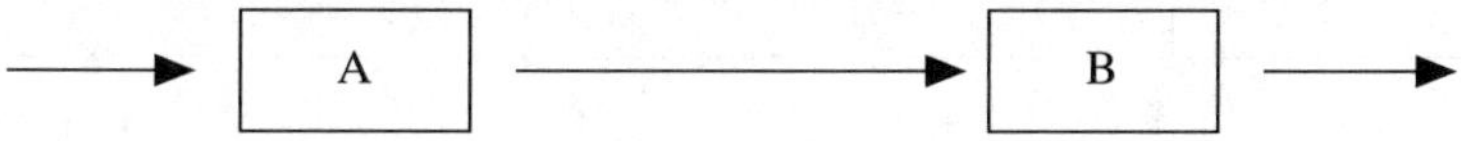

(3) Reziproke Interdependenz

Die Arbeitsprozesse bedingen sich gegenseitig; die Arbeitsergebnisse jeder Gruppe sind Input für die jeweils andere (z.B. Instandhaltung und Montage).

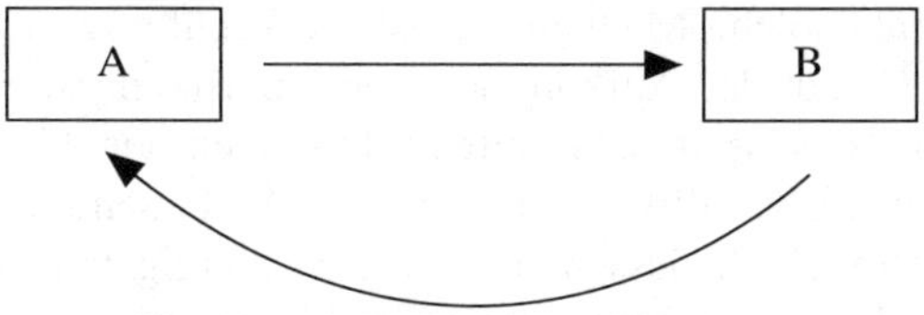

Quelle: nach Thompson, J.P., Organizations in action, New York 1967, S. 54 f.

Abb. 10.11: Typen von Interdependenz zwischen Arbeitsgruppen

Um Konflikte zu vermeiden oder zumindest auf ein tragbares Niveau zu reduzieren, hat sich eine Reihe von Maßnahmen bewährt („Konfliktmanagement“):[60]

- Die Hervorhebung gemeinsamer Ziele,
- Förderung der direkten Kommunikation zwischen den Gruppen („Konfrontationssitzungen“),
- Job rotation zwischen Gruppen,
- Erhöhung der Kontakte durch gemeinsame Fortbildung usw.

60 Vgl. Schein, E., Process consultation, Reading/Mass. 1969, Ury, W./Brett, J.M./Goldberg, S.B., Getting disputes resolved, San Francisco 1988.

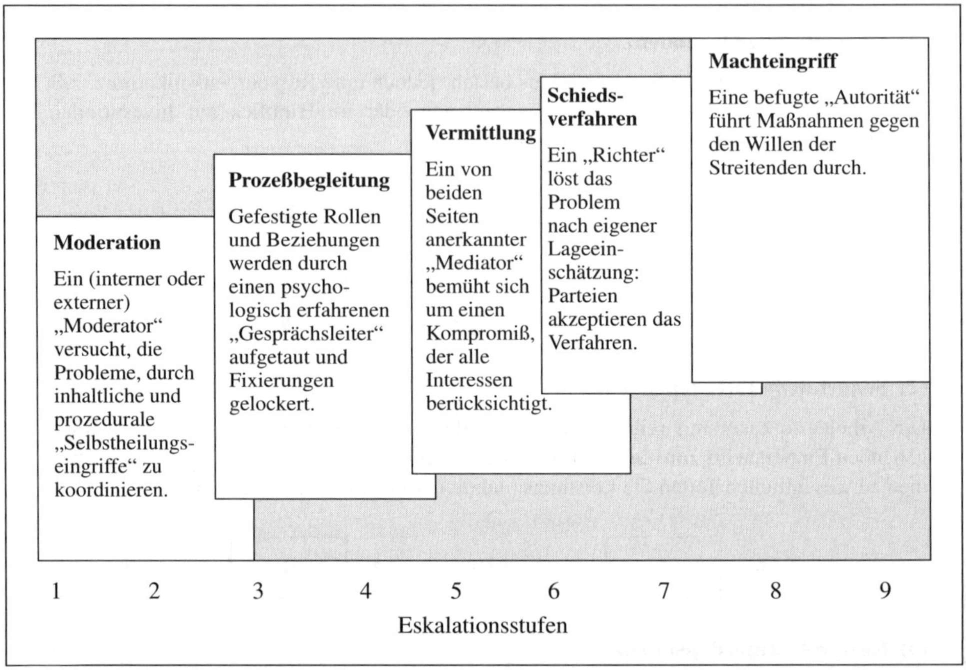

Abb. 10.12: Konfliktinterventionen nach Glasl

Wichtiger aber noch als solche Maßnahmen ist die Einübung in geordnete Formen der **Konfliktaustragung.** Nicht das Aufkommen von Konflikten ist in den meisten Organisationen das Problem – das ist in bestimmten Situationen ohnehin unvermeidlich –, sondern das Unvermögen mit Konflikten umzugehen. Aufbauend auf dem oben gezeigten Phasenmodell (vgl. Abb. 10.10) lassen sich die fünf gängigsten Methoden der Konfliktbearbeitung den jeweiligen Eskalationsstufen zuordnen, angefangen von der einfachen Moderation bis zum hierarchischen Durchgriff. Abb. 10.12 zeigt die Zuordnung der Konfliktbearbeitungsmethoden.[61]

Diskussionsfragen

1. Eine Vertriebsleiterin äußert: „Gruppen, die zusammenhalten wie Pech und Schwefel, sind mir ein Graus!" Würden Sie sich seiner Meinung anschließen?
2. Weshalb ist die Fehlzeitenrate in hochkohäsiven Gruppen geringer als in schwachkohäsiven Gruppen?
3. Inwiefern trägt die „Statusstruktur" zur Erklärung des Gruppenverhaltens bei?

61 Vgl. Walton, R.E., Managing conflict, 2. Aufl., Reading/Mass. 1987; Bush, R.A.B./Folger, J.P., The promise of mediation: Responding to conflict through empowerment and recognition, San Francisco 1994, .

4. Warum können in der Rollenepisode die Sendung und die Wahrnehmung einer Rolle voneinander abweichen? Weshalb können Rollenwahrnehmung und Rollenverhalten divergieren? Berücksichtigen Sie dabei den Unterschied zwischen impliziten und expliziten Kulturen!

5. Ralf Kristen, seit kurzem Meister im Werk Dingolfing und dort auch Betriebsrat, kommt zum wiederholten Male erst um 21.45 Uhr nach Hause. Er hatte nun schon den dritten Kinoabend in Folge mit seiner Familie absagen müssen. Vollkommen erschöpft sagt er zu seiner Frau: „Du, der Müller spinnt doch! Heute hat er von mir verlangt, die Produktion noch einmal um 5% zu steigern...Wahnsinn! Aber einstellen will er ja keinen, das heißt dann wohl wieder Überstunden... Dabei hatten wir doch gerade im Betriebsrat beschlossen, daß die Überstunden endlich abgebaut werden sollen. Und zudem liegen mir die Lehrlinge im Ohr, wegen den anstehenden Gesellenprüfungen. Die stehen schon die ganze Zeit am Band und lernen nix Gescheites, und ich bin nachher wieder verantwortlich. Ach ja...".

   „Ich versteh' Dich nicht, Ralf", sagt seine Frau, „ich sitze hier den ganzen Abend herum und warte, daß wir alle einmal wieder zusammen ins Kino gehen und jetzt bist Du endlich da und sprichst immer noch von diesem Kram." „Dann laß uns doch morgen ins Kino gehen...ach nein, warte, da muß ich ja zur Vorstandssitzung zum F.C. Die kann ich nicht verschieben, der Müller will uns doch für den Fabrikausbau den Rasenplatz abkaufen. Und 30 Bäume auf dem Vereinsgelände sollen auch noch draufgehen, irgendwo ist Schluß..." „Geh Du bloß zu Deinen blöden Vereinen, die Kinder wissen schon gar nicht mehr wie Du aussiehst – wenn Du mich fragst, im übrigen nicht gut..."

   Analysieren Sie die Rollenkonflikte von Kristen. Was kann er tun?

6. Inwiefern trägt die Kenntnis der informellen Führungsstruktur zur Erklärung des Gruppenverhaltens bei?

7. Versuchen Sie, anhand eines Beispieles das Phänomen des „Risikoschubs" zu veranschaulichen und zu erklären! Diskutieren Sie mögliche Maßnahmen, den Risikoschub zu vermeiden!

8. Was versteht man unter „Gruppendenken"? Geben Sie ein praktisches Beispiel!

9. Welcher Zusammenhang ergab sich in empirischen Untersuchungen zwischen Gruppenkohäsion und Fluktuation? Wie kann dieses Ergebnis erklärt werden?

10. Gruppenkohäsion und Produktivität korrelieren in empirischen Untersuchungen teils positiv, teils negativ. Wie könnte man dieses Ergebnis erklären?

11. Weshalb kommt es so häufig zwischen Gruppen zu rivalisierenden Feindseligkeiten?

12. Hans Müller, IV-Spezialist, wird gebeten in der benachbarten IV-Projektgruppe auszuhelfen. Müller, der als äußerst hilfsbereiter Kollege in seinem Team geschätzt wird, kommt der Bitte seines Vorgesetzten nur mit äußerstem Widerwillen nach und möchte sichergestellt wissen, daß dies eine Ausnahme bleibt. Welche Ursache könnte Müllers Verhalten haben?

Fallstudie

Das Wohnzimmer*

Thomas Loffer war schon seit längerer Zeit bei der Fendel AG, einem größeren Unternehmen der Kraftfahrtzeugzuliefererindustrie. Ihm war seit kurzem die Leitung des Dortmunder Werkes, in dem hauptsächlich LKW-Verschlüsse montiert wurden, übertragen worden. Als Thomas Loffer von seinem ersten Werksrundgang zurückkam, war er bestürzt. Zwar war das Dortmunder Werk im ganzen Unternehmen wegen seiner niedrigen Produktivität bekannt, aber Loffer hatte nicht geglaubt, daß er solche Zustände vorfinden würde. Es war ihm klar, daß er sogleich tätig werden mußte. Die Leitung der Fabrik in Dortmund war Loffers erste wichtige Führungsposition und es war klar, daß seine weitere Karriere davon abhing, inwieweit er die Situation in diesem Werk in den Griff bekommen würde.

Von seinem Rundgang war Loffer ein besonders schockierendes Bild aus dem Produktionsbereich C in Erinnerung geblieben. Dort hatten fünf ältere Frauen ihren Arbeitsbereich in eine Art Wohnzimmer verwandelt. Während überall sonst die Arbeitstische in ordentlichen Reihen aufgestellt waren, bildeten sie hier einen Kreis. Am Boden lagen Teppiche, an den Wänden hingen verschiedene Bilder, in der Ecke stand ein Kühlschrank und darauf ein nervtötend vor sich hindudelndes Radiogerät. Loffer war unklar, wozu dieses Radio diente, da die Frauen sich unaufhörlich unterhielten und deshalb gar nichts hören konnten. Er war sich aber sicher, daß all dies von der Arbeit ablenkte und die Produktionsleistung minderte. Am Abend, nachdem die Arbeiter die Fabrik verlassen hatten, beauftragte Loffer daher zwei der Hausmeister, den Kühlschrank und das Radio wegzuschaffen, die Teppiche aufzurollen und die Bilder abzuhängen. Gleichzeitig wurden die Arbeitstische in gerader Reihe aufgestellt.

In der sicheren Erwartung, daß die Frauen nun gleich voller Entrüstung in sein Büro stürzen würden, kam Thomas Loffer am nächsten Morgen in die Firma. Innerlich war er bereits auf eine Diskussion mit ihnen vorbereitet, die er im Auto bereits durchgespielt hatte und er war fest entschlossen, sie schnell zu beenden. Zu seiner Überraschung gingen die fünf Frauen jedoch ohne Kommentar an ihre Plätze und nahmen die Arbeit auf. Noch mehr überraschte Loffer aber drei Tage später die Tatsache, daß, seit er seine Maßnahmen ergriffen hatte, der Produktionsausstoß im Bereich C um 40 % zurückgegangen war.

Als Loffer dies feststellte, begab er sich unverzüglich in den Produktionsbereich, um die Ursache für den drastischen Produktivitätsrückgang zu ermitteln. Er konnte jedoch nichts Besonderes entdecken, denn die fünf Frauen saßen jede für sich eifrig an ihrer Arbeit. Loffer kehrte in sein Büro zurück und bat sofort den unmittelbaren Vorgesetzten der fünf Frauen zu sich ins Büro. Im Laufe des Gesprächs wurde Loffer nachdenklich, insbesondere als er hörte, daß die Frauen bereits seit über 15 Jahren zusammen in diesem Produktionsbereich arbeiteten und ihr Produktionsausstoß dauernd 40 bis 50 % über der von den Refa-Leuten für diese Tätigkeit ermittelten Normalleistung lag und damit auch weit über der Leistung der anderen Gruppen. Ferner wies der unmittelbare Vorgesetzte mehrfach darauf hin, daß

* Nach Randolph, W.A./Blackburn, R.S., Managing organizational behavior, Homewood/Ill. 1989, S. 507-508

die Frauen immer sehr gewissenhaft und umsichtig gearbeitet hätten und daß er mit ihnen immer zufrieden gewesen war.

Fragen:

1. In welcher Entwicklungsphase befand sich die beschriebene Arbeitsgruppe?
2. Wie läßt sich der Produktivitätsrückgang erklären? Bitte begründen Sie Ihre Meinung unter Rückgriff auf theoretische Konzepte.
3. Welches Führungsverhalten zeigt T. Loffer? Warum wohl hat er sich so verhalten?
4. Angenommen, Sie seien ein(e) Unternehmensberater(in), was würden Sie T. Loffer nun empfehlen zu tun?

Literaturhinweise

Gesamtüberblick zum Gruppenverhalten:

Guzzo, R.A., Fundamental considerations about groups, in: West, M.A. (Hrsg.), Handbook of work group psychology, Chichester 1996, S. 3-21.

Zu Struktur und Prozeß in Gruppen:

Hofstätter, P.R., Gruppendynamik, Reinbek bei Hamburg 1971.
Homans, G.C., Theorie der sozialen Gruppe, 7. Aufl., Opladen 1978 (Übers. a.d.Engl.).
Mc Grath, J.E., Groups: Interaction and performance, Englewood Cliffs, N.J. 1984.
Shaw, M.E., Group dynamics; The psychology of small group behavior, 3. Aufl., New York 1981.
Zander, A., Making groups effective, San Francisco 1983.

Zu anschaulichen Fallbeispielen effektiver Gruppenarbeit:

Hackman, J.R., Groups that work (and those that don't), San Fancisco 1990.
Lipman-Blumen, J./Leavitt, H.J., Hot groups, New York/Oxford 1999.
Tjosvold, D., Team organization, Chichester 1991.

Zu Beziehungen zwischen Gruppen:

Brown, R., Group processes: Dynamics within and between groups, Oxford 1988.

Elftes Kapitel

Der Vorgesetzte in der Organisation: Das Vorgesetztenverhalten

11.1 Zur Theorie der Führung

Neben dem Individual- und dem Gruppenverhalten ist das Vorgesetztenverhalten als dritte perspektivische Ebene für den Leistungsprozeß in Organisationen von großer Bedeutung. Der richtige Weg der Mitarbeiterführung ist ein äußerst populäres Thema. Immer wieder werden neue Führungsstile erfunden, immer wieder erscheinen neue Führungsratgeber mit großen Erfolgsversprechungen. Einmal wird der Führungskraft empfohlen, durch Enthusiasmus die Leute mitzureißen, ein ander Mal gilt es, den Siegeswillen zu stärken, dann wird kompromisslose Durchsetzungskraft eingefordert usw. Doch worum geht es eigentlich ganz genau bei Führung? Worauf kommt es dabei an? Die Wissenschaft ist seit langem auf der Suche aus all den praktischen Erfahrungen, Konzepten wie auch aus empirischen Untersuchungen eine generell(er) gültige Führungstheorie zu entwickeln. Eine allseits akzeptierte Sichtweise konnte jedoch bislang noch nicht entwickelt werden. Dies hängt nicht zuletzt damit zusammen, daß das Führungsphänomen mit weltanschaulichen Fragen sehr eng verknüpft ist und in der Historie immer wieder in Ideologien einen zentralen Platz einnahm. Dies war in Deutschland zuletzt in den nationalsozialistischen Ideologien der Fall, in denen die Führerschaft und der Führer geradezu kultisch überhöht wurden, überhöht mit so schrecklichen Folgen, daß das Wort Führer in Deutschland nicht mehr unbefangen verwendet werden kann (und sollte).

Zur Erklärung von Führerschaft sind in der Literatur zahlreiche Ansätze entwickelt worden. Im nachfolgenden sollen die zwei bekanntesten Sichtweisen kurz vorgestellt werden. Erstere begreift Führerschaft als Ausfluß von Führungseigenschaften („Great Man-Theory"), und zweitere begreift Führerschaft aus der Interaktion heraus und hebt die Bedeutung der Mitarbeiter und des Umfeldes für das Verstehen des Führungsprozesses hervor. Führerschaft wird definiert als sozialer Beeinflussungsprozeß.

Ein dritter, in der Managementlehre äußerst einflußreicher Ansatz definiert aus einer prozeßtheoretischen Perspektive heraus **Führung als Funktion**; eine Funktion, die ein System zu erfüllen hat, wenn es Bestand haben soll. Diese Perspektive wurde im ersten und im vierten Kapitel ausführlich erörtert und soll deshalb hier nur als Hintergrundmotiv fungieren.

Ein allgemeines Verständnis von Führung ist grundlegende Voraussetzung jedweder Diskussion von Führungsstilen und Führungsmodellen. Hatte man sich in Theorie und Praxis lange Zeit auf die Bestimmung des optimalen Führungsstils konzentriert, so wendet sich heute zu Recht das Interesse wieder stärker der Frage der Führung ganz generell zu: Wann kann überhaupt von Führung gesprochen werden? Wieviel Führung wird benötigt? Welche Bedeutung hat Führung noch in flachen Hierarchien? usw.

11.2 Führerschaft und Führungseigenschaften (Eigenschaftsansatz)

Dem Eigenschaftsansatz liegt die alltägliche Vorstellung zugrunde, daß sich Führerschaft durch die Person des Führers erklären läßt. Leitend ist die Idee, daß bestimmte Eigenschaften zur Führerschaft prädestinieren und daß es nur verhältnismäßig wenigen Menschen vergönnt ist, über solche Eigenschaften zu verfügen. Häufig verbindet sich diese Perspektive noch mit der Überzeugung, daß die Führungseigenschaften in bestimmten sozialen Klassen, nämlich den höheren, häufiger vertreten sind als in den unteren Klassen. In diesen Zusammenhang gehört auch das immer wieder einmal gestellte Thema von „Führungselite" und „Masse".[1]

Die Forschung (insbesondere zwischen 1900 und 1950) richtete demgemäß ihr Hauptaugenmerk auf die Suche und Entdeckung relevanter Eigenschaften, die Führer von Geführten unterscheiden, wobei man meist das Angeborensein, teilweise aber auch das Erworbensein derartiger Eigenschaften annimmt.

Die erstellten Kataloge von Führungseigenschaften verwenden die unterschiedlichsten Eigenschaften; sie beruhen einerseits auf mehr intuitiv-introspektiven, andererseits mehr auf empirisch-statistischen Gewinnungsmethoden (Korrelationsrechnung, Faktorenanalyse usw.).

In den **intuitiv-introspektiv** gewonnenen Katalogen tauchen vor allem die folgenden Eigenschaften auf: Selbstvertrauen, Entschlußkraft, Fähigkeit zur richtigen Entschlußfassung, Männlichkeit, breites Wissen, Überzeugungskraft und Selbstgenügsamkeit. Häufig genannt wird auch die Intelligenz. Die Frage nach der Beziehung der Eigenschaften untereinander, inwieweit z.B. Intelligenz und Wissen hohe Entscheidungsfreudigkeit ausschließen (oder begünstigen), bleibt unberücksichtigt. Die Kataloge differieren erheblich, eine Einigung auf die zentralen Eigenschaften konnte nie erzielt werden.

In den **empirisch-statistischen** Ansätzen wird versucht, diejenigen Eigenschaftsmerkmale von Führungspersonen herauszudestillieren, die sie, universell gültig, von Geführten unterscheiden. Der Grad der Übereinstimmung ist auch hier gering geblieben. Stogdill[2] analysierte z.B. 124 derartiger Untersuchungen und fand nur wenige Eigenschaften, die in mehr als 15 Untersuchungen bei Führern häufiger auftraten als bei Geführten, nämlich: Höhere Intelligenz, bessere Schulleistungen und stärkere Teilnahme an Gruppenaktivitäten. In einer ähnlichen Analyse,[3] die sämtliche verfügbaren Studien zwischen 1900 und 1957 einbezog, fand man 500 verschiedene Eigenschaftsvariablen, wovon jedoch nur wenige in jeweils 4 oder mehr Untersuchungen vorkamen. In vielen Fällen traten Widersprüche auf; bestimmte Eigenschaften waren in manchen Studien stärker bei Führungspersonen, in anderen dagegen stärker bei Geführten zu beobachten.

---

1 Vgl. Le Bon, G., Psychologie der Massen, Leipzig 1908.

2 Vgl. Stogdill, R.M., Personal factors associated with leadership: A survey of the literature, in: Journal of Psychology 25 (1948), S. 35–71.

3 Vgl. Mann, R.D., A review of the relationships between personality and leadership and popularity, in: Psychological Bulletin 56 (1959), S. 241–270.

Stogdill fand in einem neuerlichen Sammelreferat deutliche Anzeichen dafür, daß die Muster der Eigenschaften von Führungspersonen systematisch mit den Gruppen-Situationen variieren.[4]

Die Problematik des Eigenschaftsansatzes erhellt auch aus Versuchen, Vorhersagen über Führungseignung aus solchen Katalogen abzuleiten: An Eigenschaftskatalogen orientierte Eignungsprognosen stimmten mit der tatsächlichen Bewährung in Führungspositionen kaum überein. Die Inkonsistenz, Widersprüchlichkeit und Uneinheitlichkeit der Ergebnisse des Eigenschaftsansatzes lassen die heute in der Wissenschaft herrschende Meinung als richtig erscheinen, daß dieser Forschungsansatz gescheitert ist. Trotz intensiver Bemühungen ist es auch nicht ansatzweise gelungen, einen Cluster von typischen Führungseigenschaften geschweige denn eine Art Generalfaktor „Führungsbegabung" zu finden. Nichtsdestotrotz ist das alltägliche Verständnis von Führung dem Eigenschaftsansatz verpflichtet geblieben, was sich nicht zuletzt in vielen Auswahlverfahren von Unternehmungen widerspiegelt.

Ursachen für das Scheitern des Ansatzes sind u.a. zu suchen in:

(1) mangelnder Berücksichtigung der Führungsgenese. Inhaber von Führungspositionen kommen auf ganz unterschiedliche Weise dorthin – durch Alter, Erbschaft, Gruppenkonsens oder qua Amt. Eine Übereinstimmung in den Persönlichkeitsmerkmalen ist schon aus dieser Sicht wenig wahrscheinlich.

(2) der Annahme, daß Persönlichkeitsmerkmale wie z.B. Dominanz oder Initiativkraft eine gleichsinnige Verhaltensdeterminierung in den verschiedensten Situationen zu bewirken vermag. Diese Annahme hat sich als nicht haltbar erwiesen; Verhalten wird heute als Produkt aus Person und Situation erklärt;

(3) der Annahme, daß jede Führungssituation dieselben Anforderungen an die Führungsperson stellt oder anders ausgedrückt, daß universale Führungseigenschaften existieren. Persönlichkeitsmerkmale, die dazu beitragen, daß eine Person in einer konkreten Situation die Führungsposition innehat, können in anderen Situationen belanglos im Hinblick auf Übernahme oder Ausübung der Führerrolle sein oder dem sogar entgegenstehen (z.B. Bergbau-Gruppe versus Forschungsteam). Dieses Argument korrespondiert eng mit den Ausführungen im vorhergehenden Kapitel, wo herausgearbeitet wurde, daß Gruppen sehr unterschiedliche Normen entwickeln und dementsprechend auch unterschiedliche Erwartungen an die Träger der Führungsrolle haben.

Das Scheitern des auf Führungseigenschaften rekurrierenden Forschungsansatzes besagt nur, daß ein Rekurs auf Eigenschaften das Phänomen Führung nicht zu erklären vermag. Es besagt jedoch nicht, daß Persönlichkeitsmerkmale im Rahmen der Analyse von Führungsprozessen überhaupt irrelevant sind.

Eine gewisse Neubelebung, wenn auch unter einem völlig anderen Vorzeichen, hat die Eigenschaftstheorie durch die **Attributionstheorie** erfahren, speziell durch den Ansatz von Calder.[5] Die ursprüngliche Fragestellung wird dort radikal subjektiviert, es interessieren

4 Vgl. Stogdill, R.M., Handbook of leadership, New York 1974.

5 Vgl. Calder, B., An attribution theory of leadership, in: Staw, B.B./Salancik, J.R. (Hrsg.), New directions in organizational behavior, Chicago 1977, S. 179–204.

nicht mehr länger objektiv meßbare Eigenschaften oder universelle Führungstalente. Im Zentrum stehen vielmehr soziale Wahrnehmungsvorgänge und Ursachenzuschreibungen („Kausalattributionen") auf der Basis von impliziten Orientierungsmustern, die Individuen und Gruppen zum Verstehen ihrer „Welt" entwickeln. Führung ist diesem Ansatz nach kein objektives Phänomen, sondern bekommt nur Bedeutung in der Wahrnehmung solcher Personen, die einer anderen Führungsqualitäten zusprechen („attribuieren"). Erklärt werden soll der Zuweisungsprozeß, die Wahrnehmungsorganisation von Menschen, die schließlich dazu führt, daß anderen Personen Führung zugesprochen wird. Meist geschieht dies auf der Basis angenommener Eigenschaften. Der Attributionsprozeß wird angeleitet von – meist eher simplen – Kausalschemata: so wird etwa die wahrgenommene Veränderung eines Produktes (z.B. die Straßenlage eines PKW) dem Einfluß einer betimmten Person (etwa dem Leiter der Forschungs- und Entwicklungsabteilung des betreffenden Automobilunternehmens) zugeschrieben, weil sich diese dem eigenen Verständnis nach wie ein Führer, also anders als die anderen, verhält (etwa schneidende Stimme, stechender Blick und hohe Intelligenz). Werden Erfolge oder Umstrukturierungen in hohem Maße Führungspersonen zugeschrieben, sprechen Meindl und Ehrlich von einer **„Führungsromanze"**; sie haben dazu auch ein entsprechendes Meßinstrument entwickelt: RLS (Romance of Leadership Scale).[6] Ganz offensichtlich spielen bei diesem Wahrnehmungs- und Zuweisungsprozeß Alltagstheorien der Führung eine herausragende Rolle, und diese sind – wie erwähnt – im wesentlichen Eigenschaftstheorien. Es kann daher auch nicht weiter verwundern, daß sich der Attributionsprozeß in aller Regel, keinesfalls aber zwingend, um das (Trivial-)Konzept der Führungseigenschaft herumrankt.

Es ist genau auch dieser Kontext, in den neuerdings das altbekannte Konzept des **charismatischen Führers**[7] gestellt wird. Das Charisma wurde lange Zeit als quasi magisch unentrinnbares Faszinosum von Menschen mythisch verklärt. Forschungen im Sinne des Eigenschaftsansatzes, die sog. charismatische Führer untereinander mit dem Ziel verglichen, die gemeinsamen Merkmale dieser Personen zu extrahieren, blieben indessen ohne Erfolg. Die Personen (Hitler, Gandhi, Watson usw.) waren viel zu unterschiedlich, als daß ein gemeinsamer Satz an Eigenschaften identifizierbar gewesen wäre.[8]

Heute wird im allgemeinen die Auffassung akzeptiert, daß es im wesentlichen die **Zuschreibung** der Geführten ist, die das Charisma generiert. Die Geführten oder besser die Einflußadressaten beobachten das Verhalten der Führungsperson und weisen ihr in bestimmten Fällen Charisma zu. Diese Zuweisung wird besonders häufig dann vorgenommen, wenn Führungspersonen 1. prägnante Visionen entwickeln, die vom Status quo stark abweichen, ohne allerdings die Vorstellungswelt der Geführten zu verlassen, 2. ein selbstaufopferndes Engagement zeigen, 3. ihre Ideen mit hohem persönlichem Risiko verfolgen, 4. ihre Ideen erfolgreich realisieren und 5. ihre Führungsmotivation klar zum Ausdruck bringen.[9] Die Merkmale und Wahrnehmungsprozesse, aufgrund derer Cha-

6 Vgl. Meindl, J.R./Ehrlich, S.B., The romance of leadership and the evaluation of organizational performance, in: Academy of Management Journal 30 (1987), S. 90-109.

7 Vgl. Weber, M., Wirtschaft und Gesellschaft, 5. Aufl., Tübingen 1976, S. 654 ff., sowie Kapitel 2.2.2.1.

8 Vgl. Willner, A.R., The spellbinders: Charismatic political leadership, New Haven 1984.

9 Vgl. im einzelnen Conger, J.A./Kanungo, R., Toward a behavioral theory of charismatic leadership in organizational settings, in: Academy of Management Review 12 (1987), S. 637–647.

risma attribuiert wird, sind selbstverständlich historisch und kulturell beeinflußt, so daß diese Erklärung letztlich auf die gesellschaftlichen Bedingungen verweist, die bestimmte Merkmale für den Attributionsprozeß hervortreten lassen.

Es ist interessant zu sehen, daß die Zuschreibung charismatischer Merkmale in enger Verwandtschaft zur Zuschreibung stigmativer Merkmale (Charakterfehler, Brutalität usw.) steht. Die Wahrnehmung und Attribution charismatischer Eigenschaften ist labil, d.h. sie kippt leicht in Stigma um,[10] was vorher als Entschlossenheit bewundert wurde, kippt schnell in die Zuschreibung von Rücksichtslosigkeit um, oder was vorher als ausgefeilte Rhetorik galt, wird nun als Demagogie geächtet (erinnert sei an die äußerst wechselhaften Attributionen, die das frühere Vorstandsmitglied López der Volkswagen AG erfuhr, vgl. hierzu Kasten 11.1). Dieses Umkippen ist insofern nicht weiter verwunderlich, als beides, Charisma und Stigma, Personen zugeordnet wird, die als andersartig wahrgenommen werden,[11] Außeneinflüsse (z.B. Wahrnehmungen von Mitgliedern anderer Kulturbereiche) oder ein Mißerfolg führen rasch zu einer Umwertung des Andersseins.

Kasten 11.1

López: Der Automanager

„Die einen nennen ihn den „Gnadenlosen" oder kurz den „Vollstrecker". Für die anderen ist er ein arbeitswütiger Wundermann, der „Talisman der Automobilindustrie" oder einfach nur „Superlópez"...

Es ist ein besonderes Merkmal von López, daß er jegliche Verschwendung schon auf eine Entfernung von hundert Metern wittert und sie dann sofort beseitigt. Wie Mitarbeiter berichten, wird er geradezu unerträglich, wenn eine heftig sprudelnde Verlustquelle nicht heute, sondern erst morgen gestopft wird. Geduld ist gewiß keine Stärke des Basken mit den bohrenden Augen. Der Nichtraucher und Nichttrinker ist ein Besessener. Was er sich einmal in den Kopf gesetzt hat, führt er schnellstmöglich aus. Man kann dies Sturheit nennen oder Dickköpfigkeit. Tatsache aber ist: „López", so müssen ihn auch die Kritiker anerkennen, „versteht es, Druck zu machen".

Einmal in Fahrt, kann ihn kaum mehr etwas stoppen – die Manager der Zulieferindustrie wissen ein Lied davon zu singen. Er trickst bei Einkaufsverhandlungen und droht mit Billiganbietern aus dem Ausland. Um die Preise zu drücken, spielt er mit großem Geschick Mitarbeiter und Unternehmen gegeneinander aus. Er verbreitet Hektik und setzt diese als taktisches Mittel ein. Und er begeht schon mal eine Notlüge, wenn sie ihm einen Vorteil verschafft.

López kann daran nichs Verwerfliches finden: ‚Ich bin hart, ich bin erfolgreich, mein Team ist das professionellste der Welt – wo liegt das Problem?'"

Quelle: Wirtschaftswoche vom 31.10.1996, S. 155

10 Vgl. hierzu im einzelnen Steyrer, J., Charisma in Organisationen, Frankfurt a.M. 1995, S. 217 ff.
11 Vgl. Lipp, W., Stigma und Charisma, Berlin 1985.

Unter praktischen Gesichtspunkten fordert die Attributionstheorie dazu auf, sich intensiv mit den **impliziten Orientierungsmustern** und „Führungstheorien" der Geführten zu beschäftigen.[12] Denn nur ihre Kenntnis erlaubt eine Prognose darüber, ob der als Führungskraft ausgezeichneten Person tatsächlich auch Führungsqualitäten attributiert werden oder nicht. Diese Überlegung verweist zugleich auf die im nächsten Abschnitt darzustellende Einflußprozeßtheorie, bei der ebenfalls den Kognitionen der Geführten eine zentrale Rolle zugewiesen wird.

11.3 Führung als Beeinflussungsprozeß

Der Mißerfolg des Eigenschaftsansatzes hat zur Entwicklung verschiedener neuer Konzeptionen geführt, unter denen die Interaktionstheorie herausragt. Sie versteht Führung als Beeinflussungsprozeß.

11.3.1 Führung als intendierter sozialer Einflußversuch

Führung wird in diesem Ansatz interaktionsbezogen thematisiert; nicht die Person, sondern die Interaktion bestimmt über den Führungserfolg. Im Anschluß an Lewin[13] ist Verhalten als eine Funktion der Interaktion von Person (bzw. deren Persönlichkeitsmerkmalen) und Umwelt: $V = f(P, U)$ zu sehen. Als Umwelt werden solche externen Faktoren definiert, welche die Person – bewußt oder unbewußt – als auf Verhaltensbestimmung ausgerichtete Informationen erreichen. Aus der Menge der Umweltfaktoren sind als besonders wichtige Klasse die **sozialen** Einflußgrößen zu nennen, also Verhaltensinformationen, die in der sozialen Umwelt der betrachteten Person ihren Ursprung haben. Betrachtet man nun den Führungsprozeß, so läßt sich in einer ersten Annäherung sagen, daß Führung der Klasse der sozialen Einflüsse oder – vorsichtiger formuliert – der sozialen Einflußversuche zuzuordnen ist. Das Verhalten von Führungspersonen in Organisationen ist selbst wiederum z.T. das Ergebnis sozialer Einflüsse (z.B. Führungsrichtlinien in einer Unternehmung).

Nun ist allerdings nicht jeder Einfluß der sozialen Umwelt beabsichtigt; es gibt viele Situationen, in denen Personen oder Gruppen andere beeinflussen (verhaltensbestimmend wirken), ohne daß sie dies gewollt oder angestrebt hätten (z.B. der „run" auf Banken). Aus dieser Unterscheidung ergibt sich eine weitere Einschränkung. Nachdem mit Führung immer etwas bezweckt wird, bezeichnet man nur solche sozialen Einflußversuche als Führung, die beabsichtigt sind. Aber auch diese Eingrenzung ist noch zu breit; wollte man jeden Versuch

---

12 Zur Rolle der Medien bei der Entstehung impliziter Führungstheorien vgl. Chen, C.C./Meindl, J.R., The construction of leadership images in the popular press: The case of Donald Burr and People Express, in Adm. Science Quarterly 36 (1991), S. 521-551.

13 Vgl. Lewin, K., Feldtheorie in der Sozialwissenschaft, Bern/Stuttgart 1963.

beabsichtigter sozialer Einflußnahme als Führungsverhalten klassifizieren, so wäre jedes soziale System durchzogen von einem unübersehbaren Führungsgestrüpp. Aussagen über „Führung" und deren „Erfolg" wären nur schwer zu bilden. Führungsverhalten ist daher noch enger zu fassen;[14] wir wollen nur dann von Führungsverhalten sprechen, wenn

(1) die einflußerstrebende Person über ein **gewisses Sanktionspotential** verfügt, d.h. es liegt eine asymmetrische Verteilung der Einflußchancen (in einem bestimmten Bereich) vor. In hierarchischen Organisationen ist diese Asymmetrie zugunsten der formellen Führung strukturell verankert. Durch vertragliche Bindungen wie auch durch Belohnungs- und Bestrafungspotentiale wird versucht, der Führungskraft dauerhaft ein Übergewicht zu sichern;

(2) der Einflußversuch zum Erreichen bestimmter Ziele oder Funktionen, die für die betreffende Gruppe, Abteilung etc. wichtig sind, unternommen wird.

(3) der Einflußversuch in einer **direkten** sozialen Beziehung unternommen wird. Soziale Einflußversuche von Medien oder von Personen, die keine unmittelbare Beziehung zu den Beeinflußten haben, wären nach dieser Definition also nicht als Führungsverhalten einzustufen.

Von Führungsverhalten soll allerdings auch dann gesprochen werden, wenn der Einflußversuch **erfolglos** endet, der Beeinflußte also sein Verhalten nicht in der intendierten Weise ausrichtet. Würde man erfolglose Einflußversuche generell ausschließen, könnte man nicht mehr zwischen effektivem und ineffektivem Führungsverhalten unterscheiden und hätte somit das zentrale Problem einer praxisorientierten Führungsanalyse aus dem Untersuchungsbereich ausgeschlossen.

Führung bzw. Führerschaft ist somit als spezieller Prozeß einer – asymmetrischen und direkten – sozialen Beziehung definiert, der durch einen (intendierten) Einflußversuch zur Wahrnehmung systemrelevanter Funktionen gekennzeichnet ist. Löst man die Führerschaft ab von der formalen Zuweisung in einer Organisation, dann kann hiernach potentiell jedes Individuum in einer Gruppe als Führer in diesem Sinne wirken.

Festzumachen ist ein so verstandener Führungsprozeß im Interaktionsgefüge von Person und Umwelt, das sich in folgenden vier Grundvariablen umreißen läßt:

(1) **Persönlichkeit des Einflußsenders**, seine Bedürfnisse, Einstellungen und Erfahrungen.

(2) **Persönlichkeit der Einflußadressaten**, ihre Bedürfnisse, Einstellungen und Erwartungen.

(3) **Merkmale des sozialen Systems**, in dem der Einflußversuch abläuft (Rollenstruktur, Statusstruktur, Kohäsionsgrad, Konformitätsgrad etc.).

(4) Randbedingungen der **Situation**, innerhalb der der Beeinflussungsversuch unternommen wird (Art der Aufgabe, äußere Bedingungen, gesetzte Ziele der Gruppe etc.).

---

14 Vgl. Irle, M., Führungsverhalten in organisierten Gruppen, in: Meyer, A./Herwig. B. (Hrsg.), Handbuch der Psychologie, Bd. 9, 2. Aufl., Göttingen 1980, S. 521 ff.

11.3.2 Das Einflußprozeß-Modell

Versteht man Führung in der skizzierten Weise, so stellt sich die Frage, wie man sich den Einflußprozeß vorzustellen hat und unter welchen Bedingungen ein Einflußversuch erfolgreich oder eben erfolglos sein wird. Das Einflußprozeß-Modell rückt die Geführten in den Vordergrund und stellt unmißverständlich klar, daß Führung eine Interaktion zwischen mindestens zwei Menschen ist (vgl. Abb. 11.1). Ob Führung gelingt, hängt also keineswegs nur von der Führungsperson ab. Im Hinblick auf die Adressaten der Führung (herkömmlicherweise etwas unglücklich als die „Geführten" bezeichnet), ist es nun von entscheidender Bedeutung zu sehen, daß Menschen nicht bereit sind, sich unbesehen jedem Einflußversuch zu beugen; sie machen dies für gewöhnlich von bestimmten Bedingungen abhängig. Die Frage, ob und inwieweit dem Einflußversuch stattgegeben wird, hängt zunächst einmal davon ab, welches Ziel mit dem Einflußversuch verfolgt wird. Trifft sich das Ziel mit den Vorstellungen und Bedürfnissen der Geführten, so ist seine Realisierung unproblematisch. Ein Durchsetzungsproblem taucht erst dann auf, wenn eine **Diskrepanz** bzw. ein **Konflikt** zwischen den Zielen des Einflußsenders und der Einflußadressaten besteht.

Ob und inwieweit dem Einflußversuch stattgegeben wird, hängt dann wesentlich davon ab, über welche **Einflußpotentiale** (Machtgrundlagen) die Führungskraft verfügt, wie legitim diese erscheinen und in welchem Maße bisher davon Gebrauch gemacht wurde. Der Erfolg hängt aber auch davon ab, wie „stark" die Einflußadressaten selbst sind, d. h. wie ausgeprägt ihre Abhängigkeit von der Führungsperson ist, in welchem Maße letztere von ihnen abhängig ist (fachlich, persönlich usw.), ob „Schulden" aus früheren Reziprok-Geschäften bestehen. In dem Einflußmodell ist die Gegenmacht in die Gültigkeit der Einflußpotentiale konzeptionell eingearbeitet. Die Gültigkeit hängt in starkem Maße von der Unabhängigkeit und / oder den Verhandlungspotentialen der Mitarbeiter ab. Das Einflußprozeßmodell ist eine Konflikttheorie der Führung, wobei im Unterschied zum klassischen Befehls- und Gehorsamsmodell der Erfolg des Einflußversuches eine offene, aber steigerbare Variable ist. Abbildung 11.1 veranschaulicht diese Zusammenhänge grafisch.

Einflußadressaten (in unserem Fall: die unterstellten Mitarbeiter) nehmen demnach Abwägungen vor, ob sie, dem Einflußversuch stattgeben oder sich ihm widersetzen sollen. Welche Überlegungen die Adressaten dabei anstellen, läßt sich beispielhaft an folgenden Fragen illustrieren. Ausgangspunkt sei dabei, daß ein Vorgesetzter seinen Untergebenen einige Wochen für eine äußerst unangenehme Tätigkeit abstellen möchte: (1) Wenn ich mich weigere, die Arbeit zu tun, wird er mir dann kündigen? Mich bei der nächsten Gehaltserhöhung übergehen? Wie wichtig sind diese Dinge für mich? (2) Wenn er mir dies aufs Auge drückt, kann ich ihn dafür bei nächster Gelegenheit „stolpern" lassen? Was wird das für ihn bedeuten? (3) Wenn ich diese Abstellung anstandslos akzeptiere, werden sich dadurch meine Fortkommensaussichten erhöhen? Werde ich schneller eine Gehaltserhöhung bekommen? Ist mein Vorgesetzter mir dadurch verpflichtet? (4) Gibt es ein Mittelding? Was passiert, wenn ich zwar diese Arbeit akzeptiere, aber versuche, meine „Kosten" zu verringern, indem ich häufig Pausen mache, etwas früher weggehe und ab und zu einfach zu Hause bleibe? (5) Habe ich nicht die Pflicht übernommen zu gehorchen? Wie weit geht diese? usw. Anders ausgedrückt: Die Macht des Vorgesetzten steht gegen die informelle Macht der Mitarbeiter.

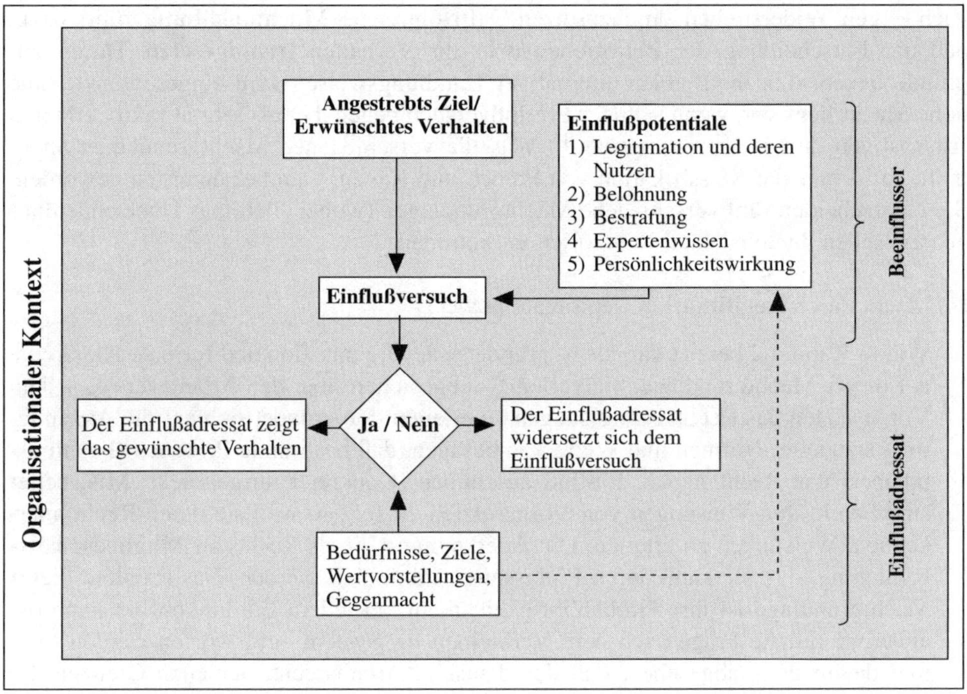

Abb. 11.1: Das Einflußprozeßmodell

Generell läßt sich behaupten:

Je weniger die Ziele des Adressaten mit dem Ziel der Beeinflussung und dem gewünschten Verhalten konform gehen oder je weniger geeignet sich diese erweisen, die Bedürfnisbefriedigungssituation zu verbessern, um so größer müssen die Einflußpotentiale sein, wenn der Einflußversuch dennoch erfolgreich enden soll (und umgekehrt). Sind die Einflußpotentiale so groß, daß dem Adressaten keine Wahl bleibt (etwa bei schierem Zwang), erübrigt sich jede verfeinerte Analyse wie hier angestrebt.

Nachdem in Leistungsorganisationen, speziell in Unternehmungen, kaum von einer grundsätzlichen Übereinstimmung der Interessen und Ziele aller beteiligten Mitglieder ausgegangen werden kann, die Konfliktsituation also die Regel ist, rücken die Einflußpotentiale der Führungsperson in den Vordergrund.

11.3.3 Einflußpotentiale

Einflußpotentiale sind Ausdruck von Macht, wobei Macht im Anschluß an Max Weber definiert werden kann als die **Chance**, in einer sozialen Beziehung den eigenen Willen auch gegen Widerstreben durchzusetzen.[15] Erfolgreiche **Machtausübung** führt dazu, daß der Entscheidung der Betroffenen über ihr Verhalten **fremdgesetzte Daten** zugrunde liegen, d.h. ihr Bereich alternativer Handlungsweisen wird eingeschränkt. Eine hohe Macht liegt vor, wenn sich der Einflußversuch gegenüber als sehr attraktiv erlebten Alternativen durchzusetzen vermag.[16] Was die verschiedenen Machtgrundlagen anbetrifft, so ist hier die Klassifikation von French und Raven[17] am bekanntesten geworden. Sie unterscheiden fünf verschiedene Machtgrundlagen (wobei allerdings Überschneidungen zwischen den einzelnen Kategorien vorkommen).

(1) Macht durch **Legitimation** (legitimate power)

Wie in Kapitel 2 bereits dargelegt, gründet jede Organisation und formale Hierarchie auf dieser Machtgrundlage. Sie verleiht – abgesichert über den Arbeitsvertrag – dem Vorgesetzten das Recht, Anweisungen zu erteilen. Sie gründet sich auf die Akzeptierung spezieller Normen und Werte, die besagen, daß bestimmte Personen (Positionsinhaber) das Recht haben, Einfluß auszuüben. Konkreter ausgedrückt: Mitarbeiter sind bereit, den Weisungen von Vorgesetzten zu folgen, weil sie deren Recht anerkennen, Weisungen zu erteilen. Die Anerkennung dieses Rechts ist Mitgliedschaftsbedingung, d.h. sie kann durch Entlassung sanktioniert werden. Das Problem dieser Machtgrundlage ist ihre Großkalibrigkeit; nicht bei jedem Einflußkonflikt kann die außerordentliche Frage nach dem Verbleiben im System aufgeworfen werden (einmal davon ganz abgesehen, daß das deutsche Arbeitsrecht hier enge Grenzen der Zulässigkeit zieht). Im Ergebnis bedeutet dies, daß die Legitimationsmacht in der täglichen Führungspraxis selten ausreicht, den gewünschten Einfluß geltend zu machen. Der alltägliche Führungserfolg muß sich auf andere Einflußquellen stützen.

(2) Macht durch **Belohnung** (reward power)

Diese Machtgrundlage basiert auf der Perzeption der Mitarbeiter, daß der oder die Vorgesetzte die Möglichkeit hat, sie zu belohnen. Ein Vorgesetzter hat demnach dann ein relevantes Einflußpotential, wenn seine Mitarbeiter wissen, daß er Lohnerhöhungen oder Förderungsmaßnahmen für sie empfehlen kann und wenn sie diese Anreize begehrenswert finden. Macht durch Belohnung ist streng zu unterscheiden von der bloßen Existenz eines Belohnungsinstrumentariums. Eine Vorgesetzte mag die Möglichkeit haben, Untergebene zu weiterbildenden Kursen vorzuschlagen; wenn die Untergebenen an solchen Kursen nicht interessiert sind, werden sie sich – zumindest aus diesem Grund – den Einflußversuchen nicht fügen. Verhaltensbeeinflussend wirkt also nur die **positiv bewertete** Inaussichtstellung von Belohnungen (Anreizen). Für die Erhaltung dieser Machtgrundlage ist die tatsächliche Gewährung der in Aussicht gestellten Belohnung notwendig. Bei wiederholter Nichtgewährung der Belohnung, trotz konformen Verhaltens, erlischt diese Machtgrundlage.

---

15 Vgl. Weber, M., Wirtschaft und Gesellschaft, 5. Aufl., Tübingen 1976, S. 28.

16 Vgl. Luhmann, N., Macht, 2. Aufl., Stuttgart 1988, S. 9.

17 French, J.R.P./Raven, B., The bases of social power, in: Cartwright, D. (Hrsg.), Studies in social Power, Ann Arbor 1959.

(3) Macht durch **Bedrohung/Bestrafung** (coercive power)

Sie gründet sich auf Möglichkeiten, nichtkonformes Verhalten zu bestrafen (Ausschluß, Versetzung, Lohnabzug etc.). Genauer gesagt, geht es darum, daß Einfluß durch Androhung einer Bestrafung ausgeübt werden soll. Die Wirkungsweise der „Macht durch Bestrafung" ist somit – im Unterschied zur „Macht durch Belohnung" – im wesentlichen auf Abschreckung ausgerichtet. Der Wunsch, die Bestrafung zu vermeiden, wirkt verhaltensregulierend, nicht das fortwährende Erteilen von Bestrafungen.[18] Für die Wirksamkeit dieses Einflußpotentials gelten im Prinzip dieselben Bedingungen wie unter (2). Für beide Einflußpotentiale ist der Einflußbereich auf Verhaltensweisen eingeschränkt, für die belohnt oder bestraft werden kann und für die die Inaussichtstellung von Belohnungen/Bestrafungen von den Mitarbeitern als solche empfunden wird. Bei der Bestrafung kommt allerdings hinzu, daß schwer kontrollierbare Abweichungen durch diese kaum regulierbar sind.

Die Stärke beider Machtgrundlagen ist abhängig von dem (perzipierten) Umfang und der Zahl der Belohnungen/Bestrafungen sowie der geschätzten Wahrscheinlichkeit, daß diese tatsächlich gegeben werden. Wie hoch die Einflußadressaten die Wahrscheinlichkeit veranschlagen, hängt u.a. von den Erfahrungen ab, die sie mit der Führungsperson gemacht haben. Mit anderen Worten, die Androhung von Bestrafung darf nicht isoliert gesehen werden, sie steht in einem ganz bestimmten, über die Zeit gewachsenen Situationszusammenhang. Nicht immer ist die Führungssituation so gewachsen, daß die Ankündigung einer Bestrafung von Mitarbeitern als (verhaltensregulierende) Bedrohung erlebt wird (vgl. dazu Kasten 11.2).

Mit der Androhung einer Bestrafung geht ein Vorgesetzter ein spezielles Risiko ein. Für den Fall, daß der Einflußversuch scheitert, der Mitarbeiter also nicht bereit ist, das gewünschte Verhalten zu zeigen, hat sich der Vorgesetzte mit der Ankündigung der Bestrafung selbst gebunden. Kann er oder will er den widerstrebenden Mitarbeiter nicht bestrafen, so beeinträchtigt er zugleich den Wert seiner zukünftigen Drohungen. Sie verlieren an Glaubwürdigkeit.

(4) Macht durch **Persönlichkeitswirkung** (referent power)

Macht durch Persönlichkeitswirkung („Referentenmacht") gründet sich auf Wahrnehmung einer attraktiven persönlichen Ausstrahlung eines(r) Vorgesetzten und dem Wunsch, von dieser Person geschätzt zu werden. Einfluß wird eingeräumt, weil man die Führungsperson als überzeugend erlebt, weil man ihre persönliche Ausstrahlung bewundert, weil man sich mit ihr identifizieren möchte. Im Gegensatz zur Macht durch Belohnung bzw. Bestrafung ist diese Machtgrundlage schwer herstellbar, sie ist eine Frage des persönlichen Empfindens, der Sympathie oder des Respektes; mit anderen Worten, sie wird individuell attribuiert.

(5) Macht durch **Wissen und Fähigkeiten** (expert power)

Dieses Einflußpotential, auch Expertenmacht genannt, gründet sich darauf, daß der Führungsperson auf bestimmten Bereichen ein Wissensvorsprung zuerkannt wird. Die

18 In gewissem Sinne gehen auch (2) und (3) ineinander über, da entgangene Belohnung als Bestrafung und vermiedene Bestrafung als Belohnung verstanden werden kann.

Kasten 11.2

Macht und Machtlosigkeit

... Kaum heimgekehrt, ließ er sich Napoleon Fischer kommen.

„Sie sind entlassen!" bellte Diederich. Der Maschinenmeister grinste verdächtig. „Schön", sagte er und wollte abziehen.

„Halt!" bellte Diederich. „Wenn Sie meinen, Sie kommen so leicht los". Da ... trat Napoleon Fischer vertraulich näher, fast hätte er Diederich auf die Schulter geklopft. „Herr Doktor", sagte er wohlwollend, „tun Sie doch nur nicht so. Wir beide: – na ja, ich sage bloß, wir beide ..." Und sein Grinsen war so voll Mahnungen, daß Diederich erschauerte. Schnell bot er Napoleon Fischer eine Zigarre an. Fischer rauchte und sagte: „Wenn einer von uns beiden erst anfängt zu reden, wo hört dann der andere auf! Hab' ich recht, Herr Doktor? Aber wir sind doch keine Seichbeutel, die immer gleich mit allem heraus müssen, wie zum Beispiel der Herr Buck."

„Wieso?" fragte Diederich tonlos und fiel von einer Angst in die andere. Der Maschinenmeister tat erstaunt. „Das wissen Sie nicht? Der Herr Buck erzählt doch überall, daß Sie..."

Quelle: Mann, Heinrich, Der Untertan, Leipzig 1969, S. 359 f.

Geführten erklären sich gewissermaßen bereit, dem Experten zu folgen. Je höher der zuerkannte Wissensvorsprung, desto stärker wird diese Machtgrundlage. Expertenmacht ist aber grundsätzlich **begrenzt** auf den Wissensbereich, für den relative Wissensvorteile zuerkannt werden. Außerhalb dieser Grenzen entfällt die Möglichkeit der Beeinflussung dieser Art. Auch hier gilt wie bei allen vorgenannten Einflußpotentialen, daß nicht das objektive Wissen ausschlaggebend ist, sondern allein seine subjektive Einschätzung durch die Einflußadressaten. Aus einem Wissensvorsprung, der nicht erkannt oder nicht anerkannt wird, erwächst kein Beeinflussungspotential. Die Zuschreibung von „Sachverstand" geschieht auf unterschiedlichen Wegen, er muß nicht unbedingt vorher **getestet** worden sein (andere Wege sind: Image, Hörensagen usw.).

Die fünf Machtgrundlagen[19] sind zu einem gegebenen Zeitpunkt **simultan** in die Analyse des Beeinflussungsprozesses einzubeziehen, da sie zusammen das Ausmaß verfügbarer Macht determinieren. Machtprozesse sind komplex und lassen sich selten auf nur eine Machtgrundlage zurückführen. Es interessieren also Kombinationsformen, wobei hier keine universellen Erfolgsmuster existieren.[20]

19 Später wurde die „Informationsmacht" als sechste Quelle hinzugenommen. Gedacht ist dabei primär an den Informationsvorsprung, den sich ein Vorgesetzter unter Umständen erwerben kann. Vgl. Raven, B.H./ Kruglanski, A.W., Conflict and power, in: Swingle, P., (Hrsg.), The structure of conflict, New York 1970.

20 Vgl. hierzu im einzelnen Sandner, K., Prozesse der Macht, 2. Aufl., Heidelberg 1992, S. 21 f.; der Autor kritisiert auch zu Recht die konzeptionelle Heterogenität der Machtgrundlagen und das offene Problem der Auswahl.

Hier kommen persönlichkeits- und situationsbezogene Faktoren ins Spiel: Bestimmte Einstellungen und Überzeugungen schaffen Präferenzen für die Nutzung gewisser Machtgrundlagen sowie Ausmaß und Häufigkeit dieser Nutzung. Machtgrundlagen werden zudem unterschiedlich perzipiert und eingeschätzt und führen demzufolge zu unterschiedlicher Nutzung. Ferner spielen situationsbezogene Faktoren für Art und Intensität der Nutzung von Machtgrundlagen eine wichtige Rolle: Kulturelle Gegebenheiten, Wertklima in einer Organisation, spezifische Management-Normen für Machtnutzung in einer Organisation, Art der zu lösenden Aufgabe etc. Der entscheidende Punkt ist jedoch, daß die Machtgrundlagen nicht absolut, sondern relativ sind; ihre Gültigkeit bestimmen die Mitarbeiter mit. Dies zeigt noch einmal mit aller Deutlichkeit den interaktiven Charakter von Führung.

Die hierarchisch-gegliederte Organisation stattet ihre Instanzen – häufig gestaffelt nach Führungsebenen – mit Machtressourcen aus (Macht durch Bestrafung, Belohnung, Legitimation). In zunehmendem Maße reichen aber gerade diese Machtgrundlagen nicht mehr aus. Mehr und mehr werden die Möglichkeiten, Organisationsmitglieder durch Befehl und/oder Bestrafung und Belohnung zur Mitarbeit zu bewegen, durch Vertragsvereinbarungen beschränkt und reduziert. Legitime Einflußnahme qua Amt wird im öffentlichen Bewußtsein ebenso in zunehmendem Maße in Frage gestellt, die „Indifferenzzone" (Barnard) wird kleiner. Einflußbeziehungen in Organisationen werden also in Zukunft sehr viel stärker auf Referenten- und Expertenmacht angewiesen sein. In diesem Zusammenhang kann auch das im Abschnitt 11.5 zu diskutierende Problem der Führungsstile gesehen werden; Führungsstile interpretiert als spezifische Verhaltensmuster von Vorgesetzten, die auf unterschiedlichen Machtgrundlagen basieren und davon in unterschiedlichem Ausmaß Gebrauch machen.

11.4 Dynamik des Führungsprozesses: Die Identitätstheorie

Wurde Führung im vorhergehenden Abschnitt im wesentlichen als eine spezielle Form von Einflußprozeß beschrieben, so sind damit einzelne Führungsepisoden erfaßt. Über diese einzelnen Einflußversuche hinaus hat Führung aber auch eine **längerfristige** Dimension, oder anders formuliert: die täglichen Einflußprozesse finden sich stets eingebettet in eine „Führungsgeschichte". Der Führungsprozeß hat so gesehen immer auch eine Vergangenheit in Form von spezifischen Erfahrungen und ebenso eine Zukunft, die in Form von bestimmten Erwartungen zum Ausdruck kommt. Dies gilt stets sowohl aus der Perspektive der Führungsperson als auch der Geführten. Während das oben dargestellte Einflußprozeßmodell die Möglichkeit beschreibt, wie solche Erfahrungen und Erwartungen auf eine einzelne Führungssituation zu einem bestimmten Zeitpunkt einwirken, ist es für das Verständnis von Führung darüber hinaus von besonderem Interesse, wie sich bestimmte Erfahrungen und Erwartungen im Führungsprozeß herausbilden. Genau an dieser Stelle greift nun ein relativ neuer Ansatz, die sogenannte Identitätstheorie der Führung.[21]

21 Vgl. Gardner, William L./Avolio, Bruce J., The charismatic relationship: A dramaturgical perspective. In: Academy of Management Review 23, Nr. 1, 1998, S. 32-58; Hogg, M.A./Terry, D.J., Social identity and self-categorization process in organizational contexts, in: Academy of Management Review 25 (2000), S. 121-140.

Bei diesem Ansatz geht es um eine **Identitätsausbildung** sowohl auf Seiten der Führungsperson („leader identity") als auch auf Seiten der Geführten („follower identity").

Unter Identität wird das gefestigte Selbstverständnis eines Individuums verstanden, wie es seine relevanten Charakteristika, Erfahrungen und Erwartungen sieht, erklärt und zueinander in Beziehung setzt.[22] Auf Führungskräfte bezogen bedeutet dies, daß Personen, die neu in eine Führungsposition kommen, jeweils erst ihre Identität als Führungskraft ausbilden müssen: Wie verstehe ich mich als Führungskraft? Was ist mir wichtig? Kann und darf ich andere formen? usw. Dies ist aber keine isolierte, allein für sich zu leistende Aufgabe. Sie kann nur in der Interaktion mit den Geführten geschehen. Umgekehrt bedeutet dies einen korrespondierenden Prozeß auf Seiten der Mitarbeiter, auch sie müssen eine Identität als Mitarbeiter, das heißt als Geführte ausbilden. Ähnliches, wenn auch im abgeschwächten Maße, ergibt sich immer wieder bei Übernahme einer neuen Führungsposition in einer anderen Abteilung oder einer höheren hierarchischen Ebene.

Um diesen wechselseitigen Identitätsbildungsprozeß zu verstehen, ist es wichtig, zwischen der Identität von Führer und Geführten und der Identität als Person (sowohl von Führer als auch von den Geführten) zu unterscheiden.[23] Während letztere prinzipiell das Ergebnis von jahrelangen (sozialen) Entwicklungsprozessen ist und somit in der Regel ein Handlungs- und Orientierungsmuster darstellt, das in verschiedenen Situationen gleich bleibt, bezieht sich die Identität von Führer bzw. Geführten auf die Identität in ganz speziellen Situationen, nämlich Führungssituationen („situative Identität"). Mit anderen Worten, das generelle Selbstverständnis als Person ist nicht ohne weiteres gleichzusetzen mit der situationsbezogenen Identität als Führungsperson. Diese Einsicht ist ja auch aus dem Alltagsleben bekannt, wenn Mitarbeiter ihre Vorgesetzten in anderen Situationen erleben (z. B. beim Sport oder beim Kochen) und die unterschiedlichen Identitätsbildungen wahrnehmen.

Wichtig ist nun, die Identitäten der an einem Führungsprozeß beteiligten Personen keinesfalls als statisch, sondern vielmehr als dynamisch und veränderbar zu betrachten, weil sie eben nicht ausschließlich durch die eigene Person, sondern vielmehr durch den Interaktionsprozeß selbst wesentlich mitgeprägt werden. Wie hat man sich diesen Prozeß genauer vorzustellen?

Zunächst einmal ist festzuhalten, daß sowohl die Führungsperson als auch die Geführten auf die Führungssituation und damit auch auf die sich bildenden Identitäten einwirken. Dies geschieht auf ganz alltägliche Weise: Man reagiert auf bestimmte Anweisungen oder man tut es gerade nicht; man schüttelt den Kopf oder macht Gegenvorschläge usw.

Dieser Umstand ist für das Verständnis und die Gestaltung des Führungsprozesses von besonderer Bedeutung. Früher ging man – analog zum Eigenschaftsansatz – davon aus, daß die Herausbildung einer Führungsidentität im wesentlichen von der Fähigkeit der Führungsperson bestimmt ist; die Geführten nahmen dabei lediglich die Rolle eines passiven Auditoriums ein. Der Identitätsansatz macht dagegen sehr deutlich, daß auch den Ge-

22 Vgl. Schlenker, B.R., Identity and self-identification, in: ders. (Hrsg.), The self and social life, New York 1985, S. 65-99.

23 Diese Spaltung ist in der Literatur keineswegs unumstritten; zu einem integrativen Modell der Identität vgl. Müller, W.R., Führung und Identität, Bern/Stuttgart 1981.

führten eine aktive Rolle bei der Herausbildung der Führungsidentität zukommt. Im Gegenzug – und dieser Aspekt ist natürlich wesentlich geläufiger – hat auch der Vorgesetzte grundsätzlich die Möglichkeit, die Identität der Geführten als Geführte mitzugestalten.

Auf diese gegenseitige Einsteuerung im Prozeß der Identitätsausbildung wirkt aber immer auch das soziale und insbesondere organisationale Umfeld ein, in dem sich Führungsperson wie Geführte befinden, z. B. durch vorformulierte Regeln (Führungsleitsätze, Mitarbeiterrichtlinien, Betriebsordnungen usw.) oder die Arbeitsorganisation. Die folgende Abbildung faßt das Gesagte zusammen. (Vgl. Abbildung 11.2)

Man erkennt auf beiden Seiten zunächst die allgemeine Identität der Person. Im Fortlauf kommt es nun zu Interaktionen, in deren Verlauf sich die Führungsidentität herausbildet, d. h. im Verlaufe dessen eine bestimmte Person mit einer bestimmten Gruppe von Personen ihre Identität als Führer(in) herausbildet. Dasselbe gilt umgekehrt auch für die anderen beteiligten Personen; für sie gilt es, in diesen Interaktionen eine Identität als Geführte zu entwickeln, d. h. eine Vorstellung von sich in einer Situation der Weisungsabhängigkeit bezogen auf eine konkrete Führungsperson. Diese Prozesse müssen sich in jeder neuen Führungskonstellation einsteuern; am deutlichsten sieht man sie, wenn Personen erstmals in eine Führungsposition kommen und erst ihr Selbstverständnis (und damit auch ihr Fremdverständnis) als eine Person mit Weisungsbefugnis aufbauen müssen. Das Ergebnis dieser Einstiegsprozesse ist die situative Identität als Führer(in) oder Geführte, die – wie gesagt – mit der allgemeinen Identität zusammenhängt, aber keineswegs deckungsgleich ist. Vor dem Hintergrund ihres jeweiligen Selbstverständnisses wählen die Akteure bestimmte Handlungsweisen und Darstellungen. Im Fortlauf formen sich im Rahmen des jeweiligen organisationalen Kontextes die Identitäten als Führer bzw. Geführte immer weiter aus.

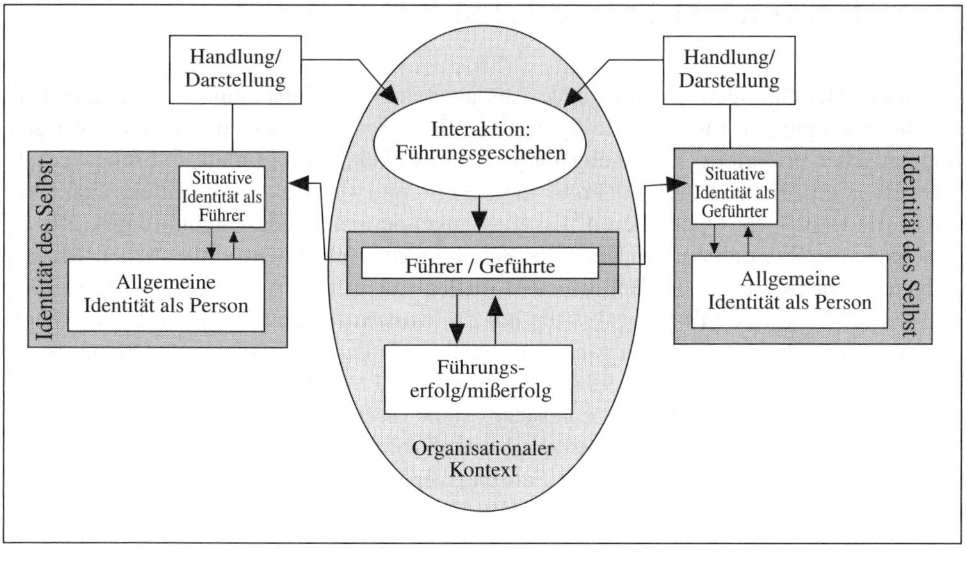

Abb. 11.2: Bildung der Führungsidentität als Prozeß

Die beschriebene Identitätsausbildung vollzieht sich auf drei Ebenen: der **Vorstellungsebene**, der **Handlungsebene** und der **Reflexionsebene**. Die Vorstellungsebene birgt Überlegungen derart: Was denke ich, was man als Führer(in) können muß? Was wird erwartet? Welche Fähigkeiten habe ich? usw. Dagegen beantwortet die Handlungsebene Fragen wie: In welcher Art kann ich handeln?, Wie soll ich mich darstellen? etc. Die Reflexionsebene gibt schließlich Aufschluß über: Wie wirke ich in bestimmten Situationen?, Wie reagiert die andere Seite? Welche Schlüsse sind daraus zu ziehen? usw. Alle drei Ebenen wirken bei der Identitätsausbildung ineinander und prägen im Führungsprozeß letztlich die Identität einer Führungsperson bzw. der Geführten.

Insgesamt ist es wichtig zu betonen, daß hier eine zusätzliche Identität (zusätzlich zur allgemeinen Identität), nämlich die Identität als Führungsperson herausgestellt wird. Identität heißt ein in Grenzen festes und für andere deshalb erwartbares Verhaltensmuster. Hier ist auch die Nahtstelle zum Führungsstil. Versteht man den Führungsstil als die Verhaltensweise eines Vorgesetzten, die aus seiner Identität als Führungsperson resultiert, so kommt damit ein relativ stabiles Muster von Handlungsweisen und Darstellungen einer Führungsperson zum Ausdruck. Dabei sollte deutlich sein, daß die Diskussion der Führungsstile immer nur einen bestimmten Ausschnitt des gesamten Führungsprozesses thematisiert. Die im folgenden darzustellenden Führungsstil-Ansätze stellen somit immer eine – bisweilen extreme – Vereinfachung des komplexen Prozeßgeschehens zwischen Führer und Geführten dar, weil sie ausschließlich das Verhalten der Führungsperson beachten.

11.5 Führungsstile und Leistungsverhalten

Neben den Bemühungen, grundlegende Aussagen über die Entstehung von Führerschaft und die Bedingungen für den Erfolg des Beeinflussungsprozesses zu gewinnen, wurden pragmatischer orientierte Forschungsmodelle entwickelt, die optimale Führungsverhaltensweisen im Hinblick auf konkrete Erfolgskriterien (Produktivität, Effektivität, Arbeitszufriedenheit etc.) postulieren. Es wird angenommen, daß sich Führungskräfte in verschiedenen Situationen und über die Zeit hinweg nach einem einheitlichen Muster verhalten können und sollen. Bei diesen Modellen reduziert sich das aufgezeigte vielfältige Geflecht von Beeinflussungskräften auf die **Annahme,** daß das Führungsverhalten die entscheidende Determinante für die Einstellungen der Mitarbeiter zur Organisation, zu deren Zielen, Aufgaben etc. und damit letzlich für ihre Effektivität sei. Diese Modelle sind aus der Sicht des Einflußprozeßansatzes stark vereinfacht. Sie behandeln den Interaktionsprozeß gleichsam als „schwarzen Kasten“ (black box). Im Unterschied zum Eigenschaftsansatz geht es um konkrete Führungsverhaltensweisen ansonsten ist aber eine konzeptionelle Nähe vorhanden.

11.5.1 Autoritärer versus demokratischer Führungsstil

Die ersten Studien auf diesem Gebiet behandelten die Frage, ob autoritäre oder demokratische Führung erfolgreicher ist. Autoritärer und demokratischer Führungsstil werden meist als Extrempunkte eines Kontinuums aufgefaßt. Wird lediglich ein Merkmal, nämlich die Partizipation am Entscheidungsprozeß als stilbildend zugrunde gelegt, so lassen sich die in Abbildung 11.3 gezeigten Abstufungen idealtypisch herausformen.

Von den sieben Stufen seien einige kurz erläutert:

1. Stufe: Hier liegt ein total autoritäres Verhalten vor im Rahmen der Grenzen, die der Beeinflußbarkeit der Mitarbeiter gesetzt sind: Der Vorgesetzte untersucht das Problem, betrachtet Alternativlösungen, trifft allein die Entscheidung und kündigt sie an. Er verlangt Gehorsam für die Ausführung aufgrund seiner Machtstellung und kontrolliert diese so oft als möglich.

2. Stufe: Eine geringe Abweichung von diesem total autoritären Verhalten liegt vor, wenn der Vorgesetzte seine Entscheidungen begründet, sei es, daß er Widerspruch durch die Untergebenen einkalkuliert und diesem zuvorkommen will, sei es, daß er ein Bedürfnis der Untergebenen nach Verständnis der Entscheidung akzeptiert und ihm Rechnung tragen will.

5. Stufe: In den vorhergehenden Stufen hat der Vorgesetzte den Mitarbeitern seine Entscheidung vorgegeben. Hier eröffnet er erstmals die Möglichkeit, daß die Mitarbeiter Lösungen vorschlagen. Die Initiative des Vorgesetzten liegt darin, das Problem vorzustellen. Wenn eine Reihe von Lösungsmöglichkeiten entwickelt ist, wählt der Vorgesetzte die Entscheidung aus.

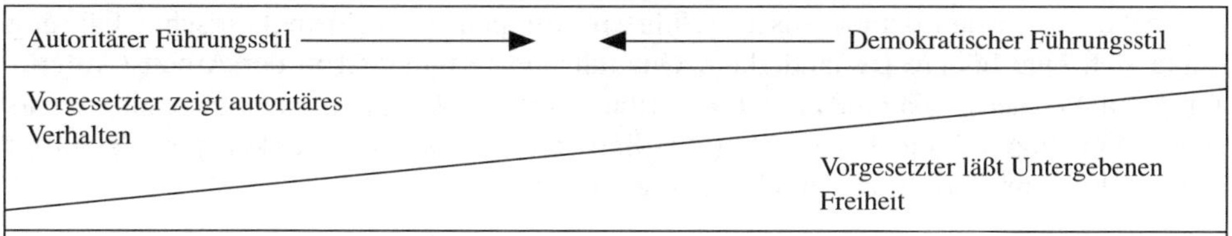

1)	2)	3)	4)	5)	6)	7)
Vorgesetzter trifft Entscheidungen und kündigt sie an	Vorgesetzter „verkauft“ Entscheidungen	Vorgesetzter schlägt Ideen vor und erwartet Fragen	Vorgesetzter schlägt Versuchsentscheidung vor, die geändert werden kann	Vorgesetzter zeigt das Problem, erhält Lösungsvorschlag und entscheidet	Vorgesetzter gibt Grenzen an und fordert Gruppe auf, die Entscheidung zu fällen	Vorgesetzter gestattet den Untergebenen frei zu handeln in den systembedingten Grenzen

Quelle: Tannenbaum, R./Schmidt, W.H., How to choose a leadership pattern, in: Harvard Business Review 35 (1958) Nr. 2, S. 96

Abb. 11.3: Kontinuum des Führungsverhaltens

7. Stufe: Hier liegt ein total demokratischer Führungsstil vor. Die Arbeitsgruppe übernimmt die Analyse des Problems, entwickelt Lösungsalternativen und trifft die Entscheidung. Der Vorgesetzte ist gleichberechtigtes Mitglied der Gruppe. Die Grenzen der Entscheidung werden von außen gesetzt, sie sind durch das übergeordnete System und die ihm inhärenten Funktionszusammenhänge bedingt.

Wenn wir diese nur auf Entscheidungen bezogene Beschreibung erweitern und auf das Vorgesetztenverhalten in einer normalen Arbeitssituation übertragen, dann könnte man die beiden Extrempunkte kurz in folgender Weise beschreiben:

Das **autoritäre** Verhalten ist dadurch gekennzeichnet, daß die Führungskraft den einzelnen Mitgliedern der Arbeitsgruppe die Aufgabe zuweist, daß sie den Untergebenen die Art der Aufgabenerfüllung vorschreibt (vorstrukturierende Aktivität), daß sie auf soziale Distanz bedacht ist, den Untergebenen keine persönliche Wertschätzung entgegenbringt und sich den Gruppen-Aktivitäten fernhält.

Das **demokratische** Verhalten dagegen zeichnet sich dadurch aus, daß die Führungskraft den Mitgliedern der Arbeitsgruppe selbst überläßt, ihre Arbeitsaufgaben und die Arbeitsplätze zu verteilen, daß sie versucht, Aufgabe und Zwecksetzung der Gruppe durch Diskussion mit der Gruppe zu klären, daß sie sich bemüht, die soziale Distanz zur Gruppe zu verringern, den Mitgliedern der Gruppe hohe persönliche Wertschätzung entgegenzubringen und als Gruppenmitglied aktiv am Gruppenleben teilzuhaben.

Ausgewählte Studien:

(1) **Lewin, Lippitt und White**[24] haben in ihren klassischen Labor-Experimenten mit jugendlichen Freizeitgruppen die Auswirkungen der verschiedenen Führungsstile auf das Gruppenverhalten untersucht. Demokratisches Führungsverhalten führte durchgängig zu positiveren Einstellungen der Gruppenmitglieder gegenüber dem Führer als autoritäres Führungsverhalten. Die Kohäsion der Gruppen unter autoritärer Führung war wesentlich schwächer als in den demokratisch geführten Gruppen. Unter demokratischer Führung zeigte sich eine höhere Beständigkeit, Qualität und Originalität in der Arbeit (Anfertigung von Masken), während in den autoritär geführten Gruppen quantitativ eine etwas höhere Leistung verzeichnet wurde (allerdings wurde dort die Tätigkeit jeweils abrupt eingestellt, wenn der Leiter den Gruppenraum verließ).

(2) **Coch und French**[25] haben mit einem ähnlichen Ziel sehr früh ein Feldexperiment mit industriellen Arbeitsgruppen durchgeführt. Nachdem diese Studie in mehrfacher Hinsicht richtungsweisend ist, sei darauf etwas genauer eingegangen. In einer Textilfirma stand eine grundlegende Änderung der Arbeitsorganisation an. Man bildete zwei **Experimentier-** und eine **Kontrollgruppe** und differenzierte die Art und Weise, in der der Änderungsprozeß vorbereitet und durchgeführt wurde, derart, daß eine unterschiedliche Partizipation der Gruppenmitglieder am Entscheidungsprozeß erfolgte.

---

24 Lewin, K./Lippitt, R./White, R., Patterns of aggressive behaviors in experimentally created „social climates", in: Journal of Social Psychology 10 (1939), S. 271–299.

25 Coch, L./French, J.R.P., Overcoming resistance to change, in: Human Relations 1 (1948), S. 512–532.

- Die **erste Gruppe**, die als Kontrollgruppe fungierte, partizipierte überhaupt nicht am Änderungsprozeß. Die Produktionsabteilung plante die technischen Änderungen des Arbeitsvollzuges und setzte die Akkordstandards neu fest. Ein Gruppentreffen wurde abgehalten, der Gruppe wurde mitgeteilt, daß Änderungen der Arbeitsorganisation aus Kostengründen erforderlich seien. Die Änderungen und die Art der Berechnung der neuen Akkordsätze wurden vom Refa-Ingenieur erklärt. Hier lag also ein Vorgesetztenverhalten vor, das sehr stark autoritär ausgerichtet war.
- Die **zweite Gruppe** wurde, bevor Änderungen durchgeführt wurden, zusammengerufen. Die Notwendigkeit einer Änderung des Arbeitsprozesses wurde im einzelnen erklärt und anhand des betroffenen, sich schlecht verkaufenden Produktes demonstriert. Die Gruppe erzielte über die Notwendigkeit der Änderung Einmütigkeit. Das Management präsentierte sodann einen 6-Punkte-Plan zur Durchführung der Änderung, der u.a. vorsah, zunächst aus der sehr großen Gruppe einige Arbeiter auszuwählen, die für die Änderungen vorweg ausgebildet werden sollten. Es waren diese ausgewählten Arbeiter, die dann in speziellen Zusammenkünften Vorschläge für die Änderungen einbrachten, die Art der Berechnung der Akkordsätze mitbestimmten, also total in den Gesamtprozeß einbezogen wurden. Die Ergebnisse wurden dann der gesamten Gruppe in einem zweiten Treffen präsentiert und die ausgewählten Arbeiter trainierten die übrigen im Hinblick auf die neuen Arbeitsoperationen. Der Führungsstil, der hier angewandt wurde, war also stark kooperativ, bezog sich aber nur auf einen Teil der Gruppe. Hier lag Partizipation durch Repräsentation vor.
- Die **dritte Gruppe** wurde wie die zweite Gruppe behandelt, man hat sie jedoch so klein gewählt, daß eine Partizipation aller Gruppenmitglieder am Entscheidungsprozeß möglich war.[26]

Für alle drei Gruppen wurde sodann die Entwicklung der Produktivität in den nächsten Wochen verfolgt und aufgezeichnet (Abb. 11.4).

Nach einem Rückgang in den ersten Tagen bei allen drei Gruppen stieg die Produktivität der dritten Gruppe schnell an und lag über der der beiden anderen Gruppen, aber auch über der früheren Produktivität. Auch bei der zweiten Gruppe zeigte sich ein Produktivitätsanstieg, die langfristige Leistung pendelte sich aber in etwa auf dem alten Niveau ein. Die erste Gruppe mit autoritärer Führung erreichte dagegen nicht einmal ihr altes Produktivitätsniveau und lag damit weit unter dem Output der übrigen beiden demokratisch geführten Gruppen.

Anmerkung: 2 1/2 Monate später erhielt die alte Kontrollgruppe[27] bei einer anderen Änderung die Möglichkeit, wie die Gruppe 3 mitzuentscheiden, und es zeigten sich hier dieselben Ergebnisse wie im ersten Versuch bei Gruppe 3.

---

26 Im Experiment bestand die 3. Gruppe aus zwei kleinen Gruppen; sie werden hier aus Vereinfachungsgründen zusammengezogen.

27 Allerdings hatten bereits 7 der 18 Gruppenmitglieder gekündigt!

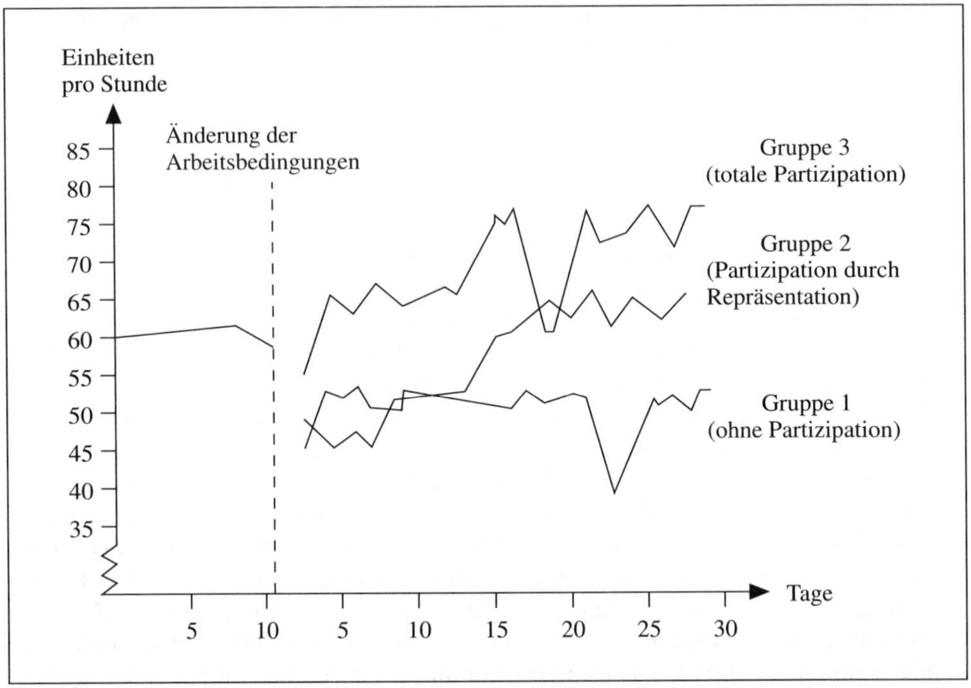

Quelle: In Anlehnung an Coch, L. und French, J., Overcoming resistance to change, in: Human Relations 1 (1948), S. 512 ff.

Abb. 11.4: Wirkungen autoritärer/demokratischer Führung auf die Arbeitsproduktivität

(3) In einem anderen kulturellen Kontext (Norwegen) haben **French, Israel und Aas**[28] diesen Versuch (allerdings mit etwas anderer Operationalisierung der Begriffe und sorgfältigeren empirischen Methoden) wiederholt.

Bei dieser Untersuchung zeigte sich, daß Beteiligung an Entscheidungen nur dann innovationsfreudiger und zufriedener macht, wenn

(a) die Entscheidungen für die Arbeit **wichtig** sind,
(b) der Inhalt der Entscheidungen mit der Arbeitsleistung in erkennbarem **Zusammenhang** steht,
(c) wenn die Beteiligung als **legitim** erachtet wird, d.h. soweit sie mit den sozialen Normen und Werten der Betroffenen in Einklang steht,
(d) wenn **keine Ressentiments** gegen die Technik der Mitentscheidung (als Manipulationsinstrument) gehegt werden.

28 French, J.R.P. jun./Israel, J./Aas, D., Ein Experiment über die Beteiligung in einer norwegischen Fabrik, in: Irle, M. (Hrsg.), Texte aus der experimentellen Sozialpsychologie, Neuwied 1969, S. 487–504.

Unterschiede in bezug auf die **Produktivität** der Gruppen, wie sie sich bei Coch und French zeigten, konnten allerdings nicht festgestellt werden. Zwischenzeitlich wurden hunderte von Studien zu dieser Thematik durchgeführt; ein eindeutiges Ergebnisbild in Richtung auf Coch/ French ergibt sich dabei aber nicht.[29]

11.5.2 Weitere Führungsstil-Konzepte

Ein anderes Konzept führungsstilprägender Merkmale wurde den Forschungen an der Universität Michigan zugrunde gelegt.[30] Hier unterschied man (wiederum als Extrempunkte eines Kontinuums) zwischen **aufgabenorientiertem** und **personenorientiertem Führungsstil**.

Aufgabenorientierte Vorgesetzte richten ihr Hauptaugenmerk auf den technischen Ablauf und die geforderte Leistungsmenge. Sie sehen ihre Untergebenen hauptsächlich als Werkzeuge oder Einsatzfaktoren, die der Leistungserstellung dienen und die unter Druck gesetzt werden müssen.

Der **personenbezogene** Führungsstil geht dagegen von der Auffassung aus, daß über das Interesse am arbeitenden Menschen auch eine Begeisterung an der Arbeit selbst entsteht, so daß im Ergebnis eine überdurchschnittliche Arbeitsleistung erzielt wird. Eine so orientierte Führungskraft stellt in ihrer Interaktion mit den Mitarbeitern nicht fortwährend die Leistungsziele in den Vordergrund, sondern geht auf die Menschen ein, mit denen sie zusammenarbeitet; sie hilft ihnen, zeigt Interesse für ihre Schwierigkeiten bei und außerhalb der Arbeit, sorgt sich um ihre individuelle Entwicklung und kümmert sich um ihre Beförderung. Sie verhält sich eher freundlich und unterstützend als strafend und drohend (vgl. die Darstellung in Kasten 11.3).

Neuerdings werden Vorgesetzte häufig aufgefordert, als **Coaches** zu agieren, d.h. sie sollen ihre Mitarbeiter unterstützen, fördern, bei Krisen beraten usw.[31] Wie schnell zu sehen, handelt es sich hierbei nur um ein neues Wort für die schon seit langem diskutierte personenorientierte Führung. **Coaching** in diesem Sinne kann deshalb als modische Variante personenbezogener Führung begriffen werden. Eine wesentlich interessantere, weil neuere Perspektive eröffnet eine zweite Variante. Sie sieht den Coach als persönlichen Berater von Vorgesetzten. Führungspositionen sind – wie im Einflußprozeßmodell eindringlich dargestellt – immer mit Spannungen und Konflikten verbunden. Häufig fehlt es Vorgesetzten an geeigneten Gelegenheiten, über ihre Führungsprobleme zu sprechen. Genau an dieser Stelle setzt das Coaching an, das Vorgesetzten eine therapeutisch geschulte Person zur Seite stellt, mit der in einer geschützten Atmosphäre die wichtigsten Führungs-Probleme analysiert und Lösungsmöglichkeiten diskutiert werden

---

29 Vgl. im Überblick Locke, E.A./Schweiger, D.M., Participation in decision-making: One more look, in: Staw, B.M. (Hrsg.), Research in organizational behavior, Greenwich/Conn. 1979, S. 265 ff., ferner Neuberger, O., Führen und geführt werden, 5. Aufl., Stuttgart 1995, S. 141-156.

30 Dazu insbesondere: Likert, R., New patterns of management, New York 1961.

31 Vgl. z.B. Rückle, H., Coaching, Düsseldorf 1992, S. 54 ff., Doppler, K./Lauterburg, Ch., Change Management: den Unternehmenswandel gestalten, Frankfurt a.M./New York 1994.

Kasten 11.3

Personenorientierte Führung in der Praxis

„Mary Kay Ash berichtet von einer Führungskraft, die persönliche Probleme hatte. Sie beschreibt, wie sie vorgegangen ist:

Vor einiger Zeit hatte eine meiner Führungskräfte, die ich hier „Bill" nennen will, in ihrer Leistung stark nachgelassen. Er hatte seine Berichte immer pünktlich abgegeben. Seit einigen Wochen aber kam er morgens häufig zu spät und ergriff bei Ausschußsitzungen nur noch selten das Wort. All dies war für ihn absolut untypisch. Eines Tages erklärte er mir, warum er einen Bericht nicht pünktlich habe abliefern können. Ich dachte mir, es sei Zeit, einmal intensiv mit ihm zu reden. Ich bin aufgestanden und habe ihm Kaffee eingeschenkt.

„Wie trinken Sie Ihren Kaffee?" fragte ich.

„Ich trinke ihn schwarz."

Ich trug seine Tasse zum Couchtisch hinüber und setzte mich auf die Couch. Automatisch nahm er neben mir Platz.

„Bill", sagte ich, „Sie gehören zu unseren Spitzenleuten. Seit zwölf Jahren sind Sie bei uns, und ich glaube, wir sind inzwischen gute Freunde geworden."

„Der Meinung bin ich auch, Mary Kay", sagte er leise.

„Ich mache mir Sorgen um Sie, Bill. Sie haben Ihre Arbeit immer so gewissenhaft erledigt, daß wir ohne Sie gar nicht mehr auskommen. Aber in letzter Zeit sind Sie nicht mehr ganz Sie selbst …"

Er antwortete nicht. Ich hörte also zu reden auf und trank meinen Kaffee. Er schien sehr angespannt. Ich bot ihm noch einmal Kaffee an.

„Nein danke", antwortete er.

„Stimmt etwas zu Hause nicht?" fragte ich.

Er wurde rot und nickte nach ein paar Augenblicken schließlich mit dem Kopf.

„Kann ich irgend etwas tun, um Ihnen zu helfen?"

Er erzählte mir dann, daß er sich große Sorgen mache, weil der Arzt bei seiner Frau einen Rückentumor entdeckt hatte. Er wollte es mir erzählen, weil er genau wisse, daß dadurch seine Leistungsfähigkeit beeinträchtigt sei. Ich bin sicher, daß er es sehr nötig hatte, einmal seinen Gefühlen Luft machen zu können. Wir haben bestimmt eine gute Stunde lang miteinander gesprochen. Am Ende unseres Gespräches fühlte er sich erleichtert. Seine Leistungen wurden wieder besser. Ich habe zwar sein persönliches Problem nicht lösen können, aber es war zumindest gut, daß wir uns einmal ausführlich darüber ausgesprochen haben.

Wie weit ein Manager bei der Besprechung persönlicher Probleme gehen kann, kann nur derjenige entscheiden, der selbst in der Situation steckt. Wenn man tagein, tagaus zusammen arbeitet, wird sich immer irgendwo auch eine persönliche Beziehung entwickeln."

Quelle: Peters, T.J./Austin, N., Leistung aus Leidenschaft (Übers. a.d. Engl.), Hamburg 1993 (Nachdruck), S. 426 f.

können. Coaching ist nicht nur bestrebt, Probleme aufzuarbeiten, sondern auch neue Perspektiven zu eröffnen und neue Kompetenzen zu entfalten.[32]

Zur Frage, welche Wirkungen ein aufgaben- bzw. personenbezogenes Verhalten auf die **Arbeitsleistung** hat, liegt ebenfalls eine Fülle empirischer Untersuchungsergebnisse vor. Man ist bei diesen Untersuchungen typischerweise so vorgegangen, daß Arbeitsgruppen mit sehr hoher und sehr niedriger Produktivität gesucht wurden, um dann die Verhaltensweisen der Vorgesetzten in diesen Gruppen zu bestimmen (Extremgruppen-Design). Die Tendenz der Ergebnisse kommt in den zwei Beispielen in Abbildung 11.5 zum Ausdruck.

Studien mit anderer Untersuchungsmethodik gelangen jedoch z.T. zu konträren Resultaten im Hinblick auf die Produktivität.[33] Was andere Wirkungsvariablen wie Zufriedenheit, Fluktuation, Fehlzeiten oder Informationsverhalten betrifft, so konnten hier für den personenbezogenen Führungsstil durchgängig bessere Ergebnisse nachgewiesen werden.

In jüngerer Zeit findet ein weiteres, gänzlich anderes Führungsstil-Paar starke Beachtung, das von Burns in die Literatur eingeführt wurde: **Transaktionale** und **transformative Führung**.[34]

Transaktionale Führung basiert auf dem Austauschprinzip, d.h. Führung wird gewissermaßen ausgehandelt. Die Führungskraft verdeutlicht die gewünschten Leistungen und bietet Anreize (z.B. Überstundenzuschläge) oder droht mit Sanktionen, um die erstrebten Verhaltensweisen der Geführten zu erreichen. Ihre Wünsche, Erwartungen, Befürchtungen usw. sind soweit zu berücksichtigen, wie es für die Zielerreichung erforderlich ist. Führung wird im wesentlichen als **Austauschprozeß** verstanden.

Auf ganz anderen Grundlagen steht dagegen die **transformative Führung**; im Zuge eines transformativen Führungsprozesses **verändern** sich die Einstellungen, die Wünsche und die Vorstellungen der Geführten. Transformative Führer handeln aus tiefer Überzeugung, aus dem Glauben an bestimmte Werte und Ideen. Sie entwickeln Visionen und regen dazu an, Dinge völlig neu zu sehen. Ihre Überzeugungen können nicht Gegenstand von Aushandlungsprozessen werden, man kann sie allenfalls ablehnen oder übernehmen. Die Nähe zum oben erläuterten Konzept charismatischer Führung ist offenkundig (vgl. hierzu das Beispiel in Kasten 11.4).

Mit der Vorstellung der transformativen Führung verbindet sich die These, daß es nur dieser Typ der Führung ist, der herausragende Leistungen erzielen kann. Mit transaktionaler Führung, gleichgültig in welcher Stilvariante, könnten dagegen nur durchschnittliche Leistungen erzielt werden.[35] Diese beiden Führungsstile sind nur schwer meßbar; dennoch liegt zwischenzeitlich eine Reihe von empirischen Studien (mit gemischten Ergebnissen) vor, die den behaupteten Zusammenhang zu prüfen versuchen.[36]

---

32 Vgl. hierzu im einzelnen Loos, W., Coaching für Manager, Landsberg a.L. 1991, Schreyögg, A., Coaching, 2. Aufl., Frankfurt a.M. 1996.

33 Vgl. die Zusammenstellung bei Neuberger, O., a.a.O., S. 144 f.

34 Vgl. Burns, J.M., Leadership, New York 1978; sowie Bass, B.M./Avolio, B. (Hrsg.), Improving organizational effectiviness through transformational leadership, Thousand Oakes 1994.

35 Vgl. Bass, B.M., Leadership and performance beyond expectations, New York 1985.

36 Vgl. die Zusammenstellung von Bryman, A., Charisma and leadership in organizations, London 1992, Kapitel 6.

Kasten 11.4

Leader

„Der Leader läßt Business Reengineering Wirklichkeit werden. Er oder sie ist ein Mitglied des oberen Führungskreises, das genügend Einfluß besitzt, um die Organisation völlig umzukrempeln oder auf den Kopf zu stellen und die Mitarbeiter zu überzeugen, den radikalen Bruch zu akzeptieren, den das Business Reengineering mit sich bringt. Ohne einen Leader kann ein Unternehmen „auf dem Papier" etliche Untersuchungen durchführen oder sogar Konzepte für ein neues Prozeßdesign erarbeiten. Wenn es keinen Leader gibt, wird das Business Reengineering jedoch niemals gelingen. Selbst wenn ein Reengineering-Projekt gestartet wird, verliert es ohne einen Leader bis zum Zeitpunkt seiner Implementierung an Schwung oder scheitert.

In aller Regel wird einem Manager die Rolle des Leaders nicht „zugewiesen". Es handelt sich um eine selbstgewählte und selbsternannte Position. Jemand, der einflußreich genug ist, wird zum Leader des Business Reengineering, wenn er die Leidenschaft mitbringt, im Unternehmen eine Renaissance herbeizuführen, es zum besten seiner Branche zu machen und endlich alle Fehler völlig auszumerzen.

Die primäre Rolle eines Leaders ist, als Visionär zu überzeugen. Durch die Ausformung und Formulierung seiner Vision über die Art von Unternehmen, das er gestalten will, vermittelt der Leader jedem Mitarbeiter im Unternehmen Sinn und Zweck des Vorhabens. Der Leader muß allen deutlich vor Augen führen, daß Business Reengineering ernsthafte Anstrengungen verlangt, die bis zur Zielerreichung durchgehalten werden müssen. Aus den Überzeugungen und dem Enthusiasmus des Leaders leitet das Unternehmen seine geistige Energie ab, die es für eine Reise ins Ungewisse benötigt.

Wir definieren den Leader als jemanden, der andere Menschen dazu bringen kann, das zu wollen, was er erreichen möchte. Eine Führungspersönlichkeit zwingt andere nicht gegen ihren Willen zum Wandel. Eine Führungspersönlichkeit formuliert eine Vision und überzeugt die Mitarbeiter, daß sie Teil dieser Vision werden wollen, so daß sie bereitwillig, ja sogar voller Begeisterung, die Mühen auf sich nehmen, die ihre Verwirklichung mit sich bringt."

Quelle: Hammer, M./Champy, J. Business Rengineering, Frankfurt a. M./New York, 1994, S. 135 ff.

11.5.3 Zweidimensionale Konzepte

Neben den beiden bisher behandelten Klassen von Arbeiten, die ein eindimensionales Führungsstil-Konzept zugrunde gelegt haben, sind weitere Studien zu erwähnen (insbesondere Ohio State University Leadership Studies), die zu einer zwei- oder mehrdimensionalen Führungsstil-Konzeption übergehen. Diese Studien stützen sich zumeist auf faktoren-analytisch gewonnene Ergebnisse, die der Auffassung von unifaktoriellen bipolaren Führungsstilen widersprechen und ein mehrdimensionales Konzept nahelegen.

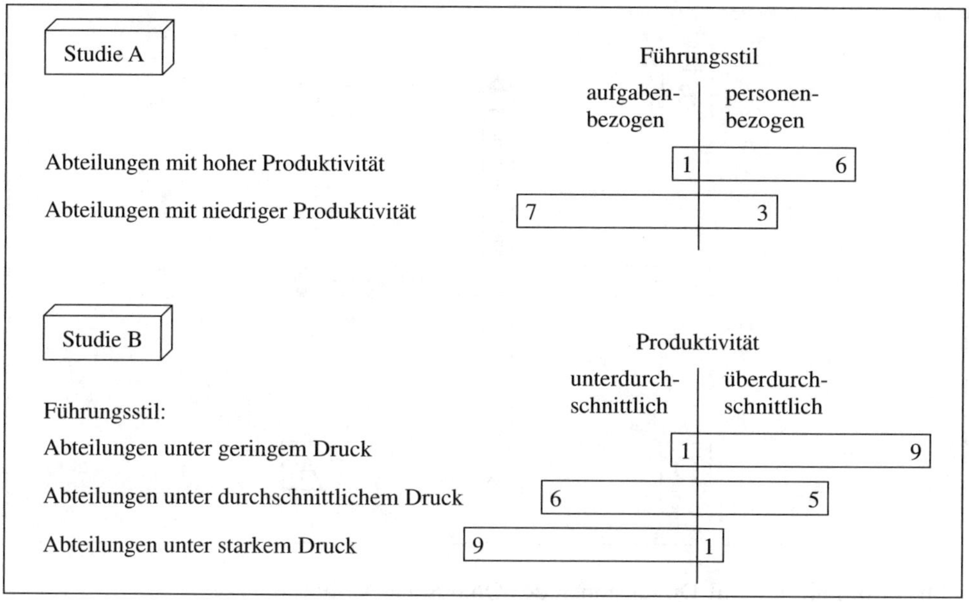

Quelle: Likert, R., New patterns of management, New York 1961, S. 7 f.

Abb. 11.5: Wirkungen von aufgaben- und personenbezogenem Vorgesetztenverhalten auf die Produktivität

Halpin und Winer[37] identifizieren z.B. in ihrer Studie zwei (unabhängige) Hauptdimensionen des Führungsverhaltens, „consideration" und „initiating structure" (vgl. Abb. 11.6).[38]

Die Dimension **„consideration"** gibt das Ausmaß wieder, in dem Vorgesetzte menschliche Wärme, Vertrauen, Respekt vor dem Untergebenen, Zugänglichkeit, Rücksichtnahme auf persönliche Sorgen u.ä. zeigen. (Typisches Fragebogen-Item: Macht es seinen Leuten leicht, mit ihm zu reden. Greift Anregungen aus der Gruppe auf.)

Die Dimension **„initiating structure"** stellt auf Aktivitäten von Vorgesetzten ab, die eine unmittelbare Effektivierung des Leistungsprozesses zum Gegenstand haben: Definition und Abgrenzung der Kompetenzen, exakte Planung des Aufgabenvollzuges, Abschirmung von Störungen, Vollzugs- und Ergebniskontrollen, externe Leistungsanreize (Typische Fragebogen-Items: Fordert leistungsschwache Mitarbeiter zu höherer Leistung auf. Besteht darauf, daß die Mitarbeiter ihre Arbeit genau nach festgelegten Richtlinien erledigen).

Diese zwei Grunddimensionen sind – so die Idee – in jeweils verschiedenen Ausprägungsgraden beliebig miteinander kombinierbar (s. Abb. 11.6). Entsprechende Untersuchungen gehen allerdings häufig davon aus, daß eine hohe „consideration-Orientierung"

37 Halpin, A.W./Winer, B.J., A factorial study of the LBDQ, in: Stogdill, P./Coons, A. (Hrsg.), Leader behavior: Its description and measurement, Ohio State University 1957.

38 Sinngemäße Übersetzung für „consideration": Wertschätzung, wohlwollende Besorgtheit; für „initiating structure": vorstrukturierende und stimulierende Aktivität.

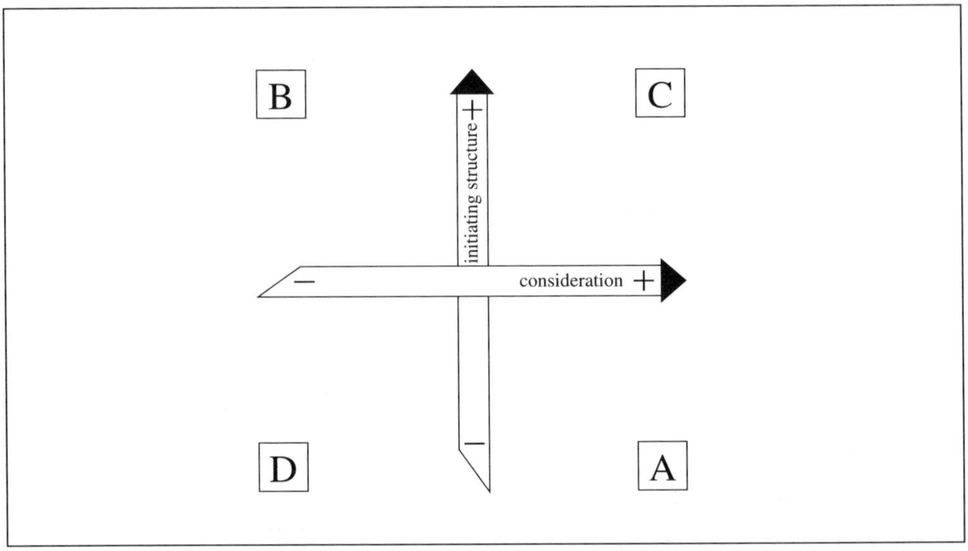

Abb. 11.6: Führungsstil-Dimensionen des Ohio State-Ansatzes

von einem geringen Grad an „initiating structure“ begleitet ist und umgekehrt (A und B in Abb. 11.6).

Nicht diesen zwei Führungsstilen, sondern Typ C in Abb. 11.6 gilt jedoch die eigentliche Aufmerksamkeit dieser Forschungsrichtung und daran anschließender Idealmodelle für die Praxis. Führungsstil C ist gekennzeichnet sowohl durch ein hohes Maß an „freundlicher Zuwendung“ als auch „aktiv stimulierenden“ Verhaltens. Blake und Mouton haben diese attraktive Idee des Alles-Könnens mit großem kommerziellen Erfolg zu dem sog. Verhaltensgitter (“Managerial Grid“) ausgebaut. Abb. 11.7 zeigt die idealtypischen Führungsstil-Varianten dieses Konzeptes. Absolut erstrebenswertes Ideal ist der dort so genannte 9.9-Führungsstil (entspricht C in Abb. 11.6).

Der empirische Nachweis für die Vorteilhaftigkeit dieses Führungsstils konnte freilich bislang nicht erbracht werden. Abgesehen von dem fehlenden Nachweis der Erfolgswirksamkeit muß man jedoch tiefergehend fragen, ob ein solcher Führungsstil überhaupt praktizierbar ist. Nur selten ist die schlichte Addition der Alternativen ein tatsächlich realisierbarer Ausweg bei einem Entscheidungskonflikt. Diese Auffassung wird von der gruppendynamischen Forschung gestützt, wonach Tüchtigkeit und Beliebtheit – wie in Kapitel 10 erwähnt – nur in Ausnahmefällen in **einer** Person zusammenfallen (s. Divergenztheorem).

Plausibler als die 9,9-Harmonisierung ist, daß es sich bei diesen Verhaltensorientierungen um widersprüchliche Erwartungen handelt („Führungsdilemma“), für die Führungskräfte eine geeignete Handhabung finden müssen (zu anderen Führungsdilemmata vgl. den folgenden Kasten 11.5).

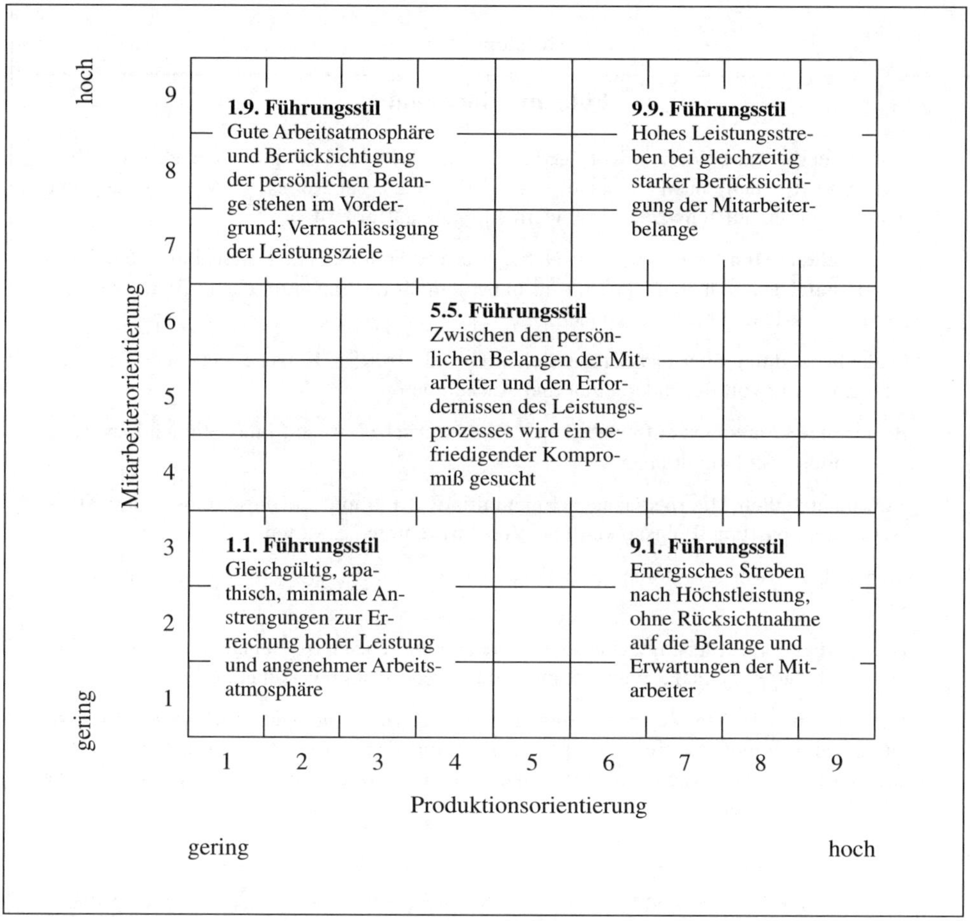

Quelle: Blake, R./Mouton, J., The new managerial grid, Houston 1978, S. 11 (modifiziert)

Abb. 11.7: Das Verhaltensgitter nach Blake und Mouton

Wie kann man mit solchen Führungsdilemmata erfolgreich umgehen? Bewährte Bewältigungstechniken sind u.a.:

(1) Sequentialisieren, d.h. die zeitliche Entzerrung, so daß einmal der eine, dann wieder der andere Anspruch bearbeitet werden kann.
(2) Sachlich segmentieren, d.h. man differenziert nach Person und Entscheidung.
(3) Kompromiß schließen (dies entspricht etwa dem 5.5 Führungsstil im Verhaltensgitter).

Ferner läßt sich natürlich eine Rangordnung aufbauen, d.h. man räumt der einen oder anderen Orientierung den Vorrang ein und stellt so Konsistenz im Handeln her, allerdings unter Zurückdrängung der gegenläufigen Anforderung.

Kasten 11.5

Führungsdilemmata

- Auf die entlastende Wirkung von (gedanken- und kritiklos befolgten) Vorschriften, Routinen und Ritualen bauen vs. ständig zum Mitdenken, zur Reflexion, Verbesserung und dem Reagieren auf schwache (Frühwarn-)Signale auffordern.
- Unterstellten MitarbeiterInnen mit Nähe, Wärme, Freundlichkeit, Sensibilität begegnen vs. sie auf Distanz halten, formal und unpersönlich mit ihnen umgehen, sich ihnen gegenüber „hart" durchsetzen (können).
- Gleichbehandlung aller nach einheitlichen Grundsätzen vs. Eingehen auf den Einzelfall, Respektierung von Besonderheiten und Ausnahmen.
- Bestehende Ordnungen aufrechterhalten und durchsetzen vs. auf Innovationen bzw. ständige Fortentwicklung drängen.
- Von unterstellten MitarbeiterInnen Eigeninitiative, Intrapreneurship, Selbständigkeit vs. zugleich Anpassung, Folgsamkeit und Vorschriftentreue erwarten.
- Sich selbst profilieren, durch „Exzellenz" hervorragen vs. ein selbstloses Teammitglied sein.
- Den Primat der Tat leben, (schnell) entscheiden und entschlossen handeln vs. geschehen lassen, abwarten können, Selbstorganisation zulassen, spüren, fühlen, erleben.
- Den MitarbeiterInnen Vertrauen entgegenbringen, für „empowerment" sorgen (d.h. sie zu selbstmächtigen Akteuren machen und sie mit den dazu nötigen Rechten und Ressourcen ausstatten) vs. alles im Griff und unter Kontrolle halten, Mißtrauen zeigen, die Unterstellten gängeln.

Quelle: Neuberger, O., Führungsdilemmata, in: Handwörterbuch der Führung (hrsg. v. Kieser, A./Reber, G./Wunderer, R.), 2. Aufl., Stuttgart 1995, Sp. 536.

11.6 Situationstheorien der Führung

Im weiteren Fortlauf der Studien, die die Auswirkungen des Führungsstils auf Effektivitätsvariablen untersuchten, zeigte sich, was der Einflußprozeß-Ansatz schon nahelegt, daß Führungsprozesse viel zu komplex sind, um sie mit einer einfachen Input-Output-Beziehung erfassen zu können. Es wurde immer deutlicher, daß eine Führungstheorie, die zuverlässige und gültige Vorhersagen über die Auswirkungen von Führungsverhalten treffen möchte, eine Reihe weiterer im Kontext der Führung relevanter Variablen berücksichtigen muß.

In mehreren Arbeiten konnten wichtige andere Einflußfaktoren nachgewiesen werden, wie die Art der Aufgabe, der Zeitdruck, die Fähigkeiten und Erwartungen der Geführten, die Hierarchieebene und die Positionsmacht. Es setzte sich zunehmend die Auffassung durch, daß die Wirkung des Führungsstils von den Erfordernissen der Kontextbedingungen abhängt. Die Vorstellung des einen besten Führungsstils wird ersetzt durch ein relativierendes: „It all depends". Zwischenzeitlich liegt eine Reihe von unterschiedlichen Ansätzen vor. Die Situationsabhängigkeit der Führung wird in diesen auf verschiedene Weise konzeptionalisiert. Die Ansätze lassen sich am besten danach unterscheiden, auf welche Weise die Situation in das Aussagengefüge einbezogen wird. Hiernach sind im Kern drei Ansatzweisen erkennbar: (1) Der Moderator-Ansatz, der die Situation als intervenierende Variable studiert; (2) der situationsanalytische Ansatz, der sein Hauptaugenmerk auf eine Systematik der Situationserkundung richtet, und schließlich (3) der instrumentalistische Ansatz, der den Führungsstil selbst als Situationselement begreift.

11.6.1 Der Moderator-Ansatz

Bei diesem Ansatz wird die Situation als exogene Größe gesehen, die moderierend zwischen Führungsstil und Führungserfolg tritt (vgl. Abb. 11.8). Methodisch gesehen, könnte man diese situative Beziehung mit Zetterberg[39] wie folgt fassen: Wenn A, dann B, aber nur wenn C. Oder präziser: Bei einem gegebenen Wert der Variablen C (Führungssituation) gibt es einen speziellen kongruenten Wert der Variablen A (Führungsstil), der den höchsten Wert bei Variable B (Führungserfolg) bewirkt. Abweichungen von dieser Kongruenzbeziehung zwischen A und C, gleichgültig in welcher Richtung, reduzieren den Wert der Erfolgsgröße B.[40] Diese kurze methodische Präzisierung zeigt bereits, daß dieser Ansatz steht und fällt mit einer genauen Bestimmung dessen, was als kongruente Beziehung zwischen Führungsstil und Situation zu gelten hat.

Unter den Moderator-Ansätzen nimmt zweifellos das Fiedlersche Kontingenzmodell der Führung den prominentesten Platz ein.

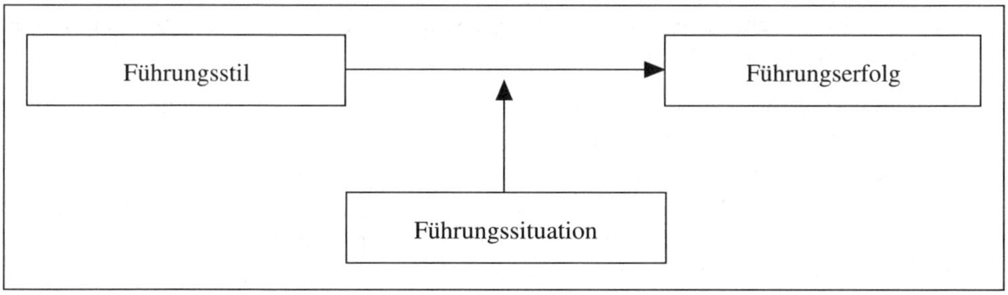

Abb. 11.8: Kausalmodell des Moderator-Ansatzes

---

39 Vgl. Zetterberg, H.L., On theory and verification in sociology, Totowa, N.J. 1963.

40 Vgl. Schoonhoven, C.B., Problems with contingency theory, Administrative Science Quarterly 26 (1981), S. 349–377.

11.6.1.1 Das Fiedlersche Kontingenzmodell

Als Grundannahme des Kontingenzmodells gilt, daß das Zusammenspiel von **Führungsstil** und „**situationaler Günstigkeit**" die **Effektivität** einer Arbeitsgruppe determiniert. Das Kontingenzmodell kennt somit **drei Kernvariablen**.

(1) Führungsstil

Fiedler unterscheidet zwischen aufgabenbezogenem und personenbezogenem Führungsstil. Zur Operationalisierung verwendet er die von ihm selbst entwickelte LPC-Skala (LPC = Least Preferred Coworker). Sie fordert die befragte Person dazu auf, an alle ihre bisherigen Mitarbeiter zu denken und die Person, mit der sie am schlechtesten zusammenarbeiten konnte (LPC), anhand von 16 bipolaren Adjektivpaaren (pleasant – unpleasant, friendly – unfriendly etc.) auf 8stufigen Skalen zu beschreiben (Semantisches Differential). Der **LPC-Score** errechnet sich durch einfache Summierung der jeweils markierten Item-Werte.

Ein hoher **LPC-Score**, d.h. eine relativ wohlwollende Beurteilung des wenigst geschätzten Mitarbeiters, wird dann als Indikator für einen **personenbezogenen**, ein niedriger **LPC-Score**, also eine durchgehend negative Beurteilung, dagegen als Indikator für einen **aufgabenbezogenen Führungsstil** betrachtet.

(2) Situation

Die intervenierenden Situationseinflüsse bringt Fiedler mit dem Konstrukt „situationale Günstigkeit" in Ansatz, damit soll das Ausmaß, in dem die situativen Gegebenheiten die Einflußnahme des Führers auf das Gruppenverhalten begünstigen, erfaßt werden. Der Grad der situationalen Günstigkeit ist durch drei Variablen bestimmt:

- **Positionsmacht.** Die Positionsmacht als am geringsten gewichtete Determinante soll die der jeweiligen Position in einer Organisation zugeordneten Befugnisse und **Sanktionspotentiale** reflektieren. Die Bedeutung hoher Positionsmacht für die Führungskraft sieht Fiedler in der Erleichterung der Aufgabenerfüllung. Eine Führungskraft ohne Positionsmacht müsse erst die Gruppe von ihrer Befähigung überzeugen, bevor sie ihren Einfluß geltend machen kann.
- **Aufgabenstruktur.** Das Ausmaß an Einflußmöglichkeiten wird weiterhin durch die Eigenart der zu erfüllenden Aufgaben bestimmt. Je höher der Strukturierungsgrad der Aufgabe (Fließfertigung versus Planungsaufgaben), um so einfacher und leichter lassen sich die Aktivitäten koordinieren und kontrollieren, um so günstiger – so die These – ist somit auch die Situation für die Führung (Dimensionen der Aufgabenstruktur: Nachprüfbarkeit der Entscheidung, Klarheit der Aufgabenstellung, Vielfalt der Lösungswege, Zahl der Lösungen).
- **Beziehung zwischen Führer und Geführten.** Während die oben genannten Faktoren weitgehend durch die Organisation bestimmt waren, reflektiert der dritte und am stärksten gewichtete Faktor die affektiven Beziehungen der Führungsperson zur Gruppe, d.h. das Vertrauen und die Anerkennung, die ihr entgegengebracht werden.

Je besser diese Beziehungen, desto einfacher – so Fiedler – gestaltet sich die Einflußnahme für den Führer, um so günstiger ist also die Situation.

Zur Bestimmung verschiedener Führungssituationen werden dann die Situationsdimensionen gewichtet (4:2:1) und dichotomisiert, d.h. es wird unterschieden zwischen

- guten und schlechten Führer-Geführten-Beziehungen (4),
- strukturierten und unstrukturierten Aufgaben (2),
- starker und schwacher Positionsmacht (1).

Die Kombination der drei Situationsvariablen ergibt dementsprechend $2^3 = 8$ mögliche Situationen (vgl. Abb. 11.9).

(3) Effektivität der Führung

Die dritte Kernvariable ist die Effektivität; Fiedler interpretiert sie ausschließlich als Produktivität oder Output. Arbeitszufriedenheit, Fluktuation, Absentismus und ähnliches werden nur als interessante Nebenprodukte angesehen. Dies ist problematisch, weil damit Systemerhaltungsgesichtspunkte vernachlässigt werden und somit der mehrdimensionalen Zielsetzung von Unternehmen nicht Rechnung getragen wird.

Das Kontingenzmodell. Fiedler hatte in früheren Jahren zahlreiche Korrelations-Studien zum Zusammenhang von Psychologischer Nähe/Distanz (LPC) und Gruppeneffektivität durchgeführt. Die immer wieder inkonsistenten Ergebnisse gaben Veranlassung, in den ursprünglich nicht berücksichtigten Situationsvariablen die Ursache dafür zu suchen.

Auf Basis der entwickelten Situationstypologie wurden alle Studien (n = 22), die Fiedler oder seine Mitarbeiter bis dahin (1963) durchgeführt hatten, neu analysiert. Jede der 63 aus den früheren Studien vorliegende Korrelation zwischen LPC und Gruppeneffektivität wurde einem der 8 Situationstypen zugeteilt und in ein kartesisches Koordinatensystem eingetragen, dessen Abszisse die Günstigkeit der Situation und dessen Ordinate die Korrelation von LPC und Effektivität bildet (vgl. Abb. 11.10).

Situation	F.-G. – Beziehung	Aufgabenstruktur	Positions- macht	
I	+	+	+	günstigste Situation
II	+	+	–	↓
III	+	–	+	↓
IV	+	–	–	↓
V	–	+	+	↓
VI	–	+	–	↓
VII	–	–	+	↓
VIII	–	–	–	ungünstigste Situation

Abb. 11.9: Bestimmung der situationalen Günstigkeit nach Fiedler

Für jede Situation wurde schließlich aus den zugeordneten Korrelationen der Einzelstudien eine Mediankorrelation als Prognosewert berechnet. Negative Korrelationen in Abbildung 11.10 bedeuten hohe Leistungen bei niedrigem LPC-Wert (= aufgabenorientierter Führungsstil) bzw. geringe Leistungen bei hohem LPC-Wert (= personenorientierter Führungsstil); positive Korrelationen bedeuten dagegen hohe Leistungen bei hohem LPC-Wert sowie geringe Leistungen bei niedrigem LPC-Wert.

Auf der Basis dieses Re-Arrangements der Ergebnisse früherer Studien schloß der Autor, daß aufgabenorientierte Führer effektiver sind, wenn die Situation entweder sehr günstig (I, II, III) oder sehr ungünstig (VIII) ist; nicht-direktive, personenbezogene Führer dagegen in Situationen mittlerer Günstigkeit (IV, V, VI, VII). Dieser induktiv hergeleitete Satz von Hypothesen wird schließlich Kontingenzmodell genannt.

Fiedler erklärt sein Modell wie folgt: In sehr günstigen Situationen finde der Führer Eindeutigkeit und Klarheit vor, er könne sich dabei ganz der gestellten Aufgabe widmen. In sehr ungünstigen Situationen müsse der Führer stark strukturierend eingreifen, um die Gruppe vor dem Auseinanderfallen zu bewahren. Bei mittlerer Günstigkeit stehe der Führer dagegen vor einer ambivalenten Situation, die auf Seiten der Geführten Unbehagen und Unsicherheit hervorrufe. Hier könne ein unterstützendes personenbezogenes Verhalten die Unsicherheit reduzieren und so die Gruppe zum Aufgabenerfolg motivieren.

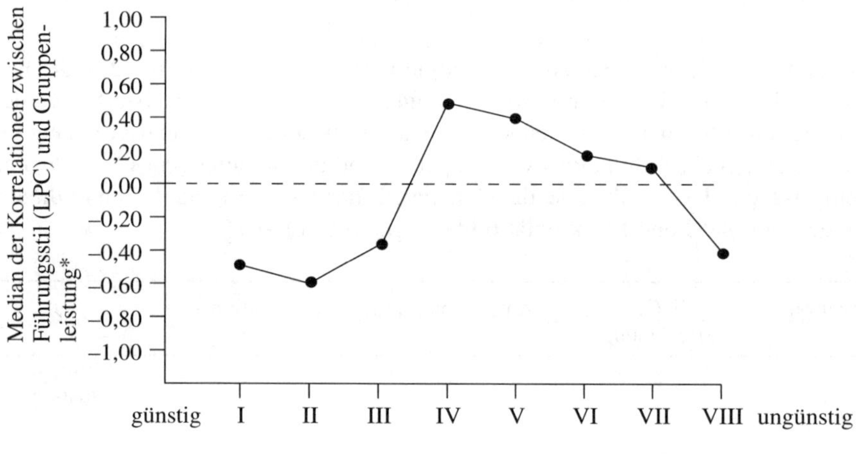

	I	II	III	IV	V	VI	VII	VIII
Führer-Geführten-Beziehung	+	+	+	+	–	–	–	–
Aufgabenstruktur	+	+	–	–	+	+	–	–
Positionsmacht	+	–	+	–	+	–	+	–

* Die Verbindung der Mediankorrelationen dient nur graphischen Zwecken und hat keine mathematische Bedeutung.

Quelle: Fiedler, F.E., A theory of leadership effectiveness, New York 1967, S. 146

Abb. 11.10: Das Kontingenzmodell

Praktische Anwendung. Die erste und wichtigste Implikation ist, daß Führungsstil und Führungssituation **zueinander passen** müssen, soll eine hohe Effektivität erzielt werden. Fiedler geht davon aus, daß der Führungsstil Ausfluß einer tief verankerten Persönlichkeitsstruktur und folglich, wenn überhaupt, so nur langfristig veränderbar ist. Bei Inkongruenz von Situation und Führungsstil bleibe deshalb nur die Möglichkeit, die Situation solange zu verändern, bis sie zu dem (gegebenen) Führungsstil im Sinne des Kontingenzmodells passe („situational engineering"). Als Ansatzpunkte für die Veränderung werden im sog. Leader Match-Programm alle drei Situationsvariablen empfohlen, auch die Führer-Geführten-Beziehungen.[41]

Kritik. Gegen das Fiedlersche Kontingenzmodell sind zahlreiche theoretische und praktische Einwände erhoben worden. Der schwerwiegendste ist wohl der, daß das Modell keine Erklärung dafür anbietet, weshalb die bezeichneten Situationstypen mit den angegebenen Führungsstiltypen eine **Kongruenzbeziehung** bilden. Abgesehen von einigen später nachgereichten Plausibilitätsüberlegungen[42] ist es der bloße Verweis auf die Empirie, der die Notwendigkeit und Richtigkeit des Zusammenhangs belegen soll. Die in großer Zahl vorliegenden empirischen Tests des Modells[43] zeigen nun allerdings ein so stark widersprüchliches Ergebnisbild, daß von einer **empirischen Bestätigung** der Thesen nicht gesprochen werden kann.[44]

Was die **theoretische Einzelkritik** betrifft, so steht hier neben gravierenden Meßproblemen bei allen drei Kernvariablen vor allem die Konzeptualisierung des **Situationseinflusses** im Vordergrund. Als problematisch muß das bloße Nebeneinanderstellen von Situation und Führer gelten. Es ist wenig plausibel, daß die Art, in der eine Führungsperson ihre Führungsaufgabe wahrnimmt, also ihr Führungsstil, ohne Einfluß auf die Ausprägung der Situation sein soll. Schon der Einflußprozeßansatz zeigt in aller Deutlichkeit, daß Führung und Situation in einem Interaktionsverhältnis stehen. Kritisiert wird auch die **Konstruktionslogik** der Hauptdimension „Günstigkeit der Situation". Bezweifelt wird die unterstellte Wirkungsrichtung der Situationsvariablen. So mag z.B. eine hohe Positionsmacht auf der einen Seite zwar die Einflußmöglichkeiten erleichtern, sie wird aber in vielen Fällen soziale Distanz schaffen und damit auf der anderen Seite die Einflußmöglichkeiten gerade verschlechtern. Am häufigsten ist jedoch der Einwand erhoben worden, daß der Situationseinfluß mit den ausgewählten Variablen nicht adäquat erfaßbar ist. Insbesondere wird immer wieder bemängelt, daß die Untergebenen mit ihren Fähigkeiten, Erwartungen und Bedürfnissen völlig unberücksichtigt bleiben, obgleich es ja gerade das Verhalten der Mitarbeiter ist, dessen Varianz erklärt werden soll. Sanford konstatiert bereits 1950 nach einer Reihe von Studien: „Es spricht einiges dafür, die Geführten als den wichtigsten kritischen Faktor

41 Fiedler, F.E./Chemers, M.M./Mahar, L., Der Weg zum Führungserfolg (Übers. a.d.Engl.), Stuttgart 1979.

42 Vgl. Fiedler, F.E., The contingency model and the dynamics of the leadership process, in: Berkowitz, L. (Hrsg.), Advances in experimental social psychology Bd. 11, New York 1978, S. 59–112.

43 Vgl. Bass, B., Stogdill's Handbook of leadership: Theory, research and managerial applications, 3. Aufl., New York 1990.

44 Vgl. Schriesheim, C.A./Kerr, S., Theories and measures of leadership: A critical appraisal of current and future directions, in: Hunt, J.G./Larson, L.L., Leadership: The cutting edge, Carbondale u.a. 1977, S. 9 ff.; Schreyögg, G., Kritik situativer Führungstheorien am Beispiel des Fiedlerschen Kontingenzmodells, in: Macharzina, K./Oechsler, W., Personalmanagement, Bd. 1, Wiesbaden 1977, S. 109–144.

in jedem Führungsgeschehen zu betrachten ...".[45] Hersey und Blanchard stellen just diesen Faktor in den Mittelpunkt ihres Ansatzes.

11.6.1.2 Die „Situationale Führungstheorie"

Aufbauend auf dem 3-D-Führungsmodell von Reddin[46] entwickelten Hersey und Blanchard eine Art Reifezyklustheorie der Führung[47]. Ausgangspunkt ist eine Führungsstiltaxonomie, die die zwei Dimensionen **Aufgaben- und Personenorientierung** zu vier Stilen kombiniert (vgl. Abb. 11.11). Die **Situation** wird mit einer einzigen Moderatorvariablen in Ansatz gebracht, der Reife der Untergebenen. Diese bestimmt sich aus zwei Faktoren, der **Funktionsreife** und der **psychologischen Reife**. Funktionsreife bezeichnet die Fähigkeiten, das Wissen und die Erfahrung, die ein Mitarbeiter zur Erfüllung seiner

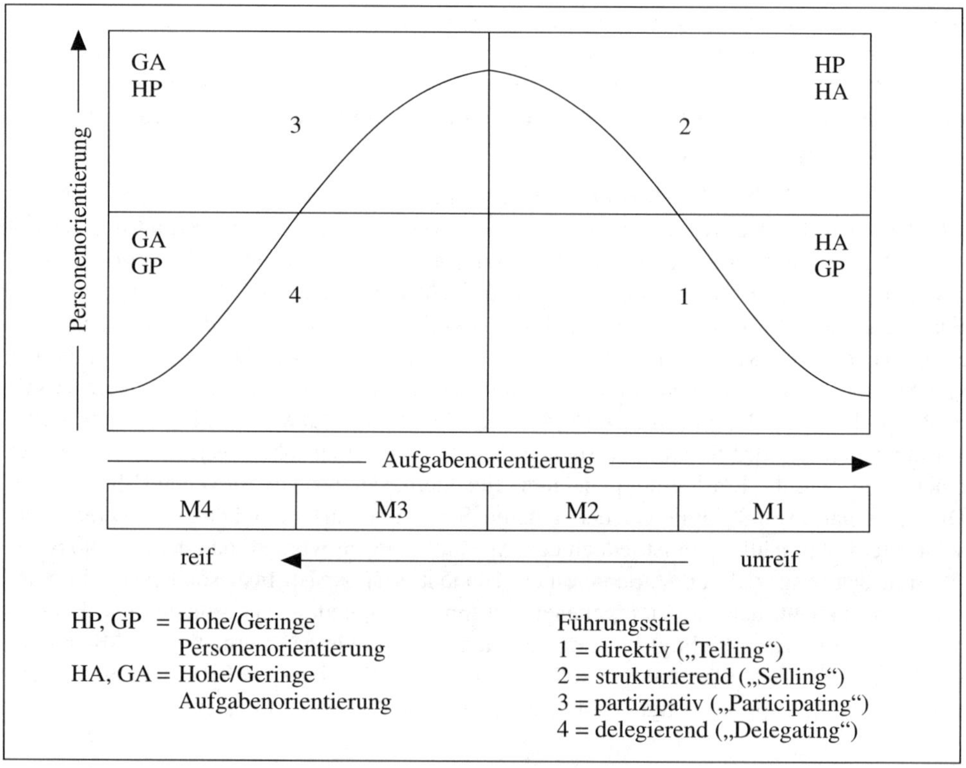

Quelle: Nach Hersey, P./Blanchard, K.H., Management of organizational behavior, 5. Aufl., Englewood Cliffs, N.J. 1988, S. 171

Abb. 11.11: Die „situationale Führungstheorie"

45 Vgl. Sanford, F.H., Authoritarianism and leadership, Philadelphia 1950 (Übers. d. d. Verf.).

46 Vgl. Reddin, W.J., Das 3-D-Programm zur Leistungssteigerung des Managements (Übers. a.d. Engl.), München 1977.

47 Vgl. Hersey, P./Blanchard, Life cycle theory of leadership, in: Training and Development Journal 2 (1969), S. 6-34.

Aufgabe mitbringt. Die psychologische Reife ist eine Art Motivationsdimension, die auf Selbstvertrauen und -achtung abstellt und Leistungsorientierung und Verantwortungsbereitschaft signalisieren soll.

Die Autoren unterscheiden vier Reifestadien und ordnen diesen – wie in Abb. 11.11 gezeigt – die vier kongruenten Führungsstile zu. Bei sehr „unreifen" Mitarbeitern (M1) erzielt Führungsstil 1, der sich durch eine hohe Aufgabenorientierung und eine nur schwach betonte Mitarbeiterorientierung auszeichnet, die höchste Effektivität (= Zielerreichung). Mit zunehmender Reife (M2, M3) wird die Aufgabenorientierung immer unbedeutender, die Mitarbeiterorientierung dagegen immer wichtiger (Stil 2, 3), bis schließlich das höchste Reifestadium erreicht ist (M4), dem Führungsstil 4 mit seiner breiten Delegation und seiner Betonung von Selbständigkeit am besten gerecht werden soll.

Eine solche Anpassung des Führungsverhaltens an das vorgefundene Reifeniveau der Untergebenen ist jedoch tendenziell zirkulär, denn das arbeitsrelevante Reifeniveau ist ja keine Naturkonstante, sondern entwickelt sich im Arbeitskontext und ist damit wesentlich von der Art der Führung abhängig. Hersey und Blanchard sehen dieses Problem und fügen deshalb ihrem Modell eine dynamische Komponente hinzu. Längerfristig wird ein Einfluß der Führung auf die „Situation" in Rechnung gestellt; die Führungskraft kann und soll den Reifegrad der Mitarbeiter durch gezielte Förderung kontinuierlich erhöhen und ihren Führungsstil bei Erfolg entsprechend anpassen, so daß insgesamt eine Tendenz hin zu Führungsstil 4 entsteht.

Im Hinblick auf den **praktischen Einsatz** zeigen sich markante Unterschiede zu dem Fiedlerschen Modell. Während letzteres von der üblichen Annahme der Führungsstilkonsistenz ausgeht, d.h. ein Vorgesetzter verhält sich allen seinen Mitarbeitern gegenüber mehr oder weniger gleich, fordern Hersey und Blanchard ein je nach Mitarbeiter differenzierendes Führungsverhalten.[48] Im Grundsatz soll der Vorgesetzte alle vier Führungsstile **nebeneinander** praktizieren. Ein Beleg für die Erlernbarkeit einer solchen Führungsvariabilität steht freilich noch aus. Insgesamt liegen für dieses Modell nur wenig empirische Daten vor, sie zeigen bislang noch kein klares Ergebnisbild.[49].

Kritik. Gegen das Modell sind zahlreiche **kritische Einwände** erhoben worden.[50] Was die Führungsstiltaxonomie betrifft, so gilt – wie erwähnt – als zweifelhaft, ob sich Aufgaben- und Personenorientierung tatsächlich, wie angenommen, als beliebig kombinierbare (unabhängige) Dimensionen des Führungsverhaltens begreifen lassen. Bei dem Reife-Konzept wird vor allem die fehlende definitorische Klarheit bemängelt. Das Verhältnis der zwei Reifedimensionen zueinander ist offen gelassen, dadurch bleiben die

---

48 Vgl. dazu auch den vertikalen Dyaden-Ansatz von Graen, der grundsätzlich von einem differenzierenden Führungsstil im o.g. Sinne ausgeht. Danach bilden Vorgesetzte im Laufe der Zeit eine Gruppe von Vertrauten heraus und eine Restgruppe (outgroup), der wenig Beachtung geschenkt wird. Graen, G./Cashman, J.F., A role-making model of leadership in formal organizations, in: Hunt, J.G./Larson, L.L. (Hrsg.), Leadership frontiers, Kent State 1975, S. 143–166.

49 Vgl. Blank, W./Weitzel, J.R./Green, St.G., A test of the situational leadership theory, in: Personnel Psychology 43 (1990), S. 579-597.

50 Vgl. Graeff, C.L., The situational leadership theory: A critical view, in: Academy of Management Review 8 (1983), S. 285–291; Staehle, W.H., Management, 8. Aufl., München 1999, S. 847 ff.

mittleren Reifestadien unbestimmt. Ferner vernachlässigt die Theorie die **Reziprozität,** d.h. der Einfluß der Mitarbeiter auf den Führer bleibt unberücksichtigt.

Insgesamt gesehen wird der Einbezug der Geführten in das Situationsmodell als Fortschritt gewertet, die ausschließliche Fokussierung auf diesen Aspekt jedoch abgelehnt. Die Forderungen in der Literatur laufen in der Mehrheit auf eine Ausdehnung der Situationsfaktoren (und nicht auf eine Verengung) hinaus. Bass listet z.B. nach einer kritischen Literaturdurchsicht weit mehr als 10 Faktoren auf, die in eine Situationstheorie der Führung aufzunehmen seien.[51] Indessen, je mehr Situationsvariablen berücksichtigt werden, um so (überproportional) mehr Verknüpfungsbeziehungen sind theoretisch zu bewältigen. Schnell ist der Punkt erreicht, an dem sich die Theoriebildung nur noch in der Aufzählung möglicher Einflußfaktoren erschöpft.

11.6.2 Der situationsanalytische Ansatz: Das Vroom-Yetton-Modell[52]

Ziel dieses Modells ist es, Vorgesetzte im Sinne einer Entscheidungsheuristik dazu anzuleiten, die Führungssituation so zu analysieren, daß sich aus einem gegebenen Satz von Führungsstilen der jeweils optimale bestimmen läßt. Den konkreten Ausgangspunkt bildet die Frage, in welchen Situationen ein **partizipativer Führungsstil** erfolgreich (-los) ist. In dem Modell werden fünf Führungsstile als Optionen unterschieden, die sich nach dem Ausmaß der gewährten Partizipation am Entscheidungsprozeß abstufen:

- Autokratisch I (AI): Die Führungskraft löst das Problem allein und weist die Ausführung an.
- Autokratisch II (AII): Die Führungskraft holt zusätzliche Informationen bei den Mitarbeitern ein und entscheidet dann allein.
- Konsultativ I (BI): Die Führungskraft bespricht mit einzelnen Mitarbeitern das Problem und entscheidet dann allein.
- Konsultativ II (BII): Die Führungskraft bespricht das Problem mit der ganzen Gruppe und trifft dann ihre endgültige Entscheidung.
- Demokratisch (GII): Die Führungskraft agiert als primus(-a) inter pares; die Gruppe diskutiert das Problem und entscheidet.

Zur Erfassung der Situation werden – abgeleitet aus Ergebnissen der empirischen Partizipationsforschung – die folgenden sieben Merkmale herangezogen:

(1) Qualitätsanforderungen
(2) Informationsstand des Vorgesetzten
(3) Strukturiertheit des Problems
(4) Handlungsspielraum der Mitarbeiter

51 Vgl. Bass, B., Stogdill's Handbook of leadership: Theory, research and managerial applications, a.a.O.

52 Vgl. Vroom, V.H./Yetton, P., Leadership and decision-making. Pittsburgh 1973; vgl. auch Müller, W.R./Hill, W., Die situative Führung, in: Die Betriebswirtschaft 37 (1977), S. 353–378.

(5) Einstellung der Mitarbeiter zu autoritärer Führung
(6) Akzeptanz der Organisationsziele durch die Mitarbeiter
(7) Gruppenkonformität.

Der drohenden Überkomplexität des Modells – allein bei dualer Ausprägung der Merkmale ergeben sich 128 verschiedene Situationstypen – begegnen die Autoren dadurch, daß sie die Führungsstilwahl als sequentiellen Entscheidungsprozeß (re-)konstruieren, der das komplexe Entscheidungsfeld mit Hilfe von sieben Filterfragen, bezogen auf die Situationsmerkmale, kleinarbeitet (vgl. Abb. 11.12).

Problemmerkmale: Fragen

(A) Gibt es ein Qualitätserfordernis derart, daß vermutlich eine Lösung sachlich besser ist als eine andere?

(B) Habe ich genügend Informationen, um eine qualitativ hochwertige Entscheidung selbst treffen zu können?

(C) Ist das Problem strukturiert?

(D) Ist die Akzeptierung der Entscheidung durch die Mitarbeiter für die effektive Umsetzung wichtig?

(E) Wenn ich die Entscheidung selbst treffe, würde sie dann von den Mitarbeitern akzeptiert werden?

(F) Teilen die Mitarbeiter die Organisationsziele, die durch eine Lösung dieses Problems erreicht werden sollen?

(G) Wird es zwischen den Mitarbeitern vermutlich zu Konflikten über die Frage kommen, welche Lösung zu bevorzugen ist?

Quelle: Jago, A.G., Führungstheorien – Vroom-Yetton-Modell, in: Handwörterbuch der Führung, (hrsg. von Kieser, A./ Reber, G./Wunderer, R.), Stuttgart 1995, Sp. 1063

Abb. 11.12: Filterfragen im Vroom-Yetton-Modell

Die Filterfragen bauen auf den zwei Hintergrund-Kriterien **Qualität** und **Akzeptanz** durch die Mitarbeiter auf. Anhand eines Entscheidungsbaumes (vgl. Abb. 11.13) soll die Führungskraft mit Hilfe von Ja/Nein-Fragen die Situation diagnostizieren und findet auf diese Weise schließlich am Pfadende den optimalen, situationsadäquaten Führungsstil vor, spezifiziert für Individuen und Gruppen.

Das Modell ist nach dem Ausschlußprinzip aufgebaut, d.h. es sagt dem Führer jeweils nur, was **nicht** zu tun ist. Dies hat zur Folge, daß in sieben Fällen am Ende noch Wahlmöglichkeiten verbleiben. Für diese Fälle ist eine weitere Entscheidungsregel eingeführt, die sich an der **Zeiteffizienz** orientiert. Sie lautet: „Wähle unter den möglichen Führungsstilen immer den autokratischsten". Für Vorgesetzte, für die die Zeiteffizienz nicht so sehr im Vordergrund steht, wird als Alternative die **Entwicklung des Teamgeistes** vorgeschlagen. Die Entscheidungsregel lautet dann entgegengesetzt: „Wähle unter den möglichen Führungsstilen immer den partizipativsten". Mit Hilfe dieser Regeln entsteht dann schließlich eine eindeutige Zuordnung.

Die Nummern am Ende des Entscheidungsbaumes in Abb. 11.13 bezeichnen den jeweiligen Problemtyp; es gibt demnach dreizehn verschiedene Problemtypen mit den jeweils ausgewiesenen dazu passenden Führungsstiltypen. Praktisch gesehen sollte eine Vorgesetzte also wie folgt verfahren: Angenommen, sie möchte das Schreibbüro auf eine neue Software umsstellen, um Korrekturen schneller durchführen zu können. Ihre Antwort auf Frage A (vgl. Abb. 11.12) laute Ja. Wenn die Vorgesetzte sich in die Probleme der Textverarbeitung vertieft hat, wird sie auch Frage B mit Ja beantworten: Die Beantwortung von Frage D hängt stark von der Einschätzung der Situation durch die Vorgesetzte ab; in diesem Falle sei angenommen, sie antworte mit Ja. Ferner gehe sie davon aus, daß ihre allein getroffene Entscheidung nicht von den Mitarbeitern akzeptiert würde, sie antworte bei E deshalb mit Nein. Da die Mitarbeiter aus ihrer Sicht wenig an den Organisationszielen orientiert sind, antwortet die Vorgesetzte auf F ebenfalls mit Nein. Konflikte zwischen den Mitarbeitern erscheinen ihr wahrscheinlich, und sie antwortet folglich auf G mit Ja. Es handelt sich also um Problemtyp 6a, und das Modell empfiehlt in diesem Fall den Gruppen-Konsultations-Führungsstil (BII). Das Ergebnis ist wenig überraschend; es ergibt sich fast zwangsläufig aus der Art der Fragestellung. Empirische Studien liegen bislang nur sehr begrenzt vor; es scheint auch so, als ob dieses Modell mehr Entscheidungsanalytik als empirische Theorie wäre.[53]

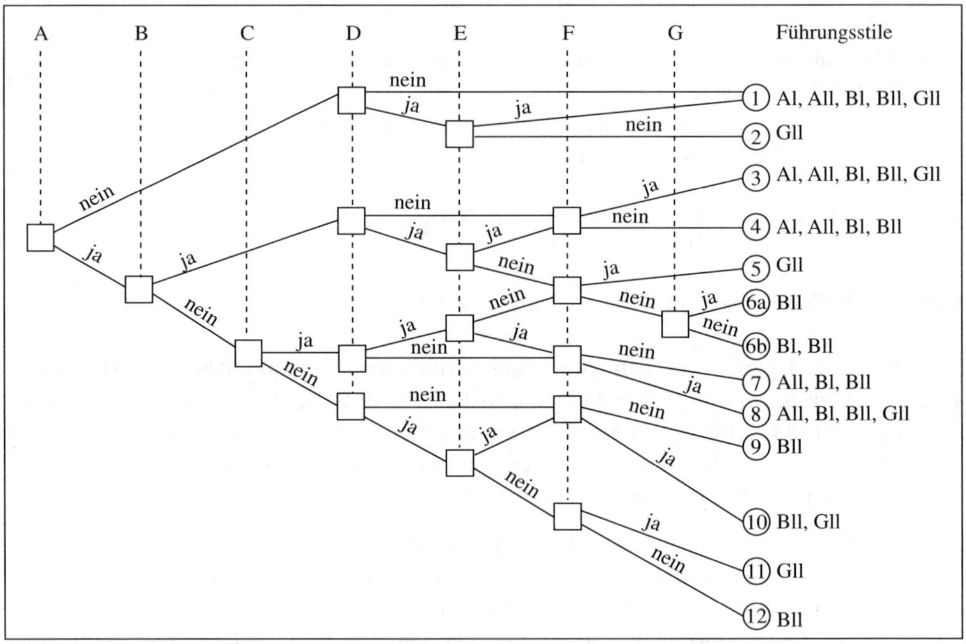

Quelle: Jago, A.G., a.a.O, Sp. 1065 f. (modifiziert)

Abb. 11.13: Normatives Modell der Führungseffizienz nach Vroom /Yetton

53 Vgl. House, R.J./Aditya, R.N., The social scientific study of leadership: quo vadis? in: Journal of Management 23 (1997), S. 409-473.

Kritik. Das Modell wurde vielfach zu Recht wegen seiner extrem **mechanistischen** Anlage kritisiert.[54] Problematisch ist u.a., daß die Ambiguität von Entscheidungssituationen negiert wird. Die abzuprüfenden Situationsmerkmale lassen i.d.R. gar keine eindeutige Ja/Nein-Antwort zu. Die dennoch durch die Methodik erzwungene Eindeutigkeit kann zu praktisch unbrauchbaren, ja sogar kontraproduktiven Situationsbestimmungen führen.[55] Der Übergang zu Wahrscheinlichkeitswerten anstelle der Ja/Nein-Sicherheit – wie in der Neufassung der Theorie vorgeschlagen[56] – vermag dieses Problem nicht aus der Welt zu schaffen. Denn Ambivalenz heißt nicht nur, daß Unsicherheit über den Eintritt eines bestimmten Ereignisses besteht, sondern vielmehr, daß sich die gesamte Problemlage nur schwer in eindeutige Wirkungsbeziehungen auflösen läßt. Es sind zuviele Referenzen und zuviele Wirkungszusammenhänge potentiell virulent, als daß eine oder zwei Kausalbeziehungen die Handlungsfolgen abbilden könnten. Die besondere Schwierigkeit ist die, daß die in Frage stehenden „Problemmerkmale" wie z.B. „Wird die Lösung akzeptiert?" eigentlich gar nicht unabhängig vom Führer und seinem Verhalten gedacht werden können. Dies ist das schwerste Manko der Diagnose-Fragen, sie setzen alles das als feststehend voraus, was ein Vorgesetzter (jedenfalls z.T.) bewegen soll. Der Kontext, der hier erfaßt werden soll, steht aber nicht außerhalb der handelnden Menschen, er ist Ergebnis von Interaktionen, und er kann zu wesentlichen Teilen Ergebnis von Führungsinteraktionen sein. Das, was im Vroom-Yetton-Modell als unkontrollierbare Umwelt der Führungssituation erscheint, an die sich der Führer anpassen muß, wenn er Erfolg haben will, erweist sich bei näherer Hinsicht als beeinflußbarer Handlungskontext. Was sonst, wenn nicht diese (in dem Modell verwendeten) Situationsmerkmale, soll eine Führungskraft eigentlich gestalten?

Ein genauerer Blick auf das zuletzt genannte Vorfeld der Theorie zeigt die Nähe zum Moderatoransatz. Zwischen Führungsstil und Führungserfolg tritt die Situation (definiert durch die erwähnten sieben Merkmale) als moderierender und determinierender Faktor. Einen wesentlich weiteren Schritt weg vom Moderator-Paradigma stellt – ebenfalls entscheidungstheoretisch orientiert – der Ansatz von House dar.

11.6.3 Der instrumentalistische Ansatz: Die Weg-Ziel-Theorie

Die Weg-Ziel-Theorie von House[57] thematisiert den Führungsprozeß und sein Wirkungsgeschehen nicht mehr länger aus der Perspektive des Führers, sondern (re-)kon-

---

54 Neuberger vermutet deshalb wohl zu Recht, daß das Vroom-Yetton-Modell für die meisten Führungskräfte eine „Horrorvision" bedeuten dürfte: Führungskräfte als programmierte Automaten. Vgl. Neuberger, O., Führen und geführt werden, 5. Aufl., Stuttgart 1995, S. 187.

55 Vgl. Sydow, J., Der normative Entscheidungsansatz von Vroom-Yetton – Kritik einer situativen Führungstheorie, in: Die Unternehmung 35 (1981), S. 1–17. Field, R.H.G., A critique of the Vroom-Yetton contingency model of leadership behavior, in: Academy of Mangement Review 4 (1979), S. 249–257.

56 Vgl. Jago, A.G., Führungstheorien – Vroom-Yetton-Modell, in: Handwörterbuch der Führung, a.a.O., Sp. 1073.

57 Vgl. House, R., A path-goal theory of leader effectiveness, in: Administrative Science Quarterly 16 (1971), S. 321–338.

struiert ihn auf der Folie des Entscheidungsprozesses der Geführten. Den methodischen Hintergrund hierfür bildet die oben dargestellte Einflußprozeßtheorie und die Erwartungs-Valenz-Theorie von Vroom. Die theoretische Leitfrage lautet dementsprechend: Unter welchen Umständen schätzt der Mitarbeiter die organisationszielbezogenen Führungsanstrengungen des Vorgesetzten als instrumentell für die Erreichung seiner Ziele (= Motivation) ein? Führungsverhalten muß also, um im Sinne der Organisationsziele effektiv zu sein, vom Mitarbeiter als für sich „nützlich" angesehen werden. Unter welchen Umständen ein bestimmtes Führungsverhalten als nützlich (= motivierend) angesehen wird, hängt wesentlich von den Zielen und Vorstellungen des Mitarbeiters und von den sonstigen Situationsgegebenheiten der Aufgabenumwelt (Aufgabentyp, Gruppe, Organisationsstruktur) ab[58] (vgl. Abb. 11.14).

Das Individuum wird – der zugrundeliegenden Nutzenmaximierungsannahme entsprechend – diejenige Handlungsalternative ergreifen, die ihm die beste Zielerreichung (den höchsten Erwartungs-Valenz-Wert) verspricht. In der Weg-Ziel-Theorie ist der Führungsstil einer von mehreren Faktoren, die die Erwartungswahrscheinlichkeiten und die kognizierten Instrumentalitäten der Mitarbeiter beeinflussen können (vgl. Abb. 11.14).

Der Führer kann die Zufriedenheit, die Motivation und die Leistung der Gruppenmitglieder auf prinzipiell **zwei Wegen** beeinflussen. Er kann zum einen das **Belohnungssystem** so ausrichten, daß die Leistungen mit den Bedürfnisbefriedigungsmöglichkeiten verknüpft werden („Instrumentalität"). Zum anderen kann der Führer dazu beitragen, die **Pfade** zu den Leistungszielen zu **klären**, und frustrierende Hindernisse auf dem Weg zu diesen beseitigen („Erwartung").

Die Erfüllung dieser Aufgaben stellt je nach Situation unterschiedliche Anforderungen an den Vorgesetzten, und sie hängt natürlich auch von dem Spielraum ab, den die Organisation dem Vorgesetzten zugesteht.

Grundsätzlich geht die Weg-Ziel-Theorie – ähnlich wie Hersey/Blanchard – davon aus, daß Vorgesetzte verschiedene Führungsstile nebeneinander praktizieren und daß sie den jeweils situationsadäquaten Führungsstil einsetzen können, d.h. den Stil, der den Erwartungs-Valenz-Wert des Mitarbeiters für hohe Leistungsziele am positivsten beeinflussen kann. Es ist in systematischer Form eine Reihe von Thesen entwickelt worden zur Vorteilhaftigkeit von Führungsstilen, abhängig von spezifischen situationalen Gegebenheiten. So wird z.B. für den Fall einer langweiligen Routineaufgabe eine hohe Instrumentalität für unterstützende Führung vermutet; sie reichere die Arbeit um emotionale Aspekte an und lasse dadurch die frustrierenden Aspekte der Arbeit zurücktreten.

Kritik. Das Modell bleibt insgesamt sehr formal, die Zahl der situativen Einflußfaktoren ist unbegrenzt. Wirkungsprognosen für einen bestimmten Führungsstil und damit empirische Überprüfungen sind daher auch nur schwer möglich. Man muß dazu darüber hinaus das Wertesystem des betreffenden Individuums und die Repräsentanz der Aufga-

58 Vgl. House, R./Mitchell, T., Ein Weg-Ziel-theoretischer Ansatz zur Erklärung von Führung, in: Nieder, P. (Hrsg.), Führungsverhalten im Unternehmen, München 1977.

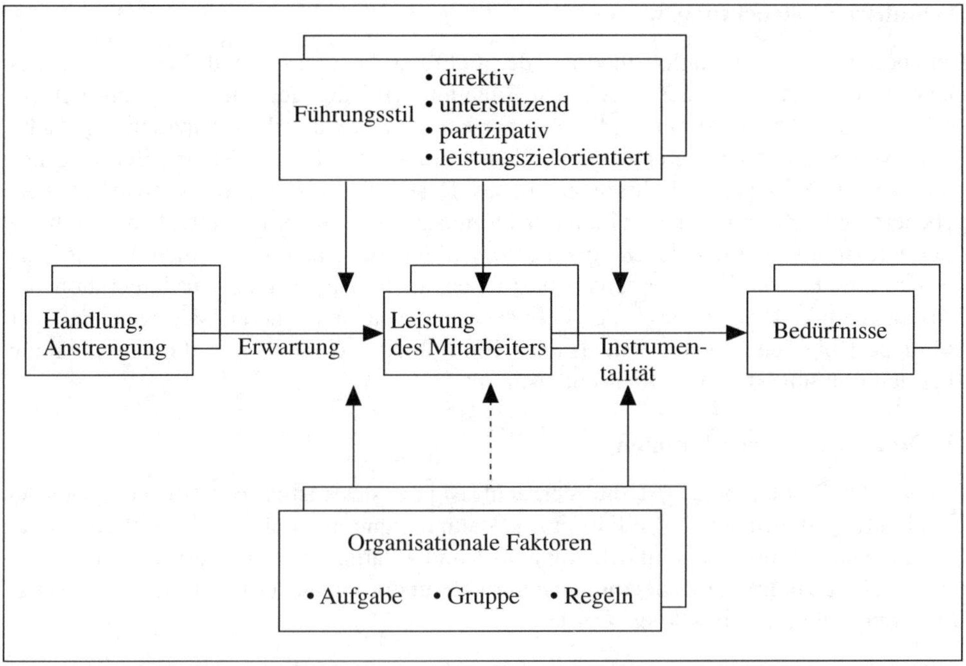

Abb. 11.14: Weg-Ziel-Theorie der Führung

benumwelt in der Perzeption des Individuums kennen sowie eine Konstanz der Werte und Perzeptionen unterstellen. So gesehen verwundert es nicht weiter, daß dort, wo es versucht wurde, die Prognosen nicht konsistent zu bestätigen waren.[59] Was die konzeptionellen Grundlagen anbetrifft, so gelten hier im Prinzip alle die vielen Kritikpunkte, die oben zu den Erwartungs-Valenz-Ansätzen vorgetragen wurden. Zu bezweifeln ist vor allem die deskriptive Validität der rationalistischen Konstruktion individueller Handlungsvorbereitung, vor allem dann, wenn Unsicherheit und Ambiguität die Situation prägen. Dies wird von House selbst heute als Manko artikuliert.[60]

11.6.4 Offene Fragen und neue Perspektiven

Situationstheorien der Führung sind einige grundsätzliche Probleme inhärent, die im folgenden kurz dargelegt werden sollen, weil sie das Verständnis von Führung vertiefen helfen.

---

59 Vgl. Evans, M.G., House's path – goal theory of leader effectiveness, in: The Leadership Quarterly 7 (1996), S. 305-309.

60 Vgl. House, R.J., Path-goal theory of leadership: Lessons, legacy and a reformulated theory, in: Leadership Quarterly 7 (1996), S. 323-352.

(1) Statische Betrachtungsweise

Den beschriebenen Situationstheorien der Führung liegt ein grundsätzlich statisches Denken zugrunde. Zu einer gegebenen Situation wird der geeignete Führungsstil gesucht. Veränderung wird nur im Sinne einer komparativ-statischen Anpassung gedacht. Was – von wenigen Andeutungen abgesehen – grundsätzlich fehlt, ist eine Berücksichtigung der Entwicklung des Führungsprozesses. Das Verhältnis von Vorgesetztem, Untergebenem und Führungssituation bleibt nicht immer gleich, sondern entwickelt sich durch die Interaktion fortlaufend.[61] Die oben erwähnte Identitätstheorie wie auch der vertikale Dyaden-Ansatz von Graen[62] zeigen hier einen interessanten Weg zur Integration der Prozeßdynamik. Eine prozessuale Sichtweise hätte auch zu berücksichtigen, daß der Führungserfolg selbst einen bedeutsamen Einflußfaktor darstellt und die Entscheidung über den Führungsstil wesentlich mitbestimmt.

(2) Organisatorischer Rahmen

Ein zweiter Problempunkt ist die Vernachlässigung des institutionellen Kontextes, in dem Führung stattfindet.[63] Die Führungsgestaltung kann nicht als isoliertes Problem behandelt, sondern muß – wie in den Kapiteln 1 und 4 dargelegt – im übergreifenden Kontext der **Unternehmenssteuerung** und ihrer Grundprobleme (z.B. Umweltanpassung, Innovationsfähigkeit) reflektiert werden.

Dabei ist auch zu bedenken, daß personale Führung in Konkurrenz zu anderen Steuerungsfunktionen steht, d.h. es gibt funktionale Äquivalente und nicht immer ist der personalen Führung der erste Rang einzuräumen. Diese Diskussion findet sich in der Führungsliteratur unter dem Stichwort „Führungssubstitute".[64]

(3) „One best model"

Trotz der Abkehr vom Universalprinzip bleiben die Situationstheorien bei genauerer Hinsicht dennoch dem „one best approach" verhaftet. Sie zielen alle darauf ab, zwar nicht mehr generell, aber eben situationsspezifisch den einen optimalen Führungsstil zu ermitteln (Ausnahme: Vroom-Yetton-Modell). Dieses Denken übersieht, daß die Situation in der Regel einen Spielraum in der Wahl des geeigneten Führungsstils läßt. Nur selten sind die Anforderungen einer Situation dergestalt, daß keine funktionalen Äquivalente zur Verfügung stünden. Diese sind gerade in praktischen Führungssituationen oft von großer Bedeutung, etwa bei mehrfacher Zielsetzung. Das Einflußprozeß-Modell zeigt darüberhinaus die Notwendigkeit, den Führungseinsatz variabel zu gestalten.

---

61 Vgl. Niederfeichtner, F., Führungsforschung und ihre betriebswirtschaftliche Rezeption, in: Die Betriebswirtschaft 43 (1983), S. 605–622.

62 Vgl. Graen, G.B./Scandura, T.A., Toward a psychology of dyadic organizing, in: Staw, B.M./Cummings, L.L. (Hrsg.), Research in Organizational Behavior, Vol. 9, 1987, S. 175-208.

63 Vgl. Türk, K., Personalführung und soziale Kontrolle, Stuttgart 1981; sowie: House, R.J./Aditya, R.N., The social scientific study of leadership, quo vadis?, in: Journal of Management 23 (1997), S. 445 ff.

64 Vgl. Howell, J.P. et al., Substitutes for leadership: Effective alternatives to ineffective leadership, in: Organizational Dynamics 19 (1990), Nr. 4, S. 21-38.

(4) Normative Problematik

Die Entscheidung für oder gegen einen Führungsstil kann sich nicht nur an der Leistungswirksamkeit orientieren; hierzu gehören auch Überlegungen zur Würde des Menschen, zum Anspruch auf eine faire Behandlung und die Berücksichtigung des Strebens nach Selbstbestimmung. Es geht also auch um die Frage, welches Normensystem der Gestaltung von Beziehungen zwischen Menschen in der Arbeitswelt zugrunde gelegt werden soll.

Wie schnell gerade bei der Frage des Führungsstils normative Grundprobleme berührt sind, zeigt sich bei vielen Situationstheorien der Führung. So scheut sich Fiedler beispielsweise nicht, in bestimmten Fällen eine bewußte Verschlechterung der Führer-Geführten-Beziehungen vorzuschlagen, um einen „Fit" von Führungsituation und Führungsstil herbeizuführen. Hier tritt eine Normenkonkurrenz offen zutage: Wieviel an physischen und psychischen Belastungen, an Unzufriedenheit mit der Arbeit, an Einschränkungen der Entfaltungsmöglichkeiten der Mitarbeiter in Kauf genommen werden soll im Interesse von wieviel Produktivitätszuwachs? Es ist eine der zentralen Aufgaben der Unternehmensethik, Anleitung zu geben, wie Vorgesetzte in solchen Normkonflikten zu einer akzeptablen Entscheidung kommen können.

(5) Interkulturelle Führung

Insgesamt zuwenig beachtet wird in der Führungsforschung der kulturelle Kontext, d. h. die verschiedenen Landeskulturen mit ihren unterschiedlichen Normen, Orientierungsmustern und Erwartungen an Führungskräfte. Führung ist – wie eingangs betont – ein sehr stark emotional und auch ideologisch getönter Verhaltensbereich, der in vielfacher Weise kulturell geprägt ist.[65]

Eine besondere Aufmerksamkeit galt hier in den letzten Jahren der japanischen Führungspraxis. Die ursprüngliche Einschätzung, dort herrsche ein patriarchalisches, autoritäres Führungssystem, mußte nach genaueren Studien erheblich differenziert werden (vgl. Kasten 11.6). Japanische Führung ist stark konsultativ ausgerichtet, die Meinung des einzelnen Mitarbeiters wird sehr hoch geachtet[66].

So hilfreich kulturell vergleichende Studien einerseits sind, so sollte auf der anderen Seite ihre Bedeutung nicht überschätzt werden. Im Durchschnitt vermag der Faktor Landeskultur nicht mehr als 10 – 30 % der aufgefundenen Unterschiede im Führungsverhalten zu erklären. Das heißt, es gibt immer auch eine Reihe anderer Faktoren, die das Führungsverhalten beeinflussen und die Landeskultur gegebenenfalls überformen. Ferner gilt, daß kulturelle Tendenzen generelle Tendenzen sind, sie bedeuten für den konkreten Einzelfall keinesfalls eine zwingende Prägung; immer wieder zeigt sich, daß Menschen sich neu orientieren und ihre kulturelle Prägung abbauen. So findet man in Deutschland viele Menschen, die speziell die Führung in US-amerikanisch geprägten

---

65 Vgl. hierzu die Standardtheorie von Hofstede, G., Lokales Denken, globales Handeln, Übers. a.d.Engl., München 1997.

66 Quelle: Sullivan, J.J./Nonaka, I., The application of organizational learning theory to Japanese and American management, in: Journal of International Business Studies 3/1986, S. 150 f.; ferner Macharzina, K., Unternehmensführung, 3. Aufl., Wiesbaden 2000, S. 728 ff.

Firmen schätzen (z. B. bei Hewlett Packard), oder Japaner, die lieber in einem Unternehmen mit deutsch geprägter Führung arbeiten.

Kasten 11.6

Führung in Japan

„Edgar K. erinnert sich mit Grausen an seine ersten Monate als Leiter des Honda- Forschungszentrums in Japan. Bis zu seinem Amtsantritt war der Wissenschaftler gewohnt, „daß in der Hierarchie derjenige das sagen hat, der oben steht." In Tokio hat er sich folglich genauso verhalten wie an der Technischen Universität: „Ich erklärte den Leuten, was zu passieren hat – und es passierte nichts."

Heute, zurück in Deutschland, weiß er, daß der Chef nur ein Teil des Ganzen ist. Und wundert sich nur noch selten über den Widerspruch: In kaum einer anderen Nation ist die Hierarchie ausgeprägter als in Japan. Senioritätsprinzip und die Demutshaltung gegenüber jedem, der sich formal in der höheren Position bewegt, lassen die Initiative des einzelnen auf ein Minimum schrumpfen. Ein japanischer Mitarbeiter führt aus, was man ihm anordnet – ob es Sinn macht oder nicht.

Trotzdem zählt sein Votum. Wo immer entschieden werden muß, wird er gefragt, und selbst wenn sein Beitrag zum Ergebnis noch so klein ist: Er ist Teil der Gruppe, also redet er mit.

Wo jeder gefragt wird, mag eine Entscheidung lange dauern – die Umsetzung gelingt indessen schneller als in jedem deutschen Konzern, weil es weder Bremser noch Intriganten gibt. Und wenn etwas schiefgeht, teilen sich alle die Verantwortung. Tatsächlich kennen Japaner nicht einmal ein Wort für das, was Deutsche bei Fehlern als erstes suchen: die Schuld. In einer japanischen Firma wird deshalb nie ein einzelner in die Haftung genommen."

Quelle: managermagazin, November 1998, S. 336 ff.

Diskussionsfragen

1. „Gute Führung ist nicht angeboren, sondern gewachsen". Diskutieren Sie diese Aussage!
2. Erläutern Sie die Aussage: Führerschaft ist ein Interaktionsphänomen!
3. Warum ist es sinnvoll, von Führungsverhalten auch dann zu sprechen, wenn der Einflußversuch erfolglos endet?
4. Unter welchen Umständen wird Wissen zur Expertenmacht? Geben Sie ein praktisches Beispiel aus Ihrem Erfahrungsumfeld!

5. Welche Möglichkeiten hat ein Unternehmen „Belohnungsmacht“ für Vorgesetzte aufzubauen? Wovon hängt der Erfolg ab?

6. Wie muß sich ein Vorgesetzter verhalten, damit man überhaupt von einem „Führungsstil“ sprechen kann? Ist es für eine erfolgreiche Führung notwendig, einen Führungsstil zu entwickeln?

7. Wie unterscheidet sich die Führungsstil-Konzeption von Blake und Mouton von dem Likertschen Konzept?

8. Mit welcher Grundannahme arbeiten die traditionellen Führungsstil-Studien? Welche Unterschiede ergeben sich im Hinblick auf den Einflußprozeß-Ansatz?

9. Aus welchen Gründen und in welcher Weise wurde die für die Führungsstilforschung typische Fragestellung in den Situationstheorien der Führung erweitert?

10. Nehmen Sie an, es bestehe Einigkeit, daß in einem bestimmten Fall Ineffektivität aus Inkongruenz von Situation und Führungsstil resultierte. Auf welcher Ebene müßte man a) nach Fiedler und b) nach Hersey/Blanchard ansetzen, um eine Verbesserung zu erreichen?

11. Worin besteht der wesentliche Unterschied zwischen dem Fiedlerschen Modell und dem Vroom-Yetton-Modell?

12. „Jedes Land braucht seinen eigenen Führungsstil!“ Stimmen Sie dieser Auffassung zu?

Fallstudie

Bernd*

Die Fehring Schaltbau KG in Kulmbach produziert eine breite Palette elektrischer Schaltungen für industrielle Zwecke. Bernd Lauter war unmittelbar nach Schulabschluß als Lehrling in das Unternehmen eingetreten. Von Anfang an verstand er sich gut mit seinen jeweiligen Arbeitskollegen, so auch mit seiner jetzigen Gruppe. Er hatte jedoch erhebliche Schwierigkeiten mit dem zuständigen Vorarbeiter. Bernd und seine Kollegen waren sich einig, daß ihr Vorgesetzter viel zu sehr auf irgendwelchen Regeln insistieren und sie wie kleine Kinder behandeln würde. Es kam daher immer wieder zu Streitereien zwischen den Arbeitern und ihrem Chef. Entsprechend schlecht war das Führungsklima in der Gruppe; auch die Arbeitsmoral war eher niedrig. (Trotzdem wurde ein durchaus zufriedenstellendes Produktivitätsniveau erreicht.)

Bald stellte sich heraus, daß Bernd ein besonderes Geschick besaß, derartige Streitigkeiten zu schlichten. Bernd war selbst sehr stolz auf seine Fähigkeit, zwischen den beiden Seiten zu vermitteln, und stets bemüht, sie zu verbessern. Er war überzeugt, daß Vorgesetzte ihre

* Quelle: Nach Randolph, W.A./Blackburn, R.S., Managing organizational behavior, Homewood/Boston 1989, S. 336.

Untergebenen als selbständige und verantwortungsvolle Mitarbeiter zu behandeln hätten, und daß diese dann mit ihrer Arbeit zufriedener wären und mehr leisten würden. Bei jeder Gelegenheit diskutierte Bernd seine Ansicht mit den Arbeitskollegen, die von seinen Ideen begeistert waren.

Nach zwei Jahren Fehring wurde der unbeliebte Vorarbeiter versetzt. Der Werksleiter bot daraufhin Bernd dessen Stelle an. Ohne zu Zögern akzeptierte Bernd das Angebot und begann sogleich, seine Vorstellungen von Mitarbeiterführung umzusetzen.

Die ersten Wochen verliefen sehr erfolgreich. Die Arbeiter waren froh, daß der alte Tyrann versetzt worden war und jetzt „einer von ihnen" die Aufsicht führte. Bernd bemühte sich seinerseits, gewissenhaft seine neuen „Untergebenen" so zu führen, wie er es stets gefordert hatte. Als Bernd aber nach einiger Zeit feststellen mußte, daß unter seiner Führung die Produktivität der Arbeitsgruppe nicht gestiegen war, sondern vielmehr anfing zu sinken, wurde er nervös. Er wußte genau, wie diese Entwicklung von der Werksleitung gesehen werden würde, und begann daher, vorsichtig auf einen höheren Produktionsausstoß zu drängen.

Von den Arbeitern wurde Bernds Drängen nicht sonderlich ernst genommen; vielmehr meinten sie, er solle sich nicht so haben. Gleichzeitig sank jedoch die Produktionsleistung während der folgenden Monate, wenn auch nur in geringem Maße, so doch stetig weiter ab, und Bernd fing an, ernsthaft an seiner Führungsfähigkeit zu zweifeln.

Eines Tages sah Bernd im Vorübergehen vier Arbeiter am Produktionsband für keramische Schaltelemente stehen und lachend auf den Boden blicken. Als er näher herankam, erkannte er, daß dort mehrere Schaltkästen, jeder mit einem Produktionswert von mehr als 1500 DM, zerbrochen am Boden lagen. Auf seine Frage hin erklärten die Arbeiter ackselzuckend, daß das Fertigungsband einige Minuten unbeobachtet geblieben und dabei die Kästen heruntergefallen wären. Bernd war über die Gleichgültigkeit der Männer äußerst verärgert und brüllte erregt: „Ihr seid der letzte Idiotenverein und Du allen voran, Piet!" Dann stürzte er zurück in sein Büro.

Keine Minute später stand einer der Arbeiter, Piet Mankmann, vor ihm.

Piet: Was bildest Du Dir eigentlich ein, Bernd? So kannst Du vor unseren Freunden nicht mit mir reden!

Bernd: Du meinst Deinen Freunden! Meine Freunde seid Ihr da draußen ja wohl nicht mehr. Seit ich den Job als Vorarbeiter übernommen habe, nutzt Ihr mich aus und laßt Eure Arbeit schleifen.

Piet: Hoppla, Bernd! Beruhig' Dich wieder! Da sind doch gerade 'mal drei Schaltkästen zu Bruch gegangen. So etwas passiert eben mal. Das kann sich die Firma schon noch leisten. Aber wir Mensch wir müssen doch zusammenhalten!

Bernd: Hör' mir mit diesem „Wir müssen zusammenhalten"-Blödsinn auf! Wenn Ihr nicht bald mehr Leistung bringt, seid Ihr bald Eure ganze Arbeit los. Ihr merkt gar nicht, was Ihr da anstellt.

Piet: Das soll wohl 'ne Drohung sein? Was ist denn plötzlich mit Deinem ganzen Gerede von „Mitarbeiter als verantwortungsvolle, selbständige Menschen behandeln"? Seit Du hier Vorarbeiter bist, benimmst Du Dich, als wärst Du ein völlig anderer. Wir sind alle einigermaßen erstaunt über Dich. So hatten wir uns das nicht vorgestellt.

Bernd: Geh' zurück an Deinen Arbeitsplatz, Piet. Ich will darüber nicht länger diskutieren.

Nun saß Bernd in seinem Büro und fragte sich, wie all dies geschehen konnte.

Fragen:

1. Worin besteht das Kernproblem in diesem Fallbeispiel? Denken Sie dabei an die verschiedenen in diesem Kapitel besprochenen Führungstheorien!
2. Warum zeigt Bernds Führungsstil nicht die erwarteten Wirkungen?
3. Was sollte Bernd Lauter als nächstes tun?

Literaturhinweise

Beiträge zu allen behandelten Problemen:

Handwörterbuch der Führung (hrsg. v. Kieser, A./Reber, G./Wunderer, R.), 2. Aufl., Stuttgart 1995.

Zu den theoretischen Grundlagen der Führungslehre:

Bass, B., Leadership and performance beyond expectations, New York 1985.
Bennis, W., Why leaders can't lead, San Francisco 1990.
Müller, W.R., Führung und Identität, Bern/Stuttgart 1981.

Zu Führungsstilen und -formen:

Neuberger, O., Führen und geführt werden, 5. Aufl., Stuttgart 1995.
Weinert, A., Organisationspsychologie, 4. Aufl., Weinheim 1998.

Zu den Situationstheorien der Führung und neuen Entwicklungen:

Bass, B., Bass & Stogdill's Handbook of leadership: Theory, research and managerial applications, 3. Aufl., New York 1990.
Schreyögg, G./Sydow, J. (Hrsg.), Führung – neu gesehen, Managementforschung Bd. 9 Berlin/New York 1999.
Yukl, G.A., Leadership in organizations, 3. Aufl., Englewood Cliffs, N.J. 1993.

Zwölftes Kapitel

Unternehmenskultur

12.1 Begriff und Bedeutung von Unternehmenskultur

Bei der Diskussion des Führungsverhaltens wie auch der Motivation und des Gruppenverhaltens ist bereits deutlich geworden, daß zur Bestimmung der Verhaltensgründe immer auch das übergeordnete System und die ihm eigenen Erwartungen einbezogen werden müssen. Neben der bereits besprochenen organisatorischen Strukturierung, den „geschriebenen Gesetzen", spielen hier die Orientierungsmuster und die Normen eine große Rolle, die sich in dem Unternehmen im Laufe der Zeit herausgebildet haben, die „ungeschriebenen Gesetze" und ihre symbolische Repräsentation. Die zuletzt genannte Thematik steht im Zentrum des noch relativ jungen Wissensgebietes der Unternehmenskultur oder allgemeiner der Organisationskultur. Die konzeptionelle Fassung der organisatorischen Orientierungsmuster und ihrer Repräsentation wird hier im Anschluß an den Kulturbegriff gesucht, wie er in der Kulturanthropologie entwickelt wurde und dort die historisch gewachsenen und zu einer komplexen Gestalt geronnenen Orientierungsmuster einer Volksgruppe bezeichnet.[1]

Gemeint sind damit insbesondere Wert- und Denkmuster einschließlich der sie vermittelnden Symbolsysteme, wie sie im Zuge menschlicher Interaktion entstanden sind. Die Managementforschung nimmt diesen für Volksgruppen entwickelten Kulturbegriff auf und überträgt ihn auf Organisationen mit der Idee, daß jede Organisation für sich eine je spezifische Kultur entwickelt, d.h. in gewisser Hinsicht eine eigenständige Kulturgemeinschaft darstellt. Organisationen, so die Idee, entwickeln eigene unverwechselbare Orientierungsmuster und Symbole, die das Verhalten der Mitglieder nach innen und außen auf nachhaltige Weise prägen.

Der Kulturansatz ist zugleich eine Kritik an dem herkömmlichen analytischen Rationalitätsbegriff. Organisatorische Rationalität (und damit Erfolg) wird nicht mehr länger als Ausfluß optimierter Entscheidungen (Theorie der rationalen Wahl) gesehen, sondern sehr viel breiter als Meisterung einer Vielzahl organisatorischer Prozesse, wozu auch die Pflege von Traditionen und Weckung von Emotionen gehört. In den Vordergrund rückt die Verarbeitung von Erfahrungen, der Einbezug von mythischen Denkfiguren und die Entwicklung spezifischer Kompetenzen, die selbst nicht analytisch begreifbar sind (erinnert sei an Kapitel 5 und das Konzept der dort dargestellten Kernkompetenzen).[2]

Die Unternehmenskulturforschung hat sich rasch entwickelt, und eine große Anzahl unterschiedlicher Ansätze liegt zwischenzeitlich vor.[3] Prägend waren vor allem zwei Schulen, der Funktionalismus und der Symbolismus.[4] Die **funktionalistische** Sichtweise studiert die Unternehmenskultur unter der Frage des Systembeitrages. Hintergrundannahme ist, daß Systeme ihre Kultur entwickeln, um bestimmte Probleme zu lösen. Un-

1 Vgl. Kluckhohn, F.R./Strodtbeck, F.L., Variations in value orientations, Evanston 1961.

2 Vgl. Quinn, R.E., Beyond rational management, San Francisco 1988; May, T., Organisationskultur, Opladen 1997, S. 47 ff.

3 Vgl. Allaire, Y./Firsirotu, M.E., Theories of organizational culture, in: Organizational Studies 5 (1984), S. 193-226: Ebers, M., Organisationskultur – ein neues Forschungsprogramm?, Wiesbaden 1985; sowie jüngst: Martin, J./Frost, P., The organizational culture war games: A struggle for intellectual dominance, in: Clegg, S.R./Hardy, C./Nord, W.R. (Hrsg.), Handbook of Organization Studies, London 1996, S. 599-621.

4 Vgl. hierzu auch Schultz, M., On studying organizational cultures, Berlin/New York 1995.

ternehmenskultur wird deshalb auch analysiert nach ihrem potentiellen und faktischen Funktionsbeitrag zum Systemerhalt. Typische Probleme, zu denen die Kultur einen Lösungsbeitrag leistet, sind die Integration durch Spannungsabbau, Zielenthusiasmus oder allgemeiner die Reduktion von Unsicherheit und Ambiguität.[5] Im Unterschied dazu studiert der **symbolische** Ansatz Unternehmenskulturen als Weltbilder, als Konstruktionen der Unternehmen, um sich die Welt verständlich zu machen. Kultur wird als Interpretationsmuster gesehen, mit dem sich Unternehmensmitglieder die Welt erschließen und die anzeigen, wie man zu erfolgreichen Handlungen in bestimmten Bereichen gelangt. Kultur stellt sich so als selbst entwickeltes Netz von Deutungsmustern dar.[6] Die organisatorische Welt entfaltet sich als symbolische Konstruktion. Unternehmenskulturen werden somit als Sinngemeinschaften verstanden. Der symbolische Ansatz ist weitergreifender, weil er die Kultur gewissermaßen als Fundament organisatorischen Handelns begreift.[7]

So unterschiedlich auch die Ausgangs-Fragestellung, so liegen doch die Ansätze soweit nicht auseinander; jedenfalls sind sie untereinander anschlußfähig. Die funktionale Perspektive holt mit ihrer Fragestellung die symbolische ein. Dies insofern, als sie auch die Konstruktion von Sinn und Symbolen als Problemlösung erklären kann, nämlich – abstrakt gesprochen – als Beitrag zur Reduktion von Komplexität. In diesem Sinne sollen auch nachfolgend beide Perspektiven zusammengeführt werden. So gibt es trotz aller Unterschiede einige **Kernelemente**, die heute allgemein mit dem Begriff der Unternehmenskultur verbunden werden:

(1) Unternehmenskultur ist ein im wesentlichen **implizites** Phänomen; sie hat keine separate, quasi physische Existenz, die sich direkt beobachten ließe. Unternehmenskulturen sind gemeinsam geteilte und symbolisch repräsentierte Überzeugungen, die das Selbstverständnis der Handelnden und die Identität der Organisation prägen.

(2) Unternehmenskulturen werden **gelebt**, ihre Orientierungsmuster sind selbstverständliche Annahmen, wie sie dem täglichen Handeln zugrundeliegen. Ihre (Selbst-)Reflexion ist die Ausnahme, keinesfalls die Regel.

(3) Unternehmenskultur bezieht sich auf **gemeinsame** Orientierungen, Werte usw. Es handelt sich also um ein kollektives Phänomen, das das Handeln des einzelnen Mitgliedes prägt. Kultur macht infolgedessen organisatorisches Handeln einheitlich und kohärent – jedenfalls bis zu einem gewissen Grade.

(4) Unternehmenskultur ist das Ergebnis eines **Lernprozesses** im Umgang mit Problemen aus der Umwelt und der internen Koordination. Bestimmte Handlungsweisen werden als erfolgreiche Problemlösungen anerkannt, andere nicht. Zug um Zug schälen sich bevorzugte Wege des Denkens und Problemlösens heraus, bis schließlich diese Orientierungsmuster zu mehr oder weniger selbstverständlichen Voraussetzungen des organisatorischen Handelns werden. Unternehmenskultur hat also immer eine Entwicklungsgeschichte.

---

5 Vgl. etwa Schein, E., Organizational culture and leadership: A dynamic view, San Francisco et al. 1985; Kunda, G., Engineering culture: Control and commitment in a high-tech corporation, Philadelphia 1991.

6 Vgl. Geertz, C., Dichte Beschreibung. Beiträge zum Verstehen kultureller Systeme, Übers. a.d.Engl., Frankfurt a.M. 1987.

7 Vgl. u.a. Smircich, L., Organizations as shared meanings, in: Pondy, L. et al. (Hrsg.), Organizational symbolism, Greenwich/London 1983; Alvesson, M./Berg, P.O., Corporate culture and organizational symbolism, Berlin/New York 1992.

(5) Unternehmenskultur repräsentiert die „**konzeptionelle Welt**" der Organisationsmitglieder. Sie vermittelt Sinn und Orientierung in einer komplexen Welt, indem sie Muster vorgibt für die Selektion und die Interpretation von Ereignissen. Die Organisationsmitglieder verschaffen sich ein Bild von der Aufgabenumwelt auf der Basis eines gemeinsam verfügbaren Grundverständnisses.

(6) Unternehmenskultur wird in einem **Sozialisationsprozeß** vermittelt; sie wird nur selten bewußt gelernt. Organisationen entwickeln zumeist eine Reihe von Mechanismen, die dem neuen Organisationsmitglied verdeutlichen, wie im Sinne der kulturellen Tradition zu handeln ist.

12.2 Der innere Aufbau einer Unternehmenskultur

Unternehmenskulturen sind komplexe Phänomene; sie umgreifen nicht nur die Orientierungsmuster und Programme, sondern auch ihre sichtbaren Vermittlungsmechanismen und Ausdrucksformen. Ein Versuch, die verschiedenen Ebenen einer Kultur zu ordnen und ihre Beziehung zueinander zu klären, ist das in Abb. 12.1 gezeigte Modell von Schein. Um eine Kultur verstehen zu können, muß man sich nach dieser (der Kulturanthropologie entliehenen) Vorstellung, ausgehend von den Oberflächenphänomenen, sukzessive den kulturellen **Kern** in einem Interpretationsprozeß erschließen.

Die Basis einer Kultur als unterste Ebene von Abbildung 12.1 besteht hiernach aus einem Satz grundlegender Orientierungs- und Vorstellungsmuster („Weltanschauungen"), die die Wahrnehmung und das Handeln leiten. Es sind dies die selbstverständlichen Orientierungspunkte organisatorischen Handelns, die gewöhnlich ganz automatisch, ohne darüber nachzudenken, ja meist ohne sie benennen zu können, verfolgt werden. Sie haben sich in Organisationen oft über Jahrzehnte hinweg entwickelt und auch bewährt. Die Basisannahmen ordnen sich nach Kluckhohn/Strodtbeck unabhängig vom Einzelfall in jeder Kultur, also auch der Unternehmenskultur, nach fünf Grundthemen menschlicher Existenzbewältigung:[8]

(1) Annahmen über die Umwelt

Welches Bild der Umwelt, d.h. der Außenwelt, entwickelt ein Unternehmen? Welches Interpretationsmuster liegt der Wahrnehmung und den anschließenden Handlungen zugrunde? Hält man die Umwelt für bedrohlich, herausfordernd, bezwingbar, übermächtig usw.? Und wie konstruiert ein Unternehmen die Differenz (Identität) zu anderen Systemen? Wie bereits angesprochen, wird z.B. die Entscheidung, welche Strategie eine Unternehmung wählt, stark von dieser Grundauffassung über die Umwelt überformt.

8 Vgl. Kluckhohn, F.R./Strodtbeck, F.L. a.a.O.; Schein, E.H., Organizational culture, a.a.O.

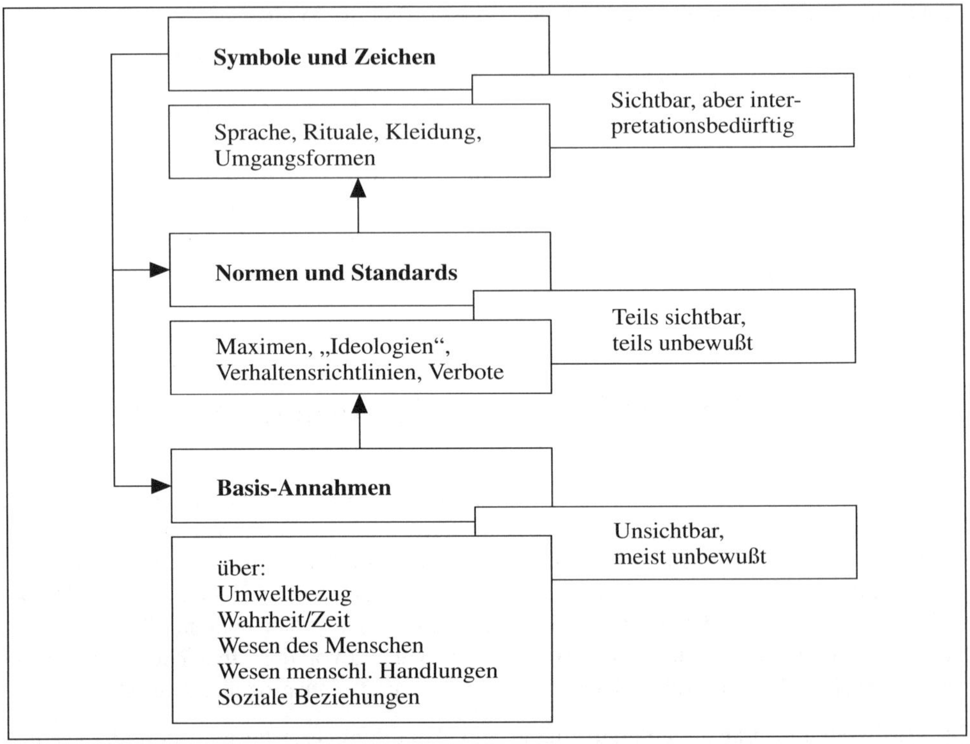

Quelle: Schein, E.H., Coming to a new awareness of organizational culture, in: Sloan Management Review 25 (1984), Nr. 2, S. 4 (modifiziert)

Abb. 12.1: Kulturebenen und ihr Zusammenhang

(2) Vorstellungen über Wahrheit und Zeit

Jedes Sozialsystem entwickelt Vorstellungen darüber, worauf man sich bezieht, wenn man Prämissen, Prognosen oder Entscheidungskriterien als falsch oder richtig, als real oder fiktiv betrachtet. Ist es die Tradition oder sind es die Autoritäten, auf die man vertraut? Hält man sich an die Wissenschaft oder nimmt man eine pragmatische Haltung ein und macht die Entscheidungen über wahr oder falsch von den Ergebnissen eines Versuchs abhängig („Laßt es uns probieren und sehen, was dabei herauskommt“)? Häufig ist es auch der tragfähige Kompromiß, der als „Wahrheitsinstanz“ fungiert: „Fünf Gremien haben über die Frage beraten, und alle haben sich schließlich auf dieses Ergebnis geeinigt.“
Und ähnlich verhält es sich mit dem Verständnis von Zeit. Entgegen der Alltagsmeinung, die Zeit als etwas Objektives, Unhintergehbares begreift, entwickeln Gesellschaften und eben auch (eingeschränkt) Unternehmen ein eigenes Raster, um Zeit thematisieren und disponieren zu können.[9] In empirischen Untersuchungen konnte

9 Vgl. hierzu Clark, P., Chronological codes and organizational analysis, in: Hassard, J./Pym, D. (Hrsg.), The theory and philosophy of organizations, London/New York 1990; sowie jüngst Noss, Ch., Zeit im Management. Reflexionen zu einer Theorie temporalisierter Unternehmenssteuerung, Wiesbaden 1997.

immer wieder gezeigt werden, daß zwischen Unternehmen z.T. gravierende Unterschiede in der Art und Weise des Umgangs mit Zeit und der Anordnung von Prozessen und Ereignissen in der Zeit bestehen. In dieser Hinsicht wird mittlerweile von einer „monochronen" Zeitauffassung gesprochen, wenn in einem Unternehmen im Normalfall reguläre und stetige Ereignis- und Prozeßsequenzen stattfinden und es im System üblich geworen ist, alle Aktivitäten linear anzuordnen und sequentiell („planmäßig") abzuarbeiten (z.B. Betreiber von großtechnischen Anlagen). In solchen Unternehmen wird ein irreguläres Auftreten von Ereignissen häufig als Zumutung oder Störung empfunden; Prozeßabbrüche sind dann wahrscheinlich. Anders in Unternehmen mit einer sog. „polychronen" Zeitauffassung: Hier ist es zum Normalfall geworden, daß viele Aktivitäten und Prozesse zugleich im Fluß befindlich sind und Ereignisse nicht unbedingt nach einem vorgefertigten (kognitiven) Entwurf auftreten (müssen). Irregularität, wechselnde Aktivitätsfrequenzen und -zyklen bestimmen das tägliche Geschehen, ein strukturiertes Abarbeiten von exakt vorgegebenen Handlungen zu festgesetzten Zeiten stellt die Ausnahme dar (Beispiel: Werbeagenturen, Entwickler von Spezialsoftware).

(3) Annahmen über die Natur des Menschen

Jede Kultur transportiert ein Menschenbild, d.h. Annahmen über allgemeine menschliche Charakterzüge. Bezogen auf Unternehmen beantworten diese Annahmen Fragen wie: Sind Mitarbeiter im allgemeinen eher gutwillig oder böswillig? Sind Mitarbeiter tendenziell arbeitsscheu oder sind Mitarbeiter Menschen, die gerne Verantwortung übernehmen und die im Grundsatz Freude an der Arbeit haben?[10] Ferner: Sind Mitarbeiter grundsätzlich entwicklungsfähig oder sind sie durch Veranlagung festgelegt? Diese Annahmen finden zumeist im Bild des „idealen Vorgesetzten", d.h. den impliziten Führungstheorien, ihre genaue Widerspiegelung.

(4) Annahmen über die Natur des menschlichen Handelns

Desweiteren entwickeln Kulturen Handlungskonzepte, d.h. Vorstellungen darüber, was menschliches Handeln bewirken kann und welche Art von Handlungen erwünscht ist. Es werden Antworten gegeben auf Fragen wie: Kommt es vor allem darauf an, aktiv zu sein, die Dinge selbst in die Hand zu nehmen, oder ist es wichtiger abzuwarten und sich anzupassen? Und in bezug auf die Arbeit: Wie ist in dem Unternehmen Arbeit definiert? Was ist Arbeit und was Spiel?

(5) Annahmen über die Natur zwischenmenschlicher Beziehungen

Es gibt keine Kultur, die nicht auch Orientierungsmuster über die Beziehungen zwischen Individuen enthielte. Hierzu gehören Vorstellungen über die richtige Ordnung sozialer Beziehungen, z.B. nach Alter, nach Herkunft oder nach Erfolg. Stellt man sich die Beziehungen eher egalitär oder eher hierarchisch vor? Wie groß wünscht

---

10 Vgl. zu dieser Typisierung von Mitarbeitern auch die Theorie X und Y von McGregor; dort ebenfalls als implizite Alltagstheorien konzipiert: McGregor, D., Der Mensch im Unternehmen (Übers. a.d. Engl.), Düsseldorf 1973.

man sich das Machtgefälle? Ein weiterer wichtiger Aspekt ist die Sichtweise von Emotionen in Organisationen. Sind Emotionen (Wut, Freude, Trauer, Liebe) am Arbeitsplatz zulässig oder strebt man eine vollständig sachliche Atmosphäre an, in der Emotionen gleich welcher Art nur stören? Ist der Privatbereich tabu, oder findet eine Trennung zwischen Dienstlichem und Privatem nicht statt. Des weiteren: Welches Grundthema prägt den Charakter zwischenmenschlicher Beziehungen? Wettbewerb oder Kooperation? Teamerfolg oder Einzelerfolg? Muß man sich vor den anderen fortwährend in acht nehmen oder kann man ihnen vertrauen?

Diese meist unbewußten und ungeplant entstandenen Basisannahmen stehen nun allerdings nicht isoliert nebeneinander, sondern bilden zusammen ein Muster, eine mehr oder weniger stimmige **Gestalt**. Wenn man eine Unternehmenskultur verstehen will, muß man deshalb, ausgehend von diesen Basisannahmen, versuchen, die Gesamtgestalt, das **„Weltbild“**, zu erfassen.

Normen und Standards. Dieses „Weltbild“ findet zu wesentlichen Teilen in konkretisierten **Wertvorstellungen und Verhaltensstandards** seinen Niederschlag (mittlere Ebene in Abb. 12.1). Mit anderen Worten, es formt sich in Maxime, ungeschriebene Verhaltensrichtlinien, Verbote usw. um (Abb. 12.2 gibt hierzu einige Beispiele). Manche Unternehmen greifen diese latent vorhandenen Orientierungsmuster auf und formulieren sie zu einer ausdrücklichen **Managementphilosophie** oder zu sog. **Leitbildern** aus. Nur selten hat allerdings dieses Leitbild etwas mit der aktuellen Unternehmenskultur zu tun; meist sind es lediglich Wunschvorstellungen.

Insgesamt bilden die Basisannahmen und die daraus fließenden Verhaltensstandards quasi ein Brennglas, das die Prioritäten für das organisatorische Handeln bündelt, die Wahrnehmung steuert und fremdes und eigenes Handeln interpretiert.

(1) Keine Behauptung ohne Fakten!

(2) Löse keine Unruhe aus!

(3) Respektiere die Reviere!

(4) Keine Privatkontakte mit dem Chef!

(5) Gib keine Informationen nach draußen!

Abb. 12.2: Beispiele für Normen

Symbole und Zeichen. Diese mehr oder weniger unbewußten und unsichtbaren Annahmen und Standards finden schließlich in der obersten Ebene (vgl. Abb. 12.1), der Ebene der **Symbole und Zeichen**, ihren Niederschlag. Sie haben die Aufgabe, diesen schwer faßbaren, wenig bewußten Komplex von Annahmen, Interpretationsmustern und Wertvorstellungen lebendig zu erhalten, weiter auszubauen und, was besonders wichtig ist, an neue Mitglieder weiterzugeben. Die Symbole und Zeichen stellen den **sichtbaren** Teil der Unternehmenskultur dar, der aber nur im Zusammenhang mit den zugrundeliegenden Wertvorstellungen verstehbar ist.

Zu diesen Vermittlungsmustern gehört z.B. das Erzählen von **Geschichten** und Legenden vom Firmengründer oder anderen wichtigen Ereignissen. Man vermittelt auf diese Weise indirekt, aber plastisch und einprägsam, worauf es in der Organisation besonders ankommt. Als Beispiel sei hier eine Geschichte aus der Firma Hewlett Packard angeführt. Dort hat man die Politik des offenen Materiallagers, d.h. die Ingenieure haben unbeschränkten Zugang zum Materiallager und können dort Material für das freie Experiment entnehmen. Eine Anekdote berichtet:

Bill Hewlett kam an einem Samstag ins Werk und fand das Materiallager verschlossen. Er ging sofort in die Reparaturabteilung, griff sich einen Bolzenschneider und entfernte das Vorhängeschloß von der Tür. Er hinterließ einen Zettel, den man am Montagmorgen fand. Auf diesem Zettel stand geschrieben: „Diese Tür bitte nie wieder abschließen. Danke, Bill.“[11]

Geschichten werden zu ganz unterschiedlichen Themen erzählt. Besonders häufig finden sich Geschichten zu den Themen: Vorstand trifft kleinen Angestellten, Versetzung und ihre Folgen, große Fehler oder sexuelle Avancen der höheren Führungsebenen. Solche Geschichten, die in einem Unternehmen wieder und wieder erzählt werden, behandeln häufig Situationen mit widersprüchlichen Erwartungen und zeigen, wie man damit in dieser Firma fertig werden kann. So etwa in einer Firma, wenn erzählt wird, daß ein Vorstandsmitglied bei einem Rundgang mit Besuchern an das Fließband zu einer Arbeiterin getreten war, um sie nach ihrem Namen zu fragen. Er hat dies getan, ohne die für diese Zone vorgeschriebene Schutzbrille aufzusetzen. Die Arbeiter waren angewiesen, auf die Einhaltung der Sicherheitsvorschriften streng zu achten. Für die Arbeiterin war nun die Frage, ob sie auf den Regelverstoß hinweisen sollte, ungeachtet der Tatsache, daß der Regelverletzer Vorstandsmitglied war, oder ob hier Hierarchie vor Regel steht. Sie entschied sich für die Regel und sagte mit hochrotem Kopf: „Bitte setzen Sie eine Schutzbrille auf, sonst dürfen Sie sich in dieser Zone nicht aufhalten.“ Das Vorstandsmitglied war zunächst erstaunt, lobte dann aber die Konsequenz der Arbeiterin und unterhielt sich mit ihr, nachdem er eine Schutzbrille geholt hatte, einige Minuten. Eine Geschichte mit gutem Ausgang und klarem Signal. Man erfährt also einiges über die Prioritätensetzung in dem Unternehmen durch diese Geschichte.

Ein weiterer Teil der sichtbaren Kulturelemente sind die **Feiern** und **Riten** in einem Unternehmen. Man kann sie nach unterschiedlichen Anlässen gliedern.[12] So gibt es etwa Aufnahmeriten für den Eintritt in eine Organisation (Begrüßung durch den Chef, Einführungstag usw.). Ein weiterer Typ sind die sogenannten Entlassungsriten. Hier kommt es z.B. darauf an, ob ein Ausstand gefeiert wird (z.B. Rerservistenfeiern bei der Bundeswehr) oder ob derjenige, der gekündigt hat, isoliert wird. Bekannt sind auch Bekräftigungsriten etwa in Form von Veranstaltungen, in denen der Verkäufer des Monats gekürt wird. Weitere Riten sind Konfliktlösungsriten (z.B. Tarifverhandlungen) oder Integrationsriten wie z.B. Weihnachtsfeiern oder Betriebsjubiläen. Kasten 12.1 gibt ein Beispiel für eine Weihnachtsfeier und zeigt an einigen Stellen die tiefere Bedeutung der Handlungen auf.

---

11 Nach Peters, T.J./Waterman, R.H., Auf der Suche nach Spitzenleistungen, 6. Auflage, Landsberg a.L. 1984, S. 283 f.

12 Vgl. Trice, H.M./Beyer, J.M., The cultures of work organizations, Englewood Cliffs, N.J., 1993, S. 8-12; Wittel, A., Belegschaftskultur im Schatten der Firmenideologie. Eine ethnografische Fallstudie, Berlin 1997.

Kasten 12.1

Weihnachten bei der Shoenman & Partner-Werbeagentur

„Gegen sieben Uhr abends setzte sich alles in Richtung Veranstaltungslokal in Bewegung. Zwölf runde Tische waren für je neun Personen hergerichtet worden und um eine Bühne gruppiert. Jeder Tisch war mit einer roten Tischdecke und grünen Servietten weihnachtlich dekoriert. Ein reich geschmückter Weihnachtsbaum stand in einer Ecke des Raumes, die Wände waren üppig mit Weihnachtsschmuck dekoriert.

Die Tische wurden eilig in Beschlag genommen, und dann ging es los mit dem kalten Buffet: Fleischgerichte, Salate, Desserts usw. waren angerichtet. Während des Abendessens war Chairman Walter ständig von einem Tisch zum nächsten unterwegs, hieß jeden willkommen und gab sich ganz als Gastgeber, nicht als Chef.

Nachdem jeder seine Mahlzeit beendet hatte, ging das Licht aus, und nach ein paar erwartungsvollen Minuten betrat ein junger Mitarbeiter die Bühne, um die Shoenman & Partner-Show anzukündigen. Programme waren bereits an den Tischen verteilt worden, und so erwartete man nun die traditionelle Sketch-Parade.

Wie von der Kreativgruppe einer renommierten Werbeagentur nicht anders zu erwarten, waren die Sketche intelligent, bissig und komisch. Ein Sketch beschrieb eine Telefonistin, die auswärtige Anrufe in der Firma annahm. Auf eine Frage eines Anrufers, welche offensichtlich die hohe Fluktuation der Mitarbeiter betraf, antwortete sie: „Tja, honey, ich krieg hier auch nichts mit. Dieser Laden sollte besser ‚Shoenman & Co.‘ und nicht ‚Shoenman & Partner‘ heißen, denn partnerschaftlich sind die nicht."

Später kam eine Reihe von Anrufen, die sie durchstellte: „Hallo, Herr Kassian, der Scheidungsanwalt Ihrer Frau ...", „Hallo, Herr Shoenman, der Scheidungsanwalt ihrer Frau ...", „Hallo, Herr Morry, der Scheidungsanwalt Ihrer Frau ...".

Dann ließ sie jemanden telefonisch ausrufen: „Herr Quenzel, bewegen Sie mal Ihren A... in Herrn Kassians Büro!" Hinter der höflichen Fassade pflegte man offensichtlich einen derberen, autoritären Umgang.

Mit beißendem Humor wurde in einem anderen Sketch die Kosmetik- und Kleidersymbolik zwecks Statuskennzeichnung aufs Korn genommen. Zielscheibe waren einige Frauen im mittleren Management, alle Mitte bis Ende dreißig, die sich ihre Haare blond färbten. Auch dieser Sketch brach mit einem Tabu, normalerweise würde niemand offen darüber reden oder gar in einer Konferenz eine Bemerkung über die gefärbten Haare machen....

Nach der Sketch-Show, die mit donnerndem Applaus gefeiert wurde, ging man wieder zur Bar und in den Tanzsaal. Ein Diskjockey erwartete sie dort mit Rock- und Diskomusik. Der Alkohol floß, man tanzte miteinander. Die Sketchautoren und Schauspieler, alle Ende zwanzig, beglückwünschten sich zu ihrer Aufführung und sahen ihren Chefs beim Tanzen zu. Sie hatten sie alle auf den Arm genommen, lächerlich gemacht, und waren doch ungeschoren davongekommen. Das mußte gefeiert werden."

Quelle: Rosen, M., You asked for it: Christmas at the bosses expense, in: Journal of Management Studies 25 (1988), S. 463–480 (Übers. d.d. Verfasser)

Schließlich gehören zu den sichtbaren Aspekten von Unternehmenskulturen die **Begrüßung** und Aufnahme von Außenstehenden, die **architektonische Gestaltung** der Räume und Gebäude, die **Kleidung**, die **Sprache** (Firmenjargon) u.a.m.

Der Begriff der Unternehmenskultur ist deutlich abzugrenzen von dem Marketingkonzept der **Corporate Identity**, das – jedenfalls in aller Regel – nur auf die sichtbare Ebene bezug nimmt und Empfehlungen entwickelt, diese umzugestalten.

Erfassung von Unternehmenskulturen. Das 3-Ebenen-Schema gibt nicht nur Aufschluß über den Aufbau einer Unternehmenskultur, sondern weist zugleich den Weg zu ihrer **Erfassung**.

Grundsätzlich gilt es zunächst erneut zu betonen: Unternehmenskulturen sind implizite Phänomene, es handelt sich um Deutungs- und Orientierungsmuster, die von den Organisationsmitgliedern verwendet werden. Es geht also um die externe Erschließung einer Orientierungswelt, die dem Handelnden selbst nur in Ausnahmefällen in der Form bewußt ist („kontrolliertes Fremdverstehen").[13] Eine einfache Abfrage scheidet daher von vorne herein aus.

Der Erschließungsprozeß beginnt bei den sichtbaren Elementen einer Kultur, d.h. bei den Geschichten, die in der Firma erzählt werden, den Räumen und den Gebäuden, dem Jargon, dem Umgangston, der Kleidung usw. Ein Studium der Historie des Betriebes gibt den Rahmen für ein besseres Verständnis des Hintergrundes und der aktuellen Problemlage.[14]

Dokumente (Firmenchronik), teilnehmende Beobachtung an Sitzungen, Feiern usw., Einzel- und Gruppeninterviews sind die vorrangigen Quellen. In weiteren Schritten werden die in einer Kultur verwendeten Deutungs- und Orientierungsmuster sukzessive zu erschließen versucht („assumption surfacing") bis schließlich ein intersubjektiv vollziehbares Bild der Deutungsfiguren und ihrer Vernetzung vorgelegt werden kann.[15] Die Identifikation einer „Kulturgestalt" ist nicht einfach, es gibt keinen systematischen Weg, der sicher dorthin führen würde. Es ist ein im wesentlichen kreativer Prozeß, aus dem gesammelten Material das Weltbild der Unternehmung zu erschließen.

Prüfbar ist dieser Prozeß jedoch vom Ergebnis her, d. h. man kann mit den Organisationsmitgliedern und anderen externen Beobachtern zusammen prüfen, ob das ermittelte Kulturmuster stimmig ist, ob die sichtbaren Elemente und Handlungen damit in Einklang zu bringen sind usw. Meist bedarf dieser Prozeß mehrerer Durchläufe, und selbst dann kann man nicht sicher sein, ob alle Organisationsmitglieder und externen Beobachter mit dem Ergebnis übereinstimmen. Ein Hilfsmittel für dieses Entdeckungsverfahren sind Typologien.

---

13 Vgl. Osterloh, M., Methodische Probleme einer empirischen Erforschung von Unternehmenskulturen, in: Dülfer, E. (Hrsg.), Organisationskultur, 2. Aufl., Stuttgart 1991, S. 175 f.; Szabo, E., Organisationskultur und Ethnographie, Wiesbaden 1997, S. 71 ff.

14 Vgl. Schein, E.H., Culture: The missing concept in organization studies, in: Administrative Science Quarterly 41 (1996), S. 231 f.

15 Vgl. zu einem solchen Verfahren (dort bezogen auf Strategien) auch: Mitroff, I.I./Emshoff, J.R./Kilmann, R.H., Assumptional analysis: A methodology for strategic problem solving, in: Management Science 25 (1979), S. 583-593.

12.3 Kulturtypen

Am populärsten ist die Typologie von Deal/Kennedy[16] geworden – vermutlich deshalb, weil sie in besonders anschaulicher Weise an den Alltagserfahrungen von Organisationsmitgliedern anknüpft.

Alles-oder-Nichts-Kultur

Dies ist eine Welt von Individualisten; gefragt sind Stars mit großen Ideen. Im Hinblick auf die Umwelt gilt das Motto: Zeige mir einen Berg, und ich werde ihn erklimmen. Hoch geschätzt sind temporeiches Handeln und ein jugendliches, leicht aus dem Rahmen fallendes Erscheinungsbild. Die Sprache ist unkonventionell und voll von neuen Wortschöpfungen wie z.B. Cash Cows oder DINKS. Neu Hinzukommende müssen sich schlagen, wenn sie Anerkennung finden wollen. Freundliche Zurückhaltung macht sie uninteressant. Der Erfolg bestimmt alles: Ansehen, Einkommen, Macht. Dementsprechend werden auch Erfolge enthusiastisch gefeiert, Mißerfolge dagegen schonungslos offengelegt. Man kann schnell nach oben kommen, aber ebenso schnell wieder tief fallen. Das Zeigen von Emotionen ist erlaubt, nur nicht solche des Schmerzes. Männer und Frauen sind gleichberechtigt, denn es gilt das Motto: ein Star ist ein Star. Glücksbringer, Horoskope und sonstiger Aberglaube spielen eine große Rolle, sie sollen das Unwahrscheinliche wahrscheinlich machen.

Brot-und-Spiele-Kultur

Hier steht die Außenorientierung im Vordergrund, nach dem Motto: Die Umwelt ist voller Möglichkeiten, Du mußt sie nur nutzen. Insgesamt wird Wert auf freundliches und ansprechendes Auftreten gelegt. Im internen Verkehr steht die unkomplizierte Zusammenarbeit im Team an erster Stelle. Aktiv sein ist der herausragende Wert. Wer ruhig ist, steht im Verdacht, nichts zu leisten. Es werden viele fröhliche Feste gefeiert und es gibt häufig Auszeichnungen und Preise, wie z.B. der Verkäufer des Jahres oder das beste Schaufenster des Monats. Die Geschichten drehen sich hauptsächlich um schwierige Kunden. Wer es vermag, an Eskimos Kühlschränke zu verkaufen, ist ein Held. Die Firmensprache ist knapp und voller rätselhafter Kürzel (z.B. PAISY oder FIBUS). Die Bilder sind der Sportwelt entnommen: Halbzeit, Rote Karte, Fehlstart etc.

Analytische-Projekt-Kultur

Fehlentscheidungen stellen die große Bedrohung dar. Alles ist darauf konzentriert, die richtige Entscheidung zu treffen. Die Umwelt wird vorwiegend als Bedrohung erlebt. Man versucht, sie durch Analysen und langfristige Prognosen einigermaßen in den Griff

---

16 Vgl. Deal, T.B./Kennedy, A.A., Corporate cultures, Reading/Mass. 1982. Die Autoren ordnen die vier Typen nach zwei Situationsmerkmalen: Dauer des Feedbacks und Höhe des Risikos. Nachdem diese Dimensionen für die Typologie nicht sehr bedeutsam sind, wird darauf im Text nicht weiter eingegangen. Zu anderen Typologien vgl. Kets de Vries, M./Miller, D., Personality, culture and organization, in: Academy of Management Review 11 (1986), S. 266–279; Scholz, C., Strategische Organisation, Landsberg/Lech 1997, S. 234 ff.

zu bekommen. Vertraut wird auf die wissenschaftlich-technische Rationalität. Hauptritual ist die Sitzung, sie vereint meist verschiedene hierarchische Ränge, kennt jedoch eine strenge Sitz- und Redeordnung. Die Zeitperspektive ist langfristig, alles will gut und sorgfältig überlegt sein. Hektik und Quirligkeit sind unerwünscht. Das Ideal ist vielmehr die gesetzte, reife Persönlichkeit. Ist jemand drei Jahre bei dem Unternehmen, gilt er immer noch als Neuling. Karriere wird schrittweise gemacht, Blitzkarrieren gibt es nicht. Ältere Herren haben in der Regel Schützlinge, denen sie auf dem Weg nach oben helfen. Helden sind Leute, die mit unerschütterlicher Zähigkeit eine große Idee verfolgt haben; dies auch dann noch, als sie die Firmenleitung längst aufgegeben hatte – notfalls im eigenen Kellerlabor. Die Kleidung ist korrekt und unauffällig. Sprache und Umgangsformen sind sehr höflich. Das Zeigen von Emotionen ist streng verpönt.

Prozeß-Kultur

Alles konzentriert sich auf den Prozeß, das Gesamtziel spielt eine untergeordnete Rolle. Perfekter und diskreter Arbeitsvollzug steht an erster Stelle der Werte. Fehler darf man nicht machen. Alles wird registriert, jeder kleinste Vorgang dokumentiert. Mißtrauen und Absicherung sind die vorherrschenden Orientierungsmuster. Man muß jederzeit damit rechnen, daß einem irgend jemand von außen oder innen einen Fehler nachweisen möchte, und für diesen Fall muß man gerüstet sein. Helden sind Leute, die selbst dann noch fehlerfrei arbeiten, wenn die Umstände äußerst widrig sind, etwa nach Schicksalsschlägen oder nach ungerechtfertigter Behandlung durch die Geschäftsleitung. Das Zusammenleben orientiert sich an der hierarchischen Ordnung; sie bestimmt einfach alles: die Kleidung, den Kreis der Kontaktpartner, die Umgangsformen, das Gehalt etc. Bei einer Beförderung weiß jeder Mitarbeiter, welche Privilegien er dazugewinnen wird: eigenes Telefon, Teppichboden, größere Fenster oder sonstiges. Diese Statussymbole werden höher geschätzt als der finanzielle Zugewinn. Beförderungen sind auch ein beliebtes Gesprächsthema. Um sie ranken sich permanent Gerüchte und Intrigen. Feste und Feiern spielen keine sehr große Rolle. Wichtig sind lediglich die Jubiläen, wie z.B. 25jährige Betriebszugehörigkeit. Die Sprache ist korrekt und detailbesessen. Emotionen werden als Störung empfunden.

Wie auch immer konstruiert, eine solche **Typologie** ist lediglich ein Hilfsmittel, mit dem man auf die Suche gehen und die Alltagserfahrung in einem ersten Schritt sortieren kann. Ohne Zweifel ist eine Typologie immer eine grobe Vereinfachung, darin liegt ihr Wert, aber eben auch ihre Gefahr. Es ist nicht sehr zweckmäßig, die ganze Organisationswelt gewaltsam auf bestimmte Typen zu reduzieren. Eine Unternehmenskultur zu verstehen, verlangt mehr als eine bloße Subsumtion. Typologien wie die von Deal/Kennedy zeigen aber beispielhaft, wie man die verschiedenen Facetten einer Unternehmenskultur zu einer kommunizierbaren „Gestalt“ verdichten kann.

12.4 Starke und schwache Kulturen

Die Diskussion um die Kultur von Organisationen war von Anfang an geprägt von der Idee, daß bestimmte Kulturen in besonders intensiver Weise das organisatorische Handeln beeinflussen, ja daß sie in bestimmten Fällen die eigentlich treibende Kraft für herausragende Organisationsleistungen sind. Dies wird in besonderem Maße für sog. **starke Kulturen** vermutet. Zur Beurteilung, ob eine Kultur „stark" oder „schwach" ist, werden in der Literatur unterschiedliche Dimensionen herangezogen.[17] Die drei folgenden scheinen die bedeutsamsten zu sein:

(1) Ausmaß der Prägnanz
(2) Verbreitungsgrad
(3) Verankerungstiefe.

(1) Das erste Kriterium unterscheidet Unternehmenskulturen danach, wie klar die Orientierungsmuster und Werthaltungen sind, die sie vermitteln. Starke Unternehmenskulturen zeichnen sich demnach dadurch aus, daß sie das Handeln eindeutig anleiten, indem sie klar zum Ausdruck bringen, was erwünscht ist und was nicht. Eine solche klare Vorstellungswelt setzt zweierlei voraus. Zum einen müssen die einzelnen Werte, Standards und Symbolsysteme relativ **konsistent** sein, so daß in nur wenigen Fällen Konfusion darüber entsteht, welchem Orientierungspfad nun gefolgt werden soll. Zum anderen setzt dies voraus, daß die kulturellen Orientierungsmuster relativ **umfassend** angelegt sind, so daß sie nicht nur in einigen speziellen, sondern in vielen Situationen den Maßstab setzen können.

Der **Kulturinhalt** als solcher, also welche Werte von einer Kultur vertreten und transportiert werden, spielt für die Beurteilung der Stärke keine Rolle. Der Unternehmenskultur-Ansatz versteht sich grundsätzlich „wertfrei" insofern, als er keine Bewertung des jeweils virulenten Wertsystems anstrebt, außer natürlich der Frage, ob es für die Erfolgsträchtigkeit der Unternehmung funktional oder dysfunktional ist. Ob das mit einer Unternehmenskultur transportierte Wert- und Orientierungssystem, also der Kulturinhalt, anspruchsvoll („kulturell hochstehend"), als moralisch oder unmoralisch einzustufen ist, bleibt für die Bestimmung der „Stärke" in aller Regel außer Betracht.[18] Schon deshalb ist es sehr wichtig, die Begriffe **Unternehmensethik** und Unternehmenskultur säuberlich zu trennen. Während ersterer auf die Beurteilung von Werten abstellt, zielt zweiterer auf ihre Beschreibung und die Erfassung ihrer Wirkungsweise.[19]

Bisweilen wird der Kulturinhalt aber dennoch zum Gegenstand der Bestimmung der Stärke gemacht, dann jedoch in anderer Weise und ohne den eigentlich vorgegebenen instrumentellen Rahmen zu verlassen. Einbezogen wird in diesen Fällen die **Begeisterungskraft** der Inhalte. Visionen und Orientierungsmuster können mehr oder weniger

---

17 Vgl. Sathe, V., Implications of corporate culture, in: Organizational Dynamics 12 (1983), Nr. 2, S. 5 ff.

18 Es wäre jedoch pure Illusion, wollte man glauben, die Stärkedimensionen an sich wären wertfrei; sie transportieren selbstverständlich auch Werte.

19 Vgl. dagegen Krell, G., Managementrolle: Kultureller Pragmatiker oder Purist?, in: Handbuch Management (hrsg. v. Staehle, W.H.), Wiesbaden 1991, S. 75.

geeignet sein, Enthusiasmus und Engagement auszulösen. Starke Kulturen zeichnen sich – folgte man diesem Vorschlag – also nicht nur durch hohe Prägnanz und Prägungsdichte aus, sondern geben darüber hinaus stimulierende, begeisternde Impulse.

(2) Das zweite Unterscheidungskriterium, **„Verbreitungsgrad"**, stellt auf das Ausmaß ab, in dem die Mitarbeiterschaft die Kultur teilt. Von einer starken Unternehmenskultur spricht man dementsprechend dann, wenn das Handeln sehr vieler Mitarbeiter, im Idealfall aller, von den Orientierungsmustern und Werten geleitet wird. Eine schwache Unternehmenskultur zeichnet sich in diesem Sinne dann dadurch aus, daß die einzelnen Unternehmensmitglieder eher an unterschiedlichen Normen und Vorstellungen orientiert sind.

Bisweilen wird kulturelle Stärke mit Konsens gleichgesetzt. Dies erscheint jedoch problematisch. Der Begriff Konsens stammt aus der Dialog-Theorie; Konsens zwischen Gruppenmitgliedern wird dort durch Angabe und Prüfung von Gründen, also durch **Argumentation**, gewonnen.[20] Die Homogenität einer Kultur entwickelt sich auf verschiedene Weise (Sozialisation, Zeremonien, Imitation usw.), aber in der Regel gerade nicht durch Argumentation. Dazu kommt, daß ein argumentativ erzielter Konsens immer labil insoweit ist, als er durch jedes neue und bessere Argument zerstört werden kann und soll. Kulturelle Stärke zeichnet sich aber gerade durch ein hohes Maß an Kontinuität und Beständigkeit aus.

(3) Das dritte Kriterium, **„Verankerungstiefe"**, stellt schließlich darauf ab, inwieweit die kulturellen Muster **internalisiert**, also zum selbstverständlichen Bestandteil des täglichen Handelns geworden sind. Dabei ist zu differenzieren zwischen einem kulturkonformen Verhalten, das bloßes Ergebnis einer kalkulierten Anpassung ist, und einem kulturkonformen Verhalten, das Ausfluß internalisierter kultureller Orientierungsmuster ist, die in der Regel in einem sorgfältigen Sozialisationsprozeß erworben werden (vgl. hierzu das Beispiel C&A in Kasten 12.2). Nur letzteres läßt die Stabilität, Vertrautheit und Fraglosigkeit im täglichen Umgang entstehen, wie sie für starke Kulturen gelten sollen. Als logische Konsequenz gehört zur Verankerungstiefe die **Persistenz** als weiteres Merkmal, d.h. die Stabilität der kulturellen Gestalt über längere Zeit hinweg.

12.5 Unternehmenskulturen und Subkulturen

Mit der Idee starker Unternehmenskulturen verknüpft ist die Vorstellung einer mehr oder weniger stimmigen Ganzheit, eines integrierten kohärenten Gebildes. Im Gegensatz dazu steht das Bild von Unternehmenskultur, das sich aus den Arbeiten zur Stellung und Bedeutung organisatorischer **Subsysteme** ergibt, die eigene kulturelle Orientierungsmuster („Subkulturen") entwickelt haben.[21] In dieser Perspektive tritt an die Stelle von Einheit eine Art

---

20 Vgl. oben drittes Kapitel.
21 Vgl. z.B. Martin. J., Cultures in organizations, Oxford 1992, S. 83 ff.

Kasten 12.2

Führungsnachwuchs bei C&A

„Das Unternehmen holt sich seinen Managementnachwuchs von den Gymnasien; Berufs- oder Lebenserfahrung ist nicht erwünscht. Um so leichter sind die künftigen Führungskräfte zu formen. Jedes Jahr werden 50 Abiturienten eingestellt. Die Novizen, auch die Sprosse der Familie Brenninkmeyer, werden in einer sechsjährigen Grundausbildung auf den Geist des Hauses eingeschworen – und da spielt der Sittenkanon der römisch-katholischen Kirche eine beherrschende Rolle. Früher wurden überhaupt nur Katholiken für Führungspositionen engagiert. Inzwischen werden auch Protestanten angenommen.

Einer Kulturrevolution kam es gleich, daß vor zehn Jahren die ersten Frauen für Führungspositionen rekrutiert wurden.

Schon im ersten Ausbildungsabschnitt der zwei- bis dreijährigen Einzelhandelslehre werden die jungen Leute häufig versetzt. Noch mehr reisen müssen sie während der zweiten Phase, des eigentlichen Managementtraings. Während ihrer Ausbildung leben die Zöglinge an verschiedenen C&A-Standorten in firmeneigenen Häusern, die jeweils von Haushälter-Ehepaaren geführt werden. Die sorgen fürs Essen, für saubere Wäsche und achten auf einen züchtigen Lebenswandel ihrer Schützlinge. Selbstverständlich werden die Auszubildenden nach Geschlechtern getrennt kaserniert. Damenbesuche in den Herrenhäusern oder umgekehrt sind nicht gestattet. Verfehlungen melden die Herbergseltern prompt an die Ausbilder. Dem dritten Verstoß folgt die Kündigung.

An den 15 Ausbildungsstandorten besuchen die Lehrlinge unternehmenseigene Berufsschulen. Zusätzlich müssen die angehenden Führungskräfte etwa 30 mehrtägige Seminare im Ausbildungszentrum in Mettingen absolvieren. Dort befindet sich der Stammsitz der Brenninkmeyers.

Etwa 70 Prozent der Eleven erreichen das Ausbildungsziel. Die restlichen genügen den fachlichen oder moralischen Ansprüchen nicht. Die Ausbildung formt die Nachwuchskräfte fürs Leben. Die Internierung und die Lehrzeit ohne weltliche Ablenkungen schweißen die C&A-Leute zu einer verschworenen Gemeinschaft zusammen."

Quelle: Manager Magazin 2/1997, S. 63-66

Mehrebenensystem, das Raum läßt für Vielfalt und potentielle Widersprüche zwischen Subkulturen.

Subkulturen bilden sich nach verschiedenen Gesichtspunkten:

- Hierarchischer Rang (Meisterkulturen, Abteilungskulturen usw.)
- Profession (Ingenieurs-, Kaufleute-, Ärztekulturen usw.)
- Abteilung (Marketing-, Fertigungs-, Forschungskulturen usw.)

- Geschlecht (Verkäuferinnen/Verkäufer, Krankenschwestern/Krankenpfleger usw.) ferner: Rasse, Alter, Nationalität, Religion usw.

Für die Frage nach dem Umgang mit Subkulturen ist ihre Stellung zur Hauptkultur bedeutsam. Man unterscheidet die Stellung von Subkulturen zu der jeweiligen Hauptkultur anhand von drei Grundtypen:[22]

1. Verstärkende Subkulturen: Sie sind von der Hauptkultur durchdrungen, achten auf ihre Einhaltung und zeigen modellhaft kulturkonformes Verhalten. Häufig bilden z. B. Vorstandsstäbe oder Lehrwerkstätten solche „enthusiastischen Verstärkungsinseln".

2. Neutrale Subkulturen: Sie bilden ihr eigenes Orientierungssystem aus, das aber mit der Hauptkultur nicht kollidiert; sie stehen gewissermaßen parallel oder ergänzend dazu. Häufig zu findende Beispiele: EDV-Abteilungen oder Rechtsabteilungen.

3. Gegenkulturen: Sie bilden ihr eigenes Orientierungsmuster aus, das sich dezidiert gegen die Hauptkultur richtet, sei es aus einer Enttäuschung heraus (etwa bei Übernahmen), sei es zur Durchsetzung neuer Ideen o.ä. Aber auch für Gegenkulturen gilt, daß sie ihren Bezugspunkt, ihr Referenzsystem in der Hauptkultur haben, ohne letztere fehlte die Differenz. Als Beispiel für eine Gegenkultur wird immer wieder das Wirken von DeLorean bei General Motors zitiert. Die Wirkung von Gegenkulturen läßt sich schwer generalisieren; sind sie in manchen Fällen problematische Störfaktoren, wirken sie in anderen entkrampfend und belebend für die Hauptkultur. Bisweilen gelten sie als Motor für den organisatorischen Wandel.

Häufig wird von den Organisationsmitgliedern die Zugehörigkeit zu einer Subkultur als wichtiger erlebt als die zu der Gesamtkultur. Diese Voreingenommenheit erweist sich aber vielfach bei näheren Analysen als nicht triftig, die Subkultur ist lediglich der bewußter erlebte Teil.

Aus der subkulturellen Perspektive erscheinen Unternehmenskulturen eher als pluralistische Gebilde, die sich aus einer Vielzahl von Subkulturen zusammensetzen und für die sich nur mühsam ein gemeinsamer, alles umspannender Rahmen finden läßt.[23] Die Besonderheit organisatorischer Kulturen ist dann mehr die **spezifische Mischung** von Subkulturen denn die Ausprägung eines spezifischen Wert- und Orientierungssystems. Zu weit kann diese Perspektive allerdings nicht reichen, sonst verschwindet das Konzept einer Unternehmenskultur im Nebel. Mit anderen Worten, die Verwendung des Begriffs setzt zwingend bei aller Vielfalt ein Mindestmaß an Einheit voraus.

Im Lichte der dargestellten Stärke-Dimensionen können Organisationen mit ausgeprägten Subkulturen aufgrund der daraus resultierenden Heterogenität logischerweise nur schwache Kulturen sein. Subkulturen können allerdings in sich selbst wiederum durchaus starke Kulturen ausgebildet haben. Dies verweist auf die Frage der Referenzebene und der Grenzbildung. Welcher Bezugsrahmen ist gemeint, wenn von Unternehmenskultur die Rede ist? Das juristische Gebilde Unternehmung, das große Werk, der Geschäftsbereich? Diese Frage

---

22 Vgl. Martin, J./Siehl, C., Organizational culture and counterculture: An uneasy symbiosis, in: Organizational Dynamics 12 (1983), Nr. 2, S. 52-64.

23 Vgl. Sackmann, S.A., Culture und subcultures, in: Administrative Science Quarterly 37 (1992), S. 140-161; Kunda, G., Engineering culture, Philadelphia 1992.

wird besonders virulent in **Konzernen,** die ja nicht selten 100 und mehr selbständige Unternehmen umfassen. Für die unternehmenskulturelle Betrachtung stellt sich hier die Frage, ob der Gesamtkonzern als kulturelle Einheit und als Referenzsystem gelten soll, von dem aus Subkulturen zu beobachten sind, oder ob die quasi natürlichen Einheiten (Konzernunternehmen) die Referenzebene bilden.

Dies verweist auf die praktische Seite dieser Problemstellung, nämlich ob und inwieweit eine Gesamtkultur für einen vielgestaltigen Konzern angestrebt wird oder angestrebt werden soll. Häufig ist dies gar nicht gewollt, vor allem dort nicht, wo man die Konzernführung eher im Sinne eines Portfolio-Managements betreibt.

Diese Frage der Konzernkultur stellt sich mit noch mehr Brisanz im internationalen Konzern. Dies wird im letzten Abschnitt noch einmal ausführlich erörtert.

12.6 Ökonomische Bedeutung von Unternehmenskulturen

Der Funktionsbeitrag von Unternehmenskulturen wird primär an starken Kulturen im oben erläuterten Sinne studiert. Entgegen der Schönfärberei in der anfänglichen Euphorie haben starke Unternehmenskulturen für die Funktionstüchtigkeit von Systemen jedoch keineswegs nur positive, sondern z.T. auch ausgeprägt negative Wirkungen.

Unternehmenskulturen haben vielfältige Wirkungen auf die Umwelt, auf die Systemmitglieder und natürlich auf das jeweilige System. Ein einfacher Wirkungszusammenhang zwischen der Stärke einer Unternehmenskultur und dem Leistungsniveau (Rentabilität, Produktivität, Wachstum etc.) läßt sich jedoch nicht nachweisen. Die Wirkungspfade sind verwickelter und die funktionalen Bezüge sehr viel ambivalenter. Die wichtigsten Leistungsbezüge aus der Sicht des Systems seien nachfolgend kurz zusammengestellt.[24]

12.6.1 Positive Effekte

Stark ausgeprägte Unternehmenskulturen sind für das Leistungsvermögen einer Unternehmung in mehrfacher Hinsicht bedeutsam. Dabei sind vor allem die folgenden Aspekte zu nennen (vgl. Abb. 12.3):

---

24 Zusammengestellt aus verschiedenen Studien sowie den Ergebnissen der Commitmentforschung; Vgl. Trice, H.M./Beyer, J.M., The cultures of work organizations, Englewood Cliffs, N.J. 1993, S. 8-12; O'Reilly, C., Corporations, culture and commitment: Motivation and social control in organizations, in: California Management Review 31 (1989), Nr. 4, S. 9-25; Saffold, G.S., Culture traits, strength, and organizational performance: Moving beyond „strong“ culture, in: Academy of Management Review 13 (1988), S. 546-558; Siehl, C./Martin, J., Organizational culture: A key to financial performance?, in: Schneider, B., Organizational culture and climate, San Francisco 1990.

(1) Handlungsorientierung durch Komplexitätsreduktion
(2) Effizientes Kommunikationsnetz
(3) Rasche Informationsverarbeitung und Entscheidungsfindung
(4) Beschleunigte Implementation von Plänen und Projekten
(5) Geringer Kontrollaufwand
(6) Hohe Motivation und Loyalität
(7) Stabilität und Zuverlässigkeit

Abb. 12.3: Vorzüge einer starken Unternehmenskultur

(1) Handlungsorientierung. Starke Unternehmenskulturen vermitteln ein klar geschnittenes Weltbild und machen damit die „Welt“ für das einzelne Unternehmensmitglied verständlich und überschaubar. Sie erbringen so eine weitreichende Orientierungsleistung, weil sie die verschiedenen möglichen Sichtweisen und Interpretationen der Ereignisse und Situationen reduzieren und auf diese Weise eine klare Basis für das tägliche Handeln schaffen. Diese Handlungsorientierungsfunktion ist vor allem dort von großer Bedeutung, wo eine formale Regelung zu kurz greift oder gar nicht greifen kann.

(2) Reibungslose Kommunikation. Die Abstimmungsprozesse gestalten sich durch die einheitliche Orientierung wesentlich einfacher und direkter. In starken Kulturen existiert ein eingespieltes Kommunikations-Netzwerk, das sich auf homogene Orientierungsmuster abstützen kann. Signale werden so sehr viel schneller transportiert und sehr viel zuverlässiger interpretiert als dies typischerweise bei formaler Kommunikation der Fall ist.

(3) Rasche Entscheidungsfindung. Eine gemeinsame Sprache, ein konsistentes Präferenzsystem und eine allseits akzeptierte Vision für das Unternehmen lassen relativ rasch zu einer Einigung oder zumindest zu tragfähigen Kompromissen in Entscheidungs- und Problemlösungsprozessen vorstoßen.

(4) Zügige Implementation. Entscheidungen und Pläne, Projekte und Programme, die auf gemeinsamen Überzeugungen beruhen und sich deshalb auf breite Akzeptanz stützen, können schnell und wirkungsvoll umgesetzt werden. Bei auftretenden Unklarheiten geben die fest verankerten Leitbilder rasche Orientierungshilfe.

(5) Geringer Kontrollaufwand. Der Kontrollaufwand ist gering, die Kontrolle wird weitgehend auf indirektem Wege geleistet. Die Orientierungsmuster sind verinnerlicht, es besteht wenig Notwendigkeit, fortwährend ihre Einhaltung zu überprüfen.

(6) Motivation und Teamgeist. Die orientierungsstiftende Kraft der kulturellen Muster und die gemeinsame, sich gegenseitig fortwährend bekräftigende Verpflichtung auf die zentralen Werte („Vision“) der Unternehmung lassen eine hohe Bereitschaft entstehen, sich für das Unternehmen zu engagieren („intrinsische Motivation“) und dies auch nach außen hin unmißverständlich zu dokumentieren.

(7) Stabilität. Ausgeprägte, gemeinsam geteilte Orientierungsmuster reduzieren Angst und bringen Sicherheit und Selbstvertrauen. Es besteht deshalb wenig Neigung, ein solches kohärentes System zu verlassen oder dem Arbeitsplatz fern zu bleiben (geringe Fluktuationsrate und Fehlzeiten).

Alle diese Aspekte zusammen ließen die These entstehen, daß Organisationen mit starken Unternehmenskulturen **effizienter arbeiten** und bei marktgerechter Zielsetzung eine **höhere Rentabilität** erzielen.

12.6.2 Negative Effekte

Die geschilderten Vorzüge einer starken Unternehmenskultur sind jedoch keineswegs so eindeutig und so unkompliziert, wie sie auf den ersten Blick erscheinen mögen. Eine Reihe negativer Effekte gilt es, gleichrangig zu beachten (vgl. Abb. 12.4):

(1) Tendenz zur Abschließung
(2) Blockierung neuer Orientierungen
(3) Implementationsbarrieren
(4) Fixierung auf traditionelle Erfolgsmotive
(5) Kollektive Vermeidungshaltung
(6) „Kulturdenken"
(7) Mangel an Flexibilität

Abb. 12.4: Negative Effekte einer starken Unternehmenskultur

(1) Tendenz zur Abschließung. Tief internalisierte Wertsysteme und die aus ihnen fließende Orientierungskraft können leicht zu einer alles beherrschenden Kraft werden. Kritik, Warnsignale, usw., die zu der bestehenden Kultur im Widerspruch stehen, drohen verdrängt oder überhört zu werden. Fest eingeschliffene Traditionen und Rituale verstärken diese Tendenz. Starke Kulturen laufen deshalb Gefahr, zu „geschlossenen Systemen" zu werden.

(2) Blockierung neuer Orientierungen. Mitgliedern starker Unternehmenskulturen sind Veränderungen suspekt, sie lehnen sie vehement dann ab, wenn sie ihre Identität bedroht sehen. Unangenehme, dem herrschenden Weltbild zuwiderlaufende Vorschläge werden frühzeitig blockiert oder gar nicht registriert.

(3) Implementationsbarrieren. Selbst wenn neue Ideen in den Entscheidungsprozeß Eingang gefunden haben, erweist sich eine starke Unternehmenskultur bei ihrer Umsetzung tendenziell als starker Hemmschuh. Solange es um die Umsetzung von mit der bisherigen Geschäftspolitik verwandten Ideen geht, sind – wie oben dargelegt – starke Kulturen überlegen. Von dem Moment an aber, wo es um einen grundsätzlichen Wandel, etwa um eine strategische Neuorientierung, geht, muß ein stabiles und stark verfestigtes Kultursystem zum Problem werden. Der Grund ist einsichtig. Die Sicherheit, die starke Kulturen in so hohem Maße spenden, gerät in Gefahr, und die Folgen sind Angst und Abwehr. Der Umgang mit dem Ungewöhnlichen ist nicht geübt. Auch die „Helden" selbst haben ja ein Interesse daran, daß alles so weitergeht wie bisher, denn das ist ja die Quelle, aus der sich ihr „Heldentum" speist.

(4) Fixierung auf traditionelle Erfolgsmuster. Starke Kulturen schaffen emotionale Bindung an bestimmte gewachsene und durch Erfolg bekräftigte Vorgangsweisen und Denktraditionen. Neue Pläne und Projekte stoßen damit auf eine argumentativ nur schwer zugängliche Bindung an herkömmliche Prozeduren und Vorstellungen.

(5) Kollektive Vermeidungshaltung. Die Aufnahme und Verarbeitung neuer Ideen setzen ein hohes Maß an Offenheit, Kritikbereitschaft und Unbefangenheit voraus; starke Unternehmenskulturen sind aufgrund ihrer emotionalen Bindungen wenig geeignet, diese Voraussetzungen herzustellen. Ja, sie laufen Gefahr, sich dem hier notwendigen Prozeß der Selbstreflexion in einer Art kollektiver Vermeidungshaltung[25] zu versagen, kritische Argumentation auf subtile Weise für illegitim zu erklären.

(6) „Kulturdenken". Starke Kulturen neigen dazu, Konformität in gewissem Umfang zu „erzwingen". Konträre Meinungen, Bedenken usw. werden zurückgestellt zugunsten der kulturellen Werte. Die Motivation, den kulturellen Rahmen zu erhalten, übertrifft tendenziell die Bereitschaft, Widerspruch zu artikulieren. In Analogie zum Phänomen des „Gruppendenkens"[26] könnte man hier von „Kulturdenken" sprechen.

(7) Mangel an Flexibilität. Die geschilderten Effekte bringen in der Summe das Problem der Starrheit und mangelnder Anpassungsfähigkeit mit sich. Lorsch bezeichnet deshalb starke Unternehmenskulturen als „unsichtbare Barrieren" für organisatorischen Wandel.[27] Er verweist dabei insbesondere auf die Problematik, die sich hieraus speziell für strategische Entscheidungsprozesse ergibt. Unternehmen sind – wie im fünften Kapitel gezeigt – in einem zunehmenden Maße gefordert, die unternehmensstrategische **Umstellungsfähigkeit** zu einer für das Überleben kritischen Ressource zu machen. Im Hinblick auf diese Anforderung kann sich eine allzu starke Unternehmenskultur nur als hinderlich erweisen.

12.6.3 Starke Unternehmenskulturen und Innovation

Nimmt man die dargelegten negativen Wirkungsmöglichkeiten zusammen, so verweisen sie auf die Gefahr, daß starke Unternehmenskulturen zu starren „Palästen"[28] werden können, die nur dort außerordentlich erfolgreich sind, wo es um die Bewältigung ver-

---

25 Vgl. Janis, I.L./Mann, L., Decision making, New York 1977.

26 Vgl. oben S. 553 ff.

27 Vgl. Lorsch, J.W., Managing culture: The invisible barrier of strategic change, in: California Management Review 28 (1986), Nr. 2, S. 95–109.

28 Zu dieser Metapher vgl. Hedberg, B.T./Nystrom, P.C./Starbuck, W., Camping on seesaws: Prescription for a self-designing organization, in: Administrative Science Quarterly 21 (1976), S. 41-65.

trauter Situationen geht oder kleinere Veränderungen („10 %-Innovationen") zu meistern sind. Bei größeren Veränderungen dagegen werden „Paläste" zum Problem. Diese Feststellung steht im Widerspruch zu anderen Thesen; häufig werden starke Unternehmenskulturen in einem Atemzug mit innovativen Unternehmen genannt, basierend auf der Annahme, daß eine starke Unternehmenskultur ein herausragender Faktor für die innovative Potenz einer Unternehmung ist.[29] Wie ist dieser Widerspruch einzuschätzen?

Grundsätzlich gilt es festzustellen, daß es zweifellos Unternehmen mit fest verankerten Werten gibt, die einer Innovation förderlich sind. Die inhaltliche und intensitätsmäßige Ausprägung einer Unternehmenskultur ist für die **Innovationsfähigkeit** und -freudigkeit von großer Bedeutung.[30] Der hier entscheidende Punkt ist aber: Diese Grundhaltungen, die zu innovationsfreudigem Handeln ermuntern, lassen sich nicht schlüssig als Ausdruck **starker Kulturen** begreifen – auch dann nicht, wenn diese Grundhaltungen „tief verankert" sind. Dies aus mehreren Gründen:

Innovationsfördernde Grundwerte sind grundsätzlich kein Nährboden, der eine starke Kultur gedeihen ließe; ja man kann fast sagen, sie ersticken eine erstarkende Kultur im Keim. Dies wird unmittelbar deutlich, wenn man sich die typischen Werte vor Augen hält, die eine innovationsfreudige Haltung stimulieren. Wie soll mit Werten wie „Freude am Widerspruch", „Abneigung gegen Konformismus", „Freude am Experimentieren und am Ausprobieren neuer Wege" eine starke Kultur entwickelt werden?[31] Sie laufen den eingangs konstatierten Merkmalen starker Kulturen offenkundig zuwider. Sie fördern nicht Homogenität, sondern Diversität, sie geben keine Sicherheit in der Orientierung, sondern sie verunsichern eher, sie reduzieren nicht (Binnen-)Komplexität, sondern erhöhen sie eher und überlassen es dem Individuum und der kleinen Gruppe, problemspezifisch die Komplexität zu absorbieren.

Gegen diese Überlegungen könnte eingewandt werden, innovative Organisationen böten ja auch Homogenität, nämlich durch Einhelligkeit in der Meinung, daß verschiedene Perspektiven und Non-Konformismus gelten sollen, und sie böten auch Orientierungssicherheit und -prägnanz, nämlich im Hinblick auf die Unumstößlichkeit dieser Prinzipien.

Dieser Einwand trägt jedoch offensichtlich nicht weit, denn diese Grundhaltungen sind eben ihrem Charakter nach rein **formal** (Prozeßregeln), sie können weder ein prägnantes Weltbild vermitteln, das der Einzelhandlung Richtung und Sinn geben könnte, noch sind sie geeignet, den Handlungsraum weitläufig abzudecken und zu homogenisieren. Es sind einige für den innovativen Gesamtprozeß durchaus wichtige **Minimalregeln**, sie allein können aber natürlich in keiner Weise ein dichtes Werte- und Regelsystem abgeben, wie es für starke Kulturen gelten soll.

Man wird sich deshalb von der Idee trennen müssen, daß bedeutsame Wirkungen nur von sehr starken Kulturen ausgehen können. Auch in der Summe schwache Kulturen können in einem bestimmten Bereich für das Verhalten der Organisationsmitglieder sehr

---

29 Vgl. etwa Peters, T.J./Waterman, R.H., a.a.O., Deal, T.B./Kennedy, A.A., a.a.O.

30 Vgl. hierzu auch die Beispiele in Kanter, R.M., The change masters, London/New York 1992 (Nachdruck), S. 127 ff.

31 Vgl. Hedberg, B.T./Nystorm, P.C./Starbuck, W., a.a.O.

relevant sein, etwa im Sinne eines Kanons von Mindestregeln, der die diversen Strömungen und konkurrierenden Gruppen erst ermöglicht.

Das Ziel, eine starke Unternehmenskultur zu haben, erscheint im Lichte dieser Überlegungen als zweischneidiges Schwert. Vor dem Hintergrund einer zu einseitigen und zu kurzfristigen Sichtweise wurde **Kulturentwicklung** allzu häufig nur als Aufbau und Förderung starker Kulturen begriffen. Im Hinblick auf die Flexibilität eines Systems sollte man jedoch die Blickrichtung umdrehen und die Kulturentwicklung auch als einen reflexiven Prozeß verstehen, eine allzu starke Kultur aus ihrer Verklammerung zu lösen, um Freiraum für das Neue und das vorher Unbegreifbare zu schaffen.

12.7 Kulturwandel in Organisationen

Trotz ihrer eher beharrenden Züge sind Unternehmenskulturen immer auch Wandlungsprozessen unterworfen. Dabei gilt es die fortlaufenden, fast unmerklichen Anpassungen von den großen Veränderungen zu unterscheiden. Das Hauptinteresse von Wissenschaft und Praxis gilt letzteren. Empirische Studien, die verschiedene Kulturwandlungsprozesse in Betrieben zum Gegenstand hatten, zeichnen den in Abb. 12.5 wiedergegebenen typischen Verlauf.

Ausgangspunkt war immer eine Konfliktsituation. Die herkömmlichen Interpretations- und Handlungsmuster führten in die Krise, waren nicht mehr erfolgreich. Es trat Verunsicherung ein. Die Symbole und Riten verloren an Glaubwürdigkeit und Faszination. Sie wurden kritisiert. **Schattenkulturen**, d.h. latent vorhandene, aber bislang nicht wahrgenommene Muster traten hervor, oder aber eine neue Führungsmannschaft versuchte quasi von außen, **neue Orientierungsmuster** aufzubauen. Nun kamen alte und neue Kulturen in Konflikt; es gab einen Machtkampf oder eine Rebellion. Wenn es gelang, die Krise zu meistern, und die Organisationsmitglieder schrieben diesen Effekt der neuen Orientierung zu, wurde diese akzeptiert.

Einen Kulturwandel herbeizuführen, ist in vielen Fällen nicht sehr einfach, denn mit einer neuen Kultur geht in der Regel auch eine **Umverteilung von Ressourcen** einher. Die Begünstigten der alten Kultur entfalten zumeist eine starke Gegenwehr und unterminieren das neue „Weltbild“ so weit als möglich. Wird trotz allem das Problemlösungspotential der neuen Orientierung anerkannt, entfaltet sich eine neue Kultur und findet in neuen Symbolen und Riten ihren Ausdruck. Dies solange, bis wiederum eine Krise auftritt, und der Kreislauf beginnt dann von neuem. Der Anstoß für einen solchen Wandlungsprozeß kann einerseits aus der Umwelt kommen (neue Wettbewerber, unzufriedene Aktionäre usw.). Nicht selten ist es ein Wertewandel der übergreifenden Gesellschaft oder anderer externer Referenzgruppen, die die beschriebenen Anpassungsprozesse in Gang setzen.[32] Andererseits kann dieser Anstoß aber auch von innen kommen: Verän-

32 Vgl. Alvesson, M./Sandkull, B., The organizational melting pot, in: Scandinavian Journal of Management 4 (1988), S. 135–145.

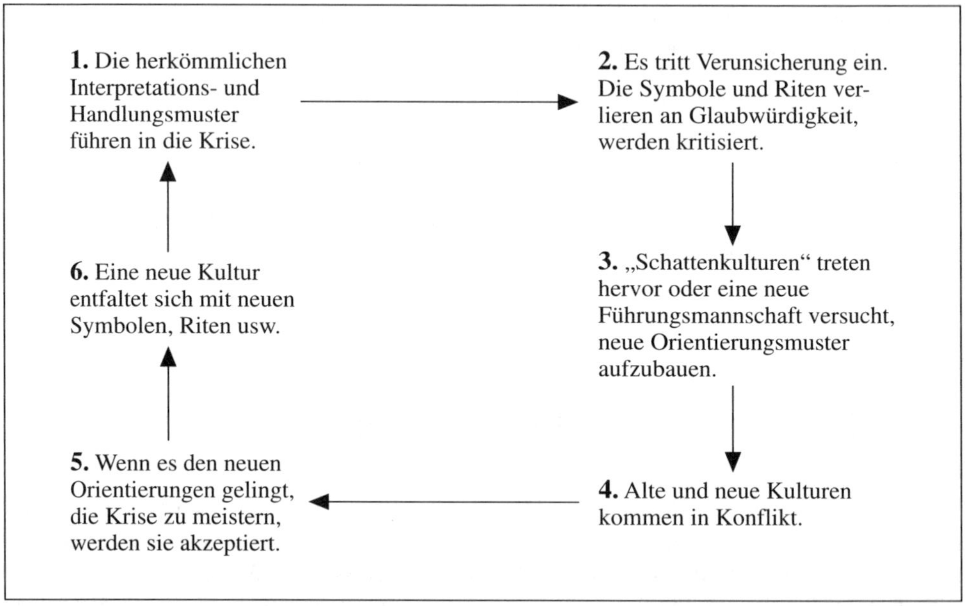

Quelle: Dyer, W.G. jr., The cycle of cultural evolution in organizations, in: Kilmann, R.H. u.a., Gaining control of the corporate culture, San Francisco 1985, S. 211

Abb. 12.5: Typischer Verlauf eines Kulturwandels

derungen in der Führungsspitze (Generationswechsel),[33] interne Stärken/Schwächen-Analyse oder die Fusion mit einem anderen Unternehmen.

Die beobachteten und in Abbildung 12.5 schematisierten Änderungsverläufe sind im wesentlichen evolutorische, also ungeplante Prozesse gewesen. Die gravierenden (negativen wie positiven) Wirkungen von Unternehmenskulturen werfen jedoch die Frage auf, ob und gegebenenfalls wie die Unternehmenskultur zum Gegenstand eines **geplanten Wandels** gemacht werden kann. Zu dieser Frage werden in der Literatur äußerst unterschiedliche Positionen bezogen.

Den einen Pol bilden die „**Kulturingenieure**". Diese Position geht davon aus, daß man Kulturen ähnlich wie andere Führungsinstrumente gezielt einsetzen und planmäßig verändern kann.[34]

Dieser instrumentalistischen Sichtweise völlig ablehnend steht die Gruppe der „**Kulturalisten**" oder „Puristen" gegenüber. Sie betrachten die Unternehmenskultur als eine organisch gewachsene Lebenswelt, als „Welt vor dem Begriff", die sich jedem gezielten Herstellungsprozeß entzieht.[35] Die kulturalistische Position verknüpft sich häufig mit ei-

33 Vgl. Dyer, W.G., Cultural change in family firms. Anticipating and managing business and family transitions, San Francisco 1986.

34 Vgl. etwa Allen, R.F./Kraft, C., The organizational unconscious. Englewood Cliffs/N.J. 1982. Kobi, J.M./Wüthrich, H.A., Unternehmenskultur verstehen, erfassen und gestalten, Landsberg/Lech 1986.

35 Vgl. etwa Smircich, L., a.a.O.; Turner, B., Organizational symbolism, Berlin/New York 1990.

ner hohen Wertschätzung intakter lebensweltlicher Gemeinschaften und weist dann dementsprechend nicht nur das Ansinnen, eine Unternehmenskultur zu „machen“, als naiv zurück, sondern erhebt gegen ein solches Vorhaben auch starke **normative** Bedenken.[36] Man sieht in der Unternehmenskultur ein kostbares Traditionsgut, das vor dem profanen Zugriff einer ingenieurmäßigen Gestaltungsrationalität zu bewahren ist. Darüber hinaus wird auf die Gefahr verwiesen, daß mit dem Vorhaben der Kulturplanung auf unkontrollierte Weise Einfluß auf die Mitarbeiter genommen werden soll. **Symbolische Kommunikation**, wie sie allenthalben zum Kulturwandel empfohlen wird, ist verschlüsselte Kommunikation und deshalb zweifellos offen für Manipulation. Programme zur Kulturgestaltung könnten zu einem unfaßbaren Beherrschungsinstrument ausgeformt werden.[37]

Eine dritte Position läßt sich mit dem Stichwort „**Kurskorrektur**“ umreißen.[38] Sie akzeptiert die Idee des geplanten Wandels im Sinne des **Initiierens** einer Veränderung und Neuorientierung. Auf der Basis einer Rekonstruktion und Kritik der Ist-Kultur sollen Anstöße zu einer Kurskorrektur gegeben werden. Die idealtypischen Phasen eines solchen Veränderungsprogramms zeigt Abbildung 12.6.

Der erste und wichtigste Schritt einer solchen Kulturentwicklung ist die Beschreibung und die Bewußtmachung der bestehenden Kultur. Nachdem es sich im wesentlichen um unsichtbare Größen handelt, ist hierzu – wie eingangs bereits dargelegt – eine umfängliche Deutungsleistung zu erbringen. Die besondere Schwierigkeit dieser **Deutungsleistung** besteht darin, daß nicht einzelne Handlungen zu deuten sind, sondern eben ein ganzer **Handlungskomplex**. Erst eine solche Rekonstruktion macht es möglich, den interessierenden Teil einer Unternehmenskultur zu analysieren und in seinen Normstrukturen zu diskutieren.

Phase	
Diagnose	– Systematische Erfassung der kulturellen Ausdrucksformen – Erschließung der zugrundeliegenden Basis-Orientierung
Beurteilung	– Abschätzung der Wirkungen der Ist-Kultur – Ermittlung der Veränderungsbedürftigkeit
Maßnahmen	– Entwurf einer Kurskorrektur im Dialog mit den Betroffenen – Einleitung von Interventionen – Bestärkung der Neuorientierung

Abb. 12.6: Phasen einer „Kurskorrektur“

36 Vgl. zusammenfassend Willmott, H., Strength is ignorance, slavery is freedom: Managing culture in modern organizations, in: Journal of Management Studies 30 (1993), S. 515-552, sowie Ulrich, P., Systemsteuerung und Kulturentwicklung, in: Die Unternehmung 38 (1984), S. 303–325.

37 Vgl. etwa Sandner, K., Das Unbehagen an der Organisationskultur, in: Die Betriebswirtschaft 47 (1987), S. 242–244.

38 Vgl. etwa Schein, E.H., Organizational culture and leadership, a.a.O.; Schreyögg, G., Kann und darf man Unternehmenskulturen ändern? in: Dülfer, E. (Hrsg.), Organisationskultur, 2. Aufl., Stuttgart 1991, S. 211.

Eine **vollständige Beschreibung** einer Unternehmenskultur ist allerdings – das ist wichtig zu sehen – nicht möglich; denn Unternehmenskulturen weisen nicht nur unscharfe Randqualitäten auf, sondern sind ihrem Charakter nach **komplex**. Schon aus diesem Grunde ist es auch prinzipiell nicht möglich, eine vollständige neue Kultur zu **konstruieren** und Schritt für Schritt zu implementieren.[39] Diese Vorstellung ist viel zu mechanistisch und verkennt den netzartigen Charakter kultureller Beziehungen.

Was man tun kann, ist jedoch, Anstöße zu eben einer „**Kurskorrektur**" zu geben. Dazu gehört vor allem die Möglichkeit, verkrustete Muster durch den Verweis auf ihre problematischen Wirkungen als solche deutlich zu machen und gegebenenfalls für neue Werte zu plädieren und ihre Fruchtbarkeit zu demonstrieren.[40]

Es ist augenscheinlich, daß ein solcher Prozeß nicht angeordnet werden kann. Neue Werte lassen sich nicht befehlen. Solange sich die Umorientierung, die Assimilation neuer Annahmen und Sichtweisen nicht in den Köpfen der Organisationsmitglieder vollzieht, ist jede Anstrengung wertlos. Die Organisationsmitglieder müssen – mehr noch als bei jedem anderen organisatorischen Wandel – davon überzeugt sein, daß ein Wandel notwendig ist, und motiviert sein, etwas Neues auszuprobieren.

12.8 Unternehmenskultur im internationalen Kontext

Jede Unternehmung operiert im Kontext einer Landeskultur; es ist unzweifelhaft, daß sich dementsprechend in den Unternehmenskulturen landeskulturelle Muster wiederfinden lassen. Dies ist auch nicht weiter verwunderlich, bildet ja die Landeskultur den Nährboden für die Entwicklung einer Unternehmenskultur. Sie wird über die Mitarbeiter in das Unternehmen gebracht.

Auf der anderen Seite sind jedoch die zum Teil verblüffend stark ausgeprägten Unterschiede zwischen Unternehmenskulturen innerhalb ein und derselben Landeskultur unübersehbar. Die ganze Diskussion um Unternehmenskulturen und ihre Erfolgsträchtigkeit wurde ja weitgehend unter Verweis auf unterschiedliche Unternehmenskulturen innerhalb eines Kulturkreises begonnen. Überhaupt erhält die Debatte um die Erfolgsträchtigkeit von Unternehmenskulturen einzig und allein daraus ihren Sinn, daß der Unternehmenskultur eine selbständige, „eigensinnige" Kraft zugebilligt wird, die keineswegs nur die Landeskultur widerspiegelt. Dies bedeutet zugleich, daß ein relevanter Handlungsspielraum zur Ausdifferenzierung von Unternehmenskultur besteht, wobei die Grenzen dieses Spielraums nicht als starrer Rahmen gedacht werden können.[41]

---

39 Vgl. dazu auch Wilkins, A.L./Patterson, K.J., You can't get there from here: What will make culture change projects fail, in: Kilmann, R.H., et al., Gaining control of the corporate culture, San Francisco 1985, S. 262–291.

40 Vgl. Bate, P., Cultural change, München 1997.

41 Hofstede geht hier wesentlich weiter; er hierarchisiert die Beziehung. Danach betreffen die Landeskulturen die tiefen emotionalen Werte und Normen, während sich Organisationskulturen nur auf die „oberflächlichen" Praktiken beziehen (Bräuche, Traditionen usw.). Diese Trennung erscheint allerdings sehr mechanistisch und ist angesichts der Interdependenz der Kulturelemente kaum zu begründen; vgl. Hofstede, G., Lokales Denken, globales Handeln, München 1997, S. 245 ff.

Für eine Unternehmung stellt sich damit die Frage, wie die Entwicklung einer Unternehmenskultur mit den immer latent gegenwärtigen Einflüssen der Landeskultur auszubalancieren ist. Der mehr oder weniger organischen Anpassung steht als Option die ablösende, eigenständige Ausformung der Unternehmenskultur gegenüber, so daß Unternehmenskulturen gewissermaßen einen Kontrapunkt zur Landeskultur bilden.

Diese Fragen sind in besonderem Maße für multinationale Unternehmen bedeutsam, weil dort verschiedene Landeskulturen und Unternehmenskulturen aufeinandertreffen, so daß zwangsläufig eine Antwort auf die Frage nach dem Verhältnis gefunden werden muß. Im Hinblick auf das hier interessierende Verhältnis von Unternehmens- und Landeskultur ergeben sich formal zwei grundsätzliche Alternativen:

1. Die Auslandsgesellschaften entwickeln auf dem Hintergrund der jeweiligen Landeskulturen eigene Unternehmenskulturen (*Pluralistische Unternehmenskultur*) oder
2. in den Auslandsgesellschaften und im Stammhaus wird eine gemeinsame kohärente Gesamtkultur praktiziert (*Universelle Unternehmenskultur*).

(1) Die **pluralistische Unternehmenskultur** stellt darauf ab, die Auslandsgesellschaften weitgehend den landeskulturellen Einflüssen zu öffnen, so daß sich schließlich in jeder Auslandsgesellschaft eine je spezifische Unternehmenskultur entwickelt. Eine solche Assimilation bedarf keiner besonderen Anstrengung, sie entwickelt sich gewissermaßen von alleine. Das multinationale Unternehmen wird dann im Ergebnis ein multikulturelles Unternehmen in dem Sinne, daß es die Arena für verschiedene Unternehmenskulturen bildet. Man kann den resultierenden Kulturtyp im Hinblick auf das Gesamtunternehmen als regionalisierte oder pluralistische Unternehmenskultur beschreiben.

Die Politik der pluralistischen, lokal angepaßten Unternehmenskultur führt im Ergebnis zu einer sehr starken internen Differenzierung des jeweiligen multinationalen Unternehmens mit den entsprechenden *Differenzierungsvorteilen* (insbesondere Spezialisierung und Flexibilität).

Die pluralistische Unternehmenskultur multipliziert jedoch auf der anderen Seite gerade damit die Diversität, die in einem multinationalen Unternehmen ohnehin schon einen relativ hohen Grad erreicht. Je ausgeprägter aber der Unterschied in den Orientierungen zwischen den Teilkulturen ist, und je weniger diese untereinander vereinbar sind, um so problematischer wird zwangsläufig die Integrationsaufgabe, also die Verknüpfung der Teile zu einem wirkungsvollen Ganzen[42]. Die Anschlußfähigkeit der Handlungen untereinander wird problematisch.

(2) Die **universelle Unternehmenskultur** als zweite grundsätzliche Gestaltungsalternative stellt die Kohärenz des Gesamtsystems in den Vordergrund. Die ausländischen Gesellschaften werden gezielt in die bereits bestehende, meist im Stammhaus entwickelte Unternehmenskultur hineinsozialisiert, oder aber es entwickelt sich eine neue u.U. amalgamierte Kultur.

42 Vgl. Bartlett, C.A./Ghoshal, S., Internationale Unternehmensführung (Übers. a.d. Engl.), Frankfurt a.M. 1990.

Kernpunkt ist die gemeinsame Orientierung und die Entwicklung gemeinsamer Wahrnehmungs- und Handlungsmuster, die ein kohärentes länderübergreifendes Bezugssystem sicherstellen. Die Konsequenz einer solchen Unternehmenskultur ist allerdings, daß im Hinblick auf die fremden Landeskulturen Divergenz entsteht, sie setzen den oben erwähnten Kontrapunkt.

Die Auslandsgesellschaften bilden in diesem Konzept keine einander 'fremdartigen' Subkulturen, sondern werden zu integralen Teilen der Gesamtkultur. Von ihnen wird in erster Linie erwartet, daß sie nach geeigneten Wegen suchen, das spezielle kulturelle Unternehmensprofil trotz eventuell gänzlich unterschiedlicher lokaler Gegebenheiten sicherzustellen. Unternehmen, die tendenziell einen solchen Pfad verfolgen, sind z. B. McDonald's, Hewlett Packard und Siemens.

Betont die plurale Kultur die kulturelle Differenzierung eines Systems und die daraus resultierenden Spezialisierungsvorteile, so liegt der Schwerpunkt der universellen Kultur bei der Systemintegration, also bei der Sicherstellung und der Effizienz organisationsinterner Transaktionen.

Eine einheitliche Unternehmenskultur standardisiert die Orientierungsmuster und macht dadurch das Verhalten der Systemmitglieder besser erwartbar. Dadurch erhöht sich die Anschlußfähigkeit der Handlungen untereinander.

Es ist natürlich viel schwerer, eine solche universelle Unternehmenskultur zu verwirklichen als eine pluralistische. Dem Integrationsnutzen stehen deshalb nicht nur die Spezialisierungsverluste, sondern auch potentiell sehr hohe „soziale Kosten" gegenüber. Es muß ja nun eine Unternehmenskultur übertragen werden, die in einem gänzlich unterschiedlichen Kontext entstanden ist und unter Umständen Wertvorstellungen transportiert, die zu denen der Gastlandkultur im Widerspruch stehen. Unbehagen und Ablehnung sind die zunächst wahrscheinlichsten Reaktionen.

Zur Frage, wie eine solche Übertragung bewerkstelligt werden kann, ist vor allem die Personalpolitik und hier insbesondere die international vereinheitlichte Personalauswahl und die Personalentwicklung zu nennen.[43] Daneben ist aber auch der direkte Transfer von Symbolen und Ritualen (wie etwa die einheitliche Jahresabschlußfeier bei Hewlett Packard) von erheblicher Bedeutung.

Auf das oben bereits angesprochene Problem grundsätzlicher Begrenztheit gestaltender Einflußnahme auf Unternehmenskulturen sei hier nur kurz verwiesen.

Mit der pluralistischen und der universellen Unternehmenskultur stehen sich somit zwei Gestaltungsalternativen mit sehr unterschiedlichen Kosten/Nutzen-Profilen gegenüber. Eine generelle Vorteilhaftigkeit der einen gegenüber der anderen läßt sich auf dem Wege des Vergleichs nicht ausmachen. Für die Wahl der einen und der anderen Alternative ist letztlich der **Integrationsbedarf** resultierend aus der Unternehmenspolitik und die Organisationsform von ausschlaggebender Bedeutung.[44]

---

43 Vgl. Macharzina, K., Unternehmensführung, 3. Aufl., Wiesbaden 2000, S. 722 ff.

44 Vgl. hierzu im einzelnen Schreyögg, G., Die Bedeutung der Unternehmenskultur für die Integration multinationaler Unternehmen, in: Kutschker, M. (Hrsg.), Integration in der internationalen Unternehmung, Wiesbaden 1998, S. 27-50.

Diskussionsfragen

1. Inwiefern ist die Unternehmenskultur immer ein Spiegel der Geschichte?
2. Auf welche Weise werden neue Organisationsmitglieder in die Unternehmenskultur eingewiesen?
3. Inwiefern übernimmt die Unternehmenskultur eine Selektionsfunktion?
4. Wo liegt der Unterschied zwischen den „Normen und Standards" und den „Basis-Annahmen" im „Scheinschen Modell"?
5. Welchen Zwecken kann eine Typologie von Unternehmenskulturen dienen?
6. Wann wird eine Unternehmenskultur als „stark" bezeichnet? Welche Probleme wirft die Verwendung der Polarität „stark – schwach" auf?
7. Ein Unternehmensberater äußerte: „Wenn die Zeiten wieder härter werden, reden die Manager nicht mehr von Kultur, sondern wieder von Brot und Butter." Stimmen Sie dieser Aussage zu?
8. Inwiefern kann eine Unternehmenskultur motivationsfördernd wirken?
9. Weshalb werden starke Unternehmenskulturen gelegentlich als „unsichtbare Barrieren" bezeichnet?
10. Welche Probleme sehen Sie in dem Versuch, die Unternehmenskultur einer ausländischen Tochtergesellschaft gezielt an die eigene anzupassen?

Fallstudie

Der Body-Shop*

„Ich hasse die Kosmetikindustrie. Es ist eine Monsterindustrie, die unerreichbare Träume verkauft. Sie lügt und betrügt. Sie beutet Frauen aus. Es ist – wie es Elizabeth Arden einmal nannte: „Das gemeinste Geschäft der Welt". Mit diesen Worten charakterisiert die Unternehmerin Anita Roddick die Branche, in der sie seit 1976 mit ihren Body-Shops einen geradezu kometenhaften Aufstieg erlebt hat.

Für Branchenkenner ist es deshalb geradezu ein Wunder, daß die Body-Shop-Kette groß geworden ist ohne jede Schönheitswerbung, ohne eine Glamour-Seite in den Magazinen. Selbst in den Läden gibt es keine Fotos mit idealisierten Schönheiten. Neben dem unverwechselbaren würzigen ländlichen Duft sind es Farben, Graphik und Dekor, die den sinnlichen Wegbereiter für den Kaufanreiz spielen. Alles, was es in den überall gleichgestalteten grün-schwarzen Läden zu kaufen gibt, durchsichtige Seifen, Naturcremes, Shampoos, Badegels usw., zeigt ein kreisförmiges Zeichen einer nach oben wachsenden Ranke – das Body-Shop-Logo.

„Unsere Produkte", sagt Anita Roddick, „spiegeln unsere Philosophie wider: Respekt vor anderen Kulturen, Respekt vor den alten Weisheiten, Respekt vor der Natur."

Das Body-Shop-Netz wartet mit einer beachtenswerten globalen Expansion auf. Wurde 1989 in Düsseldorf noch die Eröffnung des 500. Body-Shops gefeiert, so konnte das Unternehmen im Mai 1997 in Japan bereits den 1.500 Shop weltweit eröffnen. Von diesen 1.500 Geschäften, die mittlerweile in 46 Ländern und 23 Sprachen Handel betreiben, werden ca. 90 % im Franchise-System betrieben. The Body Shop ist seit 1984 an der Börse notiert und Gordon und Anita Roddick halten heute noch gemeinsam 27,8 % des Aktienkapitals. Im Geschäftsjahr 1995/96 erzielte das Unternehmen einen Umsatz von ca. 718 Millionen DM und einen Gewinn vor Steuern von ca. 91,5 Millionen DM. Im Vergleich dazu lag der Umsatz 1989 noch bei ca. 160 Millionen DM und der Gewinn bei 32,5 Millionen DM.

Die meisten Body-Shop-Produkte haben eine spezielle Historie. Sie kommen nicht aus Forschungslabors oder Reagenzgläsern, sondern aus fremden Kulturen und exotischen Umgebungen. So sah z.B. die Unternehmerin, Anita Roddick, auf einer ihrer Reisen, daß sich die Frauen auf polynesischen Inseln Haare und Körper mit Kakaobutter einrieben. Dies war Anlaß genug, das gelbliche Fett zum Hauptbestandteil einer neuen Körperlotion werden zu lassen. Einer ähnlichen Beobachtung verdankt der Haarbalsam aus Bananen seine Entstehung. 1990 wurde sogar eine Anthropologin eingestellt, um die traditionellen Methoden der Haut- und Körperpflege der Naturvölker systematisch zu erfassen.

Die Unternehmerin läßt sich von allen Mitarbeitern Anita nennen. Wer auch immer in ihr Büro kommt, er wird bedacht mit einer Umarmung, einem Lachen, einer persönlichen Frage. „Alles was wir tun", sagte sie, „tun wir aus vollem Herzen. Ich hasse gelangweilte und uninteressierte Menschen." Die Mitarbeiter verstehen sich als Teil einer großen Fami-

* Darstellung nach Solo in der Seifenoper, in: Die Zeit 1989, Nr. 31, S. 56; sowie o.V., Natürlichkeit verkauft sich gut, in: Wirtschaftswoche Jahrbuch 1988/89, S. 116 ff.; o.V., Ist Anita noch zu stoppen?, in: Absatzwirtschaft 33 (1990), Nr. 8, S. 62–69; ferner: Broschüre: What is the Body Shop?; Roddick, A., Body and soul, London 1992.

lie; sie arbeiten gern in der Familie und nutzen das System nicht aus. Niemand sagt ihnen, daß sie den Laden saubermachen sollen; sie machen es von alleine, weil sie einen schönen Laden haben wollen und stolz darauf sind, wenn die Kunden den Laden bewundern. Einmal monatlich ist für die Mitarbeiter Videostunde: Alle sollen wissen, was läuft – und sich mitverantwortlich fühlen für die jeweils aktuellen Projekte, die irgendwo in Indien oder Nepal, Südamerika oder Schottland belegen, daß der prosperierende Body-Shop „der Gesellschaft etwas zurückgibt". So wurde zum Beispiel in einem heruntergekommenen Arbeiterbezirk der Stadt Glasgow eine Body-Shop-Seifenfabrik errichtet; 25% der Gewinne fließen in kommunale Einrichtungen.

Neben dem sozialpolitischen Engagement ist das gesamte Unternehmensgebaren durch eine strikte ökologische Grundhaltung geprägt. Body-Shop verzichtet auf jede unnötige Verpackung, bietet einen Nachfüllservice an, startet Unterschriftsaktionen für die Erhaltung des tropischen Regenwaldes, engagiert sich bei Greenpeace usw. Von Anfang an gehörte es zu den Prinzipien des Unternehmens, neue Produkte nicht an Tieren auszutesten und sich darüber hinaus auch aktiv gegen Tierversuche in der kosmetischen Industrie einzusetzen. Zu diesem Zwecke wurde 1996 eigens eine Kampagne „Tierversuche? Schluß damit!" gestartet.

Wer Franchisepartner werden will, muß sich einem strengen Ausleseprozeß unterziehen. Die besten Chancen haben Kandidaten, die schon länger in einem Body-Shop gearbeitet haben. Frauen und Angehörige ethnischer Minderheiten haben einen Bonus. „Wir wollen wissen, wer die Bewerber wirklich sind." Bewerber müssen deshalb einen Aufsatz über ihre Ziele und Vorstellungen verfassen; aber auch darüber, welche Musik sie mögen, welche Bücher sie lesen usw. Ökologisches Engagement gilt als unumgängliche Voraussetzung. Franchisenehmer und Mitarbeiter werden in einem unternehmenseigenen Trainingszentrum geschult.

„Unsere Kunden", sagt Anita Roddick, „schätzen unsere Ziele, unsere Philosophie und natürlich unsere Produkte."

Fragen zur Fallstudie:

1. Welche Aspekte der „Body-Shop"-Unternehmenskultur lassen sich in der Falldarstellung erkennen? Versuchen Sie, diese nach dem Scheinschen Schema zu ordnen.
2. Welche Probleme sind mit einer Kultur nach dem „Body-Shop"-Typ verbunden?

Literaturhinweise

Zu den begrifflichen Grundlagen:

Ebers, M., Organisationskultur: Ein neues Forschungsprogramm?, Wiesbaden 1985.

Kroeber, A.L./Kluckhohn, C.K., Culture: A critical review of concepts and definitions, Harvard University, Peabody Museum of Archeology and Ethnology Papers, 47 (1952).

Martin, J., Cultures in organizations, Oxford 1992.

Zu verschiedenen Konzeptionen und Methoden der Erfassung:

Dülfer, E. (Hrsg.), Organisationskultur, 2. Aufl., Stuttgart 1991.

May, T., Organisationskultur, Opladen 1997.

Pondy, L.R. u.a. (Hrsg.), Organizational symbolism, Greenwich/Conn. 1983.

Zu Beispielen gelebter Unternehmenskulturen:

Schreyögg, G., Unternehmenskultur I, II, Wiesbaden 1990/91 (Video-Filme).

Schultz, M., On studying organizational cultures, Berlin/New York 1995.

Szabo, E., Organisationskultur und Ethnographie, Wiesbaden 1997.

Zu Ansätzen und Beispielen kulturverändernder Maßnahmen:

Bate, P., Cultural change, München 1997.

Kilmann, R.H. u.a. (Hrsg.), Gaining control of the corporate culture, San Francisco 1985.

Kotter, J.P./Heskett, J.L., Corporate culture and performance, New York 1992.

Fünfter Teil

Personaleinsatz

Dreizehntes Kapitel
Personalauswahl

Vierzehntes Kapitel
Personalbeurteilung + Personalentwicklung

Fünfzehntes Kapitel
Entlohnung

Vorbemerkung: Personaleinsatz als Management- und Sachfunktion

Um einen Leistungsprozeß wirkungsvoll werden zu lassen, ist neben geeigneten Organisationsstrukturen und Führungskonzepten als weiteres entscheidendes Steuerungspotential der Einsatz geeigneten Personals erforderlich, genauer: die dauerhafte Sicherstellung der Verfügbarkeit des für die Aufgabenstellung erforderlichen Personals hinsichtlich Qualifikation und Menge. Die **Managementfunktion** „Personaleinsatz" bezieht sich auf alle jene Aktivitäten, die Führungskräfte zu ergreifen haben, um einen qualifizierten und engagierten Personalbestand sicherzustellen. Im Hinblick auf die Stellung und Bedeutung dieser Aktivitäten ist es wichtig zu beachten, daß dies Aufgaben sind, die **jeder** Vorgesetzte (in mehr oder weniger großem Umfang) wahrzunehmen hat; als Teil seiner Führungsaufgabe sind sie daher ebenso wie Planung, Kontrolle, Organisation und Führung als **Managementfunktion** zu diskutieren.

Diese Klarstellung ist erforderlich angesichts gewisser Verselbständigungstendenzen, wie sie mit der akademischen Etablierung des Faches „Personalwesen" (oder Personalwirtschaft) in den letzten 30 Jahren einhergegangen sind. Es besteht heute vielfach die Neigung, das Personalwesen – ähnlich wie die betrieblichen Grundfunktionen des Einkaufs, der Produktion, des Absatzes oder der Finanzierung – als reine **Sachfunktion** zu behandeln. So, wie die Finanzwirtschaft im Wertumlaufprozeß mit dem Medium „Geld" rechnet und operiert, habe es das Personalwesen mit den „Menschen" im Realgüterprozeß zu tun. Ohne Zweifel ist diese Verselbständigungstendenz im Laufe der Jahrzehnte durch die Etablierung, das Wachstum und die Aufwertung der Personalabteilung gefördert worden.

Demgegenüber läßt sich jedoch durch eine Rekonstruktion der Entstehungsgeschichte rasch einsichtig machen, daß hier bloß ein historisch kontingenter Prozeß der teilweisen **Ausgliederung** gewisser Personalfunktionen aus der Linie und ihrer Zusammenfassung in der Stabsabteilung „Personal" stattgefunden hat. Heute ist dagegen wieder ein Prozeß der **Rückgliederung** früher ausgegliederter Personalfunktionen in die Linie (und ein entsprechender Funktionswandel der Personalabteilung) beobachtbar. Wie die „Arbeitsteilung" zwischen Linie und Personalabteilung (als Stab) auszusehen hat, kann nicht ein für allemal – sozusagen „wesensmäßig" – bestimmt, sondern muß in Abhängigkeit von den jeweils gegebenen zentralen Rahmenbedingungen für eine effiziente und effektive Unternehmensführung immer wieder neu reflektiert werden.

Die Entwicklungsgeschichte der Personaleinsatzfunktion läßt sich als Prozeß der Aus- und Rückgliederung von Managementfunktionen im Verhältnis von Stab (Personalabteilung) und Linie rekonstruieren. Dabei kam es allerdings nie zu einer vollständigen Entblößung der Linie von Personaleinsatzfunktionen. Die Verantwortung für wichtige Entscheidungen – man denke etwa an die Einstellung von Mitarbeitern oder die Leistungsbeurteilung – machte immer die Mitwirkung der Linienvorgesetzten in mehr oder weniger großem Umfang unerläßlich. Es geht also nur um graduelle Akzentverschiebungen im Verhältnis von Linie und Personalabteilung.

In der frühen Entwicklungsphase des Management (Anfang des Jahrhunderts) waren Personalaufgaben im gesamten Aufgabenbudget des Managers von eher untergeordneter Bedeutung. Es handelte sich hier im wesentlichen um die unvermeidlichen Verwaltungsaufgaben, die mit der Einstellung und Entlassung sowie der Entlohnung der auf dem Arbeitsmarkt beliebig verfügbaren Arbeitskräfte verbunden waren. Die Routinisierung derartiger – in ihrem Umfang recht begrenzter – Verwaltungsaufgaben machte aus ökonomischen Gründen eine Entlastung der Linie durch eine Personalverwaltungsstelle sinnvoll. Die Programmierung und Routinisierung der Arbeitsvollzüge im Gefolge der tayloristischen Führungsphilosophie brachte – sieht man einmal von dem Problem der richtigen Bemessung des Verhältnisses von Lohn und Leistung und der Aus- und Weiterbildung am Arbeitsplatz („training on the job") ab – keine weiteren gravierenden Personaleinsatzprobleme mit sich. Der rechtliche Rahmen zur Regelung des Arbeitsverhältnisses war eher minimal und erforderte keine besonderen Spezialkenntnisse, die eine Unterstützung durch eine Personalabteilung erforderlich gemacht hätten. In großen Unternehmen disziplinierten und sanktionierten darüber hinaus firmeneigene „Fabrik-Ordnungen" die Aufgaben und Verhaltensweisen der Arbeiter in rigider und recht detaillierter Form, so daß auch diesbezüglich die Linie von Personaleinsatzaufgaben entlastet wurde. Insgesamt konnte so in dieser ersten Phase der Industrialisierung von einer umfänglichen Personaleinsatzfunktion von Managern noch keine Rede sein.

Das änderte sich jedoch in dem Maße, in dem sich die ökonomischen, technischen, psychologischen und rechtlichen Einsatzbedingungen des „Faktors Arbeit" veränderten, ausweiteten und mithin komplexer wurden. Erinnert sei exemplarisch an die Entwicklung des Arbeitsrechts seit den 20er Jahren, an die grundlegenden motivationalen Erkenntnisse im Zusammenhang mit den Hawthorne-Experimenten Anfang der 30er Jahre und der Human-Relations Bewegung,[1] ferner an die permanente Veränderung der Produktionsverfahren im Zuge des technologischen Fortschritts und schließlich an die Jahrzehnte ökonomischen Wachstums bis in die 70er Jahre dieses Jahrhunderts hinein. Die Sachfunktion „Personal" weitete sich aus, ganz neue Aufgaben kamen auf die Linie zu: Die Entlohnungssysteme differenzierten sich aus, die Einschätzung der Arbeitsleistung mußte durch Arbeitsbewertungs- und Leistungsbeurteilungssysteme verbessert werden, der Fort- und Weiterbildungsbedarf der Mitarbeiter stieg, kurzum: die Personaleinsatzfunktion nahm einen immer größeren Anteil am Aufgabenbudget von Managern ein. Deshalb wurde die Entlastung der Linie von diesen Aufgaben nötig und auch insoweit möglich, wie es in diesem Zusammenhang um **standardisierte** Problemlösungen ging. **Generelle** unternehmenspolitische Richtlinien, allgemein einsetzbare Personalführungsinstrumente und Anreizsysteme, standardisierbare Bildungsprogramme etc. konnten von professionalisierten Stäben innerhalb der Personalabteilung entwickelt und gepflegt werden. Dieser Prozeß der sukzessiven Ausgliederung von Personaleinsatzfunktionen aus der Linie führte zu einem entsprechenden Kompetenz- und Ansehenszuwachs der Personalabteilung und zur rechtlichen und faktischen Aufwertung des Personalsektors bis hin zur Vorstandsebene. Dabei gilt es allerdings im Auge zu behalten, daß dieser gesamte Ausgliederungsprozeß begünstigt, ja überhaupt erst möglich wurde, weil die neuen stan-

---

1 Vgl. dazu oben S. 54 ff.

dardisierten Lösungen bei Arbeitnehmern und Arbeitgebern auf Akzeptanz stießen. Sie waren gewissermaßen ein Spiegelbild der in vieler Hinsicht quantitativ homogenisierbaren Interessenlagen beider Tarifpartner.[2] Das beachtliche Wachstum der Wirtschaft bis in die 70er Jahre hinein erleichterte auch eine derartige quantitative Problemlösungsstrategie.

Mit Beginn der 80er Jahre hat sich dieser Prozeß wieder umgekehrt: eine ganze Reihe wichtiger Personaleinsatzfunktionen kehrten schwerpunktmäßig an ihren Ursprungsort, die Linie, zurück. Verschiedenste Ursachen sind dafür maßgeblich, auf die hier nicht im einzelnen eingegangen werden kann. Wichtige Stichworte sind die Individualisierung der Interessenlagen auf seiten der Arbeitnehmer im Zuge der Ausdifferenzierung ihrer Lebensformen mit steigendem Wohlstand, die „Entstandardisierung" der technologischen Produktionsprozesse im Zusammenhang mit dem Einsatz moderner Steuerungs- und Informationstechnologien und die Internationalisierung (Globalisierung) der Wirtschaft und des Wettbewerbs, wodurch homogene nationale oder branchenbezogene Lösungen von Interessenkonflikten immer schwieriger und individuelle Wettbewerbsvorteile der Firmen immer bedeutsamer werden. Unter diesen veränderten historischen Randbedingungen wandelt sich (bekanntlich) auch das Aufgabenbudget des Managements auf allen Führungsebenen. Auch der Umfang und die Bedeutung der Personaleinsatzfunktion wächst wieder. Ökonomisch gesehen wird die Fähigkeit und Bereitschaft der Mitarbeiter zur Leistung und Innovation zur entscheidenden strategischen Ressource.

Mit dieser **Rückgliederung** wichtiger Personaleinsatzfunktionen in die Linie wandelt sich auch wieder das Aufgabenprofil der Personalabteilung der Zukunft. Sie wird weniger als bisher Produzent von generellen Lösungen und standardisierten Instrumenten werden und sich viel intensiver auf eine situationsgerechte fachmännische Betreuung der

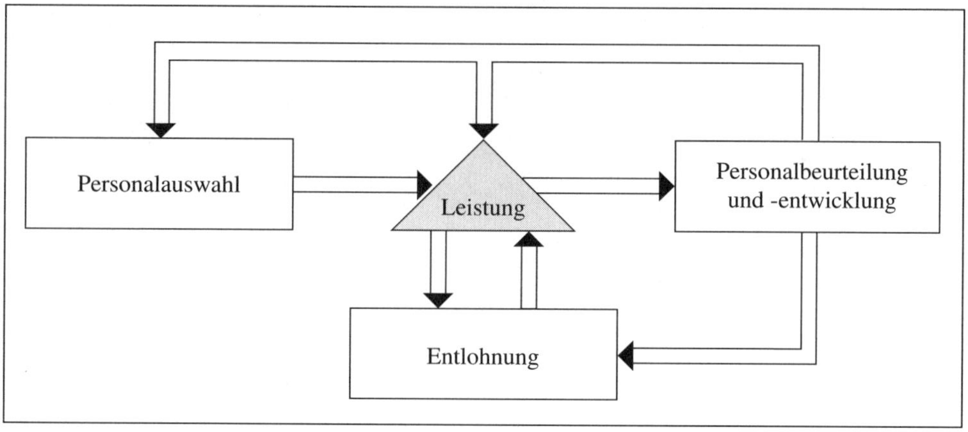

Abb. 13.0: Die generischen Personalfunktionen des Managers

2 Vgl. dazu Müller-Jentsch; W., Auf dem Prüfstand: Das deutsche Modell der industriellen Beziehungen, in: Industrielle Beziehungen 2 (1995), S. 11 ff. und ders., Soziologie der industriellen Beziehungen, Frankfurt/New York 1986.

Linie bei der Lösung der anstehenden Personaleinsatzaufgaben einlassen müssen. Im Rahmen sehr allgemeiner personalpolitischer Grundsätze werden die Beratung und Unterstützung vor Ort ohne Zweifel an Bedeutung gewinnen. Die deutlich geringere Standardisierbarkeit und Generalisierbarkeit der Personaleinsatzprobleme rückt also Stab und Linie wieder enger zusammen.

Ohne diese Perspektive weiter zu vertiefen wird deutlich, daß die Personaleinsatzfunktion – ganz im Gegensatz zu den übrigen Sachfunktionen des Betriebes – **immer** als Managementfunktion gegolten hat und auch in Zukunft gelten wird. Sucht man nach den Teilfunktionen der Managementfunktion Personaleinsatz, die unbeschadet einzelner Arbeitsteilungen zwischen Stab und Linie zu den Kernaufgaben zu zählen sind, so gehören dazu die **Gewinnung,** die **Entwicklung** und die **Erhaltung** geeigneter Mitarbeiter. Wir werden diesbezüglich im folgenden von den **generischen** Personalfunktionen des Managements sprechen und rechnen dazu (vgl. Abb. 13.0):

(1) die Personalauswahl,

(2) die Personalbeurteilung und die Personalentwicklung und

(3) die Entlohnung.

Zu jeder Aktivität gehört wiederum eine Reihe von Teilaufgaben, die in den nächsten Kapiteln näher erläutert werden.

Dreizehntes Kapitel

Personalauswahl

13.1 Der Handlungsrahmen der Personalauswahl

In der einleitenden Vorbemerkung wurde die Personalauswahl als eine der generischen Personalfunktionen herausgestellt, die von jedem Manager wahrzunehmen ist. Diese Aktivität zielt auf eine Auslese unter den Bewerbern für eine zu besetzende Stelle. Im Kern geht es darum, eine Prognose darüber zu erstellen, wer aus dem Kreis der Bewerber für eine bestimmte Stelle oder einen bestimmten Aufgabenkreis am besten geeignet ist.

Fragt man nach der **Bedeutung** der Personalauswahl, so ist es heute fast müßig, darauf hinzuweisen, daß der Erfolg eines Unternehmens entscheidend von der Qualität und dem Potential der in ihm tätigen Mitarbeiter beeinflußt wird. Alle diese Mitarbeiter wurden letztlich einmal über den externen Arbeitsmarkt akquiriert. Läßt man einmal unberücksichtigt, daß die Qualifikation von Mitarbeitern durch entsprechende Aus- und Weiterbildungsmaßnahmen verändert werden kann, so wird die Unternehmensentwicklung zu großen Teilen durch die Auswahl der Mitarbeiter geprägt. Je höher dabei die zu besetzende Position in der Unternehmenshierarchie einzuordnen ist, umso nachhaltiger ist der Einfluß der Auswahlentscheidung. Eine qualifizierte Personalauswahl ist insofern ein grundlegender Erfolgsfaktor des Unternehmens. Ferner ist zu berücksichtigen, daß im Falle einer Fehlbesetzung Folgekosten in beträchtlicher Höhe entstehen: Nachqualifikationskosten, Fluktuationskosten (Abfindungen, Prozeßkosten, Neuausschreibungskosten usw.), aber auch Kosten, die aus Fehlentscheidungen und Arbeitsmängeln ungeeigneter Stelleninhaber entstehen. Am Personalauswahlprozeß ist neben den verantwortlichen Vorgesetzten je nach Größe des Unternehmens, Führungsphilosophie und Art der Stelle eine Reihe weiterer Personen beteiligt: die Arbeitsgruppe, der nächsthöhere Vorgesetzte und der Betriebsrat. Gibt es eine zentrale Personalabteilung, wirkt diese ohnehin bei allen Einstellungsverfahren mit. In vielen Fällen wird auch ein externer Berater hinzugezogen.

In prozessualer Sicht knüpft die Personalauswahl an die Maßnahmen der Personalplanung und -beschaffung an.[1] Dort werden auf der Grundlage der Personalplanung Maßnahmen ergriffen, damit eine angemessene Zahl von potentiellen Bewerbern für das Unternehmen bzw. die zu besetzenden Stellen zur Verfügung steht. Die Personalbeschaffung beschränkt sich dabei – im hier verstandenen Sinne – nicht auf die Suche und Anwerbung externer Mitarbeiter, sondern schließt auch die Gewinnung von bereits im Unternehmen arbeitenden Mitarbeitern (interner Arbeitsmarkt) mit ein.

Die interne Stellenausschreibung ist nicht nur eine gern genutzte, sondern in vielen Fällen auch gesetzlich vorgeschriebene Ergänzung zur Akquirierung am externen Arbeitsmarkt. Sie weist den großen Vorteil auf, daß hier bereits vielfältige Informationen – man denke etwa an die Leistungsbeurteilung – über potentielle Bewerber verfügbar sind, deren Aussagegehalt man zudem auch besser einzuschätzen weiß als Informationen über externe Kandidaten, die etwa in Form von Arbeitszeugnissen vorliegen.

1 Zur Personalplanung vgl. Oechsler, W.A., Personal und Arbeit, 7. Aufl., München/Wien 2000, S. 167 ff.

Die Frage der internen oder externen Besetzung von Führungspositionen ist aber nicht nur pragmatisch über eine Kostenvergleichsrechnung zu entscheiden, sondern muß als Grundsatzfrage der Unternehmenspolitik gelten. Die interne Rekrutierung ist auch ein Motivationsinstrument, um qualifiziertes Personal zu halten. Eine Unternehmung, die ihre eigenen Nachwuchskräfte bei der Besetzung von Führungspositionen häufig übergeht, wird es schwer haben, einen entsprechend fähigen und qualifizierten Nachwuchskader aufzubauen, da viele potentielle Führungskräfte das Unternehmen wegen der schlechten Aufstiegschancen frühzeitig wieder verlassen und zur Konkurrenz abwandern werden.[2] Auf der anderen Seite fördert die interne Rekrutierung „Betriebsblindheit" und eine Verfestigung vorgefundener Orientierungen.

Traditionelle Instrumente der externen Personalbeschaffung sind etwa die Stellenanzeige oder Vakanzmeldungen an das Arbeitsamt. In den letzten Jahren werden auch verstärkt Maßnahmen der aktiven Arbeitsmarktgestaltung diskutiert, um besonders gute Bewerber für das Unternehmen zu interessieren und an das Unternehmen binden zu können. Eine solche aktiv-werbende Personalbeschaffung wird unter dem Stichwort „Personal-Marketing" diskutiert.[3] Eine typische Maßnahme, die in den Rahmen dieses Aufgabengebietes fällt, ist es beispielsweise, systematisch kontinuierliche Kontakte zu interessanten Hochschulen bzw. Lehrstühlen aufzubauen, um auf diesem Wege einerseits eine allgemeine Imagepflege für das Unternehmen zu betreiben und andererseits frühzeitig besonders gute Hochschulabsolventen ansprechen und akquirieren zu können. In zunehmendem Maße werden solche Personalmarketingmaßnahmen (Workshops, Sommerschulen usw.) nicht nur zur Selbstdarstellung und Anwerbung, sondern auch direkt zu Zwecken der Personalauswahl benutzt.

Derartige Maßnahmen der Personalbeschaffung prägen zu großen Teilen den Handlungsrahmen der Personalauswahl, da ja mit der Personalbeschaffung der Kreis der potentiellen Bewerber weitgehend determiniert wird.

Eine zentrale Voraussetzung für einen fundierten Auswahlprozeß ist die Erstellung eines **Anforderungsprofils** auf der Basis der zu erledigenden Aufgabe. Als Grundlage dient eine Arbeitsanalyse, aus der die verschiedenen Aufgaben und Verhaltensanforderungen abgeleitet werden; bisweilen liegen diese in Form von für organisatorische Zwecke entwickelten Stellenbeschreibungen vor (vgl. Kapitel 7).

Mit Hilfe der – noch zu besprechenden – Verfahren der Persönlichkeitsdiagnostik soll es dann möglich sein, ein sogenanntes **Fähigkeitsprofil** der betreffenden Person aufzustellen, das über Kenntnisse, Fertigkeiten und Fähigkeiten des Bewerbers Aufschluß geben soll. Aus dem Vergleich von Anforderungs- und Fähigkeitsprofil ergibt sich das Eignungsprofil (vgl. Abb. 13.1.).

---

2 Eine ausführliche Diskussion zur Frage externer oder interner Personalbeschaffung liefert Kompa, A., Personalbeschaffung und Personalauswahl, a.a.O., S. 23 ff.; vgl. ferner Hentze, J., Personalwirtschaftslehre I, 6. Aufl., Stuttgart, 1994, S. 237 ff.

3 Zum Personal-Marketing vgl. Wagner, D./Hummel, T.R. Differentielles Personalmarketing, Stuttgart 1995; Strutz, H., Handbuch Personalmarketing, Wiesbaden 1993.

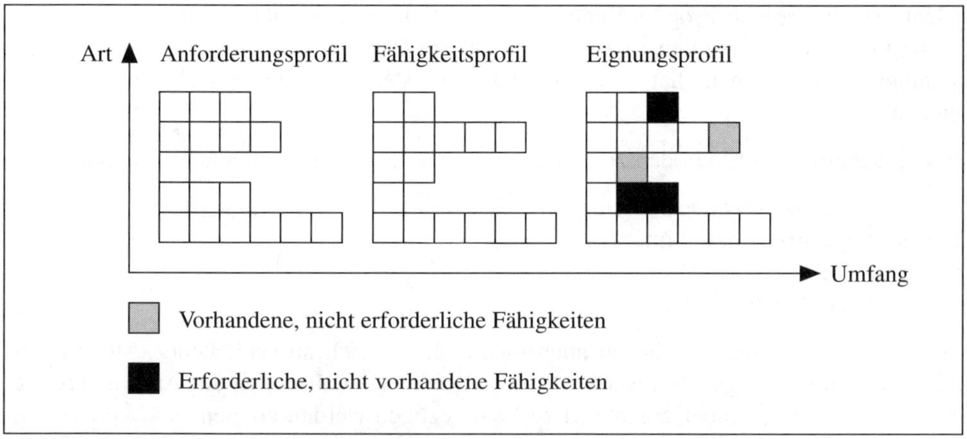

Abb. 13.1: Schematische Darstellung von Anforderungs-, Fähigkeits- und Eignungsprofil

Das Ziel einer vollständigen Übereinstimmung von Anforderungs- und Fähigkeitsprofil ist indessen nur als schematische Prozeßleitlinie zu verstehen. Häufig ist es so, daß das Anforderungsprofil gar nicht so genau definiert werden kann, weil die Anforderungen selbst sehr **komplex** sind und/oder starken **Veränderungen** unterliegen. So ist es z.B. nicht möglich und auch nicht zielführend, für einen Gruppenleiter in der Grundlagenforschung eine exakte Arbeitsbeschreibung zu erstellen; dafür ist der Spielraum der Tätigkeit viel zu groß, die Lösungswege sind zu wenig standardisiert usw. Die exakte Beschreibung von Innovationsaufgaben ist ja ein Widerspruch in sich. Ferner sind Arbeits- und Stellenbeschreibungen am Status quo orientiert, d.h. daß solche Anforderungen vernachlässigt werden, die in Zukunft zu stellen sind. Gerade diese zukunftsbezogenen Anforderungen können aber entscheidend sein. Diese Schwierigkeiten führen in vielen Fällen dazu, daß man das Anforderungsprofil sehr allgemein hält auf der Basis von Grundqualifikationen, wie Verhaltensflexibilität, Empathie oder Strukturierungsvermögen. Das gilt auch für die Auswahl von Führungsnachwuchskräften. Die Schwierigkeiten bei der Bestimmung eines genauen Führungsanforderungsprofils wurden in Kapital 11 ausführlich dargelegt.

13.2 Instrumente und Prozeß der Personalauswahl

13.2.1 Überblick

Das entscheidende Problem bei der Personalauswahl ist die Erstellung einer Prognose, nämlich darüber, wie der Bewerber mit den Anforderungen des Arbeitsplatzes (einschließlich des ihn umgebenden sozialen Systems) zurechtkommen wird. Wie eben dargelegt, ist eine solche Prognose entweder potential- oder arbeitsergebnisbezogen. Eine solche Prognose zu erstellen ist aus verschiedenen Gründen sehr schwer. Um die Treffgenauigkeit zu erhöhen, hat man systematische Verfahren der Personalauswahl entwickelt.

Zu den geläufigsten Methoden zur Fundierung der Auswahlentscheidung gehören:

1. Analyse der Bewerbungsunterlagen,
2. Auswahlgespräch bzw. -interview,
3. formale Tests,
4. Assessment-Center.

Diese Informationsquellen dürfen allerdings nicht als sich ausschließende Alternativen der Personalauswahl gesehen werden, sondern als einzelne Facetten des Auswahlprozesses, die durchaus einander ergänzend zu Rate gezogen werden können.

Ein **Personalausleseprozeß** könnte z.B. folgenden Phasenablauf vorsehen: Zunächst werden die eingereichten Bewerbungsunterlagen sowie der ausgefüllte Personalfragebogen gesichtet. Auf der Basis von Mindestkriterien werden erste Vorselektionsentscheidungen getroffen. Die verbleibenden Bewerber durchlaufen einen oder mehrere psychologische Tests, in denen unterschiedliche Merkmalsgruppen erhoben werden. Diejenigen Bewerber, die hier vielversprechend abschneiden, lädt man entweder zu einem Auswahlinterview ein, das evtl. durch ein weiteres ergänzt wird, oder man setzt in diesem Stadium das Assessment-Center ein.

Umfang und Tiefe von solchen mehrstufigen Personalauswahlprozessen nehmen meist mit der Qualifikation und Bedeutung des zu besetzenden Arbeitsplatzes zu, wobei allerdings Bewerber für Spitzenpositionen ein Durchlaufen solcher Standardprozeduren häufig ablehnen.

Bei der Gewinnung und Auswertung dieser einzelnen Informationssegmente nimmt die **Arbeitsteilung zwischen Linie und Personalabteilung** unterschiedliche Formen an. (Linien-) Manager werden i.d.R. vor allem das Auswahlgespräch und ggfs. das Assessment-Center maßgeblich mitsteuern, aber auch bei der Analyse der Bewerbungsunterlagen mitwirken. Die Durchführung und Auswertung psychlogischer Tests sollte hingegen Spezialisten – in der Regel Psychologen – überlassen bleiben.

Wir wollen im folgenden diese Methoden und Verfahrensweisen der Auswahlentscheidung kurz vorstellen und dabei diejenigen Elemente besonders akzentuieren, die in den Aufgabenbereich der Führungskraft fallen.

13.2.2 Die Analyse der Bewerbungsunterlagen

Der Personalauswahlprozeß beginnt – unabhängig von seiner weiteren Ausdifferenzierung – üblicherweise mit einer Analyse der Bewerbungsunterlagen; es ist dies zugleich der erste Selektionsschritt, offenkundig ungeeignete Bewerber werden aus dem Verfahren genommen. Die Bewerbungsunterlagen setzen sich in der Regel aus Bewerbungsschreiben, Lebenslauf mit Lichtbild, (Hoch-)Schul- und Arbeitszeugnissen zusammen. Ergänzt werden diese Unterlagen in manchen Fällen durch Referenzen und u.U. Arbeitsproben. Darüber hinaus verwenden insbesondere viele Großunternehmen einen **Personalfragebogen**. Dieser erhebt zwar gegenüber den bereits angesprochenen Unterlagen kaum neue Informationen, stellt aber die Vollständigkeit der zentralen Daten sicher. So z.B. Angaben zur Person, Schul- und Berufsausbildung und beruflichen Entwicklung. Der Rückgriff auf derartige Fragebögen erleichtert insbesondere das schnelle Auffinden relevanter Informationen und die Vergleichbarkeit zwischen den einzelnen Bewerbern.

Wenn man auf eine hinreichend große Zahl an historischen „Erfolgsprofilen" zurückgreifen kann, lassen sich auf der Basis solcher Personalfragebogen die Ausprägungen einzelner Merkmale gewichten. Damit soll die unterschiedliche prognostische Qualität der jeweiligen Merkmale für die erfolgreiche Ausübung bestimmter Tätigkeiten durch Punkte zum Ausdruck gebracht werden. Bei diesem Gewichtungsverfahren spricht man auch von „Weighted Application Blank" (WAB). Anhand der Fragebogen kann man dann für jeden Bewerber eine Punktesumme bestimmen und mit einem kritischen Wert vergleichen, der aus den historischen Erfolgsprofilen unter Berücksichtigung der unternehmensspezifischen Gegebenheiten abgeleitet wird.[4]

Bisweilen wird (zusätzlich) eine spezielle Form des Personalfragebogens eingesetzt, der Biographische Fragebogen.[5] Erfragt werden mutmaßlich relevante Ausschnitte und Ereignisse aus dem beruflichen Werdegang (z.B. „Wie wichtig war Unabhängigkeit bei der Wahl ihres Berufes?"). Im Unterschied zum konventionellen Personalfragebogen und zum WAB verbreitert der Biographische Fragebogen die Informationsgrundlage durch die Berücksichtigung subjektiver Einstellungen und Eigenbeurteilungen des Bewerbers. Die prognostische Qualität scheint sich auf diese Weise verbessern zu lassen. Bisweilen wird der Biographische Fragebogen eher als psychologischer Test angesehen (vgl. 13.2.4).

Die Beurteilungsunterlagen geben wichtige Aufschlüsse über den persönlichen und beruflichen Werdegang, den Sozialisationshintergrund und evtl. über die zukünftigen Entwicklungsvorstellungen des Bewerbers. Allerdings darf die Aussagekraft der Bewerbungsunterlagen nicht überschätzt werden. Sie basieren ausschließlich auf historischen Daten, vergangene Erfolge/Mißerfolge lassen sich aber nicht unbesehen in die Zukunft fortschreiben. Bei empirischen Studien zeigt sich, daß die Schul- und Examensnoten noch die relativ beste prognostische Validität besitzen (r=0.40).[6] Die Gründe für die relativ geringe Prognosesicherheit sind vielfältig.

Prüfungszeugnisse etwa spiegeln zwar die Leistungsfähigkeit des Bewerbers in formalen Prüfungen wider, lassen aber nur bedingte Rückschlüsse auf seine berufliche Leistungsfähigkeit zu, da die Ausbildungsinstitutionen hinsichtlich Anforderungen, Ausbildungs-

4 Vgl. Cascio, W., Applied psychology in personnel management, 2. Aufl., Englewood Cliffs, N.J. 1982, S. 192 ff.

5 Vgl. Weuster, A., Der Biographische Fragebogen als Instrument der Personalauswahl, in: Zeitschrift für Personalforschung 1 (1987), S. 409-434; Schuler, H./Stehle, W. (Hrsg.), Der Biographische Fragebogen als Methode der Personalauswahl, 2. Aufl., Göttingen 1990.

6 Vgl. Schuler, H./Funke, U., Diagnose beruflicher Eignung und Leistung, in: Schuler, H., (Hrsg.), Lehrbuch Organisationspsychologie, Bern 1993, S. 244 ff.

inhalten und Anspruchsniveau andere Akzente setzen. Denkfähigkeiten und Handlungskompetenz klaffen oft weit auseinander. Der zaudernde Analytiker wurde zum Stereotyp für dieses Dilemma.

Der Aussagegehalt von **Arbeitszeugnissen** wird dadurch eingeschränkt, daß der Inhalt lt. Gesetz die berufliche Entwicklung des Beurteilten nicht behindern darf und somit die Leistungsfähigkeit des Beurteilten nur über unterschiedliche Grade einer positiven Einschätzung übermittelt werden kann. Zu diesem Zwecke hat sich eine regelrechte „Geheimsprache" herausgebildet, die aber nicht einheitlich eingesetzt wird und sich somit auch nicht trennscharf dechiffrieren läßt. Die großen Interpretationsspielräume bei den gewählten Formulierungen verleiten nicht selten zu schwer korrigierbaren Vor- und Fehlurteilen. Aus diesem Grunde wird häufig die Angabe von Referenzpersonen verlangt, um eine Gegenprüfung der Angaben vornehmen zu können.

Leitende Gesichtspunkte für die Auswertung der Unterlagen sind: Stimmigkeit der Angaben, Zahl der Arbeitsplatzwechsel und ihre Begründung, Vollständigkeit, Bewerbungsmotive, Art der Selbstdarstellung usw.

Insgesamt kann die Analyse der Bewerbungsunterlagen aus den dargelegten Gründen nur erste Anhaltspunkte geben. Sie eignet sich demgemäß vor allem für eine grobe Vorselektion unter den Bewerbern und als Gesprächsgrundlage für eventuell zu führende Interviews.

Ungeklärt und in der Literatur auch meist unbeachtet bleibt allerdings die Frage, welchem Anteil an Bewerbern bereits bei einer solchen Vorselektion sinnvollerweise eine endgültige Absage erteilt werden soll. Während die zeitliche Inanspruchnahme und Kostengesichtspunkte für eine recht rigide Vorselektion auf der Grundlage der Bewerbungsunterlagen sprechen, können durch diese Vorgehensweise andererseits viele Bewerber, die sich eigentlich für das jeweilige Unternehmen und die ausgeschriebene Stelle eignen würden, von vornherein unberücksichtigt bleiben, da sie z.B. wegen zu schlechter Schulnoten bereits in diesem Stadium des Personalauswahlprozesses endgültig zurückgewiesen werden.

Genau mit dieser Argumentationslinie änderte beispielsweise Hewlett Packard vor einiger Zeit den bestehenden Auswahlmodus für Auszubildende (Industriekaufmann) sowie Abiturienten.[7] Hatte man bis dahin in der ersten Selektionsstufe all diejenigen Bewerber abgelehnt, die in den Fächern Mathematik, Deutsch und Englisch eine Note schlechter als 3,0 vorlegten, so erhalten neuerdings in dieser Selektionsphase nur noch solche Bewerber eine Absage, die in diesen Kernfächern die Note 4,0 oder schlechter hatten oder nur einen Gesamtnotendurchschnitt von „ausreichend" erzielten. Aufgrund dieser Veränderung reduzierte sich die Zahl der Bewerber, die in dieser ersten Selektionsstufe bereits abgewiesen wurden, von 50 % auf 20 %.

Insgesamt ist die wissenschaftliche Durchdringung der Analyse von Bewerbungsunterlagen noch nicht sehr weit vorgestoßen; es hängt sehr viel von den speziellen Gegebenheiten ab. Allgemeine Kriterien sind eher irreführend.

---

7 Vgl. Linning, G./Winkler, R., Neue Wege in der Auswahl von Ausbildungsplatzbewerbern, in: Personal 40 (1988), S. 322-326.

13.2.3 Auswahl-Interviews

Auswahl-Interviews sind sehr populär und weit verbreitet. Dies überrascht auch nicht weiter, da mit dem Interview auf relativ einfache und kostengünstige Weise viele Informationen ermittelt werden können, die sich zudem auf anderem Wege häufig gar nicht oder nur sehr schwer gewinnen lassen. So kann man sich anhand eines Interviews z.B. gut einen persönlichen Gesamteindruck vom Bewerber machen, da es wie kaum eine andere Informationsquelle auch Aufschluß über Einstellungen, Motive und Verhaltensweisen des Bewerbers geben kann. Ebenso lassen sich die Interessen, Erwartungen und Wünsche des Bewerbers in einem persönlichen Gespräch abklären. Ein entscheidender Vorteil des Interviews liegt mithin in seiner **Multifunktionalität**. Auf diese Weise kann man Informationen, die aus anderen Quellen gewonnen wurden, ergänzen und somit Mißverständnisse vermeiden (z.B. spezielle Punkte ansprechen, die in den Bewerbungsunterlagen unklar geblieben sind; zweifelhafte Testergebnisse klarstellen).

Auswahl-Interviews werden in verschiedenen Varianten durchgeführt, sie können als Einzel- oder Gruppeninterviews und als strukturierte oder unstrukturierte bzw. freie Interviews angelegt sein. Beim strukturierten Interview wird im voraus ein konkreter Gesprächsleitfaden entwickelt, der den Gesprächsinhalt vor allem in der Themenwahl, der Folge der Fragen, der Bewertung und Gewichtung einzelner Informationen weitgehend festlegt. Beim freien Interview, das in der Praxis nach wie vor bevorzugt wird, fehlt eine solche Grundlage. Dies ermöglicht eine größere Flexibilität, allerdings auf Kosten der Vergleichbarkeit der Aussagen.

Das Interview selbst verläuft üblicherweise in drei Phasen.[8] Die **Kontakt- oder Aufwärmphase**, dient dazu, ein zwangloses Gesprächsklima zu schaffen. Nur wenn dies gelingt, kann das Gespräch sowohl für das Unternehmen als auch für den Bewerber seinen potentiellen Informationswert tatsächlich entfalten.

In der **Hauptphase** des Auswahlgesprächs soll das eigentliche Gesprächsziel erreicht werden, d.h. hier geht es um die Gewinnung relevanter Informationen über den Bewerber, die eine gute Eignungsprognose ermöglichen. Folgende Themenkreise sind regelmäßig Gegenstand dieser Phase:

- Ausbildung und Weiterbildung
- Berufserfahrung und fachliche Qualifikation
- die persönliche Situation des Bewerbers (soweit sie für die Position relevant ist)
- Kooperations- und Durchsetzungsfähigkeit
- Motivation und zukünftige Berufsziele
- Kenntnisse über die Firma usw.

Kasten 13.1 liefert ein Beispiel dafür, wie der Fragenaufbau aussehen könnte, um Aussagen über die Zielstrebigkeit bzw. die Durchsetzungsfähigkeit eines Bewerbers treffen zu können.

---

8 Vgl. Kitzmann, A., Assessment Center, 2. Aufl., Bamberg 1988, S. 19 ff.; zu einem 7-Phasen-Schema vgl. Schuler, H., Das multimodale Einstellungsinterview, in: Diagnostica 38 (1992), S. 1-20.

Die Eindringtiefe in die einzelnen Themenkomplexe und die Dauer dieser Hauptphase hängt stark von dem Charakter der zu besetzenden Stelle ab. Je wichtiger die vakante Stelle eingeschätzt wird, umso gründlicher und differenzierter wird man die einzelnen Themenbereiche behandeln. Es ist heute selbstverständlich, ein Auswahl-Interview so anzulegen, daß auch die Bewerber genügend Möglichkeiten haben, für sie relevante Informationen zu erfragen, so z.B. Informationen über die Firma im allgemeinen (z.B. Wettbewerbssituation etc.) oder über die spezifischen Konditionen der ausgeschriebenen Stelle (Weiterbildungsmöglichkeiten, Aufstiegschancen etc.).

Aus der Sicht des Bewerbers bietet das gesamte Auswahlinterview die Gelegenheit, sich ein realistisches Bild von der zukünftigen Arbeitssituation zu machen. Das häufig beobachtbare Bestreben, hier das Unternehmen oder den zukünftigen Arbeitsplatz einseitig positiv darzustellen, wirkt eher kontraproduktiv. Es ist von entscheidender Bedeutung, daß die **allgemeinen** Erwartungen des Bewerbers mit den Erwartungen des Unternehmens übereinstimmen, wenn es nicht zu kostspieligen Enttäuschungen kommen soll.

Ein Mittel, diesem Problem zu begegnen, ist der „**Realistic Job Preview**" (RJP). Hierbei wird bewußt versucht, dem Bewerber ein möglichst realistisches und akkurates Bild über das Unternehmen im allgemeinen und seine zukünftigen Arbeitsinhalte im besonderen zu vermitteln. So werden z.B. Filme vorgeführt, die Mitarbeiter des Unternehmens bei der Ausübung ihrer Tätigkeit zeigen, oder es werden unzensierte Kommentare von Beschäftigten herangezogen, um den Bewerbern einen Einblick in den Alltag und das Umfeld der zukünftigen Arbeit zu geben. Hinter dieser Vorgehensweise steht die Idee, daß eine offene und bewußt nicht „rosarot" gefärbte Informationspolitik gegenüber Kandidaten keineswegs qualifizierte Arbeitskräfte von einer Bewerbung und Zusage bei dem betreffenden Unternehmen abhält, sondern – und das ist entscheidend – bei den so akquirierten Mitarbeitern auch zu einer höheren Zufriedenheit und geringeren Fluktuationsrate führt. Zahlreiche Untersuchungen deuten darauf hin, daß ein solch positiver Zusammenhang zwischen RJP und Arbeitszufriedenheit durchaus denkbar ist, auch wenn die Ergebnisse nicht immer widerspruchsfrei sind.[9]

In der **Schlußphase** des Auswahlinterviews werden die Ergebnisse des Gesprächs kurz zusammengefaßt und die Bewerber über das weitere Vorgehen informiert.

Trotz der großen Popularität von Interviews ergibt sich ein enttäuschendes Bild, wenn man nach der Qualität (Zuverlässigkeit, Validität) dieser Auswahlmethode fragt. Wie zahlreiche Untersuchungen belegen, ist die prognostische Validität von Auswahlentscheidungen auf der Grundlage von Interviews relativ gering; der durchschnittliche Korrelationskoeffizient liegt in den einschlägigen Studien nicht höher als r = 0,20.[10] In Kasten 13.2 sind die wichtigsten Ergebnisse empirischer Untersuchungen zusammengetragen.

---

9 Zu einer ausführlichen Diskussion des RJP vgl. Breaugh, J.A., Realistic job previews: A critical appraisal and future research directions, in: Academy of Managment Review 8 (1983), S. 612-619.

10 Vgl. z.B. Webster, E.C., The employment interview, Schomberg/Ontario 1982; zusammenfassend Schuler, H./Funke, U. a.a.O., S. 246 ff.; Conway, J.M./Jako, R.A./Goodman, D.F., A meta-analysis of interrater and internal consistency reliability of selection interviews, in: Journal of Applied Psychology 80 (1995), S. 565-579.

Kasten 13.1

Fragen zur Zielstrebigkeit und Durchsetzungsfähigkeit

1. Nennen Sie bitte zwei, drei wichtige Ziele, die Sie in den nächsten Wochen erreichen wollen, privat oder beruflich.

   1.1 Wie können Sie diese Ziele so beschreiben, daß die Zielerreichung überprüft werden könnte?

   1.2 Was tun Sie, um diese Ziele zu erreichen?

   1.3 Mit welchen Schwierigkeiten rechnen Sie dabei?

   1.4 Was haben Sie vor, um diese Schwierigkeiten zu beseitigen?

   1.5 Was werden Sie tun, wenn Sie diese Ziele nicht erreichen?

2. Worauf sind Sie besonders stolz, auf welche Erfolge der letzten Zeit?

   2.1 Was haben Sie getan, um diese Erfolge herbeizuführen?

   2.2 Hatten Sie ursprünglich genau diese Erfolge angestrebt oder kamen diese mehr zufällig zustande?

   2.3 Wenn Sie meinen, daß dazu eine gewisse Zielstrebigkeit notwendig war, wie hat sich diese Zielstrebigkeit gezeigt, d.h. welche einzelnen Schritte zur Erreichung der Erfolge haben Sie unternommen?

   2.4 Zeichnete sich der spätere Erfolg schon bei den einzelnen Schritten ab oder erst zum Schluß?

3. Seit wann hatten Sie eine Vorstellung von dem, was Sie heute tun bzw. was Ihr gegenwärtiger Beruf ist?

   3.1 Macht Ihnen Ihre jetzige Tätigkeit Freude und was haben Sie unternommen, um gerade in diesen Beruf zu gelangen?

   3.2 Gab es auf dem Weg zwischen dem Ende Ihrer Ausbildung und Ihrem jetzigen Beruf Schwierigkeiten, Hindernisse?

   3.3 Wie haben Sie diese beseitigt?

Quelle: Jeserich, W., Mitarbeiter auswählen und fördern, München/Wien 1981, S. 25 f.

Die Übersicht macht klar, daß Interviews einer Vielzahl von potentiellen Informationsverzerrungen, Irrtümern und Vorurteilen ausgesetzt sind. Das größte Problem von Interviews ist die mögliche Verfälschung der Beurteilung durch das subjektive Empfinden des Interviewers. Interviewer ignorieren häufig wichtige Informationen, stimmen nicht mit anderen Interviewern überein und lassen sich von Vorurteilen leiten, die aus der Entwicklung und Erfahrung des Interviewers resultieren, sich z.B. auf Sprache, Kleidung, physische Attraktivität etc. beziehen, schwer generalisierbar und dem Interviewer häufig selbst in ihrer Tragweite gar nicht bewußt sind.

Auf der anderen Seite darf man aber nicht übersehen, daß gerade dem **subjektiven Empfinden** auch eine entscheidende Bedeutung zukommt; (Linien-)Manager müssen ja in aller Regel später direkt mit dem Bewerber zusammenarbeiten, und da können bestimmte Sympathien, aber auch Antipathien, das erfolgreiche Zusammenwirken maßgeblich beeinflussen.

Wie kann man die Qualität von Auswahl-Interviews erhöhen?

Nimmt man die Ergebnisse der empirischen Untersuchungen auf, so lassen sich einige generelle Gestaltungsempfehlungen ableiten, die zu einer verbesserten Aussagekraft von Interviews beitragen.[11]

- Das Interview sollte auf die Anforderungen der vakanten Stelle abgestimmt sein. Gerade hier können (Linien-)Manager als jeweilige Fachvorgesetzte des zukünftigen Mitarbeiters durch ihren spezifischen Sachverstand über die stellenbezogenen Anforderungen entscheidend dazu beitragen, daß die Aussagekraft des Interviews erhöht wird. Inwieweit dieser Forderung voll entsprochen werden kann, hängt allerdings – wie gesagt – von der Art der zu besetzenden Stelle ab.[12]
- Halbstrukturierte Interviews sollten gegenüber freien Interviews vorgezogen werden, da sie – wie auch die Ergebnisse der empirischen Untersuchungen belegen – zuverlässiger sind. So wird z.B. die Gefahr der Selbstdarstellung durch den Interviewer vermieden, und unterschiedliche Interviewer kommen eher zu denselben Ergebnissen. Für Bewerber der höheren Führungsebene bieten sich eher freie Interviews an. Der Interview-Leitfaden für die Durchführung halbstrukturierter Interviews sollte von der Linie und Personalfachleuten gemeinsam entwickelt werden, so daß beide Seiten ihr spezifisches Know-How einbringen können, und der Dialog über die Bedeutung einzelner Kriterien bereits vorab und nicht erst im konkreten Beurteilungsfall zustande kommt.
- Es hat sich ferner als zweckdienlich erwiesen, daß Bewerber von mehreren Personen befragt werden (vgl. Kasten 13.2). Mehr-Personen-Interviews sind besser dazu geeignet, den Einfluß von subjektiv-individuellen Vorurteilen und Informationsverzerrungen abzubauen. Verschiedene Eindrücke lassen sich besser miteinander vergleichen und vorschnelle Urteile werden vermieden.

---

11 Vgl. z.B. auch Jenks, J.M./Zevnik, B.L.P., ABCs of jobinterviewing, in: Harvard Business Review (1989) Nr. 4, S. 38-42; Weinert, A., Organisationspsychologie, 4. Auflage, Weinheim 1998, S. 229 f.; Weuster, A., Bewertung des Interviews (Einstellungsgespräch) als eignungsdiagnostisches Instrument der Personalauswahl, a.a.O., S. 29 f.

12 Vgl. die obigen Hinweise zur Stellenbeschreibung auf S. 662 f.

Kasten 13.2

Verzerrungsfaktoren beim Auswahlgespräch: Ergebnisse aus der Interviewforschung

I. Verhalten der Interviewer

1. Die Erwartungen, die sich beim Interviewer bereits vor dem Interview, z.B. anhand der Bewerbungsunterlagen, herausgebildet haben, prägen das endgültige Urteil entscheidend (Problem der self-fulfilling prophecy).
2. Interviewer führen Einstellungsgespräche häufig ohne genauere Kenntnis der Anforderungen, die an die zu besetzende Stelle zu richten sind. Je besser die Interviewer über die tatsächlichen Stellenanforderungen informiert sind, desto höher ist die Inter-Rater-Reliabilität, d.h. die Übereinstimmung unter den Befragern.
3. Statt an den Stellenanforderungen orientieren sich die Interviewer oft an willkürlichen Stereotypen eines „guten Bewerbers".
4. Die Interviewer bewerten die erhaltenen Informationen nicht einheitlich. Teilweise bestehen sogar Unstimmigkeiten darüber, ob bestimmte Informationen als positiv oder negativ zu werten sind.
5. Bei Interviewern, die im Gebrauch von Verhaltensbeurteilungsskalen geschult wurden, stieg die Beurteilungsgenauigkeit, und die Beurteilungsfehler gingen zurück.

II. Verhalten der Interviewten

1. Die Reaktionen der Interviewten werden durch das Verhalten des Interviewers beeinflußt. Die nonverbale Kommunikation hat einen signifikanten Einfluß. Der verbalen Kommunikation scheint jedoch eine größere Bedeutung zuzukommen.
2. Geschlecht und physische Attraktivität von Bewerbern üben einen starken Einfluß auf das Urteil des Interviewers aus.
3. Das Bewerberverhalten kann durch Training verbessert und die Einstellchance erhöht werden.

III. Ergebnisse zur Gestaltung des Interviews

1. Die Vergleichbarkeit von Interviews als Auswahlinstrument hängt vom Grad ihrer Standardisierung ab. Je freier die Bewerbungsgespräche sind, um so mehr variieren sie von Gespräch zu Gespräch und um so uneinheitlicher wird die Auswahl.
2. Interviewer fällen bei unstrukturierten Interviews bereits relativ früh ein Urteil über den Bewerber, das im weiteren Gesprächsverlauf nur sehr schwer zu korrigieren ist („primacy effect").
3. Die Qualität vorangegangener Bewerber kann die Beurteilung nachfolgender Bewerber beeinflussen (Kontrast-Effekt; Maßstabsproblem).
4. Interviews waren besser untereinander vergleichbar, wenn mehrere Interviewer am Auswahlgespräch beteiligt wurden.

Quellen: Vgl. insbes. Weuster, A., Bewertung des Interviews (Einstellungsgesprächs) als eignungsdiagnostisches Instrument der Personalauswahl, in: Zeitschrift für Personalforschung 3 (1989), S. 5-33; Stehle, W., Zur Konzeption eines Personalauswahlverfahrens auf der Basis biographischer Daten, Hohenheim 1983, S. 101 ff.; Weinert, A., Organisationspsychologie, 4. Aufl. Weinheim 1998, S. 293 f.

- Einen anderen wichtigen Ansatzpunkt zur Verbesserung des Auswahlinterviews bieten regelmäßige Schulungen der Linienvorgesetzten. Interviews als Prozeß der unmittelbaren Interaktion verlangen von Interviewern eine hohe Handlungskompetenz. Sie haben so unterschiedliche Aktivitäten wie aufgabenbezogene Verhaltensweisen, Beziehungsaspekte, Beobachtungsfunktion und Zuhören zu berücksichtigen. Durch entsprechende Schulungen können Fachvorgesetzte nicht nur ihre Interviewfähigkeiten verbessern, sondern auch ihre Sensibilität gegenüber Schnellurteilen, Stereotypen oder der Tendenz, negative Informationen überzubewerten.
- Für den Gesprächserfolg ist schließlich eine sorgfältige Gesprächsvorbereitung sehr wichtig. So sollte man nochmals die Bewerbungsunterlagen sichten, genügend Zeit für das Gespräch einplanen und einen störungsfreien Verlauf sicherstellen.

Zusammenfassend läßt sich feststellen, daß das Interview nicht als alleinige Auswahlmethode geeignet ist, da die Gefahren der Informationsverzerrung vergleichsweise hoch sind. Es wird aber – trotz aller Einwände – ein wesentlicher Bestandteil jedes Auswahlverfahren bleiben, da bestimmte Informationen für eine Eignungsprognose nur im Interview gewonnen werden können.

13.2.4 Formale Tests

Unter formalen Tests versteht man standardisierte und objektivierte Verfahren, mit deren Hilfe bestimmte Merkmale von Personen (insbesondere Fähigkeiten, Fertigkeiten, Einstellungen, Motive, Interessen) gemessen werden sollen. Sie werden in der Personalauswahl ergänzend eingesetzt, insbesondere dort, wo eine größere Zahl an Bewerbern zu untersuchen ist, so z.B. bei der Besetzung von Lehrstellen zum Industriekaufmann in Großunternehmen.

Der Rückgriff auf formale Tests bei der Personalauswahl stützt sich auf die Annahme, daß gegenwärtige und zukünftige individuelle Verhaltensweisen in der Arbeit durch empirisch abgrenzbare und meßbare (Persönlichkeits-)Merkmale prognostizierbar sind.

Die Entwickung spezifischer Tests zur Bewerberauswahl umfaßt einen mehrstufigen Prozeß, in dem sichergestellt werden soll, daß die Tests bzw. Testbatterien hinreichend objektiv, reliabel (zuverlässig) und valide (gültig) sind. Ein Test ist objektiv, wenn verschiedene Personen gleiche oder sehr ähnliche Ergebnisse feststellen, d.h. subjektive Betrachtungseinflüsse gering sind. Reliabel ist ein Test dann, wenn er von irgendwelchen Zufälligkeiten der Testsituation unabhängig ist. Demgemäß müßte man bei einer Wiederholung des Tests wiederum zum gleichen Ergebnis kommen. Ein Test ist valide, wenn er tatsächlich diejenigen Merkmale mißt, die er zu messen vorgibt. So muß ein Test, der sich z.B. auf die Auswahl einer Nachwuchsführungskraft bezieht, auch tatsächlich das Führungsvermögen des Bewerbers ermitteln.[13]

---

13 Vgl. Mayntz, R./Holm, K./Hübner, P., Einführung in die Methoden der empirischen Soziologie, 5. Aufl., Opladen 1978, S. 23.

Kasten 13.3

Intelligenz-Struktur-Test 70 nach Amthauer

Testkonzept und Testaufbau:

Bei dem Intelligenzstrukturtest 70 (IST 70) von Amthauer handelt es sich um einen allgemeinen Intelligenztest, der als Gruppentest verwandt werden kann. Es gibt ihn in den Parallelformen A und B, die jeweils aus 180 Einzelaufgaben und neun Untertests bestehen:

Satzergänzen	Gemeinsamkeiten	Figurenauswahl
Wortauswahl	Rechenaufgaben	Würfelaufgaben
Analogien	Zahlenreihen	Merkfähigkeit

Mit den ersten drei Untertests wird z.B. Sprachvermögen, mit den nächsten drei abstraktes Denken geprüft. Ferner gehören zu den Intelligenzkomponenten räumliches Denken und Gedächtnis.

Der IST soll die Intelligenzstruktur erfassen. Er findet im Schulbereich, Berufsberatung und der arbeitsplatzbezogenen Eignungsdiagnostik Anwendung. Die Größe der gesamten Standardisierungstichprobe ist mit N = 15 000 Versuchspersonen hoch.

Material und Auswertung:

Das Testmaterial besteht aus Handanweisung, Testheft, Auswertungsschablonen und maschinell lesbaren Auswertungsbögen. Testrohwerte werden sowohl in Standardwerte für jeden Untertest, als auch zu einem Gesamtstandardwert, der das Intelligenzniveau angibt, verrechnet.

Quelle: Amthauer, R., Intelligenz-Struktur-Test I-S-T 70, 4. Aufl., Göttingen 1973.

Je nach der Art der zu ermittelnden Merkmale lassen sich – wenn auch nicht überschneidungsfrei – unterschiedliche formale Tests klassifizieren. Wir wollen in Anlehnung an Lienert drei Arten von Tests unterscheiden, nämlich Leistungs-, Intelligenz- und Persönlichkeitstests.[14]

(1) **Leistungs- oder Funktionstests** stellen sicherlich die einfachste und gebräuchlichste Testart dar. Bei ihnen werden – z.B. in Form von Arbeitsproben – berufsspezifische Fähigkeiten und Fertigkeiten erfaßt, die das momentane fachliche Können des Bewerbers unter Beweis stellen sollen (z.B. Schreibmaschinentest). Leistungstests haben im Hinblick auf die eignungsdiagnostischen Gütekriterien der Objektivität, Validität und Reliabilität die höchsten Werte und weisen demgemäß auch die größte Aussagekraft auf. Ihr Einsatzbereich ist allerdings eng begrenzt.

14 Lienert, A. Testaufbau und Testanalyse, 5. Auflage,Weinheim 1994.

(2) Mit Hilfe von **Intelligenztests** sollen insbesondere die geistige Kapazität, das Gedächtnis, die Schnelligkeit des Denkens sowie die Fähigkeit, Interdependenzen zu erkennen, gemessen werden. Zu den bekanntesten deutschsprachigen Gruppenintelligenztests zählt der Intelligenz-Struktur-Test nach Amthauer (vgl. Kasten 13.3). Der Aussagegehalt von Intelligenztests ist allerdings stark umstritten.[15] Zum einen wird das Konstrukt der Intelligenz recht unterschiedlich definiert (z.B. als Einzelfaktor oder Kombination von Faktoren). Zum anderen variiert die relative Bedeutung einzelner Intelligenzfaktoren von Arbeitsplatz zu Arbeitsplatz, und schließlich betonen viele der Tests „konvergentes Denken“ statt das an vielen Arbeitsplätzen geforderte „divergente Denken“ (Suche nach der einzig richtigen Lösung statt nach einer Anzahl möglicher Lösungen).

Kasten 13.4

Freiburger Persönlichkeits-Inventar (F-P-I)

Testkonzept und Testaufbau:

Dieser 1970 entwickelte Test besteht aus 212 Items, die neun Dimensionen der Persönlichkeit erfassen sollen:

Skala 1 Nervosität
Skala 2 Spontane Aggressivität
Skala 3 Depressivität
Skala 4 Erregbarkeit
Skala 5 Geselligkeit
Skala 6 Gelassenheit
Skala 7 Reaktive Aggressivität und Dominanzstreben
Skala 8 Gehemmtheit
Skala 9 Offenheit

Hinzu kommen drei zusätzliche Skalen: (10) Extraversion-Introversion; (11) Emotionale Stabilität-emotionale Labilität und (12) Maskulinität-Feminität.

Beispiel: Item Nr. 64: „Mir hat es als Kind eigentlich Spaß gemacht, wenn andere von Eltern oder Lehrern Prügeln bezogen“.

Dieser Test wurde ursprünglich für den klinischen Bereich entwickelt, wird aber heute generell zur vergleichenden Beschreibung von Individuen verwendet.

Testmaterial und Auswertung:

Das Testmaterial besteht aus Testheft, Fragebogen, Auswertungsbogen und Schablonen zur Auswertung. Ein Testdurchgang dauert ca. 30 Minuten. Zur Auswertung werden die ermittelten Skalenrohwerte in Normwerte umgesetzt.

Quelle: Fahrenberg, J./Hampel, R./Selg, H., Freiburger Persönlichkeits-Inventar (F-P-I), 3. Aufl., Göttingen 1979.

15 Vgl. Weinert, A., Organisationspsychologie, a.a.O., S. 301; Berthel, J., Personal-Management, a.a.O.

(3) **Persönlichkeitstests** zielen darauf ab, die Persönlichkeitsmerkmale eines Bewerbers (z.B. Eigenschaften, Einstellungen, Wahrnehmungen) zu erfassen und unterliegen damit in besonderem Maße den Problemen, die die Anwendung des Eigenschaftsansatzes mit sich bringt.[16] Es verwundert daher auch nicht sehr, daß Persönlichkeitstests im Hinblick auf die Kriterien des Berufserfolges bislang nur sehr unbefriedigende Validitätskoeffizienten vorweisen können.[17] Ob und inwieweit die gemessenen Eigenschaften tatsächlich den Anforderungen der zu besetzenden Stelle entsprechen, läßt sich darüberhinaus – wenn überhaupt – nur in den seltensten Fällen willkürfrei feststellen. Dies überrascht kaum, wenn man berücksichtigt, daß die weitaus meisten Persönlichkeitstests als Diagnoseinstrumente der klinischen Psychologie entwickelt wurden und damit anderen Zielsetzungen als der Personalauswahl verpflichtet sind. Aber nicht nur die Bedenken über die Relevanz und den Aussagegehalt, sondern auch ethische Überlegungen legen es nahe, auf derartige Tests zu verzichten. Es ist mehr als fraglich, ob es gerechtfertigt ist, soweit in die Privat- und Intimsphäre eines Bewerbers einzudringen, wie dies bei Persönlichkeitstests üblicherweise geschieht (vgl. als Beispiel Kasten 13.4).

Diese knappen Hinweise zu einzelnen Testverfahren deuten bereits an, daß es keineswegs unumstritten ist, psychologische Tests überhaupt zum Zwecke der Personalauswahl heranzuziehen. In Kasten 13.5 sind die wichtigsten Argumente zusammengefaßt, die in der kontroversen Diskussion um das Für und Wider psychologischer Tests bei der Personalauswahl immer wieder ins Feld geführt werden.

Entschließt man sich nach einer situations- und testspezifischen Abwägung dieser und anderer Argumente für den Einsatz von psychologischen Tests, so muß unbedingt gewährleistet sein, daß sie nur von hinreichend geschulten Personen durchgeführt werden. Die für die Personalauswahlentscheidung verantwortlichen (Linien-)Manager werden die Testergebnisse wegen der vielfältigen Fehlerquellen nur als einen Informationsbaustein neben mehreren anderen heranziehen, um so zu einem fundierten Gesamturteil über die Fertigkeiten und Fähigkeiten des Bewerbers gelangen zu können.

13.2.5 Das Assessment-Center

Das Assessment-Center stellt ein hybrides Verfahren der Eignungsdiagnose dar. Es setzt sich aus **mehreren** Instrumenten und diagnostischen Methoden zusammen. In der Regel werden gleichzeitig **mehrere** Teilnehmer von **mehreren**, speziell dafür geschulten Beurteilern in bezug auf vorher definierte Anforderungen beobachtet und eingestuft.[18] Entscheidendes Merkmal ist mithin die konsequente mehrdimensionale Ausrichtung des Assessment-Centers, und zwar im Hinblick auf

– die zu beurteilenden Personen,

16 Vgl. die obigen Ausführungen zum Eigenschaftsansatz auf S. 694.

17 Schuler, H./Funke, U., Diagnose beruflicher Eignung und Leistung, in: Schuler, H. (Hrsg.), Lehrbuch Organisationspsychologie, Göttingen u.a. 1993, S. 252 f.

18 Vgl. z.B. Gebert, D./Rosenstiel, L.v., Organisationspsychologie, 3. überarb. und erw. Auflage, Stuttgart 1992, S. 204; Kompa, A., Assessment Center – Bestandsaufnahme und Kritik, München 1989.

Kasten 13.5

Häufig genannte Argumente in der Kontroverse um die Angemessenheit von Tests bei der Personalauswahl

Vorteile:

1. Tests gewähren allen Kandidaten infolge der Standardisierung gleiche Chancen, d.h. die Ergebnisse von Tests werden nicht durch persönliche Rücksichten, Vorurteile oder irrelevante Informationen beeinflußt.
2. Bei Tests werden die Bewertungsmaßstäbe und die Bezugsgruppen offengelegt, was die Vergleichbarkeit der Ergebnisse von verschiedenen Kandidaten erleichtert.
3. Tests werden in der Regel vor ihrem Einsatz auf ihre methodische Qualität untersucht und empirisch geeicht; da sie nach einem generell festgelegten Schema entwickelt werden, können die Ergebnisse auch später jederzeit nachvollzogen werden.
4. Tests können anderweitig gesammelte Informationen über einen Bewerber korrigieren (z.B. schlechte Schulnoten durch gute Testergebnisse kompensieren).

Nachteile:

1. Tests analysieren Verhalten nur in Abhängigkeit von der Person und berücksichtigen nicht die Situation als verhaltensrelevanten Faktor (Problematik der Eigenschaftstheorie).
2. Durch die Annahme überdauernder und stabiler Eigenschaften blendet die traditionelle Eignungsdiagnostik individuelle Entwicklungsmöglichkeiten aus.
3. Tests liefern kein ganzheitliches Bild der Fähigkeiten und Fertigkeiten eines Bewerbers, sondern können nur kleine Facetten des Gesamtspektrums an vorhandenen Fähigkeiten und Möglichkeiten eines Bewerbers ermitteln.
4. Der Testinhalt hat mit den Arbeitsinhalten meist wenig gemeinsam (Ausnahme: spezielle Leistungstests). Meist handelt es sich um allgemeine Persönlichkeitsvariablen, die sich in den konkreten Anforderungen der Arbeitssituation nicht abbilden.

Quellen: Vgl. zu dieser Übersicht Kompa, A., Personalbeschaffung und Personalauswahl, S. 140 ff.; Weinert, A., Organisationspsychologie, 4. Aufl., Weinheim 1998, S. 305 ff.

– die Beurteiler und
– die eingesetzten Methoden.

Diese Vorgehensweise, die ihre Ursprünge in der Auswahl von Offiziersanwärtern während der Weimarer Republik hat, wurde für den nichtmilitärischen Bereich insbesondere von einigen großen amerikanischen Unternehmen (z.B. AT&T, IBM) entwickelt.[19]

19 Zur Geschichte des Assessment Centers vgl. Domsch, M./Jochum, I., Zur Geschichte des Assessment Centers – Ursprünge und Werdegänge, in: Lattmann, C. (Hrsg.), Das Assessment-Center-Verfahren der Eignungsbeurteilung, Heidelberg 1989, S. 1-18.

Assessment-Center werden gegenwärtig häufig zur Lösung von Personalauswahlproblemen propagiert, aber wesentlich seltener tatsächlich praktiziert. In ihrer konkreten Ausgestaltung weichen sie mitunter stark voneinander ab. Unterschiede lassen sich bei der Art der Bewertungsfindung, den verwendeten Verfahrenselementen, der Dauer des Verfahrens, der Art und Anzahl der Anforderungen, der Anzahl der Beobachter bzw. Teilnehmer und nicht zuletzt vor allem hinsichtlich differierender Zielsetzungen festmachen.[20] So dienen Assessment-Center neben Auswahlzwecken vereinzelt auch zur Potentialdiagnose von Führungskräften, um aus den Ergebnissen individuelle Entwicklungsmaßnahmen für die betriebliche Karriere- sowie Aus- und Weiterbildungsplanung abzuleiten.

Als Auswahlinstrument – wie es uns hier interessiert – weist das Assessment-Center gegenüber den „traditionellen" Informationsquellen als entscheidenden Unterschied auf, daß die Beobachtung und Beurteilung der Betroffenen durch mehrere, gezielt darauf vorbereitete Vorgesetzte und Experten erfolgt. Subjektive Einflüsse einzelner Beurteiler können dadurch eher zurückgedrängt werden; nach jeder Übung wird zunächst die Übereinstimmung zwischen den einzelnen Beurteilern geprüft, bevor man ein Urteil fällt. Denkt man allerdings an die Ergebnisse der Gruppenforschung, insbesondere zum „Gruppendenken", muß diese Annahme relativiert werden.

Dem Assessment-Center wird im Vergleich zu den übrigen Verfahren auch deswegen eine höherere diagnostische Qualität zugesprochen, weil sehr unterschiedliche Verfahren in einem Assessment-Center gleichzeitig Anwendung finden. Die Bewerber müssen sich z.B. in den gerne zitierten „Postkorb-Übungen" bewähren. Hier wird dem Bewerber ein Postkorb vorgelegt, der eine Vielzahl von Merkposten, Telefonnotizen, Briefen und anderen Informationen enthält, die unter Zeitdruck gesichtet und bearbeitet werden müssen. Die Bewertung dessen, wie ein Bewerber die mannigfaltigen Problemstellungen bewältigt, orientiert sich daran, wie systematisch er vorgeht, wie prompt er die Aufträge ausführt, ob er die drängendsten Fragen zuerst angeht und wie gut er die Problemsituation insgesamt bewältigt. Die Kandidaten müssen sich weiterhin Interviews unterziehen, an führerlosen Gruppendiskussionen mit und ohne Rollenvorgabe teilnehmen, Kurzvorträge halten, Fallstudien analysieren, psychologische Tests durchlaufen usw.[21]

Jede dieser Aufgaben ist auf ganz spezifische Fähigkeitsmerkmale des Kandidaten gerichtet. Abbildung 13.2 vermittelt einen Eindruck über die Zusammenhänge. So will man beispielsweise mit Hilfe einer Postkorb-Übung u.a. die Delegations-, Steuerungs- und Kontrollfähigkeiten des Bewerbers beobachten, während für Kriterien wie Unabhängigkeit, Beharrlichkeit und Flexibilität die führerlose Gruppendiskussion herangezogen wird.

Die Abbildung macht auch deutlich, daß die gesuchten Fähigkeitsmerkmale des Bewerbers jeweils durch mehrere Verfahren erfaßt werden. Diese Überschneidungen bzw. Redundanzen werden bewußt in Kauf genommen und dienen dem Ausgleich von Beurteilungsfehlern.

---

20 Vgl. Kleinmann, M., Assessment-Center, Göttingen 1997.

21 Zu einer ausführlichen Erläuterung einzelner Übungen vgl. z.B. Neubauer, R., Die Assessment Center Technik. Ein verhaltensorientierter Ansatz zur Führungsauswahl, in: Neubauer, R./Rosenstiel, L.v. (Hrsg.), Handbuch der angewandten Psychologie, München 1980, S. 122-158, hier insbes. S. 129 ff.; Lattmann, C., Das Assessment-Center-Verfahren als Mittel zur Beurteilung der Führungseignung, in: Ders. (Hrsg.), Das Assessment-Center-Verfahren der Eignungsbeurteilung, Heidelberg 1989, S. 19-46, hier insbes. S. 31 ff.

Kategorien \ Übungen	Interview	Management-Spiel	Postkorb und Interview	Führerlose Gruppendiskussion (ohne Rollenvorgabe)	Führerlose Gruppendiskussion (mit Rollenvorgaben)	Daten sammeln und Entscheiden	Analyse/Präsentation (Falls Gruppendisk., s.a. Sp. 5)	Interview-Simulation	Schriftliche Übung
	1	2	3	4	5	6	7	8	9
1. Wirkung	(X)	X	(X)	X	X	X	X	X	
2. Energie/Tatkraft	(X)	X	(X)	X	X	X	X	X	
3. Mündlicher Ausdruck	X	X	X	X	X	X	X	X	X
4. Mündliche Präsentation				(X)		X	(X)		
5. Schriftlicher Ausdruck	X		(X)				(X)		(X)
6. Kreativität	X		X	X					X
7. Interessenbereich	(X)								X
8. Streß-Toleranz		X		X	X	(X)	X		
9. Motivation	(X)								
10. Arbeitsnormen	(X)								X
11. Karriereorientierung	(X)								
12. Führungsfähigkeit	X	(X)		(X)	(X)				
13. Verkäuferische Fähigkeit				(X)	X	X	(X)	(X)	
14. Sensibilität	X	X	(X)	X	X	X	X	(X)	
15. Zuhören können		X		X	X	(X)		X	
16. Flexibilität		X		(X)	X	(X)	X	(X)	
17. Beharrlichkeit	X	X		X	X	(X)	X	X	
18. Risikobereitschaft	X	(X)	X		X				
19. Initiative	X	X	X	X	X				
20. Unabhängigkeit	X	X		X	X	X			
21. Planen und Organisieren	X	X	(X)				X	X	X
22. Steuern und Kontrollieren	X		(X)						
23. Delegieren	X		(X)						
24. Problemanalyse	X	X	X	X	(X)	(X)	X	X	X
25. Urteilsfähigkeit	X	X	(X)	X	(X)	(X)	X		X
26. Entschlossenheit		X	(X)		(X)	(X)			

Die Kreuze (X) bedeuten, daß diese Kategorien besonders gut beobachtbar sein sollen.

Quelle: Jeserich, G., Mitarbeiter auswählen und fördern, München/Wien 1981, S. 123.

Abb. 13.2: Zusammenhang zwischen Assessment-Center-Übungen und zu erfassenden Anforderungskategorien

Die jeweilige Beurteilung der Kandidaten wird von geschulten Beobachtern vorgenommen, üblicherweise von Personalfachleuten und von (Linien-)Managern, die ein oder zwei Ebenen über der zu besetzenden Position im Unternehmen eingruppiert sind. Für diese hierarchische Distanz zwischen Beurteiler und Beurteilten wird als Argument die tendenziell höhere Objektivität dieser Lösung ins Feld geführt.[22] Berücksichtigt man jedoch, daß der Führungserfolg wesentlich durch ein gutes Kooperationsverhältnis zwischen Vorgesetzten und Mitarbeitern geprägt wird, der unmittelbare Vorgesetzte am besten mit den jeweiligen Anforderungen der zu besetzenden Stelle vertraut ist und für ihn gewisse Lerneffekte zu erwarten sind, so stellt sich allerdings die Frage, ob nicht besser der direkte Vorgesetzte in den Beobachtungs- und Beurteilungsprozeß integriert werden sollte.

Assessment-Center liefern, so reklamieren dies zumindest einige Untersuchungen, eine bessere Prognosevalidität, d.h. die Erfolgsprognosen für durch Assessment-Center ausgelesene Kandidaten korrelieren strammer mit deren späterem Erfolg, als es bei Einzeltestverfahren der Fall ist.[23] Ferner tragen die vielfältigen Vorkehrungen zum Abbau von Beurteilungsfehlern zu einer höheren Valditität bei.

Trotz dieser positiven Ergebnisse empirischer Untersuchungen weisen Assessment-Center zahlreiche Probleme und Schwachstellen auf. In komprimierter Form können die folgenden Hauptbedenken geltend gemacht werden.[24]

- Es besteht die Gefahr, daß die spezifische Assessment-Center-Situation bestimmte Typen von Bewerbern favorisiert, obwohl dieser **„Erfolgstyp"** keineswegs die bessere Wahl gegenüber den anderen Bewerbern sein muß. Diese Gruppe von Bewerbern läßt sich mit Neubauer als „Vielredner mit eindrucksvollem Auftreten und Durchsetzungsvermögen"[25] charakterisieren. Sie werden vor allem dann die Oberhand gewinnen, wenn das Assessment-Center viele Gruppenübungen enthält.
- Ein grundlegendes Problem stellen die sogenannten **Reaktivitätseffekte** der Teilnehmer – verstanden als eine Reaktion auf andere als nur jene geplanten Stimuli des Assessment-Centers – dar. So können – nur um ein Beispiel zu nennen – Probanden etwa die Relevanz der jeweiligen Anforderung eventuell auch aus einer ihrerseits konkludenten Beobachtung der sie beurteilenden Personen gewinnen und ihr Verhalten dementsprechend ausrichten.[26]

---

22 Zur Machtproblematik bei dieser Vorgehensweise vgl. Kompa, A., Assessment Center – Bestandsaufnahme und Kritik, a.a.O., hier insbes. S. 31 ff.

23 Vgl. z.B. Thornton, G.C. III./Gaugler, B.B./Rosenthal, D.B./Bentson, C., Die prädiktive Validität des Assessment Centers – eine Metaanalyse, in: Schuler, H./Stehle, W. (Hrsg.), Assessment Center als Methode der Personalentwicklung, 2. Aufl., Göttingen 1992, S. 36 ff.

24 Vgl. Kompa, A., Assessment Center – Bestandsaufnahme und Kritik, a.a.O.; Cascio, W., a.a.O., S. 248 ff.; Berthel, J., Personal-Management, 4. überarb. und erw. Aufl., Stuttgart 1995, S. 194; Neubauer, R., a.a.O., S. 154 ff.; McCormick, E./Ilgen, D., Industrial and organizational psychology, 8. Aufl., London 1987, S. 256 f.

25 Neubauer, R., a.a.O., S. 154.

26 Vgl. Kleinmann, M., Reaktivität von Assessment-Centern, Diss., Kiel 1991.

- Der Anforderungsbezug kann in Assessment-Centern eigentlich nur dann hinreichend gewährleistet werden, wenn man **betriebsspezifische Übungen** entwickelt statt – wie üblich – auf allgemeine Standardlösungen zu setzen.

- Beim Assessment-Center geht man davon aus, daß die jeweiligen Beobachtungen bei den unterschiedlichen Übungen relativ **unabhängig** voneinander vorgenommen werden. Dies trifft aber nur bedingt zu. Fällt ein Teilnehmer z.B. in einer Gruppendiskussion durch recht konfuse Wortbeiträge ohne erkennbare Argumentationslinie auf, so wird der Bewerber möglicherweise wegen seiner schlechten mündlichen Ausdrucksfähigkeit als gänzlich unfähig zur Problemstrukturierung abqualifiziert, obwohl er evtl. bei entsprechender Ruhe und frei von Gruppenzwängen durchaus in der Lage ist, Probleme vorzüglich zu strukturieren und zu analysieren.

- Probleme bei der **Kriterienverschmelzung** entstehen, wenn die Ergebnisse von Assessment-Centern weitergegeben und z.B. als spätere Grundlage zur Ermittlung des Führungspotentials von Mitarbeitern wieder herangezogen werden; hier dürfte dann häufig – sei es bewußt oder unbewußt – eine Anpassung an die früheren Ergebnisse eintreten, so daß es zu einer Art self-fullfilling-prophecy kommt. Es muß daher auf eine strikte Trennung von Qualifikations-Diagnose bei der Personalauswahl und späteren Beförderungsentscheidungen geachtet werden.

- Da der erfolgreiche Einsatz von Assessment-Centern mit erheblichem **Zeitaufwand** und sehr hohen Kosten verbunden ist, kommt diese Methode nur für wenige Auswahlprozesse in Betracht; die Anwendung wird wohl weiterhin auf die Führungskräfteauswahl in Großunternehmen und Personalberatungsgesellschaften begrenzt bleiben.

- Auf der **inhaltlichen** Ebene wirft die Vielzahl isolierter Einzelübungen Probleme auf, da es auf diesem Wege nicht möglich ist, weiter ausgreifende Handlungsstrategien der Teilnehmer zu berücksichtigen.[27] Die starke Konzentration auf vorab definierte Handlungen kann dazu beitragen, daß davon abweichende originelle Lösungsansätze nicht angemessen gewürdigt werden. Weiterhin kann der Übungscharakter nie ganz ausgeschlossen werden, auch wenn eine realitätsnähe Gestaltung des Assessment-Centers angestrebt wird.

- Schließlich wird das Assessment Center zum Teil auch aus ethischer Sicht kritisiert. Es sei mit einer „erheblichen Persönlichkeitsentblößung" verbunden; die Kandidaten müßten ihr „Innerstes nach Außen kehren" und seien den dabei erstellten Bewertungen oft hilflos ausgeliefert.[28]

---

27 Diesem Defizit versucht man aktuell durch die Entwicklung eines „Dynamischen Assessment Centers" zu begegnen. Diese inhaltliche und methodische Weiterentwicklung des traditionellen Assessment Centers zeichnet sich u.a. durch eine Einbettung der verschiedenen Übungen in ein übergeordnetes Planspiel aus. Dadurch können auch situationsübergreifende, durchgängige Handlungsstrategien „abgefragt" werden; vgl. hierzu Berthel, J., Personal-Management: Grundzüge für Konzeptionen betrieblicher Personalarbeit, 4. Aufl., Stuttgart 1995, S. 194.

28 Vgl. Wassner, F., Warum muß der Kandidat sein Innerstes nach außen kehren?, in: FAZ, Nr. 93, 20. April 1996, S. 47.

Bereits diese hier nur knapp angeführten Schwachstellen zeigen, daß das Assessment-Center keineswegs als Allheilmittel angesehen werden, sondern nur – wenn überhaupt – als Ergänzung in ganz bestimmten Fällen dienen kann.

13.3 Rechtliche Rahmenbedingungen

Bei der Ausgestaltung des Personalauswahlprozesses sind auch gewisse **rechtliche Rahmenbedingungen** zu beachten, die im Betriebsverfassungsgesetz verankert sind. So stehen dem Betriebsrat im Zusammenhang mit der Personalauswahl Beteiligungsrechte bei allgemeinen personellen Angelegenheiten (§§ 92–95 BetrVG) und bei personellen Einzelmaßnahmen (§§ 99 ff. BetrVG) zu.

Bei den **allgemeinen Angelegenheiten** unterliegen sowohl Personalfragebogen (§ 94 BetrVG) als auch Richtlinien über die personelle Auswahl bei Einstellungen der Zustimmungspflicht des Betriebsrates (§ 95 Abs. 1 BetrVG). In Betrieben mit mehr als 1000 Arbeitnehmern kann der Betriebsrat die Aufstellung von Richtlinien über die bei Einstellungen zu beachtenden fachlichen und persönlichen Voraussetzungen und sozialen Gesichtspunkte verlangen (§ 95 Abs. 2 BetrVG). Kommt jeweils keine Einigung zustande, so entscheidet in allen genannten Fällen die Einigungsstelle. Die „Richtlinien" beziehen sich auf die Festlegung allgemeiner Grundsätze und Kriterien, die das betriebliche Auswahlverfahren regeln. Die konkret zu treffende Auswahl eines Bewerbers unterliegt hingegen nicht der Mitbestimmung durch den Betriebsrat.

Den Auswahlrichtlinien kommt aber insofern eine besondere Bedeutung zu, da der Betriebsrat nach § 99 Abs. 2 Ziff. 2 BetrVG die Zustimmung zu solchen **personellen Einzelmaßnahmen** verweigern kann, die nach seiner Auffassung gegen die verfaßten Richtlinien verstoßen (siehe auch Punkt 2 in Kasten 13.6). Der Betriebsrat kann damit die endgültige Entscheidung über die Durchführung der jeweiligen personellen Maßnahme durch eine gerichtliche Klärung erzwingen.

Grundsätzlich kann der Betriebsrat auch bei den personellen Einzelmaßnahmen zwei wichtige Mitbestimmungsrechte ausüben:

Zum einen ist der Betriebsrat bei der **Einstellung** von Mitarbeitern in Betrieben mit mehr als 20 wahlberechtigten Arbeitnehmern zu beteiligen. Der Betriebsrat muß vor der geplanten Einstellung unterrichtet und seine Zustimmung eingeholt werden (§ 99 Abs. 1 BetrVG). Die Zustimmung kann verweigert werden, allerdings nur aus den in § 99 Abs. 2 BetrVG genannten Gründen (siehe Kasten 13.6). Bei einer Verweigerung der Zustimmung kann der Arbeitgeber das Arbeitsgericht anrufen mit dem Antrag, die fehlende Zustimmung des Betriebsrates durch Spruch zu ersetzen (§ 99 Absatz 4 BetrVG).

Zum anderen steht dem Betriebsrat ein Mitbestimmungsrecht bei der **Kündigung** von Arbeitnehmern in allen Betrieben zu. Wird einer Kündigung zugestimmt, so zieht dies eine unbesetzte Stelle und damit ein (zukünftiges) Personalauswahlproblem nach sich, es sei denn, die freiwerdende Stelle soll überhaupt nicht mehr besetzt werden (§§ 102, 103 BetrVG).

Kasten 13.6

§ 99 Abs. 2 BetrVG

Der Betriebsrat kann die Zustimmung verweigern, wenn

1. die personelle Maßnahme gegen ein Gesetz, eine Verordnung, eine Unfallverhütungsvorschrift oder gegen eine Bestimmung in einem Tarifvertrag oder in einer Betriebsvereinbarung oder gegen eine gerichtliche Entscheidung oder eine behördliche Anordnung verstoßen würde,
2. die personelle Maßnahme gegen eine Richtlinie nach § 95 verstoßen würde,
3. die durch Tatsachen begründete Besorgnis besteht, daß infolge der personellen Maßnahme im Betrieb beschäftigte Arbeitnehmer gekündigt werden oder sonstige Nachteile erleiden, ohne daß dies aus betrieblichen oder persönlichen Gründen gerechtfertigt ist,
4. der betroffene Arbeitnehmer durch die personelle Maßnahme benachteiligt wird, ohne daß dies aus betrieblichen oder in der Person des Arbeitnehmers liegenden Gründen gerechtfertigt ist,
5. eine nach § 93 erforderliche Ausschreibung im Betrieb unterblieben ist oder
6. die durch Tatsachen begründete Besorgnis besteht, daß der für die personelle Maßnahme in Aussicht genommene Bewerber oder Arbeitnehmer den Betriebsfrieden durch gesetzwidriges Verhalten oder durch grobe Verletzung der in § 75 Abs. 1 enthaltenen Grundsätze stören werde.

13.4. Personalauswahl zwischen Vollzug und Öffnung

Die meisten Bemühungen, die Personalauswahl zu professionalisieren, sie also nach objektiven, wissenschaftlich abgestützten Kriterien zu vollziehen, laufen darauf hinaus, eine präzise Bestimmung der Eignung im Hinblick auf vorgegebene Arbeitsanforderungen zu erreichen. Diese Basisorientierung für die Personalauswahl gilt für die operative wie für Teile der strategischen Personalforschung gleichermaßen.[29] So richtig dieser Ansatz und dieses Bemühen einerseits sind, so sehr gilt es doch, die Beschränkungen dieser Konzeption zu erkennen. Bei dieser Perspektive geht man davon aus, daß die Arbeitsanforderungen als mehr oder weniger konstante Größe betrachtet werden können oder zumindest als eine Größe, die sehr gut aus den Plänen für die Zukunft und den darin enthaltenen Prognosen abgeleitet werden kann. Das „Anforderungsprofil" gilt nicht als problematisch, das eigentliche Problem ist die Ermittlung des „Fähigkeitsprofils" und die Prognose der Eignung.

29 Zur strategischen Ausrichtung der Personalfunktion vgl. oben S. 238 ff.

Mit anderen Worten, die meisten Personalauswahlkonzeptionen gehen von einer relativ statischen Unternehmensgesamtsituation aus oder zumindest von einer Situation, die sich über Prognosen gut beherrschen läßt. Unausgesprochen schließen viele Auswahlkonzepte an die Idee der plandeterminierten Unternehmensführung an und modellieren die Auswahllogik als eine **Logik der Plananpassung**, der Schaffung von Personalressourcen, die einen reibungslosen Planvollzug gewährleisten.

Nun wurde ja im vierten Kapitel grundsätzlich und in den nachfolgenden Kapiteln an vielen Beispielen gezeigt, daß sich Unternehmen permanent in einer bestandskritischen Umwelt zu bewähren haben und daß die Bewältigung einer komplexen und dynamischen Umwelt nicht selten ein Prozeß der Bewältigung von Überraschungen ist. Eines der wesentlichen Bewältigungsinstrumente neben der Flexibilität ist die Neudefinition der Systemgrenzen (in den Worten der Strategischen Unternehmensführung: eine neue Strategie finden). Für die **Personalauswahl** bedeutet dies zweierlei: Zum einen sind die Anforderungsprofile wesentlich disponibler, als sie für gewöhnlich unterstellt werden. Zum anderen verweist uns die Notwendigkeit zum Wandel auf ganz andere Qualifikationserfordernisse, die in den herkömmlichen Anforderungsprofilen nicht mitgedacht werden. Denkt man den Wandel als einen bestandskritischen Prozeß im System/Umwelt-Verhältnis, so tritt zum einen die Fähigkeit, den Wandel zu vollziehen, als kritische Fähigkeit in den Vordergrund, und zum anderen, mindestens ebenso wichtig, die Fähigkeit, einen Wandel anzustoßen, d.h. neue Ideen aufzunehmen, Überraschungen frühzeitig zu erkennen usw. Auf die bestandskritische Bedeutung dieser Handlungsweisen wurde oben u.a. bei der Diskussion der Strategischen Kontrolle mit Nachdruck verwiesen.

Für die **Konzipierung von Personalauswahlprozessen** bedeutet dies, daß neben den Planungs- bzw. Aufgabenvollzug im Prinzip gleichgewichtig die Systemöffnung als Basisorientierung treten muß. Der Auswahlprozeß muß versuchen, eine Balance in diese unterschiedlichen, ja widersprüchlichen Systemanforderungen zu bringen. Es gilt ebenso wie für die statische Profildeckung Kriterien für die „Öffnung" zu finden und diese in die Auswahlprozesse einzuflechten. Die Öffnungsfunktion verlangt nach anderen Auswahlkriterien und -prozeduren; es wäre fahrlässig, sie dem Zufall zu überlassen.

Diskussionsfragen

1. Diskutieren Sie mögliche Formen der Arbeitsteilung zwischen Linie und Personalabteilung für die einzelnen Verfahren der Personalauswahl!

2. Welche Verbindungen sehen Sie zwischen Personalbeschaffung und Personalauswahl?

3. Welche Probleme können beim Einsatz von Stellenbeschreibungen als Grundlagen von Anforderungsprofilen auftreten?

4. Schildern Sie die Teilhabemöglichkeiten des Betriebsrates bei der Einstellung von Mitarbeitern in Betrieben mit mehr als 20 wahlberechtigten Arbeitnehmern!
5. Welches entscheidende Grundproblem muß die Personalauswahl lösen?
6. Welche Gefahren sehen Sie bei der Vorselektion von Bewerbern anhand von Bewerbungsunterlagen?
7. Welche unterschiedlichen Stärken weisen Interviews und psychologische Tests auf?
8. Was halten Sie von der These: „Auf Auswahlinterviews sollte wegen der vielfältigen Gefahren einer Informationsverzerrung verzichtet werden"?
9. Stellen Sie sich vor, Sie haben als Linienmanager eine Auswahlentscheidung zu treffen und bekommen jetzt von den Spezialisten der Personalabteilung die Ergebnisse eines bei den Bewerbern durchgeführten Intelligenztests vorgelegt. Schildern Sie, welche Überlegungen Sie gedanklich vornehmen, um den Stellenwert dieser Informationen für Ihre Auswahlentscheidung abzuwägen!
10. Welche Merkmale zeichnen das Assessment-Center gegenüber den „traditionellen" Methoden der Personalauswahl aus?

Fallstudie

Der neue Produktmanager

Aufgrund einiger Anfragen auf der Spielwarenmesse sowie der Ergebnisse anschließend durchgeführter Marktstudien entschließt sich der Vorstand des „Nürnberger-Spiele-Verlags“ zu einer Erweiterung seiner Produktpalette. Zu den bisher ausschließlich gefertigten klassischen Gesellschaftsspielen sollen nun einige modernere Spiele ins Produktprogramm aufgenommen werden. Zielvorstellung sind dabei kleinere, witzig aufgemachte Spiele, die sich gut als „Mitbringsel“ eignen.

Die neue Produktgruppe soll auch im eigenen Haus entwickelt, hergestellt und durch einen Produktmanager „Mitbringselspiele“ betreut werden.

Nun steht die Auswahl des zukünftigen Stelleninhabers bevor. Der Vorstand trifft sich, um über die weitere Vorgehensweise zu entscheiden.

Die Diskussion wird von Herrn Birkmann, dem für Personalfragen verantwortlichen Vorstandsmitglied, eröffnet: „Ich glaube, ich kann ohne lange Vorreden zum Thema kommen. Wir alle kennen die zu besetzende Stelle und die damit verbundenen Anforderungen aus den intensiven Diskussionen, die der Entscheidung über die Erweiterung unserer Produktpalette vorausgingen. Auch haben sich – wie mir scheint – bei den im Vorfeld dieser Sitzung geführten Gesprächen bereits zwei Alternativen herauskristallisiert: Entweder sucht man einen Bewerber auf dem externen Stellenmarkt oder aber man besetzt die Stelle intern mit Herrn Schmitt. Da Herr Schmitt als langjähriger Mitarbeiter unseres Unternehmens jedem von uns bekannt sein dürfte, möchte ich hier auf weitere Informationen verzichten und nun ganz einfach jedem von Ihnen die Möglichkeit geben, seine Meinung zu äußern.“

Es beginnt Herr Weirich als für das Ressort Spielentwicklung verantwortliches Vorstandsmitglied: „Die Erweiterung der Produktpalette in dieses für uns neue Gebiet stellt eine große Herausforderung dar. Hier gilt es insbesondere neue strategische Gebiete zu erschließen und in unsere Unternehmensstrategie zu integrieren. Dies erfordert insbesondere Ideenreichtum, Kreativität, eine gewisse Experimentierfreude und Risikobereitschaft. Wichtig sind aber auch hohes Engagement und Durchsetzungsvermögen. Denn ich weiß aus eigener Erfahrung, wie schwer es ist, neue Ideen und Projekte hier umzusetzen. Ein Vorstandsbeschluß alleine reicht da noch lange nicht aus. Herrn Schmitt kenne und schätze ich seit langem. Er ist ein zuverlässiger Mitarbeiter und er hat den ihm vor drei Jahren anvertrauten Teilbereich der traditionellen Gesellschaftsspiele sehr zuverlässig und verantwortungsbewußt betreut. Dennoch würde ich für diese Stelle einen externen Bewerber vorziehen, jemanden, der ‚frischen Wind‘ hier reinbringt und auch mal neue Sachen andenkt, die einem langjährigen Unternehmensmitglied schon gar nicht mehr einfallen würden. Warum nicht auch einmal eine Frau?“

„Wenn ich mich hierzu als strategischer Planer gleich kurz äußern dürfte?“, meldet sich Herr Gebhard zu Wort. „Ich möchte Herrn Weirichs Argumentation unterstreichen. Die Initiierung neuer strategischer Orientierungen – wie sie hier gefragt ist – kann meines Erachtens ein externer Kandidat viel besser leisten als ein bereits mehr oder weniger ‚betriebsblinder‘ langjähriger Mitarbeiter. Zudem können wir dadurch zugleich unser strategisches Fachwissen aktualisieren. Auch ist es für einen neuen Mitarbeiter entschieden leichter, bisherige Gepflogenheiten in Frage zustellen und Neuartiges vorzuschlagen. Jemand, der schon länger hier ist, käme diesbezüglich viel schneller in Argumentationszwänge. So müßte er sich zum Beispiel gegenüber seinen langjährigen Kollegen rechtfertigen, warum er jetzt – nur weil er auf einem neuen Posten sitzt – auf einmal glaubt, alles ändern zu müssen und mit alten Gewohnheiten brechen zu müssen. Meines Erachtens hätte insbesondere Herr Schmitt hiermit stark zu kämpfen und säße dann oft ‚zwischen den Stühlen'. Diese Schwierigkeiten hätte ein externer Kandidat nicht und könnte somit leichter als ‚change agent' wirken. Die Durchsetzung von Veränderungen ist dennoch natürlich auch für ihn – oder sie – nicht unproblematisch."

Herr Bauer wendet ein: „Vom strategischen Standpunkt her möchte ich mich prinzipiell der Argumentation meiner Vorredner anschließen, wenn ich ihnen auch nicht in jedem Punkt zustimmen würde. Mein Einwand kommt denn auch aus einer anderen Ecke. Und zwar möchte ich – als für den Bereich Finanzen verantwortliches Vorstandsmitglied – auf die Kostenfrage hinweisen. Eine externe Stellenauschreibung würde uns – ohne jetzt hier genaue Zahlen zu nennen – ein Vielfaches von einer internen Besetzung kosten. Da sind nicht nur die Kosten der Ausschreibung, sondern auch die der Auswahl zu bedenken. Herr Weirich kann hierzu bestimmt detailliertere Auskunft geben. Wäre das Geld nicht sinnvoller in das neue Produkt investiert?"

„Wenn ich hierzu gleich etwas bemerken dürfte"?, bittet Herr Weirich ums Wort. „Die Kostenfrage ist durchaus ein wichtiges, nicht zu vernachlässigendes Argument. Allerdings habe nicht vor, jetzt eine detaillierte Kostenanalyse zu liefern. Denn meiner Meinung nach sollte diese Entscheidung nicht allein unter Kostengesichtspunkten gefällt werden. Wir haben uns entschieden, diese Produktgruppe aufzunehmen, und das wird uns natürlich etwas kosten. Aber eine allein an Kosteneinsparungen orientierte Bewerberauswahl wäre hier bestimmt eine Ersparnis an der falschen Stelle, die uns langfristig unter Umständen teuer zu stehen kommen könnte."

„Da stimme ich Herrn Weirich vollkommen zu", schaltet sich Frau Groß aus dem Vertrieb ein. „Maßstab sollte hier einzig und allein die zu besetzende Stelle sein. Hierfür müssen wir eine möglichst geeignete Person finden. Herr Weirich hat ja auch schon versucht, so eine Art Anforderungsprofil zu skizzieren. Sein Kriterienkatalog leuchtet mir ein. Jetzt frage ich Sie aber, Herr Weirich, wie Sie feststellen wollen, ob eine Bewerberin oder ein Bewerber diese Qualifikationen, wie zum Beispiel Kreativität und Ideenreichtum, besitzt? Auch finde ich Ihre Beurteilung von Herrn Schmitt etwas vorschnell. In seiner jetzigen Position hatte er zum Beispiel gar keine Möglichkeit, Kreativität zu zeigen. Das will aber doch noch lange nicht heißen, daß er nicht kreativ sein kann."

„Genau"!, ruft Herr Walb, Vorstand des Ressorts Produktion, dazwischen. „Herr Schmitt ist ein guter Mann. Durch seine jahrelange Tätigkeit im Unternehmen kennt er zudem den Laden. Er weiß was geht und was nicht. Was nützen uns die verrücktesten Ideen, wenn sie nachher, zum Beispiel in der Produktion, nicht oder nur mit immensem Kostenaufwand zu verwirklichen sind? Außerdem hat Herr Schmitt sich durch sein Engagement im Bereich der klassischen Gesellschaftsspiele durchaus eine Beförderung verdient. Da der hierfür zuständige Produktmanager aber seine Position aller Voraussicht nach nicht so bald verlassen wird, bietet sich mit dieser neuen Stelle auf der Ebene des Produktbetreuers eine geradezu ideale Gelegenheit. Wir sollten sie nützen und Herrn Schmitt eine Chance geben. Er hat sie sich verdient."

Fragen zur Fallstudie:

1. In der Diskussion werden zwei Alternativen im Rahmen der Personalbeschaffung angesprochen. Stellen Sie die Vor- und Nachteile der beiden Alternativen systematisch dar.
2. Wie würden Sie im Falle einer externen Personalbeschaffung vorgehen? Warum? Denken Sie dabei insbesondere an den Gesprächsbeitrag von Frau Groß und versuchen Sie, die von ihr angesprochenen Probleme in einen größeren theoretischen Rahmen einzuordnen.

Literaturhinweise

Überblicksdarstellungen zum gesamten Themenkreis Personal:

Berthel, J., Personal-Management, 4. überarb. u. erw. Aufl., Stuttgart 1995, S. 181-200.

Guion, R.M., Personnel assessment, selection, and placements, in: Handbook of Industrial and Organizational Psychology (hrsg. v. Dünnette, M.D./Hrugh, L.H.), 2. Aufl., 2. Bd., Palo Alto 1990, S. 327–398.

Oechsler, W.A., Personal und Arbeit, 7. Aufl., München/Wien 2000.

Überblicksdarstellungen zu den Verfahren der Personalauswahl:

Cascio, W., Applied psychology in personnel management, 2. Aufl., Englewood Cliffs, N. J. 1982, S. 231–250.

Makin, P./Robertson, I., Selecting the best selection techniques, in: Personnel Management 11 (1986), S. 38–40.

Weiterführende Literatur zu den einzelnen Auswahlverfahren:

Zum Auswahlinterview:

Kompa, A., Personalbeschaffung und Personalauswahl, 2. Aufl., Stuttgart 1989, S. 159–210.

Weuster, A., Bewertung des Interviews (Einstellungsgesprächs) als eignungsdiagnostisches Instrument der Personalauswahl, in: Zeitschrift für Personalforschung 3 (1989), S. 5–33.

Zu den formalen Tests:

Gebert, D./Rosenstiel, L.v., Organisationspsychologie, 4. Aufl., Stuttgart u.a. 1996, S. 194–198.

Weinert, A., Lehrbuch der Organisationspsychologie, 4. Aufl., Weinheim 1998, S. 230–236.

Zum Assessment-Center:

Kompa, A., Assessment Center – Bestandsaufnahme und Kritik, 3. Aufl., München/Mering 1999.

Kleinmann, M., Assessment-Center Stand der Forschung – Konsequenzen für die Praxis, Göttingen 1996.

Obermann, C., Assessment Center: Entwicklung, Durchführung, Trends, Wiesbaden 1992.

Vierzehntes Kapitel

Personalbeurteilung und Personalentwicklung

14.1 Einführung

Die Beurteilung von Eigenschaften, Verhaltensweisen und Leistungen von Individuen und Gruppen spielt in jeder Organisation eine große Rolle. Gleichgültig, ob geplant oder nicht, bewerten Individuen sich und andere und richten ihr Verhalten auf diese Urteile aus. Gruppen beurteilen das Verhalten ihrer Mitglieder sowie das Verhalten anderer Gruppen, Vorgesetzte sind fortwährend mit Beurteilungsproblemen konfrontiert. Die Unternehmensführung steht deshalb auch nicht vor der grundsätzlichen Frage, ob sie eine Leistungsbeurteilung will oder nicht; sie hat lediglich eine speziellere Entscheidung zu treffen, ob ein **formales Beurteilungssystem** betrieben werden soll, das periodisch in geregelter und kontrollierter Form Leistungsdaten sammelt, oder ob ein solches System nicht gewünscht ist. Für die einzelnen Vorgesetzten ist diese Entscheidung wichtig, denn ein formales Beurteilungssystem stellt hohe Anforderungen an sie. Sie müssen nicht nur die Grundlagen und Intentionen des Systems verstehen, sondern auch und vor allem die Kompetenz für die praktische Umsetzung erwerben.

Die meisten größeren Betriebe und Behörden haben heute ein **formalisiertes** Beurteilungswesen, verfolgen damit aber durchaus unterschiedliche Zwecke (s. unten). Trotz dieser Popularität ist die Personalbeurteilung ein in vielfacher Hinsicht umstrittenes Führungsinstrument geblieben. Bei Mitarbeitern stößt es häufig auf Skepsis und Widerstand, viele Vorgesetzte setzen es nur mit Widerwillen ein, nicht selten geraten deshalb Beurteilungssysteme zur bloßen Formalität ohne wirkliche Bedeutung. Als Reaktion auf diese Probleme ist heute ein Trend zu beobachten, Beurteilungssysteme zu **entformalisieren** und das Beurteilungsverfahren stärker zu individualisieren. Das Ziel exakter Leistungsmessung tritt hinter allgemeinere Motivationsaufgaben zurück. Im folgenden sollen diese Themen etwas mehr entfaltet werden. Darüber hinaus wird auch auf die Personalentwicklung eingegangen, ein Instrument, das mit der Personalbeurteilung eng verknüpft ist.

14.2 Zwecke der Personalbeurteilung

Mit Personalbeurteilungssystemen wird eine Reihe unterschiedlicher Zwecke verfolgt:[1]

(1) Ermittlung von Grundlagen für eine über die Arbeitsplatzbewertung hinausgehende **Lohn- und Gehaltsdifferenzierung** (bessere Erfüllung des Grundsatzes der Äquivalenz von Lohn und Leistung).

(2) **Fundierung personeller Auswahlentscheidungen:** Entlassungen, Versetzungen, Beförderungen (d.h. auch Ermittlung der **potentiellen** Leistungsfähigkeit!), Personaleinsatzplanung.

---

1 Vgl. Bartölke, K., Anmerkungen zu den Methoden und Zwecken der Leistungsbeurteilung, in: Zeitschrift für betriebswirtschaftliche Forschung 24 (1972), S. 650 ff.

(3) Evaluation der **Effizienz personalpolitischer Instrumente**: Ermittlung der Validität von Verfahren für die Auswahl von Bewerbern und für die Zuweisung von Positionen; Analyse des Erfolgs aller Arten von Aus- und Weiterbildungsmaßnahmen.

(4) Ermittlung relevanter Informationen für die Bestimmung des **Fort- und Weiterbildungsbedarfs** sowie der inhaltlichen Gestaltung (der Ziele) der Fort- und Weiterbildungsveranstaltungen.

(5) Steigerung der **Motivation und Förderung der individuellen Entwicklung** von Organisationsmitgliedern. Zum einen wird erwartet, daß die Vorstellung, beurteilt zu werden, leistungsstimulierend wirkt und daß die Mitteilung kritischer Leistungsaspekte zu einer Änderung des Leistungsverhaltens führt. Zum anderen sollen mit Leistungsbeurteilungen Stärken und Schwächen in Wissen, Einstellungen und Fähigkeiten der Mitarbeiter aufgezeigt werden, um individuelle Entwicklungsprozesse anzustoßen.

(6) **Information der Mitarbeiter:** Nach § 82 II BetrVG können Arbeitnehmer verlangen, daß mit ihnen die Beurteilung ihrer Leistungen sowie die Möglichkeit ihrer beruflichen Entwicklung im Betrieb erörtert wird.

Es ist wichtig zu sehen, daß diese Zwecke der Personalbeurteilung in einem **konfliktären** Verhältnis zueinander stehen. Ein Teil der Zwecke, nämlich (1)-(4) läuft auf eine möglichst scharfe Diskriminierung des Leistungsverhaltens hinaus, während andere die Förderung des Mitarbeiters und seine Motivierung anstreben. So setzen z.B. personelle Auswahlentscheidungen eine Einschätzung der Qualität der Mitarbeiter und damit auch möglichst präzise Informationen über ihre Schwächen voraus. Eine negative Einschätzung der Arbeitsleistung und des Entwicklungspotentials ist aber wenig geeignet, die Arbeitsmotivation zu steigern. Eine solche Information führt häufig zu Entmutigung, Frustration und zur Ablehnung der Beurteilung, letzteres zumal dann, wenn Fremdurteil und Eigenurteil über die erbrachte Leistung auseinanderfallen. Dieser Konflikt verschärft sich, wenn die Beurteilungsmethode auf einer Art Null-Summen-Spiel derart aufbaut, daß die Verbesserung eines Mitarbeiters immer nur bei Verschlechterung eines anderen darstellbar ist.

Für Vorgesetzte führt die **gleichzeitige** Verfolgung dieser Zwecke zu einem Rollenkonflikt, der die eingangs erwähnte ambivalente Haltung zu Beurteilungssystemen verständlich macht.[2] Der Evaluationszweck versetzt sie in die Rolle des unbestechlichen **Richters**, der für eine objektive Beurteilung ein möglichst hohes Maß an sozialer Distanz und Unabhängigkeit anstreben sollte. Der Motivations- und Förderungszweck erfordert dagegen **Ermutigung** und **emotionale Anteilnahme**, um dem Mitarbeiter die für eine Verbesserung der Leistung notwendige Wertschätzung und Unterstützung geben zu können. Wer einen Lernprozeß unterstützen will, muß Vertrauen aufbauen und Mut machen, vor allem aber eine nicht-verletzende Einsicht in die eigenen Schwächen fördern können. Ein „Richter", der die Ergebnisse seiner unbestechlichen Beobachtungen bekannt gibt,

2 Vgl. Beer, M., Performance appraisal, in: Lorsch, J.W. (ed.), Handbook of organizational behavior, Englewood Cliffs, N.J. 1987, S. 288 ff.

wird eine solche Atmosphäre nicht aufbauen können. Seinen Urteilen schlägt für gewöhnlich Mißtrauen und Angst entgegen; um sich gegen mögliche Verletzungen zu schützen, werden schon im Vorfeld Abwehrbarrieren errichtet.[3]

Ein weiterer Konflikt liegt in den divergierenden Zwecken von **Individuum und Organisation**. Organisationsmitglieder erwarten von ihrer Beurteilung eine positive Würdigung ihrer Leistung und die Erreichung von Gratifikationen, die mit einer guten Beurteilung verbunden sind (z.B. Beförderung, Gehaltserhöhung). Die Organisation erwartet dagegen von den Individuen in erster Linie Offenheit für Kritik und Verbesserungsvorschläge, so daß eine Leistungssteigerung erreicht werden kann. Das Organisationsmitglied wird sich dieser Erwartung jedoch solange und soweit entziehen, wie das Eingeständnis von Schwächen **negative Konsequenzen** nach sich zieht, wie etwa vorläufige Nicht-Beförderung oder Versetzung auf eine andere, weniger anspruchsvolle Position. Während also ein Teil der Zwecke Abwehrverhalten geradezu provoziert, sind die anderen Zwecke nur bei Offenheit zu verwirklichen.

Die aufgezeigten Konflikte werden nicht endgültig lösbar sein; Organisationen müssen sich letztlich entscheiden, welche Ziele sie mit dem Beurteilungssystem **vorrangig** verfolgen möchten. Es gibt jedoch einige Vorschläge, die die Konflikte besser handhabbar machen:

(1) Teilung des Systems

Ein erster Vorschlag läuft darauf hinaus, die konfligierenden Teile zu separieren, d.h. die Organisation betreibt ein System, das primär dem Förderungszweck dient, und daneben ein anderes, das vorrangig Selektionsfunktionen erfüllt. Vorgesetzte hätten ihre zwei rivalisierenden Rollen dann nicht mehr simultan, sondern in zeitlichem Abstand und in verschiedenen Kontexten zu erfüllen.[4]

(2) Verwendung geeigneter Beurteilungsmethoden

Einsatz von Beurteilungsmethoden, die den Basis-Konflikt zwischen Evaluation und Entwicklung nicht noch verschärfen (z.B. Beurteilung von Charaktermerkmalen), sondern die die Beurteiler zu einer unvoreingenommenen, arbeitsbezogenen Informationssammlung anleiten und dadurch der Akzeptanz des Urteils eher förderlich sind.

Die verschiedenen Methoden und grundsätzlichen Vorgehensweisen seien im nachfolgenden näher erläutert.

---

3 Vgl. Pearce, J.L./Porter, L.W., Employee responses to formal performance appraisal feedback, in: Journal of Applied Psychology 71 (1996), S. 211-218.

4 Vgl. Meyer, H.H./Kay, E./French, R.P., Split roles in performance appraisals, in: Harvard Business Review 43 (1965), Nr. 1, S. 123-129.

14.3 Ansätze der Personalbeurteilung

In der Literatur finden sich im wesentlichen drei Grundkonzeptionen zur Personalbeurteilung: (1) der Eigenschafts-, (2) der Tätigkeits- und (3) der Ergebnisorientierte Ansatz. Wie in Abbildung 14.1 gezeigt, setzen diese an jeweils unterschiedlichen Punkten des Leistungsprozesses an.

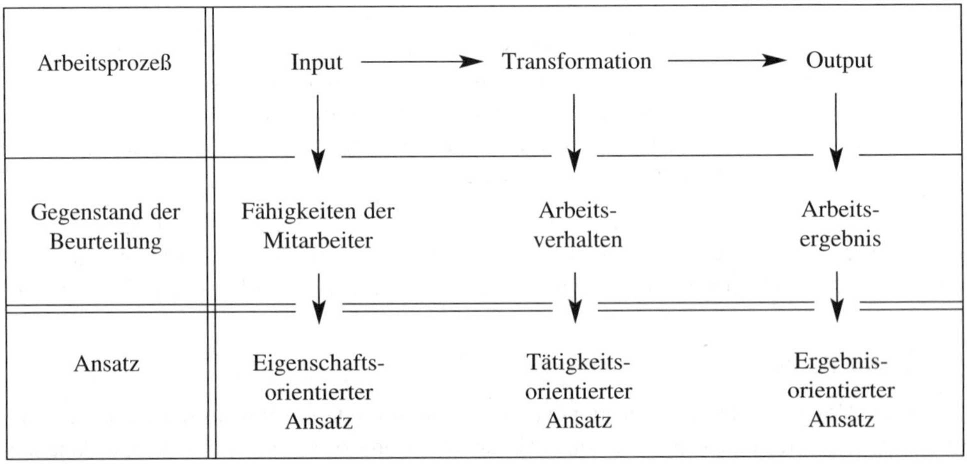

Abb. 14.1: Ansätze der Personalbeurteilung

(1) **Eigenschaftsorientierter Ansatz (Input):** Im Mittelpunkt der Beurteilung steht die Persönlichkeit des Mitarbeiters. Es interessiert vor allem das Vorhandensein bestimmter, **für relevant erachteter Eigenschaften** (z.B. Loyalität, Dominanz, Intelligenz, Kreativität). Eigenschaften werden dabei als universelle und generelle Verhaltensdispositionen betrachtet.

(2) **Tätigkeitsorientierter Ansatz (Transformation):** Zu beurteilen ist, „wie" die Person arbeitet, d.h. die **Art** des **Tätigkeitsvollzuges**. Ausgehend von den spezifischen Anforderungen einer Tätigkeit soll beurteilt werden, inwieweit ein diesen entsprechendes Verhalten gezeigt wurde. Beurteilt wird also nicht die Persönlichkeit schlechthin, sondern das konkrete beobachtbare Arbeitsverhalten.

(3) **Ergebnisorientierter Ansatz (Output):** Gegenstand der Beurteilung ist das Ergebnis der Tätigkeit, das anhand von vorab festgelegten Zielen eingeschätzt werden soll. Im Mittelpunkt der Beurteilung steht also das, was von dem Mitarbeiter tatsächlich erreicht wurde.

Aufgrund der stark subjektiven Komponente und der wissenschaftlich äußerst fragwürdigen Grundlagen von (1) ist heute in der Praxis eine starke Präferenz für (2) und (3) feststellbar. Der notwendige Nachweis, daß die spezifizierten Eigenschaften einen eindeutigen Rückschluß auf die erbrachte Leistung zulassen, konnte nicht erbracht werden.[5] Abgesehen davon ist eine Beurteilung der Persönlichkeit ungeschulten Beobachtern selten möglich; sie artet allzu leicht in eine bloße Reproduktion von Vorurteilen aus.

14.3.1 Der Tätigkeitsorientierte Ansatz

Ausgangspunkt für jede tätigkeitsorientierte Personalbeurteilung ist eine gute Kenntnis der Arbeitsinhalte. Erst wenn bekannt ist, welche Anforderungen eine Stelle tatsächlich an den Inhaber richtet, kann auch sein Arbeitsverhalten angemessen beurteilt werden. Auf die verschiedenen Verfahren der **Arbeitsanalyse**, die hier im Vorfeld zur Erfassung und Strukturierung der Anforderungen eingesetzt werden müssen, sei hier nur am Rande verwiesen.[6]

Um die tätigkeitsbezogenen Urteile zu ordnen und vergleichbar zu machen, ist eine Reihe von Methoden entwickelt worden. Einige der gängigeren seien nachfolgend erläutert:

(1) Einstufungs-Skalen
Dies ist die am häufigsten verwendete Methode in Personalbeurteilungssystemen. Die Beurteilung erfolgt anhand von mehrstufigen (in der Regel: fünf- oder siebenstufigen) Skalen, die für eine Reihe von Beurteilungsmerkmalen vorgegeben werden (vgl. dazu die Beispiele in Abbildung 14.2).

In der Mehrzahl der Fälle wird hier mit Standarddimensionen gearbeitet, so daß verschiedene Tätigkeiten damit gleichermaßen erfaßt werden können. Kritisch für die Wirksamkeit der Methode ist jedoch die Triftigkeit der zu messenden Merkmale. Häufig fällt es den Vorgesetzten schwer, das Arbeitsverhalten ihrer Mitarbeiter in den typisierten Merkmalen und Niveaus wiederzufinden, weil diese die spezifischen Anforderungen der jeweiligen Stelle häufig nur sehr unscharf widerspiegeln. Von Beurteilungsmerkmalen muß jedoch im Sinne des tätigkeitsorientierten Ansatzes erwartet werden, daß sie im Arbeitsverhalten verankert sind, und die Erstellung eines spezifischen Leistungsprofils erlauben. Um dieses Problem zu lösen, wurden neue Verfahren der Skalenkonstruktion entwickelt.[7] Zwei davon seien kurz erläutert:

Bei den sog. **Verhaltenserwartungsskalen** werden die Skalenstufen durch Kurzbeschreibungen typischer arbeitsplatzbezogener Verhaltensweisen definiert („verankert“).

---

5 Vgl. dazu auch oben zur Kritik am „Eigenschaftsansatz“ der Führung, S. 575.

6 Vgl. insbesondere McCormick, E.J./Jeanneret, P.R./Mecham, R.C., The development and background of the Position Analysis Questionnaire (PAQ), Purdue 1969, sowie Hentze, J., Personalwirtschaftslehre, Bd. 2, 6. Aufl., Bern/Stuttgart 1995.

7 Vgl. dazu den klassischen Beitrag von Smith, S./Kendall, L.M., Retranslation of expectations: An approach to the construction of unambiguous anchors for rating scales, in: Journal of Applied Psychology 47 (1963), S. 149-155.

Verbale numerische Skalenverankerung

(z. B. „Zusammenarbeit“)

1	2	3	4	5
Ausgeprägte Fähigkeit zur Zusammenarbeit, hat dennoch eine eigene Meinung, kann andere positiv beeinflussen	Gute Fähigkeit zur Zusammenarbeit, hat eine eigene Meinung, wird von den anderen geschätzt	Ist fähig zur Zusammenarbeit, stellt eigene Meinung nicht in den Vordergrund, wird von den anderen als angenehm empfunden	Zeigt wenig Neigung zur Zusammenarbeit, hält mit seiner Meinung zurück, bleibt unauffällig	Zeigt keine Neigung zur Zusammenarbeit

Pole verbal/Zwischenwerte numerisch

(z. B. „Konzentrationsfähigkeit“)

Zeigt sehr gute Konzentrationsfähigkeit bei allen Tätigkeiten, ist stets mit ganzer Aufmerksamkeit bei der Sache	□ □ □ □ □ □ 1 2 3 4 5 6	Ist konzentrationsschwach, mit seinen Gedanken oft abwesend, bedarf deshalb der ständigen Beaufsichtigung und Kontrolle

Quelle: Batz, M./Schindler, U., Personalbeurteilungssysteme auf dem Prüfstand, in: Zeitschrift Führung + Organisation 53 (1983), S. 431 (modifiziert)

Abb. 14.2: Beispiele für Einstufungsskalen

Für jede Leistungsdimension wird in einem aufwendigen Verfahren eine Skala entwickelt, die die verschiedenen Leistungsniveaus wiedergibt (vgl. Abb. 14.3). In diesem Verfahren werden Beurteiler also aufgefordert, sich das Arbeitsverhalten des Mitarbeiters im Hinblick auf die aufgelisteten Dimensionen (= Erwartungen) zu vergegenwärtigen und dann das gezeigte Leistungsverhalten mit den alternativen Niveaus der Skala zu vergleichen und die passendste Stufe zu bestimmen.

Einen ebenfalls wesentlich verfeinerten Skalentyp stellen die sog. **Verhaltensbeobachtungsskalen** dar. Hier werden auf systematischem Wege Leistungsdimensionen im Sinne von anforderungsgerechten Verhaltensweisen ermittelt; Beurteiler haben dann anzugeben, wie oft sie bei dem Mitarbeiter dieses Verhalten beobachtet haben.

Insgesamt gesehen stellen alle diese Verfahren sehr hohe Anforderungen an das Beobachtungs- und Differenzierungsvermögen der Beurteiler, da sie in der Regel 8-12 Beurteilungsmerkmale nach 5-7 (manchmal sogar mehr) Leistungsstufen beurteilen müssen.

Leistungsdimension: Führung des Verkaufspersonals

Vermittelt dem Verkaufspersonal klare Vorstellungen über dessen Aufgaben und Verantwortungsbereiche; arbeitet taktvoll und freundlich mit Untergebenen zusammen; nimmt effiziente und gerechte Arbeitseinteilung vor und ergänzt formale Trainingsmaßnahmen durch persönliche Anleitung; hält sich laufend informiert über das, was sein Verkaufspersonal am Arbeitsplatz tut und hält sich bei Vereinbarungen mit Untergebenen an die Unternehmenspolitik.

Leitet sein Personal durchweg effektiv an und erreicht durch gezielte Förderung und geschickte Motivierung Spitzenleistungen seiner Mitarbeiter.	9	Man könnte von diesem Abteilungsleiter erwarten, daß er für zwei neue Mitarbeiter ein ganztägiges Verkaufspraktikum durchführt und sie so in die Gruppe der besten Verkaufsmitarbeiter der Abteilung führt.
	8	Man könnte von diesem Abteilungsleiter erwarten, daß er seinen Mitarbeitern ein starkes Gefühl des Vertrauens und der Verantwortlichkeit vermittelt, indem er viele wichtige Aufgaben an sie delegiert.
	7	Man könnte von diesem Abteilungsleiter erwarten, daß er es nie versäumt, wöchentliche Trainingsveranstaltungen mit seinen Mitarbeitern zu festgelegten Terminen durchzuführen und ihnen genau mitzuteilen, was er von ihnen erwartet.
	6	Man könnte von diesem Abteilungsleiter erwarten, daß er sich gegenüber seinen Mitarbeitern höflich und korrekt verhält.
Leitet sein Personal überwiegend befriedigend an und fördert und motiviert seine Mitarbeiter so, daß sie ihre Aufgaben zumeist befriedigend bewältigen.	5	Man könnte von diesem Abteilungsleiter erwarten, daß er Verkaufspersonal daran erinnert, auf Kunden zu warten, anstatt sich untereinander zu unterhalten.
	4	Man könnte von diesem Abteilungsleiter erwarten, daß er sich vor seinen eigenen Mitarbeitern kritisch über die Qualität des Kaufhauses äußert und so die Entwicklung negativer Einstellungen bei den Mitarbeitern riskiert.
	3	Man könnte von diesem Abteilungsleiter erwarten, daß er einen Mitarbeiter auch dann auffordert zur Arbeit zu kommen, wenn dieser angerufen hat, um mitzuteilen, daß er krank ist.
	2	Man könnte von diesem Abteilungsleiter erwarten, da er die einem Mitarbeiter gemachte Zusage, daß dieser in seine frühere Abteilung zurückkehren könne, wenn es ihm in der neuen Abteilung nicht gefällt, nicht einhält.
Verhält sich gegenüber seinem Personal so, daß dessen Leistungsbereitschaft und -fähigkeit durch ihn eher verschlechtert wird.	1	Man könnte von diesem Abteilungsleiter erwarten, daß er einem Mitarbeiter eine umsatzorientierte Gehaltsfestsetzung verspricht, obwohl er weiß, daß ein solches Verfahren gegen die Unternehmenspolitik verstößt.

Bitte geben Sie von Ihnen tatsächlich beobachtete Verhaltensbeispiele an und stufen Sie diese unter Zugrundelegung der obigen Skala ein: ______________________________

____

____

____

Quelle: Domsch, M./Gerpott, T. J., Verhaltensorientierte Beurteilungsskalen, in: Die Betriebswirtschaft 45 (1985), S. 671.

Abb. 14.3: Beispiel für eine Verhaltenserwartungsskala (für Abteilungsleiter eines Kaufhauses)

Kasten 14.1

Beurteilungsfehler

1. **Überstrahlungsfehler („Halo-Effekt"):**

   Der Beurteiler läßt sich von einem Merkmal leiten (positiv oder negativ) und generalisiert diese Einschätzung, d.h. die Beurteilung fällt auf allen Dimensionen mehr oder weniger gleich aus. Beispiel: Der Eindruck „hohe Intelligenz" überstrahlt alle anderen Aspekte des Leistungsverhaltens, wie etwa Pünktlichkeit oder Zuverlässigkeit, d.h. diese werden ebenfalls sehr positiv eingeschätzt, obgleich sie vom faktischen Verhalten her allenfalls durchschnittlich einzuschätzen wären.

2. **Milde-Fehler:**

   Der Beurteiler gibt generell sehr milde Urteile ab, unabhängig von der faktischen Leistung der Beurteilten. In empirischen Studien zeigte sich, daß der Milde-Effekt besonders stark dann auftritt, wenn die Beurteilung für Beförderungszwecke erstellt wird. Dem Milde-Fehler steht als anderes Extrem der „Strenge-Fehler" gegenüber.

3. **Tendenz zur Mitte:**

   Der Beurteiler reiht alle zu Beurteilenden in eine mittlere Position ein; er ist nicht bereit, die einzelnen Leistungen klar voneinander abzuheben.

4. **Hierarchie-Effekt:**

   Die Beurteilung fällt um so besser aus, je höher der hierarchische Rang des Beurteilten ist. Dies ist ein Effekt, der in fast allen Organisationen anzutreffen ist und wohl in dem Bestreben seinen Ursprung hat, Konsistenz zwischen Status und Beurteilung herzustellen.

Die Praxis zeigt deshalb speziell bei dieser Methode eine Reihe von Problemen und Verzerrungen (vgl. Kasten 14.1). Das für Selektionszwecke gravierendste Problem ist die typischerweise geringe **Streubreite** der Urteile. In der Regel wird nur die „bessere" Hälfte der Skala verwendet; bei einer 7-stufigen Skala liegen die Werte gewöhnlich zwischen 1 und 4 mit einem Mittelwert um 3 (Milde-Effekt).

Wie auch immer die Skalen konstruiert sind, für gewöhnlich werden die Ergebnisse für die Weiterverarbeitung stark verdichtet. Häufig werden die einzelnen Skalenwerte zu Gesamtwerten addiert, um diese dann in eine **Rangreihe** (Gruppe, Abteilung etc.) zu bringen. Abgesehen davon, daß methodisch gesehen eine Addition unabhängiger Dimensionen unzulässig ist, bringt die Bildung einer Rangreihe gesonderte Probleme mit sich. Die Beurteilungen lassen sich nicht mehr über verschiedene Abteilungen hinweg vergleichen, weil die Plazierungs-Folge von dem Niveau der jeweiligen Gruppe abhängt, d.h. es kann passieren, daß die schwächste Person in der einen Abteilung mehr leistet als die beste in einer anderen Abteilung. Ferner impliziert dies, daß die Verbesserung einer Person immer eine relative Verschlechterung einer anderen Person nach sich ziehen muß.

(2) Verfahren der erzwungenen Verteilung

Dieses Verfahren wurde entwickelt, vor allem um dem bereits angesprochenen Problem der **mangelnden Streubreite** entgegenzuwirken. Es zwingt den Beurteiler, die zu beurteilenden Personen den entsprechenden Leistungsstufen so zuzuteilen, daß sie einer bestimmten Verteilung, meist der Normalverteilung, entsprechen. Im Hinblick auf bestimmte Leistungsmerkmale sind z.B. 10 % aller Beurteilten als sehr gut (sehr schlecht), 20 % als gut (schlecht) und 40 % als mittel einzustufen (vgl. Abb. 14.4).

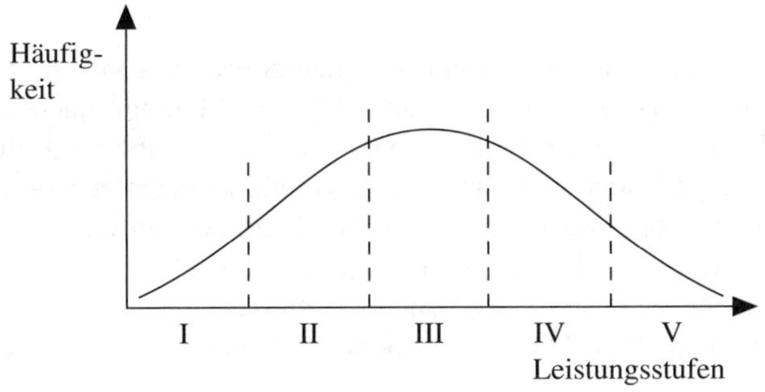

Abb. 14.4: Leistungsgruppen nach Normalverteilung bei fünfstufigen Beurteilsskalen

Diese Methode, die meist nicht alternativ sondern ergänzend zu den Einstufungensverfahren eingesetzt wird, erbringt also scharf herausgefilterte Extremgruppen und eine große, undifferenzierte Mittelgruppe.

Probleme: Unbedingte Voraussetzung für den Einsatz dieses Verfahrens ist, daß die einzelnen Merkmale tatsächlich normal verteilt sind, d.h. mittlere Werte müssen auch wirklich häufiger vorkommen als Extremwerte, sonst werden **Beurteilungsfehler erzwungen**. Statistisch gesehen gilt: Je kleiner die zu beurteilende Gruppe, desto geringer ist die Wahrscheinlichkeit, daß normal verteilte Merkmale vorliegen. Was die anderen Merkmale dieser Verfahren betrifft (Dimensionen, Beurteilungsstufen usw.) ergeben sich dieselben Probleme wie bei den vorgenannten Methoden.

(3) Gruppierte Aussagenliste mit Wahlzwang

Die bisher erläuterten Methoden erlauben es der Beurteilerin, das eigene Urteil zu steuern und damit unter Umständen auch einzelne Personen bewußt zu bevorzugen oder zu benachteiligen (vgl. auch Kasten 14.1). Das soll durch die „forced choice"-Methode ausgeschlossen werden. Bei dieser Methode, die in leicht unterschiedlichen Formen Verwendung findet,[8] liegen der Beurteilerin zahlreiche Beschreibungen von typischen Arbeitsverhaltensweisen vor, meist zu Paaren zusammengefaßt (vgl. Abb. 14.5).

8 Vgl. Jacobs, R.R., Numerical rating scales, in: Berk, R.A. (ed.), Performance assessment, Baltimore 1986, S. 92 f.

(I)	Gibt gute, klare Instruktionen an die Untergebenen	☐
	Kennt seine Leute, ihre Fähigkeiten und Grenzen	☐
(II)	Begünstigt einige seiner Leute	☐
	Macht Versprechungen, von denen er weiß, daß er sie nicht halten kann	☐

Abb. 14.5: Beispiel einer gruppierten Aussagenliste

Die Beurteilerin wählt jeweils aus den zwei (oder mehreren) Aussagen scheinbar **gleich** positiver oder negativer Wertigkeit diejenige aus, die ihrer Meinung nach den zu Beurteilenden treffender bzw. weniger treffend zu charakterisieren vermag. Für die (später zu erstellende) Beurteilung ist jedoch nur eine der positiven bzw. negativen Beschreibungen relevant, die anderen sind sog. „zero-credit-items" und nehmen auf das Ergebnis keinen Einfluß. Die Entscheidung, welche der Items ergebnisrelevant sein sollen, wird nicht willkürlich getroffen, sondern basiert auf Voruntersuchungen, die für diese Items im Gegensatz zu den „zero-credit-items" hohe signifikante Korrelationen mit Effektivitätskriterien ergeben hatten.

Der entscheidende Punkt bei diesem Verfahren besteht darin, daß der **Beurteilerin unbekannt** bleibt, welche Items zählen und welche nicht. Der Bewertungsschlüssel wird geheimgehalten, um subjektive Einflüsse und Manipulationsmöglichkeiten auszuschließen. Die Auswertung der Beurteilung erfolgt in der Personalabteilung. Für jeden Mitarbeiter wird ein Gesamtwert errechnet, der dann die Bildung einer Rangordnung ermöglicht.

Untersuchungen berichten, daß dieses Verfahren gegenüber anderen ein höheres Maß an Objektivität gewährleistet, eine größere Streubreite erbringt und höhere Korrelationen mit objektiven Effektivitätskriterien erzielt.

Probleme: Die Erstellung eines solchen Verfahrens ist sehr aufwendig; die einzelnen Aussagen müssen direkt an den Anforderungen des jeweiligen Arbeitsplatzes validiert sein, sonst ist das Verfahren wertlos. Problematisch ist auch das Procedere, denn der Bewertungsschlüssel kann nur schwer geheimgehalten werden. Wichtiger aber noch ist das Problem, daß sich Beurteiler und Beurteilte zumeist – und das zu Recht – gegen ein Verfahren wehren, das für sie nicht durchschaubar ist. Der Vorgesetzte kann mit dem Untergebenen die Beurteilung nicht im einzelnen durchdiskutieren, weil er selbst nicht weiß, welche Verhaltensweisen als besonders leistungsrelevant betrachtet werden und wie er seinen Mitarbeiter beurteilt hat. Die dadurch erzeugte Situation ist ausgesprochen kontraproduktiv für den Zweck der Mitarbeiterentwicklung.

(4) Methode der kritischen Ereignisse (critical incidents)

Diese Methode geht davon aus, daß es gewisse Verhaltensweisen gibt, die über Erfolg oder Mißerfolg eines Aufgabenvollzugs- und Führungsprozesses entscheiden (kritische Ereignisse).[9] Dem Beurteiler wird für die vom zu Beurteilenden auszuführende Aufgabe eine Liste der wichtigsten Arbeitsanforderungen (critical job requirements) vorgegeben, die z.B. für Ingenieure folgende Punkte enthalten könnte: Technisches Wissen, Kreativität, Entscheidungsfreudigkeit, Koordination und Kooperation mit anderen Gruppen, Weiterbildung etc.

Die Aufgabe des Beurteilers besteht nun darin, den Untergebenen im Hinblick auf diese Kriterien bei der Arbeit zu beobachten und herausragende Ereignisse (critical incidents) positiver oder negativer Art – möglichst gleich im Anschluß – festzuhalten. Auf diese Weise entsteht Stück für Stück ein Verhaltensprotokoll, das ausführlich über das Leistungsverhalten des zu Beurteilenden unterrichtet (vgl. Abb. 14.6).

Die über die Zeit beobachteten kritischen Ereignisse werden nach Häufigkeit und Bedeutung geordnet und bilden so die Grundlage für eine zusammenfassende Beurteilung. Der Vorteil dieser Methode ist darin zu sehen, daß der Vorgesetzte die Beurteilung nicht mehr an diffusen Persönlichkeitsmerkmalen, sondern an konkreten Ereignissen festzumachen hat. Darüber hinaus wird durch die kontinuierliche Protokollführung der häufig zu beobachtenden Tendenz entgegengewirkt, die Beurteilung schwergewichtig auf die kurz vor dem Beurteilungszeitpunkt gezeigten Verhaltensweisen zu stützen.

Probleme: Der gravierendste Nachteil dieses Verfahrens ist der extrem hohe Zeitaufwand für den Vorgesetzten. Ferner werden Vorgesetzte durch diese Methode dazu verleitet, Untergebene permanent zu kontrollieren; es entsteht ein bedrückendes Kontroll-Klima. Das Vorgesetzten-Mitarbeiter-Verhältnis wird dadurch nachhaltig belastet. Untergebene fühlen sich unbehaglich, weil alles, was sie tun, in einem Protokoll seinen Niederschlag findet („Sündenregister“).

Zusammenfassung

Bezogen auf die eingangs genannten **Zwecke** läßt sich resümierend folgendes feststellen: Die bislang dargestellten Methoden eignen sich primär für **Differenzierungs- und Selektionszwecke**, wobei jedoch auch hier deutliche Unterschiede zu machen sind.[10] Was die **Lohn- und Gehaltsdifferenzierung** anbelangt, so muß diese, um dem Prinzip der Äquivalenz von Lohn und Leistung Rechnung tragen zu können, auf der Grundlage von generell gültigen Standards erfolgen. Rangordnungsverfahren und erzwungene Verteilungen lassen keine Berücksichtigung von Standards zu. In etwas gemilderter Form gilt die gleiche Aussage für die gruppierte Aussagenliste mit Wahlzwang und die Methode kritischer Ereignisse; bei letzterer wird insbesondere das normale Leistungsverhalten

9 Vgl. Flanagan, J.C., The critical incidents technique, in: Psychological Bulletin 51 (1954), S. 327-358, sowie Oechsler, W.A., Personal und Arbeit, 7. Aufl. München/Wien 2000, S. 468 ff..

10 Vgl. Bartölke, K., Anmerkungen zu den Methoden und Zwecken der Leistungsbeurteilung, in: a.a.O., S. 658.

a. rotes Formular (–)

Erkennen von Problemsituationen

A. Erkennt nicht das Problem
B. Erkennt nicht die Bedeutung des Problems
C. Erkennt nicht die spezielle Situation

Datum	Item	Ereignis
17.7.	C	Verschleppt einen Eilbrief

Eine Eilzustellung ging zur gleichen Zeit wie die reguläre Post ein. Anstatt den Eilbrief zuerst vorzulegen, legt er ihn zur normalen Post.

b. blaues Formular (+)

Erkennen von Problemsituationen

A. Erkennt das Problem, sobald es auftritt
B. Erkennt die Bedeutung des Problems
C. Erkennt die Situation, die zu einem Problem führt

Datum	Item	Ereignis
17.7.	C	Schmelzofenproblem

Der Mitarbeiter hat an einem Freitag bis spät gearbeitet. Er entdeckt einen elektrischen Schmelzofen, der versehentlich abgeschaltet war. Er ruft daraufhin seinen Vorgesetzten zuhause an. Diese Handlung verhindert, daß der Ofen über das Wochenende auskühlt.

Quelle: Liebel, H.J., Personalführung durch Verhaltensbewertung, in: Oechsler, W./Liebel, H.J., Leistungsbeurteilung, Bamberg 1987, S. 135.

Abb. 14.6: Beispiel für ein Protokoll „kritischer Ereignisse“

vernachlässigt. Die Einstufungsskalen lassen dagegen im Prinzip eine Verankerung in Standards zu und sind somit grundsätzlich für eine Lohn- und Gehaltsdifferenzierung geeignet. Bei personellen Auswahlentscheidungen verhält es sich gerade umgekehrt. Die eindeutigsten Selektionsinformationen liefern Rangordnungsverfahren, erzwungene Verteilung und gruppierte Aussagenliste mit Wahlzwang. Bei alledem darf nicht vergessen werden, daß die prognostische Qualität von Vorgesetztenurteilen eher bescheiden ist (selten höher als r = 0,45).[11]

11 Vgl. z.B. Hunter, J.E./Hunter, R.F., Validity and utility of alternative predictors of job performance, in: Psychological Bulletin 96 (1984), S. 72 ff.

Was die **Motivation und die individuelle Entwicklung** betrifft, so wurde bereits betont, daß Rangordnungsverfahren und erzwungene Verteilung ungeeignet sind, da sie nur relative Qualifikationen (aus Normalverteilung oder Rangordnung vergleichbarer Mitarbeiter) erfassen und keine Informationen über objektive Stärken und Schwächen erbringen. Die gruppierte Aussagenliste mit Wahlzwang ist für den Motivationszweck völlig ungeeignet, weil der Mitarbeiter keine hinreichenden diagnostischen Hinweise erhält und vor allem nicht erfährt, wo er sein Leistungsverhalten verbessern soll. Die Verfahren der Skalierung und der kritischen Ereignisse werden manchmal als bedingt geeignet eingestuft, weil sie zumindest Informationen für das Beurteilungsgespräch liefern und unter Umständen auf zu verändernde Verhaltensweisen oder Entwicklungsmöglichkeiten hinweisen.

14.3.2 Der Ergebnisorientierte Ansatz

Einen Versuch, den **Motivationszweck** im Rahmen der Personalbeurteilung besser erreichbar zu machen, stellt der ergebnisorientierte Ansatz dar. Dieser Ansatz, der auf der Selbstregulationstheorie beruht und in Umrissen bereits von McGregor[12] konzipiert wurde, darf jedoch nicht isoliert als eine Personalbeurteilungsmethode, sondern muß als **integraler Bestandteil** eines übergreifenden Führungsmodells gesehen werden, nämlich des Management by Objectives (MbO).[13] Das MbO-Konzept unterscheidet drei Schritte:

(1) Der **erste Schritt** besteht in der Bestimmung der **Ziele** für eine Leistungseinheit (Individuum oder Gruppe). Mit diesem Schritt werden zum einen der erwartete Beitrag des Stelleninhabers für das System festgelegt und zum anderen über die gesetzten Ziele Kriterien für die Beurteilung geschaffen. Die Ziele sollen insbesondere den zwei folgenden Anforderungen genügen:

- **Eindeutigkeit:** Nachdem die Ziele Beurteilungskriterien werden, muß gewährleistet sein, daß ihr Inhalt von allen gleich verstanden wird. Durch die Bezugnahme auf objektive Meßzahlen sollen Interpretationsspielräume weitgehend eingeschränkt werden.

- **Richtiger Schwierigkeitsgrad:** Motivation und Persönlichkeitsentwicklung als Zwecke der Beurteilung werden gefährdet, wenn zu hohe Ziele gesetzt werden (Entmutigung, Frustration bei dauernder Nichterreichung). Umgekehrt stellen aber auch zu niedrige Ziele keinen Anreiz dar.

12 Vgl. McGregor, D., An uneasy look at performance appraisal, in: Harvard Business Review 35 (1957), Nr. 3, S. 89-94.

13 Vgl. Odiorne, G.S., Management by objectives: A system of managerial leadership, New York 1965 (deutsch: München 1967).

Die Zielplanung soll unter aktiver Mitwirkung des Mitarbeiters erfolgen.[14] Das Ergebnis dieses Prozesses sollten – bezogen auf das Leistungsvermögen des Stelleninhabers – realistische und innerhalb der vereinbarten Periode erreichbare Ziele sein, einschließlich solcher Kriterien, an denen die Zielerreichung gemessen wird.

(2) In einem **zweiten Schritt** schätzen der Untergebene und der Vorgesetzte am Ende der vereinbarten Periode ein, inwieweit die gesteckten Ziele erreicht wurden. Die Beurteilung soll erst einmal vom jeweils Betroffenen selbst vorgenommen werden, weil er **selbst** in die Lage versetzt werden soll, seinen eigenen Fortschritt bei der Zielverfolgung zu beurteilen und weil er in der Regel die besten Kenntnisse über die Situation, insbesondere was Störgrößen bei Zielabweichungen betrifft, besitzt. Er selbst soll seine Stärken und Schwächen einschätzen und die Verantwortung für seine Entwicklung tragen. Die Selbstbeurteilung ist der Gegenstand des nachfolgenden **Beurteilungsgesprächs** zwischen Vorgesetzten und Untergebenen, in dem gemeinsam das erzielte Ergebnis diskutiert wird, Verbesserungsmöglichkeiten aufgezeigt und die Richtung für den erneuten Zielbildungsprozeß festgelegt werden.

(3) In einem **dritten Schritt** zeigt der Vorgesetzte Verbesserungsmöglichkeiten auf und legt zusammen mit dem Mitarbeiter die Ziele für den neuen Leistungszyklus fest.

Der ergebnisorientierte Ansatz besitzt einige **grundlegende Vorzüge**: Die Partizipationsmöglichkeiten der Mitarbeiter, die eindeutige Festlegung der Leistungserwartungen und die Möglichkeit zur Selbstkontrolle wirken motivationsfördernd. Darüber hinaus bringt dieser Ansatz mehr Transparenz und Objektivität, weil er Mehrdeutigkeiten der traditionellen Bewertungsmethoden durch operationale Zielstandards vermeidet.

Diesen Vorzügen stehen jedoch einige gravierende **Nachteile** und **Probleme** gegenüber, die weniger in der Beurteilungsmethodik als in dem zugrundeliegenden Führungsmodell ihre Ursache finden:

- Der **Anwendungsbereich** ist eng begrenzt: MbO ist dort nicht einsetzbar, wo es an klaren Arbeitszielen mangelt (z.B. Sekretariat) oder der Handlungsspielraum für selbständige Zielerreichungsmaßnahmen zu eng ist (Fließband). Des weiteren bringt das MbO-System die Gefahr mit sich, daß qualitative Aspekte zugunsten leicht operationalisierbarer und **quantifizierbarer** Ziele vernachlässigt werden.
- Ein wichtiger Kritikpunkt ist ferner, daß dies Aufgabenspektrum häufig aus einer Vielzahl unterschiedlicher Erwartungen besteht, die sich nicht in einer Zielsetzung ausdrücken lassen (vgl. dazu noch einmal Kapitel 4). Die neuerdings so populäre Balanced Scorecard setzt an diesem Punkt an und erweitert das Beurteilungsspektrum auf 4 Dimensionen (vgl. oben S. 238 f.).

---

14 Einige Publikationen zum MbO glauben belegen zu können, daß eine einseitige Zielvorgabe eine stärkere Motivationswirkung entfalte, vgl. z.B. Shalley, C.E./Oldham, G.R./Porac, J.F., Effects of goal difficulty, goal-setting method, and expected external evaluation on intrinsic motivation, in: Academy of Management Journal 30 (1987), S. 553-562; vgl. demgegenüber Nerdinger, F.W., Motivaton und Handeln in Organisationen: Eine Einführung, Stuttgart u.a. 1995, S. 68 ff. und S. 111 ff.

– Das wohl zentralste Problem ist aber die **Abstimmung** von Einzel- und Gesamtzielen. Soll dies ernsthaft betrieben werden, muß das MbO-Leistungsbeurteilungssystem zum integralen Bestandteil der Unternehmensplanung werden und sich den dort definierten Kriterien unterordnen. Eine individualisierte Zielsetzung muß dann in der Tendenz als Störfaktor wirken. Es ist dies wohl auch der Hauptgrund, weshalb die meisten Unternehmen die ergebnisorientierte Beurteilung nur in Kombination mit dem tätigkeitsorientierten Ansatz verwenden.[15]

14.3.3 Prozeßgestaltung statt Methodenoptimierung

Jahrelang hatte man das Problem der Personalbeurteilung im wesentlichen als ein methodisches Problem definiert; man war der festen Überzeugung, daß durch immer ausgefeiltere Methoden eine kontinuierliche Steigerung der Effektivität dieser Systeme erreicht werden kann. Diese Überzeugung erwies sich indessen als trügerisch. In empirischen Untersuchungen zeigte sich, daß die Methodenwahl nicht den Einfluß hat, den man ihr zuschreibt.[16]

Von mindestens ebenso großem, wenn nicht erheblich größerem Einfluß auf den Erfolg erwies sich die **Handhabung des Prozesses** durch den Vorgesetzten und das **organisatorische Milieu**, in dem der Prozeß stattfindet. So ist z.B. die Arbeitsgestaltung von großer Bedeutung, d.h. Mitarbeiter mit anspruchsvollen Arbeitsplätzen haben eine wesentlich positivere Einstellung zum Beurteilungssystem als solche mit monotoner Arbeit.

Es wäre naiv anzunehmen, man könnte ein sozial so sensibles Instrument wie die Beurteilung nach Belieben an jedem Platz zur Entfaltung bringen. Die Leistungsbeurteilung ist mit dem gesamten System der Personalführung eng verflochten, und ihre Wirkung hängt deshalb auch stark von dem Zusammenspiel mit den anderen Maßnahmen der Personalpolitik und der Arbeitsorganisation ab.

In den meisten Untersuchungen zeigt sich, daß das **Beurteilungsgespräch** der **wichtigste Teil** des Leistungsbeurteilungsprozesses ist. Dies ist keinesfalls nur eine Frage des Kommunikationsstiles („Wie teile ich am geschicktesten die Ergebnisse meiner Beurteilung mit?"), sondern eine viel umfassendere Führungsaufgabe, die im Grundsatz zu den Aufgaben **jeder(s) Vorgesetzten** gehört, gleichgültig, ob ein formales Beurteilungssystem installiert ist oder nicht.

---

15 Vgl. Mungenast, M., Grenzen merkmalsorientierter Einstufungsverfahren und ihre mögliche Überwindung durch zielorientierte Leistungsbeurteilungsverfahren, München 1990.

16 Vgl. die General Electric-Studie von, Lawler, E.E./Mohrman, A.M./Resnick, S.M., Performance appraisal revisited, in: Organizational Dynamics 13 (1984), Nr. 1, S. 20 ff.

14.4 Das Beurteilungsgespräch

Viele Vorgesetzte sehen das Führen von Beurteilungsgesprächen als eine äußerst unangenehme Aufgabe an. Sie fühlen starke innere Widerstände, mit den Mitarbeitern offen über ihre Arbeitsleistung, ihre Stärken und ihre Schwächen zu sprechen. Bisweilen erhält das dann schließlich doch geführte Beurteilungsgespräch einen so peripheren und flüchtigen Charakter, daß die Mitarbeiter gar nicht erkennen, daß sie sich in einem Beurteilungsgespräch befinden. Die Mitarbeiter selbst sind allerdings meist sehr stark an dem Beurteilungsgespräch interessiert.

Mehr noch als andere Bereiche der Personalfunktion bedarf deshalb das Mitarbeitergespräch einer vorbereitenden Schulung. Für die Führung eines erfolgreichen Beurteilungsgesprächs haben sich die folgenden sechs Gesichtspunkte als besonders wichtig erwiesen:[17]

(1) Dialog:

Wenn das Beurteilungsgespräch tatsächlich auf eine Verhaltensänderung bei dem Mitarbeiter abzielen soll, muß dieser die Gelegenheit haben, sich aktiv am Gespräch zu beteiligen und nicht nur einem Vortrag zuzuhören. Der Mitarbeiter muß das sichere Gefühl haben, daß man an seinen Überlegungen interessiert ist, daß alle die Probleme, die ihn bedrücken, auch zur Sprache kommen können, daß er auch von sich aus Probleme zum Thema machen kann. Es ist deshalb von zentraler Bedeutung, daß der Mitarbeiter im Beurteilungsgespräch zum Sprechen kommt und Raum für die Darlegung seiner Vorstellungen, Wünsche und Ziele erhält.

(2) Wertschätzung:

Es hat sich als sehr wichtig erwiesen, daß auch und gerade kritische Beurteilungsgespräche auf der Basis einer grundsätzlichen Wertschätzung geführt werden. Verletzende Kritik findet nur Ablehnung und Abwehr zum Schutze der eigenen Persönlichkeit.

(3) Dosierte Kritik:

Zuviel Kritik wirkt entmutigend; es werden offene oder verdeckte Schutzmechanismen hervorgerufen, die den ganzen Feedbackprozeß leerlaufen lassen.

(4) Arbeitsverhalten:

Nur solche Gespräche haben sich als wirkungsvoll erwiesen, die konkret und unmittelbar am Arbeitsverhalten der Mitarbeiterin ansetzen und nicht global an seiner Persönlichkeit. Es geht nicht darum, generelle Persönlichkeitsdispositionen zu erörtern (z.B. „Sie sind ein verschlossener Mensch!"), sondern um konkrete Probleme bei der Arbeit

17 Vgl. Wexley, K.N., Appraisal interview, in: Berk, R.A. (Hrsg.), Performance assessment, Baltimore 1986, S. 169 f.; Beer, M., Performance appraisal, a.a.O; Nagel, R./Oswald, M./Wimmer, R., Das Mitarbeitergespräch als Führungsinstrument, Wiesbaden 1999.

(z.B. „Mir ist aufgefallen, daß der Informationsaustausch zwischen Ihnen und Frau Burger häufig nicht funktioniert“).

(5) Entwicklungsziele:

Es hat sich als sehr wichtig erwiesen, daß in Beurteilungsgesprächen konkrete Pläne entwickelt werden, **wie** eine Verbesserung erzielt werden kann. Im Vordergrund muß die zukunftsgerichtete Problemlösung stehen und nicht der rückwärtsgewandte Tadel für irgendwelche Vorkommnisse oder Versäumnisse.

(6) Offenheit:

Beurteilte schätzen es wenig, wenn Beurteilungsgespräche nach taktischen Mustern aufgebaut werden. Besonders negativ wird die sog. Sandwich-Methode erlebt: Auf eine große lobende Einleitung folgen einige bittere „Einlagen“, um sie dann mit großen lobenden Trostworten abzuschließen. Ist der Aufbau durchschaut, wartet der Beurteilte nur noch ängstlich darauf, wann der bittere Teil kommt.

Um sicherzustellen, daß Beurteilungsgespräche ihren Zweck nicht verfehlen, ist immer wieder eine selbstkritische Prüfung der Vorgesetzten erforderlich. Bisweilen hat es sich auch als hilfreich erwiesen, zu dieser Einschätzung Dritte hinzuzuziehen (Spezialisten aus der Personalabteilung oder Berater). Der in Kasten 14.2 wiedergegebene Fragenkatalog zeigt beispielhaft, nach welchen Gesichtspunkten dieser Selbstprüfungs- oder Supervisionsprozeß gestaltet werden könnte.

14.5 Allgemeine Problemaspekte der Personalbeurteilung

Personalbeurteilungsverfahren, gleichgültig in welcher Form, sind mit einigen grundsätzlichen Problemen behaftet, die es immer wieder zu prüfen gilt – auch dann und insbesondere dann, wenn ein Verfahren schon lange eingeführt ist.

(1) Zurechenbarkeit der Leistung

Grundlegende Voraussetzung jeder Personalbeurteilung ist eine hinreichende Abgrenzbarkeit und Zurechenbarkeit der erbrachten (Arbeits-)Leistung eines Stelleninhabers. Dieser Grundforderung stellen sich aufgrund der Leistungsverflechtung in arbeitsteiligen Organisationen z.T. erhebliche Schwierigkeiten entgegen. Dies nicht nur bei eng verkoppelten Mensch-Maschine-Systemen, sondern auch dann, wenn der zu beurteilende Stelleninhaber in unmittelbarer Zusammenarbeit mit anderen (z.B. Teams) eine Gesamtleistung erbringt, wenn also eine starke Interdependenz im Aufgabenvollzug gegeben ist.

Die Frage der Zurechenbarkeit stellt sich noch in einem grundsätzlicheren Sinne. Die Leistung eines Individuums ist ja – neben den technischen Gegebenheiten – nicht nur eine

Kasten 14.2

Fragenkatalog zur Einschätzung des Beurteilungsgesprächs

Der Einstieg:

1. Gelang es, ein offenes und akzeptierendes Klima herzustellen?
2. Herrschte Übereinstimmung über Zweck und Verlauf des Interviews?
3. Waren beide Parteien gut vorbereitet?

Während des Gesprächs:

4. In welchem Umfang versuchte der Vorgesetzte wirklich, seinen Beschäftigten zu verstehen?
5. War das Feedback klar und spezifisch?
6. Fand der Mitarbeiter Gehör für sein Anliegen? Konnte er neue Gesichtspunkte einbringen?
7. Inwieweit wurde der Mitarbeiter ermutigt, eigene Meinungen vorzutragen?
8. Endete das Gespräch in gegenseitiger Übereinstimmung über Probleme und Verbesserungsansätze?

Ergebnisse:

9. Motivierte die Sitzung den Mitarbeiter?
10. Führte das Gespräch zu einem vertieften Problemverständnis?
11. Verließ der Mitarbeiter das Gespräch mit einer klaren Vorstellung über seine Einschätzung?
12. Lernte der Mitarbeiter etwas Neues über seine Vorgesetzten?
13. Hat der Mitarbeiter eine klare Vorstellung darüber, was zur Verbesserung der Leistungen zu tun ist?

Quelle: Beer, M., Performance appraisal, in: Lorsch, J.W. (Hrsg.), Handbook of organizational behavior, Englewood Cliffs, N.J. 1987, S. 298.

Funktion seiner Fähigkeiten und Fertigkeiten, sondern auch seiner Motivation. Die Motivation wiederum – das haben die vorhergehenden Kapitel gezeigt – ist keine konstante Eigenschaft, die eine stabile Unterteilung in Motivierte und Nicht-Motivierte zuließe, sondern ist neben individuellen Merkmalen auch sehr stark von externen Faktoren abhängig. Als relevante externe Faktoren wurden u.a. bereits genannt: Organisationsstruktur, Vorgesetztenverhalten, Gruppenverhalten, Arbeitsinhalt, Gehalt und frühere Leistungsbeurteilungen. Auch diese Faktoren sind im Prinzip bei der Beurteilung der Individualleistung zu berücksichtigen, eine exakte Lokalisierung dieser Einflüsse ist jedoch nahezu unmöglich. Dem Beurteiler ist deshalb eine sorgfältige Abwägungspflicht aufzuerlegen, um zumindest ungerechtfertigte Zurechnungen zu verhindern (Würdigung der Gesamtsituation).

(2) Vergangenheits- und zukunftsbezogene Personalbeurteilung

Personalbeurteilungen beziehen sich zunächst einmal immer auf die in der Vergangenheit (Beurteilungszeitraum) erbrachte Leistung, d.h. die Beurteilung setzt an dem faktisch gezeigten Verhalten und den erzielten Ergebnissen an. Häufig werden aber Leistungsbeurteilungen zu **Prognosen** verwendet (z.B. Beförderung) unter der Annahme, die beurteilte Person werde sich in Zukunft weiter so verhalten (bzw. weiter so entwickeln), wie es bisher der Fall war, sei es im Hinblick auf den bisherigen oder einen neuen Arbeitsplatz. Eine solche Prognose (Extrapolation) ist jedoch nicht ohne weiteres zulässig; sie gilt nur, wenn die Bedingungskonstellation (Anspruchsniveau, Ziele usw.) als zukünftig stabil vorausgesetzt werden kann. Davon darf aber gewiß nicht generell ausgegangen werden, eine Veränderung der Konstellation ist eher die Regel als die Ausnahme. Um dieses (Prognose-)Risiko zu begrenzen, sollte zumindest jeweils geprüft werden, ob gute Gründe für einen berechtigten Zweifel an der Triftigkeit der Prognose (Extrapolation) bestehen.

(3) Nebeneffekte

Neben diesen systematischen Problemen ist weiterhin auf unerwünschte Nebeneffekte hinzuweisen, die mit der Einrichtung und Praktizierung von Personalbeurteilungsverfahren einhergehen können. So gilt es z.B. die Gefahr zu sehen, daß die Beurteilung neben ihren offiziellen Funktionen regelmäßig auch von inoffiziellen Zwecken überlagert wird. So z. B. von taktischen Überlegungen (Aufbau von „Seilschaften“), von Reziprok-Geschäften mit der unterstellten Gruppe, von Vergeltungsmaßnahmen, indem ungerechtfertigt schlechte (gute) Beurteilungen gegeben oder (implizit) angedroht werden. Solche Verfahrensweisen sind um so leichter möglich, je unpräziser und je weniger arbeitsplatzbezogen die Beurteilungsmerkmale sind.[18] Es sei darauf hingewiesen, daß die allgemeinen Grundsätze einer formalen Leistungsbeurteilung nach § 94 II BetrVG der Zustimmung des Betriebsrates bedürfen. Kommt eine Einigung über den Inhalt nicht zustande, entscheidet die Einigungsstelle.

Von dieser auf die spezielle Beurteilungssituation bezogenen Problematik sind solche unerwünschten Nebeneffekte zu unterscheiden, die mit der Personalbeurteilung als Ganzes verbunden sind. So wird von Belegschaftsvertretern häufig auf die Gefahr der **Diskriminierung** älterer Arbeitnehmer oder Frauen hingewiesen. Beurteilungssysteme sollten deshalb in regelmäßigen Abständen auf solche systematischen Verzerrungen hin untersucht werden.[19] Ein gewisses Gegengewicht bildet das Prinzip, wonach jede Beur-

18 Vgl. Klimecki, R.G./Gmür, M., Personalmanagement, Stuttgart 1998, S. 272 f.

19 Vgl. Heinrich, M./Erndt, H., Leistungsbeurteilung zur Fundierung personeller Ausleseentscheidungen, in: Zeitschrift f. Arbeitswissenschaft 34 (1980), S. 89-96, sowie die Beiträge in: Krell, G. (Hrsg.), Chancengleichheit durch Personalpolitik, 2. Aufl., Wiesbaden 1998.

teilung für den Beurteilten **voll einsehbar** sein muß. Dies ist eine Forderung, die sich ohnehin aus den einschlägigen Vorschriften des BetrVG ergibt (§§ 82, 83); das Anlegen von Geheimakten ist verboten. Beurteilte müssen zugleich die Möglichkeit haben, bei einem aus ihrer Sicht nicht akzeptablen Urteil Klärungsschritte einzuleiten, d.h. es muß dafür ein Konfliktlösungsverfahren institutionalisiert sein (vgl. §§ 84, 85 BetrVG).

(4) Selektivität

Die Erstellung einer Personalbeurteilung macht einen komplexen Informationsverarbeitungsprozeß erforderlich: Verhaltensweisen müssen beobachtet, wichtige Details und Kontextumstände erinnert, Widersprüche integriert, das eigene Perzeptionssystem mit dem des Mitarbeiters, dem anderer Beurteiler und dem System der Verfahrensvorschriften abgeglichen werden usw. Um schließlich zu einer stimmigen Bewertung vorzustoßen, muß der Beurteiler zwangsläufig selektiv vorgehen und den Vorgang **vereinfachen**. Personalbeurteilungen werden deshalb immer partiell willkürlich sein.

Dieses Problem läßt sich auch durch noch so gute Methoden nicht aus der Welt schaffen, es ist eine Folge der komplexen Aufgabe. Um so mehr gilt es, diesem Selektionsproblem Aufmerksamkeit zu schenken und kompensierende Gegengewichte zu schaffen. Als ein mögliches Korrektiv wird häufig der systematische Einbezug von Selbst- und Kollegenbeurteilungen in den Beurteilungsprozeß vorgeschlagen.[20] Im Zentrum der **Selbstbeurteilung** steht eine Beurteilung der Leistungen durch die zu Beurteilenden selbst.[21] Im Hinblick auf die Informationsgewinnung erscheint diese Form der Beurteilung vorteilhaft: haben doch die zu Beurteilenden wie sonst niemand Zugang zu Informationen über ihr eigenes Leistungsverhalten. Auf der anderen Seite wird häufig auf eine große Abweichung zwischen Selbst- und Fremdurteilen hingewiesen, die insbesondere im Kontext der Beziehung von Vorgesetzten und Untergebenen stark ausgeprägt ist. So würden Vorgesetzte und Untergebene z.B. die Bedeutung verschiedener Leistungsbeurteilungskriterien oft sehr unterschiedlich einschätzen. Zudem sei ganz generell eine Überschätzung der eigenen Leistungen zum Schutz des Selbstwertgefühls zu verzeichnen.[22] Aus diesem Grunde eignet sich in besonderem Maße das ergebnisorientierte Verfahren für diesen Zweck. Dort sind die Ziel-Kriterien so eindeutig formuliert, daß ohnehin einer Selbsteinschätzung der Vorrang gegeben wird. Bisweilen kommt es allerdings zum genau gegenläufigen Effekt in Form einer allzu kritischen Beurteilung der eigenen Leistungen; die Unternehmenskultur, vor allem aber die Landeskultur scheint hier eine große Rolle zu spielen.[23]

---

20 Vgl. Campbell, D.J./Lee, C., Self-appraisal in performance evalutation, in: Academy of Management Review 13 (1988), S. 307 ff.

21 Zur folgenden Charakterisierung vgl. Grieger, J./Bartölke, K., Beurteilung als Systembestandteil wirtschaftlicher Organisationen, in: Selbach, R./Pullig, K.-K. (Hrsg.), Handbuch Mitarbeiterbeurteilung, Wiesbaden 1992, S. 67-105, hier S. 97. Grundsätzlich auch Moser, K.: Selbstbeurteilung beruflicher Leistung: Überblick und offene Fragen, in: Psychol. Rundschau 50 (1999), S. 14 ff.

22 Zu dieser Tendenz zur Überschätzung vgl. auch Pullig, K.-K., Selbstbeurteilung im Rahmen der Personalentwicklung, in: Selbach, R./Pullig, K.-K., Handbuch Mitarbeiterbeurteilung, Wiesbaden 1992, S. 155 f.

23 Vgl. z.B. Fahr, J.L./Dobbins, G.H./Cheng, B.S., Cultural relativity in action: A comparison of self-ratings made by Chinese and US workers, in: Personnel Psychology, 44 (1991), S. 129-145.

Selbstbeurteilungen sind nur sinnvoll in Kombination mit anderen Beurteilungsformen. Die sich selbst Beurteilenden wissen dann, daß sie ihre Urteile im Gespräch mit anderen zu vertreten und zu begründen haben. So könnte man z.B. den Mitarbeiter anhand eines geeigneten Beurteilungsbogens zunächst zur Beurteilung seiner Leistungen auffordern und diese Selbstbeurteilung dann in einem Beurteilungsgespräch mit dem Fremdurteil der Vorgesetzten und/oder der Kollegen vergleichen und Abweichungen sowie Übereinstimmungen diskutieren. Die Übergänge zum Beurteilungsgespräch im oben beschriebenen Sinne sind hier fließend. Die dort aufgezeigten Anforderungen an ein erfolgreiches Beurteilungsgespräch gelten – in entsprechend modifizierter Art und Weise bzw. Rollenverteilung – auch im Kontext dieser neuen Beurteilungsform.

Eine weitere Möglichkeit zur (teilweisen) Kompensation der Selektivität der „klassischen" Personalbeurteilung durch den Vorgesetzten bietet zudem die **Kollegen- oder Gleichgestelltenbeurteilung**. Sie basiert im wesentlichen auf der Annahme, daß Arbeitskollegen im Rahmen ihrer unmittelbaren Zusammenarbeit eine Vielzahl von gegenseitigen Beobachtungsmöglichkeiten haben, die weder den über- noch den untergeordneten Organisationsmitgliedern zur Verfügung stehen, und die auf dieser Grundlage auch das jeweilige Arbeitsverhalten gut beurteilen können.[24] Diese Form der Personalbeurteilung erscheint insbesondere im Hinblick auf die zunehmende Verbreitung von teilautonomer Gruppenarbeit bzw. Projektarbeit von großer Bedeutung, hat jedoch von den neuen Beurteilungsformen in der Praxis bislang die geringste Akzeptanz gefunden. Dies dürfte nicht zuletzt auf die mit „Seitwärtsbeurteilungen" verbundenen „politischen" Aspekte (Reziprokgeschäfte, Mobbing usw.) zurückzuführen sein.[25]

14.6 Vorgesetztenbeurteilung

Bei der **Vorgesetztenbeurteilung** bewerten Mitarbeiter ihre direkten Vorgesetzten im Hinblick auf ihr Führungsverhalten und/oder ihre Kenntnisse und Fähigkeiten. Dieser neuen Form der Personalbeurteilung werden insbesondere die folgenden Funktionen zugeschrieben:[26]

(1) Diagnosefunktion: Zum einen kann man durch eine Vorgesetztenbeurteilung feststellen, wie die Mitarbeiter das Führungsverhalten ihres Vorgesetzten empfinden und beurteilen. Diese Information kann sowohl für den Vorgesetzten selbst als auch für die Personalabteilung von Bedeutung sein.

---

24 Vgl. Grieger, J./Bartölke, K., Beurteilungen als Systembestandteil wirtschaftlicher Organisationen a.a.O., S. 97.

25 Vgl. Domsch, M./Gerpott, T.J., Personalbeurteilung, in: Handwörterbuch des Personalwesens, hrsg. von E. Gaugler und W. Weber, 2. Aufl., Stuttgart 1992, Sp. 1635.

26 Vgl. Domsch, M., Vorgesetztenbeurteilung, in: Selbach, R./Pullig, K.-K. (Hrsg.), Handbuch Mitarbeiterbeurteilung, a.a.O., S. 255-298; Brinkmann, R.D., Vorgesetzten-Feedback, Heidelberg 1998..

(2) Personalentwicklungsfunktion: Dabei kann die Vorgesetztenbeurteilung auch Ansatzpunkte sowie ggf. einen Anreiz zur Weiterentwicklung der Führungsfähigkeit bzw. des Führungsverhaltens bieten. Interessant und motivierend erscheint in diesem Zusammenhang z.B. ein Vergleich der Beurteilungen des Vorgesetzten durch die Mitarbeiter („Fremdbild") mit dem Selbstbild des Vorgesetzten.

(3) Kontrollfunktion: Darüber hinaus stellt die Vorgesetztenbeurteilung eine wichtige Möglichkeit dar, die Auswirkungen bestimmter Verhaltensänderungen zu überprüfen und festzustellen, inwieweit sie von den Mitarbeitern bemerkt wurden.

(4) Motivationsfunktion: Zudem erhofft man sich von einer Vorgesetztenbeurteilung eine Erhöhung der Arbeitszufriedenheit und damit auch der Arbeitsmotivation der Mitarbeiter.

(5) Partizipationsfunktion: Nicht zuletzt wird die Vorgesetztenbeurteilung auch als Möglichkeit zur Umsetzung der Idee des partizipativen Managements betrachtet. Voraussetzung hierfür ist jedoch, daß die Beurteilung für den Vorgesetzten ähnlich folgenreich ist, wie die von oben nach unten gerichtete Mitarbeiterbeurteilung durch den Vorgesetzten. Wird der Umgang mit den Informationen und Urteilen der Mitarbeiter völlig ins Belieben des Vorgesetzten gestellt, so kann dieses Instrument allenfalls eine „Scheinpartizipation" erzeugen. [27]

Abbildung 14.7 gibt einen Überblick über verschiedene Einsatzformen der Vorgesetztenbeurteilung bzw. der „Vorgesetzten-Einschätzung" in einer Reihe von bekannten Unternehmen. Aus Abbildung 14.7 wird deutlich, daß bei der Vorgesetztenbeurteilung – ähnlich wie bei der traditionellen „Abwärtsbeurteilung" der Mitarbeiter durch die Vorgesetzten – in der Regel schriftliche Verfahren verwendet werden. Somit können hier im Prinzip ähnliche Ansätze und Instrumente eingesetzt werden, wie bei der Beurteilung von Untergebenen durch ihre Vorgesetzten. Dementsprechend verweisen wir an dieser Stelle auf die Beschreibung und die kritische Würdigung einschlägiger Ansätze und Instrumente in Kapitel 14.3. Allerdings gilt es natürlich, die Kriterien entsprechend anzupassen. Mögliche Bezugspunkte sind in diesem Zusammenhang z.B. die Kernelemente von hauseigenen „Leitsätzen der Führung und Zusammenarbeit". Häufig gewählte Beurteilungskriterien sind etwa Zielvereinbarung, Delegation, Information, Entscheidung, Motivation, Konflikthandhabung oder Zusammenarbeit. Die Ergebnisse können DV-gestützt – beispielsweise anhand des sog. „CALA" (Computer Aided Leadership Analysis)–Programms – ausgewertet und zu einem Gesamtprofil verdichtet werden. Für eine ausführliche Besprechung einzelner Items (wie z.B. Delegation) können die im Gesamtprofil nur summarisch dargestellten Befragungsergebnisse dann anhand eines Situationsdiagramms mitarbeiterbezogen ausdifferenziert werden (vgl. dazu Abb. 14.8).

---

27 Vgl. Grieger, J./Bartölke, K., Beurteilungen als Systembestandteil wirtschaftlicher Organisationen, a.a.O., S. 96.

	ESSO AG	BERTELS-MANN AG	BMW AG	LG Stuttgart	Beiersdorf AG
eingesetzt seit	1975	1975	1983	1992	1994
Durchführung	alle 3 Jahre	jährlich	beliebig	alle 2 Jahre	alle 2-3 Jahre
Form	schriftlich	schriftlich	schriftlich	schriftlich	schriftlich
Beteiligung	40-50 %	100 %	60-70 %	70 %	90 %
Art der Durchführung	anonyme Teilnahme ist für die Mitarbeiter freiwillig, für Vorgesetzte besteht Teilnahmepflicht	anonyme Abgabe des Fragebogens ist möglich, Teilnahmepflicht besteht für alle	anonym und freiwillig für alle Beteiligten	anonym und freiwillig für MA, verpflichtend für Vorgesetzte	anonym und freiwillig für alle Beteiligten
Art der Fragen	32 geschlossene Fragen	14 geschlossene Fragen	32 geschlossene Fragen	34 geschlossene Frage	29 geschlossene u. 3 offene Fragen
Verwendung der Ergebnisse	Die Ergebnisse bilden die Grundlage für die Gespräche mit den MA	Die Ergebnisse bilden die Grundlage für die Gespräche mit den MA	Der Vorgesetzte ist aufgefordert, die Ergebnisse den MA bekanntzugeben und zu diskutieren	Die Ergebnisse werden vom Vorgesetzten den MA bekanntgegeben; seit 1994: ein moderiertes Feed-back-Gespräch wird nachdrücklich empfohlen	Die Ergebnisse werden vom Vorgesetzten den MA bekanntgegeben und gemeinsam diskutiert
Wer erfährt die Ergebnisse?	Ergebnisse bleiben vertraulich, können aber bei Konflikten vom nächsthöheren Vorgesetzten eingesehen werden	Der beurteilte Vorgesetzte kann seinen nächsthöheren Vorgesetzten freiwillig über die Ergebnisse und die Maßnahmen informieren	Der beurteilte Vorgesetzte kann seinen nächsthöheren Vorgesetzten freiwillig über die Ergebnisse informieren	Ergebnisse bleiben vertraulich; externe Auswertung	Der beurteilte Vorgesetzte informiert seinen nächsthöheren Vorgesetzten über die Ergebnisse

Quelle: Bergmann, G., Vorgesetzteneinschätzung durch Mitarbeiter: Konzeption, Verfahren, Feedback, in: Personalführung 29(1996), Nr. 1, 40-44, hier: S. 42.

Abb. 14.7: Beispiele zur Praxis der Vorgesetzten-Beurteilung

Neben diesen methodischen Fragen wird darüber hinaus den **Rahmenbedingungen** bei der Durchführung der Vorgesetztenbeurteilung große Bedeutung zugeschrieben. In diesem Zusammenhang werden neben der Anonymität der Ergebnisse für Vorgesetzte und Mitarbeiter oft auch die Transparenz des Verfahrens sowie die anschließende Durchführung eines Feedback-Gesprächs gefordert.[28] Prozeßgestaltung ist auch hier wichtiger als Methodenoptimierung.[29] Ein wirklich fruchtbarer Einsatz dieses Instrumentes ist zu-

28 So z.B. Bergmann, G., Vorgesetzteneinschätzung durch die Mitarbeiter, a.a.O., S. 43.
29 Vgl. hierzu unsere Überlegungen oben S. 706 ff.

CALA	FÜHRUNG UND ZUSAMMENARBEIT	ABTEILUNG
		DATUM

Inwieweit sehen Sie in Ihrer eigenen Arbeitssituation unsere „Leitlinien der Führung und Zusammenarbeit" umgesetzt? Bitte kreuzen Sie zeilenweise, also für jeden Bereich je einen Wert bei „Wichtigkeit" und bei „Realisierung" an.

	Wichtigkeit						Realisierung					
BEREICH	0 = überhaupt nicht erfüllt	1 = sehr gering erfüllt	2 = gering erfüllt	3 = etwas erfüllt	4 = umfangreich erfüllt	5 = sehr umfangreich erfüllt	0 = überhaupt nicht wichtig	1 = sehr gering wichtig	2 = gering wichtig	3 = von gewisser Wichtigkeit	4 = von hoher Wichtigkeit	5 = von sehr hoher Wichtigkeit
1. Zielvereinbarung												
2. Delegation												
3. Information												
4. Entscheidung												
5. Motivation												
6. Beurteilung												
7. Personalentwicklung												
8. Kontrolle												
9. Konflikthandlung												
10. Zusammenarbeit												

Bereich (B_k)	Abteilung (0_1) hier: Unternehmensplanung (0_5)
B_1	Zielvereinbarung
B_2	Delegation
B_3	Information
B_4	Entscheidung
B_5	Motivation
B_6	Beurteilung
B_7	Personalentwicklung
B_8	Kontrolle
B_9	Konflikthandhabung
B_{10}	Zusammenarbeit

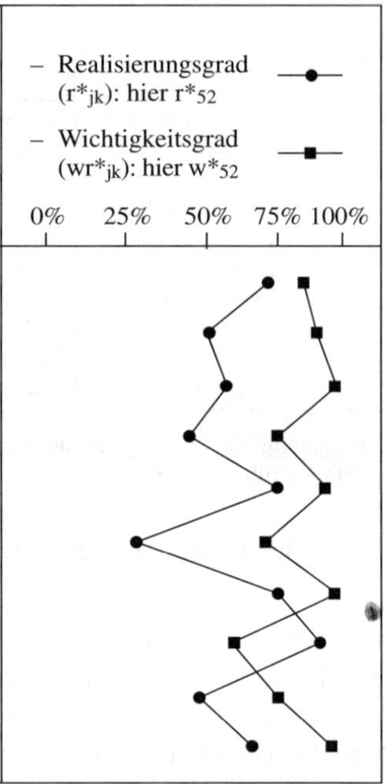

Quelle: Domsch, M., Vorgesetztenbeurteilung, in: Selbach, R./Pullig, K.-K. (Hrsg.) Handbuch Mitarbeiterbeurteilung, Wiesbaden 1991, S. 270 f.

Abb. 14.8: Erfassungsformular und Gesamtprofil einer computergestützten Analyse des Führungsverhaltens („Computer Aided Leadership Analysis")

dem ohne eine entsprechende Unternehmens- und Führungskultur kaum möglich. Nur wenn beide Seiten bereit sind, diesen Beurteilungsprozeß (konstruktiv) zu handhaben, kann das Instrument der Vorgesetztenbeurteilung positive Wirkungen entfalten. Die Wirkungsweise dieser Beurteilungsform sollte jedoch nicht überschätzt, ihre dysfunktionalen Wirkungen nicht unterschätzt werden. Bedingt durch den anonymen Charakter der Befragungen öffnen sie Tür und Tor für politische Spekulationen, „Verschwörungstheorien" und ähnliche Prozesse, die das Verhältnis von Vorgesetzten und Mitarbeitern nachhaltig beeinträchtigen können.[30] Vorziehenswürdig ist daher in jedem Fall das **offene Feedback** von Seiten der Mitarbeiter. Es ist an sich ein Indikator für ein schlechtes Vorgesetzten-Mitarbeiter-Verhältnis, wenn für ein Feedback die Anonymität gesucht werden muß.

Neuerdings finden sich zunehmend Stimmen, die für eine Erweiterung der Vorgesetztenbeurteilung plädieren; sie soll zu einem **360°-Feedback** komplettiert werden durch den Einbezug der Kollegen, der Vorgesetzten und der Kunden. Die – meist schriftliche – Rundumbeurteilung soll ein vollständiges Feedback ermöglichen, um eine optimale Verhaltenskorrektur zu ermöglichen.[31] Es darf allerdings als offen gelten, ob eine solche Vervielfachung der formalen Beurteilung tatsächlich einen positiven Beitrag im Sinne der Leistungssteigerung zu erbringen vermag oder ob hier nicht vielmehr die profillose Anpassung nach allen Seiten zur unerwünschten Folge wird.[32]

14.7 Personalentwicklung

Mit der Personalbeurteilung eng verbunden ist die Personalentwicklung. Diese greift – wie im folgenden noch zu zeigen – insbesondere bei der Ermittlung ihrer Ziele und Inhalte in hohem Maße auf die Ergebnisse der Personalbeurteilung zurück.

Insgesamt kann man vier Phasen bzw. Elemente einer systematischen Personalentwicklung unterscheiden:

(1) Ermittlung des **Entwicklungsbedarfs**, d.h. Bestimmung der **Ziele** und **Inhalte** der Personalentwicklung;

(2) Formulierung eines **Entwicklungsprogramms** mit entsprechenden Entwicklungsmaßnahmen, d.h. Auswahl geeigneter **Methoden** der Personalentwicklung;

(3) **Durchführung** der Maßnahme(n) und

(4) **Evaluation** des Entwicklungserfolges.[33]

30 Vgl. im einzelnen zur mikropolitischen Bedeutung der Anonymität, Neuberger, O., Das 360°-Feedback, München/Mering 2000, S. 45 ff.

31 Vgl. Edwards, M./Ewen, A., 360 degree feedback, New York 1996; Binder, W./Wieder, P., Management Audit auf der Basis eines 360-Feedback, in: Personalwirtschaft 1998, Nr. 4, S. 20-29

32 Vgl. zu Methoden, Einsatzbereichen und Kritik im einzelnen Neuberger, O., Das 360 Feedback, München/Mering 2000.

33 Zu diesen vier Phasen einer konzeptionellen Personalentwicklung vgl. z.B. Berthel, J., Personal-Management, a.a.O., S. 243; Scholz, C., Personalmanagement, 5. Aufl., München 2000, S. 507 ff.

Bei der weiteren Betrachtung dieser vier Phasen oder Elemente werden wir schwerpunktmäßig diejenigen Aspekte herausgreifen, die jeden Vorgesetzten betreffen. Es geht also primär um Personalentwicklung als Managementaufgabe und weniger um diejenigen Aspekte, die von der Personalabteilung wahrgenommen werden (können).

(1) Zur Bestimmung der Ziele und Inhalte einer Personalentwicklung werden verschiedene Methoden vorgeschlagen.[34] Als wichtige Anhaltspunkte und Informationsgrundlagen werden dabei in der Regel die zu erfüllende **Aufgabe** sowie die damit verbundenen Anforderungen auf der einen und die Fähigkeiten bzw. Qualifikationen der mit dieser Aufgabe betrauten **Personen** der anderen Seite angeführt.[35] Ein Entwicklungsbedarf liegt demzufolge immer dann vor, wenn bei einer Gegenüberstellung von Qualifikation und Aufgabe bzw. Anforderungen Deckungslücken offengelegt werden.

Eine derartige lückenorientierte Sichtweise der Personalentwicklung gilt es jedoch in Anbetracht der oben angesprochenen Erfordernisse der Unternehmenssteuerung (vgl. hierzu Kapitel 4.2 und 4.3) um eine zweite, öffnende Perspektive zu ergänzen. In ihrem Zentrum stehen dann alle diejenigen Fähigkeiten oder Qualifikationen, die eine „Systemöffnung" ermöglichen. Demzufolge hat Personalentwicklung neben tätigkeitsspezifischen, fachlichen Qualifikationen zum ordnungsgemäßen Aufgabenvollzug auch die Wachsamkeit und die Eigeninitiative der Mitarbeiter zu fördern: Diese sollen u.a auch befähigt werden, vorhandene Denk- und Verhaltensmuster kritisch zu hinterfragen und eigenständig neue Orientierungen zu entwickeln (vgl. hierzu auch Abschnitt 14.8).

Für die lückenorientierte Bestimmung des Entwicklungsbedarfes sind sowohl personen- als auch aufgabenbezogene Daten zu erheben. Einen wichtigen Ausgangspunkt hierzu bildet neben der formalen Stellenbeschreibung (zur Ermittlung der aufgabenbezogenen Daten) – wie mehrfach betont – die Leistungs- bzw. Personalbeurteilung. Hier können in der Regel konkrete Informationen über Qualifikationsdefizite der Mitarbeiter gewonnen werden. Darüber hinaus spielen auch andere Methoden, wie z.B. psychologische Testverfahren, Arbeitsproben, Assessmentcenter oder Mitarbeitergespräche, eine Rolle.

(2) Zur Erreichung der derart festgelegten Ziele und Inhalte gilt es dann, geeignete **Methoden** auszuwählen. Im Hinblick auf die Lernsituation bzw. die Lernumwelt, in der Personalentwicklung stattfinden kann, unterscheidet man grundsätzlich zwischen Bildungs- bzw. Entwicklungsmaßnahmen am Arbeitsplatz („training on-the-job") auf der einen Seite und Bildungs- oder Entwicklungsmaßnahmen außerhalb des Arbeitsplatzes („training off-the-job") auf der anderen. Abbildung 14.9 gibt einen Überblick über verschiedene Methoden und ihre Zuordnung im Rahmen dieser Unterscheidung.

Die Auswahl der jeweiligen Methode sollte sich in der Regel an ihrer Effektivität im Hinblick auf die Erreichung der jeweils angestrebten Trainingsziele bzw. Trainingsinhalte orientieren. Verschiedene empirische Studien lassen dabei eine unterschiedliche relative Effektivität der Trainingsmethoden hinsichtlich unterschiedlicher Trainingsziele

---

34 Für einen Überblick vgl. z.B. Neuberger, O., Personalentwicklung, Stuttgart 1994, 2. durchges. Aufl., S. 158 ff.

35 Vgl. hierzu z.B. Drumm, J., Personalwirtschaftslehre, 3. Aufl., Berlin u.a. 1995, S. 297; er nennt als weitere wichtige ‚informatorische Grundlage' darüber hinaus die individuellen Ziele der Mitarbeiter.

Methoden der Bildung am Arbeitsplatz (training on the job)	Methoden der Bildung außerhalb des Arbeitsplatzes (training off the job)
1. Anleitung und Beratung durch den Vorgesetzten	1. Vorlesungsmethode (Lehrgang, Referat)
2. Planmäßige betriebliche Unterweisung	2. Programierte Unterweisung
3. Personaleinsatz als Assistent (Nachfolger, Stellvertreter)	3. Konferenzmethode
4. Betrauung mit Sonderaufgaben (developmental assignment, special assignment)	4. Kreativitätsfördernde, dialogische Trainingsmethode
5. Job-rotaion („geplanter Arbeitsplatzwechsel")	5. Fallstudien
	6. Rollenspiel
	7. Planspiel
	8. Trainingsgruppen und Senssitivity-Training
	9. Outward-Bound-Methode
	10. Fernunterricht

Quelle: Hentze, J., Personalwirtschaftslehre 1, 6. Aufl., Bern u.a. 1994, S. 346.

Abb. 14.9: Methoden der betrieblichen Bildung

erkennen.[36] Im Hinblick auf die Förderung von Einstellungs- und Verhaltensänderungen – wie sie im Zentrum der prozessual-öffnenden Komponente der Personalentwicklung stehen – sowie im Hinblick auf eine Ausbildung unternehmensspezifischer Fähigkeiten – wie sie insbesondere im Kontext einer ressourcenorientierten Strategie anzustreben ist – wird in zunehmendem Maße den sog. „On-the-job"-Methoden große Bedeutung zugeschrieben. Derartige Maßnahmen zeichnen sich insbesondere durch ihren informellen Charakter aus: Qualifikationen werden im unmittelbaren Zusammenwirken von Vorgesetzten und Mitarbeitern in der tagtäglichen Konfrontation mit den Aufgaben am Arbeitsplatz vermittelt.[37] Dadurch kann nicht nur das weithin bekannte Problem des Lerntransfers d.h. der Schwierigkeiten bei der Übertragung neugelernter Kenntnisse, Fähigkeiten und Einstellungen auf die konkrete Berufssituation, weitgehend vermieden werden, sondern es lassen sich auch **implizite** Kenntnisse und Fähigkeiten erlernen und weiterentwickeln.[38] Letzteres macht die besondere Eignung arbeitsplatzbezogener Trainingsmaßnahmen zur Festigung unternehmensspezifischer Fähigkeiten und Kompetenzen aus.

36 Vgl. hierzu z.B. Nork, M., Management Training: Evaluation, Probleme, Lösungsansätze, München/Mering 1989, S. 24 ff.

37 Vgl. Hentze, J., Personalwirtschaftslehre 1, a.a.O., S. 346.

38 Vgl. Polanyi, M., Implizites Wissen, Frankfurt am Main 1985.

Im Zusammenhang mit derart arbeitsplatzbezogenen Lehr- und Lernmethoden wird in jüngerer Zeit häufig der Einsatz der Linienvorgesetzten als **„Coaches"** gefordert, die ihre Mitarbeiter gezielt beim Erlernen neuer Fähigkeiten und bei der Erweiterung ihres Verhaltensrepertoires unterstützen.[39] Wenn auch dem Verhalten und dem Selbstverständnis der direkten Vorgesetzten für die Schaffung eines lernförderlichen Klimas am Arbeitsplatz sicher große Bedeutung zukommt,[40] so sollte doch ihre Leistungsfähigkeit als Coaches ihrer Mitarbeiter nicht überschätzt werden. Versteht man Coaching als persönliche Beratung zur erfolgreichen Bewältigung aktueller oder bevorstehender beruflicher und privater Krisen, wie sie z.B. bei Auslandsentsendung, Eintritt in den Ruhestand, Sinn- und Beziehungskrisen oder Krankheit auftreten können,[41] so sind die Vorgesetzten bei der Bewältigung dieser Aufgabe in der Regel überfordert. Hier erscheint der Einsatz entsprechend geschulter Coaches erforderlich.

Derartige Coaches können Manager dann durch eine individuell abgestimmte Form der Beratung unterstützen, indem sie in Einzelgesprächen (oder auch Kleingruppen) gezielt auf die spezifischen, situativ relevanten Fragestellungen der Einzelnen eingehen und ihnen problem- und zugleich emotionsbezogenes Lernen ermöglichen.[42] Dabei können z.B. relevante Problemkonstellationen mittels geeigneter Dialogformen rekonstruiert und dadurch besser verstanden werden. Darüber hinaus bieten die Coaching-Sitzungen Raum für das Ausprobieren und Einüben von Veränderungsmöglichkeiten. Deren erste Umsetzungsversuche in der Praxis können dann ebenfalls entsprechend ausgewertet und bearbeitet werden.

Jenseits dieser problem- und krisenbezogenen Beratung kann Coaching aber auch die Selbstverwirklichung im Beruf unterstützen und den wunschgemäßen Ausbau oder eine angestrebte Veränderung der jeweiligen Position aktiv begleiten. Insgesamt gilt es dabei jedoch zu beachten, daß erfolgreiches Coaching Bereitschaft und Interesse der Manager voraussetzt, an sich selbst und an ihrer Entwicklung zu arbeiten. Es kann und sollte deshalb nicht als „Allheilmittel" standardmäßig eingesetzt, sondern nur auf freiwillliger Basis durchgeführt werden. Die Personalabteilung kann interessierte Manager dann z.B. bei der Auswahl und Kontaktaufnahme zu geeigneten Coaches unterstützen.

---

39 Vgl. hierzu z.B. Sattelberger, T., Personalentwicklung neuer Qualität durch Renaissance helfender Beziehungen, in: ders. (Hrsg.), Die lernende Organisation: Konzepte für eine neue Qualität der Unternehmensentwickung, 2. Aufl., Wiesbaden 1992, S. 207-227, insbes. S. 209 f.

40 Vgl. hierzu z.B. die Überlegungen von Senge zur Rolle der Führungskraft in der lernenden Organisation, in: Senge, P.M., The Leader's New Work: Building the Learning Organization, in: Sloan Management Review 32 (1990), H. 1, S. 7-23.

41 So z.B. Hentze, J., Personalwirtschaftslehre 2, 6. Aufl., Bern/Stuttgart/Wien 1995, S. 161, sowie Staehle, W.H., Management, 7. Aufl., München 1994, S. 895.

42 Hierzu und zum folgenden vgl. Schreyögg, A., Coaching: Eine Einführung für Praxis und Ausbildung, Frankfurt/New York, 2. Aufl., 1996, S. 54 ff. und S. 63 ff.

14.8 Personalbeurteilung und -entwicklung zwischen Vollzug und Öffnung

Die Personalbeurteilungsformen und -systeme, soweit wir sie bis jetzt besprochen haben, sehen Organisationsmitglieder ganz überwiegend aus einer bestimmten Perspektive. Sie gehen davon aus, daß ein relativ gut definierter Satz von Arbeitsanforderungen oder Arbeitszielen existiert (bzw. im Laufe des Erstellungsprozesses herausgefiltert wird), auf die hin die tatsächlich erbrachte Leistung zu beobachten und zu beurteilen ist. Es wird also eine **Differenzbetrachtung** angestrebt mit dem Ziel, eine Einheit herzustellen. Das Beurteilungsverfahren geht von (möglichst präzise) definierten Soll-Anforderungen bezüglich des Arbeitsvollzuges und seiner Resultate aus und prüft, ob und inwieweit das tatsächlich gezeigte Verhalten davon abweicht, mit dem Ziel, die Verhaltensabweichung durch Feststellung der Differenz zu minimieren (idealiter: zu eliminieren). Diese Perspektive geht von zwei Prämissen aus, die einer näheren Betrachtung bedürfen:

(1) Man geht davon aus, daß Leistungsverhalten im wesentlichen **Vollzug** ist; Vollzug einer vorher bestimmten Ordnung im Sinne einer Erfüllung schon festliegender, als richtig erkannter Aufgabenanforderungen. Man geht also – mit anderen Worten – davon aus, daß die **Lösung** der Probleme, die sich dem Stelleninhaber stellen, schon bekannt ist, so daß sich richtiges und falsches Verhalten eindeutig trennen lassen.

(2) Man geht (ferner) davon aus, daß nicht nur die Lösungen, sondern im Grunde auch die Probleme, die sich dem Stelleninhaber stellen, schon im vorhinein bekannt sind. Der Beurteiler und der Systemkonstrukteur kennen also den Satz an Problemen, den der Stelleninhaber zu lösen hat. Mit anderen Worten, die Umwelt des Beurteilten wird als im wesentlichen sicher gedacht.

Beide Annahmen sind ersichtlich problematisch, unterstellen sie doch eine weitgehend **stabile**, in sich verstandene Aufgabenumwelt. Faktisch ist aber die Aufgabensituation häufig eine gänzlich andere; der Stelleninhaber hat mit immer wieder veränderten **neuen Problemstellungen** zu tun und muß fortlaufend an der Verbesserung noch unbeherrschter Problemstellungen arbeiten. Mehr noch, nicht selten wird von dem Stelleninhaber geradezu erwartet, daß er die eingefahrenen Problemlösungsmuster verläßt und nach neuen Ausschau hält, oder daß er die Unternehmung durch neue Ideen verändert. Man denke etwa an Mitarbeiter in der Produktentwicklung, aber auch an solche, die in der Qualitätskontrolle tätig sind und daran arbeiten, den Qualitätsstandard der Produktion zu heben. Noch deutlicher wird dies bei Unternehmensmitgliedern, die an der strategischen Planung eines Unternehmens arbeiten; von ihnen wird grundsätzlich erwartet, daß sie nach neuen, unverbrauchten Wegen Ausschau halten und das Unternehmen für Veränderungen öffnen.

Diese zweite Perspektive stellt die Personalbeurteilung vor große Probleme. Sie läßt sich in das Differenz-Schema nicht mehr einpassen; neue Maßstäbe werden erforderlich. Erscheinen Abweichungen unter der Vollzugsperspektive grundsätzlich negativ, so können sie unter der Öffnungsperspektive gerade im Gegenteil Indikatoren für positives, funktionales Verhalten sein. Viel zu wenig Personalbeurteilungssysteme reflektieren diesen

Spannungsbogen. Es ist auch schwer, ein System zu entwickeln, das beiden Perspektiven gleichermaßen gerecht zu werden vermag. Der Hauptgrund dafür liegt in den sehr unterschiedlichen Anforderungen, die aus den beiden Perspektiven fließen. Während die **Vollzugsperspektive** auf Eindeutigkeit und Kriterienadäquanz drängt, verlangt die **Öffnungsperspektive** eher allgemeine Beurteilungskriterien, die keine voreiligen Festlegungen bewirken.

Bei der Konstruktion und dem Umgang mit Personalbeurteilungssystemen ist jedenfalls auf die Bedeutung beider Perspektiven zu achten. Besonders wichtig ist es zu sehen, daß die Prägnanz und **Präzisierbarkeit** der Vollzugsperspektive nicht die eher mehrdeutige Öffnungsperspektive schon rein aus Gründen der einfacheren Handhabbarkeit verdrängt.

Eine Vernachlässigung der Öffnungsperspektive könnte fatale Folgen für die Unternehmung und ihre Bestandsfähigkeit haben. Das Personalbeurteilungssystem verpflichtet nämlich dann die Mitglieder auf nur **eine** Perspektive und filtert damit unter den möglichen Handlungsalternativen einseitig nur die status quo-orientierten aus, weil diese gewöhnlich einen höheren Strukturiertheitsgrad aufweisen. Das Personalbeurteilungssystem signalisiert dann (wenn auch ungewollt), daß die Prioritäten auf einem ganz bestimmten Leistungstypus liegen und daß andere Typen des Leistungsverhaltens irrelevant oder gar unerwünscht sind. Diese indirekte Steuerung des Leistungsverhaltens durch die Personalbeurteilung wirkt wie ein **selektiver Verstärker**; bestimmte Verhaltensweisen werden hervorgehoben und belohnt, andere bleiben unberücksichtigt. Im Hinblick auf allfällige neue Entwicklungen und Impulse stellt diese Selektion eine **Gefahr** dar; es könnten nämlich gerade die Verhaltensweisen zurückgedrängt werden, die für die neue geänderte Situation besonders wichtig wären. Personalbeurteilungssysteme sollten daher fortlaufend auf diesen ihnen mehr oder weniger inhärenten Bias achten und immer wieder neu prüfen, ob die Öffnungsperspektive den Raum erhält, den sie braucht, um einer Unternehmung hinreichende Flexibilität und Innovationskraft zu verleihen.

Diskussionsfragen

1. Welche Argumente sprechen für, welche gegen ein formalisiertes Personalbeurteilungssystem (PB-System)?
2. Inwiefern konfligieren die Zwecke der PB? Welche Konsequenzen ergeben sich daraus für die Einführung von PB-Systemen?
3. Inwieweit greift das BetrVG in die Gestaltung von PB-Systemen ein? Welche Gründe mögen den Gesetzgeber dazu veranlaßt haben?
4. Inwiefern ist die Anwendung des Verfahrens der „erzwungenen Verteilung" problematisch? Belegen Sie Ihre Argumente anhand von Beispielen!

5. Was versteht man unter dem „Milde-Fehler“? Warum tritt er wohl auf?
6. Vergleichen Sie den ergebnisorientierten Ansatz mit der Methode der kritischen Ereignisse! Welche Vorteile erkennen Sie für ersteren?
7. Welche Anforderungen sind an ein effektives Beurteilungsgespräch zu stellen?
8. „Vorgesetzte sind heute Coaches“; diskutieren Sie diese vielfach vertretene Meinung.
9. Welche Probleme wirft die Zurechenbarkeit der Leistung im Rahmen der Personalbeurteilung auf?
10. Inwiefern konfligiert die Öffnungs- mit der Vollzugsperspektive?

Fallstudie

Einsprüche

In der Schlotterbeck & Co KG wird in letzter Zeit verstärkt Kritik an dem seit Jahren unverändert praktizierten Verfahren der Personalbeurteilung geübt.

Es handelt sich hierbei um ein analytisch-strukturiertes Einstufungsverfahren, zu dessen Durchführung der nachfolgend abgebildete Beurteilungsbogen herangezogen wird. Nach der mit diesem Bogen ermittelten Gesamtpunktzahl bestimmt sich die Höhe der jeweils gewährten Leistungszulage.

		Beurteilungsstufen				
Beurteilungsmerkmale	Zu beurteilen zum Beispiel an Hand von:	A Die Leistung ist für eine Leistungszulage nicht ausreichend	B Die Leistung entspricht im allgemeinen den Anforderungen	C Die Leistung entspricht in vollem Umfang den Anforderungen	D Die Leistung übertrifft die Anforderungen erheblich	E Die Leistung übertrifft die Anforderungen in hohem Maße
I Arbeitsquantität	Umfang des Arbeitsergebnisses Arbeitsintensität Zeitnutzung	0	7	14	21	28
II Arbeitsqualität	Fehlerquote Güte	0	7	14	21	28
III Arbeitseinsatz	Initiative Belastbarkeit Vielseitigkeit	0	4	8	12	16
IV Arbeitssorgfalt	Verbrauch und Behandlung von Arbeitsmitteln aller Art – Zuverlässigem, rationellem, kostenbewußtem Verhalten	0	4	8	12	16
V Betriebliches Zusammenwirken	Gemeinsamer Erledigung von Arbeitsaufgaben Informationsaustausch	0	3	6	9	12

Die Ursache für die aufkommende Unzufriedenheit lag wohl unter anderem darin, daß dieses Verfahren, das bisher ausschließlich der Lohn- und Gehaltsdifferenzierung diente, nun auch zur Auswahl der Teilnehmer für die erst seit einigen Monaten angebotenen Weiterbildungsseminare herangezogen wird. Zumindest wurde der Unmut in diesem Zusammenhang geäußert. So beschwerten sich insbesondere Mitarbeiter der Abteilung von Herrn Milde, der erst seit kurzem diese Position innehatte, über ihre insgesamt geringere Teilnahme an Personalförderungs- und -entwicklungsmaßnahmen im Vergleich zu den Mitarbeitern der Abteilung von Herrn Kernig.

Der Leiter der Personalabteilung, Herr König, dem gegenüber die Kritik mehr oder weniger offiziell geäußert wurde, beschloß, zur Behandlung der Beschwerden eine Personalkommission einzuberufen. Hierzu lud er neben Vertretern der Personalabteilung, die das bisher verwendete Beurteilungssystem entwickelt hatten, auch mehrere Abteilungsleiter, als Anwender dieses Beurteilungssystems, ein. Unter ihnen waren auch Herr Milde und Herr Kernig.

Zielsetzung dieser Kommission war es zunächst, die Abteilungsleiter über die Unzufriedenheit der Mitarbeiter zu informieren, die Ursachen dafür zu diskutieren, um dann anschließend Verbesserungsvorschläge zu erarbeiten.

Im Rahmen der Diskussion äußerten sich die Beurteiler unter anderem wie folgt:

Herr Milde: Die Beurteilung dient ja letztendlich auch der Gehaltsfindung. Insofern kann ich mich dabei doch nicht völlig von einer bestimmten Lohnvorstellung lösen, die sich beispielsweise auch am Alter, an der Dauer der Betriebszugehörigkeit oder dem Bildungsniveau orientiert. Deshalb stelle ich primär positive Gesichtspunkte in den Vordergrund und versuche, Mängel und Schwächen möglichst nicht allzu stark einzubeziehen. Das würde zudem die Mitarbeiter nur frustrieren und demotivieren. Für etwas mehr Gehalt strengen sie sich schon von sich aus stärker an, und die Leistung steigt.

Herr Kernig: Ich denke, bei der Personalbeurteilung sollte man „kein Blatt vor den Mund" nehmen. Schließlich ist das die einzige Möglichkeit, dem Mitarbeiter 'mal ein Feedback über seine Arbeitsleistung zu geben. Deshalb finde ich, daß man dabei ruhig auch Schwächen oder Defizite berücksichtigen sollte. Wie sonst kann der Mitarbeiter sich weiterentwickeln? Auf lange Sicht ist ihm damit sicher mehr geholfen als mit einer zu wohlwollenden Beurteilung, bei der eventuelle Mängel einfach übergangen werden. Es kommt natürlich immer darauf an, dem Mitarbeiter das in geeigneter Form zu vermitteln.

Beim Gespräch mit den Vertretern der Personalabteilung über mögliche Ansatzpunkte und Zielsetzungen bei einer Neugestaltung der Personalbeurteilung sagte Herr Milde:

Herr Milde: Das Hauptproblem dürfte wohl in der Auswahl der Beurteilungskriterien liegen. Sie sollten meiner Meinung nach von den Vertretern der Personalabteilung ausgewählt und allgemeinverbindlich festgelegt werden. Nur so kann eine unternehmensweit einheitliche und vergleichbare, möglichst objektive Leistungsbeurteilung gewährleistet werden.

Herr Kernig äußert sich zu diesem Thema demgegenüber wie folgt:

Herr Kernig: Im Mittelpunkt der Personalbeurteilung sollte der einzelne zu beurteilende Mitarbeiter mit seinen Stärken und Schwächen stehen. Welche Fähigkeiten und Kenntnisse hat er? Wo gibt es Lücken? Hat er ungenützte Potentiale? Eine zu starke Formalisierung durch die Personalabteilung erscheint mir diesbezüglich eher hinderlich. Hier sollten mehr der Vorgesetzte und der Mitarbeiter das Wort haben.

Fragen zur Fallstudie:

1. In den Äußerungen von Herrn Milde und Herrn Kernig kommen unterschiedliche Meinungen über die grundlegende Zielsetzung einer Personalbeurteilung zum Ausdruck. Wer hat Ihrer Meinung nach recht und warum?
2. Wie könnte die Schlotterbeck & Co KG ihre Personalbeurteilung gestalten, um beiden Aspekten gerecht zu werden?
3. Laut Herrn Kernig kommt es darauf an, den Mitarbeitern ein auch eventuell vorhandene Schwächen beinhaltendes Beurteilungsergebnis „in geeigneter Form zu vermitteln". Was wäre Ihrer Meinung nach die „geeignete Form" für diese Vermittlung?

Literaturhinweise

Zur Stellung und Bedeutung der Personalbeurteilung:

Becker, F.G., Grundlagen betrieblicher Leistungsbeurteilungen. 2. Aufl., Stuttgart 1998.

Borman, W.C., Job behavior, performance and effectiveness, in: Handbook of industrial and organizational psychology (hrsg. v. Dunnette, M.D./Hough, L.M.), Vol. 2, 2. Aufl., Palo Alto 1991, S. 271-326.

Selbach, R./Pullig, K.-K. (Hrsg.), Handbuch Mitarbeiterbeurteilung, Wiesbaden 1991.

Zu Ansätzen und Methoden der Personalbeurteilung:

Berg, R.A. (ed.), Performance assessment, Baltimore 1986.

Liebel, H./Oechsler, W.A. Personalbeurteilung. Neue Wege zur Bewertung von Leistung, Verhalten und Potential, Wiesbaden 1992.

McGregor, D., An uneasy look at performance appraisal, in: Harvard Business Review 35 (1957), Nr. 3, S. 89-94.

Moser, K.: Selbstbeurteilung beruflicher Leistung: Überblick und offene Fragen, in: Psychol. Rundschau 50 (1999), S. 14-25.

Muczyk, J.P./Reimann, B.C., MbO as a complement to effective leadership, in: Academy of Management Executive 3 (1989), S. 131-138.

Schuler, H., Leistungsbeurteilung, in: Enzyklopädie der Psychologie, Bd. 3, Göttingen 1989, S. 399-430.

Zu Problemen der Personalbeurteilung:

Bartölke, K., Probleme und offene Fragen der Leistungsbeurteilung, in: Zeitschrift für Betriebswirtschaft 42 (1972), S. 629-648.

Krell, G. (Hrsg.), Chancengleichheit durch Personalpolitik, 2. Aufl., Wiesbaden 1998.

Liden, R.C./Mitchell, T.R., Reactions to feedback: The role of attributions, in: Academy of Management Journal 26 (1985), S. 291-308.

Neuberger, O., Rituelle (Selbst-)Täuschung – Die irrationale Praxis der Personalbeurteilung, in: Die Betriebswirtschaft 40 (1980), S. 27-43.

Fünfzehntes Kapitel

Entlohnung

15.1 Entlohnung als Managementaufgabe

Der dritte große Aufgabenbereich im Rahmen der Managementfunktion Personaleinsatz ist die Entlohnung. In dem Maße, in dem Vorgesetzte auf die Entlohnung Einfluß nehmen können – und das ist immer mehr der Fall –, steigt die Bedeutung dieser Managementaufgabe. Lohn wird dabei verstanden als dasjenige Entgelt, welches auf der Grundlage eines vertraglich geregelten Arbeitsverhältnisses gezahlt wird. Die Entlohnung dient verschiedenen Funktionen: Sie ist zuallererst Entgelt für geleistete Arbeit, aber auch Anteil an der kollektiven Wertschöpfung; ferner wird sie als Motivationsinstrument eingesetzt, aber auch als Indikator von Status und Bedeutung der Position resp. der Person. Schließlich ist der Lohn auch ein Knappheitsindikator, also der Preis für den Produktionsfaktor Arbeit, der auf dem Arbeitsmarkt gebildet wird. Nachdem der Markt für Arbeitsleistungen aus vielen Gründen heraus geradezu das Musterbeispiel für einen unvollkommenen Markt ist, geriet die Vorstellung eines Gleichgewichtspreises, der das betriebliche Handeln dominiert (Marktdeterminismus), gänzlich in den Hintergrund. Dennoch darf die wirtschaftliche Basis der Entlohnungsfrage nicht vernachlässigt werden – es handelt sich dabei eben gerade nicht um ein bloßes Managementinstrument.

Der Lohn ist aus Unternehmenssicht grundsätzlich der Preis, der für einen Leistungsfaktor bezahlt wird. Mit anderen Worten, Löhne sind Kosten und dementsprechend sind Unternehmen, generell gesagt, an geringen Löhnen interessiert. Dies bildet im Kern den sog. Lohnkonflikt, denn die Anbieter der Arbeitsleistung erstreben im Unterschied zu den Unternehmen einen möglichst hohen Preis (also hohe Kosten) für ihre Arbeit. Wegen der extremen Unvollkommenheit des Arbeitsmarktes und aus ethischen Überlegungen heraus ist die Preisbestimmung für die Arbeitsleistung hochgradig „politisch“, also im wesentlichen eine **Verhandlungssache** geworden.

An Stelle der Marktkräfte sind die Leistungsanforderungen in quantitativer und qualitativer Hinsicht als Basis der Verhandlungen getreten.

Der Prozeß der Lohnfindung läßt sich – wie in den nächsten Abschnitten darzulegen – durch Verfeinerung der Arbeitsbewertungs-Instrumente und Differenzierung der Arbeitsstudien-Verfahren zwar teilweise objektivieren, doch ändern derartige Verbesserungen nichts am **politischen Charakter** des Lohnkonfliktes. Sie erleichtern die Abstimmung der Interessen, sie können aber nicht den Interessenausgleich herstellen, weil die Frage der Entlohnung – wie dargelegt – nicht nur eine Frage der Arbeitsanforderungen und der individuellen Arbeitsleistung ist. Entlohnung ist immer auch Verteilung der betrieblichen Wertschöpfung, betrifft also auch die Frage, welcher Anteil an den geschaffenen Werten billigerweise dem Faktor Arbeit zuerkannt werden soll.

Die verschiedenen Dimensionen der Entlohnungsfrage spiegeln sich nicht zuletzt auch in den gewerkschaftlichen Begründungen der Lohnforderungen. Zu Anfang der Industrialisierung geht es in erster Linie um die Sicherung des Existenz-Minimums; in der zweiten Phase wird zur Unterstützung der Forderungen häufig auf die steigenden Lebenshaltungskosten verwiesen (während sinkende Lebenshaltungskosten nicht als Grund für Lohnsenkungen akzeptiert werden). Das Hauptinteresse ist dabei, die einmal gewonnene

Position so gut wie möglich abzusichern. Die dritte und expansivste Argumentationsphase orientiert sich an der Geschäftslage und der Produktivität. Die Forderungen zielen auf eine Teilhabe an den steigenden Unternehmensgewinnen durch Lohnerhöhungen. Mit der hohen Arbeitslosigkeit hat der Lohnkonflikt aber heute eine andere Dimension und damit eine vierte Phase erreicht. Die Diskussion um ein „Bündnis für Arbeit" hat gezeigt, daß die Sicherung von Arbeitsplätzen bzw. die Bekämpfung der Arbeitslosigkeit zum wichtigen Parameter in der gewerkschaftlichen Lohnpolitik avanciert ist. Im Interesse dieser neuen Zielsetzung wird zum Teil die Bereitschaft zu moderaten Lohn- und Einkommensforderungen signalisiert.

Die in Wissenschaft und Praxis immer wieder gestellte Frage nach dem **gerechten** Lohn schließt hier an.[1] Welcher Lohn ist gerecht? Eine Flucht in die Unverbindlichkeit („Wer kann schon sagen, was ein gerechter Lohn ist?"), bringt hier nicht weiter, denn die Frage nach der Gerechtigkeit wird wieder und wieder gestellt und ist auch für das **subjektive Erleben** von sehr hoher Bedeutung (vgl. dazu im einzelnen Abschnitt 15.5). Neben der Frage der subjektiv erlebten Gerechtigkeit ist aber eben auch die objektiv normative Seite der Lohndebatte zu berücksichtigen, die sich in gesellschaftspolitischen Forderungen nach Verteilungsgerechtigkeit oder der Ablehnung zu starker Lohnspreizungen niederschlägt. Sie bedarf einer eigenständigen normativen Betrachtung. In der Praxis stellt sich die Lohnfindung als Verhandlungsprozeß dar, und zwar sowohl innerbetrieblich als auch außerbetrieblich im Rahmen der (kollektiven) Tarifverhandlungen. Im Sinne einer normativen Diskussion ist dieser Verhandlungsprozeß nicht als bloßes Machtspiel der Tarifparteien zu denken, denn sonst würden die auf diese Weise erzielten Ergebnisse ja nur die gerade vorherrschende faktische Machtverteilung widerspiegeln und die **normative** Frage, was in Anbetracht der gegebenen ökonomischen Ausgangslage als eine gerechte (faire) Lösung des Lohnkonfliktes angesehen werden kann, außer Acht bleiben. Eine faire Lösung verlangt die Bereitschaft beider Seiten, sich auf eine ernsthafte Prüfung vorgetragener Argumente einzulassen und nicht bloß auf der Durchsetzung eigener Interessenpositionen zu beharren.

Lohnforderungen und Klagen über das Entlohnungssystem sind sicherlich für die Beschäftigten schon wegen der Sicherung der Lebenshaltung von großer Bedeutung; zusätzlich aber haben sie in der Regel **symbolischen** Charakter. Lohnforderungen, Beschwerden über das Lohnsystem, ganz generell die Entlohnung, stehen in aller Regel zugleich für ganz andere, meist unbewußte Zwecke und Funktionen. Die Symbolik ist rückgebunden an den jeweiligen Kontext. Eine Lohnerhöhung kann vieles bedeuten: Sieg in einer schwierigen Verhandlung, Anerkennung einer Leistung, Beschwichtigung usw. Ebenso vielfältig ist die Symbolik der Lohnforderung: Ausdruck von Unzufriedenheit mit dem Unternehmen, den Vorgesetzten, der Konfliktbereitschaft usw. Um die Symbolik der Entlohnungsfrage verstehen zu können, ist eine Auseinandersetzung mit dem Symbolsystem des Unternehmens und / oder der betreffenden Teilgruppe (Arbeiter, Top Management, Werksärzte usw.) bzw. deren Subkultur erforderlich.[2]

---

1 Vgl. hierzu Folger, H./Cropanzano, R., Organizatinial justice and human resource management, Thousand Oaks 1998; Steinmann, H./Löhr, A., Lohngerechtigkeit, in: Gaugler, E./Weber, W. (Hrsg.), Handwörterbuch des Personalwesens, 2. Aufl., Stuttgart 1992.

2 Vgl. dazu Manning, P.K., Organizational communication, Berlin/New York 1992, sowie sehr früh bereits Friedeburg, L.v., Soziologie des Betriebsklimas, Frankfurt/Main 1963, S. 49.

Somit muß die Lohnfrage in ihren vielfältigen Bezügen gesehen werden. Eine Reduktion auf einen Aspekt – wie etwa bei der volkswirtschaftlichen Grenzproduktivitätstheorie – ist für seine **betriebliche** Handhabung nicht ausreichend.

15.2 Grundlagen der Entgeltdifferenzierung

15.2.1 Überblick

In der betrieblichen Praxis finden sich vielfältige Formen, Methoden und Systeme zur individuellen Entgeltbestimmung. Nichtsdestotrotz kann man das Arbeitsentgelt und damit die Entgeltdifferenzierung – so wie sie sich in der Bundesrepublik Deutschland herausgebildet hat – auf drei Grundelemente zurückführen, die aus Abbildung 15.1 entnehmbar sind.

Die Entgeltdifferenzierung orientiert sich demnach zum einen an den personenunabhängigen Anforderungen, wie sie sich aus der **Arbeitsaufgabe** ergeben (Lohnsatzdifferenzierung), zum anderen an den individuellen **Leistungen**, die die Arbeitskraft erbringt. Die leistungsbezogene Entgeltdifferenzierung kann dabei durch die Wahl und den Einsatz einer bestimmten Lohnform (Lohnformdifferenzierung) – so z.B. durch den Akkord- oder den Prämienlohn – und die Anwendung der bereits oben besprochenen Formen der Personalbeurteilung herbeigeführt werden.[3]

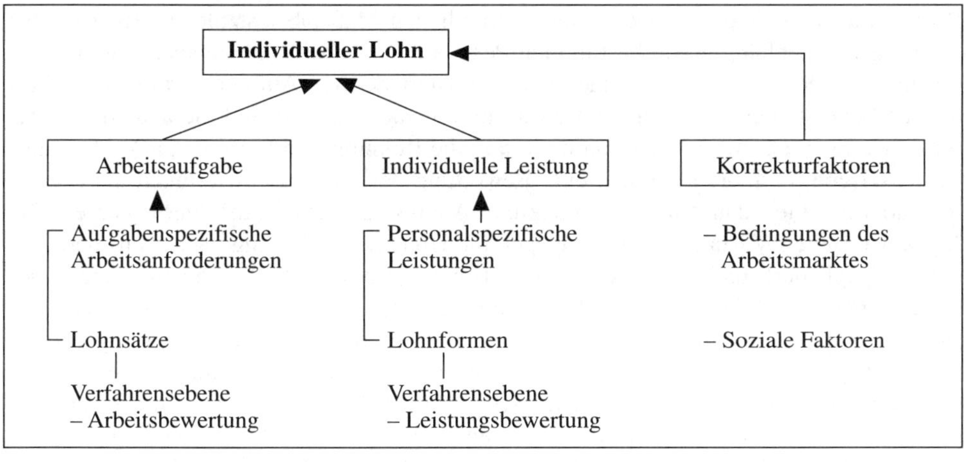

Quelle: Nach Eckardstein, D. v., Entlohnung im Wandel. Zur veränderten Rolle industrieller Entlohnung in personalpolitischen Strategien, in: Zeitschrift für betriebswirtschaftliche Forschung 38 (1986), S. 248 (stark modifiziert)

Abb. 15.1: Grundelemente der betrieblichen Entgeltdifferenzierung

3 Vgl. oben, vierzehntes Kapitel.

In der betrieblichen Praxis werden diese Lohnfaktoren ferner durch bestimmte **Korrekturfaktoren**, insbesondere durch soziale Komponenten und Einflüsse des externen Arbeitsmarktes, modifiziert. So fließen regelmäßig soziale Gesichtspunkte, wie z.B. Familienstand, Lebensalter, Betriebszugehörigkeit und Garantie des Lohnniveaus im Falle von Versetzungen, in die Lohnbildung mit ein. Soziale Faktoren müssen dabei nicht zwangsläufig den ökonomischen Überlegungen zuwiderlaufen, sondern können mit ihnen im Hinblick auf die Erhaltung des Akquisitionspotentials (Personalbeschaffung) oder die Wahrung der Loyalität der Beschäftigten durchaus harmonieren. Der externe Arbeitsmarkt wirkt immer dann maßgeblich auf die Lohnfindung ein, wenn die Einkommensmöglichkeiten, die aufgrund des anforderungs- und leistungsorientierten Lohnkonzeptes ermittelt wurden, nicht attraktiv genug sind, um hinreichend qualifizierte Mitarbeiter extern zu akquirieren oder im Unternehmen halten zu können.

Vor diesem Hintergrund werden im folgenden zunächst prinzipielle Gestaltungsmöglichkeiten bei der anforderungsorientierten Lohnsatzfindung und der leistungsabhängigen Lohnformdifferenzierung kurz vorgestellt, um dann in einem weiteren Schritt praktische Veränderungstendenzen bei diesen beiden klassischen lohnpolitischen Instrumenten aufzuzeigen.

15.2.2 Lohnsatzdifferenzierung

Die Lohnsatzdifferenzierung erfolgt auf der Basis der Arbeitsbewertung. Diese zielt darauf ab, bestimmte Anforderungen an eine Arbeit (oder eines Arbeitsplatzes) im Vergleich zu anderen Arbeiten nach einem einheitlichen Maßstab festzulegen. Es geht also darum, ganz unabhängig von bestimmten Personen als Arbeitsplatzinhabern, Schwierigkeitsunterschiede zwischen einzelnen Arbeiten zu markieren. Auf der **verfahrenstechnischen Ebene** stehen als Arten der Bewertung die summarische und die analytische Arbeitsbewertung, als Arten der Quantifizierung die Reihung und Stufung zur Verfügung.[4] **Summarische** Verfahren nehmen eine Bewertung der Arbeitsschwierigkeit als Ganzes vor und verzichten damit auf eine getrennte Analyse einzelner Anforderungsarten. Bei den **analytischen** Verfahren wird hingegen die Höhe der Belastung nach Anforderungsarten aufgegliedert, und diese werden jeweils einzeln bewertet. Die Quantifizierung des Urteils über die Arbeitsschwierigkeit kann bei beiden Verfahrensgruppen entweder durch Reihung oder durch Stufung erfolgen. Bei der Reihung wird eine Rangordnung der Arbeitsplätze gemäß dem jeweiligen Schwierigkeitsgrad vorgenommen. Bei der Stufung werden hingegen unterschiedliche Schwierigkeitsklassen gebildet, in die dann die einzelnen Tätigkeiten bzw. Anforderungsarten eingruppiert werden. Kombiniert man die genannten Unterscheidungsmerkmale, so lassen sich – wie Abbildung 15.2 veranschaulicht – vier Verfahren der Arbeitsbewertung unterscheiden.

---

4 Vgl. hierzu und zum folgenden ausführlicher z.B. Kupsch, P./Marr, R., Personalwirtschaft, in: Heinen, E./Dietl, B. (Hrsg.), Industriebetriebslehre, 9. Aufl., Wiesbaden 1991, S. 819 ff,; Oechsler, W.A., Personal und Arbeit, 7. Aufl., München/Wien 2000, S. 444 ff., Vgl. ferner Hentze, J., Personalwirtschaftslehre 2, 6. Aufl., Bern/Stuttgart/Wien 1995, S. 75 ff.

Art der Bewertung / Art der Quantifizierung	summarisch	analytisch
Reihung	Rangfolgeverfahren	Rangreihenverfahren
Stufung	Lohngruppenverfahren	Stufenwertzahlverfahren

Quelle: Kupsch, P./Marr, R., Personalwirtschaft, in: Heinen, E./Dietel, B. (Hrsg.), Industriebetriebslehre, 9. Aufl., Wiesbaden 1991, S. 823

Abb. 15.2: Verfahren der Arbeitsbewertung

(1) Summarische Verfahren

Beim **Rangfolgeverfahren** werden die in einem Unternehmen anfallenden Arbeiten (zumeist sind es die vorhandenen Arbeitsplätze) in einem ersten Schritt anhand von Arbeitsbeschreibungen aufgelistet. Anschließend werden diese Arbeiten durch paarweise Gegenüberstellung miteinander verglichen und nach der Gesamtschwierigkeit geordnet. Diese Rangordnung bildet die Grundlage für die Lohnsatzdifferenzierung. Dabei werden die Arbeitsplätze, die nach ihrer Arbeitsschwierigkeit als gleichwertig eingeschätzt werden, in einer Lohn- und Gehaltsgruppe zusammengefaßt. Den offensichtlichen Vorteilen der einfachen Handhabbarkeit und leichten Verständlichkeit stehen allerdings auch gravierende Probleme gegenüber. Neben der drohenden Unüberschaubarkeit bei größeren Betrieben – man denke allein an die Zahl der erforderlichen Paarvergleiche – ist es vor allem die fehlende Bezugsgröße für die Transformation der Arbeitswerte in Lohnsätze. An den Beurteiler werden ferner sehr hohe Anforderungen gestellt; der breite Raum für subjektive Einflüsse macht das Verfahren leicht anfechtbar. In der Praxis findet das Rangfolgeverfahren aus diesen Gründen nur sehr selten Anwendung.

Bei dem viel gebräuchlicheren **Lohngruppenverfahren** wird die Vorgehensweise des Rangfolgeverfahrens umgedreht. Zuerst bildet man einen **Katalog** von Lohngruppen, der pauschal verschiedene Arbeiten nach ihrem relativem Schwierigkeitsgrad reiht. Um die Einstufung in die einzelnen Lohngruppen zu erleichtern, ergänzt man die summarische Beschreibung der einzelnen Schwierigkeitsstufen in der Regel durch Richtbeispiele. Im zweiten Schritt, der eigentlichen Arbeitsbewertung, werden dann die einzelnen Arbeitsplätze den Lohn-/Gehaltsgruppen zugeordnet. Die Zahl der Lohngruppen umfaßt je nach Tarifgebiet und dem gewünschten Genauigkeitsgrad unterschiedlich viele, meist zwischen acht und vierzehn Lohngruppen. Abbildung 15.3 zeigt als Beispiel die Lohngruppeneinteilung für die Arbeiter der Metall- und Elektroindustrie des Saarlandes gemäß dem Lohnrahmentarifvertrag aus dem Jahre 1990.

Die Vorzüge des Lohngruppenverfahrens liegen wiederum in der einfachen und verständlichen Handhabung. Schwierigkeiten bereitet allerdings die Erstellung einer hinreichend klaren und aussagekräftigen Abgrenzung der einzelnen Entgeltgruppen. Außerdem werden – da detaillierte Angaben über die einzelnen Anforderungsmerkmale fehlen – die spezifischen Arbeits(platz)bedingungen nur unzureichend berücksichtigt.

Lohn-gruppe	Beschreibung der Arbeit	Prozent-satz
1	Körperlich leichte Arbeiten, die ohne vorherige Arbeitskenntnisse nach einer Zweckausbildung oder einer Anlernzeit von mindestens 4 Wochen ausgeführt werden können. Oder: Körperlich leichte Arbeiten, die nach einer Anlernzeit von 3 Monaten und nach Erwerb von beruflicher Fertigkeit, Übung und Erfahrung ausgeführt werden können. Oder: Einfache Arbeiten mit körperlicher Belastung, die ohne vorherige Arbeitskenntnisse nach einer kurzen Einweisung ausgeführt werden können.	84,0
2	Arbeiten mit erhöhter körperlicher Belastung, die ohne vorherige Arbeitskenntnisse nach Einweisung ausgeführt werden können.	86,25
3	Körperlich erschwerte Arbeiten, die eine Zweckausbildung oder ein systematisches Anlernen von drei Monaten und berufliche Fertigkeit, Übung und Erfahrung verlangen.	88,5
4	Arbeiten, die ein Spezialkönnen voraussetzen, das durch eine abgeschlossene Anlernausbildung in einem anerkannten industriellen Anlernberuf oder durch gleichzubewertende Arbeitskenntnisse und Erfahrungen erreicht wird.	93,50
5	Facharbeiten, die neben beruflicher Handfertigkeit und beruflichen Kenntnissen einen Ausbildungsstand verlangen, der durch eine fachentsprechende Berufslehre mit abgelegter Facharbeiterprüfung erzielt wird oder der ein gleichzubewertendes Können voraussetzt, das den Ausführenden befähigt, aufgrund langjähriger Erfahrungen alle Arbeiten des betreffenden Lehrberufs auszuführen.	100,0 (Ecklohn)
6	Qualifizierte Facharbeiten, die besondere Fertigkeiten und Berufserfahrungen voraussetzen.	110,0
7	Hochwertige Facharbeiten, die hohe Anforderungen an Können und Wissen stellen und selbständiges Arbeiten voraussetzen.	120,0
8	Hochwertigste Facharbeiten, die überragendes Können, große Selbständigkeit, Dispositionsvermögen, umfassende Verantwortung und entsprechende theoretische Kenntnisse erfordern.	133,0

Quelle: Scholz, C., Personalmanagement, 5. Aufl., München 2000, S. 742. (modifiziert)

Abb. 15.3: Lohngruppenverfahren in der Metall- und Elektroindustrie des Saarlandes

Hauptmerkmale (Genfer Schema)	Anforderungsarten
1. Geistige Anforderungen	a) Fachkenntnisse b) Nachdenken
2. Körperliche Anforderungen	a) Geschicklichkeit b) Muskelbelastung c) Belastung der Sinne und Nerven
3. Verantwortung	a) Betriebsmittel und Produkte b) Sicherheit und Gesundheit anderer c) Arbeitsablauf
4. Arbeitsbedingungen (Belastung durch)	a) Temperatur b) Nässe c) Schmutz d) Gase, Dämpfe e) Lärm, Erschütterung f) Blendung, Lichtmangel g) Erkältungsgefahr, Arbeit im Freien h) Unfallgefährdung

Abb. 15.4: Erweiterung des Genfer Schemas durch den REFA-Verband

(2) Analytische Verfahren

Die **analytischen Verfahren** der Arbeitsbewertung zielen darauf ab, die erwähnten Nachteile der summarischen Verfahren durch einen detaillierteren Bewertungsvorgang zu umgehen. Die Arbeitsschwierigkeit wird – wie bereits angedeutet – nicht als Ganzes ermittelt, sondern man gliedert die Höhe der Belastung nach einzelnen Anforderungsarten auf und bewertet diese jeweils einzeln. Die Gesamtbeanspruchung ergibt sich aus der Addition der jeweiligen Einzelurteile. Die Basis für die Ermittlung der Anforderungsarten bildet häufig das **Genfer Schema** aus dem Jahre 1950. Daneben finden sich zahlreiche Vorschläge für eine weitergehende Ausdifferenzierung, so etwa das REFA-Schema (s. Abb. 15.4). Auch bei den analytischen Verfahren finden zwei unterschiedliche Vorgehensweisen Anwendung.

Beim **Rangreihenverfahren** wird – in Analogie zum Rangfolgeverfahren – eine Rangordnung der Verrichtungen vorgenommen, hier allerdings für jede Anforderungsart getrennt. Zur Ermittlung des Arbeitswertes werden die ordinalen Ränge bzw. Platzziffern in addierbare Zahlenwerte (i.d.R. Prozentzahlen, wobei der anspruchsvollste Wert 100 % beträgt) überführt und zu einem Gesamtwert addiert. Darüber hinaus ist eine Gewichtung erforderlich, die die Relation der einzelnen Anforderungsarten zur Gesamtanforderung festlegt. Konkret wird der Rangprozentsatz mit dem Wichtefaktor multipliziert.

Das **Stufenwertzahlverfahren** zeichnet sich hingegen dadurch aus, daß jede einzelne Anforderungsart auf einer Stufenskala in ihrer jeweiligen Ausprägung einzuschätzen ist. Jede dieser Bewertungsstufen wird definiert, ggf. durch Richtbeispiele erläutert und mit einer Punktzahl (Wertzahl) versehen. Der jeweils höchste Wert der gebildeten Stufen ergibt die maximal erreichbare Punktzahl für eine Anforderungsart. Ferner werden häufig die einzelnen Anforderungsarten noch gewichtet, so daß sich der „Arbeitswert" aus der Summe der Produkte von Wertzahl und Wichtefaktor ergibt (vgl. Abb. 15.5).

Die so ermittelten Arbeitswerte werden dann meist einer Arbeitswertgruppe zugeordnet und diese schließlich zu den einzelnen Tarifgruppen, für die in den Tarifverhandlungen jeweils Tarifgehälter vereinbart werden. Eine Änderung der Tarifgehälter ist damit jederzeit möglich, ohne daß die Arbeitsbewertung geändert werden müßte.

Die **Hauptprobleme beim Einsatz analytischer Arbeitsbewertungssysteme** liegen darin, geeignete Anforderungsarten auszuwählen und den Anteil der einzelnen Anforderungsarten an der Gesamtanforderung zu bestimmen. Die Vorgehensweise bleibt letztlich immer nur quasi-objektiv, weil schon die Auswahl der einzelnen Tatbestandsmerkmale und ihre Gewichtung Raum für subjektive Beurteilungen gibt.[5] Sie können daher bei der Erstellung von Lohnsystemen (nur) als Argumentationshilfe dienen, nicht aber die zugrundeliegenden normativen Fragen beantworten.[6]

Offene Gewichtung (Skalierung: 1/2/3/4/5)		Arbeitsplatz 1		Arbeitsplatz 2		Arbeitsplatz 3		Arbeitsplatz 4	
Anforderungsmerkmal	Gewicht	Auspr.	Wert	Auspr.	Wert	Auspr.	Wert	Auspr.	Wert
Fachkönnen	3	5	15	3	9	2	6	1	3
Körperliche Leistung	1	3	3	3	3	1	1	2	2
Geistige Beanspruchung	2	4	8	3	6	3	6	4	8
Umwelteinflüsse	1	1	1	4	4	2	2	3	3
Arbeitswert			27		22		15		16

Quelle: Scholz, C., Personalmanagement, 5. Aufl. München 2000, S. 739.

Abb. 15.5: Beispiel zur Berechnung des Arbeitswertes nach dem Stufenwertzahlverfahren

15.2.3 Lohnformdifferenzierung

Die zweite grundsätzliche Entscheidung, die im Rahmen der Entgeltdifferenzierung zu treffen ist, bezieht sich auf die **Wahl der Lohnform**. Mit ihr soll dem Grundsatz der

5 Vgl. Gutenberg, E., Grundlagen der Betriebswirtschaftslehre, Bd. I, Die Produktion, Berlin u.a. 1983, S. 541.

6 Vgl. zu dieser Rolle der Arbeitsbewertung Gerum, E./Herrmann, U., Zur Leistungsfähigkeit von einheitlichen analytischen Arbeitsbewertungssystemen, in: Zeitschrift für Arbeitswissenschaft 35 (1981), S. 92 f.

Äquivalenz von Entgelthöhe und Leistungsgrad entsprochen werden. Die zahlreichen in der Praxis angewandten Lohnformen lassen sich auf drei elementare Grundformen zurückführen, nämlich den Zeit-, Akkord- und Prämienlohn.[7]

(1) Zeitlohn

Beim Zeitlohn wird die Arbeitszeit (Stunden, Tage, Wochen, Monate, Jahre) vergütet, die der Beschäftigte im Rahmen des Arbeits-(Dienst-)Vertrages dem Unternehmen zur Verfügung stellt. Der Verdienst des Arbeitnehmers verläuft damit proportional zur Arbeitszeit, da der Lohnsatz pro Zeiteinheit konstant ist. Der häufig vorgebrachte Vorwurf, der Zeitlohn sei ergebnisunabhängig, ist insoweit nicht richtig, als in der Praxis mit der Zahlung von Zeitlöhnen oder festem Gehalt auch eine, teilweise recht konkrete, Vorstellung über die zu erwartenden Arbeitsergebnisse verbunden ist. So gesehen liegt zwar keine unmittelbare, aber doch eine mittelbare Beziehung zwischen Entgelthöhe und erbrachter Leistung vor.

Angewendet wird der Zeitlohn überall dort, wo die Vielgestaltigkeit und mangelnde Quantifizierbarkeit der geforderten Arbeitsleistung eine im Sinne der analytischen Arbeitsbewertung exakte Leistungsbewertung unmöglich macht, der Qualität der Arbeitsleistung ein besonderer Stellenwert zukommt oder der Leistungsspielraum weitgehend durch die technologischen Bedingungen vorgegeben ist und damit nicht der individuellen Einflußnahme unterliegt.

Die Vorteile des Zeitlohns liegen auf der Hand. Der Beschäftigte hat sein festes Einkommen garantiert, weder wird durch überhastetes Arbeiten die Gesundheit gefährdet, noch droht bei vorübergehenden Schwächen ein empfindlicher Lohnverlust. Die Entwicklung und Pflege sozialer Beziehungen wird durch diese egalisierende Lohnform erleichtert. Daneben ist die einfache Lohnbemessung und -verwaltung als Vorteil zu nennen.

Als Nachteil wird die „Ungerechtigkeit" des Zeitlohns angesehen; engagierte, erfolgreiche Arbeitnehmer beklagen sich z.T. über dieses System, weil sie sich nicht ihren überlegenen Fähigkeiten und Fertigkeiten entsprechend bezahlt fühlen. Darüber hinaus gibt der Zeitlohn keinen Anreiz, die Leistung zu steigern.

Diesen Kritikpunkten versucht man häufig dadurch zu begegnen, daß man den Zeitlohn in Grenzen differenziert auf der Grundlage einer **Leistungsbeurteilung.** Anders als bei den klassischen Leistungslohnformen – wie dem Akkord- und Prämienlohn – werden hier allerdings meist nicht nur quantitative Größen (z.B. Umsatz, Nutzungs- bzw. Stillstandszeiten etc.), sondern auch qualitative Verhaltensmerkmale (z.B. Einsatz, Verhalten gegenüber Arbeitskollegen, Zuverlässigkeit etc.) als anreizfördernde Bezugsbasis herangezogen. Ein solcher von den Vorgesetzten bestimmter leistungsspezifischer Anteil am Gesamtlohn übersteigt in der Praxis selten 20 %.

(2) Akkordlohn

Beim Akkordlohn wird im Gegensatz zum Zeitlohn ein unmittelbarer Bezug zwischen erbrachter Mengenleistung und Entgelthöhe hergestellt. Im Prinzip erhöht sich der Lohn

7 Vgl. hierzu – teilweise mit differenzierteren Systematisierungen – und zum folgenden z.B. Eckardstein, D. v./ Schnellinger, F., Betriebliche Personalpolitik, 3. Aufl., München 1978, S. 173 ff.; Lücke, W., Arbeitsleistung und Arbeitsentlohnung, Wiesbaden 1988, S. 50 ff., S. 101 ff.

proportional zur Zahl der gefertigten Produktionseinheiten. Die Lohnkosten pro Stück bleiben im Unterschied zum Zeitlohn konstant. Das System der proportionalen Bezahlung wurde allerdings inzwischen durch Tarifverträge insoweit modifiziert, als sie bestimmte **Mindestverdienste** (leistungsunabhängig) sicherstellen. Der Akkordlohn besteht somit aus dem tariflichen Mindestlohn, der die Bewertung des Arbeitsplatzes, soziale Aspekte und die Arbeitsmarktlage widerspiegelt, und dem Akkordzuschlag (i.d.R. 15–20%). Beides zusammen repräsentiert den Stundenverdienst einer Arbeitskraft bei Normalleistung und wird als Akkordrichtsatz bezeichnet. Teilt man den Akkordrichtsatz durch 60, ergibt sich der Minutenfaktor.

Der Akkordlohn kann als Geldakkord oder als Zeitakkord ausgestaltet werden. Beim Geldakkord als ältester Form ergebnisbezogener Entlohnung bildet die Stückzahl die Grundlage der Entgeltberechnung. Für den Arbeitenden wird ein fester Geldwert je Produktionseinheit zugrundegelegt, der sich aus der Division des Akkordrichtsatzes durch die pro Zeiteinheit bei Normalleistung zu erstellende Stückzahl ergibt. Der Quotient wird als Akkordsatz bezeichnet. Der endgültige Verdienst des Arbeiters ergibt sich dann aus dem Produkt von Akkordsatz und Zahl der produzierten Einheiten.

$$\text{Geldakkord} = \text{Akkordsatz} \cdot \text{Stückzahl}$$

Beim Zeitakkord, der heute den Geldakkord weitgehend verdrängt hat, verzichtet man auf die Berechnung des Stücklohns; stattdessen wird eine (Vorgabe-)Zeit pro Leistungseinheit festgelegt. Der Verdienst pro Zeiteinheit errechnet sich dann aus dem Produkt der erzielten Leistungseinheiten, der Vorgabezeit und dem Minutenfaktor.

$$\text{Zeitakkord} = \text{Minutenfaktor} \cdot \text{Vorgabezeit/Stück} \cdot \text{Stückzahl}$$

Beispiel:
Für das Spritzen großer Abdeckhauben werden 6 Vorgabeminuten je Stück festgelegt. Es wird demnach erwartet, daß ein Akkordarbeiter bei normalem Arbeitstempo und bei Einhaltung der Erholungs- und anderer in der Vorgabezeit enthaltenen Zusatzzeiten 10 Stück Abdeckhauben je Stunde spritzt (= 60 Vorgabeminuten). Für 60 Vorgabeminuten wird der Akkordrichtsatz gezahlt, der in diesem Falle 5,10 DM betrage. Der Akkordrichtsatz ist laut Tarifvertrag garantiert. Der Minutenfaktor beträgt dann:

$$\frac{5{,}10}{60} = \text{DM } 0{,}085.$$

Damit ergeben sich die in Abbildung 15.6 gezeigten Beziehungen zwischen verschiedenen Sachleistungen und Verdiensten.

Sachleistung (Stück/Std.)	Verrechnete Vorgabe (Minuten)	Leistung in % der Vorgabeleistung	Verdienst je Std. (in DM)	Verdienst in %
8	48	80	5,10	100
10	60	100	5,10	100
12	72	120	6,12	120
15	90	150	7,65	150

Abb. 15.6: Verdienst nach Zeitakkord bei unterschiedlichen Leistungen

Im finanziellen Ergebnis unterscheiden sich Geld- und Zeitakkord nicht. Der Zeitakkord stellt damit letztlich eine Ausdifferenzierung des Geldakkordes dar. Der entscheidende Vorteil liegt darin, daß der Zeitakkord bei Tarifänderungen einfacher angepaßt werden kann. Es ist lediglich ein neuer Minutenfaktor zu vereinbaren, während beim Geldakkord neue Akkordsätze bestimmt werden müssen.

Akkordlöhne können für den einzelnen Arbeiter (Einzelakkord) oder für eine ganze Arbeitsgruppe (vor allem dort, wo Gruppenarbeit mit wechselnder Arbeitsverteilung vorliegt und Leistungsunterschiede nicht ermittelbar sind) vereinbart sein. Für den Betrieb bietet der Akkordlohn eine sichere Kalkulationsgrundlage, da die direkten Fertigungskosten pro Stück gleich bleiben, sofern die Mitarbeiter die Normalleistung erreichen.

Das Einsatzgebiet des Akkordlohns ist stark begrenzt; er setzt nicht nur hoch standardisierte Aufgaben, sondern auch klare und schnelle Meßbarkeit des Aufgabenerfolgs voraus.

Der Akkordlohn ist heute nach wie vor in der Industrie weit verbreitet, obwohl seit Jahrzehnten von verschiedenster Seite ernsthafte Bedenken gegen diese Form der Entlohnung vorgetragen werden. Die Debatte richtete sich hauptsächlich gegen zu gering veranschlagte Akkordsätze bzw. Vorgabezeiten, die den Arbeiter zu einer permanenten Hochleistung zwingen, um ein durchschnittliches Einkommen zu erzielen. Als Folgen dieses „Akkordreißens" treten unter Umständen Frühinvalidität, hohe Unfallhäufigkeit, psychische Verarmung etc. auf. Die Gewerkschaften versuchen, vor allem die berüchtigte „Akkordschere" zu unterbinden: bei hohen Verdiensten soll nicht mehr ohne weiteres der Akkordsatz heruntergesetzt werden können.

(3) Prämienlohn

Beim Prämienlohn wird zu einem vereinbarten Grundlohn (i.d.R. Zeitlohn) noch eine Zulage, die Prämie, gewährt. Sie bemißt sich nach quantitativen und qualitativen Mehrleistungen. Die Prämienentlohnung setzt sich somit aus einer leistungsabhängigen Prämie und einem leistungsunabhängigen Grundlohn zusammen, der zumeist dem tariflich vereinbarten Lohn entspricht. Durch die von den Gewerkschaften erreichte Mindestlohn-Garantie beim Akkordlohn haben sich Prämien- und Akkordlohn aufeinander zubewegt. Die Prämienarten sind je nach Leistungsprozeß und Zielsetzung sehr unterschiedlich; neben Mengenleistungsprämien gibt es eine ganze Skala qualitativer Prämien, jeweils sowohl auf Gruppen- als auch auf Individualbasis. Einen ausführlichen Überblick über die gebräuchlichsten Prämienarten und deren mögliche Bezugsgrößen gibt Abb. 15.7.

Die Bedingungen für den Einsatz des Prämienlohns sind ähnlich wie beim Akkordlohn:

(1) Beeinflußbarkeit der Leistung durch den Mitarbeiter oder die Arbeitsgruppe und

(2) Meßbarkeit der Prämien-Bezugsgröße.

Im Unterschied zum Akkordlohn kann die Anreizwirkung der Prämie breiter variiert werden; die Entwicklung der Leistungszulage kann man überproportional, proportional oder unterproportional anlegen. Darüber hinaus kann man Lohnentwicklungsverläufe steuern, z.B. erst überproportional und dann ab einer gewissen Schwelle unterproportional. Der Prämienlohn ist damit ein sehr viel flexibleres Entlohnungsinstrument als der

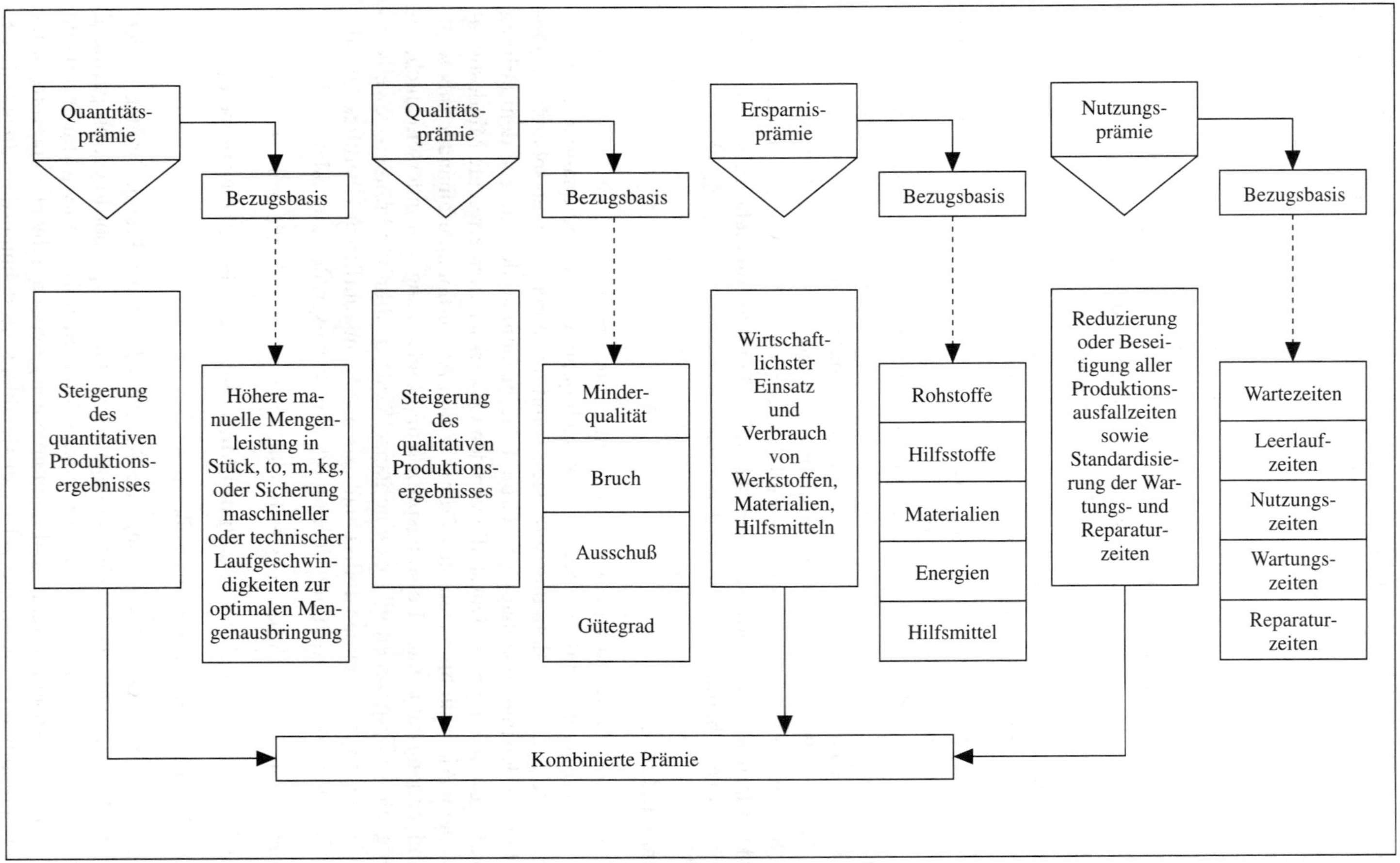

Quelle: Wiesner, H., Entgelt auf dem Weg zur „CIM“ der Fabrik der Zukunft, Krefeld 1988, S. 246.

Abb. 15.7: Prämienarten in der Produktion und ihre Bezugsbasis

Akkordlohn. Allerdings geht mit komplexeren Prämienlohnsystemen meist die Transparenz für den Mitarbeiter verloren.

Nach § 87 Abs. 1 Ziffer 10 BetrVG ist die Anwendung oder Änderung von Entlohnungsformen grundsätzlich mitbestimmungspflichtig.

15.3 Entlohnung im Wandel

In der jüngeren Diskussion um den Stellenwert und die Ausgestaltung der Entlohnung deutet eine Reihe von Entwicklungen darauf hin, daß die dargestellten klassischen Entlohnungskonzepte kritisch auf ihre Angemessenheit hinterfragt werden müssen. Ein potentieller Wandel der bisherigen Entlohnungspraxis wird u.a. durch die folgenden Faktoren angemahnt.[8]

(1) Neue Aufforderungsprofile

In den westlichen Industrienationen hat sich zum einen eine weitreichende **Veränderung der Produktionsbedingungen** ergeben. Es findet zunehmend eine Auslagerung lohnintensiver Massen- bzw. Serienfertigungen in sog. „Billiglohnländer“ statt, während man sich in den entwickelten Industriezentren auf die flexible Fertigung qualifizierter Produkte spezialisiert.[9] Die damit verbundene Umstellung und Flexibilisierung der Fertigungsstruktur sowie zahlreiche neue Formen der Fertigungsorganisation ziehen prinzipielle **Änderungen der Arbeitsaufgaben** nach sich. Bestimmte Arbeiten fallen weg, neue Tätigkeiten treten hinzu und andere Arbeiten verschieben sich sowohl in ihrer quantitativen wie auch qualitativen Ausprägung.

Insgesamt scheint die Entwicklung in der Mehrzahl auf anspruchsvollere Arbeitsplätze hinauszulaufen, was sich nicht zuletzt in der zunehmenden Funktionsintegration im Produktionsbereich beobachten läßt.[10] Auch laufen die Bestrebungen zu einem umfassenden Qualitätsmanagement in dieselbe Richtung.

Zu diesen Tendenzen in der Fertigung tritt ganz generell der Trend zur Dienstleistungswirtschaft und die immer stärkere Betonung von „Wissensarbeit“.[11] Dies bedeutet im Ergebnis, daß die Arbeit abstrakter wird und der Umgang mit Symbolen (Zahlen, Wör-

---

8 Vgl. auch Eckardstein, D.v., a.a.O., S. 251 ff.; Weil, R., Der Einfluß des Marktes auf Technologie und Arbeitsorganisation, in: Angewandte Arbeitswissenschaft 8 (1985), hier insbes. S. 4 ff.

9 Vgl. Matthies, H./Müchenberger, U./Offe, C./Peter, E./Rausch, S., Arbeit 2000: Anforderungen an eine Neugestaltung der Arbeitswelt. Eine Studie der Hans-Böckler-Stiftung, Reinbek 1994, S. 50 f. Vgl. ferner Piore, M.J./Sabel, Ch.F., Das Ende der Massenproduktion. Studie über die Requalifizierung der Arbeit und die Rückkehr der Ökonomie in die Gesellschaft, Berlin 1985.

10 Vgl. hierzu etwa die MIT-Studie zur ‚Lean production‘ und die dort beschriebenen Konsequenzen für die Mitarbeiterqualifikation; Womack, J.P./Jones, D.T./Roos, D., Die zweite Revolution in der Autoindustrie (Übers. a. d. Engl.), Frankfurt a.M./New York 1991 und Hammer, H./Champy, J., Reengineering the Corporation, New York 1993.

11 Vgl. Kleinaltenkamp, M./Plinke, W. (Hrsg.), Markt- und Produktmanagement, Berlin u.a. 1999, insbes. S. 3 ff.

ter, Zeichen) in den Vordergrund tritt.[12] Eine „Vermessung“ der Arbeit wird dadurch zwangsläufig schwieriger.

Veränderte Arbeitsaufgaben ziehen **veränderte Anforderungsprofile** nach sich. Zahlreiche Untersuchungen[13] weisen darauf hin, daß beim Einsatz neuer Formen der Arbeitsorganisation und neuer Technologien die psychomotorischen Anforderungen abnehmen, während die kognitiven Anforderungen zunehmen. Fähigkeiten wie abstraktes Denken, Kooperations- und Kommunikationsbereitschaft sowie das Denken in Zusammenhängen gewinnen auch im Produktionsbereich an Bedeutung.

Diese veränderten Arbeitsanforderungen machen eine **Anpassung der Arbeitsbewertungspraxis** erforderlich. Für die **summarische Arbeitsbewertung** ist festzustellen, daß die **globale** Zuordnung von Arbeitsplätzen zu bestimmten Lohngruppen immer schwieriger wird.

Bei den **analytischen Bewertungsverfahren** sind neben der Gewichtung vor allem die Anforderungsarten selbst anpassungsbedürftig.

Neben Vorschlägen, die auf eine Aktualisierung bzw. Verbesserung der analytischen Arbeitsbewertung auf der Grundlage des Genfer Schemas zielen, finden sich auch Vorschläge, die die analytische Arbeitsbewertung durch **alternative Bewertungsverfahren** ersetzen wollen. So ist bei der VW AG die analytische Arbeitsbewertung abgeschafft und durch eine **Einstufung gemäß der Tätigkeit in Arbeitssystemen** ersetzt worden. Diese „bereichsbezogene“ Bewertungsmethode zeichnet sich dadurch aus, daß sie nicht mehr – wie bisher üblich – an den Anforderungen eines einzelnen Arbeitsplatzes, sondern an der Arbeitsfunktion im Sinne einer global definierten Arbeitsaufgabe ansetzt.[14]

Im Sinne der veränderten Arbeitsinhalte nehmen aber auch die Bestrebungen zu, die vielseitige Einsatzfähigkeit der Mitarbeiter durch eine **qualifikationsbezogene Entlohnung** stärker zu fördern und auch angemessen bei der Entgeltgestaltung zu berücksichtigen. Das wohl am weitesten reichende praktische Beispiel liefert hier die Vögele AG. Als Lohnform ist dort ein dreigliedriges Entgelt vereinbart, das sich zusammensetzt aus dem Grundentgelt, einer Zulage für „besondere Anforderungen“ (in Höhe von 1 %-10 % des Grundentgeltes) und einer Leistungszulage nach Maßgabe der Leistungsbeurteilung. Der Grundlohn – und das ist das entscheidende Novum – basiert auf der Qualifikation der Beschäftigten. Es werden sieben Entgeltgruppen unterschieden, die sich im Hinblick auf die schulische Vorbildung und/oder die praktisch erworbenen Qualifikationen unterscheiden (vgl. 15.8).

---

12 Vgl. Willke, H., Dimensionen des Wissensmanagement – Zum Zusammenhang von Gesellschafter und organisationaler Wissensbasierung, in: Schreyögg, G./Conrad, P. (Hrsg.), Wissensmanagement, Managementforschung Bd. 6, Berlin/New York 1996, S. 263-304; Probst, G./Raub, St./Romhardt, K., Wissen managen, Frankfurt a.M. 1997.

13 Vgl. Kurth, R., Die Auswirkungen technischer Änderungen auf die Arbeit, in: Angewandte Arbeitswissenschaft 8 (1985), S. 29 ff.; Landau, K., Zur Veränderung der Arbeitsanforderungen durch neue Technikgenerationen, in: REFA Nachrichten 39 (1986), S. 21, Sonntag, K./Bendix, J./Heun, D., Kognitive Anforderungen bei Anlagenführer- und Instandhaltungstätigkeiten, in: Zeitschrift für Arbeitswissenschaft 43 (1989), S. 26 ff.

14 Vgl. Brumlop, E., Neue Formen der Lohndifferenzierung, in: WSI Mitteilungen (1986), S. 664. Vgl. auch Oechsler, W.A., Personal und Arbeit, 7. Aufl., München/Wien 2000.

E 1	Arbeitnehmer ohne Berufsausbildung und ohne betriebliche Weiterbildung sowie Arbeitnehmer, deren Qualifikation dem Stand einer kurzfristigen Einarbeitung entspricht.
E 2	Arbeitnehmer mit einer in der Metallindustrie verwertbaren Qualifikation, wie sie in der Regel nach einer fünf- bis zwölfwöchigen Anlernzeit erreicht wird. Arbeitnehmer mit einer in der Metallindustrie verwertbaren Qualifikation, wie sie in der Regel durch eine zweijährige Berufsausbildung erworben wird.
E 3	Arbeitnehmer mit einer in der Metallindustrie verwertbaren Qualifikation, wie sie in der Regel in einer dreijährigen Berufsausbildung erworben wird. Arbeitnehmer, deren Qualifikation durch betriebliche Anlernzeit und entsprechende Arbeitserfahrung den Stand einer dreijährigen Berufsausbildung erreicht hat.
E 4	Arbeitnehmer mit überdurchschnittlichen Fachkenntnissen und Fähigkeiten, die in der Regel eine mindestens dreijährige Berufserfahrung voraussetzen.
E 5	Arbeitnehmer, deren Qualifikation durch schulische oder betriebliche Aus- und Weiterbildung über den Anforderungen der Entgeltgruppe 4 liegt.
E 6	Arbeitnehmer, deren Qualifikation dem Niveau eines Fachhochschulabschlusses entspricht. Arbeitnehmer, deren Qualifikation durch schulische oder betriebliche Aus- und Weiterbildung über den Anforderungen der E 5 liegt.
E 7	Arbeitnehmer, deren Qualifikation ausreicht, hochwertige Tätigkeiten mit besonderen theoretischen Anforderungen im Rahmen der betrieblichen Aufgabenstellung auch selbständig auszuführen. Arbeitnehmer, deren Qualifikation durch schulische oder betriebliche Aus- und Weiterbildung über den Anforderungen der E 6 liegt.

Quelle: Wiesner, H., Entgelt auf dem Weg zur „CIM" der Fabrik der Zukunft, Krefeld 1988, S. 138 f.

Abb. 15.8: Eingruppierungskriterien für die Entgeltgruppen bei der Vögele AG, Mannheim

Die bisher aufgezeigten Entwicklungen werden zudem durch den Einsatz von neueren Formen der **Gruppen- und Teamarbeit** verstärkt.[15] Für diese Formen der Gruppenarbeit erweist sich die herkömmliche **anforderungsbezogene Lohnsatzdifferenzierung** als wenig zweckmäßig. Denn diese orientiert sich ja an einem bestimmten Arbeitsplatz und der dort zu erfüllenden Arbeitsaufgabe. Die **flexible Erfüllung mehrerer Arbeitsaufgaben** im Wechsel mit anderen Gruppenmitgliedern ist hier nicht vorgesehen.[16]

15 Vgl. oben, Kapitel 9.

16 Vgl. hierzu Ambrosch, S./Nilgens, U., Lean Production: Auswirkungen auf Qualifikation und Entlohnung, in: Ridder, H.-G./Janisch, R./Bruns, H.-J. (Hrsg.), Arbeitsorganisation und Qualifikation: Zur Praxis der Arbeitsgestaltung in der schlanken Produktion, München/Mering 1993, S. 79-90, insbes. S. 84 ff.

Zum anderen ist bei einer gemeinsamen Erfüllung der Arbeitsaufgabe im Team eine Zuordnung der individuellen Leistungen nur mehr schwer möglich. Hieraus ergeben sich generell Probleme für den **leistungsbezogenen Teil der Entlohnung**. Schließlich gilt es aber auch zu bedenken, daß eine zu stark am Individuum orientierte Entlohnung die Zusammenarbeit in der Gruppe beeinträchtigen kann. Zur Förderung des Team-Geistes scheint hier eher eine Entlohnung der Gruppe als Gesamtheit angebracht. Eine leistungsgerechte Entlohnung von Gruppenarbeit steht somit im Spannungsfeld von Individuen- und Teamorientierung.

Diese Ausführungen lassen deutlich erkennen, daß die veränderte Arbeitssituation in zunehmendem Maße **eigenständiges und eigenverantwortliches Handeln der Mitarbeiter** erfordert. Die Aufgabeninhalte können nur noch bedingt inhaltlich genau vorher bestimmt werden. Erforderlich ist vielmehr eine flexible, kritisch-kreative Mitwirkung der Mitarbeiter, die durch selbständiges Mitdenken und Vorausschauen im Interesse einer besseren Erfüllung der Unternehmensaufgabe geprägt ist.

Die hierfür erforderliche Lernfähigkeit und -bereitschaft und der über einen reinen ordnungsgemäßen Vollzug der Aufgabe hinausgehende Einsatz für das Unternehmen („Commitment") können jedoch nur sehr bedingt lohnpolitisch, also „von außen", erzeugt werden. Sie erfordern vielmehr **intrinsische Motivation** der Mitarbeiter.[17] Darüber hinaus weist eine Reihe von psychologischen Untersuchungen darauf hin, daß Lohnanreize unter bestimmten Umständen sogar intrinsische Motivation zerstören können. Derartige Auswirkungsmöglichkeiten extrinsischer Anreize mahnen eine grundlegende Überprüfung der Entlohnungspraxis an. Der Zusammenhang zwischen extrinsischen monetären Anreizen und intrinsischer Motivation wird in Kapitel 15.4 genauer beleuchtet.

(2) Tarifpolitik

Auf tarifpolitischer Ebene werden auf seiten der Gewerkschaften neue Schwerpunkte erkennbar. Die quantitative Lohnerhöhungspolitik wird stärker durch qualitative Überlegungen ergänzt. So wird etwa angestrebt, negative Umwelteinflüsse, wie z.B. Schmutz, Lärm und Hitze, eher zu reduzieren statt sie wie bisher üblich zu kompensieren durch entsprechende Lohnzuschläge für außergewöhnliche Belastungen, die über die Arbeitsbewertung ermittelt werden. Ein weiteres typisches Beispiel sind die Forderungen nach Arbeitszeitverkürzungen mit dem Ziel, die Zahl der Arbeitsplätze auszudehnen und Belastungen abzubauen. Ergänzt werden diese Akzentverschiebungen durch die Forderung nach Sockellohnerhöhungen, die auf einen überproportionalen Anstieg für die unteren Lohngruppen zielen und damit zu einer Nivellierung der anforderungsbezogenen Unterschiede zwischen den Arbeitsplätzen führen.

Darüber hinaus gewinnt aktuell – wie oben – beschrieben, das drängende Problem der Arbeitslosigkeit im Rahmen der Tarifpolitik zunehmend an Bedeutung. Zur Arbeits-

---

17 Vgl. hierzu z.B. Wächter, H., Tendenzen der betrieblichen Lohnpolitik in motivationstheoretischer Sicht, in: Schanz, G. (Hrsg.), Handbuch Anreizsystem in Wirtschaft und Verwaltung, Stuttgart 1991, S. 196 ff. Zur intrinsischen Motivation vgl. auch Kapitel 9 oder S. 747 f.

platzsicherung werden u.a. Öffnungsklauseln und Revisionsklauseln[18] diskutiert, die eine betriebsspezifische Regelung des Lohns bzw. des Entgelts ermöglichen.

(3) Führungskräfteentlohnung

Einen wichtigen Diskussionspunkt stellt zudem die Entlohnung von Führungskräften, insbesondere von außertariflichen oder leitenden Angestellten dar. Während die Entgeltpolitik der ausführenden Mitarbeiter in wichtigen Bereichen tarifvertraglich geregelt ist und insoweit nur noch begrenzt in den Entscheidungsbereich der Unternehmen fällt, wird die Entgeltpolitik für Führungskräfte in der Regel einzelvertraglich festgelegt und ist von den Vertragspartnern meist vollständig selbst zu bestimmen. Dabei stellen neben gewissen Grund- oder Festbezügen sowie Zusatz- und Sozialleistungen insbesondere die **variablen Entgeltkomponenten** ein wichtiges Gestaltungsproblem dar.[19] Diese sind – wenn Entgeltpolitik nicht nur als Kostenfaktor, sondern auch als Anreiz- und Führungsinstrument gesehen wird – entsprechend leistungsorientiert gestaltet. Statistisch gesehen erhalten über 60 % der Führungskräfte und ca. 85 % der Top-Manager in Deutschland variable Bezüge, die im Schnitt 15 % (Führungskräfte) bis 25 % (Top-Manager) der Entlohnung ausmachen.[20] Dieses „Entgeltsupplement" erfolgt überwiegend ohne explizit vertragliche Kodifizierung und zumeist auf der Basis allgemeiner Bezugsgrößen, wie etwa dem Jahresgewinn, dem Betriebsergebnis oder der Börsenkapitalisierung.

In diesem Zusammenhang wird in letzter Zeit – mit Blick auf die USA – auch eine Ausrichtung der Führungskräfteentlohnung am sog. **„Shareholder-Value"** diskutiert.[21] Kernidee des Shareholder-Value-Ansatzes ist die Ausrichtung aller Unternehmensaktivitäten auf die Steigerung des Wertes des Unternehmens. Dabei wird in der Regel die theoretische Perspektive einer dynamischen Investitionsanalyse eingenommen: Im Interesse einer optimalen, wertsteigernden Allokation der Unternehmensressourcen sollen nur solche Investitionen getätigt werden, die mutmaßlich zur Erhöhung des Unternehmenswertes beitragen.[22]

Der Bezug zur Entgeltpolitik kann über die Prinzipal-Agenten-Theorie hergestellt werden: Die Kapitaleigner (Prinzipale) wollen die nicht vollständig kontrollierbaren Manager (Agenten) über eine am Shareholder-Value orientierte Entgeltpolitik auf die von ih-

18 Vgl. hierzu z.B. Müller-Jentsch, W., Auf dem Prüfstand: Das deutsche Modell der industriellen Beziehungen, in: Industrielle Beziehungen 2 (1995), S. 11-24, hier S. 21. Zum grundlegenden Revisionsbedarf stark ergebnisorientierter branchenweiter Regelungen, wie sie in Tarifverträgen vereinbart werden, vgl. Oechsler, W.A., Das Arbeitsrecht steckt in der Krise, in: Personalwirtschaft, Jubiläumsheft 1994, S. 57-60, sowie ders., Betriebliche Flexibilität in einem starren Arbeitsrecht?, in: Die Betriebswirtschaft 53 (1993), H. 5, S. 709-712.

19 Zu diesen drei Elementen der Führungskräftevergütung vgl. auch Berthel, J., Personalmanagement: Grundzüge für Konzeptionen betrieblicher Personalarbeit, 4. Aufl., Stuttgart 1995, S. 412.

20 Vgl. Kienbaum, Vergütungsberatung (Hrsg.), Gehaltsstrukturuntersuchung 1992, Band I: Leitende Angestellte, Band II: Geschäftsführer, Gummersbach 1992, zit. nach Evers, H., Entgeltpolitik, a.a.O., Sp. 304.

21 Zum Shareholder-Value-Konzept vgl. Bischoff, J., Das Shareholder-Value-Konzept: Darstellung – Probleme – Handlungsmöglichkeiten, Wiesbaden 1994.

22 Vgl. Siegert, T., Shareholder-Value als Lenkungsinstrument, in: Zeitschrift für betriebswirtschaftliche Forschung 47 (1995), Nr. 6, S. 580-607, hier S. 580 f.

nen verfolgten Wertsteigerungsziele verpflichten und dadurch die Verfolgung ihrer Interessen im Unternehmen sicherstellen.[23]

Diese, an effizienten Kapitalmärkten ausgerichtete Unternehmenspolitik und die daraus resultierende Entlohnungspolitik, ist in mehrfacher Hinsicht zu kritisieren. Im Kern können zwei **Hauptkritikpunkte** unterschieden werden:

- Zum einen kann die Shareholder-Value-Steuerung zu **Fehlallokationen** führen. Eine einseitige Orientierung am Shareholder-Value honoriert taktisch-operatives Verhalten und kurzfristige Renditeüberlegungen und führt somit zu einer Vernachlässigung längerfristiger strategischer Belange. Zudem kann der Börsenwert durch die Führungskräfte manipuliert werden („Kurspflege"). So könnten etwa Führungskräfte bei einer stark marktwertorientierten Entlohnung ihr Salär über den Kauf von Aktienoptionen aufbessern und dabei Langzeitstrategien vernachlässigen. Betrachtet man indessen das Shareholder-Value-Entlohnungskonzept nicht – wie es meist der Fall ist – theoretisch, sondern empirisch, sieht die Bilanz sehr ernüchternd aus. Ein enger Zusammenhang zwischen Unternehmenserfolg (vor allem Marktwert) und Aktienoptionsplänen ist nicht zu belegen.[24]
- Zum anderen ist aber auch auf ungeklärte **Gerechtigkeitsfragen** zu verweisen. Das Konzept des Shareholder-Value droht in Widerspruch zu geraten zur grundgesetzlich verbrieften Sozialbindung des Eigentums (Artikel 14 (2) GG: „Eigentum verpflichtet. Sein Gebrauch soll zugleich dem Wohle der Allgemeinheit dienen."). Die exklusive Verpflichtung der Manager auf die Interessen der Kapitaleigner macht weitergehende Bemühungen um einen Ausgleich zwischen den verschiedenen Interessengruppen des fokalen Unternehmens obsolet.

Diese Einwände verdeutlichen mithin die normativen Grenzen des Konzeptes und verweisen im Grundsatz zurück auf die Frage des erfolgsorientierten Handelns und dessen Ergänzungsbedürftigkeit durch verständigungsorientiertes Handeln, wie sie oben (vgl. die Abschnitte 3.3 und 3.4) dargelegt wurden.

(4) Strategiebezogene Entlohnung

Die Forderung, die Unternehmensaktivitäten stärker strategisch auszurichten, hat auch – wie oben bereits erläutert[25] – Implikationen für die Entlohnung. Bei der Auswahl adäquater Entlohnungsformen muß zum einen beachtet werden, ob die jeweilige Entlohnungsform geeignet ist, die Umsetzung der angestrebten Strategie zu fördern oder ob sie dazu im Widerspruch steht. Für eine solche derivative Anbindung der Entlohnung an die Unternehmensstrategie werden in der Literatur verschiedene Möglichkeiten diskutiert.[26]

23 Vgl. Siegert, T., Shareholder-Value, a.a.O., S. 601. Vgl. auch Jensen, M.C./Murphy, K.J., CEO Incentives – It's Not How Much You Pay, But How, in: Harvard Business Review 90 (1990), Nr. 3, S. 138-153, hier insbes. S. 140 f. Einen kritischen Theorie-Überblick findet man bei Prendergast, C.: The Provision of Incentives in Firms, Journal of Economic Literature (im Erscheinen).

24 Vgl. zusammenfassend Osterloh, M., Wertorientierte Unternehmensführung und Management-Anreizsysteme, in: Kumar, B./Osterloh, M./Schreyögg, G. (Hrsg.), Unternehmensethik und die Transformation des Wettbewerbs, Stuttgart 1999, S. 183-204.

25 Vgl. oben S. 247 f.; ferner Lawler, E.E., Strategic pay, San Francisco 1990.

26 Vgl. Becker, F., Anreizsysteme für Führungskräfte, Stuttgart 1990.

So wird einerseits vorgeschlagen, die Entlohnungsgrundsätze gemäß der **Lebenszyklusphase** einer Geschäftseinheit zu wählen. Andererseits zieht man bestimmte Typologien von **Wettbewerbsstrategien** als Grundlage für die Gestaltung der Entlohnung (von Führungskräften) heran. Gemeinsam ist all diesen Ansätzen, daß sie auf einen bestmöglichen „Fit" zwischen Unternehmensstrategie und Entlohnung zielen. Über diesen Gesichtspunkt hinaus müßte aber auch der Einsicht Rechnung getragen werden, daß mit der Wahl einer bestimmten Gestaltungsform der Entlohnung nicht nur die Strategieumsetzung, sondern auch der zukünftige **Strategieformulierungsprozeß** entscheidend geprägt wird.[27]

Insgesamt gilt es zu beachten, daß eine zu rigide Orientierung der Entlohnung an der Umsetzung einzelner Unternehmensstrategien die Handlungen der Unternehmensmitglieder so stark kanalisieren kann, daß die für die Strategieformulierung und -sicherung erforderlichen Freiräume für innovatives Denken und die Weiterleitung strategiekritischer Informationen nicht mehr wie erwünscht genutzt werden. Die Entlohnung – wie auch die gesamte materielle und immaterielle Anreizgestaltung – haben somit sowohl den spezifischen Bedingungen der Strategieumsetzung als auch der Strategieformulierung und -sicherung Rechnung zu tragen. Die Gestaltung der Entlohnung bewegt sich vor diesem Hintergrund – ebenso wie die anderen personalpolitischen Funktionen – im Spannungsfeld von **Vollzug** und **Öffnung**.

(5) Gesellschaftliche Diskriminierung

In der breiten Diskussion um die Diskriminierung von Frauen und ethnischen Minderheiten erhält die Lohnpolitik einen immer größeren Stellenwert. An der Lohnpolitik („Leichtlohngruppen", Qualifikationsgewichtung usw.) wird abgelesen, ob und in welchem Umfang eine indirekte Diskriminierung bzw. Privilegierung bestimmter gesellschaftlicher Gruppen vorzufinden ist.[28]

15.4 Entlohnung und Motivation

Mit der Entlohnung ist, das haben die bisherigen Ausführungen deutlich gemacht, neben dem Abgleich der vertraglich erbrachten Leistungen eine Reihe weiterer Funktionen verbunden: Sozialer Ausgleich, Bewertung von Qualifikationen, gesellschaftspolitische Zielsetzungen usw. Am häufigsten aber wird als Zusatzfunktion die Motivation ins Feld geführt. Über die Beziehung zwischen Entlohnung und Motivation wird dabei viel spe-

---

27 Vgl. Schreyögg, G., Verschlüsselte Botschaften. Neue Perspektiven einer strategischen Personalführung, in: Zeitschrift Führung + Organisation 56 (1987), S. 151 ff.

28 Zur Lohndiskriminierung von Frauen vgl. die empirische Studie von Jochmann-Döll, A., Gleicher Lohn für gleiche Arbeit, München/Mering 1990. Für einen umfassenden Überblick über das Verständnis und die Stellung von Frauen(themen) in Theorie und Praxis der Personalpolitik vgl. Krell, G./Osterloh, M. (Hrsg.), Personalpolitik aus der Sicht von Frauen – Frauen aus der Sicht von Personalpolitik, Was kann die Personalforschung von der Frauenforschung lernen?, München/Mering 1992.

kuliert, ohne daß den notwendigen Grundlagen immer genügend Beachtung geschenkt wird. Schon die in Kapitel 9 vorgestellten Motivationstheorien haben klargestellt, daß eine dauerhafte Arbeitsmotivation nicht durch externe Anreize, sondern nur aus der Arbeit selbst resultieren kann (intrinsische Motivation).

Wie gezeigt, gewinnt die intrinsische Motivation der Mitarbeiter nicht zuletzt durch die veränderte Wettbewerbssituation zunehmend an Bedeutung. Vor dem Hintergrund dynamischer Märkte mit hohem Innovations- und Kostendruck stellen eigenständig, flexibel und vorausschauend agierende Mitarbeiter, die sich „um der Sache willen" mit ihrem ganzen Wissen und ihrer gesamten Problemlösungsfähigkeit für das Unternehmen engagieren, mehr denn je einen entscheidenden Wettbewerbsfaktor dar.

Im Hinblick auf die Entlohnung stellt sich die Frage, inwieweit intrinsische Motivation durch (extrinsische) monetäre Anreize unterstützt werden kann.

Neuere Untersuchungen verweisen auf einen Widerspruch. Extrinsische Anreize – wie z.B. Geld – können unter bestimmten Umständen intrinsische Motivation zerstören bzw. untergraben. Entlohnung wäre in diesen Fällen dann sogar als motivations- und damit leistungsmindernd und somit als kontraproduktiv einzustufen. Dieses Phänomen wird in der Psychologie auch als „psychologischer Verdrängungseffekt" („crowding out") oder „verborgene Kosten der Belohnung" („hidden costs of reward") bezeichnet.[29]

Die wichtigsten Erkenntnisse aus den einschlägigen Veröffentlichungen können zu den folgenden Punkten verdichtet werden:

(1) Zunächst lassen sich zwei Bedingungskonstellationen unterscheiden, in denen eine „Zerstörung" oder „Untergrabung" intrinsischer Motivation durch extrinsische Anreize – ein „Crowding out" – besonders wahrscheinlich ist:[30]

– Hierzu zählt zum einen das Problem der **Überrechtfertigung** einer Aktivität: Wird eine Person für eine Aktivität extrinsisch belohnt, die sie aufgrund intrinsischer Motivation ohnehin ausgeführt hätte, so verliert die intrinsische Motivation ihre Funktion und wird abgebaut, um eine Überrechtfertigung der Tätigkeit zu vermeiden. So konnte man zum Beispiel in Laborexperimenten beobachten, daß Personen, die für eine Tätigkeit entlohnt werden, die sie zunächst ohne extrinsische Anreize allein um ihrer selbst willen ausgeübt hatten, diese Tätigkeit nach Entzug dieser Belohnung nicht mehr oder nur in beschränktem Umfang ausüben. Die intrinsische Motivation wurde im Zuge der Belohnung durch eine extrinsische Motivation ersetzt. Nach einem allfälligen Wegfall der extrinsischen Motivation besteht dann kein intrinsischer Handlungsanreiz mehr.[31]

---

29 Vgl. hierzu z.B. Lepper, M.R./Greene, D. (Hrsg.), The Hidden Costs of Reward: New Perspectives on the Psychology of Human Motivation, New York 1978 und Dec, E.L., Intrinsic Motivation, New York/London 1975, insbes. S. 129 ff. Vgl. ferner Frey, B.S., How Instrinsic Motivation is Crowded Out and In, in: Rationality and Society, 6 (1994), Nr. 3, S. 334-352, hier insbes. S. 334 f.

30 Zu diesen und weiteren Bedingungen vgl. Frey, B., Markt und Motivation. Wie ökonomische Anreize die (Arbeits-)Moral verdrängen, München 1997, S. 32 ff.

31 Vgl. hierzu z.B. Deci, E.L., Effects of Externally Mediated Rewards on Intrinsic Motivation, in: Journal of Personality and Social Psychology 18 (1971), Nr. 1, S. 105-115.

- Ein zweites Problemfeld bilden Beziehungen, die auf einer **impliziten Norm der Gegenseitigkeit** beruhen: So kann z.B. eine Art implizites Abkommen zwischen Mitarbeiter und Vorgesetzten bestehen, demzufolge die Leistungen von Mitarbeitern durch entsprechendes Vertrauen und entsprechende Wertschätzung von Vorgesetzten honoriert werden. Diese zunächst gleichgewichtige Beziehung kann durch den Einsatz extrinsischer Anreize gestört werden, wenn sich die Mitarbeiter durch diese Anreize kontrolliert oder zu Mehrleistung aufgefordert fühlen.

Beide Problemfelder, d.h. sowohl die Überrechtfertigung einer an sich intrinsisch motivierten Aktivität als auch die Verletzung einer impliziten Norm der Gegenseitigkeit, sind besonders dann als kritisch und als für die intrinsische Motivation gefährlich einzustufen, wenn die Mitarbeiter durch die extrinsischen Anreize ihre **Selbstbestimmung** oder ihr **Selbstwertgefühl** in Frage gestellt sehen.

(2) Trotz dieser problematischen Wirkungen darf nicht übersehen werden, daß jeder Lohnanreiz auch einen **informativen Aspekt** hat, der für die Leistungsmotivation bedeutsam sein mag. Er kann von Mitarbeitern als Bestätigung ihrer Kompetenz bzw. ihres Selbstwertgefühls verstanden werden und somit ihre intrinsische Motivation **stärken.** So werden ja z.B. Sportler oder Künstler durch den Empfang einer Auszeichnung oder eines Preises in der Regel nicht demotiviert, sondern vielmehr noch zu weiteren Anstrengungen und neuen Höchstleistungen motiviert.

15.5 Entlohnung und Lohnzufriedenheit

Neben der Motivation ist die Kenntnis der Ursachen der Lohn(un)zufriedenheit der Mitarbeiter für die Wahrnehmung der Managementaufgaben im Kontext der Funktion Personaleinsatz von großer Bedeutung.

Zu der Frage der Lohnzufriedenheit gibt es eine Vielzahl von Einzelbefunden aus empirischen Arbeiten, die relativ lose und häufig ohne explizierten theoretischen Hintergrund nebeneinander stehen. Wir wollen daher auch hier einen theoretischen Rahmen voranstellen, in den die Befunde sinnvoll integriert werden können und der eine Erklärung der meist nur black-box-artig behaupteten Zusammenhänge zuläßt.

15.5.1 Determinanten der Lohnzufriedenheit

Lawler hat ein anschauliches Modell entwickelt, das uns im folgenden zur Erklärung der Lohn(un)zufriedenheit dienen soll (s. Abb. 15.9). Zur Konzeptualisierung von „Lohnzufriedenheit" greift Lawler auf den Diskrepanzansatz zurück und verknüpft ihn auf instruktive Weise mit der sog. „Equity Theorie". Die Equity Theorie stellt auf den **sozia-**

len Vergleich ab und postuliert, daß Individuen nach einem Verhältnis von Aufwand und Ertrag streben, das dem (perzipierten) Aufwand-Ertrags-Verhältnis relevanter Bezugspersonen gerade entspricht.[32] Im Kern geht es also um ein subjektives Gerechtigkeitsgefühl.[33] Positive oder negative Abweichungen von diesem Gleichgewicht werden als unangenehm oder eben ungerecht empfunden. Der Diskrepanzansatz erklärt Zufriedenheit unter Einbezug anspruchsniveautheoretischer Elemente aus der Differenz zwischen dem, was eine Person berechtigterweise glaubt fordern zu können, und dem, was sie tatsächlich erhält. Diesem Muster entsprechen die zwei Basiselemente des Lohnzufriedenheitsmodells:

a) **Soll-Verdienst**; das ist der Verdienst, den eine Person nach Abwägung der Umstände für sich berechtigterweise glaubt fordern zu können.

b) **Ist-Verdienst**; das ist der tatsächlich empfangene Verdienst, wie ihn das Individuum perzipiert.

Wie Abbildung 15.9 zeigt, sind je nach Ausprägung prinzipiell drei Zufriedenheitszustände als Folge möglich:

1) Der Soll-Verdienst entspricht dem Ist-Verdienst; Ergebnis: Lohnzufriedenheit.

2) Der Ist-Verdienst liegt unter dem Soll-Verdienst; Ergebnis: Lohnunzufriedenheit.

3) Der Ist-Verdienst liegt über dem Soll-Verdienst; Ergebnis: Unbehaglichkeit, Schuldgefühle.

Die dritte der genannten Möglichkeiten erscheint auf den ersten Blick etwas unwahrscheinlich, ja sogar im deutlichen Gegensatz zu dem, was gemeinhin über die Entlohnung gedacht wird. Man denke jedoch an eine gut integrierte Arbeitsgruppe, in der alle Mitglieder vergleichbare Aufgaben ausführen, eines aber mehr als die anderen verdient. In Experimenten ließen sich solche „Überbezahltheitsgefühle" erfolgreich nachweisen. Allerdings ist das Gefühl der Überbezahlung bei den Individuen häufig nur vorübergehend bedeutsam, die Perzeptionen werden nach einiger Zeit an die Situation angepaßt. Dies geschieht z.B., indem sie ihre Leistungen (nach und nach) für so wertvoll einschätzen, daß sie die hohe Bezahlung doch als gerechtfertigt ansehen. Eine solche Anpassung der Perzeptionen tritt bei Unterbezahlung wesentlich seltener auf. Hier kann die Unzufriedenheit häufig nur durch tatsächliche Änderungen der „objektiven" Arbeitssituation – etwa in Form einer höheren Bezahlung oder eines Arbeitsplatzwechsels – reduziert werden. Das Gefühl der Unterbezahlung weist also gegenüber dem der Überbezahlung einen stabileren Charakter auf und läßt sich demgemäß schwieriger abbauen[34].

Welche Faktoren bestimmen nun im einzelnen den Soll-Verdienst und welche den Ist-Verdienst?[35]

---

32 Vgl. Adams, J.S., Inequity in social exchange, in Berkovitz, L. (Hrsg.), Advances in experimental social psychology, Vol. 2, New York 1965, S. 267–299.

33 Vgl. dazu im einzelnen Folger, H./Cropanzano, R., Organizational justice and Human Resource Management, Thousound Oaks 1998.

34 Vgl. auch Lawler, E.E. III., Pay and organization development, Reading/Mass. 1981, S. 12.

35 Vgl. im folgenden Lawler, E.E. III., Pay and organizational effectiveness, New York 1971.

1) Perzipierter Ist-Verdienst

Der **faktische Verdienst** einer Person ist zwar der wesentlichste, aber nicht der allein entscheidende Bestimmungsfaktor für den „perzipierten Ist-Verdienst". Weitere Determinanten sind die **Zahlungsreihen der in der Vergangenheit** empfangenen Löhne (die „Lohngeschichte") und das (perzipierte) **Einkommen von Bezugspersonen**. Dabei gelten folgende Zusammenhänge:

- Je höher der in der Vergangenheit bezogene Verdienst war, um so geringer wird der gegenwärtige Verdienst erscheinen.
- Je höher das Einkommen der Bezugspersonen liegt, desto geringer erscheint die eigene Lohnsumme. Dieselbe Menge Geld kann somit von verschiedenen Personen als unterschiedlich hoch empfunden werden.

2) Perzipierter Soll-Verdienst

Ebenfalls eine Reihe von Einflußfaktoren bestimmt den perzipierten Soll-Verdienst, d.h. die Summe, die eine Person nach Abwägung der Umstände berechtigterweise erwarten zu können glaubt. Abbildung 15.9 nennt folgende Faktoren:

Personaler Arbeits-Input

Der vermutlich wichtigste Einflußfaktor ist der Arbeits-Input, wie er sich aus der Sicht des Individuums darstellt. Input ist hier in einem sehr weiten Sinne zu verstehen. Darunter fallen neben den eingebrachten Fähigkeiten und Fertigkeiten die ganzen arbeitsrelevanten Verhaltensweisen wie: in Gegenwart und Vergangenheit erbrachte Leistung, Loyalität, Dauer der Betriebszugehörigkeit, aber auch solche Faktoren wie Alter, Geschlecht, in der Vergangenheit erworbene Verdienste, Besuch von Weiterbildungsveranstaltungen, Ausbildung, Schulabschluß usw. Die Faktoren überlappen sich zum Teil, haben aber dennoch alle ihre eigenständige Bedeutung. Insgesamt gilt: je höher eine Person ihren Arbeits-Input veranschlagt, um so höher liegt auch der erwartete Lohn.

Perzipierte Arbeitsanforderungen

Als weiterer Einflußfaktor kommen natürlich die Arbeitsanforderungen in Frage und zwar wiederum – nachdem es sich ja um ein Zufriedenheitsmodell handelt – aus der Sicht des Individuums. Geläufige Anforderungsarten sind: Schwierigkeit, körperliche und geistige Belastung, Verantwortung, Umgebungseinflüsse. Es sei darauf hingewiesen, daß sich Arbeitswerte, wie sie sich nach der analytischen Arbeitsbewertung ergeben, oder Lohnstufen, wie sie sich in der summarischen Arbeitsbewertung finden, keineswegs mit den von dem Individuum wahrgenommenen Arbeitsanforderungen decken müssen. Als weitere Anforderungskriterien kommen z.B. in Frage: hierarchische Ebene oder Zeitspanne der Rückkoppelung der Arbeitsergebnisse. Die Wirkungsrichtung ist klar: Je höher eine Person ihre Arbeitsanforderung veranschlagt, um so höher liegen ihre Lohnerwartungen. Berücksichtigt das Lohnsystem die Arbeitsanforderungen nicht oder nur geringfügig, dann werden diejenigen, die sich mit hohen Anforderungen konfrontiert sehen, unzufriedener sein als jene, die ihre Arbeitsanforderungen gering veranschlagen.

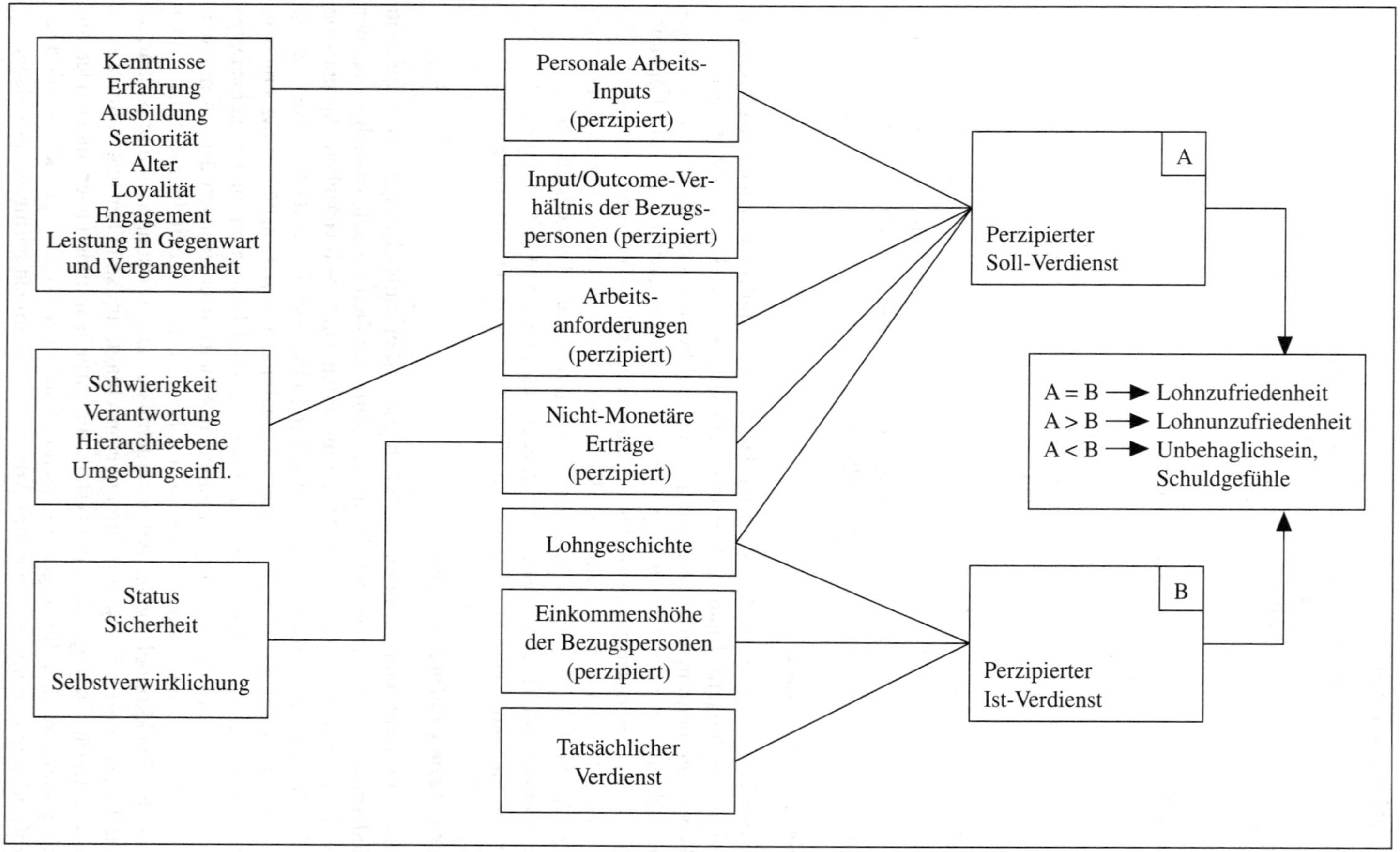

Quelle: Lawler, E.E. III., Pay and organizational effectiveness, New York 1971, S. 215 (modifiziert).

Abb. 15.9: Determinanten der Lohnzufriedenheit

Lohngeschichte

Eine dritte Einflußgröße ist die „Lohngeschichte". Als Annahme liegt dabei zugrunde, daß Personen im Laufe ihrer Entwicklung, als Teil ihres Selbstkonzeptes, Vorstellungen darüber entwickeln, was sie „wert" sind. Personen, die auf eine Geschichte hoher Löhne zurückblicken, veranschlagen ihren „Wert" hoch und erwarten infolgedessen auch einen relativ hohen Verdienst.

Nichtmonetäre Erträge

Ebenfalls von großer Bedeutung für die Veranschlagung des Erwartungsverdienstes sind die nichtmonetären Bedürfnisbefriedigungsmöglichkeiten, die die Arbeit bietet. Zu denken ist hier sowohl an die Möglichkeit zur Entfaltung und zu personalem Wachstum als auch an Aspekte wie Sicherheit, Status und Sozialprestige.[36] Nichtmonetäre Erträge können partiell als Substitute für monetäre Erträge angesehen werden. Je mehr nichtmonetäre Bedürfnisbefriedigungsmöglichkeiten eine Arbeit bietet – und vorausgesetzt, diese werden als Substitute akzeptiert – desto geringer wird ceteris paribus die Höhe des Soll-Verdienstes veranschlagt. Mit diesem Faktor kann erklärt werden, warum manche Personen **trotz relativ geringer Bezahlung** und hoher Arbeitsbelastung dennoch mit ihrem Verdienst zufrieden sind, wie z.B. Pastoren oder (unbekannte) Schauspieler.

Sozialer Vergleich

Die letzte Einflußgröße stellt im Anschluß an die erwähnte Equity-Theorie auf den sozialen Vergleich ab. Zur Bestimmung des Soll-Verdienstes ziehen demnach die Individuen nicht nur ihre eingebrachten Inputs, Arbeitsanforderungen usw. heran, sondern auch das Aufwands- und Ertragsverhältnis von Referenzpersonen. Je höher die Erträge der Referenzpersonen in Relation zu ihren Inputs stehen, um so höher wird das Individuum seinen Soll-Verdienst veranschlagen. Besonders bedeutsam ist hier, daß es wiederum nicht um das faktische Aufwands- und Ertragsverhältnis der Referenzpersonen geht, sondern um seine Perzeption. Bleibt die eigene Relation hinter der der Bezugsperson zurück, so entsteht Lohnunzufriedenheit.

Soziale Faktoren

Für deutsche Verhältnisse wird man als weitere Komponente soziale Faktoren mit hinzunehmen müssen. Dazu zählen – in Analogie zu den oben vorgestellten Grundelementen der betrieblichen Lohnfindung – etwa familiärer Status, Zahl der Kinder, Alter etc.

---

36 Vgl. ausführlicher Ondrack, D.A., Entgeltsysteme als Motivationsinstrument, in: Kieser, A./Reber, G./Wunderer, R. (Hrsg.), Handwörterbuch der Führung, 2. Aufl., Stuttgart 1995, S. 307 ff.

15.5.2 Empirische Befunde[37]

Die im folgenden überblicksartig zusammengefaßten Befunde sind immer unter sonst gleichen Umständen (c.p.) zu verstehen:

(1) Geschlecht

Frauen sind in der Regel mit ihrer Entlohnung zufriedener als Männer. Die höchste Zufriedenheitsrate bei Frauen zeigte sich dort, wo Frauen und Männer gleichen Lohn für gleiche Arbeit erhielten. Im Rahmen des Modells ist dieser Sachverhalt in der Weise erklärbar, daß in unserer Gesellschaft die Tatsache, ein Mann zu sein, immer noch als höherer Input angesehen wird.

(2) Hierarchie-Stufe

Eine Reihe von Untersuchungen kann die Annahme stützen, daß mit steigender hierarchischer Stufe die Unzufriedenheit mit der Entlohnung steigt.

(3) Nicht-monetäre Outcomes

Personen, die eine Reihe positiver nicht-monetärer Outcomes (Nutzen) empfangen, sind mit ihrer Bezahlung zufriedener als Personen mit nur geringen nicht-monetären Outcomes. Je mehr Autonomie im Arbeitsvollzug möglich war, je besser die Beziehungen zu den Vorgesetzten und je großzügiger die Förderungsmaßnahmen waren, desto größer war die Zufriedenheit mit der Entlohnung.

(4) Sozialer Vergleich

Vergleiche führen in der Logik des Modells dann zur Unzufriedenheit, wenn die „Input-Outcome"-Relation der Bezugsperson(en) günstiger zu sein scheint. Dieser Aspekt ist auch im Hinblick auf die häufig geübte Praxis der Lohngeheimhaltung von Bedeutung. Bei geheimgehaltenen Löhnen fehlen genaue Informationen für den Vergleich. Lawler weist in diesem Zusammenhang auf das Phänomen hin, daß der Verdienst von Vergleichspersonen sehr häufig nach einem ganz bestimmten Muster **falsch** eingeschätzt werden. Zum einen wird den (externen und internen) Vergleichspersonen meist ein zu hoher Verdienst zugesprochen, was die Unzufriedenheit mit dem eigenen Verdienst fördert. Zum anderen wird die Leistung anderer Personen gerne unterschätzt, so daß die Individuen ihre eigenen Leistungen vergleichsweise höher einstufen und somit eine höhere Bezahlung erwarten.[38]

Anzufügen bleibt noch, daß die Diskussion um Lohn(un)zufriedenheit die Lohnfrage aus **subjektiver** Sicht behandelt, sie fragt also unter welchen Umständen Arbeitnehmer in unserer jetzigen historischen Situation mit ihrem Lohn (un)zufrieden sind. Diese Betrachtung darf nicht verwechselt werden mit der normativen Diskussion um den **gerech-**

37 Die Darstellung orientiert sich an Lawler, E.E. III., Pay and organizational effectiveness, a.a.O., S. 221 ff.
38 Vgl. auch Lawler, E.E. III., Pay and organizational development, a.a.O., S. 14 f.

ten Lohn. Letztere zielt auf einen **objektiven** (überindividuellen) Sachverhalt, nämlich auf eine rechtfertigbare Verteilung des Volkseinkommens und eine gerechtfertigte individuelle Lohndifferenzierung.

Diskussionsfragen

1. Was versteht man unter dem „Lohnkonflikt"?
2. Inwiefern können Lohnforderungen symbolischen Charakter haben?
3. Zeigen Sie die Unterschiede zwischen Zeitlohn und Akkordlohn auf!
4. Diskutieren Sie die Idee der Entlohnung nach Qualifikationspotentialen (am Beispiel der Vögele AG)!
5. Warum erscheint eine anforderungsbezogene Lohnsatzdifferenzierung für neuere Formen der Gruppenarbeit als wenig zweckmäßig und welche alternativen Entlohnungsformen bieten sich an?
6. Diskutieren Sie die Angemessenheit einzelner Lohnformen bei wachsender Automatisierung in der Fertigung!
7. Was versteht man unter einem „Crowding-out-Effekt" und in welchen Situationen gilt das Eintreten dieses Effektes als besonders wahrscheinlich?
8. Welcher Grundgedanke unterliegt einer Ausrichtung der Führungkräfteentlohnung am sog. „Shareholder-value" und inwiefern muß diese Orientierung als problematisch erscheinen?
9. Welche Faktoren bestimmen die Lohnzufriedenheit?
10. Ist mit der Schaffung von Lohnzufriedenheit der „Lohnkonflikt" beseitigt?

Fallstudie

Autotelefon AG

Frau Weiß blickt etwas nervös auf ihre Uhr. In wenigen Minuten soll sie ihren Vorschlag für ein neues Entlohnungssystem bei der Autotelefon AG präsentieren. Als gelernte Diplomkauffrau mit dem Schwerpunkt Personal ist sie dort seit einem halben Jahr in der Personalabteilung tätig, und die Ausarbeitung dieses Entlohnungssystems für die bereits beschlossene und seit drei Monaten im Rahmen eines Pilotprojektes getestete Einrichtung produktorientierter Arbeitsgruppen in der Fertigung stellt ihren ersten größeren Projektauftrag dar. Das Projekt gewinnt insofern an Brisanz, als die vorgesehene Arbeitsumgestaltung im Unternehmen noch sehr kontrovers diskutiert wird. Dies gilt auch für die damit verbundene Entlohnungsproblematik.

Frau Weiß eröffnet ihre Präsentation mit einer kurzen Darstellung der Zielsetzungen, die hinter der Arbeitsumgestaltung und dem damit verbundenen neuen Entlohnungssystem stehen: „Wie Sie alle wissen, wollen wir mit den neuen produktorientierten Arbeitsgruppen nicht nur die Produktentwicklungszeit verkürzen, sondern auch die Qualität unserer Erzeugnisse erhöhen. Nur so können wir, als Zulieferer der Automobilindustrie, gegenüber den Anbietern aus Japan weiterhin konkurrenzfähig bleiben und in unserer sehr schnellebigen Branche bestehen. Aber die Einrichtung teilautonomer Arbeitsgruppen alleine genügt nicht. Die Mitarbeiter müssen zudem durch eine entsprechende Gestaltung der Entlohnung angeregt werden, sich für die Erreichung dieser Ziele auch engagiert einzusetzen.

Hierfür schlage ich eine Zweiteilung des Lohns in einen fixen Basislohn – in etwa 80 % des bisherigen Lohns – und eine variable Zusatzprämie vor. Während sich der fixe Bestandteil an der unternehmensinternen Einordnung/Positionierung des Arbeitsplatzes orientiert, soll die Höhe des variablen Teils von der Leistung der Arbeitsgruppe sowie der gesamten Unternehmung bestimmt werden. Relevante Kriterien könnten hier beispielsweise Qualität, Kosten oder Zeitbedarf sein. Man könnte allerdings auch Umwelt- oder Sicherheitsaspekte mitberücksichtigen. Erst durch eine derartige Berücksichtigung der Gruppenleistung in der Entlohnung jedes einzelnen können wir meines Erachtens die Potentiale der Arbeitsgruppen voll ausschöpfen. Da aber für das Unternehmen letztendlich nicht die Leistung einer einzelnen Gruppe zählt, sondern zudem eine gute Kooperation der einzelnen Arbeitsgruppen von großer Bedeutung ist, muß auch die Gesamtunternehmens-/Werksleistung in die Lohnfindung miteinbezogen werden.“

Hier unterbricht sie Herr Hoffmann, Leiter der Forschungs- und Entwicklungsabteilung, mit folgender Wortmeldung: „Das klingt zwar alles recht schön, aber wie soll man mit einem solchen Entlohnungsystem noch hochqualifizierte Ingenieure gewinnen? Diese arbeiten nun einmal weitgehend individuell und im Durchschnitt mehr als andere Gruppenmitglieder. Ihre überdurchschnittliche Leistung könnte so nicht mehr gebührend honoriert werden. Zudem müssen sie durch diese neue Form viel zu viel Zeit und Energie für Diskussionen mit anderen Gruppenmitgliedern aufwenden und werden dadurch von ihren wichtigen Forschungs- und Entwicklungstätigkeiten abgehalten.“

Auch Herr Melkner, als Vertreter der Mitglieder des Pilotprojektes, meldet Bedenken an: „Das Projekt läuft eigentlich ganz gut an. Somit halte ich diese Art sich größtenteils selbst organisierender Arbeitsgruppen für eine zukunftsträchtige – ja vielleicht sogar für die zukünftig einzig mögliche – Form der Arbeitsgestaltung! Die Ingenieure müssen sich da eben nur noch dran gewöhnen. Dennoch wurden im Rahmen der Testphase bei den Gruppenmitgliedern – insbesondere im Hinblick auf eine möglicherweise geplante gruppenbezogene Entlohnung – teilweise schon einige Bedenken laut: So scheint teilweise die Befürchtung zu bestehen, daß durch eine gruppenbezogene Entlohnung die Möglichkeit verloren geht, durch überdurchschnittliche Leistung eine „saftige Lohnzulage" zu erzielen; dieses Argument geht ja durchaus in die Richtung des Beitrages von Herrn Hoffmann. Auch befürchtet man, unter Umständen für „Faulpelze" in der Gruppe mitarbeiten zu müssen, ohne dafür entsprechend entlohnt zu werden."

„Diese Problematik" – so mischt sich Herr Schwind ins Gespräch – „besteht meines Erachtens nicht nur auf Gruppen- sondern, in übertragener Form, auch auf Unternehmensebene. Dadurch, daß die Entlohnung an die Gesamtunternehmensleistung geknüpft wird, zahlt sich überdurchschnittliches Engagement einer Gruppe für diese auf Dauer nicht aus. Da müssen alle anderen Gruppen beispielsweise für die Trödelei einer einzigen Gruppe büßen, obwohl sie selbst überhaupt nichts dafür können."

Hierzu hat auch Herr Melkner noch etwas zu sagen: „Es muß ja nicht gleich Trödelei ins Spiel kommen. Stellen wir uns doch einfach einmal vor, daß der Umsatz oder der Gewinn aus wirtschaftlichen Gründen wie zum Beispiel einer allgemeinen Rezession oder Verschlechterung der Auftragslage zurückgeht. Da kann dann doch auch der einzelne Arbeitnehmer kaum etwas dafür. Warum soll er dafür durch weniger Lohn bestraft werden?"

„Aber an den Gewinnen des Unternehmens will jeder partizipieren!", entgegnet ihm der Vorstandsvorsitzende.

„Bleiben wir doch sachlich, meine Herrn!" ruft Herr Jotter, Leiter der Personalentwicklungsabteilung, dazwischen. „Ich halte eine Ausrichtung der Entlohnung an der Gesamtunternehmensleistung für durchaus sinnvoll. Denn so wird jede einzelne Gruppe – schon im eigenen Interesse – andere Gruppen unterstützen und auf gute Zusammenarbeit achten. Dies wird quasi automatisch zu einem guten Ergebnis auf Gesamtunternehmensebene führen. So kann man Kooperations- und Auskunftsbereitschaft auch zwischen den Gruppen erzielen."

Fragen zur Fallstudie:

1. Beleuchten Sie den geschilderten Sachverhalt unter den Aspekten der Lohngerechtigkeit und der Motivation.

2. Welches Entlohnungssystem würden Sie vorschlagen? Warum?

Literaturhinweise

Zu den Grundlagen der Entgeltdifferenzierung:

Hentze, J., Personalwirtschaftslehre, Bd. 2, 6. Aufl., Bern/Stuttgart 1994.

Oechsler, W., Personal und Arbeit, 7. Aufl., München/Wien 2000.

Ridder, H.-G., Analytische Arbeitsbewertung: Zur Kontinuität von Ritualen, in: Zeitschrift für Personalforschung 4 (1990), S. 179–196.

Zur Entlohnung im Wandel:

Bühner, R./Sulzbach, K., Wertorientierte Steuerungs- und Führungssysteme. Shareholder Value in der Praxis, Stuttgart 1999.

Eckardstein, D. v., Entlohnung im Wandel. Zur veränderten Rolle industrieller Entlohnung in personalpolitischen Strategien, in: Zeitschrift für betriebswirtschaftliche Forschung 38 (1986), S. 247–269.

Schettgen, P., Arbeit, Leistung, Lohn, Stuttgart 1996.

Zur Entlohnung und Motivation:

Frey, B., Markt und Motivation. Wie ökonomische Anreize die (Arbeits-)Moral verdrängen, München 1997.

Gibbons, R.: Incentive in Organizations, in: Journal of Economic Perspectives 12 (Fall 1998), S. 115-132.

Lawler, E.E. III., Pay and organizational effectiveness: A psychological view, New York 1971.

Lawler, E.E. III., Pay and organization delvelopment, Reading/Mass. 1981.

Schanz, G. (Hrsg.), Handbuch Anreizsysteme in Wirtschaft und Verwaltung, Stuttgart 1991.

Prendergast, C.: The Provision of incentives in firms, in: Journal of Economic Literature (im Erscheinen).

Stichwortverzeichnis